USA
Westen

Sara Benson

Amy C. Balfour, Josh Krist, Brendan Sainsbury

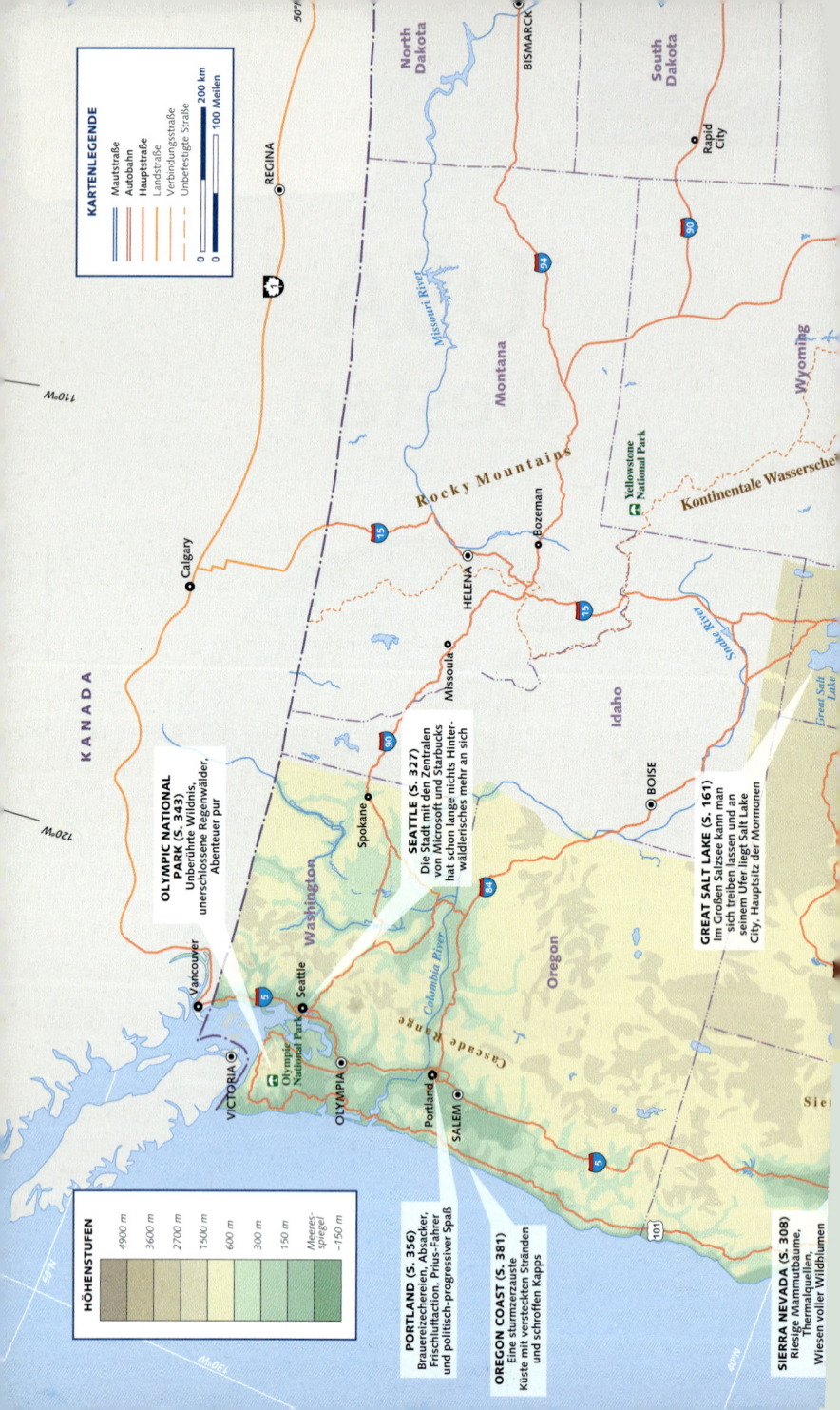

KARTENLEGENDE

- Mautstraße
- Autobahn
- Hauptstraße
- Landstraße
- Verbindungsstraße
- Unbefestigte Straße

200 km
100 Meilen

0
0

OLYMPIC NATIONAL PARK (S. 343)
Unberührte Wildnis, unerschlossene Regenwälder, Abenteuer pur

SEATTLE (S. 327)
Die Stadt mit den Zentralen von Microsoft und Starbucks hat schon lange nichts Hinterwäldlerisches mehr an sich

GREAT SALT LAKE (S. 161)
Im Großen Salzsee kann man sich treiben lassen und an seinem Ufer liegt Salt Lake City, Hauptsitz der Mormonen

PORTLAND (S. 356)
Brauereizechereien, Absacker, Frischluftaction, Prius-Fahrer und politisch-progressiver Spaß

OREGON COAST (S. 381)
Eine sturmzerzauste Küste mit versteckten Stränden und schroffen Kapps

SIERRA NEVADA (S. 308)
Riesige Mammutbäume, Thermalquellen, Wiesen voller Wildblumen

HÖHENSTUFEN

- 4900 m
- 3600 m
- 2700 m
- 1500 m
- 600 m
- 300 m
- 150 m
- Meeresspiegel
- –150 m

KANADA

North Dakota
BISMARCK
South Dakota
Rapid City
REGINA
Montana
Wyoming
Rocky Mountains
Yellowstone National Park
Kontinentale Wasserscheide
Calgary
Bozeman
HELENA
Missoula
Idaho
BOISE
Snake River
Great Salt Lake
Vancouver
VICTORIA
Seattle
Olympic National Park
OLYMPIA
Spokane
Washington
Columbia River
Cascade Range
Oregon
Portland
SALEM
Sier

50°N
110°W
120°W
50°N
130°W
40°N

CARLSBAD CAVERNS (S. 202)
Eine mehrere Kilometer lange Tour durch ein unterirdisches Wunderland mit Hundertausenden Fledermäusen

BRYCE CANYON (S. 172)
Hoodoos in einem Amphitheater aus Stein – vielleicht der schönste National Park im an Naturwundern reichen Utah

LAS VEGAS (S. 101)
Riesige Casinos, funkelnde Neonlichter und Wasserspiele mitten in der Wüste – eine verrückte Stadt

GRAND CANYON (S. 135)
Die berühmteste Schlucht der Welt sorgt nicht nur dank ihrer gewaltigen Ausmaße für ungläubiges Staunen

SAN FRANCISCO (S. 266)
Golden Gate Bridge, Alcatraz, Haight-Ashbury, Chinatown ... und das ist noch lange nicht alles!

BIG SUR (S. 259)
California Dreaming: Auf dem kurvigen Hwy 1 entlang dem Pazifik fahren

LOS ANGELES (S. 208)
Die Stadt der Engel wartet nicht nur mit Hollywood auf, sondern auch mit hochkarätigen Museen und Veranstaltungen

Unterwegs

SARA BENSON
HAUPTAUTORIN

Ich war schon oft in der Sierra Nevada, aber nie im Winter. Und nun war ich ganz überrascht, wie mächtig die Wasserfälle im März in das Yosemite Valley (S. 312) hinunterdonnern und wie ideal dieses Winterwunderland zum Skifahren ist. Und das Beste: Es gibt Wege, auf denen praktisch niemand unterwegs ist. Das ist hier sonst ganz selten.

AMY C. BALFOUR Hier stehe ich gerade auf der Veranda des View Hotel im Monument Valley Navajo Tribal Park (S. 143) und genieße die unheimlich eindrucksvolle Landschaft. Hinter mir führt eine 27 km lange Straße rund um die Steinkolosse.

BRENDAN SAINSBURY Ich dachte, ich hätte schon alles gesehen, aber da habe ich mich getäuscht. Selbst in einer so atemberaubenden Region wie dem Nordwesten wirkt der Crater Lake (S. 376) einfach wie eine Offenbarung, viel eindrucksvoller als jede Beschreibung.

JOSH KRIST Hier habe ich mich selbst fotografiert, wie ich am Rand des Grand Canyon (S. 135) stehe. Ich werde nie vergessen, wie ich am South Rim stand und eine schwarze Gewitterwolke mitten über dem Canyon hing. Sie näherte sich und ich roch den kommenden Regen und spürte die Spannung in der Luft.

HIGHLIGHTS

Weg mit all den Vorurteilen und den Westen der USA entdecken, so wie er heute wirklich ist: eine Region mit scheinbar ins Unendliche führenden Straßen, umwerfenden Naturschönheiten und Städten mit Bewohnern aus allen Teilen der Welt. Ein Land der Gegensätze – von den schneebedeckten Gipfeln Washingtons bis zu den Wüsten in New Mexico, von den Hightech-Zentren des Silicon Valley bis zur Grunge-Hochburg in Seattle. Also nichts wie rein in den ganz persönlichen amerikanischen Traum, der so süß ist wie Apple Pie und so intensiv wie selbst gebrannter Schnaps.

Legendäre Routen

Mit mehr als 4 Mio. Highway-Meilen bieten die USA mehr Roadtrips, als man in einem Menschenleben abfahren kann. Egal, ob man auf der Suche nach dem Wilden Westen oder nach Naturschönheiten ist – wer sich auf Amerikas Neben- und Seitenstraßen begibt, wird bestimmt fündig.

❶ Route 66

„Get your kicks" auf der amerikanischen Mother Road (S. 145 & 252), diesem Betonstreifen von Chicago nach L.A. Fotos von Relikten aus alter Zeit am Straßenrand machen, in Tante-Emma-Diners essen und in Motels aus den 1950er-Jahren übernachten.

❷ Pacific Coast Highway

Auf den kalifornischen Hwys 1 und 101 am Meer entlangkurven, vorbei an goldenen Stränden und Promi-Enklaven, über San Franciscos Golden Gate Bridge fahren und im Norden in die dunstige Küstenregion mit ihren Redwoods eintauchen.

❸ Columbia River Highway

Oregons malerischste Straße (S. 373) war landesweit die erste, die zum National Historic Landmark erklärt wurde. Am schönsten präsentiert sie sich, wenn im Frühling Wildblumen ein herrliches Blütenmeer bilden.

❹ US Highway 50

Die durch Nevada führende „Loneliest Road in America" (S. 118) ist toll, wenn man die Einsamkeit sucht: Sie verläuft in einer Wüste, zwischen hohen Bergen, durch Cowboy-Gebiete und alte Geisterstädte.

Städte

Amerikas multikulturelles Mosaik zeigt sich besonders deutlich in den miteinander konkurrierenden Städten: an der Westküste locken die unkonventionellen Metropolen San Francisco und Los Angeles, Seattle verführt mit nordischem Charme – und dann gibt's natürlich noch Las Vegas alias Sin City, Amerikas kleines, schmuddeliges Geheimnis (oder auch nicht).

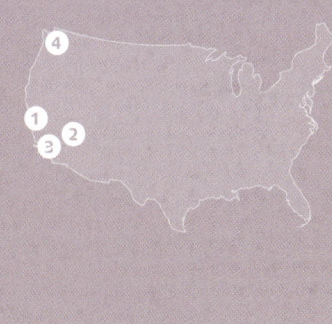

① San Francisco

Die turbulente „City by the Bay" (S. 266) steht für Hippies, Cable Cars und die Golden Gate Bridge, aber die Realität ist sehr viel trendiger: Hier tummeln sich unkonventionelle Künstler, Hightech-Unternehmer, Umweltaktivisten und Gourmets.

② Las Vegas

Jeder braucht einen Ort, an dem er sich daneben benehmen kann, ohne dass es jemanden stört. Warum nicht Las Vegas (S. 101), das weltberühmte Spielerparadies mit überraschend schickem Vibe und Kunstszene?

③ Los Angeles

Die dunkle Seite von L. A. (S. 208) wird oft in Romanen und im Film noir beschrieben, aber Hollywood trägt noch immer das Promi-Gütesiegel. Dutzende von Stadtvierteln warten darauf, entdeckt zu werden!

④ Seattle

In der dynamischen Stadt (S. 327), dem Geburtsort von Grunge und Starbucks, wimmelt es nur so von Künstlern und Musikern, es gibt Märkte direkt am Meer, viel Old-West-Geschichte und grandiose Outdoor-Aktivitäten.

❶ Olympic Peninsula & San Juan Islands

Auf der Halbinsel (S. 342) warten Gletscherseen, Regenwälder und Pazifikstrände. Wem das nicht reicht, der tuckert mit der Fähre in die ländliche Inselidylle (S. 347) vor der Westküste.

❷ Coast Redwoods

Nach einem Spaziergang durch die friedvollen Wälder mit den größten Bäumen der Welt an Kaliforniens Nordküste (S. 298) kann man sich auf ein Bierchen in eine der gemütlichen Brauereikneipen zurückziehen.

❸ Yosemite National Park

Der Naturforscher John Muir nannte den traumhaften Yosemite National Park (S. 310) einen „high pleasure ground": Abenteuerlustige Wanderer finden hier Wildblumen und Gletschertäler, die ikonischen Granitkuppeln locken Kletterer.

❹ Canyon Country

Nach Arizonas Grand Canyon (S. 135) geht's weiter in die Wüsten des Südwestens, von dort zu den Riesenkakteen in Arizona, ins geologische Märchenland im Süden Utahs und dann in die Heimat der amerikanischen Ureinwohner mit heiligen Felsmalereien.

American Beauty

„O beautiful for spacious skies" ist nicht nur ein Song, es ist quasi ein nationales Motto. Die Wildnis ist fest verwurzelt in der amerikanischen Identität. Hier hat Amerikas bittersüße Geschichte ihren Ursprung, und auch noch heute findet die amerikanische Seele ihren Ausdruck hoch oben in den Bergen oder weit unten in den Canyons.

Inhalt

Regionalkarten

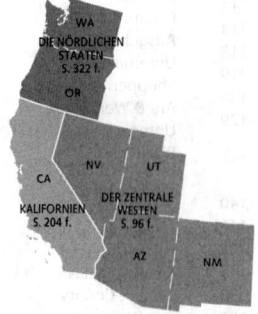

WA
DIE NÖRDLICHEN
STAATEN
S. 322 f.

OR

NV UT

CA

KALIFORNIEN
S. 204 f.

DER ZENTRALE
WESTEN
S. 96 f.

AZ NM

Reiseziel USA Regis St. Louis

Der Dramatiker Arthur Miller sagte einmal, Amerika sei im Wesentlichen ein Versprechen. Für neu angekommene Einwanderer, aber auch für jetlaggeplagte Traveller kann dieses Versprechen nahezu mythische Dimensionen annehmen. Amerika ist ein Land der überwältigenden Städte, riesigen Mammutbäume, Gebirgsseen, weinbepflanzten Hügel, schroffen Berggipfel, ausgedörrten Wüsten und einer dramatischen Küste von unvergleichlicher Schönheit. Und dabei ist nur von einem Bundesstaat, Kalifornien, die Rede.

In den übrigen 49 findet man eine erstaunliche Menge von Wundern aus Natur und Kultur – vom vielschichtigen Gewebe der städtischen Straßen mit seinen vielen Facetten bis zu Bergen, Ebenen und Wäldern, die weite Striche des Kontinents bedecken. Zu den USA gehören L. A., Las Vegas, Chicago, Miami, Boston und New York City – übersprudelnde Metropolen voller unterschiedlicher Vorstellungen von Kultur, Gastronomie und Unterhaltung.

Sieht man genauer hin, entfaltet sich erst die ganze Verschiedenheit des Landes: Da gibt es die bunte Musikszene von Austin, den entspannten Vorbürgerkriegscharme von Savannah, das Umweltbewusstsein im freigeistigen Portland, die prächtige Uferkulisse von San Francisco und die bezaubernden alten Viertel von New Orleans, das sich langsam von den Verwüstungen durch die Wassermassen erholt.

Die USA sind ein Land des weiten, offenen Himmels und der Überlandfahrten. Auf 6,5 Mio. Highwaykilometern fährt man durch Wüsten mit roten Felsen, unter gewaltigen Berggipfeln oder durch fruchtbare Weizenfelder, die sich bis zum Horizont erstrecken. Die sonnengebleichten Hügelflanken der Great Plains, die üppigen Wälder im pazifischen Nordwesten oder die malerischen Landstraßen Neuenglands sind ein guter Ausgangspunkt für die USA-Rundreise mit dem Auto.

Der flächenmäßig drittgrößte Staat der Erde hat auch im Bereich der Kunst einiges geleistet. Georgia O'Keeffes wilde Landschaften, Robert Rauschenbergs surreale Collagen, Alexander Calders elegante Mobiles und Jackson Pollocks Actionpaintings sind wichtige Bausteine der modernen Kunst des vorigen Jahrhunderts. Städte wie Chicago und New York wurden zum Reißbrett für die großen Architekten des Modernismus. Im Bereich der Unterhaltungsmusik findet Amerika kaum seinesgleichen: Angefangen mit dem Jazz, der in New Orleans entstand, über den Blues aus Memphis, den Motown-Sound aus Detroit bis hin zu Funk, Hip-Hop, Country und Rock'n' Roll hat die USA Musikrichtungen hervorgebracht, die aus der heutigen Welt nicht wegzudenken sind.

Auch die Gastronomie könnte in den Staaten vielfältiger nicht sein: In einer Raststätte in Tennessee kommen fette Rippchen und brutzelnde Steaks frisch vom Grill, während, mehr als 3000 km entfernt talentierte Kochkünstler in preisgekrönten Restaurants an der Westküste frisches Biogemüse aus dem Garten asiatisch angehaucht zubereiten. Während sich in der Upper West Side Manhattans die Einheimischen in einem 100 Jahre alten Deli mit Bagels und gepökeltem Lachs stärken, werden ein paar Staaten weiter dicke Pfannkuchen und Spiegeleier in einem Diner aus den 1950er-Jahren verputzt. An Piers in Maine bekommt man dampfende Teller mit frischem Hummer, in modischen kalifornischen Weinbars Austern mit Champagner, in einem Pub im mittleren Westen Bier und Pizza – um nur ein paar der Möglichkeiten aufzuzählen, „amerikanisch" zu essen.

Doch bei Amerika geht es neben Geografie, Städten, Kunst und Küche natürlich in erster Linie um die Menschen. Die „wimmelnde Nation aus

KURZINFOS

Bevölkerung: 306 Mio.

Bruttoinlandsprodukt (BIP): 14,1 Bio. US$

Täglicher Ölverbrauch in Barrel: 21 Mio.

Gesamtzahl der verkauften Hybridautos im Jahr 2008: 308 000

Zahl der Fernsehsender in einem durchschnittlichen US-Haushalt: 118,6

Zahl der Bundesstaaten, in denen die Schwulenehe legal ist: 6

Größte Stadt nach Einwohnern: New York City, NY (8,3 Mio. Ew.; 1214,4 km²)

Größte Stadt nach Fläche: Juneau, AK (31 000 Ew.; 8430,4 km²)

Höchste jemals gemessene Temperatur: 56,6 °C (im Death Valley, CA)

Niedrigste jemals gemessene Temperatur: –62 °C (in Alaska)

Nationen", wie Walt Whitman sie nannte, wurde von Einwanderern aufgebaut und zieht immer noch über 1 Mio. Einwanderer jährlich an. Menschen aus fast jedem Land der Erde leben in den USA und bereichern den amerikanischen Nationalcharakter um einen erstaunlichen ethnischen, religiösen und sprachlichen Mix. In einer einzelnen Gemeinde (als Beispiel der New Yorker Stadtteil Queens) sind fast die Hälfte aller Einwohner im Ausland geboren und sprechen eine von insgesamt 138 Sprachen. Auch wenn das Thema der Einwanderung umstritten ist (und seit Gründung der Vereinigten Staaten umstritten war), würden nur wenige US-Amerikaner die gewaltigen Beiträge abstreiten, die die vielen Einwanderer im Lauf der Jahrhunderte geleistet haben.

Zum reichen Mix der Ethnien kommt noch die Vielfalt der Lebensstile hinzu: Man findet unter den Amerikanern Fabrikarbeiter und Farmer, wiedergeborene Christen und Hatha-Yoga-Anhänger, literaturbegeisterte Collegestudenten, traditionsbewusste amerikanische Ureinwohner, biertrinkende Baseballfans und einen natürlichen Lebensstil anstrebende Öko-Kommunen. Mithilfe regionaler Klischees versuchen die Amerikaner, mit ihrem Land zurechtzukommen. Sie sprechen von anmutigen Südstaatenschönheiten, ausgebufften New Yorkern, bescheidenen Mittelwestlern, SoCal-Surfern oder unverblümten Texanern.

Weiter reicht die kollektive Identität aber auch nicht. Schließlich verherrlicht – man kann schon sagen, mythologisiert – das Land den „ungebändigten Individualismus". Und so haben Heerscharen großer und Heerscharen niederträchtiger Menschen dem Land ihren Stempel aufgedrückt. Die USA sind das Land von Eleanor Roosevelt, John Muir, Diane Arbus, Jack Kerouac, Frank Lloyd Wright, Elvis Presley und Amelia Earhart. Aber ebenso auch das Geburtsland von Billy the Kid, Al Capone, Bonnie und Clyde und Hunderten weiterer realer und fiktiver Charaktere, die zu dem Bild des amerikanischen Helden oder Outlaws beigetragen haben, der am Ende in den Sonnenuntergang reitet.

Auch die herausragenden Persönlichkeiten von heute tun ihren Teil und schreiben die Definition dessen weiter, was es heißt, ein Amerikaner zu sein. Das gilt für die inspirierende Sozialkritik des Sängers und Liedermachers Willie Nelson genauso wie für die Feministin Gloria Steinem oder für Alice Waters, die die Kochkunst revolutionierte, für Al Gores lobenswerten Einsatz im Kampf gegen den Klimawandel, die kraftvoll-lyrischen Werke der Literaturnobelpreisträgerin Toni Morrison oder für die Olympiasiege des Schwimmers Michael Phelps: Alle diese Menschen folgten ihrem Traum und erreichten ungeahnte Erfolge.

Die USA sind immer noch ein Land, in dem Menschen mit einem großen Traum Widerstände bezwingen können. Seit der Ermordung von Martin Luther King sind mehr als 40 Jahre vergangen, aber seine Botschaft der Hoffnung lebt weiter. Das beweist niemand deutlicher als Barack Obama, der erste afroamerikanische Präsident in der Geschichte der USA.

„Falls da draußen irgendjemand bezweifelt, dass Amerika der Ort ist, wo alles möglich ist, falls irgendjemand zweifelt, ob der Traum der Gründer unserer Nation heute noch lebt, falls jemand immer noch die Macht unserer Demokratie in Frage stellt, dann erhält er heute Nacht die Antwort." So begann Barack Obama in der Nacht seines in der Höhe überraschenden Wahlsiegs im November 2008 seine Siegesrede.

Am nächsten Tag waren die Zeitungen landesweit schnell ausverkauft, obwohl man die Auflagen gewaltig erhöht hatte. Die Amerikaner wollten sich ein Stück Geschichte verschaffen, für das sie selbst verantwortlich waren. Und es war in der Tat ein historischer Augenblick für die USA. Die einst tief gespaltene Nation mit dem düsteren Erbe der Sklaverei setzte sich über die

„Auch die herausragenden Persönlichkeiten von heute tun ihren Teil und schreiben die Definition dessen weiter, was es heißt, ein Amerikaner zu sein."

Differenzen hinweg und wählte einen Afroamerikaner ins höchste Staatsamt. Und das mit einer überwältigenden Mehrheit.

Obama fuhr fort: „Es hat lange gedauert. Aber wegen dem, was wir heute, bei dieser Wahl, in diesem entscheidenden Augenblick getan haben, ist heute Abend der Wandel in Amerika Wirklichkeit geworden." Der Wandel – *change* –, jenes im Wahlkampf von beiden Parteien so heftig umkämpfte Zauberwort, spielte eine entscheidende Rolle bei Obamas Erfolg. Dabei darf man nicht vergessen, dass der Wandel ohnehin in Amerika nichts Unerhörtes ist. Schon die Gründung der USA war ein kühner Paradigmenwechsel fort von der Welt der Monarchien und Autokratien. Ein Land, das von den frühen Siedlern als Zufluchtsort religiöser Duldsamkeit konzipiert worden war, wurde zur ersten und vielleicht am klügsten entworfenen demokratischen Republik der Erde. Im Verlauf der Jahrhunderte haben visionäre Staatsmänner wie Jefferson, Lincoln und Roosevelt dem Land immer wieder kühn neue Perspektiven gewiesen. Den tiefgreifendsten Wandel aber verdankt das Land mutigen Menschen, die sich dem Kampf gegen Ungerechtigkeit stellten und manchmal dabei ihr Leben opferten. Das gilt beispielsweise für die Abschaffung der Sklaverei, die Gleichberechtigung der Frauen, den Schutz der Umwelt und die Durchsetzung fairer Löhne und Arbeitsbedingungen.

Bürger aller sozialen Schichten beteiligen sich am „großen amerikanischen Experiment", das jedem, gleichgültig, welchen Platz er in der Gesellschaft hat, Belohnung für kühne Ideen und harte Arbeit verheißt. Diese Anstachelung des Unternehmungsgeistes erbrachte beeindruckende Resultate. Von den ersten Flugversuchen der Gebrüder Wright bis zur Mondlandung haben sich Amerikaner immer ehrgeizige Ziele gesteckt und sie verwirklicht. Die Revolution der Technik, für die Thomas Alva Edisons Glühbirne oder Henry Fords Automobile stehen, setzt sich heute in den Pionierleistungen von Bill Gates, Steve Jobs und Larry Page fort. Microsoft, Apple und Google verändern überall in der industrialisierten Welt die Art und Weise, wie Menschen arbeiten, leben und miteinander kommunizieren. Auch in Naturwissenschaft, Medizin und vielen anderen Bereichen waren US-Amerikaner Pioniere, die Veränderungen bewirkten, die für viele Menschen wichtig geworden sind.

Aber auch wenn der Innovationsgeist ungebrochen ist, neigen die Amerikaner gegenwärtig nicht zum Optimismus. Als dieses Buch abgeschlossen wurde, zeigten sich in den USA gerade erste Zeichen der Erholung von der schweren Wirtschaftskrise, die teilweise vom Zusammenbruch des Hypothekenmarkts gegen Ende der Präsidentschaft von George W. Bush ausgelöst worden war. Im Jahr 2008 verloren mehr als 3 Mio. US-Amerikaner ihre Eigenheime infolge von Zwangsversteigerungen, während gleichzeitig die Arbeitslosigkeit stieg. Ende 2009 waren 15 Mio. Menschen ohne Arbeit – die höchste Zahl seit dem Zweiten Weltkrieg.

Ein großes Problem ist schon lange die Gesundheitsversorgung. Obwohl man in der Medizintechnik eine führende Rolle spielt, sind die USA das einzige reiche, hochindustrialisierte Land, das seinen Bürgern keine allgemeine Gesundheitsfürsorge bietet. Genau hier setzt Obama mit seiner kürzlich verabschiedeten Gesundheitsreform an, die nun diesen Missstand beseitigen soll.

Sich den wirtschaftlichen Herausforderungen – und den immer noch andauernden Kriegen im Irak und in Afghanistan – zu stellen, bleibt die Anforderung des Tages. Aber die Amerikaner lassen sich nicht so schnell kleinkriegen. John F. Kennedy formulierte das einmal so: „Der Amerikaner ist seiner Natur nach Optimist. Er experimentiert, er erfindet. Und er baut am besten, wenn er etwas Bedeutendes bauen soll."

„Bürger aller sozialen Schichten beteiligen sich am ,großen amerikanischen Experiment'."

Bevor es losgeht

Landkarte griffbereit? Kann also jetzt die Reiseroute eingezeichnet werden? Eines vielleicht nochmal vorab: Man sollte sich unbedingt über die gewaltigen Entfernungen in den USA im Klaren sein! Schnell wird man zu ehrgeizig, überzieht das Budget und braucht mehr Zeit für die Wege zwischen den Sehenswürdigkeiten als für diese selbst. Die beste Strategie dagegen: Überlegen, was man in der Zeit, die man zu haben glaubt, sehen will, und dann die Hälfte davon streichen.

In der Spitzenreisezeit, vor allem in den Sommermonaten und rund um die wichtigsten Feiertage (S. 390) sind Reservierungen unerlässlich. Trotzdem sollte man sich von fehlender Planung nicht bremsen lassen – schließlich geht's in den USA vor allem um Spontaneität!

Bei der Wahl der Transportmittel muss man Kosten, Zeit und Flexibilität unter einen Hut bringen und dabei auch die CO_2-Bilanz im Auge haben; die beste Option hängt stets ab von Region und Route. Tipps zum umweltverträglichen Reisen stehen auf S. 15.

REISEZEIT

In Bezug auf das Wetter gilt für die USA: Man sollte sein Reiseziel oder die Reisezeit den saisonalen Umständen anpassen. Details gibt's in den Regionenkapiteln jeweils im Abschnitt „Geografie & Klima". Aktuelle Wettervorhersagen liefert der **Weather Channel** (www.weather.com).

Mehr Infos zum Klima gibt's in den Klimatabellen auf S. 396.

Eine Hauptreisezeit ist der Sommer, der in der Regel am Memorial Day (letzter Mo im Mai) beginnt und am Labor Day (erster Mo im Sept.) endet. Die Amerikaner nehmen ihren Urlaub allerdings hauptsächlich deshalb im Sommer, weil Schulferien sind, nicht weil das Wetter dann überall ideal wäre. Aber im August sind tatsächlich die Strände die beste Wahl, denn die Städte sind dann die reinsten Saunen und die Wüsten glühen vor Hitze.

Frühling und Herbst sind oft die besten Reisezeiten, aber auch hier gilt: Es kommt darauf an, wohin man möchte – in Seattle herrscht im Frühling nicht selten Dauerregen. Und Achtung: Die Jahreszeiten beginnen und enden nicht überall zur gleichen Zeit.

Und der Winter? In Teilen des Südwestens ist dieser die teure Hauptsaison, weil sich die „Snowbirds", Rentner in Wohnmobilen, ab Thanksgiving (vierter Do im Nov.) zum Überwintern in wärmere Gefilde begeben. Bei guter Planung hat man aber die Schönheiten mancher Landschaften des Landes im Winter ganz für sich.

Auch die Ferienzeiten (S. 390) und Festivaltermine (S. 390) sollten bei der Reiseplanung immer berücksichtigt werden.

PREISE

Eine preiswerte USA-Reise ist durchaus möglich, genauso kann man aber – ganz gleich, wie man reist – sehr leicht viel mehr Geld ausgeben, als man wollte. Die Wahl des Transportmittels ist ein ebenso entscheidender Faktor wie das Reiseziel: US-Städte knabbern nicht am Budget, sie verschlingen es!

Nur extrem sparsame und kreative Backpacker sowie Autofahrer kommen mit weniger als 100 US$ pro Tag aus. Im komfortablen Mittelfeld liegt man mit 150 bis 250 US$ pro Tag: Das reicht in der Regel für ein Auto, Benzin, zwei Mahlzeiten, ein ordentliches Hotel und den Eintritt in ein oder zwei Museen. Mehr als 300 US$ täglich auszugeben, ist aber auch nicht schwer: Man gönnt sich hier und da etwas, fährt viel herum und übernachtet, isst und feiert in Städten wie Las Vegas, Seattle oder Los Angeles.

AN ALLES GEDACHT?

▪ Die aktuellen Visa- (S. 404) und Passbestimmungen (S. 410) für die USA checken.

▪ Für eine ausreichende Reise- und Krankenversicherung sorgen (S. 404).

▪ An eventuell notwendige Impfungen denken (S. 425).

▪ Unterkünfte buchen, vor allem für die erste Nacht und in der Nähe von Nationalparks (S. 401).

▪ Führerschein (S. 415) nicht vergessen, auch wenn Autofahren nicht eingeplant ist – der Entschluss könnte angesichts der schieren Größe des Landes rasch hinfällig werden.

▪ Sich Nerven aus Stahl zulegen: Autofahren auf städtischen Freeways ist kein Spaß (S. 418).

▪ Eine Handvoll Kreditkarten einstecken: Sie sind oft einfacher zu verwenden als Bargeld, außerdem sicherer, und für manche Zwecke (Reservierung von Hotelzimmern, Mieten eines Autos, Erwerb von Eintrittskarten für Shows) können sie gar unerlässlich sein.

▪ Das Wichtigste: Unvoreingenommenheit! Man begegnet in ländlichen Gebieten genauso Feinschmeckern wie in L. A. Hinterwäldlern, und auch dazwischen ist alles möglich.

In diesem Führer bezeichnet ein „Mittelklassehotel" eine Unterkunft, die zwischen 80 und 200 US$ pro Doppelzimmer und Übernachtung verlangt. In ländlichen Gebieten kann man sich für 100 US$ fürstlich betten, in manchen Städten bekommt man für 200 US$ gerade mal ein Zimmer in einer sauberen Budgetunterkunft. Für Restaurants gilt dasselbe.

Wer sparen möchte, nutzt Campingplätze (von kostenlos bis zu 35 US$/Nacht) oder Hostels (20–35 US$/Nacht), kocht häufig selber und reist mit Bus und Bahn. Letzteres schränkt zwar die Mobilität ein und dauert länger als mit dem Flieger oder dem Auto, aber das muss ja nicht unbedingt ein Nachteil sein. Augen auf bei Motelreklame: Das Schild mag mit 39 US$ werben, doch das ist wahrscheinlich der Preis für ein Einzelzimmer, plus Steuer exklusive. Tipps zum Sparen bei Unterkünften gibt's auf S. 401.

Um voranzukommen, ist ein Auto oft unumgänglich. Ein Mietauto kostet mindestens 30 US$ pro Tag (je nach Wagentyp, Steuern, Gebühren und Versicherungen mehr), plus Benzinkosten. Bei Road Trips bedenken, dass die Spritkosten die Automiete übersteigen können; je nachdem, wie viel man fährt und auf was für Straßen, ist dafür mit 20 bis 40 US$ pro Tag zu rechnen.

Familien reisen günstig, indem sie Unterkünfte wählen, die für ein Kind, das im Zimmer mit übernachtet, keinen Aufpreis verlangen, in den Restaurants nach Gerichten für Kids fragen und bei Museen, Themenparks und anderen Sehenswürdigkeiten Familienrabatte nutzen. Weitere Tipps zum Reisen mit Kindern gibt's auf S. 395. Zu allgemeinen Rabatten, s. S. 389.

Und nie die alte Regel vergessen: Die Hälfte der Klamotten wieder auspacken und das Reisebudget verdoppeln, dann wird alles gut.

VERANTWORTUNGSBEWUSST REISEN

Seit seiner Gründung 1973 ruft Lonely Planet seine Leser dazu auf, sich zurückhaltend zu verhalten, verantwortungsbewusst zu reisen und den Zauber zu genießen, den unabhängige Reisen bieten. Weltweit nimmt der Reiseverkehr in atemberaubendem Tempo zu, und wir glauben noch immer an die Vorzüge des Reisens. Traveller sollten jedoch immer berücksichtigen, welche Auswirkungen ihr Besuch auf die Wirtschaft vor Ort, auf die einheimischen Kulturen und auf die lokale Umwelt hat.

In den USA liegt Öko heute voll im Trend, und Unternehmen aller Art springen auf den „green"-Zug auf. Für Traveller ist es nicht leicht, einzuschätzen, wie umweltfreundlich ein Unternehmen tatsächlich ist. Unsere

WAS KOSTET WIE VIEL?

Show in Las Vegas
60–150 US$

Freizeitparkbesuch
60 US$

Internetzugang 3–12 US$ pro Std.

1 Gallone (3,785 l) Milch
3,35 US$

Ortsgespräch vom öffentlichen Telefon aus
0,35–0,50 US$

Autoren haben für diesen Führer sorgfältig recherchiert und empfehlen hier nachhaltige, umweltfreundliche Formen des Tourismus (s. auch den Green-Dex, S. 454), die den Umweltschutz unterstützen, die lokale, regionale und ethnische Identität bewahren oder die Kunst und Kultur der indigenen Bevölkerungen fördern, insbesondere die der Ureinwohner.

Einrichtungen, die umweltfreundliche Unternehmen, Hotels, Dienstleister, Touren und Veranstalter zertifizieren, schießen wie Pilze aus dem Boden, darunter auch bundesstaatliche und örtliche Touristeninformationen. Sorgfältig die Kriterien ihrer Auflistungen auf Verlässlichkeit und Unbefangenheit überprüfen! Im Folgenden ein paar dieser Adressen:

Green Hotel Association (www.greenhotels.com) Wer hier Mitglied werden will, bezahlt und wird nicht kontrolliert; trotzdem eine nützliche Aufstellung.

Greenopia (www.greenopia.com/USA) Stadtführer zum umweltbewussten Leben z. B. in Los Angeles und San Francisco.

Historic Hotels of America (www.historichotels.org) Online-Adressbuch des National Trust for Historic Preservation mit der Möglichkeit zur Buchung von Unterkünften.

Öffentliche Verkehrsmittel schonen die Umwelt, aber oft ist ein Auto notwendig; dann möglichst ein umweltfreundliches mieten bei landesweiten Unternehmen wie Avis, Budget oder Hertz (s. S. 417). Daneben gibt's unabhängige Vermieter, die auf Hybrid- oder Elektroautos (S. 418) spezialisiert sind. Der Car-Sharing-Service Zipcar (S. 418) ist in 25 Bundesstaaten vertreten, der Automobilclub Better World Club (S. 415) unterstützt die Umweltgesetzgebung und bietet seinen Mitgliedern umweltfreundliche Dienstleistungen, u. a. Pannenhilfe für Auto- und Fahrradfahrer.

Trampen (S. 423) ist riskant, aber Mitfahrgelegenheiten, vereinbart über Netzwerke wie **Craigslist** (CL; www.craigslist.org), stellen gute Alternativen dar. CL listet auch Ferienwohnungen, Untervermietungen, Kurzzeitjobs und Gemeindeaktivitäten und man findet kostenlose Inserate für alles, was man unterwegs kaufen, verkaufen oder tauschen möchte, ob Surfbrett oder Gebrauchtwagen.

Verantwortungsbewusstes Reisen beschränkt sich natürlich nicht darauf, ab und zu umweltfreundliche Optionen zu wählen: Es geht letztlich immer darum, wie man mit den Menschen und der Umwelt insgesamt beim Reisen umgeht. Das betrifft z. B. einen möglichst schonenden Umgang mit der Natur beim Wandern und Campen (s. S. 88), das Leisten von Freiwilligenarbeit (s. S. 391) oder auch, sich auf indigene Kulturen einzulassen und zu begreifen, vor welchen Herausforderungen sie heute stehen. Mehr Infos zu Umweltfragen in den USA gibt's auf S. 91 und bei folgenden Adressen:

Climatecrisis.net (www.climatecrisis.net) Offizielle Website des Dokumentarfilms *Eine unbequeme Wahrheit*; Programme, Ratschläge und Infos zur Verringerung des Kohlendioxidausstoßes.

National Geographic Center for Sustainable Destinations (www.nationalgeographic.com/travel/sustainable) Bewirbt den „Geotourismus" mit Webcams, digitalen Fotos, Karten, Blogs und Online-Quellen für Traveller.

Sierra Club (www.sierraclub.org) Infos zu Umwelt- und Naturschutz, politischen Aktivitäten, Gruppenwanderungen und Freiwilligenarbeit.

Sustainable Travel International (www.sustainabletravelinternational.org) Bietet Öko-Reiseführer, bucht Touren und setzt sich für die Verringerung des CO_2-Ausstoßes ein.

The Nature Conservancy (www.nature.org) Schützt Millionen Hektar Naturflächen in allen 50 US-Staaten; außerdem gibt's einen Öko-Newsletter, eine Zeitschrift und Freiwilligenprogramme.

REISELEKTÜRE

Amerikanische Reiseberichte sind ein eigenes Genre. Vielen gilt der erste, *Über die Demokratie in Amerika* (1835), noch immer als der beste: Alexis de Tocqueville reiste umher, unterhielt sich mit den Leuten und arbeitete heraus, was dem damals neuen „amerikanischen Experiment" zugrunde lag.

„Verantwortungsbewusstes Reisen beschränkt sich natürlich nicht darauf, ab und zu umweltfreundliche Optionen zu wählen: Es geht letztlich immer darum, wie man mit den Menschen und der Umwelt insgesamt beim Reisen umgeht."

Wer Kaffee und Kommentare schwarz und bitter mag, sollte Henry Millers *Der klimatisierte Alptraum* (1945) im Gepäck haben. Es entstand auf einer USA-Reise des aufbrausenden, oft obszönen Autors im Zweiten Weltkrieg.

Die berühmte Reiseschriftstellerin und Historikerin Jan Morris war sichtlich von dem Land hingerissen, als sie *Coast to Coast* (1956, ursprünglich *As I Saw the USA*) verfasste, ein knappes, elegantes Werk voller Kritik (besonders ihre Berichte über den Süden in der Zeit vor der Bürgerrechtsbewegung).

Das vielleicht berühmteste amerikanische Reisebuch ist Jack Kerouacs ungestümes *Unterwegs* (1957), ein Klassiker der Beat Generation voller Jazz, Poesie und Drogen im Amerika der Nachkriegszeit.

John Steinbecks *Die Reise mit Charley: Auf der Suche nach Amerika* (1962) erzählt von der Reise des Romanciers quer durch Amerika in Begleitung seines Pudels und beleuchtet kritisch, wie Technologie, Traditionen und Vorurteile den regionalen Charakter des Landes geformt haben.

Für Scheidewege im Leben steht William Least Heat-Moon's *Blue Highways* (1982), die bewegende Geschichte eines Durchschnittsamerikaners, der versucht, sich zu finden, indem er sich verliert.

On the Rez (2000) von Ian Frazier ist zwar kein Reisebericht im eigentlichen Sinne, vermittelt aber einen guten Eindruck vom heutigen Leben in den Reservaten der amerikanischen Ureinwohner.

Weitere Hinweise zur amerikanischen Literatur finden sich auf S. 55.

INFOS IM INTERNET

Away.com (www.away.com) Jede Menge Ideen für Outdoorabenteuer und Aktivitäten in den Städten; behandelt alle 50 Bundesstaaten.

Festivals.com (www.festivals.com) Die besten Partys von Küste zu Küste: Livemusik, kulinarische Festivals und ungewöhnlichere Feste.

Lonely Planet (www.lonelyplanet.com) Infos und Berichte von USA-Reisen, kundige Hotel- und Hostelkritiken, das Thorn-Tree-Community-Forum und Links zu weiteren Infos im Netz.

New York Times Travel (http://travel.nytimes.com) Reiseinfos, praktische Ratschläge und alle 36 Stunden aktualisierte News zu Städten sowie authentische „American-Journeys"-Berichte.

Roadside America (www.roadsideamerica.com) Die Seite für alles Durchgeknallte und Abwegige in Amerika: Wer braucht schon die Freiheitsstatue, wenn an den Highways „Muffler Men" (riesige Fiberglassfiguren) warten?!

USA.gov (www.usa.gov/Citizen/Topics/Travel.shtml) Diese Site im offiziellen Webauftritt der US-Regierung kommt einer klassischen Fremdenverkehrsinformation am nächsten.

„Das vielleicht berühmteste Reisebuch ist Jack Kerouacs ungestümes *Unterwegs*."

Reiserouten

AUF NACH OSTEN! 3–4 Wochen/von San Francisco bis Carlsbad

Wer von der Küste ins Landesinnere reisen will, sollte in San Francisco beginnen. Auf dieser Route trifft man auf tolle Städte und klassische Landschaften. Aber Achtung: Im Juli und August kann es sehr heiß werden.

Wenn man das vielseitige **San Francisco** (S. 266) hinter sich gelassen hat, führt die Route in den wunderschönen **Yosemite National Park** (S. 310) und in die **Sequoia & Kings Canyon National Parks** (S. 315). Auf der I-15 kommt man am **Mojave National Preserve** (S. 251) vorbei zum nächtlichen Lichtermeer von **Las Vegas** (S. 101) mit seinen riesigen Spielkasinos. Nächster Halt ist am **Grand Canyon National Park** (S. 135) mit dem obligatorischen ausgedehnten Blick in die gewaltige Schlucht. Dann brettert man entlang der Route 66 durch **Williams** (S. 132) und **Flagstaff** (S. 129), macht einen Schlenker vorbei an den roten Felsen von **Sedona** (S. 132) und fährt auf der I-40 weiter Richtung Osten.

In New Mexico biegt man in **Albuquerque** (S. 176) links ab: Der Abstecher auf dem **Turquoise Trail** (S. 186) nach **Santa Fe** (S. 184) und bis hinauf nach **Taos** (S. 192) lohnt sich. Dann zurück nach Albuquerque und auf der I-25 Richtung Süden fahren. Auf dem Hwy 380 geht's nach Osten bis zum Ufo-verrückten **Roswell** (S. 201). Nachdem man sich dort genug über geheimnisvolle außerirdische Besucher gegruselt hat, führt der Weg nach Süden bis nach **Carlsbad** (S. 202), der Endstation der Tour. Am Ende des Besuchs im dortigen **Carlsbad Caverns National Park** (S. 202) darf man im Sommer keinesfalls den Start der Fledermäuse zur nächtlichen Jagd verpassen.

Dieser Trip lohnt sich – vom Pazifik durch die Wüste und fast bis hinunter nach Mexiko. Eine äußerst abwechslungsreiche Strecke von etwa 2000 Meilen, für die man zwei Wochen oder aber zwei Monate brauchen kann. Abstecher nach allen Richtungen sind jederzeit möglich. Also: einfach drauflosfahren und Spaß haben!

DIE LINKE KÜSTE
2–3 Wochen/von Portland nach San Diego

Nicht nur geografisch, auch politisch könnte die Westküste kaum weiter von Washington, D.C., entfernt sein. Der Trip ist was für Leute mit linker Gesinnung und für Naturtypen, die gerne einen offenen Horizont vor sich haben. Das nette **Portland** (S. 356) ist ein prima Anfang. Danach gen Osten und in die Natur am **Columbia River Gorge** (S. 373) entlang, in The Dalles nach Süden abbiegen und auf dem **Mt. Hood** (S. 373) skifahren oder wandern. In **Bend** (S. 375) ist Wildwassersport bei den **Sisters** (S. 375) und auf dem **Crater Lake** (S. 376) angesagt. Nach einer Shakespeare-Aufführung im sonnigen **Ashland** (S. 377) beginnt die Tour über die Berge an die neblige Küste; über den Hwy 199 kommt man nach Kalifornien in den prächtigen **Redwood National & State Park** (S. 301).

Auf der Fahrt die Küste hinunter passiert man das flippige **Arcata** und **Eureka** (S. 301), verliert sich an der **Lost Coast** (S. 300) und findet wieder Anschluss an den Hwy 1 über das idyllische **Mendocino** (S. 299).

Nach einem Abstecher ins Hinterland, wo man in den **Napa & Sonoma Valleys** (S. 293) ausspannen und Wein kosten kann, erreicht man die hügelige und unkonventionelle Stadt **San Francisco** (S. 266).

Zurück auf dem **Hwy 1** (S. 265) fährt man durch **Santa Cruz** (S. 263), durch **Monterey** (S. 261) und durch das ausgeflippte **Big Sur** (S. 259). Schon ist man auch in **Hearst Castle** (S. 259) und in der lockeren Universitätsstadt **San Luis Obispo** (S. 257). Weiter geht's in das mediterrane **Santa Barbara** (S. 254), danach springt man in Ventura auf eine Fähre zu den **Channel Islands** (S. 254) mit vielen Wildtieren. Schließlich führt der Trip nach **Los Angeles** (S. 208). Auf nach **Hollywood** (S. 216), und natürlich all die schönen Menschen aus **O.C.** (S. 234) anschauen, bevor man in **San Diego** (S. 235) ausspannen kann.

Mal schauen: Bietet die 1550 Meilen lange Strecke auch umweltfreundliche Outdoorabenteuer? Ja! Kleinbrauereien und feine Winzereien? Ja! Atemberaubende uralte Wälder und Berge? Ja! Legendäre Küstenstraßen? Ja! Freaks, Visionäre und Radikale? Ja! Surfstrände, Feinschmeckerrestaurants, bahnbrechende Kunst, multikulturelle Städte? Ja, ja, ja! Es ist nun mal die Westküste!

Geschichte

DIE SCHILDKRÖTENINSEL

Mündlichen Überlieferungen und heiligen Mythen zufolge leben seit Menschengedenken indigene Völker auf dem nordamerikanischen Kontinent, den manche von ihnen die „Schildkröteninsel" nannten. Als der erste Kontakt mit Europäern stattfand, bewohnten etwa 2 bis 18 Mio. Menschen jeden Winkel des „Schildkrötenrückens" und sprachen über 300 Sprachen.

Die wissenschaftliche Erklärung der westlichen Welt für die Bevölkerung des Kontinents, nach der vor mindestens 20 000 Jahren Völker aus Asien über eine Landbrücke zwischen Sibirien und Alaska eingewandert seien, trifft zwar sehr wahrscheinlich zu, reicht aber nach allgemeiner Meinung nicht aus, um alle Belege für die prähistorische Zivilisation auf dem nordamerikanischen Kontinent zu erfassen. Die Theorie wurde zudem mitunter kritisiert, da sie den Vereinigten Staaten gelegentlich als Rechtfertigung für die Enteignung des von den Ureinwohnern bewohnten Lands diente. Die amerikanischen Ureinwohner – so die krude Argumentation – seien letztendlich selbst „Einwanderer" gewesen.

Die frühesten paläoindianischen Kulturen waren die Clovis und die Folsom, die von ca. 10 000 bis 8000 v. Chr., am Ende der letzten Eiszeit, den gesamten nordamerikanischen Kontinent bewohnten. Von diesem Zeitpunkt an entwickelte sich eine bunte Mischung komplexer Gesellschaften: zunächst nomadische Jäger und Sammler – oft als „archaische" Völker bezeichnet –, später dann auch fest siedelnde bäuerliche Gemeinschaften.

Zu den bedeutendsten prähistorischen Kulturen Nordamerikas gehörten die *Moundbuilders* (etwa: Erbauer von Erdhügeln), die von ca. 3000 v. Chr. bis 1300 n. Chr. die Flusstäler am Ohio River und am Mississippi bewohnten. Im heutigen Illinois identifiziert man die Überreste der Cahokia Mounds, die einst zur größten präkolumbischen Metropole Nordamerikas gehörten; in ihr lebten bis zu 20 000 Menschen. Und im heutigen Ohio schützt der Hopewell Culture National Historic Park eine geheimnisvolle heilige Zeremonienstätte, die auch als „Mound City" bezeichnet wird.

Im Südwesten besetzten Anasazi zwischen ca. 100 und 1300 n. Chr. das Colorado-Plateau, bis Krieg, Dürre und Ressourcenknappheit sie wahrscheinlich vertrieben. Ihre Höhlenbauten sind noch heute im Mesa Verde National Park, Colorado, zu besichtigen. Im Chaco Culture National Historic Park (S. 195) in der Wüste New Mexicos können die Überreste der Lehmziegelhütten der Pueblo-Kultur studiert werden; die Anlage gehört seit 1987 zum UNESCO-Weltkulturerbe. Zu den Nachfahren dieser Völker zählt man die Hopi, deren Mesa-Top-Pueblos (S. 143) aus dem 13. Jh. zu Nordamerikas ältesten ohne Unterbrechung bewohnten Siedlungen gehören.

The People: Indians of the American Southwest (1993) von Stephen Trimble ist ein facettenreicher Bericht über die Geschichte und die heutige Kultur der Ureinwohner, erzählt von Ureinwohnern selbst.

ZEITACHSE

8000 v. Chr.	7000 v. Chr.–100 n. Chr.	um 1000
Das Aussterben von Säugetieren der Eiszeit veranlasst eingeborene Völker, kleineres Wild zu jagen und einheimische Pflanzen zu sammeln.	Das „Archaische Zeitalter" ist durch nomadisches Jagen und Sammeln gekennzeichnet. Am Ende dieses Zeitalters sind Mais, Bohnen und Kürbis sowie dauerhafte Siedlungen weit verbreitet.	Der isländische Seefahrer Leif Eriksson betritt – vermutlich – als erster Europäer amerikanischen Boden. Wahrscheinlich erkundete er die Baffin-Insel und Neufundland.

DIE LETZTEN AMERIKANER

Es zählt zu den prägenden Paradoxa Amerikas, dass die „ersten Völker" des Kontinents zu den letzten gehörten, die Bürgerrechte erlangten. Als dies 1924 endlich geschah – zum Teil aus Anerkennung ihrer Dienste im Ersten Weltkrieg –, zementierte das das ungelöste Ende der brutalen Indianerkriege des 19. Jhs.: Die Reservate der amerikanischen Ureinwohner würden eigene Nationen auf US-Gebiet bleiben, mit eigenen Gesetzen und bisweilen unklaren Verpflichtungen auf beiden Seiten.

Dies hatte eigentlich niemand so gewollt. Doch die Meinungen darüber, wer nun genau wo leben sollte, gingen schon früh auseinander. Mit dem Ziel, diese Konflikte endgültig aus der Welt zu schaffen, hatte Präsident Andrew Jackson schon fast ein Jahrhundert zuvor den „Indian Removal Act" (Indianer-Umsiedlungsgesetz) von 1830 erlassen. Dieses Gesetz wies das Land westlich des Mississippi als „indianisches Gebiet" aus. Die Indianer sollten dorthin umsiedeln und so die fruchtbaren Täler westlich der Appalachen räumen, um Platz für die Expansion und den Kapitalismus der Vereinigten Staaten zu schaffen. Viele Stämme widersetzten sich aber der Zwangsumsiedlung, darunter die Seminolen in Florida. Die Vertreter der USA redeten mit Engelszungen auf die Indianer ein, drohten ihnen oder bestachen sie, um sie dazu zu bewegen, die Abkommen zu unterschreiben und zu kooperieren. Als alle Versuche scheiterten, wandte die Regierung Waffengewalt an. Zu den schändlichen Ereignissen zählte der „Pfad der Tränen" von 1838, ein Zwangsmarsch, der allein mehr als 4000 Cherokee das Leben kostete. Bis 1844 waren drei Viertel der 120 000 Indianer, die östlich des Mississippi beheimatet waren, umgesiedelt worden.

Nach dem Anschluss von Texas und Kalifornien und dem Sieg im Mexikanisch-Amerikanischen Krieg umfasste Mitte des 19. Jhs. das US-Territorium den Großteil Nordamerikas und umgab das indianische Gebiet in den Great Plains. Besonders nach dem Bürgerkrieg strömten Pioniere und Bergarbeiter in den Westen und ließen sich überall nieder, ohne sich an die in den Abkommen festgelegten Grenzen zu halten. Bis 1871 setzten die USA immer neue Abkommen auf und brachen sie wieder – und schließlich ließen sie es ganz bleiben, neue aufzusetzen.

Über 470 Abkommen haben die USA gebrochen, und jedes einzelne von ihnen sollte in den Augen der Ureinwohner Gültigkeit haben, „so lange das Gras wächst oder das Wasser fließt." Immer wieder fand die Weißen Gold oder wollten Grund und Boden besitzen. Rücksichtslos versuchten sie es erst gar nicht, ein Bemühen um eine friedlichen Koexistenz vorzutäuschen. Im späten 19. Jh. wurden die Büffel ausgerottet, auch als Teil der (erfolgreichen) Strategie, die „wilden" Stämme der Great Plains auszuhungern, die sich der Zwangsumsiedlung in die Reservate widersetzten. Als die Sioux 1876 die Schlacht am Little Bighorn gewannen, war es mit der Zurückhaltung der USA endgültig vorbei. Das Militär verfolgte die Stämme ohne Gnade, bis – mit dem Ende der Apachenkriege 1886 – die Ureinwohner keinen bewaffneten Widerstand mehr leisteten.

In verarmte Reservate abgeschoben, waren die Ureinwohner auf die Hilfe der USA angewiesen, um zu überleben. Was sie bekamen, war das „Dawes Act" von 1887, das darauf abzielte, die Indianer zu „integrieren", indem es sie zwang, Sprache und kulturelles Erbe aufzugeben. Nachdem man sie in ihrem Elend nun also auch noch demütigte, widersetzten sich viele Indianer standhaft der Assimilierung. Dies führte schließlich zum „Indian Citizenship Act" (Indianer-Staatsbürgerschaftsgesetz) von 1924, das aber einige Stämme als Verstoß gegen ihr Recht auf Souveränität werteten.

Infos zur zeitgenössischen Kultur der amerikanischen Ureinwohner finden sich auf S. 43.

1492	1497	Mitte des 16. Jhs.
Der italienische Forscher Christoph Columbus „entdeckt" Amerika bei seinen insgesamt drei Reisen durch die Karibik. Die Ureinwohner nennt er „Indianer", da er davon ausgeht, Indien erreicht zu haben.	Giovanni Caboto, italienischer Seefahrer in englischen Diensten, erreicht das nordamerikanische Festland, wahrscheinlich Neufundland.	Spanier gründen die ersten Kolonien auf amerikanischem Boden, darunter das heute noch existierende St. Augustine in Florida. Andere Neugründungen werden später wieder aufgegeben.

Unterdessen, zwischen 500 und 1000 n. Chr., trafen in Hawaii die ersten polynesischen Seefahrer ein. Im pazifischen Nordwesten und Alaska zählten zu den Charakteristika der indigenen Kulturen auch seetüchtige Kanus und mit Schnitzereien versehene hölzerne Totempfahle. Im Reservat der auf der Olympic Peninsula im Bundesstaat Washington beheimateten Makah Nation (S. 345) befindet sich ein freigelegtes Dorf der amerikanischen Ureinwohner aus dem 15. Jh., das einst unter einer Schlammlawine begraben wurde. Auf diese Weise blieben Artefakte aus präkolumbischer Zeit erhalten, darunter ein traditionelles Langhaus. In Anchorage ist das Alaska Native Heritage Center die beste Adresse, um mehr über die indigenen Völker des hohen Nordens zu erfahren.

Es waren jedoch die Kulturen der Great Plains, die für die eingewanderte europäische Bevölkerung Amerikas zum Sinnbild der „Indianer" werden sollten, was zum Teil darauf gründet, dass diese Stammesvölker sich am längsten der Expansion der USA gen Westen widersetzten. In Oklahoma gibt es zahlreiche Stätten, die das Leben der Indianer vor der Ankunft der Europäer veranschaulichen, z. B. in Anadarko und entlang des Trail of Tears (Pfad der Tränen).

Entschieden und ernüchternd schildert Begrabt mein Herz an der Biegung des Flusses (1970) von Dee Brown die Geschichte der Indianerkriege des späten 19. Jhs. aus der Sicht der Ureinwohner.

EINE NEUE WELT FÜR DIE EUROPÄER

Als die Europäer zum ersten Mal in die westliche Hemisphäre segelten, nannten sie die Kontinente die „Neue Welt". Das neu entdeckte Land war mit Sicherheit erstaunlich, aber die wahre neue Welt war die Seefahrerei über Ozeane. Es stellte sich heraus, dass der Ozean gar nicht der Rand der Welt war, sondern stattdessen ein „großer Teich". Die Entdeckung veränderte die politische Landkarte in Europa und Asien radikal, heizte den modernen Kapitalismus an und beeinflusste natürlich auch die Art und Weise, in der die Europäer auf Amerika reagierten.

1492 reiste der Genueser Christoph Columbus im Auftrag Spaniens nach Westen. Auf der Suche nach Ostindien fand er die Bahamas. Schnell folgten weitere Entdecker: Hernán Cortés eroberte große Teile des heutigen Mexiko, Francisco Pizarro nahm Peru ein, Juan Ponce de León reiste auf der Suche nach dem Jungbrunnen in Florida herum. Nicht zu vergessen die Franzosen, die Kanada und den Mittleren Westen erforschten, während Holländer und Engländer an den östlichen Küsten Nordamerikas entlangfuhren.

Im Gepäck hatten die europäischen Entdecker Krankheiten, gegen die die indigene Bevölkerung keine Abwehrkräfte besaß. Mehr als alle anderen Faktoren – also Krieg, Sklaverei und Hunger – dezimierten Epidemien die Bevölkerung der Ureinwohner, und zwar um etwa 50 bis 90 %. Im 17. Jh. zählten die Indianerstämme Nordamerikas nur noch ca. 1 Mio. Menschen. Viele der einst blühenden Gemeinschaften waren im Chaos versunken.

Zusätzlich zur Suche nach Gold wurden die europäischen Kolonisten von religiösem Eifer getrieben. Die unterbevölkerte Neue Welt schien vielen

Im Jahr 1502 verwendete der italienische Seefahrer Amerigo Vespucci den Begriff „Mundus Novus" (Neue Welt) um seine Entdeckungen zu beschreiben. Der Lohn? 1507 nannten Karten die westliche Hemisphäre „Amerika".

1607	1620	1626
Im ersten Jahr der Besiedelung von Jamestown sterben 80 von 108 Auswanderern. Auch danach geht es nicht gerade rosig weiter. Zwischen 1619 und 1622 sterben 3000 von 3600 Siedlern in der Siedlung in Virginia.	Die *Mayflower* legt mit 102 englischen Pilgern an Bord in Plymouth an. Krank und ausgehungert, retten ihnen das Geschenke der Wampanoag das Leben. Dankbare Pilger veranstalten ein Erntedankfest (Thanksgiving).	Niederländische Kaufleute kaufen Indianern die Insel Manahatta ab und gründen die Stadt Nieuw Amsterdam. Nach der Annexion durch die Engländer 1664 bekommt sie den Namen New York.

Christen dank göttlicher Voraussicht für sie reserviert worden zu sein. Spanische katholische Missionare machten es sich zur einzigen Aufgabe, die Ureinwohner des Kontinents zu bekehren. Im ganzen Südwesten, in Texas und in Kalifornien wurden zahlreiche Missionen gegründet.

1607 errichteten englische Adlige in Jamestown die erste dauerhafte europäische Siedlung in Nordamerika. Frühere Siedlungen hatten ein schlechtes Ende genommen und auch in Jamestown kam es fast dazu. Die Europäer hatten sich einen Sumpf ausgesucht und ihre Felder zu spät bestellt, sodass viele an Krankheiten und Hunger starben. Einige verzweifelte Kolonisten liefen davon, um bei den Stämmen der Region zu leben. Diese halfen der Siedlung so weit, dass das Überleben gerade so gelang.

Für Jamestown und Amerika sollte 1619 ein Schlüsseljahr werden. Die Kolonie gründete das House of Burgesses, eine repräsentative Versammlung von Bürgern, die über die Gesetze in der Region entscheiden sollte. Im gleichen Jahr kam die erste Schiffsladung mit 20 afrikanischen Sklaven an. Nachdem es den Kolonisten schließlich gelungen war, eine lohnende Pflanze für den Export anzubauen – Tabak –, brauchten sie Arbeiter. Sie hatten nicht genug englische Diener (die die Feldarbeit verachteten), und die indigene Bevölkerung war kaum zu überzeugen oder zu unterdrücken. Die afrikanischen Sklaven, die sich zu diesem Zeitpunkt auf den Zuckerplantagen der Karibik bereits bewährt hatten, kamen da gerade recht.

The New World (2005) ist ein brutaler, aber auch leidenschaftlicher Film. Regisseur Terrence Malick erzählt die tragische Geschichte der Jamestown-Kolonie und schildert, welche zentrale Rolle Pocahontas, Tochter eines Powhatan-Häuptlings, bei der Friedensstiftung spielte.

Das Folgejahr erwies sich als ähnlich bedeutsam. Eine Schiffsladung radikal religiöser Puritaner ging damals dort an Land, wo später Plymouth, Massachusetts, entstehen sollte. Die Pilgerväter waren auf der Flucht vor der religiösen Verfolgung einer „korrupten" Kirche in England. In der Neuen Welt sahen sie eine gottgegebene Möglichkeit, eine neue Gesellschaft zu erschaffen, die ein leuchtendes Vorbild an Religion und Moral werden sollte. Die radikalen Puritaner unterzeichneten den „Mayflower-Vertrag", einen der bahnbrechenden Texte der amerikanischen Demokratie, in dem sie sich zur Errichtung einer gesetzlichen Ordnung verpflichteten.

Jahrzehntelang lebten die Pilgerväter und die einheimischen Stämme der Umgebung recht ordentlich zusammen. Doch 1675 brach ein tödlicher Konflikt aus. Der King Philips' War dauerte 14 Monate, über 5000 Menschen, meist Ureinwohner, wurden getötet, während die überlebenden Indianer größtenteils auf Sklavenschiffe in Richtung Karibik verfrachtet wurden.

Und so wurde das „Amerikanische Paradoxon" geboren: politische und religiöse Freiheit für die Weißen, die auf der Versklavung der Schwarzen und dem Verschwinden der Indianer basierte.

KAPITALISMUS & KOLONIALISMUS

Während der nächsten zwei Jahrhunderte wetteiferten die europäischen Mächte – vor allem Großbritannien, Frankreich, Portugal und Spanien – um ihre Position und das Territorium in der Neuen Welt. Dabei dehnten sie die

1756–1763	1773	1775
Im Siebenjährigen Krieg (Franzosen- und Indianerkrieg) unterliegt Frankreich den Briten. Die englische Krone kontrolliert danach den Großteil des Gebiets östlich des Mississippi.	Boston Tea Party: Aus Protest gegen die britische Teesteuer verkleiden sich Bostoner als Mohawk-Indianer, stürmen Schiffe der Ostindien-Kompanie und werfen deren Teeladungen über Bord.	Am 18. April reitet Paul Revere von Boston nach Lexington, um die koloniale Miliz vor der Ankunft der Briten zu warnen. Dort wird am folgenden Tag der erste Schuss des Unabhängigkeitskriegs abgefeuert.

europäische Politik auch auf Nord- und Südamerika aus. Nachdem es der British Royal Navy gelungen war, den Atlantik zu beherrschen, konnte England immer stärker von seinen Kolonien profitieren und gierig die Früchte seiner Arbeit konsumieren – süßen Tabak aus Virginia, Zucker und Kaffee aus der Karibik.

Die Industrielle Revolution vorwegnehmend waren diese Luxusgüter nur gewinnbringend, wenn sie in Massen als Exportgüter produziert wurden und man dafür billige Arbeitskräfte einsetzte. Im 17. und 18. Jh. wurde in Amerika die Sklaverei langsam zu einer formellen Einrichtung legalisiert, um so die Plantagenwirtschaft zu unterstützen. Insgesamt kamen in Nordamerika nur um die 5 % aller Sklaven an, die von Afrika in Richtung Neue Welt transportiert wurden. Und dennoch machten Sklaven einen großen Teil der Bevölkerung der amerikanischen Kolonien aus: Um 1800 war eine von fünf Personen ein Sklave.

In der Zwischenzeit überließen es die Briten den amerikanischen Kolonisten weitgehend, sich selbst zu regieren. Treffen in den Städten und repräsentative Versammlungen wurden zur Regel. Hier diskutierten die Bürger der Region – d. h. weiße Männer mit Besitz – die Probleme der Gemeinschaft und stimmten über Gesetze und Steuern ab.

Dennoch bekam Großbritannien am Ende des Siebenjährigen Krieges im Jahr 1763 langsam zu spüren, wie anstrengend es ist, ein Imperium zu regieren. Seit einem Jahrhundert kämpften sie nun gegen Frankreich und hatten über die ganze Welt verstreut Kolonien. Es wurde Zeit, in der Bürokratie aufzuräumen und die finanziellen Lasten gemeinsam mit den Kolonien zu tragen. Großbritannien stationierte in Amerika eine ständige Armee. Es verabschiedete Gesetze, die Siedlungen westlich der Appalachen und nördlich des Ohio verboten, um weitere Kriege zu verhindern. Außerdem erhob es eine Reihe von Steuern, um die Erträge für die Krone zu erhöhen.

Ab 1763 protestierten die Kolonisten gegen die englische Politik, begannen diese zu boykottieren und führten gleichzeitig eine dauerhafte öffentliche Diskussion über politische Theorien.

1773 erreichte der Ärger mit der Boston Tea Party den Höhepunkt. Die Briten schlugen nun mit aller Härte zu, schlossen den Hafen von Boston, erhöhten ihre militärische Präsenz und verstärkten die Autorität des Empire. 1774 versammelten sich als Reaktion darauf Vertreter aus zwölf der 13 Kolonien im Ersten Kontinentalkongress in der Independence Hall in Philadelphia, trugen ihre Beschwerden vor und berieten das weitere Vorgehen. Die Kolonisten, die sich immer noch als benachteiligte Engländer verstanden, brachten sich richtig in Fahrt. Und so rüsteten sich beide Seiten für den Kampf.

REVOLUTION & REPUBLIK

Im April 1775 gerieten in Massachusetts britische Truppen in ein Geplänkel mit bewaffneten Kolonisten – der Amerikanische Unabhängigkeitskrieg

Wenn Geschichte eine parteipolitische Angelegenheit ist, so macht Howard Zinn mit seiner Geschichte des amerikanischen Volkes *(1980 & 2005) deutlich, wem er sich zugehörig fühlt. Das Buch erzählt die häufig vernachlässigten Geschichten der Arbeiter, Minderheiten, Einwanderer, Frauen und Radikalen.*

1776	**1787**	**1791**
Am 4. Juli unterzeichnen 13 amerikanische Kolonien die Unabhängigkeitserklärung, die u. a. John Hancock, Samuel Adams, John Adams, Benjamin Franklin und Thomas Jefferson erarbeitet haben.	Die verfassungsgebende Versammlung in Philadelphia (Philadelphia Convention) formuliert die Verfassung der USA. Die Macht des Bundes wird auf den Präsidenten, den Kongress und die Justiz verteilt.	Die Bill of Rights ergänzen die Verfassung um die Bürgerrechte, darunter die Rede-, Versammlungs-, Religions- und Pressefreiheit und das Recht auf Waffenbesitz.

begann. Kurz nachdem das Feuer eröffnet worden war, traf sich der Zweite
Kontinentalkongress in Philadelphia und wählte George Washington, einen
wohlhabenden Farmer aus Virginia, zum Führer der amerikanischen Armee.
Das Problem war nur, dass Washington Schießpulver und Geld fehlten. Die
Kolonisten wehrten sich sogar dann gegen Steuern, wenn sie für ihr eigenes
Militär waren. Zudem stellten seine Truppen eine kunterbunte Mischung
aus schlecht bewaffneten Bauern, Jägern und Kaufleuten dar, die regelmäßig
aufgaben und auf ihre Farmen zurückkehrten – schließlich wurden sie ja
nicht bezahlt.

Dagegen verkörperten die britischen *Redcoats* (Rotröcke) das mächtigste
Militär der Welt. Der unerfahrene General Washington musste ständig
improvisieren. Mal zog er sich weise zurück, mal unternahm er Angriffe aus
dem Hinterhalt. Während des Winters 1777/78 wäre die amerikanische
Armee bei Valley Forge beinahe verhungert.

In der Zwischenzeit versuchte der Zweite Kontinentalkongress in Worte
zu fassen, wofür man eigentlich kämpfte. Im Januar 1776 veröffentlichte
Thomas Paine den unglaublich beliebten *Common Sense,* in dem er sich
leidenschaftlich für die Unabhängigkeit von England einsetzte. Bald erschien
die Unabhängigkeit nicht nur als logisch, sondern galt als edel und notwendig. Am 4. Juli 1776 wurde ein Schlussstrich gezogen und die Unabhängig-
keitserklärung unterzeichnet, die zu großen Teilen von Thomas Jefferson
geschrieben worden war. In der Gründungsurkunde der USA verkündeten
die 13 britischen Kolonien ihre Loslösung von Großbritannien und ihr Recht,
von nun an als unabhängige und souveräne Staaten zu handeln. Die berühmten Zeilen lauten:

> Wir halten diese Wahrheiten für ausgemacht, dass alle Menschen
> gleich erschaffen wurden, dass sie von ihrem Schöpfer mit gewissen
> unveräußerlichen Rechten begabt wurden, worunter Leben, Freiheit
> und das Streben nach Glückseligkeit sind. Dass zur Versicherung
> dieser Rechte Regierungen unter den Menschen eingeführt worden
> sind, welche ihre gerechte Gewalt von der Einwilligung der Regier-
> ten herleiten.

Dennoch: Um auf dem Schlachtfeld erfolgreich zu sein, benötigte General
Washington Hilfe und nicht hehre Gefühle. 1778 überredete Benjamin
Franklin die Franzosen, die stets dazu bereit waren, England Schwierigkeiten
zu bereiten, sich mit den Revolutionären zu verbünden. Sie beschafften den
Truppen, das Material und die Seemacht. 1781 kapitulierten schließlich die
Briten bei Yorktown, Virginia. Und zwei Jahre später wurden die „Vereinig-
ten Staaten von Amerika" mit dem Frieden von Paris offiziell anerkannt.

Anfangs konnte der lose Bund der aufsässigen Staaten, die sich wie Hen-
nen am Futtertrog zankten und wetteiferten, kaum „vereinigt" genannt

Die Miniserie John Adams
(2008) des Fernsehsen-
ders HBO erzählt aus
allen Blickwinkeln die
fesselnde Geschichte der
Jahre, als die ameri-
kanische Revolution in
der Schwebe hing und
das Pendel sich in jede
Richtung hätte bewegen
können.

Wer die Verfassung,
die Unabhängigkeitser-
klärung, die Federalist
Papers oder andere
Dokumente lesen will,
sollte auf den Seiten des
Nationalarchivs der USA
unter www.archives.gov
oder bei „100 Milestone
Documents" unter www.
ourdocuments.gov
vorbeischauen.

1803	1803–1806	1812–1815
Louisiana Purchase: Napoleon Bonaparte verkauft die Ko- lonie Louisiana für schlappe 15 Mio. US$ an die USA, deren Territorium nun bis zu den Rocky Mountains reicht.	Präsident Thomas Jefferson schickt Meriwether Lewis und William Clark gen Westen. Mit- hilfe der Shoshonen-Indianerin Sacajawea bahnen sie sich ihren Weg von St. Louis zum Pazifik und zurück.	Im Britisch-Amerikanischen Krieg behauptet sich die junge Nation gegen das ehemalige Mutterland. Selbst nach dem Friedensabkommen von Gent 1815 dauern die Kämpfe an der Golfküste an.

werden. So trafen sich die Gründerväter 1787 noch einmal in Philadelphia, bastelten herum wie Mechaniker und entwarfen eine Verfassung, in der die Gewaltenteilung festgeschrieben wurde. Um den Einzelnen vor dem Missbrauch staatlicher Macht zu schützen, wurde 1791 schließlich noch die Bill of Rights verabschiedet.

Mit der Verfassung wurde festgelegt, welche Wirkung die Amerikanische Revolution haben sollte: radikale Erneuerung der Regierung und Erhalt der wirtschaftlichen und sozialen Zustände. Die reichen Landbesitzer behielten ihren Besitz, wozu auch die Sklaven gehörten. Die Ureinwohner Amerikas wurden von der Nation und die Frauen von der Politik ausgeschlossen. Diese offensichtlichen Diskrepanzen und Ungerechtigkeiten wurden durchaus wahrgenommen. Doch sie waren das Resultat von pragmatischen Kompromissen (z. B. um die von der Sklavenarbeit abhängigen Südstaaten zur Zustimmung zu bewegen) und der allgemeinen Überzeugung von der Unausweichlichkeit der Lage der Dinge.

Ein Ergebnis davon ist, dass die Vereinigten Staaten bis heute damit kämpfen, die Worte „alle", „gleich" und „Freiheit" zu definieren (um die universelle Sprache der Gründer Amerikas zu verwenden) und die unvermeidlichen Widersprüche, die diese demokratische Gesellschaft so quälen, zu korrigieren oder zu rechtfertigen.

GO WEST!

Als das 19. Jh. über die junge Nation hereinbrach, schien sich die „Richtigkeit" des amerikanischen Experiments bestätigt zu haben. Selbstzufriedener Optimismus war angesagt. Die Landwirtschaft wurde industrialisiert, das Handelsaufkommen der USA wuchs. Der Louisiana Purchase von 1803 verdoppelte das Territorium der Vereinigten Staaten und man begann, ernsthaft von den Appalachen Richtung Westen zu expandieren.

Die Beziehungen zwischen den USA und Großbritannien blieben gespannt. Die Briten unterhielten immer noch Forts im Ohio Valley und stachelten die Indianer dazu an, die amerikanischen Siedler anzugreifen, während gleichzeitig die britische Marine amerikanischen Schiffen auf die Pelle rückte. 1812 erklärten die Vereinigten Staaten England erneut den Krieg. Doch der zwei Jahre andauernde Konflikt endete ohne große Gewinne für eine der beiden Seiten. Die Briten gaben ihre Forts auf, während die Vereinigten Staaten ihren Schwur erneuerten, sich aus den *entangling alliances* (verwickelten Allianzen) in Europa rauszuhalten. Ein Ergebnis davon war die Monroe-Doktrin von 1823, die ganz Amerika für den europäischen Kolonialismus für gesperrt erklärte.

In den 1830er- und 1840er-Jahren wuchs durch nationalistischen Eifer und Träumereien von einer gesamtkontinentalen Expansion der Appetit. Viele Amerikaner glaubten deshalb, dass es eine *Manifest Destiny* (offenkundige Bestimmung) sei, dass das *ganze* Land ihnen gehören solle. Das

Einer zweifelhaften Legende zufolge war George Washington ein so ehrlicher Mensch, dass er, nachdem er als Kind den Kirschbaum seines Vaters gefällt hatte, gestand: „Ich kann nicht lügen. Ich habe es mit meiner kleinen Axt getan."

Die außergewöhnliche Reise der Lewis-und-Clark-Expedition an die Pazifikküste und zurück kann man online unter www.pbs.org/lewisandclark nachverfolgen. Die Seite enthält historische Karten, Fotoalben und Tagebuchauszüge.

1823	1841	1844
Präsident James Monroe formuliert die Monroe-Doktrin mit dem Ziel, den militärischen Eingriffen der Europäer auf dem amerikanischen Kontinent ein Ende zu setzen.	Die ersten Planwagenzüge folgen dem *Oregon Trail* gen Westen. Bis 1847 ziehen mehr als 6500 Auswanderer pro Jahr nach Westen und lassen sich in Oregon, Kalifornien oder Utah nieder.	Die erste Telegrafenlinie wird in diesem Jahr mit der Nachricht „Was hat Gott bewirkt?" eingeweiht. Ein Jahr später erwägt der Kongress den Bau einer transkontinentalen Eisenbahnlinie, die 1869 fertiggestellt wird.

Indian Removal Act (Indianer-Umsiedlungsgesetz) von 1830 räumte ein Hindernis aus dem Weg (s. S. 21), der Bau der Eisenbahn beseitigte ein anderes und verband die Farmer im Mittleren Westen mit den Märkten an der Ostküste.

1836 hetzte eine Gruppe von Texanern zu einer Revolution gegen Mexiko (wie war das mit „Remember the Alamo"?). Zehn Jahre später annektierten die Vereinigten Staaten die Republik Texas. Als Mexiko sich beschwerte, begannen die Amerikaner kurzerhand einen Krieg, um Nägel mit Köpfen zu machen. Und weil sie gerade schon dabei waren, nahmen sie auch gleich noch Kalifornien dazu. 1848 war Mexiko geschlagen, trat diese Gebiete an die USA ab und fügte 1853 mit dem *Gadsden Purchase* dem noch mehr Land hinzu. Damit war die kontinentale Expansion der Vereinigten Staaten abgeschlossen. Mit Ausnahme des Stammeslands der indigenen Bevölkerung hatten sich die Amerikaner nun alles geschnappt, von einem schimmernden Ozean bis zum anderen.

Durch einen unglaublichen Zufall wurde nur Tage, nachdem der Vertrag 1848 mit Mexiko unterzeichnet worden war, in Kalifornien (S. 303) Gold gefunden. 1849 ratterten bereits ganze Ströme von Wagenkolonnen Richtung Westen, angefüllt mit Bergleuten, Pionieren, Unternehmern, Einwanderern, Geächteten und Prostituierten. Alle waren sie auf der Suche nach ihrem Glück. Es waren aufregende Zeiten, doch brodelte unter der Oberfläche eine beunruhigende Frage: Würden neue Staaten, die zu Amerika dazu kamen, Staaten mit Sklaven oder freie Staaten sein? Die Zukunft der Nation hing von der Antwort ab.

WENN BRÜDER GEGENEINANDER KÄMPFEN

Die Verfassung der USA hatte die Sklaverei nicht beendet. Aber sie hatte dem Kongress die Macht gegeben, die Sklaverei in neuen Staaten zu erlauben oder auch nicht. Es gab lange Diskussionen, besonders seit klar war, dass die Sklavenfrage zum Spielball der politischen Macht zwischen dem industrialisierten Norden und dem landwirtschaftlich geprägten Süden geworden war.

Seit der Gründung der USA hatten Politiker aus dem Süden in der Bundesregierung dominiert und die Sklaverei als „natürlich und gottgegeben" verteidigt, was ein Journalist in der *New York Times* 1856 als „Irrsinn" brandmarkte. Die Pro-Sklaverei-Lobby im Süden erzürnte die Abolitionisten (Gegner der Sklaverei) aus dem Norden, die auch die „Underground Railroad" unterstützten, eine Reihe von Zufluchtsorten, über die entflohene Sklaven in den Norden geschleust wurden. Aber selbst viele Politiker aus dem Norden befürchteten, dass sich die Beendigung der Sklaverei durch eine bloße Unterschrift als fatal erweisen könnte. Sie setzten sich für eine Begrenzung der Sklaverei ein, damit sie im Wettbewerb mit der Industrie und der freien Arbeit dahinwelke, ohne dass ein gewaltsamer Sklavenaufstand angefacht würde, der wie ein Damoklesschwert über der jungen Nation

Mal mutig, mal heldenhaft erweckt die Westernserie *Deadwood* (2004–2006) das Chaos und das Auf und Ab einer vom Bergbau lebenden Stadt im 19. Jh. zum Leben, wobei die Dramatik der Handlung mit den Tragödien William Shakespeares leicht mithalten kann.

Die UN schätzen, dass es zurzeit 12 Mio. Sklaven weltweit gibt, hauptsächlich Frauen und Kinder. Schätzungen der CIA zufolge gelangen jährlich 14 500 Opfer des Menschenhandels in die USA.

1845–1848	1849	1861–1865
Die seit 1835/36 von Mexiko unabhängige Republik Texas tritt den USA bei. Ein Jahr später bricht der Mexikanisch-Amerikanische Krieg aus, in dem die USA weitere Territorien hinzugewinnt.	Nachdem 1848 bei Sacramento erstmals Gold gefunden wurde, bricht ein Goldrausch aus. 60 000 Glücksritter strömen an die Hauptader. Die Bevölkerungszahl San Franciscos schießt in die Höhe.	Amerikanischer Bürgerkrieg zwischen Nord- und Südstaaten, zwischen Sklavereigegnern und Sklavenhaltern. Dem Kriegsende am 9. April 1865 folgt die Ermordung von Präsident Lincoln fünf Tage später.

baumelte. Tatsächlich versuchte der radikale Sklavengegner John Brown 1859 erfolglos, genau diesen bei Harpers Ferry anzuzetteln.

Dass die Sklaverei ein lukratives Geschäft war, ließ sich nicht bestreiten. 1860 gab es über 4 Mio. Sklaven in den USA, die meisten gehörten Plantagenbesitzern in den Südstaaten. Würden Letztere ihre Arbeitskräfte je frei herumlaufen lassen? Außerdem baute der Süden 75 % der weltweit produzierten Baumwolle an, was über die Hälfte des gesamten Exports der USA ausmachte. Die Wirtschaft des Südens stützte die Wirtschaft der Nation, und dafür brauchte sie die Sklaven.

Die Präsidentschaftswahl 1860 sollte zu einer Abstimmung über dieses Thema werden. Es gewann ein junger Politiker, der sich für die Begrenzung der Sklaverei einsetzte: Abraham Lincoln. Doch als Präsident Lincoln sein Amt antrat, fielen elf Staaten von der Union ab und bildeten die Konföderierten Staaten von Amerika. In seiner Antrittsrede im März 1861 schlug Lincoln gegenüber den Konföderierten zwar versöhnliche Töne an, machte jedoch gleichzeitig deutlich, dass er eine Spaltung der Union nicht zulassen würde. Eine Lösung wurde nicht gefunden und so griff im April 1861 die Konföderation Fort Sumter in Charleston, South Carolina, an. Der Amerikanische Bürgerkrieg (Sezessionskrieg) hatte begonnen.

Während der nächsten vier Jahre gab es ein grausames Gemetzel, das die Leben von über 600 000 Soldaten forderte. Beinahe eine ganze Generation junger Männer war tot, die Plantagen und Städte im Süden waren geplündert und niedergebrannt (besonders schlimm traf es Atlanta). Der Verlauf des Krieges und alle Möglichkeiten, die es gegeben hätte, sind immer noch Gegenstand einer leidenschaftlichen Debatte. Auf beiden Seiten gab es unfähige und gewiefte Führer und hier wie dort wurden Truppen leichtsinnig eingesetzt. Beiderseits gab es Augenblicke der Entmutigung und der Entschlossenheit. Das industrielle Potenzial des Nordens erwies sich als Vorteil, der Sieg der Union war jedoch nicht vorherzusehen. Er musste erst in zahlreichen blutigen Schlachten erkämpft werden.

Je länger die Kämpfe andauerten, desto mehr verfestigte sich Lincolns Überzeugung, dass ein Sieg ohne die Abschaffung der Sklaverei als Wurzel allen Übels völlig sinnlos wäre. In seiner Emanzipationsproklamation von 1863 erklärte er die Abschaffung der Sklaverei in allen Staaten, die sich im Krieg mit der Union befanden. Die Ziele der Proklamation wurden zwei Jahre später auf dem gesamten Gebiet der USA durchgesetzt und durch den 13. Zusatzartikel in der Verfassung festgeschrieben. Im April 1865 kapitulierte der General der Konföderierten, Robert E. Lee, vor dem Unionsgeneral Ulysses S. Grant in Appomattox, Virginia. Die Union war gerettet.

RASSENTRENNUNG & EINWANDERUNG

Der Bürgerkrieg hatte ein Wirtschaftssystem beendet, das auf Zwangsarbeit beruhte. Aber die Gesellschaft, in die die neuerdings freien Afroamerikaner

James McPherson ist ein hervorragender Historiker und Bürgerkriegsexperte. Mit seinem mit dem Pulitzer-Preis ausgezeichneten Werk *Für die Freiheit sterben* (1988) gelang es ihm, die ganze herzzerreißende Geschichte des Sezessionskriegs zu erzählen.

This Republic of Suffering (2008) des Historikers Drew Gilpin Faust bietet einen ergreifenden Blick auf den Sezessionskrieg aus der Sicht von Angehörigen gefallener Soldaten auf beiden Seiten der Mason-Dixon-Linie.

1867	**1882**	**1896**
Alaska Purchase: Für etwas mehr als 7 Mio. US$ bzw. 0,0004 Cent pro Quadratmeter verkauft Russland Alaska an die USA. 101 Jahre später wird man dort riesige Erdölfelder entdecken – was für ein Geschäft!	Chinesenfeindliche Strömungen besonders in Kalifornien führen zum Chinese Exclusion Act, dem einzigen Einwanderungsgesetz in der Geschichte der USA, das eine Rasse gezielt ausschließt.	Der Oberste Gerichtshof befindet, dass „getrennte, aber gleiche" öffentliche Einrichtungen für Schwarze und Weiße rechtmäßig seien, da die Verfassung nur die politische, nicht aber die soziale Gleichheit beinhalte.

nun gerieten, blieb auch weiterhin durch und durch rassistisch. Während der *reconstruction,* der Wiedereingliederungsphase der ausgetretenen Staaten von 1865 bis 1877, wurden die Bürgerrechte der ehemaligen Sklaven durch die Regierung der USA geschützt. Außerdem forderte sie von den Südstaaten Reparationszahlungen. Böswilligkeiten und Feindschaften waren derart extrem, dass der Groll aus dem Sezessionskrieg noch viele Jahrzehnte danach zu spüren war.

Nach der *reconstruction* entwickelte sich in den Südsaaten ein System des „Sharecropping", bei dem die Pacht durch einen Teil der Ernte entrichtet wurde. Es band die Schwarzen für einen mageren Teil ihrer Ernte an ihr Land. Die freien afroamerikanischen Männer bekamen 1870 das Wahlrecht, doch die „Jim-Crow-Gesetze" sorgten vor allem im Süden effektiv dafür, dass die Schwarzen in jedem Bereich des täglichen Lebens entrechtet waren und verarmten. Zusätzlich erließ man eine endlose Reihe von Gesetzen, die sicherstellten, dass Weiße und Schwarze „getrennt, aber gleich" (*serarate but equal*) waren. Und das sollte sich bis zur Bürgerrechtsbewegung in den 1960er-Jahren auch nichts ändern.

Unterdessen widmeten die Vereinigten Staaten ihre ganze Aufmerksamkeit dem Westen. Der Schreibtelegraf und die transkontinentale Eisenbahn verkürzten Zeit und Raum. Zum ersten Mal wurden die Weiten des Westens systematisch erforscht und auf Karten verzeichnet. Die im Überfluss vorhandenen natürlichen Ressourcen des Kontinents (Gold, Silber, Kohle und Wälder) heizten eine immer stärker in Fahrt kommende Industrialisierung an. Zwar schwelte das „Indianerproblem" (S. 21) noch, aber dennoch erschienen die USA wahrhaftig als das „Land der unbegrenzten Möglichkeiten". Einwanderer aus Europa und Asien strömten ins Land – zwischen 1880 und 1920 insgesamt etwa 25 Mio. Menschen. Polen, Deutsche, Iren, Italiener, Russen, Osteuropäer, Chinesen und andere kamen, um die Eisenbahn der Nation zu bauen, den Stahl zu schmelzen, die Ernte einzubringen, die Bodenschätze abzubauen und das Vieh zu schlachten.

Nicht zuletzt deshalb setzte eine Wanderung in die Städte ein und machte aus dem 19. Jh. das Zeitalter der Städte. Besonders New York, Chicago und Philadelphia wuchsen und konkurrierten mit London und Paris um die Stellung als globale Zentren von Industrie und Handel. Die aus allen Nähten platzenden und brummenden multiethnischen Bienenstöcke bestärkten zum einen die fremdenfeindlichen Ängste der Weißen und belebten zum anderen den Traum Amerikas, ein einzigartiger „Schmelztigel" der Weltkulturen zu werden.

ROBBER BARONS & FORTSCHRITTLICHE REFORMER
Dem amerikanischen Business bescherten die Laissez-faire-Wirtschaftspolitik, die Industrielle Revolution und Horden billiger Arbeitskräfte riesige Gewinne. Aus Industriellen wie J. P. Morgan, Andrew Carnegie und John D.

Beyond the Hundredth Meridian (1954), Wallace Stegners Biografie des Wissenschaftlers und Forschers John Wesley Powell, der den Westen erkundete, ist ein weiser und scharfsinniger Bericht über den Moment, als Amerikas kontinentale Vorstellungen vom Garten Eden erstmals auf die trockene Realität des Westens trafen.

1898	**1908**	**1914**
Die USA annektieren Hawaii. Im Spanisch-Amerikanischen Krieg erringen sie die Kontrolle über die Philippinen, Puerto Rico und Guam, indirekt auch über Kuba.	Das erste Fahrzeug der Serie *Model T* (alias „Tin Lizzie") wird in Detroit gebaut. Henry Ford perfektioniert die Fließbandtechnik und verkauft bald mehr als 1 Mio. Automobile pro Jahr .	Eröffnung des Panama-Kanals. Die USA hatten zuvor in Panama eine Revolte für die Unabhängigkeit von Kolumbien angezettelt und anschließend Truppen nach Panama entsendet, um dessen Freiheit zu „schützen".

Rockefeller wurden politisch mächtige „Robber Barons" (Raubritter). Sie kontrollierten riesige Monopole (oder Trusts); das Öl- und Stahlgeschäft, das Bankwesen und die Eisenbahn waren in der Hand weniger Männer. Diese Vorbilder des Kapitalismus waren die amerikanische Version des Königtums, gekrönt wurden sie an der Wall Street.

Während der Industrialismus Reichtum für wenige bedeutete, waren viele zu Armut und zu riskanter, manchmal sogar tödlicher Arbeit in stickigen Fabriken oder Ausbeutungsbetrieben verdammt. Upton Sinclair hat diese Situation in *Der Sumpf* (1906) lebhaft geschildert, einem skandalträchtigen Exposé über die widerliche Fleischverarbeitungsindustrie von Chicago. Mechanisierung und Akkordarbeit mögen für die Landwirtschafts-, Textil- und Automobilindustrie Gottesgeschenke gewesen sein, aber ungehemmt verursachten sie ebenso Schmerz und Ungerechtigkeit.

Zunehmende politische Proteste entzündeten hitzige Diskussionen, in denen die Rechte des Privateigentums gegen die Rechte der normalen Menschen ausgespielt wurden. War die Regierung des Bundes nicht dazu verpflichtet einzuschreiten, wenn ein unregulierter freier Markt die eigenen Bürger missbrauchte, in die Armut trieb und tötete? Wessen Freiheit verdiente den Schutz durch die Allgemeinheit: die des Geschäfts oder die der Arbeit?

In den 1880er-Jahren war die Bewegung des *Populism*, deren Ziel es war, den Farmern zu helfen, ein früher Versuch, Amerikas aufkommenden Klassenzorn in eine politische Macht umzuformen. Sie verebbte schließlich, aber nur, um von der städtischen und radikalen Sozialistenbewegung ersetzt zu werden. Ihr militanter Flügel wurde von der Gewerkschaft Industrial Workers of the World (IWW oder Wobblies genannt) gebildet. Gewerkschaften blühten auf und es kam zu häufigen und oft gewalttätigen Streiks.

In den ersten Jahrzehnten des 20. Jhs. erstarkte der Sozialismus weltweit. In den USA lehnten die meisten Bürger einen „unverfälschten" Sozialismus zwar ab, doch waren viele den Ideen und Gedanken nicht gänzlich abgeneigt. Und so bildete die Sozialistische Partei eine echte Macht. Sichtbares Ergebnis der errungenen Stärke war das Ergebnis der Präsidentschaftswahlen von 1912, bei denen der sozialistische Kandidat Eugene Debs immerhin 6 % der Stimmen auf sich vereinen konnte. Um die Unruhen bei den Arbeitern zu dämpfen und dem aufkeimenden Sozialismus entgegenzuwirken, verfolgten die *Progressives* (Fortschrittlichen) eine Menge Reformen. U. a. zerschlug man die Trusts und begrenzte die Arbeitszeit pro Woche auf 40 Stunden, die Sicherheit und die Lebensmittelversorgung der Arbeiter wurden verbessert, die Kinderarbeit wurde verboten.

In der Außenpolitik unternahmen die Vereinigten Staaten unterdessen eine neuartige Annäherung an den Imperialismus, von Präsident William Howard Taft als „Dollar-Diplomatie" bezeichnet. Um den Überfluss produzierenden Wirtschaftsmotor zu füttern, waren die USA verzweifelt darauf angewiesen, neue internationale Märkte zu erschließen. Der Krieg zwischen

In *Die Seelen der Schwarzen* (1903) beschreibt W. E. B. Du Bois, Mitbegründer der National Association for the Advancement of Colored People (NAACP), auf eloquente Weise die rassischen Dilemmas in Politik und Kultur, die Amerika im frühen 20. Jh. zu bewältigen hatte.

1917	1919	1920er-Jahre
Präsident Woodrow Wilson führt die USA in der Ersten Weltkrieg. Die Vereinigten Staaten mobilisieren über 4,7 Mio. Soldaten und müssen am Kriegsende etwa 110 000 der mehr als 9 Mio. Opfer beklagen.	Prohibition: Die Abstinenzbewegung bewirkt die 18. Verfassungsänderung. Das Verbot von Alkohol ist jedoch ein Fehlschlag und führt zur Blüte des organisierten Verbrechens. 1933 wird die Änderung aufgehoben.	Die massenhafte Zuwanderung afroamerikanischer Bürger in den Norden des Landes löst die *Harlem Renaissance* aus, eine Bewegung, die den kulturellen Stolz der schwarzen Bevölkerung beflügelt.

Amerika und Spanien von 1898 wies den Weg: Statt einen Krieg um neue Gebiete vom Zaun zu brechen, zielten die USA in Zukunft auf ein „informelles Reich" ab und setzten dafür die Privatwirtschaft und die Banken ein. Amerika wollte militärisch nur noch als wohlmeinender „Weltpolizist" eingreifen – nicht, um anderen Ländern seine eigene Herrschaft aufzuzwingen, sondern um Sicherheit und finanzielle Stabilität zu wahren und Privateigentum und freie Märkte zu schützen.

Auch Präsident Woodrow Wilson trug dazu bei, diesen Denkansatz fortzuführen, der bis heute maßgeblich die Außenpolitik der USA bestimmt. So blieben die USA zunächst offiziell neutral, als 1914 in Europa der Erste Weltkrieg ausbrach – freilich erzielten sie mit dem Verkauf von Rüstungsgütern an die Alliierten gute Gewinne. Deutschland reagierte darauf mit Angriffen auf die amerikanischen Frachter. 1917 traten die USA darum widerwillig in den Kampf gegen die Mittelmächte ein. Wilson hatte große Schwierigkeiten, in der Heimat den Krieg zu rechtfertigen. Dass Proteste gegen den Krieg unterdrückt wurden, war ein Dauerbrenner in der Politik.

Am Ende des Ersten Weltkriegs hatten sich die Vereinigten Staaten von einer Schuldner- zu einer Gläubigernation gewandelt. Wilson war der Überzeugung, dass die USA sich trotz des weit verbreiteten strikten Isolationismus in der internationalen Gemeinschaft engagieren mussten. Auch wenn Wilsons Völkerbund scheiterte, wurde seine Idee eines „Konzerts der Nationen" nach dem Zweiten Weltkrieg schließlich doch noch realisiert, und zwar durch die Gründung der UN. Auch wurden die moralistischen Rufe nach einer Sozialreform wieder lauter: 1920 wurde die Prohibition, das Verbot von Alkohol, eingeführt – im selben Jahr, in dem Frauen mit dem 19. Zusatzartikel der Verfassung das Wahlrecht erhielten.

Eine Welle guter Stimmung erstickte weitere Rufe nach Reformen. Amerika hatte den Krieg gewonnen, die Wirtschaft brummte, die schlimmsten Auswüchse des Kapitalismus waren bekämpft, die Löhne stiegen, die Arbeitslosigkeit sank und die Jazz-Ära war voll in Schwung. Die Amerikaner der Mittelschicht entwickelten sich zu den Konsumenten der heutigen Zeit und staunten Bauklötze über ihre neuen elektrischen Errungenschaften. Eine Zeit lang obsiegte – der Armut, Kriminalität und Korruption zum Trotz – der Optimismus. Die Flapper tanzten den Charleston, Radio und Film faszinierten Millionen und die Börsenkurse stiegen und stiegen.

GREAT DEPRESSION, NEW DEAL & ZWEITER WELTKRIEG

Alles sah so rosig aus. Doch das dicke Ende ließ nicht lange auf sich warten. Im Oktober 1929 begannen Investoren – beunruhigt über eine lahmende Weltwirtschaft – ihre Aktienpakete zu verkaufen. Dies löste eine Panik und schließlich eine Kettenreaktion aus. Wer Aktien besaß, versuchte sie so schnell wie möglich loszubekommen. Der Aktienmarkt kollabierte, und die

Die Industrialisierung beschleunigte das Leben in Amerika deutlich. Während Farmer 1830 noch drei Stunden benötigten, um einen Scheffel Weizen zu gewinnen, waren es 1900 nur noch zehn Minuten.

Alice Paul – Der Weg ins Licht (2005) mit Hillary Swank in der Hauptrolle ist ein bewegendes Dokudrama über die Anstrengungen der Frauenrechtlerinnen im frühen 20. Jh., die für ihren politischen Aktivismus im Kampf um die Gleichberechtigung der Frauen zu unrecht inhaftiert wurden und in einen Hungerstreik traten.

1929	1933–1938	1939–1945
Der Krach an der New Yorker Börse als Folge von Überproduktion und Spekulationsfieber löst letztlich die Weltwirtschaftskrise aus. In der Folge verlieren Millionen von Amerikanern Jobs und Vermögen.	Der New Deal von Präsident Franklin D. Roosevelt bekämpft die hohe Arbeitslosigkeit infolge der Weltwirtschaftskrise. Er begründet damit eine US-amerikanische Sozialpolitik.	Zweiter Weltkrieg: Ab 1941 entsenden die USA ca. 16 Mio. Soldaten an die Kriegsschauplätze in Europa und im Pazifik, von denen 400 000 tödlich verwundet werden.

amerikanische Wirtschaft stürzte ein wie ein Kartenhaus – und demonstrierte damit, wie wackelig sie in Wirklichkeit war. Die Great Depression (Weltwirtschaftskrise) nahm ihren Lauf: Verängstigte Banken riefen ihre Kredite zurück, die Menschen konnten ihre offenen Rechnungen nicht mehr bezahlen und die Banken brachen zusammen. Millionen von Menschen verloren ihre Häuser, Farmen, Geschäfte und Ersparnisse, 50 % der amerikanischen Arbeiterschaft verloren ihre Jobs. Massen begaben sich auf der Suche nach Arbeit auf die Straße. Mit verzweifelter Dringlichkeit entschieden die Amerikaner, dass sie nicht nur Schutz vor den Sünden des Kapitalismus am Arbeitsplatz benötigten, sondern eine gesamtgesellschaftliche Sicherung gegen die Kräfte des Marktes, über die sie keine Kontrolle hatten. Verspätet begannen die USA, Sozialprogramme zu verabschieden, die in anderen Industrienationen schon Jahrzehnte zuvor geschaffen worden waren.

John Steinbecks Die Früchte des Zorns *(1940) erzählt die Geschichte von Farmern in den Great Plains zu Zeiten der Great Depression, die verzweifelt versuchen, der Dust Bowl („Staubschüssel") zu entkommen, und in das „gelobte Land" Kalifornien ziehen.

1932 wurde der Demokrat Franklin D. Roosevelt zum Präsidenten gewählt. Unverzüglich begann er sein Versprechen einzulösen, die USA aus der Krise zu führen. Er stärkte die Macht der US-Regierung in Washington und legte den „New Deal" auf, der z. B. die Einführung der *Social Security* (Rentenversicherung) umfasste. Zudem setzte Roosevelt Beschäftigungsprogramme und riesige Aufträge der öffentlichen Hand durch (s. Hoover Dam, S. 114). Indem er die Folgen der Great Depression bekämpfte, schuf er letztlich auch die Grundlage einer US-amerikanischen Sozialpolitik.

Als 1939 in Europa erneut ein Krieg ausbrach, war die isolationistische Stimmung in Amerika so stark wie eh und je. Doch der unglaublich populäre Präsident Roosevelt – 1940 wurde er als bislang einziger Präsident für eine dritte Amtszeit gewählt – sah schon bald die Notwendigkeit, nicht dabei zuzuschauen, wie die faschistischen und totalitären Regime in Deutschland, Italien und Japan die Freie Welt bedrohten. Roosevelt entsandte Hilfe nach Großbritannien und nutzte seine beachtliche Überzeugungskraft, um einen launischen, isolationistischen Kongress zum Eingreifen zu bewegen.

The Perilous Fight: America's World War II in Color (2003) ist eine bahnbrechende Dokumentation, die bis dahin unbekanntes Material über die Kämpfe des US-Militärs im Ausland enthält und sich auf die militärischen Aktionen im Pazifikkrieg sowie die Kriegsanstrengungen an der Heimatfront konzentriert.

Im Dezember 1941 starteten die Japaner einen Überraschungsangriff auf Pearl Harbor, töteten über 2000 Amerikaner, versenkten zahlreiche Schlachtschiffe und versetzten die Isolationisten in Angst und Schrecken. Nur Tage später erklärte auch Deutschland den USA den Krieg, woraufhin Amerika sich dem Kampf der Alliierten gegen Hitler und die Achsenmächte anschloss. Von diesem Augenblick an setzten die USA fast ihren gesamten Willen und ihre Industriemacht für den Krieg ein.

Zu Beginn entwickelte sich der Krieg für die USA weder auf dem pazifischen noch auf dem europäischen Kriegsschauplatz günstig. Im Pazifik wendete sich das Blatt, als die Amerikaner im Juni 1942 unerwartet die japanische Flotte bei den Midwayinseln schlugen. Danach drängten die USA die Japaner in einer Reihe von grausamen Schlachten um die pazifischen Inseln zurück. In Europa versetzten die Amerikaner am 6. Juni 1944 den Deutschen mit ihrer massiven D-Day Invasion in Frankreich den entschei-

1948–1951	1954	1963
Der von den USA angeführte Marshallplan trägt 12 Mrd. US$ an materiellen und finanziellen Hilfen zusammen, die Europa helfen sollen, sich vom Zweiten Weltkrieg zu erholen.	Der Oberste Gerichtshof befindet, dass die Rassentrennung in öffentlichen Schulen dem Gleichheitsprinzip widerspreche. Der Kampf für integrierte Schulen dient der Bürgerrechtsbewegung als Katalysator.	Am 22. November wird Präsident John F. Kennedy in Dallas ermordet. Der mutmaßliche Attentäter Lee Harvey Oswald wird zwei Tage später von dem Nachtclub-Besitzer Jack Ruby erschossen.

denden Schlag. Und das durch den Zweifrontenkrieg ausgebrannte Hitler-deutschland – die Sowjetunion kämpfte erbittert an der Ostfront – kapitulierte schließlich im Mai 1945.

Japan indes führte unbeirrt den Kampf fort. So entschloss sich der neu gewählte Präsident Harry Truman – vorgeblich aus Sorge darüber, eine amerikanische Invasion in Japan könne zu einem beispiellosen Gemetzel führen – im August 1945 zum Abwurf von Atombomben auf Hiroshima und Nagasaki. Die im geheimen Manhattan-Projekt entwickelten Bomben verwüsteten die beide Städte und töten über 200 000 Menschen. Nur Tage später kapitulierte auch Japan. Das Nuklearzeitalter hatte begonnen.

VORSTADTLEBEN & ZWEITE AMERIKANISCHE REVOLUTION

In den Jahrzehnten nach dem Zweiten Weltkrieg genossen die Vereinigten Staaten zwar einen noch nie dagewesenen Wohlstand, erlebten aber auch eine wenig friedliche Zeit.

Im Krieg noch Verbündete, lieferten sich die kommunistische Sowjetunion und die kapitalistischen USA bald einen Wettlauf um die Weltherrschaft. Die Supermächte trugen Stellvertreterkriege wie nicht zuletzt den Koreakrieg (1950–1953) und den Vietnamkrieg (1959–1975) aus und nur die drohende Gefahr eines mit Nuklearwaffen ausgetragenen Konflikts, der den gesamten Planeten auslöschen würde, verhinderte einen offenen Krieg. Die im Jahr 1945 gegründeten Vereinten Nationen konnten diese Spaltung der Welt nicht überwinden und nur selten gelang es ihnen, Konflikte des Kalten Krieges zu verhindern.

Unterdessen erlebte die amerikanische Heimat, die durch den Zweiten Weltkrieg nicht unmittelbar beeinträchtigt worden war, in den folgenden Jahrzehnten einen wirtschaftlichen Aufschwung und tauchte in ein Zeitalter surrealen Reichtums ein. In den Fünfzigern verließen die Menschen in Scharen die Innenstädte und zogen in die Vorstädte, in denen vermehrt erschwingliche Einfamilienhäuser entstanden. Die Amerikaner brausten mit günstigen Autos und preiswertem Sprit über nagelneue Autobahnen. Sie genossen die Bequemlichkeiten, die ihnen die moderne Technik bot, glotzten wie verrückt TV und lösten einen wahren „Babyboom" aus.

Doch an dem Wohlstand hatte nur die weiße Mittelschicht Anteil. Die Afroamerikaner blieben außen vor, arm und unerwünscht. Unter Berufung auf den Abolitionisten Frederick Douglass (19. Jh.) versuchte die „Southern Christian Leadership Coalition" (SCLC) des afroamerikanischen Predigers Martin Luther King Jr., die Rassentrennung zu überwinden und „Amerikas Seele zu retten" – d. h., eine Gerechtigkeit zu schaffen, die nicht nach Hautfarben unterscheidet, und die Gleichberechtigung der Rassen und gleiche, faire Chancen für alle zu schaffen.

Erstmals in den 1950er-Jahren predigte und organisierte King, überwiegend im Süden, den gewaltlosen Widerstand in Form von Bus-Boykotten,

The Fifties (1993) von David Halberstam untersucht eine nahezu schizophrene Zeit: Fernsehen, Bürgerrechte, McCarthyismus, Elvis Presley, Vorstadtleben und andere Aspekte prägten das Jahrzehnt, welches das moderne Amerika gebar.

In *Malcolm X* (1992, Regie Spike Lee) spielt Denzel Washington einen der militantesten Anführer der Befreiungsbewegung der schwarzen Bevölkerung. Dieser fiel 1965 einem Anschlag zum Opfer.

1965–1975	1969	1973
Im Vietnamkrieg unterstützen die USA den Süden Vietnams gegen den kommunistischen Norden. 58 000 US-Soldaten, 4 Mio. Vietnamesen und 1,5 Mio. Laoten und Kambodschaner verlieren ihr Leben.	Amerikanische Astronauten landen auf dem Mond. Das Ereignis stellt den Höhepunkt des von USA und UdSSR ausgetragenen „Wettlaufs ins All" dar.	Der Oberste Gerichtshof erklärt die Abtreibung für rechtmäßig. Bis heute bleibt diese Entscheidung jedoch umstritten und spaltet die Gesellschaft wie kaum ein anderes politisches Thema.

Märschen und Sitzstreiks. Weiße Polizisten gingen häufig mit Wasserwerfern und Schlagstöcken gegen die Proteste vor und hin und wieder eskalierten Demonstrationen zu Ausschreitungen, doch mit dem Civil Rights Act von 1964 setzte die afroamerikanische Bewegung eine Gesetzgebung in Gang, mit der die bis dahin gültigen rassistischen Gesetze aufgehoben wurden – ein Ereignis, das bisweilen als „zweite Revolution" bezeichnet wird. Nichtsdestotrotz müssen Afroamerikaner und andere Minderheiten noch heute gegen andauernde Ungleichheiten in Bildung und Beschäftigung ankämpfen.

Derweil brachten die 1960er-Jahre weitere soziale Umbrüche: Der Rock 'n' Roll löste eine Jugendrebellion aus; von Drogen berauscht erlebten die Blumenkinder Visionen in Technicolor. Graue Realität war hingegen die Ermordung des Präsidenten John F. Kennedy 1963 in Dallas, der 1968 die tödlichen Anschläge auf seinen Bruder, Senator Robert Kennedy, und Martin Luther King folgten. Das Vertrauen der Amerikaner in ihre Oberhäupter und ihre Regierung wurde durch die Bombenanschläge und die Gewalt des Vietnamkriegs, den sie über das Fernsehen verfolgten, weiter erschüttert. In der Folge kam es zu Studentenprotesten.

Doch Richard Nixon, der 1968 u. a. für sein Versprechen zum Präsidenten gewählt wurde, den Krieg zu einem „ehrenvollen Ende" zu führen, verstärkte stattdessen den Einsatz der USA und bombardierte heimlich Laos und Kambodscha. 1972 sorgte die Watergate-Affäre für Aufregung: Zwei unermüdliche Journalisten belasteten „Tricky Dick" im Zusammenhang mit einem Einbruch in das Hauptquartier der Demokratischen Partei. 1974 kam Nixon schließlich einer Amtsenthebung zuvor und erklärte als erster US-Präsident der Geschichte seinen Rücktritt.

In den stürmischen Zeiten der Sixties und Seventies erlebte Amerika außerdem die sexuelle Revolution, die Frauenbewegung, den Kampf um die Rechte Homosexueller und Öl- und Energiekrisen und musste – infolge der Veröffentlichung des Buches *Der stumme Frühling* von Rachel Carson 1962 – erkennen, dass die Industrie die Umwelt verschmutzt und krank gemacht hatte (S. 89).

Nachdem es ihnen nicht gelungen war, den Kommunismus aufzuhalten, zogen sich die Vereinigten Staaten 1975 aus Vietnam zurück – zu einer Zeit, in der sich die Wirtschaft in einem gewaltigen Sinkflug befand. Zynische Amerikaner, die es vielleicht einfach leid waren, sich Kämpfe zu liefern und von ihren Politikern angelogen zu werden, drehten die Disko-Musik auf, warfen sich Antibabypillen ein und feierten wilde Partys, den narzisstischen, markenaffinen und ichbezogenen Achtzigern entgegen.

PAX AMERICANA & KRIEG GEGEN DEN TERROR

Die Stimmung im Land richtig deutend, versprach Präsidentschaftskandidat Ronald Reagan, republikanischer Gouverneur von Kalifornien und ehemaliger Schauspieler, im Wahlkampf 1980, er werde dafür sorgen, dass die

1980er-Jahre	1989	1990er-Jahre
Hunderte von Finanzinstitutionen aus der New-Deal-Ära spekulieren mit den Ersparnissen und Krediten ihrer Kunden – und verlieren. Die Regierung investiert 125 Mrd. US$ für Rettungsmaßnahmen.	Die Berliner Mauer fällt, der Kalte Krieg zwischen den Vereinigten Staaten und der UdSSR ist offiziell beendet. Die USA sind nun die letzte verbliebene Supermacht.	Das kalifornische Silicon Valley führt eine Hightech-Revolution an. Überbewertete Technologieaktien führen erst zum größten Boom und dann zum größten Crash seit der Großen Depression.

Amerikaner wieder stolz auf ihr Land sein könnten. Der leutselige Reagan gewann die Wahl fast schon im Vorbeigehen – und seine Wahl markierte den Beginn eines fast drei Jahrzehnte während konservativen Umwälzungsprozesses in der US-amerikanischen Politik.

Reagan wollte den Kommunismus besiegen, der Wirtschaft zu neuer Stärke verhelfen und sie liberalisieren sowie die Steuern senken. Die ersten beiden Ziele im Blick startete er das größte militärische Aufrüstungsprogramm, das jemals in Friedenszeiten aufgelegt wurde. Die Sowjetunion scheiterte letztlich auch an dem neuerlichen Wettrüsten und stürzte in sich zusammen. Der Kalte Krieg endete, ohne dass es zu einem direkten militärischen Konflikt zwischen den beiden Supermächten gekommen wäre.

Doch Militärausgaben und Steuersenkungen führten auch im Bundeshaushalt der USA zu einem gewaltigen Defizit, das Reagans Nachfolger George H. W. Bush das Regieren erschwerte. Trotz des Sieges im Golfkrieg, durch den Kuwait 1991 von den irakischen Besatzern befreit wurde, zog Bush bei der Präsidentschaftswahl 1992 gegenüber dem aus den Südstaaten stammenden Demokraten Bill Clinton klar den Kürzeren. Clintons Glück war, dass der Internet-Boom der 1990er-Jahre während seiner Amtszeit so richtig in Fahrt kam und eine „New Economy" zu verheißen schien. Die US-Wirtschaft beseitigte ihre Defizite und erzielte einen Überschuss. Dennoch scheiterte Clintons Versuch, eine allgemeine Krankenversicherung einzuführen, am Widerstand der konservativen Kräfte im Land.

2000 und 2004 gewann George W. Bush, der älteste Sohn von George H. W. Bush, die Präsidentschaftswahlen derart knapp, dass das Wahlergebnis eine zunehmend gespaltene Nation widerzuspiegeln schien. Bush Jr. übernahm die Regierungsgeschäft zu einer Zeit, in der der Markt für Technologieaktien zusammenbrach. Dennoch setzte er Steuersenkungen durch, die vor allem den Reichen zugute kamen und ein Haushaltsdefizit zur Folge hatten, welches das der Reagan-Ära noch übertraf. Bush war zudem ein Verfechter der „Backlash"-Bewegung der konservativen Rechten, die sich seit Reagans Zeiten formierte. Dies äußerte sich darin, dass Umweltvorschriften, Arbeitsmarktreformen und Bürgerrechte zurechtgestutzt wurden, Reagans Laissez-faire-Wirtschaftspolitik einen zweiten Frühling erlebte und ein moralisch und religiös motivierter kultureller Kreuzzug für wahre „Familienwerte" geführt wurde.

Am 11. September 2001 steuerten islamische Terroristen von ihnen entführte Flugzeuge in das World Trade Center in New York und das Pentagon. Das furchtbare Ereignis vereinte die Amerikaner hinter ihrem Präsidenten, der Rache schwor und dem Terror den Krieg erklärte. Doch schnell zeigte sich, dass hier eine neue Art von Krieg entstehen würde, gegen einen Feind, der kein Staat war.

In dem Bemühen, potenzielle Terroristen schneller zu fassen, erließ der Kongress den Patriot Act und beschnitt so die Bürgerrechte. Überdies revi-

Recount (2008) mit Kevin Spacey, Laura Dern und Denis Leary in den Hauptrollen schildert die Ereignisse rund um die umstrittenen US-Präsidentschaftswahlen im Jahr 2000 und fasst auch so heiße Eisen wie den Vorwurf des Wahlbetrugs und den Wahlrechtsentzug in Florida an.

2001	**2001**	**2003**
Am 11. September steuern Al-Qaida-Terroristen zwei Flugzeuge in die Türme des World Trade Centers in New York, eins ins Pentagon. Ein viertes Flugzeug stürzt in Pennsylvania ab. Fast 3000 Menschen sterben.	Um die Drahtzieher der Terroranschläge zu fassen, marschieren Truppen der USA und ihrer Verbündeten in Afghanistan ein. Noch über acht Jahre später dauern die Kämpfe an.	George W. Bushs „Koalition der Willigen" beginnt am 20. März einen Präventivkrieg gegen den Irak. Am 1. Mai erklärt Bush: „Mission ausgeführt" – doch Guerillakämpfe und Krieg gehen weiter.

Die monumentale Dokumentation *When the Levees Broke* (2006) von Regisseur Spike Lee ist ein intimer, bewegender Bericht über die Zerstörung New Orleans' durch den Hurrikan Katrina und eine Anklage gegen die Regierung wegen ihrer beschämenden Reaktion.

Wer politische Halbwahrheiten – besonders im Zusammenhang mit Wahlen – hinterfragen will, sollte sich die Website www.factcheck.org anschauen.

dierte Bush die bis dahin lange gültige US-Militärstrategie, um „Präventivangriffe" zu ermöglichen. Nur wenige Wochen nach den Anschlägen marschierten Truppen der USA und verbündeter Staaten in Afghanistan ein, um dort Al-Qaida-Drahtzieher zu fassen. 2003 griff Bushs „Koalition der Willigen" schließlich auch den Irak an und stürzte den amerikafeindlichen Diktator Saddam Hussein. Später aber stellte sich heraus, dass die zentrale Rechtfertigung für den Irakkrieg, nach der der Irak im Besitz von Massenvernichtungswaffen sei, nicht der Wahrheit entsprach. Derweil versank der Irak im Bürgerkrieg.

Ebenfalls in die Regierungszeit Bushs fällt die bislang teuerste Naturkatastrophe in der Geschichte der USA. 2005 verwüstete der Hurrikan Katrina die Golfküste und New Orleans. Da die Hilfe der Regierung nur langsam anlief und sich schließlich als unzureichend erwies, nahm die Verbitterung in der amerikanischen Bevölkerung stetig zu: Die Regierung vernachlässigte ihre Pflichten, die Wirtschaft war von Schulden geplagt und das Land steckte in einem Krieg fest, der anscheinend nicht zu gewinnen war.

Die Amerikaner sehnten einen Wandel herbei und nahmen dankbar die Signale der Hoffnung auf, die der politische Newcomer Barack Obama ihnen schickte. Nachdem sich Obama in den demokratischen Vorwahlen gegen Hillary Clinton durchgesetzt hatte, konnte er schließlich auch seinen republikanischen Mitstreiter John McCain besiegen. Als erster Afroamerikaner der Geschichte zog er 2009 in das Weiße Haus ein – ein bedeutender Schritt zur Überwindung der Kluft zwischen Schwarzen und Weißen, welche die Nation seit ihrer Gründung trennt.

In den ersten 100 Tagen im Amt verabschiedete Obama ein gewaltiges Konjunkturpaket, stützte die schwächelnde Bank-, Versicherungs- und Autobranche mit aus Steuern finanzierten Rettungsmaßnahmen und legte einen Zeitrahmen für den Abzug der US-Streitkräfte aus dem Irak fest. Seitdem bemüht er sich, mit diplomatischen Mitteln in der westlichen wie der arabischen Welt das Vertrauen in Amerikas Führung zu fördern. Er kippte Verordnungen aus der Bush-Ära, die die Stammzellenforschung einschränkten und nicht konfessionellen Organisationen, die sich für Abtreibungen einsetzen, die finanzielle Unterstützung strichen. Und auch bei seinem ehrgeizigsten und wichtigsten Projekt, der Reform des maroden US-Gesundheitssystems, schien er Anfang des Jahres 2010 auf einem guten Weg. Ob der politische Preis für die Einführung einer allgemeinen Krankenversicherung aber nicht vielleicht doch zu hoch war, wird sich erst bei den nächsten US-Wahlen 2012 zeigen.

2005	2008	2008/2009
Am 29. August trifft der Hurrikan Katrina auf Mississippi und Louisiana. Teile von New Orleans werden überflutet, mehr als 1800 Menschen sterben, der geschätzte Schaden beläuft sich auf mehr als 80 Mrd. US$.	Barack Obama verspricht eine politische und moralische Erneuerung der USA. Die Bürger glauben ihm. Am 4. November gewinnt er mit deutlichem Vorsprung vor John McCain die Präsidentschaftswahlen.	Diverse Banken und Finanzinstitute melden Bankrott an und der Markt für private Hypothekendarlehen stürzt ab. 2009 kämpfen die USA mit der schlimmsten Rezession seit der Great Depression.

Kultur

MENTALITÄT

Die US-Amerikaner sehen nicht alle gleich aus, sie essen nicht alle das gleiche, sie beten nicht alle den gleichen Gott an und sie haben nicht alle gleich viel Geld. Aber trotz aller Unterschiede haben sie eine gemeinsame Überzeugung: Sie alle betrachten die USA als ein Land der Möglichkeiten, in dem jeder, der sich anstrengt, seine Träume zu verwirklichen mag. Und so kitschig dies auch klingen mag, diese Überzeugung bildet die Grundlage des amerikanischen Selbstverständnisses.

Als die Gründerväter von Demokratie, von einer Regierung aus dem Volk und für das Volk, von Freiheit und von dem Streben nach Glück sprachen, schufen sie die Basis für den amerikanischen Nationalcharakter. Die Menschen erheben Anspruch auf eine lange Liste von individuellen Rechten und erwarten, dass diese Rechte widerstehen werden, wenn eine Regierung versucht, sie zu beschneiden. Das ganze „amerikanische Experiment" ist eine Gruppenarbeit, denn alle müssen „der grundsätzlichen Vernunft und Stabilität des amerikanischen Konsenses" vertrauen, wie John F. Kennedy das einmal formulierte.

Aber das ist nicht immer leicht. Während sich das Land seiner Freiheit und seiner Demokratie rühmt, sehen einige Bürger seine Fundamente wanken. Sie sind besorgt über die wachsende Macht des Staates – Telefongespräche werden abgehört, das Internet wird überwacht, Eigentum wird vorenthalten oder beschlagnahmt, alles Vorgehensweisen, die im Namen des Kampfes gegen den Terrorismus eingeführt wurden. Andere Amerikaner wiederum meinen, diese Maßnahmen seien notwendig, um die Sicherheit des Landes zu gewährleisten, und für ebendiese Sicherheit müsse man auch bereit sein, eine gewisse Einschränkung der bürgerlichen Freiheitsrechte in Kauf zu nehmen.

Eines jedenfalls ist klar: Jedes Jahr wird am 4. Juli wird der Unabhängigkeitstag und damit die Freiheit groß gefeiert: Fast jede Stadt veranstaltet zur Geburtstagsfeier des Landes einen Umzug mit Feuerwerk oder ein anderes großes Fest. In Chicago beispielsweise strömen mehr als 1 Mio. Menschen in die Downtown, um das Feuerwerk in den Landesfarben rot, blau und weiß zu sehen, das untermalt wird von patriotischer Musik, und auch sonst überall im Land wird gefeiert, oft im Rahmen von Grillfesten und Picknicks, zu denen man kaltes Bier genießt.

Aber wir wollen hier nicht allzu gefühlsduselig werden: Der unpopuläre Krieg, der ungeliebte Ex-Präsident – George W. Bush hatte am Ende seiner Amtszeit mit rund 22 % den niedrigsten, jemals ermittelten Beliebtheitsgrad eines amtierenden US-Präsidenten vorzuweisen – und eine ins Schlingern gekommene Wirtschaft setzen der amerikanischen Seele zu. Laut einer Pew/Gallup-Umfrage aus dem Jahr 2008 glauben die meisten Amerikaner nicht, dass sie im Leben etwas erreichen werden (25 %) bzw. sogar, dass sich ihre Situation negativ entwickeln wird (31 %) – das ist die pessimistischste Einschätzung in den letzten 50 Jahren. Andererseits sind die meisten Befragten zuversichtlich, dass ihre Lebensqualität in fünf Jahren höher sein wird, als sie es heute ist. Den Amerikanern scheint der Optimismus nun einmal nicht auszutreiben zu sein.

Den „American Spirit" brachte vielleicht Barack Obama am besten auf den Punkt: „Amerika ist ein Land, in dem alles möglich ist", erklärte er am Wahlabend 2008, und wie er da im Rampenlicht stand, schien er selbst der beste Beweis für diese Aussage. Er war jung, vergleichsweise neu in der

Freiheit wird in den USA sehr groß geschrieben: 48 Ortschaften sind landesweit nach diesem unabdingbaren Recht benannt, die meisten hat Iowa vorzuweisen: New Liberty, North Liberty und West Liberty.

Die NPR-Radiomoderatorin Terry Gross interviewt Amerikaner aller Schichten, von Rockstars über Umweltaktivisten bis zu Atomwissenschaftlern, online zu hören auf www.npr.org/freshair.

In *Roads to Quoz: An American Mosey* (2008) berichtet William Least Heat-Moon von seltsamen Menschen und sonderbaren Orten, denen er bei Fahrten auf den Landstraßen in Kleinstädten und ländlichen Gebieten begegnete.

Politik und der erste zum Präsidenten gewählte Afroamerikaner. Wenn das nun keine amerikanische Erfolgsgeschichte ist?!

LEBENSART

Der Lebensstandard in den USA gehört zu den höchsten weltweit. Das durchschnittliche Haushaltseinkommen liegt bei knapp über 50 000 US$, variiert jedoch stark, je nach ethnischer Herkunft: Laut Daten aus Volkszählungen verdienen Afroamerikaner im Schnitt nur 34 000 US$, Latinos 41 000 US$, Weiße 54 000 US$ und Menschen asiatischer Herkunft schließlich 67 000 US$.

80 % aller Amerikaner haben einen High-School-Abschluss, 24 % verlassen das College nach vier Jahren mit einem Bachelor-Abschluss.

In der Mehrzahl der Fälle gibt es in einer Familie mit Kindern – die amerikanische Durchschnittsfamilie hat zwei Kinder – zwei Elternteile, die beide einer Beschäftigung nachgehen; Alleinerziehende machen 9 % aller Haushalte aus. 28 % der Amerikaner arbeiten mehr als 40 Stunden pro Woche. Die Scheidungsrate ist hoch (mehr als 40 % aller ersten Ehen scheitern), aber sowohl die Zahl der Scheidungen als auch die der Eheschließungen hat in den letzten 30 Jahren relativ betrachtet abgenommen. Trotz der (noch immer) zahlreichen Scheidungen geben die Amerikaner jährlich mehr als 160 Mrd. US$ für Hochzeiten aus.

Trotz der gegenwärtigen Wirtschaftskrise besitzen noch immer zwei Drittel aller Amerikaner ein eigenes Haus. Fast alle Haushalte (87 %) haben einen Fernseher, 66 % haben gar drei oder mehr Empfangsgeräte, so dass es im durchschnittlichen amerikanischen Haushalt mehr Fernseher als Menschen gibt. Hinzu kommt, dass in 80 % aller Wohnungen ein DVD-Player vorhanden ist, und dass 25 % der Bevölkerung für Satellitenkanäle bezahlen. Insgesamt sehen die Amerikaner, wie Nielsen Media Research ermittelte, pro Woche im Durchschnitt mehr als 140 Stunden fern.

Viele US-Bürger gehen regelmäßig ins Fitnessstudio, laufen, fahren mit dem Fahrrad oder joggen, doch 40 % verzichten in ihrer Freizeit laut den Angaben der Centers for Disease Control (CDC) vollständig auf körperliche Betätigung. Gesundheitsforscher spekulieren, dass dieser Mangel an Bewegung zusammen mit der Vorliebe der Amerikaner für süße und fettige

---

Laut CDC besitzt jeder dritte amerikanische Haushalt eine Schusswaffe, den Angaben der National Rifle Association zufolge sind es sogar 40 bis 45 % aller Haushalte.

IM DSCHUNGEL DER GENERATIONEN

Die amerikanische Kultur differenziert sich häufig nach Altersgruppen. Hier ein kurzer Überblick, damit man mit den Generationen nicht durcheinanderkommt.

■ **Baby Boomers** – Die Jahrgänge 1946–1964. Nach der Rückkehr der amerikanischen Soldaten aus dem Zweiten Weltkrieg erwachte die Lebenslust wieder, und als Folge davon schnellte die Geburtenrate in die Höhe: Der „Baby Boom" begann. Viele aus dieser Generation sind nach Jahren des Experimentierens und Rebellierens in der Jugend im mittleren Alter zu Wohlstand gelangt.

■ **Generation X** – Die Jahrgänge 1961–1981. Diese Generation lehnte die Werte der Baby-Boomer-Generation ab, Skepsis und Entfremdung sind ihre Markenzeichen.

■ **Generation Y** – Ungefähr die Jahrgänge von Anfang der 1980er- bis Anfang der 1990er-Jahre (auch als „Millennials" bezeichnet). Die Mitglieder dieser Generation gelten als keck und selbstbewusst und sind als erste mit dem Internet aufgewachsen.

■ **Generation Next** – Die Generation überlappt mit der Generation Y, bezieht sich aber im Wesentlichen auf die in den 1990er-Jahren Geborenen. Diese Generation wächst mit iPods, SMS, Chat und sozialen Online-Netzwerken auf und befindet sich noch in der Entwicklungsphase. In diesem Fall kann man nur dranbleiben und via Facebook beobachten, was sich so tut!

ETIKETTE

Im Großen und Ganzen gilt in den USA das Motto „Leben und leben lassen". Es gibt jedoch bestimmte Verhaltensregeln, die ausländische Besucher kennen und an die sie sich halten sollten.

- Freundliche Begrüßungen sind zu erwidern. Auf die Floskel: „Hi, wie geht's?" („Hi. How are you?") erwidert man fröhlich: „Danke, gut!" („Thanks, I'm fine"), und nicht etwa: „Mein Freund hat mich sitzen lassen, mein Magen spielt verrückt, und mein Auto ist abgeschleppt worden." Sich tatsächlich zu beklagen, stößt auf Unverständnis.

- Bei Begrüßungen gilt körperliche Zurückhaltung. Einige Amerikaner umarmen sich zwar zur Begrüßung, aber die meisten (vor allem Männer) geben sich einfach nur die Hand. Für saftige Küsse auf den Mund handelt man sich höchstwahrscheinlich eine Ohrfeige ein – oder eine Verhaftung.

- In der Öffentlichkeit nicht zu viel Haut zeigen. Man sollte sich auch an Stränden nicht entblößen oder (das betrifft die Frauen) oben ohne gehen, es sei denn, viele andere Leute um einen herum tun dies ebenfalls.

- Einige Amerikaner, die man so trifft, wissen nicht viel über die Herkunftsländer ihrer Besucher. Die meisten freuen sich, wenn sie Traveller treffen, aber ihre geokulturelle Bildung lässt häufig zu wünschen übrig. Nicht persönlich nehmen – einer Umfrage der National Geographic Society von 2006 zufolge hat die Hälfte aller 18- bis 24-Jährigen in den USA sogar Schwierigkeiten, New York auf einer Landkarte zu finden …

- Pünktlich sein. Viele Amerikaner finden es unhöflich, wenn man sie warten lässt.

- Nicht in geschlossenen Räumen rauchen, ohne zu fragen. Nichtrauchergesetze sind im Kommen, und viele Leute stehen nicht auf Passivrauchen im eigenen Zuhause.

- Höflich sein zu Polizisten. Amerikaner sind vielleicht locker im Umgang, aber die Polizei erwartet die Anrede „Sir", „Madam" oder einfach „Officer". Slang-Ausdrücke wie „Cop" werden nicht als Kosenamen betrachtet.

Speisen für die steigende Zahl von Fettleibigen und Diabetikern verantwortlich ist. Mehr als zwei Drittel aller US-Amerikaner sind übergewichtig, ein Drittel leidet laut CDC gar an Adipositas.

Rund 26 % aller Amerikaner nutzen ihre Freizeit für ehrenamtliche Arbeit oder einen anderen guten Zweck. Führend sind hierbei nach Angaben der Corporation for National and Community Service die Menschen aus dem Mittleren Westen, gefolgt von denen im Westen, Süden und Nordosten. Umweltbewusstes Verhalten ist inzwischen auch im Mainstream angekommen: 77 % der Amerikaner betreiben zu Hause Recycling, besagt eine kürzlich veröffentlichte Harris-Umfrage, und die meisten großen Supermarktketten – selbst Wal-Mart – haben inzwischen Bioartikel im Sortiment.

Sicko (2007), der Dokumentarfilm des umstrittenen Filmemachers Michael Moore, behandelt das amerikanische Gesundheitssystem und seine Auswirkungen auf die Bürger.

Wenn Amerikaner verreisen, bleiben sie meist im heimatlichen Dunstkreis und besuchen Urlaubsziele innerhalb der 50 US-Bundesstaaten. Gerade mal etwas mehr als ein Drittel der Amerikaner besitzen überhaupt einen Reisepass. Nach Angaben des Office of Travel and Tourism Industries des US-Handelsministeriums sind die beliebtesten ausländischen Destinationen Mexiko und Kanada, gefolgt von Großbritannien, Italien, Frankreich, Deutschland und Japan. Dieses Bild von einer ihre Heimat ungern verlassenden Nation wird noch dadurch unterstützt, dass die USA den Ruf eines „Landes ohne Urlaub" haben: Viele Arbeiter haben hier gerade einmal Anspruch auf fünf bis zehn Tage bezahlten Urlaub.

Und dann ist da noch das Gesundheitssystem, das für die Amerikaner zu einem großen Problem geworden ist. Im Frühjahr 2010 konnte Präsident Obama zwar eine – schwer umstrittene – öffentliche Gesundheitsversorgung durchsetzen, doch bislang mussten alle Bürger privat vorsorgen, und das

4 Mio. Amerikaner schalten jede Woche die altmodische Rundfunksendung *A Prairie Home Companion* des aus dem Mittleren Westen stammenden Entertainers Garrison Keillor ein. Die Sendung mit Livemusik, Sketchen und Geschichten ist auch online zu hören, auf http://prairie home.publicradio.org.

war und ist noch immer unglaublich teuer. Viele Familien konnten sich eine private Krankenversicherung einfach nicht leisten, deswegen verzichteten mehr als 15 % der Amerikaner darauf, genau wie auf Vorsorgeuntersuchungen und Behandlungen, die nicht dringend erforderlich waren. Eine Untersuchung von Harvard-Forschern fand heraus, dass in der Vergangenheit Arzt- und Krankenhausrechnungen für die Hälfte aller Insolvenzen verantwortlich waren.

WIRTSCHAFT

Amerikas Wirtschaft hat sich in den letzten 25 Jahren im Großen und Ganzen gut entwickelt. Es ging zwar auf und ab, aber insgesamt kletterte der Aktienmarkt auf historische Höhen, Gleiches galt für den Anteil der Hausbesitzer und die Immobilienpreise. Zu verzeichnen waren eine hohe Produktivität und eine niedrige Erwerbslosenrate.

Ein Problem lauerte allerdings im Hintergrund. Die Wirtschaft und die Produktivität wuchsen, die Löhne der durchschnittlichen Arbeitnehmer nicht. Und so begannen die Amerikaner Schulden zu machen, um mithalten zu können. Als die Wirtschaft brummte, waren Kredite und Hypotheken auf Häuser leicht zu bekommen. Nach statistischen Angaben des Pew Research Center war der durchschnittliche Verschuldungsgrad bei erwachsenen

Der Dokumentarfilm *Maxed Out: Hard Times, Easy Credit and the Era of Predatory Lenders* (2006) widmet sich der Frage, warum Amerikaner Geld ausgeben, das sie gar nicht haben.

Amerikanern der Mittelschicht von 0,45 im Jahr 1983 20 Jahre später auf 1,19 geklettert. Man hört oft die Aussage, dass die amerikanische Mittelschicht verschwinde, und viele Ökonomen stimmen ihr zu und führen dies auf die wachsende Verschuldung zurück. Dazu gäbe es noch manches zu sagen; wir kommen später darauf zurück.

Das reale Durchschnittseinkommen amerikanischer Haushalte lag 2007 bei 50 233 US$ und gehört damit nach Aussage der Organization for Economic Co-operation and Development (an der Kaufkraft gemessen) zu den höchsten weltweit. Dahinter verstecken sich allerdings krasse Einkommensunterschiede: In keinem entwickelten Land außer in Ungarn sind die Einkommensunterschiede zwischen den 10 % der am besten und den 10 % der am schlechtesten bezahlten Angestellten so groß wie in den USA. Diese Tatsache ist keine Überraschung, wenn man bedenkt, dass bei der Ermittlung des Durchschnittseinkommens Bürger wie Bill Gates, der reichste Mann des Landes (mit einem Netto-Vermögen von 58 Mrd. US$), genauso berücksichtigt werden wie Mindestlohnempfänger. Der Mindestlohn beträgt 7,25 US$ pro Stunde, das ergibt ein Jahreseinkommen von 15 080 US$. Die Armutsgrenze für eine dreiköpfige Familie in den USA liegt bei einem Jahreseinkommen von 18 310 US$ – so viel bringt ein mit Mindestlohn bezahlter Job nicht ein.

Die USA geben 4,1 % ihres Bruttoinlandsprodukts für das Militär aus. Zum Vergleich: In Kanada sind es 1,1 %, in China 4,3 % und in Israel 7,3 % des BIP (laut dem World Factbook der CIA, zu finden auf www.cia.gov).

Was sind die Triebfedern dieser weltweit größten Wirtschaft eines einzelnen Landes? Der Dienstleistungssektor und Wirtschaftszweige wie das Bankwesen, der Einzelhandel und das Gesundheitswesen machen rund 68 % des Bruttoinlandsprodukts aus, die fertigende Industrie (Auto-, Flugzeug-, Maschinenbau) 12 %, die Bauwirtschaft 4 %, Ölgewinnung und Bergbau 2 % und die Landwirtschaft 1 %. Die restlichen 13 % entfallen auf den staatlichen Sektor.

Wirtschaftszweige im Wachstum sind wissenschaftliche, technische und medizinische Dienstleistungen, im Rückgang befinden sich dagegen die Landwirtschaft, der Bergbau und bestimmte Bereiche der fertigenden Industrie, z. B. die Textilproduktion und der Autobau. Aber selbst in den Bereichen, deren Anteile zurückgehen, werden noch immer gewaltige Summen umgesetzt. Laut Angaben des US-Handelsministeriums werden beispielsweise in der amerikanischen Landwirtschaft immer noch mehr als 300 Mrd. US$ erwirtschaftet.

Ein altes Ökonomen-Sprichwort besagt: „Wenn die USA niest, bekommt die Welt einen Schnupfen." Mitte 2008 kam es dann zu einer schweren Grippe. Wie war das noch mit den leicht erhältlichen Darlehen, von denen vorher die Rede war? Diese Hypotheken lösten einen Dominoeffekt aus und stürzten die Wirtschaft in eine Krise. Verinfacht gesagt hatten die Finanzunternehmen günstige, über komplizierte Manöver auf dem boomenden Aktienmarkt finanzierte, aber riskante Hypotheken an Menschen mit nun nicht gerade überwältigender Kreditwürdigkeit vergeben. Die Wirtschaft erlahmte, und plötzlich kam es zu einem Rekordanstieg der Hypotheken, deren Tilgungsraten nicht mehr bedient werden konnten. Die Finanzunternehmen erhielten keine Zahlungen mehr und machten Milliardenverluste. In der Folge kam es zu einer schweren Kreditklemme und einer allgemeinen Panik auf den Aktienmärkten in den USA und im Ausland, sodass Unternehmen kaum mehr die benötigten finanziellen Mittel beschaffen konnten. Begleitet von Schlagzeilen wie „Schlimmster Wirtschaftseinbruch seit der Weltwirtschaftskrise" legte die US-Wirtschaft eine Vollbremsung hin.

Die amerikanische Bundesregierung unternahm beispiellose Anstrengungen, um die Wirtschaft wieder in Schwung zu bringen. Während sie sonst den Markt sich selbst überlässt, bekamen nun notleidende Banken und Großunternehmen Finanzspritzen in Milliardenhöhe, und die Zinsen wurden gesenkt. Aber der Aktienmarkt ist immer noch unsicher. Mehr als drei Viertel der Amerikaner glauben, dass sich ihr Land derzeit in einer Rezession befindet, was auch die steigende Arbeitslosenrate (9,4 % im Juli 2009, der höchste Wert seit 25 Jahren) erkennen lässt.

BEVÖLKERUNG

„Die Zeiten ändern sich", sang einst Bob Dylan, und das könnte auch als eine Beschreibung der Zusammensetzung der US-amerikanischen Bevölkerung verwendet werden. In den nächsten 40 Jahren wird es in dieser Hinsicht zwei große Veränderungen geben: Das Durchschnittsalter wird erheblich steigen, und der Anteil der Menschen mit lateinamerikanischen Wurzeln wird beträchtlich zunehmen.

Heute leben rund 305 Mio. Menschen in den USA, die damit, gemessen an der Bevölkerungszahl, das drittgrößte Land der Erde sind (allerdings noch immer weit hinter Indien und China mit jeweils mehr als 1 Mrd. Einwohnern). Die ethnische Zusammensetzung besteht nach Volkszählungsdaten von 2007/2008 aus 66 % „Weißen", 15 % Latinos, 13 % Afroamerikanern, 5 % Asiaten und 1 % Indianern.

Seit der Volkszählung im Jahr 2000 ist die Bevölkerung um rund 8 % gewachsen. Die Menschen lateinamerikanischer Herkunft haben daran den größten Anteil: Ihre Zahl stieg im 21. Jh. um 24 %, verursacht einerseits durch Zuwanderung und andererseits durch die Tatsache, dass Latino-Familien im Durchschnitt jünger sind (das Durchschnittsalter der Latinos beträgt 27,6 Jahre, das der Gesamtbevölkerung 36,6 Jahre) und mehr Kinder haben als Familien anderer Bevölkerungsteile.

Im Jahr 2050 wird Amerika deutlich anders aussehen. Die Bevölkerungsstatistiker prognostizieren, dass die US-Bevölkerung dann zu 46 % aus „Weißen", zu 30 % aus Latinos, zu 15 % aus Afroamerikanern und zu 9 % aus Asiaten bestehen wird. Der Anteil der Indianer wird auf ungefähr 2 % steigen (dass diese Zahlen zusammen keine 100 % ergeben, ist Rundungsfehlern geschuldet). Das Fazit? Die Minderheiten werden insgesamt zur Mehrheit werden. Für Statistikfans sei angemerkt, dass diess genau im Jahr 2042 eintreten soll.

Die zweite große Veränderung ist das Altern der Bevölkerung. Der Anteil der alten Menschen wird sich bis 2050 mehr als verdoppeln, da die Baby-

Von den zwölf Unternehmen, die bei der Gründung des berühmten Dow-Jones-Index 1896 auf der Liste standen, ist heute nur noch General Electric übrig geblieben.

Nach einer Gallup-Umfrage von 2009 waren die meisten Amerikaner zum ersten Mal seit 25 Jahren bereit, zugunsten des Wirtschaftswachstums auf Umweltschutzmaßnahmen zu verzichten.

KLISCHEES STATISTISCH GESEHEN

Die Klischees über die einzelnen Regionen der USA sind inzwischen statistisch überprüft worden. In der Untersuchung „The Geography of Personality" sammelten US-Statistiker mehr als eine halbe Million Persönlichkeitsbewertungen, erhoben von einzelnen US-Bürgern, und schauten dann, wie sich die Ergebnisse geografisch auf der Landkarte verteilten. Dass die Bewohner von Minnesota als „freundlich" gelten, kann sich nun auf harte Zahlen stützen: In Sachen „Freundlichkeit" und „Hilfsbereitschaft" rangieren die Staaten im mittleren Westen, in den Great Plains und im Süden ganz oben. Und wo gibt's die meisten Neurotiker? Im Nordosten, wie vermutet, aber New York liegt dabei keineswegs an der Spitze – diese Ehre gebührt West Virginia. Hinsichtlich der „Aufgeschlossenheit gegenüber neuen Ideen" erzielen die Staaten im Westen (Kalifornien, Nevada, Oregon und Washington) hohe Werte, bleiben aber hinter Washington, D.C. und New York zurück. In den Bereichen „Pflichterfüllung" und „Selbstdisziplin" führen die Staaten der Great Plains und des Südwestens, den Spitzenplatz nimmt New Mexico ein. So, nun aber los und selbst überprüfen, wie weit man solchen Statistiken trauen kann!

Boomer-Generation anfängt, in den Ruhestand zu gehen. Zur Jahrhundertmitte wird einer von fünf Amerikanern über 65 Jahre alt sein. Die Verschiebung zeigt sich besonders deutlich beim „Altenquotienten", der sich aus der Zahl der Kinder und der Alten im Verhältnis zu den Menschen im erwerbsfähigen Alter ergibt. Nach Prognosen des Pew Research Center werden dann 72 Personen aus dieser Gruppe auf 100 Erwerbstätige kommen (heute sind es noch 59), was die Frage aufwirft, wie die Versorgung der vielen alten Bürger gewährleistet werden soll.

Die Veränderungen werden die gesamten USA betreffen, vor allem aber Staaten wie Kalifornien, Texas, New York, Florida und Illinois. Die genannten sind nicht nur die fünf bevölkerungsreichsten Staaten, sondern in ihnen liegen auch wichtige Großstädte, in denen sich die Zuwanderer bevorzugt niederlassen, und Florida hat obendrein den höchsten Anteil von alten Einwohnern.

Die meisten Amerikaner, nämlich fast 80 %, leben in Großstädten, und zwar vorzugsweise an den Küsten. Die Mitte des Landes ist nur dünn besiedelt, dort hat man also eine Menge Platz, um sich auszutoben. In Bundesstaaten wie Wyoming, Montana und North Dakota leben weniger als 4 Menschen pro Quadratkilometer, und in Alaska ist es am einsamsten: Hier kommen gerade einmal 0,4 Einwohner auf den Quadratkilometer (nun, die Elche freuen sich darüber). Am anderen Ende der Skala liegt New Jersey: Im Staat mit der größten Bevölkerungsdichte tritt man sich bei 451 Einwohnern pro Quadratkilometer fast schon auf die Füße. Durchschnittlich liegt die Bevölkerungsdichte in den USA aber bei 32 Einwohnern je Quadratkilometer, und das bedeutet mehr Platz als in Europa (52 Ew./km²) oder Asien (78 Ew./km²).

State by State: A Panoramic Portrait of America (2008) enthält 50 Essays über die 50 Bundesstaaten, viele von bekannten Autoren wie Dave Eggers (Illinois), S. E. Hinton (Oklahoma) oder Jhumpa Lahiri (Rhode Island).

IMMIGRATION & MULTIKULTURELLES

Von Anfang an wurde Amerika als „Schmelztiegel" bezeichnet, was die Vorstellung nahelegte, dass sich die Neuankömmlinge in die bestehende Gesellschaftsordnung integrierten. Bis heute hat Amerika dieses Ideal nicht ganz aufgegeben. Einerseits wird die Vielfalt gefeiert (mit ausgiebigen Festivitäten am Cinco de Mayo, am Martin Luther King Day oder zum chinesischen Neujahrsfest), andererseits wollen viele Amerikaner am bequemen Status Quo festhalten.

Die Einwanderung bildet dabei die Gretchenfrage. Zuwanderer machen gegenwärtig über 12 % der Gesamtbevölkerung aus, und ihre Zahl wächst schnell. Rund 1,1 Mio. Immigranten kommen jedes Jahr legal in die USA, die meisten aus Mexiko, gefolgt von Asiaten und Europäern, und rund

DIE AMERIKANISCHEN UREINWOHNER HEUTE

Vor noch gar nicht so langer Zeit gehörte ihnen das ganze Land – heute stellen reinblütige Ureinwohner laut einer Volkszählung aus dem Jahr 2007 nur mehr 1,5 % der Gesamtbevölkerung der Vereinigten Staaten.

Rund 4,5 Mio. Menschen der amerikanischen Urbevölkerung verteilen sich über das gesamte Land, der größte Teil lebt westlich des Mississippi (die historischen Gründe dafür erklärt der Kasten auf S. 21). Mehr als die Hälfte von ihnen leben in zehn Staaten, nämlich in Kalifornien und Oklahoma – diese beiden zusammen beherbergen schon 25 % der gesamten Ureinwohner der USA –, Arizona, Texas, New Mexico, New York, Washington, North Carolina, Michigan und Alaska. Ein Drittel aller amerikanischen Ureinwohner lebt in Reservaten, viele andere sind in die Städte gezogen, um sich dort ein besseres Leben zu erkämpfen. Los Angeles ist die Großstadt mit der höchsten Zahl von ansässigen Ureinwohnern, die Bundeshauptstadt Washington die mit der niedrigsten.

Die Cherokee, die Navajo, die Chippewa, die Sioux und die Choctaw bilden die größten Stammesverbände in den US-Kernstaaten, die Cherokee sind wiederum das größte Volk unter diesen. Der Mehrzahl der Ureinwohnergruppen sprechen im Alltag Englisch mit Ausnahme der Navajo, von denen rund zwei Drittel zu Hause ihre angestammte Sprache verwenden. Der Bundesstaat mit dem höchsten Anteil von Ureinwohnern ist Alaska, wo sich mehr als 15 % der Bevölkerung als „Ureinwohner Alaskas" (d.h. Inuit) oder als „amerikanische Ureinwohner" (d.h. Indianer) bezeichnen. In Hawaii gehören fast 10 % der Einwohner zur indigenen Bevölkerung, die allerdings von der US-amerikanischen Bundesregierung noch nicht als Volk mit dem Recht auf Selbstbestimmung und Selbstverwaltung anerkannt ist.

Die Ureinwohner stehen heute vor gewaltigen Herausforderungen: Jede vierte Person lebt in Armut, das sind doppelt so viele Menschen wie in der übrigen Bevölkerung, die Alkoholismusrate ist um 550 % höher als in der Gesamtbevölkerung, meldet der Indian Health Service, und erhöhte Raten sind auch bei Diabetes (190 %), Mord (100 %) und Suizid (70 %) zu verbuchen.

Besteht Aussicht auf positive Veränderungen? Manche Stämme beziehen einen ständigen Geldstrom aus dem steuerfreien Glücksspiel in den Kasinos ihrer Reservationen. In den letzten Jahrzehnten hat es außerdem eine kulturelle Renaissance gegeben, in deren Rahmen traditionelle Gesänge, Musik und Tänze, rituelle Zeremonien sowie die einheimischen Sprachen gepflegt werden. Der politische Aktivismus nimmt seit 1968 zu, als auf dem Höhepunkt der landesweiten Proteste der amerikanischen Bürgerrechtsbewegung auch die American Indian Movement (AIM) entstand.

Viele Autoren vermitteln einen Einblick in das heutige Leben der amerikanischen Ureinwohner. Sherman Alexie Jr., ein Spokane/Coeur d'Alene-Indianer, beispielsweise rückt mit Humor und Witz Indianer-Klischees zu Leibe. Sein Kurzgeschichtenband *The Lone Ranger and Tonto Fistfight in Heaven* (1994) berichtet vom Leben im Reservat, der Roman *The Absolutely True Diary of a Part-Time Indian* (2007) handelt vom Erwachsenwerden. Letzteres Buch, in dem der Held das Reservat verlässt, um auf eine ausschließlich von Weißen besuchte High School zu gehen, wurde mit dem National Book Award ausgezeichnet. Die Romanautorin und Dichterin Louise Erdrich nutzt ihre Chippewa-Abstammung, um die Beziehung zwischen Voll- und Halbblutindianern und ihre Identitätskonflikte unter die Lupe zu nehmen. Ihr Roman *Liebeszauber* (1984), der die komplexe Geschichte mehrerer generationenübergreifender Familien in einem Reservat in North Dakota erzählt, wurde mit dem National Book Critics Circle Award ausgezeichnet.

Weitere Infos und Links zu Aktivisten, Medien und Stammesstätten gibt's bei der **Native American Virtual Library** (www.hanksville.org/naresources), Podcasts zu Themen über amerikanische Ureinwohner können bei **Native Radio Network** (www.airos.org) heruntergeladen werden. In Washington, D.C., bietet das zum Smithsonian gehörende **National Museum of the American Indian** eine erstklassige Einführung in die unzähligen Kulturen der Ureinwohner und behandelt deren Sprachen, Literaturen, Kunst, Geschichte und sogar ihre jeweiligen Küchen (zu erleben im Café). Powwows, Zeremonien und Kulturfestivals der Ureinwohner finden landesweit das ganze Jahr über statt; zu den größten, stammesübergreifenden Versammlungen gehören die **Gathering of Nations** (www.gatheringofnations.com) in New Mexico und das **Red Earth Native American Cultural Festival** in Oklahoma.

11,5 Mio. weitere Menschen halten sich illegal im Land auf. Dieses Thema macht die Amerikaner nervös, zumal es immer wieder politisiert wird.

Die „Zuwanderungsreform" ist in Washington zu einem Schlagwort geworden. Manche Bürger glauben, dass man gegenwärtig mit illegalen Einwanderern zu nachsichtig umginge: Man sollte mehr Grenzsperren errichten, illegale Einwanderer umgehend ausweisen und Arbeitgeber, die sie beschäftigen, hart bestrafen. Andere Amerikaner wiederum meinen, dass solche Maßnahmen überzogen wären und dass Immigranten, die jahrelang in den USA gearbeitet, die Gesellschaft unterstützt und die Gesetze befolgt haben, ein Recht auf Begnadigung haben sollten. Man solle diesen Menschen die Möglichkeit geben, vielleicht eine Geldstrafe zu bezahlen und dann die Einwanderungsformalitäten zu erledigen, ohne sich dafür von ihren Familien trennen zu müssen. Die Diskussion darum ist noch im Gange, trotz mehrfacher Versuche ist es dem Kongress bisher nicht gelungen, ein umfassendes Programm zur Regelung der illegalen Einwanderung zu verabschieden, obgleich verschiedene verschärfende Maßnahmen eingeführt wurden. Dieses Thema wird die USA noch längere Zeit in Atem halten.

Die Toleranz gegenüber multikulturellen Verhältnissen ist in den USA zu großen Teilen eine Altersfrage. In einer kürzlich durchgeführten Umfrage des Pew Research Center, ob die Zuwanderer eine Bereicherung für das Land darstellten, antworteten nur ein Drittel der älteren US-Amerikaner, dafür aber mehr als die Hälfte der 18- bis 26-Jährigen mit „Ja". In einer anderen Meinungserhebung ging es darum, ob es in Ordnung sei, wenn zwei Menschen unterschiedlicher Hautfarbe (genauer: weiß und schwarz) ein Rendezvous hätten; in der Gruppe der über 60-Jährigen antworteten hier 35 % mit „Nein", bei den unter 30-Jährigen nur 6 %.

Viele Menschen sehen in der Wahl des Präsidenten Barack Obama einen Beweis für die multikulturellen Errungenschaften des Landes. Dies hat jedoch nicht so sehr mit seinem persönlichen Hintergrund zu tun – weiße Mutter, schwarzer Vater, muslimischer Name, Leben in so unterschiedlichen Kulturgebieten wie Hawaii, Indonesien und dem amerikanischen Mittleren Westen –, und auch nicht so sehr damit, dass er als erster Afroamerikaner das höchste Amt bekleidet in einem Land, in dem in manchen Regionen Schwarze noch in den 1960er-Jahren ihr Wahlrecht nicht ausüben konnten; der Beweis besteht für sie vielmehr darin, dass amerikanische Bürger aller Ethnien und Religionen in überwältigender Mehrzahl für diesen Mann stimmten, der sich selbst als „Mischling" bezeichnete, und sich von seiner Botschaft der Vielfalt und des Wandels ansprechen ließen.

RELIGION

Als die Pilgerväter, jene frühen Siedler, die ihre europäische Heimat verlassen hatten, um religiöser Verfolgung zu entgehen, an Land gingen, waren sie fest entschlossen, dass ihr neues Land von religiöser Duldsamkeit geprägt sein sollte. Sie schätzten den Wert der freien Religionsausübung so hoch, dass ihr protestantischer Glaube nicht Staatsreligion werden sollte. Außerdem untersagten sie der Regierung alle Aktionen, die eine bestimmte Religion oder einen bestimmten Glauben gegenüber einem anderen begünstigen könnten. Die Trennung von Staat und Kirche wurde zu einem Grundpfeiler der Verfassung des Landes.

Heute sind die Protestanten dabei, in dem von ihnen gegründeten Land zu einer Minderheit zu werden. Nach den Zahlen des Pew Research Center nimmt ihre Zahl stetig ab und liegt gegenwärtig bei knapp über 50 %. Andere Konfessionen oder Religionen haben hingegen ihre Stellung behauptet oder Mitglieder dazugewonnen. Der Katholizismus hat einen Anteil von 25 % im Land und erfährt kräftigen Auftrieb von den vielen zuwandernden

Unter den Ländern mit spanischsprachiger Bevölkerung nehmen die USA den zweiten Platz ein. Mehr spanische Muttersprachler gibt's nur noch in Mexiko; Spanien liegt auf dem dritten Platz.

Unter Hindus, Mormonen und Katholiken ist der Anteil derjenigen, die Angehörige anderer Glaubensgemeinschaften heiraten, am geringsten, bei Buddhisten und Mainstream-Protestanten am höchsten (Angaben entnommen aus der 2008 vom Pew Center veröffentlichten Übersicht „US Religious Landscape").

Latinos. Die Anhänger anderer, nichtchristlicher Weltreligionen – Islam, Buddhismus, Hinduismus, Judentum – belaufen sich mittlerweile auf 5 % der Einwohner, und ungefähr 2 % der Amerikaner sind Mormonen. Interessanterweise ist eine der am schnellsten wachsenden Gruppen die der Konfessionslosen. Der Anteil derjenigen, die sich zu keiner Religion bekennen, liegt aktuell bei ungefähr 16 %. Ein kleinerer Teil dieser Gruppe lehnt Religion explizit ab (rund 4 %), der größere glaubt durchaus an spirituelle Kräfte, ohne sich dabei aber festlegen zu wollen.

Überdies ist im Land zur Zeit eine starke Bereitschaft zur Konversion zu spüren. 44 % aller erwachsenen Amerikaner haben laut Pew ihre religiöse Überzeugung im Lauf ihres Lebens gewechselt, sind zu einer anderen Konfession oder einer anderen Religion übergetreten oder haben sich ganz von Glaubensgemeinschaften gelöst. Eine einmalige Zeit des „religiösen Shoppens" ist angebrochen. In geografischer Hinsicht verlagert sich die Hochburg des Katholizismus vom Nordosten in den Südwesten der USA, in den Südstaaten dominieren die Evangelikalen, und im Westen ist die Zahl der Konfessionslosen besonders hoch.

Trotzdem verlaufen die größten Trennlinien in religiöser Hinsicht in den USA nicht zwischen den Religionen, ja noch nicht einmal zwischen Glaube und Skepsis, sondern zwischen fundamentalistischen und liberalen Auslegungen innerhalb der jeweiligen Glaubensgemeinschaften. Den meisten US-Amerikanern ist es gleichgültig, ob jemand Katholik, Angehöriger der Episkopalkirche, Buddhist oder Atheist ist. Wichtig hingegen ist, wie man zu Fragen der Abtreibung, der Empfängnisverhütung, der Rechte von Schwulen und Lesben, der Stammzellenforschung, der Evolutionslehre, des Schulgebets oder der staatlichen Verwendung religiöser Symbole steht. Die religiöse Rechte des Landes (wie die evangelikalen Christen oft bezeichnet werden) hat diese Themen ins Zentrum der Öffentlichkeit gerückt und nutzt die Politik, um ihre konservativen Überzeugungen in Gesetze zu gießen. Diese Versuche haben zu unzähligen Prozessen geführt, in denen das Grundprinzip des Landes, die Trennung von Staat und Kirche, auf der Probe steht. Die Spaltung in Fundamentalisten und Liberale ist einer der großen Kulturkämpfe des Landes; bei fast jeder politischen Entscheidung und bei fast jeder Wahl spielt sie eine wichtige Rolle.

MEDIEN

Früher beschränkten sich die Massenmedien auf die Tageszeitung und eine Handvoll Fernsehsender. In den letzten 20 Jahren ist die amerikanische Medienlandschaft einerseits gewaltig gewachsen, andererseits aber auch überhaupt nicht: Während das Internet ein dynamisches Medium ist, in dem jeder seine Meinung äußern kann, fusionieren die traditionellen Medien immer mehr; Rupert Murdochs News Corporation, die Walt Disney Company, General Electric, Time Warner, Viacom und Vivendi kontrollieren einen großen Teil des amerikanischen Markts. Eine dermaßen starke Konzentration der Medienmacht ist relativ neu. Alles begann 1996, als die Federal Communications Commission (FCC) damit anfing, den Medienbesitz zu liberalisieren.

Die wichtigsten Fernsehsender sind ABC (im Besitz von Disney), CBS (früher eine Tochtergesellschaft von Viacom), NBC (im Besitz von General Electric/Vivendi) und Fox (im Besitz von Murdoch). Die wichtigsten spanischsprachigen Sender sind Univision (eigenständig) und Telemundo (im Besitz von General Electric). PBS ist die nichtkommerzielle, öffentliche Fernsehsenderkette; das Gegenstück im Rundfunk ist das National Public Radio (NPR). Viele Amerikaner beklagen, dass PBS und NPR zu kommerziell geworden seien und sich zu sehr von Sponsoren abhängig machten,

Das Independent Media Institute betreibt www. alternet.org, eine Adresse für unabhängigen, progressiven Journalismus mit Nachrichten, Leitartikeln und einzelnen Blogs.

The Onion (www. theonion.com) provoziert mit solchen frechen Schlagzeilen wie „Das von Rezession geplagte Land fordert eine neue Blase zum Investieren".

aber dennoch sind diese beiden Mediennetze nach wie vor die wichtigsten unabhängigen Nachrichtenquellen des Landes. Mehr als die Hälfte aller Amerikaner beziehen laut einer Gallup-Umfrage von 2008 ihre Lokalnachrichten aus dem Fernsehen. Jüngere Leute mit Collegeabschluss bevorzugen landesweite News-Satire-Programme wie *The Daily Show* oder *Colbert Report* (Ausschnitte aus beiden sind auf www.comedycentral.com zu sehen).

Die Zeitungen wiederum sind im Besitz anderer Unternehmen. Viele US-amerikanische Tageszeitungen gehören zu großen Ketten wie Gannett, Hearst oder Cox, und der Umsatz schrumpft und schrumpft. Die Zahl der täglich verkauften Zeitungen fiel landesweit von 53,3 Mio. im Jahr 2006 auf 34,4 Mio. im Jahr 2009, und mehr als 100 Zeitungen stellten im Jahr 2008 die Publikation ein; selbst so altehrwürdige, mit Pulitzerpreisen ausgezeichnete Blätter wie der *Christian Science Monitor* waren nicht mehr profitabel. 2009 verzichtete der *Monitor* als erste landesweite Tageszeitung auf seine Printausgabe und ist seither nur mehr im Web vertreten. Von den noch am Kiosk erhältlichen Zeitungen sind *USA Today,* das *Wall Street Journal,* die *New York Times,* die *Washington Post* und die *Los Angeles Times* am beliebtesten.

Wohin die ganzen Zeitungsleser verschwunden sind? Ins Internet natürlich! Mehr als 80 % der Amerikaner loggen sich regelmäßig ein, besagt eine Untersuchung der University of Southern California Annenberg School for Communication, und verbringen durchschnittlich fast eine Stunde pro Woche mit Zeitunglesen im Netz. Blogs, Websites und Podcasts sind heute so sehr zum Mainstream geworden, dass mehr als 44 % der User – das sind mehr als 100 Mio. Amerikaner – schon selbst irgendwelche Inhalte ins Netz gestellt haben haben.

Insbesondere Blogs stoßen bei den Amerikanern auf reges Interesse. Fast die Hälfte aller amerikanischen Internetnutzer lesen Blogs, und mehr als 25 % bloggen selbst, meldete eMarketer im Jahr 2009. Je größer und einflussreicher die Blogosphäre wird, desto mehr verschwimmen die Grenzen zu den Mainstream-Medien. 95 % der 100 wichtigsten US-Tageszeitungen haben inzwischen Journalisten-Blogs, die Inhalte liefern. Einen guten Einblick in die Bloggerszene der USA liefern so beliebte Sites wie die der **Huffington Post** (www.huffingtonpost.com), des **Daily Kos** (www.dailykos.com) oder des öko-orientierten **TreeHugger** (www.treehugger.com).

SPORT

Wenn man die amerikanische Kultur in ihrer ganzen Pracht und Herrlichkeit kennenlernen möchte, führt kein Weg am Baseballpark, dem Footballfeld und der Basketballhalle vorbei. Und dort geht's echt frenetisch zu!

Was die Amerikaner – mal blau angemalt, mal mit Schaumgummi-Käseecken auf dem Kopf, mal beides, und dann auch wieder ganz anders verkleidet – wirklich zusammenbringt, ist der Sport. Er fungiert als eine Art sozialer Klebstoff. Gleichgültig ob konservativ oder liberal, verheiratet oder alleinstehend, Mormone oder Heide, montags im Büro plaudert wirklich jedermann zuallererst einmal über das Wochenendspiel „seines" Teams.

Und Amerikaner schauen nicht nur zu, sie lieben es auch zu wetten. Vor allem beim Football wird gern einmal die Brieftasche gezückt – und bei den Fantasy Leagues inzwischen auch. Man schätzt, dass 17 Mio. Erwachsene zwischen 18 und 55 Jahren in den USA Fantasy Sports spielen und sich dabei in genauen statistischen Analysen der Spielerfavoriten ergehen; und dieser Spaß erfordert eine Menge Geld zur Unterstützung der Chancen des eigenen Fantasy Teams.

Spiel und Spaß gibt's das ganze Jahr über. Im Frühjahr und Sommer findet fast täglich ein Baseballspiel statt, im Herbst und Winter wären das

Seine Netzsport-Fantasien kann man auf www.fantasysports.yahoo.com, Yahoos Website für Football-, Basketball-, Baseball- und andere Phantasie-sportligen ausleben.

Wochenende oder der Montagabend nichts ohne ein Footballspiel, und
während der langen Tage und Nächte des Winters hält Basketball die Amerikaner in Atem. Neben diesen drei großen Sportarten in den USA stoßen
in den letzten Jahren auch Autorennen (s. Kasten S. 48) auf mehr Interesse,
und Fußball – genauer das Major League Soccer (MLS) – findet ebenfalls
immer mehr Anhänger (insbesondere seit dem kurzen Gastspiel des englischen Superstars David Beckham bei LA Galaxy). Eishockey, das früher
nur in den nördlichen Klimazonen, d. h. an der Grenze zu Kanada in Städten
wie Detroit, MI, populär war, hat mittlerweile im ganzen Land eine Lobby.
Seit 2000 gewannen drei Teams, die aus Kalifornien oder den Südstaaten
stammen, den Stanley Cup.

Baseball

Trotz unverschämt hoher Gehälter und Dopingvorwürfen gegen die größten
Stars bleibt Baseball der amerikanische Nationalsport. Es lockt zwar vielleicht
nicht immer so viele Zuschauer auf einmal vor die Fernsehgeräte (und
steigert damit auch entsprechend die Werbeeinnahmen der Sender) wie
Football, aber in einer Baseballsaison finden auch 162 Spiele statt, nicht nur
16 wie beim Football.

Außerdem sind die Spiele im Fernsehen hier nicht so spannend – es geht
darum, live dabei zu sein. Es gibt für Amerikaner nichts Schöneres, als an
einem sonnigen Tag mit einem Bier und einem Hot Dog auf der offenen
Tribüne im Stadion zu sitzen und sich am Seventh-Inning-Stretch zu beteiligen, bei dem die Menge in schöner Eintracht „Take Me Out to the Ballgame"
anstimmt. Die Play-Offs im Oktober sorgen immer noch für Aufregung und
überraschende Sieger, und die beliebtesten Teams sind nach wie vor die New
York Yankees, die Boston Red Sox und die Chicago Cubs, selbst wenn sie
mal nicht ganz so erfolgreich sind (die Cubs beispielsweise haben schon seit
über 100 Jahren keinen Sieg in der World Series mehr vorzuweisen).

Die wohl wunderbarsten Stadien sind das Wrigley Field in Chicago und
der Fenway Park in Boston: Die beiden altehrwürdigen Stätten liegen inmitten von Stadtviertel mit Bars an jeder Ecke. Neuere Stadien locken die Besuchermassen mit Attraktionen wie Swimmingpools (Chase Field, Arizona),
Karussells und Riesenrädern (Comerica Park, Detroit) oder Sushiständen
(das Dodger Stadium in Los Angeles, das Qualcomm Stadium in San Diego
und der AT&T Park in San Francisco).

Die offizielle Baseball-Website ist www.mlb.com. Karten sind relativ
günstig – in den meisten Stadien kostet ein Sitzplatz um die 14 US$ – und
für die meisten Spiele auch leicht zu bekommen; für Spiele der Minor League
bezahlt man sogar nur die Hälfte, und hier geht es meist noch lustiger zu,
da sich die Zuschauer stark einbringen, gelegentlich Hühner oder Hunde
über das Spielfeld rennen und der Ball auch schon mal ungezielt geworfen
wird. Mehr Infos findet man auf www.minorleaguebaseball.com.

Keine Ahnung, was es
mit „on-base percentage"
(OBP) und „gross produc-
tion average" (GPA) auf
sich hat? Hardball Times
(www.hardballtimes.
com) macht mit Sicher-
heit aus jedem einen
Baseballstatistikfan!

Basketball

Im Profibasketball stimmt so manches nicht mehr: Steigende Ticketpreise
etwa sorgen dafür, dass viele Fans mittlerweile zu Hause bleiben. Dabei ist
seine Popularität ungebrochen, und viele benachteiligte Jugendliche in
städtischen Ballungsgebieten des ganzen Landes spielen immer noch Basketball in Innenhöfen und hoffen darauf, dass ihnen ein College-Sportsti-
pendium und eine anschließende Karriere als Basketballprofi einen sozialen
Aufstieg ermöglichen. Immer mehr Spieler aus Europa, Südamerika und
China werden angeworben und sorgen für eine kosmopolitische Note.

Zu den Teams mit den meisten Fans gehören heute die Chicago Bulls
(dank des noch immer spürbaren Michael-Jordan-Effekts), die Detroit

---

WIRF DEN MOTOR AN!

Die National Association for Stock Car Auto Racing (NASCAR) spielt eine ungewöhnliche Rolle in der amerikanischen Kultur. Jahrelang konnte sie nur in ihrer Heimat, dem Südosten der USA, Menschen für sich begeistern, doch in den 1990er-Jahren begannen dann Gelder zu fließen, und 2002 eroberte die NASCAR urplötzlich das ganze Land.

Damals feierte der Begriff „NASCAR-Dad" seinen Einzug in den landesweiten Wortschatz und die politische Arena. Er bezeichnet weiße, überwiegend konservative Männer der Arbeiterklasse, die sich für schnelle, im Kreis herumfahrende Autos interessieren. Rasch lockten die Übertragungen der NASCAR-Rennen, nur noch übertroffen vom Profi-Football, die meisten Sportzuschauer vor die Fernsehgeräte. Und mehr als 100 Fortune-500-Unternehmen engagierten sich als Sponsoren. Man konnte die Dollarzeichen in den Augen blitzen sehen.

In letzter Zeit leidet die NASCAR jedoch unter einer Identitätskrise. Die traditionellen Fans ärgern sich darüber, dass sie versucht hat, etwas Besseres zu werden, und nun steht der Sport vor der Aufgabe, seine Anhänger zurückzugewinnen. Zu den großen Namen der Szene gehören heute Jeff Gordon und Dale Earnhardt Jr. Der Nextel Cup ist die wichtigste Rennserie, und das Daytona 500 das bedeutendste Rennen des Jahres. Es zieht beinahe 250 000 Zuschauer an – mehr als der NFL Superbowl, die MLB World Series und die NBA Finals zusammen!

In Ricky Bobby – König der Rennfahrer (2006) macht sich Komiker Will Ferrell über die NASCAR lustig. Er spielt den dusseligen Rennfahrer Ricky Bobby, einen Topstar des Sports, den sein Stolz zu Fall bringt. Kann er seine Integrität behaupten und seine Frau, seine Kinder, sein Geld und sein Auto zurückgewinnen?

Pistons (eine krawallbereite Rüpeltruppe), die Cleveland Cavaliers (das Team von Lebron James, dem neuen Michael Jordan), die San Antonio Spurs und, last but not least, die Los Angeles Lakers (unter Führung von Phil Jackson, dem früheren Chefcoach der Chicago Bulls), die seit 2000 viermal die Meisterschaft gewonnen haben. Unbedeutendere Teams wie Sacramento oder Portland haben besonders treue Fans, deswegen kann es besonderen Spaß machen, sich in solchen Städten ein Spiel anzusehen. Infos gibt's auf der Website der National Basketball Association (www.nba.com).

Die Collegeversion des Sports lockt ebenfalls Millionen von Fans an, insbesondere während der k. o.-Spielen. Diese Serie von k. o.-Spielen erreicht ihren Höhepunkt im „Final Four", wenn die vier Sieger der Ausscheidungsrunde um den Platz im Meisterschaftsspiel ringen. Dank Überraschungsergebnissen und Außenseiterteams, die plötzlich Ruhm und Ehre ernten, ist College-Basketball mindestens so spannend wie die Profiliga. Die Spiele werden groß im Fernsehen übertragen, und auch hier wird heftig gewettet; die Buchmacher in Las Vegas leben davon.

Es gibt auch College- und Profiteams im Frauenbasketball. Und es kommt gar nicht selten vor, dass sich an den Colleges das Frauenteam besser behauptet als das Männerteam.

Football

Der Rest des amerikanischen Sports ist eigentlich Football. Es geht um Glamour, um Körperkontakt – und um viel Geld. Weil es beim Football die kürzeste Saison und die wenigsten Spiele von allen großen Sportarten gibt, erhält jedes Match die emotionalen Ausmaße einer geschichtsträchtigen Schlacht, bei der nur das Ergebnis zählt und eine einzige unglückliche Verletzung das Aus für das ganze Team bedeuten kann.

Football ist auch deshalb der härteste Sport, weil im Herbst und Winter bei Regen, Schnee und Eis gespielt wird. Einige der unvergesslichsten Spiele in der Geschichte des Footballs wurden bei Minustemperaturen ausgetragen. Die Fans der Green Bay Packers sind eine Klasse für sich, was das Aushalten von schlechtem Wetter betrifft. Ihr Stadion in Wisconsin, das Lambeau Field, war Austragungsort des berüchtigten Ice Bowl, eines Meisterschaftsspiels gegen die Dallas Cowboys im Jahr 1967, bei dem die Temperaturen bei -25 °C lagen – im Wind waren das gefühlte -44 °C.

Verschiedene Teams haben unterschiedliche Jahrzehnte dominiert: Die Pittsburgh Steelers die 1970er-, die San Francisco 49ers die 1980er- und die Cowboys die 1990er-Jahre. In den 2000er-Jahren geben die New England Patriots den Ton an. Die offizielle Website der Profi-Liga – www.nfl.com – ist vollgepackt mit Infos. Karten sind teuer und schwer zu bekommen (deshalb versammeln sich viele Fans zu den Fernsehübertragungen in Bars).

Das gilt oft auch für College- und Highschool-Spiele, die mit viel, viel Drumherum ausgetragen werden – es gibt Cheerleader, Marschkapellen, Maskottchen, Lieder und unverzichtbare Rituale vor und nach dem Spiel, z. B. das „Tailgate", ein ausgewachsenes Bier-und-Barbecue-Gelage mit tragbaren Grills auf den Stadionparkplätzen.

Der fanatisch gefeierte Super Bowl ist das Finale der Profiliga und findet Ende Januar oder Anfang Februar statt. Die Bowl-Spiele (z. B. Rose Bowl, Orange Bowl, usw.) sind die Meisterschaftsspiele, die an und rund um Neujahr ausgetragen werden.

Der Super Bowl kostet die USA 800 Mio. US$ – durch die verlorene Arbeitszeit, in der die Angestellten über das Spiel reden, Wetten abschließen oder online nach einem neuen Fernseher suchen.

Kunst

Wer eine Metapher sucht, die die amerikanische Kunst beschreibt, kann kaum der Versuchung widerstehen, das Web (oder etwas zeitgemäßer das Web 2.0) zurate zu ziehen. Viele Internetseiten treffen und beschreiben Amerikas künstlerischen Charakter so genau, dass das Web – frei schwebend in einem Metaversum – Amerikas digitaler Avatar sein könnte.

Beides, Internet und Kunst, sind chaotische, demokratische Mixturen aus Hoch- und Tiefkultur, in denen der Einzelne die Zügel der Kritik selbst in die Hand nimmt und selbsternannte Gemeinschaften sich selbst bedienen und genügen. Beide sind sie rebellisch, unverschämt, persönlich, ahistorisch (wenn nicht sogar antihistorisch), dekonstruktiv, gemeinschaftlich und zur Aneignung, wenn nicht gar zu offenem Diebstahl neigend. Und beide genießen es, zu schockieren, und freuen sich über die transformative Natur der Technologie.

Historisch gesehen erlebte die amerikanische Kunst ihre Blütezeit in der Moderne und der Postmoderne – und was ist postmoderner als das Internet? Was dem Web jedoch fehlt, sind Lokalität und Ethnizität, und keine Analogie, die diese beiden Begriffe nicht beinhaltet, wird je für Amerika passen. Das Zusammenspiel von Geografie und Ethnie ist verantwortlich für die Entstehung des bunten Regionalismus, der allein der Schlüssel zum Verständnis der amerikanischen Kunst ist. Außerdem inspirieren Natur und Wildnis die Seele der Nation – trotz ihrer großen Vorliebe für Technologie – und folglich viel von ihrer Kunst.

Doch auch wenn man die Analogie mit dem Web verwirft und nur die Fakten betrachtet, besteht kein Zweifel, dass die digitale Technologie derzeit jedes Medium de- und rekonstruiert und jede Kunstrichtung beeinflusst. Es ist unmöglich vorherzusagen, wohin dies geführt hat oder wie viel sich geändert haben wird, wenn der binäre Staub sich einmal gelegt hat. Amerika befindet sich inmitten einer globalen Revolution, in der alles – Wirtschaft, Produktion, Vertrieb, Werkzeug, Gemeinschaft, Leistung, Ausdruck und Publikumserfahrung – im Wandel ist.

Um die Kunst von morgen zu verstehen, muss man zuerst einen Blick auf die Kunstgeschichte Amerikas werfen: auf Musik, Literatur, Architektur, Malerei, Fotografie, Theater, Tanz, Kino und TV.

Das Buch *Hip: The History* (2004) von John Leland zu lesen, heißt, einem Profi-Mechaniker dabei zuzusehen, wie er die rassistisch aufgeladene hyperaktive Maschinerie der amerikanischen Pop-Kultur demontiert. So gut, dass es schon fast weh tut.

MUSIK

Amerikanische Popmusik ist der Herzschlag der Nation. John Lee Hookers tiefes Brummen und John Coltranes schwermütige Kaskaden, Hank Williams Jodeln und Elvis' Schmollmund, Beyoncé, Bob Dylan, Duke Ellington und Patti Smith. Die Popmusik ist Gefühl und Gestalt, immer ein mitreißendes, trotziges Vergnügen, egal ob die Leute beim Bluegrass die Stiefel schwingen, beim Zydeco ins Schwitzen kommen oder zu Hip-Hop hüpfen.

Keine andere amerikanische Kunstform ist so einflussreich gewesen. Blues, Jazz, Country, Rock'n'Roll, Hip-Hop: Wer sich diese Stilrichtungen auf den iPod spielt, hat den Soundtrack für die Geschichte der amerikanischen Musik im 20. Jh. zusammen. Amerikanische Musik ist heute ein fröhliches, lockeres, multikulturelles Fest, in dem Gattungen und Stile verwischt, angepasst und gemischt werden.

Nur die Musikindustrie selbst tanzt nicht vor Freude. Sie war das erste Opfer der digitalen Revolution, und die „Probleme", die die neue Technologie für die Branche mit sich bringt, trifft die Musik am härtesten: die Überalterung der physischen Medien, der unkontrollierte öffentliche Zugang, der fehlende Urheberschutz. CD-Verkäufe, die immer noch über 80 % des Gesamtumsatzes der Branche ausmachen, nehmen seit acht Jahren ab; der Digitalumsatz steigt schnell, aber nicht schnell genug, um Verluste daraus zu verhindern. Musik, im Jahr 1999 eine 14,5 Mrd. US$ schwere Industrie, verzeichnete 2007 einen Gesamtumsatz von nur noch 10,4 Mrd. US$, und Musikläden schlossen schneller als unabhängige Buchhandlungen. 2008 trugen die USA die Hälfte des digitalen Musikmarktes weltweit; die Zahl der jährlichen Downloads übertraf die 1-Mrd.-Marke.

Trotz einer Flut von Prozessen scheint die Industrie machtlos, das illegale Herunterladen von Musik zu stoppen. Schätzungen zufolge werden jeden Monat 1 Mrd. Lieder illegal gehandelt – ein Beweis für die Macht der Musik … und für die Folgen der neuen Medien.

Blues

Der Süden ist die Wiege der Musik des Landes. Sie hat ihre Wurzeln in den wechselvollen Beziehungen zwischen Schwarzen und Weißen und deren problematischen Entwicklungen, die in erster Linie durch die „sonderbare Institution" der Sklaverei bestimmt waren. Der Blues entwickelte sich aus den Arbeitsliedern und den „Schreien" der schwarzen Sklaven sowie aus dem „Frage-Antwort"-Schema ihrer religiösen Gesänge – er ist also eine Adaption afrikanischer Musik.

Durch die Erfahrungen der Afroamerikaner in der weißen US-Gesellschaft wandelten sich die Sklavenlieder nach dem Bürgerkrieg zum Blues. Weitgehend improvisiert und sehr persönlich blieb der Blues im Grunde immer ein unmittelbarer Ausdruck von individuellem Schmerz, Leiden und Hoffen, von Sehnsucht und Stolz. Fast die ganze nachfolgende amerikanische Musik hat aus dieser tiefen Quelle geschöpft.

Um die Wende zum 20. Jh. erlangten im Süden fahrende Bluesmusiker und besonders -sängerinnen Bekanntheit und konnten mit ihrer Kunst Geld verdienen, etwa die frühen Pioniere Robert Johnson, W. C. Handy, Ma Rainey, Huddie Ledbetter (alias Lead Belly) und Bessie Smith, die einige für die beste Bluessängerin aller Zeiten halten. Zur gleichen Zeit verwandelte sich die schwarze christliche Chormusik in den Gospel, dessen größte Sängerin Mahalia Jackson in den 1920er-Jahre für Furore sorgte.

Nach dem Zweiten Weltkrieg wanderte der Blues von Memphis und vom Mississippidelta nach Norden, speziell nach Chicago, und in die Hände einer neuen Generation von Musikern, darunter Muddy Waters, Buddy Guy, B. B. King, John Lee Hooker und Etta James. Heute wird das Erbe des Blues von Musikern wie Robert Cray, Bettye LaVette und Keb' Mo' bewahrt und ständig modernisiert.

Jazz

Ab dem späten 18. Jh. trafen sich die Sklaven auf dem Congo Square in New Orleans zum Singen und Tanzen. Deshalb gilt dieser Ort als Geburtsstätte des Jazz. Hier schauten sich die ehemaligen Sklaven von den französischsprachigen gemischtrassigen Kreolen der Stadt – die selber eher an europäischer Gesellschaftsmusik interessiert waren – ab, wie man Blas- und Saiteninstrumente beherrscht, um damit ihre eigene „primitive", afrikanisch inspirierte Musik zu spielen. Die gegenseitige Inspiration hatte eine stetige Entwicklung innovativer Sounds zur Folge.

Die erste Variante war der Ragtime, der seinen Namen durch den „zerhackten" Stil seiner synkopischen afrikanischen Rhythmen bekam. In den 1890ern machten Musiker wie Scott Joplin den Ragtime bekannt und verbreiteten ihn über Notenblätter und Rollen für mechanische Klaviere im ganzen Land.

Cadillac Records (2008) hält sich vielleicht nicht ganz genau an die historischen Tatsachen rund um das einflussreiche Musiklabel in Chicago, doch die Story über Blueslegenden wie Muddy Waters, Howlin' Wolf und Etta James ist super.

Der Begriff „Rock and Roll" war ursprünglich ein afroamerikanischer Slangausdruck für Sex. Er tauchte zum ersten Mal im Jahr 1922 im Song „My Man Rocks Me (With One Steady Roll)" von Trixie Smith auf.

Ken Burns dokumentarische Reihe *Jazz* (2001) feiert das multiethnische Mosaik dieser musikalischen Erfindung Amerikas – von den Anfängen der Sklaverei bis zu den Innovationen des 20. Jhs. Audioclips und mehr gibt's auf www.pbs.org/jazz.

Der Dixieland-Jazz, dessen Zentrum das berüchtigte Rotlichtviertel Storyville in New Orleans war, folgte schon bald. Buddy Bolden gilt als der erste wahre Jazzmusiker, auch wenn der Pianist Jelly Roll Morton immer wieder behauptete, er habe den Jazz erfunden. 1917 wurde Storyville dicht gemacht und die Jazzmusiker aus New Orleans zerstreuten sich in alle Winde. 1919 zog Bandleader King Oliver nach Chicago, und schon bald folgte ihm sein Trompetenstar Louis Armstrong. Armstrongs markante Stimme und seine großartigen Improvisationen haben dazu geführt, dass das Solo für einen Großteil des 20. Jhs. ein fester Bestandteil des Jazz wurde.

Zwei ausgezeichnete Jazz-Magazine sind *Down Beat* (www.downbeat. com), mit einer „Jazz-101"-Geschichtssparte im Internet, und *Jazz Times* (www.jazztimes.com) mit einem Online-Konzert- und -Event-Führer.

Die 1920er- und 1930er-Jahre wurden als das Zeitalter des Jazz bekannt, aber die Musik war nur ein kleiner Teil der blühenden afroamerikanischen Kultur während der New Yorker Harlem-Renaissance. Swing – ein neuer, urbaner Stil mit Big-Band– überschwemmte das Land, und die Bandleader Duke Ellington und Count Basie wurden zu seinen innovativsten Aushängeschildern. Die Jazzsängerinnen Ella Fitzgerald und Billie Holiday kombinierten den Jazz mit seinem Bruder aus dem Süden, dem Blues.

Nach dem Zweiten Weltkrieg kam der „Bebop" oder „Bop" auf als eine Reaktion auf die weichen Melodien und beschränkten Rhythmen des Big-Band-Swings. Der Saxofonist Lester Young übte einen großen Einfluss auf die neue Generation von Musikern aus, zu der Charlie Parker, Dizzy Gillespie und Thelonious Monk gehörten. Kritiker konnten damit zunächst nichts anfangen und verspotteten die in den 1950er- und 1960er-Jahren entstandenen Spielarten als Cool Jazz, Hard-Bop, Free- oder Avantgarde-Jazz und Fusion (der Jazz, Latin- und Rockmusik kombinierte) – doch die postmoderne Welle der Dekonstruktion der Jazzmusik war nicht mehr aufzuhalten. Pioniere dieser Ära waren Miles Davis, Dave Brubeck, Chet Baker, Charles Mingus, John Coltrane, Melba Liston und Ornette Coleman.

Heute dominiert kein bestimmter Stil den Jazz. Ragtime, Dixieland und Swing haben alle ihre Revivals erlebt, besonders unter Führung des Trompeters Wynton Marsalis. Musiker wie der Pianist Herbie Hancock, die Saxofonisten Wayne Shorter und Joshua Redma sowie der Sänger Kurt Elling pflegen die Tradition dieser ständig erneuerbaren und herrlich unverwüstlichen Form von Musik.

Folk & Country

Die frühen schottischen, irischen und englischen Einwanderer brachten ihre eigenen Instrumente und Volkslieder mit nach Amerika. Im Lauf der Zeit entstand in den abgelegenen Appalachen die Hillbilly- oder Countrymusik; davon unterschied sich die Westernmusik im Südwesten durch Stahlgitarren und größere Bands. In den 1920er-Jahren schlossen sich diese Stile zur Country- und Westernmusik zusammen, die in Nashville, TN, ihre Heimat fand, besonders, als man 1925 anfing, die Musik des *Grand Ole Opry* im Radio zu übertragen.

Willie Nelsons neuartige Countrymusik, die in den späten 1960er- und den 1970er-Jahren zur „Outlawbewegung" gehörte, gefiel Hippies ebenso wie Cowboys. Zum Reinhören eignet sich das Konzeptalbum *Red Headed Stranger* (1975).

Jimmie Rodgers und die Carter Family waren unter den ersten Countrymusikern, die weithin bekannt wurden. In Kentucky machten Bill Monroe und seine Blue Grass Boys aus Country, Jazz und Blues den Bluegrass. Andere bedeutende Countrymusiker waren Hank Williams, Johnny Cash, Willie Nelson, Patsy Cline und Loretta Lynn.

Die Tradition der amerikanischen Folkmusik verkörperte Woody Guthrie, der während der großen Depression mit politischen Liedern durch das Land zog. In den 1940er-Jahren wurde Pete Seger als unermüdlicher Hüter des amerikanischen Folkerbes bekannt. Der Folk erlebte in den Protestbewegungen der 1960er-Jahre ein Revival, das der damals noch Folk singende Bob Dylan fast im Alleingang beendete, als er unter „Verräter"-Rufen eine E-Gitarre anstöpselte.

Die Countrymusik beeinflusste den Rock'n'Roll in den 1950er-Jahren, während rockiger Country als „Rockabilly" bezeichnet wurde. In den 1980er-Jahren erlebten Country & Western Revivals mit Stars wie Garth Brooks. Berühmte zeitgenössische Vertreter der Countrymusik sind beispielsweise Shania Twain, die Dixie Chicks, Dwight Yoakam und Tim McGraw. Vertreter der eklektischen „Alternative-Country"-Kategorie sind Lucinda Williams und Lyle Lovett.

Rock'n' Roll

Die meisten sagen, dass der Rock'n'Roll 1954 geboren wurde, an dem Tag, als Elvis Presley das Sun Studio von Sam Philips betrat und „That's All Right" aufnahm. Anfangs fragten sich die Radiosender, warum ein weißer Junge vom Land schwarze Musik sang und ob sie das überhaupt senden sollten. Doch zwei Jahre später gelang Presley mit „Heartbreak Hotel" der große Durchbruch.

Musikalisch gesehen war Rock'n'Roll eine Mischung aus gitarrendominiertem Blues, schwarzem R & B und weißem Country & Western. Der R & B entwickelte sich in den 1940er-Jahren aus Swing und Blues und war damals als „Rassenmusik" bekannt. Mit dem Rock'n'Roll verwandelten weiße (und einige schwarze) Musiker diese „Rassenmusik" in etwas, das weiße Jugendliche offen annehmen konnten – und das taten sie auch.

Der Rock'n'Roll läutete sofort eine soziale Revolution ein, die noch bedeutender war als die musikalische: Unverblümt sexuell, die Jugend zelebrierend und die Rassentrennung tanzend überschreitend versetzte der Rock das Land de facto in Angst und Schrecken. Staatliche Stellen arbeiteten so fleißig daran, die „jugendlichen Täter" in Schach zu halten und den Rock'n'Roll zu zensieren und zu unterdrücken, dass er wahrscheinlich allmählich verschwunden wäre, hätte die „britische Invasion" der frühen 1960er-Jahre, angeführt von den Beatles und den Rolling Stones, den Rock nicht ins Leben zurückgeholt.

Die 1960er wurden Zeugen einer ausgewachsenen Jugendrebellion, die Ausdruck fand in den drogeninspirierten psychedelischen Klängen von Grateful Dead und Jefferson Airplane und den elektrischen Klagelauten von Janis Joplin, Jimi Hendrix, Bob Dylan und Patti Smith. Seitdem steht Rock für Musik und Lifestyle, hin- und hergerissen zwischen Genusssucht und Ernsthaftigkeit, Kommerzialisierung und Authentizität.

In den späten 1970er-Jahren entstanden der Punk, angeführt von den Ramones und den Dead Kennedys, und der Arbeiter-Rock von Bruce Springsteen und Tom Petty. Als die Gegenkultur in den 1980er-Jahren schließlich zur Kultur wurde, verkündeten die Kritiker voreilig: „Rock ist tot". Doch der Rock wurde gerettet, wie jedes Mal: z.B. durch die Talking Heads, REM, Nirvana und Pearl Jam, durch Um- und Weiterentwicklung, und egal ob er nun New Wave, Heavy Metal, Grunge, Alternative Rock, World Beat, Skate Punk, Goth oder Electronica heißt.

Obwohl mittlerweile der Hip-Hop zum Outlaw-Sound der Gegenwart avanciert ist, hat der Rock seine Bedeutung nicht verloren – und das wird auch so bleiben. Und wer den Klängen von White Stripes, den Killers, Yeah Yeah Yeahs, Kings of Leon oder Beck lauscht, weiß auch warum.

Hip-Hop TophOne

Aus der Vielfalt der Klänge der frühen 1970er-Jahre – dem Funk, Soul, Latin, Reggae und Rock'n'Roll – begannen junge DJs aus der New Yorker Bronx bahnbrechende Platten zu mixen und zu drehen, die ihre Tanzflächen zum Kochen brachten. Ein Ansager am Mikro brüllte dazu Reime und trieb die tanzende Menge (die B-Boys und B-Girls) so bis zur Ekstase.

Der Longplayer ist tot! Lang lebe der Longplayer! The Black Parade (2006) von Chemical Romance ist eine bombastische, selbstbewusste Rockplatte der alten Schule, voller versteckter Anspielungen, ansteckender Einfälle und Emo-Punk-Klagelauten.

Infos über alternative Rock- und Garagenbands (die immer noch in Garagen proben!), die unterhalb des Werberadars der Musikindustrie fliegen, hat die Website Magnet (www.magnet magazine.com).

MUSIK IN DER GLÜHEND HEISSEN SONNE

Amerikaner lieben Wiesen mit Freilichtbühnen, und opulente Musikfestivals haben in den letzten zehn Jahren eine Renaissance erlebt. Die Rede ist hier nicht von kleinen Konzertpavillons, sondern von einigen der besten „musikalischen, kulturellen und gemeinschaftlichen Erfahrungen" des Landes, um den Festival-Opa Lollapalooza zu zitieren.

Normalerweise kosten Tageskarten zwischen 40 und 85 US$ und Mehrtageskarten zwischen 150 und 300 US$. Es lohnt sich, frühzeitig auf Festival-Websites zu buchen, auf denen oft auch Infos zu Hotel und Transport und gelegentlich Pauschalangebote zu finden sind.

Weitere Informationen findet man in den entsprechenden Rubriken hier im Buch und auf den Websites www.bluesfestivalguide.com, www.jazzonjazz.com, www.dirtylinen.com und www.festivalfinder.com.

Bill Monroe Memorial Bluegrass Festival (Bean Blossom, IN; www.beanblossom.com) Das ältestes Bluegrass-Festival der USA findet Mitte Juni statt und dauert acht Tage.

Bonnaroo Music & Arts Festival (Manchester, TN; www.bonnaroo.com) Bekannte Rock-, Soul- und Country-stars und ein Comedy-Zelt; vier Tage, Mitte Juni.

Bumbershoot (Seattle, WA; www.bumbershoot.org) Nicht nur Rock, sondern auch Tanz, Theater und Comedy; drei Tage, Anfang September.

Coachella (Indio, CA; www.coachella.com) Abrocken in der Wüste mit Hard Rock, DJs, Musikikonen und alternativen Bands; drei Tage, Mitte April.

Folk Festival 50 (Newport, RI; www.folkfestival50.com) Ein herausragendes Folkfestival. In Newport nahm Bob Dylan zum ersten Mal die E-Gitarre in die Hand. Drei Tage, Anfang August.

Lollapalooza (Chicago, IL; www.lollapalooza.com) Bedeutende Rockstars und DJs treten auf. Drei benebelte Tage, Anfang August.

Monterey Jazz Festival (Monterey, CA; www.montereyjazzfestival.org) Ein Jazzfestival mit legendären Publikumshits, das man auf keinen Fall verpassen sollte. Drei Tage, Mitte September.

New Orleans Jazz Fest (New Orleans, LA; www.nojazzfest.com) Riesiges Jazzfest, von Cajun über Funk bis Blues und Zydeco; zwei Wochenenden Ende April/Anfang Mai.

Sasquatch! Music Festival (Quincy, WA; www.sasquatchfestival.com) Rock 'n' Roll an der traumhaften Columbia River Gorge; drei Tage, Ende Mai.

South by Southwest (Austin, TX; http://sxsw.com) Riesige Veranstaltung mit fast 2000 Bands, 110 Filmen und einer Digitalausstellung; zehn Tage, Mitte März.

Das Album *St Elsewhere* (2006) von Gnarls Barkley ist mit Pop, Rap, Retrosound und Hip-Hop-Elementen durchzogen und teuflisch gut, wie auch das *Grey Album* (2004) von DJ Danger Mouse – eine Mischung aus *The Black Album* des Rappers Jay-Z und aus dem „Weißen Album" von den Beatles.

Und so wurde der Hip-Hop geboren. Bands wie Grandmaster Flash and the Furious Five und Afrika Bambaataaa and the SoulSonic Force verlegten die Party sehr bald von den Straßen in die angesagten Clubs von Manhattan und vermischten sich mit Punk- und New-Wave-Bands wie The Clash und Blondie. Die Break-Out-Artists Futura 2000, Keith Haring und Jean-Michel Basquiat verließen ihre Unterführungen und die Straßen und hielten Einzug in den Galerien und – kurz darauf – in der Mode- und Werbewelt. Mitte der 1980er-Jahre hatte der Hip-Hop alle erfasst: Jung und Alt, Schwarz und Weiß, und alle dazwischen.

Während Gruppen wie RunDMC und die Beastie Boys Millionen verkauften, vervielfältigten sich die Klänge und Stile der aufsteigenden Hip-Hop-Kultur explosionsartig. Aus Los Angeles kam der „Gangsta-Rap"-Sound von N. W. A., Japans DJ Krush komponierte monumentale Klanglandschaften, und MC Solaar rappte über Pariser Wohnbauprojekte. Die 1990er-Jahre sahen Kids aus aller Welt rappen, breakdancen und ihre Namen in Nachahmung der von ihnen verehrten Künstler an städtische Wände malen.

Zur Jahrtausendwende hatte sich, was damit begonnen hatte, dass ziemlich abgerissene Gang-Kids die Funk-Platten ihrer Eltern auf illegalen Blockpartys auflegten, in ein Multimilliardengeschäft verwandelt. Russell Simmons und P. Diddy beherrschten Medienimperien, und aus Queen Latifah und Will Smith wurden Hollywoodstars. Ein weißer Rapper aus Detroit namens Eminem verkaufte Millionen von Platten, und Hip-Hop überholte den Country als zweitbeliebteste Musikrichtung Amerikas (nur noch geschlagen von Poprock). Zugleich blühte das Undergroundwesen des Hip-Hop weiter. Bilder neuer Graffitis verbreiteten sich im Internet, und die Entwicklung von billigeren Musikprogrammen verwandelte Tausende Schlafzimmer in Aufnahmestudios. Regionale Stile wie der „Crunk" aus dem Süden und die „Hyphy"-Bewegung aus der Bay Area wurden plötzlich auf allen Radiosendern gespielt.

Heute betrachten viele den Hip-Hop als Ödland des kommerziellen Exzesses, als eine Musikrichtung, die Konsumdenken, Frauen- und Schwulenfeindlichkeit, Drogenmissbrauch und jede Menge andere soziale Übel verherrlicht. Aber genau wie das von der hedonistischen Zeit des Rock'n'Rolls hervorgebrachte Rebellenkind Punk sind die entstehenden Sprösslinge des Hip-Hops allgegenwärtig und überschreiten ständig Grenzen, um Neues und noch Energiegeladeneres zu schaffen.

LITERATUR

Vor noch nicht allzu langer Zeit war die Nation ganz aus dem Häuschen, wenn Kritiker einen neuen amerikanischen Roman ankündigten. Es interessierte sich zwar nicht jeder dafür, doch der Roman war mehr als ein Jahrhundert lang das wichtigste Zugpferd der amerikanischen Kunst und Kultur. In der übersättigten multimedialen Landschaft von heute müssen die amerikanischen Autoren jedoch um ihre Einnahmen – und gegen die ständig nachlassende Aufmerksamkeit – kämpfen, sodass der große amerikanische Roman praktisch ein Nischendasein fristet.

Die Lesekultur hat jedoch überlebt. Amerikaner geben jährlich über 37 Mrd. US$ für Bücher aus, also mehr als für Musik und Kino zusammen. Der allgemeine Buchumsatz ist zwar gleich geblieben, doch Buchläden leiden unter Internethandel und digitalen Lesegeräten für E-Books wie dem Kindle des Online-Riesen Amazon.

Die Amerikaner haben ihre Liebe zu gut erzählten Geschichten aber nicht verloren, obwohl die Grenzen zwischen Literatur und Belletristik oft spielerisch verschwimmen. Jedes Jahr tritt eine Fülle neuer und talentierter Autoren auf den Plan, die fieberhaft die Essenz des Lebens in den USA verarbeiten. Die großartigen amerikanischen Schriftsteller bringen den Schmelztiegel also noch immer zum Kochen, ganz gleich in welcher Form.

Der große amerikanische Roman

Amerika formulierte seine Vorstellung von sich selbst zuerst in der Literatur. Bis zur Amerikanischen Revolution betrachteten sich die Einwohner des Kontinents zum größten Teil als Engländer, aber nach der Unabhängigkeit wurde schnell eine nationale Identität gefordert. Bis in die 1820er-Jahre waren dabei kaum Fortschritte zu verzeichnen, doch dann begannen die Schriftsteller zwei Aspekte des amerikanischen Lebens aufzugreifen, die es in Europa nicht gab: ungezähmte Wildnis und Grenzerfahrung.

James Fenimore Cooper gilt als derjenige, der mit *Die Ansiedler* (1823) – der ersten seiner berühmten Lederstrumpf-Geschichten – eine wirklich amerikanische Literatur geschaffen hat. Cooper porträtierte den bescheidenen Pionier, der durch seinen unmittelbaren Kontakt zur Natur Moralität und Spiritualität erfährt und so als authentische und bewundernswerte Gestalt dem feinen Europäer gegenübersteht. In Coopers grobem Humor und Individualismus erkannten sich die Amerikaner wieder.

In seinem Essay *Nature* (1836) artikulierte Ralph Waldo Emerson ähnliche Ideen, allerdings auf intellektuellerer Ebene. Emerson vertrat die Meinung, dass sich Gott in der Natur offenbare, dass man von ihr genauso viel

Seit den 1970er-Jahren erweiterte das gemeinnützige Gutenberg-Projekt (www.gutenberg.org) seine kostenlose digitale E-Book-Bibliothek. Im Moment stehen über 28 000 Titel zum Download zur Verfügung.

lernen kann wie aus der Bibel und dass der Einzelne Gottes Anweisung durch rationales Denken und Unabhängigkeit verstehen könne. Emersons Schriften wurden zum Herzstück der Transzendentalphilosophie, für die auch Henry David Thoreau in *Walden oder das Leben in den Wäldern* (1854) eintrat.

Herman Melvilles anspruchsvolles Meisterwerk *Moby Dick* (1851) war auch eine Warnung vor dem, was passiert, wenn der Mensch dem transzendentalen Glauben anhängt und denkt, er könne Gut und Böse mit göttlicher Klarheit voneinander unterscheiden. Nathaniel Hawthorne erkundete die dunkle Seite des konservativen puritanischen Neuenglands in seinem Roman *Der scharlachrote Buchstabe* (1850), ebenso wie die zurückgezogen lebende Emily Dickinson in ihren eindringlichen, streng gegliederten Gedichten, die erstmals 1890, vier Jahre nach ihrem Tod, veröffentlicht wurden.

Etwas außerhalb dieser Diskussion stand Edgar Allan Poe, Amerikas erster Dichter, der internationalen Ruhm erlangt hat. Seine gruseligen Geschichten (etwa *Das verräterische Herz*, 1843) trugen wesentlich zur Beliebtheit der Shortstory bei, und auch die Erfindung von Kriminal- und Horrorgeschichten sowie Sciencefiction ist ihm zuzuschreiben. Sie alle sind heute außerordentlich beliebte Genres in Amerika.

Die Würdigung des kleinen Mannes und der Natur erreichte ihren Höhepunkt mit Walt Whitman, dessen Gedichtssammlung *Grashalme* (1855) die Geburt eines amerikanischen Meisters und literarischen Visionärs signalisierte. Whitmans ungezwungene, intime, rebellische und freie Verse waren Hymnen auf Individualismus, Demokratie, Sexualität und fröhlichen Optimismus – Eigenschaften, die den Kern der neuen Nation beschrieben.

Doch nicht alles verlief so reibungslos. Der umstrittene Roman *Onkel Toms Hütte* (1852) der Abolitionistin Harriet Beecher Stowe beschreibt das Leben der Amerikaner afrikanischer Herkunft unter der Sklaverei mit christlicher Romantik, aber auch mit genug Realismus, um die Gemüter von Befürwortern und Gegnern der Sklaverei gleichermaßen zu erhitzen – ein Streit, der die Nation schon bald in einen Bürgerkrieg stürzen sollte.

Nach dem Bürgerkrieg (1861–1865) kamen zwei dauerhafte Trends auf: der Realismus und der Regionalismus. Stephen Cranes *Die rote Tapferkeitsmedaille* (1895) beschreibt die Brutalität des Krieges, während Upton Sinclair in *Der Sumpf* (1906) mit seiner Auseinandersetzung mit der Chicagoer Fleischindustrie schockierte. Ende des 19. Jhs. führte die schnelle Besiedlung des Westens zu einem steigenden Interesse an Literatur mit Lokalkolorit. Der Romanautor Jack London (*Ruf der Wildnis*, 1903) veröffentlichte seine Abenteuer als Serien in populären Zeitungen wie der *Saturday Evening Post*.

Aber es war Samuel Clemens – besser bekannt als Mark Twain –, der die amerikanische Literatur neu erfand. Twain schrieb umgangsprachlich, er liebte „große Geschichten" und warf mit satirischem Humor und Absurditäten um sich, und seine gesellige „anti-intellektuelle" Haltung machte ihm beim Alltagsleser sehr beliebt. In seinem Roman *Die Abenteuer des Huckleberry Finn* (1884) hat Twain sozusagen der Quintessenz des amerikanischen Erzählens – eine individuelle Reise zur Selbsterkenntnis – Ausdruck verliehen. Das Bild von Huck und Jim, dem armen weißen Teenager und dem entlaufenen Sklaven, die außerhalb gesellschaftlicher Normen stehen und auf dem Mississippi gemeinsam einer ungewissen Zukunft entgegentreiben, provoziert die amerikanische Gesellschaft noch heute.

Ernüchterung & Vielfalt

Die Schrecken der Weltkriege und die frisch industrialisierte Gesellschaft boten der amerikanischen Literatur ausreichend Stoff, um im 20. Jh. ihren Höhepunkt zu erreichen.

Sidebar (linke Spalte):

Unbekannte Autoren darben in staubigen Dachkammern und harren der Veröffentlichung ihrer Werke? Das war einmal. Heute erzählt man Geschichten in Form von Serien-Podcasts bei Podiobooks (http://podiobooks.com).

Amerikanische Dichter kämpfen zwar noch immer um Aufmerksamkeit, aber das Land hat eine aktive Szene: Die Zeitschrift *Poetry* (www.poetryfoundation.org) veröffentlicht Nachrichten, Interviews mit Autoren, zeitgenössische Dichtung und Podcasts.

Orion Horncrackle, Fiesta Punch und Plato Bucklew sind nur ein paar der Bewohner von Wyoming, die Annie Proulxs *Hinterland* (2004) bevölkern, eine Sammlung von Legenden im Stile Twains mit viel sarkastischem Humor.

Als „Lost Generation" bezeichnet, siedelten einige US-Autoren nach Europa über – der bekannteste ist wohl Ernest Hemingway. Sein Roman *Fiesta* (1926) ist das Exempel für die gesamte Ära, und sein sparsamer, stilisierter Realismus wurde oft kopiert, aber nie erreicht. Weitere bedeutende Autoren der Pariser Literatursalons waren die modernistischen Schriftsteller Gertrude Stein und Ezra Pound und der ikonoklastische Henry Miller, dessen halbautobiografische Romane – z. B. *Wendekreis des Krebses* (1934) – in Paris veröffentlicht wurden und wegen ihres obszönen und pornografischen Inhalts in den USA bis in die 1960er-Jahre verboten waren.

F. Scott Fitzgerald (*Der große Gatsby*, 1925) stellte die Leere der High Society an der Ostküste dar, während John Steinbeck (*Früchte des Zorns*, 1939) besonders in der Weltwirtschaftskrise zur Stimme der armen Landbevölkerung und der Arbeiter des Westens wurde. William Faulkner (*Schall und Wahn*, 1929) beschrieb die sozialen Gräben der Gesellschaft des Südens in komplexer, mit schwarzem Humor durchsetzter Prosa.

In den 1930ern entwickelten Schriftsteller wie Dashiell Hammett (*Der Malteser Falke*, 1930) und Raymond Chandler (*Der tiefe Schlaf*, 1939), deren hartgesottener Realismus moralisch so finster war, dass er auch als „Noir"-Fiction bezeichnet wurde, die klassischen Detektivgeschichten weiter. Diese Tradition wird heute von Kriminalautoren wie James Ellroy (*Die schwarze Dahlie*, 1987), Walter Mosley (*Teufel in Blau*, 1990) und Elmore Leonard (*Out of Sight*, 1996) fortgesetzt.

Zwischen den beiden Weltkriegen erblühte die Harlem Renaissance – afroamerikanische Intellektuelle und Künstler trugen ihre Kultur stolz zur Schau und untergruben rassistische Stereotypen. Zu den bekanntesten Schriftstellern gehörten der Dichter Langston Hughes und die Romanautorin Zora Neale Hurston (*Und ihre Augen schauten Gott*, 1937).

Nach dem Zweiten Weltkrieg brachten amerikanische Schriftsteller noch stärker regionale und ethnische Trennungen zum Ausdruck, verfolgten verschiedene stilistische Experimente und verhöhnten oft bissig die Werte der amerikanischen Mittelklasse. Die Schriftsteller der Beat Generation der 1950er-Jahre schlugen ein wie Molotow-Cocktails in die manikürten Rasenflächen der schmucken Vorstadtsiedlungen: Jack Kerouac (*Unterwegs*, 1957), Allen Ginsberg (*Das Geheul*, 1956) und William S. Burroughs (*Naked Lunch*, 1959) zelebrierten Nonkonformismus und grenzüberschreitenden Bewusstheitsstrom als Grundlage ihres Schreibens. Gleichzeitig schilderten J. D. Salinger (*Der Fänger im Roggen*, 1951), der russische Immigrant Vladimir Nabokov (*Lolita*, 1958), Ken Kesey (*Einer flog über das Kuckucksnest*, 1962) und Sylvia Plath (*Die Glasglocke*, 1963) ungeschminkt das Abgleiten in den Wahnsinn von Menschen, die gegen die beengten gesellschaftliche Normen kämpften.

Der Süden, der schon immer reich an Widersprüchlichkeiten war, inspirierte Flannery O'Connor (*Die Weisheit des Blutes*, 1952) und Eudora Welty (*Die Tochter des Optimisten*, 1972), die das Genre der Kurzgeschichte meisterhaft beherrschten, sowie die Romanautorin Dorothy Allison (*Bastard Out of Carolina*, 1992). Die mythische Romanze und die moderne Tragödie des Westens fanden ihren Meister im mexikanisch-amerikanischen Schriftsteller Rudolfo Anaya (*Der Segen der Curandera*, 1972), in Larry McMurtry (*Einsame Taube*, 1985) und in Cormac McCarthy (*All die schönen Pferde*, 1982), dessen Charaktere auf ergreifende Weise versuchen, mit dem rauen Leben im Westen fertig zu werden.

In der zweiten Hälfte des 20. Jhs. wurden afroamerikanische Schriftsteller zunehmend beliebter. Richard Wright (*Ich Negerjunge*, 1945) und Ralph Ellison (*Der unsichtbare Mann*, 1952) schrieben leidenschaftlich gegen Rassismus an, während James Baldwin ein gefragter afroamerikanischer Schrift-

Der Schriftsteller John Updike setzte in seiner mehr als 40 Jahre umfassenden Rabbit-Pentalogie Humor und düstere Angst als Stilmittel ein, um die paradoxe Entfremdung des modernen Lebens in den amerikanischen Vorstädten einzufangen. *Bessere Verhältnisse* (1981) gewann den Pulitzer-Preis.

Und nun zu etwas wirklich anderem: Kurt Vonneguts *Katzenwiege* (1963) und sein *Schlachthof 5 oder Der Kinderkreuzzug* (1969) sind Romane, die das Genre erweitern – eine Mischung aus Sciencefiction, postmoderner Polit-Satire aus der Ära des Kalten Krieges und einer ordentlichen Prise schwarzen Humors.

steller (*Gehe hin und verkünde es vom Berge*, 1953) und ein bahnbrechend offen schwuler Autor wurde (*Giovannis Zimmer*, 1956). Die bedeutendsten schwarzen Schriftstellerinnen waren Toni Morrison (*Sehr blaue Augen*, 1970), Maya Angelou (*Ich weiß, warum der gefangene Vogel singt*, 1971) und Alice Walker (*Die Farbe Lila*, 1982).

Jhumpa Lahiris Roman
The Namesake (2003) ist
ein bewegendes Werk,
das die Geschichte einer
bengalischen Familie über
mehrere Generationen
erzählt. Es handelt von
ihrem Leben und ihrer
Integration in Amerika.

Gegen Ende des 20. Jhs. wurde die amerikanische Literatur persönlicher, beginnend mit dem „Ich"-Jahrzehnt der 1980er-Jahre. Die narzisstischen und oft auch nihilistischen Schilderungen katapultierten das „Brat Pack" in die Popkultur: Jay McInerney (*Ein starker Abgang*, 1984), Brett Easton Ellis (*Unter Null*, 1985) und Tama Janowitz (*Großstadtsklaven*, 1986). Die minimalistische Prosa des Kurzgeschichtenmeisters Raymond Carver (*Wovon wir reden, wenn wir von Liebe reden*, 1981) stand in starkem Kontrast zu diesen Autoren sowie zum immer weiter wachsenden Ego der ausufernden Romane von Foster Wallace (*Unendlicher Spaß*, 1996) und Don DeLillo (*Unterwelt*, 1997), die später erschienen.

Heute spiegelt eine zunehmend breitgefächerte, multiethnische Palette an Stimmen die zusammengewürfelte Gesellschaft Amerikas wieder. Ethnische Identität (besonders die der Einwandererkulturen), Regionalismus und Schilderungen von Selbstfindung stehen immer noch an der Spitze der amerikanischen Literatur, ganz gleich wie experimentell sie sein mag. Die von Dave Eggers (*Ein herzzerreißendes Werk von umwerfender Genialität*, 2000) gegründete, vierteljährlich erscheinende Zeitschrift *McSweeney's* veröffentlicht die Titanen zeitgenössischer Literatur wie Joyce Carol Oates (*Wir waren die Mulvaneys*, 1996) und Chabon (*Die unglaublichen Abenteuer von Kavalier & Clay*, 2000) neben neuen Talenten.

Alle Insider-Infos über die
vielen US-Fimfestivals,
große und kleine, gibt's
auf www.filmfestivals.
com.

FILM

Keine geringere amerikanische Ikone als Hollywood wird allmählich zum Produkt einer internationalisierten Kino- und Filmkultur. Diese Entwicklung ist zum Teil rein geschäftlich, denn das ist heute das Showbusiness: Hollywoodstudios sind Vorzeigeobjekte multinationaler Konzerne, und die Finanzierung fließt in jene Talente, die den höchsten Profit abwerfen, ungeachtet derer Staatsangehörigkeit.

Dieser Wandel hat daneben aber auch eine kreative Seite. Es ist Hollywoods Eingeständnis, dass Filmstudios das riesige Potenzial von Talenten weltweit nutzen müssen, um nicht von ihnen ins Abseits manövriert zu werden. Kooption ist eine alte Strategie Hollywoods, die zuletzt benutzt wurde, um die Herausforderung zu unterminieren, die von der Independent-Filmbewegung der 1990er-Jahre ausging. Abgesehen davon steht das amerikanische Mainstream-Publikum ausländischen Filmen unverändert gleichgültig gegenüber.

Wer sich Independent-
Filme anschauen oder
herunterladen will und
am „sozialen Kino"
teilhaben möchte, sollte
Mitglied bei GreenCine
(www.greencine.com),
Jaman (www.jaman.com)
oder IndieFlix (http://
indieflix.com) werden.

Vielleicht am Wichtigsten heutzutage ist der Angriff des Computers auf die Leinwand. Heute können Filme gemacht und gezeigt werden, ohne dass überhaupt noch Filmmaterial verwendet wird. Je stärker das Zelluloid von der Bildfläche verschwindet, desto billiger werden Produktion und Vertrieb – dies so unverschämt komplex und teuer, dass sie ohne Weiteres von einigen wenigen privilegierten Hütern (also den Studios) kontrolliert werden konnten.

Die Magie der bewegten Bilder

Im späten 19. Jh. wurden Filmkameras und Projektoren gleichzeitig in Frankreich und den USA entwickelt (obwohl Thomas Edison als erster perforierten Zelluloidfilm benutzte). Das erste Kino öffnete 1905 in Pittsburgh seine Türen und wurde – da jede Vorstellung nur einen Nickel (5 ¢) kostete – „Nickelodeon" genannt.

Der große Eisenbahnraub (1903) ist berühmt, da er als erster Film auf dramatische Effekte hin zugeschnitten wurde: Er brachte die Sache auf den Punkt. Wie das Theater lockten Filmemacher ihr Publikum durch die Schaffung attraktiver Stars und verlässlicher Genres. Zwischen 1910 und 1920 wurde Charlie Chaplin zum ersten Kinostar überhaupt, und die Slapstickkomödien des Produzenten Mack Sennett und seine ewig tollpatschigen Keystone Cops entwickelten sich zu kulturellen Institutionen. D. W. Griffith war ein Pionier auf dem Gebiet der Filmtechnik. Seine bahnbrechenden Filme *Geburt einer Nation* (1915) und *Intoleranz* (1916) führten viele Stilmittel ein, die heute gängig sind, darunter die Abblende, die Großaufnahme und die Rückblende.

Gleichzeitig förderte der Wettbewerb die Entstehung des Studiosystems, das in Manhattan seinen Ursprung hatte, wo Edison versuchte, mit seinen Patenten ein Monopol zu schaffen. Dies veranlasste viele Unabhängige, in einen Vorort von Los Angeles zu ziehen, wo sie im Fall rechtlicher Probleme leicht nach Mexiko fliehen konnten: Hollywood war geboren.

1927 läutete *Der Jazzsänger* als erster Tonfilm das Goldene Zeitalter des Kinos– die 1930er- bis 1950er-Jahre – ein. Im ganzen Land schossen Filmpaläste und Autokinos aus dem Boden, und glamouröse Stars wie Humphrey Bogart, Katherine Hepburn, Bette Davis und Cary Grant fesselten die Nation. Die Hollywoodstudios hatten ihre perfekte Geldmaschine: Sie banden Schauspieler mit Exklusivverträgen an sich, unterhielten Produktionsabteilungen für alle Aspekte des Filmemachens und kontrollierten Verleih und Vorführung in den Kinos.

Doch in den 1950ern kam das Fernsehen auf, und die Amerikaner entdeckten, dass es einfacher war, im Wohnzimmer über Ralph Kramden zu lachen, als zum Kino zu fahren. Außerdem brachen die staatlichen Behörden das Hollywoodmonopol. In den 1960er-Jahren kämpften die Studios ums Überleben: Sie senkten die Kosten, kündigten Schauspielverträge und verkauften Produktionsabteilungen und dennoch gingen einige bankrott.

In den 1970er-Jahren gingen verzweifelte Studios das Risiko ein, auf eine Generation junger, unkonventioneller Filmemacher zu setzen, die sich – ihrer Zeit gemäß – für Sozialrealismus interessierten und nicht für Musicals, romantische Komödien oder Western. Unter diesen jungen Talenten befanden sich Martin Scorsese, Robert Altman und Francis Ford Coppola, deren provokative Filme bis heute als Maßstab dienen.

Die 1970er brachten außerdem den Blockbuster hervor, dank zweier innovativer Filmemacher, die heute als Synonym für den Begriff Popkultur stehen: Steven Spielberg und George Lucas. Spielbergs *Der weiße Hai* (1975) und Lucas' *Krieg der Sterne* (1977) waren derartig starke kulturelle Phänomene und attraktive Konsumgegenstände, dass sie zur Vorlage für die Zukunft wurden: rasante Action, einfache Helden, jede Menge Spezialeffekte und ein bombastischer Kinostart. Nachdem die Studios diese Lektion gelernt hatten, erholten sie sich und locken seitdem rekordverdächtige Besucherzahlen an.

In den 1990er-Jahren wurden kleine, schräge und unabhängige Filme (vor allem von der eigenbrötlerischen Produktionsfirma Miramax, die heute allerdings zum Disney-Medienkonglomerat gehört) der Knüller. Diese Produktionen experimentierten mit den neuen Werkzeugen des digitalen Filmemachens und schwammen auf der Welle der boomenden US-Filmfestivals mit. Heute zählen das Sundance Film Festival (S. 162) in Utah unter dem Vorsitz von Robert Redford, New York Citys Tribeca Film Festival, Colorados Telluride Film Festival und **CineVegas** (www.cinevegas.com) in Nevada zu den besten der sage und schreibe fast 500 Independent Film Festivals von Amerika.

indieWIRE (http:// indiewire.com) ist eine hervorragende Quelle für Kritiken, News und Einspielergebnisse von Independent-Filmen, die wirklich unabhängig von den großen Studios sind.

Der Kinofilm *Die Simpsons* (2007), in dem die Popkultur-Ironie, die hehre Bedeutungslosigkeit und die irritierende amerikanische Lebensfreude verkörpert sind, ist vielleicht der einzige Kulturführer, den ein Ausländer für die USA braucht.

Man kann es ruhig zugeben: Man steht auf Filmkritiken, die mit Klatsch und Tratsch aus Hollywood gespickt sind. In seinem herrlichen Schmöker *Easy Riders, Raging Bulls: How the Sex-Drugs-and-Rock-'N'-Roll Generation Saved Hollywood* (1997) entzaubert Peter Biskind die Ära der Autorenregisseure der 1970er-Jahre.

AMERIKANISCHE LIEBLINGSGENRES

Genres haben das amerikanische Kino seit seinen Anfängen bestimmt. Hier sind einige typisch amerikanische:

Der Western

Laut der Überzeugung des Popkinos ist der mythische Westen ein Synonym für Amerika: die Guten gegen die Bösen, Gesetz gegen Gesetzlosigkeit – im Wilden Westen werden die Probleme mit Fäusten gelöst. Die 1940er- und 1950er-Jahre waren die Blütezeit des Westerns. Gary Cooper stellt in *Zwölf Uhr mittags* (1952) völlig unironisch den Inbegriff der Männlichkeit dar. John Fords einflussreicher Film *Der Schwarze Falke* (1956) ist reine Westernpoesie: John Wayne, Monument Valley und das tödliche Ringen um Sesshaftigkeit. Sam Peckinpahs Ode an die nihilistische Gewalt, *The Wild Bunch – Sie kannten kein Gesetz* (1969), überführte den Western in die antiheroische Moderne, wie es auch Clint Eastwoods *Erbarmungslos* (1992) und *Todeszug nach Yuma* (2007) mit Russell Crowe und Christian Bale taten.

Musical

Das goldene Zeitalter Hollywoods wurde vom Musical bestimmt, und kein anderes prägte das Genre so sehr wie *42nd Street* (1933). Fred Astaire und Ginger Rogers waren das perfekte Paar. *Ich tanz mich in dein Herz hinein* (1935) wurde mit Irving Berlins klassischer Filmmusik zum Renner. Der überschwängliche, verschmitzte Gene Kelly kam mit *Du sollst mein Glücksstern sein* (1952) und dem Jazz-Musical *Ein Amerikaner in Paris* (1951) groß raus. Kein Musical-Märchen wurde jedoch mehr gefeiert und öfter parodiert als *Das zauberhafte Land* (1939). Heute wird das Musical gelegentlich dem modernen Geschmack angepasst – beispielsweise in den Musicalfilmen *Moulin Rouge!* (2001), *Chicago* (2002) und *Dreamgirls* (2006).

Gangster & Crime

Der Außenseiterstatus des großstädtischen Gangsters ist oft eine deutliche Metapher für die Erfahrung der Immigration. Einige der besten amerikanischen Filme gehören dem Crime-Genre an.

Francis Ford Coppolas Triologie *Der Pate* (1972–1990), der die Einwanderer und die amerikanische Gesellschaft durch das Prisma des organisierten Verbrechens betrachtet, ist eine noch immer fast unübertroffene filmische Leistung. Martin Scorsese ist der Regisseur der Wahl für amerikanische Gangster: Unbedingt gesehen haben muss man seine Filme *Hexenkessel* (1973), *Good Fellas – Drei Jahrzehnte in der Mafia* (1990), *Casino* (1995) und *Departed – Unter Feinden* (2006).

Die Höhepunkte der einflussreichen Untergattung des „Film noir" bildeten John Hustons *Der Malteser Falke* (1941), Orson Welles' *Im Zeichen des Bösen* (1958), Roman Polanskis *Chinatown* (1974) und der mit Stars gespickte *L. A. Confidential* (1997). Wer kinetische Stöße der Pop-Ironie mag, sollte sich in jedem Fall *Pulp Fiction* (1994) von Quentin Tarantino und *Fargo* (1996) von den Coen-Brüdern ansehen.

Sciencefiction

Die von Natur aus filmische, immer populäre Sciencefiction erscheint oft nur in Gestalt von Wildwestfilmen, aufgemotzt mit Laserschwertern und Raumschiffen. In ihrer besten Form ist sie jedoch durchdrungen von existenzieller Furcht und postmodernen Ängsten vor Andersartigkeit und Technologie, wobei der Stummfilm *Metropolis* (1927) den Anfang machte.

Ein Beispiel für den Existenzialismus ist Stanley Kubricks *2001: Odyssee im Weltraum* (1968). Voller Trivialität und Technologie-Ängste sind die vier Folgen von *Der Terminator* (1984–2009) und die Trilogie *Matrix* (1999–2003). Steven Spielberg bleibt eine Ein-Mann-Sciencefiction-Fabrik, von *Unheimliche Begegnung der Dritten Art* (1977) und *E. T.* (1982) bis hin zu *Krieg der Welten* (2005). Zu den weiteren Klassikern dieses Genres zählen Ridley Scotts *Alien – Das unheimliche Wesen aus einer fremden Welt* (1979) und James Camerons *Aliens – Die Rückkehr* (1986) sowie Scotts stimmungsvoller Film *Blade Runner* (1982). Empfehlenswert sind auch die *Star-Wars*-Reihe (1977–2000) von George Lucas und J. J. Abrams' *Star Trek* (2009). Terry Gilliams *Brazil* (1985) ist ein großartiger Zukunftsschocker.

FERNSEHEN

Im 20. Jh. wurde das Fernsehen das maßgebliche Medium der Moderne. Der durchschnittliche Amerikaner sieht 35 Stunden die Woche fern, so viel wie niemals zuvor. Die Amerikaner *lieben* das Fernsehen – aber sie nutzen es auf verschiedene Arten: Sie zeichnen Filme auf oder laden sie herunter, orientieren sich nach ihrem eigenen Programm (nicht dem der Sender) und überspringen die Werbung. Und während das Internet mit den Wirtschaftszahlen dieser werbe- und konzerngesteuerten Unterhaltungsindustrie spielt, kann man das Zittern spüren, das durch die Führungsebenen geht.

Das Fernsehen wurde in den 1920er- und 1930er-Jahren in den USA und Europa entwickelt, und das erste Empfangsgerät wurde 1939 auf der Weltausstellung in New York vorgestellt. Nach dem Zweiten Weltkrieg wurde der Besitz eines Fernsehers zum Statussymbol der aufsteigenden amerikanischen Mittelklasse, und schon bald bekamen Radio und Film das gewaltige Wachstum der Fernsehbranche zu spüren. In den 1980er-Jahren boomten Kabel- und Satellitenfernsehen; sie erweiterten die Zahl der Kanäle von einer Handvoll auf Dutzende und schließlich Hunderte.

Über Jahrzehnte hinweg verspotteten Kritiker das Fernsehen als geistig anspruchslos, und Kinostars wären eher gestorben, als sich für eine Fernsehproduktion herzugeben. Tatsächlich gab es aber schon immer gut geschriebene und nachdenklich stimmende Fernsehsendungen. Die in den 1950er-Jahren ausgestrahlte Show *Typisch Lucy* etwa war bahnbrechend: Zum ersten Mal wurde eine Sendung mit Live-Publikum aufgenommen und dann bearbeitet ausgestrahlt. Die Show, in der es um die dynamische Lucille Ball und ihre multiethnische Ehe ging, machte die Sitcom (*situation comedy*) bekannt.

Die in den 1970er-Jahren ausgestrahlte Sitcom *All in the Family* war eine unnachgiebige Auseinandersetzung mit Vorurteilen, verkörpert durch den von Carol O'Connor gespielten unnachgiebigen Patriarchen Archie Bunker. Die Comedy-Show *Saturday Night Live* ging 1975 auf Sendung und beleuchtete mit ihrem subversiven, politischen Humor soziale Brennpunkte.

In den 1980ern brachten Videos das Kino nach Hause. Mit der schwindenden Unterscheidung zwischen Großleinwand und Kleinbildschirm verblasste das Stigma, das Hollywood dem Fernsehen aufgedrückt hatte. Ein weiterer Wendepunkt dieser Dekade war die *Bill Cosby Show* mit dem Komödianten Bill Cosby in der Hauptrolle. Obwohl sie nicht die erste erfolgreiche schwarze Show war, verzeichnete die Sendung höchste Einschaltquoten und sorgte für ein zunehmend multikulturelles Fernsehprogramm.

In den 1990er-Jahren begeisterte sich das Fernsehpublikum für das ungewöhnliche, seltsame Kultsendung *Twin Peaks*, was eine Reihe von provokanten Abwandlungen zur Folge hatte, z. B. *Akte X*. Im 21. Jh. begannen Pay- und Kabel-TV die verschiedensten Publikumskategorien gezielt zu bedienen, und produzierten niveauvolle, komplexe Dramen, die das meiste übertrafen, was Hollywood zu bieten hatte: *Die Sopranos, Deadwood, The Wire, Weeds, Dexter* und viele andere.

Heute ändern YouTube, Blip.tv und Konsorten erneut die Regeln, und die Sender haben mit weiteren, trendigen, endlosen Seriendramen wie *Lost* und *24* sowie günstigen, drehbuchlosen Reality-Shows reagiert: Was im Jahr 2000 mit *Survivor* begann, führen die Kandidaten von *American Idol* und *Dancing with the Stars* bis heute auf Gedeih und Verderb fort.

MALEREI & BILDHAUEREI Karen Levine

Einen Ozean entfernt von den adligen Mäzenen, den religiösen Kommissionen und den historischen Kunstakademien Europas war Kolonialamerika nicht gerade der fruchtbarste Boden für die bildenden Künste. Nur wenige Siedler hatten die Zeit oder das Geld, sich den schönen Künsten zu widmen,

Selbst Shakespeare könnte, wäre er noch am Leben, kein besseres Stück schreiben als *The Wire*, ein abenteuerliches, moralisch zweideutiges Seriendrama über den Drogenhandel in Baltimore. 2008 sagte Barack Obama, dies sei seine Lieblingssendung.

Wer immer noch nicht glaubt, dass die Zukunft des Fernsehens im Internet liegt, sollte einen Blick auf www.youtube. com, www.blip.tv, www. atom.com, www.joost. com und www.hulu.com werfen.

KUNST UND HANDWERK DER AMERIKANISCHEN UREINWOHNER

Man bräuchte ein ganzes Lexikon, um die unzähligen Traditionen der Stammesvölker Amerikas zu erläutern. Sie reichen von den präkolumbischen Felsmalereien bis zur zeitgenössischen Multimediaszene.

Die vielfältigen Traditionen haben gemeinsam, dass sie nicht nur im Alltag Funktionen erfüllen, sondern auch zeremoniellen Zwecken dienen und eine gesellschaftliche und religiöse Bedeutung haben. Die Muster und Symbole sind hübsch, aber vor allem sind sie mit Bedeutungen durchsetzt, die ein Fenster in die Herzen der amerikanischen Ureinwohner öffnen. Das gilt für die Fetischschnitzereien der Zuni ebenso wie für die gemusterten Teppiche der Navajo, die Pueblokeramik des Südwestens, die Perlenarbeiten der Sioux oder die Inuitskulpturen und Holzschnitzereien der Cherokee und der Völker Hawaiis – um nur wenige Beispiele zu nennen.

Über die Bewahrung ihrer Kultur hinaus dienen Skulptur, Malerei, Textilien, Film, Literatur, Liveaufführungen und mehr den zeitgenössischen indigenen Künstlern seit Mitte des 20. Jhs. dazu, die Moderne zu reflektieren und zu kritisieren, insbesondere seit der Bürgerrechtsbewegung der 1960er- und der kulturellen Renaissance der 1970er-Jahre. Die Message der zeitgenössischen indigenen Künstler bezieht sich nicht nur auf Politik, Umwelt und lokale Angelegenheiten, sondern experimentiert auch mit Kunstgattungen, von der abstrakten bis zur realistischen Kunst. *North American Indian Art* (2004) von David W. Penney bietet eine gut verständliche Einführung in die unterschiedlichen künstlerischen Traditionen der zahlreichen indigenen Kulturen Amerikas.

Indem Reisende Kunstwerke direkt bei amerikanischen Ureinwohnern kaufen, können sie unmittelbar zur Wirtschaft der Stämme beitragen, die teilweise auf die Dollars der Touristen angewiesen sind. Viele Stämme haben Kunsthandwerksläden und Galerien, meist in den größten Städten der Reservate. Das **Indian Arts & Crafts Board** (☎ 202-208-3773, 888-278-3253; www.doi.gov/ iacb) veröffentlicht eine Liste der Galerien und Läden im Besitz indigener Amerikaner.

und die bescheidenen Porträts und Drucke der Zeit spiegeln den Alte-Welt-Geschmack ihrer Schöpfer wider. Es ist aufschlussreich, dass der bekannteste amerikanische Maler des 18. Jhs., Benjamin West, sich erst einen Namen machte, als er nach Rom ging. Als West zum erstenmal den Vatikan besuchte und den Apollo von Belvedere sah, verriet er angeblich seine Yankee-Wurzeln und rief: „Mein Gott! Wie ähnlich ist er einem jungen Mohikanerkrieger!"

Das Formen einer nationalen Identität

Künstler spielten bei der amerikanischen Expansion im 19. Jh. eine zentrale Rolle: Sie verbreiteten Bilder weit entlegener Gebiete und verstärkten den Ruf nach dem „Manifest Destiny", dem amerikanischen Sendungsbewusstsein. Thomas Cole und seine Kollegen der Hudson River School übertrugen die europäische Romantik auf die leuchtenden, wilden Landschaften des New Yorker Hinterlandes, während Frederic Remington idealisierte, oft stereotype Bilder des Wilden Westens schuf. Andere Künstler wie George Caleb Bingham konzentrierten sich auf Genremalerei oder Alltagsszenen und verherrlichten die amerikanischen Tugenden der harten Arbeit und der Demokratie.

Nach dem Bürgerkrieg und dem Beginn der Industrialisierung gewann der Realismus zunehmend an Bedeutung. Augustus Saint-Gaudens, ein Schüler der Pariser École des Beaux Arts, und John Quincy Adams Ward schufen meisterhafte Marmor- und Bronzeskulpturen für nationale Denkmäler. Eastman Johnson malte nostalgische Szenen des Landlebens, wie auch Winslow Homer, der später für seine Seelandschaften in Aquarell bekannt wurde. Das wohl gewagteste Beispiel für den Realismus schuf Thomas Eakins mit seinem Gemälde *Die Klinik Gross* (1875), das Philadelphia mit seiner anschaulichen Darstellung eines chirurgischen Eingriffs schockierte.

Aktuelle Infos zu Ausstellungen und Kunstevents gibt's in den Monatsmagazinen *ARTnews* (www.artnewsonline. com), *Artforum* (http:// artforum.com) und *Art in America* (www.artin americamagazine.com).

Eine amerikanische Avantgarde

Die Einwände der vornehmen Gesellschaft gegen Eakins Gemälde waren nichts im Vergleich zu den Beinahe-Ausschreitungen, die New Yorks Armory Show 1913 verursachte. Diese Ausstellung machte das Land mit der europäischen Moderne bekannt und veränderte das Gesicht der amerikanischen Kunst nachhaltig. Gezeigt wurden Werke des Impressionismus, des Fauvismus und des Kubismus, darunter das berüchtigte Bild *Akt, eine Treppe hinabsteigend (Nr. 2)* aus dem Jahr 1912 von Marcel Duchamp. Duchamp, ein französischer Künstler, der später die amerikanische Staatsbürgerschaft annahm, schockierte das Publikum 1917 erneut mit seinem Werk *Fontäne*. Die Skulptur – ein aufgestelltes Porzellanurinal mit der Unterschrift „R. Mutt" und Duchamps erstes ausgestelltes „Readymade" oder „Objet trouvé" – wurde von den Organisatoren der Ausstellung abgelehnt. Dennoch inspirierte Duchamps Beitrag Generationen von amerikanischen Künstler-Provokateuren, von Robert Rauschenberg und Andy Warhol zu Sherrie Levine und Bruce Nauman.

Die Armory Show in New York 1913 war nur die erste einer Reihe von Ausstellungen, die die radikalen ästhetischen Veränderungen der europäischen Moderne predigten, und es war unvermeidlich, dass amerikanische Künstler sich mit dem auseinandersetzen mussten, was sie gesehen hatten. Alexander Calder, Joseph Cornell und Isamu Noguchi schufen Skulpturen, die vom Surrealismus und Konstruktivismus inspiriert waren, während die Präzisionisten Charles Demuth, Georgia O'Keeffe und Charles Sheeler den Realismus mit einem Hauch kubistischer Geometrie kombinierten.

Das wirkt wie Ironie, wenn man die nationale Abneigung gegen öffentliche Kunstförderung bedenkt. In den 1930er-Jahren gab die Works Progress Administration (WPA) im Rahmen eines Kunstprojekts auf Bundesebene Wandmalereien, Gemälde und Skulpturen für öffentliche Gebäude im ganzen Land in Auftrag; das war Teil von Franklin D. Roosevelts New Deal (S. 31). Thomas Hart Benton, Ben Shahn, Grant Wood und andere WPA-Künstler ließen sich vom sowjetischen Sozialistischen Realismus und mexikanischen Wandmalern inspirieren, um einen sozial engagierten, figurativen Stil mit regionalem Touch zu kreieren. Auch Afroamerikaner und Frauen profitierten von der Antidiskriminierungspolitik der WPA, die an Romare Bearden, Aaron Douglas und weitere Angehörige der Harlem Renaissance ebenso Aufträge vergab wie an Lee Krasner und Alice Neel.

Abstrakter Expressionismus

Nach dem Zweiten Weltkrieg erfuhr die amerikanische Kunst eine grundlegende Veränderung durch die New York School, der Maler wie Franz Kline, Jackson Pollock und Mark Rothko angehörten. Inspiriert vom Surrealismus, dessen Zelebrierung der Spontaneität und des Unbewussten, erkundeten diese Künstler die Abstraktion und ihre psychologische Kraft durch Einsatz riesiger Formate und gestischer Pinselstriche. Die „Action Painter" dieser Kunstbewegung gingen bis zum Äußersten: Pollock beispielsweise schuf seine Tropfbilder, indem er Pigmente auf große Leinwände schüttete und spritzte. Barnett Newman und Rothko setzten auf eine etwas gemäßigtere Pinselführung und schufen mit ihren sorgfältig komponierten Farbfeldern epische und zugleich ätherische Bilder.

Der Abstrakte Expressionismus wird als die erste wirklich eigene amerikanische Kunstschule betrachtet. Interessanterweise behaupten Kunsthistoriker, die USA hätten ihn während des Kalten Krieges zu Propagandazwecken eingesetzt. Es gibt Hinweise, dass die CIA Wanderausstellungen abstrakt-expressionistischer Werke finanzierte, um im Ausland für die amerikanischen Tugenden des Individualismus und der Demokratie zu

Viele Museen bieten kostenlose Podcasts zu zeitgenössischer Kunst. Die besten Websites sind vom SFMOMA (www.sfmoma.org), vom MoMA (http://moma.org), vom Walker (www.walkerart.org) und vom Met (www.metmuseum.org). Vor dem Besuch unbedingt den iPod laden!

Die wunderbare anekdotische Studie *A History of African-American Artists: From 1792 to the Present* (1993) von Romare Bearden und Harry Henderson ist eine Liebeserklärung an den Künstler Bearden, eine zentrale Figur der Harlem Renaissance.

werben. Die Abstraktion, so hoffte man, würde als lehrreiches Gegenmittel zu den von den Sowjet-Regimen bevorzugten realistischen Stilen dienen.

Kunst + Massenware = Pop

Nachdem sich der Abstrakte Expressionismus in Amerika etabliert hatte, wurde er zum Alleinherrscher der Kunstszene. Seine Macht war so gewaltig, dass einer seiner bekanntesten Vertreter, Philip Guston, von Kritikern angegriffen wurde, als er 1970 seine ersten figürlichen Malereien enthüllte. Stilistische Revolutionen hatten jedoch schon in den 1950er-Jahren begonnen. Vor allem Jasper Johns wurde mit dick gemalten Darstellungen von alltäglichen Symbolen – z. B. Zielscheiben und der amerikanischen Flagge – bekannt, während Robert Rauschenberg Kunstwerke aus Comics, Werbeanzeigen und sogar – à la Duchamp – gefundenen Objekten (einer Matratze, einem Reifen, einer ausgestopften Ziege) zusammenbastelte. Beide Künstler trugen dazu bei, traditionelle Grenzen zwischen Malerei und Bildhauerei zu überwinden und so der Pop-Art in den 1960er-Jahren den Weg zu ebnen.

Auch der Wirtschaftsaufschwung der Nachkriegszeit beeinflusste die Pop-Art. Künstler schöpften Inspiration aus den Symbolen des Warenfetischismus: Plakatwände, Verpackungen, Medienikonen. Andy Warhol benutzte profane Produktionstechniken, um Siebdruckbilder von Kinostars und Coca-Cola-Flaschen herzustellen, und beendete damit den Mythos des einsamen, im Studio schuftenden Künstlers. Roy Lichtenstein kombinierte die „Benday-Dots"-Drucktechnik mit den Techniken des Comics. Weitere Pop-Art-Künstler waren James Rosenquist, Ed Ruscha und Wayne Thiebaud.

Das Buch *Picasso and American Art* (2006) von Michael Fitzgerald und Julia May Boddewyn beschreibt, wie amerikanische Künstler von der Moderne über Pop-Art bis zur Postmoderne auf Picassos Provokationen reagierten, als diese das amerikanische Festland erreichten.

FOTOGRAFIE IN DEN USA *Karen Levine*

Amerikaner begannen sich mit der Fotografie zu beschäftigen, sobald die Nachricht über ihre Entdeckung im Jahr 1839 über den Atlantik schwappte. Porträtstudios – einige auf vier Rädern – schossen aus dem Boden, und Unternehmer aller Art (darunter viele Kunst- und Miniaturenmaler) begannen, die kommerziellen Möglichkeiten dieser neuen Kunst auszuschöpfen.

In Form von Stichen in Magazinen wie *Harper's Weekly* brachten die Fotografien einer schnell wachsenden amerikanischen Öffentlichkeit die Gesichter von Politikern und Prominenten nahe. Anders als die Malerei ermöglichte es die Fotografie Menschen aus allen Gesellschaftsschichten – auf dem Land und in der Stadt –, Aufnahmen von Verwandten, Freunden und sogar von ihren kürzlich verstorbenen Lieben zu bekommen.

Es dauerte nicht lange, bis unerschrockene Fotografen ihre schwere Ausrüstung auch in die amerikanische Wildnis schleppten. Knipser wie Carleton Watkins und Timothy O'Sullivan schufen beeindruckende Aufnahmen der Rocky Mountains und der Sierra Nevada, die zur Expansion gen Westen beitrugen, Mathew Brady dokumentierte verwüstete Bürgerkriegsschlachtfelder.

Im Gegensatz zu Gemälden und Skulpturen, die meist einem kleinen Kreis von Menschen vorbehalten waren, konnten Fotografien einfach und preiswert in Büchern und Zeitschriften und als Ansichtskarten vervielfältigt werden. Die Fotografie wurde zu einem allgegenwärtigen Bestandteil der Alltagskultur und trug wesentlich zu Amerikas Verständnis der sich verändernden gesellschaftlichen und politischen Landschaft bei.

Seither haben amerikanische Fotografen historische Ereignisse beeinflusst und gleichzeitig das Medium als Kunstform weiterentwickelt. Lewis Hines und Jacob Riis' Aufnahmen von Armut und Ausbeutung im frühen 20. Jh. sind wesentlich für unser Verständnis der sozialen Ungerechtigkeit dieser Zeit, genauso wie Walker Evans und Dorothea Langes Zeugnisse des Elends während der Weltwirtschaftskrise und die Aufnahmen von Schlachtfeldern des Zweiten Weltkriegs von Joe Rosenthal und Thérèse Bonney.

Gefeierte zeitgenössische amerikanische Fotografen sind beispielsweise Edward Weston, Ansel Adams, Diane Arbus, William Eggleston und Robert Frank.

Minimalismus

Der Minimalismus schließlich teilte das Interesse der Pop-Art an der Massenproduktion; das war's dann aber auch schon mit den Gemeinsamkeiten. Wie die abstrakten Expressionisten lehnten Künstler wie Donald Judd, Agnes Martin und Robert Ryman die Gegenständlichkeit ab. Ihre kühlen, reduzierten Arbeiten der 1960er- und 1970er-Jahre fertigten sie aus industriellem Material an und stellten sie oft zu seriellen Kompositionen zusammen. Zur gleichen Zeit war Sol LeWitt damit beschäftigt, die theoretische Verbindung zur Konzeptkunst herzustellen. Er argumentierte, dass die Idee hinter einem Kunstwerk wichtiger sei als das Werk selbst. Robert Irwin und James Turrell erkundeten den Bereich der visuellen Wahrnehmung durch minimalistische Lichtinstallationen, während Eva Hesse, Robert Morris, Richard Serra und Richard Tuttle ihren Skulpturen durch leicht formbare Materialien wie Latex, Stoff, Blech und Draht einen unbeständigen Charakter verliehen.

The Guerrilla Girls' Bedside Companion to the History of Western Art (1998) ist ein anstößiges Buch, das zu denken gibt. Es will „die Herrschaft des weißen Mannes über die Kunstwelt durch eine farbenfrohe Reinterpretation klassischer und moderner Kunst" erschüttern.

Der Minimalismus strebte eine kritische Infragestellung des Kunstmarkts an und bekämpfte den Status der Kunst als Ware. Diese Einstellung wurde am deutlichsten von den Land-Art-Künstlern Walter De Maria, Betty Beaumont und Robert Smithson demonstriert, die riesige Umwelt-Erdarbeiten in ganz Amerika schufen, die weder ge- noch verkauft werden konnten.

Die zeitgenössische Szene

Seit den 1980ern hatten Themen wie Bürgerrechte, Feminismus und Aids großen Einfluss auf die visuelle Kultur. Die Künstler drückten in ihren Werken nicht nur ihren Unmut über die Politik aus, sondern verwendeten ganz bewusst ehemals ausgegrenzte Kunstformen, angefangen von Textilien über Graffiti bis hin zu Video, Sound und Performance. Das Jahrzehnt führte auch zu den sogenannten Kunstkriegen. Sie begannen mit Protesten gegen die Fotografien von Robert Mapplethorpe und Andres Serrano und endeten 1998 mit der Verfügung des Supreme Court, dass die National Endowment for the Arts (Nationale Kunststiftung) Gelder zurückhalten dürfe, falls Künstler „die Anforderungen von Anstand und Respekt gegenüber den Überzeugungen und Werten der amerikanischen Öffentlichkeit" verletzten sollten.

Auf der Suche nach einem Möhrenmuseum, einer Monsterspielzeuggalerie oder einer Übersicht über Toilettenhandtrockner? All das und mehr gibt es auf der Website des Museum of Online Museums (www.coudal. com/moom).

Doch amerikanische Künstler inspirieren und schaffen Neues, damals wie heute – und nicht nur im eigenen Land. Die Whitney-Biennale im Jahr 2008, die ursprünglich als Ausstellung von und für Amerikaner konzipiert war, kündigte an, dass sie zeigen würde, „wo die amerikanische Kunst heute steht". Ein Journalist der *New York Times* bemerkte dazu kritisch: „Das wissen wir im Grunde schon. Ein Großteil der neuen Kunst steht heute an den Ständen internationaler Kunstmessen."

Die besten zeitgenössischen amerikanischen Künstler sind im Ausland ebenso bekannt wie im Inland. Einige, die Aufmerksamkeit verdienen, sind die Maler Jeff Koons, Barry McGee und Nancy Spero, die Bildhauer Robert Gober und Kiki Smith, der Bildhauer und Filmemacher Matthew Barney, die Video- und Multimedia-Künstler Doug Aitken, Barbara Kruger, Tony Oursler und Bill Viola, die Fotografinnen Tina Barney und Cindy Sherman sowie die Installationskünstler Ann Hamilton, Jenny Holzer, Mike Kelley und Kara Walker.

THEATER

Das amerikanische Theater ist ein Stück in drei Akten: sentimentale Unterhaltung, Revival der Klassiker und eindringliche Sozialkritik. Von Anfang an haben sich Broadway-Musicals (www.livebroadway.com) darum bemüht, eine Touristenattraktion zu sein, über die man sagt: „Das muss man gesehen haben!" Da der Broadway jedes Jahr 12 Mio. Eintrittskarten verkauft, scheint die Maxime erfolgreich zu sein. Das unabhängige Theater kam im Zug der Little-Theater-Bewegung in den 1920er- und 1930er-Jahren auf, die dem progressiven europäischen Theater nacheiferte und sich schließlich zur heutigen „Off-Broadway"-Theaterszene entwickelte. Die rund 1500 gemeinnützigen Regionaltheater, die es aller finanziellen Schwierigkeiten zum Trotz schaffen, sich über Wasser zu halten, sind nicht nur eine Fundgrube für neue Stücke, sondern fördern auch unbekannte Dramatiker. Einige zeigen Broadway-Produktionen, andere haben sich dem Barden schlechthin – William Shakespeare (s. Kasten, S. 378) – verschrieben.

Eugene O'Neill – der erste große und für viele immer noch beste amerikanische Dramatiker – verhalf dem amerikanischen Schauspiel mit seiner großartigen Trilogie *Trauer muss Elektra tragen* (1931) erstmals zu Ansehen. Das Stück verlegt einen tragischen griechischen Mythos in das Neuengland der Zeit nach dem Bürgerkrieg. Andere häufig neu inszenierte Stücke von ihm sind *Der Eismann kommt* (1946) und das autobiografische *Eines langen Tages Reise in die Nacht* (1956).

Nach dem Zweiten Weltkrieg schlossen sich die amerikanischen Dramatiker der landesweiten künstlerischen Renaissance an. Zwei der berühmtesten waren Arthur Miller, der *Tod eines Handlungsreisenden* (1949) und *Hexenjagd* (1953) schrieb, und der produktive Südstaatler Tennessee Williams, der *Die Glasmenagerie* (1945), *Endstation Sehnsucht* (1947) und *Die Katze auf dem heißen Blechdach* (1955) verfasste. Die ebenfalls aus dem Südstaaten stammende Lillian Hellman (*Toys in the Attic*, 1963) befasste sich mit kontroversen gesellschaftlichen Problemen wie Feminismus, Klassenprivilegien, Rassismus und Homosexualität. All diese Stücke und viele andere wurden verfilmt.

Wie in Europa auch waren die 1960er-Jahre vom absurden Avantgarde-Theater geprägt. Kein Dramatiker schrieb beißender als Edward Albee, der mit der Veröffentlichung von *Wer hat Angst vor Virginia Woolf?* (1962) die Empfindlichkeiten der Bourgeoisie traf. Etwa zur gleichen Zeit trat Neil Simon in Erscheinung, dessen stets beliebte Komödien 40 Jahre lang am Broadway für Stimmung sorgten. Mit seinem jüdisch-amerikanischen Drama *Lost in Yonkers* (1991) gewann er jedoch den Pulitzer-Preis.

In den 1970er-Jahren wurden weitere hervorragende amerikanische Dramatiker bekannt: David Mamet (*Hanglage Meerblick*, 1984), Sam Shepard (*Vergrabenes Kind*, 1978) und der innovative „Concept-Musical"-Komponist Stephen Sondheim (*Sweeney Todd*, 1979). August Wilson (*Zäune*, 1985) schuf einen monumentalen Zyklus namens „Pittsburgh" aus zehn Stücken, die das afroamerikanische Leben im 20. Jh. analysieren. Christopher Durang (*Sister Mary Ignatius Explains It All for You*, 1979) ist ein Dramatiker absurder Popkultur-Parodien.

In einem Zeitalter der zunehmend isolierenden Medien bemüht sich das amerikanische Theater heute, ein bedeutungsvolles Gemeinschaftserlebnis zu bleiben. Ein-Mann-Stücke wie *Bridge & Tunnel* (2004) von Sarah Jones werden immer beliebter. Ein wachsendes Phänomen ist das Hip-Hop-Theater mit seiner multikulturellen und multidisziplinären Hip-Hop-Ästhetik. Darüber hinaus experimentieren neue Dramatiker weiter, z. B. Suzan-Lori Parks (*Topdog/Underdog*, 2001), deren *365 Plays/365 Days* (2006) zu einem einjährigen Spielzyklus wurden, der das Land in Atem hielt.

TANZ

Im 20. Jh. gab sich die USA dem Tanz hin. NYC war schon immer das Epizentrum für innovativen Tanz und Heimat der bedeutendsten Tanzgruppen, aber in jeder größeren Stadt gibt es feste Tanz- und Gastensembles.

Der Blog Modern Art Notes (www.artsjournal. com/man) des Kritikers Tyler Green bietet einen intelligenten und individuellen Überblick über die neuesten Nachrichten aus der Kunstwelt, vom Schönen bis zum Skandalösen.

In der unterhaltsamen Dokumentation *OT: Our Town* (2002) stellen Ghettokids aus L. A. Thornton Wilders gleichnamigen Klassiker (dt: *Unsere kleine Stadt*) auf den Kopf und erfahren, dass Theater manchmal wirklich etwas bewirkt.

Aktuelle Infos zur regionalen Theaterszene bietet das Magazin *American Theatre* (www.tcg.org). Auf der Website gibt's Links zu Theaterevents und -festivals in ganz Amerika.

Ballett

Das moderne amerikanische Ballett begann, so sagt man, mit den Stücken *Apollo* (1928) und *Prodigal Son* (1929) des in Russland geborenen Choreografen George Balanchine. Mit ihnen erfand Balanchine das „handlungslose Ballett", dessen Choreografie der inneren Struktur der Musik folgt und nicht einfach eine Geschichte nachahmt. So entstand ein neues, modernes Vokabular für den Balletttanz. 1934 gründete Balanchine die School of American Ballet und 1948 das New York City Ballet, das er in eine der weltweit besten Ballettgruppen verwandelte. 1983 übernahm Jerome Robbins – der mit der Choreografie einiger der erfolgreichsten Musicals wie beispielsweise *West Side Story* (1957) Ruhm erlangt hatte – die Leitung des Balletts. Heute bleibt der Broadway ein zentraler Ort des Tanzes, und nationale Ensembles wie das National Lines Ballet aus San Francisco entwickeln das zeitgenössische Ballett weiter. Die Website **Dance** (www.dancemagazine.com) ist eine ausgezeichnete Quelle für zeitgenössisches Ballett.

Modern Dance

Die Pionierin des Modern Dance, Isadora Duncan, wurde erst bekannt, als sie an der Wende zum 20. Jh. begann, in Europa aufzutreten. Sie orientierte sich an antiken griechischen Mythen und Schönheitsidealen, stellte die Einschränkungen des klassischen Balletts in Frage und strebte nach einer intensiven Form der Selbstdarstellung.

Die führende Modern-Dance-Schule Amerikas war die in Los Angeles ansässige, 1915 entstandene Denishawn und Martha Graham ihre bekannteste und einflussreichste Schülerin. Nach ihrem Umzug nach New York 1926 gründete diese die Martha Graham School for Contemporary Dance und bildete viele heute maßgebliche Choreografen aus. In ihrer langen Karriere choreografierte sie mehr als 140 Stücke und entwickelte eine neue Tanztechnik, die inzwischen weltweit gelehrt wird und darauf abzielt, innere Bewegtheit und dramatische Narrativität auszudrücken. Ihr bekanntestes Stück war *Appalachian Spring* (1944).

Merce Cunningham, Paul Taylor und Twyla Tharp beerbten Graham als führende Vertreter des modernen Tanzes und haben bis heute allesamt aktive Tanzkompanien. In den 1960er- und 1970er-Jahren entdeckte Cunningham den abstrakten Expressionismus für sich und kooperierte erfolgreich mit dem Musiker John Cage. Taylor experimentierte mit Bewegungen und Ausdrucksformen des Alltags, während Tharp dafür bekannt ist, dass er Elemente von Popmusik, Jazz und Ballett integriert.

Ein anderer Schüler von Martha Graham, Alvin Ailey, war Teil der schwarzen Kulturblüte nach dem Zweiten Weltkrieg. Er machte sich einen Namen mit *Revelations* (1960), zwei Jahre nach der Gründung seines immer noch viel gepriesenen Alvin Ailey American Dance Theater in New York City.

Andere gefeierte postmoderne Choreografen sind Mark Morris und Bill T. Jones, und neben New York sind auch San Francisco, Los Angeles, Chicago, Minneapolis und Philadelphia bedeutende Zentren des Modern Dance.

Der Film *Ballets Russes* (2005) ist eine warmherzige Hommage an das gleichnamige revolutionäre Ballettensemble, das den Tanz veränderte und – zusammen mit dem Choreografen Balanchine – nach Amerika brachte.

In ihrem Werk *Chance and Circumstance* (2007) erzählt die Tänzerin Carolyn Brown von Tanz und Leben an der Seite von Merce Cunningham, John Cage und anderen künstlerischen Größen der Avantgarde der 1950er- und 1960er-Jahre.

ARCHITEKTUR

Im 21. Jh. erlauben Computertechniken und neue Materialen die Konstruktion von gebogenen, asymmetrischen Gebäuden, die einst als unmöglich, sogar als unvorstellbar galten. Zudem stehen Architekten vor der Herausforderung, umwelttechnische Gesichtspunkte in ihren Entwürfen zu berücksichtigen, wodurch eine ganz neue, aufregende Kreativität freigesetzt wurde, die die Skylines und die Haltung der Amerikaner gegenüber ihrer architektonischen Umwelt beeinflusst. Der Architekturgeschmack der Öffentlichkeit bleibt zwar konservativ, aber das macht nichts: Avantgardistische „Stararchitekten" schmücken städtische Landschaften mit so radikalen Visionen, dass die Bevölkerung unweigerlich nachzieht– eines Tages.

Die Kolonialzeit

Der einzige bleibende indigene Einfluss auf die amerikanische Architektur ging von den Lehmhütten der Pueblo-Indianer des Südwestens aus. Im 17. und 18. Jh. übernahmen die Spanier Elemente der von ihnen als *pueblo* (Dorf) bezeichneten Siedlungen. Ende des 19. und Anfang des 20. Jhs. tauchte die daraus resultierende architektonische Mischung wieder auf – im „Pueblo"-Stil (Südwesten) und im „Mission-Revival"-Stil (Südkalifornien).

Bis zum 20. Jh. übernahmen die Amerikaner hauptsächlich englische und kontinentaleuropäische Stile und folgten ihren Trends. Für die meisten frühen Kolonisten im Osten der USA diente die Architektur der Zweckmäßigkeit und nicht dem Geschmack. Der Möchtegernadel ließ sich prachtvolle englische Anwesen nachbauen – einige gut erhaltene Beispiele gibt's in Williamsburg in Virginia.

Nach dem Unabhängigkeitskrieg suchten die Landesväter einen Stil, der der jungen Republik gebührte, und entschieden sich für den Neoklassizismus. Das von Thomas Jefferson entworfene Kapitol in Virginia war einem antiken römischen Tempel nachempfunden und Jeffersons Domizil Monticello einer romanischen Rotunde.

Der Berufsarchitekt Charles Bulfinch half bei der Entwicklung des eher monumentalen Baustils vieler Bundesgebäude, der dem englischen georgianischen Stil glich. Das prächtigste Beispiel ist das US-Capitol in Washington, D. C., das als Vorbild für Parlamente im ganzen Land diente. Im 19. Jh. orientierten sich die Amerikaner an der englischen Mode und bevorzugten zuerst den „Greek-Revival"- und dann den „Gothic-Revival"-Stil; beide findet man heute in vielen Kirchen und College-Gebäuden.

Die Errichtung der Nation

Die Bauweise kleiner Häuser wurde unterdessen durch die „Balloon-Frame"-Konstruktion revolutioniert: ein leichter Rahmen aus einfach gefrästen Holzbalken, der von billigen Nägeln zusammengehalten wurde. Die einfachen und preiswerten „Balloon-Frame"-Läden und -Häuser ermöglichten eine rasche Besiedlung des expandierenden Westens und dann die rasante Ausbreitung der Vororte. Wenngleich es sich auch um Einweg-Massenproduktionen handelte, rückten „Balloon-Frame"-Häuser doch das eigene Heim in Reichweite normaler Mittelklassefamilien – und ließen so den amerikanischen Traum Wirklichkeit werden.

Nach dem Bürgerkrieg studierten viele einflussreiche Architekten an der École des Beaux-Arts in Paris, ein Umstand, der sich deutlich in der gehobeneren und selbstbewussteren Bauweise amerikanischer Gebäude spiegelte. Wichtige Beispiele für diesen Beaux-Arts-Stil sind Richard Morris Hunts Biltmore Estate in North Carolina und New Yorks Public Library.

Mitte des 19. Jhs. kam in San Francisco und anderen Städten Amerikas die viktorianische Architektur auf. Die großen und schicken Privathäuser der Wohlhabenderen wurden mit immer mehr Verzierungen geschmückt: Balkone, Türme, kunstvoll gestrichene Zierleisten und aufwendig gearbeitete Holzschnitzereien im viktorianischen Gingerbread-Stil.

Als Reaktion auf die viktorianische Opulenz entstand ab 1900 die Arts-and-Crafts-Bewegung, die bis in die 1930er-Jahre anhielt. Die bescheidenen Bungalows – beispielsweise das Gamble House (S. 223) in Pasadena (Kalifornien) – bestanden aus Holz- und Glasarbeiten, Keramikfliesen und anderen vor Ort hergestellten Kunsthandwerkselementen.

Im Jahr 2007 befragte das American Institute of Architects (AIA) Durchschnittsamerikaner nach ihren 150 Lieblingsgebäuden. Zu ihrer Bestürzung war die Liste (www.aia150.org) voller nostalgischer Kitschsymbole und Touristenattraktionen.

In den 1950er-Jahren schossen Mittelklassevororte buchstäblich über Nacht aus dem Boden. Ein großer Bauträger namens Levitt and Sons produzierte alle 16 Minuten ein Haus mit vier Schlafzimmern.

MEISTER DER PRÄRIE

Frank Lloyd Wright (1867–1959) ging bei dem modernistischen Architekten Louis Sullivan in Chicago in die Lehre und entwickelte sich zu einem der großen Visionäre des 20. Jhs.

Wright, der vor allem Privathäuser entwarf, verabschiedete sich von traditionellen Elementen und historischen Anspielungen der Architektur. Jedes seiner Gebäude erhielt eine einzigartige Form, die sich durch starke horizontale Linien und überhängende Dächer auszeichnete. Er bezeichnete sie als „Präriehäuser", auch wenn sie allesamt in Vorstädten errichtet wurden, vor allem in Oak Park, IL. Wright war auch einer der Vorreiter der Zentralheizung, der indirekten Beleuchtung, der Doppelverglasung und der Klimaanlage.

Wright entwickelte später das Konzept der „organischen Architektur", in der sich das Design des Gebäudes harmonisch in die natürliche Umgebung einfügt, wie in Fallingwater bei Pittsburgh, PA, zu sehen. Die Innenräume gingen fließend ineinander über, anstatt in Zimmer getrennt zu werden, und waren mit dem Äußeren verbunden, anstatt durch feste Mauern von ihm abgeschnitten zu sein. Wright benutzte Stahl, Glas und Beton auf innovative Weise – Baumaterial vermittelte anstelle von Dekor Farben und Struktur.

Heute kann man auch Frank Lloyd Wrights Sommerhaus Taliesin im Süden von Wisconsin und sein Winterhaus Taliesin West im südlichen Arizona (S. 124) besichtigen. In Letzterem war außerdem seine Architekturschule untergebracht.

Im Zuge der zunehmenden Expansion nach Westen Ende des 19. und Anfang des 20. Jhs. tauchten zwei Stararchitektinnen auf. Mary Elizabeth Jane Colter baute für die Eisenbahngesellschaft die Harvey-Häuser und entwarf einige der berühmt gewordenen Touristenunterkünfte und Wahrzeichen am Grand Canyon, wobei sie indianische Motive in ihre Entwürfe einfließen ließ. Julia Morgan war die erste Frau, die an der École des Beaux-Arts ihr Architekturdiplom machte. Sie entwarf über 700 Gebäude in unzähligen Stilrichtungen, vom California Bungalow bis zum prachtvollen Hearst Castle (S. 259).

Dem Himmel so nah

Stahlskelettbauten tauchten in Manhattan erstmals in den 1850er-Jahren auf. Sie ermöglichten eine größere Gestaltungsfreiheit, besonders nach Erfindung des Otis-Aufzugs in den 1880er-Jahren. Die Chicago School of Architecture kombinierte diese Innovationen mit dem Beaux-Arts-Stil und entwickelte Wolkenkratzer – die erste wirklich „moderne" Architektur und Amerikas berühmtester Beitrag zur Weltarchitektur bis damals.

Unter dem Einfluss des Art déco in den 1930er-Jahren – der nach der Pariser Weltausstellung 1925 schlagartig beliebt wurde – schossen überall Wolkenkratzer gen Himmel und wurden zu passenden Symbolen für Amerikas technische Errungenschaften, seine großen Ambitionen, die Kommerzialisierung und die Liebe zur Moderne. Architektonische Entwürfe betonten das Konstruktionsraster und setzten auf Oberflächen aus Beton, Glas und Stahl. Bekannte Beispiele sind das Chrysler Building und das Empire State Building in New York. Der Art-déco-Stil eroberte das ganze Land – und beeinflusste die Gestaltung von Kinos, Bahnhöfen, Bürogebäuden, beispielsweise im Zentrum von Tulsa in Oklahoma, und Hotels, so im South-Beach-Viertel von Miami.

Der erste echte Wolkenkratzer steht weder in Chicago noch in Manhattan, sondern in Buffalo, NY. Es handelt sich um das von Louis Sullivan entworfene 13-stöckige Guaranty Building, das 1895 fertiggestellt wurde.

Modernismus & darüber hinaus

Als das Bauhaus Nazi-Deutschland verließ, brachten Architekten wie Walter Gropius und Ludwig Mies van der Rohe ihre bahnbrechenden modernen Designs nach Amerika. Van der Rohe ließ sich in Chicago nieder, wo Louis Sullivan, der als Erfinder des modernen Wolkenkratzers gilt, gerade an einem vereinfachten architektonischen Stil arbeitete, wo „die Form stets der Funktion folgen" sollte. Daraus entwickelte sich der sogenannte Internationale Stil, der „Vorhangfassaden" aus Glas über einem Stahlskelett favorisierte. I. M. Pei, der die Rock and Roll Hall of Fame in Cleveland und die Pyramide im Innenhof des Louvre in Paris entworfen hat, wird als der letzte noch lebende Architekt der Moderne bezeichnet.

Mitte des 20. Jhs. hielt der Modernismus Einzug in die amerikanischen Vorstädte, besonders in Südkalifornien. Die moderne Architektur der Jahrhundertmitte orientierte sich nicht nur an den von Frank Lloyd Wright entworfenen Häusern (s. Kasten S. 69) und deren organischen Strukturen, sondern auch an den schlichten, geometrischen Designs aus Skandinavien mit ihren klaren Linien. Die Pfosten-Riegel-Konstruktion ermöglichte Wände aus reinem Glas, die die Grenze zwischen Innen und Außen aufzuheben schienen. Heute kann man eine beachtliche Anzahl von modernen Privathäusern und öffentlichen Gebäuden, die um die Jahrhundertmitte von Albert Frey, Richard Neutra und anderen Stararchitekten entworfen wurden, in Palm Springs (Kalifornien) bestaunen.

Die später aufkommende Postmoderne lehnte die „hässlichen Klötze" des Modernismus ab, und mit ihr kehrten Dekoration, Farbe und historische Bezüge zurück, begleitet von jeder Menge Kapriolen. Amerikanische Architekten wie Michael Graves und Philip Johnson nahmen hier Führungsrollen ein. Ein weiterer Ausdruck der Postmoderne ist die aufdringliche, mimetische Architektur des Las Vegas Strips, die der mit dem Pritzker-Preis ausgezeichnete Architekt Robert Venturi als triumphale Antithese des Modernismus ausgab (über Letzteren sagte er süffisant: „Noch weniger ist ein Bohrloch").

Die mit digitalem Werkzeug ausgestattete Architektur von heute bevorzugt kühne und einzigartige Entwürfe. Frank Gehry hat den Futurismus auf die Spitze getrieben, für den die Walt Disney Concert Hall in Los Angeles (S. 214) nur ein Beispiel ist. Andere bemerkenswerte Architekten sind Richard Meier (Getty Center in Los Angeles), Thom Mayne (Federal Building in San Francisco) und Daniel Libeskind (das Jüdische Museum in San Francisco und das Hamilton Building des Denver Art Museum). Auch neue und erweiterte Museen und öffentliche Gebäude in den amerikanischen Städten bezeugen diese innovative Strömung in der Architektur.

Essen & Trinken   Sara Benson & John Mariani

Seit die Wampanoag-Indianer die Pilger im Winter 1620 vor dem Verhungern gerettet haben, indem sie Nahrungsmittel zum allerersten Thanksgiving mitbrachten, haben die Amerikaner unzählige Esskulturen miteinander verschmolzen, um mithilfe der reichhaltigen Gaben ihres Kontinents ihre eigene Küche zu erschaffen. Von Anfang an waren die Amerikaner stolz auf diese Vielfalt: Sie aßen Fische und Meeresfrüchte aus dem Nordatlantik, dem Golf von Mexiko und dem Pazifik und nutzten die Fruchtbarkeit des Ackerlandes im Mittleren Westen und die riesigen Viehweiden des Westens, durch die Rind, Schwein und Huhn zu alltäglichen Nahrungsmitteln wurden.

Heerscharen von Immigranten bereicherten die amerikanische Gastronomie, indem sie fremde Ideen an die heimische Küche anpassten, von italienischer Pizza und deutschen Hamburgern zu osteuropäischem Borschtsch, mexikanischen Huevos Rancheros und japanischem Sushi. Später sorgte ein riesiges Markt- und Transportsystem dafür, dass frisches, konserviertes, verpacktes und tiefgekühltes Essen für jedermann verfügbar war – in solcher Menge, so kann man sagen, dass viele Amerikaner durch den Überfluss an Fast- und Junkfood dick (und sogar fettleibig) wurden. Es ist kein Zufall, dass Ausdrücke wie *grab a bite* und *pick up some takeout* wesentliche Bestandteile amerikanischer Umgangssprache sind, ebenso wie *road food* und *the munchies* (Heißhunger). Solche Ideen hatten zur Folge, dass der Rest der Welt die amerikanische Küche nicht sehr ernst nahm.

Erst in den 1960er-Jahren machten Zeitungen, Magazine und das Fernsehen Essen und Wein zum Thema, angeführt von der Kalifornierin Julia Child, die den Amerikanern im Schwarzweißfernsehen von Bostons öffentlicher Sendeanstalt zeigte, wie man französische Gerichte kocht. In den 1970er-Jahren begannen auch ganz gewöhnliche Menschen (und nicht nur Hippies), sich für biologisch angebaute, natürliche Lebensmittel und nachhaltige Landwirtschaft zu interessieren. In den 1980er- und 1990er-Jahren ermutigte der Begriff *foodie revolution* – das Time Magazin nannte es 2007 die „Rucola statt Eisbergsalat"-Entscheidung – Unternehmer, Restaurants zu eröffnen, die eine feinere amerikanische Küche vom Süden bis zur nordwestlichen Pazifikküste etablierten und sich mit den besten europäischen Lokalen messen konnten.

In neuerer Zeit sind in amerikanischen Restaurants die Slow-Food-Bewegung und eine wieder erstarkte Begeisterung für einheimische, häufig biologisch angebaute Nahrungsmittel anzutreffen. Die Bewegung, die wohl mit Alice Waters, der Küchenchefin des Chez Panisse in Berkeley (S. 292) begann, wird von der First Lady Michelle Obama und ihren Töchtern fortgeführt, die auf dem Rasen des Weißen Hauses einen Biogarten angelegt haben. Im ganzen Land gibt es immer mehr Farmers Markets, die eine tolle Gelegenheit sind, Einheimische zu treffen und ein paar große Happen von all den Lebensmitteln zu probieren, von alten Obst- und Gemüsesorten genauso wie von frischen, herzhaften und süßen regionalen Delikatessen.

In *Roadfood* (überarb. Aufl. 2008) haben die unerschrockenen Futterverwerter Jane und Michael Stern tolle Imbisse & Co. in den USA aufgestöbert, von Maine bis Oregon. Die Autoren unterhalten auch eine Website (www.roadfood.com).

TYPISCHES & SPEZIALITÄTEN

Amerikaner haben so leichten Zugang zu regionalen Lebensmitteln, dass frühere Spezialitäten nun meist überall leicht erhältlich sind: Ein Bostoner kann genauso selbstverständlich Tacos oder gegrillte Rippchen zum Mittagessen haben wie in Houston mittags Hummer aus Maine serviert werden. Deshalb gehen wir im Folgenden nicht nur auf die Küche des Westens ein, sondern auf die Spezialitäten des ganzen Landes.

Nach der üblichen Kaffeepause am Vormittag gibt es für die arbeitende Bevölkerung mittags nur ein Sandwich, einen schnellen Burger oder einen herzhaften Salat. Viele Geschäftsessen finden im Steakhaus oder in anderen angesagten Restaurants statt. Die meisten Leute gönnen sich am Nachmittag einen Snack – einen Schokoriegel, eine Tüte Chips oder ein Stück Obst.

Gewöhnlich früh am Abend lassen sich Amerikaner werktags zu einem reichhaltigeren Abendessen nieder, das in Anbetracht der Arbeitsbelastung vieler Doppelverdiener-Familien oft vom Italiener oder Chinesen oder aus der Mikrowelle kommt. Als Nachtisch gibt es häufig Eis, Kuchen oder Gebäck. Manche Familien bereiten immer noch ein traditionelles Sonntagabendessen zu, wenn Verwandte und Freunde zusammenkommen, oder sie grillen draußen und gehen am Wochenende picknicken.

New York City

Dank seiner riesigen Zahl von Einwanderern und dem Zustrom von jährlich 47 Mio. Touristen gewinnt New York mühelos den Titel als Amerikas größte Restaurant-Stadt. In ihren vielen Vierteln werden authentische italienische Küche und Pizza mit dünnem Boden serviert, alle Arten asiatischer Küche, französische *haute cuisine* und klassische jüdische Delikatessen, von Bagels zu aufgetürmten Pastrami-Roggenbrot-Sandwiches mit knackigen Pickles. Auch exotischere Küchen lassen sich hier finden, von äthiopisch bis slawisch. Frühstück gibt es nur gelegentlich und häufig auf dem Weg zur Arbeit; Mittagessen holt man sich am Delikatessenstand oder vom Straßenhändler und zum Abendessen sucht man entweder die kleinen Bistros auf oder eines der unzähligen aufregenden Restaurants, die in dieser Stadt jede Woche neu eröffnen (und wieder schließen). Der berühmte Gourmet Arthur Schwartz enthüllt in *New York City Food* (2008), wo die Spezialitäten der Stadt zu finden sind, von Bagels und Pizza über Papayasaft von Gray bis Käsekuchen; außerdem sind mehr als 100 Rezepte enthalten.

Bei Nathan's Famous Fourth of July International Hot Dog Eating Contest 2008 verschlang der zweimalige Champion Joey Chestnut 64 Würstchen in weniger als elf Minuten.

Neuengland

Neuenglands Anspruch, die besten Meeresfrüchte des Landes zu haben, ist kaum zu widerlegen, denn der Nordatlantik ist reich an Venus- und Miesmuscheln, Austern und riesigen Hummern, ebenso an Maifisch, Blaubarsch und Kabeljau. Neuengländer lieben einen guten *chowder* (Eintopf aus Meeresfrüchten) und ein gutes *clambake* (Muschelessen am Strand), eine fast rituelle Mahlzeit, bei der die Schalentiere zusammen mit Mais, Hähnchen und Würstchen unter der Erde gebacken werden. In Teig ausgebackene Muschelstücke und Hummerröllchen (Hummerfleisch wird mit Mayonnaise in einem Brötchen serviert) gibt es in der ganzen Region. Vermont liefert ausgezeichneten Käse, Cranberrys (zu Thanksgiving) werden in Massachusetts geerntet und Ahornsirup in Neuenglands Wäldern. An der Küste Maines sind überall Hummerkörbe zu finden, gebackene Bohnen und dunkles Brot sind Bostoner Spezialitäten und in Rhode Island gießen die Menschen Kaffeesirup in die Milch und lieben die traditionellen *johnnycakes* – auf einem Blech gebackene Maisbrote.

Big Night (1996) ist ein unterhaltsamer Film über italienische Brüder, die in den 1950er-Jahren an der Küste von New Jersey darum kämpfen, ein Restaurant mit original italienischer Küche zu führen, deren Gäste aber lieber die alten italoamerikanischen Lieblingsgerichte essen wollen.

Mittelatlantikstaaten

Von New York südwärts durch Maryland und Virginia teilen sich die Mittelatlantikstaaten eine lange Küstenlinie und eine Fülle von Apfel-, Birnenund Beerenfarmen. New Jersey und New Yorks Long Island sind berühmt für ihre Kartoffeln. Die Blue Crabs der Chesapeake Bay sind die besten und die gepökelten *country-style*-Schinken aus Virginia werden mit süßen Brötchen serviert. In Philadelphia kann man sich mit einem „Philly"-Käsesteak vollstopfen, einem Brötchen mit dünn geschnittenem geröstetem

Rindfleisch, Zwiebeln und geschmolzenem Käse. Im Land der deutschsprachigen Einwanderer, Pennsylvania, lohnt sich der Halt an einem Farmrestaurant für *chicken pot pie* (Hühnerfleischpastete), Nudeln und den an Hackbraten erinnernden *scrapple* (aus Maismehl und Schweinefleisch). Die Weine von den Finger Lakes, aus dem Hudson Valley und von Long Island in New York sind auf jeden Fall eine Kostprobe wert.

Der Süden

Keine Region ist stolzer auf ihre Esskultur als der Süden, wo schon immer englische, französische, italienische, afrikanische, spanische und indianische Nahrungsmittel zu Gerichten wie dem „langsam garenden Barbecue" verschmolzen wurden; es gibt so viele Fleisch- und Saucenvarianten wie Städte im Süden. Ein Grillhähnchen im Süden ist außen knusprig und innen weich. In Florida werden Gerichte aus Alligator, Shrimps und Muscheln mit scharfen Chilischoten und tropischen Gewürzen zubereitet. Das Frühstück ist äußerst umfangreich, und sehr geschätzt werden Dessert-Rezepte für Torten und Kuchen mit dicken Schichten aus Pekannüssen, Bananen und Zitrusfrüchten. Leichte, lockere, heiße *biscuits* (eine Art Brötchen) werden gut gebuttert serviert, und *grits* (Maisgrütze) lieben die Südstaatler leidenschaftlich, ebenso wie kühle Mint Juleps: Pfefferminzcocktails.

Louisianas legendäre Küche ist von der Kultur der ehemals französischen und spanischen Kolonien, afrokaribischer Kochkunst und den Traditionen der Choctaw-Indianer beeinflusst. Die Cajun-Küche stammt aus dem Sumpfgebiet des Mississippi-Deltas und verbindet einheimische Gewürze wie Sassafras und Chilipulver mit französischer Hausmannskost. Die kreolische Küche hat sich eher in den Städten (Schwerpunkt ist New Orleans) entwickelt, wo Gerichte wie Shrimp-Remoulade, Ravigote (Kräutersauce) mit Krabbenfleisch, Beignets und Pain Perdu („Arme Ritter") allgegenwärtig sind. Die berühmtesten Gerichte Louisianas sind Gumbo (Eintopf aus Hähnchen und Schalentieren oder Wurst und oft mit Okra), Jambalaya (Reisgericht mit Tomaten, Wurst und Shrimps) und Geschwärzter Catfish (Wels). Die klassischen Arme-Leute-Sandwiches sind mit allem gefüllt, von Austern bis Shrimps. Der Zichorienkaffee ist einen Schluck wert, oder man schlürft mit den Einheimischen berühmte Cocktails wie Sazerac oder Ramos Gin Fizz.

Der Mittlere Westen

Im Mittleren Westen isst man viel und mit Begeisterung. Die Portionen sind riesig – in dem Agrarland brauchen die Menschen Substanz, um ihre Arbeit tun zu können. Also beginnt der Tag mit Eiern, Schinken und Toast, gefolgt von einem doppelten Cheeseburger und Kartoffelsalat zum Mittagessen und einem Steak mit Ofenkartoffeln am Abend – hinuntergespült mit einem kalten Bier, oft aus der wachsenden einheimischen Produktion. Barbecues sind beliebt, besonders in Kansas City, St. Louis und Chicago. Chicago ist auch ein ethnisch vielfältiges kulinarisches Zentrum mit einigen der besten Restaurants des Landes. Am besten für Kostproben eignen sich Volksfeste, wo es von Bratwürsten über gebratene Teigstückchen zu gegrillten Maiskolben alles gibt. In Diners und familiengeführten Restaurants kann man die verschiedenen Einflüsse durch osteuropäische, skandinavische, lateinamerikanische und asiatische Immigranten kennenlernen, vor allem in den Städten.

Der Südwesten

Die Küche des Südwestens wird von zwei ethnischen Gruppen bestimmt: den Spaniern und den Mexikanern, die bis weit ins 19. Jh. hinein die Gebiete von Texas bis Kalifornien beherrschten. Es gibt zwar nur wenige aktuelle spanische Gerichte, aber die Spanier brachten das Rind nach Mexiko, das

---

„BIOLOGISCHE" ODER „NATÜRLICHE" LEBENSMITTEL?

Das US-Landwirtschaftsministerium definiert „organic" (= biologisch) und „natural" nach bestimmten Standards. Für Agrargüter bedeutet „biologisch", dass sie ohne Einsatz von Pestiziden, Kunstdünger oder Klärschlamm angebaut und ohne Bestrahlung oder Zusatzstoffe weiterverarbeitet werden. Tiere dürfen nicht routinemäßig mit Antibiotika oder Wachstumshormonen aufgezogen werden oder genetisch verändert worden sein. „Natürliche" Produkte dürfen nur wenig verarbeitet sein und keine künstlichen Farb- oder Konservierungsstoffe enthalten.

New Mexico ist der einzige Bundesstaat der USA mit einer offiziellen Staatsfrage: „Rot oder grün?" Sie bezieht sich auf Chilisaucen; wer beide möchte, bestellt seine Enchiladas Christmas style.

die Mexikaner in ihre eigene, auf Mais und Chili beruhende Küche aufnahmen . Sie machten daraus Tacos, Tortillas, Enchiladas, Burritos, Chimichangas und andere Pfannkuchen aus Mais- und Weizenmehl und füllten sie mit allem von Hackfleisch bis Geflügel und Bohnen. Steaks und Gegrilltes sind auf den Speisekarten im Südwesten immer zu finden und Bier ist das Getränk der Wahl zum Abendessen wie auf Partys. Eine internationale Feinschmeckerszene bietet Las Vegas, wo Spitzenköche aus New York, Los Angeles und sogar Paris Filialen ihrer Restaurants eröffnen.

Kalifornien

Dank seiner ungeheuren Weite und unterschiedlichen Klimazonen bietet Kalifornien eine große Fülle von heimischem Obst und Gemüse und ist dazu Einfallstor für unzählige asiatische Märkte. Die natürlichen Ressourcen des Bundesstaates sind überwältigend; es gibt wilden Lachs, Dungeness-Krebse und Austern aus dem Meer, das ganze Jahr über ausgezeichnetes Obst und Gemüse und handgemachte Produkte wie Käse, Brot, Olivenöl, Wein und Schokolade. In den 1970ern und 1980ern bahnten Spitzenköche wie Alice Waters und der Österreicher Wolfgang Puck der „kalifornischen Küche" den Weg, indem sie die besten heimischen Zutaten zu einfachen, aber köstlichen Gerichten verarbeiteten. Der Einfluss der asiatischen Immigranten besonders nach dem Vietnamkrieg bereicherte die Esskultur in den Städten mit China-, Korea- und Japantowns, ebenso die riesigen Enklaven von Amerikanern mexikanischer Herkunft, die ihre eigenen kulinarischen Traditionen im ganzen Bundesstaat beibehielten. „Global fusion"-Restaurants sind ein weiterer Meilenstein in der kalifornischen Kochkunstszene.

Bottle Shock (2008) ist ein nostalgischer Streifzug durch die frühen Tage des Weinanbaus in den kalifornischen Sonoma und Napa Valleys, mit dem Triumph der kalifornischen über die französischen Weine bei der berühmten Weinverkostung 1976 in Paris endet.

Pazifischer Nordwesten

Die Küche des Pazifischen Nordwestens stützt sich auf Traditionen der heimischen Indianer, deren Ernährung hauptsächlich aus Wild, Fisch – besonders Lachs – und gesammelten Pilzen, Früchten und Beeren besteht. Seattle löste mit Starbucks den internationalen Boom der modernen Coffee Shops aus, und die Biersorten und Weine aus Washington und Oregon erreichen internationale Standards, besonders Pinot Noir und Riesling.

Hawaii

Mitten im Pazifischen Ozean gelegen wurzelt die Küche Hawaiis in der polynesischen Esskultur, die sich die vor Ort gefangenen Fischarten zunutze macht, etwa Mahi mahi, Opakapaka, Ono und Ahi (Gelbflossenthun). Zu einer traditionellen Luau-Feier am Strand gehört das Kalua-Schwein, das in Palmblätter gewickelt und im Erdofen auf heißen Steinen gebacken wird. Die zeitgenössische Küche Hawaiis verwendet frisches, auf der Insel gezogenes Obst und Gemüse und bedient sich großzügig bei den asiatischen und europäischen Einwanderergruppen. Hawaii ist der einzige Bundesstaat, in dem der Kaffeeanbau ein Wirtschaftsfaktor ist; Konabohnen von der Big Island genügen höchsten Gourmet-Ansprüchen.

GETRÄNKE

Amerikaner sind sicher keine Abstinenzler, doch obwohl die Alkoholverkäufe in den USA in den letzten Jahren auf ein Rekordniveau gestiegen sind, trinken nur 20 % der Amerikaner regelmäßig Wein. Die Mehrheit bevorzugt weiterhin Bier. Bier ist mehr als ein Durstlöscher, es ist ein geselliges Getränk, das bei keinem Picknick oder Tag am Strand fehlen darf und auch bei keiner *tailgate*-Party, die bis zum Spielbeginn vor dem Stadion steigt.

DIE SCHÖNE NEUE WELT DES WEINS

Seit die Europäer in der Neuen Welt angekommen waren, kelterten sie dort Wein, zunächst aus einheimischen wilden Rebsorten wie Scuppernong, Catawba, Concord und Niagara, dann aus europäischen Ablegern. Im 16. Jh. brachten spanische Missionare Rebstöcke nach Kalifornien.

Im 19. Jh. gab es ertragreiche Weinberge in Kalifornien ebenso wie in New York, Missouri und Ohio. Ja, als die Reblaus im späten 19. Jh. überall in Europa ganze Weinberge zerstörte, wurden reblausresistente amerikanische Rebstöcke zu den europäischen Beständen gepflanzt, um die Weinproduktion in Frankreich, Spanien, Italien und Deutschland wieder anzukurbeln.

Während der Prohibition in den 1920er-Jahren, als Alkohol in den Staaten verboten war, kam die amerikanische Weinproduktion praktisch zum Erliegen, bis die Gesetze 1933 wieder aufgehoben wurden. Danach beschränkten sich die Winzer darauf, massenhaft mittelmäßigen Wein zu produzieren, besonders „Kannenwein" in Literflaschen oder noch größeren Gefäßen.

Erst in den 1960er-Jahren begannen kalifornische Winzer Wein zu keltern, der mit den besten in Europa konkurrieren konnte. Die aus Sorten wie Cabernet Sauvignon, Chardonnay, Pinot Noir und Riesling gewonnenen Weine hatten häufig einen intensiveren Geschmack und einen höheren Alkoholgehalt als ihre Gegenstücke aus dem Alten Welt. Zum Erstaunen und Schrecken der ganzen Welt besiegten nach dem Urteil der blind testenden Weinkritiker die kalifornischen Weine die französischen bei der Weinverkostung von 1976 in Paris.

Durch den Erfolg der kalifornischen Winzer besonders aus dem Napa und dem Sonoma Valley verbesserten sich auch Technologie und Weinbau andernorts. Heute wird in allen 50 Bundesstaaten Wein gekeltert. Natürlich ist das *terroir* (Erdreich) nicht überall gleich. Die Westküste liegt an der Spitze der US-Weinproduktion, Weingüter finden sich in ganz Kalifornien, Washington und Oregon. Einige überraschend hervorragende Weine werden in der Region der Großen Seen gekeltert (vor allem in New York und Michigan), ebenso im Hill Country von Texas.

Wer unprätentiöse Weingegenden Kaliforniens abseits des Üblichen sehen will, schaut hier:

- **Amador County** (www.amadorwine.com) – ländliche Weingüter in den Sierra Foothills haben sich auf Zinfandel festgelegt, züchten aber auch eine atemberaubende Vielfalt von sonnenverwöhnten italienischen und südfranzösischen Rebsorten

- **Lodi** (www.lodiwine.com) – hier trifft man auf mehrere Generationen von Winzerfamilien, die schon immer auf den Zinfandel spezialisiert sind

- **Mendocino County** (www.truemendocinowine.com) – knapp außerhalb von Napa und Sonoma führen Nebenstraßen durch das Anderson Valley zu brillanten Syrah- und Rieslingweinen

- **Paso Robles** (www.pasowine.com) – die am schnellsten wachsende Weinregion Kaliforniens produziert herausragenden Cabernet Sauvignon, Syrah und Zinfandel; im nahe gelegenen Edna Valley wird Chardonnay hergestellt

- **Santa Barbara County** (www.sbcountywines.com) – berühmt durch den Film *Sideways* (2004) produzieren das Santa Maria und das Santa Ynez Valley Pinot Noir auf höchstem Niveau

- **Santa Cruz Mountains** (www.scmwa.com) – einige der ältesten und am meisten geschätzten Weingüter Kaliforniens können nur vierteljährlich an *passport*-Tagen besichtigt werden

Wine Spectator (www.winespectator.com) bietet für Abonnenten eine umfassende Online-Datenbank zu Weinbewertungen, außerdem frei zugängliche Blogs, ein Artikelarchiv, Testberichte und Bestenlisten von Kritikern.

Jack Daniel's Whiskey
wird in Lynchburg (Moore
County), Tennessee, des-
tilliert, seit den Tagen der
Prohibition ein „trockenes
County".

Und das ist nur zu verständlich: Im 19. Jh. fanden deutsche Einwanderer heraus, wie sie Bier in riesigen Mengen herstellen und ins ganze Land liefern konnten. Heute kommen 80 % des einheimischen Biers aus dem Mittleren Westen. Die Zahl der Brauereien, die eigene Sorten herstellen, wächst raketenartig und stellte 2008 bereits 6 % des hiesigen Angebots. Über 1500 Kleinbrauereien im ganzen Land bringen jedes Jahr über 8,5 Mio. Barrel (10,2 Mio. hl) auf den Markt und Vermont wartet mit den meisten dieser Brauereien pro Kopf auf: Auf je 33 000 Einwohner kommt eine.

Trotzdem trinken die Amerikaner mehr Wein als jemals zuvor und das Land ist hinter Italien, Frankreich und Spanien der viertgrößte Weinproduzent der Welt. Heute kommen fast 90 % des US-Weins aus Kalifornien und Weine aus Oregon, Washington und New York haben internationalen Rang erreicht. Ein Verschnitt der unterschiedlichsten Rebsorten wird zum Weinanbau herangezogen, die alle aus importierten Weinstöcken stammen.

Roggenwhisky, Whisky, Gin und Wodka werden ebenfalls in den USA hergestellt, aber der aus Mais hergestellte Bourbon ist die einzige einheimische Spirituose und wird traditionell in Kentucky gebrannt. Zu den amerikanischen Cocktails, die im späten 19. und frühen 20. Jh. in Bars kreiert wurden, gehören so langlebige Klassiker wie Martini und Manhattan. Der Margarita auf Tequila-Basis stammt aus Tijuana, Mexiko. Momentan in Mode sind Mojitos (Rumcocktails mit zerkleinerten Minzeblättern) aus Kuba. Irish Coffee, die Mischung aus heißem Kaffee, irischem Whisky und Sahne, ist ein beruhigender Schlummertrunk.

Leitungswasser kann in den USA bedenkenlos getrunken werden. Die meisten nichtalkoholischen Getränke sind recht süß und werden auf Eis serviert, von Eistee aus den Südstaaten und Limonade bis zu uramerikanischen Softdrinks (*soda* oder *pop* genannt) wie Coca Cola, Pepsi und Dr. Pepper. Zu den alten und neuen Softdrink-Labels, die auf Speisekarten und in Lebensmittelläden zu finden sind, gehören Jones Soda, mit Rohrzucker statt Maissirup gesüßt, und Dr. Brown's, das ursprünglich aus New Yorker Feinkostläden stammt.

FESTESSEN

Der verstorbene Historiker Arthur Schlesinger Jr. bemerkte, dass die Kinder der amerikanischen Immigranten nach nur einer Generation fast alle Verbindungen zu ihren Herkunftsländern verloren hätten – außer ihrer Esskultur.

Thanksgiving ist wahrscheinlich der einzige Feiertag (am letzten Donnerstag im November), an dem sich die Amerikaner bezüglich des Menüs einig sind – gebratener Truthahn, Füllung, Kartoffelbrei, Cranberrysauce, vielleicht Kürbispastete –, doch schon Aperitif, Beilagen oder Nachspeisen können lateinamerikanisch, afrikanisch oder hawaiianisch sein.

Amerikaner feiern ihr ethnisches Erbe an anderen Feiertagen auf vielfältige Weise. An Weihnachten servieren Italoamerikaner nach alter Tradition am 24. Fisch und am Weihnachtstag ein Nudelgericht. An Ostern gibt es bei vielen Amerikanern geräucherten Schinken, bei den griechischstämmigen dagegen Lamm. Seltsamerweise isst man am St. Patrick's Day in Amerika traditionell Corned Beef und Kohl, was in Irland nahezu unbekannt ist. Als Glücksgerichte an Neujahr werden in Amerika bei den Italienern Linsen serviert, bei den Iren Kohl, Schwarzaugenbohnen und Reis bei den Südstaatlern und Sauerkraut bei den Deutschstämmigen in Pennsylvania.

Andere Festtage gibt es nur bei bestimmten Volksgruppen. Die Juden feiern das Passahfest mit Matzensuppe und Chanukka mit frittierten Speisen wie Kartoffelpuffern. Afroamerikaner feiern im Dezember das Kwanzaa-Fest mit Gerichten aus Afrika, der Karibik und den Südstaaten. Das nach dem Mondkalender begangene Neujahr der Chinesen (Ende Jan. od. Anfang Feb.)

ist ein Feinschmeckertag, während die Italiener zu Ehren ihrer Lieblingsheiligen Straßenfeste mit gebratenen Meeresfrüchten, Wurstsandwiches und Gebäck abhalten.

Weit weniger formell geht es an Nationalfeiertagen wie dem Memorial Day, dem 4. Juli und dem Labor Day zu, die Anfang, Mitte und Ende des Sommers markieren. Barbecues und Bier dominieren diese Festlichkeiten, bei dem sich Familien und Freunde massenweise in Hintergärten und Parks versammeln und Hamburger, Hotdogs und Koteletts mit Maiskolben, Kartoffelsalat und Obstkuchen verspeisen.

Die größten und teuersten Partys sind Hochzeitsempfänge, die in den letzten Jahrzehnten unglaublich aufwendig geworden sind und oft in Restaurants oder Festsälen mit üppigen Mengen von Speisen und Getränken begangen werden – und natürlich mit der mehrstöckigen Hochzeitstorte. Nach alter Tradition füttern sich Braut und Bräutigam den ersten Bissen gegenseitig mit der Hand. In lateinamerikanischen Gemeinden können auch *quinceañera* (Volljährigkeitspartys) zu Ehren des 15. Geburtstags eines Mädchens unglaublich verschwenderische Angelegenheiten sein.

WOHIN ZUM ESSEN?

Ein Großteil der USA ist gepflastert mit Restaurantketten, die sich zum Verwechseln ähnlich sind. Die meisten Amerikaner außerhalb der großen Städte gehen nicht oft zum Essen in teure Restaurants und betrachten eine Filiale der familientauglichen Restaurantketten – etwa TGI Friday's, Denny's oder Applebee's – als vernünftigere Alternative. Diese Lokale sind verlässlich und einheitlich, die Preise angemessen und die Umgebung ist zwanglos, doch kommt das Essen kaum übers Mittelmaß hinaus.

Man kann aber auch versuchen, Einheimische nach ihren Empfehlungen für das beste unabhängige Restaurant in der Nachbarschaft zu fragen, das sich vielleicht auf Barbecues, frische Meeresfrüchte oder Pfannkuchen spezialisiert hat. Dort findet man oft eine authentische Atmosphäre, herzlichere Gastfreundschaft und höherwertiges Essen. Insgesamt wird hier ein besseres Gefühl für Lokalkolorit und amerikanische Kultur vermittelt als es bei den Ketten möglich wäre. Andererseits bieten die wenigen verbliebenen Kaffeehausketten wie Piccadilly im Süden anständige regionale Gerichte zu sehr fairen Preisen und ermöglichen den Kontakt zu Einheimischen.

Das beste Frühstück findet man in Amerika – oft von erstaunlich guter Qualität – in Diners, Coffeeshops, Cafés und in einigen familiengeführten Restaurants. Sie haben alle in der Regel früh geöffnet und schließen spät und sind daher für eine leichte Mahlzeit oder einen Snack zwischendurch gut geeignet. Das teuerste Frühstück liefert der Zimmerservice, es ist aber selten genießbar. Meiden!

Ein *bar-and-grill* kann eine Kneipe sein, die bescheidenes Essen serviert, aber in der aufgewerteten Version auch ein trendiges Brauhaus oder Restaurant mit ausgezeichneten amerikanischen Gerichten und einer guten Bier- und Weinkarte. Sehr oft können Alleinreisende dort an der Bar gut essen und sich dabei wohlfühlen. Für den herzhafteren Appetit ist das *All you can eat*-Büfett ein kulturelles Phänomen: Für einen festen Preis kann man das Büfett so oft aufsuchen wie man will – bis man entweder pappsatt ist oder sich einfach nicht mehr traut.

In den größeren Städten gibt es teure Restaurants mit Menüs zum Festpreis und einem europäisch anmutenden Service, der den Gast glücklich bei seinem Espresso und der Crème brûlée verweilen lässt. Er muss nur bereit sein, dafür zu zahlen. Allerdings lässt der schwache US-Dollar dieser Tage den gelegentlichen Abstecher in ein schickes Restaurant deutlich billiger werden als in Städten wie London und Paris. Wer einen solchen Besuch

Kostenlose Vorabreservierungen kann man online einfach und schnell auf www.opentable.com tätigen, für über 10 000 Restaurants in allen 50 Bundesstaaten einschließlich 18 Metropolregionen.

TRINKGELD

Auf den meisten Rechnungen in amerikanischen Restaurants ist das Trinkgeld nicht enthalten. Für guten Service werden auf den Rechnungsbetrag (Steuern sind schon mit drin) 15 % aufgeschlagen, bei ausgezeichnetem Service 20 %. Für Gesellschaften ab sechs Personen kann das Restaurant Bedienungsgeld aufschlagen. Schlechte Bedienung sollte man auf jeden Fall dem Geschäftsführer melden und beim Trinkgeld unter 15 % bleiben. Überhaupt kein Trinkgeld sollte es nur bei unerhört schlechtem Service geben.

---

plant, sollte immer reservieren (oder an der Hotelrezeption darum bitten), sich vergewissern, ob es Kleidungsvorschriften gibt und in angesagten Sternerestaurants auch einen sehr frühen oder späten Termin akzeptieren.

Gängige Öffnungszeiten der Restaurants stehen auf S. 396, durchschnittliche Kosten für Mahlzeiten auf S. 389.

Auf die Schnelle

Hotdogs oder Brezeln vom Straßenverkäufer oder Tacos und Gegrilltes am Verkaufsstand bieten ein geringes Risiko, sich ein paar hässliche Bazillen einzufangen, aber im allgemeinen ist Fast Food sehr sicher und die Verkäufer werden gewöhnlich vom örtlichen Gesundheitsamt überwacht. Auf Festivals und Jahrmärkten locken Zuckerwatte, *corn dogs* (mit Maisteig umhüllter Hotdog), kandierte Äpfel, *funnel cakes* (Strauben), gefrorene Schokobananen und jede Menge leckere regionale Spezialitäten. Auf Farmers Markets gibt es häufig gesunde und erschwingliche Fertigmahlzeiten.

Chowhound (www.chowhound.com) ist die Seite „für alle, die leben, um zu essen". Hier kann man Einheimische nach wichtigen Dingen fragen – etwa wo es in San Francisco die Verkaufsstände mit den leckersten Tacos gibt.

VEGETARIER & VEGANER

Vegetarismus und Veganismus hatten in den USA einst den Ruf einer sektenähnlichen Verpflichtung, aber diese Tage sind längst vorbei. Tatsächlich sind einige der angesehensten Restaurants Amerikas ausschließlich auf Vegetarier und Veganer ausgerichtet, so das Greens (S. 285), das vom Zen-Zentrum in San Francisco geführt wird. In einer landesweiten Umfrage von 2006 fand die Vegetarian Resource Group heraus, dass weniger als 3 % aller Amerikaner vollständig vegetarisch leben, aber fast 10 % der Bevölkerung niemals rotes Fleisch essen.

Sogar viele Schnellrestaurants bieten heute vegetarische Alternativen wie ein Parfait aus Fruchtjoghurt oder einen vegetarischen Salat an, auch in Asia-Restaurants kommt man sehr gut zurecht. Teurere Restaurants bieten auf der Tageskarte leichtere Suppen, Salate und Nudelgerichte an, und die meisten bereiten auf Anfrage auch abends ein vegetarisches Gericht zu.

Schätzungsweise zwei Drittel der erwachsenen Amerikaner (und 32 % der Kinder) sind übergewichtig. In den späten 1970er-Jahrenn waren es erst 47 %.

In einem nichtvegetarischen Restaurant, das vegetarische oder vegane Gerichte anbietet, sollte man sicherstellen, dass das Essen ohne tierische Fette oder Fleischbrühe zubereitet wurde, und nicht erwarten, dass der Kellner oder auch der Koch die Unterschiede kennt.

Vegetarische und vegane Restaurants sind in den großen US-Städten reichlich vorhanden, aber nicht überall in Kleinstädten und ländlichen Gegenden abseits der Küsten. Ausschließlich vegetarische oder vegane Lokale sind in diesem Buch durch das $\boxed{V}$-Zeichen gekennzeichnet. Weitere vegetarische und vegane Restaurants findet man im Online-Verzeichnis auf www.happycow.net.

FÜR KLEINE ESSER

Die Gastronomie in den USA scheint auf Familien zugeschnitten zu sein: Kinder werden nicht nur nahezu überall gern gesehen, sie bekommen gewöhnlich auch spezielle Kindermenüs mit kleineren Portionen und Preisen.

In einigen Restaurants können Kinder bis zu einem bestimmten Alter sogar umsonst essen. Auch Hochstühle und Sitzerhöhungen stehen zur Verfügung. Manche Restaurants unterhalten die Kleinen mit Stiften und Puzzles und gelegentlich sogar mit Live-Auftritten von Comicfiguren.

Gaststätten ohne Kindermenüs wollen Kinder nicht unbedingt abschrecken, obwohl das in teureren Restaurants der Fall sein kann; daher ist ein vorheriger Anruf sicher sinnvoll. Vielleicht kann die Küche eine kleinere Portion eines Gerichts zubereiten (vorher nach dem Preis fragen!) oder eine normale Portion auf zwei Teller aufteilen. Chinesische, mexikanische und italienische Restaurants eignen sich am besten für heikle kleine Esser.

Weitere Ratschläge für das Reisen mit Kindern stehen auf S. 395.

ESSKULTUR

Amerikaner essen in der Regel frühzeitig, Restaurants sind deshalb schon um 12 oder 17.30 Uhr gut gefüllt. In kleineren Städten kann es schwierig werden, nach 20.30 oder 21 Uhr noch irgendwo etwas zu essen zu bekommen. Dinnerpartys für Erwachsene beginnen gewöhnlich gegen 18.30 oder 19 Uhr mit Cocktails, gefolgt von einem Büfett oder Abendessen am Tisch. Bei einer Einladung zum Abendessen ist es höflich, nicht mehr als eine Viertelstunde vor oder nach der anvisierten Zeit zu kommen.

Amerikaner verhalten sich beim Abendessen sehr ungezwungen, doch mit dem Essen fangen sie erst an, wenn alle bedient wurden. Sie nehmen die Gabel zum Aufnehmen in die linke Hand, wechseln sie dann zum Essen aber in die rechte. Vieles wird mit den Fingern gegessen, und ein Stück Brot kann gebuttert und auf einmal verspeist werden. Bierflaschen beim Abendessen sind nicht ungewöhnlich, zu Mittag gibt es eher Eistee als Bier oder Wein.

DUI (*driving under the influence*, Fahren unter Alkoholeinfluss) wird in den Staaten streng geahndet (s. S. 419). Es ist gängige Praxis unter Freunden, vor Besuchen von Restaurants, Bars, Nachtclubs oder Partys einen Fahrer zu bestimmen, der keinen Alkohol trinken darf.

ETIKETTE

Amerikaner geben sich selbst in gehobenen Restaurants eher locker, aber auf einige Regeln legen sie dennoch Wert:

- Zu einer Einladung zum Abendessen bringt man Blumen oder eine Flasche Wein mit, auch wenn der Wein an diesem Abend nicht getrunken wird.

- Handys sind in Restaurants ein großes Ärgernis; besser man verlässt den Raum mit einer Entschuldigung und telefoniert draußen.

- In vielen Städten und Bundesstaaten ist das Rauchen in Restaurants und Bars verboten; steht kein Aschenbecher auf dem Tisch, geht man zum Rauchen nach draußen.

- Wer nicht auf den Besuch eines angesagten Restaurants verzichten will, sollte eine Tischreservierung vor 18 Uhr oder nach 20.30 Uhr in Erwägung ziehen, da sind die Chancen deutlich größer. Auch Hotelportiers wirken wahre Wunder bei kurzfristigen Reservierungswünschen.

- Die meisten Restaurants halten Reservierungen höchstens 15 Minuten lang aufrecht. Wer spät dran ist, sollte telefonisch Bescheid sagen.

- Weine sind im Restaurant 100 bis 300 % teurer als im Laden.

- Die Rechnung sollte immer überprüft werden. Fehler, ob absichtlich oder nicht, kommen vor.

- Selbst in einem extravaganten *haute-cuisine*-Restaurant darf man nach einem *doggie bag* für die Reste fragen. Denn Amerikaner hassen es, Essen zu verschwenden, und die Portionen sind wirklich groß.

BAGELS: DIE WAHRE LIEBE

Bagels sind in den USA ein großes Geschäft, aber wer zufällig in einem Supermarkt im Mittleren Westen ein fades Exemplar erstanden hat, fragt sich wahrscheinlich, was die ganze Aufregung soll. Es ist schließlich nur ein Brötchen mit einem Loch in der Mitte, oder? Aber wer einmal einen echten New-York-City-Bagel in der Hand hält, etwa von **H & H Bagels** (☎ 212-595-8003; 2239 Broadway; www.hhbagels.com), wird die Backstube für den Himmel halten.

Ein echter Bagel, wie ihn die jüdischen Immigranten aus Osteuropa in dieses Land brachten, besteht nur aus Mehl, Wasser, Salz – und manchmal Gerstenmalz für eine leichte Süße – und wird häufig immer noch von Hand geformt. Er wird erst gekocht und dann gebacken, wodurch er außen leicht knusprig und innen köstlich fest und speckig wird.

Zu den traditionellen Bagelsorten zählen Zartbitterschokolade, Mohnsamen, Sesamsaat, Zwiebel, Pumpernickel und Ei, aber die Bäcker heute mischen auch gern ungewöhnlichere Zutaten in den Teig wie Blaubeeren oder getrocknete Tomaten. Bagels werden halbiert, manchmal getoastet und dann mit Frischkäse oder Butter bestrichen, gelegentlich auch mit Räucherlachs belegt.

Wie gut sind echte Bagels? Sie wurden sogar zur Internationalen Raumstation geflogen! Die Astronauten wollten sie am liebsten mit Mohn.

KOCHKURSE

Immer mehr Amerikaner wollen ihre Kochkünste verbessern (oder einfach kochen lernen). TV-Kochshows sind sehr populär und einige exklusive Haushaltswarengeschäfte haben auch Kochunterricht bei Profis im Angebot, etwa **Williams-Sonoma** (www.williams-sonoma.com) und **Sur la Table** (www.surlatable.com).

Die hier ausgewählten Kochschulen bieten Kurse für urlaubende Hobbyköche an (die Liste ist keinesfalls vollständig):

California Sushi Academy (www.sushi-academy.com) Lehre der kunstvollen Zubereitung von rohem Fisch in Los Angeles.

Central Market Cooking School (www.centralmarket.com) In größeren Städten in Texas wird alles mögliche gebrutzelt.

Chopping Block Cooking School (www.thechoppingblock.net) Mit dem Messer umgehen lernen und die „Weinkönigin" in Chicago treffen.

Cookin' Cajun Cooking School (www.cookincajun.com) Köstlichkeiten der Cajun- und kreolischen Küche in New Orleans zubereiten lernen.

Cook's World (www.cooksworld.net) In Seattle werden rustikale Brote gebacken und Straßensnacks aus aller Welt getestet.

Heat and Spice Cooking School (http://heatandspice.com) Ob vegetarisch oder Grillen, New-Orleans-Stil, „Floribbean" oder die Küchen der Welt – alles wird in Chicago unterrichtet.

International Culinary Center (www.internationalculinarycenter.com) Beherbergt das French Culinary Institute und die Italian Culinary Academy in New York City.

Natural Gourmet Cookery School (www.naturalgourmetschool.com) Konzentriert sich auf vegetarische und gesunde „flexitarische" Küche in New York City.

New School of Cooking (www.newschoolofcooking.com) Küchen aus aller Welt im Los Angeles County.

Santa Fe School of Cooking (www.santafeschoolofcooking.com) Entschlüsselt die Geheimnisse der Chili-Gewürzküche des Südwestens in New Mexico.

Tante Marie's Cooking School (www.tantemarie.com) Weitergabe von Farmers-Market-Rezepten und Küchentraditionen aus aller Welt in San Francisco.

Bei Epicurious (www.epicurious.com) und dem Food Network (www.foodnetwork.com) findet man riesige Datenbanken mit Rezepten aus beliebten Kochzeitschriften, TV-Shows und von einigen Sterneköchen der USA.

ESSGLOSSAR

angel food cake – leichter, baiserähnlicher Kuchen mit viel Eischnee

bagel – rundes New Yorker Brötchen mit Loch, das erst gekocht, dann gebacken wird

Bananas Foster – Nachspeise aus New Orleans: Bananenscheiben werden in Butter, braunem Zucker und Rum angebraten, flambiert und mit Vanilleeis serviert

barbecue – Grilltechnik, bei der gewürztes und paniertes Fleisch langsam geräuchert wird

beignet – frittiertes Teigstückchen aus New Orleans, mit Puderzucker bestreut
biscuit – lockeres, hefefreies Brötchen aus den Südstaaten
blintz – Pfannkuchen der amerikanischen Juden mit unterschiedlichen Füllungen wie Marmelade, Käse oder Kartoffeln
Bloody Mary – Cocktail aus Wodka, Tomatensaft, Tabasco, Pfeffer und Salz
BLT – Sandwich mit Schinken, Salat und Tomate
blue plate – Tagesgericht in einem Diner oder am Imbissstand
Boston baked beans – Bohnen werden mit Sirup und Schinkenspeck im Ofen gebacken
brownie – klebriges, keksähnliches Gebäck mit viel Schokolade und manchmal Nüssen
Buffalo wings – Spezialität aus Buffalo, NY: frittierte Hähnchenflügel mit würziger Buttersauce und Dressing aus Blauschimmelkäse
burrito – Tortilla, in die Bohnen, Fleisch, Salsa und Reis gewickelt werden
Caesar salad – Romanasalat mit Croutons und geriebenem Parmesan in einem Dressing mit Eigelb
California roll – Sushiform, bei der die Füllung aus Avocado, Krabbenfleisch und Gurke erst mit dem Noriblatt, dann mit Reis umwickelt wird
chicken-fried steak – dünnes Steak, wie Hähnchen in Panade ausgebacken; auch *country-fried steak*
chili – oder Chili con carne; herzhafter Fleischeintopf mit zerstoßenen Chilischoten, Gemüse und Bohnen
chimichanga – frittierte Weizentortilla gefüllt mit Rinderhackfleisch, Kartoffeln und Gewürzen
chips – dünne frittierte Kartoffelscheiben oder knusprige Tortillastückchen
chop suey – chinesisches Gericht aus Nudeln, Wasserkastanien, Bohnensprossen, Kohl und Fleisch
clam chowder – Muschelsuppe mit Venusmuscheln, Kartoffeln, Gemüse, manchmal Speck, mit Milch eingedickt
club sandwich – dreilagiges Sandwich mit Hähnchen oder Truthahn, Speck, Kopfsalat und Tomaten
Cobb salad – kalifornischer gemischter Salat aus Avocado, Kopfsalat, Tomate, Speck, Hähnchen, hartgekochtem Ei und Blauschimmelkäse
cobbler – Nachtisch aus Früchten, die mit Rührteig übergossen und gebacken werden
cold cuts – kalter Aufschnitt (Wurst oder Käse)
continental breakfast – üblicherweise Kaffee oder Tee, Gebäck und Saft oder Obst
corned beef – gepökeltes Rindfleisch, traditionell mit Kohl am St. Patrick's Day serviert (17. März)
crab cake – paniertes und gebratenes Krabbenfleisch
cream cheese – Frischkäse aus Kuhmilch als Bagelaufstrich
devil's food cake – mehrschichtiger Kuchen mit dunkler Schokolade und Schokoladenüberzug
eggs Benedict – pochierte Eier, Schinken und Sauce Hollandaise auf *English muffins*
enchilada – gebackene Tortilla, mit Hackfleisch und Käse gefüllt und mit Chilisauce überzogen
English muffin – runde flache Hefemuffins, mit Maismehl bestäubt
fajita – mariniertes Fleisch vom Grill und Gemüse, mit Tortillas und verschiedenen Garnierungen serviert (z. B. Avocadocreme, Sauerrahm, geriebener Käse)
French fries – Pommes frites
French toast – in Eiersahne getunktes und ausgebackenes Brot, serviert mit Ahornsirup
fudge – weiche Karamellbonbons, gewöhnlich mit Schokoüberzug, manchmal mit Walnüssen
granola – Frühstücksflocken aus Hafer, Honig und Nüssen
grits – Maisgrütze; ein Frühstück oder eine Beilage in den Südstaaten
guacamole – Dip aus pürierten Avocados mit Limettensaft, Zwiebeln, Chilis und Korianderkraut, mit Tortillachips serviert
hash browns – Rösti-Ecken
huevos rancheros – Mexikanisches Frühstück aus Maistortillas mit Spiegelei und Salsa
jambalaya – Eintopf aus Louisiana mit Reis, Schinken, Würstchen, Shrimps und Gewürzen
jelly – Obstgelee; dünner als Marmelade
knish – gebackene, gegrillte oder gebratene Teigstückchen, gefüllt mit Kartoffeln, Zwiebeln, Käse oder Buchweizengraupen; jüdische Spezialität

„Immer mehr Amerikaner wollen ihre Kochkünste verbessern (oder einfach kochen lernen)."

lobster roll – Hummerfleisch mit Mayonnaise und Gewürzen, serviert in einem getoasteten länglichen Brötchen

lox – Jüdische Version von Räucherlachs

muffuletta – Sandwich aus New Orleans aus einem runden Weizenmehlbrot, mit Schinken, Salami, Käse und eingelegten Oliven

nacho – gebackene Tortillachips, oft mit Käse, Rinderhackfleisch, Jalapeñoschoten, Salsa und Sauerrahm; aus Mexiko

pastrami – geräuchertes und gewürztes Stück Rindfleisch aus der jüdischen Küche

pickle – Essiggurke

ranch dressing – Salatdressing aus Mayonnaise, Zwiebel, Knoblauch, Buttermilch und Gewürzen

refried beans –Beilage der mexikanischen Küche aus gebratenen und pürierten Pintobohnen

Reuben sandwich – Corned Beef, Schweizer Käse und Sauerkraut auf Roggenbrot

sloppy Joe – Rinderhackfleisch, Zwiebeln, grüne Paprika und Ketchup in der Bratpfanne gegart

smoothie – kaltes, dickflüssiges Getränk aus pürierten Früchten, Eis und manchmal Joghurt

stone crab – Krebs aus der Karibik, dessen Scheren mit geschmolzener Butter oder Senf-Mayonnaise-Sauce gegessen werden

strawberry shortcake – Biskuitgebäck mit Erdbeeren und Schlagsahne

submarine sandwich – großes Brötchen, gefüllt mit kaltem Aufschnitt, auch mit Salat, Zwiebeln, Essiggurken und Tomate; auch *hoagie, po'boy, hero* oder *grinder* genannt

surf 'n' turf – gemischte Platte aus Meeresfrüchten (häufig Hummer) und Steak

veal (oder chicken) parmesan – italoamerikanisches Gericht: Kalbskotelett mit einer Haube aus Mozzarella und Tomatensauce

wrap – Tortilla oder Pita-Brot mit unterschiedlichsten Füllungen

Natur & Umwelt

Die USA haben durch Glück, Kriege und geschickten Zukauf die gesamte südliche Hälfte des nordamerikanischen Kontinents in Beschlag genommen. Wäre das „amerikanische Experiment" einer republikanischen Demokratie auch ohne diese Landfläche die mächtige Nation geworden, die es heute ist? Definitiv nicht. Erstens basiert Amerikas industrielle Macht auf den immensen Reichtümern des Landes, die die selbstherrlichen Träume der Manifest Destiny („offenkundige Bestimmung") wachgerufen haben, zweitens hat sich die raue Schönheit des Kontinents tief in die nationale Identität eingegraben. Auch nach mehr als 400 Jahren Besiedlung und Verstädterung, Landwirtschaft, Bergbau und diversen Konflikten um die Ausbeutung der Ressourcen und die Folgen für die Umwelt betrachten die Amerikaner ihr Land und die einzigartige Natur noch immer als das Kleinod ihrer Nation.

In den letzten 150 Jahren hat man nun versucht, aus diesem positiven Bewusstsein etwas zu machen: Es entstanden unzählige Parks, Naturschutzgebiete und Reservate. Diese Gebiete zu besuchen, ist der Höhepunkt einer jeden USA-Reise. Daneben sind Naturbeschreibungen mittlerweile zu einem festen Bestandteil des amerikanischen Sachbuchmarkts geworden und sorgen für eine Neubelebung des amerikanischen Geistes und dessen unlösbarer Verbindung zu diesem Land.

Where the Bluebird Sings to the Lemonade Springs (1992) ist ein guter Einstieg in die Literatur von Wallace Stegner. Die Essays, die die Probleme des missverstandenen und missbrauchten Westens ausdrücken, sind echte Klassiker.

GEOGRAFIE

Die USA sind groß, so viel steht fest. Mit einer Fläche von rund 9 160 790 km² sind sie nach Russland und dem sympathischen nördlichen Nachbarn Kanada das drittgrößte Land der Erde. Sie bestehen aus 48 zusammenhängenden Bundesstaaten („The Lower 48", Kernstaaten), Alaska, dem größten Bundesstaat, der nordwestlich von Kanada liegt, und als 50. Staat im Bunde Hawaii mit seinen Vulkaninseln, rund 2600 Meilen (4184 km) südwestlich vom Festland im Pazifik zu finden.

Doch es ist nicht allein die Fläche, die Amerika so groß wirken lässt, sondern auch seine unglaublich vielfältige Topografie, die vor 50 bis 60 Mio. Jahren entstand.

Der Osten der amerikanischen Kernstaaten – inklusive der Appalachen, eines Mittelgebirges, das parallel zur Atlantikküste verläuft – ist von Laubwäldern bedeckt. Diese Küste ist die am dichtesten besiedelte Region des Landes, vor allem zwischen Washington, D. C., und Boston, MA.

Nördlich davon liegen die Großen Seen, die sowohl zu den USA als auch zu Kanada gehören. Die fünf Seen, Teil des Kanadischen Schildes, sind das größte Süßwasserreservoir der Erde – sie fassen rund 20 % des Weltbestands!

Weiter im Süden der Ostküste wird es feuchter und wärmer, bis schließlich die Sümpfe Süd-Floridas erreicht sind. Ein kleiner Schlenker bringt einen dann zum Golf von Mexiko und damit zur südlichen Küstenlinie der USA.

Geologie fesselt nur selten, doch in Annals of the Former World (1998) von John McPhee wird die Plattentektonik Nordamerikas zum spannenden Abenteuer.

Westlich der Appalachen erstreckt sich das Landesinnere in Gestalt weiter Ebenen bis zu den Rocky Mountains. Das flache Land im Osten ist der Brotkorb der Nation und lässt sich grob unterteilen in den nördlichen „Getreidegürtel" und den südlichen „Baumwollgürtel". Über diese Ebenen wogten einst die Fluten eines Urzeitmeers, heute werden sie vom mächtigen Mississippi bewässert, der zusammen mit dem Missouri das viertlängste Flusssystem der Welt bildet (nur übertrumpft von Nil, Amazonas und Yangtze). Weiter westlich begegnet man immer weniger Farmern und immer mehr Cowboys: Denn hier liegen die Ranches der Great Plains unter dem weiten Himmel.

Die noch jungen, schroffen Rocky Mountains sind ein komplexes System aus hoch aufragenden Gebirgsketten. Die Rockies reichen von Mexiko bis hinauf nach Kanada und bilden ein wahres Paradies für Skifahrer. Westlich der Berge liegen die Wüsten des Südwestens, eine extrem trockene Gegend, in welcher der Colorado River dramatische Formationen hinterlassen hat. Diese Region der ausgespülten Canyons geht in Richtung Nevada über ins erbarmungslose Great Basin. Hier, wo man ebenfalls auf einem urzeitlichen Meeresboden steht, hält die Armee Manöver ab, und die Regierung plant, ihren Atommüll an diesem Ort zu verbuddeln.

Weiter geht's zum drittgrößten Bergmassiv der USA: im Süden die Granitberge der Sierra Nevada und im Norden die vulkanischen Cascades. Beide verlaufen parallel zur Pazifikküste. Das Central Valley in Kalifornien ist eine der fruchtbarsten Gegenden der Erde. Die Küste von San Diego bis nach Seattle, ein Streifen mit Sandstränden, uralten Wäldern und Mammutbäumen, wird in Folksongs besungen und in den Legenden der amerikanischen Ureinwohner beschrieben.

Doch halt, da ist noch mehr! Nordwestlich von Kanada erstreckt sich bis an die Arktis Alaska, ein Bundesstaat aus Tundra, Gletschern, Regenwäldern im Landesinneren und dem Löwenanteil der geschützten Wildnis Amerikas. Und Hawaii ist eine Kette tropischer Inselträume im Pazifik.

TIERE & PFLANZEN

Wer auf einem der sorgsam behüteten, noch ursprünglich erhaltenen Fleckchen amerikanischer Erde steht, kann sich vorstellen, wie es früher mal auf diesem Kontinent ausgesehen hat: Die Great Plains waren ein rauschendes Meer aus Grashalmen, die Ostküste war dicht von Wäldern bedeckt und überall gab es Millionen und Abermillionen Büffel und heulende Wölfe.

Die Wilderness Society (www.wilderness.org) ist die Organisation Amerikas, die sich am stärksten für die Wildnis einsetzt. Sie wurde von Aldo Leopold (1887–1948) gegründet, dem Autor von *Am Anfang war die Erde.*

Mit diesem Bild vor Augen versteht man leichter, warum die junge Nation glaubte, ihre natürlichen Ressourcen seien unerschöpflich. Natürlich sind sie es nicht, und diese traurige Erkenntnis ereilte die USA im 19. Jh., als sich viele auf den Weg nach Westen machte. Am Ende dieses Jahrhunderts mussten beunruhigte Bürger und Politiker überrascht feststellen, dass all die Schätze früher oder später verbraucht sein würden.

Amerika begann im Jahr 1903 damit, seine Umwelt zu schützen: Präsident Teddy Roosevelt erklärte Pelican Island in Florida zum ersten Vogelschutzgebiet des Landes. Dabei schuf er auch das National Wildlife Refuge System (NWRS). Das vom **US Fish & Wildlife Service** (www.fws.gov) geführte NWRS umfasst heute etwa 610 000 km² und ist damit das größte Reservatsystem weltweit. 1964 verabschiedete der Kongress den Wilderness Act, um ganze Biosphären zu schützen. Die USA besitzen derzeit mehr als 750 offizielle Wildnisschutzgebiete mit einer Gesamtfläche von fast 445 000 km²; über die Hälfte der geschützten Areale liegt in Alaska.

Das mächtigste und am kontroversesten diskutierte Umweltschutzprogramm ist der Endangered Species Act (ESA) von 1973. Der ESA stellt ein Hindernis für Industrie und Wirtschaft dar und stand deshalb von Anfang an im Kreuzfeuer der Kritik, allerdings nie so heftig wie unter Georg W. Bush – dieser sah darin laut einem 2008 in der *Washington Post* erschienen Artikel „tiefgreifende bürokratische Hindernisse". 2009 kündigte Innenminister Ken Salazar an, dass Obama diese Haltung nicht unterstützen würde, denn sie hätte den ESA geschwächt und den Bundesbehörden erlaubt, die Stimme der Umweltschutzexperten im Wesentlichen zu ignorieren.

Wenn man bedenkt, was die Natur hier alles erdulden muss, ist es erstaunlich, wie unberührt sie noch wirkt. In einem Nationalpark oder in der Wildnis zu wandern, Bären und Wölfe, Seeelefanten und Kondore oder Bison- und Elchherden zu beobachten, uralte Redwoods und urtümliche

Sümpfe zu erkunden, das sind echte Abenteuer – und nur einige der Highlights, die die hiesige Natur Besuchern zu bieten hat!

Tiere

LANDSÄUGETIERE

Die Amerikaner des 19. Jhs. duldeten keine Raubtiere neben sich. Schon bald waren beinahe alle Großkatzen, Wölfe und Bären in den USA der staatlich organisierten Ausrottung zum Opfer gefallen. Es ist immer die gleiche Geschichte: zuerst Artenreichtum, dann starker Rückgang und heute eine partielle Erholung.

Der Grizzlybär, eine Unterart des Braunbärs, gehört zu den größten Landsäugetieren Nordamerikas. Männliche Grizzlys sind stehend über 2 m groß und wiegen bis zu 385 kg, ihr Revier erstreckt sich über rund 1300 km². Es gab Zeiten, in denen um die 50 000 Exemplare den Westen durchstreiften, 1975 waren es jedoch nicht mal mehr 300. Dann wurden Schutzmaßnahmen ergriffen – insbesondere in der Region um Yellowstone –, dank derer sich der Bestand in den US-Kernstaaten wieder erholte und nun ca. 1300 Exemplare umfasst. Im Vergleich dazu wimmelt es in Alaska geradezu von Grizzlys: Hier leben über 30 000 der stattlichen Tiere. Dahingegen gibt's fast überall noch Schwarzbären, wenngleich auch diese immer weniger werden. Die anpassungsfähigen, neugierigen Tiere sind kleiner als Grizzlys und können auch in sehr kleinen Revieren überleben.

Auch der Kojote ist ein äußerst anpassungsfähiges Wesen. Er ist dem Wolf sehr ähnlich, wird aber nur etwa halb so groß wie dieser und wiegt nur zwischen 6 und 20 kg. Kojoten sind ein Symbol des Südwestens. Sie kommen so gut wie überall vor – sogar in Städten. In den USA lebt außerdem eine Großkatzenart, die mehrere Namen hat: Berglöwe, Kuguar, Puma oder Panther. Im Osten werden die wenigen Panther im Everglades National Park hochgepäppelt, im Westen hat sich ihr Bestand wieder so weit erholt, dass es immer häufiger zu Begegnungen mit Menschen kommt – eigentlich sind

Defenders of Wildlife (www.defenders.org) kämpft für gefährdete Pflanzen und Tiere, vor allem für Wölfe. Auf ihrer Website findet man viele Fakten und aktuelle Infos über die verschiedenen Arten.

AMERIKAS BEDROHTE ARTEN: ES IST NOCH NICHT ZU SPÄT!

Derzeit stehen in den USA mehr als 1300 Pflanzen und Tiere auf der Liste der vom Aussterben bedrohten Arten, mächtige Grizzlys und Eisbären genauso wie kleinere Organismen, z. B. Süßwassermuscheln, Kaulbarsche oder auch manche Grasarten.

Für das Ökosystem sind alle bedrohten Arten wichtig. Wer aber ganz bestimmte Zeitgenossen sehen (und fotografieren) möchte, sollte die Parks und Reservate besuchen, ehe es zu spät ist. In den Schutzgebieten der westlichen USA hat man die Chance, einige bedrohte Tiere zu sichten, im gesamten Landesgebiet gibt es noch mehr davon.

- **Dickhornschafe** – Anza-Borrego Desert State Park, CA (S. 250) & Zion NP, UT (S. 174)
- **Kalifornische Kondore** – Big Sur, CA (S. 259) & Grand Canyon National Park, AZ (S. 135)
- **Kalifornische Gopherschildkröten** – Mojave National Preserve, CA (S. 251)
- **Florida-Panther (Pumas)** – Everglades NP, FL
- **Hawaiigänse** – Haleakala NP
- **Hawaiianische Mönchsrobben** – Papahanaumokuakea Marine National Monument & Waikiki Aquarium, HI
- **Seekühe** – Everglades NP, FL
- **Mexikanische Langnasen-Fledermäuse** – Big Bend NP, TX
- **Schreikraniche** – Aransas National Wildlife Refuge, TX & Bosque del Apache National Wildlife Refuge, NM (S. 197)

DIE RÜCKKEHR DER WÖLFE

Der Wolf ist eines der Symbole für die amerikanische Wildnis. Das schlaue, im Rudel lebende Raubtier ist die größte Spezies der *Canidae*, wiegt im Durchschnitt über 45 kg und hat eine Schulterhöhe von fast 1 m. Man schätzt, dass zwischen West- und Ostküste und zwischen Alaska und Mexiko früher einmal 400 000 Exemplare herumstreiften.

Anders als der domestizierte Hund wurden die Wölfe von den europäischen Siedlern nicht gerade freundlich aufgenommen. Schon in den ersten Gesetzen, die in den britischen Kolonien erlassen wurden und die wild lebende Tiere betrafen, wurde ein Kopfgeld auf Wölfe ausgesetzt. Als sich die US-Amerikaner im 19. Jh. den Westen untertan machten, schlachteten sie die vormals unzähligen Bisons und Elche sowie das Rotwild ab und ersetzten sie durch Hausrinder und Schafe. An diesen fanden die Wölfe aber ebenfalls Geschmack.

Um dieser unerträglichen „Wilderei" ein Ende zu machen, stand die Ausrottung des Wolfes bald auf dem offiziellen Regierungsprogramm. Da für jedes Tier 20 bis 50 US$ winkten, wurden im ganzen Land Wölfe abgeschossen, vergiftet, in Fallen gelockt und aus ihren Höhlen gezerrt, bis nur noch einige hundert Vertreter im nördlichen Teil Minnesotas und in Michigan übrig waren. 1965, als das Kopfgeldprogramm dann aufgehoben wurde, waren die Tiere fast ausgerottet.

Bereits 1944 setzte sich der Naturforscher Aldo Leopold für die Rückkehr der Wölfe ein. Sein Argument war Ökologie, nicht etwa Nostalgie. In Studien zeigte er, dass das Ökosystem in der Wildnis Raubtiere braucht, um eine gesunde Artenvielfalt zu erhalten. Denn wegen ihrer komplexen, wechselseitigen Abhängigkeit voneinander hatten sämtliche Tiere und Pflanzen unter dem Verschwinden der Wölfe gelitten.

Als 1973 der Endangered Species Act in Kraft trat, standen Grau- und Rotwölfe ganz weit oben auf der Liste. Trotz all der düsteren Prophezeiungen von seiten der Rancher und Jäger wurden 1995 und 1996 in der Region um Yellowstone Grauwölfe und 1998 in Arizona Rotwölfe neu angesiedelt.

Unter Schutz stehend, konnten sich die Wolfspopulationen schnell erholen: Heute werden über 5500 wild lebende Wölfe gezählt. Die 2009 im Westen der Großen Seen lebenden Tiere konnten ohne menschliche Hilfe überleben und wurden von der Liste gestrichen, in anderen Gebieten der USA gehören sie aber weiterhin zu den bedrohten Arten. Rotwölfe und mexikanische Wölfe sind noch immer landesweit geschützt.

---

die kraftstrotzenden Katzen mit dem kurzen, gelbbraunen Fell und dem langen Schwanz, die aus ca. 70 kg reiner Muskelmasse bestehen, sehr scheu.

Was das Abschlachten von Wildtieren angeht, ist der Büffel (auch Bison genannt) der traurige Gewinner. Es liegen keine genauen Zahlen vor, doch die Schätzungen gehen von 65 Mio. Tieren aus, die in riesigen Herden „die Ebenen verdunkelten", wie die Forscher Lewis und Clark es einst beschrieben. Die Tiere wurden gejagt – als Nahrungsquelle, der Häute wegen, als sportlicher Zeitvertreib, als Geldquelle und um die Indianer arm zu machen, die zum Überleben auf sie angewiesen waren –, und im 20. Jh. waren nur noch einige hundert Exemplare übrig. Aus diesen Beständen hat man mittlerweile neue Herden herangezogen, so dass die Büffel aus dem wilden Herzen Amerikas nun wieder in ihrer herben Schönheit bewundert werden können, u. a. in den Nationalparks Yellowstone, Grand Teton und Badlands.

Auch wegen schmelzender Gletscher gehört der Eisbär zu den bedrohten Arten. Nach jahrelangem Tauziehen hat der USFWS die Spezies aufgrund des Klimawandels endlich auf die Liste der vom Aussterben bedrohten Tiere gesetzt.

MEERESSÄUGER & FISCHE

Wohl keinem der in den USA beheimateten Fische wird mehr Aufmerksamkeit geschenkt als dem Lachs. Wenn er zur Laichzeit die Flüsse an der Pazifikküste hinaufschwimmt, ist das wahrhaftig ein Naturschauspiel. Dennoch sind sowohl die Lachse im Pazifik als auch im Atlantik gefährdet. Jedes Jahr werden Millionen von Zuchtlachsen in die freie Wildbahn ausgesetzt – doch noch ist nicht klar, ob dies den Wildlachsen überhaupt hilft oder eher schadet.

Jedes Jahr wandern Grau-, Buckel- und Blauwale an der Pazifikküste entlang und ziehen Scharen von Walbeobachtern an. Die Wale und Meeressäuger ziehen ihre Jungen hauptsächlich in den Gewässern vor Alaska und um Hawaii auf, während vor den San Juan Islands in Washington oft Orcas gesichtet werden.

Die Pazifikküste ist auch die Heimat schwerfälliger Seeelefanten, verspielter Seelöwen und der gefährdeten Seeotter. In Kalifornien sind diese Tiere und die ganze Vielfalt der Unterwasserwelt im Channel Islands National Park und in der Monterey Bay zu sehen.

Wer die Meereswelt liebt, sollte unbedingt Hawaii und die Florida Keys besuchen, wo es jede Menge Korallenriffe und tropische Fische gibt. An der Küste Floridas leben auch die seltsamen, sanften Seekühe, die zwischen den Süßwasserflüssen und dem Ozean hin- und herpendeln. Sie sind etwa 3 m lang und werden durchschnittlich 500 kg schwer. Heute werden mehr als 3800 dieser lebhaften, ausdrucksstarken Exemplare gezählt, die schon so mancher versehentlich für Meerjungfrauen gehalten hat.

Im Golf von Mexiko leben noch unzählige weitere Meeresbewohner. Die bekanntesten sind vielleicht die vom Aussterben bedrohten Meeresschildkröten, die an den Stränden Eier legen.

> Die Hauptpaarungszeit der Seeelefanten an der Pazifikküste fällt ziemlich genau mit dem Valentinstag (14. Februar) zusammen – dann liegt Liebe in der Luft, erst recht am Strand!

VOGELWELT

Zu den beliebtesten Aktivitäten in der Wildnis gehört in den USA die Vogelbeobachtung – wen wundert's, wo doch sämtliche Sing- und Küstenvögel der nördlichen Hemisphäre hier ihre Rastplätze haben. Deshalb kann man in den Vereinigten Staaten auch über 800 einheimische Vogelarten entdecken. Der Sibley Field Guide ist ein unentbehrlicher Begleiter für alle, die lernen wollen, die gefiederten Zeitgenossen auseinanderzuhalten. Auch in der **National Audubon Society** (www.audubon.org) erfährt man viel Interessantes über die Welt der Vögel.

1782 wurde der nur in Nordamerika beheimatete Weißkopfseeadler zum Wappentier erklärt. Einst beherrschten wohl 500 000 Exemplare die Lüfte über dem Kontinent. Doch die Zerstörung ihres Lebensraums und insbesondere das Pflanzenschutzmittel DDT trugen dazu bei, dass bis 1963 die Zahl der brütenden Pärchen in den „Lower 48" auf 487 sank. Bis 2006 konnte sich der Bestand der Weißkopfseeadler jedoch so gut erholen, dass es mittlerweile wieder fast 9800 brütende Pärchen auf dem ganzen Kontinent gibt (und 50 000 in Alaska). So konnte der Vogel wieder von der Liste der vom Aussterben bedrohten Tiere gestrichen werden.

Ein weiterer beeindruckender Vogel ist der bedrohte Kalifornische Kondor. Die urzeitlichen Aasfresser werden bis zu 12 kg schwer und können eine Flügelspannweite von mehr als 3 m erreichen. In den 1980er-Jahren war er so gut wie ausgestorben; es gab nur noch 22 Exemplare. Doch durch ein Nachzuchtprogramm konnte die Art in Kalifornien und Nordarizona wieder heimisch werden, wo man die Tiere heute über den Grand Canyon kreisen sehen kann.

> Bei eBird (http://ebird. org) erfährt man einfach alles über Vögel. Echte Ornithologie-Fans können sich auf der Website einloggen, die Zahlen ihrer Vogelzählungen eingeben und so der Wissenschaft dienen.

Pflanzen

Der Osten der Vereinigten Staaten war ursprünglich mit einem endlosen, artenreichen Laubwald bedeckt. Stellenweise – und abhängig von Höhenlage und Breitengrad – wuchsen hier auch einige immergrüne Pflanzen. Der Great Smoky Mountains National Park hat alle fünf Waldtypen des Ostens zu bieten - Rottannen-, Schierlingstannen- und Pine-Oak-Wälder sowie Northern- und Cove-Hardwood-Wälder – und beherbergt damit über 100 einheimische Baumarten. Die Farben der Wildblumen und der bunten herbstlichen Laubbäume in Neuengland sind ein wahres Fest für die Augen.

GUT VORBEREITEN, KEINE SPUREN HINTERLASSEN

Viele Landschaften Amerikas drohen zu Tode geliebt zu werden, und um das zu verhindern, muss jeder seinen Beitrag leisten. Die Abenteuer in der amerikanischen Wildnis sind zwar vor allem unglaublich spannend, sie bringen aber auch Verantwortung mit sich: Gedankenlosigkeit, die sich im Wandern abseits der Wege auf sensiblem Terrain oder dem Feuermachen an einer Stelle, an der es verboten ist, niederschlägt, kann Wunden verursachen, die Jahre benötigen, um zu heilen.

Beim Wandern und Campen sollte man darum stets den gesunden Menschenverstand walten lassen. Zunächst einmal ist es wichtig zu wissen, worauf man sich einlässt: Man sollte sich nach der Wettervorhersage erkundigen und sich immer dementsprechend ausrüsten, auch wenn man nur ein paar Stunden unterwegs ist. Auch Wanderkarten und eine kurze Unterhaltung mit den Rangern gehören unbedingt zur Planung dazu – die Ranger wissen am meisten über viel besuchte Stellen, das Wetter, den Zustand der Wege und das Risiko einer Sturzflut oder eines Flächenbrands.

In der Wildnis sollte man sich um Schadensbegrenzung bemühen, getreu dem Motto: Nur fotografieren und keine Spuren hinterlassen! Dazu immer auf festen Wegen und Zeltplätzen bleiben und sich in Ufernähe besonders umsichtig verhalten (also bitte weder Geschirr noch sich selbst in Bächen oder Flüssen waschen!). Zelte sind mindestens 60 m vom Ufer entfernt aufzuschlagen. Man sollte nur Campingkocher und ausgewiesene Feuerstellen benutzen (kein Holz schlagen oder Zweige abbrechen), und beim Aufbruch muss alles wieder mitgenommen werden: sämtlicher Abfall, Recyclingpapier, ja sogar Toilettenpapier.

Am besten verhält man sich wie ein Gast – das ist man ja schießlich auch. Wildtiere dürfen nur beobachtet, nicht aber gefüttert werden, und auch kulturelle oder historische Artefakte sollte man nur bewundern, mehr nicht! Und zu guter Letzt: Auch die anderen Besucher wollen respektiert werden. Lärmende Menschen machen den Charme eines ganzen Tals schnell zunichte.

Weitere Tipps bekommt man bei **Tread Lightly** (www.treadlightly.org) und im **Leave No Trace Center** (www.lnt.org).

Die Everglades in Florida sind die letzte subtropische Wildnis der USA. Der sehr wichtige, aber bedrohte Lebensraum ist eine eigene Welt mit Süß- und Salzwasser, mit Sümpfen, Grasebenen, Mangroven, Zypressen, Seegräsern, tropischen Pflanzen, Nadel- und Laubbäumen.

Das Weideland im Herzen Amerikas ist das vielleicht am stärksten misshandelte Ökosystem. Im 19. Jh. verwandelten Farmer, die sogenannten „Sodbuster", die Weiden, größtenteils in Ackerland. Hauptsächlich betroffen waren die östlichen Prärien mit den hohen Gräsern, von denen bis heute nur 4% überlebt haben. Von den halbtrockenen Prärien mit dem kürzeren Grasbewuchs sind noch ein paar mehr übrig, doch die Farmer haben allmählich herausgefunden, wie man auch sie zu Feldern für Monokulturen umwandeln kann: Sie haben einfach das Grundwasser abgezapft. Im Theodore Roosevelt National Park in North Dakota kann man sich diese Prärien noch in ihrer ursprünglichen Form ansehen.

In den Wüsten des Südwestens gibt es Salbei, Buschwerk und Kakteen, soweit das Auge reicht. Wenn an den westlichen Berghängen im Frühjahr die Wildblumen blühen und im Herbst die Espen gelb leuchten, hat sich schon allein wegen dieses Anblicks die Reise gelohnt.

Westlich der Cascades, in den feuchteren und milderen Bundesstaaten Washington und Oregon, gibt es die letzten Urwälder Amerikas. Diese vielfältigen, uralten Nadelbaumwälder, von denen nur noch 10% übrig sind, bestehen aus Schierlingstannen, Zedern, Fichten und turmhohen Douglasien.

Kalifornien hingegen ist berühmt für seine beiden Riesenbaumarten. Der Küstenmammutbaum Redwood ist die weltweit höchste Baumart (im Redwood National Park stehen die größten Vertreter weltweit). Der mit ihm verwandte Sequoia (Mammutbaum) hat in puncto Umfang die Nase vorn. Der „Großvater" all dieser Mammutbäume steht im Sequoia National Park.

Der schnellste Vogel Nordamerikas ist wohl der Wanderfalke: Auf seiner Jagd nach Futter stürzt er sich mit Geschwindigkeiten von bis zu 280 km/h in die Tiefe.

NATIONALPARKS & BUNDESEIGENE GEBIETE

Mehr als ein Viertel der US-amerikanischen Fläche (also über 2,5 Mio. km²) ist auf irgendeine Art geschützt. Die riesigen, sehr unterschiedlichen Gebiete, die fast alle besucht werden können, verteilen sich über das ganze Land. Die größten sind im Westen der USA und in Alaska zu finden. Bei einigen muss Eintritt gezahlt werden. Und wer beispielsweise campen oder auch nur mit dem Rucksack herumwandern will, benötigt eine Genehmigung. Die touristische Infrastruktur reicht von nicht vorhanden bis komplett ausgebaut, inklusive vollständig ausgestatteter Hütten, in denen man etwas zu essen bekommt.

Für diese öffentlichen Gegenden gibt es verblüffend viele Bezeichnungen, aber sie werden hauptsächlich von vier Trägern verwaltet: dem **Bureau of Land Management** (BLM; www.blm.gov), dem **US Forest Service** (USFWS; www.fs.fed.us), dem **US Fish and Wildlife Service** (FWS; www.fws.gov) und dem **National Park Service** (NPS; www.nps.gov).

Wer das Amerika von den Postkarten sucht – vielleicht den Grand Canyon? –, wird wohl in den Gebieten des National Park Service (NPS) fündig. Der NPS betreibt 391 Gebiete mit einer Fläche von insgesamt 320 000 km². Die echten Highlights sind sicher die 58 Nationalparks, in denen es generell die besten Einrichtungen und viele Infostellen für Besucher gibt.

Die meisten anderen bundeseigenen Gebiete, z. B. die vom BLM verwalteten 1,2 Mio. km² oder die 780 000 km² der USFS, sind eine Art „Mischkultur". Das heißt, dass Freizeit und Erholung, Rohstoffabbau, Weidewirtschaft und Naturschutz in einem ausgewogenen Verhältnis zueinander stehen. Der größte Teil dieser Gebiete hat wenig oder gar keine Infrastruktur für Besucher. Aber die Landschaft ist oft traumhaft – und vor allem sind genau diese Gegenden nicht so überlaufen wie die berühmten Nationalparks.

Einen sehr guten Überblick erhält man auf der Website www.recreation.gov. Mitunter kann sich ein Jahrespass lohnen, über Campingeinrichtungen, Gebühren und Buchungen informiert S. 402.

Nature Noir (2005) von Jordan Fisher Smith ist wirklich einmalig und nichts für schwache Nerven. Die Geschichte eines Parkrangers in der ländlichen Sierra Nevada ließe sicher sogar Henning Mankell erbleichen.

UMWELTSCHUTZBEWEGUNG

Amerika ist bekannt für seine politischen und sozialen Umwälzungen. Dass die USA jedoch auch der Geburtsort des Umweltschutzes sind, weiß nicht jeder. Die USA waren der erste Staat, der sich wirklich um den Schutz seiner Wildgebiete kümmerte. Und oft sind es amerikanische Umweltschützer, die weltweite Naturschutzkampagnen anführen.

Das war allerdings nicht immer so. Die protestantischen Siedler glaubten, dass die Zivilisation den christlichen Auftrag hätte, die Natur ihrem Willen zu unterwerfen. Die Wildnis war nicht nur lebensgefährlich und unberechenbar, sie war auch ein Symbol für das Wilde im Menschen, für die gottlosen Triebe – und die Pilgerväter unterdrückten beides mit großem Enthusiasmus.

Im 19. Jh. wurden dann die europäischen Romantiker das Vorbild, während die amerikanischen Transzendentalisten glaubten, die Natur sei heilig. In *Walden oder Leben in den Wäldern* (1854) beschreibt der „Bilderstürmer" Henry David Thoreau seinen einjährigen Aufenthalt in den Wäldern, wo er glücklich und ohne die Annehmlichkeiten der Zivilisation lebte. Er argumentierte glaubhaft, dass die menschliche Gesellschaft sich gefährlich weit von den grundlegenden Wahrheiten der Natur entfernt hätte; dies illustrierte die tiefgreifende Veränderung des Glaubens dahingehend, dass die Natur, die menschliche Seele und Gott eins seien.

Die Naturwunder des Kontinents wurden im 19. Jh. von den amerikanischen Landschaftsmalern festgehalten. Das Erkennen ihrer Schönheit und ein wachsender Nationalstolz riefen den Wunsch wach, sie zu schützen. 1864 machte Präsident Lincoln einen Teil des Yosemite Valley zu einem State

WELTERBESTÄTTEN IN DEN USA

Details zu den Welterbestätten liefert die Website der Unesco (http://whc.unesco.org/en/list).

- Cahokia Mounds State Historic Site (IL)
- Carlsbad Caverns National Park (NM, S. 202)
- Chaco Culture National Historic Park (NM, S. 195)
- Everglades National Park (FL)
- Freiheitsstatue (NY)
- Glacier Bay National Park & Preserve (AK)
- Grand Canyon National Park (AZ, S. 135)
- Great Smoky Mountains National Park (NC & TN)
- Hawaii Volcanoes National Park (HI)
- Independence Hall (PA)
- Mammoth Cave National Park (KY)
- Mesa Verde National Park (CO)
- Monticello (VA) und die University of Virginia in Charlottesville
- Olympic National Park (WA, S. 343)
- Redwood National & State Parks (CA, S. 301)
- Taos Pueblo (NM, S. 194)
- Waterton-Glacier International Peace Park (MT)
- Wrangell-St. Elias National Park & Preserve (AK)
- Yellowstone National Park (WY)
- Yosemite National Park (CA, S. 310)

Wer mehr über die Wildnis in den USA, ihre Geschichte, Verfechter, Definitionen, Gesetze und Aktuelles wissen möchte oder Tipps für die Planung benötigt, z. B. Beschreibungen, Landkarten und Fotos, wird auf www.wilder ness.net fündig.

Park. 1872 erklärte dann Präsident Ulysses S. Grant 8000 km² Land zum Yellowstone National Park, dem ersten derartigen Schutzgebiet der Welt, ausdrücklich gegründet, um seine einzigartige Schönheit zur Freude der Menschen zu bewahren.

Bald setzte sich der schottische Naturforscher John Muir für die Wildnis um ihrer selbst willen ein. Für Muir war die Natur der Zivilisation überlegen. Er verbrachte einen großen Teil seines Lebens auf Wanderungen durch die Sierra Nevada und setzte sich mit Leidenschaft für deren Bewahrung ein. Er war die treibende Kraft hinter der wachsenden Umweltschutzbewegung in den USA. Diese feierte 1890 ihren ersten großen Sieg, als der Yosemite National Park gegründet wurde. Zwei Jahre später gründete Muir den Sierra Club.

Gegen Ende des 19. Jh. begannen die Menschen zu verstehen, dass die scheinbar unerschöpflichen Ressourcen doch ihre Grenzen haben. 1891 wurde der „Forest Reserve Act" verabschiedet, der die Bewahrung und Verwaltung der Wälder regelte: Sie sollten für das weitere Wachstum Amerikas erhalten bleiben. Doch genau dieses Anliegen spiegelt den zentralen Konflikt der Umweltschutzbewegung wider: Soll die Natur nun um ihrer selbst willen oder zum Nutzen des Menschen geschützt werden? Diese einander ausschließenden Auffassungen sind auch heute noch der Grund für zahlreiche Konflikte.

Im frühen 20. Jh. verursachte der industrielle Fortschritt neue Unruhe. Der „National Park Service Act" von 1916 setzte einen dauerhaften bundesweiten Mechanismus zum Schutz der Wildnis in Kraft. Aber noch wichtiger war das Entstehen des Wissenschaftszweiges Ökologie. Dieser hat den Menschen schließlich ernüchtert und ihm aufgezeigt, dass er nicht über die Natur bestimmt, sondern in Wirklichkeit von ihr abhängt. Er musste erkennen, dass er nicht allein die Krone der Schöpfung ist. Dank der Ökologie wurde aus der amerikanischen Umweltschutzbewegung des 19. Jhs. die moderne Umweltbewegung.

Aldo Leopold war der erste Schriftsteller, der eine ökologische Weltanschauung populär machte. Gemäß seiner Idee einer Naturethik sollten die Menschen in respektvoller Verantwortung gegenüber der Natur handeln, statt nur einige ihrer Lieblingsstücke zu retten und den Rest auszubeuten. 1962 veröffentlichte Rachel Carson dann mit *Silent Spring* den schockierenden Beweis. Sie beschrieb, wie DDT und andere Chemikalien Tiere töten und den Boden vergiften. Das entsetzte die Nation – und motivierte die Aktivisten.

Innerhalb der folgenden Jahrzehnte verabschiedeten die USA eine Reihe grundlegender Umweltgesetze. Seither haben sich Wasser- und Luftqualität erheblich verbessert, sogar einige beinahe ausgestorbene Tier- und Pflanzenarten haben sich wieder erholt. Die Umweltschutzbewegung wird größer und größer, und man versucht, ganze Ökosysteme zu bewahren – nicht nur durch die Gründung von Parks. Man geht vielmehr direkt gegen die sogenannten „fünf Reiter der Öko-Apokalypse" vor: Krankheit, Verschmutzung, Ausrottung ganzer Spezies, Zerstörung von Lebensraum durch den Menschen und Einführung fremder (also nicht heimischer) Arten.

Umweltschutz steht heute in allen Ländern auf dem Programm, denn wenn eine Nation Umweltprobleme hat, trägt das zu einer weltweiten Bedrohung bei: dem Klimawandel. In den USA rütteln die Gefahren einer globalen Erwärmung das Umweltbewusstsein eines jeden Einzelnen wach, mehr als es je in der amerikanischen Geschichte der Fall war. Ob der Durchschnittsamerikaner nun daran glaubt, dass Gott durch die Natur spricht, oder nicht – die täglichen Hiobsbotschaften beunruhigen doch alle.

UMWELTPROBLEME

Die USA scheinen sich an einem Wendepunkt zu befinden: Die meisten Amerikaner haben ungeachtet ihrer politischen Präferenzen jetzt begriffen, dass die globale Erwärmung kein Mythos ist. Heftige Debatten durchziehen das ganze Land. Mal wird an der Existenz des Klimawandel gezweifelt, dann wieder ist die Frage, was das Land dagegen unternehmen kann. Selbst die Bush-Regierung, die früher vor dieser Realität die Augen verschloss (und als letzten Ausweg aus ihrem Dilemma Klimawissenschaftler manipulierte und in Verruf brachte, wie das „Congressional Committee on Oversight and Government Reform" Ende 2007 feststellte), musste letztlich eingestehen, dass sich das Klima möglicherweise wirklich ändern könnte.

2009 sagte Außenministerin Hillary Clinton auf dem „Major Economies Forum on Energy and Climate": „Die Wissenschaft ist eindeutig und die sich daraus ergebende Logik unabwendbar. Der Klimawandel ist eine Tatsache und eine allgegenwärtige Bedrohung für unsere Welt. Ihm ist unverzüglich Aufmerksamkeit zu schenken." Und Präsident Barack Obama versprach, die Treibhausgasemissionen bis 2050 um 80 % zu reduzieren und ein die ganze Wirtschaft involvierendes Emissionsprogramm ins Leben zu rufen. Außerdem kündigte er seine Unterstützung bei der Suche nach alternativen „saubereren Energiequellen" für die Stromversorgung des Landes an. In den ersten 100 Tagen nach seinem Amtsantritt wurden jedoch keine bedeutsamen Gesetze erlassen, die zum Kampf gegen den Klimawandel beitragen könnten.

Aldo Leopolds *Am Anfang war die Erde* (2000), das zur Bibel aller amerikanischen Naturfreaks wurde, ist ein schlichtes, einfaches und zugleich sehr bewegendes Werk über den Erhalt der Wildnis in ihrer Unberührtheit.

Der Sierra Club (www. sierraclub.org) war der erste Naturschutzorganisation der USA und ist immer noch ihre aktivste. Sie hat Bildungsprogramme, organisierte Touren und tonnenweise Informationen zu bieten.

Der berühmte, etwas schrullige Umweltschützer Edward Abbey schildert seine Arbeit als Saisonranger im Arches National Park in seinem Buch *Desert Solitaire* (1967) und kombiniert dabei lyrische Wüstenbilder mit frühen Warnungen vor dem aufkommenden Massentourismus in der Wildnis.

TERRY TEMPEST WILLIAMS: VON LIEBE UND DEMUT IN DER WÜSTE *Jeff Campbell*

Die Naturforscherin, Lehrerin und Schriftstellerin Terry Tempest Williams gehört seit langem zu den angesehensten Umweltschützerinnen und Ökologinnen des Westens. Ihr neuestes Buch heißt *Finding Beauty in a Broken World*. Wir baten sie, uns etwas über den Umweltschutz in den USA zu erzählen und zu erklären, was sie an ihrer Heimat, dem Land der Canyons im Süden Utahs, ganz besonders liebt.

„Eine der schönsten Seiten der amerikanischen Demokratie ist, dass wir heute Wert auf unsere Nationalparks und Schutzgebiete legen. Wir haben den Wilderness Act und den Endangered Species Act. Für mich ist das Ganze eine Form von neugestaltender, ausgleichender Gerechtigkeit – eine Bewegung, die aus Liebe und Idealismus entstanden ist, eine sich in einem großen Land ausbreitende Bewegung. Das ist toll!"

Als wir sie zu Themen aus der fast endlosen Liste der Umweltprobleme befragten, angefangen bei der globalen Erwärmung bis hin zur nationalen Politik, antwortete Williams ohne zu zögern: „Ich weigere mich, mir Schreckensszenarien auszumalen. Ich glaube nicht, dass wir in die Zukunft blicken können. Das Problem, vor dem wir stehen, liegt darin, dass wir den Zusammenhang der Dinge nicht erkannt haben. Für mich ist der Kern einer Umweltethik das Konzept der in der Gesellschaft verwurzelten Empathie im weitesten Sinne. In erster Linie geht es um gutes Benehmen.

Ich interpretiere das Wort Klimawandel gerne als einen Wandel des sozialen Klimas in der Gesellschaft. Und ich stelle im Südwesten Amerikas in der Tat einen Klimawandel fest. Die Welt – insbesondere die Wüstenlandschaft – ist so schön, so zerbrechlich, dass wir einfach Rücksicht auf sie nehmen müssen. Die globale Erwärmung sollte als lokale Erwärmung betrachtet werden, denn nur so wird unseren Gemeinden klar, dass es sich dabei um eine dringende Angelegenheit handelt, die nicht länger ignoriert werden kann."

Und sie fügte hinzu: „Wir werden Jahrzehnte brauchen, um all das wieder rückgängig zu machen, was George W. Bush umweltpolitisch angerichtet hat. Wer in ein Flugzeug steigt und über den Südwesten von Colorado, das Colorado Plateau in Utah und den Westen Wyomings fliegt, wird mit gebrochenem Herzen wieder aussteigen. Der Clean Air Act, der Clean Water Act, die Vorschriften zu den Feuchtgebieten, all das wurde unterwandert, um schnelle Gewinne zu erzielen. Und wer bezahlt dafür? Die Bewohner der Natur, von den Gabelböcken über den Salbei und die roten Felsen bis hin zu den Raben."

Außerdem merkte Williams an: „Es ist wichtig, sich in diese riesige Wildnis hinauszuwagen, denn ich denke, dass wir so daran erinnert werden, was wirklich zählt. Das Gefühlt von Bescheidenheit, das einen befällt, wenn man sich in der Natur aufhält, ist etwas Wundervolles. Diese Felsen haben eine ganz andere Zeitrechnung und verlangen, dass auch wir mit der Zeit anders umgehen. Das erscheint mir als ein Zeichen menschlicher Demut.

Wisst ihr, ich unterhalte mich am liebsten inmitten einer Sturzflut über Politik und Habgier. Erst neulich spazierte ich draußen herum und hörte dieses trockene Geklapper. Ich hielt inne, spähte umher, und plötzlich war da diese Klapperschlange. Diese Momente des Innehaltens liebe ich, sie bringen mich zum Lächeln. Für solche Begegnungen gibt es einfach keine Worte."

In *Wandering Home* (2005) unterhält sich Bill McKibben mal zurückhaltend, mal leidenschaftlich mit Freunden und Farmern aus Vermont darüber, wie ökologische Denkweisen in die alltägliche Praxis umgesetzt werden können.

Da fragt man sich doch, warum nicht. Sicherlich tun sich einige Bereiche der Regierung und Industrie schwer mit dieser Erkenntnis und argumentieren, dass die globale Erwärmung ein natürlicher (nicht von Menschenhand verursachter) Vorgang sei, dass alles gar nicht so schlimm sei, dass man nichts dagegen unternehmen könne oder insbesondere, dass es für ein Land mitten in einer tiefen Rezession viel zu kostspielig und der gesunden Wirtschaft abträglich sei, schnell drastische Maßnahmen gegen die globale Erwärmung zu ergreifen.

Debatten um den Umweltschutz sind seit mehr als 100 Jahren fester Bestandteil der politischen Landschaft Amerikas. Für die Geschäftswelt ist das im vorigen Abschnitt zuletzt genannte Argument natürlich das wichtigste, ganz gleich ob es um Umweltverschmutzung, schwindende Ressourcen oder bedrohte Arten geht. Der Erfolg jeder Umweltbewegung hängt aber auch davon ab, ob die Menschen gewillt sind, ihren verschwenderischen Lebensstil umzustellen – was in den USA bisher immer noch auf Widerstand stößt. (Jeder einzelne Amerikaner verursacht pro Jahr einen Ausstoß von 20 t Kohlendioxid – der Weltdurchschnitt liegt bei 4,5 t pro Person …) In den letzten Jahrhunderten änderten die Amerikaner ihre Gewohnheiten oft nur dann, wenn die Umweltprobleme nicht mehr zu leugnen, quantitativ bestimmbar und wirklich dringlich waren. Was die globale Erwärmung betrifft, scheint dieser Punkt nun erreicht zu sein.

Wie soll man das Ganze nun einschätzen? Bundesstaatliche und regionale Regierungsstellen haben damit begonnen, eigene Umweltgesetze zu erlassen, Unternehmen investieren in alternative Energiequellen, 14 Bundesstaaten haben Abgasrichtlinien für Fahrzeuge erlassen, die weitaus strenger sind als die der Bundesregierung. Als die **Environmental Protection Agency** (EPA; www.epa.gov) die Genehmigung verweigerte, diese Richtlinien auch durchsetzen zu dürfen, reichten diese Bundesstaaten (allen voran Kalifornien) Klage ein. 2007 hat der Oberste Gerichtshof dann verkündet, dass die EPA nicht nur das Recht, sondern sogar die „Pflicht" habe, mit Treibhausgasen dem „Clean Air Act" gemäß zu verfahren. Und es war kein Zufall, dass der Kongress im selben Jahr erstmals seit 20 Jahren einen Gesetzesentwurf einbrachte, in dem die Emissionsnormen für Autoabgase festgelegt wurden. Im Juni 2009 begann die EPA, der Entscheidung des Obersten Gerichtshofs Folge zu leisten, und gab dem kalifornischen Antrag statt: Der Bundesstaat darf jetzt seine eigenen, strengeren Richtlinien für Treibhausgasemissionen anwenden.

Energie

Die USA verbrauchen weltweit am meisten Energie, also mehr Öl, Strom und Erdgas pro Tag als jedes andere Land (gefolgt von China). Damit sind sie die größten Umweltsünder und für ein Viertel der Treibhausgase weltweit verantwortlich. Die Treibhausgasemissionen sind in den USA allein in den letzten zehn Jahren um 6 % gestiegen. Knapp die Hälfte des amerikanischen Strombedarfs wird mittels Kohle gedeckt, Erdgas und Atomenergie machen je 20 % aus, der Rest wird durch erneuerbare Energien (hauptsächlich Wasserkraft) und Erdöl gedeckt. Auf Kohle entfallen grob 90 % der amerikanischen Energiereserven, obwohl diese zu den schädlichsten Methoden der Stromerzeugung gehört.

Atomstrom verursacht zwar keine Treibhausgase, dafür bringt der nukleare Abfall andere Probleme mit sich. 2007 genehmigte die **US Nuclear Regulatory Commission** (NRC; www.nrc.gov) das erste neue Atomkraftwerk seit 30 Jahren, seit 2009 überprüft die NRC Anträge auf Errichtung einiger Dutzend Leichtwasserreaktoren im ganzen Land. 2001 wurde der Yucca Mountain in Nevada zum zentralen Endlager bestimmt. Da es aber zahlreiche Diskussionen darüber gab, ob dieses Endlager wirklich sicher ist, hat sich Präsident Obama dafür ausgesprochen, das Vorhaben zu stoppen. Doch was geschieht dann mit dem hochgradig radioaktiven Müll, der in 104 Kraftwerken im ganzen Land produziert wird?

Inzwischen ist das Interesse an erneuerbaren Energien erheblich gestiegen. Beispielsweise erreichten die Investitionen in alternative Brennstoffe im Jahr 2008 die Rekordmarke von 2,7 Mrd. US$, mehr als zehnmal so viel wie noch vor knapp zehn Jahren. Und obwohl die USA momentan führend sind im Bau von Windrädern und Windkraftwerken, werden bislang im eigenen Land auf diese Art nur 2,5 % des Stromes erzeugt. Die USA haben hinsichtlich der Produktion von Ethanolkraftstoff und Biodiesel relativ zum Weltmaßstab einen Sprung nach vorn gemacht, bis 2012 soll mit Biodiesel 20 % des amerikanischen Kraftstoffverbrauchs gedeckt werden. Und selbst Ketten wie Wal-Mart und Target haben jetzt Solarpaneele auf ihren Gebäuden. Die

Punkt für Al Gore: Sein Dokumentarfilm *Eine unbequeme Wahrheit* (2006) hat die Amerikaner letztendlich davon überzeugt, dass es die globale Erwärmung tatsächlich gibt und dass die USA Öl ins Feuer gießen.

Die Website der Union of Concerned Scientists (www.ucsusa.org) ist eine gute Quelle für alle, die sich unabhängig über den aktuellen Stand der globalen Erwärmung, über Autoabgasnormen, Energie, Atomtechnologie und Neozoen informieren möchten.

Wasserstofftechnologie erscheint am vielversprechendsten, was eine emissionsfreie Produktion betrifft, doch bis Wasserstoff eine erschwingliche Alternative ist, können noch Jahrzehnte vergehen.

Warum ist die Notwendigkeit, die Erdölproduktion im Land zu steigern, so umstritten? Die USA importieren mehr als 60 % ihres Bedarfs (unter George W. Bush war es sogar noch mehr) und sind demnach in puncto Erdölversorgung ganz offensichtlich wirklich von externen Ressourcen abhängig.

Luft

Die Luftverschmutzung hat in allen Gesellschaftsschichten zu heftigen Diskussionen über Treibhausgase geführt, die sämtliche Aspekte des modernen Lebens betreffen: von der Bauplanung über Glühbirnen bis hin zu Autoabgasen und dem Pflanzen neuer Bäume. Während die einzelnen Bundesstaaten mit der Regierung darüber streiten, um wieviel und wie schnell die Kraftstoffnorm (die derzeit bei durchschnittlich 11 l/100 km liegt) gesenkt werden soll, haben einige amerikanische Autohersteller, die mehrere Milliarden Dollar Nothilfe aus der Bundeskasse bekommen haben, versprochen, mehr Hybrid- und Elektroautos herzustellen, und Firmen wie Toyota und Honda haben die Preise ihrer Hybridautos gesenkt. 2009 vergab die EPA mehr als 85 Mio. US$, um 49 Bundesstaaten bei der Einhaltung der neuen „sauberen" Dieselemissionsnorm zu unterstützen. Der Kongress gab 3 Mrd. US$ für das „Car Allowance Rebate System" (CARS) aus, eine Art Abwrackprämie, die es den Konsumenten ermöglicht, ihre alten Autos in Zahlung zu geben und beim Kauf eines neuen, spritsparenden Modells Bargeld zu bekommen. Das CARS-Programm war so erfolgreich, dass die Mittel in weniger als zwei Monaten erschöpft waren. Kürzlich hat die EPA zudem damit begonnen, Emissionsnormen für Kohlekraftwerke zu erarbeiten, denn diese sind für ca. 30 % der amerikanischen Treibhausgasemissionen verantwortlich.

Wasser

In *When Smoke Ran Like Water* (2002) beschreibt Devra Davis, die Wissenschaftler den Zusammenhang zwischen Umweltverschmutzung und Krankheiten akribisch genau nachweisen und wie Politik und Industrie deren Glaubwürdigkeit untergraben. Da läuft es einem ganz schnell mal kalt den Rücken runter!

Die EPA schätzt, dass über 60 % der Gewässer Amerikas „getrübt" sind, und das trotz der bedeutenden Verbesserung der Wasserqualität nach der Verabschiedung des „Clean Water Act" im Jahr 1972. Ein weit verbreitetes Umweltproblem are Perchlorate: Die für Raketentreibstoff verwendeten Chemikalien verseuchen bereits in 26 Staaten das Trinkwasser. Seit 2009 arbeitet die EPA daran, Grenzwerte festzulegen, die für die Sauberhaltung des Wassers landesweit erforderlich sind.

Die Bundesstaaten im Westen, die Grundwasser in unglaublichen Mengen verbrauchen – nicht nur für den Rasen im privaten Garten, sondern auch für Golfplätze und Swimmingpools –, trifft das Wasserproblem am härtesten. Das steigende Salzgehalt des Wassers bereitet der Landwirtschaft enorme Schwierigkeiten. Außerdem nehmen die Erdöl- und Erdgasbohrungen im Westen rasant zu, vor allem weil die Bundesregierung 2005 Ausnahmeregelungen zum „Clean Water Act" erlassen hat. Eine ungewöhnliche Koalition aus Ranchern, Jägern und Naturschützern bekämpft nun eine Politik, die den Wasserschutz billiger Energie opfert.

Der zentrale Westen

Der zentrale Westen ist ein beeindruckender Teil Amerikas und gilt zu Recht als das Abenteuerland der USA. Seine Canyons, Zeugenberge und Gebirge schreien danach, erkundet zu werden. Hochglanzbroschüren und Abenteuermagazine drängen dazu, in die Wildnis aufzubrechen, die eigenen Grenzen auszutesten, das Panorama auf sich wirken zu lassen oder gleich Haus und Hof aufzugeben und wie ein König zu leben. Doch der größte Reiz der Region liegt in den Abenteuern, die jeder meistern kann: den ersten Löffel Green Chili Stew runterschlucken, mit dem Dampfzug bis zum Grand Canyon fahren, sich einen Film beim Sundance Film Festival ansehen oder auf einer Plastikscheibe eine Sanddüne runtersurfen.

Das Beste daran ist, dass sich die meisten Abenteuer miteinander verbinden lassen – mit dem Auto reisen kann man nirgends so gut wie hier. Zweispurige Straßen und einige Highways verbinden verschiedene Wälder und Parks, von Utahs Wasatch Mountains bis zum Monument Valley und vom Grand Canyon bis zum Carlsbad Caverns National Park. Andere Straßen schlängeln sich ins Nirgendwo, vorbei an schrulligen Museen, Gourmetrestaurants und Schlupfwinkeln von Billy the Kid. Auch die hiesige Bevölkerung ist vielfältig: Angloamerikaner, Indianer und Hispanier mischen sich zu einem einzigartigen Dreikulturenmix.

Was bleibt noch zu sagen? Rein ins Auto und hinein ins Abenteuer – egal ob groß oder klein.

HIGHLIGHTS

- Tolle Ausblicke genießen am **Grand Canyon** (S. 135) und in den **Canyonlands** (S. 169)
- Die malerischen Zeugenberge im **Monument Valley Navajo Tribal Park** (S. 143) bestaunen
- Geld auf dem **Las Vegas Strip** (S. 101) verprassen
- Die Dünen von **White Sands** (S. 199) runterrutschen
- In **Park City** (S. 162) die Abhänge hinabsausen
- In den **Carlsbad Caverns** (S. 202) den Big Room bewundern
- Im **Oak Creek Canyon** (S. 133) plantschen und von den roten Felsen springen
- In die geheimnisvollen Felswohnungen von **Bandelier** (S. 191) oder in die **Gila Cliff Dwellings** (S. 198) klettern
- Mit der Familie eine Bootsfahrt auf dem San Juan River in **Bluff** (S. 170) oder dem Rio Grande bei **Santa Fe** (S. 184) machen
- Während des **Burning-Man-Festivals** (S. 115) ein Teil Black Rock Citys werden

DER ZENTRALE WESTEN

DER ZENTRALE WESTEN

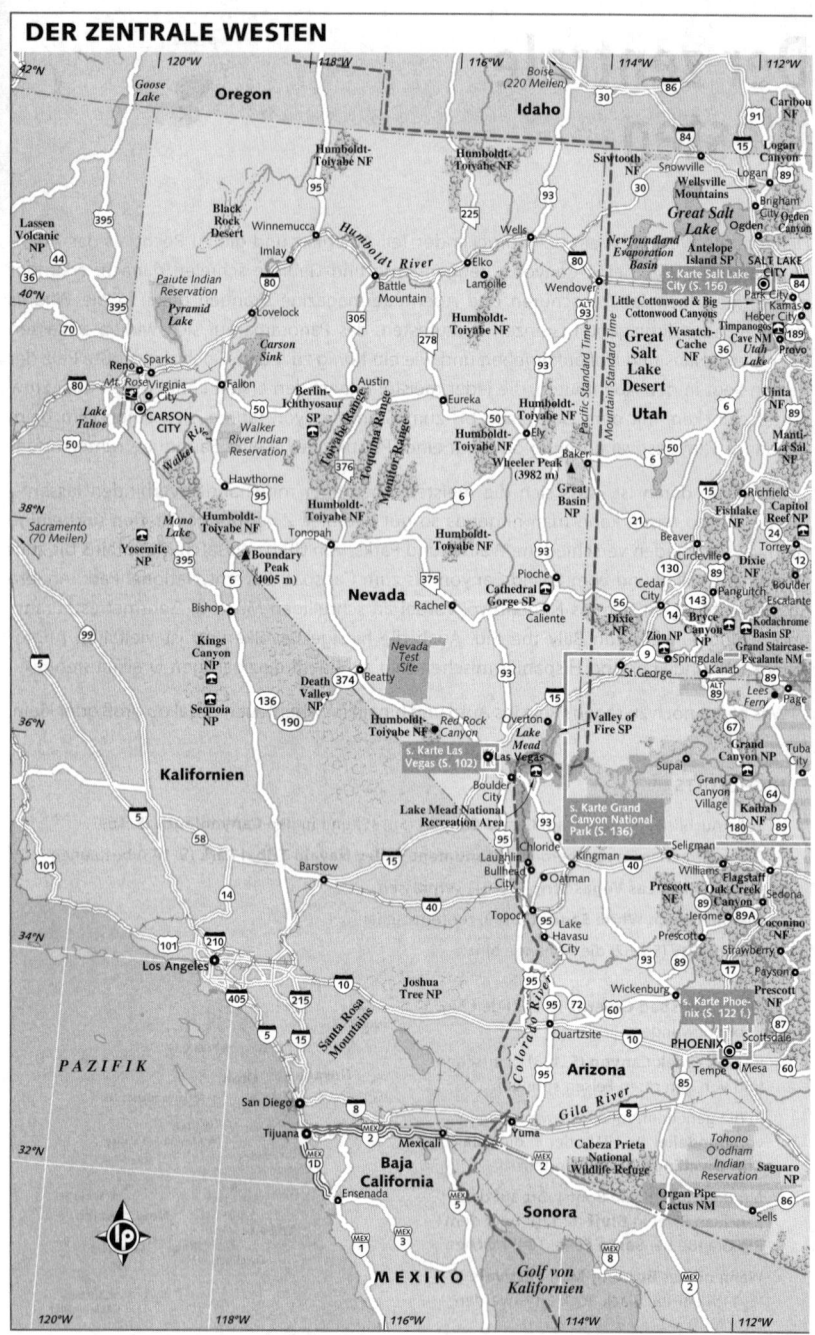

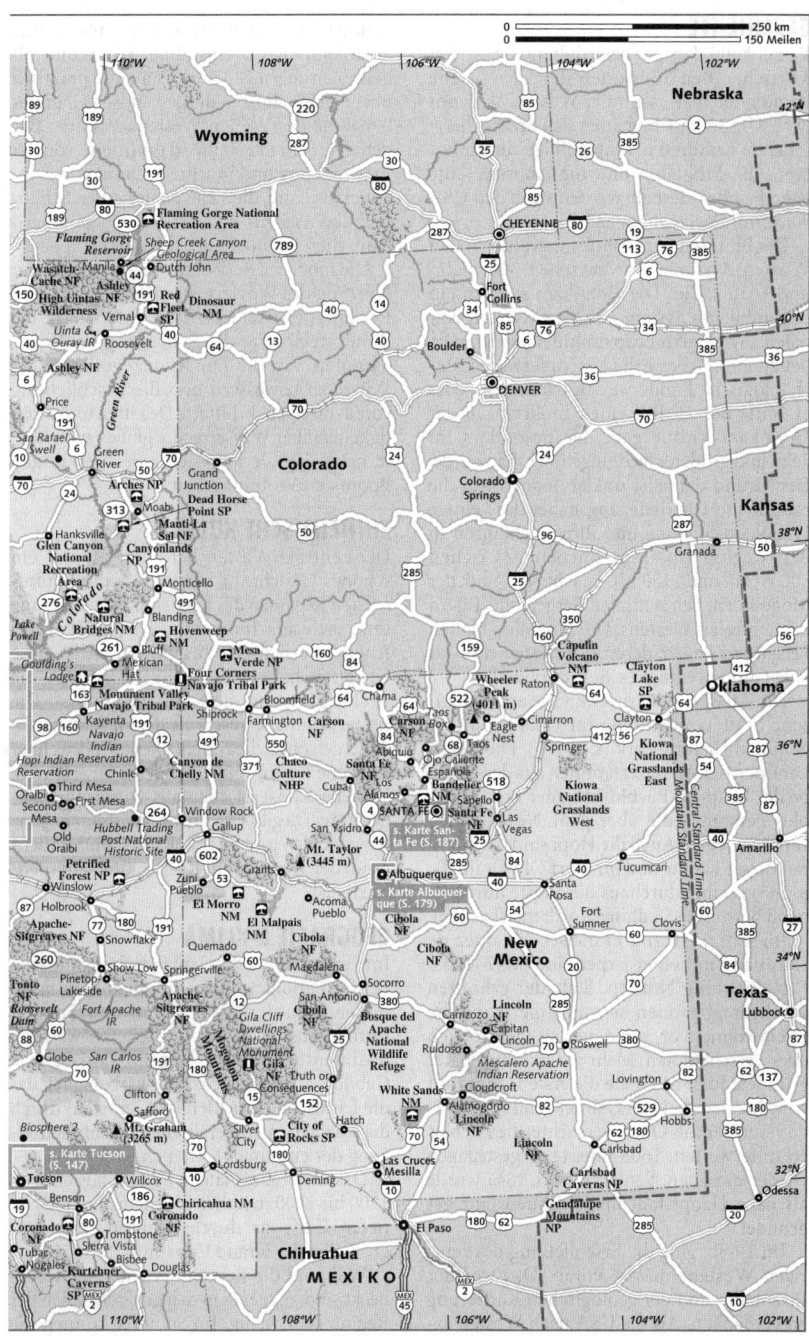

GESCHICHTE

Vor 12 500 Jahren besiedelten die ersten Menschen den Südwesten der USA – jene Region, die hier „zentraler Westen" genannt wird. Um 100 n. Chr. hatten sich drei vorherrschende Kulturen herausgebildet: die Hohokam, die Mogollon und die Anasazi („die alten Feinde", deshalb werden sie in den USA *Ancestral Puebloans* genannt).

Die Blütezeit der Hohokam-Kultur in den Wüsten Arizonas war zwischen 300 v. Chr. und 1450 n. Chr. Die Hohokam schufen ein unglaubliches System von Bewässerungskanälen, errichteten Erdpyramiden und hinterließen ein reiches Erbe an Töpferwaren. Archäologische Funde weisen darauf hin, dass es Mitte des 15. Jhs. einen Einbruch in der Hohokam-Kultur gab, der besonders im Schwund größerer Siedlungen sichtbar wurde. Der Grund dafür ist unklar, jedoch legt die mündliche Überlieferung nahe, dass einige Hohokam-Stämme und ihre Nachfahren in der Region ansässig blieben. Zwischen 200 v. Chr. und 1450 n. Chr. lebte das Volk der Mogollon in den zentralen Bergen und Tälern des zentralen Westens. Die Mogollon bauten Felsensiedlungen, deren Überreste heute das Gila Cliff Dwellings (s. S. 198) bilden.

Die Anasazi hinterließen viele archäologische Stätten, etwa jene im Chaco Culture National Historic Park (s. S. 195). Die Nachkommen der Anasazi stammen aus der Gruppe der heutigen Pueblo-Indianer (auch Pueblos genannt), die über ganz New Mexico verstreut leben. Auch die Hopi sind Nachfahren dieser Kultur und ihr Dorf Old Oraibi (s. S. 143) könnte durchaus die älteste durchgehend bewohnte Siedlung Nordamerikas sein.

Im Jahr 1540 zog Francisco Vásquez de Coronado mit einer Expedition aus Mexiko City Richtung Norden. Statt der erhofften Reichtümer fanden sie nur amerikanische Ureinwohner vor, von denen sie viele töteten oder verschleppten. Mehr als 50 Jahre später gründete Juan de Oñate die erste Hauptstadt New Mexicos bei San Gabriel. Viel Blut wurde vergossen, als Oñate versuchte, die Pueblos zu unterwerfen. 1608 musste er geschlagen wieder abziehen. Santa Fe (s. S. 184) wurde als neue Hauptstadt im folgenden Jahr gegründet.

Im 19. Jh. ging die Erschließung des zentralen Westens massiv voran. Das war der Eisenbahn und der geologischen Kartierung zu verdanken. Als die USA nach Westen expandierten, vertrieb die Armee ganze Völker amerikanischer Ureinwohner. Gold- und Silberminen zogen Glücksritter an und praktisch über Nacht schossen die gesetzlosen Goldgräberstädte des Wilden Westens aus dem Boden. Die Santa Fe Railroad profitierte von der Erschließung und brachte Scharen von Touristen ins Land, die sich von der rauen Schönheit des Westens und der Kultur der amerikanischen Ureinwohner faszinieren ließen.

Die moderne Besiedlung hängt eng mit der Nutzung des Wassers zusammen. Nach dem Reclamation Act von 1902 finanzierte die Bundesregierung die Errichtung von Staudämmen, um die Flüsse zu regulieren, die Wüste zu bewässern und die Erschließung voranzutreiben. Erbitterte Debatten und Streitigkeiten über Wasserrechte gibt es auch heute noch, gerade angesichts des gewaltigen Booms im Wohnungsbau.

EINHEIMISCHE KULTUR

Der zentrale Westen hat mehr als nur ein schönes Gesicht. Er ist eine der multikulturellsten Regionen des Landes, die Bevölkerung setzt sich aus Indianern, Hispaniern und Angloamerikanern zusammen. Alle diese Gruppen haben die regionale Küche, die Architektur und die Kunst beeinflusst. Die riesigen Indianerreservate der Gegend bieten außergewöhnliche Möglichkeiten, etwas über indigene Kultur und Geschichte zu erfahren. Visuelle Kunst ist ebenfalls von großer Bedeutung: Da gibt es Künstlerkolonien in ganz New Mexico und überall Kitsch am Straßenrand, der vor allem in Kleinstädten allgegenwärtig ist.

GEOGRAFIE & KLIMA

Im zentralen Westen ballen sich gigantische Felsformationen – sie gehören zu den faszinierendsten der Welt. Regen und Erosion formen aus dem weit verbreiteten weichen Sedimentgestein der Gegend fantastische Gebilde. Das eindrucksvolle Farbenspiel, das die Landschaft leuchten lässt, entsteht durch die einzigartige mineralischen Zusammensetzung der einzelnen Felstypen.

Das Colorado-Plateau besteht aus einigen 1500 bis 2400 m hohen Hochebenen, die von tiefen Canyons durchschnitten sind. Der größte ist der Grand Canyon (s. S. 135).

Während die Berge im Winter schneebedeckt sind, regnet es in den größten Teilen der Region sehr wenig. Im Sommer können die

Temperaturen locker über 32 °C steigen. Diese Hitze ist unangenehm, obwohl sie trocken ist. Die Nächte sind kühler und im Frühling und Herbst ist es hier angenehm.

Im Sommer können scheinbar aus dem Nichts Regenstürme aufziehen, die oft von Unwettern begleitet werden. Regelmäßig gibt es Springfluten, manchmal meilenweit vom eigentlichen Sturm entfernt. Ein trockenes Flussbett kann sich dann innerhalb von Minuten in einen reißenden Strom verwandeln. Man sollte daher nie in einem Flussbett campen und sich stets über die Wetterlage informieren, bevor man einen Canyon erkundet.

PARKS

Im zentralen Westen gibt es die faszinierendsten National Parks und National Monuments in Nordamerika. Doch sollte man nicht vergessen, dass auch die weniger überlaufenen State Parks einen Besuch wert sind.

Ein bei den Besuchern – zu Recht – besonders beliebter Nationalpark ist der Grand Canyon National Park (S. 135) in Arizona. Weitere Parks in Arizona sind das Monument Valley Navajo Tribal Park (S. 143), ein Wüstenbecken mit hohen Sandsteinfelsen und freistehenden Bergen, das Canyon de Chelly National Monument (S. 143) mit sehr alten Felssiedlungen, der Petrified Forest National Park (S. 144) mit der sonderbaren Farbmixtur der Painted Desert und den versteinerten Bäumen und schließlich der Saguaro National Park (S. 146) mit seiner unberührten Wüstenlandschaft voller gigantischer Kakteen.

Zu der von roten Felsen geprägten Canyonlandschaft im südlichen Utah gehören fünf Nationalparks: Arches (S. 168), Canyonlands (S. 169), Zion (S. 174), Bryce (S. 172) und Capitol Reef (S. 171), in dessen Abgeschiedenheit man Wildnis pur erleben kann. Das Grand Staircase-Escalante National Monument (S. 172) ist ein gewaltiges unerschlossenes Wüstengebiet.

New Mexico ist berühmt für den wunderbaren Carlsbad Caverns National Park (S. 202) und den geheimnisvollen Chaco Culture National Historic Park (S. 195). Nevadas einziger Nationalpark ist der Great Basin National Park (S. 118), eine zerklüftete, abgelegene Bergoase.

Weitere Informationen gibt's auf der Website des **National Park Service** (NPS; www.nps.gov). Informationen zu den State Parks für Nevada stehen auf S. 101, für Arizona auf S. 120, für Utah auf S. 154 und für New Mexico auf S. 176.

PRAKTISCHE INFORMATIONEN

American Southwest (www.americansouthwest.net) Wohl die umfassendste Website zu den Nationalparks und Landschaften des zentralen Westens.
American West Travelogue (www.amwest-travel.com) Lektüreliste, Fotos und mehr.
Notes from the Road (www.notesfromtheroad.com) Unter „Desert Southwest" findet man Reiseberichte für diese Region.

ANREISE & UNTERWEGS VOR ORT

Fernverkehrsbusse (S. 419) wie die von Greyhound fahren zu wichtigen Orten in der Region, aber nicht zu allen Nationalparks und auch nicht zu einigen Touristenstädten, die etwas ab vom Schuss liegen, wie etwa Moab. Achtung: Die Busbahnhöfe können oft in weniger sicheren Stadtteilen liegen.

Die am stärksten frequentierten Flughäfen der Region sind der Sky Harbor International Airport in Phoenix (S. 129) und der McCarran International Airport in Las Vegas (S. 113), gefolgt von den Flughäfen in Salt Lake City, Albuquerque und Tucson. Infos zu den Inlandsfluggesellschaften sind auf S. 421 zu finden.

Ein eigenes Fahrzeug ist oft die einzige Möglichkeit, um abgelegene Städte, Ausgangspunkte zum Wandern und Badeplätze zu erreichen. Informationen zum Thema Autoverleih gibt's auf S. 417.

Das Streckennetz von Amtrak (S. 423) ist wesentlich weniger ausgebaut als das Busnetz, verbindet jedoch viele der wichtigeren Städte der Region und bietet zudem Busverbindungen in andere Städte (darunter nach Santa Fe und Phoenix) Der *California Zephyr* durchquert Utah und Nevada; der *Southwest Chief* macht Zwischenstopps in Arizona und New Mexico; der *Sunset Limited* fährt durch das südliche Arizona und New Mexico.

NEVADA

Grenzenlose und kaum besiedelte Wüstenabschnitte, einige ehemalige Bergarbeiterstädte, in denen die Spitzhacken gegen Glücksspielautomaten eingetauscht worden sind, und natürlich Las Vegas, die Hauptgeldquelle – in diesem Staat grassiert auch heute noch das Goldfieber.

DER ZENTRALE WESTEN IN ...

... einer Woche

Zunächst geht's nach **Phoenix** (S. 120), um die boomende Kunstszene zu erkunden, dann hinüber nach **Scottsdale** (S. 124), wo man durch die schicken Läden und Galerien der Old Town schlendern kann. Wer danach in **Sedona** (S. 132) spirituell aufgetankt hat, ist bereit für den **Grand Canyon** (S. 135) und kann dort über die Wunder der Natur sinnieren. Ein Umweg über den längsten erhaltenen Abschnitt der **Route 66** (S. 145) in Arizona ist empfehlenswert. Danach erobert man die brummende Straße zum spektakulären **Grand Canyon Skywalk** (S. 141) der Hualapai-Indianer. An den letzten Tagen kann man in **Las Vegas** (S. 101) seine Fantasien ausleben oder auch nur einen Tag zum Spielen einplanen und die restliche Zeit mit einer Stippvisite im **Zion National Park** (S. 174) zubringen.

... zwei Wochen

Zuerst versucht man sein Glück in **Las Vegas** (S. 101), bevor man im abgefahrenen **Flagstaff** (S. 129) ausspannt und einen Blick in den Abgrund des **Grand Canyon National Park** (S. 135) wirft. Dann ist das akademische **Tucson** (S. 145) dran oder man bewundert die Kakteen im **Saguaro National Park** (S. 146). Ehe man sich im viktorianischen **Bisbee** (S. 152) niederlässt, sollte man sich um zwölf Uhr mittags noch die Schießerei in **Tombstone** (S. 152) anschauen.

Weiter geht es Richtung Osten zu den grellweißen Dünen des **White Sands National Monument** (S. 199) und nach **Santa Fe** (S. 184), das Kunstliebhaber wie ein Magnet anzieht. In **Taos** (S. 192) kann man ein Pueblo besichtigen und im fantastischen **Monument Valley Navajo Tribal Park** (S. 143) den Sonnenaufgang beobachten. Weiter geht's nach Utah zu den Nationalparks mit den roten Felsen – in den **Canyonlands National Park** (S. 169) und den **Arches National Park** (S. 168). Dann unbedingt noch frischen Obstkuchen im **Capitol Reef** (S. 171) mampfen und die Hoodoos (Gesteinssäulen) im **Bryce Canyon** (S. 172) ansehen! Zum Schluss sollte man noch dem prächtigen **Zion** (S. 174) die Ehre erweisen, ehe man nach Las Vegas zurückkehrt.

Nevada war der erste Bundesstaat, der das Glücksspiel legalisierte. Das laute Klingeln der Spielautomaten an Tankstellen, Supermärkten und in Hotellobbys ist überall zu vernehmen. Es gibt viele abgelegene Ecken mit lizenzierten Bordellen. Eine Sperrstunde für Kneipen kennt man hier nicht und so kann es einem durchaus passieren, dass man um 2 Uhr morgens in einem der Spielkasinos noch auf hochbetagte Damen mit einem Bier in der Hand trifft. Nevada baut auf das, was die Menschen *wirklich* wollen.

DIE FÜNF BESTEN PARKS IM ZENTRALEN WESTEN

- Grand Canyon National Park (S. 135)
- Monument Valley Navajo Tribal Park (S. 143)
- Arches National Park (S. 168)
- Zion National Park (S. 174)
- Carlsbad Caverns National Park (S. 202)

An den Rändern dieser Spielwiese für Erwachsene suchen immer mehr Künstler nach günstigen Räumlichkeiten und Grundstücken, um dort ihre Ansprüche anzumelden. Für alle, die beim Burning-Man-Festival einmal Zeuge des friedlichen Aufstands der Selbstbezogenheit geworden sind, und für diejenigen, die Renos blühende Kunstszene erkundet haben, wird der Bundesstaat nie mehr derselbe sein wie zuvor.

Geschichte

Die ersten Einwohner Nevadas waren die Völker der Paiute und die Anasazi. Obwohl schon die Spanier Nevada für sich in Anspruch nahmen, kamen vor den 1820er-Jahren, als Trapper in das Tal des Humboldt River vordrangen, kaum Europäer ins Land. Die meisten Zuwanderer des 19. Jhs. zogen geradewegs durch Nevada hindurch, weil sie zu den Goldfeldern Kaliforniens gelangen wollten. Doch dann wurde 1859 südlich von Reno der Comstock Lode – das größte jemals abgebaute Silbervorkommen überhaupt – entdeckt.

Als der Comstock Lode ausgebeutet war, ging die Bevölkerungszahl in Nevada zurück. Im frühen 20. Jh. verlieh die Entdeckung neuer Bodenschätze dem Staat wieder Schwung, aber die Weltwirtschaftskrise machte alle Träume von einem Aufschwung zunichte. Aus diesem Grund legalisierte die Regierung des Bundesstaats im Jahr 1931 das Glücksspiel und schuf Behörden, die es besteuern sollten. Illegale Spielchen verwandelten sich zu einer Einnahmequelle und Touristenattraktion. Heute lebt man in Nevada vom Tourismus, wobei die meisten Einnahmen aus den weit verbreiteten Spielkasinos kommen.

Praktische Informationen

Prostitution ist in Clark County (wozu Las Vegas gehört) und Washoe County (inkl. Reno) verboten, aber in vielen kleineren Regierungsbezirken gibt es legale Bordelle.

Nevada liegt in der Zeitzone der Pacific Standard Time und hat zwei Vorwahlbezirke: Las Vegas und Umgebung haben die ☎ 702, für den restlichen Bundesstaat muss man die ☎ 775 wählen.

Nevada Commission on Tourism (☎ 775-687-4322; www.travelnevada.com; 401 N Carson St, Carson City) Verschickt kostenlose Bücher, Landkarten und Infomaterial zu Unterkünften, Campingplätzen und Events.

Nevada Department of Transportation (☎ 877-687-6237; www.nvroads.com) Informationen über den aktuellen Straßenzustand.

Nevada Division of State Parks (☎ 775-684-2770; www.parks.nv.gov; 901 S Stewart St, 5. Stock, Carson City) Für das Campen in den State Parks (10–15 US$/Nacht) gilt: Wer zuerst kommt, mahlt zuerst.

LAS VEGAS

Las Vegas ist die einzige Stadt auf der Welt, in der man alte Hieroglyphen, den Eiffelturm, die Brooklyn Bridge und die Kanäle von Venedig innerhalb von nur wenigen Stunden besichtigen kann. Sicher, das alles sind nur Nachbildungen. Aber in diesem Stück Wüste, das sich in einen der verschwenderischsten Orte der Erde verwandelt hat, kann man davon ausgehen, dass die Fälschung raffinierter ist als ein Kartenspielertrick. Halbe Sachen gibt's hier nicht – selbst die Illusionen sind vollkommen.

In der bunte Neonlichter getauchten Metropole ist für die alten Hasen unter den Glückspielern genauso gesorgt wie für die College-Kids, die auf der Suche nach billigen Ausschweifungen und lockeren Dates sind,

---

KURZINFOS NEVADA

Spitznamen Silver State, Sagebrush State (Wüsten-Beifuß-Staat)
Bevölkerung 2,6 Mio.
Fläche 284 450 km^2
Hauptstadt Carson City (55 000 Ew.)
Weitere Städte Las Vegas (552 539 Ew.), Reno (210 255 Ew.)
Verkaufssteuer 6,5 %
Geburtsort von der First Lady Thelma „Pat" Nixon (1912–1993), Andre Agassi (geb. 1970)
Heimat der Nevada Test Site und des Burning-Man-Festivals
Berühmt für Las Vegas, die Comstock Lode in Virginia City, legale Prostitution
Bestes Souvenir Ein Pappporträt von Liberace in Originalgröße aus dem Liberace Museum, Las Vegas
Entfernungen Las Vegas–Boulder City (Hoover Dam) 32 Meilen (51 km), Las Vegas–Reno 500 Meilen (800 km)

---

und für jeden zwischen diesen beiden Polen. Sin City (Stadt der Sünde), wie Las Vegas auch genannt wird, will betören – und ihren langen Armen entkommt niemand. In den edelsten Schickimicki-Clubs tanzen die großen Stars aus Hollywood die Nächte durch, während Oma und Opa es an den Spielautomaten krachen lassen. Man schlürft Designer-Martinis, gönnt sich eine Kostprobe vom Gipfel der Weltklasseküche oder schlendert mit einem meterhohen Cocktailglas in einer Schlinge am Hals durch die Säle der Kasinos.

Wen das alles mehr an die Hölle erinnert als an den Himmel, der findet in Las Vegas aber auch ein Resorthotel, wo der Glamour und der Nervenkitzel der Spielhallen und die Schönheit von Nevadas Naturlandschaften doch irgendwie wieder zu einer Einheit verschmelzen. Welche Art von Urlaub man sich auch immer ausdenken kann – hier ist sie schon Wirklichkeit geworden.

Las Vegas ist das Hollywood für jedermann; hier kann man endlich die Rolle spielen, die man sonst nur auf der Leinwand sieht. Willkommen in der Traumfabrik!

Geschichte

Anders als die Hollywoodlegende erzählt, gab es schon viel mehr an der staubigen Kreuzung als nur eine Spielerkneipe und ein paar Steppenhexen (Wüstengrasbüschel) zu der Zeit, als der Gangster Ben „Bugsy" Siegel

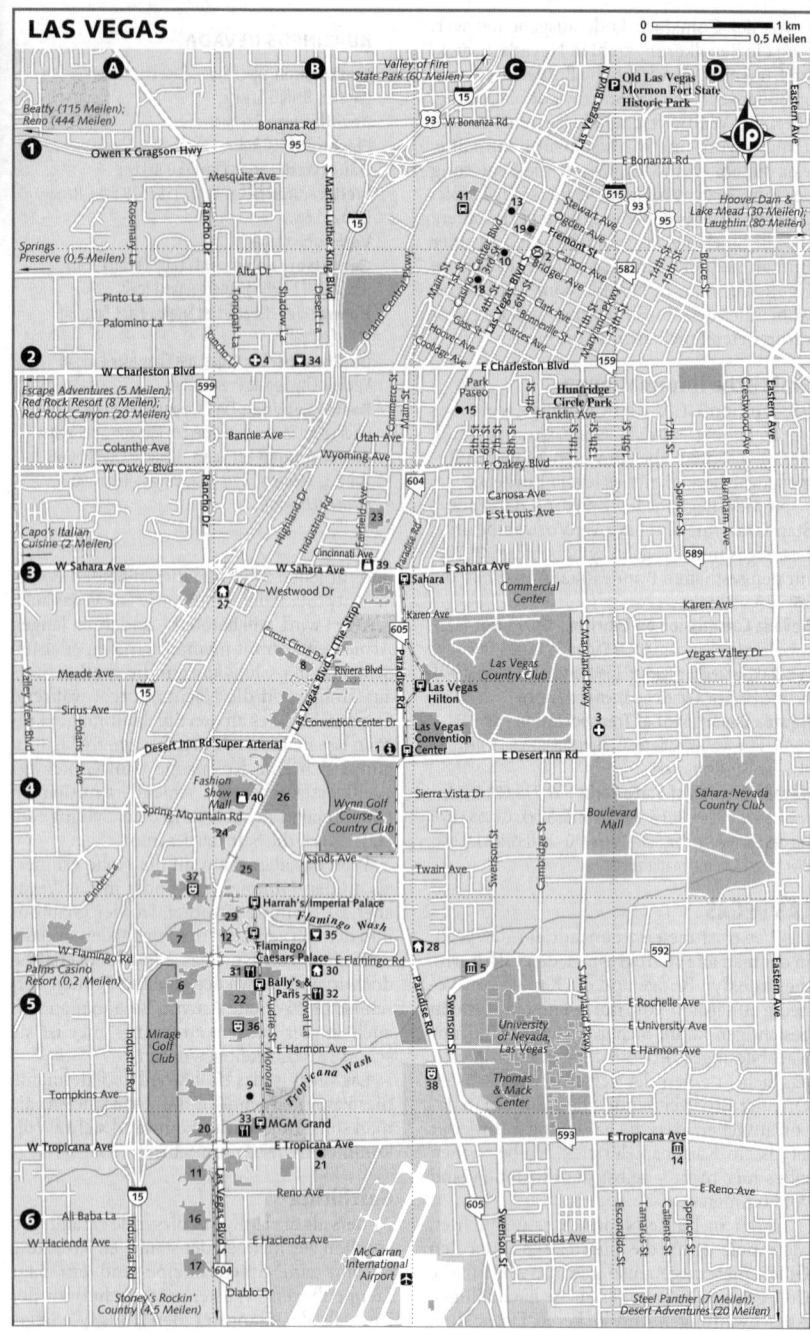

LAS VEGAS

0 _____ 1 km
0 _____ 0,5 Meilen

Beatty (115 Meilen);
Reno (444 Meilen)

Owen K Gragson Hwy

Bonanza Rd

W Bonanza Rd

Old Las Vegas
Mormon Fort State
Historic Park

E Bonanza Rd

Mesquite Ave

Stewart Ave

Carson Ave
Ogden Ave
Fremont St

Hoover Dam &
Lake Mead (30 Meilen);
Laughlin (80 Meilen)

Springs
Preserve (0,5 Meilen)

Alta Dr

Pinto La

Palomino La

Bridger Ave

Clark Ave
Bonneville Ave
Gass Ave
Garces Ave

Escape Adventures (5 Meilen);
Red Rock Resort (8 Meilen);
Red Rock Canyon (20 Meilen)

W Charleston Blvd

E Charleston Blvd

Huntridge
Circle Park

Franklin Ave

Colanthe Ave

Bannie Ave

Utah Ave

Wyoming Ave

W Oakey Blvd

Park
Paseo

E Oakey Blvd

Carlosa Ave

E St Louis Ave

Capo's Italian
Cuisine (2 Meilen)

W Sahara Ave

Cincinnati Ave

W Sahara Ave

E Sahara Ave

Sahara

Commercial
Center

Karen Ave

Westwood Dr

Karen Ave

Vegas Valley Dr

Meade Ave

Las Vegas
Country Club

Sirius Ave

Riviera Blvd

Las Vegas
Hilton

Desert Inn Rd Super Arterial

Convention Center Dr

Las Vegas
Convention
Center

E Desert Inn Rd

Fashion
Show
Mall

Wynn Golf
Course &
Country Club

Sierra Vista Dr

Sahara-Nevada
Country Club

Spring Mountain Rd

Sands Ave

Boulevard
Mall

Twain Ave

Harrah's/Imperial Palace

Flamingo Wash

W Flamingo Rd

Flamingo/
Caesars Palace

E Flamingo Rd

University
of Nevada
Las Vegas

E Rochelle Ave

Palms Casino
Resort (0,2 Meilen)

Bally's &
Paris

E University Ave

E Harmon Ave

Mirage
Golf
Club

Tropicana Wash

Thomas
& Mack
Center

Tompkins Ave

MGM Grand

W Tropicana Ave

E Tropicana Ave

E Tropicana Ave

E Reno Ave

Reno Ave

Ali Baba La

W Hacienda Ave

E Hacienda Ave

E Hacienda Ave

Stoney's Rockin'
Country (4,5 Meilen)

Diablo Dr

McCarran
International
Airport

Steel Panther (7 Meilen);
Desert Adventures (20 Meilen)

anrückte und unter der sengenden Sonne ein glamouröses, auf tropisch gemachtes Kasino, das Flamingo, errichtete.

Als 1902 die Bahnverbindung zwischen Salt Lake City und Los Angeles fertiggestellt wurde, brach für Las Vegas die moderne Zeit an. In den 1920er-Jahren boomte die Stadt dank staatlich geförderter Bauprojekte. Die Legalisierung des Glücksspiels im Jahr 1931 trug Las Vegas durch die Jahre der Weltwirtschaftskrise. Im Zweiten Weltkrieg entstanden eine gewaltige Luftwaffenbasis und Luft- und Raumfahrtanlagen sowie eine Autobahn nach Los Angeles. Der Kalte Krieg rechtfertige wunderbar das atomare Testgelände. Hier zeigte sich, dass jede Werbung eine gute Werbung ist: Oberirdische Atomexplosionen ließen einmal monatlich die Fensterscheiben der Kasinos im Zentrum klirren, während das offizielle Maskottchen der Stadt, Miss Pilzwolke, in Werbekampagnen der Tourismusindustrie die Atomkraft pries.

Eine Bau-Orgie, ausgelöst 1946 vom Flamingo, führte dazu, dass mächtige Geschäfts-

männer, hinter denen das organisierte Verbrechen stand, den Glamour immer weiter trieben. Große Entertainer wie Frank Sinatra, Liberace und Sammy Davis Jr. kamen zur gleichen Zeit auf die Bühnen von Las Vegas wie barbusige französische Showgirls.

Der viel diskutierte Ankauf des Desert Inn durch den exzentrischen Milliardär Howard Hughes 1966 gab der Glücksspielindustrie den lange ersehnten Anschein von Seriosität. Mit der Eröffnung des MGM Grand im Jahr 1993 brach dann das Zeitalter der konzerngesteuerten „Megaresorts" an.

Als Oase inmitten der letzten Grenzlandschaft lebt Sin City auch weiterhin hauptsächlich davon, die Wünsche seiner Besucher zu erfüllen. Mit mehr als 37,5 Mio. Gästen im Jahr war Las Vegas bis vor Kurzem das Zugpferd für das am schnellsten wachsende Ballungszentrum in Nordamerika. Die Krise hat hier viele richtig hart getroffen, aber die Geschichte hat längst gezeigt, dass es in Las Vegas mit doppelten Einsätzen schnell wieder bergauf geht.

DER ZENTRALE WESTEN

Orientierung

Der Las Vegas Blvd, der „Strip", ist der Punkt
in Sin City, an dem alles zusammenläuft. Er
ist 4 Meilen (ca. 6,5 km) lang. Hier sind die
meisten der gewaltigen Hotelkasinos (mit
2000 Zimmern) und alle großen Showbühnen
zu finden. Der Circus-Circus-Hotelkomplex
markiert den äußersten Punkt am Nordende
des Strip und das Mandalay Bay liegt an seinem südlichen Ende, in der Nähe des Flughafens. Es kann mehr als 15 Minuten dauern,
von einem Ende zum anderen zu fahren, und
zu Stoßzeiten (die wirklich grässlich sein
können) braucht man sogar noch länger.

In den Entfernungen täuscht man sich hier
gerne; der Marsch zu einem scheinbar nahe
gelegenen Kasino dauert gewöhnlich länger,
als man erwartet hätte. Wer zu Fuß unterwegs
ist, hat nicht nur mit Menschenmassen, sondern zuweilen auch mit der Hitze zu kämpfen.
Außerdem sind viele Gehwege verengt, weil
am Strip immer irgendwo gebaut wird.

Downtown ist das ursprüngliche Stadtzentrum von Las Vegas und hier finden sich auch
die ältesten Hotels und Kasinos. In der Fremont St, der Hauptstraße, gibt es eine vier
Blocks umfassende, überdachte Fußgänger-
Mall, in der jede Nacht eine tolle Lichtershow
gezeigt wird.

Weitere Kasinos sind östlich des Strip ent-
lang der Paradise Rd und unmittelbar westlich
der I-15 zu finden, nahe der Kreuzung von
Flamingo Rd und dem Valley View Blvd. Die
Chinatown liegt westlich des Strip an der
Spring Mountain Rd.

Die wichtigsten Touristenviertel sind sicher. Der Las Vegas Blvd zwischen Downtown
und dem Strip dagegen wird immer schäbiger
und die Fremont St östlich von Downtown ist
ziemlich zwielichtig.

Praktische Informationen
BUCHLÄDEN
Borders Express (☎ 702-733-1049; 3200 Las Vegas
Blvd S) In der Fashion Show Mall.

GELD
Jedes Hotelkasino, alle Banken und die
meisten Minimärkte haben Geldautomaten.
In den meisten Kasinos liegen die Gebühren
für die Geldautomaten bei ca. 5 US$. Es
empfiehlt sich, Banken aufzusuchen, die nicht
am Strip liegen.
American Express (☎ 702-739-8474; Fashion Show
Mall, 3200 Las Vegas Blvd S; ☺ Mo–Fr 10–21, Sa 10–20,

So 12–18 Uhr) Wechselt Geld zu konkurrenzfähigen
Wechselkursen.

INFOS IM INTERNET & MEDIEN
Las Vegas Review-Journal (www.lvrj.com) Tageszei-
tung mit dem Wochenendführer Neon, der immer freitags
mitkommt.
Las Vegas Tourism (www.onlyinvegas.com) Offizielle
Website des Tourismusbüros.
Las Vegas Weekly (www.lasvegasweekly.com) Kos-
tenlose Wochenzeitschrift mit guten Unterhaltungs- und
Restauranttipps.
Las Vegas.com (www.lasvegas.com) Reiseservice.
Lasvegaskids.net (www.lasvegaskids.net) Ausführliche
Informationen über alles, was Kids betrifft.
Vegas.com (www.vegas.com) Praktische Reiseinforma-
tionen mit Buchungsmöglichkeiten.

INTERNETZUGANG
Die meisten Hotelzimmer stellen WLAN zur
Verfügung (13–17 US$/Tag) und in fast allen
Hotellobbys gibt es Internetkabinen mit da-
zugehörigen Druckern (5 Min. 5 US$).

NOTFALL & MEDIZINISCHE VERSORGUNG
Gamblers Anonymous (Anonyme Spieler) (☎ 702-
385-7732) Beistand bei Problemen mit Glücksspielen.
Polizei (☎ 702-828-3111)
Sunrise Hospital & Medical Center (☎ 702-731-
8000; 3186 S Maryland Parkway)
University Medical Center (☎ 702-383-2000; 1800
W Charleston Blvd)

POST
Post (☎ 702-382-5779; 201 Las Vegas Blvd S) In
Downtown.

TOURISTENINFORMATION
Las Vegas Visitor Information Center (☎ 702-892-
7575; www.visitlasvegas.com; 3150 Paradise Rd; ☺ 8–17
Uhr) Kostenlose Ortsgespräche, Internetzugang und jede
Menge Karten.

Sehenswertes
KASINOS
Ein Stück französische Riviera in Las Vegas,
gut genug, um jeden der dortigen Stammgäs-
te abzuwerben – Steve Wynn hat mit dem erst
kürzlich (2008) eröffneten **Encore** (☎ 702-770-
8000; www.encorelasvegas.com; 3121 Las Vegas Blvd S) noch
einmal einen draufgesetzt, auch was die
Skyline betrifft. Mit seinen vielen Indoor-
Blumengärten und dem Schmetterling als
allgegenwärtigem Motiv gleicht es einer Oase
von strahlender Schönheit. Zur Anlage gehört

NICHT VERPASSEN!

- **Springbrunnen des Bellagio** – abends begeistern die tanzenden Fontänen die Beobachter (s. unten)
- **Stoney's Rockin' Country** – echte Freundlichkeit mitten im Wilden Westen (S. 112)
- **Fremont Street Experience** – überdachte Straße mit Sound- und Lightshow (S. 107)
- **Cirque du Soleil** – künstlerisch-akrobatischer Zirkus (S. 113)
- **Liberace Museum** – großspurige Extravaganz (S. 108)
- **Joël Robuchon** – die ultimative Gourmeterfahrung (S. 111)
- **CatHouse** – keck, heißblütig, sexy … Miau! (S. 112)

auch das von Starkoch Mark LoRusso geführte Restaurant **Botero**, in dessen Mitte sich eine große Skulptur des Künstlers Fernando Botero selbst befindet. Das Encore gehört zu dem direkt daneben stehenden, 2,7 Mio. US$ teuren **Wynn Las Vegas** (☎ 702-770-7100; www.wynnlasvegas.com; 3131 Las Vegas Blvd S). Den Eingang kann man vom Strip aus nicht sehen, da ein künstlicher Berg, der an manchen Stellen bis zu sieben Stockwerke hoch ist und dessen Errichtung 130 Mio. US$ gekostet hat, die Sicht versperrt. Innen ist das Wynn auf Naturparadies gemacht – es gibt Hügel, rauschende Wasserfälle, Brunnen und viele andere Spezialeffekte.

Das **Bellagio** (☎ 702-693-7111, 888-987-6667; www.bellagio.com; 3600 Las Vegas Blvd S) begeistert mit seiner toskanischen Architektur und seinem 3,2 ha großen künstlichen Teich, wo ein gigantisches Spektakel mit tanzenden Fontänen stattfindet (Mo–Fr 15–0, Sa & So 12–0 Uhr; halbstündig bis 20 Uhr, danach alle 15 Min.). Die Hotellobby hat eine 5 m hohe Decke. Diese ist geschmückt mit einer von hinten beleuchteten Glasskulptur aus 2000 bunten, mundgeblasenen Blumen. Die **Bellagio Gallery of Fine Art** (☎ 702-693-7871; Eintritt 15 US$; So–Do 10–18, Fr & Sa bis 19 Uhr) zeigt wechselnde Ausstellungen erstklassiger Künstler. In den **Bellagio Conservatory & Botanical Gardens** (Eintritt frei; tgl.) sind ganzjährig wechselnde Ausstellungen zu sehen.

Typisch für Las Vegas ist der **Caesars Palace** (☎ 702-731-7110; www.caesarspalace.com; 3570 Las Vegas Blvd S). Er ist ein griechisch-römisches Fantasieland mit marmornen Reproduktionen klassischer Statuen, u. a. auch einem 4 t schweren Brahma-Schrein am Haupteingang, den man einfach gesehen haben muss. Turmhohe Brunnen, als Göttinnen verkleidete Cocktailkellnerinnen und die protzigen Forum Shops (S. 113) setzen all dem Glamour die Krone auf.

Ein weiteres berühmtes Hotel in Las Vegas ist das **Flamingo** (☎ 702-733-3111; www.flamingolasvegas.com; 3555 Las Vegas Blvd S). Wenn man sich seinen Weg an den Spielautomaten vorbei gebahnt hat, landet man im **Wildlife Habitat** (Eintritt frei; tgl.), wo man Scharen von Chileflamingos beobachten kann, die ein 6 ha großes und im karibischen Stil angelegtes Gehege bewohnen. Verlässt man den Irrgarten aus Sträuchern und Büschen an der Hochzeitskapelle, stößt man auf eine Gedenktafel, auf der die Großtaten von Bugsy Siegel, dem Gründer des Flamingo aufgelistet sind – dies ist eine der wenigen Verbindungen zur Vergangenheit dieser Stadt.

Handgemalte Deckenfresken, herumschlendernde Pantomimen und maßstabsgetreue Reproduktionen berühmter venezianischer Sehenswürdigkeiten findet man im romantischen **Venetian** (☎ 702-414-1000; www.venetian.com; 3355 Las Vegas Blvd S; Gondelfahrt Erw./privat 12,50/60 US$). Bei **Madame Tussauds** (☎ 702-862-7800; www.madametussauds.com; Erw./Kind/Kind unter 6 Jahren 25/15 US$/frei; 10–21 Uhr) trifft man berühmte Stars – freilich nur als Wachsfiguren – und kann Fotos von Hugh Hefner oder Zac Efron schießen. Das Gebäude verfügt auch über eine eigene Hochzeitskapelle.

Wer sehen will, wie aus Fantasie Wirklichkeit wird, sollte das **Mandalay Bay** (M-Bay; ☎ 702-632-7777; www.mandalaybay.com; 3950 Las Vegas Blvd S) mit seinen tropischen Motiven besichtigen. Eine der herausragenden Attraktionen ist das mehrere Ebenen umfassende **Shark Reef** (☎ 702-632-4555; www.sharkreef.com; Erw./Kind 17/11 US$; 10–23 Uhr;), ein Komplex von Aquarien, in dem Tausende von Unterwassertieren schwimmen. In einem flachen Becken können kleine Haie gestreichelt werden. Taucher mit einer gültigen Lizenz können einen halben Tag **Dive with Sharks Experience** (pro Taucher/Paar 650/1000 US$) in einem 5-Mio.-l-Becken buchen.

Obwohl noch Spuren des ursprünglichen Säbelgerassel-Piraten-Themas im **Treasure Is-**

Iand (TI; ☎ 702-894-7111; www.treasureisland.
com; 3300 Las Vegas Blvd S) zu entdecken sind, umgibt sich
das Haus heute eher mit dem ausgelassenen
Flair der Karibik. Kinder haben hier nichts
verloren. Die ziemlich scharfe Show **Sirens of
Treasure Island** (Eintritt frei; ☽ tgl.) ist eine gespiel-
te Seeschlacht zwischen sinnlichen Verführe-
rinnen und desertierenden Freibeutern. Zu
sehen ist sie zwischen 19 und 23.30 Uhr alle
90 Minuten.

An die Heiterkeit der Lichterstadt Paris
erinnert das **Paris-Las Vegas** (☎ 702-946-7000; www.
parislasvegas.com; 3655 Las Vegas Blvd S), das bemüht
ist, den Charme der *grande dame* durch Nachbildungen ihrer Wahrzeichen einzufangen.
Genaue Kopien der Opéra, des Arc de Tri-
omphe, der Champs-Élysées und sogar der
Seine umrahmen die Anlage. Die Hauptattraktion ist auch hier der Eiffelturm – wenn
auch ein unechter.

New York-New York (☎ 800-689-1797; www.nyny
hotelcasino.com; 3790 Las Vegas Blvd S) ist eine Minia-
tur-Megastadt mit verkleinerten Nachbildungen des Empire State Building (47 Stockwerke bzw. 161 m), der Freiheitsstatue, umgeben
von einer Gedenkstätte für den 11. September,
und der Brooklyn Bridge.

Beim **Luxor** (☎ 702-262-4444; www.luxor.com; 3900
Las Vegas Blvd S) steht die 30-stöckige Pyramide
im Mittelpunkt, die vom Boden bis zur Spitze
in schwarzes Glas gehüllt ist. Zwar finden sich
außen noch Nachbildungen von in Stein ge-
meißelten Hieroglyphenschriften, doch haben
die neuen Eigentümer diesen öffentlichen
Bereich vor einigen Jahren einer grundlegenden Umgestaltung unterzogen. Dieser sind
viele der ägyptischen Motive zum Opfer gefallen – gar nicht so einfach, wenn man in
einer Pyramide wohnt. Alles wurde etwas
nobler gestaltet, aber ein Besuch lohnt sich
immer noch, schon allein der beiden Dauerausstellungen wegen: **Bodies ... The Exhibition**
(☎ 702-262-4400; Erw./Kind 31/23 US$; ☽ 10–22 Uhr)
zeigt faszinierende Modelle des menschlichen
Körpers, aufgeschnitten und unterschiedlich
eingefärbt. So kann man sehen, wie das ganze
Gefüge aus Haut und Knochen funktioniert.
Die zweite Ausstellung ist **Titanic: The Artifact
Exhibition** (☎ 702-262-4400; Erw./Kind 27/20 US$;
☽ 10–22 Uhr), ein cooles, schauriges Erlebnis,
das überraschend bewegend ist.

Auf dem 350 m hohen, weißen, dreibeini-
gen und 550 Mio. US$ teuren **Stratosphere**
(☎ 702-380-7777; www.stratospherehotel.com; 2000 Las
Vegas Blvd S) befinden sich innen und außen
Aussichtsplattformen, von denen aus man
einen spektakulären Rundumblick über die
Stadt genießt.

NOCH MEHR SEHENSWERTES

Die Qualität des **Atomic Testing Museum** (☎ 702-
794-5161; www.atomictestingmuseum.org; 755 E Flamingo
Rd; Erw./Kind 12/9 US$; ☽ Mo–Sa 9–17, So 13–17 Uhr)
entspricht dem, was man von einem zur
Smithsonian Institution gehörenden Museum
erwarten darf. Die Ausstellung über das

ZUR KAPELLE GEHEN UND HEIRATEN

Jedes Jahr geben sich hier in Las Vegas mehr als 122 000 Paare das Ja-Wort. Ob es nun eine
geplante Sache oder ein spontaner Entschluss ist – Las Vegas hat jede Menge Orte, an denen
man den Bund der Ehe eingehen kann. Man muss nur mindestens 18 Jahre alt sein und beim
Marriage Bureau (☎ 702-671-0600; 201 E Clark Ave; Genehmigung 60 US$; ☽ 8–0 Uhr) vorbeischauen.
Hat man erst mal die Genehmigung, heißt es ab zur Kapelle. Eine solche lässt sich leicht finden,
denn vor der Tür wird man mit den entsprechenden Werbebroschüren förmlich überschüttet.

Soll es nur eine schlichte Zeremonie sein, geht man drei Blocks weiter ins **Commissioner
of Civil Marriages** (☎ 702-671-0600; Regional Justice Center, 309 S 3rd St; Trauung 50 US$; ☽ 8–22 Uhr).
Braut und Bräutigam geben sich hier in einem kleinen, weißen Pavillon das Ja-Wort, der mit
(künstlichem) Laub verziert ist. Auf dem Foto sieht das ganz o. k. aus. Bargeld (passend!) und ein
Trauzeuge sind mitzubringen; Letzteren kann man auch schnell noch im Warteraum anheuern.

Einer der berühmtesten Orte, um zu heiraten, ist die **Mandalay Bay Wedding Chapel** (☎ 702-
632-7490; www.mandalaybay.com; 3950 Las Vegas Blvd S; je nach Paket 1100–8450 US$; ☽ So–Do 11–16, Fr
11–18, Sa 11–20 Uhr).

Seit ihrer Eröffnung 1946 hatte die **Little White Wedding Chapel** (☎ 702-382-5943; www.little
whitechapel.com; 1301 Las Vegas Blvd S; ☽ 24 Std.) Tausende Paare zu Gast – auch Stars haben hier schon
geheiratet (Bruce Willis und Demi Moore, Frank Sinatra und Mia Farrow). Eine Schnellhochzeit
gibt's ab 40 US$ und eine Hochzeit à la carte bereits ab 55 US$.

Atomzeitalter zeigt anhand einer Zeitachse, wie die Alltagskultur (in Form von Lunchpaketen, Spielzeug und Filmen) vom atomaren Wettlauf beeinflusst wurde. Auf keinen Fall das ohrenbetäubend laute Ground Zero Theater auslassen, das einen zementenen Testbunker darstellen soll!

Die vier Blocks umfassende, mit einer bogenförmigen Stahlkonstruktion überdachte Fußgänger-Mall **Fremont Street Experience** (www. vegasexperience.com; Fremont St; ⏰ stdl. 19–0 Uhr) erstrahlt im Glanz zahlloser computergesteuerter Lichter. Sie befindet sich zwischen der Main St und dem Las Vegas Blvd und hat dem Stadtzentrum neues Leben eingehaucht. Jeden Abend ist auf dem Deckengewölbe eine sechsminütige Lichter-Show zu sehen, die durch ein 550 000 Watt starkes Soundsystem unterstützt wird. In diesem Teil der Stadt sind die Tischlimits in den Kasinos etwas niedriger und auch die Gratis-Getränke scheinen hier schneller über die Theke zu gehen – aber wen stört das schon?

Das **Neon Museum** (☎ 702-387-6366; www.neon museum.org; Ecke Fremont & 4th Sts; Ausstellung Eintritt frei, Führungen 15 US$; ⏰ Ausstellung 24 Std., Führungen Do–Sa 12 & 14 Uhr) ist nicht wirklich ein Museum, sondern ein Spaziergang, der am Einkaufszentrum Neonopolis am Las Vegas Blvd beginnt und sich bis hin zu der Sackgasse 3rd St in der Fremont Street Experience nebendran erstreckt. Man kann dort Führungen (15 US$; nur nach Anmeldung,) durch den „Neon-Friedhof" mitmachen, auf dem gebrauchte und ausrangierte Neonreklamen aufbewahrt werden.

Das **Springs Preserve** (☎ 702-822-7700; www. springspreserve.org; 333 S Valley View Blvd; Erw./Kind 19/11 US$; ⏰ 10–17 Uhr; ♿) befindet sich an der Stelle der Quelle, aus der die amerikanischen Ureinwohner einst ihr Wasser schöpften, 5 Meilen (ca. 8 km) nördlich des Center Strip. Das über 70 ha große Gelände ist der indigenen Bevölkerung und der Landschaftsformen von Las Vegas gewidmet. Zu den verschiedenen Ausstellungen im Innen- und im Außenbereich gehören auch das sogenannte Desert Living Center, ein cooles Öko-Wohnprojekt, und ein knapp 3 km langer Lehrpfad (Zutritt frei) durch die Wüste.

Aktivitäten

Wie ein Schmetterling hoch über Las Vegas schweben oder sich zu den nahe gelegenen Naturwundern treiben lassen – das geht mit

Papillon Helicopter Tours (☎ 702-736-7243; www. papillon.com; 275 E Tropicana Ave; Flüge ab 245 US$). Es werden die verschiedensten Helikopterausflüge zum Grand Canyon angeboten – vom reinen Überflug bis zu Touren, bei denen man ein Glas Sekt am Fuß des Canyons genießt und etwas Zeit für Streifzüge hat.

Da der Lake Mead und der Hoover Dam nur wenige Stunden Fahrt entfernt sind, sollten sich Wasserratten bei **Desert Adventures** (☎ 702-293-5026; www.kayaklasvegas.com; 1647 Nevada Hwy, Suite A, Boulder City; Tour ab 120 US$) über das breitgefächerte Angebot von halb-, ganz- und mehrtägigen Kajaktouren informieren. Aber auch Wandertouren stehen dort auf dem Programm.

Escape Adventures (☎ 702-596-2953; www.escape adventures.com; 8221 W Charleston Blvd; Tour inkl. Fahrrad ab 120 US$) ist die Anlaufstelle für alle, die geführte Mountainbike-Touren zum Red Rock Canyon State Park (S. 114) mitmachen wollen. Mietfahrräder gibt's auch.

Es ist, als verspüre man einen Hauch vom New York vergangener Zeiten – und man sieht das eigene Leben noch einmal vor dem inneren Auge vorbeiziehen: Eine Fahrt mit dem **Manhattan Express Rollercoaster** (☎ 800-689-1797; www.nynyhotelcasino.com; New York-New York, 3790 Las Vegas Blvd S; Eintritt 14 US$, zweite Fahrt 7 US$; ⏰ So–Do 11–23, Fr & Sa 10.30–24 Uhr; ♿) ist ein schwindelerregender Spaß.

Am **Stratosphere Tower** (☎ 702-380-7777; www. stratospherehotel.com; Stratosphere, 2000 Las Vegas Blvd S; Aufzug Erw./Kind 14/10 US$, Fahrt 13 US$; ⏰ So–Do 10–1, Fr & Sa 10–2 Uhr; ♿) können Mutige sich mit dem Big Shot 48 m senkrecht den Turmmast hinauf auf eine Höhe von 350 m über den Strip katapultieren lassen. In den Fahrgeschäften X-Scream und Insanity, die am Rand der Plattform des Turms kreisen, bewegen sich die Fahrgäste 260 m über dem Boden.

Las Vegas mit Kindern

Nur wenige Orte in Vegas sind wirklich familienfreundlich. Das Bundesgesetz verbietet es Menschen unter 21 Jahren, sich in Spielzonen herumzutreiben.

Im Hotelkomplex **Circus Circus** (☎ 702-734-0410; www.circuscircus.com; 2880 Las Vegas Blvd S; ♿) dreht sich alles um die Kleinen. Er hat den **Adventuredome** (☎ 702-794-3939; Erw./Kind 25/15 US$; ⏰ So–Do 10–19, Fr & Sa 10– 0 Uhr; ♿) zu bieten, einen 5 ha großen Indoor-Freizeitpark mit Laserspielen, Autoscooter und Achterbahn. Im **Midway** (Eintritt frei; ⏰ 11–0 Uhr; ♿) sind Tiere,

DER ZENTRALE WESTEN

Akrobaten und Zauberer mit von der Partie; die Shows finden jede halbe Stunde statt.

Auch das **Excalibur** (☎ 702-597-7777; www.excali bur.com; 3050 Las Vegas Blvd S; 🚼) begeistert Kinder: Es gibt eine Viedeospielhalle und das einzigartige Dragon's Lair, einen Laden, der Drachen und Zauberer in allen Größen in seinem Sortiment hat.

Kurioses Las Vegas

Für Liebhaber übertriebener Extravaganz ist das **Liberace Museum** (☎ 702-798-5595; www.liberace. org; 1775 E Tropicana Ave; Erw./Kind über 10 Jahren 12,50/8,50 US$; 🕐 Do–Sa 10–17, So 12–16 Uhr) ein Muss. Die Heimat des „Mr. Showmanship" beherbergt die großspurigste Autokunst, die verziertesten Klaviere und die unglaublichsten Kostümierungen, die man außerhalb einer Halloween-Parade je gesehen hat.

Abhängen kann man in der **Minus 5 Ice Lounge** (☎ 702-632-7777; www.mandalaybay.com; Mandalay Bay, 3950 Las Vegas Blvd S; Eintritt & 1 Getränk vor/nach 18 Uhr 30/40 US$; 🕐 10–3 Uhr), einer Bar, in welcher der ganze Raum aus Eis besteht – auch Tische und Stühle sind aus dem kalten Material. Sogar ihren Cocktail schlürfen die Gäste aus Einweggläsern aus Eis. Für das Eintrittsgeld bekommt man einen warmen Mantel und Handschuhe.

Dick's Last Resort (☎ 702-597-7991; www.dickslast resort.com; Excalibur, 3050 Las Vegas Blvd S) ist nur was für Erwachsene, und zwar für solche, die es gern ein bisschen deftiger haben. Hier kann man essen und trinken – und das Personal wirft mit unflätigen Schimpfwörtern nur so um sich. Nichts für sensible Zeitgenossen: Die Gäste tragen Spotthüte mit obszönen Beleidigungen, die auf sie persönlich gemünzt sind. Wenn wir sagen, dass dies nur was für Erwachsene ist, dann meinen wir das auch!

Schlafen

Unterkünfte gibt es für den großen wie für den kleinen Geldbeutel. Je nach Nachfrage steigen oder fallen die Preise dramatisch, Wochenenden und Tagungsverkehr lassen die Preise nach oben schnellen. Hotels im Zentrum sind oft günstiger als die am Strip. Die meisten Websites von Hotels haben praktische Kalender, in denen die Zimmerpreise tageweise aufgelistet sind. Im Folgenden sind Angebote ausgehend von den niedrigsten Standardpreisen für Zimmer aufgeführt, die tatsächlichen Preise können allerdings locker doppelt so hoch sein.

BUDGETUNTERKÜNFTE

Imperial Palace (☎ 702-731-3311, 800-351-7400; www. imperialpalace.com; 3535 Las Vegas Blvd S; Zi. ab 45 US$; 🚼 💻 📶 🍽️) Für die zentrale Lage ist ein Zimmer hier durchaus erschwinglich. Das Haus empfiehlt sich aber eher für jene, denen die Schlafmöglichkeit wichtiger ist als ein ausgezeichnetes Hotel. Schon allein wegen der „Dealertainers" – das sind Doubles von Stars – ist es hier lustiger als anderswo, durch das Kasino zu schlendern.

Candlewood Suites Extended Stay (☎ 888-299-2208; 4034 Paradise Rd; Zi. 65–120 US$; 🚼 💻 📶) Liegt gerade mal 1 Meile (1,6 km) vom Strip entfernt. WLAN und die Nutzung der Waschmaschinen sind gratis und durch die Kochnische in jedem Zimmer kann man beim Essen mehr sparen, als die gelegentlichen Taxifahrten hinein ins nächtliche Vegas kosten. Da hier jede Menge Geschäftsreisende absteigen, sind die Nächte meist ruhig.

Bill's Gamblin' Hall & Saloon (☎ 702-737-2100, 866-245-5745; www.billslasvegas.com; 3595 Las Vegas Blvd S; Zi. 65–150 US$; 🚼 💻 📶) Steht genau in der Mitte des Strip und hat günstige Zimmer, die sogar mit Plasma-TVs ausgestattet sind. Das Bill's bietet ein großartiges Preis-Leistungs-Verhältnis und ist oft ausgebucht. Die Zimmer sind im viktorianischen Stil eingerichtet und für die Gäste ist der Swimmingpool im Flamingo nebenan kostenlos.

Luxor (☎ 702-262-4444, 877-386-4658; www.luxor.com; 3900 Las Vegas Blvd S; Zi. 65–190 US$; 🚼 💻 📶 🍽️) Es ist schon etwas irritierend, wenn man aus der glitzernden Lobby des Luxor kommt und dann eines der eher etwas billig wirkenden Zimmer der Pyramide betritt. Und wer kein Freund von lauter Musik ist, die bis spät in die Nacht aus der Lobby dröhnt, sollte eher ein Zimmer im Tower nehmen. Im Luxor befinden sich auch einige der heißesten Nachtlokale von Las Vegas, z. B. das CatHouse (S. 112) und das LAX (S. 113). Außerdem kommt man von hier aus auf direktem Weg zum eleganten Mandalay Bay, aber auch zum weniger anspruchsvollen, aber coolen Excalibur.

New York-New York (☎ 866-815-4365; www.nyny hotelcasino.com; 3790 Las Vegas Blvd S; Zi. ab 75 US$; 🚼 💻 🍽️) Die Zimmer sind eine angenehme Überraschung, vor allem bei diesem Preis. Sie sind etwas einfach, doch keineswegs schäbig, und relativ ruhig, dafür dass die Kasinos in unmittelbarer Nähe liegen. In den zugehörigen Klubs und Bars wird noch echter Rock &

Roll gespielt und es herrscht eine ganz ungezwungene Atmosphäre.

MITTELKLASSEHOTELS

Flamingo (☎ 702-733-3111; www.flamingolasvegas.com; 3555 Las Vegas Blvd S; Zi. ab 90 US$; 🅿 💻 🛜 🐾) Hier sollte man versuchen, eines der neu ausgestalteten GO-Zimmer zu ergattern, die als Hommage an die ruhmreichen Tage des Hotels gedacht sind und in denen man sich zu mäßigen Preisen luxuriös untergebracht fühlt. Das Haus liegt mitten drin im Geschehen; die Location ist einfach unvergleichlich.

Paris-Las Vegas (☎ 702-946-7000, 877-603-4386; www.parislasvegas.com; 3655 Las Vegas Blvd S; Zi. ab 90 US$; 🅿 💻 🐾) Hübsche Zimmer mit leicht klassisch französischem Touch. Die neueren Red Rooms sind das Richtige für diejenigen, die einmal in die Spitzenklassekategorie reinschnuppern möchten. Die teureren Zimmer mit Blick auf den falschen Eiffelturm sind prima bei besonderen Anlässen.

Caesars Palace (☎ 866-227-5938; www.caesarspalace.com; 3570 Las Vegas Blvd S; Zi. ab 90 US$; 🅿 💻 🐾) Die Centurios wegschicken und stilvoll das Lager aufschlagen: Die Standardzimmer im Caesars gehören zu den luxuriösesten, die man in der Stadt beziehen kann. Auf einer Strecke von 1,6 km Länge finden Gäste ein breites Angebot kulinarischer Köstlichkeiten, Einkaufsmöglichkeiten und weitere Annehmlichkeiten. Überhaupt mutet der ganze Komplex an, als befände man sich im alten Rom.

Mandalay Bay (☎ 702-632-7777, 877-632-7800; www.mandalaybay.com; 3950 Las Vegas Blvd S; Zi. ab 130 US$; 🅿 💻 🛜 🐾) Die Zimmer sind mit Südseemotiven verziert und zur Ausstattung gehören Fenster vom Boden bis zur Decke und luxuriöse Badezimmer. Wasserratten werden entzückt sein von dem weitläufigen Poolkomplex. Er bietet sogar einen Sandstrand mit Brandung, eine Wellenmaschine und den Moorea Beach Club (nur für Erwachsene).

LP Tipp **Platinum Hotel** (☎ 702-365-5000, 877-211-9211; www.theplatinumhotel.com; 211 E Flamingo Rd; Zi. ab 130 US$; 🅿 💻 🛜 🐾) Das Haus ist beliebt bei Geschäftsleuten und Einheimischen, die in der Nähe des Strip, aber nicht direkt an ihm wohnen wollen. Die modernen, coolen Zimmer in dieser schicken und relativ neuen Anlage sind sehr behaglich und mit viel Gespür für kleine Details eingerichtet – viele verfügen über einen Kamin und alle über Küchen und Jacuzzi-Badewannen. Ein Spielkasino gibt es im Hotel allerdings nicht.

SPITZENKLASSEHOTELS

Luxus ist hier günstiger als fast überall sonst auf der Welt. Manchmal gibt es auch besondere Angebote, die allerdings nur auf der jeweiligen Hotel-Homepage zu finden sind: Die Preise können dann bis zu 50 % niedriger sein als im folgenden Abschnitt aufgelisteten. Wer im Kasino bündelweise Bares verplempert, darf hier als Ausgleich eine luxuriöse Suite erwarten.

THEhotel (☎ 702-632-7777, 877-632-7800; www.thehotelatmandalaybay.com; Mandalay Bay, 3950 Las Vegas Blvd S; Suite 130–500 US$; 🅿 💻 🛜 🐾) Die Leute kommen wegen des Services und des Stils dieses schicken Boutiquehotels, das nur Suiten anbietet und den Vibe von New York City verströmt. Die geräumigen Zimmer sind mit eigenen Hausbars und riesigen Plasma-TVs ausgestattet.

Palms Casino Resort (☎ 702-942-7777, 866-942-7777; www.palms.com; 4321 W Flamingo Rd; Zi. 149–500 US$; 🅿 💻 🛜 🐾) Das abseits des Strip liegende und ursprünglich auf junge Einheimische ausgerichtete ehemalige *Real World*-Palms lockt heute ein schickeres Publikum der MTV-Generation an und ist ein Lieblingsort von Partyberühmtheiten wie Paris Hilton und Britney Spears. Die Standardzimmer sind großzügig eingerichtet und von den oberen Etagen hat man einen Blick auf den Strip. Der Pool ist *das* Plätzchen, um zu sehen und gesehen zu werden. Durch das Aufnahmestudio vor Ort kann jeder sich dem Traum hingeben, ein Filmstar zu sein.

Red Rock Resort (☎ 702-797-7878; www.redrocklasvegas.com; 11011 W Charleston Blvd; Zi. 200–625 US$; 🅿 💻 🛜 🐾) Das Red Rock wirbt damit, das erste Milliarden-Kasino abseits des Strip zu sein. Es heißt, wer hier einmal abgestiegen ist, der meidet den Strip für alle Zukunft. Fahrten zwischen der Hotelanlage und dem Strip sind kostenlos und auch die Wander- und Fahrradausflüge in die nahe gelegenen Red Rocks State Park und dessen Umgebung sind gratis. Die Zimmer sind schön ausgestattet und gemütlich.

Encore (☎ 702-770-8000; www.encorelasvegas.com; 3121 Las Vegas Blvd S; Zi. 250–850 US$; 🅿 💻 🛜 🐾) Eher elegant und verspielt als schwülstig und überladen – selbst die Leute an den Roulette-Tischen klatschen hier irgendwie eleganter. Farbenprächtige Motive im Stil der französischen Riviera prägen die Gemeinschaftsräume, während die Zimmer selbst zurückhaltenden Luxus ausstrahlen.

DAS CITYCENTER: DAS MODERNE VEGAS

Trotz wackliger Finanzierung und einer Reihe von wieder eingestellten Bauprojekten konnte Ende 2009 die erste Phase des neusten großen Coups in Vegas abgeschlossen werden. Viele Teile des Projekts sind noch in der Schwebe und werden vielleicht auch wieder verworfen, sodass das Folgende nur eine Art Best-Case-Szenario ist. Das 11 Mrd. US$ teure **CityCenter** (www.citycenter. com) gegenüber dem MGM Grand direkt am Strip ist eine „Stadt in der Stadt", die aus Hotels, Wohnanlagen, dem **ARIA**-Kasino-Resort mit 4000 Zimmern, Restaurants und Einkaufszentren besteht und eine Fläche von ca. 30 ha einnimmt. Manche sagen, das sei das städtische Herz von Las Vegas, durch das die Stadt endlich im Kreis der anderen Touristenzentren rund um die Welt angekommen sei. Andere wiederum meinen, dass Las Vegas trotz des Kitschfaktors der vielen Erlebnishotels eben immer nur Las Vegas bleibe. Kritiker behaupten auch, dass mit dem größeren Angebot und den fallenden Zimmerpreisen einfach nur andere Hotels vom Markt gedrängt werden sollen. Das CityCenter wurde von einem der renommiertesten Architekturbüros entworfen, aber es dürften vor allem die **Veer Towers** sein – zwei ultramoderne Hochhäuser, die sich einander zuneigen –, die in Zukunft das eigentliche Wahrzeichen des modernen Las Vegas darstellen werden. In einem der Türme ist das Hotel **Mandarin Oriental** untergebracht, ein Luxustempel der Extraklasse direkt am Strip.

Essen

Sin City sorgt für unvergleichliche kulinarische Abenteuer. Seit Wolfgang Puck 1992 das Spago ins Caesars brachte, sorgen nun in fast jedem Megaresort Spitzenköche für Gaumenfreuden. Billige Büfett- und Lockangebote gibt's zwar immer noch, vor allem im Zentrum, aber der Gourmetfaktor ist hoch und entsprechend die Preise. Wer in einem angesagten Restaurant essen will, sollte unbedingt reservieren – am besten so lange im Voraus wie möglich. Jedes größere Kasino besitzt ein Café, das rund um die Uhr geöffnet ist, und auf jeden Fall mehrere Restaurants.

GÜNSTIG

Die asiatischen Restaurants unmittelbar westlich des Strip an der Spring Mountain Rd in Chinatown sind ebenfalls gute und günstige Optionen mit einer großen Auswahl von vegetarischen Gerichten. Am Strip selbst ist günstiges Essen außerhalb der Fast-Food-Restaurants kaum zu haben.

Cypress Street Marketplace (☎ 702-893-4800; Caesars Palace, 3500 Las Vegas Blvd S; Hauptgerichte 5–10 US$; ⏰ 11–23 Uhr) Zwischen den Forum Shops, die mit dem Caesars Palace verbunden sind, gibt es einen viel gepriesenen Food-Court mit einer breiten Auswahl von gutem Essen zu günstigen Preisen.

'wichcraft (☎ 702-891-3199; MGM Grand, 3799 Las Vegas Blvd S; Sandwiches 7–9 US$; ⏰ 10–17 Uhr) Dieser kleine Designer-Sandwichladen liegt günstig neben dem Eingang zur Monorail. Hier kann man sich auf dem Weg mit einem Frühstück oder einem kleinen Mittagessen stärken. Ein genialer Einfall des Starkochs Tom Colicchio und der beste Ort, um für wenig Geld ein Gourmethäppchen zu erhaschen.

Ellis Island Casino & Brewery (☎ 702-733-8901; 4178 Koval Lane; Hauptgerichte 7–14 US$; ⏰ 24 Std.) Rund um die Uhr bekommt man in dem Restaurant gedämpfte Muscheln, Nudelgerichte und Sandwiches, aber zwischen 16 und 22 Uhr sollte man das Barbecue im Innenhof der Brauerei wählen und die Baby-Back-Ribs (12 US$) probieren. Runtergespült wird das Ganze mit einem süffigen und sehr günstigen Bier (1,50 US$), das aus einem der riesigen Fässer kommt, die vom Kasinosaal aus zu sehen sind. Ein Stück Pizza aus der eigenen Pizzeria gibt es schon ab 2,50 US$.

Victorian Room (☎ 702-737-2100; Bill's Gamblin' Hall & Saloon, 3595 Las Vegas Blvd S; Hauptgerichte 8–20 US$; ⏰ 24 Std.) Wenn es auch etwas kitschig und altmodisch auf San Francisco gemacht ist, so verbirgt sich dahinter doch eines der besten Restaurants in Las Vegas. Die Prime-Rib- oder New-York-Steaks (14,95 US$) sind einfach lecker und es gibt sie rund um die Uhr.

MITTELTEUER

House of Blues (☎ 702-632-7600; Mandalay Bay, 3950 Las Vegas Blvd S; Gerichte 13–20 US$; ⏰ So–Do 7.30–0, Fr & Sa bis 1 Uhr) Eine Art Kneipe, in der traditionelle Südstaatenküche (Barbecue, Burger und Salate) geboten wird. Überall ist abgefahrene Volkskunst zu sehen und abends gibt es kostenlos Livemusik zu hören, wenn nicht gerade ein Konzert (mit Eintritt) stattfindet.

Beim Sunday Gospel Brunch (20–50 US$; 10 & 13 Uhr), für den man reservieren muss, wird ein Büfett mit Brötchen, kreolischem Huhn und Jambalaya-Shrimps aufgebaut – eine wahrhaft spirituelle Erfahrung.

Society Café (☎ 702-248-3463, 888-352-3463; Encore, 3121 Las Vegas Blvd S; Hauptgerichte 14–30 US$; ⊙ So–Do 7–24, Fr & Sa 7–3 Uhr) Ein Stück kulinarischer Himmel inmitten der Pracht des Encore – und das alles zu vernünftigen Preisen! Hier ein schlicht gehaltenen Café zu essen, fühlt sich so an wie anderswo ein feines Dinner. Die Hamburger sind als Appetithäppchen oder leichte Mahlzeit geeignet. Hier ein Hummer-Sandwich aus der Hand zu essen, hat einfach Stil.

Border Grill (☎ 702-632-7403; Mandalay Bay, 3950 Las Vegas Blvd S; Hauptgerichte 17–30 US$; ⊙ Mo–Do 11.30–22, Fr 11.30–23, Sa 11–23, So 11–22 Uhr) Mexikanische Küche vom Allerfeinsten. Es gibt eine Terrasse, die toll ist, um Leute zu beobachten oder tagsüber eine Margarita zu schlürfen. Abends lohnt es sich besonders, wegen der Green-Chicken-Poblano-Enchiladas hierher zu kommen, die von Frauen zubereitet werden, die der Fernsehsender Food Network einst als *too hot tamales* bezeichnet hat.

Capo's Italian Cuisine (☎ 702-364-2276; 5675 W Sahara Ave; Hauptgerichte 17–40 US$; ⊙ 17–0 Uhr) Wie in einen Gangsterfilm: Man steht am Hintereingang des Hauses, jemand linst durch einen Spion in der Tür und erst dann wird einem Einlass gewährt. Das ist zwar nur ein Spielchen, wird aber nicht übertrieben und sorgt für ein bisschen mehr Spaß beim Essen, das auch Don Corleone höchstpersönlich zufrieden gestellt hätte. Pst, hier noch ein kleiner Tipp: Alle Spezialitäten des Hauses sind gut, aber für ein Maker's Mark New York Steak lohnt es sich, aus dem Knast auszubrechen.

TEUER

Abhängig von der Wirtschaftslage stehen die Chancen manchmal ganz gut, in den teuren Restaurants Menüs zu Festpreisen zu ergattern, die 30 bis 40 % günstiger sind als die Gerichte à la carte.

Bally's Steakhouse (☎ 702-967-7999; Bally's, 3645 Las Vegas Blvd S; Gerichte 25–40 US$; ⊙ tgl. 17.30–22.30, So 9.30–14.30 Uhr) Hier kann man sich mit dem besten – und teuersten – Sonntagsbrunch (85 US$) der Stadt verwöhnen lassen. Beim Sterling Brunch finden sich zwischen jeder Menge Skulpturen aus Eis und aufwendiger Blumengestecke Leckereien wie gebratenes Entenfleisch, Rinderfilet und frisches Sushi.

Red Square (☎ 702-632-7407; Mandalay Bay, 3950 Las Vegas Blvd S; Gerichte 30–45 US$; ⊙ Restaurant 17–22.30 Uhr, Bar So–Do 17–2, Fr & Sa 16–4 Uhr) In diesem postmodernen russischen Restaurant lädt ein kopfloser Lenin Gäste dazu ein, sich zu den Genossen hinter dem roten Vorhang zu gesellen, um es sich dort gutgehen zu lassen wie ein Zar. Man kann seine Rubel in exquisite Leckereien wie Stroganoff, Kulebjaka (Teigtaschen) mit Lachs oder Muscheln mit Kaviar anlegen. Wer im hauseigenen Gewölbekeller einen Wodka bei unter 0 °C trinken möchte, bekommt einen russischen Militärmantel gereicht.

Fammia (☎ 702-891-7600; MGM Grand, 3799 Las Vegas Blvd S; Gerichte 50–60 US$; ⊙ So–Do 17.30–22, Fr & Sa 17.30–23 Uhr) Das Fammia gehört zu einer Reihe von außergewöhnlichen Restaurants innerhalb des MGM Grand Hotels. Vollkommen einzigartig aber ist dort das kulinarische Erlebnis, das man die nächsten zehn Jahre nicht mehr vergisst. Bis man hier noch nicht die Spaghetti mit Fleischbällchen vom Kobe-Rind probiert hat, weiß man nicht wirklich, wie Spaghetti schmecken können.

LP Tipp **Joël Robuchon** (☎ 702-891-7925; MGM Grand, 3799 Las Vegas Blvd S; Menü pro Person 250–385 US$; ⊙ So– Do 17.30–22, Fr & Sa bis 22 Uhr) Ein einmaliges kulinarisches Ereignis, für das man mindestens drei Stunden einplanen sollte: Je nach Saison gibt es ein 6- bis 16-Gänge-Menü nach traditioneller französischer Küche (Hummer in Knoblauch, Froschschenkel, Gänseleber). Dieses kleine und gemütliche Restaurant hat bereits jede Menge Stars aus der Feinschmeckerszene gesehen, und so manche Berühmtheit hat sich schon für einen Abend in diesen rot-goldenen Schlemmerpalast eingemietet. L'Atelier de Joël Robuchon findet sich gleich nebenan – hier kann man sich direkt zur Theke begeben und für noch ein wenig mehr Geld ebenso vorzüglich speisen.

Ausgehen

Diejenigen, die sich unter die Einheimischen mischen wollen und nach Gratis-Getränken Ausschau halten, seien auf **SpyOnVegas** (www. spyonvegas.com) verwiesen. Dort findet sich eine Übersicht darüber, wo im Laufe der Woche „Open Bar" ist, also kostenlose Drinks zu ergattern sind.

ghostbar (☎ 702-942-6832; Palms Casino Resort, 4321 W Flamingo Rd; Eintritt 10–25 US$; ⊙ 20 Uhr–open end) Eine schicke, hippe Bar im Science-Fiction-Style. Hier im 55. Stock des Palm Casino Resort herrscht eine fast überirdische Atmosphäre, die z. B. von Kettenvorhängen und glänzend-violetten Bänken erzeugt wird. Einfach unter die Berühmtheiten mischen und den Wahnsinnsausblick von der Terrasse über die Stadt genießen!

O'Sheas (☎ 702-697-2711; www.osheaslasvegas.com; 3555 Las Vegas Blvd S; Getränke ab 2 US$; ☽ 24 Std.) Genau im Zentrum des Geschehens. Und zum Glück für die Durstigen unter uns ist im O'Sheas rund um die Uhr Happy Hour und es gibt den „Flaschen-Service" – da kriegt man eine Flasche Jack Daniel's oder Smirnoff samt Getränk zum Mixen für 45 US$.

Frankie's Tiki Room (☎ 702-385-3110; www.fran kiestikiroom.com; 1712 W Charleston Blvd; alle Getränke 8 US$; ☽ 24 Std.) In der einzigen Tiki-Bar der USA, die rund um die Uhr geöffnet ist, wird der Alkoholgehalt der Getränke mit Totenköpfen angezeigt und auf den Monitoren an der Wand präsentieren die weltbesten „Tiki"-Bildhauer und -Maler ihre Arbeiten.

Unterhaltung

In Las Vegas wird permanent Unterhaltung geboten und über **Ticketmaster** (☎ 702-474-4000; www.ticketmaster.com) bekommt man Karten für nahezu alle Veranstaltungen.

Tix 4 Tonight (☎ 877-849-4868; www.tix4tonight.com; Bill's Gamblin' Hall & Saloon, 3595 Las Vegas Blvd S; ☽ 10–20 Uhr) Hier gibt's Tickets zum halben Preis für eine begrenzte Anzahl von Shows, die nur wenige Tage gezeigt werden, sowie Tickets zu etwas weniger ermäßigten Preisen für Shows, die immer „ausverkauft" sind. Man bekommt Karten für sechs verschiedene Veranstaltungs-

orte, von denen Bill's Gamblin' Hall der wichtigste ist. In ausgewählten Restaurants bietet Tix 4 Tonight auch Abendessen zum halben Preis an.

NACHTKLUBS & LIVEMUSIK

Die Eintrittspreise für die Nachtklubs können stark variieren, je nach Stimmung der Türsteher, dem Männlein-Weiblein-Verhältnis und je nachdem, wie voll der Klub an dem entsprechenden Abend ist.

Stoney's Rockin' Country (☎ 702-435-2855; www. stoneysrockincountry.com; 9151 Las Vegas Blvd S; Grundpreis Einheimische/Auswärtige 5/10 US$; ☽ Do–So 19 Uhr–open end) Ein abseits des Strip gelegener Club, der einen Besuch wert ist. Freitags und samstags gibt es für 20 US$ All-you-can-drink-Fassbier und von 19.30 bis 20.30 Uhr kostenlosen Unterricht im Line Dance. Ein Ritt auf dem mechanischen Bullen ist der Knaller!

Bank (☎ 702-693-8300; Bellagio, 3600 Las Vegas Blvd S; Grundpreis Männer ab 30 US$, Frauen frei–30 US$; ☽ 22.30–4.30 Uhr) Der Service und das exklusive Flair machen diesen Ort zu etwas Besonderem. Wer wie eine VIP behandelt werden möchte, muss dafür auch etwas springen lassen (ab 475 US$).

CatHouse (☎ 702-262-4228; www.cathouselv.com; Luxor, 3900 Las Vegas Blvd S; Grundpreis Fr & Sa Männer/ Frauen 30/20 US$, So–Do günstiger; ☽ Mo & Do–So 22.30–4, Mi 1–4 Uhr) Ein schicker Klub mit dem Charme eines französischen Bordells aus dem 19. Jh. Tanzen kann man hier auch. Das CatHouse ist ziemlich hip und verspricht eine tolle Atmosphäre und viel Spaß. Vor dem offiziellen Einlass soll man dort auch gut essen können.

SCHWULEN- & LESBENSZENE IN LAS VEGAS

Fabrice Marino, ein italienischer Jounalist, der weiß, wo sich Jungs und Mädels in Las Vegas treffen, behauptet, dass die Stadt für schwule Reisende einfach perfekt sei, vorausgesetzt, man kenne die richtigen Stellen. Hier seine Empfehlungen:

Krave (☎ 702-836-0830; www.kravelasvegas.com; 3663 Las Vegas Blvd S; Eintritt 5–20 US$; ☽ So–Do 22 Uhr–open end, Fr & Sa 23 Uhr–open end) Ein angesagter Schwulenclub, der vor allem für seine Late-Night-Partys berühmt ist. Bei besonderen Events ist er sehr voll, häufig wimmelt es auch von Touristen. Jeden Samstagabend ist CandyBar, die größte und beste Party der Lesbenszene in Sin City. Rein kommt man von der Harmon Ave außerhalb der Desert Passage.

Piranha (☎ 702-791-0100; www.piranhavegas.com; 4633 Paradise Rd; Eintritt 5–10 US$; ☽ 24 Uhr–open end) Hierher kommen die Einheimischen. Von Donnerstag bis Sonntag ist es voll, aber nicht zu voll und der beste Ort, um jemanden zu treffen. Hier kann man auch einen der Stammgäste nach weiteren Schwulentreffs in der Nähe fragen.

Blue Moon Resort (☎ 702-784-4500; www.bluemoonlv.com; 2651 Westwood Dr; Zi. inkl. Frühstück 126–80 US$; ☒ ☐ ☎ ☒) Der Besitzer ist schwul und vermietet nur an Schwule. Das Blue Moon hat 45 stilvolle Zimmer, die mit Holz und dunklem Leder dekoriert sind. Es gibt einen Poolbereich, in dem man sich hauptsächlich aufhält, einen großen Whirlpool und jede Menge besondere Events.

LAX (☎ 702-262-4529; www.laxthenightclub.com; Luxor, 3900 Las Vegas Blvd S; Grundpreis Männer ab 40 US$, Frauen frei–40 US$; ☻ Mi–Sa 22–4 Uhr) Mit so schönen und reichen Berühmtheiten wie Christina Aguilera und den vielen anderen Stars, die dort ihre Partys ausrichten, gehört das LAX zu den heißesten Klubs in Vegas. Die allabendlichen Tumulte an den Eingangstüren sind dafür der beste Beweis.

Moon (☎ 702-942-7000; www.n9negroup.com; Palms Casino Resort, 4321 W Flamingo Rd; Grundpreis werktags/Wochenende 20/40 US$; ☻ Di & Do–So 22.30–4 Uhr) Ein ganz auf Weltraumatmosphäre gestyler Nachtklub oben auf dem Dach. Der Eintrittspreis erlaubt auch den Zugang zum einzigen Playboy-Klub der Welt, der über eine Rolltreppe mit dem Moon verbunden ist. Und das Tollste ist: Wenn das aufklappbare Dach geöffnet wird, tanzt man direkt unterm Sternenhimmel.

SHOWS

In Vegas stehen Hunderte von Shows zur Auswahl.

LOVE (☎ 702-792-7777; Tickets 99–150 US$) im Mirage ist ein beliebtes Zusatzangebot zur Programmpalette des Cirque du Soleil. Die Einheimischen, die schon viele Produktionen des Cirque gesehen haben, sagen, dass dieses Programm sogar das beste von allen sei. Ein absoluter Dauerbrenner ist **O** (☎ 702-796-9999; Tickets 99–150 US$), die Wassershow des Cirque du Soleil, die im Bellagio aufgeführt wird. Der Cirque du Soleil präsentiert außerdem **Mystère** (☎ 702-796-9999; Tickets 60–110 US$) im Treasure Island (auch als TI bekannt), und **Zumanity** (☎ 702-740-6815; Tickets 69–129 US$) im New York-New York (Show erst ab 18 Jahre) sowie **Ka** (☎ 702-796-9999; Tickets 69–150 US$) im MGM Grand. Entweder liebt man ihn oder man hasst ihn: Criss Angel hat im Luxor mit **Criss Angel Believe** (☎ 702-262-4400; Eintritt 59–160 US$) eine wirklich abgefahrene und düstere (für Kinder wohl auch beunruhigende) Show auf die Bühne gebracht.

Steel Panther (☎ 702-617-7777; www.greenvalley ranchresort.com; Green Valley Resort, 2300 Paseo Verde Pkwy, Henderson; Eintritt frei; ☻ Fr 23 Uhr– open end) ist eine Hair-Metal-Band, die das Publikum, sich selbst und die 1980-Jahre mit Gags, Einzeilern und Sex-and-Drugs-Anspielungen auf die Schippe nimmt. Bei ihren Shows in Los Angeles gelang es ihr, Stars wie Pink und Billy Ray Cyrus zu überreden, auf der Bühne ihre Hits zu schmettern.

Shoppen

Bonanza Gifts (☎ 702-385-7359; 2440 Las Vegas Blvd S) Kitsch-Souvenirs, die man nur in Vegas kriegt.

Fashion Show Mall (☎ 702-369-0704; 3200 Las Vegas Blvd S) Die größte und abgefahrenste Mall in Nevada.

Forum Shops (☎ 702-893-4800; Caesars Palace, 3500 Las Vegas Blvd S) Von Abercrombie & Fitch bis zu Versace – alles da.

Grand Canal Shoppes (☎ 702-414-4500; Venetian, 3355 Las Vegas Blvd S) Überdachte Luxus-Mall im italienischen Stil mit Gondelfahrten.

Mandalay Place (☎ 702-632-9333; 3930 Las Vegas Blvd S) Auf der Fußgängerbrücke zwischen dem Mandalay Bay und dem Luxor. Auf der luftigen Promenade finden sich einzigartige, moderne Boutiquen.

Miracle Mile Shops (☎ 702-866-0710; Planet Hollywood, 3663 Las Vegas Blvd S) Sagenhafte 2,4 km lang. Hier gibt's alles: Tattoos, Alkohol, Klamotten.

Wynn Esplanade (☎ 702-770-7000; Wynn Las Vegas, 3131 Las Vegas Blvd S) Edlerer Konsumtempel auf über 20 000 m² Fläche.

Anreise & Unterwegs vor Ort

Von der **Greyhound Bus Station** (☎ 702-383-9792; www.greyhound.com; 200 S Main St) in der Innenstadt gibt es regelmäßige Busverbindungen von und nach Los Angeles (40–57 US$, 6 Std.), San Diego (47–62 US$, 9 Std.) und San Francisco (60–93 US$, 15 Std.). Es fahren keine Züge von **Amtrak** (☎ 800-872-7245; www.amtrak.com) nach Las Vegas, das Unternehmen bietet aber eine Busverbindung nach Los Angeles (50 US$, 6 Std.) an.

Der **McCarran International Airport** (LAS; ☎ 702-261-4636; www.mccarran.com) befindet sich südlich der wichtigen Kasinos auf dem Strip und ist von der I-15 einfach zu erreichen. Dort kommen Direktflüge aus den meisten Städten der USA und einige aus Kanada und Europa an. **Bell Trans** (☎ 702-739-7990; www.bell-trans.com) bietet einen Shuttle-Service (6.50 US$) zwischen dem Flughafen und dem Strip. Die Fahrt ins Zentrum ist etwas teurer. Der Schalter von Bell Trans befindet sich auf dem Flughafen am Ausgang 9 bei der Gepäckausgabe.

Alle Sehenswürdigkeiten in Vegas verfügen über gebührenfreie Parkplätze oder einen Parkservice (Trinkgeld 2 US$). Die schnelle, lustige und auch für Rollstuhlfahrer geeignete **Monorail** (☎ 702-699-8299; www.lvmonorail.com) verbindet das Sahara mit dem MGM Grand, hält unterwegs an den wichtigsten Mega-Resorts des Strip und fährt von Montag bis Donnerstag zwischen 7 und 2, von Freitag bis Sonntag bis 3 Uhr morgens. Eine einfache

Fahrt kostet 5 US$, ein 24-Stunden-Pass 12 US$ und ein Drei-Tage-Pass 28 US$. Der **Deuce** (☎ 702-228-7433; www.rtcsouthernnevada.com), ein Doppeldecker-Bus, pendelt rund um die Uhr regelmäßig zwischen dem Strip und Downtown (einfache Strecke/24-Stunden-Pass 3/7 US$).

RUND UM LAS VEGAS
Red Rock Canyon
Dieser **Park** (☎ 702-515-5350; www.redrockcanyonlv.org; Eintritt 5 US$; ◷ 6 Uhr–Sonnenuntergang) bietet ein spektakuläres Naturschauspiel, das den künstlichen Glanz von Las Vegas perfekt ergänzt. Der Canyon liegt 20 Meilen (32 km) westlich des Strip und ist eigentlich eher ein Tal, an dessen Westseite die roten Felsen 900 m hoch aufragen. Es gibt hier eine 13 Meilen (21 km) lange Panoramastraße, die nur in einer Richtung befahrbar ist. Zahlreiche Wanderwege beginnen hier. **Campingplätze** (Stellplatz 10 US$) liegen 2 Meilen (ca. 3 km) östlich vom Visitor Center – wer hier zuerst kommt, mahlt zuerst.

Lake Mead & Hoover Dam
Der Lake Mead und der Hoover Dam sind die am häufigsten besuchten Sehenswürdigkeiten in der **Lake Mead National Recreation Area** (☎ 702-293-8906; www.nps.gov/lame). Zu ihr gehören der 177 km lange Lake Mead, der 108 km lange Lake Mohave und viele Kilometer Wüste rund um die beiden Seen. Im ausgezeichneten **Alan Bible Visitors Center** (☎ 702-293-8990; ◷ 8.30–16.30 Uhr) am Hwy 93 auf halber Strecke zwischen Boulder City und Hoover Dam bekommen Traveller praktische Informationen zu Freizeitaktivitäten und zum Leben in der Wüste. Von dort aus führt die North Shore Rd um den See herum – einer landschaftlich wunderschöne Strecke.

Der anmutig geschwungene, 220 m hohe **Hoover Dam** (www.usbr.gov/lc/hooverdam) im Art-déco-Stil steht auf der Grenze zwischen Arizona und Nevada und bildet einen prächtigen Kontrast zur kargen Landschaft. Besucher können den Damm entweder im Rahmen der halbstündigen **Power Plant Tour** (Erw./Kind 11/6 US$; ◷ 9.15–17.15 Uhr, Winter bis 16.15 Uhr) oder auch eingehender auf der einstündigen **Hoover Dam Tour** (keine Kinder unter 8 Jahren, geführte Tour 30 US$) besichtigen.

Karten für die Führungen werden am **Visitor Center** (☎ 702-494-2517, 866-730-9097; ◷ 9–18 Uhr; Erw./Kind 8 US$/frei) verkauft. Nur die Tickets für die Power Plant Tour können auch online

gekauft werden. Achtung: LKWs und Busse dürfen den Staudamm nicht überqueren und Fußgängern ist das Betreten nach Einbruch der Dunkelheit untersagt. Außerdem können alle Fahrzeuge, die über den Staudamm fahren, inspiziert werden. Ein Highway zur Umgehung des Verkehrsengpasses um den Damm wird gerade gebaut, die Fertigstellung ist für Juni 2010 vorgesehen.

Valley of Fire State Park
Dieser **Park** (www.parks.nv.gov/vf.htm; Eintritt 6 US$), eine großartige Wüstenlandschaft mit bizarr geformten Felsgebilden aus Sandstein, liegt 55 Meilen (88 km) von Vegas entfernt. Der Hwy 169 führt direkt am **Visitor Center** (☎ 702-397-2088; ◷ 8.30–16.30 Uhr) vorbei, das Informationen zu Wanderwegen und **Campingplätzen** (Stellplatz 14 US$) sowie eine exzellente Ausstellung zum Leben in der Wüste bietet.

Laughlin
Am Ufer des Colorado liegt Laughlin, das Las Vegas für Arme. Die Kasinos, die den Strip säumen, schmücken sich mit bekannten Namen – Flamingo, Harrah's –, sehen aber eher nach Bluejeans als nach Klunker aus. Laughlin ist ein bodenständiger Ort für Zocker, der von Burgern, Budweiser und Spielautomaten geprägt ist. Er lockt eine ältere, etwas gesetztere Klientel an.

Ein Grund für Laughlins Beliebtheit ist folgender: Es rühmt sich seiner Hotelpreise, die zu den günstigsten im Westen gehören – und obwohl die Zimmer reichlich fad sind, handelt es sich um irgendwelche Löcher. Empfehlenswert ist das **Tropicana Express** (☎ 702-298-4200, 800-243-6846; www.tropicanax.com; 2121 S Casino Dr; Zi. ab 22 US$; ✗ 🖵 🛜 🐾); der erst kürzlich renovierten Zimmer stießen bei den Gästen auf ein begeistertes Echo. Und für alle Fans von Lokomotiven: Eine solche ist hier noch in Betrieb und tuckert rund um die 11 ha große Anlage. Direkt am Fluss liegt das **Golden Nugget** (☎ 702-385-7111, 800-846-5336; www.goldennugget.com; 2300 S Casino Dr; Zi. 25–60 US$; ✗ 🖵 🛜 🐾), das über schmucke und mit tropischen Motiven verzierte Zimmer verfügt. Bei Sonnenuntergang sieht man vor allem von den zum Fluss hin gelegenen Zimmern aus Laughlin von seiner schönsten Seite.

WESTLICHES NEVADA
Die westliche Ecke des Bundesstaats, eine riesige und kaum entwickelte Wüstenbeifuß-

Steppe, wird durchschnitten von Bergketten und trockenen Tälern. Mit der Entdeckung der berühmten Comstock-Silberader in und um Virginia City nahm das moderne Nevada hier seinen Anfang; heute dagegen sind es eher Outdoor-Aktivitäten wie Wandern, Biken oder Ski fahren, die viele Besucher anlocken. Es gibt malerische historische Städte mit zahlreichen stattlichen Häusern, die noch aus der Zeit der Silberbarone stammen, und hier findet sich natürlich auch das Mekka aller Glücksspiele: Reno. Informationen über den Nevada-Teil des Lake Tahoe sind auf S. 308 nachzulesen.

Reno

Wer nicht nur nach dem Äußeren geht, findet die „größte Kleinstadt der Welt" ganz entzückend. Es sind nicht mehr nur die Kasinos von einst, derentwegen Traveller heute nach Reno kommen, sondern vor allem auch seine überschaubare Innenstadt, seine blühende Kunstszene, der ganzjährig geöffnete Wildwasserpark für Kajakfans im Stadtzentrum und die vielen Möglichkeiten für Outdoor-Aktivitäten in der Umgebung.

Renos Innenstadt liegt nördlich des Truckee River und südlich der I-80. Der Kasinobetrieb findet überwiegend an der N Virginia St zwischen der 1st und 6th St statt. Der Bezirk River Walk entlang der W 1st St ist bestens geeignet, um fernab vom Trubel der Kasinos essen zu gehen und gute Unterhaltung zu genießen.

Südlich der Innenstadt gibt es ein **Visitor Center** (☎ 775-827-7600, 800-367-7366; www.visit renotahoe.com; Reno Town Mall, 4001 S Virginia St; ✆ Mo–Fr 8–17 Uhr). '

SEHENSWERTES & AKTIVITÄTEN
Kasinos
Nur wenige Kasinos in Reno sind so protzig wie die in Las Vegas, obwohl es einige wirklich versuchen.

Eldorado (☎ 775-786-5700; www.eldoradoreno.com; 345 N Virginia St) Dieses Hotelkasino ist eine Kleinstadt unter einem Dach.

Grand Sierra Resort (☎ 775-789-2000; www. grandsierraresort.com; 2500 E 2nd St) Mit einer Sekt-Lounge, Konzerten und einem kleinen Themenpark, der Nervenkitzel verspricht.

Peppermill (☎ 775-826-2121; www.peppermillreno. com; 2707 S Virginia St) Todschick, wie in Las Vegas. Im November 2008 wurde das 9000 m² große Wellness-Center eröffnet.

Siena (☎ 775- 327-4362; www.sienareno.com; 1 S Lake St) Direkt am Truckee River gelegen; ein stilvolles, freundliches Plätzchen zum Spielen und Erholen.

Silver Legacy (☎ 775-329-4777; 407 N Virginia St) Eine Fassade wie aus dem 19. Jh., dazu Sound- & Lightshows unter einer 35 m hohen Kuppel. Mit zahlreichen Ausstellungsstücken aus den ehemaligen Silberminen.

NOCH MEHR SEHENSWERTES
Der **Truckee River Whitewater Park** (☎ 775-334-2262; Ecke Sierra & 1st Sts) bringt Bewegung mitten in die Innenstadt: Hier kann man das ganze Jahr über Kajak fahren. Es gibt auch einen ruhigeren Abschnitt für Anfänger, doch der gößte Teil ist mit Schwierigkeitsstufe II und III ausgewiesen. Das zum Silver Legacy gehörende und von dem freundlichen Jim Bell geleitete **Wild Sierra Adventures** (☎ 866-323-8928; www.wildsierra.com; 407 N Virginia St) bietet eine Vielzahl von Freizeitaktivitäten: Kajak, Tubing (Rafting auf großen Gummiringen), mountainbiken, Ski fahren, reiten sowie Ausflüge mit dem Schneemobil.

Im Winter sind die Skigebiete des Lake Tahoe (S. 308) sehr nah und der **Mt. Rose** (☎ 775-849-0704; www.mtrose.com; Lift-Tickets Erw./Kind 64/17 US$) ist keine halbe Stunde Fahrt entfernt.

Das **National Automobile Museum** (☎ 775-333-9300; www.automuseum.org; 10 S Lake St; Erw./Kind 10/4 US$; ✆ Mo–Sa 9.30–17.30, So 10–16 Uhr; ℗) verfügt über eine beeindruckende Sammlung von einzigartigen Fahrzeugen. Darunter sind z. B. ein vergoldeter DeLorean (24 Karat) und einige andere berühmte Schlitten wie Elvis' Cadillac von 1973.

Das **Nevada Museum of Art** (☎ 775-329-3333; www.nevadaart.org; 160 W Liberty St; Erw./Kind 10/1 US$; ✆ Mi–So 10–17, Do bis 18 Uhr) zeigt beeindruckende Skulpturen im Außen- und Dauerausstellungen im Innenbereich. Zu Letzteren gehören mehr als 600 Landschaftsfotografien und

---

GREAT BALLS OF FIRE!

Ende August, Anfang September explodiert die ausgedörrte Black Rock Desert für eine Woche förmlich: Das **Burning Man** (www. burningman.com; Eintritt 195–280 US$) findet statt und in Nevada entsteht ein dritter wichtiger Publikumsmagnet: Black Rock City. Das Festival für experimentelle Kunst (und alles Alternative) gipfelt in der Opferung einer turmhohen, menschenförmigen Statue.

DER ZENTRALE WESTEN

-bilder einheimischer Künstler sowie eine interessante Auswahl zeitgenössischer Kunst und Werke der Pop Art.

Viele der **historischen Spaziergänge** (☎ 775-747-4478; www.historicreno.org; geführte Touren 10 US$; ☺ Di 18, Sa 10 Uhr), die von der Historic Reno Preservation Society zusammengestellt wurden, beginnen bei den Riverside Artist Lofts an der Ecke Truckee River und Virginia St.

SCHLAFEN

Wildflower Village (☎ 775-747-8848; 4395 W 4th St; www.wildflowervillage.com; Zi. ab 50 US$; ▯) Diese Künstlerkolonie am Stadtrand verströmt ein schäbiges, aber kreatives Flair. Gemälde zieren die Wände jedes einzelnen Zimmers und man hört die Güterzüge vorbeirattern.

Silver Legacy (☎ 775-325-7401, 800-687-8733; www.silverlegacyreno.com; 407 N Virginia St; Zi. 50–100 US$; ▨ ▯ ⛨ ⛿) Dieses komplett mit Leder und Spitze dekorierte, große und zentral gelegene Hotelkasino besitzt tolle, komfortable Zimmer mit viktorianischer Einrichtung. Mit seinem Kuppeldach (darunter sind die Nachbildung einer Silbermine und verschiedene Restaurants zu finden) ist das Kasino ein Wahrzeichen des Ortes.

Siena Hotel Spa Casino (☎ 775-327-4362, 877-743-6233; www.sienareno.com; 1 S Lake St; Zi. 90–170 US$; ▨ ▨ ▯ ⛨ ⛿) Dieses Boutiquehotel ist eine der luxuriösesten Adressen der Stadt. Die Zimmer – ausnahmslos Nichtraucher-Zimmer – sind gemütlich, nett eingerichtet und der Flussseite zugewandt.

ESSEN

Jungle Java & Jungle Vino (☎ 775-329-4484; www.javajunglevino.com; 246 W 1st St; Sandwiches 6 US$; ☺ 6–0 Uhr; ⛿) Hier liegen Café und Weinbar direkt nebeneinander, es gibt einen coolen Mosaikboden, ein Internetcafé und kostenlosen Internetzugang.

Golden Flower (☎ 775-323-1628; 205 W 4th St; Gerichte 6–9 US$; ☺ 10–21 Uhr) Wer sonntags herkommt, wird feststellen, dass hier ganze vietnamesische Familien essen – ein gutes Zeichen. Alles schmeckt lecker, aber die Pho-Suppe und die Frühlingsrollen sind besonders frisch und schmackhaft.

Peg's Glorified Ham & Eggs (☎ 775-329-2600; 420 S Sierra St; Gerichte 7–10 US$; ☺ 6.30–14 Uhr) Hier soll es das beste Frühstück der Stadt geben, wenn nicht gar des ganzen Bundesstaats geben. Das Peg's serviert leckeres Essen vom Grill, das nicht zu fettig ist. Es ist ein perfektes Plätzchen, um draußen zu sitzen, die Zeitung zu lesen und dazu ein gehaltvolles Omelett zu mampfen. Sehr kinderfreundlich.

Louis' Basque Corner (☎ 775-323-7203; 301 E 4th St; Mittagsmenü Erw./Kind 12/7 US$, Abendmenü Erw./Kind 24/12 US$; ☺ Do–Sa 11.30–14.30, tgl. 17–21.30 Uhr) Man muss sich darauf gefasst machen, mit Leuten zusammen an einem riesigen Tisch zu sitzen, die man nie zuvor gesehen hat, und Lamm, Kaninchen, süßes Gebäck und noch mehr Lamm zu verspeisen. Jeden Tag gibt es ein anderes mehrgängiges Menü.

Wild River Grille (☎ 775-284-7455; www.wildrivergrille.com; 17 S Virginia St; Mittagessen 12 US$, Abendessen 30 US$; ☺ So–Do 11–23, Fr & Sa 11–24 Uhr) Schickes Ambiente mit gutem Essen direkt am Fluss. Die Krebs- und Lachskuchen (9,50 US$) sind einfach göttlich. An den Wochenendabenden hören Gäste mit etwas Glück die aus Reno stammende Sängerin Kate Cotter live.

AUSGEHEN

210 North (☎ 775-786-6210; www.210north.com; 210 N Sierra St; vor 22 Uhr Eintritt frei, danach Grundpreis 10–20 US$; ☺ Do–Sa) Wenn die Leute aus Reno es mal so richtig krachen lassen wollen, landen sie in diesem pulsierenden, heißen Klub oder der ruhigeren Lounge, die gut nach Vegas passen würden.

Davidson's Distillery (☎ 775-324-1917; 219 E 4th St; ☺ 12 Uhr–open end) Ja, das ist so eine Art Laden für Zigaretten und Harley-Davidson-Ersatzteile. Wer mit einer Leben-und-leben-lassen-Haltung kommt, wird in dieser rockigen Kneipe, die hauptsächlich von schweren Motorradjungs besucht wird, einen Wahnsinnsspaß haben. Ein Tattoo- und Harley-Shop finden sich auch in dem Gebäude … nur falls sich jemand inspiriert fühlt.

Shooter's (☎ 775-329-9646; 434 N Virginia St; ☺ 12 Uhr–open end) Es ist gar nicht so einfach, sich den Ruf einer verruchten Location zu verschaffen, aber dieser düstere Saloon direkt gegenüber der großen Kasinos an der Virginia St schafft das. Passend: Hier gibt's keine Glücksspiele, dafür aber eine Jukebox, aus der Heavy-Metal-Musik dröhnt.

ANREISE & UNTERWEGS VOR ORT

Der Reno-Tahoe International Airport (RNO; ☎ 775-328-6400; www.renoairport.com; ⛿) liegt ein paar Meilen südöstlich der Innenstadt. Hier gibt es kostenlosen Internetzugang. **Greyhound** (☎ 775-322-2970; www.greyhound.com; 155 Stevenson St; ☺ 5–22 Uhr) fährt regelmäßig nach San Francisco (39 US$, 6 Std.) und Los Angeles (66–93 US$, 10½–15 Std.) und zweimal täglich nach Las Vegas (63–105 US$, 18–20 Std.). **Amtrak** (☎ 775-329-8638; www.amtrak.com; 280 N Center St; ☻ 7.45–17 Uhr) hat täglich um 9.36 Uhr eine Verbindung nach Sacramento (42 US$, 5 Std.), aber man sollte wissen, dass es auf dieser Strecke oft größere Verspätungen gibt und Busse eingesetzt werden. Jeden Tag fährt ein Zug um 4.06 Uhr Richtung Osten und hält in Salt Lake City, UT (58 US$, 13 Std.) und Denver, CO (96 US$, 29 Std.).

Viele Hotels bieten einen kostenlosen Shuttle-Service zum und vom Flughafen. Das hiesige Busunternehmen **Citifare** (☎ 775-348-7433) bedient das Stadtgebiet (Erw./Kind 2/1,25 US$); die wichtigste Haltestelle befindet sich an der Kreuzung der E 4th St und der Center St. Der kostenlose gelbe Sierra-Spirit-Bus fährt regelmäßig zwischen 7 und 19 Uhr die Virginia St entlang von der Universität bis zum Fluss und ist ein mobiler WLAN-Hot-Spot.

Pyramid Lake

Der Pyramid Lake liegt 25 Meilen (40 km) nördlich von Reno in der Paiute Indian Reservation. An den Stränden des tiefblauen Sees in der ansonsten kargen Wüstenlandschaft kann man herrlich ausspannen und angeln. Die Erlaubnis zum **Campen** (einfacher Stellplatz 9 US$/Fahrzeug & Pers.) und **Angeln** (9 US$/Pers.) holt man sich an Tankstellen in der Gegend, bei Outdoor-Ausrüstern, bei Long's Drug Store in Reno oder an der **Ranger Station** (☎ 775-476-1155; www.plpt.nsn.us; ☻ Mo–Do 8–18 Uhr) am Hwy 446 in Sutcliffe.

Carson City

Ein kurzer Halt in dieser ruhigen, etwas altmodisch wirkenden Stadt, in der es nette, alte Gebäude und schöne, von Bäumen gesäumte Straßen gibt, lohnt sich unbedingt. Traveller können sich an diesem erfrischenden, entspannten Plätzchen prima von der Hektik der Großstadt erholen. In den Kasinos geht es gelassen zu und die Stadt verfügt auch über ein paar historische Museen, die einen Besuch wert sind.

Der Hwy 395/Carson St ist die wichtigste Straße. Im **Visitor Center** (☎ 775-687-7410; www.visitcarsoncity.com; 1900 S Carson St; ☻ Mo–Fr 9–17 Uhr, Geschenkeladen nur Sa 10–15 Uhr) 1 Meile (1,6 km) südlich vom Zentrum gibt's einen Stadtplan, auf dem interessante historische Wander- und Autotouren verzeichnet sind. Weitere Informationen rund ums Wandern und Campen sind im **Carson Ranger District Office** (☎ 775-882-2766; 1536 S Carson St; ☻ Mo–Fr 8–16.30 Uhr) des United States Forest Service (USFS) erhältlich.

Eisenbahnfans dürfen das **Nevada State Railroad Museum** (☎ 775-687-6953; 2180 S Carson St; Eintritt 4 US$; ☻ 8.30–16.30 Uhr) nicht verpassen, das mehr als 30 Züge und Lokomotiven aus dem 19. und frühen 20. Jh. ausstellt.

Es gibt ungefähr eine Handvoll Kasinos in der Stadt. Aber wer einen Hauch vom alten Carson City verspüren will, sollte sich zum im grünen historischen Viertel gelegenen restaurierten **Bliss Bungalow** (☎ 775-883-6129; www.blissbungalow.com; 408 W Robinson St; Zi. inkl. Frühstück ab 85 US$; ☒ ☻) aus dem Jahr 1914 begeben und sich einfach mit einem „Hallo Nachbar!" zu den auf der riesigen Veranda sitzenden Gästen gesellen. Jedes der fünf Zimmer hier ist äußerst geschmackvoll eingerichtet.

RTC Intercity (☎ 775-348-7433; www.rtcwashoe.com) bietet wochentags einen Pendelservice zwischen Carson City und Reno an (4 US$, 1 Std.). Die Busse haben kostenloses WLAN.

Virginia City

Während des Goldrauschs in den 1860er-Jahren war Virginia City eine spannende, boomende Wildweststadt. Der Zeitungsreporter Samuel Clemens alias Mark Twain verbrachte einige Jahre seiner Jugend in diesem wilden Ort. Später veröffentlichte er seine Erfahrungsberichte über das Goldgräberleben in seinem Buch *Durch dick und dünn*.

Die hoch über dem Meeresspiegel gelegene Stadt ist ein National Historic Landmark. Die Hauptstraße ist voller viktorianischer Gebäude, hölzerner Gehwege und kitschiger, aber lustiger Museen. Die wichtigste Straße ist die C St, in der sich auch das **Visitor Center** (☎ 775-847-4386; www.virginiacity-nv.org; 86 S C St; ☻ 10–16 Uhr) befindet.

Die **Virginia City International Camel Races** feierten 2009 ihr 50-jähriges Jubiläum. Bei diesem beliebten Event, das alljährlich im September die Massen anzieht, traben tatsächlich Dromedare in Richtung Ziellinie. Aber auch Emu- und Straußenrennen werden ausgetragen. Den genauen Termin erfragt man am besten im Visitor Center.

Eine der Hauptattraktionen der Stadt ist das skurrile **Way It Was Museum** (☎ 775-847-0766; 113 N C St; Eintritt 3 US$; ☻ 10–18 Uhr) – ein lustiges,

DER ZENTRALE WESTEN

altmodisches Museum, das gute Informationen über den Goldabbau liefert. Wer sehen will, wie die Bergbauelite lebte, geht ins **Mackay Mansion** (D St) und ins **Castle** (B St).

In Virginia City gibt's eine ganze Reihe von Unterkünften, u. a. einen riesigen Wohnmobilpark. Eine luxuriösere Option ist das historische **Chollar Mansion B&B** (☎ 775-847-9777, 877-246-5527; www.chollarmansion.com; 565 S D St; Zi. inkl. Frühstück 135 US$; ✗), einst das städtische Bergbaubüro. Das beste Essen gibt es vermutlich im **Cafe del Rio** (☎ 775-847-5151; 394 S C St; Gerichte ab 12 US$; ☺ Mi–Sa 11–20, So 10–20 Uhr), wo man einen schönen *nuevo*-mexikanischen Mix-Teller oder die typischen Caféspeisen (inkl. Frühstück) serviert bekommt.

NEVADA GREAT BASIN

Ein Ausflug in das Great Basin Nevadas ist eine ruhige, fast schon nervige Erfahrung. Aber diejenigen, die den „großen amerikanischen Roadtrip" machen wollen, werden die faszinierenden, alten Städte und die skurrilen Zerstreuungen genießen, die sich entlang dem einsamen Wüstenhighway finden.

An der I-80

Von Reno aus 150 Meilen (240 km) nordöstlich liegt **Winnemucca**, der erste lohnende Zwischenstopp. Die Stadt rühmt sich ihres alten Zentrums, ihrer Läden sowie ihrer zahlreichen Motels und Restaurants. Es gibt eine Menge baskischer Restaurants hier und einmal im Jahr findet auch ein baskisches Festival statt. Mehr Informationen sind bei der **Chamber of Commerce** (☎ 775-623-2225; 30 W Winnemucca Blvd; Sommer Mo–Fr 8.30–17, Sa 9–16, So 11–16 Uhr) erhältlich. Man sollte sich etwas Zeit nehmen, wenn man hierherkommt, denn hier sind auch eine Cowboy-Ausstellung und ein Großwildmuseum untergebracht.

Die Kultur des amerikanischen Westens wird am eifrigsten in **Elko** gepflegt. Angehende Cowboys und Cowgirls sollten das **Western Folklife Center** (☎ 775-738-7508; www.westernfolklife. org; 501 Railroad St; Eintritt zu Ausstellungen Erw./Kind 5/1 US$; ☺ Mo & Mi–Fr 10–17.30, Di 10.30–17.30, Sa 10–17 Uhr) besuchen, das Kunst- und Geschichtsausstellungen zeigt und alljährlich im Januar auch das beliebte **Cowboy Poetry Gathering** ausrichtet. Spiele, traditionelle Tänze und ein „Running of the Bulls"-Event gibt's außerdem beim **National Basque Festival**, das jährlich am 4. Juli stattfindet. Im Stadtzentrum befindet sich das **Stockmen's Casino & Hotel** (☎ 775-738-5141, 800-648-2345; www.stockmenscasinos.com; 340 Commercial St; Zi./Suite ab 45/80 US$; ☺ ☺), es hat saubere Zimmer und ist eine gute Wahl zum Übernachten.

Am Highway 50

Es gibt nur vereinzelte, weit auseinander liegende Städte, die einzigen Geräusche sind das Brummen des Motors und das Pfeifen des Windes. Der Hwy 50 war einst Teil des Lincoln Hwy und folgt der Route des Overland Stagecoach, des Pony-Expresses und der ersten transkontinentalen Telegrafenlinie.

Fallon, 60 Meilen (96 km) östlich von Reno, ist eine landwirtschaftlich und militärisch geprägte Stadt, die einen Marinefliegerstützpunkt beherbergt. Wer weiter nach Osten will, hat hier für die nächsten 110 Meilen (176 km) die letzte Gelegenheit zum Tanken. Die **Fallon Lodge** (☎ 775-423-4648; www.fallonlodge.com; 390 W Williams Ave; Zi. ab 35 US$; ☺) verfügt über saubere, einfache Zimmer mit Kochnischen.

Weiter im Osten liegt **Austin**, die nächste bedeutende Stadt mitten in Nevada. Nach ihrer Blütezeit in den 1880er-Jahren wurde sie ziemlich vernachlässigt, ist aber immer noch interessant. Die bergige Gegend rundum ist einfach herrlich. Austins **USFS Office** (☎ 775-964-2671; 100 Midas Rd; ☺ Mo–Fr 7.30–16.30 Uhr) direkt am Hwy 50 gibt Empfehlungen für Wanderungen und Rundfahrten. **Mountainbiken** ist besonders beliebt, auf der Website der **Chamber of Commerce** (☎ 775-964-2200; www.austinnevada.com) gibt's eine Liste guter Radstrecken.

Im späten 19. Jh. hat man Silber im Wert von 40 Mio. US$ in den Bergen nahe **Eureka** abgebaut. Die Stadt ist ziemlich gut erhalten und hat ein schickes Gerichtsgebäude, das interessante **Eureka Sentinel Museum** (☎ 775-237-5010; 10 S Bateman St; Eintritt frei; ☺ Mai–Okt. tgl. 10–18 Uhr, Nov.–April Di–Sa 10–18 Uhr), ein wunderbar restauriertes Opernhaus von 1880 und ein paar gut geführte Motels zu bieten.

Nahe der Grenze zwischen Nevada und Utah befindet sich der fantastische, nie überlaufene **Great Basin National Park**. Abrupt erhebt sich darin der 3982 m hohe Wheeler Peak aus der Wüste. Wanderwege in der Nähe des Gipfels führen durch grandiose Landschaften, vorbei an Gletscherseen und steinalten Grannenkiefern und sogar zu einem Feld mit ewigem Eis. Der Eintritt ist frei; im **Visitor Center** (☎ 775-234-7331; www.nps.gov/grba; ☺ 8–17.30 Uhr) des Parks, das gleich nördlich der Stadt **Baker** liegt, gibt es Informationen zu allem, was der Park zu bieten hat.

Zu den 5 Meilen (8 km) außerhalb von Baker liegenden **Lehman Caves** (☎ 775-234-7331; www. nps.gov/grba; Eintritt 8–10 US$; ☾ 8.30–16 Uhr), in denen es seltene Kalksteininformationen zu sehen gibt, kommt man im Rahmen 60- oder 90-minütiger geführter Touren. Im Park gibt es vier **Campingplätze** (Stellplatz 12 US$).

Am Highway 95

Der Hwy 95 verläuft von Norden nach Süden durch den westlichen Teil Nevadas; der südliche Abschnitt führt durch eine malerische Landschaft. Die Straße geht an der Nevada Test Site vorbei (dort wurden in den 1950er-Jahren mehr als 720 Nuklearwaffen gezündet). 5 Meilen (8 km) nördlich von Beatty bietet der **Bailey's Hot Springs & RV Park** (☎ 775-553-2395; Stellplatz für Zelt/Wohnmobil 18/21 US$), ein ehemaliges Eisenbahndepot von 1906, drei private Thermalbäder mit alten Badehäusern, die täglich von 8 bis 20 Uhr geöffnet sind. Für Gäste, die über Nacht bleiben, ist die Benutzung gratis, Tagesausflügler zahlen dagegen 5 US$ pro Nase für ein halbstündiges Bad.

Abseits des Hwy 374, nur wenige Kilometer südwestlich von Beatty, befindet sich das **Goldwell Open Air Museum** (☎ 702-870-9946; www.goldwellmuseum.org; Eintritt frei; ☾ 24 Std.), ein ziemlich mysteriöses, 3,2 ha großes Skulpturengelände unter freiem Himmel mitten in der Wüste.

An den Highways 375 & 93

Der Hwy 375 wird auch der „extraterrestrische Highway" genannt, einerseits wegen der vielen Ufos, die auf diesem Streckenabschnitt gesichtet wurden, und andererseits weil er den Hwy 93 in der Nähe der streng geheimen **Area 51**, eines Teils des Luftwaffenstützpunkts Nellis kreuzt. Angeblich werden hier erbeutete Ufos gehortet. In der winzigen Ortschaft **Rachel** am Hwy 375 heißen die Mitarbeiter des **Little A'Le'Inn** (☎ 775-729-2515; www.aleinn.com; Zi. ab 45 US$) Erdlinge und Aliens gleichermaßen willkommen und verkaufen außerirdische Souvenirs.

Weiter im Osten führt der Hwy 93 durch einen prächtigen Hain von Joshua Trees nach **Caliente**. Die einstige Eisenbahnstadt hat ein Bahndepot im Missionsstil von 1923. Zu den Attraktionen der Region gehört der **Cathedral Gorge State Park**, in dem es von Badlands-artigen Klippen umgebene **Campingplätze** (Stellplatz 14 US$) gibt. 20 Meilen (32 km) nördlich liegt **Pioche**, eine hübsche Bergwerksstadt über dem schönen Lake Valley.

ARIZONA

In Reisebroschüren nimmt jeder Bundesstaat für sich in Anspruch, besonders vielfältig zu sein, Arizona aber ist es wirklich. Traveller können sehr alte, in steile Felswände gehauene Städte besuchen und „Städte der Zukunft" besichtigen, die vollkommen autark sind – und das alles im Rahmen eines halbtägigen Ausflugs. Im Winter kann man morgens Ski fahren und mittags schon wieder in kurzen Hosen zum Wandern gehen. Hauptsächlich aber ist es die Landschaft, die die Menschen fasziniert, vor allem die endlose Weite. Ganze Armeen von Saguaro-Kakteen stehen in Reih und Glied an fast jeder Straße. Überall gibt es sanft ansteigende Sandhügel mit Sträuchern, Bäumen und Kakteen in allen möglichen Formen und Farben – so weit das Auge reicht.

Mitten im Herzen von Arizona liegt Phoenix samt seinem Umland, dem sogenannten „Valley of the Sun". Die Stadt ist eine der größten Metropolen der Region. Entspannung und Wellness werden hier groß geschrieben und dem entspricht auch das Angebot von ausgezeichneten Restaurants, Sehenswürdigkeiten und berühmten Kurbädern. Tucson ist das flippige und künstlerisch angehauchte Tor zu den astronomischen

KURZINFOS ARIZONA

Spitzname Grand Canyon State
Bevölkerung 6,2 Mio.
Fläche 295 260 km²
Hauptstadt Phoenix (1,5 Mio. Ew.)
Weitere Städte Tucson (519 000 Ew.), Flagstaff (60 000 Ew.), Sedona (1400 Ew.)
Verkaufssteuer 5,6 %
Geburtsort von Apachenhäuptling Geronimo (1829–1909), César Chévez (1927–1993), Linda Ronstadt (geb. 1946)
Heimat der Sedona-New-Age-Bewegung und der Bergarbeiterstädte, die sich in Künstlerkolonien verwandelt haben
Berühmt für den Grand Canyon, Saguaro-Kakteen
Bestes Souvenir Eine pinkfarbene kaktusförmige Neonröhre von einem Stand am Straßenrand
Entfernungen Tucson–Sedona 230 Meilen (368 km), Phoenix–Grand Canyon Village 235 Meilen (376 km)

DER ZENTRALE WESTEN

und historischen Sehenswürdigkeiten im Süden Arizonas und übrigens auch die letzte Möglichkeit für einen längeren Zwischenstopp vor Nogales, der Stadt, von der ein Teil bereits auf mexikanischem Gebiet liegt.

Im Norden liegt Flagstaff, eine coole Stadt auf knapp über 2000 m Höhe, in der die Einheimischen Schutz vor der sengenden Sommerhitze suchen. Traveller kommen das ganze Jahr über hierher, um sich am nahen San Francisco Peaks zu vergnügen. Am Nordrand des Bundesstaats – exponiert, wie es seiner Stellung angemessen ist – befindet sich der Gand Canyon, Arizonas Hauptattraktion. Vom mächtigen Colorado über Millionen von Jahren ausgehoben, ist er die größte Schlucht der Erde und zieht alljährlich Besuchermassen aus aller Welt an.

Geschichte

Jahrhundertelang lebten die Pueblo-, Mogollon- und Hohokam-Indianer in Arizona, ehe 1540 der spanische Entdecker Francisco Vásquez de Coronado eine Expedition aus Mexiko City in den heutigen Südwesten der USA führte. Siedler und Missionare folgten; ab Mitte des 19. Jhs. stand das Land unter US-amerikanischer Herrschaft. Die Indianerkriege, in denen die US-Armee die amerikanischen Ureinwohner bekämpfte, um Siedler zu „schützen" und Land für die Regierung zu reklamieren, endeten offiziell 1886 mit der Kapitulation des Apachenführers Geronimo.

Die Eisenbahn und der Bergbau blühten auf. 1912 führte die Unterstützung von Präsident Theodore Roosevelt für das Projekt, die Flüsse des Territoriums einzudämmen dazu, dass Arizona zum 48. Bundesstaat der USA wurde.

Heute befindet sich Arizona im Übergang. 50 Jahre rapiden Wachstums haben von den begrenzten natürlichen Ressourcen des Landes ihren Preis gefordert. Die Wasserknappheit bleibt eines der wichtigsten Themen der Regierung des Bundesstaats, die die verzweifelte Suche nach dem Leben spendenden Nass fortsetzt, das für die Versorgung der aufblühenden Städte notwendig ist. Liberal gesinnte Zuwanderer aus anderen Bundesstaaten verändern so langsam das eher konservative politische Klima der Region.

Praktische Informationen

Arizona liegt in der Zone der Mountain Standard Time, ist aber der einzige westliche Staat, der zwischen Frühjahr und Anfang Herbst nicht auf Sommerzeit umstellt – abgesehen von der Navajo Reservation, in der die Zeitumstellung doch vorgenommen wird.

Allgemein lässt sich sagen, dass die Preise für Unterkünfte im Süden Arizonas (einschließlich Phoenix, Tucson und Yuma) im Winter und Frühjahr deutlich höher liegen. Diese Jahreszeiten gelten im Bundesstaat als Hauptsaison. Vergünstigungen gibt es dagegen im Sommer in den heißeren Gebieten.

Arizona Office of Tourism (☎ 602-364-3700, 866-891-3640; www.arizonaguide.com; 1110 W Washington, Suite 155, Phoenix) Kostenlose praktische Informationen über den Bundesstaat.

Arizona Public Lands Information Center (☎ 602-417-9300; www.publiclands.org; 1 N Central Ave, Suite 800, Phoenix) Praktische Informationen über den USFS, den NPS, das Bureau of Land Management (BLM) sowie die Geografie und die Parks des Bundesstaats.

Arizona State Parks (☎ 602-542-4174; www.azstateparks.com; 1300 W Washington St, Phoenix) Auf allen Campingplätzen (Stellplatz 10–30 US$) gilt: Wer zuerst kommt, mahlt zuerst. Ausnahmen sind die Plätze im Buckskin Mountain State Park und im Roper Lake State Park.

PHOENIX

Das fast 5200 km² große Phoenix ist bei Weitem die größte Metropole der Region. Auf den ersten Blick wirkt die Stadt wie eine riesige Ansammlung von beigefarbenen Gebäuden und Malls, doch bei genauerem Hinsehen entpuppt sie sich als ein interessanter Mix aus edleren Wellnessoptionen und von der Sonne gegrillten Seltsamkeiten.

Städtische Maßnahmen haben dazu geführt, dass es heute im Zentrum so etwas wie ein Nachtleben gibt, nicht zuletzt, weil nun in dem aufstrebenden Roosevelt District die einst vereinzelten und verstreuten Kunst- und Kultur-Locations zusammengeführt werden. Nimmt man dann noch die neue, schicke Stadtbahn hinzu, die an einigen der besten Museen und Restaurants des Bundesstaats hält, wird klar, dass die Rede vom „neuen" Phoenix mehr ist als nur eine Werbemasche.

Phoenix bildet das Zentrum von mehreren miteinander verbundenen Städten innerhalb des „Valley of the Sun". Da ist zum einen Scottsdale, die stets elegante große Schwester, die sich „hinaufgeheiratet" hat, dann Tempe, der gutmütige, zuweilen aber auch etwas wilde College-Schüler, und schließlich Mesa, der Bruder, der nicht mehr will als ein ruhiges Leben am Rande.

Phoenix ist stolz auf seine mehr als 300 Sonnentage im Jahr. Im Sommer wird es sengend heiß – über 43 °C –, aber im Winter herrschen laue Tage vor.

Die Stadt ist auch ein wichtiger Verkehrsknoten und dient oft als Ausgangspunkt für Fahrten zu weiter entfernten Ausflugszielen.

Orientierung

Der größte Teil des Tals liegt etwa 335 m über dem Meeresspiegel und ist von Bergen umgeben, die zwischen 760 und 2100 m hoch sind. Die Central Ave verläuft in Nord-Süd-Richtung durch Phoenix hindurch und bildet bei Adressangaben die Ost-West-Grenze; die Washington St verläuft in Ost-West-Richtung und teilt die nördlichen Adressen von den südlichen.

Scottsdale, Tempe und Mesa liegen östlich des Flughafens. Die Scottsdale Rd verläuft in nord-südlicher Richtung zwischen Scottsdale und Tempe. Der Flughafen befindet sich 3 Meilen (5 km) südöstlich der Innenstadt.

Den schäbigen Abschnitt der Van Buren St zwischen der Innenstadt und dem Flughafen sollten Traveller besser meiden; die Motels hier sind heruntergekommen und beliebt bei Prostituierten.

Praktische Informationen

BUCHLÄDEN

Bookman's (☎ 602-433-0255; www.bookmans.com; 8034 N 19th Ave; 🛜) Stapelweise gebrauchte Bücher, außerdem kostenloses WLAN.

Wide World of Maps (☎ 602-279-2323; 2626 W Indian School Rd; 🕒 Mo–Fr 9–18, Sa bis 17 Uhr) Spezialisiert auf Landkarten und Reiseführer.

GELD

Geld zu wechseln ist am Flughafen und bei den hiesigen Zweigstellen der größeren Banken möglich.

American Express (☎ 602-468-1199; www.americanexpress.com; 2201 E Camelback Rd; 🕒 Mo–Fr 10–18, Sa bis 16 Uhr) Bietet Travellern auch Unterstützung bei der Reiseplanung an.

Travelex (☎ 602-275-8767; www.travelex.com; Sky Harbor International Airport, 3800 Sky Harbor Blvd, Terminal 4, Phoenix; 🕒 8–20 Uhr) Eine sichere Sache.

INTERNETZUGANG

Burton Barr Central Library (☎ 602-262-4636; www.phoenixpubliclibrary.org; 1221 N Central Ave; 🕒 Mo, Mi & Fr 11–19, Di, Do & Sa 9–17, So 13–17 Uhr) Kostenloser Internetzugang.

MEDIEN & INFOS IM INTERNET

Arizona Republic (www.azcentral.com) Die größte Tageszeitung Arizonas; jeden Donnerstag mit kostenloser Beilage zum Unterhaltungsangebot, dem *Calendar*.

craigslist (http://phoenix.craigslist.org) Schwarzes Brett, an dem praktische Informationen über Mitfahrgelegenheiten, Events usw. zu finden sind; sehr beliebt.

Phoenix New Times (www.phoenixnewtimes.com) Die wichtigste kostenlose Wochenzeitung von Phoenix verzeichnet viele Events und Restaurants.

NOTFALL & MEDIZINISCHE VERSORGUNG

Banner Good Samaritan Medical Center (☎ 602-239-2000; 1111 E McDowell Rd; 🕒 24 Std.; Notfalldienst)

Polizei (☎ 602-262-7626; 620 W Washington St)

POST

Post (☎ 602-253-9648; 522 N Central Ave)

TOURISTENINFORMATION

Downtown Phoenix Visitor Information Center (☎ 602-254-6500, 877-225-5749; www.visitphoenix.com; 125 N 2nd St, Suite 120; 🕒 Mo–Fr 8–17 Uhr) Haupttouristeninformation des Phoenix Convention & Visitors Bureau.

Tempe Convention & Visitors Bureau (☎ 480-894-8158, 866-914-1052; www.tempecvb.com; 51 W 3rd St, Suite 105; 🕒 Mo–Fr 8.30–17 Uhr)

Scottsdale Convention & Visitors Bureau (☎ 480-421-1004, 800-712-1117; www.scottsdalecvb.com; Galleria Corporate Centre, 4343 N Scottsdale Rd, Suite 170; 🕒 Mo–Fr 8–17.30 Uhr)

Sehenswertes

PHOENIX

Das **Heard Museum Downtown** (☎ 602-252-8848; www.heard.org; 2301 N Central Ave; Erw./Kind 10/3 US$; 🕒 Mo–Sa 9.30–17, So 11–17 Uhr) befindet sich in einem von der Sonne ausgebleichten Gebäude im spanischen Kolonialstil und ist eines der weltweit besten Museen über die Geschichte und Kultur der Indianer. Nicht verpassen sollte man die Sammlung von Kachina-Figuren und den Raum mit den großen Wandgemälden, die berühmte Geschichten aus dem Leben der Indianer darstellen.

Gleich daneben befindet sich das **Phoenix Art Museum** (☎ 602-257-1222; www.phxart.org; 1625 N Central Ave; Erw./Kind 10/4 US$; 🕒 Mi 10–21, Do–Sa 10–17, So 12–17, 1. Freitag im Monat 18–22 Uhr) mit 18 000 Exponaten. Kunst aus der Gegend und aus Lateinamerika sind die Hauptattraktionen, aber die Auswahl ist riesig, sodass sich ein längerer Aufenthalt in diesem weitläufigen, kühlen und modernen Gebäude lohnt.

DER ZENTRALE WESTEN

PHOENIX

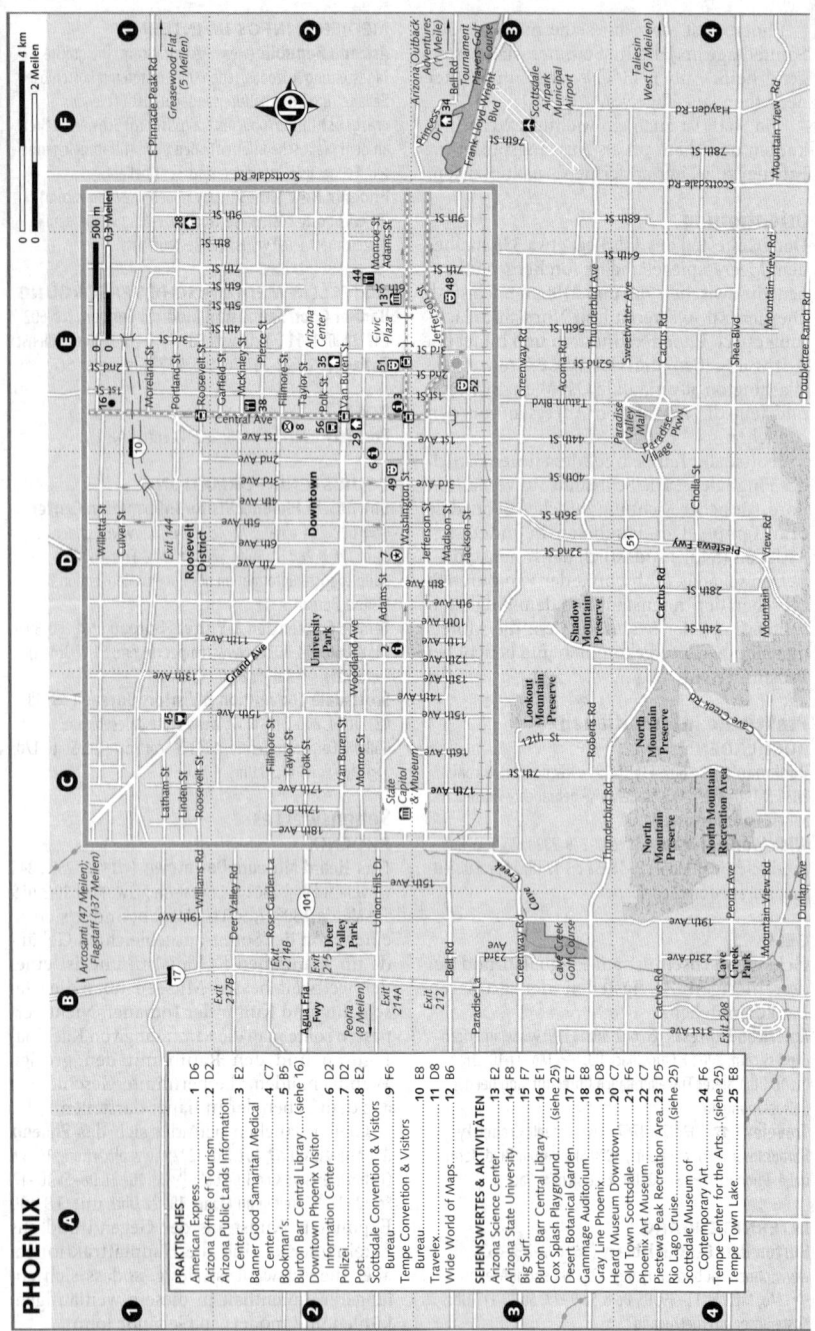

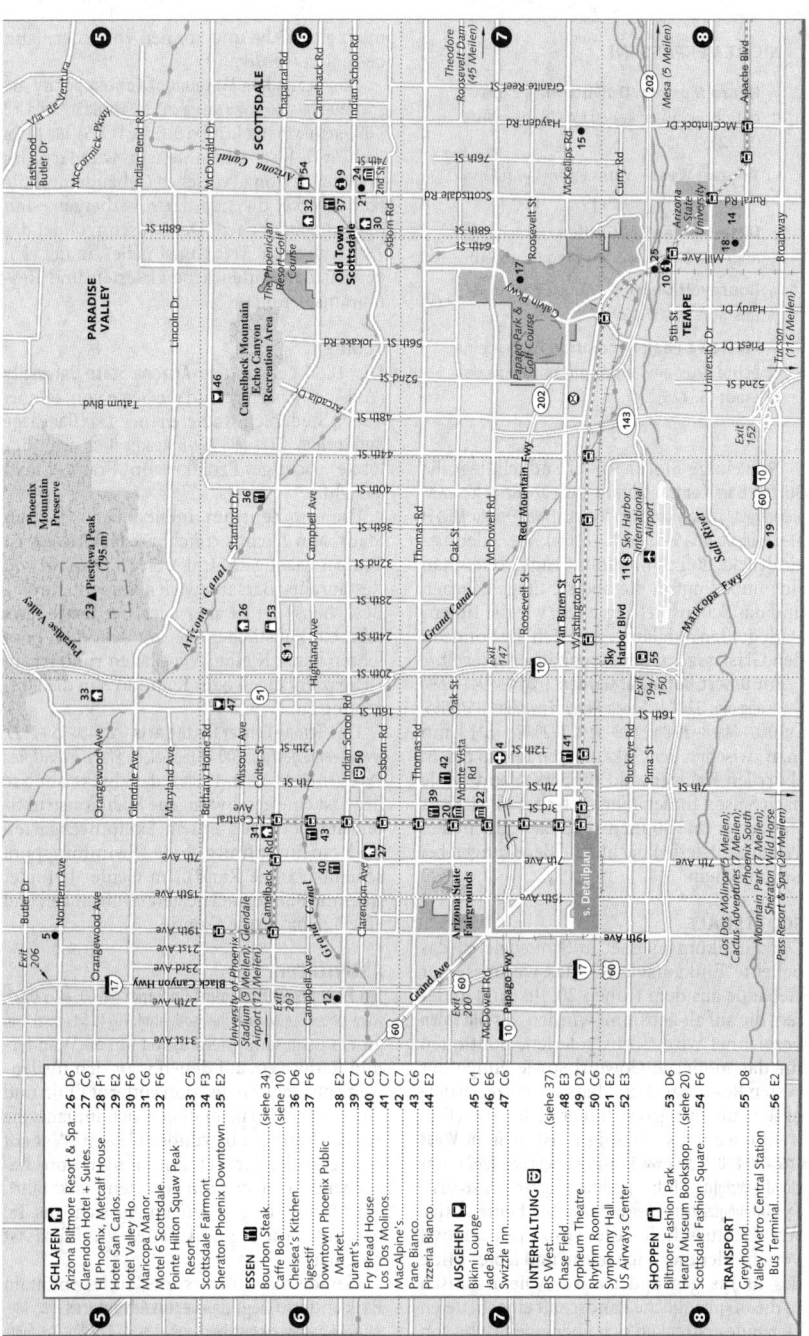

SCHLAFEN	
Arizona Biltmore Resort & Spa....26	D6
Clarendon Hotel + Suites............27	C6
HI Phoenix, Metcalf House.........28	F1
Hotel San Carlos.......................29	E2
Hotel Valley Ho........................30	F6
Maricopa Manor.......................31	C6
Motel 6 Scottsdale...................32	F6
Pointe Hilton Squaw Peak	
Resort.................................33	C5
Scottsdale Fairmont..................34	F3
Sheraton Phoenix Downtown.....35	E2

ESSEN	
Bourbon Steak.......................(siehe 34)	
Caffe Boa...............................(siehe 10)	
Chelsea's Kitchen.....................36	D6
Digestif..................................37	F6
Downtown Phoenix Public	
Market................................38	E2
Durant's................................39	C7
Fry Bread House......................40	C6
Los Dos Molinos......................41	C7
MacAlpine's............................42	C6
Pane Bianco...........................43	C6
Pizzeria Bianco.......................44	E2

AUSGEHEN	
Bikini Lounge.........................45	C1
Jade Bar.................................46	E6
Swizzle Inn............................47	C6

UNTERHALTUNG	
B5 West.................................(siehe 37)	
Chase Field............................48	E3
Orpheum Theatre....................49	D2
Rhythm Room.........................50	C6
Symphony Hall........................51	E2
US Airways Center...................52	E3

SHOPPEN	
Biltmore Fashion Park...............53	D6
Heard Museum Bookshop........(siehe 20)	
Scottsdale Fashion Square........54	F6

TRANSPORT	
Greyhound.............................55	D8
Valley Metro Central Station	
Bus Terminal........................56	E2

DER ZENTRALE WESTEN

NICHT VERPASSEN!

■ **Heard Museum Downtown** – Exponate über amerikanische Ureinwohner (S. 121)

■ **Taliesin West** – Vermächtnis von Frank Lloyd Wright (s. unten)

■ **Desert Botanical Garden** – stachelig, aber ein super Spaziergang (s. unten)

■ **Roosevelt District** – Kunst, Bars und Restaurants (S. 120)

■ **Piestewa Peak Recreation Area** – eine echte Wüstenwanderung mitten in der Stadt (S. 125)

Nur einige Blocks weiter südlich liegt die **Burton Barr Central Library** (☎ 602-262-4636; www.phoenixpubliclibrary.org; 1221 N Central Ave; ☷ Mo, Mi & Fr 11–19, Di, Do & Sa 9–17, So 13–17 Uhr), die jeden beeindruckt. Bei Sonnenuntergang sollte man sich unbedingt in die oberste Etage begeben und das Schauspiel genießen, wie die Innenstadt golden aufglänzt, weil sich die Sonne in den Glasfassaden der Hochhäuser spiegelt.

Im **Desert Botanical Garden** (☎ 480-941-1225; www.dbg.org; 1201 N Galvin Pkwy; Erw./Kind 15/5 US$; ☷ Okt.– Mai 8–20 Uhr, Juni–Sept. 7–20 Uhr ☷) kann man zwischen den Sukkulenten und in einem skurrilen Kakteenwald umherschlendern. Je nach Saison finden hier auch spezielle Events statt, etwa eine Sonnenwendfeier oder in den Weihnachtsferien nächtliche Begehungen bei Kerzenschein.

SCOTTSDALE

Der Publikumsmagnet in Scottsdale ist das beliebte Einkaufsviertel, das wegen seiner Gebäude aus dem frühen 20. Jh. (und anderen, die auf alt getrimmt wurden) als **Old Town** bezeichnet wird. Kunstgalerien, Boutiquen für das moderne Cowgirl sowie einige der besten Restaurants und Bars im ganzen Valley of the Sun drängen sich hier dicht an dicht.

Ein weiteres Highlight ist **Taliesin West** (☎ 480-860-2700; www.franklloydwright.org; 12621 Frank Lloyd Wright Blvd; geführte Touren 27–60 US$; ☷ (Öffnungszeiten variieren)), eine bis heute aktive Architekturschule, die von Frank Lloyd Wright (der hier auch lehrte und lebte) Mitte des 20. Jhs. gegründet wurde. Die organisch in die ursprüngliche Landschaft eingebetteten Gebäude erstrecken sich über eine Fläche von

mehr als 243 ha und können von jedermann besichtigt werden.

Das **Scottsdale Museum of Contemporary Art** (☎ 480-874-4666; www.smoca.org; 7374 E 2nd St; Erw./Kind 7 US$/frei, Do Eintritt frei; ☷ Di & Mi, Fr & Sa 10–17, So 12–17 Uhr) ist ein weiteres wundervolles und für Arizona typisches Gebäude und die Kunstwerke, die sich darin verbergen, sind das Sahnehäubchen. Das Museum bildet das Zentrum einer Art „Kunstmeile", in der sich verschiedene öffentliche Galerien und Restaurants befinden.

TEMPE

Die 1885 gegründete **Arizona State University** (ASU) ist das Herz und die Seele von Tempe. 46000 Studenten studieren hier. Das **Gammage Auditorium** (Ecke Mill Ave & Apache Blvd) war das letzte wichtige Projekt von Frank Lloyd Wright.

Die vom Zentrum in Phoenix aus mit der Stadtbahn leicht erreichbare **Mill Avenue** ist Tempes wichtigste Straße. Sie ist gesäumt von Restaurants, Bars und vielen Studententreffs. Besuchenswert ist aber auch der **Tempe Town Lake**, ein künstlicher See, auf dem man Boot fahren kann. Kleine Wege laden rundherum zu Spaziergängen oder Radtouren in die Umgebung ein.

Das **Tempe Center for the Arts** (☎ 480-350-2829; www.tempe.gov/tca; 700 W Rio Salado Pkwy; Eintritt frei; ☷ Di–Fr 10–18, Sa 11–18 Uhr), das direkt am See liegt, ist eine geschwungene Stahlkonstruktion, umgeben von einem Skulpturengarten und einem Infinity-Pool (Swimmingpool scheinbar ohne Rand). Im Center befindet sich eine Bühne für Theateraufführungen und eine 325 m² große Galerie.

Aktivitäten

Im **Phoenix South Mountain Park** (☎ 602-495-0222; www.phoenix.gov/parks/hikesouth.html; 10919 S Central Ave) gibt es insgesamt mehr als 64 km an Wander- und Radwegen, auf denen man sich meilenweit von jeder Zivilisation entfernt fühlt, und Dutzende Stätten, an denen sich indianische Felszeichnungen bewundern lassen. Wer auf den schmalen Straßen mit ihren halsbrecherischen Kurven bis zum höchsten Punkt fährt, wird mit einer großartigen Aussicht ins Tal belohnt. Auch ein Aufstieg zu Pferd ist möglich.

Gerade mal 400 m vom South Mountain Park entfernt liegt das **Cactus Adventures** (☎ 480-940-7433; www.cactusadventures.com; 4747 Elliot Rd, Suite

21; halber Tag ab 30 US$; ☻ Mo–Sa 9–19, So 9–17 Uhr), wo man Mountainbikes, aber auch Straßenräder und Beachcruiser mieten kann.

Einen fabelhaften Blick auf die Wüste, besonders bei Sonnenuntergang, haben Besucher von der **Piestewa Peak Recreation Area** (☎ 602-262-7901; Piestewa Peak Dr) aus. Der Marsch zum Gipfel des ca. 795 m hohen Piestewa Peak ist eine der beliebtesten Outdoor-Aktivitäten in Phoenix. Der einfachere Rundweg beginnt am letzten Parkplatz und eignet sich eher für jene, die es gern etwas beschaulicher haben.

Bei **Rio Lago Cruise** (☎ 480-517-4050; www.riolago cruise.com; ab 10 US$/Std.; ☻ Mai–Sept. Di–So 9–12 & 18–21 Uhr, Okt.–April 11–19 Uhr) am Tempe Town Lake werden Tret- und Motorboote verliehen.

Phoenix mit Kindern

Wenn die Kleinen in der Hitze schlapp zu machen drohen, empfiehlt sich ein Besuch in Tempes **Big Surf** (☎ 480-947-2477; 1500 N McClintock Rd; Erw./Kind unter 2 Jahren/Kind 26/3/19,50 US$; ☻ Mai–Sept. Sa & So 11–18 Uhr; ♿) mit seinen beiden Wellenbecken, den vielen Rutschen und einem Planschbecken für die Minis.

Ein paar Stunden glitschigen Spaß hat man im **Cox Splash Playground** (☻ April–Sept. 10–19 Uhr; ♿) im Tempe Beach Park. Dort können die kleinen Racker in Badehosen unter den verschiedensten überdimensionalen Duschen und Berieselungsanlagen herumtoben.

Im beliebten **Arizona Science Center** (☎ 602-716-2000; www.azscience.org; 600 E Washington St; Erw./Kind 12/10 US$; ☻ 10–17 Uhr; ♿) dürfen die Kids ca. 300 außergewöhnliche Ausstellungsstücke anfassen, an den täglich stattfindenden Live-Darbietungen teilnehmen oder sich im Planetarium in die Geheimnisse des Universums vertiefen.

Geführte Touren

Arizona Detours (☎ 866-438-6877; www.detoursaz. com) Bietet Tagestouren zu entlegenen Orten wie Tombstone (Erw./Kind 140/70 US$) und zum Grand Canyon (Erw./Kind 145/80 US$) sowie fünfstündige Stadtführungen (Erw./Kind 75/40 US$) an.

Arizona Outback Adventures (☎ 480-945-2881; www.aoa-adventures.com; 16447 N 91st St, Scottsdale) Im Programm sind eintägige Wander- (55 US$, min. 2 Pers.) und Radtouren (75 US$, min. 2 Pers.) sowie andere Outdoor-Aktivitäten.

Gray Line Phoenix (☎ 602-437-3484; www.grayline phoenix.com; 4001 S 34th St) Vierstündige Stadtführungen (Erw./Kind 52/27,50 US$) und eine zehnstündige Tour nach Sedona (Erw./Kind 95/50,50 US$).

KUNST-NÄCHTE

Jeden Donnerstagabend bleiben mehr als 100 Galerien in Scottsdale bis 21 Uhr geöffnet: Sie bilden den **Art Walk** (www.scotts dalegalleries.com), hauptsächlich am Marshall Way und in der Main St. Und wenn am ersten Freitagabend im Monat in der Innenstadt von Phoenix bei den **First Fridays** (www.artlinkphoenix.com) Kunst und Unterhaltung geboten wird, dann ist der angesagte Roosevelt District voller Radfahrer und Fußgänger, die zwischen den Galerien und Bars hin und her sausen.

Festivals & Events

Das beliebteste Event in Phoenix ist das **Tostitos Fiesta Bowl Football Game** (☎ 480-350-0911; www. fiestabowl.com), das in den ersten Januartagen im University of Phoenix Stadium in Glendale stattfindet. Ihm voraus geht eine der größten Paraden des zentralen Westens.

Schlafen

Von einfachen Motels bis hin zu Luxus-Resorts – den Hunderten Unterkünften ist eines gemeinsam: Wenn die Quecksilbersäule im Sommer steigt, dann fallen die Preise. Die genannten Preise gelten für die Hauptsaison.

BUDGETUNTERKÜNFTE

In den Kettenhotels rund um den Flughafen und in der Stadt Peoria im West Valley können Traveller oft günstige Angebote ergattern, vor allem zum Wochenende hin, wenn die Geschäftsleute abreisen.

HI Phoenix, Metcalf House (☎ 602-254-9803; www. home.earthlink.net/~phxhostel; 1026 N 9th St, Phoenix; B 18–25 US$, Zi. 30–45 US$; ☻ Check-in 17–22 Uhr; ✕ ♨ ☎)) Mit Kreide gekritzelte Danksagungen schmücken die Fassade dieser heimeligen Herberge in einem Wohnviertel. Küche und Gemeinschaftsbereiche sind tagsüber nicht zugänglich. Im Juli und August geschlossen.

Motel 6 Scottsdale (☎ 480-946-2280; www.motel6. com; 6848 E Camelback Rd, Scottsdale; EZ/DZ 38/56 US$; ♨ ☎) Ja, dies ist ein langweiliges Kettenmotel, aber es liegt geschickterweise mitten im schickeren Teil von Scottsdale, nur eine kurze Autofahrt von der Old Town entfernt.

MITTELKLASSEHOTELS

Hotel San Carlos (☎ 602-253-4121; www.hotelsancarlos. com; 202 N Central Ave, Phoenix; Zi. 83–110 US$; ✕ ♨ ☎)

DER ZENTRALE WESTEN

Dieses historisches Anwesen von 1928 ist ein Schmuckstück und findet sich mitten im Herzen der Innenstadt von Phoenix. Die Zimmer sind klein aber sauber und sehr stimmungsvoll eingerichtet. Das Hotel liegt direkt an einer Stadtbahnhaltestelle.

Hotel Valley Ho (☎ 480-248-2000; www.hotelvalleyho. com; 6850 E Main St, Scottsdale; Zi. 99–600 US$) Ein elegantes Hotel im Stil der Rat-Pack-Ära, das erst vor wenigen Jahren neu eröffnet wurde und in der Nähe der vornehmen Gourmet-Restaurants und Bars von Southbridge liegt. Die Zimmer sind eine tolle Hommage an den Modern Style der 1950er-Jahre, aber auch mit allem heutigen Komfort ausgestattet, z. B. mit Flachbildschirmen und großen, bequemen Betten. Im zum Hotel gehörenden Trader Vic's gibt es Rum-Drinks aus typischen Tiki-Bechern, die man einfach mal probiert haben muss.

LP Tipp **Clarendon Hotel + Suites** (☎ 602-252-7363; www.theclarendon.net; 401 W Clarendon Ave, Phoenix; Zi./Suite inkl. Frühstück 110/200 US$; ✕ ✕ ▣ ☞ ▣) Dieses moderne, aber herrlich retromäßige, Nadelstreifen-Boutiquehotel zeichnet sich durch coole, zeitgenössische Kunst und tolle Feinheiten wie bunte Fensterläden aus. Als Zugabe darf das Telefon kostenlos genutzt werden (inkl. innerstaatliche Ferngespräche), es gibt WLAN und eine super coole Bar auf der Dachterrasse – da kann man es sich gut gehen lassen.

Maricopa Manor (☎ 602-274-6302, 800-292-6403; www.maricopamanor.com; 15 W Pasadena Ave, Phoenix; Zi. inkl. Frühstück ab 150 US$; ✕ ✕ ☞ ▣) Dieses kleine, elegante Hotel nahe der von Bäumen gesäumten Central Ave verfügt über sieben schöne Suiten. Einige davon haben französische Türen, die auf eine Dachterrasse führen, von der man auf den Pool und Garten blickt. Es ist zwar ein B&B, aber sehr traulich.

Sheraton Phoenix Downtown (☎ 602-262-2500, 800-323-3535; www.sheratonphoenixdowntown.com; 340 N 3rd St, Phoenix; Zi. ab 170 US$; ✕ ▣ ☞ ▣) Eine der neuesten Errungenschaften im Zentrum von Phoenix. Hinter der Fassade, die hitzeabweisend gestaltet wurde, verbergen sich besonders reizvolle Innenräume, die von Künstlern aus der Region dekoriert wurden. Werktags wird das Hotel hauptsächlich von Geschäftsleuten frequentiert, doch an den Wochenenden und an jedem ersten Freitag im Monat sind Bar und Restaurant – beide mit regionaler Kunst vollgestopft – ein beliebter Treff für alle Kunstliebhaber. Die Zimmer sind modern eingerichtet und sehr behaglich. Und auf der Dachterrasse gibt es einen Pool mit einem tollen Ausblick.

SPITZENKLASSEHOTELS

Die Resorts sind die elegantesten und teuersten Unterkünfte. Sie sind nicht nur zum Übernachten da, sondern schon Reiseziele für sich. In manchen kann man den ganzen Urlaub verbringen.

Pointe Hilton Squaw Peak Resort (☎ 602-997-2626, 800-947-9784; www.pointehilton.com; 7677 N 16th St, Phoenix; Zi. ab 180 US$; ✕ ▣ ☞ ▣) Dieses nur aus Suiten bestehende Resort ist das familienfreundlichste Plätzchen der Stadt. Es hat zahlreiche Pools, Wasserrutschen, einen „Fluss" fürs Tubing, ein Kinder-Camp und einen Angestellten, der speziell für die Kinderaktivitäten zuständig ist.

Scottsdale Fairmont (☎ 480-585-4848, 866-540-4495; www.fairmont.com/scottsdale; 7575 E Princess Dr, Scottsdale; Zi. ab 240 US$; ✕ ✕ ▣ ☞ ▣) Wunderschöne, gut ausgestattete Zimmer mit exzellentem Service. Dinieren kann man hier auch so, wie es bei einem Luxushotel zu erwarten ist. Und was den Wellnessbereich angeht – der ist einfach unschlagbar.

Sheraton Wild Horse Pass Resort & Spa (☎ 602-225-0100, 888-625-5144; www.wildhorsepassresort.com; 5594 W Wild Horse Pass Blvd, Chandler; Zi. ab 273 US$; ✕ ✕ ▣ ☞ ▣) Das vom Stamm der Gila-River-Indianer konzipierte Luxushotel ist das ideale Plätzchen, um sich das Beste der indianischen Heilkunst und Weisheit zu Gemüte zu führen. Es gibt gemütliche Zimmer, weitläufige Gemeinschaftsflächen, köstliches Essen und ein breitgefächertes Wellness- und Wohlfühlprogramm.

Arizona Biltmore Resort & Spa (☎ 602-955-6600, 800-950-0086; www.arizonabiltmore.com; 2400 E Missouri Ave, Phoenix; Zi. ab 380 US$; Ⓟ ✕ ✕ ▣ ☞ ▣) Die Klasse und die traditionsreiche Geschichte des Biltmore, das 1929 als eine der ersten Luxus-Ferienanlagen der Superlative in Arizona gebaut wurde, ist hier überall förmlich mit Händen zu greifen. Die Anlage befindet sich zwar ganz in der Nähe des vornehmen Viertels Camelback Corridor, doch weil sie ihren eigenen Golfplatz, Tennisplätze, ein Wellness-Center, einen Fahrradverleih und viele andere Freizeitangebote hat, mag man sie gar nicht verlassen.

Essen

Das Gebiet um Phoenix-Scottsdale bietet die größte Auswahl an Restaurants der Region.

UTOPIA IN DER WÜSTE

Auf den bahnbrechende Architekten und Städteplaner Paolo Soleri geht der Plan für **Arcosanti** (☎ 928-632-7135; www.arcosanti.org; Cordes Junction; EZ/DZ ab 30/40 US$, Sky Suite inkl. Frühstück 100 US$) zurück, eine abgelegene Siedlung in der Wüste, die auf der Idee der von ihm begründeten „Arcology"-Bewegung basiert (ein Mix aus *architecture* und *ecology*). Diese Kombination aus Kibbuz und Designerschule 65 Meilen (104 km) nördlich von Phoenix sieht aus wie ein Dorf auf Luke Skywalkers Heimatplaneten. Galten Soleris Ideen in den 1960er-Jahren noch als spleenig und verschroben, so sind sie heute, in einer Zeit zunehmender Zersiedlung und Erderwärmung, schwer angesagt. Arcosanti bietet sich sowohl für einen Tagesausflug als auch für einen längeren Aufenthalt an – es gibt dort Seminare, die eine oder gar mehrere Wochen dauern, ein Café, Führungen, Konzerte und andere Events. Zur Verfügung stehen auch einfache Unterkünfte, wobei sich die Sky Suite für all jene anbietet, die schon immer einmal mit Blick in den nächtlichen Wüstenhimmel einschlafen wollten.

GÜNSTIG

Downtown Phoenix Public Market (www.phoenix publicmarket.com; 721 N Central Ave, Phoenix; Mi 16–20, Sa 8–12 Uhr) Dieser Bauernmarkt ist, was Qualität und Preis betrifft, nicht zu toppen. Neben den Spezialitäten für Gourmets sind aber auch die einheimischen Musikgruppen, die hier auftreten, ein Grund, einmal vorbeizuschauen. Der Markt findet bei jedem Wetter statt.

Fry Bread House (☎ 602-351-2345; 4140 N 7th Ave, Phoenix; Hauptgerichte 4–7 US$; Mo–Sa 10–19 Uhr) Der indianische Leckerbissen, der auch als „Elefantenohr" oder als Navaja-Taco bekannt ist, besteht aus einem Stück dünnem, gebackenem Teig, der mit Fleisch, Bohnen und Gemüse belegt oder – als süße Variante – mit Honig bestrichen wird. Zur Mittagszeit ist dieses kleine Lokal voll bis auf den letzten Platz, denn die Büroangestellten, die in der Nähe arbeiten, essen hier. Es empfiehlt sich daher, zu einer anderen Zeit zu kommen.

MacAlpine's (☎ 602-252-5545; 2303 N 7th St, Phoenix; Gerichte ab 5 US$; So–Do 11–19, Fr & Sa 11–20 Uhr) Das älteste Lokal in Phoenix serviert einfache Salate und Sandwiches. Die eigentliche Attraktion aber ist seine altmodische Limozapfenlage. Es gibt nichts Besseres als ein Glas Malzmilch, um schlechte Laune zu vertreiben. Von hier führt ein Durchgang zu dem angeschlossenen Antiquitätenladen.

Pane Bianco (☎ 602-234-2100; 4404 N Central Ave, Phoenix; Sandwiches 8 US$; Di–Sa 11–15 Uhr) Ein zur Pizzeria-Bianco-Gruppe gehörendes Café, in dem man die gleiche Qualität wie im Stammlokal zu einem viel günstigeren Preis bekommt – und noch dazu in zentraler Lage. Genuss pur, egal ob man einen Salat, ein Sandwich, süßes Gebäck oder eine Tasse Java-Kaffee bestellt.

MITTELTEUER

Los Dos Molinos (☎ 602-243-9113; 8646 S Central Ave, Phoenix; Hauptgerichte ab 8–15 US$; Di–Fr 11–14.30 & 17–19, Sa 11–21 Uhr) Das Lokal, das sich in einem Gebäude im Stil der Spanischen Mission am Fuß des South Mountain befindet, gilt als Mekka der New-Mexico-Küche in Phoenix. Auf der Speisekarte steht Bewährtes – Tacos, Enchiladas, Fajitas. Alles ist hier mit viel grünem Chili gewürzt. Ein weiteres Lokal gleichen Namens befindet sich im Zentrum (1010 E Washington St; Speisekarte und Öffnungszeiten sind identisch).

Pizzeria Bianco (☎ 602-258-8300; 623 E Adams St, Phoenix; Pizza 11–14 US$; Di–Sa 17–22 Uhr) Der Gewinner des James Beard Award, Chris Bianco, macht die besten Pizzas der ganzen Stadt, ja vielleicht sogar ganz Amerikas. Das Lokal ist schwer gefragt – Gäste müssen sich auf Wartezeiten einstellen, die sie am besten mit einem Drink in der Hand herumbringen.

Chelsea's Kitchen (☎ 602-957-2555; 5040 N 40th St, Phoenix; Gerichte 12–25 US$; Mo–Mi 11–22, Do 11–23, Fr & Sa 11–24, So 10–21 Uhr) Das Restaurant befindet sich in einem renovierten Gebäude aus den 1950er-Jahren am Kanal in dem ziemlich vornehmen Stadtteil Arcadia. Wer einen Teller Tacos oder Rippchen bestellt, wird nicht enttäuscht sein. Das ist hier die Hausmannskost (ja, hier gelten Tacos als Hausmannskost), die auch Gourmets schätzen.

Caffe Boa (☎ 480-968-9112; 398 S Mill Ave, Tempe; Hauptgerichte 16–22 US$; Mo–Mi 11–22, Do–Sa bis 23, So 12–22 Uhr) Im Caffe Boa gab es schon die typischen Bistrogerichte aus frischen Zutaten, lange bevor das zum Trend wurde. Mit seiner guten Weinkarte und den abendlichen Jazzkonzerten wird es seinem Ruf als coole Oase in der Tempe's Mill Ave gerecht.

TEUER

Digestif (☎ 480-425-9463; 7114 E Stetson Dr, Scottsdale; Hauptgerichte 18–28 US$; ☺ 11–24 Uhr) Eine Mischung aus italienischer und kalifornischer Küche kann man in dem umtriebigen Stadtviertel Southbridge in Scottsdale genießen – die mit püriertem Kürbis gefüllten Ravioli werden ganz frisch hergestellt. Einfach einen Stuhl auf der Veranda schnappen und dann die Leute auf der Straße beobachten! Wer will, kann auch einen Blick in das Kabuff neben den Klos werfen, wo Musik von lokalen Bands zu hören ist.

Durant's (☎ 602-264-5967; 2611 N Central Ave, Phoenix; Hauptgerichte ab 20 US$; ☺ Mo–Do 11–22, Fr & Sa bis 23, So 16.30–22 Uhr) Der Speisesaal ist mit rotem Leder ausstaffiert, was besser in das Vegas der Rat-Pack-Ära passen würde als ins Zentrum von Phoenix. Aber der Look rührt daher, dass der ursprüngliche Besitzer ein guter Freund jener Gangster war, die in Nevadas Spielemekka zu Ruhm und Geld gekommen sind. Die Martinis und Steaks hier sind einfach himmlisch.

Bourbon Steak (☎ 480-513-6002; Scottsdale Fairmont, 7575 E Princess Dr, Scottsdale; Hauptgerichte 30–70 US$; ☺ 17.30–23 Uhr) Als 2008 der berühmte Starkoch Michael Mina kam und dieses für Steak und Bourbon berühmte Lokal eröffnete, legte er dadurch die Messlatte für den kulinarischen Anspruch in Scottsdale nochmals höher. Das Fleisch ist noch delikater zubereitet, als sich dies ein passionierter Fleischesser, der auf einer öden und verlassenen Insel ohne Aussicht auf ein Stück Fleisch festsitzt, in seinen kühnsten Träumen vorstellen könnte.

Kai (☎ 602-385-5726; Sheraton Wild Horse Pass Resort & Spa, 5594 W Wild Horse Pass Blvd, Chandler; Hauptgerichte 40–50 US$, 8-Gänge-Menü mit verschiedenen Weinen 280 US$; ☺ Di–Sa 18–22 Uhr) Ein Restaurant der höchsten Kategorie in Arizona. Aus einfachen Zutaten, die überwiegend von Farmen der Ureinwohner stammen, wird hier etwas ganz Außergewöhnliches zubereitet. Den gegrillten Büffel vom Stamm der Cheyenne-River muss man einfach probiert haben! Anfang August schließt das Restaurant für einen Monat.

Ausgehen

Scottsdale hat die höchste Konzentration von trendigen Bars und Klubs, während Tempe die Studentenmassen anzieht und Phoenix schon seit jeher jede Menge Bars hat, in denen es sich gut versumpfen lässt und die heute wieder angesagt sind.

Bikini Lounge (☎ 602-252-0427; 1502 Grand Ave, Phoenix; ☺ 18 Uhr–open end) Im Roosevelt District, wo sich die Kunstszene trifft, gibt es einige gute Locations, doch die Bikini Lounge ist die coolste von allen. Rostige Pick-ups und schicke BMWs teilen sich den kleinen Parkplatz und drinnen prägen Bambus und geschnitzte Tiki-Totems das Ambiente.

Greasewood Flat (☎ 480-585-9430; www.greasewoodflat.net; 27375 N Alma School Pkwy, Scottsdale; ☺ 11–1 Uhr) Ein etwas rustikales Plätzchen unter freiem Himmel, von wo aus man nachts die Sterne in all ihrer Pracht bewundern kann. Wenn es kühler wird, werden die Lagerfeuer angezündet und am Wochenende treten Country-Bands auf, die von der tanzenden Menge begeistert angefeuert werden. Die Spezialitäten hier sind Burger und andere fettige Leckereien.

Jade Bar (☎ 480-948-2100; Sanctuary auf dem Camelback Mountain, 5700 E McDonald Dr, Paradise Valley) Eine schicke Hotelbar auf dem Camelback Mountain mit einer großen Terrasse, damit auch möglichst viele Gäste den feuerroten Himmel bestaunen können, wenn die Sonne langsam hinter dem Horizont versinkt.

Swizzle Inn (☎ 602-277-7775; 5835 N 16th St, Phoenix; ☺ 17 Uhr–open end) „Swizzle in ... stagger out" („Reintänzeln ... raustaumeln") steht auf dem Schild an der Tür. Die Kneipe ist in einer Mall und war früher auf eine lesbische Klientel ausgerichtet. Heute kommen alle möglichen Leute hierher – Hippe genauso wie Ältere.

Unterhaltung

BS West (☎ 480-945-9028; www.bswest.com; 7125 E 5th Ave, Scottsdale; ☺ 14–2 Uhr) In dem Schwulentanzklub im Old-Town-Bezirk gibt es mehrere Pooltische und eine kleine Tanzfläche. Montags werden hier Rock-Band-Videospiele gespielt und manchmal finden auch Karaokeabende statt.

Rhythm Room (☎ 602-265-4842; www.rhythmroom.com; 1019 E Indian School Rd, Phoenix; Eintritt 4–30 US$; ☺ Di–So) In diesem bei Einheimischen sehr beliebten Schuppen dreht sich alles um Live-Blues und -Jazz. Das lockt eine Menge verschiedener Leute an, die ein bisschen Spaß haben wollen.

Orpheum Theatre (☎ 602-262-7272; 203 W Adams St, Phoenix; Tickets ab 50 US$) In diesem prächtigen, neu renovierten Gebäude, das früher ein Kinosaal war und direkt im Zentrum liegt, werden anspruchsvolle Musical- und Showproduktionen sowie Konzerte präsentiert. Viele geschichtliche Ereignisse sind mit dem Orpheum Theatre verknüpft: Als die berühmten Filmstars früher noch in die Stadt kamen, weil hier ihre Filme gezeigt wurden, gingen sie auch in das heute leider nicht mehr existierende Café, um noch eine Limo zu trinken.

Symphony Hall (☎ 602-262-7272; 75 N 2nd Ave, Phoenix) Hier spielen die **Arizona Opera** (☎ 602-266-7464; www.azopera.com; Tickets 30–130 US$) und das **Phoenix Symphony Orchestra** (☎ 602-495-1999; Tickets 20–70 US$).

Die Basketballmannschaft der Herren, die **Phoenix Suns** (☎ 602-379-7867; www.nba.com/suns), und die Damenmannschaft, die **Phoenix Mercury** (☎ 602-252-9622; www.wnba.com/mercury) spielen im US Airways Center. Die Footballmannschaft **Arizona Cardinals** (☎ 602-379-0101; www.az cardinals.com) tritt im University of Phoenix Stadium in Glendale an. Die **Arizona Diamondbacks** (☎ 602-462-6500; http://arizona.diamondbacks.mlb.com) werfen den Baseball auf dem Chase Field.

Shoppen

Der Buchladen **Heard Museum Bookshop** (☎ 602-252-8344; www.heard.org; 2301 N Central Ave, Phoenix) bietet eine große Bandbreite von Büchern über die amerikanischen Ureinwohner an und hat auch die vertrauenswürdigste, beste und teuerste Auswahl von indigenem Kunsthandwerk im Sortiment.

Im Valley stehen einige beachtenswerte Shopping-Malls. Wer edler shoppen will, besucht den **Scottsdale Fashion Square** (Ecke Camelback Rd & Scottsdale Rd) oder den noch eleganteren **Biltmore Fashion Park** (Ecke Camelback Rd & 24th St).

Anreise & Unterwegs vor Ort

Nahezu überall in Phoenix gibt es ausreichend Parkmöglichkeiten – außer an Tagen, an denen besondere Veranstaltungen stattfinden.

Greyhound (☎ 602-389-4200; www.greyhound.com; 2115 E Buckeye Rd, Phoenix) bietet regelmäßige Busverbindungen nach Tucson (23 US$, 2 Std.), Flagstaff (25 US$, 3 Std.), Los Angeles (54 US$, 8 Std.) und zu weiteren Zielen an.

Der **Sky Harbor International Airport** (PHX; ☎ 602-273-3300; http://phoenix.gov/aviation) befindet sich 3 Meilen (5 km) südöstlich der Innenstadt. Es gibt einen Bus (kostenlos), der zwischen der Stadtbahnhaltestelle an der südwestlichen Ecke der 44th St und der Washington St und dem Flughafen verkehrt. Er fährt zu denselben Zeiten wie die Stadtbahn.

Das neue **Stadtbahnnetz** (☎ 602-253-5000; www.metrolighttrail.org; Ticket 1,25 US$, 3-Tages-Pass 7,50 US$) hat im Dezember 2008 den Betrieb aufgenommen und verbindet die Central Ave mit dem Zentrum von Phoenix und den östlichen Vorstädten Tempe und Mesa. Zum ersten Mal kann man nun all das sehen, was das Valley zu bieten hat, ohne dass man dafür einen eigenen fahrbaren Untersatz mieten muss.

Valley Metro (☎ 602-253-5000; www.valleymetro.org) setzt Busse (1,25 US$) im ganzen Tal ein. Werktags fährt die kostenlose Flash-Linie rund um das Gebiet der ASU und die kostenlose Dash-Linie in der Innenstadt von Phoenix. Der kostenlose und häufig verkehrende **Scottsdale Trolley** (☎ 480-421-1004; www.scottsdaletrolley.com) deckt das Gebiet der Old Town ab und tuckert zu einer Reihe guter Shoppinggegenden. In Betrieb ist er von 11 bis 21 Uhr.

ZENTRALES ARIZONA

Dieser Teil von Arizona zieht das ganze Jahr über Menschen an, die Freude an Outdoor-Aktivitäten haben, und ist zugleich eine Oase für alle, die eine Abkühlung vor der Sommerhitze suchen. Hinter Phoenix steigt das Land allmählich an und geht von leicht hügeliger Wüstenlandschaft über in immer steiler werdende Berge, die mit struppigen Bäumen und Sträuchern bewachsen sind. Noch weiter im Norden ragen Berge aus großen Kiefernwäldern auf. Hier befindet sich die naturverbundene Collegestadt Flagstaff, die an der alten Route 66 liegt. In Williams, einem winzigen Städtchen, in dem man das Route-66-Gefühl noch lebendig zu halten versucht, beginnen Zugreisen zum Grand Canyon. Das wunderschöne Sedona mit seiner atemberaubenden Kulisse aus roten Felsen ist ein New-Age-Zentrum und ein wichtiger Knotenpunkt für Traveller. Jerome, die einstige Bergarbeiterstadt, ist heute eine Art Festung, in die sich allerlei Künstler geflüchtet haben – und Leute, die sich für Künstler halten. Prescott ist vor allem von der Nähe zur Grenze geprägt.

Flagstaff

Wie um an die Vergangenheit von Flagstaff zu erinnern, rasen jeden Tag knapp 100 Güterzüge durch diese schöne Bergstadt und lassen unbekümmert ihr Signalhorn ertönen. Flagstaff ist eine abgefahrene, pulsierende Stadt voller Studenten der Northern Arizona University (NAU). Sie ist umgeben von Gelbkiefern, man atmet kühle Bergluft und es gibt sogar einen Berg zum Skifahren, der

DER ZENTRALE WESTEN

im Sommer den Menschen aus Phoenix als Rückzugsort dient. Kleine Brauereien, interessante Hotels und angesagte Restaurants finden sich in den alten Backsteingebäuden, nur einen Katzensprung von der alten Route 66 entfernt. Überall in der Nähe gibt's Wander- und Fahrradwege. Weil es weniger als zwei Fahrtstunden vom Grand Canyon entfernt liegt und auch die bei Weitem größte Stadt in der Region ist, gibt Flagstaff eine fantastische Basisstation ab.

Das **Visitors Center** (☎ 928-774-9541, 800-842-7293; www.flagstaffarizona.org; 1 E Rte 66; ☼ 8–17 Uhr) befindet sich in der historischen Amtrak Station.

SEHENSWERTES

Wer nur Zeit für eine einzige Sehenswürdigkeit mitbringt, sollte das **Museum of Northern Arizona** (☎ 928-774-5213; www.musnaz.org; 3101 N Fort Valley Rd; Erw./Student 7/4 US$; ☼ 9–17 Uhr) besuchen. Dessen Themenschwerpunkte sind Archäologie, Geschichte und Kultur der hiesigen Ureinwohner und darüber hinaus Geologie, Biologie und Kunst.

Im **Lowell Observatory** (☎ 928-233-3211; www.lowell.edu; 1400 W Mars Hill Rd; Erw./Kind 6/3 US$; ☼ April–Okt. 9–17 Uhr, Nov.–März 12–17 Uhr, später abends unterschiedliche Öffnungszeiten) wurde 1920 der Pluto entdeckt; zuvor hielten viele Wissenschaftler die Existenz eines „Planeten X" für eine verrückte Idee. Wenn es das Wetter zulässt, dürfen Besucher abends durch das Teleskop in die Sterne gucken. Flagstaff ist übrigens die erste International Dark Sky City der Welt. Tagsüber gibt es zwischen 13.15 und 16.15 Uhr stündlich 30-minütige Führungen.

Die Felsensiedlungen der Sinagua-Indianer im **Walnut Canyon National Monument** (☎ 928-526-3367; www.nps.gov/waca; Eintritt 5 US$; ☼ Nov.–April 9–17 Uhr, Mai–Okt. 8–17 Uhr) befinden sich mitten in einem bewaldeten Canyon zwischen fast senkrechten Wänden kleiner Kalksteinberge. Ein kurzer Wanderpfad führt an vielen Zimmern der Felswohnung vorbei. Das Monument liegt 11 Meilen (17,5 km) südöstlich von Flagstaff hinter der Ausfahrt 204 der I-40. Da die Zufahrtsstraße gelegentlich wegen Steinschlags gesperrt ist, sollte man vorher anrufen.

AKTIVITÄTEN

Wer sagen können möchte, er sei in Arizona Ski gefahren, macht sich auf zur kleinen, aber hoch gelegenen **Arizona Snowbowl** (☎ 928-779-1951; www.arizonasnowbowl.com; Snowbowl Rd; halber/ganzer Tag 38/48 US$). Mit den vier Liften kommt man zu 32 Abfahrten und einem Snowboard-Park auf einer Höhe zwischen 2800 und 3500 m. Im Sommer kann man auch mit dem Sessellift fahren (Erw./Kind 10/8 US$). Dann wird die Hauptstation dort oben tagsüber zu einem beliebten Treffpunkt, wo man beim Discgolf zuzusehen kann. Den Schneebericht gibt's unter ☎ 928-779-4577.

Der höchste Berg Arizonas ist der 3860 m hohe **Humphreys Peak**. Die Wanderung hinauf ist ein ziemlich direkter, im Sommer aber anstrengender Marsch. Der Pfad beginnt bei der Arizona Snowbowl, windet sich durch den Wald und mündet schließlich in eine herrliche karge und sehr windige Stelle oberhalb der Baumgrenze. Die einfache Strecke ist etwa 7 km lang; für eine Tour hin und zurück sollte man sechs bis acht Stunden einplanen.

Alles Wichtige fürs Wandern, Radfahren, Klettern und Langlaufen findet sich im **Peace Surplus** (☎ 928-779-4521; www.peacesurplus.com; 14 W Rte 66; ☼ Mo–Fr 8–21, Sa bis 20, So bis 18 Uhr). Das ist einer der besten Läden der Stadt für Outdoor- und Reiseausrüstung und das Personal ist nicht nur freundlich und hilfsbereit, sondern hat auch manch guten Tipp parat.

SCHLAFEN

Flagstaff hat die größte Auswahl an Unterkünften in dieser Region. Anders als im südlichen Arizona ist die Hauptsaison hier der Sommer. Zu beachten ist, dass die Route 66 direkt neben den Bahngleisen verläuft und die Güterzüge die ganze Nacht hindurch fahren.

Grand Canyon International Hostel (☎ 928-779-9421, 888-442-2696; www.grandcanyonhostel.com; 19½ S San Francisco St; B/DZ inkl. Frühstück ab 18/38 US$; ☐ ☒) Die Besitzer sind sehr freundlich und die sauberen, kleinen Schlafräume sind in einem historischen Gebäude untergebracht. Es gibt eine Küche, Möglichkeiten zum Wäschewaschen und einen Veranstalter, der geführte Touren zum Grand Canyon und nach Sedona organisiert. Gäste werden kostenlos vom Greyhound-Bus abgeholt.

Dubeau Hostel (☎ 928-774-6731, 800-398-7112; www.grandcanyonhostel.com; 19 W Phoenix Ave; B inkl. Frühstück 18/20, Zi. 41–48 US$) Gehört zum Grand Canyon International Hostel. Die Zimmer sind im Grunde einfache Hotelzimmer, aber nur halb so teuer. Da es im Haus eine Jukebox gibt, kann es hier etwas laut zugehen.

LP Tipp **Weatherford Hotel** (☎ 928-779-1919; www.weatherfordhotel.com; 23 N Leroux St; Zi 65–79 US$;

Suite 125 US\$; ☒) Das älteste Hotel von Flagstaff bietet ein fantastisches Preis-Leistungs-Verhältnis und hält die Preise das ganze Jahr über stabil. Die acht gemütlichen, schlichten Zimmer (drei teilen sich ein Bad) und zwei größeren, schicken Suiten verströmen die Atmosphäre des ausgehenden 19. Jhs. (kein TV oder Telefon, außer in den Suiten).

Monte Vista Hotel (☎ 928-779-6971, 800-545-3068; www.hotelmontevista.com; 100 N San Francisco St; Zi. 70–170 US\$; ☒ ☒ ☎) Viele der 50 Zimmer und Suiten sind nach Filmstars benannt, die in ihnen genächtigt haben. Die Zimmer sind sauber und nicht gerade klein, aber offensichtlich profitiert dieses Hotel heute mehr von seiner ruhmreichen Vergangenheit und seinem hervorragenden Standort als von seinem Preis-Leistungs-Verhältnis. In der Monte Vista Lounge im Erdgeschoss wird Livemusik gespielt. Wer die nicht hören mag, sollte vorher nach einem ruhigen Zimmer fragen.

ESSEN

Wer durch die Innenstadt geht, stolpert automatisch über eine Menge Möglichkeiten, gut zu Abend zu essen.

Bun Huggers (☎ 928-779-3743; 901 S Milton Rd; Gerichte unter 8 US\$; ☻ 10.30–22 Uhr) Wer den Tag in den nahen Bergen verbracht hat, pflegt hier einzukehren und aufzutanken. Vor allem Studenten lieben dieses Lokal wegen der günstigen Preise. Passionierte Fleischfans schwärmen von den über Süßhülsenbaumholz gegrillten Burgern und auch das eiskalte selbst gebraute Bier wird sehr geschätzt.

LP Tipp Mountain Oasis (☎ 928-214-9270; 11 Aspen Ave; Hauptgerichte ab 10 US\$; ☻ 11–21 Uhr) Zum Mittagessen geht man hier in Radlerhosen, aber zum Abendessen zieht man sich besser die schickere Jeans an – nach Sonnenuntergang steigen die Ansprüche. Das Oasis ist eine Oase, in der man gut essen und trinken kann, vor allem aber mischen sich hier die verschiedensten Aromen: Man kann mediterran, japanisch oder thailändisch essen und am Wochenende – und nur dann – gibt's erstklassige, super gegarte Rippchen.

Brix Restaurant & Wine Bar (☎ 928-213-1021; 413 N San Francisco St; Gerichte 24–32 US\$; ☻ Mo–Sa 11–14 & 17–21.30, So 17–21.30 Uhr) Ein behutsam modernisiertes Gebäude aus dem frühen 20. Jh. beherbergt dieses zeitgemäße und legere amerikanische Lokal. Auf den Tisch kommt frische Kost von hiesigen Bauernhöfen und Ranches sowie Wein von Kleinerzeugern.

WAS ZUM …?

Mit fast 1,6 km Durchmesser und 180 m Tiefe ist dies nach dem Grand Canyon das beeindruckendste Loch in Arizona. Es stammt von einem glühenden Meteoren, der vor etwa 50 000 Jahren in die Erdatmosphäre eindrang und dann dort aufschlug, wo damals noch riesige Faultiere lebten, dem **Meteor Crater** (☎ 928-289-2362; www.meteorcrater.com; I-40 Ausfahrt 233; Erw./Kind/Senior 15/7/13 US\$; ☻ Juni–Mitte Sept. 7–19 Uhr; ♿). Der Krater liegt 40 Meilen (64 km) östlich von Flagstaff inmitten einer Gegend, die durchaus irgendwie außerirdisch wirken kann, wenn man genügend Fantasie hat. Es gibt zwar Aussichtspunkte am Kraterrand, aber es führt kein Weg runter. Weitere Infos hält das coole und durchaus informative Visitor Center bereit.

AUSGEHEN & UNTERHALTUNG

Museum Club (☎ 928-526-9434; 3404 E Rte 66; ☻ 11–2 Uhr) *Yee-haw!* In dieser Kneipe, in der all-abendlich Country-Musik und Tanz angesagt ist, kann man prima eine flotte Sohle aufs Parkett legen. In dem Gebäude, das von außen wie eine große Blockhütte aussieht, gibt es einen riesigen Holztanzboden und eine Mahagoniholz-Bar, an der kostbares Lebenselixir ausgeschenkt wird.

Flagstaff Brewing Company (☎ 928-773-1442; www.flagbrew.com; 16 E Rte 66; ☻ Mo–Sa 11–2, So bis 24 Uhr) Ein lässiges Lokal mit freundlicher Outdoor-Atmosphäre. Hier gibt's selbst gebrautes Bier, Livemusik und jede Menge Scotch – alles nur einen Steinwurf vom Zentrum entfernt. Auch das Essen (hauptsächlich Pizza, Burger, Suppe und Salate) ist ziemlich gut.

Orpheum Theater (☎ 928-556-1580; www.orpheumpresents.com; 15 W Aspen St; Tickets ab 15 US\$) Das Theater, ein stattliches, altmodisches Kinogebäude von 1911, ist jetzt eine super Location für erstklassige regionale und überregionale Bands und gelegentliche Kinoabende.

ANREISE & UNTERWEGS VOR ORT

Von der **Greyhound-Bushaltestelle** (☎ 928-774-4573; www.greyhound.com; 399 S Malpais Lane; ☻ 6–2.30 Uhr) fahren regelmäßig Busse nach Las Vegas (67 US\$, 6 Std.), Los Angeles (66–75 US\$, 12 Std.) und Phoenix (26–35 US\$, 3 Std.). **Open Road Tours** (☎ 928-226-8060; www.openroadtours.com; 1 E Rte 66) bietet von seinem Büro in der

Amtrak Station aus einen Pendelverkehr zum Grand Canyon (27 US$), zum Phoenix Sky Harbor International Airport (42 US$) und, wenn Saison ist, nach Sedona (25 US$) an. Reservierungen sollten telefonisch erfolgen.

Der von **Amtrak** (☎ 928-774-8679; www.amtrak. com) betriebene *Southwest Chief* hält auf seinen täglichen Fahrten zwischen Chicago und Los Angeles in Flagstaff.

Williams

Williams liegt 60 Meilen (96 km) südlich von Grand Canyon Village und 35 Meilen (56 km) westlich von Flagstaff an der I-40. Es ist die ideale Basis für einen Abstecher zum South Rim des Grand Canyon. Hier gibt es viele klassische Route-66-Motels und Kettenhotels mit Schnäppchenpreisen, und das alte Schulgebäude sowie der ehemalige Bahnhof bezaubern heute noch die Besucher.

Die meisten Traveller kommen hierher, um eine Fahrt mit der **Grand Canyon Railway** (☎ 800-843-8724; www.thetrain.com; Railway Depot, 233 N Grand Canyon Blvd; Rundreise Erw./Kind ab 70/40 US$; 🚻) aus der Zeit um 1900 zum South Rim (Abfahrt 9.30 Uhr) zu unternehmen. Selbst wer kein ausgesprochener Eisenbahnfan ist, wird großen Spaß an der Fahrt mit dieser historischen Dampflok haben. Schauspieler in Kostümen aus jener Epoche erzählen, wie es früher hier so war und dazu wird Folk-Musik auf dem Banjo gespielt. Von November bis Januar gibt es auch den beliebten *Polar Express*-Service (Erw./Kind ab 29/14 US$), bei dem die Kids im Schlafanzug zu einem Besuch beim Weihnachtmann am „Nordpol" abgeholt werden.

Eine der Übernachtungsoptionen ist die **Red Garter Bed & Bakery** (☎ 928-635-1484, 800-328-1484; www.redgarter.com; 137 Railroad Ave; Zi. inkl. Frühstück 120–145 US$; 🍴 🐾 📶), ein in ein B&B verwandeltes Bordell von 1897, aus dessen Fenstern die Damen herauszuschauen pflegten, um die Kunden anzulocken. Die vier Zimmer spiegeln das Flair dieser Zeit wider und in der Bäckerei im Erdgeschoss kriegt man einen guten Kaffee. Das abgefahrene kleine **Grand Canyon Hotel** (☎ 928-635-1419, 877-635-1419; www. thegrandcanyonhotel.com; 145 W Rte 66; B 23 US$, Zi. mit Gemeinschafts/eigenem Bad 60/75 US$; 🍴 🐾 💻 📶) hat kleine, nach verschiedenen Motiven gestaltete Zimmer, einen Schlafsaal mit sechs Betten und sogar ein eigenes Thai-Restaurant.

Route-66-Fans werden das vielfältige Dekor im **Cruiser's Cafe' 66** (☎ 928-635-2445; 233 W Rte 66; Gerichte 8–16 US$; 🕐 1. März–15. Jan. 11–23 Uhr, 15.

Jan.–1. März 15–23 Uhr, Bar ganzjährig bis 2 Uhr) lieben. Das Lokal macht Laune, serviert leckeres, selbst gebrautes Bier, Gegrilltes und andere amerikanische Speisen – im Gebäude einer Tankstelle aus den 1930er-Jahren.

Open Road (☎ 928-226-8060; www.openroadtours. com; Railway Depot, 233 N Grand Canyon Blvd) bietet zweimal täglich einen Shuttleservice zum Grand Canyon (22 US$, zzgl. 6 US$ Eintritt für den Park) und nach Flagstaff (17 US$).

Sedona

Schon die einheimischen Indianerstämme betrachteten das Gebiet um Sedona – in dem die Felsen in einem feurig glühenden Rot erstrahlen, als würden sie gleich explodieren – als einen heiligen Ort. Mit seinen dünnen Türmchen, den großartigen, freistehenden Steinkuppen und den abgeflachten Mesas aus karminrotem Sandstein strahlt er auch wirklich eine besondere Aura aus. Heute zählt der Ort nicht nur zu den führenden New-Age-Zentren der Welt, sondern gilt wegen seiner „Energiestrudel" auch als Mekka einer bestimmten spirituellen Bewegung. Was immer man auch davon halten mag, „Red Rock Country" jedenfalls ist mit seinen Kunstgalerien und Gourmetrestaurants, seinen Ferienunterkünften der Spitzenklasse und vielen New-Age-Visionären zweifellos einer der schönsten Orte in Arizona.

Die Kreuzung der Hwys 89A und 179, das sogenannte „Y", liegt mitten in der Stadt und ist ein guter Orientierungspunkt. Die Geschäfte erstrecken sich entlang beider Straßen. Das **Visitor Center** (☎ 928-282-7722, 800-288-7336; www.visitsedona.com; 331 Forest Rd; 🕐 Mo–Sa 8–17, So 9–15 Uhr) hält praktische Touristeninformationen und Energiestrudellandkarten bereit.

SEHENSWERTES & AKTIVITÄTEN

New-Age-Anhänger glauben, dass die Felsen, Klippen und Flüsse von Sedona elektromagnetische Energie ausstrahlen. Die vier bekanntesten Strahlungszentren der Welt befinden sich hier und bestehen aus dem **Bell Rock** nahe dem Village of Oak Creek östlich des Hwy 179, dem **Cathedral Rock** nahe Red Rock Crossing, der **Airport Mesa** an der Airport Rd und dem **Boynton Canyon**. Die Airport Rd ist außerdem ein großartiger Standort, um die spektakulären Sonnenuntergänge zwischen den roten Felsen zu beobachten.

Am besten erkundet man die Gegend, indem man im umliegenden **Coconino National**

Forest (☎ 928-203-2900; www.redrockcountry.org/recreation) wandert, radelt oder reitet. Für Besuche und die Parkplätze hier braucht man einen Red-Rock-Pass (5 US$/Tag, 15 US$/Woche), der in den meisten Geschäften und Hotels und auch an vielen Kiosken an den Parkplätzen der berühmten Schauplätze erworben werden kann. Die malerischsten Plätze im Coconino National Forest finden sich nördlich von Sedona am Hwy 89A, der sich am Oak Creek entlang durch den vielbesuchten **Oak Creek Canyon** schlängelt.

Wer sich an heißen Tagen etwas Abkühlung verschaffen will, sollte zum **Slide Rock State Park** (☎ 928-282-3034; www.azstateparks.com; 6871 N Hwy 89A; Eintritt 10 US$/Fahrzeug; ☽ Juni–Aug. 8–19 Uhr, März–April u. Sept.–Okt. 8–18 Uhr, Nov.–Feb. 8–17 Uhr) fahren. Dies ist die Hauptattraktion des Oak Creek Canyon, denn dort kann man von den Felsen runter ins kühle Flüsschen springen oder auf einem der schattigen Pfade wandern. Man kann anrufen, um sich nach der Wasserqualität zu erkundigen.

Viele Unternehmen bieten geführte Touren im Geländewagen an, aber **Pink Jeep Tours** (☎ 928-382-5000, 800-873-3662; www.pinkjeep.com; 204 N Hwy 89A; geführte Touren ab 68 US$) ist der am meisten geschätzte und hat auch das größte Angebot. **Earth Wisdom Jeep Tours** (☎ 928-282-4714; www.earthwisdomtours.com; 293 N Hwy 89A; geführte Touren 68–98 US$) bietet Touren zu den Energiestrudeln, die auch denen großen Spaß machen, die nicht daran glauben. Eine Begegnung der anderen Art verschaffen einem die Astronomen von **Evening Sky Tours** (☎ 928-203-0006; www.eveningskytours.com; Erw./Kind 60/20 US$; ☽ tgl. nach Sonnenuntergang), die einen mit ihren riesigen Teleskopen im ruhigen Sedona auf eine Reise durch das Universum mitnehmen.

Bike & Bean (☎ 928-284-0210; www.bike-bean.com; 6020 Hwy 179; 2 Std./Tag ab 25/40 US$) ist ein Fahrradverleih, der aber auch geführte Wander- und Radtouren zu den Energiestudeln veranstaltet – prima für diejenigen, die es lieber etwas entspannter haben.

SCHLAFEN

In Sedona gibt's viele schöne B&Bs, Hütten am Creek und Ferienanlagen mit gutem Service.

Coconino National Forest Campgrounds (☎ 928-203-2900; www.redrockcountry.org/recreation; Stellplatz 15–20 US$) Auf diesem Gelände gibt es acht Campingplätze, die meisten davon liegen nördlich von Sedona am Hwy 89A. Von man-

chen aus hat man gute Wandermöglichkeiten und eine prima Aussicht, andere liegen etwas zurückversetzt am Ufer eines Flüsschens. Einige Stellplätze kann man im Voraus reservieren, andere werden dagegen nach dem Motto „Wer zuerst kommt, mahlt zuerst" vergeben.

White House Inn (☎ 928-282-6680; www.sedonawhitehouseinn.com; 2986 W Hwy 89A; Zi. 60–100 US$) Es ist nicht gerade die Präsidentensuite, aber die freundliche Atmosphäre macht dieses preiswerte und einfache Motel im eher ruhigeren, westlichen Teil von Sedona durchaus zu einer angenehmen Option. Wer länger bleiben will, sollte nach speziellen Wochentarifen fragen.

Garland's Oak Creek Lodge (☎ 928-282-3343; www.garlandslodge.com; 8067 N Hwy 89A; Hütte 235–290 US$; ☽ April–15. Nov.) Liegt an einem besonders malerischen Streifen entlang des Oak Creek, weshalb man die freistehenden Hütten bereits einige Monate im Voraus reservieren sollte. Für Langzeiturlauber gibt es besondere Tarife, Frühstück ist inklusive und jeden Abend werden leckere Vier-Gänge-Menüs angeboten.

ESSEN & AUSGEHEN

New Frontiers Natural Market & Deli (☎ 928-282-6311; 1420 W Hwy 89A; Sandwiches 5 US$; ☽ 8–20 Uhr) Eine gute Auswahl von gesunder Kost, gutem Käse und leckerem Wein. Der integrierte Feinkostladen bietet schmackhafte Sandwiches und Snacks für ein Picknick an.

D'lish Very Vegetarian (☎ 928-203-9393; 3190 W Hwy 89A; Gerichte 6–12 US$; ☽ 11–20 Uhr; Ⓥ) Köstliches Essen in angenehmer Atmosphäre: Die Mahlzeiten sind auch ohne Fleisch deftig, sodass selbst der „Eingefleischteste" beeindruckt ist.

LP Tipp **Sedona Airport Restaurant** (☎ 928-282-3576; 1185 Airport Rd; Mittagessen ab 7 US$, Abendessen 12–25 US$; ☽ 7–20 Uhr) Am besten kommt man donnerstags her und reserviert vorab, denn da gibt es frische Krabben in rauen Mengen. Eismeerkrabben – *all you can eat* – bekommt man für nur 17,95 US$. Der Blick in den Sternenhimmel oben auf der Airport Mesa, das gute Essen, die roten Felsen, die wie Feuer glühen … das Leben kann echt schön sein.

Cowboy Club (☎ 928-282-4200; 241 N Hwy 89A; Mittagessen 9–16 US$, Abendessen 15–25 US$; ☽ 11–22 Uhr) Hier wurde die Prickly Pear Margarita erfunden und es werden Cocktails serviert, die es nur in Arizona gibt. Außerdem bekommt man Gerichte wie gebratene Kaktusstreifen und als Vorspeise gegrillte Schlangenspießchen (schmeckt wirklich wie Hühnchen). Aber natürlich stehen auch Sandwiches, Steaks und Salate zur Auswahl. Der Raum ist abgeteilt in einen Bereich für Erwachsene und einen für Kinder.

ANREISE & UNTERWEGS VOR ORT

Der **Sedona-Phoenix Shuttle** (☎ 928-282-2066; www.sedona-phoenix-shuttle.com) pendelt achtmal täglich zwischen dem Phoenix Sky Harbor International Airport und Sedona (50 US$). Telefonisch zu reservieren ist möglich. Der kostenlose, von der Stadt betriebene **Sedona Roadrunner** (☎ 928-282-0938; www.sedonaroadrunner.com) fährt täglich zwischen 9 und 18.30 Uhr zwischen Hillside und der Uptown nördlich des „Y" hin und her; Straßenbahnen kommen drei- bis sechsmal stündlich an.

Jerome

Die alte Goldgräber- und wieder auferstandene Geisterstadt verströmt ein schäbig-schickes, untouristisches und sehr romantisches Flair – vor allem wenn die Wochenendbesucher wieder abgezogen sind. Die Stadt, die in der Zeit des Goldrauschs im späten 19. Jh. noch als „verruchteste Stadt des Westens" bekannt war, wurde inzwischen restauriert und in den historischen Gebäuden sind nun Galerien, Restaurants, Saloons und B&Bs untergebracht.

Die **Chamber of Commerce** (☎ 928-634-2900; www.jeromechamber.com; 310 Hull Ave; ⌚ 11–15 Uhr), die sich in einem kleinen Wohnwagen befindet, bietet Informationen für Reisende.

Das **Connor Hotel** (☎ 928-634-5006, 800-523-3554; www.connorhotel.com; 164 Main St; Zi. 90–165 US$; 📶), ein restauriertes Gebäude von 1898, hat zwölf Zimmer und ist wirklich eine angenehme Überraschung; das Einchecken an der Kasse des Souvenirladens ist zunächst zwar etwas befremdlich, doch die molligen Betten, die Deckenlichter und das hübsche viktorianische Dekor sind wirklich eine Freude. Unten befindet sich die beliebte **Spirit Room Bar** (☎ 928-634-5006; 164 Main St; ⌚ 10–2 Uhr), die lebhafteste Kneipe der Stadt. Deshalb bekommen die Hotelzimmer 1 bis 4 gelegentlich etwas viel Lärm ab.

Das **Grapes** (☎ 928-634-8477; 111 Main St; Hauptgerichte ab 10 US$; ⌚ 8–21 Uhr) serviert erstklassige Pizzas, Nudelgerichte und Steaks in einem gehobenen und dennoch fröhlich-lebendigen Ambiente. Zu allen Gerichten auf der Karte gibt es eine passende Weinempfehlung.

Prescott

Mit seiner historischen Innenstadt aus viktorianischer Zeit und der bewegten Wildwest-Geschichte verkörpert Prescott, die erste Territorialhauptstadt Arizonas und der Veranstaltungsort des ersten Rodeos weltweit, das Cowboy-Feeling des mittleren Westens wie keine andere Stadt. Die Bewohner sind eine bunte Mischung aus Rentnern, Künstlern und Familien, die immer noch der guten alten Zeit nachzuhängen scheinen. Die Stadt rühmt sich mit über 500 Gebäuden, die im National Register of Historic Places aufgelistet sind. Am Hauptplatz ist die **Whiskey Row** zu finden, eine berühmt-berüchtigter Straße mit alten Saloons, in denen noch immer eine ordentliche Menge Alkohol ausgeschenkt wird. Wer hier einkehrt, gehört entweder zu den nicht mehr ganz taufrischen Einheimischen oder zu den Besuchern, die einfach mal wieder einen drauf machen wollen.

Die **Chamber of Commerce** (☎ 928-445-2000; www.prescott.org; 117 W Goodwin; ⌚ Mo–Fr 9–17, Sa & So 10–14 Uhr) hat Infos für Besucher.

Das mitten im Getümmel der Whiskey Row gelegene historische **Hotel St. Michael** (☎ 928-776-1999, 800-678-3757; www.stmichaelhotel.com; 205 W Gurley St; Zi. inkl. Frühstück 60–120 US$; 💻) hat einfache Zimmer, allerdings in Bombenlage. Im restaurierten **Hassayampa Inn** (☎ 928-778-9434, 800-322-1927; www.hassayampainn.com; 122 E Gurley St; Zi. inkl. Frühstück 99–139 US$; ❄ 📶) gibt's einen handbetriebenen, altertümlichen Aufzug, noch das ursprüngliche Mobiliar, handgemalte Wanddeko und einen entzückenden Speisesaal zu sehen.

Für den kleinen Hunger sind die Burger, das mexikanische Essen und die Pizzas in der **Prescott Brewing Company** (☎ 928-771-2795; 130 W Gurley St; ⌚ 11–open end) fast genauso gut wie das selbst gebraute Bier – und das gilt als eines der größten Komplimente! Die *brew poo*-Platte besteht aus einer feinen Auswahl leckerer Appetithäppchen.

Das **Palace** (☎ 928-541-1996; 120 S Montezuma St; ⌚ 11–23 Uhr) an der Whiskey Row ist eine stimmungsvolle Location, um in aller Ruhe ein Gläschen zu trinken. Durch die Saloonschwingtür betritt man einen großen Raum, der voller Erinnerungsstücke aus der Zeit ist, als der Westen noch wild war. Der **Bird Cage Saloon** (☎ 928-771-1913; 148 Whiskey Row; ⌚ 10–2 Uhr) ist eine etwas verrufene Kneipe und voller ausgestopfter Vögel. Ein Blick hinein lohnt sich allemal.

Die **Prescott Transit Authority** (☎ 928-445-5470, 800-445-7978; www.prescotttransit.com; 820 E Sheldon St) bietet einen Pendelverkehr nach Phoenix und zum Sky Harbor Airport (34 US$, 2 Std., 16-mal tgl.).

GRAND CANYON NATIONAL PARK

Wie auch immer man ihn bezeichnen mag – als größtes Loch auf Erden, als das Kronjuwel von Arizona oder als eines der sieben Weltwunder –, man muss den Grand Canyon einfach gesehen haben, jene Schlucht von 1,6 km Tiefe und durchschnittlich 16 km Breite. Auch sollte man sich die riesigen Zeiträume vor Augen führen, die vergehen mussten, um ein solches Naturschauspiel hervorzubringen. Selbst weitgereiste Traveller halten beim Anblick des Canyons für einen Moment den Atem an und betrachten ihren alten, sich ewig wandelnden Heimatplaneten mit neuen Augen.

Am Grund unten schlängeln sich 446 km des Colorado dahin. In den vergangenen 6 Mio. Jahren hat er sich seinen Weg durch die Hochebene gebahnt und Felsen mit einem Alter von bis zu 2 Mrd. Jahren freigelegt – die damit halb so alt sind wie die Erde selbst.

Die beiden Seiten des Grand Canyon sind ziemlich unterschiedlich und nur Wenige besuchen sie auf ein und derselben Reise, da man mehr als 200 Meilen (322 km) dafür fahren muss, von einer Seite zur anderen zu kommen. Die meisten Besucher entscheiden sich für den South Rim (die Südseite), der leicht zugänglich ist und jene Service-Einrichtungen und Aussichtspunkte bietet, für die der Grand Canyon National Park so berühmt ist. Der ruhigere North Rim hat seinen ganz eigenen Charme. Mit seinen 2500 m Höhe liegt er 300 m höher als der South Rim und die niedrigeren Temperaturen dort begünstigen das Wachstum von Wiesen mit Wildblumen und hohen, dichten Espen- und Fichtenwäldern.

Orientierung

Die am besten erschlossene Zone des Parks ist das Grand Canyon Village, das sich 6 Meilen (9,5 km) nördlich der South Rim Entrance Station befindet. Der einzige Zugang zum North Rim befindet sich 30 Meilen (48 km) südlich des Jacob Lake am Hwy 67. North Rim und South Rim liegen 215 Meilen (344 km) auseinander, wenn man mit dem Auto fahren will, 34 km sind es zu Fuß durch den Canyon und 16 km Luftlinie.

Praktische Informationen

Die Eintrittskarte für den **Park** (Fahrzeug/Radfahrer & Fußgänger 25/12 US$) ist sieben Tage lang und für South und North Rim gültig.

Grand Canyon Visitor Center (☎ 928-638-7644; www.nps.gov/grca; Grand Canyon Village; ✪ 8–17 Uhr) Dieses wichtigste Visitor Center ist entweder mit dem kostenlosen Shuttle-Bus, der auf den Hauptstraßen innerhalb des Parks verkehrt, zu Fuß oder mit dem Fahrrad über den 1,6 km langen Greenway Trail ab der Market Plaza oder in einem kurzen Fußmarsch vom Mather Point aus erreichbar.

National Geographic Visitor Center (☎ 928-638-2468; www.explorethecanyon.com; Hwy 64, Tusayan; ✪ 8–22 Uhr) In den Sommermonaten kann die Wartezeit am Eingang des Parks bis zu 30 Minuten betragen. Wer sich diese ersparen will, fährt nach Tusayan, 11 km südlich von Grand Canyon Village, und bezahlt dort die 25 US$ Eintrittsgebühr für das Fahrzeug. Hier kann man sich auch einen Film über den Canyon ansehen, der sehr gut gemacht ist.

North Rim Visitor Center (☎ 928-638-7888; www.nps.gov/grca; ✪ 8–18 Uhr) Direkt neben der Grand Canyon Lodge.

Verkamp's Visitor Center (www.nps.gov/grca; Grand Canyon Village; ✪ 8–17 Uhr) Ein leichter zugängliches Visitor Center am South Rim, gegenüber vom El Tovar Hotel. Es hat Informationsmaterial, Ausstellungen zur Geschichte von Grand Canyon Village, Kartenmaterial für eigene Wandertouren und einen Buchladen zu bieten. Hier ist auch der Treffpunkt für von Rangern geführte Touren.

BESTE REISEZEIT

Der Juni ist der trockenste Monat, Juli und August sind die feuchtesten. Die nächtlichen Tiefsttemperaturen im Januar liegen zwischen –11 °C und –7 °C, die Tageshöchsttemperaturen bei rund 4 °C. Im Sommer klettern die Temperaturen im Canyon regelmäßig auf über 38 °C. Während der South Rim ganzjährig zugänglich ist, kommen die meisten Besucher zwischen Ende Mai und Anfang September. An den North Rim kommt man von Mitte Mai bis Mitte Oktober.

ÜBERNACHTUNGSGENEHMIGUNG

Alle mehr als eintägigen Wanderungen im Park erfordern eine Genehmigung. Das **Backcountry Information Center** (☎ 928-638-7875; www.nps.gov/grca; Grand Canyon Village; ✪ 8–12 & 13–17 Uhr, Telefonbereitschaft Mo–Fr 13–17 Uhr) nimmt Anträge für den Backpacking-Pass (10 US$ zzgl. 5 US$/Pers. & Nacht) nur für den laufenden und die kommenden vier Monate entgegen. Die Chancen stehen gut, wenn man den Antrag frühzeitig stellt (vier Monate im Vo-

GRAND CANYON NATIONAL PARK

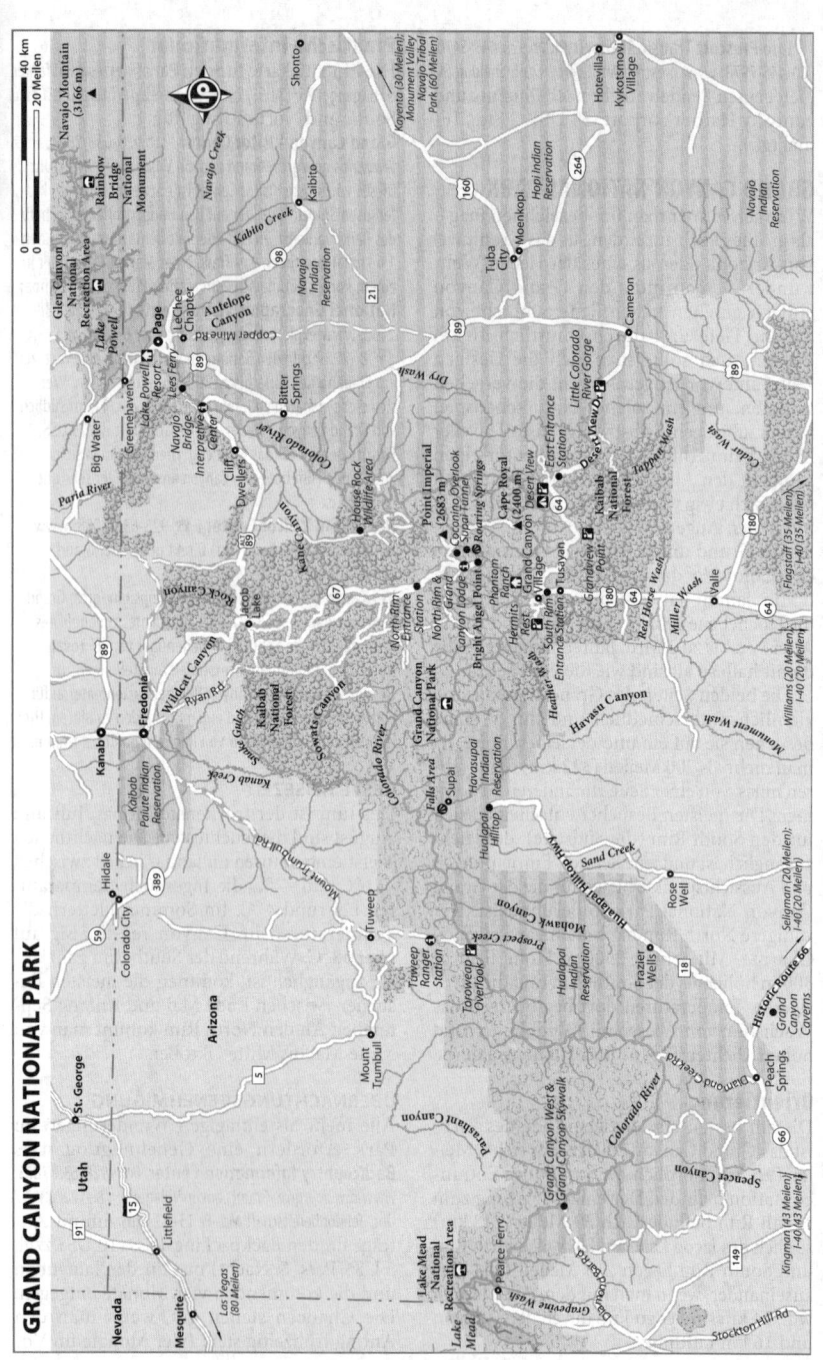

raus im Frühjahr und Herbst) und verschiedene Wanderziele in petto hat.

Aber auch wenn man ohne eine Genehmigung ankommt, besteht kein Grund zur Verzweiflung. Im Büro an der Maswik Lodge trägt man sich in die Warteliste ein und erscheint täglich um 8 Uhr morgens, damit man auf der Liste bleibt. Abhängig von der Jahreszeit und der Reiseroute dauert es wahrscheinlich nicht länger als vier Tage, bis man die Genehmigung erhält.

South Rim

Jeden Sommer strömt ein Pulk mit Kameras bewaffneter Touristen zur beliebtesten Seite des Canyons. Die meisten bleiben gerade lange genug, um einmal von den leicht zugänglichen Panoramaaussichtspunkten hinunterzugucken. Um die Massen zu umgehen, sollten Traveller daher besser im Herbst oder Winter kommen und vor allem werktags.

SEHENSWERTES & AKTIVITÄTEN

Eine malerische Straße führt westlich vom Village am Canyon entlang: die **Hermit Road**. Auf ihr verkehrt nur der kostenlose Shuttle-Bus, da sie für Privatfahrzeuge gesperrt ist; Fahrradfahrer haben hier also beste Bedingungen, denn Verkehr gibt es so gut wie keinen. Am Straßenrand sind genug Haltebuchten, von denen aus sich die spektakuläre Aussicht genießen lässt. Tafeln erklären dort einzelne Merkmale des Canyons und seiner Geologie.

Entlang des South Rim zu **wandern** gehört zu den Lieblingsbeschäftigungen der Besucher. Die Routen sind unterschiedlich schwer zu meistern. Der **Rim Trail** ist der beliebteste und leichteste Weg im Park. Immer wieder führt er auf seinen 21 km für eine kurze Zeit zwischen den Pinien und Wacholderbüschen des Kaibab National Forest entlang. Er verbindet die malerischen Aussichtspunkte und historischen Sehenswürdigkeiten miteinander; die Strecke ist teilweise gepflastert. Jeder Aussichtspunkt wird auch von einem Shuttle-Bus angefahren. Neu hinzugekommen ist ein knapp 5 km langer gepflaster Streckenabschnitt in Richtung Westen, den nun die Radfahrer nutzen können, um vom **Monument Creek Vista** zum **Pima Point** zu kommen.

Wer auf der Hermit Rd unterwegs ist, sollte auch ein Auge auf die 18 Markierungen haben, die jeweils auf einen neuen Abschnitt der **Audio Tour** (☎ 928-225-2907) verweisen. Üb-

rigens: Wer nachts unterwegs ist und auf dem Audio-Guide (also seinem Handy) die Vier drückt, bekommt den Nachthimmel erklärt.

Der **Desert View Drive** zweigt vom Grand Canyon Village aus Richtung Osten ab und verläuft gut 26 Meilen (40 km) am Canyon entlang bis zum Desert View, dem östlichen Eingang des Parks. Auch hier gibt es zahlreiche Haltebuchten mit fantastischer Aussicht und Schilder, auf denen die Besonderheiten der Landschaft erklärt sind.

Der beliebteste Weg hinunter in den Canyon ist der schöne **Bright Angel Trail**. Auf dem steilen und malerischen 13 km langen Abstieg zum Colorado gibt es vier Punkte, an denen man gut umkehren kann. Die sommerliche Hitze kann einen ziemlich auslaugen; Tagesausflügler machen sich am besten an einem der beiden Rasthäuser auf den Rückweg (dann sind es hin und zurück knapp 5 bzw. 9,5 km) oder starten früh am Morgen, um die längeren Strecken bis nach Indian Garden oder Plateau Point (hin & zurück knapp 15 bzw. 19,5 km) zu packen. Es ist unsinnig , an einem Tag bis zum Fluss hinunterwandern zu wollen. Der Bright Angel Trail beginnt im Grand Canyon Village.

Der **South Kaibab** ist wohl einer der prächtigsten Wege im Park. Auf der ganzen Strecke ist man in malerischer Landschaft unterwegs und hat einen ungestörten Rundblick. Der Weg ist steil, schwierig und Schatten gibt es auch nicht, deshalb ist der Aufstieg im Sommer nicht ungefährlich und die Ranger warnen vor längeren Wanderungen. Die vielleicht schönste der kürzeren Strecken hat man abgelaufen, wenn man bei **Cedar Ridge** wieder umkehrt.

Alleinreisende und Gruppen, die sich intensiver mit dem Park beschäftigen und ihm dabei etwas zurückgeben möchten, können an Programmen der **Grand Canyon Volunteers** (☎ 928-774-7488; www.gcvolunteers.org) teilnehmen. Die ein- und mehrtägigen Programme beinhalten z. B. Tierbeobachtungen, Wiederaufforstung oder Waldvermessung.

GEFÜHRTE TOUREN

Touren im Park werden von **Xanterra** (☎ 303-297-2757, 888-297-2757; www.xanterra.com) durchgeführt; das Unternehmen hat Informationsschalter an den Visitor Centers und in den Lodges Bright Angel, Maswik und Yavapai. Verschiedene Bustouren (Tickets ab 19 US$) werden täglich veranstaltet.

DER ZENTRALE WESTEN

Maultiertrips in den Canyon beginnen täglich an der Koppel westlich der Bright Angel Lodge. Zur Wahl stehen ein siebenstündiger Tagestrip (162 US$) und eine Tour mit Übernachtung (477 US$; Übernachtung auf der Phantom Ranch & alle Mahlzeiten inkl.). Reiter müssen mindestens 1,40 m groß sein, fließend Englisch sprechen und weniger als 90 kg wiegen – und sie dürfen nicht schwanger sein. Aufgepasst: Der Ritt ist kein Zuckerschlecken, sondern schweißtreibend, staubig und holprig.

SCHLAFEN

Die sechs Lodges am South Rim werden von **Xanterra** (☎ 888-297-2757; www.grandcanyonlodges.com) betrieben – unter der angegebenen Nummer kann man für jede der im Folgenden genannten (inkl. der Phantom Ranch) vorab reservieren (dringend zu empfehlen). Für Reservierungen für den gleichen Tag oder wenn man einen Gast erreichen möchte beim **South Rim Switchboard** (☎ 928-638-2631) anrufen! Sind keine Unterkünfte im Nationalpark mehr frei, sollte man es in Tusayan (am Südeingang), Valle (31 Meilen bzw. 49,5 km südlich), Cameron (53 Meilen bzw. 85 km östlich) oder Williams (ca. 60 Meilen bzw. 100 km südlich) probieren.

Desert View Campground (Stellplatz 12 US$; ☺ Mitte Mai–Mitte Okt.) Dieser „Wer zuerst kommt, mahlt zuerst"-Campingplatz befindet sich in der Nähe des East Entrance, 26 Meilen (41 km) östlich des Grand Canyon Village und ist eine ruhigere Alternative zum Mather Campground. Eine kleine Cafeteria mit Snack-Shop serviert Gerichte.

Der **Mather Campground** (☎ 877-444-6777; www.recreation.gov; Grand Canyon Village; Stellplatz 18–50 US$) bietet verstreute, ruhige Stellplätze zwischen Pinyonkiefern und Wacholdersträuchern. Kostenpflichtige Duschen und Waschgelegenheiten sind in der Nähe, dazu gibt's Trinkwasser, Toiletten, Grillroste und einen kleinen Gemischtwarenladen. In den Wintermonaten gilt: Wer zuerst kommt, kriegt den Platz.

Phantom Ranch (B/Hütte 42/92 US$) Die Ranch tief unten im Canyon bietet einfache Hütten mit vier bis zehn Schlafplätzen und abgetrennte Schlafsäle. Die meisten Hütten sind für Teilnehmer der geführten Maultiertouren reserviert, falls aber etwas frei ist, können auch Wanderer reservieren (man kann bis zu einem Jahr im Voraus buchen). Die Ranch bietet Mahlzeiten an (12–41 US$), die man

allerdings vorbestellen sollte. Wer keine Reservierung hat, meldet sich um 6 Uhr morgens am Transport-Info-Schalter der Bright Angel Lodge, um eventuell frei gebliebene Betten zu ergattern. Das Gepäck kann man auch durch Maultiere transportieren lassen (65 US$).

Bright Angel Lodge (Grand Canyon Village; Zi. & Hütte 79–174 US$; ⊠ ⊠) Die 1935 erbaute Bright Angel Lodge aus Holz und Stein bietet historischen Charme und aufpolierte Zimmer, wobei die günstigsten mit Gemeinschaftsbädern ausgestattet sind. TVs sind in diesen wirklich schlichten Zimmern (vergleichbar mit Zimmern in Studentenheimen) nicht vorhanden, dafür bieten die Hütten am Canyon-Rand einen einfach phänomenalen Ausblick.

El Tovar Hotel (Grand Canyon Village; DZ/Suite 205/426 US$; ⊠ ⊠) Einladende Veranden umgeben das weitläufige Holzgebäude und bieten schöne Ecken, von denen aus man Leute beobachten und den Canyon bewundern kann. Selbst wenn man kein Gast ist, sollte man hier mit einem Buch auf der Schaukel beim Eingang eine kleine Erholungspause einlegen oder auf der Veranda ein Getränk zu sich nehmen. Die Gemeinschaftsbereiche deuten die vornehme Eleganz der Blütezeit des Parks an. Die Standardzimmer sind klein, aber erstklassig. Die Suiten sind fantastisch.

Außerdem empfehlenswert:

Trailer Village (Grand Canyon Village; Stellplatz für Zelt & Wohnmobil 32 US$) Die letzte Option, wenn alles andere ausgebucht ist. Man kann im Voraus oder noch für denselben Tag reservieren.

Maswik Lodge (Grand Canyon Village; Zi. 90–170 US$, Hütte 90 US$; ⊠ ⊠) Vom Rand des Canyons etwas zurückgesetzt, aber mit einer Sportbar und einer Cafeteria.

Yavapai Lodge (Grand Canyon Village; Zi. 97–126 US$; ☺ Mitte Feb.–Mitte Nov.; ⊠) Eine einfache Unterkunft zwischen Pinyonkiefern und Wacholdersträuchern.

Kachina Lodge & Thunderbird Lodge (Grand Canyon Village; Zi. 170–180 US$; ⊠ ⊠) Nette Zimmer im Motelstil, von einigen aus sieht man den Canyon.

ESSEN & AUSGEHEN

Bright Angel Lounge (Bright Angel Lodge, Grand Canyon Village; Gerichte 8–13 US$; ☺ 11–23 Uhr) Perfekt für jene, die bei Bier und Burgern (oder bei ähnlicher Kneipenkost) ein wenig entspannen möchten. Abends geht es hier meist recht lustig zu und dann stören auch die weinigen Fenster und der etwas düstere Innenraum nicht. Und wenn man Glück hat, gibt Terry Rickard auf seiner Gitarre noch ein kleines Konzert.

Arizona Room (Bright Angel Lodge, Grand Canyon Village; Gerichte 9–26 US$; ☽ März–Okt. 11.30–15 & 16.30–22 Uhr, Nov. & Dez. 16.30–22 Uhr) Lässig und vornehm halten sich in diesem fantastischen Restaurant wunderbar die Waage. Kronleuchter aus Geweihen hängen von der Decke und durch Panoramafenster blickt man über den Canyon. Es gibt Steak, Hühnerfleisch- und Fischgerichte. Reservierungen sind nicht möglich und man muss oft warten.

El Tovar Dining Room (☎ 928-638-2631; El Tovar Hotel, Grand Canyon Village; Gerichte 12–35 US$; ☽ 6.30–14 & 17–22 Uhr) Nur ein Steinwurf vom Rand des Canyons entfernt, ist dies wohl das Restaurant mit dem besten Ausblick im Bundesstaat, wenn nicht gar im ganzen Land. Wer keinen Tisch mit Aussicht ergattert hat – man kann ja versuchen, im Voraus einen solchen zu reservieren –, tröstet sich mit einem Platz in dem vornehmen Saal aus Naturstein und Eichenholz und vor allem mit dem vorzüglichen Essen, besonders den Steaks. Am Ende aber muss man auf jeden Fall noch auf die Veranda der Lounge hinausgehen und den einzigartigen Blick auf den Canyon genießen.

Außerdem empfehlenswert:

Canyon Village Marketplace (Grand Canyon Village; ☽ 8–19 Uhr, Juli & Aug. 7–20 Uhr) Breites Sortiment von Lebensmitteln, zum Teil auch Feinkost (Sandwiches & warme Snacks ab 5 US$).

Canyon Café an der Yavapai Lodge (Yavapai Lodge, Grand Canyon Village; Gerichte 5–9 US$; ☽ 6–22 Uhr) Das Essen ähnelt dem in einer Cafeteria, ebenso der Service und die Sitzgelegenheiten.

Maswik Cafeteria (Maswik Lodge, Grand Canyon Village; Gerichte 5–9 US$; ☽ 6–22 Uhr) Noch ein Lokal im Cafeteriastil.

AN- & WEITERREISE

Die meisten Leute kommen im eigenen Auto oder im Rahmen einer Tour zum Grand Canyon. Es kann mitunter recht schwierig werden, in Grand Canyon Village einen Parkplatz zu finden. **Open Road Tours** (☎ 928-226-8060; www.openroadtours.com) betreibt einen Shuttle-Service von Flagstaff (2-mal tgl., 27 US$) und Williams (2-mal tgl., 22 US$) hierher. Helikopterflüge über den Canyon werden auch organisiert (ab 145 US$).

Kostenlose **Shuttle-Busse** verkehren auf drei Strecken: rund um Grand Canyon Village, nach Westen entlang der Hermits Rest Route und Richtung Osten der Kaibab Trail Route folgend. Die Busse fahren mindestens zweimal pro Stunde.

Hiker's Express (☽ März 7, 8 & 9 Uhr, April 6, 7 & 8 Uhr, Mai 5, 6 & 7 Uhr) hat während der Sommermonate einen kostenlosen Shuttle-Dienst zwischen der Bright Angel Lodge und dem Ausgangspunkt zum South Kaibab Trail; Zusteigemöglichkeiten befinden sich am Backcountry Information Center und dem Grand Canyon Visitor Center.

Für die kostenlose **Tusayan Route** (☽ Mitte Mai–Mitte Sept. 8–21.30 Uhr) müssen sich die Fahrgäste in einer der verschiedenen Verkaufsstellen in Tusayan einen Pass besorgen, bevor sie in den Bus einsteigen – am besten im **National Geographic Visitor Center** (S. 135), weil sich hier auch die Haltestelle für den Shuttle-Bus befindet. Die Fahrt dauert 20 Minuten und der letzte Bus nach Tusayan fährt um 21.30 Uhr vom Grand Canyon Visitor Center ab.

North Rim

Wer inmitten einer so verschwenderisch schönen Naturlandschaft ein wenig Einsamkeit sucht, der ist hier an der richtigen Stelle. Nur 10 % der Besucher finden den Weg in diese etwas abgelegene Gegend. Die Wiesen sind voller Wildblumen und überall stehen schlanke Espen, Wacholderbüsche und Fichten. Die Luft ist knackig frisch, der Himmel unermesslich und blau.

Die Einrichtungen am North Rim sind von Mitte Oktober bis Mitte Mai geschlossen, man kann aber trotzdem in den Park fahren und auf dem Campingplatz bleiben, bis der erste Schnee die von Jacob Lake kommende Straße blockiert.

SEHENSWERTES & AKTIVITÄTEN

Im **North Rim Visitor Center** (☎ 928-638-7888; www. nps.gov/grca; ☽ 8–18 Uhr), das neben der Grand Canyon Lodge (S. 140) liegt, bekommt man nicht nur Informationen über den Park, es ist auch der Ausgangspunkt für geführte Touren und die Location für abendliche Veranstaltungen.

Der kurze, leichte und gepflasterte Weg (0,8 km) zum **Bright Angel Point** ist ein Muss für jeden Besucher des Canyons. Er beginnt hinter der Grand Canyon Lodge und führt zu einem schmalen Vorsprung mit fabelhafter Aussicht.

Der **North Kaibab Trail** ist der einzige Weg am North Rim, der vom Rand des Canyons zum Fluss hinunterführt. Unten gibt's Verbindungswege zum South Rim. Die ersten 7,5 km der Strecke sind die steilsten, der Höhenun-

DER ZENTRALE WESTEN

terschied bis **Roaring Springs** beträgt über 900 m – bis dorthin ist die Route ein beliebter Ganztagesausflug. Wer lieber eine kürzere Wanderung machen möchte, sollte nur die 1,2 km bis hinunter zum **Coconino Overlook** oder die gut 3 km bis zum **Supai Tunnel** gehen. Auch dabei bekommt man einen Eindruck davon, was es bedeutet, an steilsten Abschnitt des Canyons zu wandern. Für den 45 km langen Weg zum Colorado und zurück sollte man sich mehrere Tage Zeit nehmen.

Canyon Trail Rides (☎ 435-679-8665; www.canyon rides.com; Grand Canyon Lodge) veranstaltet einstündige Maultiertrips (40 US$) am Canyonrand und halb- und ganztägige Trips in den Canyon hinunter. Die siebenstündige Ganztagestour (165 US$, Mindestalter 12 Jahre) beginnt um 7.30 Uhr, Mittagessen und Wasser werden gestellt. Die Halbtagestouren (75 US$, Mindestalter 10 Jahre) gehen um 7.30 und 12.30 Uhr los. Näheres kann auch in der Grand Canyon Lodge geregelt werden.

SCHLAFEN

Die Unterkünfte am North Rim beschränken sich auf eine Hütte und einen Campingplatz. Sollten diese ausgebucht sein, kann man sein Glück 80 Meilen (128 km) weiter nördlich in Kanab, UT, versuchen, oder 84 Meilen (134,5 km) weiter nordöstlich in Lees Ferry. Außerdem gibt's Campingplätze im Kaibab National Forest im Norden des Parks.

North Rim Campground (☎ 877-444-6777; www.rec reation.gov; Stellplätze 18 US$) Dieser Campingplatz, 1,5 Meilen (2,4 km) nördlich der Grand Canyon Lodge verfügt über von Nadelbäumen beschirmte, schöne Stellplätze. Es gibt Wasser, einen Laden, eine Snackbar sowie Münzduschen und Waschgelegenheiten, aber keine Stromanschlüsse. Wanderer und Skilangläufer können den Campingplatz während der Wintermonate nutzen, sofern sie eine Genehmigung haben (S. 135). Reservierungen sind möglich.

Grand Canyon Lodge (☎ 877-386-4383; www.for everlodging.com; Zi. & Hütte 112–170 US$; 🕙 Mitte Mai–Mitte Okt.; 🍽) Dieses Lodge aus Holz, Stein und Glas ist genau das, was man sich unter einer Unterkunft am Canyon-Rand vorstellt. Die Mehrzahl der Übernachtungsmöglichkeiten sind rustikale und doch moderne Hütten. Die teuersten Hütten haben zwei Zimmer, eine Veranda und bieten einen herrlichen Blick über den Canyon-Rand. Vom Sun Room aus hat man einen atemberaubenden Ausblick auf

den Canyon, die Lobby ist königlich. Reservieren sollte man lange im Voraus.

ESSEN & AUSGEHEN

Grand Canyon Lodge Dining Room (☎ 928-638-2611; Grand Canyon Lodge; Mittagessen 6–15 US$, Abendessen 14–31 US$; 🕙 6.30–10, 11.30–14.30 & 16.45–21.45 Uhr) Die Fenster sind so riesig, dass es eigentlich egal ist, wo man sitzt: Man hat von überall eine tolle Aussicht. Auf der Speisekarte stehen auch eine Auswahl von vegetarischen Gerichten und so unerwartete Gaumenfreuden wie Shrimps-Cocktails und Bisonsteaks. Wer abends kommen möchte, muss reservieren. Das Lokal befindet sich in unmittelbarer Nähe zum stimmungsvollen Rough Rider Saloon, der vollgestopft ist mit Erinnerungsstücken an Teddy Roosevelt, den kühnsten Präsidenten, den das Land je hatte.

Grand Canyon Cookout Experience (☎ 928-638-2611; Grand Canyon Lodge; Erw./Kind 35/22 US$; 🕙 18 Uhr; 🍽) Dieser Imbissgrill im Stil eines Proviantwagens, der sowohl Ochsenbrust als auch Kekse auf Lager hat, ist mehr ein Event als ein kulinarisches Ereignis. Besonders Kinder lieben ihn. Am Ende fühlt man sich tatsächlich wie ein wohlgenährter und gut versorgter Pionier. Weitere Auskünfte sind bei der Grand Canyon Lodge erhältlich.

ANREISE & UNTERWEGS VOR ORT

Der **Transcanyon Shuttle** (☎ 928-638-2820; www. trans-canyonshuttle.com; einfache Strecke/hin & zurück 80/150 US$; 🕙 Mitte Mai–Mitte Okt. 7 Uhr) fährt täglich von der Grand Canyon Lodge zum South Rim (5 Std.) und ist ideal für alle, die von der einen Seite des Canyons zu anderen wandern. Reservieren sollte man mindestens eine bis zwei Wochen im Voraus. Ein **Shuttle für Wanderer** (eine Person 8 US$, jede weitere Person 5 US$) zum North Kaibab Trail fährt um 5.20 und 7.20 Uhr von der Grand Canyon Lodge ab. Wer mit möchte, muss mindestens 24 Stunden vorher reservieren.

RUND UM DEN GRAND CANYON
Havasu Canyon

Trotz der großen Überschwemmung im August 2008 und der darauf folgenden zehnmonatigen Sperrung gehört die Havasupai Indian Reservation immer noch zu einem der schönsten Stellen im Canyon.

Im Herzen dieses Gebiets, rund 195 Meilen (312 km) westlich vom South Rim, liegt ein verstecktes Tal rund um den Havasu Canyon.

Hier gibt es Wasserfälle, die von Quellen gespeist werden und wunderbare azurblaue Stellen zum Schwimmen. Die Fälle befinden sich 16 km unterhalb des Canyon-Rands und sind über einen mäßig anspruchsvollen Wanderweg erreichbar. Wer die Tour macht, muss im Dorf Supai (in der Nähe der Wasserfälle) übernachten.

Supai hat zwei Übernachtungsmöglichkeiten und man muss im Voraus reservieren. Für Gäste, die über Nacht bleiben, werden 35 US$ Gebühren (Kind 17 US$) fällig. Der **Havasupai Campground** (☎ 928-448-2174; Erw./Kind 17/8.50 US$) befindet sich 3,2 km hinter Supai und hat an einem Flüsschen gelegene, einfache Stellplätze. Zusätzlich bezahlt jeder Camper eine Umweltgebühr von 5 US$, die bei Müllbeseitigung erstattet wird. Die **Havasupai Lodge** (☎ 928-448-2111; www.havasupaitribe.com/lodge.html; Zi. 145 US$; ☒ ☒) verfügt über Motelzimmer mit Blick auf den Canyon, nicht aber über Telefon oder TV. Bis 17 Uhr muss man eingecheckt haben, denn dann schließt die Rezeption. Ein Café im Dorf serviert Mahlzeiten und akzeptiert Kreditkarten.

Nach einer Nacht in Supai schlängelt man sich weiter durch den Havasu Canyon zu den Wasserfällen und den blau-grünen Wasserstellen. Wer nicht wandern möchte, ruft bei der Unterkunft oder dem Campingplatz an, die einen Esel oder ein Pferd organisieren (hin & zurück 187 US$). Der Ritt beginnt am Hualapai Hilltop, wo auch der Wanderweg anfängt. Die Straße nach Hualapai Hilltop befindet sich 7 Meilen (11 km) östlich von Peach Springs abseits der Route 66. Man hält nach der angeschriebenen Ausfahrt Ausschau und folgt dann der Straße für 62 Meilen (100 km).

Grand Canyon West

Der **Grand Canyon Skywalk** (☎ 702-878-9378, 877-716-9378; www.destinationgrandcanyon.com; Diamond Bar Rd; Eintritt inkl. Tour 75 US$; ☼ ganzjährig Sonnenaufgang–Sonnenuntergang) ist eine schmale, durchsichtige, hufeisenförmige Brücke aus Glas, die in über 1200 m Höhe frei über dem Abgrund des Grand Canyon schwebt.

Der Skywalk wird von den Hualapai-Indianern betrieben und liegt etwas abgelegen 70 Meilen (113 km) nordöstlich von Kingman (und 215 Meilen bzw. 344 km von Grand Canyon Village), die letzten 14 Meilen (22 km) sind holprig, ungeteert und für Wohnmobile ungeeignet. Umweltschützer haben den Skywalk als einen Schandfleck ver-

unglimpft, der ein ansonsten makelloses Wahrzeichen entweihe.

NORDÖSTLICHES ARIZONA

Einige der großartigsten Landschaften Arizonas befinden sich im Nordosten des Bundesstaats. Zwischen den sagenhaften kegelförmigen Zeugenbergen des Monument Valley, dem schimmernden Blau des Lake Powell und den versteinerten Baumstämmen im Petrified Forest National Park liegen geschichtsträchtige Gebiete, die seit Jahrhunderten von amerikanischen Ureinwohnern bewohnt werden. Ein großer Teil der Region ist Reservatland, das Navajo Nation genannt wird. Es erstreckt sich bis in die umgebenden Staaten hinein. Ein Hopi-Reservat gibt es auch, das ist ganz umgeben von Gebieten der Navajo.

Lake Powell

Der See, der zweitgrößte künstliche Stausee des Landes und Teil der **Glen Canyon National Recreation Area** (☎ 928-608-6200; www.nps.gov/glca; Eintritt Fahrzeug/Boot 15/16 US$), breitet sich zwischen Utah und Arizona aus. Er liegt zwischen eindrucksvollen roten Felsformationen, steil abfallenden Canyons und dramatischer Wüstenkulisse und ist ein Paradies für Wassersportfreunde. Südlich des Sees bietet sich **Lees Ferry** (Stellplatz 12 US$) als schöner Zwischenstopp an, wo wo man eine wunderbare Aussicht auf den Colorado hat. Traveller sollten allerdings einige Tage im Voraus, zumindest aber für denselben Tag reservieren.

Die wichtigste Stadt der Gegend ist **Page**, der Hwy 89 ist die Hauptverkehrsstraße. Das **Carl Hayden Visitor Center** (☎ 928-608-6404; ☼ Ende Mai–Anfang Sept. 8–19 Uhr, restliches Jahr bis 16 Uhr) befindet sich 2,5 Meilen (4 km) nördlich von Page am Glen-Canyon-Staudamm. Im Rahmen **geführter Touren** (☎ 928-608-6072; Erw./Kind 5/2,50 US$), die von der Glen Canyon Natural History Association angeboten werden, kommen Besucher ins Innere des Staudamms. Die Touren finden in der Hauptsaison halbstündig und während des übrigen Jahres alle zwei Stunden statt.

Für einen Besuch des **Antelope Canyon** (www.navajonationparks.org/htm/antelopecanyon.htm) muss man sich einer geführten Tour anschließen. Der gigantische Sandstein-Canyon, der aus zwei Teilen besteht, ist in allen Bildbänden über die Region abgebildet. Der **Upper Antelope Canyon** ist leichter zugänglich und daher auch touristischer. Empfehlenswert ist der Veranstalter **Antelope Canyon Slot Tours** (☎ 928-645-5594; www.antelopeslotcanyon.com; 55 S Lake Powell Blvd; geführte Touren Erw./Kind 32/20 US$), der auch nächtliches Sternegucken im Programm hat.

Den **Lower Antelope Canyon** zu besuchen, ist weitaus anstrengender, deshalb ist er auch deutlich weniger überlaufen. Wer am selben Tag schon eine Tour im Upper Antelope Canyon gemacht hat, muss nur seinen Kassenbeleg vorzeigen und braucht dann die 6 US$ Eintritt nicht mehr zu bezahlen. Das Auto kann man auf dem gut ausgeschilderten Schotterparkplatz abstellen und sich dann für 20 US$ pro Person am Empfangskiosk zu einer geführten Tour anmelden. Besucher, die sich als Hobbyfotografen zu erkennen geben, zahlen einfach die Gebühr und können sich dann alleine auf den Weg machen.

Kettenhotels säumen den Hwy 89 in Page und an der 8th Ave finden sich auch zahlreiche kleinere, eigenständige Hotels. Eine preiswerte, einladende und unabhängige Alternative ist **Bashful Bob's Motel** (☎ 928-645-3919; www.bashfulbobsmotel.com; 750 S Navajo Dr; Zi. $39 US$; ✖ 🔲), das zur Unterbringung der Arbeiter errichtet wurde, die am Glen Canyon Dam beschäftigt waren. Alle 13 Zimmer sind eher Apartments mit kompletter Küche.

Das **Lake Powell Resort** (☎ 928-645-2433, 800-528-6154; www.lakepowell.com; 100 Lake Shore Dr; DZ 160–260 US$, Stellplatz für Wohnmobil 43 US$; ✖ 🔲 🛜 🞱), 6 Meilen (9,6 km) nördlich von Page, liegt direkt am See und bietet einfache Zimmer, Stellplätze, die Vermietung von Hausbooten und einen Speisesaal mit Panoramablick.

Zum Frühstück in Page gibt's im **Ranch House Grille** (☎ 928-645-1420; 819 N Navajo Dr; Gerichte 6–11 US$; ✖ 6–15 Uhr) gutes Essen, Riesenportionen und schnelle Bedienung. Große Portionen und eisgekühlte Getränke gibt's auch im **Fiesta Mexican** (☎ 928-645-4082; 125 S Powell Blvd; Gerichte 8–17 US$; ✖ 11–21 Uhr), das nur einen kurzen Fußweg von den meisten der kleinen eigenständigen Hotels entfernt liegt.

Navajo Nation

Die Wunden heilen, aber es bleiben Narben zurück, die an die Entwurzelung und die erzwungene Umsiedlung von Tausenden Indianern in Reservate erinnern.

Mitten in der Abgeschiedenheit breiten sich einige der spektakulärsten Landschaften Nordamerikas aus, u. a. das Monument Valley. Der Stolz auf die Kultur ist bei den Menschen immer noch sehr ausgeprägt und viele sprechen sogar Navajo als Muttersprache. Die Navajos sind auf den Tourismus angewiesen, um zu überleben; man kann ihnen bei der Bewahrung ihres kulturellen Erbes helfen, indem man sich dafür entscheidet, innerhalb von Reservaten zu übernachten oder ihre berühmte Handwerkskunst zu kaufen. Ein Halt an einem der Verkaufsstände an der Straße ist eine gute Möglichkeit, direkt bei den einheimischen Kunsthandwerkern etwas zu erwerben und so sicherzugehen, dass das bezahlte Geld auch tatsächlich bei ihnen landet.

Anders als das restliche Arizona hat die Navajo Nation die Sommerzeit. Im Sommer ist das Reservat dem Staat Arizona also eine Stunde voraus.

CAMERON

Cameron ist das Tor zum Osteingang des South Rim. Ein weiterer Grund, weshalb die Besucher hierher kommen, ist der **Cameron Trading Post** (www.camerontradingpost.com), der nördlich der Abfahrt vom Hwy 64 Richtung Grand Canyon liegt. In dieser historischen Siedlung gibt es Essen, Übernachtungsmöglichkeiten, einen Souvenirladen und sogar ein Postamt. Cameron ist einer der wenigen Orte am Hwy 89 zwischen Flagstaff und Page, der einen kurzen Zwischenstopp lohnt.

WINDOW ROCK

Der Hauptsitz des Stammes der Navajo ist in Window Rock, einem geschäftigen kleinen Ort an der Kreuzung der Hwys 264 und 12. Das **Navajo Nation Museum Library & Visitors Center** (☎ 928-871-7941; www.navajonationmuseum.org; Ecke Hwy 264 & Post Office Loop Rd; Eintritt gegen Spende; ✖ Mo 8–17, Di–Fr bis 20, Sa 9–17 Uhr) zeigt Dauerausstellungen und wechselnde Shows und hat eine Informationstheke, einen Souvenirladen und eine Snackbar.

Die Zimmer im **Quality Inn Navajo Nation Capital** (☎ 928-871-4108, 800-662-6189; www.qualityinnwindowrock.com; 48 W Hwy 264; Zi. inkl. Frühstück 72–90 US$; ✖ 🔲) sind sauber und gemütlich und entsprechen dem Standard eines Mittelklassehotels. Das angeschlossene Restaurant bietet Navajo- und amerikanische Kost.

HUBBELL TRADING POST NATIONAL HISTORIC SITE

In der Stadt Ganado, 30 Meilen (48 km) westlich von Window Rock, befindet sich der älteste noch aktive **Handelsposten** (☎ 928-755-3475; www.nps.gov/hutr; Eintritt frei; ✖ Mai–Sept. 8–18

EINEN ABSTECHER WERT: HOPI NATION

Die Hopi sind Nachfahren der Anasazi und gehören zu den ältesten Volksstämmen der Vereinigten Staaten. Eines ihrer Dörfer, Old Oraibi, könnte durchaus die älteste, ständig bewohnte Siedlung Nordamerikas sein. Heute leben die Hopi verteilt in zwölf Dörfern, die sich alle selbst verwalten und noch stark von der Hopi-Tradition geprägt sind.

Das Gebiet der Hopi liegt inmitten der Navajo Nation. Der Hwy 264 führt vorbei an den drei Mesas (First, Second und Third Mesa), die das eigentliche Zentrum des Hopi-Reservats bilden.

Banken gibt es im Reservat nicht außer im **Hopi Cultural Center Restaurant & Inn** (☎ 928-734-2401; www.hopiculturalcenter.com; Zi. 95–99 US$, Gerichte 7–9 US$; ☾ Nov.–Feb. 7–20 Uhr, März–Okt. 6–21 Uhr; ⌘) muss man überall bar bezahlen. Fotografieren, Abzeichnen und Tonaufnahmen sind nicht erlaubt.

Informationen bekommen Traveller im **Tourist Office** (☎ 928-737-2262) des winzigen Örtchens Walpi (1600 Ew.). Um nach Walpi zu kommen, folgt man auf dem Hwy 264 (Mile 392) den Schildern Richtung First Mesa.

Uhr, Okt.–April bis 17 Uhr) der Navajo Nation. Kunsthandwerker verkaufen einheimische Erzeugnisse und Schmuck sowie qualitativ sehr hochwertige Navajo-Webarbeiten.

CANYON DE CHELLY NATIONAL MONUMENT

In diesem vielarmigen Canyon (ausgesprochen *de-schei* mit unbetontem „e" in der ersten Silbe) können Traveller sich einige wunderschöne Stätten der Anasazi anschauen, die für die Geschichte der Navajos bedeutsam sind, sowie dazugehörige historische Felswohnungen. Familien bestellen noch immer das Land, überwintern oben auf den Canyon-Rändern und ziehen dann im Frühjahr und Sommer in die Hogans am Grund des Canyons. Der Canyon ist Privateigentum der Navajos und wird vom National Park Service (NPS) verwaltet. Hogans darf man nur mit einem Führer betreten, fotografieren sollte man die Menschen ohne deren Erlaubnis nicht.

Der Zutritt zum größten Teil des ebenerdigen Canyon-Gebiets ist Besuchern untersagt, es sei denn, sie nehmen sich einen Führer. In der **Thunderbird Lodge** (☎ 928-674-5841; www.tbird lodge.com; DZ 105–155 US$; ⌘) kann man geführte Touren (Erw./Kind ab 46/35 US$) in den Canyon buchen. Hier gibt es auch gemütliche Zimmer, einen Bankautomaten und eine Cafeteria mit günstigen Preisen, die leckere Navajo- und amerikanische Gerichte serviert (6–12 US$).

Das **Visitor Center** (☎ 928-674-5500; www.nps.gov/ cach; ☾ 8–17 Uhr) des Canyon de Chelly befindet sich 3 Meilen (4,8 km) entfernt von der Rte 191 in dem kleinen Dorf Chinle. Neben dem

Visitor Center liegt der **Campingplatz** (Stellplatz kostenlos) mit 93 großen Stellplätzen, die man nicht reservieren kann. Dort gibt's Wasser, aber keine Duschen.

FOUR CORNERS NAVAJO TRIBAL PARK

Nicht so schüchtern! Für die Daheimgebliebenen kann man oben auf dem **Four Corners Marker** (☎ 928-871-6647; www.navajonationparks.org; Eintritt 3 US$; ☾ Okt.–Mai 8–17 Uhr, Juni–Sept. 7–20 Uhr) ruhig mal den Adler machen: Dann steht man in vier Bundesstaaten zugleich. Das gibt ein gutes Foto ab, auch wenn es nicht 100 %ig stimmt. Im April 2009 war nämlich in einem Zeitungsbericht zu lesen, dass ein Gutachter der Regierung zugegeben hat, dass die Markierung gut 600 m zu weit östlich angebracht worden ist. Sie gilt aber trotzdem weiterhin als Grenzmarkierung. Man stellt also einen Fuß nach Arizona und setzt den anderen nach New Mexico, dann klatscht man mit einer Hand in Utah und mit der anderen in Colorado auf den Boden – voilà, der Adler!

MONUMENT VALLEY NAVAJO TRIBAL PARK

Diese Landschaft hat mit ihren flammend roten Zeugenbergen und den schlanken Türmen, die gen Himmel ragen, schon in zahllosen Hollywoodfilmen und Western die Hauptrolle gespielt. In den USA-Träumen vieler Traveller ist sie ebenfalls präsent.

Einen großartigen Ausblick man auf der Fahrt auf den Hwy 163, aber wer die Gegend wirklich kennenlernen möchte, muss den **Monument Valley Navajo Tribal Park** (☎ 435-727-5874; www.navajonationparks.org; Eintritt 5 US$/Pers.; ☾ Mai–Sept. 6–20 Uhr, Okt.–April 8–16.30 Uhr) besuchen. Im Visitor Center sind Ausstellungsstücke und ein großer Souvenirladen untergebracht. Von hier aus geht auch eine holprige und ungeteerte Straße ab, die sich über 17 Meilen (27 km) durch das Tal schlängelt und atemberaubende Aussichten bietet. Man kann im eigenen Auto fahren oder sich einer geführten Tour anschließen (65 US$, 2½ Std.), die bei einem der Kioske am Parkplatz angeboten werden. Ein Vorteil bei Letzterem ist, dass geführte Touren in Bereiche führen, die für private Fahrzeuge gesperrt sind.

Innerhalb des Parks befindet sich das **View Hotel at Monument Valley** (☎ 435-727-5555; www.monumentvalleyview.com; Hwy 163; Zi. 180 US$; ✗ ✗ ☐). Ist das nicht eine unglaubliche Aussicht? Das sandfarbene Hotel, das sich harmonisch in die Landschaft einfügt, hat 96 Zimmer, von denen die meisten einen Balkon mit Blick auf die Monuments haben. Auch wenn die Navajo-Spezialitäten im angeschlossenen Restaurant (Gerichte 9–12 US$; kein Alkohol) einen nicht gerade aus den Socken hauen, so ist doch der Panoramablick auf die roten Felsen einfach unschlagbar. Besucher können aber auch auf dem offiziellen **Campingplatz** (10 US$/Fahrzeug) übernachten. Im Wesentlichen handelt es sich hierbei um einen Parkplatz, aber der tolle Sonnenaufgang ist mehr als ein Ausgleich für mangelnde Bequemlichkeit.

Die **Goulding's Lodge** (S. 170) steht in Utah, direkt hinter der Grenze. Das erstaunlich elegante, gut ausgestattete **Hampton Inn** (☎ 928-697-3170; www.monumentvalleyonline.com; Kreuzung Hwys 160 & 163; Zi. inkl. Frühstück 130–180 US$; ✗ ☎ ☐) befindet sich in der Stadt Kayenta, einer beliebten Basisstation für Ausflüge ins Monument Valley, die gerade mal 20 Meilen (32 km) vom Park entfernt ist. Das Hotel ist ganz in der Nähe des interessanten **Visitor Centers** (☎ 928-697-3572; Kreuzung der Hwys 160 & 163; ⏱ 10–17 Uhr) und hat ein gutes Restaurant. Eine Handvoll Fast-Food-Lokale und Tankstellen, die Snacks verkaufen, sind auch vor Ort.

Winslow

„Standing on a corner in Winslow, Arizona, such a fine sight to see …" Klingt das irgendwie bekannt? Mit ihrem Hit *Take It Easy* haben die Eagles in den 1970er-Jahren das ansonsten eher wenig erinnerungswürdige Winslow im Pophimmel verewigt. Auf einem Platz an der Route 66 in der Kinsley Ave ehrt eine lebensgroße Bronzestatue die Band.

Winslow liegt nur 50 Meilen (80 km) östlich des Petrified Forest National Park und eignet sich somit wunderbar, um die Region zu erkunden. Etwa ein Dutzend alte Motels finden sich entlang der Route 66 und es gibt auch einige Restaurants in der Innenstadt. Die 1929 erbaute **La Posada** (☎ 928-289-4366; www.laposada.org; 303 E 2nd; Zi. 99–169 US$; ✗ ☎) im Stil einer Hacienda ist das berühmteste Gebäude der Stadt.

Petrified Forest National Park

Die farbenprächtige Painted Desert ist hier übersät mit versteinerten Holzstücken, die noch aus einer Zeit vor jener der Dinosaurier stammen. Dieser **Nationalpark** (☎ 928-524-6228; www.nps.gov/pefo; 10 US$/Fahrzeug) ist ein absolut außergewöhnlicher Ort. Das unentbehrliche **Visitor Center** (⏱ 7–19 Uhr) liegt nur 800 m nördlich der I-40 und hält Kartenmaterial sowie Informationen zu geführten Touren und Fachbücher bereit.

Der Park grenzt an die I-40 an der Ausfahrt 311, 25 Meilen (40 km) östlich von Holbrook. Von dieser Ausfahrt aus gibt eine 28 Meilen (45 km) lange, geteerte Parkstraße einen fantastischen **Scenic Drive** ab. Es existieren keine Campingplätze, sondern nur kurze, höchstens 2 oder 3 km lange Pfade, die aber durch Ansammlungen wunderschöner versteinerter Holzfragmente und vorbei an ehemaligen Felsenwohnungen der hiesigen Ureinwohner führen. Wer in dem wilden Hinterland campen will, muss sich dafür am Visitor Center eine kostenlose Genehmigung besorgen.

SCENIC DRIVE: RIM COUNTRY

Das Gebiet südlich von Winslow an den Ausläufern des Colorado Plateau im Osten Arizonas wird von den Einheimischen Rim Country genannt. Es ist eine Gegend, die sich in den Sommermonaten ideal für Ausflüge oder einen Kurzurlaub in einer Ferienhütte eignet. Malerisch gewundene und von Pinien gesäumte Sträßchen führen durch kleine, pittoreske Städtchen wie **Show Low** (das einst der Einsatz in einem Pokerspiel war), **Strawberry** und **Snowflake** (benannt nach den Gründern Erastus Snow und William Jordan Flake), die alle zu einem Besuch einladen. Genauere Infos gibt's unter www.wmonline.com der unter www.paysonrimcountry.com.

WESTLICHES ARIZONA

Sonnenanbeter tummeln sich am Colorado bei Lake Havasu City. Wer der Route 66 folgt, findet in der Nähe von Kingman noch gut erhaltene Abschnitte des alten Highways vor. Die wilde, öde Landschaft südlich der I-10 gehört zu den rauesten im Westen. Wenn man sowieso hier durchkommt, lassen sich auch einige lohnende Orte ausfindig machen, aber man würde für diese Gegend nicht unbedingt eine eigene Reiseroute zusammenstellen, außer man ist ein echter Route-66-Fan oder ein begeisteter Bootfahrer.

Kingman & Umgebung

Heruntergekommene Motels und eine Handvoll Tankstellen bestimmen das Bild an Kingmans Hauptstraße. Immerhin sind einige Gebäude aus der Zeit um 1900 stehen geblieben. Wer der Strecke der Route 66 (hier auch als Andy Devine Ave bekannt) folgt oder eine billige Unterkunft sucht, für den lohnt sich ein Spaziergang.

Wanderkarten sind im historischen **Powerhouse Visitor Center** (☎ 928-753-6106; www.kingman tourism.org; 120 W Andy Devine Ave; ☾ 8–17 Uhr) erhältlich, zu dem auch das beeindruckende **Route 66 Museum** (☎ 928-753-9889; Eintritt 4 US$; ☾ 9–17 Uhr) gehört.

Das charaktervolle **Hotel Brunswick** (☎ 928-718-1800; www.hotel-brunswick.com; 315 E Andy Devine Ave; Zi. inkl. Frühstück 35–66 US$; Suite 95–175 US$; ✂ 💻) von 1909 mitten in Kingman hat Cowboy- bzw. Cowgirl-Budgetzimmer mit Steinboden, Einzelbetten und einem Gemeinschaftsbad. Es gibt aber auch nettere Zimmer mit größeren Betten, TV und eigenem Bad. Das angeschlossene Restaurant, das **Hubbs Brunswick Bistro** (Gerichte 20–30 US$; ☾ Mo–Fr 11–14 & 17–21, Sa 17–21 Uhr), ist ein fabelhaftes Gourmetbistro, in dem Pasta, Steaks und Meeresfrüchte auf den Tisch kommen.

Lake Havasu City

Als London seine Brücke von 1831 in den späten 1960er-Jahren zur Versteigerung freigab, erstand sie der Bauunternehmer Robert McCulloch, zerlegte sie, transportierte sie nach Lake Havasu City und ließ sie dort wieder zusammensetzen. Der Ort liegt an einem gestauten Teil des Colorado und lockt Horden junger Spring Breaker (Studenten in den Frühjahrsferien) und Wochenendurlauber an, die sich im Wasser vergnügen und viel feiern wollen. Ein „englisches Dorf", bestehend aus pseudo-britischen Pubs und Souvenirshops umgibt die Brücke.

Das **Visitor Center** (☎ 928-453-3444; www.golake havasu.com; 420 English Village; ☾ Mo–Sa 9–17 Uhr) bietet praktische Informationen zu geführten Touren und zum Bootsverleih.

Mit den Schwimmingpools, den bekannten Nachtklubs, den Whirlpools und Restaurants sowie mit seiner herrlichen Lage zieht das **London Bridge Resort & Convention Center** (☎ 928-855-0888, 866-331-9231; www.londonbridgeresort.com; 1477 Queens Bay; Suite 140–359 US$; ✂ 💻 📶 🍴) eine ausgelassene Meute an. Die Wohneinheiten haben entweder ein oder zwei Schlafzimmer und Kochnischen.

Wegen der vielen Studenten gibt es hier jede Menge Locations, wo man etwas essen und trinken oder auch ausgelassen feiern kann. Am beliebtesten ist die **Mudshark Brewing Co** (☎ 928-453-2981; 210 Swanson Ave; Gerichte 8–20 US$; ☾ So–Do 11–22.30, Fr & Sa bis 23.30 Uhr) wegen ihrer leckeren kleinen Gerichte, aber vor allem wegen ihres selbst gebrauten Biers. Und am Wochenende gibt es dort häufig spezielle Angebote wie Rippchen, günstige Happy-Hour-Häppchen etc.

TUCSON

Tucson ist die zweitgrößte Stadt Arizonas und liegt in der Sonora, einer Wüste mit sanft geschwungenen Sandhügeln und einer Unmenge Kakteen. Verglichen mit dem weitläufigen, protzigen Phoenix geht der Puls hier

---

etwas langsamer; es gibt hier noch so etwas wie Gemeinschaftsgefühl und Geschichtsbewusstsein. Tucson (das „c" wird nicht gesprochen) ist eine Collegestadt und der Sitz der University of Arizona (U of A) mit gut 36 000 Studenten. Hier liebte man die Kunst und war schon lässig und leger, noch bevor das überall sonst als cool galt. Die vielen Second-Hand-Läden und die abgefahrenen Restaurants und Kellerbars sind ein Beweis dafür, dass auf einem ausgedörrten Stück Land eine blühende Stand entstanden ist.

Die Einwohner Tucsons sind stolz auf die geografische und kulturelle Nähe zu Mexiko (das südliche Nachbarland ist nur 60 Meilen bzw. 96 km entfernt); mehr als 35 % von ihnen stammen aus Mexiko oder aus einem zentralamerikanischen Land. Kein Wunder also, dass Spanisch den meisten hier leicht von den Lippen geht und mexikanische Restaurants von hoher Qualität im Überfluss vorhanden sind. Tucson ist ein guter Ausgangspunkt für viele Sehenswürdigkeiten und kleine Städte, die umso kurioser, aber auch bezaubernder werden, je weiter man aufs Land hinausfährt.

Orientierung

Die Innenstadt Tucsons und das historische Stadtviertel liegen östlich der I-10, Ausfahrt 258. Ungefähr 1 Meile (1,6 km) nordöstlich der Innenstadt liegt der U-of-A-Campus; die 4th Ave ist hier die wichtigste Straße und vollgestopft mit Cafés, Bars und Geschäften.

Wegen zahlreicher Bauarbeiten in der Innenstadt kann es hier zu Verkehrsbehinderungen kommen. Mit etwas Geduld erreicht man aber jedes gewünschte Ziel.

Praktische Informationen
BUCHLÄDEN
Bookman's (☎ 520-325-5767; 1930 E Grant Rd; ⌚ 9–22 Uhr) Hat eine große Auswahl an Second-Hand-Büchern, Musik und Magazinen.

GELD
Geldautomaten gibt's überall. Die meisten Banken tauschen ausländische Währungen; wer hier kein Konto hat, zahlt dafür 5 US$ Gebühr. Am Tucson International Airport kann man kein Geld wechseln.

INTERNETZUGANG
Joel D. Valdez Main Library (☎ 520-791-4393; 101 N Stone Ave; ⌚ Mo–Mi 9–20, Do bis 18, Fr bis 17, Sa 10–17, So 13–17 Uhr) Kostenloser Internetzugang.

MEDIEN
Arizona Daily Star (www.azstarnet.com) Die lokale Tageszeitung von Tucson.
Tucson Weekly (www.tucsonweekly.com) Das kostenlose Wochenblatt, in dem Unterhaltungsangebote und Restaurants aufgelistet sind.

NOTFALL & MEDIZINISCHE VERSORGUNG
Polizei (☎ 520-791-4444; 270 S Stone Ave)
Tucson Medical Center (☎ 520-327-5461; 5301 E Grant Rd; ⌚ 24 Std.) Notfalldienst.

POST
Tucson Downtown Post Office (☎ 520-903-1958, 800-275-8777; 141 S 6th Ave; ⌚ Mo–Fr 9–17 Uhr)

TOURISTENINFORMATION
Visitor Center (☎ 520-624-1817, 800-638-8350; www.visittucson.org; 110 S Church Ave; ⌚ Mo–Fr 9–17, Sa & So 9–14 Uhr)

Sehenswertes & Aktivitäten
Die Gebäude aus dem 19. Jh. und die Kunsthandwerksläden in **Presidio Historic District**, (www.tucsonpresidiotrust.org) zwischen der Court Ave und der Main Ave sowie der Franklin St und der Alameda St sind einen Streifzug wert. Wer den 4 km langen **Presidio Trail** abläuft, kommt an allen wichtigen Sehenswürdigkeiten vorbei – am besten im Visitor Center nach einer Karte oder nach Führungen fragen.

Der **Saguaro National Park** (☎ 520-733-5100; www.nps.gov/sagu; mit Fahrzeug 10 US$, 7 Tage gültig; ⌚ 7 Uhr–Sonnenuntergang) wird durch 30 Meilen (48 km) Straße und einige Farmen in zwei Hälften geteilt. Er breitet sich am Rand von Tucson aus, gehört aber noch zum offiziellen Stadtgebiet – obwohl man das kaum glauben kann, wenn man inmitten dieses Meers aus grünen Kakteen steht.

Saguaro West (Tucson Mountain District) hat am meisten zu bieten – und alles liegt relativ nah beieinander. Die beste Einführung in die Wunderwelt der Wüste bietet dabei das **Arizona-Sonora Desert Museum** (☎ 520-883-2702; www.desertmuseum.org; 2021 N Kinney Rd; Erw./Kind 9,50/2,25 US$; ⌚ 8.30–17 Uhr, variiert nach Jahreszeit; ♿). Diese Mischung aus Zoo und Museum, zu der auch ein nettes Café gehört, ist eine der Hauptattraktionen von Tucson, für die Traveller sich einen ganzen Tag Zeit nehmen sollten. In einem Außengehege sind Wildschweine, Kojoten, Rotluchse, Schlangen und nahezu alle sonstigen Wüstentiere der Region zu sehen. Im Sommer gibt es spezielle Samstagabend-Ver-

TUCSON

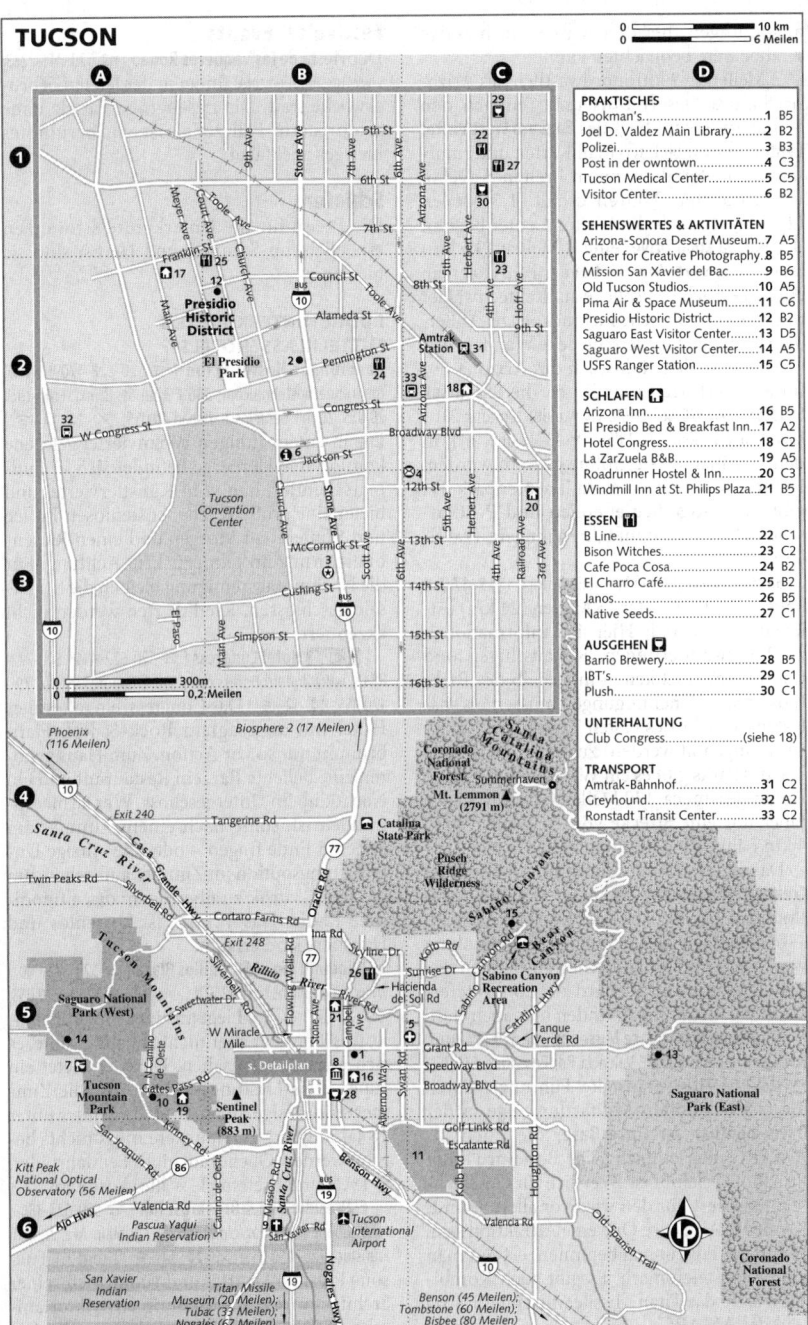

DER ZENTRALE WESTEN

anstaltungen, bei denen man nachtaktive Krabbeltiere beobachten kann.

2 Meilen (3,2 km) nordwestlich des Arizona-Sonora Desert Museums (einfach den Schildern folgen) liegt das **Saguaro West Visitor Center** (9–17 Uhr), wo man Karten und Informationsmaterial zu einem breiten Angebot von geführten Touren erhält. 1,5 Meilen (2,4 km) westlich des Visitor Center beginnt der **Bajada Loop Drive**, eine 6 Meilen (9,6 km) lange ungeteerte Straße. Bei der Fahrt hat man einige herrliche Ausblicke auf Kakteenwälder und es gibt zahlreiche Picknickplätze. Außerdem beginnen hier verschiedene Wanderwege.

Einige Meilen südöstlich des Arizona-Sonora Desert Museums liegen die **Old Tucson Studios** (☎ 520-883-0100; www.oldtucson.com; 201 S Kinney Rd; Erw./Kind 17/11 US$; 10–18 Uhr;), in denen früher Westernfilme gedreht wurden. Heute ist dort ein Western-Themenpark. Da gibt es richtige Schießereien und Postkutschenfahrten – darauf fahren jüngere Traveller voll ab.

Saguaro East (Rincon Mountain District; 9–17 Uhr) hat ein Visitor Center 15 Meilen (24 km) östlich der Innenstadt. Hier sind Informationen zu Tageswanderungen, Reitausflügen und Campingmöglichkeiten innerhalb des Parks (kostenlose Genehmigungen müssen bis spätestens 12 Uhr des ersten Tages der Wanderung eingeholt werden) zu haben. In diesem Teil des Parks gibt es ein Wanderstreckennetz von insgesamt ca. 130 Meilen (208 km) Länge (aber nur eine Strecke von 2,5 Meilen bzw. 4 km Länge für Mountainbiker).

Das international renommierte **Center for Creative Photography** (☎ 520-621-7968; www.creative photography.org; 1030 N Olive Ave; Eintritt frei; Mo–Fr 9–17, Sa & So 13–16 Uhr) hat eine große Sammlung von Werken amerikanischer Fotografen wie Ansel Adams und Richard Avedon. Interessante Veranstaltungen finden hier auch statt.

Das **Pima Air & Space Museum** (☎ 520-574-0462; www.pimaair.org; 6000 E Valencia Rd; Erw./Kind 6/3 US$; Mo–Fr 9–17 Uhr) veranstaltet Führungen durch die fast 5000 alten Militärflugzeuge in der **Davis-Monthan Air Force Base**, die auch als AMARG oder einfach „The Boneyard" (der Friedhof) bekannt ist. Wer sich für Geschichte interessiert, für den wird vor allem John F. Kennedys Air Force One eine Attraktion sein. Wann die Führungen beginnen, erfragt man am besten telefonisch. Es gibt auch Kombi-Tickets für das Titan Missile Museum (S. 151) und das AMARG.

Festivals & Events

Der **Fiesta de los Vaqueros Rodeo** (☎ 520-741-2233; www.tucsonrodeo.com) findet in der letzten Februarwoche statt. Die riesengroße Parade ohne motorisierte Fahrzeuge ist ein berühmtes hiesiges Spektakel.

Schlafen

Die Preise für die Unterkünfte schwanken erheblich, im Sommer und Herbst sind sie niedriger.

BUDGETUNTERKÜNFTE & MITTELKLASSEHOTELS

Roadrunner Hostel & Inn (☎ 520-628-4709; www. roadrunnerhostelinn.com; 346 E 12th St; B inkl. Frühstück 20 US$, Zi. mit Gemeinschaftsbad 40 US$;   ) Die in einem ruhigen Wohnviertel gelegene komfortable Herberge befindet sich in Fußmarschentfernung vom Künstlerviertel und bietet eine große Küche, kostenlosen Kaffee und Waffeln am Morgen und einen Riesenbildschirm zum Filmegucken. Achtung: Für die Nachmittagsreinigung bleiben die Schlafsäle geschlossen. Kreditkarten werden nicht akzeptiert.

LP Tipp **Hotel Congress** (☎ 520-622-8848, 800-722-8848; www.hotelcongress.com; 311 E Congress St; Zi. 79–120 US$;   ) Das Congress, ein tolles altes Hotel mit angesagtem Rock-&-Roll-Flair, brummt nur so vor Action. Zum Haus gehören eine beliebte Bar, ein Restaurant und ein Nachtklub im Untergeschoss. Wer lärmempfindlich ist, sollte nach einem Zimmer am anderen Ende fragen – oder die einzige Unterhaltungsoption im Zimmer aufdrehen, um die Band-Musik zu übertönen: das altmodische Radio. Das WLAN ist kostenlos und Haustiere sind erlaubt.

Windmill Inn at St. Philips Plaza (☎ 520-577-0007; www.windmillinns.com; 4250 N Campbell Ave; Zi. 80–220 US$;   ) Liegt an einer Einkaufsmeile, was Traveller aber nicht abhalten sollte, es sich genauer anzusehen. Denn es bietet ein super Preis-Leistungs-Verhältnis: Alle Zimmer sind riesige Suiten und für Kinder unter 18 Jahren und für Haustiere muss nichts bezahlt werden. Obendrauf gibt's Leihfahrräder, WLAN und Brettspiele – alles kostenlos.

El Presidio Bed & Breakfast Inn (☎ 520-623-3860; www.bbonline.com/az/elpresidio; 297 N Main Ave; Zi. inkl. Frühstück 120–150 US$;   ) Liegt in Tucsons Presidio District und rühmt sich seiner architektonischen Mischung aus viktorianischen Stilelementen und Lehmziegeln. Die

---

EIN HEISSES EISEN: EINWANDERER AUS MEXIKO

Das Thema Einwanderung wird im zentralen Westen, besonders im Süden von Arizona, noch immer kontrovers diskutiert. Schlimme Arbeitslosigkeit und die höheren Löhne in den USA haben zur Folge, dass mexikanische Emigranten weiter in großer Zahl in den Norden kommen. Verstärkte Grenzkontrollen in Kalifornien und Texas sowie Bürgerwehrgruppen wie die Minutemen haben diese Migrantenzüge zum gefährlichsten Abschnitt der Sonora-Wüste abgedrängt, wodurch es zu vielen Todesfällen aufgrund von Überhitzung und Belastung kommt. Wer schlecht auf die Reise vorbereitet ist oder von den *Koyoten* (bezahlte Menschenschmuggler) zurückgelassen wurde, stirbt hier wegen der Hitze einen schnellen, aber qualvollen Tod.

Bestürzt über die mehr als 100 Toten jährlich haben sich regionale humanitäre und religiöse Organisationen der Problematik angenommen. Sie arbeiten gesetzeskonform und unterhalten Notfallstationen mit Wasser in den bekannten Grenzgegenden, in der Hoffnung, dass niemand sterben muss, um eine Grenze zu überqueren.

---

vier Zimmer im spanischen Kolonialstil sind mit Antikmöbeln ausgestattet und haben jeweils einen separaten Eingang. Im Preis enthalten sind ein Gourmetfrühstück sowie Drinks und Leckereien am Nachmittag. Kinder unter 13 Jahren sind nicht willkommen. Zwischen 16 und 18 Uhr kann eingecheckt werden.

SPITZENKLASSEHOTELS

Die Ranches und Ferienanlagen Tucsons sind an sich schon eine Reise wert. Im Sommer fallen die Preise dramatisch.

Arizona Inn (☎ 520-325-1541, 800-933-1093; www.arizonainn.com; 2200 E Elm St; Zi. ab 220 US$; 🞲 🖵 🛋) Das Inn strahlt die Anmut und den Charme des alten Arizona aus. Zu dieser 5,5 ha großen Anlage strömen die Eingeweihten aus der Region, wenn sie sich für ein Wochenende einen luxuriösen „Urlaub zu Hause" gönnen wollen. Wenn es warm ist, sollte man sich den geselligen Nachmittagstee oder das Eis am Pool nicht entgehen lassen. Internetzugang und Fahrradverleih sind kostenlos.

La ZarZuela B&B (☎ 520-884-4824, 888-848-8225; www.zarzuela-az.com; 455 N Camino de Oeste; Zi. 285–325 US$; 🞲 Okt.–Juni; 🞲 🞲 🖵 🛜 🛋) Wer von einem entlegenen, luxuriösen Plätzchen träumt, ist hier richtig. Diese atemberaubende Villa in den Ausläufern der Berge westlich der Stadt hat fünf farbenprächtige Casitas mit weit ausladender Terrasse und schönem Ausblick. Kinder sind unerwünscht. Es gibt Ruhe und Luxus im Überfluss.

Essen

In jeder kleinen Taqueria kann man günstig essen – und gut noch dazu, denn alle müssen um ihre Existenz kämpfen.

GÜNSTIG

Die beste Adresse für gutes Essen zu einem guten Preis ist die 4th Ave. Hier einige besonders empfehlenswerte Lokale:

Native Seeds (☎ 520-622-5561; 526 N 4th Ave; Fertigmischung 6–10 US$; 🞲 Mo–Sa 10–17, So 12–16 Uhr) Die einzigen Snacks, die man hier gleich vor Ort essen kann, sind Lollis mit Kaktusfeigengeschmack, aber Fertigmischungen zum Zu-Hause-Kochen gibt es hier reichlich.

Bison Witches (☎ 520-740-1541; 326 N 4th Ave; Sandwiches 7 US$; 🞲 11–24 Uhr) In diesem lebhaften Lokal, in dem Studenten und hippe Leute ein und ausgehen, dreht sich alles ums Brot – das ist der Sandwich-Himmel. Wer ein „Beef and Brie" nimmt, kriegt genau das, was er erwartet. Die Musik ist laut, es gibt mehrere Fernseher und Getränke bis 2 Uhr morgens.

B Line (☎ 520-882-7575; 621 N 4th Ave; Gerichte 7–11 US$; 🞲 Mo–Do 7.30–21, Fr & Sa bis 22, So bis 20 Uhr) Burritos zum Frühstück, stapelweise Crêpes am Vormittag und zum Mittag- und Abendessen mexikanische Standardgerichte, Nudeln und Salate. Außerdem gibt es eine Karte mit einer kleinen, aber umso feineren Auswahl von Weinen und Bieren.

MITTELTEUER & TEUER

El Charro Café (☎ 520-622-1922; 311 N Court Ave; Gerichte 9–18 US$; 🞲 11–21 Uhr) Wegen seines berühmten *carne seca* (gedörrtes Rindfleisch) gehört das El Charro Café vermutlich zu den beliebtesten mexikanischen Restaurants in Tucson, vielleicht sogar im ganzen Bundesstaat. Das Essen ist innovativ und köstlich – deshalb ist es bei Travellern und Einheimischen gleichermaßen beliebt. Es gibt noch vier weitere ähnliche Lokale in der Gegend, aber dies ist das ursprüngliche.

Cafe Poca Cosa (☎ 520-622-6400; 110 E Pennington St; Abendessen 19–26 US$; ❤ Di–Do 11–21, Fr & Sa bis 22 Uhr) Das ausgezeichnete Essen berücksichtigt unterschiedliche mexikanische Regionen, wird frisch zubereitet und kreativ und hübsch präsentiert. Wer Tucsons Größen aus Politik und Wirtschaft von Nahem sehen möchte, muss nur zum Mittagessen herkommen.

LP Tipp Janos (☎ 520-615-6100; Westin La Paloma, 3770 E Sunrise Dr; Hauptgerichte 28–50 US$, Menü/inkl. Wein 75/115 US$; ❤ Mo–Sa 17.30–21 Uhr) Der Gewinner des James Beard Award und Starkoch Janos Wilder kreiert hier einfach unglaubliche Fleischgerichte – wer hätte gedacht, dass man Fleisch solche Aromen entlocken kann? Das Janos gilt als der malerischste Ort in Tucson für ein romantisches Dinner oder ein besonderes Festessen, nicht zuletzt wegen seines fantastischen Ausblicks ins Tal. Unbedingt probieren muss man das New-York-Strip-Steak, das mit Kaffee, Sirup und mexikanischer Schokolade mariniert wird. Danach kann man in der angeschlossenen J Bar noch einen Absacker trinken.

Ausgehen & Unterhaltung

Die angesagteste Ecke für eine Kneipentour ist die 4th Ave in der Innenstadt, nahe der 6th St. Nachtklubs finden sich in der Congress St im Zentrum. In den Klubs gibt's was für jeden Geschmack, von DJs bis Livemusik.

Barrio Brewery (☎ 520-791-2739; www.barriobrewing.com; 800 E 16th; ❤ 11–1 Uhr) Liegt in einem Industriegebiet in der Nähe der Zuggleise – wer gerade bestellt, wenn ein Güterzug vorbeidonnert, muss nur 3 US$ für sein Bier bezahlen. Solche Güte(rzüge) wird (bzw. werden) mit lautem Gegröle bejubelt. Der Innenraum ist sehr groß und an der Vorderseite des Gebäudes befindet sich eine große Veranda. Die Preise für das Essen (Snacks 3–7 US$) sind ein wenig höher als für Kneipenessen üblich.

Club Congress (☎ 520-622-8848; 311 E Congress St; Grundpreis 3–10 US$) In diesem sehr beliebten Tanz- und zuweilen auch Rock-Klub tönt Live- und DJ-Mucke aus den Lautsprechern. Was für Leute hier herkommen, hängt vom Event ab, aber es ist fast immer was los.

IBT's (☎ 520-882-3053; www.myspace.com/ibtstuc son; 616 N 4th Ave) Die älteste Schwulenbar in Tucson. Die Themen wechseln jede Nacht – Karaoke, Tanz, Barbecue …

Plush (☎ 520-798-1298; www.plushtucson.com; 340 E 6th St; Grundpreis 5–10 US$) Wem die durchgeknall-te Szene der 4th Ave nicht so liegt, der kann im vorderen Bereich dieses Klubs auf schrillen Möbeln bei gedämpfter Lounge-Musik abhängen.

Anreise & Unterwegs vor Ort

Der **Tucson International Airport** (TUC; ☎ 520-573-8000; www.tucsonairport.org) befindet sich 10 Meilen (16 km) südlich der Innenstadt. **Arizona Stagecoach** (☎ 877-782-4355; www.azstagecoach.com) betreibt einen Fahrdienst (Tickets ab 23 US$) zwischen Innenstadt und Flughafen. **Greyhound** (☎ 520-792-3475; www.greyhound.com; 471 W Congress St; ❤ 7–23 Uhr) lässt Busse nach Phoenix (ab 21 US$, 2 Std., tgl.) und Nogales (ab 11 US$, 1 Std., tgl.) sowie zu weiteren Reisezielen in den USA und Mexiko fahren. Nicht von der Adresse verwirren lassen, die Bushaltestelle befindet am westlichen Ende der Congress St, 3 Meilen (4,8 km) vom Zentrum entfernt. **Amtrak** (☎ 520-623-4442, 800-872-7245; www.amtrak.com; 400 E Toole Ave) ist direkt beim Hotel Congress ansässig und hat Züge nach Los Angeles (ab 38 US$, 10 Std., 3-mal wöchentl.) und zu anderen Zielen.

Das **Ronstadt Transit Center** (cnr Congress St & 6th Ave) ist der wichtigste hiesige Verkehrsknotenpunkt. Von hier aus bedienen Busse von **Sun Tran** (☎ 520-792-9222; www.suntran.com) den Großraum Tucson (Tagespass 2 US$).

RUND UM TUCSON

Die im Folgenden genannten Ziele sind weniger als eineinhalb Stunden Fahrt von der Stadt entfernt und geben hervorragende Tagesausflüge ab.

Nördlich von Tucson

Ungefähr 35 Meilen (56 km) von der Innenstadt entfernt liegt **Biosphere 2** (☎ 520-838-6200; www.b2science.org; 32540 S Biosphere Rd, Oracle; Erw./Kind 20/13 US$; ❤ 9–16 Uhr; ♿), eine 12 138 m^2 überspannende Glaskuppel, in der sich sieben verschiedene Biotope befinden (ein Urwald, eine Wüste, ein Sumpfgebiet), die sich selbst versorgen sollen. Erreichbar ist das Gelände über Nebenstraßen. 1991 bezogen acht „Bionauten" die Biosphere 2, um dort zwei Jahre lang völlig abgeschieden von der Außenwelt zu leben. Am Ende hatten sie zwar abgenommen, aber sonst ging es ihnen ganz gut. Das Experiment könnte als Beispiel für künftige Stationen im Weltraum dienen, war aber privat finanziert und umstritten. Heute wird die große Glaskuppel von der University of Arizona als Institut zur Erforschung der Erde genutzt. Man kann sie nur im Rahmen einer Führung besuchen. Aber diese Führungen finden regelmäßig statt und wer Glück hat, wird von seinem Guide bis in die riesige, etwas beängstigende künstliche Lunge der Anlage geführt.

Westlich von Tucson

Von Tucson führt der Hwy 86 nach Westen in eines der trockensten und ödesten Gebiete der Sonora-Wüste. Westlich von Sells erhebt sich das **Kitt Peak National Optical Observatory** (☎ 520-318-8726; www.noao.edu/kpno; Hwy 86; Eintritt gegen Spende, Vorführung Erw./Student/Senior 41/36/36 US$; ☺ Sept.–Mitte Juli). Es hat die größte Sammlung optischer Teleskope der Welt. Die geführten Touren (Erw./Kind 4/2,50 US$; 10, 11.30 & 13.30 Uhr) dauern ungefähr eine Stunde. Tickets für die nächtlichen Sternguck-Sessions (Erw./Kind 46/41 US$; 1. Juli–15. Sept. keine Veranstaltungen wegen Monsun), die wirklich empfehlenswert sind, sollte man zwei bis vier Wochen im Voraus buchen. Der klare, wolkenlose Himmel verspricht einen beeindruckenden Blick in den Kosmos. Besucher sollten sich aber warm anziehen und den Wagen vorher in Tucson noch einmal volltanken (die nächste Tankstelle ist 30 Meilen bzw. 48 km vom Observatorium entfernt). Kinder unter acht Jahren haben übrigens aus Sicherheitsgründen keinen Zutritt ins Observatorium. Auf dem Rastplatz vor dem Gebäude treffen sich abends gerne die Hobbyastronomen.

Südlich von Tucson

Südlich von Tucson ist die I-19 die Hauptverbindung nach Nogales und Mexiko. Auf dem Weg dorthin bieten sich mehrere interessante Zwischenstopps an.

Die **Mission San Xavier del Bac** (☎ 520-294-2624; www.sanxaviermission.org; 1950 W San Xavier Rd; Eintritt gegen Spende; ☺ 8–17 Uhr) ist Arizonas ältestes Kolonialgebäude, das noch genutzt wird. Dunkel und stimmungsvoll im Inneren, weist es eine bunte Mischung aus maurischen und byzantinischen sowie mexikanischen Spätrenaissance-Elementen auf. Es liegt 9 Meilen (14,4 km) südlich der Innenstadt von Tucson.

Bei der Ausfahrt 69, 16 Meilen (25,6 km) südlich der Mission, steht das **Titan Missile Museum** (☎ 520-625-7736; www.titanmissilemuseum.org; 1580 W Duval Mine Rd, Sahuarita; Erw./Kind/Senior 9,50/6/8,50 US$; ☺ Führungen 9–16 Uhr), eine ehemalige unterirdische Abschussbasis für Interkontinentalraketen aus der Zeit des Kalten Krieges. Die Führungen sind informativ und finden häufig statt. Kombi-Tickets gibt's auch (s. Pima Air & Space Museum, S. 148).

Wer Geschichte mag und gern nach Kunsthandwerk stöbert, sollte das kleine Dorf **Tubac** (I-19, Ausfahrt 34), 48 Meilen (77 km) südlich von Tucson besuchen, in dem es mehr als 80 Verkaufsgalerien gibt.

Nogales

Bei Arizonas wichtigstem Tor nach Mexiko strömen ständig Fußgänger und Fahrzeuge über jene Grenze, die Nogales in Arizona von Nogales im mexikanischen Bundesstaat Sonora trennt. Das US State Department warnt jedoch: In den Grenzstädten gibt es gewalttätige Drogenkartelle; Besucher werden daher zu äußerster Vorsicht angehalten. Autofahrer auf dem Weg in Richtung USA müssen mit Wartezeiten rechnen. Online (http://apps.cbp.gov/bwt) kann man die Wartezeiten prüfen; die Angaben werden stündlich aktualisiert.

Die **Chamber of Commerce** (☎ 520-287-3685; www.nogaleschamber.com; 123 W Kino Park Way; ☺ Mo–Fr 9–17 Uhr) hat die üblichen praktischen Informationen für Traveller im Angebot. Außerdem gibt's hier ein **mexikanisches Konsulat** (☎ 520-287-2521/3381; 571 N Grand Ave; ☺ Mo–Fr).

Kettenmotels finden sich abseits der I-19 an der Ausfahrt 4. An der Mariposa Rd gibt's die üblichen Fast-Food-Restaurants und einen Supermarkt.

Crucero USA/Greyhound (☎ 520-287-5628; 35 N Terrace Dr) hat seinen Sitz weniger als 1 Meile (1,6 km) von der Grenze entfernt und fährt regelmäßig nach Tucson (ab 11 US$, 1 Std., tgl.). Fünf Busse fahren täglich nach Hermosillo in Mexiko (19 US$, 4 Std.), von wo aus man mit **Estrella Blanca** (www.estrellablanca.com.mx) regelmäßig Anschluss zu Reisezielen hat, die tiefer im Landesinneren liegen.

Autofahrer auf dem Weg nach Mexiko können ihr Fahrzeug bei der hilfsbereiten Versicherung **Sanborn's** (☎ 520-281-1865, 800-222-0158; www.sanbornsinsurance.com; 850 W Shell Rd; ☺ Mo–Fr 8–17 Uhr, Sa & So unterschiedliche Öffnungszeiten) versichern. Die Kosten sind abhängig vom Wert des Wagens und der Dauer des Aufenthalts, liegen aber bei mindestens 30 US$ pro Tag.

SÜDÖSTLICHES ARIZONA

Das südliche Arizona ist voller Orte und Legenden aus der Zeit des Wilden Westens. Hier können Traveller die so wunderbar erhaltene historische Bergarbeiterstadt Bisbee, den O. K. Corral in Tombstone und das fantastische Wunderland mit den Steintürmen im Chiricahua National Monument besuchen.

Kartchner Caverns State Park

9 Meilen (14,5 km) südlich der kleinen Stadt Benson liegt der **Kartchner Caverns State Park** (☎ 502-586-4100; www.explorethecaverns.com; Hwy 90; Eintritt 5 US$; ☺ Park 7.30–18 Uhr, geführte Touren 8.40–16.40 Uhr). In der 2,5 Meilen (4 km) langen, feuchten Kalksteinhöhle sind bizarre Gesteinsformationen zu besichtigen, die aussehen wie riesige Trinkhalme oder Eiswaffeln. Angeboten werden zwei geführte Touren (Erw./Kind ab 17/9 US$), die Wochen im Voraus ausgebucht sein können. Daher besser rechtzeitig reservieren!

Chiricahua National Monument

Beim etwas abgelegenen **Chiricahua National Monument** (☎ 520-824-3560; www.nps.gov/chir; Erw./Kind 5 US$/frei) in den Chiricahua Mountains finden sich skurrile Felsformationen, die wie Türme bis zu 100 m weit in den Himmel ragen und aussehen, als würden sie jeden Augenblick vornüber kippen. Der **Bonita Canyon Scenic Drive** führt nach 8 Meilen (13 km) zum Massai Point in knapp 2100 m Höhe und ist der Ausgangspunkt zahlreicher Wanderwege. Das Naturdenkmal liegt 36 Meilen (58 km) südöstlich von Willcox abseits des Hwy 186/181.

Tombstone

Tombstone war im 19. Jh. eine blühende Bergarbeiterstadt, in welcher der Whiskey in Strömen floss und jedes Wortgefecht noch mit dem Colt entschieden wurde – wie etwa bei der berühmtesten Schießerei am O. K. Corral. Heute ist die Stadt ein National Historic Landmark und lockt mit ihren alten Wildwestgebäuden, Postkutschenfahrten und den pausenlos stattfindenden nachgestellten Schießereien scharenweise Traveller an. Das **Visitor & Information Center** (☎ 520-457-3929; www. tombstone.org; cnr 4th & Allen Sts; ☺ 9–16 Uhr) verfügt über gute Wanderkarten und gibt nützliche Empfehlungen.

Bisbee

Auch wenn überall noch der altmodische Charme der ehemaligen Kupferminenstadt durchsickert, so ist Bisbee heute doch viel-

mehr eine reizvolle Mischung aus einem Künstlerviertel – das freilich schon etwas in die Jahre gekommen ist –, eleganten viktorianischen Gebäuden, luxuriösen Restaurants und bezaubernden Hotels.

Das meiste Leben findet man im Historic District (Old Bisbee) entlang der Subway St und der Main St. Das **Visitor Center** (☎ 520-432-3554, 866-224-7233; www.discoverbisbee.com; 2 Copper Queen Plaza; ☺ Mo–Fr 9–17, Sa & So 10–16 Uhr) ist ein guter Ausgangspunkt für weitere Unternehmungen.

Um herauszufinden, wie der Bergbau vor sich ging, nimmt man am besten an der **Queen Mine Tour** (☎ 520-432-2071; 478 Dart Rd; Erw./Kind 12/5 US$; ☺ 9–15.30 Uhr) teil. Bergleute im Ruhestand leiten die geführten Touren, bei denen man tief unter die Erde steigt. Am Stadtrand kann man die **Lavender Pit** besichtigen, ein zwar hässliches, aber dennoch beeindruckendes Zeugnis dafür, wie der Tagebergbau früher funktionierte. Wer die **Historic Walking Tour** mitmacht, die von dem Cowboy-Freak Michael London geleitet wird, kann nach den historischen Fotos fragen, die zeigen, dass an der Stelle der Lavender Pit ursprünglich ein Berg war. Eine solche Führung kostet 10 US$ und beginnt jede volle Stunde vor dem Visitor Center.

Wer nun von all dem vielen Kupfer die Nase voll hat, sollte der **Shady Dell RV Park** (☎ 520-432-3567; www.theshadydell.com; 1 Douglas Rd; Wohnwagen 50–130 US$; ☒) besuchen, einen kitschigen, ganz besonderen Wohnwagenpark. Alles ist mit Retro-Einrichtungen aufgemotzt und mit Filmen aus der alten Zeit ausgestattet. Vor Ort gibt es auch ein einfaches Restaurant, wo man frühstücken oder zu Mittag essen kann.

Das **LP Tipp** **Copper Queen Hotel** (☎ 520-432-2216; www.copperqueen.com; 11 Howell Ave; Zi. 80–180 US$; ☒ ☒ � ☺) ist ein reizendes, über 100 Jahre altes Hotel, dessen Zimmer nach den berühmten Persönlichkeiten gestaltet sind, die in ihnen übernachtet haben (z. B. John Wayne). Die Zimmer und Säle sind mit wunderbaren Kupferlampen verziert – in ihnen sollen Nachts sogar Geister herumspuken. Das Restaurant im Erdgeschoss und die Bar auf der Veranda, wo in abends Klaviermusik gespielt wird, sind bei Einheimischen wie bei Travellern sehr beliebt.

In der **Bisbee Coffee Company** (☎ 520-432-7879; 2 Copper Queen Plaza; Snacks 3–6 US$; ☺ 11–21 Uhr) trinkt man morgens einen Kaffee und kehrt im Laufe des Tages zurück, um eine Quiche, ein Sandwich, einen Salat oder ein kleines Dessert zu essen. Auf der davor liegenden Copper Queen Plaza kann man aber natürlich auch teurer essen.

UTAH

Das zerklüftete Terrain dieses dünn besiedelten Bundesstaats lädt geradezu ein zum Biken, Wandern, Skifahren, Raften und zu sonstigen Outdoor-Abenteuern. Und hinter jeder Straßenbiegung wartet schon wieder der nächste Ausblick auf eine faszinierende Landschaft. Die geografische Vielfalt erfüllt Besucher mit Ehrfurcht oder macht sie sogar schlicht sprachlos. Da ist die Versuchung groß, einfach nur stillzuhalten und das Kommen und Gehen der Tage zu betrachten, statt zu wandern, wo (buchstäblich) noch niemand einen Fuß hingesetzt hat. Die Weite der Topografie ist schlicht und ergreifend umwerfend.

Die Landschaft im südlichen Utah ist geprägt von fünf Nationalparks mit hohen Berggipfeln, tiefen Canyons, überwältigenden Sandsteinkuppeln und scheinbar endlosen Strecken sanft geschwungener Wüste. Das nördliche Utah hat als besondere Sehenswürdigkeiten den Great Salt Lake, die bewaldeten Berge der schneebedeckten Wasatch Range (wo 2002 die Olympischen Winterspiele stattfanden) und die wilden Uinta Mountains zu bieten.

Utah wurde außerdem durch die Mormonen geprägt – ihr gesellschaftlicher und politischer Einfluss ist im ganzen Staat spürbar. Als die Mormonenpioniere 1847 in die Region kamen, wurden sie (ebenso wie die Ureinwohner 7000 Jahre zuvor) geradezu spirituell inspiriert. Sie entschlossen sich, das Gebiet als ihre neue Heimat (ihr „Zion") anzunehmen. Die magische Landschaft wirkt praktisch auf jeden – gleichgültig welchen Glaubens – wie das Paradies auf Erden.

Geschichte

Utah verdankt seinen Namen dem nomadischen Volk der Ute, das neben den Paiute und den Shoshonen schon seit über 8000 Jahren in der Wüste des Great Basin lebte. Die Europäer kamen 1776 in die Region, doch bis zur Mitte des 19. Jhs. konnten die Ureinwohner hier noch frei umherziehen. Unter dem

---

KURZINFOS UTAH

Spitznamen Beehive State, Mormon State
Bevölkerung 2,5 Mio.
Fläche 212 753 km^2
Hauptstadt Salt Lake City (180 000 Ew.)
Verkaufssteuer 4,7 %
Geburtsort von Donny (geb. 1957) und Marie (geb. 1959) Osmond; dem legendären Banditen Butch Cassidy (1866–1908)
Gastgeber der Olympischen Winterspiele 2002
Berühmt für Mormonen, die roten Felsen der Canyons
Bestes Souvenir T-Shirt mit Werbung für das Polygamy Porter der Wasatch-Brauerei – „Why have just one?"
Entfernungen Salt Lake City–Moab 235 Meilen (376 km), St. George–Park City 304 Meilen (486 km)

Druck religiöser Verfolgung flohen die Mormonen – angeführt von Brigham Young – nach Utah und gründeten am 24. Juli 1847 Salt Lake City. Sie nannten ihr Gemeinwesen „Deseret" („Honigbiene") – denn so steht es im Buch Mormon.

Nachdem die USA das Territorium Utah von Mexiko erworben hatten, unterbreiteten die Mormonen dem US-Kongress sechsmal eine Petition, als Bundesstaat in die USA aufgenommen zu werden. Diese Petitionen wurden aber immer wieder verworfen, weil die Mormonen polygam lebten, was den Gesetzen der USA widerspricht. Die Spannungen zwischen den Mormonen und der US-Regierung hielten bis 1890 an. Dann verkündete der Mormonenälteste Wilford Woodruff, Gott habe ihm gesagt, die Mormonen sollten die Gesetze der USA befolgen. Die Polygamie wurde abgeschafft und bald darauf wurde Utah der 45. Bundesstaat der USA (1896). Auch heute sind die Mormonen in Utah noch in der Mehrheit und üben einen starken, konservativen Einfluss auf das Leben aus.

Praktische Informationen

Achtung: Außerhalb von Salt Lake City Geld zu wechseln, ist schwierig (s. S. 154). Und allgemein gilt, dass man dort, wo Öffnungszeiten nach Jahreszeiten (nicht nach Monaten) angegeben sind, besser anrufen und nachfragen sollte – die Öffnungszeiten können sich nämlich je nach Wetterlage, lokalen Gepflogenheiten oder aus Kostengründen ändern.

Natural Resources Map & Bookstore (Karte S. 156; ☎ 801-537-3320, 888-882-4627; www.mapstore.utah. gov; 1594 W North Temple, Salt Lake City; ☺ Mo–Do 7–18 Uhr) Hat – auch online – detaillierte Karten sämtlicher herausragender und erkundenswerter Orte.

Utah Office of Tourism (Karte S. 156; ☎ 801-538-1030, 800-200-1160; www.utah.com; Capitol Hill, 300 N State St, Salt Lake City; ☺ Mo–Fr 9–18, Sa & So 10–17 Uhr) Links zu Unterkünften, Campingplätzen und Outdoor-optionen. Die Website bietet Informationen in sechs Sprachen und veröffentlicht den kostenlosen *Utah Travel Guide*. Die Buchhandlung verkauft Reiseführer und Karten.

Utah Pride Center (Karte S. 156; ☎ 801-539-8800, 888-874-2743; www.utahpridecenter.org; 361 N 300 West, Salt Lake City; ☺ Büro Mo–Fr 10–18 Uhr; Coffee Shop (S. 160) & Bibliothek Mo–Fr 7–21, Sa 8–21, So 10–21 Uhr) Dieses hilfreiche Schwulen- und Lesbenzentrum bietet Ratschläge, Aktivitäten und Kurse an.

Utah State Parks & Recreation Department (Karte S. 156; ☎ 801-538-7220, 877-887-2757; www. stateparks.utah.gov; 1594 W North Temple, Salt Lake City; ☺ Mo–Do 7–18 Uhr) Befindet sich in demselben Gebäude wie der Natural Resources Map & Bookstore, verkauft Zutrittsgenehmigungen für mehrere Parks und nimmt Reservierungen für Campingplätze (Stellplatz 10–25 US$/ Nacht) entgegen. Reservierungen für Campingplätze in den Parks sind auch über **Reserve America** (☎ 800-322-3770; www.reserveamerica.com) möglich.

SALT LAKE CITY

Seit Salt Lake City (S. L. C.) während der Olympischen Winterspiele 2002 im Rampenlicht stand, hat die Stadt den Auftrieb genutzt. Sie ist modern, verfügt über charmante Anachronismen und ist umgeben von einer Gebirgskulisse – ihre Lage ermunterte den Pionier und Führer der Mormonen, Brigham Young, seiner ermatteten Schar emigrierter Siedler mitzuteilen: „Das ist der Ort."

S. L. C. ist zwar Hauptsitz der Mormonen, aber nur die Hälfte der Einwohner sind sogenannte Latter-day Saints (LDS, Kirche Jesu Christi der Heiligen der Letzten Tage; s. S. 158). Viele Traveller sind erstaunt darüber, dass die Stadt politisch progressiv ist (verglichen mit dem Rest des Bundesstaats) und es eine ziemlich große Schwulen- und Lesbengemeinde gibt.

Die Nähe zu den Wasatch Mountains ist eine riesige Verlockung für Outdoor-Freaks – und zwar ganzjährig. Weltklasse Möglichkeiten zum Wandern, Klettern und für Wintersport warten in weniger als einer Stunde Entfernung. Es scheint, als würde man überall von den hohen Gipfeln überragt. Außer-

dem ist S. L. C. eine blühende Universitätsstadt mit einer dynamischen Kunstszene und vielen Restaurants. Da ist es nicht schwer, Brigham Youngs Verkündung zuzustimmen.

Orientierung

Salt Lake City ist gitterförmig angelegt, die Straßen verlaufen in Nord-Süd- und West-Ost-Richtung. Alle Straßen führen vom Temple Square weg: Die Ecke der S Temple St (in Ost-West-Richtung) und Main St (in Nord-Süd-Richtung) ist der Nullpunkt der Adressen. Acht Blöcke sind etwa eine Meile (1,6 km). Die Straßen wurden ursprünglich 40 m breit gebaut, sodass vier vor einen Wagen gespannte Ochsen wenden konnten.

Zwei große Interstates kreuzen sich in S. L. C.: Die I-15 verläuft in Nord-Süd-, die I-80 in Ost-West-Richtung. Die I-215 führt um die Stadt herum.

Praktische Informationen

BUCHLÄDEN

Sam Weller Books (☎ 801-328-2586, 800-333-7269; 254 S Main; ☺ Mo–Sa 10–19 Uhr) Der größte unabhängige Buchladen der Stadt. Er soll allerdings umziehen.

GELD

Wells Fargo (☎ 801-246-2677; 79 S Main St) Geldwechsel. Man sollte aber vorher anrufen, ob die gewünschte Währung verfügbar ist.

INFOS IM INTERNET & MEDIEN

City Weekly (www.cityweekly.net/utah) Kostenlose alternative Wochenzeitung, die gute Tipps zu Restaurants und Unterhaltungsangeboten gibt.

Downtown SLC (www.downtownslc.org) Kunst, Unterhaltung und praktische Businessinformationen über die Innenstadt.

Salt Lake Convention & Visitors Bureau (www. visitsaltlake.com) Die offizielle Seite der Touristeninformation von Salt Lake City.

Salt Lake Tribune (www.sltrib.com) Die am weitesten verbreitete Tageszeitung von Utah.

INTERNETZUGANG

Hauptbücherei (☎ 801-524-8200; www.slcpl.org; 210 E 400 South; ☺ Mo–Do 9–21, Fr & Sa 9–18, So 13–17 Uhr) Kostenloser Internetzugang und ausgezeichnete, auch ausländische Magazine.

NOTFALL & MEDIZINISCHE VERSORGUNG

Polizei (☎ 801-799-3000; 315 E 200 South)

Salt Lake Regional Medical Center (☎ 801-350-4111; 1050 E South Temple; ☺ 24-Std.-Notfalldienst)

EIN HEISSES EISEN: ALKOHOL IN UTAH

Auf Grund der Initiative des Gouverneurs Jon Huntsman (jetzt Botschafter der USA in China) ist es nun in Utah leichter, einen Drink zu bekommen. Was war das Problem? In den vergangenen 40 Jahren wurden richtige Bars, in denen es alkoholische Getränke aller Art gab, als sogenannte „Privatklubs" geführt. Diese konnte man nur auf Einladung eines Mitglieds betreten oder indem man selbst ein zeitweiliges Mitglied wurde und dafür einen Beitrag von 5 US$ bezahlte. Der Bereich, in dem Alkohol ausgeschenkt wurde, musste durch eine Trennwand oder einen Vorhang vom übrigen Gästeraum abgetrennt werden, und überhaupt war nur alkoholarmes Bier gestattet.

Zwar war es auch in dieser Zeit nicht unmöglich, an Alkohol heranzukommen, doch gab es per Gesetz dafür strenge Auflagen – was dem Einfluss der Mormonen auf die Gesetzgebung zu verdanken war. Doch die Zeiten änderten sich. Utahs Tourismusindustrie mit einem jährlichen Umsatz von 6 Mrd. US$ brachte ihre eigenen Interessen immer stärker zum Ausdruck. Mit der Hilfe von Huntsman konnte sie den Gesetzgeber schließlich davon überzeugen, die besondere Regelung für Privatklubs aufzuheben und ein neues Gesetz zu verabschieden, das am 1. Juli 2009 in Kraft trat. Da aber einige Details noch ausgearbeitet werden müssen, ist es durchaus möglich, dass auch heute noch ein paar der alten, ungewöhnlichen Regelungen gelten.

University Hospital (☎ 801-581-2121; 50 N Medical Dr; ☷ 24-Std.-Notfalldienst)

POST
Post (☎ 800-275-8777; www.usps.com; 230 W 200 South; ☷ Mo–Fr 8–17.30, Sa 9–14 Uhr)

TOURISTENINFORMATION
Public Lands Information Center (☎ 801-466-6411; www.publiclands.org; 3285 E 3300 South; ☷ Mo–Fr 10.30–17.30, Sa 9–13 Uhr) Praktische Informationen zu Erholungsmöglichkeiten im Wasatch-Cache National Forest; das Zentrum befindet sich im REI-Laden.
Visitor Information Center (☎ 801-534-4900/4902, 800-541-4955; www.visitsaltlake.com; 90 S West Temple; ☷ Mo–Fr 9–18, Sa & So bis 17 Uhr) Das Zentrum im Salt Palace Convention Center veröffentlicht den kostenlosen *Destination: Salt Lake Visitors Guide.*

Sehenswertes
TEMPLE SQUARE
Die berühmteste Sehenswürdigkeit der Stadt, der 10 ha große **Temple Square** (☎ 801-240-2534, 800-537-9703; www.visittemplesquare.com; Eintritt frei; ☷ 9–21 Uhr) ist beeindruckend – dort kann man die Mormonen hautnah erleben. An beiden Eingängen des Visitor Center (an der S und N Temple) leiten Führer kostenlose, 30-minütige Touren.

Das eiförmige **Tabernacle** (Eintritt frei; ☷ 9–21 Uhr) von 1867 ist seit der Fertigstellung einer intensiven Renovierung im Jahr 2007 wieder das Highlight. Einige Denkmalschützer murrten über den Austausch der Kirchenbänke aus Kiefer, aber ein paar Reihen im hinteren Bereich blieben im Original erhalten. Um mit

der fabelhaften Akustik zu prahlen, wird alle 15 Minuten eine Stecknadel fallen gelassen – das Geräusch kann man bis ganz nach hinten hören, also noch in mehr als 60 m Entfernung. Beheimatet ist hier der weltberühmte Tabernakelchor der Mormonen. Besucher dürfen bei **Proben** (☷ Do 20 Uhr, Übertragungen von Chouraufführungen So 9.15 Uhr) zuhören, die von einer 11 000 Pfeifen starken Orgel begleitet werden.

Ganz oben auf dem 64 m hohen **Salt Lake Temple** befindet sich eine Goldstatue des Engels Moroni, die den ganzen Platz überblickt. Der Engel ist dem Gründer der Kirche Jesu Christi der Heiligen der Letzten Tage, Joseph Smith, erschienen. Die Zeremonien im Tempel sind geheim und nur für „angesehene" Gemeindemitglieder zugänglich.

Brigham Young lebte bis zu seinem Tod 1877 im **Beehive House** (☎ 801-240-2671; 67 E South Temple; Eintritt frei; ☷ geführte Touren Mo–Sa 9–21 Uhr). Das Haus wurde akribisch erhalten und ist mit Einrichtungsgegenständen und Kunstwerken aus seiner Zeit ausgestattet.

Recherchen zu seiner eigenen Genealogie kann man in der **Family History Library** (☎ 801-240-2584, 800-346-6044; www.familysearch.org; 35 N West Temple; ☷ Mo 8–17, Di–Sa 8–21 Uhr) neben dem Temple Square durchführen. Die Bibliothek besitzt genealogische Aufzeichnungen von über 1 Mrd. Verstorbenen aus der ganzen Welt. Die Recherche in diesem riesigen Fundus ist kostenfrei.

DOWNTOWN
Daughters-of-Utah-Pioneers-Museen (DUP) sind in ganz Utah verteilt, das **Pioneer Memori-**

DER ZENTRALE WESTEN

SALT LAKE CITY

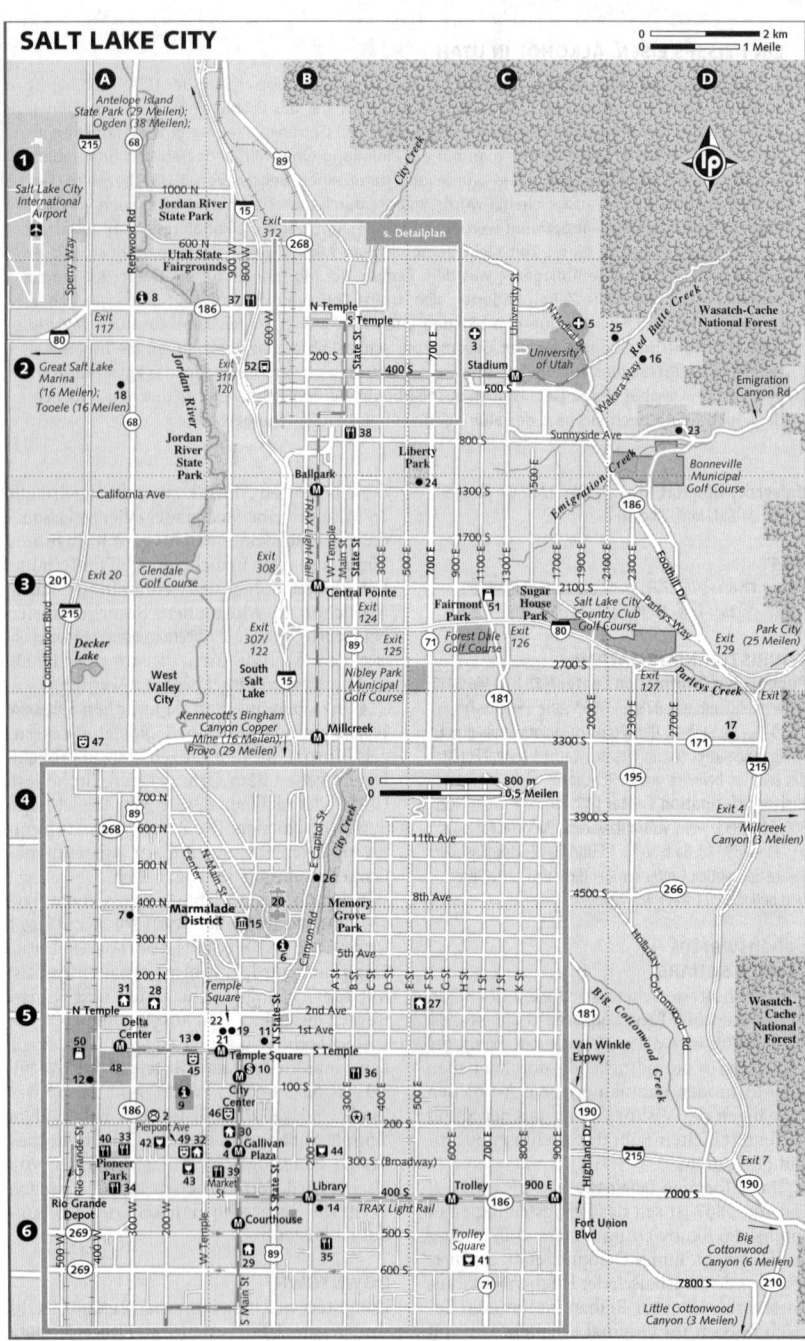

0 — 2 km
0 — 1 Meile

Antelope Island State Park (29 Meilen); Ogden (38 Meilen);

Salt Lake City International Airport

1000: N
Jordan River State Park

600 N Utah State Fairgrounds

N Temple
S Temple
200 S

Exit 312

s. Detailplan

Exit 117

Great Salt Lake Marina (16 Meilen); Tooele (16 Meilen)

Exit 311 120

400 S

500 S

Stadium

University of Utah

Wasatch-Cache National Forest

Emigration Canyon Rd

Jordan River State Park

California Ave

800 S

Ballpark

Liberty Park

1300 S

Sunnyside Ave

Bonneville Municipal Golf Course

Glendale Golf Course

Exit 308

Central Pointe

1700 S

Sugar House Park

Salt Lake City Country Club Golf Course

Park City (25 Meilen)

Decker Lake

Exit 20

Exit 124

Fairmont Park

Forest Dale Golf Course

Exit 126

Exit 129

West Valley City

South Salt Lake

Exit 307/ 122

Exit 125

Nibley Park Municipal Golf Course

2700 S

Exit 127

Parleys Creek

Exit 2

Kennecott's Bingham Canyon Copper Mine (16 Meilen); Provo (29 Meilen)

Millcreek

3300 S

Exit 4

Millcreek Canyon (3 Meilen)

700 N

600 N

500 N

400 N

Marmalade District

300 N

200 N

N Temple

Delta Center

Temple Square

2nd Ave

1st Ave

S Temple

100 S

Memory Grove Park

11th Ave

8th Ave

5th Ave

Wasatch-Cache National Forest

Van Winkle Expwy

Pioneer Park

Pierpont Ave

Gallivan Plaza

300 S (Broadway)

Fort Union Blvd

Rio Grande Depot

Market St

Library

Courthouse

400 S

TRAX Light Rail

500 S

600 S

Trolley

Trolley Square

900 E

7000 S

Exit 7

Big Cottonwood Canyon (6 Meilen)

7800 S

Little Cottonwood Canyon (3 Meilen)

0 — 800 m
0 — 0,5 Meilen

al Museum (☎ 801-532-6479; www.dupinternational.org; 300 N Main St; Eintritt frei; ☼ ganzjährig Mo–Sa 9–17 Uhr, Juni–Aug. auch So 13–17 Uhr) aber ist mit Abstand das beste. Es ist eine riesige, vierstöckige Schatzkammer und zeigt Tausende von Artefakten der Pioniere.

Das beeindruckende **State Capitol** (☎ 801-538-1800; www.utahstatecapitol.utah.gov; ☼ Mo–Fr 8–20, Sa & So bis 18 Uhr) erhebt sich majestätisch auf einem Hügel nördlich des Temple Square. Die Kuppel ist innen mit bunten Wandbildern verziert, die im Rahmen der Works Progress Administration (WPA) angefertigt wurden und auf denen Pioniere, Trapper und Missionare dargestellt sind. Außen hat man einen fantastischen Blick auf die Stadt und die Wasatch Mountains. Stündlich finden kostenlose Führungen statt (9–16 Uhr), die am Visitor Center im 1. Stock beginnen.

Einen Besuch wert ist auch die von dem Architekten Moshe Safdie entworfene **Hauptbücherei** (☎ 801-524-8200; www.slcpl.org; 210 E 400 South; ☼ Mo–Do 9–21, Fr & Sa 9–18, So 13–17 Uhr), eine leicht geschwungene Stahl-Glas-Konstruktion, deren Gesamtbild durch den gläsernen Aufzug, die Aussichtsterrasse auf dem Dach und die lichtdurchfluteten Innenräume noch abgerundet wird. Drinnen befinden sich eine Galerie, ein Coffee-Shop und ein Feinkostladen.

AUSSERHALB DER DOWNTOWN
In den nahen Wasatch Foothills bieten die wunderbaren, 60 ha großen **Red Butte Gardens** (☎ 801-585-0556; www.redbuttegarden.org; 300 Wakara Way; Erw./Kind & Senior 6/4 US$; ☼ Mai–Aug. Mo–Sa 9–21 & So bis 17 Uhr, April –Sept. Mo–Sa 9–19.30 & So bis 17 Uhr, Okt.–März tgl. 10–17 Uhr) Wanderwege, 10 ha an Gärten und atemberaubende Ausblicke ins Tal. Im Sommer finden dort auch die beliebten Freiluftkonzerte statt, bei denen auch so berühmte Größen wie Neko Case oder Death Cab for Cutie auftreten. Im Internet lässt sich das jeweilige Programm abrufen.

Der **This Is the Place Heritage Park** (☎ 801-582-1847; www.thisistheplace.org; 2601 E Sunnyside Ave/800 South; Eintritt in den Park frei, Mai–Sept. Eintritt ins Dorf Erw./Kind 8/6 US$; ☼ 9–17 Uhr; ♿) ist der Ankunft der Mormonen im Jahr 1847 gewidmet. In dem 182 ha großen Park liegt die Stelle, an der Brigham Young jene schicksalsträchtigen Worte aussprach: „Das ist der Ort." Die hiesige Hauptattraktion ist das **Heritage Village**, ein Museum, in dem die Geschichte lebendig wird. Zwischen Juni und August stellen nämlich verkleidete Museumsführer das Leben in der Mitte des 19. Jhs. anschaulich dar. In den Monaten außerhalb des Sommers können Besucher das Dorf zu einem günstigeren Preis (Erw./Kind 5/3 US$) besichtigen.

Aktivitäten
Die Canyons Millcreek, Big Cottonwood und Little Cottonwood befinden sich alle auf der östlichen Seite der Wasatch Mountains und sind von S. L. C. aus leicht zu erreichen. Sie bieten ausgezeichnete Gelegenheiten zum

DER ZENTRALE WESTEN

Wandern, Mountainbiken, Campen und Langlaufen. Hinweise auf und Artikel über Outdoor-Aktivitäten in den Canyons gibt's auf visit www.utah.com. Gipfelstürmer, die es nicht zu sehr übertreiben wollen, können auf den **Grandeur Peak** (Eintritt 3 US$; hin & zurück 9,6 km) im Millcreek Canyon, abseits des Wasatch Blvd, wandern. Dazu muss man auf der S 3800 3 Meilen (4,8 km) Richtung Osten zur Church Creek Picnic Area fahren. Der Weg ist auch super für Traveller mit Hunden.

Das **Salt Lake City Parks & Recreation Department** (☎ 801-972-7800; www.slcgov.com; 1965 W 500 South; ☽ Mo–Fr 8–17 Uhr) hat tonnenweise praktische Informationen über Stadtparks.

REI (☎ 801-486-2100; www.rei.com/stores/19; 3285 E 3300 South) vermietet Campingausrüstung, Kletterschuhe, Kajaks und Ausrüstung für Wintersportler, genauso wie das **University of Utah Outdoor Recreation Program** (☎ 801-581-8516; www.utah.edu/campusrec; 2140 E Red Butte Canyon Rd; ☽ Mo–Fr 8–18 Uhr), das auch Mountainbikes verleiht (20 US$/Tag).

Salt Lake City mit Kindern

Wer mehrere Attraktionen besuchen möchte, kann einen **Visit Salt Lake Connect Pass** (www.visitsaltlake.com/visit/activities/connect_pass) für einen bis drei Tage kaufen.

Das **Discovery Gateway** (☎ 801-456-5437; www.discoverygateway.org; 444 W 100 South; Eintritt 8,50 US$; ☽ Mo–Do 10–18, Fr & Sa bis 20, So 12–18 Uhr; ☺) ist ein fantastisches interaktives Kindermuseum und vielleicht die beste Attraktion der Stadt für Familien. Die nachgebaute digitale Zeitungsredaktion in der Medienabteilung finden kleine angehende Journalisten ziemlich cool.

Das **Tracy Aviary** (☎ 801-596-8500; 589 E 1300 South; Erw./Kind 5/3 US$; ☽ 9–18 Uhr; ☺) in der südwestlichen Ecke des Liberty Park erfreut Vogel-

liebhaber mit seinen gefiederten Geschöpfen aus aller Welt. Kinder dürfen die farbenprächtigen Loris, Pelikane und Guirakuckucke füttern.

Geführte Touren

City Sights (☎ 801-534-1001; www.saltlakecitytours.org) Hat geführte Touren in Salt Lake City und am Great Salt Lake im Programm. Abholung von der Unterkunft.

Utah Heritage Foundation (☎ 801-533-0858; www.utahheritagefoundation.com; 485 N Canyon Rd) Veranstaltet geführte Touren zu den historischen Sehenswürdigkeiten von Salt Lake City und gibt kostenlose Broschüren aus, mit denen man sich auf eigene Faust auf den Weg machen kann.

Festivals & Events

Die Menschen strömen zum **Utah Arts Festival** (www.uaf.org) Ende Juni. **Days of '47** (☎ 801-254-4656; www.daysof47.com), das „mormonische

---

DIES IST DER ORT

Die Mitglieder der **Kirche Jesu Christi der Heiligen der Letzten Tage** (LDS; www.lds.org, www.mormon.org) – oder die Mormonen – stellen die Familie über alles andere. Und mormonische Familien sind groß! Harte Arbeit und strikter Gehorsam gegenüber den Kirchenoberhäuptern sind sehr wichtig. Rauchen und Alkohol, Tee oder Kaffee trinken sind nicht gestattet. Frauen ist es verboten, Führungspositionen anzunehmen, ebenso wie Afroamerikanern bis 1978.

Da der Glaube die Missionierung gebietet, bereisen viele junge Erwachsene die Welt und verbreiten das Wort. Frauen werden während ihres Diensts Sisters (Schwestern) genannt, die Männer Elders (Ältere). Weltweit gibt es heute etwa 12 Mio. Mormonen.

SICH IN UTAH ZURECHTFINDEN: WO IST DIE MAPLE STREET?

In den Städten Utahs sind die Straßen immer nach demselben Muster angeordnet. Das System ist schwerer zu erklären als zu begreifen, aber wenn man es einmal geschluckt hat, kann man es überall in Utah anwenden.

Normalerweise gibt es im Zentrum einer jeden Stadt einen Nullpunkt, der sich auf dem Schnittpunkt zweier Hauptstraßen (häufig Main St und Center St genannt) befindet. Adressen und Straßennamen sind auf diesen Nullpunkt bezogen und erhöhen sich mit jedem Block um den Faktor 100. Eine mit 500 South 400 East angegebene Adresse findet sich folglich an der Kreuzung zwischen der 500 South St und der 400 East St bzw. fünf Blocks südlich und vier Blocks östlich vom Nullpunkt. Der erste Bezugspunkt wird gewöhnlich abgekürzt, der zweite eher selten – 500 S 400 East wäre also eine wahrscheinliche Bezeichnung.

Mardi Gras" findet von Mitte bis Ende Juli statt und bietet alles Mögliche, von Rodeos bis zu einer gewaltigen Parade.

Schlafen

Die meisten Unterkünfte in S. L. C. sind Kettenhotels, viele davon dicht nebeneinander an der W North Temple St in der Nähe vom Flughafen und längs der S 200 West nahe der 500 South und der 600 South. Die Preise sind im Frühjahr und im Herbst am niedrigsten und steigen, wenn ein Kongress in der Stadt ist. In den Spitzenklassehotels sind die Preise am Wochenende am niedrigsten. Im Sommer purzeln die Preise in den Ski-Resorts (s. S. 162), die rund 45 Minuten Fahrt vom Zentrum entfernt liegen. Hier sind die Preise für die Hauptsaison angeführt.

BUDGETUNTERKÜNFTE

Avenues Hostel (☎ 801-359-3855, 801-539-888; www. saltlakehostel.com; 107 F St; B 17 US$, EZ/DZ mit Gemeinschaftsbad 31/35 US$, mit eigenem Bad 40–46 US$; P ☒ ☒ ▯ ☞) Diese Standard-Herberge befindet sich in einer ruhigen Wohngegend.

City Creek Inn (☎ 801-533-9100, 866-533-4898; www. citycreekinn.com; 230 W North Temple; EZ 69–79 US$, DZ 85–95 US$; P ☒ ☒ ☞) Die einfarbig getünchten Wände und die rot gemusterten Stühle verpassen den 33 renovierten Zimmern einen besonderen Stil. Das einstöckige, U-förmige Motel in Familienbesitz gehört zu den besten Budgetoptionen in der Innenstadt und liegt nicht weit vom Temple Sq und der Gateway Mall entfernt.

Howard Johnson Express Inn (☎ 801-521-3450, 800-541-7639; www.hojo.com; 121 N 300 West; Zi. inkl. Frühstück 79–89 US$; P ☒ ☒ ☞) Von außen sieht dieses zu einer Kette gehörende Hotel zwar etwas trist aus, doch die Zimmer sind sauber, das Personal ist freundlich und das kontinentale Frühstück sehr vielfältig. Das vorzügliche Red Iguana (S. 160) liegt nur einen Katzensprung westlich von hier.

MITTEL- & SPITZENKLASSEHOTELS

Peery Hotel (☎ 801-521-4300, 800-331-0073; www. peeryhotel.com; 110 W 300 South; Zi 119–219 US$; ☒ ☒ ▯ ☞) Dieses stattliche historische Hotel wurde mit Liebe renoviert. Das Gebäude ist lichtdurchflutet und die tadellos instandgehaltenen Zimmer sind mit Spiegeln mit Goldrahmen, schweren Holzmöbeln und dicken Bettdecken ausgestattet. Die Badezimmer sind der letzte Schrei – sie haben Wasch-

becken auf Podesten und Aromaseifen. Parken kostet 10 US$.

Hotel Monaco (☎ 801-595-0000, 877-294-9710; www. monaco-saltlakecity.com; 15 W 200 South; Zi. 209–219 US$, Suite 239–259 US$; ☒ ▯ ☞) Dieses Boutiquehotel ist echt verwegen: Hier treffen Zirkuszelt und Strandkabinen aufeinander. Alles ist farbenfroh, die Wände sind gestreift und es gibt vornehme Bademäntel mit Leopardenmuster. Auch die Rezeption ist ziemlich cool: Wer sein Haustier vermisst, bekommt einen Goldfisch geliehen. Abends wird eine Stunde lang gratis Wein ausgeschenkt und dazu gibt's eine kostenlose Nackenmassage. Der Parkservice kostet 15,50 US$ pro Tag. Fürs WLAN zahlt man 10 US$ pro Tag, außer man nimmt am Kimpton InTouch Program teil.

Grand America (☎ 801-258-6000, 800-621-4505; www.grandamerica.com; 555 S Main St; Zi 299–329 US$; ☒ ☒ ▯ ☒) Dies ist das einzige Luxushotel in S. L. C. und die Zimmer sind entsprechend: Es gibt Bäder aus italienischem Marmor, Teppiche aus englischer Wolle, Damastvorhänge mit Quasten und viele weitere Annehmlichkeiten. Wer sich noch nicht genug verhätschelt fühlt, nimmt am täglichen Nachmittagstee teil (16–30 US$). Parken kostet 10 US$.

Essen

In S. L. C. werden sich Feinschmecker wohlfühlen. Es gibt hier fast alles, was das Herz begehrt. Die Auswahl von Ethno- und vegetarischen Restaurants ist riesig.

GÜNSTIG

In den wärmeren Monaten bekommt man auf dem **Downtown Farmers Market** (Pioneer Park, Ecke 300 South & 300 West; ☺ Juni–Okt. Sa 8–13 Uhr) lokal erzeugte Frischwaren und leckere Süßigkeiten zum Wegnaschen.

Tacos Don Rafa (State St zw. Sears & 800 South; ☺ 9–20 Uhr) Eine warme Mahlzeit auf die Hand kriegt man an diesem Stand an der State St, südlich der Sears. Hier bekommt man zwei pikante Tacos mit wahnsinnig leckeren Füllungen für 1,50 US$. Das Magazin *Salt Lake* zählt den *Cabrito*-Taco (mit Fleisch vom Zicklein) zu den 100 besten Gerichten Utahs.

One World Everybody Eats (☎ 801-519-2002; 41 S 300 East; ☺ 11–21 Uhr) Noch bis vor Kurzem zahlte man in diesem Öko- und Biolokal für eine Mahlzeit so viel, wie man wollte (oder konnte). Dies wurde aber leider von einigen Knausern ausgenutzt, sodass der Besitzer das System umstellte – nun sagt man der Bedienung, was man zahlen kann und bekommt die entsprechende Portion. Das freundliche Personal führt jeden Neuankömmling gerne in die ungewöhnlichen Zahlungsmodalitäten ein und weist auch auf die jeweiligen Hauptgerichte hin (Salate, Nudel- und Wok-Gerichte).

Tony Caputo's Market & Deli (☎ 801-531-8669; 314 W 300 South; Sandwiches 7,10–8,25 US$; ☺ Mo–Fr 9–18, So bis 17 Uhr) Ein einziges Kommen und Gehen herrscht in diesem altmodischen italienischen Deli. Es hat eine kleine, aber feine Sandwich-Karte, auf der sich Brote mit Fleischbällchen, Schinken, Mozzarella und Tomate finden. Der Gourmetmarkt nebenan hat eine Schokoladenbar und einen Käseladen.

Les Madeleines Patisserie & Cafe (☎ 801-355-2294; 216 E 500 South; Gerichte unter 10 US$; ☺ Mo–Fr 8–18, Sa bis 16 Uhr) Oh mein Gott! Was war das denn? Knusprig, buttrig, flockig, karamelisiert – selten so was Leckeres gegessen! Und wieder ist einer dem *kouign amann* verfallen, jenem Gebäck, das ursprünglich aus der Bretagne kommt und die Spezialität dieser stilvollen und fröhlichen Bäckerei unweit der Hauptbücherei ist. Das *kouign amann* kostet 5 US$ (und das gibt es nur in einer Handvoll Bäckereien in ganz USA), aber man bekommt auch Croissants und Teegebäck zu ganz normalen Preisen. Mittags werden auch Sandwiches verkauft.

MITTELTEUER & TEUER

Takashi (☎ 801-519-9595; 18 W Market St; Mittagessen 7–14 US$, Abendessen 8–25 US$; ☺ Mo–Fr 11.30–14, Mo–Do 17.30–22, Fr & Sa 17.30–23 Uhr) Selbst die Sushi-Snobs aus L. A. schwärmen von den vorzüglichen Frühlingsrollen im unheimlich schicken Takashi, das in S. L. C. als Topadresse für das erste Rendezvous gilt. Aber auch Singles müssen keine Angst haben, denn sie werden an der Sushi-Bar stets freundlich empfangen.

LP Tipp Red Iguana (☎ 801-322-1489; 736 W North Temple; Gerichte 8–15 US$; ☺ Mo–Do 11–22, Fr bis 23, Sa 10–23, So bis 21 Uhr) Wer sich nicht zwischen den sieben Saucen auf Chili- oder Schokoladenbasis entscheiden kann, bekommt einen Teller Mole – darauf schwören auch die Einheimischen. Aber man kann in diesem außergewöhnlichen, familienbetriebenen mexikanischen Restaurant eigentlich gar nicht falsch wählen, denn bei der großen Auswahl von raffiniert gewürzten mexikanischen Gerichten und leckeren Margaritas ist für jeden etwas dabei. Die *puntas de filete a la norteña* (Rinderlendchen mit einer Mole-Sauce aus Man-

deln) sind schlichtweg ein kulinarischer Hochgenuss.

Cucina Toscana (☎ 801-328-3463; 307 W Pierpont Ave; Gerichte 15–31 US$; ☺ Mo–Sa 17.30–22 Uhr) Hier sitzt man in einer geselligen toskanischen Trattoria und erlebt die wahrscheinlich beste Dinnerparty seines Lebens. Der charismatische Inhaber, Valter Nassi, flitzt zwischen den Tischen dieses eleganten gelben Raums hin und her, um sicherzustellen, dass die Gnocchi köstlich sind und der Abend für seine Gäste unvergesslich wird.

Ausgehen & Unterhaltung

Als das berüchtigte Port O'Call 2009 zumachte, wurde es in der Klubszene der Innenstadt bedeutend ruhiger, doch die vielen emsigen Kleinbrauereien scheinen diese Lücke mittlerweile wieder gefüllt zu haben. In den hier aufgelisteten Kneipen gibt es auch Mittag- und Abendessen. Die meisten öffnen um 11 Uhr und schließen zwischen 23 und 24 Uhr.

Red Rock Brewing Company (☎ 801-521-7446; www.redrockbrewing.com; 254 S 200 West) Wer sich nicht zwischen Haferbier und Nut Brown entscheiden kann, sollte sich gleich ein „Bier-Menü" bestellen und testen, welches er am liebsten mag. Die gehobene Küche in dieser geräumigen Kneipe, die früher ein Molkereigebäude war, lockt selbst die ehrenwerten Herrschaften der Stadt an.

Squatter's Pub Brewery (☎ 801-363-2739; www. squatters.com; 147 W Broadway) Die „Bier-Menüs" werden im Squatter's, einem aus hohen Backsteinwänden bestehenden Gewölbe, auf einem abgebrochenen Ski serviert.

Tavernacle Social Club (☎ 801-519-8900; 201 E Broadway) Vom Piano-Wettstreit über Karaoke zum 1-US$-Fassbier sonntags und dienstags – in diesem Klub ist einfach immer etwas los.

Green Street Social Club (☎ 801-532-4200; 602 E 500 South) In der beliebten Bar am Trolley Sq treffen sich vor allem Leute um die 20.

Café Marmalade (☎ 801-539-8800; www.utahpride center.com; 361 N 300 West; ☺ Mo–Fr 7–21, Sa 8–21, So 10–21 Uhr) In diesem peppigen Café, das im Utah Pride Center (S. 154) zu finden ist, werden Open-Mike-Abende, Barbecues und an Wochenenden Konzerte veranstaltet. Es ist außerdem die größte Schwulen- und Lesbenbibliothek im Bundesstaat.

Der Salt Lake City Arts Council veröffentlicht auf seiner Website einen vollständigen Überblick über alle kulturellen Ereignisse (www.slcgov.com/arts/calendar.pdf). Das historische **Capitol Theater** (☎ 801-355-2787; 50 W 200 South), das spektakuläre **Rose Wagner Performing Arts Center** (☎ 801-355-2787; 138 W 300 South) und die **Abravanel Hall** (☎ 801-533-6683; 123 W South Temple) mit ihrer großartigen Akustik sind die wichtigsten Veranstaltungsorte. Tickets bekommt man über **ArtTix** (☎ 801-355-2787, 888-451-2787; www.arttix.org).

Utah Jazz (www.nba.com/jazz), das Profi-Basketballteam der Herren, spielt in der **EnergySolutions Arena** (☎ 801-325-2000; www.energysolutionsarena.com; 301 W South Temple). Die **Utah Grizzlies** (☎ 801-988-7825; www.utahgrizzlies.com) tragen ihre Spiele der International Hockey League im **E Center** (☎ 801-988-8800; www.theecenter.com; 3200 S Decker Lake Dr, West Valley City) aus.

Shoppen

Die Produkte der bekannteren Labels kauft man am besten im **Gateway** (☎ 801-456-0000; www.shopthegateway.com; btwn 200 S & N Temple, 400 W & 500 W; ☽ Mo–Sa 10–21, So 12–18 Uhr) ein, wo drinnen und draußen geshoppt werden kann. Der **Sugarhouse Neighborhood** (2100 South, zw. 900 East & 1300 East) sieht aus wie die typische amerikanische Main Street. Hier gibt's einen Mix aus Kunstgewerbeläden und Kaufhäusern.

Anreise & Unterwegs vor Ort

Greyhound (☎ 801-355-9579; www.greyhound.com; 300 S 600 West) hat täglich mehrere Busverbindungen: Richtung Süden über Provo und St. George nach Las Vegas (70 US$, 8 Std.), Richtung Westen nach San Francisco (106 US$, 16 Std.), Richtung Osten nach Denver (74 US$, 10 Std.) und Richtung Norden nach Seattle (153 US$, 20–26 Std.).

Busse der **UTA** (☎ 801-743-3882, 888-743-3882; www.rideuta.com; einfache Strecke 2 US$) sind in S. L. C. und im Wasatch-Front-Gebiet für den Stadtverkehr zuständig. Die Busse fahren bis etwa 0 Uhr, sonntags allerdings nicht so regelmäßig. TRAX, die Straßenbahn der UTA, fährt nach Osten von der EnergySolutions Arena zur Universität und Richtung Süden nach Sandy. In der Innenstadt ist der öffentliche Personennahverkehr kostenlos. In der Skisaison bringen Busse der UTA Traveller auch zu den vier Ski-Resorts in der Nähe von Provo (hin & zurück alle 7 US$).

Der **Salt Lake City International Airport** (SLC; ☎ 801-575-2400, 800-595-2442; www.slcairport.com; 776 N Terminal Dr) liegt 5 Meilen (8 km) nordwestlich der Innenstadt. **Express Shuttle** (☎ 800-397-0773; www.xpressshuttleutah.com) fährt für 8 US$ vom Flughafen ins Stadtzentrum; Fahrten mit **Yellow Cab** (☎ 801-521-2100) kosten ungefähr 23 US$. Der **UTA**-Bus 550 (☎ 801-743-3882, 888-743-3882; www.rideuta.com; einfache Strecke 2 US$) fährt ab dem Parkhaus zwischen Terminal 1 und 2 in Richtung Innenstadt.

Der Amtrak-Zug *California Zephyr* hält täglich am **Union Pacific Rail Depot** (☎ 801-322-3510, 800-872-7245; www.amtrak.com; 340 S 600 West), Richtung Osten nach Chicago (163 US$, 34¼ Std.) und Richtung Westen nach Oakland/Emeryville, CA (68 US$, 18¾ Std.). Die Verspätungen können beträchtlich sein.

RUND UM SALT LAKE CITY
Great Salt Lake

Früher war der Great Salt Lake Teil des Lake Bonneville. Heute ist er 5180 km² groß – und viel salziger als der Ozean: Man kann sich problemlos auf seiner Oberfläche treiben lassen.

Der hübsche, 24 km lange **Antelope Island State Park** (☎ 801-773-2941; www.stateparks.utah.gov; I-15 Ausfahrt 332; 9 US$/Fahrzeug; ☽ 7 Uhr–Sonnenuntergang) liegt 40 Meilen (64 km) nordwestlich von S. L. C. und hat die besten Strände für alle, die im See schwimmen möchten (obwohl es dort gelegentlich übel riecht). Auch wandern lässt es sich hier super. Außerdem ist der Park der Lebensraum einer der größten Bisonherden des Landes. Ein einfacher **Campingplatz** (Stellplatz 13 US$) hat das ganze Jahr über geöffnet. Für sechs der 26 Stellplätze gilt „Wer zuerst kommt, mahlt zuerst", die restlichen kann man reservieren. Für größere Gruppen gibt es eigene Stellplätze; Informationen dazu sind der Website zu entnehmen.

Kennecott's Bingham Canyon Copper Mine

In diese 100 Jahre alte **Mine** (☎ 801-204-2025; www.kennecott.com; Hwy 111; 5 US$/Fahrzeug; ☽ April–Okt. 8–20 Uhr) zu schauen, ist ein leicht surreales Erlebnis: Riesige Schwerlaster (einige davon höher als 3,6 m) fahren wie Spielzeugautos in dieser größten künstlichen Grube weltweit bergauf und wieder runter. Die 4 km breite und 1,2 km tiefe Spalte – die immer noch größer wird – in den Oquirrh Mountains westlich von S. L. C. ist selbst vom Weltall aus erkennbar, wie eine Aufnahme des *Apollo 11* drinnen im Museum beweist. Hier sollten Traveller also auf jeden Fall einen Zwischenstopp einlegen.

Ski-Resorts

Nur 40 Fahrminuten von Salt Lake City entfernt befinden sich vier erstklassige Ski-Resorts im Little Cottonwood Canyon und im Big Cottonwood Canyon. Wer einen **Super Pass** (www.visitsaltlakecity.com/ski/superpass; Pass für 2–6 Tage 114–336 US$) kauft, hat Zugang zu allen vier Skigebieten. Außerdem sind die Hin- und Rückfahrt von bzw. nach Salt Lake City inbegriffen.

Alta Ski Area (☎ 801-359-1078; www.alta.com; Little Cottonwood Canyon; Erw./Kind 66/34 US$) Eine entspannte Alternative für Skifahrer. Keine Snowboarder.

Brighton Ski Area (☎ 801-532-4731, 800-873-5512; www.brightonresort.com; Big Cottonwood Canyon; Erw./Kind 58/25 US$)

Snowbird Ski Area (☎ 801-933-2222; www.snowbird.com; Little Cottonwood Canyon; Erw./Kinder unter 7 Jahren/Kinder 7–12 Jahre 72/15/39 US$) Ausgezeichnete Möglichkeiten zum Snowboarden.

Solitude Ski Area (☎ 801-534-1400; www.skisolitude.com; Big Cottonwood Canyon; Erw./Senior/Kind 61/40/39 US$)

WASATCH MOUNTAINS & DER NORDEN

Utah bietet super Möglichkeiten zum Skifahren – sie zählen zu den besten überhaupt in Nordamerika. U. a. seinem fabelhaft lockeren und trockenen Pulverschnee – zwischen 75 cm und 1,20 m fallen jährlich – und den vielen Quadratkilometern alpinen Terrains hatte es Utah zu verdanken, dass es 2002 die Olympischen Winterspiele ausrichten durfte. Diese gebirgige Region, die nur 88 km von S. L. C. entfernt ist, hat elf Skigebiete und beste Möglichkeiten zum Wandern, Campen, Fliegenfischen und Mountainbiken.

Park City

Kaum 35 Meilen (etwa 50 km) östlich von Salt Lake City erreicht man über die I-80 Park City in 2100 m Höhe. Die Stadt kam durch die Skiabfahrt-, Skisprung- und Bobfahrt-Events bei den Olympischen Winterspielen 2002 zu internationalem Ruhm. Park City ist nicht nur der beliebteste Skiort der Region, sondern auch Heimat des US-Skiteams. Wenn der Frühling kommt, rüstet sich die Stadt (8100 Ew.) für die Wander- und Mountainbike-Saison auf den nahe gelegenen Gipfeln.

Die Stadt war im 19. Jh. eine Gemeinde mit Silberbergbau und verfügt über eine attraktive und bemerkenswert gut erhaltene Main St, die von vornehmen Galerien, Geschäften,

Hotels, Restaurants und Bars gesäumt ist. Und trotz der Massen von Fertighäusern, die sich im ganzen Tal und in den umliegenden Hügeln ausgebreitet haben, ist die Stadt leidlich charmant geblieben.

Das größte Event mit der umfassendsten Starbesetzung ist das jährlich im Januar stattfindende **Sundance Film Festival** (☎ Büro 801-328-3456, Festival 435-658-3456; www.sundance.org). Independent-Filme und ihre Regisseure, Stars und Fans überrennen die Stadt für zwei Wochen. Die Karten sind oft schon vorher vergriffen.

Ein **Visitor Information Center** (☎ 435-658-4541, 800-453-1360; www.parkcityinfo.com; cnr Hwy 224 & Olympic Blvd; ☿ Juni–Sept Mo–Sa 9–19 Uhr, So 11–16 Uhr, Okt–Mai kürzere Öffnungszeiten) befindet sich im nördlichen Kimball-Junction-Viertel. Ein weiteres Büro ist im **Main Street Visitor Center** (☎ 435-615-9559; 518 Main St, im Park City Museum) in Downtown, das zur Zeit der Recherche aber gerade umgezogen ist. Es ist ratsam vorher anzurufen, um die Öffnungszeiten zu erfragen.

AKTIVITÄTEN

Zu Park City gehören drei von Utahs überragenden Ski-Resorts. Ein Sessellift bringt Skifahrer im Handumdrehen von der Innenstadt zum **Park City Mountain Resort** (☎ 435-649-8111, 800-222-7275; www.parkcitymountain.com; Erw./Kinder unter 6 Jahren 83 US$/frei), dem Ausrichter der Riesenslalom- und Snowboard-Disziplinen bei den Olympischen Winterspielen 2002. Im Sommer kann man die Seilrutsche ausprobieren (19 US$). Das noble **Deer Valley Resort** (☎ 435-649-1000, 800-558-3337; www.deervalley.com; Erw./Senior/Kind 83/59/50 US$) ist nur für Skifahrer geeignet und **Canyons** (☎ 435-649-5400; www.thecanyons.com; Erw./Kind & Senior 79/46 US$) ist der größte Skiort Utahs. Alle drei Resorts veranstalten Sommeraktivitäten wie Mountainbiken und Wandern.

Die Olympioniken mögen den **Utah Olympic Park** (☎ 435-658-4200; www.utaholympicpark.com; 3419 Olympic Pkwy, abseits des Hwy 224; Eintritt frei, geführte Touren Erw./Kind 7/5 US$; ☿ 9–18 Uhr) schon lange verlassen haben, man kann aber an einer geführten Tour durch die Einrichtungen teilnehmen, in denen das alles stattfand, und – wenn man Glück hat – den Profis beim Training zusehen (Auskunft zu Preisen, Terminplänen & Reservierungen telefonisch). Von Januar bis März (eventuell auch früher) ist der größte Nervenkitzel, den man in Park City erleben kann, eine 130 km/h schnelle **Bobfahrt** (Ticket 200 US$), bei der man einer Fliehkraft von unglaublichen 4 G ausgesetzt wird – manche beschreiben die Fahrt als geradezu außerkörperliche Erfahrung. Wem das zu riskant ist, der kann stattdessen das kostenlose Alf Engen Ski Museum und das Olympic Museum besuchen.

Der **Historic Union Pacific Rail Trail** (http://state parks.utah.gov/stateparks/parks/historic-union, www.moun taintrails.org) ist ein 28 Meilen (45 km) langer Pfad, der vielfältige Möglichkeiten bietet. Gleichzeitig ist er ein eigener State Park. Um hinzukommen, über den Bonanza Dr südlich des Kearns Blvd fahren. Landkarten gibt's im Park City Visitor Information Center.

SCHLAFEN
Es gibt mehr als 100 Wohnungskomplexe, Hotels der gehobenen Preisklasse und B&Bs in Park City. Die hier angegebenen Preise für den Winter sind sehr hoch, doch im Sommer fallen sie um die Hälfte. Während des Sundance Film Festival steigen die Preise allerdings wiederum ins Unermessliche.

Chateau Après Lodge (☎ 435-649-9372, 800-357-3556; www.chateauapres.com; 1299 Norfolk Ave; B 40 US$, Zi. inkl. Frühstück 105–155 US$; P ⊠ 🤶) Die in der Nähe der Skilifte gelegene Unterkunft von 1963 – mit einem Schlafsaal im 1. Stock – hat vernünftige Preise und ist bei Budgetreisenden zu Recht beliebt. Die Zimmer sind einfach und komfortabel für eine bis vier Personen. Außerhalb der Wintermonate kommen auch Gruppen hier unter. Reservierung empfohlen.

Washington School Inn (☎ 435-649-3800, 800-824-1672; www.washingtonschoolinn.com; 543 Park Ave; Zi. inkl. Frühstück 185–440 US$, Suite 285–690 US$; ⊠ 🤶 🤶) Die kostspieligen Zimmer des Washington School Inn befinden sich in einem restaurierten Schulgebäude, das den berühmten Brand von 1898 überstand. Abends gibt's frisches, hausgemachtes Gebäck, im Winter verschiedene Hors d'oeuvres. Wer es historisch und charmant liebt, der findet nichts Besseres. Während der Skisaison ist eine Buchung von mindestens vier Nächten erwünscht.

Best Western Landmark Inn (☎ 435-649-7300, 800-548-8824; www.bwlandmarkinn.com; 6560 N Landmark Dr; Zi. inkl. Frühstück 219–239 US$; P ⊠ 🤶 🤶 🖥 🤶 🤶) Nicht gerade das ruhigste Fleckchen, aber vergleichsweise billig. Das warme Frühstück ist üppig. Wer den Safe im Zimmer nicht benutzt hat, bekommt am Ende die Gebühr von 1,50 US$ zurück. Im Sommer sind Zimmer bereits ab 70 US$ zu haben.

Treasure Mountain Inn (☎ 435-655-4501, 800-344-2460; www.treasuremountaininn.com; 255 Main St; Zi. ab 250 US$; P ⊠ 🤶 🤶) Das erste Mitglied der Green Hotel Association in Park City setzt sich für ein ökologisches Wirtschaften ein. Die von privater Hand verwalteten Wohneinheiten reichen vom Zimmer bis zur Suite und haben alle eine eigene Küche. Erst kürzlich wurden alle Zimmer mit Küchenarbeitsplatten aus Granit und Pillow-Top-Matratzen ausgestattet.

ESSEN
Park City hat für jeden Gaumen mehr als genug Auswahl zu bieten. Es gibt auch zahlreiche edlere Restaurants. Viele der angesagtesten neuen Lokale liegen im aufstrebenden Redstone im Kimball-Junction-Viertel.

Maxwell's (☎ 435-647-0304; 1456 New Park Blvd; Stück Pizza ab 3 US$, Hauptgerichte 10–20 US$; 🕑 So–Do 11–21, Fr & Sa bis 22 Uhr) Es wird viel Aufhebens um diesen Laden gemacht, in dem es Pizzas, Nudelgerichte und Bier gibt und der in einem Winkel der eleganten Einkaufsstraße in Redstone untergebracht ist. Das Highlight ist die knusprige Fat-Boy-Pizza, aber auch die Pizzastücke gehen weg wie warme Semmeln. Bislang besteht die Kundschaft hauptsächlich aus Einheimischen. Es geht laut und ziemlich lustig zu. Einfach mal testen!

Wasatch Brew Pub (☎ 435-649-0900; 250 Main St; Mittagessen 7–12 US$, Abendessen 10–20 US$; 🕑 Mitte April–Mitte Dez. 11–21.30 Uhr, Mitte Dez.–Mitte April bis 22 Uhr) Polygamy Porter und First Amendment Lager laufen in Kombination mit einem herzhaften Imbiss gut rein. Die Treppe runter befindet sich ein Restaurant mit komplettem Service, im Obergeschoss ist ein belebtes Wirtshaus (mit Billard), das aber für gewöhnlich erst etwas später öffnet.

Morning Ray Café & Bakery (☎ 435-649-5686; 255 Main St; Gerichte 8–12 US$; 🕑 7.30–13.30 Uhr, im Winter manchmal längere Öffnungszeiten) Ein sehr beliebtes Café, in dem man einen starken Kaffee und Rührei mit Gemüse bekommt.

Loco Lizard Cantina (☎ 435-645-7000; 1612 Ute Blvd; Mittagessen 8–14 US$, Abendessen 9–15 US$; 🕑 Mo–Fr 11.30–22, Sa & So 11–22 Uhr) Wer zum ersten Mal in dieses umtriebige mexikanische Lokal kommt, wird durch die intensiv leuchtenden Farben angelockt – danach kommt man wegen der Salsa und der Mole wieder und bringt gleich ein paar Freunde mit. Ein Einheimischer bezeichnete die *Enchiladas Suizas* mit grüner Chili- und Sauerrahmsoße als "einfach betäubend gut". Pommes und Salsa sind hier übrigens hausgemacht.

Zoom (☎ 435-649-9108; 660 Main St; Gerichte 20–36 US$; ⏱ 11.30–14.30 & 17–21 Uhr, Mitte Nov.–Mitte April evtl. länger) Der Miteigentümer dieses noblen amerikanischen Restaurants ist leicht auszumachen – man muss sich nur das große Porträt von Robert Redford über der Kasse anschauen. Das passt gut zu all den anderen Fotos vom Sundance Film Festival, die überall an den Wänden dieses ehemaligen Eisenbahndepots hängen. Es gibt Rind, Huhn oder Fisch, gerillt, gebraten oder paniert.

Purple Sage (☎ 435-655-9505; 434 Main St; Gerichte 21–42 US$; ⏱ ab 17.30 Uhr) Hier im restaurierten Telegrafenamt von 1905 genau in der Mitte der historischen Main St kann man ein intimes Dinner genießen. Beliebt sind die Western-Gerichte wie Butternusskürbis-Ravioli oder in Maismehl gebratene Regenbogenforelle und tolle Desserts wie Brotpudding mit Rosinen, Pinienkernen und Zimteis.

UNTERHALTUNG

In der Main St gibt's ein halbes Dutzend lebendiger Nachtklubs und Bars.

O'Shucks (☎ 435-645-3999; 427 Main St; ⏱ 10–2 Uhr) Diese Bar ist echt spitze! Dienstags wird's voll, denn dann kostet ein großes Bier (0,95 l) 3 US$. Unter den Füßen knirscht immer ein Teppich aus Erdnussschalen.

No Name Saloon (☎ 435-649-6667; 447 Main St; ⏱ 11–1 Uhr) An der Decke hängt ein Motorrad, aus den Boxen tönt „Jackson" von Johnny Cash und der Bedienung darf man wohl nicht alles glauben, was sie über die Geschichte dieser mit Souvenirs vollgestopften Bar erzählt. Wem würde es hier also nicht gefallen?

Cisero's (☎ 435-649-6800; 306 Main St; ⏱ 17–2 Uhr) Im Kellernachtlokal Cisero's steppt sieben Tage die Woche der Bär: Livemusik, Karaoke und eine laserbestrahlte Tanzfläche.

Egyptian Theatre Company (☎ 435-649-9371; www.egyptiantheatrecompany.org; 328 Main St) Das restaurierte Theater von 1926 ist ein wichtiger Veranstaltungsort während des Sundance Festivals; während des restlichen Jahres finden hier Musicals und Konzerte statt.

ANREISE & UNTERWEGS VOR ORT

Mehrere Firmen fahren mit Minibussen vom Salt Lake City International Airport und von Hotels in Salt Lake City nach Park City; Reservierung erforderlich. **Park City Transportation** (☎ 435-649-8567, 800-637-3803; www.parkcitytranspor tation.com) bietet häufig Sammelfahrten (37 US$); **Powder for the People** (☎ 435-649-6648,

888-482-7547; www.powderforthepeople.com) hat Charterfahrzeuge (1–3 Pers. 89 US$, 4 Pers. 132 US$, jede weitere Pers. 33 US$).

Park City Transit (☎ 435-615-5350; www.parkcity.org/citydepartments/transportation) lässt zwischen 8 und 23 Uhr drei- bis sechsmal pro Stunde Busse zum Nulltarif fahren (im Sommer weniger häufig). Der ausgezeichnete Busdienst bedient den größten Teil von Park City, darunter auch die drei Ski-Resorts – so ist es leicht, auf einen Mietwagen zu verzichten. Online gibt es Straßenkarten zum Herunterladen.

Heber City & Umgebung

45 Meilen (72 km) südöstlich von S. L. C. liegt Heber City, eine unspektakuläre Stadt, die aber ein preisgünstiger Ausgangspunkt ist, um die Wasatch Mountains zu erkunden. Die meisten Geschäfte sind am Hwy 40 (Main St).

Die **Heber Valley Historic Railroad** (☎ 435-654-5601; www.hebervalleyrr.org; 450 S 600 West; Erw./Kind 30/20 US$; ⏱ Ende Mai–Okt.) von 1904 veranstaltet familienfreundliche Ausflugsfahrten durch den prächtigen **Provo Canyon**. Infos zum Campen und Wandern im Uinta National Forest gibt's bei der **Heber Ranger Station** (☎ 435-654-0470; 2460 S Hwy 40; ⏱ Mo–Fr 8–16.30 Uhr).

Eine Fahrt auf der schönen, als **Alpine Scenic Loop** bekannten, 20 Meilen (32 km) langen Strecke lohnt sich. Vom Hwy 189 fährt man auf den engen, kurvenreichen Hwy 92 nach Norden, der zu Robert Redfords **Sundance Resort** (☎ 801-225-4107, 800-892-1600; www.sundanceresort.com; 9521 Alpine Loop Rd, Provo; Zi. 319 US$, Suite 429–549 US$, Haus mit 3–4 Schlafzi. 1229–1429 US$; ✗ 🖳 🛜) führt, einer eleganten, rustikalen und umweltbewussten Anlage mitten in der Wildnis. Geboten sind dort ein Kunstprogramm (ganzjährig), ein Mineralbad, ausgezeichnete Möglichkeiten zum Skifahren und im Sommer zum Wandern und Mountainbiken.

Drei wunderbare Höhlen sind beim **Timpanogos Cave National Monument** (☎ 801-756-5238; www.nps.gov/tica; Alpine Scenic Loop; 6 US$/Fahrzeug; ⏱ Mai–Okt.) im Rahmen von der Rangern geführten Touren zugänglich (Erw. 7 US$, Kind 3–5 US$). Telefonisch reservieren!

Die Motels in Heber City sind einfach, dafür aber wesentlich billiger als Unterkünfte in Park City. Man kann aber auch im Wald oder in den nahe gelegenen State Parks campen. Das blumengeschmückte **Swiss Alps Inn** (☎ 435-654-0722; www.swissalpsinn.com; 167 S Main; Zi. 69–99 US$; ✗ 🐾 🛜 🖨) ist eines der besten Motels in der Stadt.

Es ist ungewöhnlich, dass man in einem Bistro, das zu einer Texaco-Tankstelle gehört, einen Schweinefleisch-Salat-Wrap bekommt, aber genau dies macht den Charme des **Spin Cafe** (☎ 435-654-0251; 220 N Main St; Mittagessen 7–13 US$, Abendessen 10–18 US$; ❤ Mo–Sa 11.30–21 Uhr, So bis 20 Uhr) aus. Es ist eine trendige Oase, über die selbst in so renommierten Magazinen wie dem *Salt Lake* und dem *Sunset* berichtet wird.

Snake Creek Grill (☎ 435-654-2133; 650 W 100 South; Gerichte 20–26 US$; ❤ Mi–So 17.30–21.30 Uhr) Das Restaurant zählt zu den besten im nördlichen Utah und sieht aus wie ein alter Westernsaloon. Der freundliche Koch Dean Hottle bietet Gerichte an, die ganz dem amerikanischen Südwesten verpflichtet sind, z. B. Forelle mit Maismehlpanade und leckere Rippchen.

Noch eine Warnung für Partypeople: Die Stadt ist nicht gerade für ihr ausgeprägtes Nachtleben bekannt.

NORDÖSTLICHES UTAH

Obwohl die Region als „Utahs Dinosaurierland" bezeichnet wird, ist das wilde Hochland die eigentliche Hauptattraktion. Alle Städte liegen 1,5 km über dem Meeresspiegel. Die zerklüfteten Uinta Mountains eignen sich für großartige Ausflüge.

Mirror Lake Highway

Die bergige Straße (Hwy 150) beginnt in **Kamas**, ca. 12 Meilen (19 km) östlich von Park City. Sie ist 65 Meilen (104 km) lang und führt in Höhen von über 3000 m. Ihr Endpunkt liegt in Wyoming. Vom Highway aus bieten sich atemberaubende Blicke auf die westlichen Uinta Mountains, die Straße führt an sehr vielen Seen, Campingplätzen und Startpunkten von Wanderwegen vorbei. Im Winter können Streckenabschnitte für Autos wegen starker Schneefälle gesperrt sein. Die **Ranger Station** (☎ 435-783-4338; 50 E Center St, Kamas; ❤ Mo–Fr 8–16.30 Uhr) erteilt allgemeine Auskünfte über den Wasatch-Cache National Forest.

Vernal

Die Hauptstadt des Dinosaurierlands Utah, Vernal, heißt Besucher mit einem riesigen rosafarbenen Dino und einer Menge Dienstleistungen willkommen. Das **Travel Board of Northeastern Utah** (☎ 800-477-5558; www.dinoland. com) versorgt Traveller mit praktischen Infos. Das gute **Natural History Museum** (☎ 435-789-3799; 496 E Main St; Erw./Kind 6/3 US$; ❤ 9–17 Uhr) hilft Besuchern ebenfalls und mit Broschüren für

Autoausflüge. Die „Red Cloud Loop and Petroglyphs Tour" ist ein Highlight. Sehenswert ist auch der Museumsgarten voller lebensgroßer Dinosaurier. Die **Vernal Ranger Station** (☎ 435-789-1181; 355 N Vernal Ave; ❤ Mo–Fr 8–17 Uhr) informiert über Camping und Wanderungen.

12 Meilen (19 km) nordöstlich von Vernal kann man im **Red Fleet State Park** (☎ 435-789-4432; www.stateparks.utah.gov; Hwy 191; 7 US$/Fahrzeug, Stellplatz 13 US$) Boot fahren, campen und eine einfache Wanderung zu einer Reihe versteinerter Dinosaurierspuren (am besten zu sehen, wenn der Stausee nicht voll ist) unternehmen. Stellplätze gibt's teilweise auf Reservierung, zum Teil aber auch nach dem Prinzip „Wer zuerst kommt, mahlt zuerst".

Green River und Yampa River haben gute Stromschnellen für Wildwasser-Fans sowie ruhigere Abschnitte für sanftere Raftingtouren. **Hatch River Expeditions** (☎ 435-789-4316, 800-342-8243; www.donhatchrivertrips.com, www.oars.com; 221 N 400 East; ❤ Mai–Sept.), die nun ein Partner der OARS sind, organisieren verschiedene ein- bis fünftägige geführte Ausflüge.

Flaming Gorge National Recreation Area

Die nach dem feuerroten Sandstein benannte Schlucht (Zutritt 5 US$/Tag) hat über 600 km Uferlinie an einem Stausee zu bieten. Man kann fliegenfischen und auf dem Green River raften, Forellen angeln, wandern und Langlauf machen. Ein Besuch in den **Flaming Gorge Headquarters** (☎ 435-784-3445; www.fs.fed.us/r4/ashley/recreation; 25 W Hwy 43; ❤ Mo–Fr 8–17 Uhr) oder im **Flaming Gorge Dam Visitors Center** (☎ 435-885-3135; Hwy 191; ❤ Mitte Mai–Aug. 8–18 Uhr, Sept.–Mitte Okt. 9–17 Uhr, Mitte Okt.–Mitte Mai 10–16 Uhr) lohnt sich.

Der **Sheep Creek Canyon Geological Loop** (www. utah.com/vernal) ist eine 13 Meilen (21 km) lange geteerte (aber holprige) Straße durch die Sheep Creek Canyon Geological Area. Sie beginnt am Hwy 44, etwa 15 Meilen (24 km) westlich der Greendale Junction.

Die **Campingplätze** (☎ 877-444-6777; www.recreation.gov; Stellplatz 9–15 US$) in und um die Flaming Gorge sind meistens von Mitte Mai bis Mitte September geöffnet; im Voraus reservieren. Die **Red Canyon Lodge** (☎ 435-889-3759; www.redcanyonlodge.com; 2450 W Red Canyon Lodge, Dutch John; Hütte 105–145 US$, Mitte März–Mitte Okt. tgl. verfügbar, Mitte Okt.–Mitte März am Wochenende; ❤) verfügt über rustikale, hübsche Hütten ohne TV und Telefon. WLAN gibt's im Restaurant. Das **Flaming Gorge Resort** (☎ 435-889-3773; www.flaming

gorgeresort.com; 1100 E Flaming Gorge Resort, Dutch John; Zi. 119 US$, Suite 159–249 US$; ☒ ☒ ☎) vermietet Motelzimmer und Suiten.

Dinosaur National Monument

1909 wurde hier eine der größten Fossilien-fundstätten in Nordamerika entdeckt. Darunter befand sich auch jene **Dinosaurierfund-stätte**, an der man Hunderte von Knochen freigelegt, aber im Felsen belassen hat. Leider musste sie 2006 aufgrund gefährlicher baulicher Probleme schließen. Die Wiedereröffnung ist für 2011 geplant.

Das **National Monument** (☎ 435-781-7700; www. nps.gov/dino; 10 US$/Fahrzeug; ✆ tgl. 8.30–16.30 Uhr, Juni–Aug. tgl. geführte Touren) selbst ist über ein provisorisches Visitor Center noch zugänglich. In den steilen, faszinierend erodierten Canyons kann man herumfahren, wandern, längere Rucksacktouren machen und raften. Hobbygeologen können sich sieben erdgeschichtliche Epochen anschauen und dabei auf dem Fossil Discovery Hike noch einige Knochen bestaunen. Das Monument breitet sich auf beiden Seiten der Grenze zwischen Utah und Colorado aus. Der zu Utah gehörende Teil liegt etwa 15 Meilen (24 km) östlich von Vernal und ist über die Hwys 40 und 149 zu erreichen.

SÜDÖSTLICHES UTAH

Liebevoll Canyon Country genannt, beherbergt diese verlassene Ecke Utahs hohe schneebedeckte Gipfel über roten Felsen steil abbrechender Fluss-Canyons – dies ist ein so unwirtlicher Streifen, dass er die letzte Region auf dem Festland der USA war, die kartografisch erfasst wurde.

Im Verlauf von 65 Mio. Jahren hat das Wasser serpentinenförmige Schluchten entlang des Colorado und des Green River gegraben. Sie bilden die Grenzen des Canyonlands National Park, des größten Nationalparks Utahs. Im Arches National Park in der Nähe gibt's mehr Felsbögen auf engem Raum als irgendwo anders auf der Welt. Zwischen den Parks liegt Moab, Utahs wichtigstes Ziel für Mountainbiker, Wildwasserrafter und Geländewagenfahrer. Südlich von Moab befinden sich alte Stätten der Anasazi mitten in der Wildnis und in Parks. Monument Valley ist wohl am berühmtesten – es erstreckt sich bis nach Arizona hinein (s. S. 143).

Der folgende Abschnitt ist grob von Norden nach Süden gegliedert: Startpunkt ist das Städtchen Green River an der I-70, dann geht's den Hwy 191 entlang in die südöstliche Ecke Utahs.

Green River

Green River, die „Wassermelonenhauptstadt der Welt", ist ein guter Ausgangspunkt für Flussfahrten auf dem Green River und dem Colorado oder zum Erkunden des nahen San Rafael Swell, eines 80 Meilen (128 km) langen, gewölbten Geländes aus erodiertem Fels, das vor 40 bis 60 Mio. Jahren aufgrund einer massiven Erdverschiebung entstanden ist.

Colorado River und Green River wurden erstmals 1869 bzw. 1871 von dem legendären einarmigen Bürgerkriegs-Veteranen, Geologen und Ethnologen John Wesley Powell erforscht. Wer mehr über seine erstaunlichen Reisen erfahren will, geht ins **John Wesley Powell River History Museum** (☎ 435-564-3427; www.jwprhm. com; 1765 E Main St; Erw./Kind 4/1 US$; ✆ April–Okt. 8–19 Uhr, Nov.–März Di–Sa bis 17 Uhr), das auch Ausstellungen über die Fremont-Indianer, zur Geologie und zur Landesgeschichte zeigt. Das Museum dient auch als Visitor Center.

Hiesige Veranstalter organisieren **Wildwasserrafting-Tagestrips** (Erw./Kind ab 55/40 US$) inklusive Mittagessen und Transport. Wer will, kann auch nach mehrtägigen Exkursionen fragen – hierfür **Holiday Expeditions** (☎ 435-564-3273, 801-266-2087; www.holidayexpeditions.com) oder **Moki Mac River Expeditions** (☎ 435-564-3361, 800-284-7280; www.mokimac.com) anrufen.

Robbers Roost Motel (☎ 435-564-3452; www.rrmotel. com; 325 W Main St; EZ 31–33 US$, DZ 40–43 US$; ☒ ☒ ☎) ist ein einfaches, aber sauberes, einstöckiges Motel in Familienbesitz. Im **Best Western River Terrace** (☎ 435-564-3401, 800-528-1234; www.bestwestern.com; 880 E Main St; Zi. inkl. Frühstück 110–106 US$; ☒ ☒ ☎ ☒) gibt's viele Zimmer mit Blick auf den Fluss. Mit Abstand am besten essen kann man in **Ray's Tavern** (☎ 435-564-3511; 25 S Broadway; Gerichte 8–26 US$; ✆ 11–22 Uhr).

Busse von **Greyhound** (☎ 435-564-3421, 800-231-2222; www.greyhound.com; 525 E Main St) fahren täglich nach S. L. C. (48 US$, 3¾ Std.) und Las Vegas (82 US$, 7½ Std.); sie halten am Rodeway Inn. **Amtrak** (☎ 800-872-7245; www.amtrak.com; 250 S Broadway) fährt täglich mit dem *California Zephyr* nach Denver, CO (58 US$, 10¾ Std.). Green River ist der einzige Halt im Südosten Utahs.

Moab

Mountainbikes, kleine Brauereien und rundherum rote Felsen – mit diesen Stichworten lässt sich diese aktive und outdoororientierte Stadt, die fast das ganze Jahr über in Bewegung ist, beschreiben. Umgeben von atemberaubend schönen, orangefarbenen Bergen und den verschneiten Gipfeln der La Sal Mountains ist Moab die größte Stadt im Südosten Utahs und ein häufig total überlaufener Ausgangspunkt für alle Arten von Abenteuern unter freiem Himmel. Moab wirbt zu Recht damit, die Erholungshauptstadt Utahs zu sein.

PRAKTISCHE INFORMATIONEN

Die meisten Läden säumen den Hwy 191, auch Main St genannt. Bücherwürmer können sich freuen: Es gibt hier zwei große Buchläden, die sich direkt gegenüberliegen.

Arches Book Company (☎ 435-259-0782; 78 N Main St; ☽ Juni–Aug. 7.30–20 Uhr, Sept.–Mai 8–17 Uhr) Große Auswahl von Belletristik, ein Café und WLAN.

Back of Beyond (☎ 435-259-5154; 83 N Main St; ☽ April–Sept. 9–21 Uhr, Okt.–März 9–18 Uhr) Ausgezeichneter Buchladen in der Innenstadt mit viel Lektüre über die Umgebung.

Bureau of Land Management (BLM; ☎ 435-259-2100; www.blm.gov/utah/moab; 82 E Dogwood Ave; ☽ Mo–Fr 7.45–16.30) Hat Camping-Infos und übernimmt Reservierungen für Gruppen. Auch Genehmigungen für Flussfahrten werden hier ausgestellt.

Moab Area Travel Council (☎ 435-259-8825, 800-635-6622; www.discovermoab.com; ☽ Mo–Fr 8–17 Uhr) Erteilt Informationen übers Telefon und per Post.

Moab Information Center (Ecke Main St & Center St; ☽ April–Sept. Mo–Sa 8–19 & So 9–18 Uhr, Okt.–März 9–17 Uhr) Das unglaublich hilfsbereite Personal kümmert sich ausschließlich um Besucher, die hier vorbeischauen. Es gibt Bücher und Karten sowie umfassende Infos zu allem, angefangen bei Campingplätzen und Genehmigungen bis zu aktuellen Wasserstandsmeldungen. Einige tolle kostenlose Broschüren mit Infos zu allen möglichen Freizeitaktivitäten liegen aus.

AKTIVITÄTEN

Die Anbieter kümmern sich um alles, von Genehmigungen über die Lebensmittelversorgung, das Aufbauen des Lagers bis zum An- und Abtransport. Zu den besten gehören:

Adrift Adventures (☎ 435-259-8594, 800-874-4483; www.adrift.net; 378 N Main St) Geführte Touren auf dem Fluss, mit dem Jeep und zu Pferd.

Canyon Voyages (☎ 435-259-6007, 800-733-6007; www.canyonvoyages.com; 211 N Main St) Ideal für Raftingfans, Kajakfahrer und Wanderfreunde.

OARS (☎ 435-259-5919, 800-342-5938; www.oars.com; 2540 S Hwy 191) Nächtliche Rafting-Touren gehören zu den speziellen Angeboten hier.

Sheri Griffith Expeditions (☎ 435-259-8229, 800-332-2439; www.griffithexp.com; 2231 S Hwy 191) Rafting- und Kajaktouren „mit Klasse".

SCHLAFEN

Trotz Unmengen von Hotels, B&Bs und Campingplätzen ist die Stadt von Frühjahr bis Herbst völlig überlaufen. Reservierungen sind dringend zu empfehlen. Auf den BLM-**Campingplätzen** (www.blm.gov; Stellplatz 8–12 US$) in der Gegend gilt das Motto „Wer zuerst kommt, mahlt zuerst." In der Hauptsaison erfährt man beim Moab Information Center, welche Plätze belegt sind.

Adventure Inn Moab (☎ 435-259-6122, 866-662-2466; www.adventureinnmoab.com; 512 N Main St; EZ/DZ inkl. Frühstück 65/80 US$; ☽ März–Okt.; ☒ ☒ ☎) Dieses familiengeführte und freundliche Standard-Motel hat ein gemütliches Ambiente, einen netten, schattigen Hof an der Vorderseite und eine Waschküche. Zimmer 10 ist ein klitzekleines bisschen größer als die übrigen.

LP Tipp **Redstone Inn** (☎ 435-259-3500, 800-772-1972; www.moabredstone.com; 535 S Main St; Zi 79–99 US$; ☒ ☒) Ganz im Stil von Moab: außen wie eine Ranch mit einem großen Gasgrill davor, innen mit Kiefernholzwänden und etwas klobigen Holzmöbeln. Den Hintergrund bildet natürlich die passende Kulisse aus rotem Felsgestein. Die Wände in diesem Motel mit 52 Zimmern sind etwas dünn, doch nach einem langen Tag auf dem Wanderpfad schläft man trotzdem gut. Ein Whirlpool gehört zum Haus und man darf auch den Pool der Bighorn Lodge auf der anderen Straßenseite benutzen. Für 20 US$ kann man sich im Visitor Center auch Rabattgutscheine besorgen.

Gonzo Inn (☎ 435-259-2515, 800-791-4044; www.gonzoinn.com; 100 W 200 South; Zi. 159 US$, Suite 205–339 US$, während der Saison inkl. Frühstück; ☒ ☒ ▯ ☎ ▧) Der Gecko schaut ein wenig müde drein in diesem flippigen Hotel, in dem man überall auf eben jenes Gecko-Motiv stößt. Verwunderlich ist das aber eigentlich nicht bei den Scharen von Radfahrern, die hier ständig ein- und ausgehen. Die retromäßig wirkenden Farbtupfer an den Wänden und das zusammengewürfelte Mobiliar sind immer noch witzig und in den geräumigen Suiten kann man bequem zu viert übernachten. Kochnischen, einen Innenhof und eine große Veranda gibt's auch. Aber das ist noch nicht alles: Zur Verfügung stehen noch eine Werkstatt, in der man sein Rad putzen und reparieren kann und eine Waschküche.

ESSEN

In Moab hat man die Qual der Wahl: Von Backpacker-Cafés bis zu Gourmetrestaurants ist alles vorhanden. Einige Lokale schließen im Winter früher. Lieber vorher anrufen!

Love Muffin (☎ 435-259-6833; 139 N Main St; Gerichte unter 10 US$; ⏰ 7.30–14 Uhr; 🛜) Wer in dieser neuen, flotten Bäckerei an seine Lieblingsmuffins (mit Himbeeren, Blaubeeren, Schokolade etc.) kommen möchte, muss schnell zugreifen – andernfalls schnappen einem früh aufstehende Mütter, abenteuerlustige junge Mädels und drahtige Senioren die besten weg. Aber keine Sorge, frühstücken kann man auch Burritos, Waffeln und Honigjoghurt mit Müsli. Und mittags werden dann leckere Salate und Sandwiches serviert.

Moab Brewery (☎ 435-259-6333; 686 S Main St; Gerichte 7–20 US$; ⏰ Mo–Do 11.30–22, Fr & Sa bis 23 Uhr, Nov.–Feb. evtl. kürzere Öffnungszeiten) In der einzigen Brauereigaststätte in Moab stehen die Fässer direkt hinter der Bar. Serviert werden Burger, Meeresfrüchte, Steaks und Huhn, dazu bietet sich ein Pint vom hausgebrauten Derailleur oder Dead Horse Ale an. Selbstgemachtes Eis gibt's vorne auf der Veranda.

Miguel's Baja Grill (☎ 435-259-6546; 51 N Main St; Gerichte 11–20 US$; ⏰ 17–22 Uhr) Hier sitzt man im von bunten Mauern gesäumten Innenhof unter freiem Himmel und speist die unvergesslichen Baja-Fischtacos. Fajitas, *chilis rellenos* und Meeresfrüchte kommen in ordentlichen Portionen daher und der Salat mit Portobellopilzen ist ausgezeichnet. Das erfrischend ehrliche Personal sagt einem klar und deutlich ins Gesicht: „Ja, wir haben Margaritas, aber es gibt womöglich noch bessere in der Stadt."

Center Café (☎ 435-259-4295; 60 N 100 West; Hauptgerichte 19–32 US$; ⏰ ab 16 Uhr) Raus aus den engen Radlerhosen und rein in die luftigen Sommerklamotten und Sandalen – und dann geht's ab ins stilvolle Center Café, das nicht weit von der Main St entfernt ist und als bestes Restaurant im südlichen Utah gilt. Der Inhaber und Küchenchef kocht mit Selbstvertrauen und lässt sich von der regional-amerikanischen, der mediterranen und der asiatischen Küche inspirieren. Zwischen 16 und 18 Uhr gibt's leichtere Tapas-Menüs (4–12 US$).

ANREISE & UNTERWEGS VOR ORT

Von Montag bis Freitag bietet **Great Lakes Airlines** (☎ 800-554-5111; www.flygreatlakes.com) zwei Flüge täglich von Denver zum **Canyonlands Airport** (CNY; www.moabairport.com), der 16 Meilen

(26 km) nördlich der Stadt am Hwy 191 liegt. Samstags und sonntags geht jeweils nur ein Flug.

Bighorn Express (☎ 801-417-5191, 888-655-7433; www.bighornexpress.com) fährt regelmäßig mit Minibussen von und nach Salt Lake City (einfache Strecke 69 US$) und Green River (einfache Strecke 59 US$), während der **Roadrunner Shuttle** (☎ 435-259-9402; www.roadrunnershuttle.com) auf Anfrage zum Flughafen von Moab fährt und auch einen Wander-, Rad- und Fluss-Shuttle-Dienst anbietet. Der **Coyote Shuttle** (☎ 435-260-2097, 435-259-8656; www.coyoteshuttle.com) verfügt ebenfalls über diverse Shuttle-Busse, die einen an den gewünschten Ort bringen.

Arches National Park

Im **Arches National Park** (☎ 435-719-2299; www.nps.gov/arch; 10 US$/Fahrzeug; ⏰ Visitor Center April–Okt. 7.30–18.30 Uhr, Nov.–März 8–16.30 Uhr), einem der atemberaubendsten Parks der Region, kann die weltweit größte Ansammlung von Sandsteinbögen besichtigt werden. Der nur 5 Meilen (8 km) nördlich von Moab am Hwy 191 gelegene Park ist im Sommer immer extrem voll. Den Park bei Mondlicht zu erkunden, ist eine gute Idee – da ist es kühler und die Felsen wirken gespenstisch. Viele der Bögen sind leicht über gepflasterte Straßen und relativ kurze Wanderwege zu erreichen.

Die Highlights sind der **Balanced Rock**, der häufig fotografierte **Delicate Arch** (am besten spät nachmittags knipsen!), der spektakulär langgestreckte **Landscape Arch** und die beliebten, zweimal täglich von Rangern geführten Touren zum **Fiery Furnace** (Erw./Kind 10/5 US$; ⏰ Mitte März–Okt.), für die man besser reserviert.

Wegen des Wassermangels und der Hitze übernachten nur wenige Backpacker im Park, obwohl es kostenlose Genehmigungen dafür gibt (in den Visitor Centers erhältlich). Der malerische **Devils Garden Campground** (☎ 518-885-3639, 877-444-6777; www.recreation.gov; Hwy 191; Stellplatz 20 US$) ist 18 Meilen (29 km) vom Visitor Center entfernt und von März bis Oktober gut besucht. 24 Stellplätze werden nach dem Motto „Wer zuerst kommt, mahlt zuerst" vergeben, 52 können reserviert werden. Wer auf einen der Ersteren spekuliert, sollte sich um 7.30 Uhr am Visitor Center oder am Parkeingang einfinden.

Dead Horse Point State Park

Der winzige, aber wundervolle **State Park** (☎ 435-259-2614; www.stateparks.utah.gov; Hwy 313;

10 US$/Fahrzeug; ◷ Park 6–22 Uhr, Visitor Center 8–17 Uhr) diente als Drehort für zahlreiche Filme – hier wurden z. B. die Anfangsszene von *Mission Impossible II* und die Schlussszene von *Thelma und Louise* gedreht. Der Park befindet sich direkt neben dem Hwy 313 (der Straße zum Canyonlands National Park). Die Canyons hier sind eingerahmt von weißen Felsen und man hat einen traumhaften Blick auf den Colorado, den Canyonsland National Park und die fernen La Sal Mountains. Der **Kayenta Campground** (☎ 801-322-3770, 800-322-3770; www.stateparks.utah.gov; Hwy 313; Stellplatz 20 US$) hat 21 Plätze und stellt in begrenztem Umfang Wasser (eigenes mitzubringen ist dringend zu empfehlen) und Stellplätze für Wohnmobile zur Verfügung. Vier Stellplätze werden nach dem Motto „Wer zuerst kommt, mahlt zuerst" vergeben, die restlichen müssen reserviert werden.

Canyonlands National Park

Mit 1365 km² ist der **Canyonlands National Park** (☎ 435-719-2313; www.nps.gov/cany; 10 US$/Fahrzeug) Utahs größter und naturbelassenster Park. Einige Abschnitte sind so rau wie sonst kaum eine andere Gegend auf dem Planeten. Felsbögen, -brücken, -nadeln, -spitzen und -krater, Mesas und Tafelberge – der Park ist eine sich ewig verändernde Schönheit, ein Bild der urtümlichen Erde.

Besucher können hier wandern, raften oder mit dem Geländewagen herumfahren (am Cataract Canyon ist eine der reißendsten Wildwasserfahrten im Westen möglich). Dabei aber unbedingt darauf achten, genug Benzin, Essen und Wasser aus Moab mitzubringen! Weil das Gelände so schwierig und das Wasser so knapp ist, ist dieser Nationalpark der am wenigsten erschlossene und der einsamste im amerikanischen Südwesten.

Die Canyons des Colorado und des Green River teilen den Park in drei Bereiche auf. **Island in the Sky** ist am leichtesten zu erreichen und bietet großartige Ausblicke. Es gibt hier ein hilfreiches **Visitor Center** (☎ 435-259-4712; www.nps.gov/cany/island; Hwy 313; ◷ Nov.–April 9–16.30 Uhr, März–Okt. verlängerte Öffnungszeiten) und einige tolle kürzere Wanderwege. Unser Favorit ist der 800 m lange Rundweg zu dem oft fotografierten **Mesa Arch**, ein schmaler, felsiger Pfad, von dem aus man einen malerischen Ausblick auf den Washer Woman Arch und den Buck Canyon hat. Wer noch ein bisschen weiter fährt, kommt zu dem Wanderweg am **Grand View**

Overlook. Der Weg führt direkt am Rand des Canyons entlang und endet abrupt vor einem riesigen Abgrund. Dieser Bereich des Parks liegt 32 Meilen (51 km) südlich von Moab: zuerst nach Norden auf dem Hwy 191 und dann auf dem Hwy 313 nach Westen fahren.

Needles, der zweite Parkteil, liegt am Hwy 211, der vom Hwy 191 Richtung Westen abzweigt, 40 Meilen (64 km) südlich von Moab. Hier bieten sich weitere großartige Ausblicke und ein kleineres **Visitor Center** (☎ 435-259-4711; www.nps.gov/cany/needles; Hwy 211; ◷ Nov.–Feb. 9–16.30 Uhr, März–Mai 8–16 Uhr, Juni–Okt. 8–17 Uhr) gibt's auch. Und schließlich ist da noch **Maze**, eines der wildesten und abgelegensten Areale im zentralen Westen – es ist nur für Geländefahrzeuge zu erreichen. Im **Horseshoe Canyon** an der 32 Meilen (51 km) langen Strecke vom Hwy 24 nach Maze kann man die Great Gallery bewundern, Felsen mit prachtvollem, lebensgroßem Malereien aus prähistorischer Zeit.

Außer dem Parkeintritt zu entrichten, muss man sich Genehmigungen zum Campen in der Wildnis, zum Mountainbiken, für Ausflüge im Geländewagen und für Bootsfahrten besorgen (5–30 US$). Man sollte dafür mindestens zwei Wochen vorab – per Fax oder Post – mit dem **Canyonlands NP Reservations Office** (☎ 435-259-4351; fax 435-259-4285; www.nps.gov/cany/permits.htm; 2282 S West Resource Blvd, Moab, UT 84532) Kontakt aufnehmen. Einfach hinfahren geht zwar auch, aber zumindest im Frühling und Herbst ist es wirklich empfehlenswert, zu reservieren. Nähere Informationen unter www.nps.gov/cany/planyourvisit/reservations.htm.

Natural Bridges National Monument

Dieses **National Monument** (☎ 435-692-1234; www.nps.gov/nabr; Hwy 275; 6 US$/Fahrzeug; ◷ Visitor Center April–Sept. 8.30–18.30 Uhr, Okt.–März 8.30–16.30 Uhr, manchmal längere Öffnungszeiten, Park 24 Std. geöffnet) liegt 40 Meilen (64 km) von Blanding entfernt und ist über den Hwy 95 erreichbar. 1908 wurde es als erster Landstrich Utahs unter die Verwaltung des National Park Service gestellt. Das Highlight ist ein weißer Sandstein-Canyon mit dunklen Flecken, in dem es drei leicht zugängliche Naturbrücken gibt. Die älteste, die Owachomo Bridge, überspannt 54 m, ist aber nur 2,70 m breit. Der ebene, 14,5 km lange Scenic Drive Loop eignet sich auch gut zum Radfahren. Ein einfacher **Campingplatz** (Stellplatz 10 US$), für den man nicht reservieren kann, steht ebenfalls zur Verfügung.

Hovenweep National Monument

Das schöne, wenig besuchte **Hovenweep** (☎ 970-562-4282; www.nps.gov/hove; Hwy 262; 6 US$/Fahrzeug; ⌚ Visitor Center April–Sept. 8–18 Uhr, Okt.–März 8–17 Uhr, Park & Wanderwege Sonnenaufgang–Sonnenuntergang), dessen Namen in der Sprache der Ute „verlassenes Tal" bedeutet, beherbergt sechs prähistorische Stätten der Anasazi. Fünf davon sind im Rahmen längerer Wanderungen erreichbar. Es gibt ein Visitor Center, eine Ranger Station und einen einfachen **Campingplatz** (Stellplatz 10 US$), aber keine weiteren Einrichtungen. Die 31 Stellplätze kann man nicht reservieren, aber meistens ist noch ein Platz frei. Der Haupteingang liegt östlich des Hwy 191 und ist mehr als 40 Meilen (64 km) von Bluff oder Blanding entfernt. Erreichbar ist er über den Hwy 262 (über den Hatch Trading Post).

Bluff

Das winzige Bluff wurde 1880 von mormonischen Pionieren gegründet. Es ist von roten Felsen umgeben und gibt eine bequeme, entspannte Basisstation für die Erkundung der Gegend ab. Der Ort liegt an der Kreuzung des Hwy 191 mit dem Hwy 163 und erstreckt sich längs des San Juan River. Der durch die Stadt führende Hwy 191 heißt hier auch Main St. Wer Felsmalereien, Höhlenwohnungen und Fossilien besichtigen möchte, sollte bei **Wild Rivers Expeditions** (☎ 435-672-2244, 800-422-7654; www.riversandruins.com; 101 Main St; ⌚ März–Okt.) anfragen. Dieser besonders an Geschichte und Geologie interessierte Veranstalter organisiert seit 1957 geführte Bootstouren (Tagestour Erw./Kind 165/123 US$). Vaughn Hadenfeldt, der Inhaber von **Far Out Expeditions** (☎ 435-672-2294; www.faroutexpeditions.com; cnr 7th & Mulberry Sts), organisiert Touren abseits der üblichen Wege zum Monument Valley und zu anderen archäologisch interessanten Zielen. In seinem Gästehaus gibt es auch Übernachtungsmöglichkeiten (Zi. ab 90 US$).

Eine andere gute Wahl ist die freundliche **Recapture Lodge** (☎ 435-672-2281; www.bluffutah.org/recapturelodge; Hwy 191; Zi. inkl. Frühstück 60–80 US$; ⊠ ☰ ⛶), ein rustikales, gemütliches, angenehm schattiges Anwesen zwischen Highway und Fluss. Schön sind auch die geräumigen Zimmer im originell ausgestatteten **Desert Rose Inn** (☎ 435-672-2303; www.desertroseinn.com; 701 W Main St; Zi. 99–109 US$, Hütte 119 US$; ⊠ ⛶ 💻).

Auf der anderen Straßenseite liegt das **Comb Ridge Coffee** (☎ 435-672-9931; Hwy 191; Gerichte 2–6 US$; ⌚ Mi–So 7–15 Uhr, variiert je nach Saison; Ⓥ), ein aus Holz und Lehmziegeln gebautes Café, in dem Espresso, Muffins und Maispfannkuchen serviert werden. Für mittags und abends hat die biologisch ausgerichtete **San Juan River Kitchen** (☎ 435-672-9956; 75 E Main St; Mittagessen 8–13 US$, Abendessen 9–20 US$; ⌚ Di–So 11–21 Uhr) typisch amerikanische und mexikanische Gerichte mit Zutaten aus der Region und verschiedene Salate im Angebot, die aus dem gemeinsam mit Wild Rivers Expeditions unterhaltenen Garten stammen.

Monument Valley

Vom Dorf **Mexican Hat** (benannt nach einem sombreroförmigen Felsen) führt der Hwy 163 in südwestlicher Richtung weiter hinein in die Navajo Indian Reservation und nach 30 Meilen (50 km) in den **Monument Valley Navajo Tribal Park** (s. S. 143), wo sich eine 17 Meilen (27 km) lange ungepflasterte Straße um die gewaltigen Felsformationen herumschlängelt.

Viele Jahre lang war die **Goulding's Lodge** (☎ 435-727-3231; www.gouldings.com; Hwy 163; Zi. 180 US$; 💻 ☰ ⛶) hier das einzige Hotel, das die Traveller mit einem gigantischen Ausblick auf die kolossalen roten Tafelberge lockte. Zu der komplett ausgestatteten Anlage gehören außerdem ein Restaurant, ein Museum, ein Laden, eine Tankstelle sowie ein Campingplatz (Stellplatz für Zelt/Wohnmobil 25/42 US$). Das 2008 eröffnete und von Navajo-Indianern betriebene View Hotel im Monument Valley (S. 144) ist nun allerdings

SCENIC DRIVE: MOKI DUGWAY & MULE POINT

Der Moki Dugway (Hwy 261) führt vom Hwy 95 nach Süden, bis er am Mexican Hat auf den Hwy 163 trifft. An der Strecke liegt die Abzweigung zum Mule Point Overlook – diesen Aussichtspunkt am Klippenrand sollte man nicht verpassen. Er ist einer der beeindruckendsten des Landes. Von hier aus sieht man das Monument Valley und andere Landmarken.

Bei der Weiterfahrt auf dem Moki Dugway endet der Asphalt und die Strecke führt in furchterregenden Haarnadelkurven 335 m nach unten. Dort angekommen geht eine Schotterstraße östlich ins Valley of the Gods. Das ist eine 17 Meilen (27 km) lange Fahrt vorbei an tollen Sandstein-Monolithen.

zu einer ernsthaften Konkurrenz für die Goulding's Lodge geworden.

DER MITTLERE SÜDEN & SÜDWESTEN UTAHS

Einheimische nennen es das „Land der Farbe", aber diese Bezeichnung wird dem unglaublichen Farbenspiel der Landschaft kaum gerecht: Da wären die hochroten Canyons des Zion National Parks, die zarten rosa- und orangefarbenen Türme des Bryce Canyon National Park und die gelblich-weißen Kuppeln des Capitol Reef National Park. Das Gebiet ist so spektakulär, dass es hier gleich drei Nationalparks gibt – und außerdem das gigantische Grand Staircase-Escalante National Monument.

Im folgenden Abschnitt arbeiten wir uns grob von Nordosten nach Südwesten vor und folgen der äußerst malerischen Strecke entlang den Hwys 12 und 89 vom Capitol Reef National Park zum Zion National Park.

Capitol Reef National Park

Dieser Nationalpark ist lange nicht so überlaufen wie die anderen, aber genauso malerisch. Er umfasst einen großen Teil der 160 km langen Gebirgskette **Waterpocket Fold**, wo sich der Untergrund vor 65 Mio. Jahren auffaltete und einen Querschnitt durch die Erdgeschichte freilegte. Und dieser ist farbenprächtig wie ein Maler es nicht schöner hätte ersinnen können! Der Hwy 24 führt zwar durch den Park, aber noch prächtigere Aussichten haben Traveller vom parkeigenen Scenic Drive (5 US$), der am **Visitor Center** (☎ 435-425-3791; www.nps.gov/care; cnr Hwy 24 & Scenic Dr; ☼ Mitte Herbst–Frühling 8–16.30 Uhr, Frühling–Mitte Herbst bis 18 Uhr) beginnt. Eben dort gibt's auch einen einfachen **Campingplatz** (Stellplatz 10 US$), der zwischen Frühling und Herbst immer rasch voll wird. Im Park befinden sich auch tolle **Obstplantagen** (www.nps.gov/care/historyculture/orchard scms.htm) – ein Überbleibsel der Mormonensiedlung Fruita –, auf denen Besucher je nach Saison Kirschen, Pfirsiche und Äpfel pflücken können. Im Sommer sollte man unbedingt am historischen **Gifford Farmhouse** südlich des Visitor Center einen Halt einlegen, allein des eingemachten Obstes und der Mini-Obstkuchen (5 US$) wegen.

Torrey

Dieses Dörfchen eignet sich gut für einen Zwischenstopp, weil hier Unterkünfte zur Verfügung stehen. Überraschend gut essen kann man auch. Der **Travel Council** (☎ 435-425-3365, 800-858-7951; www.capitolreef.org) ist nützlich.

In der nach Westernart aufgemachten **Austin's Chuck Wagon Lodge** (☎ 435-425-3335; www.austinschuckwagonmotel.com; 12 W Main St; Zi. ab 75 US$, Hütte 135 US$; ☼ Mitte März–Okt.; ✗ ❄ ☎ ☐) sind die Zimmer ein kleines bisschen größer als anderswo und sehr sauber. Die Ausstattung ist einfach und rustikal und die Badezimmer sind sehr geräumig. Im angeschlossenen Gemischtwarenladen kann man sich mit dem nötigen Proviant eindecken.

Hühnchen mit Pekannüssen, Maya-Tamales, gebratene Schweinefilets – alles schmeckt teuflisch gut im **Café Diablo** (☎ 435-425-3070; 599 W Main St; Hauptgerichte 21–29 US$; ☼ April–Mitte Okt. 17–22 Uhr; ✗), das zu den besten Restaurants im südlichen Utah zählt. Hier wird die südwestamerikanische Küche zelebriert, alles strotzt nur so vor Würze und Aroma. Es gibt zehn Hauptgerichte und verschiedene kleinere Speisen. Und wer auf ein ganz besonderes Abenteuer aus ist, sollte die preisgekrönten Klapperschlangen-Küchlein probieren.

Boulder

Das winzige Boulder liegt 32 Meilen (51 km) südlich von Torrey am Hwy 12. Von hier aus führt der herrliche **Burr Trail** als befestigte Straße nach Osten durch die nordöstliche Ecke des Grand Staircase-Escalante National Monument. Er endet bei der Bullfrog Marina am Lake Powell. Um die Canyons zu besichtigen, empfiehlt es sich, eine ganztägige Tour des kompetenten Veranstalters **Earth Tours** (☎ 435-691-1241; www.earth-tours.com) mitzumachen, die auch für Kinder interessant ist. Angeboten werden halb- und ganztägige Touren für 75 bzw. 100 US$. Empfehlenswert ist auch ein mehrtägiger Ausflug ins Hinterland mit **Escalante Canyon Outfitters** (☎ 435-691-3037, 888-326-4453; www.ecohike.com; ☼ Ende März–Anfang Nov.). Das umweltbewusst arbeitende Unternehmen, das die Energie für sein Büro mit Wasserkraft erzeugt, bietet vier-bis sechstägige All-inclusive-Treks für 1225 bis 1620 US$ an. Die Teilnehmer werden dabei mit biologisch angebauten Frischwaren aus dem eigenen Garten versorgt.

Die komfortablen, stilvollen Zimmer der **Boulder Mountain Lodge** (☎ 435-335-7460, 800-556-3446; www.boulder-utah.com; 20 N Hwy 12; Zi. 99–175 US$, Suite 190 US$; ✗ ❄ ☐ ☎) gehören zu den besten Unterkünften am Hwy 12. In dem Freiluft-Whirlpool mit herrlichem Blick auf die Berge kann man sich wunderbar von den Strapazen der Reise erholen. Kostenloses WLAN steht im Empfangsbereich zur Verfügung. Ein unbedingtes Muss ist dann auch ein Besuch im **Hell's Backbone Grill** (☎ 435-335-7464; Boulder Mountain Lodge, 20 N Hwy 12; Frühstück 8–10 US$; Abendessen 16–34 US$; ☽ 7–11.30 & 17.30–21.30 Uhr). Hier gibt's leckere und deftige Gerichte, inspiriert von der regionalen Küche.

Escalante

In dieser Kleinstadt leben nur 750 Seelen – trotzdem ist sie das, was im Umkreis von 120 km einer Metropole noch am nächsten kommt. Sie ist das Tor zum nahe gelegenen Grand Staircase-Escalante National Monument. Hier kann man sich noch einmal mit Vorräten eindecken und die weitere Route planen.

Im **Escalante Interagency Office** (☎ 435-826-5499; www.ut.blm.gov/monument; 775 W Main St; ☽ Mitte März– Okt. 7.30–17.30 Uhr, Nov.–Mitte März 8–16.30 Uhr) bekommen Traveller wirklich fundierte Infos zu allen öffentlich zugänglichen Gebieten der Region. 15 Meilen (24 km) östlich liegt am Hwy 12 die **Calf Creek Recreation Area** (☎ 435-826-5499; www.ut.blm.gov/monument; 2 US$/Fahrzeug) mit 13 einfachen, aber immer schnell besetzten Campingstellen (7 US$) und einem empfehlenswerten, knapp 5 km langen Wanderweg zu den Lower Calf Creek Falls.

Escalante Outfitters, Inc (☎ 435-826-4266; 310 W Main St; ☽ 8–21 Uhr; ☎) ist eine tolle Oase für Traveller. Zu kaufen gibt es Landkarten, Bücher, Campingzubehör, alkoholische Getränke, Espresso und die beste hausgemachte Pizza (17–23 US$, nur ganz, nicht aber in Stücken zu haben) in Utah – ungelogen!

In der Hauptsaison sind in Escalante die Motels schnell ausgebucht, nur im **Prospector Inn** (☎ 435-826-4653; www.prospectorinn.com; Hwy 12; Zi. 55–65 US$; ☒ ☎) mit seinen 50 Zimmern lässt sich meist auch auf den letzten Drücker noch etwas finden. Die Zimmer sind einfach, aber geräumig und sauber. Wer gerne den Ausblick genießt, kann sich hier auf seinen Balkon setzen und der Sonne beim Sinken zusehen.

Grand Staircase-Escalante National Monument

Das 7689 km² große **National Monument** (www.ut.blm.gov/monument) wurde 1996 als solches ernannt und liegt zwischen dem Bryce Canyon National Park, dem Capitol Reef National

Park und der Glen Canyon National Recreation Area. Die touristische Infrastruktur ist minimal, dafür gibt es umso mehr große, abgelegene Wüstengegenden – genau das Richtige für Abenteuerurlauber mit Zeit und guter Outdoor-Ausrüstung.

Wenn sie nass sind, werden die Straßen glitschig und unbefahrbar. Campen in der Wildnis ist mit einer kostenlosen Genehmigung möglich. Bevor man aufbricht, sollte man sich gut informieren und einen aktuellen Bericht über den Straßenzustand einholen. Den bekommt man im Escalante Interagency Office (s. linke Spalte) oder in den Visitor Centers in Kanab (S. 173) oder **Cannonville** (☎ 435-826-5640; 10 Center St, Cannonville; ☽ März–Nov. 8–16.30 Uhr, Öffnungszeit variieren).

Kodachrome Basin State Park

Dutzende roter, rosafarbener und weißer Sandsteinschornsteine sind das Highlight dieses farbenprächtigen **State Park** (☎ 435-679-8562; www.stateparks.utah.gov; Cottonwood Canyon Rd; 6 US$/Fahrzeug), der diesen Namen von der National Geographic Society wegen seiner fotogenen Landschaft bekam. Vom Grand Parade Trail bietet sich der beste Blick auf Röhren und andere Steinformationen. Es gibt auch einen **Campingplatz** (☎ 801-322-3770, 800-322-3770; Stellplatz 16 US$). Für drei von 24 Stellplätzen gilt das Motto „Wer zuerst kommt, mahlt zuerst", die restlichen können reserviert werden. Frühling und Herbst sind Hauptsaison.

Bryce Canyon National Park

Die Grand Staircase, eine Reihe von Gesteinsschichten, die stufenartig nach oben führen, erstreckt sich von nördlich des Grand Canyon bis hinauf zu diesem beliebten **Nationalpark** (☎ 435-834-5322; www.nps.gov/brca; Hwy 63; 25 US$/ Fahrzeug; ☽ Visitor Center Mai–Sept. 8–20 Uhr, Nov.–März bis 16.30 Uhr, Okt. & April bis 18 Uhr) in den Pink Cliffs. Der Park ist voller wundersamer Spitzen und Figuren, Türme, Helme und anderer merkwürdiger Felsformationen, den Hoodoos. Der „Canyon" selbst ist eigentlich ein aus den Felsen herauserodiertes Amphitheater.

Vom Hwy 12 führt der Hwy 63 nach 4 Meilen (6,5 km) Richtung Süden zum Rim Road Drive (2440 m), einer 18 Meilen (29 km) langen Sackgasse. Die Straße verläuft am Rand des Canyons entlang und passiert dabei das Visitor Center, die Lodge, Aussichtspunkte (der Inspiration Point ist toll!) und Startpunk-

DAS GEHEIMNIS DES EVERETT RUESS – GELÜFTET?

Im November 1934 zog der 20-jährige Künstler und Schriftsteller Everett Ruess ins Hinterland von Escalante, um die atemberaubende Schönheit der hiesigen Wildnis zu malen, zu erforschen und am eigenen Leib zu erleben. Kurz bevor er aufbrach, schrieb er an seinen Bruder: „Wann ich in die Zivilisation zurückkehren werde, weiß ich noch nicht, jedenfalls nicht so bald, denke ich … Ich ziehe den Sattel jedem Straßenbahnwaggon vor, den mit Sternen übersäten Himmel jedem sicheren Dach, den dunklen und schwierigen Pfad, der ins Ungewisse führt, jeder geteerten Straße und den tiefen Frieden der Wildnis der ständig unzufriedenen Brut in den Städten." Dies war das Letzte, was seine Familie von ihm gehört hat – Ruess sollte nie mehr von seiner Reise zurückkehren.

Je mehr Bücher sich mit seinem Schicksal befassten, desto mehr Legenden rankten sich um das Geheimnis seines Verschwindens. Im Jahr 2008 gingen der Schriftsteller David Roberts und der Reiseführer Vaughn Hadenfeldt (S. 170) dem Hinweis nach, Ruess sei möglicherweise ermordet worden, und sie fanden tatsächlich in einer Felsspalte nahe des verlassenen Comb Ridge die Überreste einer Leiche. Auch wenn verschiedene DNA-Tests zu bestätigen schienen, dass es sich hier um die Leiche von Ruess handelte, waren die Archäologen, die mit zur Untersuchung herangezogen worden waren, davon nicht 100 %ig überzeugt.

Doch wie dem auch sei, der romantische Idealismus des Everett Ruess jedenfalls existierte bis in unsere Tage hinein weiter, sei es in Songs, Büchern und Festivals (www.everettruessdays.org) oder sei es in seinen eigenen gesammelten Briefen.

te von Wanderwegen. Die Straße endet am Rainbow Point in 2780 m Höhe. Der einzige zugelassene Tourveranstalter im Park ist **Canyon Trail Rides** (☎ 435-679-8665; www.canyonrides.com; Hwy 63; 2 Std./½ Tag 50/75 US$), der von der Bryce Canyon Lodge (s. unten) aus operiert.

Die beiden Campingplätze **North Campground** (☎ 877-444-6777; www.recreation.gov; Stellplatz 15 US$) und **Sunset Campground** (Stellplatz 15 US$; ☺ Spätfrühling–Herbst) verfügen über Toiletten und Wasser; der Sunset ist bewaldeter, hat aber weniger Einrichtungen und nimmt auch keine Reservierungen entgegen. Zum Wäschewaschen, Duschen und um Lebensmittel zu kaufen, besucht man den North Campground. Im Sommer sind die Plätze bis spätestens 12 Uhr voll belegt.

Die **Bryce Canyon Lodge** (☎ 435-834-8700, 888-297-2757; www.brycecanyonlodge.com; Hwy 63; Lodge-Zi. 130–179 US$, Hotel-Zi. 165 US$, Hütte 175 US$; ☺ April–Okt.; ✗) von 1920 verströmt ein rustikales Gebirgsflair. Die Zimmer sind in angrenzenden Gebäuden untergebracht. Es gibt sowohl moderne Einheiten im Hotelstil mit zeitgemäßer Ausstattung und Balkon als auch romantische, leicht altmodische, freistehende Hütten mit Gasheizung und Terrasse. Fernseher sind nicht vorhanden.

Kanab

Riesige Abschnitte felsiger Wüstenlandschaft umgeben das entlegene Kanab, das bis zum Bau der Straßen eine isolierte Mormonengemeinde war. Hier wurden in den 1920er-Jahren Hollywood-Western gedreht, sodass Kanab schon bald den Spitznamen „Utah's Little Hollywood" erhielt.

Heute schlängelt sich der Hwy 89 durch die Stadt, gesäumt von Motels und Restaurants. Das **Kanab Visitor Center** (☎ 435-644-4680; www. ut.blm.gov/monument; 745 E Hwy 89; ☺ Nov.–März 8–17 Uhr, Dez.–Febr. bis 16.30 Uhr) stellt aktuelle Infos zu Straßen, Wanderwegen und zum Wetter am Grand Staircase-Escalante National Monument (S. 172) zur Verfügung. Das **County Office of Tourism** (☎ 435-644-5033, 800-733-5263; www.kaneutah.com; 78 S 100 E; ☺ Mitte Mai–Okt. Mo–Fr 7–10–19, Sa bis 17, So bis 16 Uhr, Nov.–Mitte Mai Mo–Sa 10–17 Uhr) ist die wichtigste Infoquelle in der Region.

John Wayne, Maureen O'Hara und Gregory Peck sind nur einige der Hollywood-Größen, die bereits in der **Parry Lodge** (☎ 435-644-2601, 888-289-1722; www.parrylodge.com; 89 E Center St; Zi. 73–84 US$, Suite 92–102 US$; ☒ ☺ ☂) genächtigt haben. Noch heute kann man sich eines ihrer Zimmer geben lassen (welche das sind, ist in den Hotelunterlagen vermerkt). Die Räumlichkeiten sind gut in Schuss und die Lodge hat auch einen Whirlpool, ein Restaurant und eine Bar. In einigen der Zimmer gibt's auch WLAN. **Laid Back Larry's** (☎ 435-644-3636; 98 S 100 East; Sandwiches 2–5 US$; ☺ Di–Do 7–14 Uhr) versorgt seine Gäste morgens und mittags mit Sandwiches und serviert einen guten Kaffee.

St. George

Wegen des warmen Wetters und seiner südlichen Lage wird St. George auch „Dixie" genannt. Es ist eine großzügig angelegte Mormonenstadt mit breiten Straßen, einem malerischen Tempel und Gebäuden aus der Pionierzeit. Der Ort mit seinen 71 100 Einwohnern ist bei Rentnern und den Besuchern des Zion National Park und der anderen Parks in der Gegend beliebt. Infos zur Stadt gibt's bei der **Chamber of Commerce** (☎ 435-628-1658; www.stgeorgechamber.com; 97 E St George Blvd; Mo–Fr 9–17 Uhr). Das **Interagency Information Center** (☎ 435-688-3246; 345 E Riverside Dr; Mo–Fr 7.45–17, Sa 10–15 Uhr) hat Informationen zu US-Forest-Service- und BLM-Gebieten, zu State Parks und zum Arizona Strip.

9 Meilen (14,5 km) nördlich der Stadt liegt der 3000 ha große **Snow Canyon State Park** (☎ 435-628-2255; www.stateparks.utah.gov; Hwy 18; 5 US$/ Fahrzeug), ein wunderbares Fleckchen, um umherzuwandern und diese unbeschreibliche Kulisse aus Sandsteinfelsen, vulkanischen Landschaften und Felszeichnungen auf sich wirken zu lassen. Unbedingt die Lavahöhlen besuchen und die Wildtiere beobachten!

St. George hat die größte Auswahl von Unterkünften im südlichen Utah – allerdings sind die meisten Kettenmotels direkt am St. George Blvd. Als eine stilvolle und zugleich preisgünstige Unterkunft, wo man ein tolles Frühstück bekommt, empfiehlt sich das gastfreundliche **Ambassador Inn** (☎ 435-673-7900, 877-373-7900; www.ambassadorinn.net; 1481 Sunland Dr; Zi. inkl. Frühstück 65–75 US$;) direkt an der I-15 (Abfahrt 6). Es liegt nicht weit vom Interagency Information Center und dem Snow Canyon entfernt.

Tierfelle und Holzbalken geben dem **Gun Barrel Steak & Game House** (☎ 435-652-0550; 1091 N Bluff St; Mittagessen 8–12 US$, Abendessen 8–32 US$; Mo–Fr 11.30–14, Mo–Do 17–19, Fr & Sa 17–21.30 Uhr) ein Pionierflair. Das passt auch zu den üppigen Mahlzeiten, die man hier bekommt. Ein – zugegebenermaßen riesiges – Appetithäppchen ist der riesige Buffalo Wrap mit Zwiebeln, Paprika, Käse und scharfer Chipotle-Mayonnaise. Wer nur Kaffee, Omelette und Haferflocken will, steuert die familienfreundliche **Bear Paw Coffee Company** (☎ 435-634-0126; 75 N Main St; Gerichte 5–11 US$; 7–15 Uhr) an.

Greyhound (☎ 435-673-2933, 800-231-2222; www. greyhound.com; 1235 S Bluff St) fährt vom McDonald's nach S. L. C. (52 US$, 5½ Std.) und Las Vegas (23 US$, 2 Std.).

Springdale

Viele Reisende auf dem Weg zum Zion National Park kommen hier durch, da Springdale am Hwy 9 und direkt am Südeingang des Parks liegt. Die freundliche, relaxte Gemeinde beherbergt überwiegend Parkbesucher. Das **Regional Visitors Bureau** (☎ 888-518-7070; www. zionpark.com) hat kein offizielles Büro. Man kann dort aber anrufen und Auskünfte für die Reiseplanung erbitten oder auf der Website Infos zu Unterkünften, Restaurants und Einkaufsmöglichkeiten abrufen.

Springdale hat eine Menge guter Restaurants und netter Unterkünfte, darunter auch das angenehme **Canyon Ranch Motel** (☎ 435-772-3357; www.canyonranchmotel.com; 668 Zion Park Blvd; EZ 84–94 US$, DZ 94–99 US$, Zi. mit Kochnische 114–125 US$;). Es verfügt über 22 Zimmer, die erst kürzlich frisch renoviert wurden. Das Motel liegt 800 m südlich des Parks und hat einen schönen Garten mit schattigen Picknickplätzen.

Einen Kaffee, einen Frühstücks-Burrito oder ein Puten-Panino bekommt man in etwas heruntergekommenen **Mean Bean** (☎ 435-772-0654; 932 Zion Park Blvd; Gerichte unter 10 US$; Mo–Fr 7–12, Sa & So bis 13 Uhr;). Es ist ein Treffpunkt für Wanderer und Biker im Herzen der Innenstadt. Punkt 12 Uhr wird werktags geschlossen, es sei denn, es ist wirklich viel los; das Mittagessen ist zum Mitnehmen. Wer abends etwas essen will, geht ins **Spotted Dog** (☎ 435-772-0700; 428 Zion Park Blvd; Frühstück 8 US$; Hauptgerichte 11–24 US$; Mo–Fr 7–11 & 17–22, Sa & So 7–11.30 & 17–22 Uhr, außerhalb der Saison bis 21 Uhr, Jan. evtl. geschl.). Dazu muss man sich nicht extra schick machen – andererseits schadet es auch nicht, ordentlich auszusehen, wenn man dort im Innenhof noch ein bisschen Leute gucken will. Die saisonale und überwiegend auch regionale Küche hält Köstlichkeiten wie Wildhackbraten und Regenbogenforelle bereit. Auch ein Frühstücksbüfett gehört dazu. Das **Bit & Spur Restaurant & Saloon** (☎ 435-772-3498; 1212 Zion Park Blvd) ist eine lokale Institution und das munterste Lokal der Stadt. Hier gibt's eine riesige Auswahl einheimischer Biere und manchmal auch Livemusik.

Zion National Park

Es empfiehlt sich, von Osten her in den **Zion National Park** (☎ 435-772-3256; www.nps.gov/zion; Hwy 9; 25 US$/Fahrzeug) zu fahren: vom Hwy 89 aus den Hwy 9 nach Westen nehmen. Es ist einfach ein malerischer Anblick, wie die Straße an den leuchtend roten Felsen entlangführt, immer wieder durch einen Tunnel im weichen Sandstein geht und sich am Ende auf einer Länge von 3,5 Meilen (5,6 km) in engen Serpentinen runter in den Canyon schlängelt.

Auf mehr als 160 km Wanderwegen kann man spazieren gehen, länger laufen oder Touren in die Wildnis machen. Die bekannteste Rucksacktour führt durch die **Narrows**. Das ist eine 25 km lange Wanderung, bei der man durch den Virgin River watet und an spektakulären Canyons vorbeikommt (Juni–Sept.). Wenn vor Fluten gewarnt wurde, muss man darauf eingestellt sein, nass zu werden oder nicht mehr weiter zu kommen. Wer den **Angels Landing Trail** (hin & zurück 8 km) nimmt, macht einen strammen, zuweilen Schwindel erregenden Marsch, hat aber einen phänomenalen Blick auf den Zion Canyon.

Von April bis einschließlich Oktober betreibt die Parkverwaltung einen kostenlosen, regelmäßigen Shuttle-Dienst. Zwei miteinander verbundene Routen werden mehrmals täglich abgefahren; los geht's am Visitor Center (6.45–22 Uhr). Diese Busse sind (mit Ausnahme der Autos der Lodge-Gäste) die einzigen im Canyon erlaubten Fahrzeuge. Der Bus der einen Linie lässt die Fahrgäste am Zion Park Blvd in Springdale zu- und aussteigen, während der Bus der anderen innerhalb des Parks die Ausgangspunkte der Wanderwege anfährt. Um sich die saftige Fahrzeuggebühr von 25 US$ zu sparen, wenn man zur Lodge will, empfiehlt es sich, den Shuttle-Bus von der Stadt zu nehmen – dann wird nur der Eintritt (12 US$/Pers.) fällig.

Wohnmobilfahrer müssen eventuell eine zusätzliche Gebühr von 15 US$ bezahlen, wenn sie ihre breiten Fahrzeuge durch den 1,8 km langen Zion-Mt. Carmel Tunnel am östlichen Eingang fahren – oder besser quetschen – wollen.

Das **Zion Canyon Visitor Center** (☎ 435-772-3256; www.nps.gov/zion; ☼ Sommer 8–20 Uhr, Herbst bis 18 Uhr, Winter & Frühling bis 17 Uhr) bietet eine Menge Bücher, Karten und praktische Informationen zu Freizeitaktivitäten im Park. Man kann hier auch nach von Rangern organisierten Aktivitäten fragen, z. B. nach geführten Wanderungen und Vorträgen über Flora, Fauna, Ökologie und Geologie. Das Zentrum beherbergt auch den **Backcountry Desk** (☎ 435-772-0170; ☼ Juni–Aug. 7–20 Uhr, Sept.–Mitte Okt. bis 18 Uhr, Mitte Okt.–Mai 8–16.30 Uhr), der 25 % seiner Backcountry-Genehmigungen am Tag vor oder direkt am Tag

der Wanderung ausgibt. Wer sich eine Genehmigung für ein bestimmtes Gebiet reservieren möchte (Pässe für beliebte Gebiete wie The Narrows sind schnell weg), muss dort anrufen oder online gehen (www.nps.gov/zion/planyour visit/index.htm).

Am südlichen Eingang bieten zwei **Campingplätze** (☎ 877-444-6777; www.recreation.gov; Stellplatz 16–20 US$), South und Watchman, fast 300 Stellplätze, die man überwiegend nicht reservieren kann – man muss also rechtzeitig dort aufkreuzen. Genau in der Mitte des Zion Canyon kommen Traveller in der **Zion Lodge** (☎ Reservierung für den selben Tag 435-772-7700, im Voraus 888-297-2757; www.zionlodge.com; Zi./Hütte/Suite 160/173/183 US$; ✗ ✗ ⌨ 🖥) in 81 gut eingerichteten Motelzimmern und 40 Hütten mit Gasheizung unter. Alle Hütten haben Holzveranden mit super Ausblick. Fernseher gibt's nicht, dafür aber ein gutes Restaurant. Reservieren kann man bis zu 13 Monate im Voraus – wer will, kann sein Glück aber auch am Anreisetag versuchen.

NEW MEXICO

Es ist gar nicht so einfach, den besonderen Reiz von New Mexico mit ein paar wenigen Worten zu beschreiben. Vielleicht ist es das Aufeinandertreffen von Kunst und Natur, das sich etwa in dem fast schon surrealen Nebeneinander von ausgebleichten Tierschädeln an himmelblauen Hauswänden und den Silhouetten der Kreuze über den jahrhundertealten Missionskirchen ausdrückt? Oder liegt es daran, dass sich hier alte Pueblos, 300 Jahre alte Haciendas und moderne Gebäude unmittelbar nebeneinander stehen, was übrigens ein Zeugnis für die drei unterschiedlichen Kulturen (indigene, hispanische und anglo-amerikanische) ist, die sich hier überlappen? Aber wie dem auch sei – jedenfalls gibt es hier knackig frische Bergluft, feurige Chili-Enchiladas, National Monuments und eine überaus gastfreundliche Bevölkerung. Was will man da mehr?

Aber immer, wenn man glaubt, New Mexico endlich richtig beschrieben zu haben, zeigt es sich wieder von einer ganz anderen Seite. In Roswell halten sich Außerirdische versteckt. Billy the Kid wird als Held verehrt. Museen huldigen dem atomaren Zeitalter. Fledermäuse leben in den Ecken der Carlsbad Caverns. Scheinbar gibt es da also mehr als

DER ZENTRALE WESTEN

nur den blauen Himmel über Taos. Vielleicht lassen sich die schwer definierbaren und mitunter sogar widersprüchlichen Reize von New Mexico am besten anhand der faszinierenden Bilder von Georgia O'Keeffe erklären, der Künstlerin, die zur Patin dieses Bundesstaats geworden ist. Als sie zum ersten Mal hierher kam, rief sie: „Ja! Ja! Ja! ... Das ist grandios! Niemand hat mir gesagt, dass es hier so ist!"

Aber mal im Ernst: Wie hätte das auch jemand beschreiben können?

Geschichte

Schon um 10 500 v. Chr. durchstreiften Menschen diesen Landstrich; als Coronado im 16. Jh. in diese Gegend kam, lebten hier hauptsächlich Pueblo-Indianer. Santa Fe wurde 1610 als Kolonialhauptstadt gegründet, danach strömten spanische Siedler und Bauern ins nördliche New Mexico und die Missionare begannen mit ihren oft gewalttätigen Versuchen, die in der Region lebenden Pueblo-Indianer zum Katholizismus zu bekehren. Nach einem erfolgreichen Aufstand hielten die Ureinwohner Santa Fe bis 1692 besetzt, dann eroberte Diego de Vargas die Stadt zurück.

1851 wurde New Mexico ein Territorium der USA. Die Indianerkriege, die Besiedlung durch Cowboys und Goldgräber und die Ausbreitung des Handels entlang dem Santa Fe Trail veränderten die Region weiter. Schließlich sorgte der Bau der Eisenbahn in den 1870er-Jahren für einen Wirtschaftsboom. Maler und Schriftsteller gründeten im frühen 20. Jh. Künstlerkolonien in Santa Fe und Taos. 1943 ließen sich Wissenschaftler in Los Alamos nieder und entwickelten dort die Atombombe (s. S. 190). Zu den wichtigen politischen Themen heutzutage gehören die Wasserrechte (wer das Wasser besitzt, hat die Macht) und die Einwanderung.

Praktische Informationen

Dort, wo Öffnungszeiten mit Jahreszeiten (nicht Monaten) angegeben sind, sollte man zuerst anrufen, weil diese dann je nach Wetterlage, lokalen Gepflogenheiten oder aus Kostengründen variieren können.

New Mexico CultureNet (www.nmcn.org) Auflistung aktuell stattfindender Konzerte, Lesungen und Eröffnungen im nördlichen New Mexico.

New Mexico Magazine (www.nmmagazine.com) Guter Reiseführer über den Bundesstaat mit den Rubriken Reiseziele, Unterhaltung und Essen & Genießen.

New Mexico Route 66 Association (www.rt66nm. org) Infos über die berühmte Reiseroute durch den Bundesstaat.

New Mexico State Parks Division (Karte S. 187; ☎ 505-476-3355, 888-667-2757; www.emnrd.state. nm.us; 1220 South St Francis Dr, Santa Fe) Campingmöglichkeiten (8–18 US$/Nacht) bestehen in einigen Parks. Reservierung ist erforderlich (☎ 877-664-7787; www. newmexico.reserveworld.com).

New Mexico Tourism Department (☎ 505-827-7400, 800-545-2040; www.newmexico.org) Ein kostenloser *Vacation Guide* kann bestellt werden. Außerdem kann man sich die Karte *Scenic Byways* herunterladen und zu den Themen Aktivitäten und Unterkünfte recherchieren.

Public Lands Information Center (☎ 877-851-8946; www.publiclands.org) Praktische Informationen bezüglich Camping und Erholung.

ALBUQUERQUE

Dieser lebendige Knotenpunkt besitzt einen eher verborgenen Charme, den er mehr den

---

KURZINFOS NEW MEXICO

Spitzname Land of Enchantment
Bevölkerung 1,9 Mio.
Fläche 314 312 km^2
Hauptstadt Santa Fe (72 000 Ew.)
Weitere Städte Albuquerque (507 800 Ew.), Las Cruces (86 200 Ew.), Roswell (45 600 Ew.), Alamogordo (36 000 Ew.), Carlsbad (25 400 Ew.)
Verkaufssteuer 5 %
Geburtsort des Geächteten William Bonney, bekannt auch als Billy the Kid (1859–1881), des Staatssymbols Smokey Bear
Heimat von dem International UFO Museum & Research Center (Roswell), Julia Roberts
Berühmt für Chilis, altertümliche Pueblos, die erste Atombombe (1945)
Gretchenfrage „Rot oder grün?" (also: Welche Chilisauce?)
Entfernungen Albuquerque–Carlsbad 275 Meilen (440 km), Las Cruces–Taos 352 Meilen (563 km)

Einheimischen verdankt als irgendwelchem Großstadtglanz. Die Bewohner Albuquerques sind stolz auf ihre Stadt und sie schätzen sich glücklich, ein Teil von deren Geschichte zu sein, ihre Highlights bewundern und in den Genuss ihrer vorzüglichen Restaurants zu kommen. Dadurch ist die einwohnerstärkste Stadt New Mexicos mehr als nur ein weiterer Punkt am Verlauf der Route 66 von Los Angeles nach Chicago.

Jahrhundertealte Lehmziegelgebäude säumen die lebhafte Old Town und die Central Ave in der Innenstadt bietet ein spannendes Nachtleben, das sich leicht zu Fuß erkunden lässt. Auf den Felsen außerhalb der Stadt sind noch alte Felszeichnungen zu sehen, während die modernen Museen der Innenstadt Ausstellungen zu kosmischer und nuklearer Energie zu bieten haben. Der Alltag ist geprägt von der besonderen pulsierenden Mischung von Studenten, Indianern, Hispaniern, Schwulen und Lesben. Albuquerque ist eine Stadt, in der man Square-Dance- und Yoga-Kurse belegen kann und in der Rancharbeiter und Immobilienmakler in Taco-Bars oder altmodischen Cafés Seite an Seite sitzen.

Orientierung

Albuquerques wichtigste Begrenzungen sind der Paseo del Norte Dr im Norden, die Central Ave im Süden, die Rio Grande Blvd im Westen und der Tramway Blvd im Osten. Die Hauptader der Stadt, die Central Ave, ist die alte Route 66. Sie durchquert Old Town, Downtown, das Unigelände und Nob Hill. Die Stadt ist in vier Planquadrate unterteilt (NW, NE, SW & SE), den Mittelpunkt bildet die Kreuzung der Central Ave mit den Bahngleisen östlich von Downtown.

Praktische Informationen
BUCHLÄDEN
Page One (Karte S. 179; ☎ 505-294-2026; www.page 1book.com; 11018 Montgomery Blvd NE, Juan Tabo Plaza; ☺ Mo–Sa 9–21, So bis 19 Uhr) Groß und umfassend; kauft und verkauft auch gebrauchte Bücher.

INFOS IM INTERNET
Albuquerque Online (www.abqonline.com) Vollständige Auflistungen über und Links zu lokalen Unternehmen.
Albuquerque.com (www.albuquerque.com) Praktische Informationen zu Attraktionen, Hotels und Restaurants.
City of Albuquerque (www.cabq.gov) Hat Informationen zu den öffentlichen Verkehrsmitteln, zu Sehenswürdigkeiten und mehr.

INTERNETZUGANG
FedEx-Büro (Karte S. 179; ☎ 505-255-9673; 2706 Central Ave SE; 0,20 US$/Min.; ☺ Mo–Do 24 Std., Fr 0–23, Sa 9–21, So 9–0 Uhr)
Hauptbibliothek (Karte S. 180; ☎ 505-768-5141; 501 Copper Ave NW; ☺ Mo & Do–Sa 10–18, Di & Mi bis 19 Uhr) Nach Kauf einer SmartCard für 3 US$ kostenlos.
Alibi (☎ 505-346-0660; www.alibi.com) Kostenlose Wochenzeitung, die Events nennt.

NOTFALL & MEDIZINISCHE VERSORGUNG
Polizei (Karte S. 179; ☎ 505-242-2677; 2501 Carlisle Blvd)
Presbyterian Hospital (Karte S. 179; ☎ 505-841-1234; 1100 Central Ave SE; ☺ 24 Std.) Notfalldienst.
UNM Hospital (Karte S. 179; ☎ 505-272-2411; 2211 Lomas Blvd NE; ☺ 24 Std.) Notfalldienst. Wer keine Versicherung hat, kommt hierher.

POST
Post (Karte S. 180; ☎ 505-346-1256; 201 5th St SW)

TOURISTENINFORMATION
Das **Albuquerque Convention & Visitors Bureau** (www.itsatrip.org) hat drei Visitor Centers:
Downtown (Karte S. 180; ☎ 505-842-9918, 800-284-2282; 20 First Plaza NW an der Ecke 2nd St & Copper Ave; ☺ Mo–Fr 9–16 Uhr)
Old Town (Karte S. 180; ☎ 505-243-3215; 303 Romero St NW; ☺ Okt.–Mai 10–17 Uhr, Juni–Sept. bis 16 Uhr)
Sunport (Albuquerque International Airport) An der Gepäckausgabe der unteren Ebene.

Sehenswertes
OLD TOWN
Von ihrem Bau im Jahr 1706 bis zur Ankunft der Eisenbahn 1880 war die Plaza der Mittelpunkt von Albuquerque; heute ist die Old Town die beliebteste Touristengegend.

Wer sich die Zähne, Schuppen und rasselnden Schwänze von 65 Schlangen anschauen will, kann das sehr lehrreiche – wenn auch etwas enervierende – **Rattlesnake Museum** (Karte S. 180; ☎ 505-242-6569; www.rattlesnakes.com; 202 San Felipe St NW; Erw./Kind/Senior 5/3/4 US$; ☺ Mo–Fr 11.30–17.30, Sa 10–18, So 13–17 Uhr) südöstlich der Plaza aufsuchen. Nirgendwo auf der Welt bekommt man mehr Klapperschlangenarten auf einmal zu sehen. Besucher bekommen beim Betreten ein „Tapferkeitszertifikat" überreicht.

Die Rüstungen und Waffen der Konquistadoren sind die Prunkstücke im **Albuquerque Museum of Art & History** (Karte S. 180; ☎ 505-243-7255; www.cabq.gov/museum; 2000 Mountain Rd NW; Erw./Kind 4–12 Jahre/Senior 4/1/2 US$, 1. Mi im Monat & So 9–13 Uhr Eintritt frei; ☺ Di–So 9–17 Uhr), in dem Besucher die

DER ZENTRALE WESTEN

Geschichte der Stadt mit ihrer indianischen, hispanischen und anglo-amerikanischen Vergangenheit studieren können. Ferner werden hier Werke von Künstlern aus New Mexico präsentiert.

In der Old Town befinden sich auch das ¡Explora! Children's Museum (S. 179) und das New Mexico Museum of Natural History & Science (S. 179).

RUND UM DIE INNENSTADT

In dem Gebiet um die University of New Mexico (UNM; Karte S. 180) gibt es viele gute Restaurants, lässige Bars, ausgefallene Läden und angesagte Studententreffs. Die wichtigste Straße ist die Central Ave zwischen dem University Blvd und dem Carlisle Blvd. Gleich östlich davon liegt das trendige Nob Hill, eine fußgängerfreundliche Wohngegend mit kleinen Cafés, schicken Boutiquen und Restaurants mit Innenhöfen.

Das von den Bewohnern der 19 Pueblos in New Mexico betriebene **Indian Pueblo Cultural Center** (Karte S. 179; ☎ 505-843-7270; www.indianpueblo.org; 2401 12th St NW; Erw./Kind & Student/Senior 6/3/5.50 US$; ☉ 9–17 Uhr) ist für jeden Pueblo-Interessierten ein Muss. Das Museum rekonstruiert die Entwicklung der Pueblo-Kulturen, stellt Waren und Kunsthandwerk aus und zeigt wechselnde Ausstellungen. Das Restaurant serviert Pueblo-Gerichte.

Das National Atomic Museum ist 2009 innerhalb der Stadt umgezogen und hat dabei auch seinen Namen in **National Museum of Nuclear Science & History** (außerhalb der Karte S. 179; ☎ 505-245-2137; www.nuclearmuseum.org; 601 Eubank Blvd SE; Erw./Kind & Senior 8/4 US$; ☉ 9–17 Uhr) geändert. Es zeigt einige interessante Ausstellungen zur Entwicklung des Manhattan Project, zur Geschichte der internationalen Waffenkontrolle und zum Gebrauch der Atomkraft als alternative Energiequelle. Das fachkundige Personal besteht aus ehemaligen Militärs und beantwortet gerne Fragen zur Ausstellung. Man sollte sich die Zeit nehmen, in ausgelegten Gästebuch die verständlicherweise sehr unterschiedlichen Kommentare zu Nagasaki und Hiroshima zu lesen.

Mehr als 20 000 Felsritzungen wurden innerhalb des **Petroglyph National Monument** (Karte S. 179; ☎ 505-899-0205; www.nps.gov/petr; mit Fahrzeug zum Boca Negra Canyon Mo–Fr 1 US$, Sa & So 2 US$) gefunden, das nordwestlich der Stadt liegt. Am Visitor Center kann man sich darüber informieren, welcher der drei Wanderwege – die

in verschiedene Bereiche des Parks führen – am besten zum eigenen Zeitplan und zur eigenen Kondition passt. Wer nur wenig Zeit hat, sollte zum Boca Negra Canyon fahren, in dem man 3000 Jahre alte Felszeichnungen bewundern kann. Achtung: Da auf manchen Parkplätzen zu den Wanderwegen in letzter Zeit häufiger Autos aufgebrochen wurden, keine Wertsachen in den Fahrzeugen lassen! Um hinzukommen, auf der I-40 über den Rio Grande fahren und Ausfahrt 154 Nord nehmen.

Die **Sandia Peak Tramway** (Karte S. 179; ☎ 505-856-7325; www.sandiapeak.com; Tramway Blvd; Zutritt 1 US$, Erw./Jugendl. 13–20 Jahre & Senior/Kind 17,50/15/10 US$; ☉ Sept.– Mai Mi–Mo 9–20, Di 17–20 Uhr, Juni–Aug. 9–21 Uhr) fährt in der Wüste voller Cholla-Kakteen ab und bringt einen eine Strecke von 4,3 km hinauf zu den Kiefern auf dem 3254 m hohen Sandia Peak.

Aktivitäten

Die omnipräsenten Sandia Mountains und die weniger stark besuchten Manzano Mountains bieten Möglichkeiten für Outdoor-Aktivitäten wie wandern, Ski fahren (Abfahrt & Langlauf), mountainbiken und campen. Die **Sandia Ranger Station** (außerhalb der Karte S. 179; ☎ 505-281-3304; 11776 Hwy 337, Tijeras; ☉ Okt.–Mai Mo–Fr 8–16.30 Uhr, Juni–Sept. bis 17, Sa 8.30–17 Uhr) hinter der Ausfahrt 175 Süd der I-40 bietet Karten und praktische Informationen. Am besten vorher anrufen, um sicherzugehen, dass auch geöffnet ist! Ausrüstung bekommt man bei **REI** (Karte S. 179; ☎ 505-247-1191; 1550 Mercantile Ave NE).

Den Gipfel der Sandias erreicht man über den Osthang, und zwar auf dem wunderbaren **Sandia Crest National Scenic Byway** (I-40 Ausfahrt 175 Nord), der mehrere Anfangspunkte von Wanderwegen passiert. Oder man nimmt die Sandia Peak Tramway (s. oben) oder den Hwy 165 von Placitas (I-25, Ausfahrt 242), eine Schotterstraße durch den Las Huertas Canyon, die an der prähistorischen Siedlung **Sandia Man Cave** vorbeikommt.

Oben auf dem Sandia Peak bleibt die **Sandia Peak Ski Area** (☎ 505-242-9052; www.sandiapeak.com; Lift halber/ganzer Tag Erw. 36/48 US$, Jugendl. 30/38 US$, Kind & Senior 28/35 US$) im Sommer an Wochenenden und in den Ferien (Juni–Sept.) für Mountainbiker geöffnet. Wer möchte, kann an der Basisstation ein Fahrrad mieten (48 US$ zzgl. 350 US$ Pfand) oder das eigene Fahrrad mit dem Sessellift auf die Bergspitze mitnehmen (18 US$).

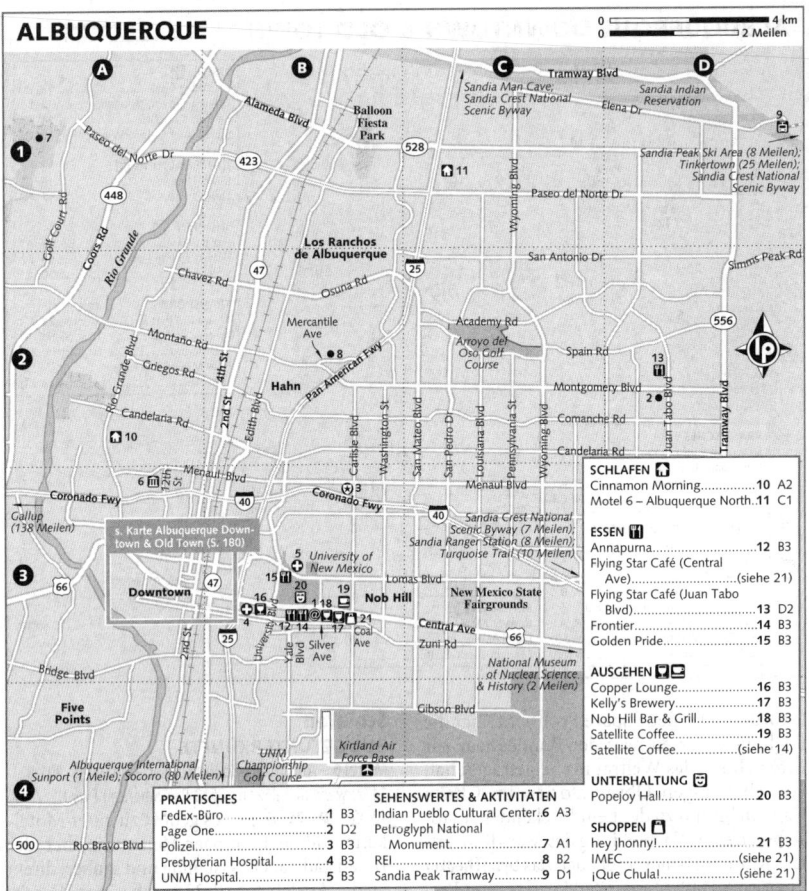

ALBUQUERQUE

SCHLAFEN	
Cinnamon Morning	10 A2
Motel 6 – Albuquerque North	11 C1

ESSEN	
Annapurna	12 B3
Flying Star Café (Central Ave)	(siehe 21)
Flying Star Café (Juan Tabo Blvd)	13 D2
Frontier	14 B3
Golden Pride	15 B3

AUSGEHEN	
Copper Lounge	16 B3
Kelly's Brewery	17 B3
Nob Hill Bar & Grill	18 B3
Satellite Coffee	19 B3
Satellite Coffee	(siehe 14)

UNTERHALTUNG	
Popejoy Hall	20 B3

SHOPPEN	
hey jhonny!	21 B3
IMEC	(siehe 21)
¡Que Chula!	(siehe 21)

PRAKTISCHES	
FedEx-Büro	1 B3
Page One	2 D2
Polizei	3 B3
Presbyterian Hospital	4 B3
UNM Hospital	5 B3

SEHENSWERTES & AKTIVITÄTEN	
Indian Pueblo Cultural Center	6 A3
Petroglyph National Monument	7 A1
REI	8 B2
Sandia Peak Tramway	9 D1

Mehrere Unternehmen bieten Ballonfahrten über die Stadt und den Rio Grande an, darunter **Discover Balloons** (Karte S. 180; ☎ 505-842-1111; www.discoverballoons.com; 205c San Felipe NW; Erw./Kind unter 12 Jahren 160/100 US$). Die Fahrten dauern ungefähr eine Stunde und finden häufig am frühen Morgen statt – der Winde und des Sonnenaufgangs wegen.

Albuquerque mit Kindern

Das geschäftige **¡Explora! Children's Museum** (Karte S. 180; ☎ 505-224-8300; www.explora.us; 1701 Mountain Rd NW; Erw./Kind unter 12 Jahren/Senior 7/3/5 US$; ☉ Mo–Sa 10–18, So 12–18 Uhr; ☕) wird die Kids stundenlang in seinen Bann ziehen. Vom Hochrad über Wasserspiele bis zu allen möglichen kunsthandwerklichen Workshops

– unter den interaktiven Vorführungen ist für jedes Kind etwas dabei (der Aufzug ist ein Renner). Und wenn man nicht mit Kindern unterwegs ist? Dann empfiehlt es sich, auf der Website nachzusehen, ob nicht gerade eine „Adult Night" angeboten wird. Diese Abende sind mittlerweile nämlich sehr beliebt und werden normalerweise von einem gefeierten Wissenschaftler aus der Region gestaltet. Die Tickets sind heiß begehrt.

Das teeniefreundliche **New Mexico Museum of Natural History & Science** (Karte S. 180; ☎ 505-841-2800; www.nmnaturalhistory.org; 1801 Mountain Rd NW; Erw./Kind unter 13 Jahren/Senior 7/4/6 US$; ☉ 9–17 Uhr; ☕) zeigt einen Evolator, einen „Evolutionsfahrstuhl", der Besucher durch 38 Mio. Jahre Geologie- und Evolutionsgeschichte New Mexicos

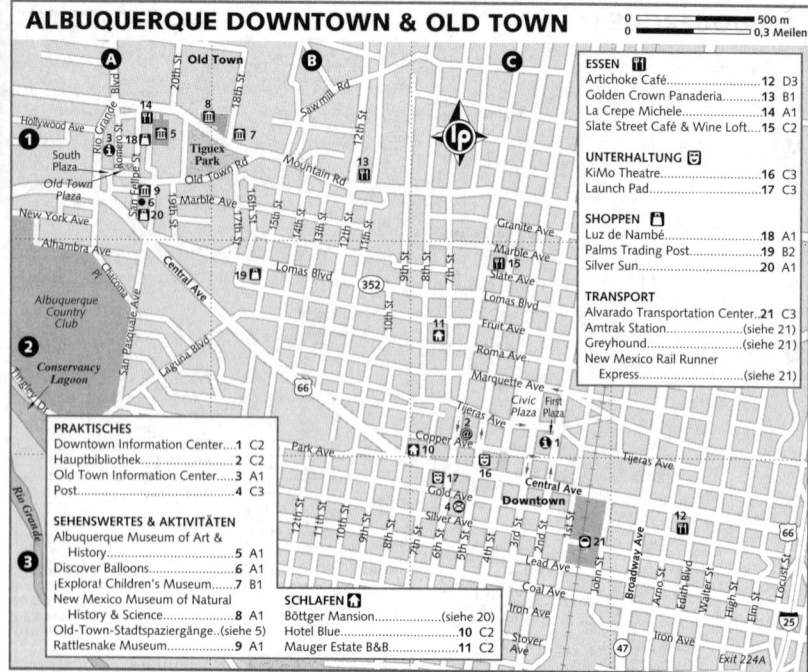

ALBUQUERQUE DOWNTOWN & OLD TOWN

ESSEN
Artichoke Café..................................12 D3
Golden Crown Panaderia.............13 B1
La Crepe Michele............................14 A1
Slate Street Café & Wine Loft....15 C2

UNTERHALTUNG
KiMo Theatre......................................16 C3
Launch Pad...17 C3

SHOPPEN
Luz de Nambé....................................18 A1
Palms Trading Post.........................19 B2
Silver Sun...20 A1

TRANSPORT
Alvarado Transportation Center..21 C3
Amtrak Station...........................(siehe 21)
Greyhound.................................(siehe 21)
New Mexico Rail Runner
  Express...................................(siehe 21)

PRAKTISCHES
Downtown Information Center....1 C2
Hauptbibliothek................................2 C2
Old Town Information Center....3 A1
Post..4 C3

SEHENSWERTES & AKTIVITÄTEN
Albuquerque Museum of Art &
  History..5 A1
Discover Balloons.............................6 A1
¡Explora! Children's Museum.....7 B1
New Mexico Museum of Natural
  History & Science.........................8 A1
Old-Town-Stadtspaziergänge..(siehe 5)
Rattlesnake Museum.......................9 A1

SCHLAFEN
Böttger Mansion.........................(siehe 20)
Hotel Blue...10 C2
Mauger Estate B&B........................11 C2

---

befördert. Das neue Space Frontiers zeigt die Highlights dessen, was der Bundesstaat zur Erforschung des Weltraums beigetragen hat, von ehemaligen Observatorien im Chaco Canyon bis hin zu der beindruckenden, maßstabsgetreuen Nachbildung des Mars Roovers. Das Museum beherbergt auch das **DynaTheater** (Erw./Kind 3–12 Jahre/Senior 7/4/6 US$), das eine Riesenleinwand hat.

Geführte Touren

Von Mitte März bis Mitte Dezember bietet das Albuquerque Museum of Art & History (S. 177) informative geführte **Old-Town-Spaziergänge** (Di–So 11 Uhr) zu historische bedeutenden Bauwerken an. Sie dauern ungefähr 45 Minuten und sind kostenlos, sofern man ein Ticket fürs Museum hat.

Festivals & Events

Die **New Mexico Gay Rodeo Association** (www.nmgra. com) veranstaltet am zweiten Wochenende im August das **Zia Regional Rodeo**. Anfang Oktober locken die zauberhaften Heißluftballonfahrten der **International Balloon Fiesta** (☎ 888-422-7277; www.balloonfiesta.com) 900 000 Zuschauer an.

Schlafen

BUDGETUNTERKÜNFTE

Motel 6 – Albuquerque North (Karte S. 179; ☎ 505-821-1472; www.motel6.com; 8510 Pan American Fwy NE; Zi. ab 42 US$; P X R) Ja, es gehört zu einer Motelkette und liegt ein paar Meilen nördlich der Innenstadt, aber es ist billig und sauber, direkt an der Ausfahrt der I-23 und hat eine Waschküche. Die WLAN-Gebühren pro Nacht betragen 3 US$.

Hotel Blue (Karte S. 180; ☎ 505-924-2400, 877-878-4868; www.thehotelblue.com; 717 Central Ave NW; Zi. inkl. Frühstück 62–99 US$; P X Q R) Das verkehrsgünstig am Rand eines Parks und der Innenstadt gelegene moderne Hotel Blue hat 140 Zimmer, neue Tempur-Pedic-Matratzen und einen kostenlosen Pendelservice zum Flughafen. Bonuspunkte vergeben wir für die Größe des Pools und die TVs mit den großen Flachbildschirmen.

MITTELKLASSEHOTELS

Mauger Estate B&B (Karte S. 180; ☎ 505-242-8755, 800-719-9189; www.maugerbb.com; 701 Roma Ave NW; Zi. inkl. Frühstück 99–193 US$; Suite 164–204 US$; P X R) Diese restaurierte Villa im Queen-Anne-Stil

(„Mauger" wird *mei*-jor ausgesprochen) verfügt über komfortable Zimmer, die mit Daunendecken, gefüllten Kühlschränken und frisch geschnittenen Blumen ausgestattet sind. Kids sind hier sehr willkommen und es gibt ein Wildwestzimmer mit dazugehörigem kleinem Garten, das ideal für Hunde ist (zzgl. 20 US$).

Cinnamon Morning (Karte S. 179; ☎ 505-345-3541; www.cinnamonmorning.com; 2700 Rio Grande Blvd NW; Zi. 109–225 US$; P ⊠ ✿ 💻 📶) Reisende, die nach einem lässigen Ort Ausschau halten, um zu bloggen, zu twittern oder ihre E-Mails zu checken, werden äußerst angetan sein von diesem B&B mit dem einladenden Hof auf der Rückseite. Helle, mit Motiven des zentralen Westens dekorierte Zimmer, die im Hauptgebäude oder im Gästehaus liegen, unterstreichen die freundliche Atmosphäre. Auf dem Hof befindet sich eine Kochgelegenheit im mexikanischen Stil, wo im Sommer das Frühstück zubereitet wird. Haustiere und Kinder sind willkommen.

LP Tipp Böttger Mansion (Karte S. 180; ☎ 505-243-3639, 800-758-3639; www.bottger.com; 110 San Felipe St NW; Zi. inkl. Frühstück 124–179 US$; P ⊠ ✿ 💻 📶) Der nette und auskunftsfreudige Inhaber sorgt in diesem gut ausgestatteten Hotel im viktorianischen Stil noch für das gewisse Etwas. Das herrschaftliche Haus mit seinen acht Zimmern wurde 1912 erbaut und liegt ganz in der Nähe der Old Town Plaza, der wichtigsten Museen und einiger beliebter New-Mexico-Restaurants wie etwa dem Duran's Central Pharmacy (1815 Central Ave; keine Kreditkarten). Vogelfans werden den von Heckenkirschen gesäumten Innenhof lieben – hier lassen sich wunderbar die Vögel beobachten. Zu den berühmtesten Gästen des Hauses gehörten schon Elvis, Janis Joplin und Machine Gun Kelly.

Essen

LP Tipp Golden Crown Panaderia (Karte S. 180; ☎ 505-243-2424; 1103 Mountain Rd NW; Gerichte unter 10 US$; 🕑 Di–Sa 7–20, So 10–20 Uhr) Wer hat nicht gerne eine nette Bäckerei in der Nachbarschaft? Vor allem eine, in der es Brot frisch aus dem Ofen, Empanadas mit Fruchtfüllung, duftenden Kaffee und dazu häufig auch noch kostenloses Gebäck gibt … Man sollte sich wirklich die Zeit nehmen, in diesem Gebäude aus Lehmziegeln all die vielen Köstlichkeiten zu probieren – und man sollte vor allem im Voraus anrufen und bestellen, wenn man noch eines der berühmten Green Chili Breads ergattern möchte.

Frontier (Karte S. 179; ☎ 505-266-0550; 2400 Central Ave SE; Gerichte 3–10 US$; 🕑 24 Std.; 👶) Das Frontier rühmt sich seiner riesigen Zimtschnecken (auf traditionelle Albuquerque-Art), eines süchtig machenden Eintopfs mit grünem Chili und der besten *huevos rancheros* (Eier auf mexikanische Art) aller Zeiten. Zum Essen und Leutegucken ist es perfekt. Studenten lieben die niedrigen Preise in diesem rund um die Uhr geöffneten Laden sowie das Frühstück, die Burger und die mexikanische Kost.

Golden Pride (Karte S. 179; ☎ 505-242-2181; 1830 Lomas Blvd NE; die meisten Gerichte unter 10 US$; 🕑 6–22 Uhr) Ein beliebtes Kettenlokal (ein Ableger des Frontier Restaurant), in dem es zum Frühstück Burritos und Brathähnchen gibt – ideal für ausgehungerte Traveller, die schon wieder auf dem Sprung sind.

Annapurna (Karte S. 179; ☎ 505-262-2424; 2201 Silver Ave SE; Gerichte 7–12 US$; 🕑 Mo–Mi 7–20, Do–Sa bis 21, So 10–20 Uhr; 📶 V) Hell und mit schönen Wandmalereien ausgestattet. Das Annapurna ist das Restaurant, in dem man die frischesten, leckersten und gesündesten Gerichte in der Stadt bekommt. Die fein gewürzten ayurvedischen Gerichte sind alle vegetarisch oder vegan, aber sie sind so köstlich, dass selbst ein Fleischesser kaum widerstehen können wird.

Flying Star Café (Karte S. 179; Hauptgerichte 8–11 US$; Central Ave ☎ 505-255-6633; 3416 Central Ave SE; 🕑 So–Do 6–23, Fr & Sa bis 0 Uhr; Juan Tabo Blvd ☎ 505-275-8311; 4501 Juan Tabo Blvd NE; 🕑 So–Do 6–22, Fr & Sa bis 23 Uhr) Es gibt sieben Filialen und sie sind fast immer rappelvoll. Man bekommt hier selbstgemachte Suppen, Muffins, Brot, innovative Hauptgerichte, Desserts und Eis.

Slate Street Café & Wine Loft (Karte S. 180; ☎ 505-243-2210; 515 Slate Ave NW; Frühstück 8–12 US$, Mittagessen 9–15 US$, Abendessen 13–25 US$; 🕑 Mo–Fr 7.30–15, Sa & So 9–14, Di–Do 17–21, Fr & Sa 17–22 Uhr, Weinbar Di–Sa 16–22 Uhr) Dieses Lokal in der Innenstadt im boomenden Route 66 Art District wird gewöhnlich von Leuten besucht, die zuerst im Café einen Leckerbissen aus der einheimischen Küche zu sich nehmen wollen, um dann eine Etage höher noch gepflegt ein Glas Merlot zu trinken. Ein wirklicher Gewinn für die Innenstadt!

La Crepe Michele (Karte S. 180; ☎ 505-242-1251; 400 San Felipe St; Mittagessen 8–14 US$, Abendessen 9–25 US$; 🕑 Di–So 11.30–14, Di–Sa 18–21 Uhr) Dieses kleine und gemütliche Restaurant liegt versteckt in der Ecke eines Lehmziegelhofs nahe der Old

Town Plaza und eignet sich ideal für ein romantisches Abendessen. Mittags und abends gibt es Crêpes in den verschiedensten Varianten. Abends werden zusätzlich täglich wechselnde französische Spezialitäten serviert, angefangen von Beef Wellington bis hin zu Barramundi au Champagne.

Artichoke Café (Karte S. 180; ☎ 505-243-0200; 424 Central Ave SE; Mittagessen 8–16 US$, Abendessen 17–30 US$; ☻ Mo–Fr 11–14.30, Mo & So 17–21, Di–Sa 17.30–22 Uhr) Das Café wurde unzählige Male zum beliebtesten Albuquerques gewählt. Sein Geheimnis: Es pickt sich das Beste der italienischen, französischen und amerikanischen Küche heraus.

Ausgehen & Unterhaltung

Satellite Coffee (Karte S. 179; ☎ 505-254-3800; 2300 Central Ave NE) Von der coolen und etwas weltraummäßigen Einrichtung darf man sich nicht abschrecken lassen. Die Bedienung ist sehr freundlich und überall sitzen Einheimische vor ihren Laptops und Java-Kaffees. Es gibt noch weitere Filialen, die in der Stadt verstreut sind und von denen man noch die in Nob Hill (3513 Central Ave NE) besuchen sollte.

Copper Lounge (Karte S. 179; ☎ 505-242-7490; 1504 Central Ave SE, 2. Stock; ☻ Mo–Sa) Ein Parkplatz voller Pick-ups vor einem roten Backsteingebäude verspricht einiges. Drinnen wimmelt es von Männern mit Baseballmützen und Cowboyhüten, die Bier trinken, Pool spielen und die Ladys ins Visier nehmen.

Kelly's Brewery (Karte S. 179; ☎ 505-262-2739; 3226 Central Ave SE) Rein in das Gebäude, das einmal zu einer Tankstelle gehörte und einen Ford-Händler beherbergte, einen Stuhl geschnappt und sich zu den anderen Gästen an einen der großen Tische gesetzt! Hier kann man einen geselligen Abend mit Leutegucken und Biertrinken zubringen. Sobald im Frühling die Abende wärmer werden, scheint sich die halbe Stadt im großen Innenhof zu treffen.

Nob Hill Bar & Grill (Karte S. 179; ☎ 505-266-4455; 3128 Central Ave SE) Obwohl das Lokal nur einen Block von Kelly's Brewery entfernt ist, trifft sich hier doch eine etwas andere, gehobenere Klientel und es sind vor allem die ausgefallenen Cocktails, die die Leute anziehen. Zu empfehlen ist dabei besonders der Berries and Bubbles Martini, dessen prickelndes Geheimnis im hinzugegebenen Trockeneis liegt.

Launch Pad (Karte S. 180; ☎ 505-764-8887; www.launchpadrocks.com; 618 Central Ave SW) Indie-, Reggae-, Punk- und Countrybands rocken das Launch Pad an den meisten Abenden (natür-

lich nicht gleichzeitig). Nach dem Raumschiff auf der Central Ave Ausschau halten!

Die **Popejoy Hall** (Karte S. 179; ☎ 505-277-3824, Tickets 505-277-4569; www.popejoyhall.com; Ecke Central Ave & Cornell St SE) und das historische **KiMo Theatre** (Karte S. 180; ☎ 505-768-3544; 423 Central Ave NW) sind die wichtigsten Veranstaltungsorte für nationale Acts, lokale Opernaufführungen, Symphonien und Theater.

Shoppen

Indianisches Kunsthandwerk kauft man am besten bei den gut informierten Verkäufern im **Palms Trading Post** (Karte S. 180; ☎ 505-247-8504; 1504 Lomas Blvd NW; ☻ Mo–Sa 9–17.30 Uhr). In der Nähe, direkt bei der Old Town Plaza, findet man bei **Luz de Nambé** (Karte S. 180; ☎ 505-242-5699; 328 San Felipe St NW; ☻ Mo–Sa 10–18 Uhr, So 11–17 Uhr) die berühmten Waren der Nambe-Indianer. Die Produkte sind hier günstig zu bekommen. Etwas südlich davon befindet sich das **Silver Sun** (Karte S. 180; ☎ 505-246-9692; 2011 Central Ave NW; ☻ 9–16.30 Uhr), ein Laden, der für seine schönen Türkise bekannt ist.

Außergewöhnliche Geschenke bekommt man in Nob Hill östlich der Universität. Man parkt entweder an der Central Ave SE oder in einer der Seitenstraßen beim College und macht von dort aus einen kleinen Bummel zu den einladenden Boutiquen und Fachgeschäften. **¡Que Chula!** (Karte S. 179; ☎ 505-255-0515; 3410 Central Ave SE) verkauft Glitzerndes aus Mexiko, während **hey jhonny!** (Karte S. 179; ☎ 505-256-9244; 3418b Central Ave SE) alles Mögliche im Angebot hat, das zur modernen Wohnungseinrichtung gehört. Und gleich um die Ecke liegt das **IMEC** (Karte S. 179; ☎ 505-265-0114; 101 Amherst SE), ein Juweliergeschäft, das in seiner Auslage äußerst kunstvoll gearbeiteten Schmuck präsentiert.

Anreise & Unterwegs vor Ort
BUS

Das **Alvarado Transportation Center** (Karte S. 180; 100 1st St SW, Ecke Central Ave) beherbergt **ABQ RIDE** (☎ 505-243-7433; www.cabq.gov/transit; ☻ 8–17 Uhr), das hiesige Busunternehmen. Seine Busse bedienen an Wochentagen fast ganz Albuquerque und steuern täglich die wichtigsten Orte für Traveller an (Erw./Kind 1/0,35 US$; Tageskarte 2 US$). Die meisten Linien fahren bis 18 Uhr. Die Route 50 verbindet den Flughafen mit der Innenstadt (werktags letzter Bus 20 Uhr; Sa weniger Busse). Netzpläne und die genauen Fahrzeiten sind der Website zu entnehmen. Linie 36 hält an der

Old Town und am Indian Pueblo Cultural Center.

Greyhound (Karte S. 180; ☎ 505-243-4435, 800-231-2222; www.greyhound.com; 320 1st St SW) gleich neben an bedient Reiseziele in ganz New Mexico. Zwei Busse fahren täglich nach Santa Fe (17 US$) und einer nach Taos (40–44 US$).

Sandia Shuttle (☎ 505-474-5696, 888-775-5696; www.sandiashuttle.com) bietet zwischen 9 und 23 Uhr täglich einen Pendelservice zu vielen Hotels in Santa Fe (einfache Strecke/hin & zurück 25/45 US$).

FLUGZEUG

Der **Albuquerque International Sunport** (ABQ; außerhalb der Karte S. 179; ☎ 505-244-7700; www.cabq.gov/airport; 2200 Sunport Blvd SE) ist zwar New Mexicos größter Flughafen, aber immer noch verhältnismäßig klein. Die meisten der großen US-Fluglinien fliegen Albuquerque an. **Southwest** (☎ 800-435-9792; www.southwest.com) ist am stärksten präsent. Taxifahrten in die Innenstadt kosten zwischen 17 und 20 US$; Taxis bestellt man bei **Albuquerque Cab** (☎ 505-883-4888) oder **Yellow Cab** (☎ 505-247-8888).

ZUG

Der *Southwest Chief* hält täglich an der **Amtrak Station** (Karte S. 180; ☎ 505-842-9650, 800-872-7245; www.amtrak.com; Ecke 1st St & Central Ave) in Albuquerque und tuckert dann Richtung Osten nach Kansas City, MO, (131 US$, 17½ Std.) und noch weiter, oder aber nach Westen über Flagstaff, AZ, (86 US$, 5 Std.) nach Los Angeles (ab 98 US$, 16½ Std.). Fahrten nach Santa Fe (36 US$, 1½ Std.) beinhalten den Transfer zu einem Bus in Lamy (25 Min.), 30 km südlich von Santa Fe.

Der Pendlerzug **New Mexico Rail Runner Express** (Karte S. 180; www.nmrailrunner.com) nutzt diesen Bahnhof ebenfalls; werktags gibt es acht Fahrten nach Santa Fe (einfache Strecke/Tageskarte 6/8 US$) und samstags sechs Fahrten (einfache Strecke/Tageskarte 4/6 US$). Die Fahrt dauert ungefähr eineinhalb Stunden.

AN DER I-40

Zwar kann man theoretisch in weniger als fünf Stunden von Albuquerque nach Flagstaff, AZ, fahren, doch die National Monuments und die Pueblos an der Strecke sind einen Besuch wert. Wer eine landschaftlich schöne Tour machen möchte, nimmt ab Grants den Hwy 53 nach Südwesten, der zu allen im Folgenden genannten Sehenswürdigkeiten

(außer nach Acoma) führt. Der Hwy 602 verläuft gen Norden nach Gallup.

Acoma Pueblo

Die „Himmelsstadt" thront auf einer Mesa 2133 m über dem Meeresspiegel und 112 m über dem umliegenden Plateau. Dieses Dorf ist eine der ältesten durchgehend bewohnten Siedlungen Nordamerikas. Seit der zweiten Hälfte des 11. Jhs. leben hier Menschen, die Töpferwaren herstellen. **Geführte Touren** (Erw./Senior/Kind 20/15/10 US$; ☉ Mitte Okt.–Mitte April 8–15 Uhr stündl., Mitte April–Mitte Okt. 8–17 Uhr stündl.) mit Schwerpunkt auf der Handwerkskunst beginnen am **Visitor Center** (☎ 800-747-0181; http://sccc.acomaskycity.org; Fotogenehmigung 10 US$) am Fuß der Mesa und dauern 75 Minuten. Von der I-40 nimmt man die Ausfahrt 102, etwa 50 Meilen (80 km) westlich von Albuquerque, und fährt dann 12 Meilen (19 km) Richtung Süden.

El Morro National Monument

Der 60 m hohe Sandsteinvorsprung an diesem **National Monument** (☎ 505-783-4226; www.nps.gov/elmo; Erw./Kind 3 US$/frei; ☉ Juni–Aug. 8–19 Uhr, Sept.–Okt. & April–Mai 9–18 Uhr, Nov.–März 9–17 Uhr), bekannt auch als der „Felsen der Inschriften", ist seit Jahrhunderten ein Reiseziel. Mehr als 2000 eingeritzte Zeichen – von Petroglyphen der Pueblo-Indianer (um 1275) an der Spitze bis zu raffinierten Inschriften spanischer Eroberer und englischer Pioniere – bieten eine einzigartige Möglichkeit, sich auf die Spuren der Geschichte zu begeben. El Morro liegt etwa 38 Meilen (61 km) südwestlich von Grants und ist über den Hwy 53 erreichbar.

Zuni Pueblo

Die Zuni sind weltweit für ihre feinen Silberschmiedearbeiten bekannt, die in Geschäften entlang des Hwy 53 verkauft werden. An Steinhäusern und bienenkorbförmigen Lehmöfen vorbei führt der Weg im **Pueblo** (☎ 505-782-7238; www.zunitourism.com; 1239 Hwy 53; Visitor Center Eintritt frei, geführte Tour durchs Pueblo 10 US$; ☉ Mo–Fr 8.30–17.30, Sa 10.30–16, So 12–16 Uhr) zur riesigen **Our Lady of Guadalupe Mission**, die beeindruckende Kachina-Wandmalereien enthält. Das **A:shiwi A:wan Museum & Heritage Center** (☎ 505-782-4403; www.ashiwi-museum.org; Ojo Caliente Rd; Eintritt gegen Spende; ☉ Mo–Fr 9–17 Uhr) zeigt alte Fotos und andere Artefakte des Stamms.

Das freundliche **Inn at Halona** (☎ 505-782-4547, 800-752-3278; www.halona.com; 23b Pia Mesa Rd; Zi. inkl. Frühstück 79 US$; ☒ ☒ ☎) hat acht Zimmer und ist mit Handwerkskunst der einheimischen Zuni dekoriert. Dies ist die einzige Übernachtungsmöglichkeit im Pueblo.

Gallup

Da Gallup den Navajos und Zunis als wichtigstes Handelszentrum dient, findet man im historischen Viertel viele Handelsposten, Pfandleih- und Juweliergeschäfte sowie Galerien für Kunsthandwerk. Dies ist wahrscheinlich die beste Stelle in New Mexico, um Waren in Top-Qualität und zu fairen Preisen zu kaufen. Gallup ist ein weiterer bekannter Ort an der alten Route 66 und hat viele altmodische Motels und Geschäfte. Genauere Infos erteilt die **Chamber of Commerce** (☎ 505-722-2228, 800-380-4989; www.thegallupchamber.com; 103 W Hwy 66; ⊙ Mo–Fr 8.30–17, Sa 10–16 Uhr).

Das Juwel unter den Unterkünften der Stadt ist **El Rancho** (☎ 505- 863-9311, 800-543-6351; www.elranchohotel.com; 1000 E Hwy 66; Zi. 76–138 US$, Suite 138–148 US$; P 🕅 🛜 🗷). Viele der großen Schauspieler der 1940er- und 1950er-Jahre haben hier schon übernachtet. Das El Rancho hat eine fantastische südwestamerikanisch gestaltete Lobby, in der auch WLAN zur Verfügung steht sowie ein Restaurant, eine Bar und eine große Auswahl einfacher Zimmer.

SANTA FE

In Santa Fe, der Hauptstadt des Bundesstaats, dreht sich alles um Kunst. Eine recht große Zahl von Malern, Bildhauern und Fotografen lebt in der Gegend, Hunderte Galerien haben hier einen Laden und es gibt mehr als ein Dutzend Museen. Der berühmte Indian Market findet seit mehr als 80 Jahren statt. Vor der Kulisse der hohen Sangre de Cristo Mountains präsentiert Santa Fe viel Kultur und seine kosmopolitische Gestalt täuscht über seine tatsächliche Größe hinweg. Man ist hier stolz auf die Gourmetrestaurants, Heilbäder, die Oper und das Ski-Resort.

Orientierung

Die Cerrillos Rd (I-25, Ausfahrt 278), ein 6 Meilen (9,5 km) langer Streifen mit Hotels und Fast-Food-Restaurants, führt von Süden her in die Stadt; der Paseo de Peralta umgibt das Zentrum; der St. Francis Dr (I-25, Ausfahrt 282) bildet die Westgrenze der Innenstadt und wird zum Hwy 285, der Richtung Norden nach Los Alamos und Taos führt. Die Guadalupe St ist die wichtigste Nord-Süd-Straße durch die Innenstadt. Die meisten

Restaurants, Galerien, Museen und Sehenswürdigkeiten des Zentrums befinden sich entweder in oder östlich der Guadelupe St und in Fußmarschentfernung von der Plaza.

Praktische Informationen

BUCHLÄDEN

Collected Works (☎ 505-988-4226; 202 Galisteo St) Eine gute Auswahl von Reiseliteratur über die Region.

Travel Bug (☎ 505-992-0418; www.mapsofnewmexico. com; 839 Paseo de Peralta; 🖳 🛜) Noch mehr Reiseführer und Karten.

INFOS IM INTERNET

Santa Fe Chamber (www.santafechamber.com) Listen und Links zu den hiesigen Geschäften.

Santa Fe Information (www.santafe.org) Offizieller Online-Tourismusführer der Stadt Santa Fe.

INTERNETZUGANG

New Mexico Tourism Department (☎ 505-827-7400; www.newmexico.org; 491 Old Santa Fe Trail; ⊙ 8.30–17.30 Uhr) Kostenloser Internetzugang.

Santa Fe Public Library (☎ 505-955-6781; 145 Washington Ave) Hier kann man bis zu einer Stunde kostenlos ins Internet. Reservierung möglich.

Travel Bug (☎ 505-992-0418; www.mapsofnewmexico. com; 839 Paseo de Peralta; 🖳 🛜) Kostenloses WLAN und Internetzugang an den hiesigen Rechnern.

MEDIEN

New Mexican (☎ 505-983-3303; www.santafenewmexican.com) Tageszeitung mit aktuellen Meldungen.

Santa Fe Reporter (☎ 505-988-5541; www.sfreporter. com) Kostenlose alternative Wochenzeitung; im Kulturteil findet sich ein umfassender Veranstaltungskalender.

NOTFALL & MEDIZINISCHE VERSORGUNG

Polizei (☎ 505-428-3700; 2515 Camino Entrada)

St. Vincent's Hospital (☎ 505-983-3361; 455 St Michael's Dr; ⊙ 24 Std.) Notfalldienst.

POST

Post (☎ 505-988-2239; 120 S Federal Pl)

TOURISTENINFORMATION

New Mexico Tourism Department (☎ 505-827-7400, 800-545-2070; www.newmexico.org; 491 Old Santa Fe Trail; ⊙ 8.30–17.30 Uhr) Broschüren, Hotelreservierungen, kostenloser Kaffee und Internetzugang.

Public Lands Information Center (☎ 505-438-7542, 505-954-2002; www.publiclands.org; 301 Dinosaur Trail, südlich der Kreuzung Cerrillos Rd & I-25; ⊙ Mo–Fr 8.30–16.30 Uhr) Hier gibt's eine Menge Karten und praktische Informationen.

Sehenswertes

Kunstliebhaber, die auf ein Wochenende herkommen, sollten möglichst schon rechtzeitig am Freitag eintreffen, um noch von der Freitagsregelung vieler Museen zu profitieren: freier Eintritt!

Das **Georgia O'Keeffe Museum** (☎ 505-946-1000; www.okeeffemuseum.org; 217 Johnson St; Erw./Senior/Kind 10/8 US$/frei, Fr 17–20 Uhr Eintritt frei; 🕑 10–17, Fr bis 20 Uhr) besitzt die weltweit größte Sammlung von Arbeiten der Künstlerin, darunter Blumenbilder, ausgebleichte Totenschädel und Lehmziegel-Architektur. Geführte Touren durch das Haus von O'Keeffe (S. 191) finden nur nach vorheriger Anmeldung statt.

Die **Canyon Road** (www.canyonroadarts.com) ist das Epizentrum der gehobenen Kunstszene der Stadt. Mehr als 100 Galerien, Studios, Läden und Restaurants säumen die schmale, aber sehr lange Straße. Zu kaufen gibt es hier vor allem Meisterwerke der Santa-Fe-Schule, seltene Antiquitäten der Ureinwohner und wilde, zeitgenössische Werke. Freitagabends finden häufig Ausstellungseröffnungen statt.

Das **Museum of New Mexico** (www.museumof newmexico.org; Eintritt für ein Museum 9 US$, 4-Tages-Karte für alle vier Museen 20 US$, Kinder unter 16 Jahren Eintritt frei, Fr 17–20 Uhr Eintritt frei; 🕑 Fr 10–20, Sa–Do bis 17 Uhr, Winter Mo geschl.), das 2009 seinen 100. Geburtstag feierte, verwaltet vier Museen in der Stadt: Der **Palace of the Governors** (☎ 505-476-5100; 105 W Palace Ave), ein Lehmziegelbau aus dem 17. Jh. an der Plaza, zeigt nur noch etwa eine Handvoll alte Relikte. Der größte Teil seines Bestands ist nun im angrenzenden **New Mexico History Museum** (113 Lincoln Ave) ausgestellt, einem schicken Erweiterungsbau mit einer 8640 m² großen Ausstellungsfläche, der 2009 eröffnet wurde. Darinnen kann man an einer unechten Felswand seinen Handabdruck hinterlassen, um Indianergeschichten zu hören. Wer will, kann auch ein Büro aus den 1950er-Jahren betreten, wo er „Insider-Informationen" über die einst geheim gehaltene Stadt Los Alamos bekommt. Im dritten der vier Museen, im **New Mexico Museum of Art** (☎ 505-476-5072; 107 W Palace Ave), ist Kunst zu besichtigen (es liegt etwas weiter die Straße hinunter). Eine kurze Fahrt führt auf den Museumshügel zum lehrreichen **Museum of Indian Arts & Culture** (☎ 505-476-1250; 710 Camino Lejo) und zum faszinierenden **Museum of International Folk Art** (☎ 505-476-1200; 706 Camino Lejo).

Die **St. Francis Cathedral** (☎ 505-982-5619; 131 Cathedral Pl; 🕑 8.30–17 Uhr) beherbergt die älteste Marienstatue Nordamerikas.

1937 gründete Mary Cabot das **Wheelwright Museum of the American Indian** (☎ 505-982-4636; www.wheelwright.org; 704 Camino Lejo; Eintritt frei; 🕑 Mo–Sa 10–17, So 13–17 Uhr), das auch auf dem Museumshügel steht und Zeremonienkunst der Navajo zeigt. Der Schwerpunkt liegt hier weiterhin auf Navajo-Exponaten, aber es werden auch zeitgenössische indianische Kunst und historische Fundstücke ausgestellt.

Aktivitäten

In der Pecos Wilderness und dem Santa Fe National Forest östlich der Stadt gibt's über 1600 km Wege zum **Wandern**, von denen einige auf Gipfel von bis zu 3650 m Höhe führen. Da es im Sommer häufig stürmt, sollte man den Wetterbericht checken, bevor man sich auf den Weg macht. Mit Karten und Einzelheiten hilft das Public Lands Information Center weiter (S. 176).

Die **Santa Fe Ski Area** (☎ 505-982-4429, Schneebericht 505-983-9155; www.skisantafe.com; Liftpass Erw./Kind 58/46 US$; 🕑 9–16 Uhr) ist eine halbe Stunde Fahrt den Hwy 475 hinauf von der Plaza entfernt. Vom Gipfel in 3650 m Höhe kann man 207 000 km² Wüste und Gebirge bewundern.

Busladungsweise Menschen kommen zum Raften zur Taos Box (S. 193), aber überall in New Mexico gibt's auch weniger wilde Flussabschnitte, auf denen man gemütlich dahintreibt. Geführte Raftingtouren mit Übernachtung sind ebenfalls im Angebot, z. B. bei **New Wave River Trips** (☎ 505-984-1444, 800-984-1444; www. newwaverafting.com). Cool bleiben heißt es bei Touren in die Rio Grande Gorge (Erw./Kind halber Tag 52/42 US$, ganzer Tag 90/75 US$) oder die Taos Box (ganzer Tag 115 US$). Die Rio Chama Wilderness ist ebenfalls sehenswert (3 Tage 500 US$).

Japanisch inspiriert ist das **10 000 Waves** (☎ 505-982-9304; www.tenthousandwaves.com; 3451 Hyde Park Rd; Gemeinschaftsbecken 19 US$, eigenes Becken 29–49 US$/Pers.; 🕑 Juli–Okt. Di 14–22.30, Mi–Mo 9–22.30 Uhr, Nov.–Juni veränderte Öffnungszeiten). Zu der hübsch gestalteten Anlage gehören acht reizvolle Becken in ruhigem Zen-Design, Wasserfälle, Kaltwasserbecken sowie Trockensaunen.

Mellow Velo (☎ 505-995-8356; 638 Old Santa Fe Trail) verleiht Fahrräder, bietet praktische Informationen und organisiert geführte Radtouren.

Kurse

Wer eine Vorliebe für die Küche Neu Mexikos entwickelt hat, kann in der **Santa Fe School of Cooking** (☎ 505-983-4511; www.santafeschoolofcooking.

SCENIC DRIVES: DAS BESTE VON NEW MEXICO

Die folgenden vier Routen sind alle gut erreichbar, historisch und kulturell bedeutsam und jede ist für sich und auf ihre Weise beeindruckend. Nähere Infos und die nötigen Landkarten gibt's unter www.newmexico.org/explore/scenic_byways/index.php.

Billy the Kid Scenic Byway (www.billybyway.com) Auf dieser Berg-und-Tal-Fahrt durch den Südosten New Mexicos besichtigt man den Wirkungsort von Billy the Kid, die Grabstätte von Smokey Bear und das Hondo Valley mit seinen vielen Obstplantagen. Ab Roswell geht es auf dem Hwy 380 Richtung Westen.

Auf dem Santa Fe Trail zum Enchanted Circle (www.byways.org, www.enchantedcircle.org) Diese Route, die über Umwege und durch unterschiedlichste Landschaften von Santa Fe nach Taos führt, bietet sanft an- und absteigende Ebenen, einen Abschnitt des Santa Fe Trail, Thermalquellen, Wildweststädte, einen Bergsee, senkrecht aufragende Berge und einen Abstecher ins einstige Jagdgebiet von Kit Carson. Von Santa Fe fährt man 140 Meilen (224 km) auf der I-25 in Richtung Norden bis zum Hwy 58. Auf diesem geht es dann Richtung Westen durch Cimarron und weiter hinein in die Berge. Hwy 64 führt dann gen Süden nach Taos.

Trail of the Mountain Spirits (www.tmsbyway.com) Das Highlight dieses Scenic Drive durch den Südwesten New Mexicos ist die kurvenreiche Fahrt von der Westernstadt Silver City durch den Gila National Forest zu den geheimnisvollen Felswohnungen der Gila Cliff Dwellings. Von Deming geht es auf dem Hwy 180 in nördlicher Richtung nach Silver City, dann auf dem Hwy 15 weiter gen Norden.

Turquoise Trail (www.turquoisetrail.org) Der Turquoise Trail, eine malerische Nebenstraße zwischen Tijeras (nahe Albuquerque) und Santa Fe, war mehrere Tausend Jahre lang eine wichtige Handelsstraße. Heute schlängelt er sich an Kunstgalerien, kleinen Läden (mit Türkisschmuck) und einem Bergwerksmuseum vorbei. Von der I-40 fährt man über den Hwy 14 in nördlicher Richtung zur I-25.

---

com; 116 W San Francisco St) auch Kochkurse besuchen. Dort wird die Zubereitung von mehr als 25 Gerichten gelehrt, z. B. die des typischen Frühstücks von New Mexico und des amerikanischen Südwestens. Ein Kurs dauert zwischen eineinhalb und drei Stunden und kostet zwischen 42 und 80 US$ inklusive Essen.

Santa Fe mit Kindern

Das **Santa Fe Children's Museum** (☎ 505-989-8359; www.santafechildrensmuseum.org; 1050 Old Pecos Trail; Eintritt 9 US$; ☺ Sept.–Mai Mi & Sa 10–17, Do 12–20, Fr 9–17, So 12–17 Uhr, Juni–Aug. Di 10–17 Uhr; ♿) hat interaktive Ausstellungen zu Wissenschaften und Kunst für jüngere Kids. Das Museum veranstaltet täglich ein Programm zu Themen wie Solarenergie und Textildruck.

Die **Santa Fe Southern Railway** (☎ 505-989-8600; www.thetraininsantafe.com; 410 S Guadalupe St; ♿) organisiert Exkursionen auf restaurierten Schienenfahrzeugen. Die Tour (Erw./Kind ab 32/18 US$, 4 Std.), die jeweils freitags und samstags um 11 Uhr beginnt, führt durch die High Desert – und zwar mit echten Güterzügen. Reservierung wird empfohlen.

Festivals & Events

Die größten Feste in Santa Fe:

Spanish Market (☎ 505-982-2226; www.spanish market.org) Ende Juli kann man bei dieser extravaganten Show traditionelle kolonialspanische Kunst bewundern.

Gezeigt werden *retablos* (Altarbilder), *bultos* (Büsten), handgefertigte Möbel und Metallarbeiten. Eine Jury prämiert am Ende die besten Stücke.

Santa Fe Indian Market (☎ 505-983-5220; www. swaia.org) Am Wochenende nach dem dritten Donnerstag im August zieht es die bekanntesten indianischen Kunsthandwerker Nordamerikas auf die Plaza. Zehntausende Besucher strömen herbei.

Santa Fe Fiestas (☎ 505-988-7575) Zwei Wochen dauernde Event-Reihe Anfang September mit Konzerten, Tänzen und Paraden.

Schlafen

Auf der Website des **Visitor Center** (www.santafe. org) findet sich eine Liste der Dienstleister, die beim Buchen helfen. An der Cerrillos Rd gibt's Kettenhotels und unabhängige Motels.

BUDGETUNTERKÜNFTE

Rancheros de Santa Fe Campground (☎ 505-466-3482, 800-426-9259; www.rancheros.com; 736 Old Las Vegas Hwy; Stellplatz für Zelt/Wohnmobil 21/37 US$, Hütte 45 US$; ☺ Mitte März–Okt.; 🛜 📶 ♿) Dieser nette Campingplatz im Wald liegt 7 Meilen (11 km) südöstlich der Stadt. Es gibt dort Warmwasserduschen, Morgenkaffee für 0,25 US$ und am Abend Filmvorführungen.

Silver Saddle Motel (☎ 505-471-7663; www. silversaddlemotelllc.com; 2810 Cerrillos Rd; Zi. inkl. Frühstück 40–63 US$; 🅿 📶 💻) Schattige Holzarkaden draußen und gemütliches, rustikales Südwest-

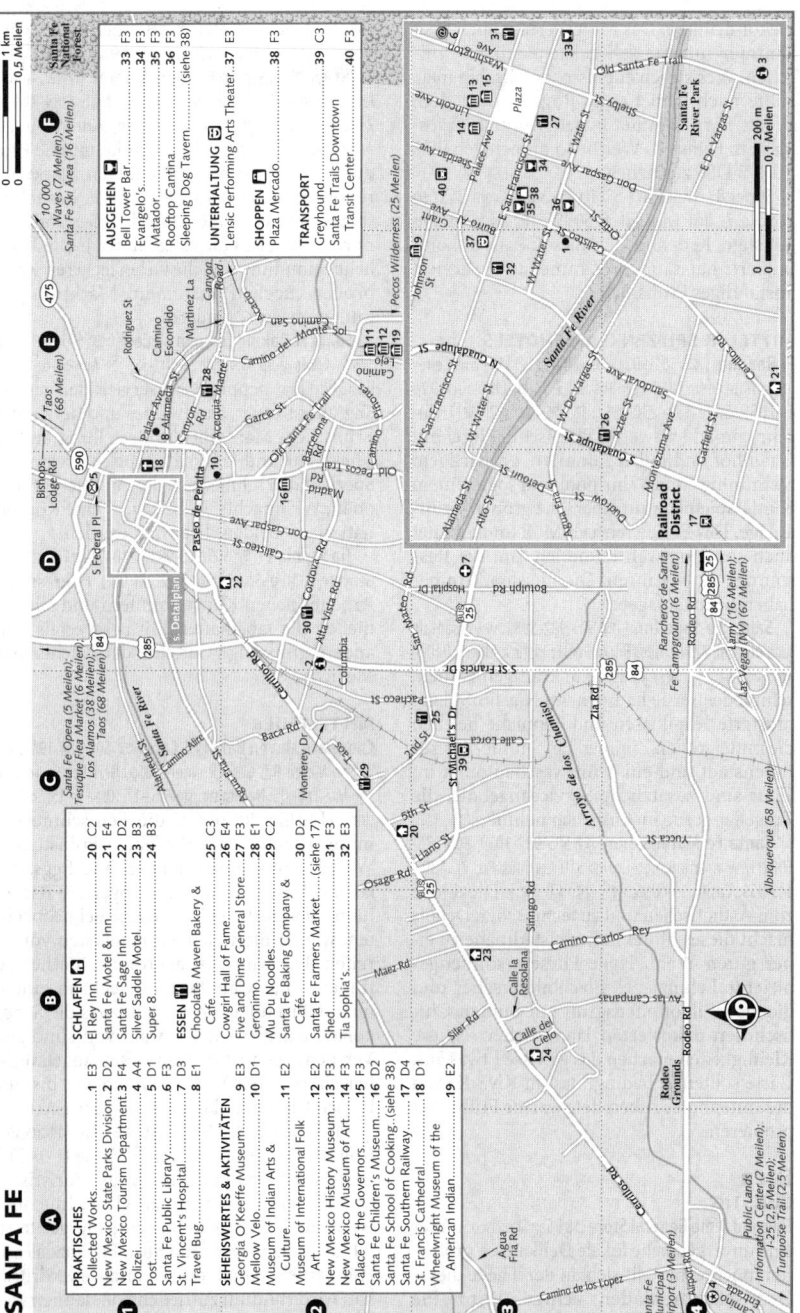

SANTA FE

PRAKTISCHES
Collected Works...........................1 E3
New Mexico State Parks Division..2 D2
New Mexico Tourism Department...3 F4
Polizei..4 A4
Post...5 D1
Santa Fe Public Library................6 F3
St. Vincent's Hospital..................7 D3
Travel Bug...................................8 E1

SEHENSWERTES & AKTIVITÄTEN
Georgia O'Keeffe Museum............9 E3
Mellow Velo................................10 D1
Museum of Indian Arts &
 Culture....................................11 E2
Museum of International Folk
 Art..12 E2
New Mexico History Museum......13 F3
New Mexico Museum of Art........14 F3
Palace of the Governors.............15 F3
Santa Fe Children's Museum.......16 D2
Santa Fe School of Cooking.....(siehe 38)
Santa Fe Southern Railway..........17 D4
St. Francis Cathedral...................18 D1
Wheelwright Museum of the
 American Indian........................19 E2

SCHLAFEN
El Rey Inn...................................20 C2
Santa Fe Motel & Inn..................21 E4
Santa Fe Sage Inn......................22 D2
Silver Saddle Motel.....................23 B3
Super 8......................................24 B3

ESSEN
Chocolate Maven Bakery &
 Café...25 C3
Cowgirl Hall of Fame..................26 E4
Five and Dime General Store.......27 F3
Geronimo...................................28 E1
Mu Du Noodles..........................29 C2
Santa Fe Baking Company &
 Café...30 D2
Santa Fe Farmers Market........(siehe 17)
Shed...31 F3
Tia Sophia's................................32 E3

AUSGEHEN
Bell Tower Bar............................33 F3
Evangelo's..................................34 F3
Matador.....................................35 F3
Rooftop Cantina.........................36 F3
Sleeping Dog Tavern...............(siehe 38)

UNTERHALTUNG
Lensic Performing Arts Theater....37 E3

SHOPPEN
Plaza Mercado............................38 F3

TRANSPORT
Greyhound..................................39 C3
Santa Fe Trails Downtown
 Transit Center...........................40 F3

Dekor drinnen. Das Motel verfügt auch über Zimmer mit hübsch gekacheltem Kochnischen. Wer's auch ein bisschen kitschig mag, sollte nach dem Kenny-Rogers- oder dem Wyatt-Earp-Zimmer fragen. Kurz: *Americana* vom Feinsten. Wer Bello mitbringen will, zahlt 5 US$ zusätzlich.

Super 8 (☎ 505-471-8811; www.super8.com; 358 Cerrillos Rd; Zi. inkl. Frühstück ab 50 US$; P X ⎙) Ein günstiges Kettenhotel ist dieses: Es ist unkompliziert, hat saubere Zimmer und serviert anständiges Frühstück.

MITTEL- & SPITZENKLASSEHOTELS

El Rey Inn (☎ 505-982-1931, 800-521-1349; www.elrey innsantafe.com; 1862 Cerrillos Rd; Zi. inkl. Frühstück 99–190 US$, Suite 150–230 US$; P X 🖳 ⎙ 🐾) Ein sehr empfehlenswertes klassisches Hotel mit Innenhof und tollen Zimmern, großartigem Swimming- und Whirlpool und sogar einem Kinderspielplatz auf einer 2 ha großen Grünanlage. Das El Rey recycelt Müll und arbeitet auch sonst umweltfreundlich, um die Ressourcen zu bewahren. Die meisten Zimmer haben Klimaanlagen.

Santa Fe Sage Inn (☎ 505-982-5952; www.santafe sageinn.com; 725 Cerrillos Rd; Zi. inkl. Frühstück 135–160 US$; P X 🖳 ⎙ 🐾) Wände in kräftigen Farben, schmiedeeiserne Lampen, im Navajo-Stil gemusterte Kopfkissen und Teppiche beleben die mittelgroßen Zimmer. Ein Shuttle-Bus zur Innenstadt und ein Münzwaschautomat im Haus sind zusätzliche Serviceangebote, die Traveller gerne in Anspruch nehmen.

Santa Fe Motel & Inn (☎ 505-982-1039, 800-930-5002; www.santafemotel.com; 510 Cerrillos Rd; Zi. 139–149 US$, Casita 154 US$; P X 🖳 ⎙) Die Liebe zum Ästhetischen und zu technischen Details macht dieses Motel in Innenstadtnähe zu einer guten Wahl. Helle Fliesen, sonnengebleichte Lehmziegel, Flachbildfernseher und die als Willkommensgruß mit bunten Chilischoten dekorierten Handtücher – diese Kleinigkeiten machen das gewisse Etwas aus. Gäste sollten unbedingt das im Kiva-Kamin des Innenhofes zubereitete warme Frühstück probieren.

Essen

GÜNSTIG

Five and Dime General Store (58 E San Francisco St) Wer eine unvergessliche lokale Delikatesse probieren möchte, bestellt sich an der Theke dieses Gemischtwarenladens einen Frito Pie (4,35 US$). Dieses Gericht – eine Tüte Fritos

(Maischips) mit Fleisch, Bohnen und Zwiebeln – soll es hier schon seit 1962 geben.

LP Tipp Santa Fe Farmers Market (www.santafe farmersmarket; 1607 Paseo de Peralta; ⏰ Mitte April–Okt. Sa 7–12 Uhr, Nov.–Mitte April Sa 9–13 Uhr, Mitte Mai–Okt. Di 7–12 Uhr) Wer gerne frische, einheimische Produkte essen möchte, sollte diesen Markt am renovierten Verschiebebahnhof besuchen (hier kommen keine Amtrak-Züge, sondern nur vereinzelte Güterzüge durch). Die fröhliche Stimmung und die vielen leckeren Kostproben machen aus einem Marktmorgen immer etwas Besonderes.

Santa Fe Baking Company & Café (☎ 505-988-4292; 504 W Cordova Rd; Gerichte 5–10 US$; ⏰ Mo–Sa 6–20, So bis 18 Uhr) Das peppige Café serviert den ganzen Tag über Burger, Sandwiches und herzhaftes Frühstück. Man gibt die Bestellung an der Theke auf und lässt sich typische regionale Spezialitäten schmecken, die mit roter, grüner oder „Weihnachts"-Chilisauce (eine Kombination aus beiden) begossen werden.

Tia Sophia's (☎ 505-983-9880; 210 W San Francisco St; Gerichte 7–10 US$; ⏰ Mo–Sa 7–14 Uhr) Hier sitzen Arbeiter neben Kunstsammlern und alle genießen die fabelhaften Mittagsspecials und andere großartige Gerichte der Küche New Mexicos.

MITTELTEUER

Chocolate Maven Bakery & Cafe (☎ 505-984-1980; 821 W San Mateo Rd; Gebäck unter 5 US$, Gerichte 9–14 US$; ⏰ Mo–Fr 7–15, Nachmittagstee 15–17.30, Sa 9–15, So 9–16 Uhr) Hierher kommen die Feinschmecker morgens zu einem dekadenten Frühstück – Waffeln mit Erdbeeren und Sahne, Eggsadillas mit Käse … Man kann sogar die Bäcker hinter der großen Glaswand dabei beobachten, wie sie die vielen Köstlichkeiten vorbereiten. Die Kunst ist allerdings, hierher zu finden – das Café liegt versteckt in einem unauffälligen Lagerhaus. Und was die Schokolade betrifft: Die Auswahl von sündigen Versuchungen ist einfach riesig, angefangen bei Crêpes mit Mandelschokolade bis zur heißen Chili-Schokolade nach Maya-Art.

Shed (☎ 505-982-9030; 113½ E Palace Ave; Mittagessen 6–10 US$, Abendessen 6–32 US$; ⏰ Mo–Sa 11–14.30 & 17.30–21 Uhr) Das Lokal ist etwas touristisch, aber die Location ist großartig! Der Innenhof ist wie dafür gemacht, hier eine Margarita zu schlürfen. Und wer dann noch Enchiladas mit Hühnerfleisch und roter Chilisauce verdrückt hat, wird rundum zufrieden von dannen ziehen. Super mexikanisches Essen!

Cowgirl Hall of Fame (☎ 505-982-2565; 319 S Guadalupe St; Gerichte 8–15 US$; ☿ Mo–Fr 11–0, Sa 10–0, So 10–23 Uhr, Bar länger geöffnet) Im Two-step geht's über Pflastersteine rund um den Hof. Empfehlenswert sind die Lachs-Tacos, die Butternusskürbis-Kasserole oder die Barbecue-Platte – alles serviert im Westernstil mit weiblichem Touch. Kinder sind willkommen. Sie bekommen eimerweise Buntstifte und dürfen die umfangreiche Kinder-Speisekarte bemalen. Außerdem hat das Cowgirl eine beliebte Bar mit Livemusik – manche sagen auch, hier fände die größte Fleischbeschau der Stadt statt (da sind Kinder vielleicht nicht so willkommen).

Mu Du Noodles (☎ 505-983-1411; 1494 Cerrillos Rd; Gerichte 16–22 US$; ☿ Di–Sa 17.30–21, So 11–14 Uhr) Panasiatische Biogerichte wie Lammklößchen, vietnamesische Frühlingsrollen oder Tofu-Laksa begeistern die Gäste dieses gemütlichen, modernen Lokals; die Nudeln und Specials sind zu empfehlen, und fast alles gibt's auch in einer veganen Version.

TEUER

Geronimo (☎ 505-982-1500; 724 Canyon Rd; Gerichte 28–44 US$; ☿ Mo–Do 17.45–22, Fr & Sa bis 23 Uhr) Das in einem Lehmziegelgebäude von 1756 untergebrachte Geronimo gehört zu den besten und romantischsten Restaurants der Stadt. Die Gourmets werden glücklich sein zu hören, dass der Chefkoch Eric DiStefano kürzlich wieder zurückgekehrt ist. Auf der zwar kurzen, aber vielseitigen Speisekarte finden sich normalerweise immer auch ein feurig-süßes Chili, mit Honig marinierte Garnelen und ein würziges Elchfilet mit Räucherspeck.

Ausgehen & Unterhaltung

Den Ausblick vom Dach genießt man mit einer Margarita in der Hand entweder in der immer brummenden **Rooftop Cantina** (☎ 505-983-1616; 132 W Water St) über dem Coyote Café oder man klettert die fünf Stockwerke rauf zur **Bell Tower Bar** (☎ 505-982-5511; 100 E San Francisco St) oben im La Fonda, von wo aus man einen der grandiosen Sonnenuntergänge New Mexicos beobachten kann. Beide sind nur saisonal geöffnet – also immer dann, wenn man keine Eisfüße mehr bekommt.

Wer selbst gebrautes Bier mag und gut unterhalten möchte, geht in die **Sleeping Dog Tavern** (☎ 505-982-4335; 114 W San Francisco St), eine einfache Kneipe gleich an der Plaza. Wer aber eine eher bärbeißige, kauzige Gesellschaft vorzieht, steuert besser den kleinen Keller des etwas verrufenen **Matador** (Galisteo St) an. An der Ecke der W San Francisco St die Treppe runtergehen, ein grimmiges Gesicht aufsetzen und dann eintreten!

Im **Evangelo's** (☎ 505-982-9014; 200 W San Francisco St) wird jeden Abend heiße Livemusik gespielt, mal Rock-, mal Blues-, mal Jazz- und mal Latino-Rhythmen. Livemusik und reichlich Flüssiges gibt's fast jeden Abend auch in der Cowgirl Hall of Fame (s. linke Spalte).

Liveauftritte aller Art und Filmvorführungen finden im **Lensic Performing Arts Theater** (☎ 505-988-1234; www.lensic.org; 211 W San Francisco St) statt. Dieses wunderschön renovierte Kino aus den 1930er-Jahren ist der wichtigste Veranstaltungsort der Stadt für die darstellenden Künste. Um seine kineastische Geschichte fortzuführen, zeigt es regelmäßig auch Filmklassiker für 5 US$.

In der **Santa Fe Opera** (☎ 505-986-5900, 800-280-4654; www.santafeopera.org; Eintritt 26–188 US$; ☿ Juli & Aug.) ist es ganz egal, ob man als aufgedonnerter Partylöwe oder mit Cowboystiefeln und Jeans aufkreuzt. Opernfans (und auch diejenigen, die ihr ganzes Leben lang keine Oper gesehen oder gehört haben) kommen allein deshalb nach Santa Fe: Das Gebäude ist ein architektonisches Wunderwerk, von dem man aus auf vom Wind geformte Sandsteinfelsen blickt. Die Sonnenunter- und Mondaufgänge setzen dem ganzen noch die Krone auf. Auf der Bühne stehen international bekannte Talente und singen romantische Arien. Die Oper steht 7 Meilen (11 km) nördlich von Santa Fe. Man folgt der I-285 in Richtung Norden bis zur Ausfahrt 168. Nach der Abfahrt biegt man links ab, dann wieder rechts auf den Opera Dr. Diesem folgt man dann für 1,4 Meilen (2,2 km).

Shoppen

Santa Fe lockt Shoppingwütige aller Art an. Die Spezialitäten sind geschnitzte heulende Kojoten, Türkisschmuck und Kunst.

Plaza Mercado (112 W San Francisco St) Ein nobles Fleckchen voller Kunstgalerien, Antiquitätenläden und Boutiquen im Santa-Fe-Stil.

Pueblo of Tesuque Flea Market (Hwy 84/285; ☿ März–Nov. Fr–So 8–16 Uhr) Dieser Markt liegt eine kurze Autofahrt nördlich von Santa Fe im Tesuque Pueblo. Hier sind all diejenigen richtig, die auf der Suche nach hochwertigen Teppichen, Schmuck, Kunst oder Kleidung sind.

Anreise & Unterwegs vor Ort

Greyhound (☎ 505-471-0008; www.greyhound.com; 858 St Michael's Dr) hat zwei Busse täglich nach Albuquerque (20 US$, 80 Min.) und einen Bus nach Taos (27–30 US$, 95 Min.). Busse von **Twin Hearts Shuttle** (☎ 800-654-9456) verkehren täglich zwischen Santa Fe und dem Albuquerque Sunport (25 US$) bzw. Taos (40 US$). Eine Reservierung ist notwendig.

Als wir recherchierten, gab es am **Santa Fe Municipal Airport** (SAF; ☎ 505-955-2900; wwwsanta fenm.gov; 121 Aviation Dr) täglich einen Flug nach bzw. von Dallas-Fort Worth (DFW) mit **American Eagle** (☎ 800-433-7300; www.aa.com). Ab 2010 sollen zwei Flüge mit American Eagle nach und von DFW angeboten werden und zusätzlich ein Flug nach bzw. von Los Angeles (LAX).

Amtrak (☎ 800-872-7245; www.amtrak.com) hält in Lamy; Busse überbrücken die 27 km bis nach Santa Fe.

Das **Santa Fe Trails Downtown Transit Center** (☎ 505-955-2001; www.santafenm.gov; ☼ Mo–Fr 6–22.45, Sa 8–19.40, So 9.30–18.15 Uhr, Fahrplan kann variieren) betreibt die Lokalbusse (Erw./Senior & Kind einfache Strecke 1/0,50 US$; Tageskarte 2/1 US$).

RUND UM SANTA FE

Traveller sollten es sich in Santa Fe nicht allzu bequem machen, denn in der Umgebung gibt's noch eine Menge zu sehen.

Pueblos

Nördlich von Santa Fe befindet sich das Herz des Pueblo-Gebiets. Die **Eight Northern Pueblos** (ENIPC; ☎ 505-747-1593) veröffentlichen den ausgezeichneten kostenlosen *Eight Northern Indian Pueblos Visitors Guide*, den man in den Visitor Centers der Region bekommt.

8 Meilen (13 km) westlich von Pojoaque am Hwy 502 liegt das altertümliche **San Ildefonso Pueblo** (☎ 505-455-3549; 7 US$/Fahrzeug, Kamera-/ Zeichen-/Videoerlaubnis 10/25/20 US$; ☼ tgl. 8–17 Uhr, Visitor Center im Winter Sa & So geschl.), der Heimatort von Maria Martinez, die 1919 den traditionellen Töpferstil wiederbelebte. Einige außergewöhnliche Töpfer (darunter Marias direkte Nachfahren) arbeiten im Pueblo. Einen Besuch wert ist das **Maria Poveka Martinez Museum** (Eintritt frei; ☼ Mo–Fr 8–16 Uhr), das Töpferwaren des Pueblos verkauft.

Las Vegas

Nicht mit der glitzernden Stadt im Westen verwechseln! Dieses Vegas ist eine der lieblichsten Städte in New Mexico und eine der größten und ältesten östlich der Sangre de Cristo Mountains. Die zum Bummeln einladende Innenstadt wartet mit einer schönen Old Town Plaza und ungefähr 900 historischen Gebäuden auf, die alle im National Register of Historic Places aufgeführt sind. Die Architektur vereint regionale und viktorianische Stile. Broschüren zu Stadtspaziergängen bekommt man in der **Chamber of Commerce** (☎ 505-425-8631, 800-832-5947; www.las vegasnewmexico.com; 701 Grand Ave; ☼ Mo–Fr 9–17 Uhr).

Das 1882 gebaute und 100 Jahre später sorgfältig umgestaltete und erst kürzlich vergrößerte **Plaza Hotel** (☎ 505-425-3591, 800-328-1882; www.plazahotel-nm.com; 230 Plaza; Zi./Suite inkl. Frühstück ab 89/159 US$; ☒ ▢ ☜) ist das berühmteste und älteste Unterkunft in Las Vegas. Das elegante Gebäude bietet jetzt 72 komfortable Zimmer. Gäste können wählen, ob sie ein mit Antiquitäten ausgestattetes Zimmer im ursprünglichen Gebäude nehmen oder eines im angebauten Flügel, das nun in einer leuchtenden Farbe erstrahlt.

Mit einem guten, für New Mexico typischen Gericht verwöhnt man sich in **Estella's Café** (☎ 505-454-0048; 148 Bridge St; Mittagessen unter 10 US$, Abendessen 10–12 US$; ☼ Mo–Mi 11–15, Do & Fr bis 20, Sa 7–14 Uhr). Die Gäste lieben das hausgemachte rote Chili, das *menudo* (Kutteln und Grütze) und die leckeren Enchiladas.

Von der Plaza aus führt der Hot Springs Blvd 5 Meilen (8 km) nach Norden zum Gallinas Canyon und dem riesigen **Montezuma Castle**, einer ungewöhnlichen Burg am Hang der Sangre de Cristo Mountains. Früher war sie ein Hotel, nun beherbergt sie das United World College of the West. An der Straße dorthin liegen mehrere natürliche **Thermalbäder** – reinspringen!

Los Alamos

Das 1943 in Los Alamos ins Leben gerufene Manhattan Project war streng geheim und machte aus dem verschlafenen Dorf in der Hochebene ein geschäftiges Versuchslabor. In der „Stadt, die nicht existierte" entwickelten die führenden Wissenschaftler des Landes unter strengster Geheimhaltung die erste Atombombe. Heute hat sich hier eine erstaunliche Dynamik entwickelt: Neben Souvenir-T-Shirts mit aufgedruckten Atompilzen und Wein der Marke „La Bomba" werden Bücher über die Geschichte der Pueblo-Indianer und über Wanderungen in der Wildnis verkauft.

Das **Los Alamos National Laboratory**, in dem die erste Atombombe entwickelt wurde, dürfen Besucher nicht betreten. Stattdessen können sie in das gut gestaltete **Bradbury Science Museum** (☎ 505-667-4444; www.lanl.gov/museum; Ecke Central Ave & 15th; Eintritt frei; ✆ Di–Sa 10–17, So & Mo 13–17 Uhr; ♿) gehen, das die Geschichte der Atomzeit erläutert. In einem kurzen Film wird das Leben in diesem Kriegslaboratorium nachgezeichnet. Außerdem enthüllt er einige der faszinierenden Geheimnisse um Los Alamos. Besuchenswert ist auch das kleine **Los Alamos Historical Museum** (☎ 505-662-6272; www.losalamoshistory.org; 1921 Juniper St; Eintritt frei; ✆ Winter Mo–Sa 10–16, So 13–16 Uhr, Sommer Mo–Sa 9.30–16.30, So 11–17 Uhr) auf dem nahe gelegenen Gelände der ehemaligen Los Alamos Ranch School – einer Freiluftschule für Jungen, die immer wieder geschlossen wurde, wenn die Wissenschaftler ankamen. Hier werden Ausstellungsstücke zur Geschichte der Schule (übrigens sehr interessant), zum Atomzeitalter generell und zum Leben „auf dem Hügel" zur Zeit des geheimen Manhatten Projects gezeigt. Zum Mitnehmen gibt's Broschüren mit Vorschlägen zu Stadtrundgängen. Die kann man sich aber auch auf der Website herunterladen.

Bandelier National Monument
Wegen seiner günstigen Lage und der spektakulären Landschaft ist das **Bandelier** (☎ 505-672-3861; www.nps.gov/band; 12 US$/Fahrzeug; ✆ Sommer 8–18 Uhr, Frühling/Herbst 9–17.30 Uhr, Winter 9–16.30 Uhr) ein super Ziel für alle, die sich für alte Pueblos interessieren. Die Pueblo-Indianer lebten hier bis Mitte des 16. Jhs. Wer abenteuerlustig ist, kann über vier Leitern in eine der Höhlenwohnungen klettern, die bis ins 15. Jh. hinein bewohnt waren. Keine der Stätten wurde restauriert. In der Gegend gibt es fast 130 km² geschützter Canyons. Man kann dort lange Wanderungen unternehmen und auf dem **Juniper Campground** (Stellplatz 12 US$) übernachten, der zwischen den Kiefern beim Eingang zum Monument liegt. Er bietet mehr als 100 Stellplätze. Reservieren kann man nicht, allerdings wird es auch nur selten voll.

Abiquiu
Die winzige Gemeinde Abiquiu (klingt wie „Barbeque") am Hwy 84, etwa 45 Minuten Fahrt nordwestlich von Santa Fe, ist berühmt wegen der renommierten Künstlerin Georgia O'Keeffe, die hier von 1949 bis zu ihrem Tod 1986 lebte und malte. Der Chama River, der

hier durch Ackerland und eine spektakuläre Felslandschaft fließt, macht das Örtchen zu einem wunderschönen Flecken, der nach wie vor Künstler anzieht, die hier arbeiten und leben. O'Keeffes Lehmziegelhaus ist für eine begrenzte Anzahl von Besuchern geöffnet. Das Georgia-O'Keeffe-Museum (S. 185) bietet von März bis November (30 US$) dienstags, donnerstags und freitags und von Juni bis Oktober auch samstags einstündige **Führungen** an (☎ 505-685-4539; www.okeeffemuseum.org), die oft schon Monate im Voraus ausgebucht sind.

Die **Ghost Ranch** (☎ 505-685-4333, 877-804-4678; www.ghostranch.org; Stellplatz 19 US$, Stellplatz für Wohnmobil 22–28 US$, B inkl. Frühstück 50 US$, Zi. mit eigenem/ mit Gemeinschaftsbad inkl. Frühstück ab 80/50 US$) ist ein Erholungszentrum auf einem 8454 ha großen Gelände am Fuß der Sangre de Cristo Mountains (und Drehort für den Film *City Slickers – Die Großstadt-Helden*). Sie ist ein faszinierendes Plätzchen, das einfache Unterkünfte und Mahlzeiten im Cafeteria-Stil anbietet. In den Zimmern gibt es weder Telefone noch Fernseher.

Das hübsche **Abiquiú Inn** (☎ 505-685-4378, 888-735-2902; www.abiquiuinn.com; Hwy 84; Stellplatz für Wohnmobil 18 US$, Zi. 140–200 US$, Suite 170 US$, Casita für 4 Pers. 190 US$; ✂ ✂ ✆) ist eine weitläufige Ansammlung beschatteter Lehmziegelhäuser und geräumiger Casitas, die über Kochnischen verfügen. WLAN gibt's in der Lobby und im angeschlossenen **Cafe Abiquiú** (Frühstück unter 10 US$, Mittag- & Abendessen 10–20 US$; ✆ 7–21 Uhr). Mittags und abends werden dort verschiedene Fischgerichte serviert, z. B. Lachs mit Honig-Chipotle-Glasur oder Forellen-Tacos.

Ojo Caliente
Mit seinen 140 Jahren ist das **Ojo Caliente Mineral Springs Resort & Spa** (☎ 505-583-2233, 800-222-9162; www.ojospa.com; 50 Los Baños Rd; Zi. 139 US$, Cottage 199–239 US$, Suite 269–329; ✂ ✆) eines der ältesten Kurbäder Amerikas. Der Ort liegt 50 Meilen (80 km) nördlich von Santa Fe am Hwy 285 und wurde frisch aufgehübscht. Es gibt dort zehn Thermalbäder, die mit unterschiedlichen Mineralien angereichert sind. Wer sich nicht ganz wohl fühlt, sollte einen Becher mit Lithium-Wasser trinken, von dem es heißt, dass es einen wieder auf die Beine bringt. Zusätzlich zu den hübschen – wenn nicht gar ganz außergewöhnlichen – historischen Hotelzimmern gibt es zwölf vornehme Suiten mit eigenem Kiva-Kamin und Whirl-

pool sowie elf Cottages im New Mexico-Stil. WLAN steht in der Lobbby zur Verfügung. Im angeschlossenen **Artesian Restaurant** (Frühstück 5–10 US$, Mittagessen 9–10 US$, Abendessen 11–26 US$; So–Do 7.30–10.30, 11.30–14.30 & 17–21, Fr & Sa 17–21.30 Uhr) werden aus lokal und biologisch angebauten Zutaten leckere Gerichte gezaubert.

Cuba

Über beinahe 150 ha erstreckt sich das Gelände des wunderschönen, in den Nacimiento Mountains gelegenen, freundlichen **Circle A Ranch Hostel** (505-289-3350; www.circlearanchhostel. com; B 25 US$, Zi. 40–55 US$, Suite 65 US$, B in Jurte/ganze Jurte 30/75 US$; Mai–Mitte Okt.;). Es befindet sich unmittelbar abseits des Hwy 550 und ist einfach ein Schmuckstück. Die herrliche alte Lehmziegel-Lodge mit Deckenbalken, Grünanlagen, Wanderwegen und Küche ist ein friedliches und relaxtes Plätzchen. Gäste können zwischen separaten Schlafzimmern (davon einige mit Steppdecken und Eisenbettgestell), Schlafsälen und einer Jurte wählen. Wer hier mit anpackt, kann kostenlos übernachten.

TAOS

Diese Kleinstadt schmiegt sich zwischen die verschneiten Gipfel der Sangre de Cristo Mountains und hat einen großartigen Ruf. Das abgeschiedene Taos rühmt sich – auf bescheidene Art – vieler Künstler, die hier gemalt haben. Kein Wunder bei dieser traumhaft schönen Lage in den Bergen, den fabelhaften Lichtverhältnissen und dem spektakulären, mehrstöckigen Lehmziegelpueblo!

Taos ist ein exzentrischer Ort, gespickt mit Bohémiens und Aussteigern, Fans alternativer Energien, ausgezeichneten Köchen, kultivierten B&B-Eigentümern und alteingesessenen spanischstämmigen Familien. In diesem ländlichen, aber auch weltzugewandten Ort leben noch immer grasende Pferde und eine unverhältnismäßig große Anzahl von Künstlern friedlich nebeneinander.

Praktische Informationen

Taos Vacation Guide (www.taosvacationguide.org) Viele großartige Links.
Visitor Center (575-758-3873, 800-732-8267; www. destinationtaos.com; 1139 Paseo del Pueblo Sur; 9–17 Uhr;)
Wired? (575-751-9473; 705 Felicidad Lane; Mo–Fr 8–18, Sa & So 8.30–18 Uhr) Café mit Internetzugang (7 US$/Std.). Kostenloses WLAN für Gäste.

Sehenswertes

4 Meilen (6,5 km) südlich von Taos in Ranchos de Taos wurde Mitte des 18. Jhs. die oft fotografierte **San Francisco de Asís Church** (575-758-2754; St Francis Plaza; Mo–Fr 9–16 Uhr) gebaut, die aber erst 1815 geöffnet wurde. Georgia O'Keeffe hat sie in zahlreichen Gemälden verewigt und Edward Weston hat sie fotografisch festgehalten.

Etwa 200 m über dem Rio Grande wölbt sich die stählerne **Rio Grande Gorge Bridge**, die zweithöchste Hängebrücke der USA. Beim Blick nach unten vergeht einem ein wirklich Hören und Sehen! Die besten Fotos von der Brücke schießt man vom Rastplatz auf der westlichen Seite aus. Nur 1,5 Meilen (2,4 km) westlich der Brücke befindet sich die faszinierende Gemeinde **Earthships** (575-751-0462; www. earthship.net; Hwy 64; Erw./Kind unter 12 Jahren 5 US$/frei; 10–16 Uhr). Sie besteht aus umweltfreundlichen Häusern, die ihre Energie selbst erzeugen und nur aus Recyclingmaterial gebaut wurden. In einem dieser Häuser kann man auch übernachten (s. S. 193).

Taos Historic Museums (575-758-0505; www. taoshistoricmuseums.com; Erw./Kind 1 Museum 8/4 US$, 2 Museen 12 US$; Mo–Sa 10–17, So 12–17 Uhr) verwaltet zwei großartige Einrichtungen: das **Blumenschein Home** (222 Ledoux St) mit spektakulärer Kunst und die **Martínez Hacienda** (708 Lower Ranchitos Rd), ein Haus mit 21 Zimmern aus dem Jahre 1824, das früher einem Kolonialwarenhändler gehörte.

Das **Millicent Rogers Museum** (575-758-2462; www.millicentrogers.org; 1504 Millicent Rogers Museum Rd; Erw./Kind 10/6 US$; 10–17 Uhr, Nov.–März Mo geschl.) ist vollgestopft mit Töpferwaren, Schmuck, Körben und Textilien und beherbergt eine der besten Sammlungen indigener und kolonialspanischer Handwerkskunst in den USA.

Das in einem alten Komplex aus Lehmziegelgebäuden aus der Mitte des 19. Jhs. untergebrachte **Harwood Museum of Art** (575-758-9826; www.harwoodmuseum.org; 238 Ledoux St; Erw./Senior & Student 8/7 US$; Di–Sa 10–17, So 12–17 Uhr) zeigt ältere und moderne Gemälde, Zeichnungen, Drucke, Skulpturen und Fotos von Künstlern aus dem Norden New Mexicos.

Die Sammlung von Kunstgegenständen im **Kit Carson Home & Museum** (575-758-4613; www. kitcarsonhome.com; 113 Kit Carson Rd; Eintritt 5 US$; 9–17 Uhr) ist zwar mager, ein Besuch lohnt sich aber trotzdem, denn man kann in einem 20-minütigen Video Interessantes über das Leben dieses berühmten Grenzers erfahren und sich auch in seinem Haus umsehen. Eine etwas interessantere – wenn auch ziemlich willkürlich zusammengestellte – Sammlung von Kunstgegenständen verschiedener Epochen findet sich auf der anderen Straßenseite in dem winzigen Museum, das im El Rincón Trading Post untergebracht ist (S. 194).

Aktivitäten

Zu den beliebtesten Sommeraktivitäten zählt das **Wildwasserrafting** in der Taos Box, jener Rinne, die durch die steilen Felswände links und rechts des Rio Grande entsteht. Die Preise für Tagestouren beginnen bei etwa 100 US$ pro Nase. Lokale Veranstalter kontaktiert man über das Visitor Center. **Wandermöglichkeiten** gibt es massenhaft; Wanderwegstartpunkte liegen überall an der Straße zum Ski Valley.

Mit einer Gipfelhöhe von 3600 m und einem Höhenunterschied von etwa 800 m hat das **Taos Ski Valley** (☎ 866-968-7386; www.skitaos.org; Liftkarte Erw./Jugendl. 13–17 Jahre & Senior/Kind 65/55/38 US$) Abfahrten zu bieten, die zu den anspruchsvollsten in den USA gehören. Dennoch geht's hier sehr ruhig und entspannt zu. Früher war hier nur Skifahren erlaubt, heute dürfen auch Snowboarder auf die Hänge.

Schlafen

Abominable Snowmansion (☎ 575-776-8298; www. abominablesnowmansion.com; 476 State Hwy 150, Arroyo Seco; Stellplatz 12 US$, B 22 US$, Tipi 34 US$, Hütte 37 US$, Zi. mit Gemeinschaftsbad/mit eigenem Bad 52/57 US$; P X 💻 🛜) Etwa 9 Meilen (14,5 km) nordöstlich von Taos befindet sich diese schon etwas verwohnte, aber einladende Herberge – eine gemütliche Alternative in den Bergen zum zentral gelegenen Taos. Im Winter werden die Gäste von einem großen, runden Kamin gewärmt, im Sommer sind kitschige Indianer-Tipis verfügbar. Für HI-Mitglieder gibt's einen Rabatt von 3 US$.

Sun God Lodge (☎ 575-758-3162, 800-821-2437; www.sungodlodge.com; 919 Paseo del Pueblo Sur; Zi. 69–102 US$, Suite 145 US$; P X 🛜) Dieses zweistöckige Motel ist gut geführt, das Personal ist gastfreundlich. Wer hier eincheckt, ist schon nach kürzester Zeit über alles Wesentliche der Stadt informiert. Die Zimmer sind sauber – allerdings ein bisschen dunkel – und ihre Ausstattung verströmt die entspannte Atmosphäre der Region. Das Highlight ist der saftig grüne Vorplatz mit seinen blinkenden Lichtern, ein malerischer Fleck für ein Picknick bei Sonnenuntergang. Das WLAN funktioniert am besten auf dem Vorplatz. Dafür, dass das Sun God nur 2,4 km von der Plaza entfernt liegt, ist es wirklich ein Schnäppchen.

Historic Taos Inn (☎ 575-758-2233, 888-518-8267; www.taosinn.com; 125 Paseo del Pueblo Norte; Zi. 75–275 US$; P X 🛜) Dieses Inn ist zwar nicht das vornehmste der Stadt, aber dennoch super. Es gibt eine gemütliche Lobby, einen Garten beim Restaurant, schwere Holzmöbel, einen Kamin – und viel Livemusik von lokalen Bands in der berühmten Adobe-Bar. Teile dieses Wahrzeichens stammen noch aus dem 17. Jh. WLAN gibt's in der Lobby und in einigen Zimmern.

Earthship Rentals (☎ 575-751-0462; www.earthship. net; Hwy 64; Zi. 110–190 US$) Ein außergewöhnliches Erlebnis ist eine Übernachtung in dieser schicken, mit Solarenergie betriebenen Unterkunft. Diese zukunftsorientierten Wohnstätten sind eine Kreuzung zwischen organisch-weicher Gaudí-Architektur und Weltraumfantasie, gebaut aus recycelten Reifen, Aluminiumdosen, Sand und Flaschen. Um Umweltbelastungen zu minimieren, gibt es ein Regenauffangbecken und ein Abwasseraufbereitungssystem. Wie sie so halb im Tal vergraben und von Bergen umgeben sind, könnten sie nachlässig getarnte UFOs sein – und wer weiß …

Essen

Taos Pizza Out Back (☎ 575-758-3112; 712 Paseo del Pueblo Norte; Stück 3,50–7 US$, ganze Pies 13–27 US$; 🕑 Mai–Sept. tgl. 11–22 Uhr, Okt.–April So–Do 11–21, Fr & Sa bis 22 Uhr) Vorsicht: Diese Pizza-Pies könnten süchtig machen. Das Restaurant befindet sich hinter einem anderen Geschäft. Hier werden Biozutaten verwendet und Feinschmeckerkombis wie *Portabella Pie* mit sonnengetrockneten Tomaten und Camembert serviert. Ein einzelnes Stück ist etwa so groß wie ein Kleinstaat.

LP Tipp Taos Diner (☎ 575-758-2374; 908 Paseo del Pueblo Norte; Gerichte 4–12 US$; 🕑 7–14.30 Uhr) Man würde das Wissen um dieses wunderbare Lokal am liebsten für sich behalten: Es ist ein feines Restaurant mit holzgetäfelten Wänden und tätowierten Bedienungen. Hier bekommt man frische Brötchen und große Tassen Kaffee, die immer mindestens halb voll sind. Diner-Essen vom Feinsten – und alles mit Biozutaten und auf die typische Art des amerikanischen Südwestens. Ob Bergfex, verschwitzter Sportler, stiller Genießer oder fröhlicher Traveller – hier sind alle willkommen. Wir schwören übrigens auf Copper John's Eggs mit grüner Chilisauce!

Orlando's (☎ 575-751-1450; 1114 Don Juan Valdez Lane; Gerichte 8–11 US$; ☯ 10.30–15 & 17–21 Uhr) Nach einem Morgen in der Schlucht ist ein Halt in diesem Lokal Pflicht. Denn hier gibt's das beste Essen New Mexicos. Basta. Die Hühnchen-Enchiladas und die riesigen Burritos sind allesamt perfekt und werden in einem wunderschönen Speisesaal serviert.

Joseph's Table (☎ 575-751-4512; 108A S Taos Plaza; Gerichte 26–38 US$; ☯ Juni–Sept. Fr–Mo 11.30–14.30 Uhr, tgl. 17.30–22 Uhr) Im Hotel La Fonda bereitet Chefkoch Joseph Wrede einzigartige und kreative Gerichte der Region zu und bevorzugt dabei einheimische Produkte. Der Speisesaal ist voller Weidenkätzchen und die bunten Wände haben seine Frau und Mutter bemalt. Paare sollten sich in die „Loveshack" (Liebeshütte) zurückziehen, eine der lauschigen, romantischen Fensterkabinen.

Gut, wenn auch etwas touristisch, ist das Frühstück in **Michael's Kitchen** (☎ 575-758-4178; 304 Paseo del Pueblo Norte; Gerichte 7–16 US$; ☯ 7–14.30 Uhr) – ein Dauerbrenner.

Ausgehen

Adobe Bar (☎ 575-758-2233; Historic Taos Inn, 125 Paseo del Pueblo Norte) In Taos' „Wohnzimmer" ist jeder willkommen. Die Adobe Bar hat was: die Stühle, die Geschichte des Taos Inn, die Lässigkeit, der Tequila … Auf der oft vollen Terrasse an der Straße schlürft man die feinsten Margaritas des Bundesstaats, außerdem gibt's großartige Livemusik – ganz ohne Cover-Versionen.

Alley Cantina (☎ 575-758-2121; 121 Teresina Lane) Das älteste Gebäude in Taos beherbergt eine außergewöhnliche Bar. Fast jeden Abend gibt's Livemusik – Rock, Blues, Hip-Hop oder Jazz.

Eske's Brew Pub & Eatery (☎ 575-758-1517; 106 Des Georges Lane) Wer Lust auf einen geselligen Abend hat, setzt sich hier an einen der Tische im Freien und bestellt sich ein selbst gebrautes Bier . Darf's ein Artist Ale sein? Oder ein Taos Green Chile Beer? Diese gut gefüllte Bude schenkt nicht nur zig Sorten Bier aus, sondern rückt auch lokale Bands (die Gitarrenmusik oder Jazz bieten) in den Blickpunkt.

Shoppen

Schon sehr lange ist Taos ein Mekka für Künstler, was man an der riesigen Zahl von

---

NICHT VERPASSEN: TAOS PUEBLO

Das etwa 1450 n. Chr. erbaute und seither durchgängig bewohnte **Taos Pueblo** (☎ 575-758-1028; www.taospueblo.com; Taos Pueblo Rd; Erw./Kind 10/5 US$, Foto- & Videogenehmigung 5 US$; ☯ Nov.–Feb. 8–16 Uhr, März–Okt. bis 16.30 Uhr, zw. Feb. & März 6 Wochen geschl.) gilt als das älteste, mehrstöckige Pueblo-Gebäude der USA und als eines der am besten erhaltenen Beispiele für einen Adobe-Bau.

Galerien und Studios in der und rund um die Stadt erkennt. Unabhängige Läden und Galerien bilden die **John Dunn Shops'** (www.johndunn shops.com) entlang der Fußgängerzone, die die Bent St und die Plaza miteinander verbindet. Hier finden sich auch der gut ausgestattete **Moby Dickens Bookshop**, die einladende Boutique **Steppin' Out** und der winzige, aber faszinierende Laden **G Robinson Old Prints & Maps** – ein Paradies für alle Kartografiefreaks.

Selbst wenn man nicht darauf aus ist, etwas zu kaufen, sollte man beim **El Rincón Trading Post** (☎ 575-758-9188; 114 Kit Carson Rd) anhalten, um das staubige Museum nach Gegenständen abzugrasen, z. B. nach indianischen Handwerksarbeiten, Schmuck und Andenken aus dem alten Westen. Selbst eine ausführliche Abhandlung über die Bedeutung des Peyote-Kaktus ist hier zu finden.

Anreise & Unterwegs vor Ort

Von Santa Fe aus nimmt man entweder die malerische „High Road" entlang der Hwys 76 und 518, vorbei an Galerien, Dörfern und sehenswerten Schauplätzen. Oder man folgt auf dem Hwy 68 der sich wunderbar entfaltenden Landschaft des Rio Grande.

Greyhound (☎ 575-758-1144, 800-231-2222; www. greyhound.com; 710h Paseo del Pueblo Sur) bietet eine tägliche Busverbindung nach Albuquerque (43 US$, 3 Std.) und Santa Fe (27 US$, 1½ Std.).

NORDWESTLICHES NEW MEXICO

Dieser Abschnitt New Mexicos wird aus gutem Grund „Indianerland" genannt, denn große Teile davon gehören den Navajos, Pueblo-Indianern, Zunis, Apachen und Lagunas. Hier liegen alte indianische Stätten neben vereinzelten modernen Siedlungen der Ureinwohner.

Farmington & Umgebung

Die größte Stadt der Nordwestregion New Mexicos ist Farmington. Es ist ein guter Ausgangspunkt, um die Four-Corners-Gegend zu erkunden. Das **Visitor Bureau** (☎ 505-326-7602, 800-448-1240; www.farmingtonnm.org; Gateway Park, 3041 E Main St; ☿ Mo–Sa 8–17 Uhr) hat weitere praktische Informationen.

Im Westen erhebt sich ein 518 m hoher vulkanischer Felsen. Der unheimlich wirkende **Shiprock** diente als Orientierungspunkt für die angloamerikanischen Pioniere und ist eine heilige Stätte für die Navajos.

Das alte Pueblo im **Salmon Ruin & Heritage Park** (☎ 505-632-2013; Erw./Senior/Kind 3/2/1 US$; ☿ Mo–Fr 8–17, Sa & So 9–17 Uhr) ist ein riesiges, im frühen 12. Jh. von den Menschen aus Chaco erbautes Dorf. Die Siedlung wurde verlassen, von Menschen vom Mesa Verde neu besiedelt und vor dem Jahr 1300 erneut verlassen. Zu sehen sind die Reste eines Gehöfts, Petroglyphen, ein Navajo-Hogan (traditionelle Wohnhütte), eine frühe Pueblo-Wohnhöhle, ein Tipi und ein Wiciup (Wigwam, grober Unterschlupf aus Gestrüpp). Man erreicht das Pueblo, indem man den Hwy 64 nimmt und dann 11 Meilen (17,6 km) nach Osten in Richtung Bloomfield fährt.

14 Meilen (22 km) nordöstlich von Farmington ist beim 11 ha großen **Aztec Ruins National Monument** (☎ 505-334-6174; www.nps.gov/azru; Erw./Kind unter 16 Jahren 5 US$/frei; ☿ Sept.–Mai 8–17 Uhr, Juni–Aug. bis 18 Uhr) die größte rekonstruierte Kiva (ein Versammlungsraum der Pueblo-Indianer) des Landes zu besichtigen. Sie hat einen Durchmesser von 15 m. Einige Schritte weiter können Traveller ihrer Fantasie freien Lauf lassen, wenn sie im West Ruin gebückt durch die niedrigen Türöffnungen und dunklen Räume gehen. Vor der um 1100 errichteten Stätte halten Ranger in den Sommermonaten am frühen Vormittag sehr informative Vorträge über altertümliche Architektur, Handelswege und Astronomie.

Etwa 35 Meilen (56 km) südlich von Farmington am Hwy 371 liegt die unerschlossene **Bisti Badlands & De-Na-Zin Wilderness**, eine abgefahrene, surreale Landschaft mit merkwürdigen, farbenprächtigen Felsformationen. Wüstenfans dürfen das nicht verpassen! Das **BLM Office** (☎ 505-599-8900; www.nm.blm.gov; 1235 La Plata Hwy; ☿ Mo–Fr 7.45–16.30 Uhr) in Farmington gibt Infos aus.

Silver River Adobe Inn B&B (☎ 505-325-8219, 800-382-9251; www.silveradobe.com; 3151 W Main St; Zi. inkl. Frühstück 105–175 US$; ✗ ☏) In dieser herrlichen Unterkunft mit drei Zimmern kann man sich eine friedliche Ruhepause unter den Bäumen am San Juan River gönnen.

Three Rivers Eatery & Brewhouse (☎ 505-324-2187; 101 E Main St; Gerichte 8–26 US$; ☿ 11–22 Uhr; ♿) Trendy und kinderfreundlich zugleich. Im Angebot sind Kneipenessen, leckere Steaks und selbst gebrautes Bier.

Chama

9 Meilen (14 km) südlich der Grenze zu Colorado befindet sich Chama. Das Highlight hier ist die **Cumbres & Toltec Scenic Railway** (☎ 575-756-2151, 888-286-2737; www.cumbrestoltec.com; ☿ Ende Mai–Mitte Okt.). Das ist die längste (über 200 km) und gleichzeitig höchstgelegene (führt über den 3000 m hohen Cumbres Pass) Schmalspurbahnlinie für Dampfloks in den USA. Die Fahrt mit der Bahn ist herrlich, besonders im September und Oktober, wenn es durch herbstliches Blätterwerk, Berge, Canyons und Wüste geht.

Chaco Culture National Historic Park

Im faszinierenden **Chaco Culture National Historic Park** (8 US$/Fahrzeug; ☿ Sonnenaufgang–Sonnenuntergang) finden sich Spuren einer 5000 Jahre alten Siedlung: Weitläufige Gebäude der Anasazi liegen inmitten der Wüste in großer Abgeschiedenheit. Während ihrer Blütezeit war die Gemeinde am Chaco Canyon ein wichtiges Handels- und zeremonielles Zentrum der Region. Die Siedlung, die hier von Pueblo-Indianern errichtet wurde, war meisterhaft entworfen. Das Pueblo Bonito ist vierstöckig und hatte möglicherweise 600 bis 800 Zimmer und Kivas. Außer auf dem beschilderten Rundweg durch die Anlage kann man auf verschiedenen **Wanderwegen im Umland** spazieren gehen und die Gegend erkunden. Für Sterngucker gibt es das Programm **Night Skies**, das zwischen April und Oktober immer am Dienstag-, Freitag- und Samstagabend angeboten wird. Ein Ranger gibt dabei zunächst eine Einführung und danach können die Besucher selbst durch die Teleskope in den Sternenhimmel schauen.

Das **Visitor Center** (☎ 505-786-7014; www.nps.gov/chcu; ☿ 8–17 Uhr) befindet sich in einer abgelegenen Gegend etwa 80 Meilen (130 km) südlich von Farmington. Der **Gallo Campground** (Stellplatz 10 US$) liegt 1 Meile (1,6 km) vom Visitor Center entfernt; keine Stellplätze für Wohnmobile und keine Reservierungen.

DER ZENTRALE WESTEN

NORDÖSTLICHES NEW MEXICO

Östlich von Santa Fe weichen die üppigen Sangre de Cristo Mountains riesigen Ebenen. Staubiges Grasland dehnt sich unendlich weit aus – bis nach Texas. In diesem Land der Extreme finden sich sowohl Fußabdrücke von Rindern und Dinosauriern als auch erloschene Vulkane in Capulin sowie Thermalquellen in Montezuma. Viehhaltung ist ein ökonomisches Standbein der Region und auf vielen Straßen sieht man mehr Rinder als Autos.

Der Santa Fe Trail, über den Siedler in Wagentrecks rollten, führte von New Mexico nach Missouri. An einigen Stellen jenseits der I-25 zwischen Santa Fe und Raton kann man noch immer Wagenspuren erkennen. Wer nach einem kleinen Stück des alten, authentischen Westens sucht, wird hier fündig.

Cimarron

Cimarron gehörte einst zu den wildesten der Wildweststädte (schon der Name ist spanisch für „wild"). Wie die Einheimischen zu berichten wissen, waren hier noch in der 1880er-Jahren Mord- und Totschlag an der Tagesordnung und ein friedlicher Tag war eine Ausnahme. Eine Zeitung aus der damaligen Zeit ging sogar so weit, eine Nachricht wie die folgende zu veröffentlichen: „Alles ist ruhig in Cimarron. In den vergangenen drei Tagen wurde niemand erschossen."

Heute ist die Stadt sehr ruhig und zieht eher naturbegeisterte Besucher an, die die herrliche Landschaft genießen wollen. Auf dem Weg von/nach Taos passiert man den grandiosen **Cimarron Canyon State Park**, einen steilen Canyon mit einigen Wanderwegen sowie prima Stellen zum Forellenangeln und Campen.

Der **Cimarron Inn & RV Park** (☎ 505-376-2268, 800-546-2244; www.cimarroninn.com; Hwy 64; Stellplatz 10 US$, Wohnmobil 30 US$, Zi. 45–110 US$, Hütte für 6/12 Pers. 135/240 US$) hat 15 saubere Lehmziegel-Motelzimmer, die mit Motiven aus der Gegend – Fischen, Jagd, Indianer und William James, Autor von Wildwestgeschichten und Illustrator – dekoriert sind. Es gibt die verschiedensten Zimmer, von kleinen Einzelzimmern bis hin zu ganzen Hütten, in denen eine Großfamilie unterkommt. Manche haben auch eine Kochnische. Eine günstige Wahl, verglichen mit den teureren Anlagen in den Bergen.

Capulin Volcano National Monument

Der **Capulin** (☎ 575-278-2201; www.nps.gov/cavo; 5 US$/ Fahrzeug; ☼ Sept–Mai 8–16 Uhr, Juni–Aug. 7.30–18.30 Uhr)

ragt 400 m über die umliegenden Ebenen auf. Unter den verschiedenen Vulkanen in der Gegend ist er am besten zugänglich. Vom Visitor Center aus windet sich eine 2 Meilen (3 km) lange Straße den Berg hinauf bis zu einem Parkplatz am Rand des Kraters (2493 m). Von dort aus führen Wege in den Krater und drum herum. Der Eingang befindet sich 3 Meilen (5 km) nördlich des Dorfs Capulin, das 30 Meilen (48 km) östlich von Raton am Hwy 87 liegt.

SÜDWESTLICHES NEW MEXICO

Das Rio Grande Valley reicht von Albuquerque bis hinunter zu den sprudelnden Thermalquellen im unkonventionellen Truth or Consequences. Feldfrüchte wachsen reichlich. Die Gegend ist äußerst dünn besiedelt, abgesehen vom lebhaften Las Cruces, der zweitgrößten Stadt des Bundesstaats.

Die I-10 durchquert die Chihuahua Desert, in der Yuccas und Agaven vorherrschend sind. Dies ist Rancherland, auch wenn es nur wenig Vieh gibt. Nördlich der Wüste und westlich der I-25 lockt der Gila National Forest mit Möglichkeiten zum Wandern und Angeln.

Truth or Consequences & Umgebung

Die in den 1880er-Jahren in der Nähe von natürlichen Thermalquellen errichtete außergewöhnliche kleine Stadt war früher als Hot Springs bekannt. 1950 wurde sie nach einer beliebten Radiosendung in Truth or Consequences („T or C") umbenannt. Mehr in die Medien gekommen ist sie jüngst durch Leute wie Richard Branson, den Geschäftsführer von Virgin Galactic, und den Gouverneur Bill Richardson und andere Visionäre des Weltraumtourismus, die im nahe gelegenen Spaceport America das Projekt verfolgen, bis Ende 2010 in regelmäßigen Abständen Touristen ins All zu befördern.

Es ist schön, hier durch die Stadt zu schlendern, in kleine Cafés einzukehren, einen Blick in eine der Galerien zu werfen, sich das bunte Sammelsurium im **Geronimo Springs Museum** (☎ 575-894-6600; www.geronimospringsmuseum.com; 211 Main St; Erw./Kind 5/2,50 US$; ☼ Mo–Sa 9–17, So 12–17 Uhr) anzuschauen und in eines der Thermalbäder der Stadt einzutauchen. Das **Visitor Center** (☎ 575-894-1968, 800-831-9487; www.truthorconsequencesnm.net; 211 Main St; ☼ Mo–Fr 9–16.30, Sa bis 17, So 12–17 Uhr) hat alle notwendigen Informationen für Traveller.

Ungefähr 60 Meilen (96 km) nördlich der Stadt liegt das **Bosque del Apache National Wildlife Refuge** (☎ 575-835-1828; 5 US$/Fahrzeug; State Hwy 1; ☯ Schutzgebiet Sonnenaufgang–Sonnenuntergang, Visitor Center Mo–Fr 7.30–16, Sa & So 8–16.30 Uhr), ein etwa 230 km² großes Gebiet mit Feldern und Sümpfen, in dem Kanadakraniche und arktische Wildgänse den Winter verbringen. Dort gibt's auch ein Visitor Center und es wird eine geführte Tour angeboten.

Viele der hiesigen Motels sind gleichzeitig Heilbäder. Das einstige Hostel **Riverbend Hot Springs** (☎ 575-894-7625; www.riverbendhotsprings.com; 100 Austin St; Zi. mit Gemeinschaftsbad/eigenem Bad 55/75 US$, Suite 88 US$, Hütte 110 US$; ✖ 🐾 🤶), das idyllisch am Rio Grande liegt, bietet neuerdings eher Unterkünfte im Stil eines traditionellen Motels an, also keine Tipis mehr. Die Zimmer sind hell und haben einen etwas schrägen Charme. Mehrere Wohneinheiten sind auch für Gruppen geeignet. Individuelle Heilbadbehandlungen sind zu jeder vollen Stunde möglich (Gäste/Besucher 15/10 US$ für die erste Stunde, dann 10/5 US$ für jede weitere). Ein öffentliches Mineralbad (Gäste/Besucher frei/10 US$ für die erste Stunde, 5 US$ für jede weitere oder 20 US$ pro Tag) steht ebenfalls zur Verfügung.

Das **LP Tipp** **Blackstone Hotsprings** (☎ 575-894-0894; www.blackstonehotsprings.com; 410 Austin St; Zi. 75–125 US$; ✖ 🐾 🤶) ist ganz neu und gibt T or C noch einen zusätzlichen exklusiven Touch. Jedes der sieben Zimmer ist im Stil einer klassischen Fernsehsendung ausgestattet: von *Jetsons* über *Golden Girls* bis hin zu *I Love Lucy*. Das Dekor ist aber immer frech, schick und zugleich behaglich. Jedes der Zimmer hat seine eigene Thermalwasserbadewanne, in der Gäste nach Lust und Laune heilsame Bäder nehmen können. Der Innenhof des Anwesens, das u-förmig und im Stil eines Motels der 1930er-Jahre angelegt wurde, dient nun als blumengeschmückte Terrasse. Insgesamt ist dies ein klasse Fleckchen, wo man nach einer anstrengenden Wanderung ein wohltuendes Bad genießen kann.

Was das Essen betrifft: Das peppige **Happy Belly Deli** (☎ 575-894-3354; 313 N Broadway; Gerichte unter 10 US$; ☯ Mo–Fr 7–15, Sa 8–15, So bis 12 Uhr) ist für seine frischen Frühstücks-Burritos berühmt, während das neue **Café BellaLuca** (☎ 575-894-9866; 303 Jones St; Mittagessen 6–10 US$; Abendessen 10–23 US$; ☯ Mo, Mi & Do 11–21, Fr & Sa bis 22, So 10–20 Uhr) für seine leckeren italienischen Spezialitäten gelobt wird.

Las Cruces & Umgebung

Die zweitgrößte Stadt New Mexicos ist Sitz der New Mexico State University (NMSU). Ihre 17 000 Studenten hauchen der Stadt etwas Leben ein. Das **Visitor Bureau** (☎ 575-541-2444, 800-343-7827; www.lascrucescvb.org; 211 N Water St; ☯ Mo–Fr 8–17 Uhr) versorgt Traveller mit Informationen.

Für viele ist ein Besuch des benachbarten **Mesilla** das Highlight ihres Aufenthalts in Las Cruces. Ein paar Blöcke jenseits der Plaza strahlen die Gebäude das Flair einer südwestamerikanischen Stadt mit kolonialspanischen Wurzeln aus der Mitte des 19. Jhs. aus.

Das **LP Tipp** **El Comedor** (☎ 575-524-7002; 2190 Ave de Mesilla; Gerichte unter 10 US$; ☯ Mo–Fr 9–21, Sa & So bis 15 Uhr) befindet sich abseits der Plaza von Mesilla und ist ein echter Geheimtipp. Der zusätzliche Fußmarsch von zwei Blocks Länge hin zu dem immer gut besuchten Lehmziegelhaus lohnt sich, vor allem wegen der herzhaften neumexikanischen Chili-Käse-Gerichte. Alles schmeckt so gut, wie es aussieht, doch die Enchiladas mit Huhn und grüner Chilisauce sind so verdammt lecker, dass man den Teller ablecken möchte.

Das **White Sands Missile Test Center Museum** (☎ 575-678-8824; www.wsmr-history.org; Eintritt frei; ☯ Mo–Fr 8–16, Sa & So 10–15 Uhr), etwa 25 Meilen (40 km) östlich von Las Cruces am Hwy 70 (das Schild White Sands Missile Range Headquarters weist darauf hin), war ab 1945 ein wichtiges militärisches Testgelände und dient noch heute als alternativer Landeplatz für das Space Shuttle. Besucher sollten sich auch den verrückten Raketenpark draußen anschauen.

DER GESCHMACK DES ZENTRALEN WESTENS: GREEN CHILI CHEESEBURGER

Egal was in vielen Restaurants New Mexicos auch behauptet wird, den besten Green Chili Cheeseburger des Bundesstaates bekommt man nun mal in der **Owl Bar & Cafe** (☎ 575-835-9946; 215 San Antonio St; ☯ Mo–Sa 8–20.30 Uhr): eine dünne Scheibe Rinderhackfleisch, darüber Mayo, Käse, Gurkenscheibchen, Tomaten, Zwiebeln und natürlich grüner Chili auf einem getoasteten Brötchen – eine feurig-scharfe Angelegenheit, aber ein echter Gaumenschmaus. Man bekommt ihn nur in San Antonio, 90 Meilen (144 km) südlich von Albuquerque.

DER ZENTRALE WESTEN

Da es sich um eine Militärbasis handelt, muss beim Betreten jeder über 18 Jahre seinen Ausweis und jeder Autofahrer die Zulassungsbescheinigung für seinen Wagen und den Versicherungsnachweis vorzeigen.

In Las Cruces kommt man im **Lundeen Inn of the Arts** (☎ 575-526-3326, 888-526-3326; www.innofthearts.com; 618 S Alameda Blvd; Zi. inkl. Frühstück 79– 125 US$, Suite inkl. Frühstück 99–155 US$; ✖ ✖ ⬛) unter, einem riesigen Gästehaus im mexikanischen Stil des ausgehenden 19. Jhs. Es verfügt über sieben Gästezimmer (alle völlig verschieden), einen luftigen Wohnraum mit einer hohen Decke aus Wellblech und eine Kunstgalerie mit mehr als 300 Exponaten.

In der **Spirit Winds Coffee Bar** (☎ 575-521-1222; 2260 S Locust St; Gerichte unter 10 US$; ⬛ Mo–Fr 7–19, Sa 7.30–19, So 8–18 Uhr) schließe man sich den Studenten an: Hier gibt's ausgezeichneten Cappuccino, gute Sandwiches, Salate, Suppen und Gebäck. Der Geschenkeladen daneben hat Bettie-Page-Lunchboxen, dekorative Buddhas und lustige Postkarten. **Nellie's Cafe** (☎ 575-524-9982; 1226 W Hadley Ave; ⬛ 8–14 Uhr) ist ein beliebtes mexikanisches Restaurant. Es nimmt allerdings keine Kredit- oder Bankkarten.

Greyhound (☎ 575-524-8518; www.greyhound.com; 390 S Valley Dr) lässt Busse die beiden Interstate-Strecken (I-10 & I-25) abfahren. Täglich geht es auch nach Albuquerque (30–39 US$, 3¾ Std.), Roswell (37–54 US$, 3¾ Std.) und El Paso (11,50 US$, 1 Std.).

Silver City & Umgebung

Ein Wort der Warnung: Wer durch die Innenstadt von Silver City flaniert, sollte auf der Bordsteine der Gehwege achtgeben. Diese sind nämlich wegen der sommerlichen Monsunregen höher als gewöhnlich, um die viktorianischen Backsteinhäuser vor den reißenden Fluten zu schützen. Der Geist des Wilden Westens ist hier noch überall spürbar – man hat das Gefühl, als könnte Billy the Kid, der einst in der Stadt gelebt hat, jeden Moment an einem vorbeischlendern.

Silver City ist auch eine gute Basisstation für alle, die scharf auf Outdoor-Aktivitäten im Gila National Forest sind, einem zerklüfteten Stück Land, das sich gut zum Skilanglaufen, Wandern, Campen und Angeln eignet. Weitere Abenteuer sind auch im Angebot.

Im **Visitor Center** (☎ 575-538-3785, 800-548-9378; www.silvercity.org; 201 N Hudson St; ⬛ Mo–Fr 9–17, Sa 10–14 Uhr, sofern ehrenamtliches Personal anwesend) und in der **Gila National Forest Ranger Station** (☎ 575-

388-8201; www.fs.fed.us/r3/gila; 3005 E Camino Del Bosque; ⬛ Mo–Fr 8–16.30 Uhr) erhält man praktische Informationen über die Gegend. Um etwas über die umstrittene Bergbaugeschichte der Stadt zu erfahren, schaut man sich den Film *Das Salz der Erde* von 1954 an, der früher auf der schwarzen Liste stand.

Zwei Stunden Fahrt nördlich von Silver City ist das **Gila Cliff Dwellings National Monument** (☎ 575-536-9461; Eintritt 3 US$; ⬛ Juni–Aug. 8–18 Uhr, Sept.–Mai 9–16 Uhr) zu finden, das über eine 42 Meilen (67 km) lange, sich bergauf schlängelnde Straße erreichbar ist und im 13. Jh. von den Mogollon-Indianern bewohnt wurde. Die bemerkenswerten und sehr geheimnisvollen Felsenwohnungen liegen relativ abgeschieden und sind von den 1,6 km langen Rundweg aus doch ganz gut zugänglich. Sie sehen wohl noch so aus wie vor 1000 Jahren. Wer sich gerne **Piktogrammen** anschaut, geht zum Campingplatz Lower Scorpion Campground und von dort aus ein kleines Stück auf dem markierten Pfad.

Die runden Vulkankegel machen den **City of Rocks State Park** (☎ 575-536-2800; www.emnrd.state.nm.us/prd/cityrocks.htm; Hwy 61; Besichtigung 5 US$; Stellplatz 8–10 US$) zu einem faszinierenden Fleckchen. Traveller können zwischen ihnen auf abgelegenen Campingplätzen mit Tischen und Feuerstellen ihre Zelte aufstellen. Nur für einen Teil der Stellplätze ist eine Reservierung möglich. Ein mit Felsen umgebenes Schmuckstück unter den Plätzen ist der Campingplatz

43, der auch Lynx (Luchs) genannt wird. Um hinzukommen, fährt man von Deming 24 Meilen (38,5 km) nordwestlich auf dem Hwy 180 und dann 3 Meilen (5 km) Richtung Nordosten auf dem Hwy 61. Wer mehr Komfort braucht, zuckelt auf dem Hwy 180 weiter Richtung Norden bis zum **Silver City KOA** (☎ 575-388-3351, 800-562-7623; www.silvercitykoa.com; 11824 Hwy 180E; Stellplatz 24–31 US$, Stellplatz für Wohnmobil 28–46 US$, Hütte 50–63 US$; 🖳 🛜 🖳), wo es Campinghütten und eine Waschküche gibt.

Ein bisschen über die Architekturgeschichte von Silver City lernt man, wenn man sich im **Palace Hotel** (☎ 575-388-1811; www.zianet.com/palacehotel; 106 W Broadway; inkl. Frühstück DZ 52–65 US$, Suite 79 US$; ✖) einquartiert, das 22 Zimmer besitzt. Mit dem zurückhaltenden Charme des ausgehenden 19. Jh. (keine Klimaanlage, älteres Mobiliar) ist das Palace eine gute Wahl für all jene, die genug haben von den ständigen Kettenmotels. An der Ecke versorgt das erhabene **Javalina** (☎ 575-388-1350; 201 N Bullard St; Gebäck 2–4 US$; 🕑 Mo–Do 6–21, Fr & Sa bis 22, So bis 19 Uhr) Traveller mit drei wesentlichen Dingen: Kaffee, Snacks und kostenlosem WLAN.

Tapa, Mezze, Entrée – dies sind die drei Größen, in denen die Gerichte im **Shevek & Co Restaurant** (☎ 575-534-9168; 602 N Bullard St; Tapa unter 10 US$, Mezze 8–18 US$, Entrée 20–30 US$; 🕑 So–Di & Do 17–20.30, Fr & Sa bis 21 Uhr, Sommer länger) zu bestellen sind, einem vornehmen Bistro, in dem regionale Slow-Food-Spezialitäten mit mediterranem Touch zubereitet werden.

SÜDÖSTLICHES NEW MEXICO

Wenn man von den Wäldern um die Ferienorte Cloudcroft und Ruidoso mal absieht, ist der Südosten New Mexicos von scheinbar endlos weiten Grasebenen gekennzeichnet. Prägend sind außerdem das fantastische White Sands National Monument und der großartige Carlsbad Caverns National Park. Falls möglich, sollte man an beiden Orten einen Sonnenuntergang beobachten. Im Südosten gibt's viel zu entdecken: Außerirdische in Roswill, Billy the Kid in Lincoln, und Smokey Bear westlich in Capitan.

White Sands National Monument

Es macht Spaß, die großartigen hohen Gipshügel runter zu rutschen, zu rollen und zu schlittern. 16 Meilen (25,5 km) südwestlich von Alamogordo (15 Meilen bzw. 24 km südwestlich des Hwy 82/70) bedeckt feiner Gips eine Fläche von 712 km² und schafft

damit die blendend weiße Landschaft dieses spröden, kahlen **Monuments** (☎ 575-679-2599; www.nps.gov/whsa; Erw./Kind unter 16 Jahren 3 US$/frei; 🕑 Juni–Aug. 7–21 Uhr, Sept.–Mai 7 Uhr–Sonnenuntergang). Die windgepeitschten Dünen sind das Highlight jedes Ausflugs nach New Mexico.

Den Spaß sollte jeder Traveller sich gönnen: Im Geschenkeladen des Visitor Centers kann man sich für 15 US$ eine Plastikscheibe kaufen, auf der man dann die Dünen hinunter saust. Einfach grandios! Am Ende des Tages kann man die Scheibe zurückgeben und bekommt dann noch 5 US$ dafür (kein Verleih wegen Haftung). Für Spaziergänge bei Sonnenuntergang oder Radtouren bei Mondschein (Erw./Kind unter 16 Jahren 5/2,50 US$), die man am besten lange im Voraus reserviert, prüft man am besten den Kalender des Parks. Campingplätze im Hinterland ohne Wasser und Sanitäreinrichtungen befinden sich 1 Meile (1,6 km) vom Scenic Drive entfernt. Genehmigungen (3 US$, limitierte Anzahl) gibt's im Visitor Center, in dem man spätestens eine Stunde vor Sonnenuntergang persönlich erscheinen muss.

Alamogordo & Umgebung

Alamogordo ist eines der wichtigsten Raumfahrt- und Atomforschungszentren der Geschichte im Land. Das vierstöckige **New Mexico Museum of Space History** (☎ 505-437-2840, 877-333-6589; www.nmspacemuseum.org; Hwy 2001; Erw./Senior/Kind 4–12 Jahre 6/5/4 US$; 🕑 9–17 Uhr) zeigt exzellente Ausstellungen zu Weltraumflügen und -forschung. Im dazugehörigen **Tombaugh IMAX Theater & Planetarium** (Erw./Senior/Kind 6/5,50/4,50 US$) laufen herausragende Filme auf einer riesigen Rundumleinwand, u. a. über Haie und Weltraumforschung.

Zahlreiche Hotels säumen den White Sands Blvd, darunter das **Best Western Desert Aire Motor Inn** (☎ 575-437-2110; www.bestwestern.com; 1021 S White Sands Blvd; Zi. 74–120 US$; 🅿 🛜 🖳 🛜 🖳) mit Standardzimmern und Suiten (einige mit Kochnischen); eine Sauna ist auch vorhanden. Bevor man weiter zu den White Sands fährt, sollte man noch eines der hausgemachten amerikanischen und mexikanischen Gerichte in der kinderfreundlichen **Our Country Kitchen** (☎ 575-434-3431; cnr 12th & New York Aves; Gerichte 6–9 US$; 🕑 6–14.30 Uhr; ♿) probieren oder auch dem **Wok Inn** (☎ 575-434-4388; 1010 S White Sands Blvd; Gerichte & Büfett unter 10 US$; 🕑 11–22 Uhr) noch einen Besuch abstatten, um sich dort am üppigen Büfett satt zu füttern. Aber auch wer nichts essen möchte, sollte zumindest einen Blick in beide hineinwerfen.

Cloudcroft

Das hübsche Städtchen Cloudcroft, in dem sich Gebäude aus der Zeit um 1900 finden, hat eine Menge Outdoor-Erholungsmöglichkeiten zu bieten. Außerdem gibt es einen guten Ausgangspunkt für Erkundungstouren ab und hat eine ungezwungene Atmosphäre. Es liegt hoch in den Bergen – eine willkommene Abwechslung von der Hitze im östlichen Flachland. Die **Chamber of Commerce** (☎ 575-682-2733, 866-874-4447; www.cloudcroft.net; 1001 James Canyon Hwy; ☺ Mo–Sa 10–17 Uhr) befindet sich in einem Blockhaus am Hwy 82.

Das **Lodge Resort & Spa** (☎ 575-682-2566, 800-395-6343; www.thelodgeresort.com; 1 Corona Pl; Zi. ab 125 US$, Suite 185–315 US$; ✗ ✗ 🖳 🛜 ☎) ist eines der besten und ältesten Hotels des zentralen Westens. Es ist im bayerischen Stil gestaltet und mit modernen und viktorianischen Möbeln ausgestattet. In der Lodge serviert das **Rebecca's** (☎ 575-682-3131; Frühstück & Mittagessen 8–15 US$; Abendessen 28–36 US$; ☺ Mo–Sa 7–10.30, So bis 10, 11.30–14 & 17.30–21 Uhr, im Sommer länger) – benannt nach dem Geist, der in dieser Gegend umgehen soll – das mit Abstand beste Essen der Stadt.

Ruidoso

Der Erholungsort Ruidoso (spanisch für „laut") ist im Sommer ausgesprochen lebendig und voller Leute, die ihr Geld bei Pferderennen verwetten. Dank der luftigen und waldnahen Lage nahe der Sierra Blanca (3650 m) herrscht dort ein sehr angenehmes Klima. Der Ort erstreckt sich entlang dem Hwy 48 (auch Mechem Dr oder Sudderth Dr), der wichtigsten Straße. Die **Chamber of Commerce** (☎ 575-257-7395, 877-784-3676; www.ruidosonow.com; 720 Sudderth Dr; ☺ Mo–Fr 8–16.30, Sa 9–15 Uhr) versorgt Traveller mit Infos.

SEHENSWERTES & AKTIVITÄTEN

Bedeutende Pferderennen finden auf dem **Ruidoso Downs Racetrack** (☎ 575-378-4431; www.ruidownsracing.com; Hwy 70; Haupttribüne Eintritt frei, Loge 35–45 US$; ☺ Rennen Ende Mai–Anfang Sept. Do–So, Kasino ganzjährig 11–23 Uhr) statt. Das gute **Hubbard Museum of the American West** (☎ 575-378-4142; www.hubbardmuseum.org; 841 Hwy 70 W; Erw./Senior/Kind 6/5/2 US$; ☺ 9–17 Uhr; ♿) zeigt hauptsächlich Exponate mit Bezug zum Westen, darunter Postkutschen aus der Zeit des Wilden Wes-

tens, Sättel, indianische Töpferwaren und noch viel mehr rund ums Pferd.

Das beste Skigebiet südlich von Albuquerque ist **Ski Apache** (☎ 575-464-3600, Schneebericht 575-257-9001; www.skiapache.com; Tagespass Erw./Kind 39/25 US$; ☺ 9–16 Uhr), 18 Meilen (29 km) nordwestlich von Ruidoso an den Hängen des wunderschönen Sierra Blanca Peak (in etwa 3650 m Höhe). Hierher gelangt man über den Hwy 48, Ausfahrt 532.

Etwa 1,5 Meilen (2,4 km) nördlich von Alto kann man für eine Mahlzeit die **Flying J. Ranch** (☎ 575-336-4330; www.flyingjranch.com; Hwy 48 N; Erw./Kind 24/14 US$; ☺ Ende Mai–Anfang Sept. Mo–Sa ab 17.30 Uhr, zusätzlich Sa im Sept. & 1. & 2. Sa im Okt.; ♿) besuchen. Dieses „Westerndorf" veranstaltet Schaischießereien und Ponykutschfahrten im Cowboystil.

Sich die Beine vertreten kann man auf den leicht zugänglichen **Waldwanderwegen** an der Cedar Creek Rd westlich der Smokey Bear Ranger Station. Hier kann man wählen zwischen dem USFS Fitness Trail oder den kleineren, gewundenen Pfaden in der Cedar Creek Picnic Area.

SCHLAFEN & ESSEN

Zahlreiche Motels, Hotels und hübsche kleine Hüttenkomplexe säumen die Straßen.

Sitzmark Chalet (☎ 575-257-4140, 800-658-9694; www.sitzmark-chalet.com; 627 Sudderth Dr; Zi. 75–89 US$, Suite 99 US$; ✗ ✗ 🛜) Das Chalet bietet 17 einfache, aber schnuckelige Zimmer. Ein Grill und Picknicktische vor dem Haus sowie ein Whirlpool kommen nach einem Wandertag gerade richtig.

Ruidoso Lodge Cabins (☎ 575-257-2510, 800-950-2510; www.ruidosolodge.com; 300 Main Rd; Hütte 109–209 US$; ✗ ✗ 🛜) Die schön am Fluss gelegenen Hütten haben komplett ausgestattete Küchen und Holzofenkamine.

Cornerstone Bakery (☎ 575-257-1842; 359 Sudderth Dr; Gerichte unter 10 US$; ☺ Mo–Sa 7.30–14, So bis 13 Uhr) Wenn man lange genug bleibt, ist dieses Lokal eine Härteprüfung: Alle Gerichte, von Omelettes bis zu belegten Croissants sind unwiderstehlich, und der Kaffee mit Pinienkernaroma ist einfach wunderbar.

Café Rio (☎ 575-257-7746; 2547 Sudderth Dr; Gerichte 5–25 US$; ☺ 11–21 Uhr) Die freundliche Bedienung ist nicht gerade das erste, womit man diese etwas abgefahrene Pizzeria beschreibt. Aber sobald man in eines der weichen und knusprigen Stücke hineingebissen hat, ist alles vergeben und vergessen.

Casa Blanca (☎ 575-257-2495; 501 Mechem Dr; Mittagessen 6–8 US$, Abendessen 10–20 US$; ☺ 11–21 Uhr) In diesem renovierten Haus im spanischen Stil isst man abends regionale Gerichte. In die *chilis rellenos* könnte man sich reinsetzen.

Lincoln & Capitan

Westernfans werden das kleine Lincoln unbedingt besichtigen wollen. 12 Meilen (19 km) östlich von Capitan am **Billy the Kid National Scenic Byway** (www.billybyway.com) fand die Schießerei statt, durch die Billy the Kid zur Legende wurde. Die ganze Stadt ist fast im Originalzustand wunderschön erhalten, die Hauptstraße wurde sogar in **Lincoln Town Monument** umbenannt. Modernes (wie neonbeleuchtete Motelschilder, Souvenirstände, Imbissbuden) ist hier nicht erlaubt.

Im ältesten Gebäude der Stadt ist das **Anderson Freeman Visitors Center & Museum** (☎ 575-653-4025; Hwy 380; Eintritt für 5 Stätten Erw./Kind 5 US$/frei; ☺ 8.30–16.30 Uhr) untergebracht, in dem sich Ausstellungen zu Büffelsoldaten, Apachen und dem Bürgerkrieg in Lincoln besichtigen lassen. Das **Courthouse Museum** sollte man am Ende besuchen, denn dies ist der Ort von Billys kühner – und gewaltsamer – Flucht. An der Wand ist sogar die Stelle markiert, in der eine seiner Kugeln steckte.

Zum Übernachten stellt das **Ellis Store Country Inn** (☎ 575-653-4609, 800-653-6460; www.ellisstore. com; Mile 98, Hwy 380; Zi. inkl. Frühstück 89–119 US$; ✗) drei mit Antiquitäten gespickte Zimmer (samt Holzofen) im Hauptgebäude zur Verfügung; fünf weitere Zimmer befinden sich in einer historischen Mühle auf dem Anwesen. Mittwochs bis samstags serviert der Gastgeber abends ein Sechs-Gänge-Menü (75 US$/Pers.) im herrlichen, gemütlichen Speisesaal. Perfekt für besondere Anlässe! Reservierung wird empfohlen.

Wie Lincoln ist auch das nahe lauschige Capitan von den schönen Bergen des **Lincoln National Forest** umgeben. Der Hauptanreiz hierherzukommen ist, mit den Kindern in den **Smokey Bear Historical State Park** (☎ 575-354-2748; www.smokeybearpark.com; Erw./Kind 7–12 Jahre 2/1 US$; ☺ 9–17 Uhr; ♿) zu gehen. Denn hier liegt Smokey (ja, es gab wirklich einen echten Smokey Bear) begraben.

Roswell

Wer sich von Akte X mitreißen ließ, hat auch schon vom Roswell-Zwischenfall gehört. 1947 stürzte ein mysteriöses Objekt auf eine nahe gelegene Ranch. . Man wäre sofort wieder zur Tagesordnung übergegangen, aber das Militär machte in derart großes Trara um die Vertuschung des Absturzes, dass die Menschen hier sicher waren: Außerirdische waren hier! Weltweite Neugierde und einheimischer Einfallsreichtum verwandelten die Kleinstadt in eine blühende extraterrestrische Möchtegern-Zone. Die Straßenlampen der Innenstadt blicken einen mit Alienaugen an und Busladungen voller Touristen kommen auf der Suche nach guten Souvenirs hierher.

Informationen über den Ort bekommt man im **Visitor Bureau** (☎ 575-624-0889, 888-767-9355; www.roswellmysteries.com; 912 N Main St; ☺ Mo–Fr, 8.30–17.30, Sa & So 10–15 Uhr; ☎). Und da kann man dann auch gleich ein Foto von sich und einem Alien schießen.

Ufo-Fans und Kitsch-Freaks sollten das **International UFO Museum & Research Center** (☎ 575-625-9495; www.roswellufomuseum.com; 114 N Main St; Erw./Kind 5/2 US$; ☺ 9–17 Uhr) aufsuchen, das Dokumente über die Maßnahmen der Verschleierung und viel abgefahrene Kunst und ebensolche Ausstellungsstücke präsentiert. Das jährliche **Roswell UFO Festival** (www.roswellufofestival.com) steigt dem Wochenende vom 4. Juli – es gibt eine jenseitige Kostümparade, Gastredner, Workshops und Konzerte.

Motels der Ho-hum-Kette säumen die N Main St. 36 Meilen (58 km) südlich von Roswell bietet das **Heritage Inn** (☎ 575-748-2552, 866-207-0222; www.artesiaheritageinn.com; 209 W Main St; Zi. inkl. Frühstück 94 US$; ✗ 🛏 💻 ☎) in Artesia elf Zimmer im Westernstil. Es ist die schönste Unterkunft in der Gegend.

Wer der Hitze der Innenstadt entfliehen will, sollte sich in die immer angenehm kühle **Pecos Flavors Winery** (☎ 575-627-6265; 305 N Main St; ☺ Mo–Do 10–19, Fr & Sa bis 20 Uhr) begeben und sich ein Glas Wein und eine Käseplatte bestellen. Biertrinker können dort auch ein Alien Amber Ale kriegen. Das **Farley's** (☎ 575-627-1100; 1315 N Main St; Gerichte 7–13 US$; ☺ So–Do 11–23, Fr & Sa bis 1 Uhr) mit seiner Superhelden-Deko serviert auf einem riesigen Industrieareal tolles Kneipenessen, Pizzas und 29 verschiedene Biersorten. Einfache und ehrliche mexikanische Kost in der Innenstadt gibt es im **Martin's Capitol Café** (110 W 4th St; Gerichte 6–10 US$; ☺ Mo–Sa 6–20.30 Uhr) .

Vom **Greyhound Bus Depot** (☎ 575-622-2510; www. greyhound.com; 1100 N Virginia Ave) fahren Busse nach Carlsbad (29–32 US$, 1½ Std.) und El Paso in Texas, via Las Cruces (55–60 US$, 5½ Std.).

Carlsbad

Reisenden dient Carlsbad als Ausgangspunkt für Besuche im nahe gelegenen Carlsbad Caverns National Park (s. rechte Spalte) und den Guadalupe Mountains. Die **Chamber of Commerce** (☎ 575-887-6516, 866-822-9226; www.carlsbadchamber.com; 302 S Canal St; ☼ ganzjährig Mo 9–17, Di–Fr 8–17 Uhr, Mai–Sept. Sa 9–15 Uhr) hat praktische Informationen zu beiden.

Der an den nordwestlichen Außenbezirken der Stadt und abseits des Hwy 285 liegende **Living Desert State Park** (☎ 575-887-5516; 1504 Miehls Dr; Erw./Kind 7–12 Jahre 5/3 US$; ☼ Ende Juni–Aug. 8–20 Uhr, Sept.–Mai 9–17 Uhr; ♿) ist ein toller Ort, um nach Kakteen, Kojoten und wilden Tieren Ausschau zu halten und etwas über sie zu lernen. Im Park gibt's einen guten, 2 km langen Lehrpfad, der die unterschiedlichen Lebensräume der Chihuahua-Wüste vorstellt.

Die meisten Unterkünfte in Carlsbad bestehen aus Kettenmotels an der S Canal St oder dem National Parks Hwy. Das schlichte **Motel 6** (☎ 575-885-0001; www.motel6.com; 3824 National Parks Hwy; EZ/DZ 50/54 US$; 🐾 🛜 ♿) ist sauber, billig und liegt auf dem Weg in den Park. Wer mehr Wert auf guten Service legt, sollte ein oder zwei Nächte im mediterran angehauchten **Sousorrone Viento** (☎ 575-628-0446; www.sousorronev.com; 20 Vincent Rd; Zi. 125 US$; 🐾 🛜) im Norden der Stadt verbringen. Die sehr netten Besitzer dieses gastfreundlichen B&Bs bieten drei sehr saubere und gut ausgestattete Zimmer an und dazu ein auf die individuellen Wünsche abgestimmtes Frühstück. Wanderer sind willkommen und erhalten auch noch ein Lunchpaket für unterwegs. Etwas nördlich davon liegt der sehr empfehlenswerte **Carlsbad KOA** (☎ 575-457-2000; www.carlsbadrv.com; 2 Mantei Rd; Stellplatz 27–30 US$, Stellplatz für Wohnmobilstell 39–44 US$, Hütte 53–95; 🛜 ♿), der sauberste Campingplatz, den man sich vorstellen kann. Er liegt zwischen den Mileposts 51 und 52 abseits des Hwy 285.

Im lebhaften **Blue House Bakery & Cafe** (☎ 575-628-0555; 609 N Canyon St; Gerichte unter 10 US$; ☼ Mo & Sa Frühstück 6–12, Di–Fr Frühstück & Mittagessen 6–14 Uhr) wird der beste Kaffee dieser Ecke New Mexicos gekocht. Wer vor 10 Uhr hingeht, hat noch die ganze Gebäckauswahl für sich. **Danny's Place** (☎ 575-885-8739; 902 S Canal St; Gerichte 5–11 US$; ☼ 11–21 Uhr) ist ein Drive-in, aber man

kann sich auch ins Restaurant reinsetzen. Die Sandwiches sind herzhaft, kunterbunt zusammengesetzt und etwas scharf. Auf ein geselliges Bier gehen Einheimische und Besucher ins stets volle **Lucy's** (☎ 575-887-7714; 701 S Canal St; Gerichte 7–16 US$; ☼ Mo–Do 11–21, Fr & Sa bis 21.30 Uhr), wo es auch günstige und leckere Gerichte aus New Mexico gibt.

Busse von **Greyhound** (☎ 575-628-0768; www.greyhound.com; 3102 National Parks Hwy) fahren ab der Shamrock-Tankstelle innerhalb des Food Jet South nach El Paso in Texas (50–54 US$, 3 Std.) und Lubbock, ebenfalls in Texas (50–54, 4¾ Std.).

Carlsbad Caverns National Park

Zahlreiche wundersame Höhlen verbergen sich unter den Hügeln dieses einzigartigen **Nationalparks** (☎ 575-785-2232, Informationen über Fledermäuse 505-785-3012; www.nps.gov/cave; 3225 National Parks Hwy; Erw./Kind 6 US$/frei; ☼ Höhlen Ende Mai–Anfang Sept. 8.30–15.30 Uhr, Anfang Sept.–Ende Mai bis 14 Uhr), der sich über ein Gebiet von 190 km² erstreckt. Die Höhlen sind ein Wunderland aus Stalaktiten und fantastischen geologischen Formationen. Man kann vom Visitor Center entweder mit dem Aufzug fahren oder eine 3,2 km lange, unterirdische Wanderung vom Höhleneingang bis zu einer unterirdischen Kammer unternehmen, die 550 m lang und 78 m hoch ist und sich mehr als 240 m unter der Oberfläche befindet. Für Traveller, die an Klaustrophobie leiden oder zu Panikattacken neigen, kann die Kammer oder auch die Fahrt mit dem Fahrstuhl (der eine Höhe, die der des Empire State Building entspricht, in weniger als einer Minute zurücklegt) zu einer weniger erfreulichen Erfahrung werden.

Geführte Touren in weitere Höhlen sind möglich (Erw. 7–20 US$, Kind 3,50–10 US$) und sollten einige Zeit im Voraus gebucht werden (☎ 877-444-6777 od. unter www.recreation.gov). Am besten bringt man wärmere Kleidung und festes Schuhwerk mit – es wird kühl.

Und es gibt noch ein weiteres Highlight: Von Mitte Mai bis Mitte Oktober leben hier in den Höhlen über 300 000 Fledermäuse. Man sollte zum Sonnenuntergang hierherkommen, wenn die Insektenjäger in die Nacht ausschwärmen.

Kalifornien

Kalifornien ist in erster Linie eine Ikone. Hier sang Naturforscher John Muir sein Loblied vom „Lichtspektrum" der Sierra Nevada. Später definierten Jack Kerouac und die Beatpoeten vor Ort den wahrhaftigen Aufbruch. Heute keltern kalifornische Winzer echte Weltklasselesen aus Bio-Trauben. Gleichzeitig beeinflusst eine neue Generation von Bürgerrechtlern, Umweltschützern und Sozialphilosophen nicht nur diesen Bundesstaat, sondern die ganze Nation.

Kalifornien ist quasi das futuristischste Soziallabor der USA. Menschlicher Innovationshunger wird hier zuallererst gestillt: Das Silicon Valley erhöht den Nutzwert neuer Technologien mit Lichtgeschwindigkeit. Prominente Modetrends im postmodernen Südkalifornien wirken sich landesweit aus – ausgelöst von Personen, die skurrilerweise oft nur für ihre Berühmtheit berühmt sind. Der kalifornische „Nationalstaat" unterscheidet sich größtenteils deutlich vom Rest der USA. Dennoch hat sich vielleicht keine andere Popkultur so stark auf unser Arbeiten, Spielen, Essen, Lieben, Konsumieren und – jawohl – Wiederverwerten ausgewirkt.

Seit dem turbulenten Goldrausch zur Mitte des 19. Jhs. sind Menschen aus Amerika und aller Welt voller Ehrgeiz und Hoffnung nach Kalifornien geströmt. Hier träumen Millionen von Neuankömmlingen bis heute den amerikanischen Traum, der wie eine goldene Sonne über den glitzernden Wellen und wehenden Palmen am Ende der Route 66 in Los Angeles hängt – sicherlich auch kein schlechter Startpunkt für Besucher!

HIGHLIGHTS

- Im **Yosemite National Park** (S. 310) Wasserfälle besuchen und Granitkuppeln erklimmen
- Vor **San Diego** (S. 235) und den Strandorten des **Orange County** (S. 235) surfen
- Das glamouröse Nachtleben von **Los Angeles** (S. 208) in multikulturellen Vierteln erleben
- Im **Death Valley** (S. 252) zu Sanddünen und Geisterstädten des Wilden Westens wandern
- Auf dem Hwy 1 die Mammutbäume an der Felsküste von **Big Sur** (S. 259) passieren
- In **San Francisco** (S. 283) Burritos im Missionsstil und frische Produkte vom Farmer's Market vertilgen
- Nahe den Weinbergen von **Calistoga** (S. 294) Schlammbäder nehmen
- Im **Redwood National Park** (S. 301) an den größten Bäumen der Welt hinaufblicken

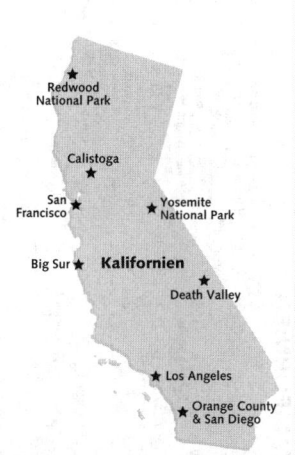

KALIFORNIEN

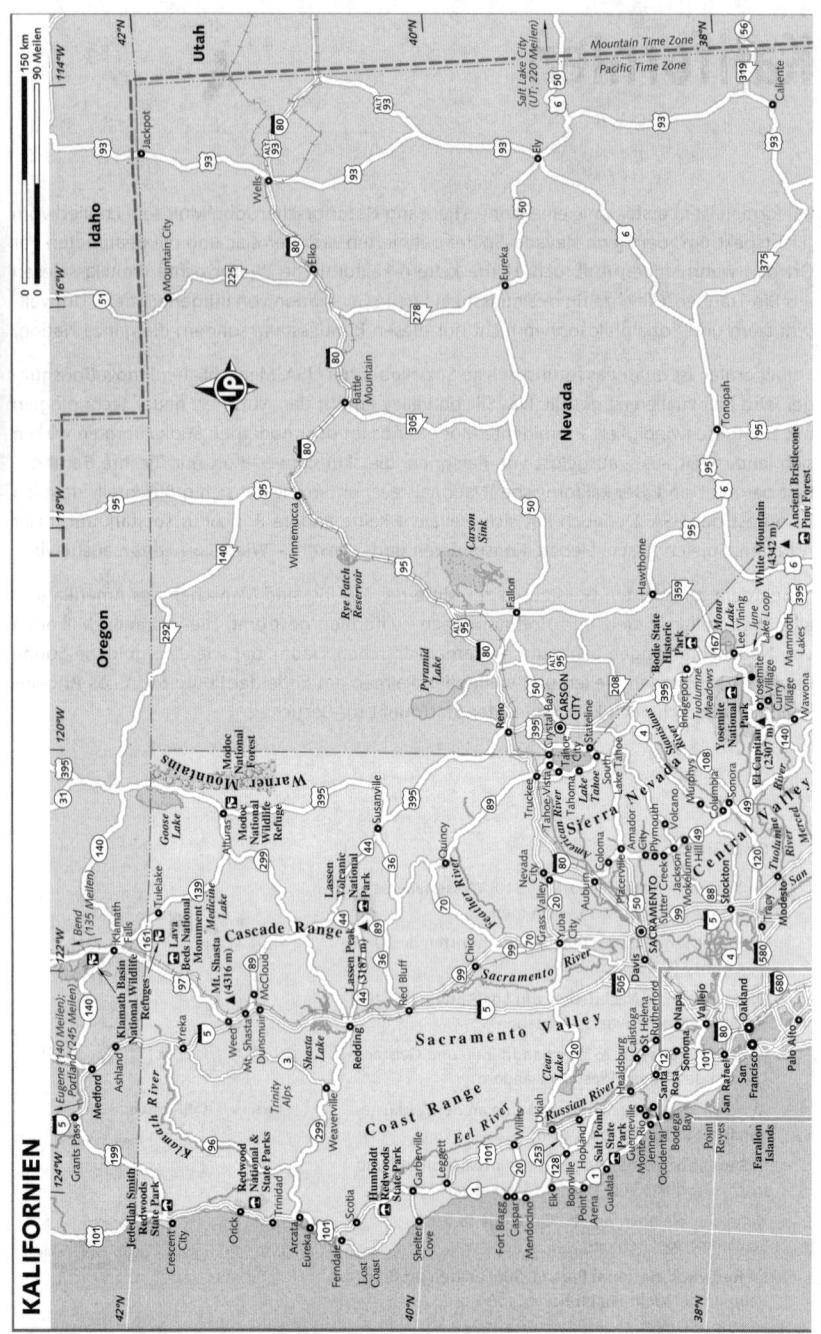

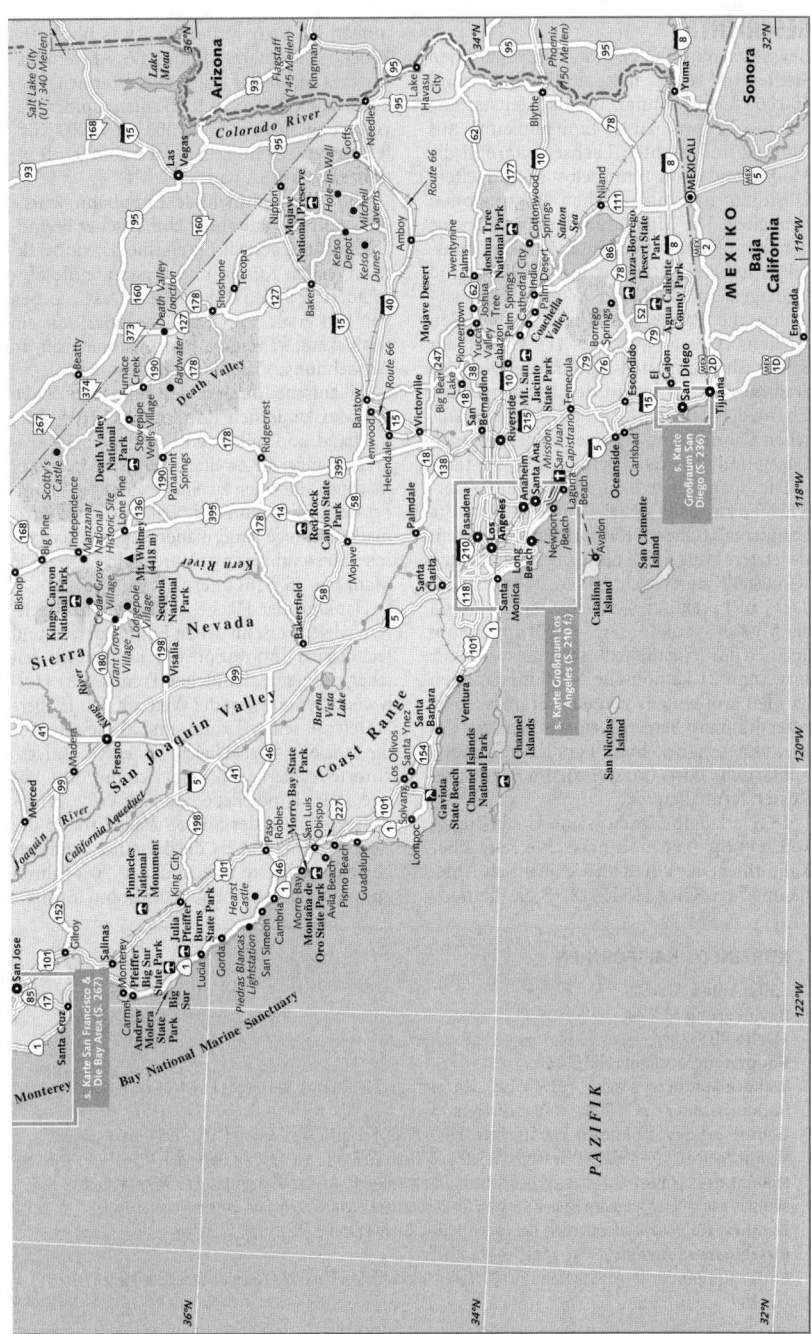

KALIFORNIEN

KALIFORNIEN

GESCHICHTE

Bei der Ankunft der ersten europäischen Siedler im 16. Jh. hatte Kalifornien rund 300 000 Ureinwohner. Nordküstenstämme wie die Tolowa bauten Einbaumkanus aus Rotholz und fischten Lachse, während die Modoc landeinwärts mit selbst gesammeltem Obsidian aus vulkanischen Bergregionen handelten. Die Miwok und andere Stämme der Sierra Nevada wechselten je nach Jahreszeit zwischen Dörfern am Fuß der Berge und Jagdlagern im Hochland. Weiter östlich siedelten die Paiute am Rand des Großen Beckens (Great Basin Desert). Dörfer der Chumash säumten die Südküste, von der Stammesangehörige zu den kalifornischen Channel Islands aufbrachen. Die nomadischen Cahuilla und Mojave nutzten dagegen Oasen und Pflanzen der südlichen Wüsten.

Die spanischen Konquistadoren unterschieden zwischen „Baja" (Unteres) und „Alta California" (Oberes Kalifornien). Nachdem sie letzteres vergeblich nach einer sagenhaften „Goldstadt" durchsucht hatten, überließen sie das Gebiet praktisch sich selbst. Erst während der Missionsperiode (1769–1810) unternahm Spanien dort ernsthafte Besiedlungsversuche: Insgesamt 21 katholische Missionsstationen wurden größtenteils von dem Franziskanerpater Junípero Serra gegründet, um die Ureinwohner zu bekehren. Parallel entstanden militärische Forts (presidios), um Briten und Russen fernhalten.

1821 erlangte Mexiko seine Unabhängigkeit von Spanien und herrschte kurz über Kalifornien, nur um es im Mexikanisch-Amerikanischen Krieg (1846–1848) an die noch jungen USA zu verlieren. Etwas über eine Woche vor Unterzeichnung des Abtretungsvertrags wurde das erste Gold gefunden. Dies bescherte Kalifornien 1850 einen rapiden Bevölkerungsanstieg von 14 000 auf 92 000 Köpfe, während es im selben Jahr zum 31. Bundesstaat der USA wurde.

Die transkontinentale Eisenbahn wurde 1869 mithilfe Tausender chinesischer Fremdarbeiter fertiggestellt. Sie erschloss neue Märkte an beiden Küsten und verstärkte die Einwanderung in den Golden State. Das Erdbeben von San Francisco (1906) war quasi nur ein Schluckauf, während Kalifornien weiterhin an Ausdehnung, Vielfalt und Bedeutung zulegte. Mexikanische Immigranten kamen zu Zeiten der Mexikanischen Revolution (1910–1921) ins Land und milderten später den Arbeitskräftemangel im Zweiten Weltkrieg. Letzterer machte Kalifornien zu einem wichtigen Standort der Militärindustrie, während viele japanischstämmige Amerikaner wegen antiasiatischer Ressentiments zu Unrecht in Lagern wie Manzanar (S. 318) interniert wurden.

Dank großer Fläche, gebündeltem Reichtum, vielen verschiedenen Einwanderern und technischer Innovation war Kalifornien seit jeher ein gesellschaftlicher Trendsetter: Hollywood hypnotisiert die Welt seit den 1930er-Jahren mit seiner Traum- und Modewelt. Auf die banale Selbstgefälligkeit seiner Nachkriegsvororte reagierte San Francisco mit Beat-Poesie, freier Hippieliebe und Gay Pride. Hightech-Visionäre des Silicon Valley traten die Internetrevolution los, die das ganze Land aufs Neue elektrisierte und in den 1990er-Jahren zu einem überzogenen Aktienboom führte.

KURZINFOS KALIFORNIEN

Spitzname Golden State
Bevölkerung 38,3 Mio.
Fläche 403 932 km^2
Hauptstadt Sacramento (481 000 Ew.)
Weitere Städte Los Angeles (4,03 Mio. Ew.), San Francisco (744 000 Ew.), San Diego (1,34 Mio. Ew.)
Verkaufssteuer 8,25 % (örtlicher Zuschlag bis zu 1 %)
Geburtsort des Schriftstellers John Steinbeck (1902–1968), Fotografs Ansel Adams (1902–1984), der Popikone Marilyn Monroe (1926–1962), der Tennisprofis Serena & Venus Williams (geb. 1980 als Zwillinge)
Heimat des höchsten (Mt. Whitney) und tiefsten (Death Valley) Punkts der US-Kernstaaten sowie der ältesten, höchsten und größten lebenden Bäume der Welt (uralte Borstenkiefern, Küsten- und Riesenmammutbäume).
Berühmt für Disneyland, Erdbeben, Hollywood, Hippie-Baumumarmer, Silicon Valley, Surfen
Kitschigstes Souvenir „Mystery Spot"-Autoaufkleber
Entfernungen San Diego–San Francisco 500 Meilen (805 km), San Francisco–Yosemite Valley 200 Meilen (322 km)

KALIFORNIEN ...

... in einer Woche

Kurzprogramm Kalifornien: Den Anfang macht **Los Angeles** (S. 208), eventuell gefolgt von einem Abstecher nach **Disneyland** (S. 234). Nun heißt es die atemberaubende Central Coast hinauffahren, wobei sich Stopps in **Santa Barbara** (S. 254) und **Big Sur** (S. 259) empfehlen. Nach dem Genuss von **San Franciscos** (S. 266) Stadtkultur geht's dann landeinwärts nach **Yosemite** (S. 310) und schließlich nach L. A. zurück.

... in zwei Wochen

Das Programm für eine Woche gemächlicher absolvieren und um das **Wine Country** (NorCal; S. 293), **Lake Tahoe** (S. 308) oder **Death Valley** (S. 252) ergänzen.

... mit Kindern

Die vielen Schätze des Golden State werden Kinder hellauf begeistern. Nur wenige können dem Zauber **Disneylands** (S. 234) widerstehen, wenngleich temposüchtige Teenager wohl die Achterbahnen der nahen **Knott's Berry Farm** (S. 235) und des **Six Flags Magic Mountain** (S. 234) bevorzugen. Die **Universal Studios** (S. 219) in L. A. bieten Kinomagie, während San Diego mit seinem berühmten **Zoo** (S. 238), dem **Wild Animal Park** (S. 245) und **SeaWorld** (S. 241) vor allem Tierfans begeistert. In NorCal sind **Monterey Bay Aquarium** (S. 261) und **Santa Cruz Boardwalk** (S. 263) quasi Pflicht.

KALIFORNIEN

Als die Börsenblase schließlich platzte und den Bundesstaat ins Wirtschaftschaos stürzte, gaben die Kalifornier ihrem demokratischen Gouverneur Gray Davis die Schuld. Mittels einer kontroversen Abberufungswahl (*recall*) bestimmten sie den Republikaner Arnold Schwarzenegger dazu, die Dinge wieder zurechtzubiegen. Trotz anfänglicher Schwierigkeiten sorgte der „Governator" für allgemeine Überraschung, indem er sich von der Bush-Regierung distanzierte und neben Umweltfragen auch die umstrittene Stammzellenforschung an die Spitze seiner Agenda setzte.

Finanzierungslücken lösten 2009 eine neue Kapitalkrise aus, die der Gesetzgeber zum Zeitpunkt der Recherche noch nicht unter Kontrolle hatte. Aktuell strauchelt Kaliforniens lebenswichtige Hightechindustrie noch immer, während dringender Bedarf an öffentlichen Bildungsreformen besteht. Für anhaltende Belastung sorgen auch ständige Neuzugänge in überfüllten Gefängnissen, chronisch unterfinanzierte State Parks und die Frage der illegal eingewanderten Mexikaner, die den kritischen Mangel an Billigarbeitskräften vor allem in der Landwirtschaft beheben.

EINHEIMISCHE KULTUR

In diesem Staat der Extreme vereinen urbane Korridore gleichzeitig bittere Armut und unglaublichen Reichtum. In der zwölftgrößten Wirtschaftsmacht der Welt gibt es weiterhin viele Einwanderer, deren Viertel oft Miniaturversionen ihrer jeweiligen Stammländer gleichen. Toleranz wird hier großgeschrieben, während andererseits auch Intoleranz herrscht – beispielsweise auf den Freeways oder gegenüber Rauchern. Unkonventionalität und Innovation haben Kalifornien quasi zum natürlichen Trendsetter gemacht: Wo sonst wurden iPod, Power-Yoga und Reality-TV erfunden? Die betont sportlichen und jugendlichen Einheimischen sind sehr imagebewusst. Vor allem in Southern California (SoCal) definieren sich Identität und Selbstbewusstsein daher oft über Autos.

GEOGRAFIE & KLIMA

Wüsten, Wälder, hochalpine Zonen, Flussdeltas, feuchte Küstenstreifen, Täler: Kalifornien hat alles, was das Geografenherz begehrt. – z. B. den Mt. Whitney (4418 m) als höchsten US-Berg außerhalb Alaskas und Badwater im Death Valley (85,5 m unter Null) als tiefsten Punkt der ganzen Nation. Die täglichen Erdbeben sind zum Glück meistens so schwach, dass man sie gar nicht erst bemerkt.

Die nördlichen und östlichen Gebirgsregionen sind im Winter tief verschneit, während die Sommertemperaturen im Central Valley und den Wüsten auf bis zu 49 °C steigen können. Die Hitze im Landesinneren treibt gleichzeitig kühlen Küstennebel von Big Sur gen Norden – daher Pullover nicht vergessen!

KALIFORNIEN

Obwohl der Nebel im Spätfrühling auch kurz über SoCal hängt, ist die Küstenluft ab Juli sozusagen wieder rein.

PARKS, TIERE & PFLANZEN

Yosemite (S. 310) und Sequoia (S. 315) wurden 1890 die ersten Nationalparks Kaliforniens. Inzwischen sind sechs weitere hinzugekommen: Kings Canyon (S. 315), Death Valley (S. 252), Joshua Tree (S. 249), Channel Islands (S. 254), Redwood (S. 301) und Lassen Volcanic (S. 308). Der **National Park Service** (NPS; www.nps.gov) verwaltet außerdem noch ungefähr 24 historische Stätten, Baudenkmale, Naturreservate und Erholungsgebiete in Kalifornien.

Die riesige Vielfalt, die die mehr als 270 kalifornischen **State Parks** (☎ 916-653-6995, 800-777-0369; www.parks.ca.gov) zin sich vereinen, reicht von Redwoodwäldern bis zu Meeresparks unter Wasser. Dabei werden fast ein Drittel der Küste sowie ein über 4800 km langes Netz von Wander-, Rad- und Reitwegen geschützt. Zum Zeitpunkt der Recherche waren mehr als 100 State Parks wegen des bundesstaatlichen Finanzdefizits geschlossen (für aktuelle Infos s. Parkwebseite). Die Tagesgebühr für ein Auto liegt zwischen 4 und 15 US$, Camping kostet 10 bis 65 US$ pro Übernachtung. **ReserveAmerica** (☎ 800-444-7275; www.reserveamerica.com) reserviert Stellplätze.

Tiere in Kalifornien sind oft etwas größer und haben teilweise Schulbusformat – zumindest die Grauwale, die zwischen Dezember und April von Alaska nach Nordmexiko und wieder zurück wandern. Flaschennasendelphine und Schweinswale tummeln sich ganzjährig in Küstennähe, während brüllende Seehunde und -löwen an Piers und Stränden faulenzen. Den kalifornischen Grizzly findet man zwar nur noch auf der Staatsflagge, doch vor allem in der Sierra Nevada sind Schwarzbären keine Seltenheit.

Fast die Hälfte aller nordamerikanischen Vogelarten nutzen die geschützten Inlands- und Küstenzonen entlang des „Pacific Flyway" um sich unterwegs zu erholen. Dort gibt's z. B. Weißkopf-Seeadler zu sehen, die 2007 der Roten Liste bedrohter Arten entflogen sind. Dank ehrgeiziger Zuchtprogramme in menschlicher Obhut konnte selbst der kalifornische Kondor wieder ausgewildert werden, ist aber nach wie vor sehr selten. Viele Zugvögel und einheimische Federträger besuchen auch Wasserlöcher zwischen den Fä-

cherpalmen natürlicher Wüstenoasen. Dasselbe gilt für Dickhornschafe. Zudem kriecht die gefährdete Kalifornische Gopherschildkröte langsam durch die Mojave- und Sonora-Wüste.

PRAKTISCHE INFORMATIONEN

California Division of Tourism (www.visitcalifornia.com)

Verkehrsinformationen für Kalifornien (☎ 800-427-7623; www2.dot.ca.gov/hq/roadinfo)

Forst- & Feuerschutzbehörde (Department of Forestry & Fire Protection; www.fire.ca.gov) Für aktuelle Waldbrandinfos.

USGS Earthquake Hazards Information (http://quake.usgs.gov/recenteqs/latest.htm) Warnt mit seismischen Karten vor potentiellen Erdbeben.

ANREISE & UNTERWEGS VOR ORT

Los Angeles (LAX) und San Francisco (SFO) sind die größten internationalen Luftkreuze des Bundesstaats. Kleinere Flughäfen wie Sacramento, Oakland, San Jose, Orange County und San Diego wickeln vor allem Inlandsverbindungen ab.

Vier Hauptstrecken der Amtrak (S. 423) verbinden Kalifornien mit der restlichen USA: *California Zephyr* (Chicago–San Francisco/Emeryville), *Coast Starlight* (Seattle–L. A.), *Southwest Chief* (Chicago–L. A.) und *Sunset Limited* (New Orleans–L. A.). Zu den nützlichen innerkalifornischen Zugstrecken gehören *Pacific Surfliner* (San Diego–San Luis Obispo über L. A.), *Capitol Corridor* (San Jose–Auburn über Oakland/Sacramento) und *San Joaquin* (Sacramento/Bay Area–Bakersfield mit Busverbindung nach Yosemite ab Merced).

Greyhound (S. 419) bedient viele Ecken des Bundesstaats. Wer Kalifornien jedoch richtig auf eigene Faust erkunden möchte, braucht vor allem abseits der Küste ein eigenes Fahrzeug. Mietwagen (S. 417) sind zwar überall erhältlich, in L. A., San Diego und San Francisco aber generell am günstigsten.

LOS ANGELES

Während man bei Los Angeles (L. A.) wohl kaum zuerst an „Durchschnittsamerika" denkt, ist keine andere Stadt amerikanischer: Die Metropole repräsentiert praktisch alle Facetten der Nation in deren jeweiligen Extremen. So treffen hier ein paar der reichsten und ärmsten, kultiviertesten und rohsten, schöns-

LOS ANGELES IN ...

Aufgrund der enormen Entfernungen in L. A. sollte man sich für einzelne Tage nicht zuviel vornehmen. Die folgenden Routenvorschläge sind bereits ziemlich ehrgeizig.

... einem Tag

Nach einem Frühstück im **Waffle** (S. 228) heißt es Stars auf dem **Walk of Fame** (S. 217) entlang des neu belebten Hollywood Blvd suchen. Echte Promis sieht man eventuell in den hippen Boutiquen des paparazziverseuchten **Robertson Boulevard** (S. 231) und beim Mittagessen im **Ivy** (S. 228). Nach einer Fahrt zum erhabenen **Getty Center** (S. 221) geht's dann nach Westen, um die strandseitige Show auf dem **Venice Boardwalk** (S. 222) zu beobachten. Zum Schluss genießt man in **Santa Monica** (S. 228) ein Abendessen und den Sonnenuntergang über dem Meer.

... zwei Tagen

Der zweite Tag verschafft einen Überblick über die rapide Entwicklung Downtowns: Nach der Suche nach den Wurzeln der Stadt am **El Pueblo de Los Angeles** (S. 212) wird man von der **Walt Disney Concert Hall** (S. 214) und der **Cathedral of our Lady of the Angels** (S. 214) spektakulär in die Zukunft katapultiert. Die Kalorien des Dim-Sum-Brunchs in **Chinatown** (S. 227) verbrennen am besten beim Bummeln durch die nahen **Kunstgalerien** (S. 212). Das neue Unterhaltungszentrum L. A. Live mit dem **Grammy Museum** (S. 215) steht direkt neben dem **Staples Center** (S. 215), wo man die Lakers eventuell zusammen mit Leo, Jack und anderen Stars anfeuert. Den krönenden Abschluss bilden dann Cocktails in der Dachbar des **Standard Downtown LA** (S. 225).

... noch mehr Tagen

Nun, nachdem man etwas mehr über den Charakter von L. A. weiß, heißt es weiter auf Entdeckungsreise gehen. Dabei können z. B. diese grundverschiedenen Attraktionen nach eigenem Gusto erkundet werden: **Beverly Hills** (S. 219), **Los Angeles County Museum of Art** (S. 218), **Hollywood Bowl** (S. 231), **Huntington Library** (S. 223), **Surfrider Beach** (S. 221), **Abbot Kinney Boulevard** (S. 223), **Fashion District** (S. 215) und **Spaceland** (S. 230).

KALIFORNIEN

ten und gesichtslosesten, intellektuellsten und leichtfertigsten US-Bürger aufeinander – ob nun alteingesessen oder gerade frisch eingetroffen.

Die Angelenos haben jedoch eines gemeinsam: Als Suchende bzw. deren Nachkommen verfolgen sie persönliche Träume – sei es Ruhm auf der Kinoleinwand oder genug Geld für die Familie zuhause. Mit 10,2 Mio. Einwohnern ist L. A. das größte County der USA und wäre rein bevölkerungsmäßig sogar achtgrößter Bundesstaat. Erfolg wie Misserfolg können hier spektakuläre Ausmaße annehmen. Wenn das nicht Amerika ist, was dann?

Wer vorschnell denkt, er habe L. A. bereits durchschaut, sollte nochmal nachdenken: Die unbestrittene Welthauptstadt des Entertainment steht keinesfalls nur für Smog, Verkehr, Botox-Babes, Möchtegerne und Morde in Promikreisen. Ihr wahrer Charakter offenbart sich nicht über Boulevardschlagzeilen oder Kinofilme, sondern Stück für Stück im normalen Alltag. Je tiefer man darin eintaucht, desto höher wahrscheinlich der Genuss!

Momentan ist genau der richtige Zeitpunkt für Trips nach L. A.: Hollywood und Downtown erleben eine urbane Renaissance, während Offenheit und Experimentierfreude die Kunst-, Musik- und Modeszene beflügeln. Gleichzeitig haben innovative Geister die kalifornische Küchenszene auf Hochtouren gebracht.

ORIENTIERUNG

Trotz 88 Städten auf über 10 360 km² sind die für Besucher relevanten Gebiete des riesigen L. A. County recht klar definiert: Etwa 20 km landeinwärts kombiniert Downtown L. A. intellektuelle Kultur und Geschichte mit dem Elan eines globalen Dorfes. Das wieder angesagte Hollywood liegt im Nordwesten während urbaner Designerchic und die schwullesbische Szene in West Hollywood regieren. Südlich davon lockt das Museum Row viele Besucher nach Mid-City. Weiter westlich liegen das noble Beverly Hills, Westwood mit der University of California (UCLA) und das Getty Center auf den Hügeln von Brentwood.

KALIFORNIEN

GROSSRAUM LOS ANGELES

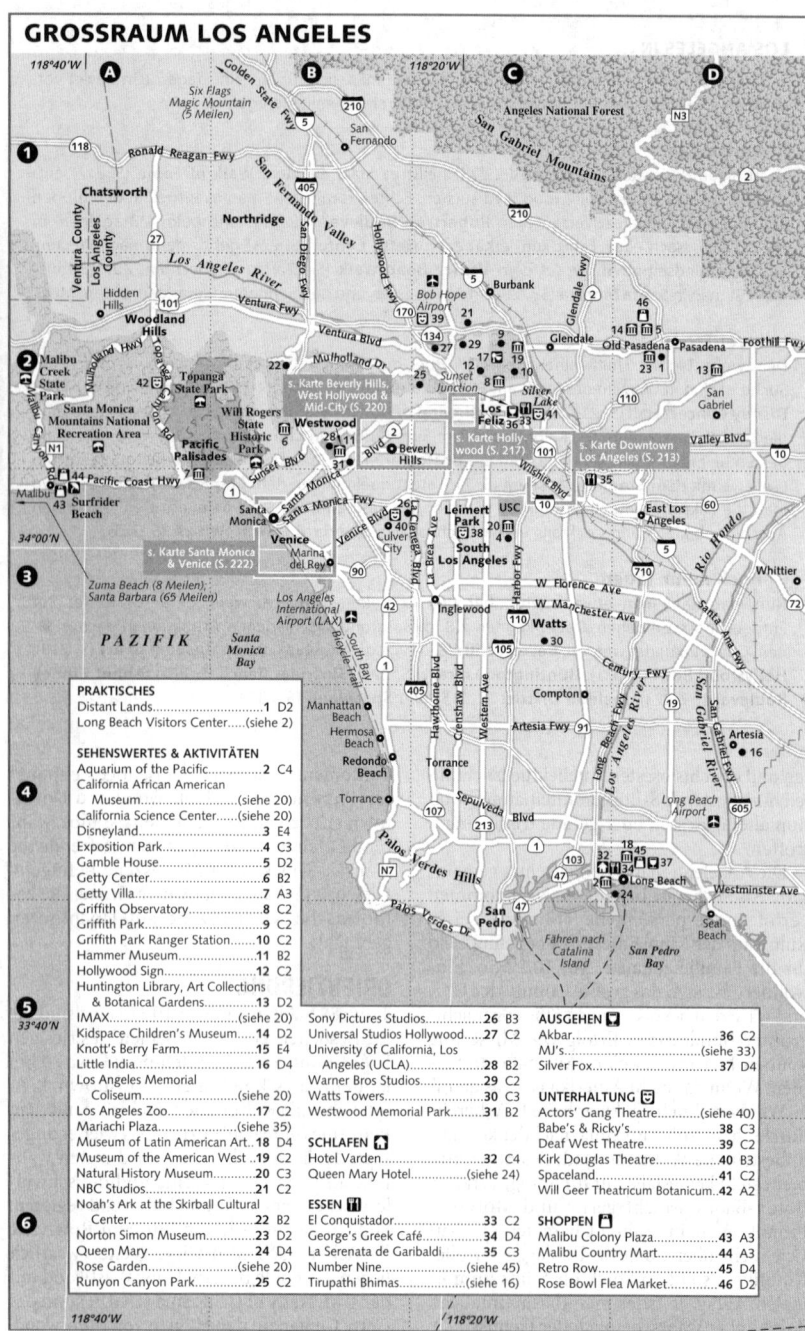

PRAKTISCHES
Distant Lands.....................................1 D2
Long Beach Visitors Center.....(siehe 2)

SEHENSWERTES & AKTIVITÄTEN
Aquarium of the Pacific...................2 C4
California African American
   Museum......................................(siehe 20)
California Science Center......(siehe 20)
Disneyland...3 E4
Exposition Park.................................4 C3
Gamble House....................................5 D2
Getty Center......................................6 B2
Getty Villa...7 A3
Griffith Observatory.........................8 C2
Griffith Park.......................................9 C2
Griffith Park Ranger Station..........10 C2
Hammer Museum.............................11 B2
Hollywood Sign...............................12 C2
Huntington Library, Art Collections
   & Botanical Gardens.................13 D2
IMAX...(siehe 20)
Kidspace Children's Museum.........14 D2
Knott's Berry Farm.........................15 E4
Little India..16 D4
Los Angeles Memorial
   Coliseum......................................(siehe 20)
Los Angeles Zoo.............................17 C2
Mariachi Plaza.................................(siehe 35)
Museum of Latin American Art..18 D4
Museum of the American West ..19 C2
Natural History Museum...............20 C3
NBC Studios.....................................21 C2
Noah's Ark at the Skirball Cultural
   Center...22 B2
Norton Simon Museum................23 D2
Queen Mary.......................................24 D4
Rose Garden.......................................(siehe 20)
Runyon Canyon Park......................25 C2

Sony Pictures Studios.....................26 B3
Universal Studios Hollywood.......27 C2
University of California, Los
   Angeles (UCLA)..........................28 B2
Warner Bros Studios.......................29 C2
Watts Towers....................................30 C3
Westwood Memorial Park.............31 B2

SCHLAFEN 🛏
Hotel Varden.....................................32 C4
Queen Mary Hotel.............................(siehe 24)

ESSEN 🍴
El Conquistador...............................33 C2
George's Greek Café.......................34 D4
La Serenata de Garibaldi...............35 C3
Number Nine.......................................(siehe 45)
Tirupathi Bhimas..............................(siehe 16)

AUSGEHEN 🍸
Akbar..36 C2
MJ's...(siehe 33)
Silver Fox...37 D4

UNTERHALTUNG 🎭
Actors' Gang Theatre.............(siehe 40)
Babe's & Ricky's...............................38 C3
Deaf West Theatre...........................39 C2
Kirk Douglas Theatre.....................40 B3
Spaceland..41 C2
Will Geer Theatricum Botanicum..42 A2

SHOPPEN 🛍
Malibu Colony Plaza.......................43 A3
Malibu Country Mart......................44 A3
Retro Row..45 D4
Rose Bowl Flea Market...................46 D2

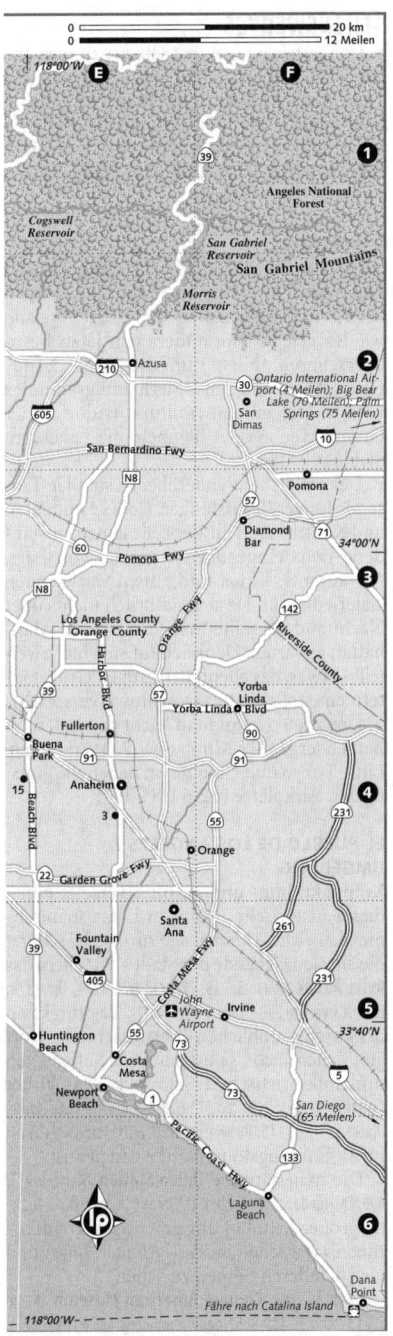

KALIFORNIEN

In puncto Strandorte ist Santa Monica am touristenfreundlichsten. Alternativen sind das schicke (aber unaufdringliche) Malibu, Venice mit seinem Boho-Vibe und das pulsierende Long Beach. Nordöstlich von Downtown erstreckt sich das prächtige Pasadena.

Obwohl man L. A. am besten mit dem Auto erkundet, sind die genannten Stadtteile meist recht angenehm mit öffentlichen Verkehrsmitteln erreichbar.

PRAKTISCHE INFORMATIONEN
Buchläden

Book Soup (Karte S. 220 f.; ☎ 310-659-3110; www. booksoup.com; 8818 W Sunset Blvd, West Hollywood) Regelmäßige Promi-Sichtungen.

Distant Lands (Karte S. 210 f.; www.distantlands. com; ☎ 626-449-3220; 56 S Raymond Ave, Pasadena) Schatztruhe mit Reisebüchern, -führern und nützlichem Krimskrams.

Geld

American Express (Karte S. 220 f.; ☎ 310-659-1682; Beverly Connection; 8493 W 3rd St, Mid-City; Mo–Fr 9–18, Sa 10–15 Uhr)

Travelex (Karte S. 220 f.; ☎ 310-659-6093; US Bank, 8901 Santa Monica Blvd; Mo–Fr 9–14 & 15–18, Sa 9–13 Uhr)

Infos im Internet

Daily Candy LA (www.dailycandy.com) Szene-Appetithappen aus dem stylishen L. A.

Discover Los Angeles (http://discoverlosangeles.com) Offizielle Webseite der Touristeninformation.

Flavorpill (http://flavorpill.com/losangeles) Hipper städtischer Kulturführer.

Gridskipper LA (www.gridskipper.com/travel/los -angeles) Urbaner Reiseführer für Unkonventionelle.

LA Observed (www.laobserved.com) Nachrichtenblog, der andere Medien vereint und zusammenfasst.

LA.com (www.la.com) Führer mit Insidertipps zu Einkaufsmöglichkeiten, Restaurants, Nightlife-Spots und Events.

Internetzugang

L. A.s öffentliche Bibliotheken haben kostenlose Internetzugänge. Die Zentralen (Ableger jeweils telefonisch oder online ermitteln):

Los Angeles Public Library (Karte S. 213; ☎ 213-228-7000; www.lapl.org; 630 W 5th St, Downtown;)

Santa Monica Public Library (Karte S. 222; ☎ 310-458-8600; www.smpl.org; 601 Santa Monica Blvd;)

Medien

KCRW 89.9 FM (www.kcrw.org) Station des National Public Radio (NPR) mit Sitz in Santa Monica. Bringt topaktuelle Musik und ausgewählte Berichte zum öffentlichen Geschehen.

KPCC 89.3 FM (www.kpcc.org) Von Pasadena aus sendet dieser NPR-Ableger neben NPR- und BBC-Programmen auch anspruchsvolle, örtlich Talkshows.

LA Weekly (www.laweekly.com) Kostenloses Alternativ-Mag mit News und Verzeichnissen.

Los Angeles Magazine (www.losangelesmagazine. com) Monatlich erscheinendes Lifestyle-Magazin mit praktischem Restaurantführer.

Los Angeles Times (www.latimes.com) Führende Tageszeitung des amerikanischen Westens. Steckt trotz vieler Pulitzer-Preise in der Krise, ist aber immer noch nützlich.

Notfall & Medizinische Versorgung

Cedars-Sinai Medical Center (Karte S. 220 f.; ☎ 310-423-3277; 8700 Beverly Blvd, West Hollywood; ☽ Not-aufnahme 24 Std.)

Landesweite Hotline für Vergwaltigungs- und Misshandlungsopfer (☎ 800-656-4673; ☽ 24 Std.)

Rite-Aid-Apotheken (☎ 800-748-3243; ☽ teilweise 24 Std.) Die nächstgelegene Filiale einfach telefonisch ermitteln.

Post

Postfilialen in der Nähe kann man online (www.usps.com) oder telefonisch unter ☎ 800-275-8777 ermitteln.

Telefon

Die rund ein Dutzend verschiedenen Ortsvorwahlen innerhalb des L. A. County gelten teilweise auch für Nachbarbezirke. Bei allen Telefonaten müssen der eigentlichen Anschlussnummer grundsätzlich die „1" und die jeweilige Ortsvorwahl vorangehen.

Touristeninformation

Beverly Hills (Karte S. 220 f.; ☎ 310-248-1015, 800-345-2210; www.lovebeverlyhills.org; 239 S Beverly Dr, Beverly Hills; ☽ Mo–Fr 8.30–17 Uhr)

Downtown L.A. (Karte S. 213; ☎ 213-689-8822; http://discoverlosangeles.com; 685 S Figueroa St; ☽ Mo–Fr 8.30–17 Uhr)

Hollywood (Karte S. 217; ☎ 323-467-6412; Hollywood & Highland, 6801 Hollywood Blvd; ☽ Mo–Sa 10–22, So 10–19 Uhr)

Long Beach (Karte S. 210 f.; ☎ 562-628-8850; www. visitlongbeach.com; ☽ Juni–Sept. tgl. 11–19 Uhr, Okt.–Mai Sa & So 11–17 Uhr) Vor dem Aquarium of the Pacific.

Santa Monica (☎ 310-393-7593, 800-544-5319; www. santamonica.com) Visitor Center (Karte S. 222; 1920 Main St; ☽ 9–18 Uhr); Informationskiosk (Karte S. 222; ☎ 1400 Ocean Ave; ☽ Juni–Aug. 9–17 Uhr, Sept.–Mai 10–16 Uhr)

SEHENSWERTES

Jedes Viertel von L. A. hat seinen ganz eigenen Reiz. Tolle Museen und Bauten findet man in Downtown, Mid-City oder Pasadena. In West Hollywood gibt's den legendären Sunset Strip und trendige Shoppingoptionen. Der typisch relaxte SoCal-Vibe lässt sich super in den Strandorten aufsaugen.

Downtown

Als L. A.s historisches Herz, Verwaltungs- und Hauptgeschäftszentrum wirkte Downtown abends und am Wochenende jahrzehntelang wie leergefegt. Dies ändert sich jetzt: Besucherscharen füllen nun die Walt Disney Concert Hall und den Unterhaltungskomplex LA Live, folgen dem Kulturkorridor an der Grand Avenue oder bejubeln die Lakers im Staples Center.

Der wirkliche Wandel aber ist subtiler. Tausende junger Berufstätiger, Collegestudenten und Künstler sind mittlerweile in neu entstandene Lofts eingezogen – gefolgt von Bars, Restaurants, Kinos und einem wachsenden Galeriedistrikt. Da sich natürlich nichts über Nacht ändert, sollte man nicht gleich Manhattan erwarten. Dennoch tut sich hier zweifellos etwas, das abenteuerlustigen Großstädtern eine tolle Zeit in Downtown verspricht.

Downtown kann man leicht per pedes, U-Bahn oder DASH-Minibus (S. 233) erkunden. Little Tokyo und Chinatown haben die günstigsten Parkplätze (ca. 6 US$/Tag).

EL PUEBLO DE LOS ANGELES & UMGEBUNG

Kompakt, bunt und autofrei versetzt einen dieser historische Bezirk in L. A.s spanischmexikanische Anfangstage zurück. Er schützt die ältesten Gebäude der Stadt – vor allem das **Avila Adobe** (Karte S. 213; ☎ 213-628-1274, Olvera St; Eintritt frei; ☽ 9–16 Uhr) von 1818, das direkt an der kitschig-fröhlichen **Olvera Street** steht. Dort gibt's auch Tacos, selbstgemachte Süßigkeiten und folkloristischen Schmuck. Das **Visitor Center** (Karte S. 213; ☎ 213-628-1274; Sepulveda House, Olvera St; ☽ 9–16 Uhr) verteilt Gratisbroschüren für Erkundungstouren auf eigene Faust.

Die majestätische **Union Station** (Karte S. 213; 800 N Alameda St; P) von 1939 ist Amerikas letzter großer Bahnhof. Ihr prächtiges Art-déco-Inneres war schon in *Blade Runner*, *Bugsy* und vielen anderen Filmen zu sehen.

Das kleine **Chinese American Museum** (Karte S. 213; ☎ 213-485-8567; www.camla.org; 425 N Los Angeles

DOWNTOWN LOS ANGELES

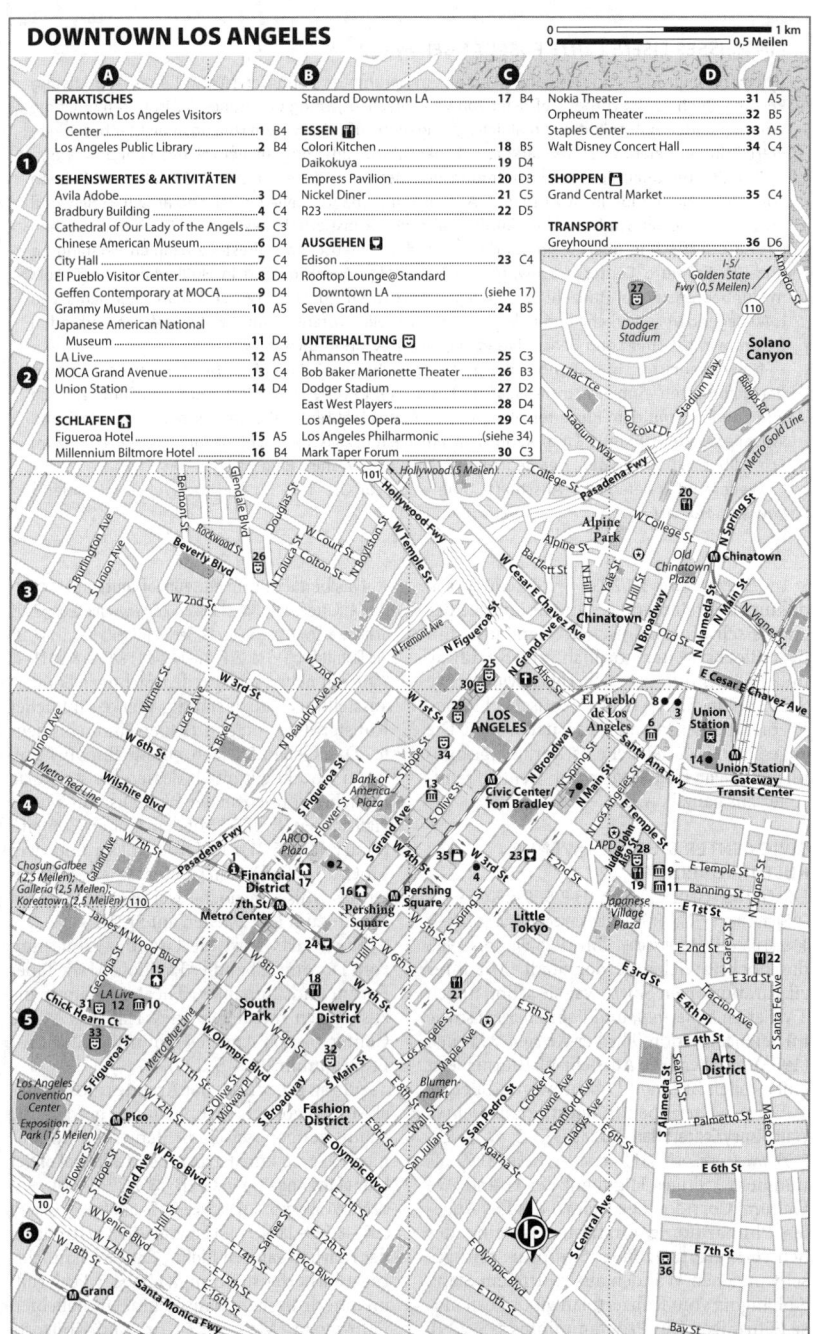

PRAKTISCHES
Downtown Los Angeles Visitors
Center 1 B4
Los Angeles Public Library 2 B4

SEHENSWERTES & AKTIVITÄTEN
Avila Adobe 3 D4
Bradbury Building 4 C4
Cathedral of Our Lady of the Angels ..5 C3
Chinese American Museum 6 D4
City Hall 7 C4
El Pueblo Visitor Center 8 D4
Geffen Contemporary at MOCA 9 D4
Grammy Museum 10 A5
Japanese American National
Museum 11 D4
LA Live 12 A5
MOCA Grand Avenue 13 C4
Union Station 14 D4

SCHLAFEN
Figueroa Hotel 15 A5
Millennium Biltmore Hotel 16 B4

Standard Downtown LA 17 B4

ESSEN
Colori Kitchen 18 B5
Daikokuya 19 D4
Empress Pavilion 20 D3
Nickel Diner 21 C5
R23 ....22 D5

AUSGEHEN
Edison 23 C4
Rooftop Lounge@Standard
Downtown LA ....(siehe 17)
Seven Grand 24 B5

UNTERHALTUNG
Ahmanson Theatre 25 C3
Bob Baker Marionette Theater 26 B3
Dodger Stadium 27 D2
East West Players 28 D4
Los Angeles Opera 29 C4
Los Angeles Philharmonic ....(siehe 34)
Mark Taper Forum 30 C3

Nokia Theater 31 A5
Orpheum Theater 32 B5
Staples Center 33 A5
Walt Disney Concert Hall 34 C4

SHOPPEN
Grand Central Market 35 C4

TRANSPORT
Greyhound 36 D6

KALIFORNIEN

EIN HEISSES EISEN: *ECHTE* FUSSGÄNGER IN L. A.

„Niemand läuft in L. A." – jedenfalls laut einem berühmten Song der 1980er-Jahre-Band Missing Persons. Doch das ist vorbei: Gefrustet von Verkehrschaos, Smog und hohen Spritpreisen nutzt die Vorreiterstadt der Autokultur allmählich ihre eigenen Füße. Nach dem Umzug in dichter besiedelte Viertel sind Angelenos nun verstärkt zu Fuß, per Fahrrad oder öffentlichem Nahverkehr unterwegs.

Der Wendepunkt: Seit der Erweiterung der Metro Red Line im Jahr 2003 fahren U-Bahnen von der Union Station in Downtown L. A. zum San Fernando Valley (über Koreatown, Hollywood und die Universal Studios). Unterkünfte nahe den künstlerisch gestalteten Stationen machen ein Auto fast schon überflüssig. Zu den besonders praktischen Haltestellen zählen Pershing Sq und 7th St/Metro Center in Downtown sowie Hollywood/Highland in Hollywood. Die Tickets mit unbegrenzter Fahrtanzahl (5 US$/Tag) sind extrem günstig, während man angesichts von L. A.s legendärem Verkehr unter der Erde oft schneller vorankommt. Straßenbahnen verbinden Downtown L. A. mit Long Beach, Pasadena, East L. A. und Culver City.

Nahverkehrstrips in Außenbezirke gestalten sich jedoch komplizierter: Bis zur Realisierung der geforderten „Subway to the Sea" sind Mid-City, Beverly Hills, Westwood und Santa Monica weiterhin nur mit dem Bus erreichbar. An den Metro-Stationen Wilshire/Vermont (Red Line) und Wilshire/Western (Purple Line) kann man am besten zwischen Schiene und Straße bzw. zum Schnellbus 720 umsteigen, der begrenzt entlang des Wilshire Blvd hält.

Weitere Infos liefern der Abschnitt „Unterwegs vor Ort" (S. 232) und die Website der Metro (www.metro.net).

St; Erw./Student/Senior 3/2/2 US$; Di–So 10–15 Uhr) dokumentiert Tragödien und Triumphe der chinesisch-amerikanischen Gemeinde. Ein paar Blocks weiter nördlich, um Broadway und Hill St, drängen sich **Chinatowns** (Karte S. 213) Dim-Sum-Stände, exotische Tempel, Kräuterapotheken und Kuriositätenläden. Die angesagten Galerien der einst heruntergekommenen **Chung King Road** locken heute Trendsetter aus ganz L. A. an.

CIVIC CENTER & GRAND-AVENUE-KULTURKORRIDOR

Die **City Hall** (Karte S. 213; ☎ 213-978-1995; 200 N Spring St; Eintritt frei; Mo–Fr 9–17 Uhr, kostenl. Führungen Mo–Fr 10 & 11 Uhr auf Voranmeldung) von 1928 war bis 1966 das höchste Gebäude der Stadt. Mit ihrer zikkuratförmigen Spitze war sie schon in den TV-Serien *Superman* und *Polizeibericht* sowie im Science-Fiction-Thriller *Krieg der Welten* (1953) zu sehen. Die Aussichtsplattform bietet einen tollen Blick auf Downtown und Berge.

Etwas weiter oben fungiert Frank Gehrys **Walt Disney Concert Hall** (2003; Karte S. 213; ☎ 323-850-2000; www.laphil.com; 111 S Grand Ave; Parken 8 US$) als nunmehr kultiges Highlight des Grand Ave Cultural Corridor. Die Heimat des Los Angeles Philharmonic Orchestra ist eine der Schwerkraft trotzende Skulptur mit geschwungenen Wänden aus rostfreiem Stahl. Abhängig vom Konzertplan gibt's kostenlose Führungen (für Programminfos s. S. 229).

Das benachbarte **Museum of Contemporary Art** (MoCA; Karte S. 213; ☎ 213-626-6222; www.moca.org; 250 S Grand Ave; Erw./Kind/Student & Senior 10/frei/5 US$, Do 17–20 Uhr Eintritt frei; Mo & Fr 11–17, Di 11–20, Sa & So 11–18 Uhr) zeigt neben schlagzeilenträchtigen Sonderausstellungen auch ständig Werke sämtlicher Kunstgrößen von den 1940er-Jahren bis heute. Das Gebäude nach einem Entwurf von Arata Isozaki gilt oft als dessen Meisterstück. Besucher können an der Walt Disney Concert Hall parken (8 US$). Mit dem Geffen Contemporary (Karte S. 213) in Little Tokyo und dem MoCA Pacific Design Center (Karte S. 220 f.) bietet das Museum noch zwei weitere Ableger. Details zum PDC stehen auf S. 218.

Nordwärts wird die Grand Avenue nun vom Dorothy Chandler Pavilion, Mark Taper Forum und Ahmanson Theater gesäumt, die zusammen mit der Disney Hall das Music Center of Los Angeles County bilden (für Programminfos, s. S. 229).

Schräg gegenüber hat Architekt José Rafael Moneo gotische Proportionen gewagt, die er mit zeitgenössischen Elementen kombinierte: Seine kunststrotzende **Cathedral of Our Lady of the Angels** (Karte S. 213; ☎ 213-680-5200; www.olacathedral.org; 555 W Temple St; Eintritt frei; Mo–Fr 6.30–18, Sa 9–18, So 7–18 Uhr) von 2002 erstrahlt in der Klarheit sanften Lichts, das durch milchige Alabasterfenster dringt. Gregory Peck ruht im unterirdischen Mausoleum. Die beliebten Führungen (Mo–Fr 13 Uhr) und Konzerte

(Mi 12.45 Uhr) sind jeweils kostenlos. Ohne Messebesuch ist das Parken an Wochentagen ziemlich teuer (3,50 US$/15 Min., max. 16,50 US$, bis 16 Uhr) und schlägt samstags mit pauschalen 5 US$ zu Buche. Normalerweise sind in der Nähe aber kostenpflichtige Parkplätze an der Straße frei.

PERSHING SQUARE & UMGEBUNG
Der historische Kern von Downtown, der **Pershing Square** (Karte S. 213), war früher L. A.s erster Park (1866). Heute präsentiert er sich als ein postmoderner Platz, der durch öffentliche Kunst und Sommerkonzerte belebt und das große alte **Millennium Biltmore Hotel** (S. 225) veredelt wird. Der Wald aus Wolkenkratzern im Norden ist der Financial District.

Gold und Diamanten sind die gebräuchlichste Währung im **Jewelry District** (Karte S. 213) an der Hill St, während die lateinamerikanisch angehauchte Broadway das 1893 erbaute **Bradbury Building** (Karte S. 213; ☎ 213-626-1893; 304 S Broadway; Eintritt frei; ☺ Mo–Fr 9–18, Sa & So bis 17 Uhr) beheimatet. Dessen Galerie im Atrium hatte schon in *Blade Runner* einen großen Auftritt. Der hektische, etwas ältere **Grand Central Market** (Karte S. 213; ☎ 213-624-2378; 317 S Broadway; ☺ 9–18 Uhr) bietet jede Menge Leckereien.

Anfang des 20. Jhs. war der schrille Broadway eine glamouröse Shopping- und Theatermeile, auf der Megastars wie Charlie Chaplin ihren Limousinen entstiegen, um in imposanten Filmpalästen ihre Premieren zu feiern. Einige davon, etwa das **Orpheum Theater** (Karte S. 213; 842 Broadway), wurden restauriert und sind wieder Schauplatz von Filmvorführungen und Partys. Am besten schaut man sie sich auf einer der Touren an, die die Los Angeles Conservancy (S. 224) anbietet.

Einkaufssüchtige dürften sich im Fashion District (S. 215) weiter südlich ziemlich wohl fühlen. Hier kann man nach Herzenslust nach Designerklamotten, Musterverkäufen und sonstigen Schnäppchen Ausschau halten.

SOUTH PARK
South Park in der Südwestecke von Downtown L. A. ist kein Park, sondern ein ständig wachsendes Stadtviertel. Hier befinden sich das Staples Center, das L. A. Convention Center und das neue Unterhaltungszentrum **LA Live** (www.lalive.com, 800 W Olympic Blvd). Diese pulsierende Megakonzertarena für 1,7 Mrd. US$ macht Downtown L. A. gerade zum neuen Pflichtziel für Einheimische und

Touristen. Seit 2008 beherbergt sie das **Grammy Museum** (Karte S. 213; ☎ 213-765-6800; www. grammymuseum.org; 800 W Olympic Blvd; Erw./Kind/Senior & Student 14,95/10,95/11,95 US$; ☺ So–Fr 11.30–19.30, Sa 10–19.30 Uhr), das das Wissen der Besucher mit vielen Hörbeispielen und interaktiven Ausstellungen zur US-Musikgeschichte erweitert. Im benachbarten **Nokia Theatre** (Karte S. 213; 213-763-6030, www.nokiatheatrelive.com, 777 Chick Hearn Ct) mit 7100 Plätzen finden die MTV Music Awards und die Finalrunden von *American Idol* statt. Das LA Live umfasst zudem diverse Clubs für Livekonzerte, ein Megaplex-Kino, ein Dutzend Restaurants und einen 54-stöckigen Hotelturm unter gemeinsamer Verwaltung von Marriott und Ritz-Carlton.

Das ufoförmige **Staples Center** (Karte S. 213; ☎ 213-742-7340; www.staplescenter.com; 1111 S Figueroa St) ist eine Sport- und Veranstaltungsarena mit allen nur denkbaren Hightech-Schikanen. Darin sind neben den Basketballern der Lakers, Clippers und Sparks auch die Eishockeyprofis der Kings zuhause. Parallel treten hier Musikgrößen von Barbra Streisand bis Justin Timberlake auf.

Vom Staples Center führt der Olympic Blvd ostwärts ins Herz des **Fashion Districts** (Karte S. 213; ☎ 213-488-1153; www.fashiondistrict.org) mit 90 paradiesischen Blocks für Schnäppchenjäger. Ein Einkaufsbummel hier ist allerdings eher orientalischer Basar als Rodeo Drive – überall wird kräftig gefeilscht. Das verwirrende Riesenangebot umfasst Musterstücke, Billigimitate und vergünstigte Original-Artikel.

In der Nähe erstreckt sich der **Blumenmarkt** (Karte S. 213; ☎ 213-627-3696; Wall St; Eintritt Mo–Fr 2 US$, Sa 1 US$; ☺ Mo, Mi & Fr 8–12, Di, Do & Sa 6–12 Uhr) von L. A. zwischen 7th und 8th St. Er existiert seit 1913 und ist landesweit der größte seiner Art.

In South Park gibt's kommerzielle Parkplätze (8–20 US$). Das Viertel liegt nahe der Blue-Line-Stadtbahnlinie.

LITTLE TOKYO
In Little Tokyo drängen sich Einkaufszentren, buddhistische Tempel, öffentliche Kunstwerke, traditionelle Gärten, authentische Sushibars und echte *izakaya* (Kneipen). Das **Japanese American National Museum** (Karte S. 213; ☎ 213-625-0414; www.janm.org; 369 E 1st St; Erw./Kind/ Student & Senior 9/frei/5 US$, Do 17–20 Uhr Eintritt frei; ☺ Di, Mi & Fr–So 11–17, Do 12–20 Uhr) blickt tief in die Erfahrungen japanischer Einwanderer und beleuchtet auch deren tragische Internierung im Zweiten Weltkrieg.

KALIFORNIEN

KALIFORNIEN

Das **Geffen Contemporary at MOCA** (Karte S. 213; ☎ 213-626-6222; www.moca.org; 152 N Central Ave) nebenan empfängt Kunstfans mit innovativen und oft provokanten Ausstellungen.

Exposition Park & Umgebung

Südlich von Downtown bietet der **Exposition Park** (Karte S. 210 f.; ⊗ 24 Std.) viele kinderfreundliche Museen, historische Sportstätten und Grünanlagen – sprich: Beschäftigung für den ganzen Tag (Parken 8 US$).

Dinos und Diamanten, Bären und Käfer, zischende Kakerlaken und ein superseltener Riesenmaulhai – all das und mehr bietet das klassische **Natural History Museum** (Karte S. 210 f.; ☎ 213-763-3466; www.nhm.org; 900 Exposition Blvd; Kind/Senior & Student 9/2/6,50 US$; ⊗ 9.30–17Uhr; ᕫ). Ein Besuch ist fast wie eine Reise um die Welt oder von Millionen von Jahren in die Vergangenheit. Kinder graben gern nach Fossilien im Discovery Center oder freunden sich mit den gruseligen Krabbeltierchen im Insektenzoo an.

Der Erdbebensimulator, der Kükenbrutkasten oder Tess, die riesige Technopuppe, lassen im großartigen, interaktiven **California Science Center** (Karte S. 210 f.; ☎ 323–724–3623; www.californiasciencecenter.org; 700 State Dr; Eintritt frei; ⊗ 10–17 Uhr; ᕫ) alle wieder zu Kindern werden. Das **IMAX** (Karte S. 210 f.; ☎ 213-744-7400; Erw./Kind/Senior & Student 8/4,50/5,75 US$; ᕫ) nebenan ist ideal, um einen ereignisreichen Tag zu beenden.

Eher für Erwachsene sind das **California African American Museum** (Karte S. 210 f.; ☎ 213-744-7432; www.caamuseum.org; 600 State Dr; Eintritt frei; ⊗ Di–Sa 10–17, So 11–17 Uhr) mit einer tollen Ausstellung zur afroamerikanischen Kunst, Kultur und Geschichte, der romantische **Rose Garden** (Karte S. 210 f.; Eintritt frei; ⊗ Mitte März–Dez. 9 Uhr–Sonnenuntergang) und das 1923 erbaute **Los Angeles Memorial Coliseum** (Karte S. 210 f.), in dem schon die Olympischen Spiele (1932 & 1984) stattfanden.

Das Viertel südlich vom Exposition Park ist als South Los Angeles bekannt und hat sehr mit Armut und Kriminalität zu kämpfen. Trotzdem einen Ausflug wert ist der weltberühmte **Watts Towers** (Karte S. 210 f.; ☎ 213-847-4646; 1727 E 107th St; Touren Erw./Kind/Senior & Jugendl. 7/frei/3 US$; ⊗ Di–Sa 10–16Uhr, So 12–16 Uhr, Führungen Di–Sa 10.30–15 Uhr, So 12.30–15Uhr; Ⓟ), eine riesige, phantastische Freiformskulptur des Künstlers Simon Rodía, die ausschließlich aus „Fundstücken" wie grünen 7-Up-Flaschen, Muscheln oder Tonscherben besteht.

Hollywood

Alternde Filmstars wissen, dass eine Schönheitsoperation manch verblassende Karriere wieder ankurbeln kann. Der legendäre **Hollywood Boulevard** erfuhr in den letzten Jahren eine ganz ähnliche Verjüngungskur. Obwohl er dem Glamour seiner goldenen Zeit (1920er–1940er-Jahre) immer noch hinterherhinkt, wirkt der Boulevard nun weit weniger schäbig als zu Ende des 20. Jhs.

Selbst die abgestumpftesten Besucher dürften auf dem berühmten Hof des **Grauman's Chinese Theatre** (Karte S. 217; ☎ 323-464-6266; 6925 Hollywood Blvd; ᕫ) von 1927 einen Schauer verspüren. Dort haben sich Generationen von Leinwandlegenden im Zement verewigt: Neben diversen Füßen, Händen und Whoopi Goldbergs Dreadlocks gibt's sogar die Zauberstäbe der Harry-Potter-Jungstars zu sehen.

HINTER DEN KULISSEN

Für Hollywood-Besucher besteht die Hälfte des Vergnügens in der Hoffnung, einen Promi zu erspähen. Die Chancen für eine solche „Begegnung" sind höher für Zuschauer von Sitcoms oder Gameshows, die in der Regel zwischen August und März aufgezeichnet werden. Kostenlose Tickets gibt's bei **Audiences Unlimited** (☎ 818-260-0041; www.tvtickets.com) oder deren Schalter in den Universal Studios Hollywood (S. 219).

Authentische Blicke hinter die Kulissen können Kleingruppen aus den seitlich offenen Tourshuttles der **Paramount Pictures** (Karte S. 217; ☎ 323-956-1777; 5555 Melrose Ave, Hollywood; Tour 35 US$; Mindestalter 12 Jahre; ⊗ Mo–Fr) oder der **Warner Bros Studios** (Karte S. 210 f.; ☎ 818-972-8687; www2.warnerbros.com/vipstudiotour; 3400 Riverside Dr, Burbank, San Fernando Valley; Tour 45 US$, Mindestalter 8 Jahre; ⊗ Mo–Fr 8.30–16Uhr, Frühling & Sommer verlängerte Tourzeiten) werfen – ebenso bei geführten Rundgängen durch die **Sony Pictures Studios** (Karte S. 210 f.; ☎ 323-520-8687; 10202 W Washington Blvd, Culver City; Tour 25 US$; ⊗ Mo–Fr 9.30, 10.30, 12.30, 13.30 & 14.30 Uhr; Ⓟ). Alle genannten Möglichkeiten (jeweils Reservierung/Lichtbildausweis erforderlich) besuchen Studiohallen, Freiluftkulissen und Bereiche wie Garderobe oder Maske.

KALIFORNIEN

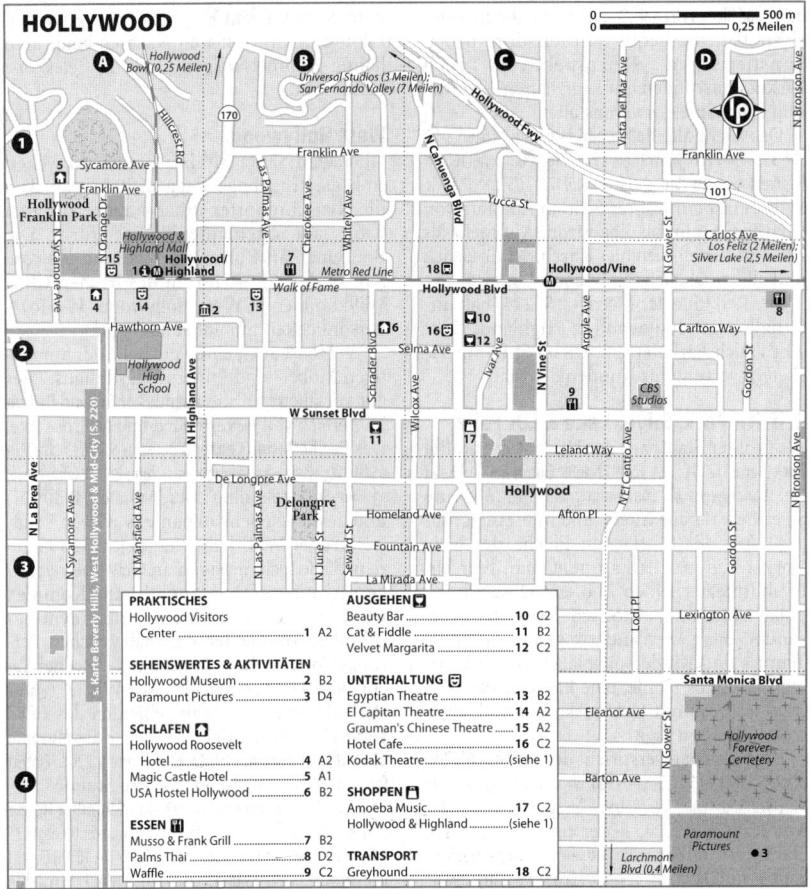

HOLLYWOOD

0   500 m
0   0,25 Meilen

PRAKTISCHES	
Hollywood Visitors Center	1 A2
SEHENSWERTES & AKTIVITÄTEN	
Hollywood Museum	2 B2
Paramount Pictures	3 D4
SCHLAFEN	
Hollywood Roosevelt Hotel	4 A2
Magic Castle Hotel	5 A1
USA Hostel Hollywood	6 B2
ESSEN	
Musso & Frank Grill	7 B2
Palms Thai	8 D2
Waffle	9 C2

AUSGEHEN	
Beauty Bar	10 C2
Cat & Fiddle	11 B2
Velvet Margarita	12 C2
UNTERHALTUNG	
Egyptian Theatre	13 B2
El Capitan Theatre	14 A2
Grauman's Chinese Theatre	15 A2
Hotel Cafe	16 C2
Kodak Theatre	(siehe 1)
SHOPPEN	
Amoeba Music	17 C2
Hollywood & Highland	(siehe 1)
TRANSPORT	
Greyhound	18 C2

Parallel warten normalerweise Schauspieler darauf, in Gestalt von Superman, Marylin Monroe o. ä. gegen Trinkgeld für Erinnerungsfotos zu posieren. Zudem ist der Hof ein prima Pflaster, um Gratistickets für aktuelle Fernsehshows zu ergattern. Er liegt direkt am **Hollywood Walk of Fame** (Karte S. 217), der über 2000 Berühmtheiten mit Sternen im Bürgersteig ehrt.

Über den roten Teppich des benachbarten **Kodak Theatre** (Karte S. 217; ☎ 323-308-6363; www.kodaktheatre.com; Erw./Kind & Senior 15/10 US$; ☼ Juni–Aug. 10.30–16 Uhr, Sept.–Mai 10.30–14.30 Uhr; zeitweise geschl.) stolzieren leibhaftige Promis zu den Oscarverleihungen (Academy Awards). Im Rahmen teurer Führungen (30 Min.) kann man den Zuschauerraum, die VIP-Lounge und einen echten Oscar bewundern.

Keimzelle des Boulevard-Revivals war der Mallkomplex **Hollywood & Highland** (Karte S. 217; ☎ 323-467-6412; www.hollywoodandhighland.com; 6801 Hollywood Blvd; Eintritt frei; ☼ 24 Std.), der Kitsch und Kommerz auf mehreren Stockwerken verbindet. Das Design seines zentralen Platzes bietet einen eingerahmten Blick auf das **Hollywood Sign** (Karte S. 210 f.) in den Hollywood Hills. L. A.s bekanntestes Wahrzeichen wurde 1923 als Werbegag für eine neue Wohnsiedlung namens Hollywoodland errichtet.

Auf der anderen Seite des Hollywood Boulevard zeigt das auffällige **El Capitan Theatre** (Karte S. 217; ☎ 323-467-7674; 6838 Hollywood Blvd) von 1926 Disney-Blockbuster. Etwas weiter östlich steht das exotische **Egyptian Theatre** (Karte S. 217; ☎ 323-466-3456; www.americancinematheque.com; 6712

Hollywood Blvd) von 1922. Als Heimat der American Cinematheque werden dort neben künstlerischen Retrospektiven auch Diskussionsrunden mit Regisseuren, Autoren und Schauspielern veranstaltet.

Das leicht alte **Hollywood Museum** (Karte S. 217; ☎ 323-464-7776; www.thehollywoodmuseum.com; 1660 N Highland Ave; Erw./Student/Senior 15/12/12 US$; ⌚ Mi–So 10–17 Uhr) ist ein wahrer Schrein für Stars von Charlie Chaplin bis Zac Efron. Auf mehr als 3200 m² stapeln sich hier Kitsch, Schnickstack und alle möglichen Showrequisiten.

Die Red Line der Metro (s. S. 214) hält unterhalb von Hollywood & Highland. Dort gibt's auch Parkplätze (2 US$/4 Std.) mit Ticketentwertung für Kunden der Mall.

Griffith Park, Silver Lake & Los Feliz

Als größter Stadtpark der USA ist der **Griffith Park** (Karte S. 210 f.; ☎ 323-913-4688; Eintritt frei; ⌚ 6–22 Uhr, Wanderwege bis Sonnenuntergang; P ♿) eine Spielwiese für alle Alters- und Interessengruppen. Auf der fünffachen Fläche des New Yorker Central Parks findet man hier ein Freilufttheater, einen Zoo, ein Observatorium, ein Museum, historische Züge, Reitwege, rund 85,3 km an Wanderwegen sowie Golf-, Tennis- und Kinderspielplätze. Hinzu kommen Batmans Höhle, eine **Rangerstation** (4730 Crystal Springs Dr) mit Geländekarten und sogar das Hollywood Sign.

Familienspaß verspricht der **Los Angeles Zoo** (Karte S. 210 f.; ☎ 323-644-4200; www.lazoo.org; 5333 Zoo Dr; Erw./Kind/Senior 12/7/9 US$; ⌚ 10–17 Uhr; P ♿) mit 1200 Flossen-, Feder und Pelzträgern. Dann fix hinüber zum **Museum of the American West** (Karte S. 210 f.; ☎ 323-667-2000; www.autrynational center.org; 4700 Western Heritage Way; Erw./Kind/Student & Senior 9/3/5 US$, am 2. Di des Monats Eintritt frei; ⌚ ganzjährig Di–So 10–17 Uhr, Juni–Aug. Do bis 20 Uhr; P ♿), dessen Ausstellungen zu den Helden und Halunken der US-Westerweiterung selbst den widerwilligsten Kuhschuber fesseln. Unter den hiesigen Highlights sind eine echte Postkutsche, eine große Colt-Sammlung und ein nymphenverzierter Saloon.

Über Los Feliz erheben sich die drei charakteristischen Kuppeln des **Griffith Observatory** (Karte S. 210 f.; ☎ 213-473-0800; www.griffithobservatory. org; 2800 Observatory Rd; Eintritt frei, Shows Planetarium Erw./ Kind/Senior 7/3/5 US$; ⌚ Di–Fr 12–22, Sa & So 10–22 Uhr; P ♿) von 1935. Dank kürzlicher Renovierung hat das Planetarium nun einen ultramodernen Sternenprojektor, während sich die Ausstellungsfläche verdoppelt hat. Im Leo-

nard Nimoy Event Horizon Theater werden Filme gezeigt. In klaren Nächten kann man häufig Himmelskörper durch die Teleskope betrachten.

West Hollywood

Über dem Santa Monica Boulevard wehen stolz die Regenbogenflaggen. Stars beglücken die Klatschreporter mit Eskapaden in den Clubs am sagenhaften Sunset Strip. Die Boutiquen an Robertson Blvd und Melrose Ave sind ein Epizentrum des frechen Chic. Willkommen in West Hollywood (WeHo) – Persönlichkeit pur auf rund 5 km².

WeHo ist auch eine Keimzelle des innovativen Möbel- und Einrichtungsdesigns. Dies gilt vor allem für die **Avenues of Art and Design** im Bereich von Beverly Blvd und Melrose Ave. Das **Pacific Design Center** (PDC; Karte S. 220 f.; ☎ 310-657-0800; www.pacificdesigncenter.com; 8687 Melrose Ave; ⌚ Mo–Fr 9–17 Uhr) alias „Blue Whale" (Blauwal) und dessen Nebenbau namens „Green Whale" (grüner Wal) beherbergen ca. 130 Galerien, die jedoch meist nur an Gewerbetreibende verkaufen. Der monolithische Komplex wurde von Cesar Pelli entworfen, dem berühmten Architekten der malaysischen Petronas Towers. Zum Zeitpunkt der Recherche entstand gerade ein neuer „Red Whale" (roter Wal). Hinter den Hauptgebäuden des PDC versteckt sich ein kleiner Ableger des **Museum of Contemporary Art** (MoCA, p920, Karte S. 220 f., Eintritt frei). Parken kostet 4,50 US$ pro Stunde.

Ebenfalls interessant ist das **Schindler House** (Karte S. 220 f.; ☎ 323-651-1510; www.makcenter.org; 835 N Kings Rd; Erw./Senior & Student 7/6 US$, Fr 16–18 Uhr Eintritt frei; ⌚ Mi–So 11–18 Uhr). Im früheren Heim des modernistischen Architekturpioniers Rudolph Schindler (1887–1953) kann man heute wechselnde Ausstellungen und Lesungen erleben.

Mid-City

L. A. hat Dutzende toller Museen. Ein paar der großartigsten säumen die Museum Row, ein kurzes Teilstück des Wilshire Blvd gleich östlich der Fairfax Ave.

Als größtes Kunstmuseum im Westen der USAgehört das **Los Angeles County Museum of Art** (LACMA; Karte S. 220 f.; ☎ 323-857-6000; www.lacma.org; 5905 Wilshire Blvd; Erw./Kind unter 17 Jahren/Student & Senior 12/frei/8 US$, ab 17 Uhr selbstbestimmter Eintrittspreis, am 2. Di des Monats Eintritt frei; Parken 7 US$ ⌚ Mo, Di & Do 12–20, Fr 12–21, Sa & So 11–20 Uhr) landesweit zu den besten seiner Art. 2008 wurde eine umfassende Renovierung unter Leitung Renzo Pianos abgeschlossen. Diese bescherte dem LACMA das dreistöckige **Broad Contemporary Art Museum** (B-CAM), dessen reiche Sammlung neben bahnbrechenden Werken von Jeff Koons, Roy Lichtenstein und Andy Warhol auch zwei Richard-Serra-Riesenschöpfungen aus verrostetem Stahl umfasst.

Im übrigen Museum gibt's Tausende Beispiele für Malerei, Bildhauerei und Kunsthandwerk zu sehen. Rembrandts, Cézannes und Magrittes sind genauso darunter wie uralte Keramiken aus China, der Türkei oder dem Iran. Hinzu kommen Fotos von Ansel Adams oder Henri Cartier-Bresson und ein super schmucker Pavillon für japanische Kunst. Alle dies wird oft durch schlagzeilenträchtige Wanderausstellungen ergänzt.

Das **Petersen Automotive Museum** (Karte S. 220 f.; ☎ 323-930-2277; www.petersen.org; 6060 Wilshire Blvd; Erw./Kind/Senior & Student 10/3/5 US$, Parken 8 US$ ☺ Di–So 10–18 Uhr; ♿) ist eine vierstöckige Ode an das Auto. Es zeigt viele glänzende Oldtimer, während ein unterhaltsamer Teil der Ausstellung den Einfluss des Autos auf die Veränderung L. A.s seit 1901 erläutert.

Vor 10 000 bis 40 000 Jahren gerieten Säbelzahntiger, Mammuts und andere ausgestorbene Eiszeittiere in die teerartige, blubbernde Erdölmasse der **La Brea Tar Pits** (La-Brea-Teergruben). Ihre fossilen Überreste werden bis heute ausgegraben und im **Page Museum** (Karte S. 220 f.; ☎ 323-934-7243; www.tarpits.org; 5801 Wilshire Blvd; Erw./Kind/Senior & Student 7/2/4,50 US$, Parken 6 US$; ☺ 9.30–17 Uhr; ♿) ausgestellt. Durch Glasfenster kann man dort Archäologen beobachten, die sich aktiv um ständigen Nachschub an Funden kümmern.

Beim Besuch der Museum Row bietet sich ein easy Abstecher zum **Original Farmers Market** (6333 W 3rd St; Ⓟ ♿) mit zahlreichen Imbissständen an. Frisch gestärkt geht's dann hinüber zur **Grove**, einer Freiluft-Mall mit einem Musik-Brunnen.

Beverly Hills

Der Name Beverly Hills beschwört augenblicklich Bilder von Maseratis, makellosen Anwesen und dicken Geldbeuteln herauf. In der Tat ist dies ein stil- und niveauvoller Rückzugsort für Reiche und Berühmte. Promijäger können an geführten Bustouren (S. 224) teilnehmen oder sich mit einer Karte bewaffnen und die Starresidenzen auf eigene Faust ausfindig machen. Alternativ reicht vielleicht schon eine Tischreservierung im Spago (S. 228), dem Vorzeigerestaurant des Starkochs Wolfgang Puck.

Obwohl teuer und protzig, gehört der **Rodeo Drive** (Karte S. 220 f.) bei einem L. A.-Trip zum absoluten Pflichtprogramm. Entlang dieser drei berühmten Blocks im Zeichen des guten Stils durchforsten weibliche Mode-Klone die todschicken Boutiquen nach internationalem

---

EINEN ABSTECHER WERT: UNIVERSAL STUDIOS HOLLYWOOD

Die **Universal Studios** (Karte S. 210 f.; ☎ 818-622-3801; www.universalstudioshollywood.com; 100 Universal City Plaza; Eintritt unter/über 121 cm Körpergröße 57/67 US$; ☺ tgl., wechselnde Öffnungszeiten; ♿) wurden 1915 erstmals öffentlich zugänglich gemacht: Studiochef Carl Laemmle lud Besucher damals für kuriose 0,25 US$ pro Person (inkl. Lunchbox) ein, beobachtend bei Stummfilmproduktionen dabei zu sein. Fast 100 Jahre später zählt Universal immer noch zu den weltgrößten Filmstudios. Heute muss man sich jedoch auf seinen Kinothemenpark beschränken und erlebt dabei so gut wie sicher keinen echten Dreh.

Trotzdem haben hier schon ganze Besuchergenerationen jede Menge kitschigen Spaß gehabt. Zu Anfang empfiehlt sich die kommentierte **Studiotour** (45 Min.) an Bord einer Tram-Bahn mit diversen Wagen. Diese rollt z. B. an tatsächlich genutzten Studiohallen und Freiluftsets (z. B. von *Desperate Housewives*) vorbei – falls dort gerade nicht gedreht wird. Zudem heißt es einen Angriff des Weißen Hais und ein Erdbeben der Stärke 8,3 zu überstehen.

In puncto Rides ist der **Simpsons Ride** wohl am aufregendsten: Unter „Federführung" von Krusty dem Clown geht's dabei rasant durch eine computeranimierte Cartoonlandschaft. Die **Special Effects Stages** geben den besten Einblick im Park in reale Filmtricks wie die Greenscreen-Technik oder Soundeffekte. Obwohl **Water World** als Film komplett floppte, ist die darauf basierende Stuntshow ein höchst selliges Actionspektakel mit Elementen wie riesigen Feuerbällen oder einem notlandenden Wasserflugzeug.

Universal ist mit dem Auto (Parken 12 US$) oder der Metro Red Line erreichbar.

KALIFORNIEN

BEVERLY HILLS, WEST HOLLYWOOD & MID-CITY

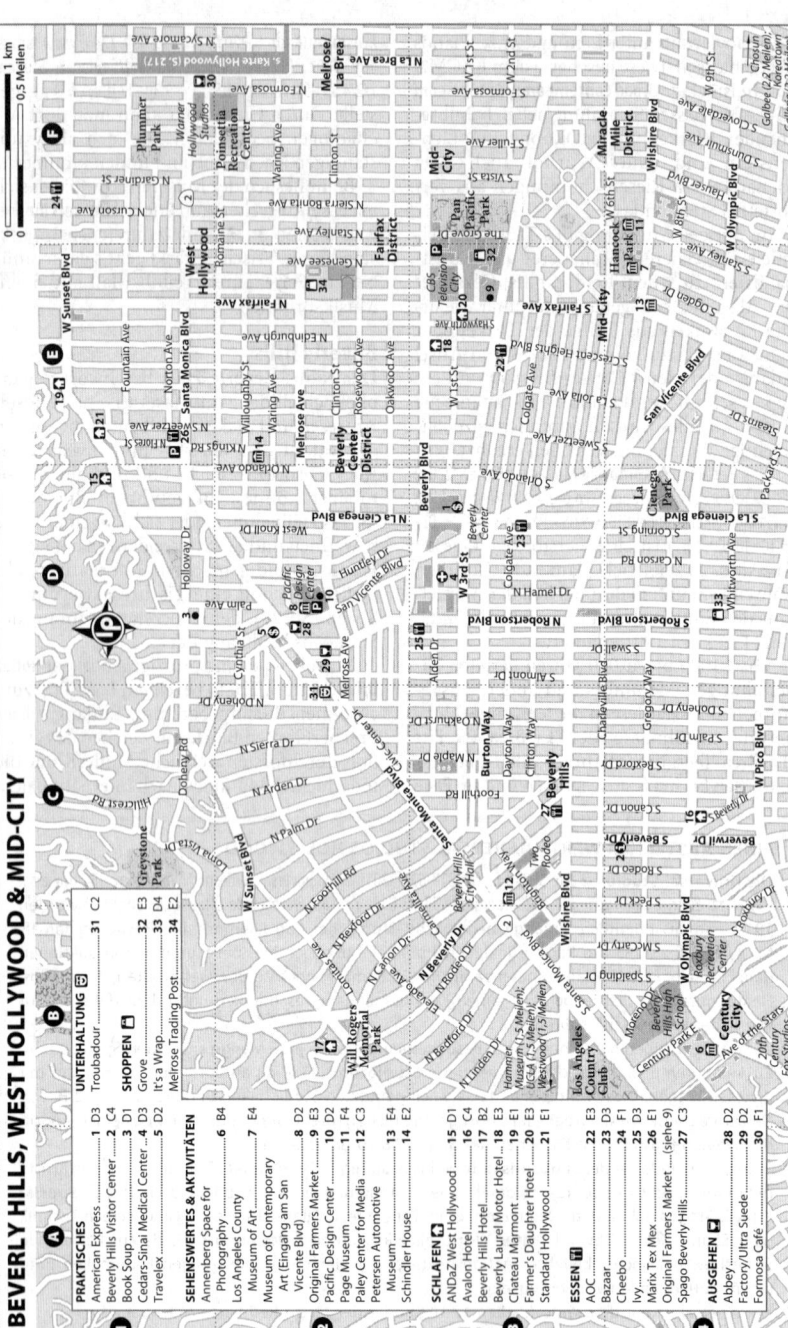

PRAKTISCHES

American Express	1	D3
Beverly Hills Visitor Center	2	C4
Book Soup	3	D1
Cedars-Sinai Medical Center	4	D3
Travelex	5	D2

SEHENSWERTES & AKTIVITÄTEN

Annenberg Space for Photography	6	B4
Los Angeles County Museum of Art	7	E4
Museum of Contemporary Art (Eingang am San Vicente Blvd)	8	D2
Original Farmers Market	9	E3
Pacific Design Center	10	D2
Page Museum	11	F4
Paley Center for Media	12	C3
Petersen Automotive Museum	13	F4
Schindler House	14	E2

SCHLAFEN

ANDaZ West Hollywood	15	D1
Avalon Hotel	16	C4
Beverly Hills Hotel	17	B2
Beverly Laurel Motor Hotel	18	E3
Chateau Marmont	19	E1
Farmer's Daughter Hotel	20	E3
Standard Hollywood	21	E1

ESSEN

AOC	22	E3
Bazaar	23	D3
Cheebo	24	F1
Ivy	25	D3
Marix Tex Mex	26	E1
Original Farmers Market	(siehe 9)
Spago Beverly Hills	27	C3

AUSGEHEN

Abbey	28	D2
Factory/Ultra Suede	29	D2
Formosa Café	30	F1

UNTERHALTUNG

Troubadour	31	C2

SHOPPEN

Grove	32	E3
It's a Wrap	33	D4
Melrose Trading Post	34	E2

Designerfummel von Armani bis Zegna. Wer angesichts der Preise erschaudert, begibt sich zum Beverly Dr: Einen Block weiter östlich gibt's dort etwas günstigere Boutiquen, Mainstream-Modeketten und einheimische Einzelhändler.

Fernseh- und Radiofans können ihre Passion im **Paley Center for Media** (Karte S. 220 f.; ☎ 310-786-1000; www.paleycenter.org; 465 N Beverly Dr; empfohlene Spende Erw./Kind/Senior & Student 10/5/8 US$; ☺ Mi–So 12–17 Uhr) ausleben. Der Bestand des verblüffenden Senderarchivs reicht bis 1918 zurück – einfach den Favoriten auswählen und sitzend an einer eigenen Konsole genießen.

Mehrere städtische Garagen im zentralen Beverly Hills bieten Gratisparken (max. 2 Std.).

In der Wolkenkratzersiedlung Century City gleich westlich von Beverly Hills wurde 2009 das **Annenberg Space for Photography** (Karte S. 220 f.; ☎ 213-403-3000; www.annenbergspaceforphotography.org; 2000 Ave of the Stars, No 10; Eintritt frei; ☺ Mi–So 11–18 Uhr) als erstes Fotomuseum der Region eröffnet. Das Gebäudedesign mit zylindrischem Kern soll an eine Kameralinse erinnern. Unter den wechselnden Ausstellungen sind auch die „Pictures of the Year". Mittwochs bis freitags kostet das Parken pauschal 3,50 US$ (1 US$ Sa, So und tgl. ab 16.30 Uhr).

Westwood & Umgebung

Westwood wird vom weitläufigen Campus der angesehenen **University of California, Los Angeles** (UCLA, Karte S. 210 f.) dominiert. Das **Hammer Museum** (Karte S. 210 f.; ☎ 310-443-7000; www.hammer.ucla.edu; 10899 Wilshire Blvd; Erw./Kind/Senior 7/frei/5 US$; ☺ Di, Mi, Fr & Sa 11–19, Do 11–21, So 11–17 Uhr) gehört zur Uni und bietet einige innovative Ausstellungsstücke zeitgenössischer Kunst. Parken kostet 3 US$.

Der kleine **Westwood Memorial Park** (Karte S. 210 f.; ☎ 310-474-1570; 1218 Glendon Ave; Eintritt frei; ☺ 8 Uhr–Sonnenuntergang) geht zwischen all den Hochhäusern Westwoods fast unter. Hier sind solche Berühmtheiten wie Marilyn Monroe, Burt Lancaster und Rodney Dangerfield begraben.

Weiter Richtung Westen ragt das **Getty Center** (Karte S. 210 f.; ☎ 310-440-7300; www.getty.edu; 1200 Getty Center Dr; Eintritt frei; ☺ So & Di–Do 10–18, Fr & Sa 10–21 Uhr) hervor; man fühlt sich wie auf Wolken – vor allem, weil die Aussicht auf L.A. und den Ozean an klaren Tagen atemberaubend ist. Doch auch abgesehen davon ist es ein dreifaches Vergnügen: Neben der sensa-

tionellen Kunstsammlung und der wundervollen Architektur von Richard Meier gibt es auch Robert Irwins Saisongärten zu bestaunen. Ein Besuch ist am späten Nachmittag am schönsten, wenn die Menschenmassen langsam das Feld räumen. Parken kostet 10 US$.

Malibu

Malibu erstreckt sich rund 27 spektakuläre Meilen (44 km) entlang des Pacific Coast Highway. Dieses langjährige Synonym für Surfen, Stars und Hedonismus wirkt in Wahrheit längst nicht so fein wie in den Hochglanzmagazinen. Dennoch wohnen hier seit den 1930er-Jahren zahlreiche Promis: Aus Finanznot musste May Rindge damals einen Teil ihres Grundbesitzes an Hollywoodfreunde vermieten. Aktuell werden ortsansässige Superstars wie Leo, Brangelina, Barbra Streisand oder Cher desöfteren im dorfartigen **Malibu Country Mart** (Karte S. 210 f.; 3835 Cross Creek Rd; P) und in der schlichteren **Malibu Colony Plaza** (Karte S. 210 f.; 23841 W Malibu Rd; P) beim Shoppen gesichtet.

Malibus Kulturhighlight ist die **Getty Villa** (Karte S. 210 f.; ☎ 310-440-7300; www.getty.edu; 17985 Pacific Coast Hwy; Eintritt frei, Parken 10 US$; ☺ Do–Mo 10–17 Uhr; P), ein fantastischer Nachbau einer römischen Villa mit vielen griechischen, römischen und etruskischen Antiquitäten. Achtung: Spontane Besichtigungen sind nicht möglich – der Ticketaufdruck schreibt die jeweilige Zeit vor.

Trotz all seiner Reichen und Berühmten glänzt Malibu vor allem mit zwei Naturschätzen: Der **Santa Monica Mountains National Recreation Area** (Karte S. 210 f.) und Stränden wie dem treffend benannten **Surfrider**.

Santa Monica

Der attraktive Küstenort Santa Monica mixt urbane Coolness mit relaxter Strandatmosphäre.

Touristen und Teenager verwandeln die autofreie, von Ladenketten gesäumte **Third Street Promenade** (Karte S. 222) in die belebteste Ecke. Etwas mehr örtliches Flair verbreitet die bei Promis beliebte **Montana Avenue** (Karte S. 222) – ebenso die gemütliche **Main Street** (Karte S. 222), das Gebiet, das als Geburtsort der Skateboardkultur einst den Spitznamen „Dogtown" trug. Kinder lieben den altehrwürdigen **Santa Monica Pier** (Karte S. 222; 🚻), an dem Attraktionen wie ein altmodisches Karussell, ein solarbetriebenes Riesenrad und

KALIFORNIEN

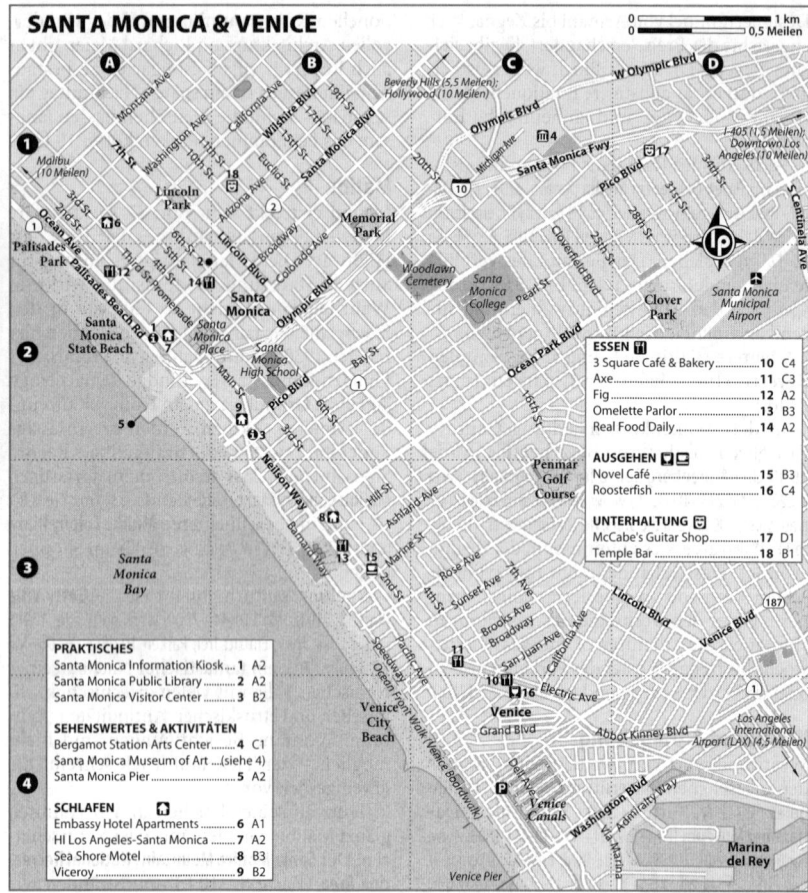

SANTA MONICA & VENICE

0 — 1 km
0 — 0,5 Meilen

PRAKTISCHES
Santa Monica Information Kiosk.... **1** A2
Santa Monica Public Library **2** A2
Santa Monica Visitor Center **3** B2

SEHENSWERTES & AKTIVITÄTEN
Bergamot Station Arts Center........... **4** C1
Santa Monica Museum of Art ...(siehe 4)
Santa Monica Pier............................ **5** A2

SCHLAFEN
Embassy Hotel Apartments **6** A1
HI Los Angeles-Santa Monica **7** A2
Sea Shore Motel **8** B3
Viceroy **9** B2

ESSEN
3 Square Café & Bakery................. **10** C4
Axe.. **11** C3
Fig... **12** A2
Omelette Parlor **13** B3
Real Food Daily **14** A2

AUSGEHEN
Novel Café **15** B3
Roosterfish **16** C4

UNTERHALTUNG
McCabe's Guitar Shop.................. **17** D1
Temple Bar **18** B1

---

ein Mini-Aquarium mit Streichelbecken warten. Die öffentlichen Parkhäuser an der 2nd und 4th St können zwei Stunden lang gratis genutzt werden (3 US$ ab 18 Uhr).

Kunstfans zieht es landeinwärts: Dort stehen das progressive **Santa Monica Museum of Art** (Karte S. 222; ☎ 310-586-6488; www.smmoa.org; 2525 Michigan Ave; empfohlene Spende 5 US$; ⏱ Di–Sa 11–18 Uhr) und das avantgardistische **Bergamot Station Arts Center** (Karte S. 222; 2525 Michigan Ave; ⏱ Di–Sa 10–18 Uhr; Ⓟ) mit 35 Galerien in einer ehemaligen Straßenbahnstation.

Venice

Als Freakshow, Menschenzoo und irrer Karneval ist der **Venice Boardwalk** (Ocean Front Walk; Karte S. 222) eine weitere Pflichtstation

jedes richtigen L. A.-Trips. In diesem Hexenkessel der Gegenkultur kann man sich Zöpfe flechten lassen, sein Karma reinigen oder eine Qi-Gong-Rückenmassagen genießen. Vor allem an heißen Sommertagen treffen Besucher dabei höchstwahrscheinlich auf Möchtegern-Schwarzenegger, Basketballfreaks, einen badehosenbewehrten Schlangenbeschwörer oder einen singenden Sikh auf Rollschuhen. Nach Sonnenuntergang wird's dann aber leider etwas unheimlich.

Ein Stück landeinwärts versprechen die ruhigen **Venice Canals** (Karte S. 222) eine Runde Erholung vom Trubel. In den Anfangstagen von Venice wurden Besucher von Gondolieri durch dieses künstliche Kanalsystem geschippert. Heute putzen hier Enten ihre Gefieder, während sich Anwohner in Ruderbooten gediegen an der ruhigen Atmosphäre ihres blumengeschmückten Viertels erfreuen.

Aktuell angesagtester Westside-Strip ist der ungewöhnliche **Abbot Kinney Boulevard** (Karte S. 222). Diese mondäne Meile wird von Palmen, Restaurants, Yogastudios und Kunstgalerien gesäumt. Dazwischen verkaufen kunterbunte Läden z. B. selbstgemachtes Parfum und Möbel aus den 1950er-Jahren.

Parkplätze gibt's entlang des Abbot Kinney und direkt am Strand (6–15 US$).

Long Beach

Der südlichste Küstenort des L. A. County hat weltweit den drittgrößten Containerhafen nach Singapur und Hongkong. Das belebte Zentrum und der renovierte Uferbereich lassen jedoch kaum etwas vom industriellen Long Beach erkennen. Die vielen Restaurants und Nachtclubs entlang der Pine Avenue ziehen gleichermaßen geschniegelte Kongressteilnehmer und studentische Testosteronprotze an.

Long Beachs dauerhaft vertäutes „Flaggschiff" ist der britische Kreuzfahrtriese **Queen Mary** (Karte S. 210 f.; ☎ 562-435-3511; www.queenmary. com; 1126 Queens Hwy; Erw./Kind/Senior ab 25/13/22 US$, Parken 12 US$; ☺ 10–18 Uhr), auf dem es angeblich spukt. Noch größer und eleganter als die *Titanic* transportierte der Ozeanliner bei seinen 1001 Atlantiküberquerungen zwischen 1936 und 1964 u. a. Blaublüter, Würdenträger, Einwanderer und Soldaten.

Kinder amüsieren sich wohl besser bei Hightech-Spaziergängen durch die Unterwasserwelt des **Aquarium of the Pacific** (Karte S. 210 f.; ☎ 562-590-3100; www.aquariumofpacific.org; 100 Aquarium Way; Erw./Kind/Senior 24/12/21 US$, Parken 7 US$; ☺ 9–18 Uhr; ♿). Dort tummeln sich tanzende Quallen, Seelöwen und blitzschnelle Haie, die spannenderweise gestreichelt werden können. Für *Queen Mary* und Aquarium sind Kombitickets (Erw./Kind 3–11 Jahre 35/19 US$) erhältlich. Wenige Fahrtminuten entfernt liegt das **Museum of Latin American Art** (Karte S. 210 f.; ☎ 562-437-1689; www.molaa.org; 628 Alamitos Ave; Erw./Kind/Student & Senior 9/frei/6 US$, So Eintritt frei; ☺ Mi–So 11–17 Uhr; ℗). Es gehört zu den besten seiner Art in Kalifornien und zeigt als einziges Museum im Westen der USA ausschließlich zeitgenössische Kunst aus Lateinamerika. Spiritualität und Landschaften sind Schwerpunkte der Dauerausstellung, die durch erstklassige Sonderausstellungen ergänzt wird.

Long Beach ist mit der Blue Line (S. 233; 55 Min.) ab Downtown L. A. erreichbar und lässt sich leicht zu Fuß erkunden. Passport-Minibusse (www.lbtransit.org) pendeln kostenlos zwischen den erwähnten Lokalattraktionen (übriges Stadtgebiet 1,25 US$).

Pasadena

Reich und vornehm liegt Pasadena unterhalb der erhabenen San Gabriel Mountains. Berühmt für Kunstmuseen, herrschaftliche Anwesen, tolle Architektur und die Rose Parade am Neujahrstag (S. 225) wirkt die Stadt im Vergleich zum urbanen L. A. wie eine andere Welt.

Am unterhaltsamsten ist **Old Town Pasadena** (Karte S. 210 f.), das sich zwischen der Pasadena Ave und dem Arroyo Pkwy entlang des Colorado Blvd erstreckt. Von hier aus führt ein Spaziergang nach Westen zu Rodins *Denker*, der nur die Overtüre zur kompletten europäischen Kunstsinfonie im **Norton Simon Museum** (Karte S. 210 f.; ☎ 626-449-6840; www.norton simon.org; 411 W Colorado Blvd; Erw./Kind & Student/Senior 8/frei/4 US$; ☺ Mi, Do & Sa–Mo 12–18, Fr 12–21 Uhr; ℗) darstellt. Auf keinen Fall die tollen indianischen und südostasiatischen Skulpturen im Untergeschoss verpassen!

Mit dem **Gamble House** (Karte S. 210 f.; ☎ 626-793-3334; www.gamblehouse.org; 4 Westmoreland Pl; Erw./Kind/Student & Senior 10/frei/7 US$; ☺ Do–So 12–15 Uhr; ℗) von 1908 entwarfen Charles und Henry Greene ein Meisterstück des amerikanischen Arts-and-Crafts-Stils, das Doc Browns Haus im Film *Zurück in die Zukunft* mimte. Hinein geht's per Führung (1 Std.).

Die bescheiden benannte **Huntington Library** (Karte S. 210 f.; ☎ 626-405-2100; www.huntington.org; 1151 Oxford Rd; Erw./Kind/Student/Senior Di–Fr 15/6/10/ 12 US$, Sa, So & Feiertag 20/6/10/15 US$; ☺ Juni–Aug. Di–So 10.30–16.30 Uhr, Sept.–Mai Di–Fr 12–16.30, Sa& So 10.30–16.30 Uhr; ℗) beherbergt neben feiner britischer und französischer Kunst auch viele äußerst seltene Bücher (beispielsweise eine Gutenbergbibel). Doch erst ihre großartigen Gärten machen die Huntington Library zur echten Besonderheit: Im Rosengarten blühen über 1200 Arten rund um eine reizende Teestube, bei der sich rechtzeitige Tischreservierung empfiehlt (Erw./Kind 25/13 US$). Der Wüstengarten wirkt höchst bizarr, während eine Steinbrücke den kleinen See des neuen Chinesischen Gartens überspannt. Der interaktive Garten für Kinder hält einige Überraschungen bereit.

AKTIVITÄTEN
Radfahren & Inlineskaten
Radeln oder Skaten entlang des befestigten **South Bay Bicycle Trail** (Karte S. 210 f.) stärkt die Kondition in reizvoller Umgebung. Auf den gut 35 km zwischen Santa Monica und Torrance verläuft der Weg größtenteils parallel zum Strand. In den Strandorten ist überall Leihausrüstung erhältlich. Für Mountainbiker empfehlen sich die Santa Monica Mountains (Karte S. 210 f.). Weitere Infos gibt's im Internet unter www.labikepaths.com.

Schwimmen & Surfen
Super zum Schwimmen sind Malibus **Zuma Beach** (außerhalb der Karte S. 210 f.), der **Santa Monica State Beach** (Karte S. 222) und **Hermosa Beach** (Karte S. 210 f.). Der **Surfrider Beach** (Karte S. 210 f.) in Malibu ist ein legendärer Surfspot.

Der „endlose Sommer" ist leider ein Mythos: Während der meisten Monate steigen wohl nur Neoprenträger in den Pazifik. Die ab Juni erträgliche Wassertemperatur ist im August und September mit ca. 21 °C am höchsten. Aktuelle Infos zur schwankenden Wasserqualität liefert die „Beach Report Card" unter www.healthebay.org.

Wandern
Wer in Gesellschaft gestählter Körper durch den **Runyon Canyon Park** (Karte S. 210 f.) oberhalb von Hollywood stapft, sollte unbedingt sein Promi-Radar aktivieren. Auch der **Griffith Park** (Karte S. 210 f.) bietet diverse Wege. Die Santa Monica Mountains gestatten längere Touren: **Will Rogers State Historic Park, Topanga State Park** und **Malibu Creek State Park** (alle Karte S. 210 f.) sind tolle Ausgangspunkte für Liebhaber schöner Landschaften (Parken 10–12 US$).

LOS ANGELES MIT KINDERN
In L. A. bleibt der Nachwuchs kinderleicht bei Laune. Viele Museen und Attraktionen schneiden Ausstellungen, Aktivitäten oder Workshops speziell auf Kinder zu. Das exzellente **Kidspace Children's Museum** (Karte S. 210 f.; ☎ 626-449-9144; www.kidspacemuseum.org; 480 N Arroyo Blvd, Pasadena; Eintritt 8 US$, ⊙ Mo–Fr 9.30–17, Sa & So 10–17 Uhr; ℗ ☺) begeistert die Jüngsten besonders mit Ausstellungsstücken zum Anfassen sowie Lern- und Gartenbereichen im Freien. Am besten erst nach 13 Uhr vorbeischauen, wenn die Schulklassen verschwunden sind.

Da alle Kinder Tiere lieben, ist der Los Angeles Zoo (S. 218) im familienfreundlichen Griffith Park immer ein Volltreffer.

LP Tipp Noah's Ark im Skirball Cultural Center (Karte S. 210 f. ☎ 310-440-4500, Tickets 877-722-4849; www. skirball.org; 2701 N Sepulveda Blvd; Erw./Kind 2–12 Jahre/ Student & Senior 10/5/7 US$, Do Eintritt frei; ⊙ Di–Do 12–17, Sa & So 10–17 Uhr; jüdische Hauptfeiertage geschl.; ☺) Diese Arche Noah eignet sich super für Kaliforniens seltene Schlechtwettertage: Die kreativ gestalteten „Tiere" des Indoor-Spielplatzes bestehen aus Autofußmatten, Sofafedern, Metallsieben und anderen Recyclingmaterialien.

Dinofans zieht es zum Page Museum an den La Brea Tar Pits (S. 219) oder zum Natural History Museum (S. 216). Nachwuchsforscher mögen besonders das benachbarte California Science Center (S. 216).

In Long Beach bevölkern Meereslebewesen das Aquarium of the Pacific (S. 223), während sich Teenager eventuell angenehm bei Geistertouren auf der *Queen Mary* (S. 223) gruseln.

Die singenden und tanzenden Marionetten im reizenden **Bob Baker Marionette Theater** (Karte S. 213; ☎ 213-250-9995; www.bobbakermarionettes.com; 1345 W 1st St, Nähe Downtown; Eintritt 12 US$; Reservierung erforderlich; ⊙ Vorstellungen Di–Fr 10.30, Sa & So 14.30 Uhr; ℗ ☺) haben bereits ganze Generationen kleiner Angelenos entzückt.

In puncto südkalifornische Vergnügungsparks sind das Santa Monica Pier (S. 221), Disneyland (S. 234) und Knott's Berry Farm (S. 235) für alle Altersstufen geeignet. Die Universal Studios Hollywood (S. 219) und Six Flags Magic Mountain (S. 234) bieten eher wenige Aktivitäten für jüngere Kinder.

GEFÜHRTE TOUREN
Esotouric (☎ 323-223-2767; www.esotouric.com; Bus 58 US$) Angesagte, verrückte, aufschlussreiche und unterhaltsame Spaziergänge oder Bustouren, bei denen sich alles um berühmte Verbrechen („Die schwarze Dahlie" – schon mal gehört?), gefeierte Autoren (von Chandler bis Bukowski) oder historische Stadtteile dreht.

Los Angeles Conservancy (☎ 213-623-2489; www. laconservancy.org; Tour 1 US$) Themenspaziergänge, meist in Downtown, mit Fokus auf Architektur.

Red Line Tours (☎ 323-402-1074; www.redlinetours. com; Tour 25 US$) Unterhaltsame, lehrreiche Spaziergänge durch Hollywood und Downtown; gegen den Verkehrslärm helfen Kopfhörer.

Starline Tours (☎ 323-463-333, 800-959-3131; www. starlinetours.com; Tour ab 39 US$) Bustouren, bei denen man etwas über Stadt, Promi-Hütten und Vergnügungsparks erfährt.

FESTIVALS & EVENTS

Rose Parade (☎ 626-449-4100; www.tournamentof roses.com) Neujahrsparade mit blumengeschmückten Wagen auf Pasadenas Colorado Blvd, gefolgt vom Football-spiel in der Rose Bowl.

Toyota Grand Prix of Long Beach (☎ 888-827-7333; www.longbeachgp.com) Das einwöchige Autorenn-spektakel zieht Mitte April viele Weltklassefahrer an.

Fiesta Broadway (☎ 310-914-0015; www.fiesta broadway.la) Am letzten Aprilsonntag säumt ein riesiges Straßenfest den historischen Broadway in Downtwon. Dabei treten bekannte Lationokünstler auf.

Sunset Junction Street Fair (☎ 323-661-7771; www. sunsetjunction.org) Ende August steigt auf Silver Lakes Straßen eine Wochenendparty mit viel zu futtern und zu trinken sowie wilden Bands.

West Hollywood Halloween Carnival (☎ 323-848-6400; www.visitwesthollywood.com) Kostenloses Stra-ßenspektakel am 31. Oktober, bei dem entlang des Santa Monica Blvd in WeHo viele abgefahrene und oft nicht jugendfreie Kostüme zu sehen sind.

SCHLAFEN

Die Wahl der Unterkunft kann den Charakter eines L. A.-Trips bestimmen: Santa Monica und Long Beach stehen für Strandleben, während sich coole Partylöwen in Hollywood oder WeHo am wohlsten fühlen. Kulturlieb-haber zieht es nach Downtown, vornehm Stilvolle nach Beverly Hills. Die ohnehin recht heftigen Zimmerpreise erhöhen sich jeweils noch um 12 bis 14 % Übernachtungssteuer. Daher stets nach eventuellen Ermäßigungen fragen!

Downtown

Figueroa Hotel (Karte S. 213; ☎ 213-627-8971, 800-421-9092; www.figueroahotel.com; 939 S Figueroa St; Zi. 134–164 US\$, Suite 225–265 US\$; ⊠ ▯ 🛜 🅿) Gegenüber des LA Live werden die Gäste der weitläufigen Oase aus den 1920er-Jahren von einer üppig gefliesten Lobby mit spanischem Touch empfangen. Diese grenzt an einen funkelnden Pool und eine belebte Freiluftbar. Die kom-fortablen Zimmer in allen möglichen Stilen (z. B. marokkanisch, mexikanisch, japanisch) unterscheiden sich in Größe und Ausstattung Parken kostet 12 US\$.

Millennium Biltmore Hotel (Karte S. 213; ☎ 213-624-1011, 800-245-8673; www.thebiltmore.com; 506 S Grand Ave; Zi. 119–399 US\$, Suite 460–3000 US\$; ⊠ ▯ 🛜 🅿) Tief in Tradition und Blattgold getaucht hat dieser Hotelpalast seit 1923 schon Stars, Könige und Präsidenten beherbergt. Manche Zimmer sind etwas beengt, während Workouts im großar-tigen Art-déco-Fitnessclub gleich weniger anstrengen. Parken kostet 40 US\$.

LP Tipp **Standard Downtown LA** (Karte S. 213; ☎ 213-892-8080; www.standardhotel.com; 550 S Flower St; Zi. ab 165 US\$; ⊠ ▯ 🛜 🅿) Das designbewusste Hotel mit 207 Zimmern zielt vor allem auf junge, hippe und balzfreudige Gäste ab. Der Ex-Büroblock mit pulsierender Dachbar eig-net sich somit weniger für Familien oder Nachtruhefanatiker. Die modern-minimalis-tischen Zimmer haben Plattformbetten und durchsichtige Duschkabinen. Parken: 31 US\$.

Hollywood

USA Hostel Hollywood (Karte S. 217; ☎ 323-462-3777, 800-524-6783; www.usahostels.com; 1624 Schrader Blvd; inkl. Frühstück & Steuer B 30–37 US\$, Zi. 70–85 US\$; ▯ 🛜) Das energiegeladene Hostel im Herz von Holly-woods Partyszene ist nichts für Introvertierte. Sein Personal organisiert Grillfeste, Comedy-abende und geführte Touren. Neue Freunde findet man auch fix beim Gratis-Pfann-kuchenfrühstück in der Gästeküche.

Magic Castle Hotel (Karte S. 217; ☎ 323-851-0800, 800-741-4915; www.magiccastlehotel.com; 7025 Franklin Ave; Zi. ab 164 US\$; ⊠ ⊠ ▯ 🛜 🅿) Der renovierte ehemalige Apartmentbau rund um einen In-nenhof hat recht dünne Wände. Dafür gibt's moderne Möbel, Kunst, behagliche Bademän-tel und fesche Bäder. Die meisten Zimmer haben separate Wohnbereiche. Morgens gibt's frisches Gebäck und Gourmetkaffee am Pool oder auf dem eigenen Balkon. Gäste sollten nach Zugang zum gleichnamigen Privatclub für Zauberer fragen. Parken kostet 10 US\$.

Hollywood Roosevelt Hotel (Karte S. 217; ☎ 323-466-7000, 800-950-7667; www.hollywoodroosevelt.com; 7000 Hollywood Blvd; Zi. ab 399 US\$; ⊠ ▯ 🛜 🅿) Seit hier 1929 die ersten Oscars verliehen wurden, hat das altehrwürdige Hotel schon viele Top-schauspieler beherbergt. Es kombiniert eine spanische Palastlobby mit modern-asiatischen Nobelzimmern, toll restaurierten Antiquitä-ten und einem belebten Pool, an dem Marilyn Monroe einst ihren ersten Werbespot drehte. Parken schlägt mit 30 US\$ zu Buche.

West Hollywood & Mid-City

Beverly Laurel Motor Hotel (Karte S. 220 f.; ☎ 323-651-2441, 800-962-3824; 8018 W Beverly Blvd; Zi. 109–155 US\$; 🅿 ⊠ 🛜 🅿) Dieses renovierte Retro-Motel mit Minipool stammt aus den 1950er-Jahren. In der Nähe von Grove und dem Original Farmers Market gibt's hier 52 preiswerte, aber sehr schlichte Zimmer sowie ein Diner namens Swingers (Hauptgerichte 5–11 US$) mit Monsterburgern und starken Bloody Marys.

Standard Hollywood (Karte S. 220 f.; ☎ 323-650-9090; www.standardhotel.com; 8300 W Sunset Blvd; Zi. 160–225 US$, Suite ab 350 US$; ❌ 🖳 🛜 🏋) Hinter der Empfangstheke des weißgetönten Trendsetter-Treffs am Sunset Strip liegt ein Model in einer Glasvitrine. Der Pool bietet Blick auf L.A., während die Zimmer über Minibars mit Kondomen verfügen. Das Raumklima wird mittels der Stufen „blasen", „stärker blasen" und „aufhören" reguliert. Parken: 29 US$.

LP Tipp Farmer's Daughter Hotel (Karte S. 220 f.; ☎ 323-937-3930, 800-334-1658; www.farmersdaughterhotel.com; 115 S Fairfax Ave; Zi. 179–209 US$; ❌ 🖳 🛜 🏋) Gegenüber von Original Farmers Market, Grove und CBS Studios begeistert dieses beliebte Hotel seit Jahren mit glattem „Großstadtcowboy-Look". Abenteuerlustige Turteltauben fragen nach dem „No Tell Room"… Parken kostet 17 US$.

ANDaZ West Hollywood (Karte S. 220 f.; ☎ 323-656-1234; www.andaz.com; 8401 W Sunset Blvd; Zi. ab 245 US$; ❌ 🖳 🛜 🏋) Wie viele seiner früheren Rockstar-Gäste hat sich das ehemalige „Rock'n'Roll-Hyatt" umbenannt und liften lassen. Die Zimmer bieten nun klare Linien, polierte Eichenmöbel und Bademäntel aus Bambusfasern. Von manchen schaut man auf die Hollywood Hills, während auf der Seite des Sunset Blvd die Zimmer größer, dafür aber lauter sind. Die Dachterrasse punktet mit Pool und Panoramablick. Neben Frühstückskaffee und -gebäck serviert die Lounge in der Lobby auch ganztägig Snacks. Parken: 25 US$.

Chateau Marmont (Karte S. 220 f.; ☎ 323-656-1010, 800-242-8328; www.chateaumarmont.com; 8221 W Sunset Blvd; Zi. 345–785 US$; ❌ 🖳 🛜 🏋) Der französisch angehauchte Luxus mag überholt wirken, doch die Diskretion des Pseudoschlosses ist seit vielen Jahren legendär. Dies wussten bereits Superstars von Greta Garbo bis Bono zu schätzen. Am romantischsten sind die Gartenhäuschen. Leider wird hier nicht jeder wie ein Promi behandelt. Parken kostet 28 US$.

Beverly Hills

Avalon Hotel (Karte S. 220 f.; ☎ 310-277-5221, 800-535-4715; www.avalonbeverlyhills.com; 9400 W Olympic Blvd; Zi. ab 289 US$; ❌ 🖳 🛜 🏋) Dieser hyperdynamische Hotspot würzt 1950er-Jahre-Moderne mit einem Schuss 21. Jh. Am sanduhrförmigen Pool und in der fetzigen Restaurantbar Blue on Blue lassen es reiche Metrosexuelle kräftig krachen. Parken kostet 30 US$.

LP Tipp Beverly Hills Hotel (Karte S. 220 f.; ☎ 310-276-2251, 800-283-8885; www.beverlyhillshotel.com; 9641 Sunset Blvd; Zi. ab 450 US$; ❌ 🖳 🛜 🏋) Mit klassischer Poolterrasse auf grünem Gelände strotzt der legendäre Pink Palace von 1912 nur so vor Opulenz. In der clubartigen Polo Lounge treffen sich Gutbetuchte und -angezogene bis heute zum Mittagessen. Goldakzente und Marmorfliesen machen die Zimmer ähnlich altmodisch. Parken kostet 33 US$.

Santa Monica & Venice

HI Los Angeles-Santa Monica (Karte S. 222; ☎ 310-393-9913, 800-909-4776, Durchwahl 137; www.lahostels.org; 1436 2nd St; B Mitgl./Nicht-Mitgl. 28/31 US$, Zi. mit Gemeinschaftsbad ab 104 US$; ❌ ❌ 🛜) Dieses Hostel mit 260 Betten ist zwar architektonisch interessant, begeistert aber vor allem mit seiner tollen Lage zwischen Strand und Third Street Promenade. Bettwäsche und europäisches Frühstück sind im Preis enthalten.

Sea Shore Motel (Karte S. 222; ☎ 310-392-2787; www.seashoremotel.com; 2637 Main St; Zi. ab 110 US$, Suite ab 180 US$; Ⓟ ❌ 🛜) Das freundliche, familiengeführte und saubere Motel steht strandseitig an der belebten Main Street. Somit bekommen die einfachen, aber ausreichend attraktiven Zimmer mit spanischen Fliesen stets etwas Straßenlärm ab. Ideal für Familien: Die vornehmen Suiten mit eigenen Küchen.

Embassy Hotel Apartments (Karte S. 222; ☎ 310-394-1279; www.embassyhotelapts.com; 1001 3rd St; Zi. 175–390 US$; Ⓟ ❌ 🖳) Dieses ruhige Refugium im spanischen Kolonialstil versprüht seinen gewaltigen Charme seit 1927. Per klapprigem Fahrstuhl geht's hinauf zu den angenehm altmodischen Zimmern, die alle einen Internetzugang und oft auch eine eigene Küche besitzen – super für Selbstversorger.

LP Tipp Viceroy (Karte S. 222; ☎ 310-260-7500, 800-622-8711; www.viceroysantamonica.com; 1819 Ocean Ave; Zi. ab 390 US$; ❌ 🖳 🛜 🏋) Am besten ignoriert man einfach die hässliche Hochhausarchitektur und schwelgt im kitschigen „Hollywood-Regency"-Dekor der *Top-Design*-Jurorin Kelly Wearstler. Die Farbpalette reicht von Delphingrau bis Mambagrün. Ansonsten gibt's hier Cabanas am Pool, italienische Designerbettwäsche und ein schickes Barrestaurant. Parken kostet 28 US$.

Long Beach

Hotel Varden (Karte S. 210 f.; ☎ 562-432-8950, 877-382-7336; www.thevardenhotel.com; 335 Pacific Ave; Zi. ab 109 US$; ❌ 🖳 🛜) Offenbar hatten die Designer bei der Modernisierung dieses Hotels von 1929 einen Riesenspaß: Die weißen und rechtwinkligen Minizimmer haben einzig Waschbecken, ebensolche Schreibtische und bequeme Betten. Ihr Preis beinhaltet einfaches europäisches Frühstück und eine Weinstunde. Einen Block entfernt liegen die Restaurants und Nightlife-Spots der Pine Avenue. Parken kostet 10 US$.

Queen Mary Hotel (Karte S. 210 f.; ☎ 562-435-3511; www.queenmary.com; 1126 Queens Hwy, Long Beach; Zi. 159–259 US$; 🐾 🖳 🛜) Der prächtige Ozeanriese (S. 223) erlaubt Weltreisen ohne Ablegen: Seine Luxuskabinen strotzen nur so vor Artdéco-Details. Die preiswertesten Quartiere im Innenraum empfehlen sich jedoch weniger. Der Zimmerpreis beinhaltet geführte Schiffstouren. Parken kostet 15 US$.

ESSEN

Die Gastroszene von L. A. gehört zu den lebendigsten und facettenreichsten der Welt. Starköche kreieren innovative Köstlichkeiten aus Zutaten von Farmer's Market, während ethnische Viertel für Originalrezepte aus den jeweiligen Stammländern stehen. So lieben die Angelenos gleichermaßen Burritos, *bulgogi* (mariniertes Grillfleisch aus Korea), Dim-Sum, Sushi oder Tapas.

Downtown

Colori Kitchen (Karte S. 213; ☎ 213-622-5950; 429 W 8th St; Hauptgerichte mittags 8–14 US$, abends 12–18 US$; 🕙 Mo–Fr 11–15, Mi–Sa 18–21 Uhr) Das farbenfrohe und behagliche Lokal mit freiliegenden Backsteinwänden empfängt Gäste wie Familienmitglieder. Eigentümer und Küchenchef Luigi hebt Italo-Klassiker in hehre Sphären. Alkoholische Getränke muss man selbst mitbringen (BYOB).

Nickel Diner (Karte S. 213; ☎ 213-623-8301; 524 S Main St; Hauptgerichte 8–14 US$; 🕙 Di–So 8–15.30, Di–Sa 18–23 Uhr) Umweht vom Boho-Vibe in Downtowns historischem Bezirk wird man hier quasi in die 1920er-Jahre zurückversetzt – allerdings bestimmt nicht durch die Zutaten (z. B. Quinoa, Rucola oder Chimichurri). Die Käsemakkaroni („Smac & Cheese") sind ein Klassiker. Außerdem gibt's üppige Desserts.

R23 (Karte S. 213; ☎ 213-687-7178; 923 E 2nd St; Hauptgerichte mittags 9–13 US$, abends 12–30 US$; 🕙 Mo–Fr 11.30–14, Mo–Sa 17.30–22 Uhr) Der versteckte Laden begeistert Sushi-Fans mit exquisiten Gaumenfreuden. Von Letzteren lenkt nicht einmal das industrielle Ambiente mit kühnen Kunstwerken und Frank-Gehry-Wellpappenstühlen ab.

Das runde Restaurantdutzend im **LA Live** (Karte S. 213) reicht von Katsuya by Starck (Nobeljapaner), Rock'n'Fish (der Name ist Pro-

---

ESSEN IN L. A.: ETHNISCHE HIGHLIGHTS

Niemand Geringeres als Ruth Reichel – Herausgeberin der Zeitschrift *Gourmet* und ehemalige Gastrokritikerin der *Los Angeles Times* – sieht L. A.s echten kulinarischen Reichtum trotz zweifellos toller Toplokale in Ethno-Restaurants. Da hier über 140 verschiedene Nationalitäten leben, können wir nur einen groben Überblick geben. Berühmte Beispiele für Viertel mit echter Ethno-Küche:

Little Tokyo – Downtown L. A.; Pflichtgericht: Dampfende Ramen-Suppe im **Daikokuya** (Karte S. 213; ☎ 213-626-1680; 327 East 1st St; 🕙 Mo–Sa 11–14.30 & 17–24 Uhr) Tipp: Japanese American National Museum (S. 215).

Chinatown – Downtown L. A.; Pflichtgericht: Dim Sum im **Empress Pavilion** (Karte S. 213; ☎ 213-617-9898; 2. Stock, 988 N Hill St; Dim Sum 2–6 US$/Teller, meiste Hauptgerichte 10–25 US$; 🕙 10–14.30 & 17.30–21, Sa & So bis 22 Uhr) Zusatztipp: Die zeitgenössischen Kunstgalerien an der Chung King Rd.

Boyle Heights (mexikanisch) – East L. A.; Pflichtgericht: Exquisite Tortillasuppe im **La Serenata de Garibaldi** (Karte S. 210 f.; ☎ 323-265-2887; 1842 E 1st St; Hauptgerichte 10–25 US$; 🕙 Mo–Fr 11.30–22.30, Sa & So 9–22.30 Uhr) Zusatztipp: Mariachi-Musik an der Mariachi Plaza.

Koreatown – westlich von Downtown L. A.; Pflichtgericht: Tischgegrilltes mit vielen *banchan* (Beilagen) im **Chosun Galbee** (außerhalb der Karte S. 210 f.; ☎ 323-734-3330; 3300 Olympic Blvd; Hauptgerichte 12–24 US$; 🕙 11–23 Uhr) Zusatztipp: Die Monstermall Koreatown Galleria (Ecke Olympic Blvd & Western Ave) mit Haushaltswaren und noch mehr Essen.

Thai Town – East Hollywood; Pflichtgericht: Curry inklusive Elvis-Imitator im **Palms Thai** (Karte S. 217; ☎ 323-462-5073; 5900 Hollywood Blvd; Hauptgerichte 6–19 US$; 🕙 So–Do 11–24, Fr & Sa 11–2 Uhr) Zusatztipp: Blumengirlanden im Einkaufszentrum Thailand Plaza (5321 Hollywood Blvd).

Little India – Pioneer Blvd, Artesia; Pflichtgericht: Vegetarisches *thali* (Komplettmenü) im **Tirupathi Bhimas** (Karte S. 210 f.; ☎ 562-809-3806; www.tirupathibhimas.com; Little India Village, 18792 Pioneer Blvd; Hauptgerichte 5–10 US$; 🕙 Di–Fr 11.30–14.30, Di–Do 18–21.30, Fr 18–22 Uhr) Zusatztipp: Sari-Shoppen entlang der Straße.

KALIFORNIEN

gramm) und Trader Vic's (Tiki-Anleihen) bis hin zum Yard House (typische US-Bierhalle).

Hollywood

Musso & Frank Grill (Karte S. 217; ☎ 323-467-7788; 6667 Hollywood Blvd; Hauptgerichte 12–35 US$; ☺ Di–Sa 11–23 Uhr) Das älteste Lokal am Boulevard strotzt nur so vor Hollywood-Historie. Die Kellner balancieren Platten mit Steaks, Koteletts oder gegrillter Leber – alles aus einer Zeit, in der unser Vokabular noch komplett cholesterinfrei war. Der Service ist so angenehm wie die Martinis.

Waffle (Karte S. 217; ☎ 323-465-6901; 6255 W Sunset Blvd; meiste Hauptgerichte 9–12 US$; ☺ So–Do 6.30–2.30, Fr & Sa 6.30–4.30 Uhr) Nach einer langen Partynacht steht wohl nicht nur uns der Sinn nach Junk Food. Hier gibt's aber Dinerkost des 21. Jhs., die dank Bio-Zutaten aus der Umgebung schon fast wieder gesund ist. Serviert werden neben Jalapeño-Maisteigwaffeln mit Grillhühnchen oder Karotten auch Käsemakkaroni, Sandwiches und üppige Salate. Weiterer Pluspunkt: die kleine, aber feine Weinkarte.

El Conquistador (Karte S. 210 f.; ☎ 323-666-5136; 3701 W Sunset Blvd, Silver Lake; Hauptgerichte 10–17 US$; ☺ So–Do 11–22, Fr & Sa 11–23 Uhr) Als Kombi aus Halloween und Margaritaville ist die trashige Cantina der perfekte Startpunkt für eine Nacht auf der Piste. Die superstarken Cocktails sollte man unbedingt vorab mit den überdurchschnittlich leckeren Klassikern (z. B. Nachos, Quesadillas, Enchilladas) kompensieren.

West Hollywood, Mid-City & Beverly Hills

Cheebo (Karte S. 220 f.; ☎ 323-850-7070; 7533 W Sunset Blvd; Hauptgerichte 9–14 US$, abends 10–25 US$; ☺ 8–23 Uhr) Der fröhliche und günstige Treffpunkt beglückt seine Laufkundschaft mit hervorragenden Bio-Pizzas, Riesensalaten und -sandwiches. (Große) Kinder lieben die kostenlosen Malutensilien.

Marix Tex Mex (Karte S. 220 f.; ☎ 323-656-8800; 1108 N Flores St; Hauptgerichte 9–19 US$; ☺ 11.30–23 Uhr) Viele Abende in Boystown haben schon mit einem Flirt auf den Marix-Terrassen begonnen – bei starken Margaritas und Fischtacos, Fajitas oder Chipotle-Hühnchensandwiches. Am Taco-Dienstag gilt „All You Can Eat".

LP Tipp **Bazaar** (Karte S. 220 f.; ☎ 310-246-5555; 465 S La Cienega Blvd; Gerichte 8–18 US$; ☺ tgl. 18–23, Sa & So Brunch 11–15 Uhr) Das Bazaar im SLS Hotel glänzt mit Philippe Starcks Spitzendesign und futuristischen Tapas von José Andrés. Der Salat Caprese kombiniert Kirschtomaten mit Mozzarellakugeln, die im Mund explodieren. Ebenfalls superb sind die superzarte Gänseleberpastete und das Philly-Käsesteak auf „Luftbrot". Cocktails und Süßspeisen bieten gleichwertigen Genuss. Vorsicht: Diese Kleinportionen läppern sich zusammen.

Ivy (Karte S. 220 f.; ☎ 310-274-8303; 113 N Robertson Blvd; Hauptgerichte 20–38 US$; ☺ Mo–Fr 11.30–23, Sa 11–23, Sat, So 10–23 Uhr) Die rustikale Hütte mit Lattenzaunveranda ist *das* Power-Mittagslokal der Stadt. Mitten im Robertson-Modewahn knabbern hier A-Promidamen an Karottensticks, während Studiomanager bei Hummer-Omelettes über Sequels diskutieren. Die Chancen auf solche Mitgäste stehen sehr gut – vorausgesetzt, man kommt mit selbstbewussten Kellnern und heftigen Preisen klar.

Spago Beverly Hills (Karte S. 220 f.; ☎ 310-385-0880; 176 N Cañon Dr; Hauptgerichte mittags 19–48 US$, abends 32–66 US$; ☺ Mo–Do & Sa 12–14.30, Fr 11.30–14.30, So–Fr 18–22, Sa 17.30–23 Uhr) Wolfgang Pucks Vorzeigerestaurant ist immer noch eine Topadresse für vornehmes Speisen und Superstar-Spotting. Wer die superbe internationale Fusionküche genießen und nach berühmten Gesichtern im dynamischen Publikum suchen möchte, sollte unbedingt frühzeitig reservieren.

Original Farmers Market (Karte S. 220 f.; Ecke 3rd St & Fairfax Ave; ☺) Das empfehlenswerte Restaurantdutzend des Farmers Market serviert sein preiswertes Essen größtenteils im Freien. Ein paar Tipps: Das klassische Diner Du-par's, Cajun-Küche im Gumbo Pot, die ¡Loteria! mit mexikanischen Grillgerichten oder Singapore's Banana Leaf.

Santa Monica & Venice

Omelette Parlor (Karte S. 222; ☎ 310-399-7892; 2732 Main St; Hauptgerichte 6–12 US$; ☺ Mo–Fr 6–14.30, Sa & So 6–16 Uhr; ☺) Diese Institution gibt's seit den Tagen, in denen die Main Street noch Dogtown genannt wurde. Sie empfängt Gäste mit Schwarzweißfotos vom alten Santa Monica, Oldiemusik und einem grünen Hinterhof. Die Riesenomelettes und berühmten Waffeln zum Frühstück sättigen eventuell bis abends.

Real Food Daily (Karte S. 222; ☎ 310-451-7544; 514 Santa Monica Blvd; Hauptgerichte 8–17 US$; ☺ 11.30–22 Uhr; V) Lust auf Tempeh oder *seitan*? Selbst wer solchen Fleischsubstituten nichts abgewinnt, sollte hier mal vorbeischauen: In dem Veganerlokal ohne Hippieattitüde schwingt Starköchin Ann Gentry den Löffel.

3 Square Café & Bakery (Karte S. 222; ☎ 310-399-6504; 1121 Abbot Kinney Blvd; Hauptgerichte 8–20 US$; ⏱ Café Mo–Do 8–22, Fr bis 23, Sa 9–23, So bis 22 Uhr, Bäckerei 7–19 Uhr) Das Minicafé serviert Hans Röckenwagners deutsch angehauchte Bretzelburger, Gourmetsandwiches und Apfelpfannkuchen. Hinzu kommen Bäckereiregale voller rustikaler Brote und luftiger Croissants.

Axe (Karte S. 222; ☎ 310-664-9787; 1009 Abbot Kinney Blvd; Hauptgerichte 6–12 US$, abends 18–26 US$; ⏱ Mi–Fr 11.30–15, SA & So 9–15, Mi & Do 18–22, Fr & Sa 18–22.30, So 17.30–21.30 Uhr) Das Axe (ausgesprochen ah-*schei*) gehört zur Restaurantmeile am Abbot Kinney Blvd. Im schicken Industrieambiente futtern Bohemiens hier Pikantes aus saisonalen einheimischen Bio-Zutaten.

Fig (Karte S. 222; ☎ 310-319-3111; Fairmont Miramar Hotel, 101 Wilshire Blvd; Hauptgerichte mittags 9–24 US$, abends 19–34 US$; ⏱ tgl. 7–14, Di–Sa 17–22 Uhr) Dieser schlichte Newcomer mit erlesenem Geschmack legt großen Wert auf einheimische Zutaten der Saison. Daraus entstehen z. B. superfrische Marktsalate oder Beilagen für Steaks und Meeresfrüchte – ergänzt durch hausgemachte Wurstwaren und leckere Käsesorten. Zum Nachtisch gibt's Feigenriegel (welch Wunder!).

Long Beach

Number Nine (Karte S. 210 f.; ☎ 562-434-2009; 2118 E 4th St; Hauptgerichte 7–9 US$; ⏱ 12–24 Uhr) An der Retro Row (S. 232) serviert ein engagiertes Künstlertypenpaar hier üppige vietnamesische Nudelportionen in minimalistischer Atmosphäre. Tipp: Das Fünf-Gewürze-Huhn mit Frühlingsrolle.

George's Greek Café (Karte S. 210 f.; ☎ 562-437-1184; 135 Pine Ave; Hauptgerichte 7–19 US$; ⏱ So–Do 11–22.30, Fr & Sa 11–23.30 Uhr) Das George's ist geografisches und spirituelles Zentrum der Pine-Ave-Gastromeile. Auf der großen Eingangsterrasse begrüßt George seine Gäste eventuell persönlich. Einheimische kommentieren den *saganaki* (flambierter Käse) und die Lammkoteletts mit „Opa!" („Toll!").

AUSGEHEN

LP Tipp **Edison** (Karte S. 213; ☎ 213-613-0000; 108 W 2nd St, abseits Harlem Alley; ⏱ Mi–Sa) Diese schicke Kellerkneipe im Industrial-Look vereint *Metropolis* mit *Blade Runner*. Hier kippt man Mojitos inmitten von Turbinen und anderen Maschinen. Keine Sorge: Der Ex-Kesselraum ist nett mit schokofarbenen Ledersofas und drei großen Bars eingerichtet. Achtung, Dresscode!

Seven Grand (Karte S. 213; ☎ 213-614-0737; 515 W 7th St) Hier sieht's aus als ob Trendsetter die Jagdhütte ihrer Eltern heimsuchen, komplett mit Hirschköpfen und Karo-Teppichen. Es dreht sich alles um über 100 Whiskysorten aus Schottland, Irland oder sogar Japan.

Formosa Café (Karte S. 220 f.; ☎ 323-850-9050; 7156 Santa Monica Blvd) Diese Fledermaushöhle von einer Kneipe hat schon Bogart und Gable zum Bechern animiert. Die Film-Noir-Atmo ist so authentisch, dass darin Szenen von *L. A. Confidential* gedreht wurden.

Dresden (außerhalb der Karte S. 217; ☎ 323-665-4294; 1760 N Vermont Ave, Los Feliz) Das Dresden antwortet auf Bogey mit einer echten Institution: Das kitschige Schlagerduo Marty & Elayne gab schon eine Version von „Stayin' Alive" im Film *Swingers* zum Besten.

Cat & Fiddle (Karte S. 217; ☎ 323-468-3800; 6530 W Sunset Blvd) Von Morrissey bis Frodo weiß man nie so genau, wer sich als nächstes ein Boddingtons auf dem Hof mit Springbrunnen genehmigt. Doch zum Glück geht's in diesem bodenständigen Brit-Pub mehr ums Freunde treffen und Palavern als um Starallüren und Vertragsabschlüsse.

Velvet Margarita (Karte S. 217; ☎ 323-469-2000; 1612 N Cahuenga Blvd) Sombreros, samtene Elvisse, Projektionen mexikanischer Kultfilme und Margaritas trinkende Szenegänger – dieser dunkle Kitschpalast an der Cahuenga-Partymeile vereint Cabo San Lucas mit Graceland.

Ebenfalls empfehlenswert:
Beauty Bar (Karte S. 217; ☎ 323-464-7676; 1638 N Cahuenga Blvd) Wunderbare Martinis und Maniküren.
Novel Café (Karte S. 222; ☎ 310-396-8566; 212 Pier Ave) Schlichter Indie-Caféfavorit von Autoren, Strandfreaks und Main-Street-Shoppern.

UNTERHALTUNG

LA Weekly (www.laweekly.com) und die *Los Angeles Times* (http://theguide.latimes.com) enthalten umfangreiche Veranstaltungskalender. Tickets gibt's online, an den Abendkassen oder bei **Ticketmaster** (☎ 213-480-3232; www.ticketmaster.com). **Goldstar** (www.goldstar.com) verkauft Karten für bestimmte Bühnenshows zum halben Preis. Theaterfans nutzen **LAStageTIX** (www.theatrela.org) und **Plays 411** (www.plays411.com) oder suchen die Visitor Centers von Hollywood bzw. Downtown L. A. (S. 212) auf.

Livemusik & Nachtclubs

Troubadour (Karte S. 220 f.; ☎ 310-276-6168; www.troubadour.com; 9081 Santa Monica Blvd, West Hollywood;

KALIFORNIEN

SCHWULEN- & LESBENSZENE IN L. A.

L. A. hat eine der größten schwul-lesbischen Gemeinden der USA. Hier wurden das Magazin *Advocate* und die Organisation PFLAG (Parents and Friends of Lesbians and Gays) geboren. Vor Ort entstanden auch die allererste rein homosexuelle Kirche und Synagoge des Landes. Quer durch alle Gesellschaftsbereiche arbeiten L. A.s Schwule und Lesben heute z. B. als Entertainer, Politiker, Geschäftsleute oder Schauspieler/Kellner/Models.

Als „Boystown" spielt der Santa Monica Blvd in West Hollywood (WeHo) eine Schlüsselrolle für die schwul-lesbische Gemeinde. Dort gibt's viele Bars, Cafés, Restaurants, Fitnessstudios und Nachtclubs, die vor allem von homosexuellen Männern besucht werden und donnerstags bis sonntags besonders brummen. Anderswo ist das Ambiente deutlich entspannter: Als L. A.s ursprüngliche Schwulenenklave zieht Silver Lake statt Leder- und Jeansträgern inzwischen mehr niedliche Trendsetter jeglicher Ethnie an. Long Beachs schwul-lesbische Szene ist ebenfalls recht groß.

Der Gay Pride (Mitte Juni; www.lapride.org) lässt Hunderttausende nonstop feiern und einer Parade entlang des Santa Monica Blvd zusehen. Ansonsten sorgen z. B. die folgenden Adressen für Hochstimmung. Auch kostenlose Szenemagazine und Webseiten wie www.westhollywood. com oder www.gaycities.com liefern umfangreiche Ausgehtipps.

WeHo

Abbey (Karte S. 220 f.; ☎ 310-289-8410; www.abbeyfoodandbar.com; 692 N Robertson Blvd; Hauptgerichte 9–13 US$; ✆ 8–2 Uhr) Seit seinen Anfangstagen als schlichtes Café hat sich das Abbey zu WeHos coolster, unterhaltsamster und abwechslungsreichster Restaurantbar gemausert. Hierfür sorgen z. B. viele verschiedene Martinicocktails und gehobenes Kneipenessen. Das Spektrum der Abhängecken reicht von der grünen Veranda bis hin zur modernen Gothic-Lounge.

Factory/Ultra Suede (Karte S. 220 f.; ☎ 310-659-4551; www.factorynightclub.com; 652 La Peer Dr) Die gigantische Doppel-Disco mit kantigem NYC-Vibe trägt allabendlich andere Farben: Modebewusste Damen sieht man hier genauso wie männliche Traumkörper.

Silver Lake

Akbar (Karte S. 210 f.; ☎ 323-665-6810; www.akbarsilverlake.com; 4356 W Sunset Blvd) Die beste Jukebox der Stadt punktet mit Kasbah-Atmosphäre und quasi stündlich wechselndem Publikum. Letzteres besteht aus homo- und heterosexuellen Trendsettern, deren Hipness sich jedoch in Grenzen hält. An manchen Abenden wird der hintere Raum zur Tanzfläche. Ansonsten finden dort z. B. Comedyshows oder Kunsthandwerkskurse statt.

MJ's (Karte S. 210 f.; ☎ 323-660-1503; www.mjsbar.com; 2810 Hyperion Ave) Beliebter Laden mit modernem Mix aus Tanzabenden, aktiver Partnersuche und dem „Pornodarsteller der Woche". Jüngeres, aber buntes Publikum.

Am Strand

Roosterfish (Karte S. 222; ☎ 310-392-2123; www.roosterfishbar.com; 1302 Abbot Kinney Blvd) Trotz über 30 Jahren Dienst an den Männern von Venice wirkt „The Fish" immer noch aktuell und cool. Hier gibt's einen Pooltisch und hinten eine Terrasse, während freitagabends am meisten los ist.

Silver Fox (Karte S. 210 f.; ☎ 562-439-6343; www.silverfoxlongbeach.com; 411 Redondo Ave) Trotz seines Namens wird dieser Tummelplatz des schwulen Long Beach von allen Altersgruppen besucht – vor allem an den Karaokeabenden. Die Läden der Retro Row liegen nur wenige Autominuten entfernt.

✆ Mo–Sa) Dieser legendäre Rockschuppen hat bereits den Eagles und Tom Waits zum Ruhm verholfen. Bis heute kann man hier super die Stars von morgen erleben. Das biertrinkende Publikum gibt sich musikverliebt statt eitel.

LP Tipp Spaceland (Karte S. 210 f.; ☎ 323-661-4380; www.clubspaceland.com; 1717 Silver Lake Blvd, Silver Lake) Die bis heute beste Indie- und Alternative-

Bühne der Stadt sah beispielsweise schon frühe Gigs von Beck. Die „Special Guests" auf den Werbeanzeigen können alle möglichen Stars sein, die wegen einer kleinen spontanen Session vorbeischauen.

Hotel Cafe (Karte S. 217; ☎ 323-461-2040; www.hotelcafe.com; 1623.5 N Cahuenga Blvd, Hollywood) Im besten Laden für handgemachte Musik treten ab und zu Größen wie Suzanne Vega auf. Ansonsten ist dies aber eher eine Plattform für engagierte Nachwuchs-Liedermacher. Früh kommen und den Eingang an der Gasse benutzen!

McCabe's Guitar Shop (Karte S. 222; ☎ 310-828-4403; www.mccabes.com; 3101 Pico Blvd, Santa Monica) Dieses Mekka der Musikerzunft verkauft Gitarren und andere Instrumente. Künstler wie Jackson Browne, Liz Phair und Michelle Shocked spielen live im winzigen Hinterzimmer.

Babe's & Ricky's (Karte S. 210 f.; ☎ 323-295-9112; www.bluesbar.com; 4339 Leimert Blvd, Leimert Park; 🕙 Mo & Do–Sa) Der legendäre Bluesclub ist immer eine gute Wahl, montags aber besonders kultig: Zu später Stunde gibt's dann Mama Lauras Soulfood-Buffet (8 US$).

Das Spektrum legendärer Liveclubs am Sunset Strip reicht vom Whisky A-Go-Go bis zum House of Blues.

Klassische Musik & Oper

Los Angeles Philharmonic (Karte S. 213; ☎ 323-850-2000; www.laphil.org; 111 S Grand Ave, Downtown) In der Walt Disney Concert Hall präsentieren L. A.s Weltklasse-Philharmoniker Klassiker und topaktuelle Stücke – seit 2009 unter Leitung des venezoelanischen Dirigenten-Wunderkinds Gustavo Dudamel.

LP Tipp **Hollywood Bowl** (außerhalb der Karte S. 217; ☎ 323-850-2000; www.hollywoodbowl.com; 2301 N Highland Ave, Hollywood; 🕙 Ende Juni–Sept.) Das historische natürliche Amphitheater ist die Sommerheimat des L. A. Phil und zudem ein toller Ort, um Rock-, Jazz-, Blues- oder Popgrößen zuzuhören. Da heißt es früh kommen und ein Picknick vor der Show genießen (Alkohol erlaubt).

Los Angeles Opera (Karte S. 213; ☎ 213-972-8001; www.laopera.com; Dorothy Chandler Pavilion; 135 N Grand Ave, Downtown) Das renommierte Opernensemble um Plácido Domingo setzt auf massentaugliche Klassiker.

Theater

Centre Theatre Group (☎ 213-628-2772; www.centretheatregroup.org) Das Programm aus neuen Stücken, Klassikern und Musicals (z. B. tourende Broadway-Produktionen) wird an gleich drei Orten präsentiert: Im Ahmanson Theatre (Karte S. 213) und Mark Taper Forum (Karte S. 213) in Downtown L. A. sowie im Kirk Douglas Theatre (Culver City; Karte S. 210 f.). Gelegentlich können „Hot Tix" (20 US$) telefonisch bestellt werden.

Actors' Gang Theatre (Karte S. 210 f.; ☎ 310-838-4264; www.theactorsgang.com; 9070 Venice Blvd, Culver City)

Diese sozialkritische Truppe wurde von Tim Robbins mitbegründet. Ihre kühn-innovativen Inszenierungen klassischer oder moderner Stoffe basieren auf Ensemble-Workshops und haben bereits mehrere Preise gewonnen.

Deaf West Theatre (Karte S. 210 f.; ☎ 818-762-2773; www.deafwest.org; 5112 Lankershim Blvd, North Hollywood, San Fernando Valley; wechselnde Ticketpreise) Die hörgeschädigten Schauspieler führen Klassiker und moderne Stücke mithilfe von Gebärdensprache auf – unterstützt durch Simultanübersetzung und/oder Untertitel. Ihr „Big River" war ein großer Erfolg am Broadway.

Weitere Schauspielbühnen:

East West Players (Karte S. 213; ☎ 213-625-7000; www.eastwestplayers.org; 120 N Judge John Aiso St, Downtown) Asiatisch-amerikanisches Pionierensemble.

Will Geer Theatricum Botanicum (Karte S. 210 f.; ☎ 310-455-3723; www.theatricum.com; 1419 N Topanga Canyon Blvd, nördlich von Santa Monica) Zauberhaftes Sommertheater im Wald.

Sportveranstaltungen

Dodger Stadium (Karte S. 213; ☎ 866-363-4377; www.dodgers.com; 1000 Elysian Park Dr, Downtown) L. A.s Baseballteam in der Major League spielt von April bis Oktober in diesem legendären Stadion.

Staples Center (Karte S. 213; ☎ 213-742-7340; www.staplescenter.com; 1111 S Figueroa St, Downtown) Die hochmoderne Halle ist die Heimat der drei professionellen Basketballteams – der berühmten L. A. Lakers, der L. A. Sparks und der L. A. Clippers – sowie der L. A. Kings, des NHL-Eishockeyteams.

SHOPPEN

Trotz des **Rodeo Drive** (Karte S. 220 f.; zw. Wilshire & Santa Monica Blvd) als vielleicht berühmteste Einkaufsmeile der Welt hat L. A. Shoppingsüchtigen noch viel mehr zu bieten: Modefreaks und deren fotografische Verfolger bevölkern den **Robertson Boulevard** (Karte S. 220 f.; zw. Beverly Blvd & 3rd St) und die **Melrose Avenue** (Karte S. 220 f.; zw. San Vicente Blvd & La Brea Ave) in Hollywood bzw. West Hollywood – ebenso die **Montana Avenue** (Karte S. 222; zw. Lincoln Blvd & 20th St) in Santa Monica.

Amoeba Music (Karte S. 217; ☎ 323-245-6400; 6400 W Sunset Blvd) macht Hollywood zum heißesten Pflaster für Fans grooviger Platten. Weiter östlich liegt Silver Lake, wo cooler Kitsch, Sammlerstücke und Produkte einheimischer Jungdesigner vor allem im Bereich der **Sunset Junction** (Karte S. 217; Ecke Hollywood Blvd & Sunset Blvd) erhältlich sind. „Kettenfrei" sind auch Santa

KALIFORNIEN

KLEIDER MACHEN LEUTE

Einmal wie ein Filmstar aussehen – in Originalklamotten? Vom Trägerhemd bis zum Smoking verkauft **It's a Wrap** (Karte S. 220 f.; ☎ 310-246-9727; 1164 S Robertson Blvd, Mid-City, ⏰ Mo–Fr 11–20, Sa & So 11–18 Uhr) tonnenweise ausgediente Schauspieler- und Statistenkostüme aus Fernseh- oder Filmproduktionen. Codierte Etiketten (Liste an der Kasse) ermöglichen es einem, herauszufinden, wer der Ex-Träger war.

Monicas Main St (Karte S. 222), der Abbot Kinney Blvd in Venice (S. 223) und Hollywoods Larchmont Blvd (Karte S. 217).

Schnäppchenjäger durchstöbern den Fashion District (S. 215), den Jewelry District (S. 215) und den Flower Market (S. 215) in Downtown L. A. Entlang der **Retro Row** (Karte S. 210 f.; E 4th St zw. Junipero Ave & Cherry Ave) in Long Beach gibt's überall Vintage-Klamotten und 50er-Jahre-Möbel, die Fragen von „Wieviel?" bis „*Wieviel!?*" provozieren.

Zu den guten Flohmärkten zählt z. B. der wöchentlich stattfindende **Melrose Trading Post** (Karte S. 220 f.; Fairfax High School, 7850 Melrose Ave, West Hollywood; Eintritt 2 US$; ⏰ So 9–17 Uhr) mit vielen Schätzen für hippe Retrofans – ebenso der **Rose Bowl Flea Market** (Karte S. 210 f.; ☎ 323-560-7469; www.rgcshows.com; Rose Bowl, 1001 Rose Bowl Dr, Pasadena; Eintritt 8–20 US$; ⏰ am 2. So des Monats 5–16.30 Uhr) als monatliche „Mutter aller Flohmärkte" mit über 2200 Ständen.

AN- & WEITERREISE
Auto & Motorrad

Die üblichen internationalen Autovermieter sind in ganz L. A. zu finden (für zentrale Reservierungshotlines und Webseiten s. S. 417). Wer nicht vorab reserviert hat, kann sein Vehikel über gebührenfreie Firmentelefone in den Ankunftsbereichen des LAX bestellen. Kostenlose Kundenshuttles fahren zu den Anbieterniederlassungen außerhalb des Flughafengeländes.

Bus

Der Hauptbusbahnhof von **Greyhound** (Karte S. 213; ☎ 213-629-8401, 800-231-2222; 1716 E 7th St) liegt in einer zwielichtigen Downtown-Ecke, die man bei Dunkelheit besser meidet. Manche Busse fahren direkt zum Terminal in **Hollywood** (Karte S. 217; ☎ 323-466-6381; 1715 N Cahuenga Blvd).

Flugzeug

Das Hauptzugangstor nach L. A. ist der **Los Angeles International Airport** (LAX; Karte S. 210 f.; ☎ 310-646-5252; www.lawa.org/lax), der zu den fünf betriebsamsten Flughäfen der Welt gehört. Der kostenlose Shuttlebus A verbindet die neun Terminals miteinander und startet jeweils draußen auf der unteren Ebene (Ankunft). Dort halten auch die Shuttleservices von Hotels und Autovermietern.

Der **Long Beach Airport** (LGB; Karte S. 210 f.) und der **Bob Hope Airport** (BUR; Karte S. 210 f.; Burbank) wickeln vor allem Inlandsflüge ab.

Zug

Amtrak-Züge rollen zur historischen **Union Station** (Karte S. 213; ☎ 800-872-7245; 800 N Alameda St) in Downtown L. A. Der *Pacific Surfliner* fährt täglich nach San Diego (34 US$, 2¾ Std.), Santa Barbara (25 US$, 2½ Std.) und San Luis Obispo (36 US$, 5½ Std.).

UNTERWEGS VOR ORT
Auto & Motorrad

Sofern Zeit und Geld keine extreme Rolle spielen, ist man in L. A. wohl per Auto unterwegs. Allerdings muss man dabei eine der grässlichsten Verkehrssituationen des Landes meistern. Die Rush Hour (ca. 7.30–9 und 16–18.30 Uhr) sollte man möglichst meiden.

Motels und günstigere Hotels haben normalerweise kostenlose Parkplätze, während teurere Adressen für das Abstellen von Fahrzeugen eine Gebühr verlangen (8–36 US$). Bessere Restaurants, Hotels und Nightlife-Spots bieten oft einen Parkservice an (2,50–10 US$).

Die Abschnitte zu den einzelnen Stadtvierteln unter „Sehenswertes" (S. 212) weisen jeweils auf örtliche Parkmöglichkeiten hin.

Vom/Zum Flughafen

Die Tür-zu-Tür-Shuttlebusse von **Prime Time** (☎ 800-473-3743; www.primetimeshuttle.com) und **Super Shuttle** (☎ 310-782-6600; www.supershuttle.com) starten auf den unteren Ebenen aller LAX-Terminals (nach Santa Monica/Hollywood/Downtown L. A. ca. 21/26/16 US$). Der **Disneyland Express** (☎ 714-978-8855; www.grayline.com) pendelt mindestens stündlich zwischen dem LAX und Hotels auf dem Gelände von Disneyland (einfache Strecke/hin & zurück 22/32 US$).

Fahrzeugabfertiger am Straßenrand fordern auf Wunsch auch Taxis an, die für eine

Pauschale von 46,50 US$ nach Downtown L. A. fahren und ansonsten per Taxameter abrechnen (nach Santa Monica/Hollywood ca. 30/42 US$, Disneyland bis zu 90 US$). Bei Taxitrips ab dem LAX wird ein Zuschlag von 2,50 US$ fällig (für Details s. rechte Spalte).

LAX Flyaway Buses (☎ 866-435-9529; www.lawa.org/ flyaway) verbindet die LAX-Terminals direkt mit Westwood (5 US$, 30 Min.) und der Union Station (7 US$, 45 Min.) in Downtown L. A. (ca. 5–24 Uhr, alle 30 Min.).

Andere **öffentliche Verkehrsmittel** sind langsamer und weniger praktisch, dafür aber preiswerter. Vor den unteren Ebenen aller Terminals starten kostenlose Shuttlebusse zu Parkplatz C. Von dort sind es nur ein paar Schritte bis zum LAX Transit Center, der Busdrehscheibe für ganz L. A. Alternativ fährt Bus G zur Aviation Station, wo die Green-Line-Stadtbahn der Metro Rail hält. Zudem besteht dort Anschluss zur Blue Line nach Downtown L. A. oder Long Beach (40 Min.). Weitere Infos sind unter „Öffentliche Verkehrsmittel" (s. unten) aufgeführt.

Öffentliche Verkehrsmittel

Die Los Angeles **Metro**(☎ 800-266-6883; www. metro.net) betreibt ca. 200 Buslinien und sechs U-Bahn- bzw. Straßenbahnstrecken:

Blue Line Von Downtown L. A. (7th St/Metro Center) nach Long Beach.
Expo Line Von Downtown L. A. (7th St/Metro Center) nach Culver City (über Exposition Park).
Gold Line Von der Union Station nach Pasadena und East L. A.
Green Line Von Norwalk zum Redondo Beach.
Purple Line Von Downtown L. A. nach Koreatown.
Red Line Von der Union Station nach North Hollywood (über Downtown L. A., Central Hollywood und die Universal Studios).

Mit Einzeltickets (1,25 US$/Fahrt) kann nicht kostenlos umgestiegen werden. Da Umsteigetickets auch für Wechsel zwischen Bus und Bahn vonnöten sind, kauft man sie je nach Bedarf am besten immer gleich dazu. Parallel ermöglicht die „TAP Card" (pro Tag/Woche 5/17 US$) beliebig viele Trips. Bei Busfahrern sind Einzeltickets und Tagespässe erhältlich (passend zahlen!). Für Bahntickets gibt's dagegen Automaten an allen Haltestellen. Webseite und Hotline (☎ 800-266-6883) der Metro erleichtern die Routenplanung.

Lokale **DASH-Minibusse** (☎ jeweiliger Stadtteilcode + 808-2273; www.ladottransit.com; 0,25 US$) steuern

Downtown L. A. und Hollywood an. Von Santa Monica aus bedient **Big Blue Bus** (☎ 310-451-5444; www.bigbluebus.com, 0,75 US$) den LAX und einen Großteil des westlichen Stadtgebiets. Der Expressbus 10 (Freeway Express) des Unternehmens verbindet Santa Monica mit Downtown L. A. (1,75 US$, 1 Std.).

Für weitere Infos s. auch S. 214.

Taxi

Taxis warten nur vor Flughäfen, großen Hotels, Bahn- und Busbahnhöfen direkt auf Fahrgäste. Ansonsten bestellt man sie am besten telefonisch. Der Fahrtpreis wird mit dem Taxameter ermittelt (Startpreis 2,85 US$ zzgl. 2,70 US$/weitere Meile). Chauffeure, die den Flughafen anfahren, akzeptieren Kreditkarten – wenn auch manchmal etwas ungern. Empfehlenswerte Taxifirmen:

Checker (☎ 800-300-5007)
Independent (☎ 800-521-8294)
Yellow Cab (☎ 800-200-1085)

RUND UM LOS ANGELES

CATALINA ISLAND

Die mediterran angehauchte **Catalina Island** (www.visitcatalina.org, www.catalinachamber.com) bietet gestressten Angelenos einen beliebten Zufluchtsort, versinkt im Sommer aber fast unter den Horden von Tagesausflüglern. Das touristische Zentrum ist die kleine Hafenstadt **Avalon**, deren Touristeninformation am Green Pier Karten und Infos bereithält.

Catalina ist nicht gerade für seine Strände berühmt, doch am Descanso Beach, an der Lovers' Cove und am Casino Point lässt es sich exzellent schnorcheln. Am Marine Park kann man außerdem ausgezeichnet in Strandnähe tauchen. Am Green Pier gibt's überall Equipment zum Ausleihen. Dem Trubel entfliehen kann man außerdem bei einer Kajaktour zu einer der zahlreichen, ruhigen Buchten entlang der Felsenküste Catalinas oder auf einem Naturschutztrip ins Hinterland, beispielsweise mit **Catalina Adventure Tours** (☎ 310-510-2888; www.catalinaadventuretours.com; ab 33 US$). Von hier aus genießt man einen atemberaubenden Blick auf die wilde Küste und die sandigen Buchten – und vielleicht begegnet man sogar einer Bisonherde. Das Landesinnere ist sonst nur zu Fuß, mit einem Boot oder einem Mountainbike (Erlaubnis erforderlich, ☎ 310-510-1421) zu erreichen.

Fähren von Catalina Express (☎ 310-519-1212, 800-481-3470; www.catalinaexpress.com; hin & zurück 66,50US$) verkehren nach Avalon, San Pedro, Long Beach und Dana Point (in Orange County). Im Sommer unbedingt reservieren.

SIX FLAGS MAGIC MOUNTAIN

Im **Six Flags Magic Mountain** (außerhalb der Karte S. 210 f.; ☎ 661-255-4111; www.sixflags.com/parks/magic mountain; 26101 Magic Mountain Pkwy, Valencia; Erw./Kind unter 1,20 m 54/30 US$; Parken 15 US$; ☺ Ende Mai–Anfang Sept. tgl. ab 10.30 Uhr, übriges Jahr Sa, So, Feiertage & teilweise Fr, Geschäftsschluss zw. 18 & 24 Uhr; ☻) regiert die Geschwindigkeit. Dieser ultimative Achterbahnpark schleudert einen so atemberaubend in alle Richtungen, wie es sonst nur ein Trip im Space Shuttle könnte. Die Webseite informiert über Ermäßigungen. Der Park liegt ca. 30 Meilen (48 km) nördlich von Zentrum L. A.s abseits der I-5 (Golden State Fwy).

DIE SÜDKÜSTE KALIFORNIENS

ORANGE COUNTY

Wer die Serien *O. C. California* und *The Real Housewives of Orange County* gesehen hat, glaubt oft zu wissen, was von dem riesigen Vorstadtteppich zwischen L.A. und Sand Diego zu erwarten ist: Wohlstand, Sehnsucht und Sorgen. Tatsächlich lebt das Orange County gern auf großem Fuß: Die gutbetuchten Einheimischen betreiben Shoppen als Volkssport und lassen sich in schicken Resorts oder Restaurants verwöhnen. Außerdem findet man hier auch eine blühende Künstlergemeinde, rund 68 herrliche Strandkilometer und – nicht zu vergessen – den „glücklichsten Ort der Welt" alias Disneyland.

Disneyland Resort

Als Mutter aller Themenparks lockt **Disneyland** (Karte S. 210 f.; ☎ 714-781-4000, 714-781-7290; www.disneyland.com; 1313 Harbor Blvd, Anaheim; Tagespass je Park Erw./Kind 3–9 Jahre 69/59 US$, beide Parks 94/84 US$; Parken 12 US$; ☻) seine Besucher in eine gleichermaßen bezaubernde, bizarre und irrwitzige Parallelwelt. Zu den beliebtesten Rides bzw. Attraktionen zählen z. B. das wild-kreative Indiana Jones Adventure, der nervenaufreibende Space Mountain und das Pirate's Lair, in dem Möchtegern-Haudegen von Jack Sparrow persönlich begrüßt werden.

Die Finding Nemo Submarine Voyage ist dagegen ein etwas sanfteres Abenteuer für die Jüngsten.

Disney's California Adventure feiert die Natur- und Kulturschätze des Golden State. Das Gelände ist vergleichsweise größer und weniger überlaufen, aber auch nicht ganz so facetten- und einfallsreich. Seine besten Rides: Virtuelle Drachenflüge bei Soarin' over California, die neue Toy Story Mania mit 3D-Technik und der Twilight Zone Tower of Terror, in dem man einen ca. 56 m tiefen Fahrstuhlschacht hinunter „fällt".

Das benachbarte **Downtown Disney** schröpft die Geldbörse mit noch mehr Läden, Restaurants und Entertainment.

Pro Park reicht theoretisch ein Besuchstag. Wer aber wirklich alle Rides ausprobieren möchte, benötigt mindestens zwei Tage (bzw. drei für beide Parks – bei den beliebtesten Attraktionen kann die Wartezeit eine Stunde oder mehr betragen. Um Anstehzeiten vor allem im Sommer zu minimieren, kommt man am besten werktags und bereits vor Parköffnung. Das Fastpass-System vergibt feste Nutzungszeiten für bestimmte Attraktionen. Diverse Mehrtagespässe sind ebenfalls erhältlich. Die Webseite informiert über Ermäßigungen und saisonale Öffnungszeiten.

Im umliegenden Anaheim gibt's zahllose Kettenhotels. Eine empfehlenswerte, eigenständige und familienfreundliche Alternative ist das blumengeschmückte **Candy Cane Inn** (☎ 714-774-5284, 800-345-7057; www.candycaneinn.net; 1747 S Harbor Blvd; Zi. 99–189 US$; ☻). Dessen Zimmerpreise beinhalten die Benutzung des hauseigenen Fitnesszentrums und europäisches Frühstück am Pool.

Knott's Berry Farm

Knott's Berry Farm (Karte S. 210 f.; ☎ 714-220-5200; www.knotts.com; 8039 Beach Blvd, Buena Park; Erw./Kind 3–11 Jahre & Senior 52/23 US$; ☺ ab 10 Uhr; ♿) im Wildwest-Look ist kleiner und weniger kommerziell als Disneyland.

Hier kühlen jugendliche Tempofanatiker ihr Mütchen massenhaft mithilfe einiger recht heftiger Thrillrides. Für Unbehagen im Magen sorgen beispielsweise der hölzerne Ghostrider und der Xcelerator im Stil der 1950er-Jahre. Das Camp Snoopy bietet deutlich zahmere Unterhaltung für Kleinkinder. Sollte der Bauch nach all dem noch fit sein, empfiehlt sich zum Abschluss ein klassisches Grillhähnchendinner bei Mrs. Knott (Hauptgerichte 10–16 US$). Online-Ticketkäufe sparen Zeit und Geld. Knott's schließt zwischen 13 und 18 Uhr (Details auf der Webseite). Die Parkgebühr von 10 US$ entfällt für Restaurantgäste.

Strände im Orange County

Hummer fahrende ganze Kerle und Botox-Schönheiten mischen sich unter Surfer und Künstler und geben den Strandstädten im Orange County ihr ganz spezielles Flair. **Seal Beach**, direkt hinter der Grenze zwischen L.A. und O.C., ist ein erfrischend unkommerzielles, angenehmes Städtchen, während das mondäne **Huntington Beach** (alias Surf City, USA) den kalifornischen Surfer-Lebensstil verkörpert. Außerdem gibt's hier die schickste der O.C.-Strandstädte, **Newport Beach**, das Nirvana der Luxusshopper, bekannt aus *O.C., California*. Familien fühlen sich auf der Balboa Peninsula mit ihren Stränden, alten Holzpiers und dem altmodischen Vergnügungszentrum am wohlsten.

Laguna Beach ist die charmanteste, kultivierteste Hafenstadt des Orange County. Hier schaffen abgelegene Strände, glatte Wellen und Eukalyptushügel ein wahres Riviera-Flair. Hier gibt's die meisten Kunstgalerien am Küstenhighway und Lagunas Sommerfestivals der Künste in den Sommermonaten sind legendär.

Mission San Juan Capistrano (☎ 949-234-1300; Ecke Ortega Hwy & Camino Capistrano; Erw./Kind/Senior inkl. Audioguide 9/5/8 US$; ☺ 8.30–17 Uhr), etwa 10 Meilen (16 km) südlich von Laguna im Landesinneren gelegen, ist eine der schönsten Missionen Kaliforniens. Hier gibt's saftig-grüne Gärten und die traumhafte Serra Chapel zu sehen.

SAN DIEGO

Gleichermaßen schamlos und zärtlich bezeichnen die Einwohner San Diegos ihre Heimat als „tollste Stadt der Welt". Selbstgefällig? Vielleicht, aber einfach zu verstehen: Das Küstenklima mit Temperaturen, die das ganze Jahr um 22 °C schwanken, sorgt für perfektes Wetter, während Strände oder Wälder selten mehr als zehn Autominuten entfernt liegen. Obwohl die achtgrößte US-Stadt mit 1,26 Mio. Menschen etwa die eineinhalbfache Einwohnerzahl von San Francisco hat, gibt's wohl kaum eine entspanntere Metropole.

Diese dümpelte bis zum Zweiten Weltkrieg noch relativ verschlafen vor sich hin. Der japanische Angriff auf Pearl Harbor veranlasste die US-Marine jedoch, ihre Pazifikflotte von Hawaii in San Diegos natürlichen Hafen zu verlegen. Militär-, Tourismus-, Bildungs- und Forschungssektor (vor allem Medizin und Ozeanografie) sind hier seitdem phänomenal gewachsen – begleitet von grenzübergreifenden Handelsfirmen und Hightech-Unternehmen in landeinwärts gelegenen Tälern. All dies macht San Diego trotz der Nähe zu Mexiko irgendwie amerikanischer als seine kalifornischen Compadres.

Besucher werden hier von weltberühmten Attraktionen wie dem San Diego Zoo (S. 238), SeaWorld (S. 241) oder Legoland (S. 245) empfangen. Die malerische Nobelenklave La Jolla (S. 241) belegt einen Ehrenplatz an der Küste. San Diego ist auch eine gefragte Kongressstadt, deren Convention Center direkt neben dem stets belebten Gaslamp Quarter (S. 237) steht. Die umliegenden Strandorte laden zum Surfen oder Plantschen in den weltgrößten Pool (auch unter der Bezeichnung „Pazifik" bekannt) ein.

TIJUANA BESUCHEN?

Obwohl früher bei Kalifornienbesuchern beliebt, waren Abstecher nach Tijuana (Mexiko) zum Zeitpunkt der Recherche mit sehr hohen Sicherheitsrisiken verbunden und sind daher nicht mehr zu empfehlen. Drogenbedingte Gewaltkriminalität, die globale Wirtschaftskrise und der Ausbruch der Schweinegrippe (H1N1-Virus) im Jahr 2009 haben die einstmals brummenden Touristenviertel Tijuanas inzwischen in Geisterstädte verwandelt.

KALIFORNIEN

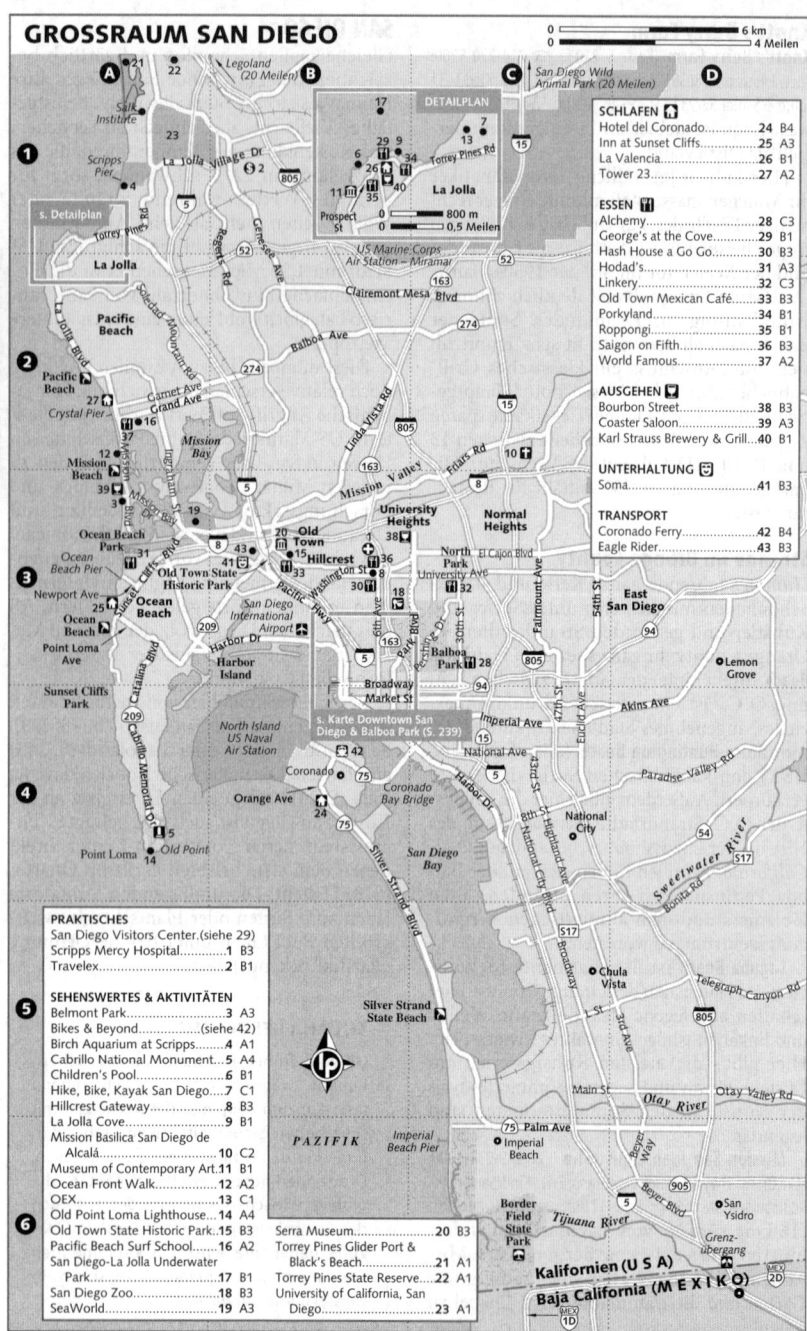

GROSSRAUM SAN DIEGO

0 ———— 6 km
0 ———— 4 Meilen

DETAILPLAN

0 ———— 800 m
0 ———— 0,5 Meilen

Legoland (20 Meilen)

San Diego Wild Animal Park (20 Meilen)

San Diego Zoo

La Jolla

Pacific Beach

Mission Bay

Mission Beach

Ocean Beach Park

Ocean Beach Pier

Ocean Beach

Point Loma Ave

Sunset Cliffs Park

Point Loma

Old Point

San Diego International Airport

Harbor Island

North Island US Naval Air Station

Coronado

Orange Ave

Coronado Bay Bridge

San Diego Bay

Silver Strand State Beach

PAZIFIK

Imperial Beach Pier

Imperial Beach

Border Field State Park

Tijuana River

Kalifornien (U S A)

Baja California (M E X I K O)

University Heights

Old Town

Hillcrest

Normal Heights

North Park

East San Diego

Lemon Grove

Balboa Park

Broadway

Market St

s. Karte Downtown San Diego & Balboa Park (S. 239)

Imperial Ave

National Ave

National City

Paradise Valley Rd

Chula Vista

Telegraph Canyon Rd

Otay River

Otay Valley Rd

Palm Ave

San Ysidro

Grenz-übergang

SCHLAFEN
Hotel del Coronado	**24** B4
Inn at Sunset Cliffs	**25** A3
La Valencia	**26** B1
Tower 23	**27** A2

ESSEN
Alchemy	**28** C3
George's at the Cove	**29** B1
Hash House a Go Go	**30** B3
Hodad's	**31** A3
Linkery	**32** C3
Old Town Mexican Café	**33** B3
Porkyland	**34** B1
Roppongi	**35** B1
Saigon on Fifth	**36** B3
World Famous	**37** A2

AUSGEHEN
Bourbon Street	**38** B3
Coaster Saloon	**39** A3
Karl Strauss Brewery & Grill	**40** B1

UNTERHALTUNG
Soma	**41** B3

TRANSPORT
Coronado Ferry	**42** B4
Eagle Rider	**43** B3

PRAKTISCHES
San Diego Visitors Center	(siehe 29)
Scripps Mercy Hospital	**1** B3
Travelex	**2** B1

SEHENSWERTES & AKTIVITÄTEN
Belmont Park	**3** A3
Bikes & Beyond	(siehe 42)
Birch Aquarium at Scripps	**4** A1
Cabrillo National Monument	**5** A4
Children's Pool	**6** B1
Hike, Bike, Kayak San Diego	**7** C1
Hillcrest Gateway	**8** B3
La Jolla Cove	**9** B1
Mission Basilica San Diego de Alcalá	**10** C2
Museum of Contemporary Art	**11** B1
Ocean Front Walk	**12** A2
OEX	**13** C1
Old Point Loma Lighthouse	**14** A4
Old Town State Historic Park	**15** B3
Pacific Beach Surf School	**16** A2
San Diego-La Jolla Underwater Park	**17** B1
San Diego Zoo	**18** B3
SeaWorld	**19** A3
Serra Museum	**20** B3
Torrey Pines Glider Port & Black's Beach	**21** A1
Torrey Pines State Reserve	**22** A1
University of California, San Diego	**23** A1

Orientierung

San Diegos kompakte Innenstadt umschließt das historische Gaslamp Quarter, eine brummende Ansammlung von Restaurants, Bars und Boutiquen. Das Convention Center liegt in direkter südlicher Nachbarschaft. In südwestlicher Richtung führt eine beeindruckende Brücke nach Coronado. Little Italy und der museenreiche Balboa Park (mit dem San Diego Zoo) liegen im Norden. Der Park erstreckt sich bis Hillcrest, dem Zentrum der schwul-lesbischen Gemeinde der Stadt. Weiter westlich liegen das touristische Old Town und der Wasserspielplatz um Mission Bay.

Entlang der Küste in nördlicher Richtung versprühen Ocean Beach, Mission Beach und Pacific Beach den relaxten SoCal-Vibe, das wunderhübsche La Jolla liegt dagegen etwas privilegierter. Der Freeway I-5 führt von Nord nach Süd durch die Region, der Freeway I-8 von Ost nach West. Und der Freeway CA163 verbindet die Innenstadt mit dem nördlichen Balboa Park.

Praktische Informationen

BUCHLÄDEN
Le Travel Store (Karte S. 239; ☎ 619-544-0005; 745 4th Ave, Downtown)

GELD
Travelex (☾ Mo–Fr 10.30–19, Sa 10–18, So 11–16 Uhr); Flughafen (Karte S. 236; ☎ 619-295-2501; ☾ 8–17 Uhr); Downtown (Karte S. 239; ☎ 619-235-0901; Horton Plaza;); La Jolla (Karte S. 236; ☎ 858-457-2412; University Towne Centre Mall, 4417 La Jolla Village Dr) Tauscht ausländisches Bargeld um.

INFOS IM INTERNET
Accessible San Diego (www.asd.travel) Super Infoquelle zum barrierefreien Reisen im Großraum San Diego.
Gaslamp.org (www.gaslamp.org) Liefert alles Wissenswerte zum belebten Gaslamp Quarter (inkl. Tipps zu versteckten Parkplätzen).
San Diego Convention & Visitors Bureau (www.sandiego.org) Erleichtert die Suche und Buchung von Hotelzimmern, Sehenswürdigkeiten, Restaurants, Mietwagen usw.
San Diego.com (www.sandiego.com) Umfassendes Werbeportal für alles rund um San Diego, von Unterhaltung bis zu Geschäftlichem.

INTERNETZUGANG
Einen Überblick über örtliche WLAN-Hotspots gibt's unter www.jiwire.com.

San Diego Public Library (Karte S. 239; ☎ 619-236-5800; www.sandiego.gov/public-library; 820 E St, Downtown; ☎) Ableger per Telefon oder über die Webseite ermitteln.

MEDIEN
Gay & Lesbian Times (www.gaylesbiantimes.com) Kostenloses Wochenblatt.
KPBS 89.5 FM (www.kpbs.org) Staatlicher Radiosender.
San Diego Magazine (www.sandiegomagazine.com) Monatliches Hochglanzmagazin.
San Diego Reader (www.sdreader.com) Kostenloser, kleinformatiger Eventkalender.
San Diego Union-Tribune (www.signonsandiego.com) Größte Tageszeitung der Stadt.

NOTFALL & MEDIZINISCHE VERSORGUNG
Rite-Aid-Apotheken (☎ 800-748-3243) Für Filialen in der Nähe einfach anrufen.
Scripps Mercy Hospital (Karte S. 236; ☎ 619-294-8111; 4077 5th Ave, Hillcrest; ☾ Notaufnahme 24 Std.)

POST
Postfilialen in der Nähe kann man online (www.usps.com) oder telefonisch unter ☎ 800-275-8777 ermitteln.

TOURISTENINFORMATION
Balboa Park Visitors Center (Karte S. 239; ☎ 619-239-0512; www.balboapark.org; 1549 El Prado; ☾ 9.30–16.30 Uhr) Im House of Hospitality. Verkauft Übersichtskarten und Eintrittspässe für den Balboa Park (Erw./Kind 39/21 US$, inkl. Zoo 65/39 US$), mit denen 13 Parkmuseen innerhalb von 7 Tagen jeweils einmal besucht werden können.
San Diego Visitors Centers (☎ 619-236-1212, 800-350-6205; www.sandiego.org) Downtown (Karte S. 239; Ecke W Broadway & Harbor Dr; ☾ Juni–Sept. 9–17 Uhr, Okt.–Mai 9–16 Uhr); La Jolla (Karte S. 236; 7966 Herschel Ave; ☾ 11–16 Uhr, Juni–Sept. & Sa & So evtl. verlängerte Öffnungszeiten)

Sehenswertes
DOWNTOWN
Alonzo Hortons kreative Stadtplanung führte 1867 zur Entstehung der sogenannten „New Town" (heute Downtown San Diego) mit der 5th Avenue als Hauptschlagader. Unter dem Namen Stingaree war letztere einst als berüchtigte Reihe von Saloons, Spielhöllen und Bordellen bekannt.

Die wunderschön restaurierte Stingaree ist heute Downtowns pulsierendes Herz, das dem umliegenden **Gaslamp Quarter** (Karte S. 239) mit vielen Restaurants, Bars, Nachtclubs, Läden und Galerien zur Wiedergeburt verholfen hat. Einen historischen Komplettüberblick gibt die Ausstellung im **William Heath Davis House** (Karte S. 239; ☎ 619-233-4692; www.gaslampquarter.org; 410 Island Ave; Erw./Kind/Senior 5/frei/4 US$; ☺ Di–Sa 10–18, So 11–15 Uhr) von 1850, das auch geführte Viertelspaziergänge (Erw./Senior & Student 10/8 US$, Sa 11 Uhr) veranstaltet.

Südöstlich des Gaslamp Quarters stößt man nach kurzem Fußmarsch auf das jüngste Wahrzeichen des Zentrums: Als Heimat der San Diego Padres erlaubt der **Petco Park** (Karte S. 239; ☎ 619-795-5011; www.padres.com; 100 Park Blvd; Führung Erw./Kind/Senior 9/5/6 US$; ☺ Führungen je nach Spielplan Mai–Aug. Di–So 10.30, 12.30 & 14.30 Uhr, April & Sept. 10.30 & 12.30 Uhr) mithilfe von geführten Touren einen 80-minütigen Blick hinter die Baseball-Kulissen.

Das kommerzielle Zentrum von Downtown bildet die **Westfield Horton Plaza** (Karte S. 239; Ecke Broadway & 4th St; Ⓟ), eine kunterbunte und labyrinthartige Mall. Westlich davon legt das **Museum of Contemporary Art** (Karte S. 239; ☎ 858-454-3541; www.mcasd.org; 1001 & 1100 Kettner Blvd; Erw./Student/Senior 10/frei/5 US$, am 3. Do des Monats 17–19 Uhr Eintritt frei; ☺ Do–Di 11–17, am 3. Do des Monats bis 19 Uhr) seine Schwerpunkte auf minimalistische Werke, Konzeptkunst, Pop und Cross-Border Art. Die Eintrittstickets gelten auch für den Ableger im historischen Santa Fe Depot (1100 Kettner Blvd) und einen zweiten in La Jolla (S. 241).

Das Museum liegt nur einen Frisbeewurf vom Hafenviertel Embarcadero entfernt, an dem Hafenrundfahrten und die Coronado Ferry (s. unten) starten. Das Highlight hier ist jedoch das **USS Midway Museum** (Karte S. 239; ☎ 619-544-9600; www.midway.org; Navy Pier; Erw./Kind/Senior & Student 17/9/13 US$; Parken ab 5 US$; ☺ 10–17 Uhr; ♿) an Bord des dienstältesten Flugzeugträgers der US Navy (1945–1991). Mit Audioguides können nen Mannschaftsquartiere, Kombüse und Lazarett auf eigene Faust erkundet werden. Die mindestens zweistündige Besichtigung umfasst natürlich auch das Flugdeck mit restaurierten Maschinen wie einer F-14 Tomcat.

Zu den salzwasserträchtigen Attraktionen am Embarcadero gehören auch die historischen Segelschiffe des **Maritime Museum** (Karte S. 239; ☎ 619-234-9153; www.sdmaritime.com; 1492 N Harbor Dr; Erw./Kind/Senior 14/8/11 US$; ☺ 9–20 Uhr, Ende Mai–Anfang Sept. bis 21 Uhr) – besonders die *Star of India* von 1863.

Mit der India St als Hauptschlagader hat sich **Little Italy** (Karte S. 239; www.littleitalysd.com) im nördlichen Downtown zu einem der angesag-testen Wohn-, Restaurant- und Einkaufs-viertel San Diegos entwickelt.

CORONADO

Coronado Island (Karte S. 236) ist eigentlich nur eine Halbinsel und über eine hoch aufragende bumerangförmige Brücke mit dem Festland verbunden. Die bekannteste Sehenswürdigkeit hier ist das **Hotel del Coronado** (S. 243), das für seine illustre viktorianische Architektur und illustre Ex-Gäste wie Thomas Edison, Brad Pitt und Marilyn Monroe bekannt ist. Im Kinoklassiker *Manche mögen's heiß* mimte die Fassade ein Hotel in Miami. Die **Coronado Ferry** (Karte S. 239; ☎ 619-234-4111; www.sdhe.com; einfache Strecke/hin & zurück 3,25/6,50 US$; ☺ 9–22 Uhr) pendelt stündlich zwischen dem Broadway Pier (Embarcadero; Karte S. 239) und dem Anleger am Ende der Orange Avenue (Karte S. 236), wo sich auch der Fahrradverleih **Bikes & Beyond** (Karte S. 236; ☎ 619-435-7180; pro Std./Tag ab 7/30 US$; ☺ 9–20 Uhr, saisonale Öffnungszeiten telefonisch erfragen) befindet.

SAN DIEGO ZOO

Der **San Diego Zoo** (Karte S. 236; ☎ 619-231-1515; www.sandiegozoo.org; 2920 Zoo Dr; Erw./Kind 28,50/18,50 US$, inkl. geführter Bustour & Gondelbahnfahrt 35/26 US$; ☺ ab 9 Uhr, wechselnde Schließzeiten; ♿) im nördlichen Balboa Park beherbergt so ziemlich alles, das gleitet, kriecht, stampft, schwimmt, springt oder fliegt. Die wunderschöne Gehegelandschaft mit über 3000 Tieren bzw. mehr als 800 Arten umfasst z. B. die rund 3 ha der neuen Elephant Odyssey. Tipp: Frühmorgens ist die animalische Aktivität am größten. Zu den weiteren Attraktionen gehören eine Gondelbahn und diverse Tiershows. Der angeschlossene **San Diego Wild Animal Park** (außerhalb der Karte S. 236; Kombitickets erhältlich) ist ebenfalls sehenswert.

BALBOA PARK & UMGEBUNG

Der Balboa Park ist eine Stadtoase, die neben dem berühmten Zoo auch über ein Dutzend Museen, großartige Gärten, tolle Bauten und Theaterbühnen beherbergt. Hinzu kommen Gratis-Parkplätze und eine kostenlose Besucherbahn. Von Osten nach Westen verläuft die Promenade El Prado – gesäumt von Plätzen, die seit diversen Weltausstellungen gleichzeitig von Beaux-Arts-Gebäuden und Häusern aus der spanischen Kolonialzeit umringt werden. Von Downtown aus ist der Park leicht mit Bus 7 erreichbar.

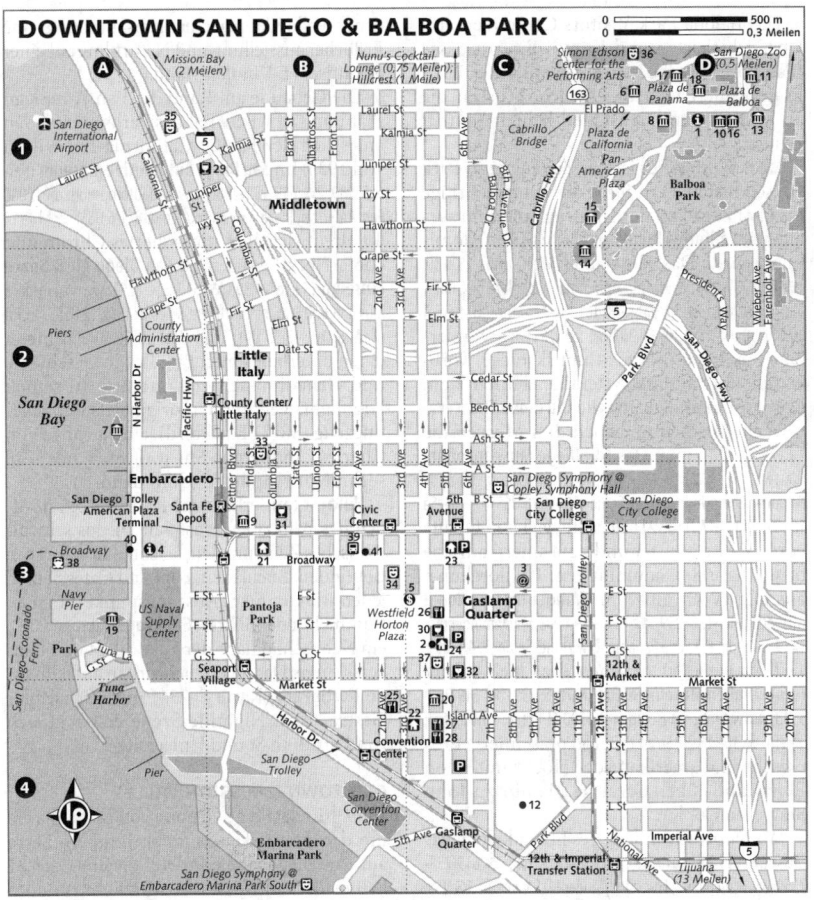

DOWNTOWN SAN DIEGO & BALBOA PARK

KALIFORNIEN

Das Balboa Park Visitors Center verkauft Übersichtskarten und Kombi-Eintrittspässe (Passport to Balboa Park; Details auf S. 237). Es informiert auch über örtliche Museen, die an bestimmten Dienstagen keinen Eintritt kosten.

Von Westen her ist der Zugang zum Park am schönsten: Dort führt die Cabrillo Bridge hinüber zur Plaza de California, die vom auffälligen **California Building** (Karte S. 239) dominiert wird. Das **Museum of Man** (Karte S. 239; ☎ 619-239-2001; www.museumofman.org; Plaza de California; Erw./Kind 6–12 Jahre/Kind 13–17 Jahre & Senior 10/5/7,50 US$; ⏲ 10–16.30 Uhr) zeigt dort wunderbare Keramikarbeiten, Schmuckstücke, Korbwaren und andere Artefakte. Hinter dem Museum befinden sich die **Old Globe Theaters**.

Weiter östlich umgeben drei Museen die Plaza de Panama: Das **San Diego Museum of Art** (Karte S. 239; ☎ 619-232-7931; www.sdmart.org; Plaza de Panama; Erw./Kind/Student/Senior 10/4/7/8 US$; ⏲ Di–Sa 10–17, So 12–17, Do bis 21 Uhr) erntet viel Lob für alte europäische Meister und gute amerikanische bzw. asiatische Sammlungen. Folklorekunst aus aller Welt gibt's im **Mingei International Museum** (Karte S. 239; ☎ 619-239-0003; www.mingei.org; 1439 El Prado, Plaza de Panama; Erw./Kind/Senior 7/4/5 US$; ⏲ Di–So 10–16 Uhr) zu sehen. Das kleine, aber feine **Timken Museum of Art** (Karte S. 239; ☎ 619-239-5548; www.timkenmuseum.org; 1500 El Prado; Eintritt frei; ⏲ Di–Sa 10–16.30, So ab 13.30 Uhr) präsentiert europäische und amerikanische Hochkaräter von Rembrandt über Cézanne bis hin zu John Singleton Copley.

Weiter östlich entlang des El Prado folgt das **Museum of Photographic Arts** (Karte S. 239; ☎ 619-238-7559; www.mopa.org; Erw./Kind/Student&Senior 6/frei/4 US$; ⏲ 10–17 Uhr) mit großer Fotokunst und einer kontinuierlichen Filmreihe. Die nächste Station und eines der größten seiner Art ist das **San Diego Model Railroad Museum** (Karte S. 239; ☎ 619-696-0199; www.sdmrm.org; Erw./Senior/Student 6/3/5 US$; ⏲ Di–Fr 11–16, Sa & So 11–17 Uhr; ♿) mit toll modellierten „Eisenbahnlandschaften".

Nun erreicht man die Plaza de Balboa mit dem familienfreundlichen **Reuben H Fleet Science Center** (Karte S. 239; ☎ 619-238-1233; www.rhfleet.org; 1875 El Prado; Erw./Kind & Senior 10/8,75 US$; ⏲ ab 9.30 Uhr, wechselnde Schließzeiten; ♿), das über interaktive Ausstellungen und ein **Imax-Kino** (Erw./Kind inkl. Science Center 14,50/11,75 US$; zusätzliche Filme 5 US$) verfügt. Gegenüber zeigt das **Natural History Museum** (Karte S. 239; ☎ 619-232-3821; www.sdnhm.org; 1788 El Prado; Erw./Kind/Student/Senior 13/7/8/11 US$; ⏲ 10–17 Uhr; ♿) Dinosaurierskelette, eine ein-

drucksvolle Klapperschlangensammlung, eine Erdbebenausstellung und Naturfilme auf einer gigantischen Kinoleinwand.

Die Gebäude am Rand der Pan-American Plaza im südlichen Teil des Parks entstanden anlässlich der Pacific-California Exposition von 1935. Im **San Diego Automotive Museum** (Karte S. 239; ☎ 619-231-2886; www.sdautomuseum.org; 2080 Pan-American Plaza; Erw./Kind/Senior 8/5/6 US$; ⏲ 10–17 Uhr) dreht sich alles um poliertes Chrom und coole Heckflossen. Das **San Diego Air & Space Museum** (Karte S. 239; ☎ 619-234-8291; www.aerospacemuseum.org; Erw./Kind/Student & Senior 15/6/12 US$; ⏲ Juni–Aug. 10–17.30 Uhr, Sept.–Mai bis 16.30 Uhr) bietet einen unterhaltsamen Einblick in Geschichte und Geheimnisse der Luftfahrt. Zu seinen Highlights gehören ein originales Spionageflugzeug (SR-71 Blackbird), ein Nachbau von Charles Lindberghs Spirit of St. Louis und separat kostenpflichtige Simulatoren.

Hillcrest (außerhalb der Karte S. 239) nördlich des Balboa Parks ist San Diegos schwullesbisches Zentrum. Die belebten Restaurants, Boutiquen, Buchläden, Bars und Cafés heißen jeden willkommen. Ausgangspunkt für einen Bummel ist der **Hillcrest Gateway** (Karte S. 236), ein Neonschild nahe der Ecke 5th St und University Ave. Das jugendlich-urban aufkeimende **North Park** (Karte S. 236) mit wachsender Gastro- bzw. Nightlife-Szene erstreckt sich rund um 30th St und University Ave.

OLD TOWN & MISSION VALLEY

1769 gründete eine Gruppe von Missionaren um den Franziskanermönch Junípero Serra auf San Diegos Presidio Hill die erste der 21 kalifornischen Missionen. Obwohl rundum ein kleines Dorf (Pueblo) wuchs, erwies sich dieser Ort letztendlich als untauglich. 1774 zog die Mission daher ca. 11 km flussaufwärts – näher bei fruchtbarem Boden und einer konstanten Wasserversorgung.

Die rechteckige **Mission Basilica San Diego de Alcalá** (Karte S. 236; ☎ 619-281-8449; www.missionsandiego.com; 10818 San Diego Mission Rd, Ecke Friars Rd; Erw./Kind/Student & Senior 3/1/2 US$; ⏲ 9–16.45 Uhr) mit beschaulichem Innengarten liegt schlicht und abgeschieden in einer Ecke des heutigen Mission Valley. Leider ist sie nur über einen hässlichen Freeway erreichbar, der im eigentlichen Tal an drei riesigen Einkaufszentren vorbeiführt.

Das ursprüngliche Pueblo heißt heute **Old Town**. Am Standort der ersten Mission beleuchtet das hübsche **Serra Museum** (Karte S. 236; ☎ 619-297-3258; 2727 Presidio Dr; Erw./Kind/Student &

Senior 5/2/4 US$; 🕑 10–16.30 Uhr) die Lebensumstände in den harten Anfangstagen der Stadt.

Der **Old Town State Historic Park** (Karte S. 236; ☎ 619-220-5422; Ecke San Diego Ave & Twiggs St; 🕑 Visitor Center 10–17 Uhr; **P**) weiter unten umfasst fünf originale Adobehäuser und rekonstruierte Gebäude des ersten Pueblo (z. B. Schule, Zeitungsbüro). Diese dienen heute meist als Museen, Läden oder Restaurants, während weitere Lokale die San Diego Ave säumen. Das Visitor Center bietet Gratisführungen über das Gelände an.

POINT LOMA

Diese Halbinsel umarmt die halbmondförmige San Diego Bay. Das Panorama vom **Cabrillo National Monument** (Karte S. 236; ☎ 619-557-5450; www.nps.gov/cabr; pro Auto/Pers. 5/3 US$; 🕑 9–17 Uhr; **P**) ist umwerfend. Das Denkmal erinnert an den Führer der ersten spanischen Forschungsgruppe an der Westküste. Im Winter sind Walbeobachtungstouren und „Tidepooling" – Erkundung der Meeresfauna in kleinen Pfützen bei Ebbe – beliebt. Das nahegelegene **Old Point Loma Lighthouse** von 1854 hat bis 1891 Schiffen den Weg gewiesen und ist heute ein Museum.

MISSION BAY & STRÄNDE

Nach dem Zweiten Weltkrieg entstand im Sumpfgebiet des San Diego River ein gut 18 km² großer Spielplatz aus Parks, Stränden und Buchten. Die amöbenförmige Mission Bay liegt gleich nebenan im „Landesinnern". Bei Surfern sind Ocean Beach und Mission Beach beliebt, zum Schwimmen und Drachensteigen eignen sich alle Strände bestens. Gleiches gilt für Radtouren auf den geteerten Radwegen ringsum.

Die Vier-Sterne-Attraktion der Mission Bay ist **SeaWorld** (Karte S. 236; ☎ 800-257-4268, 619-226-3901; www.seaworld.com/seaworld/ca; 500 SeaWorld Dr; Erw./Kind 3–9 Jahre 65/55 US$; 🕑 Juli–Mitte Aug. 9–23 Uhr; übriges Jahr verkürzte Öffnungszeiten ♿). Die Shows, Fahrgeschäfte und Ausstellungen beschäftigen den Besucher leicht den ganzen Tag. Am beliebtesten sind Tiershows, besonders *Believe*, in der Shamu, der berühmteste Killerwal der Welt, und seine Killerwalkumpels springen, tauchen und durchs Wasser schweben. Manche mögen die Show vielleicht ein bisschen langweilig finden, die Tiere gebieten aber dennoch Ehrfurcht. Delphinshows sind ebenfalls beliebt. Wer nicht nass werden will, sollte die ausgeschilderten *soak zones* neben den Was-serbecken meiden *(soak* heißt „durchnässen"!). Es gibt auch ein paar zooartige Tierausstellungen und Vergnügungspark-Attraktionen wie etwa die Wildwasserbahn *Journey to Atlantis*. Im Sommer und während der Ferien sind die Warteschlangen oft schier endlos. Parken kostet 12 US$.

An San Diegos drei Hauptstränden blüht der Hedonismus: Armeen gebräunter, straffer Körper tummeln sich im Sand oder im Wasser. Südlich der Mission Bay, am **Ocean Beach** (OB; Karte S. 236), amüsieren sich nicht nur Hippies beim Fischen am Pier, Beachvolleyball, Barbecue in der Abendstimmung oder beim Surfen. Auf der Newport Ave gibt's zahllose unkonventionelle Bars, Restaurants und Läden, die Strandkleidung, Surfausrüstung und Antiquitäten verkaufen.

Westlich der Mission Bay sind **Mission Beach** (Karte S. 236) und der nördlichere **Pacific Beach** (Karte S. 236) durch den autofreien **Ocean Front Walk** (Karte S. 236) miteinander verbunden, der von Skatern, Joggern und Radfahrern das ganze Jahr nur so wimmelt. Der kleine **Belmont Park**, ein Vergnügungspark am MB, lockt mit einer historischen Holzachterbahn und einem großen Hallenbad. Die besseren Restaurants und Nightspots gibt's am PB.

LA JOLLA

Der Nobelvorort La Jolla (spanisch für „Juwel"; Aussprache bitte la-*hoj*-ah) mit schimmernden Stränden und kompaktem, schickem Zentrum schmiegt sich an einen der schönsten südkalifornischen Küstenstreifen. Zu den hiesigen Highlights zählt z. B. der **Children's Pool** (Karte S. 236), in dem sich heute Seelöwen statt Kinder tummeln. Außerdem kann man hier Kajaktouren durch die **La Jolla Cove** (Karte S. 236) machen, **Unterwasserhöhlen** erkunden und im **San Diego-La Jolla Underwater Park** (Karte S. 236) schnorcheln. Der örtliche Ableger des **Museum of Contemporary Art** (Karte S. 236; ☎ 858-454-3541; www.mcasd.org; 700 Prospect St; Erw./Student/Senior 10/frei/5 US$, am 3. Do des Monats 17–19 Uhr Eintritt frei; 🕑 Do–Di 11–17, am 3. Do des Monats bis 19 Uhr) und dessen Haupthaus in Downtown San Diego können mit demselben Ticket besucht werden.

Außerhalb von La Jollas Zentrum liegt die **University of California, San Diego** (UCSD; Karte S. 236) mit renommierten Forschungseinrichtungen. Das **Birch Aquarium at Scripps** (Karte S. 236; ☎ 858-534-3474; http://aquarium.ucsd.edu; 2300 Exhibition Way; Erw./Kind/Student/Senior 11/7.50/8/9 US$; 🕑 9–17 Uhr; **P** ♿) steht spektakulär direkt am Meer.

KALIFORNIEN

Die ca. 810 ha der **Torrey Pines State Reserve** (Karte S. 236; ☎ 858-755-2063; www.torreypine.org; 12600 N Torrey Pines Rd; 10 US$/Auto; Parken 8 US$; ☒ 8 Uhr–Sonnenuntergang) weiter oben an der Küste schützen die bedrohten Torrey-Kiefern und eignen sich sehr gut für lockere Spaziergänge mit Meerblick. Drachenflüge am Torrey Pines State Beach führen über den **Black's Beach** (Karte S. 236), der unter Anhängern der Freikörperkultur legendär ist.

Aktivitäten

San Diegos hervorragende Möglichkeiten zum Surfen und Windsurfen (Surfinfos unter ☎ 619-221-8824) sind an einigen Stränden mit Stress infolge einheimischer Platzhirsche verbunden. Die **Pacific Beach Surf School** (Karte S. 236; ☎ 858-373-1138; www.pacificbeachsurfschool.com; 4150 Mission Blvd; Privatstd. 75–85 US$/Pers.) lehrt auch spektakuläre Brettmanöver. Beim Schnorcheln und Sporttauchen im **San Diego-La Jolla Underwater Park** (Karte S. 236) sind leuchtend orangefarbene Garibaldifische zu bestaunen, die durch riesige Seetangfelder flitzen. **OEX** (Karte S. 236; ☎ 858-454-6195; www.oeexpress.com; 2158 Avenida de la Playa) in La Jolla verleiht Ausrüstung und hat Einsteigerinfos.

Geführte Touren

Hike, Bike, Kayak San Diego (Karte S. 236; ☎ 858-551-9510, 866-425-2925; www.hikebikekayak.com; 2246 Avenida de la Playa, La Jolla) Der Name ist Programm.
Old Town Trolley Tours (☎ 619-298-8687; www.trolleytours.com; Erw./Kind 32/16 US$) Rundtour zu den Hauptattraktionen (beliebiges Zu- und Aussteigen).
San Diego Harbor Excursion (Karte S. 239; ☎ 619-234-4111; www.sdhe.com; 1050 N Harbor Dr; Erw./Kind ab 20/10 US$) Verschiedene Bucht- und Hafenrundfahrten.

Schlafen

Die sommerliche Hauptsaison und Großkongresse lassen die genannten Standardpreise heftig ansteigen, während Zimmer zu anderen Zeiten deutlich günstiger sind. Das San Diego Conventions & Visitor Bureau unterhält eine **Reservierungshotline** (☎ 800-350-6205; www.sandiego.org) für Unterkünfte.

DOWNTOWN

USA Hostel San Diego (Karte S. 239; ☎ 619-232-3100, 800-438-8622; www.usahostels.com; 726 5th Ave; B/DZ inkl. Frühstück ab 26/65 US$; ☐ ☎) Das gesellige Hostel im Gaslamp Quarter belegt ein viktorianisches Ex-Hotel mit fröhlichen Zimmern, komplett ausgestatteter Küche und einer Lounge zum

Entspannen. Bettwäsche, abschließbare Spinde und Pfannkuchenfrühstück sind im Preis enthalten.

500 West Hotel (Karte S. 239; ☎ 619-234-5252, 866-315-4251; www.500westhotel.com; 500 W Broadway; EZ/DZ/2BZ mit Gemeinschaftsbad 59/69/79 US$; ☒ ☐ ☎) Das renovierte YMCA-Gebäude aus den 1920er-Jahren hat winzige Zimmer und Bäder am Ende des Korridors. Coolen Typen mit kleinem Geldbeutel gefallen jedoch das helle Dekor, die Flachbild-TVs, der Fitnessraum sowie die Kombi aus Gemeinschaftsküche und Diner-Restaurant (7–13 Uhr).

Horton Grand Hotel (Karte S. 239; ☎ 619-544-1886, 800-542-1886; www.hortongrand.com; 311 Island Ave; Zi. ab 199 US$; ☒ ☎) Dieses Backsteinhotel steht seit 1886 im Gaslamp Quarter. Alle Zimmer haben Gaskamine und eine individuelle Deko im viktorianischen Stil. Teilweise gibt's auch schmiedeeiserne Balkone mit Straßenblick. Die Quartiere am Innenhof sind vergleichsweise ruhiger. Parken kostet 25 US$.

Se San Diego (Karte S. 239; ☎ 619-515-3000; www.sesandiego.com; 1047 5th Ave; Zi. ab 249 US$; ☒ ☐ ☎ ☎) Ein Neuzugang, der Hollywood-Glamour nach San Diego bringt: Die ca. 4 t schweren Bronzetüren am Eingang verbergen eine Edel-Deko-Orgie aus nepalesischen Teppichen, Blattsilberwänden, Kristallperlen, Stachelrochen- und Flechtleder – ergänzt durch ultraaufmerksamen Service, ein schickes Restaurant, einen reizenden Wellnessbereich und sogar ein Musikstudio. Parken: 36 US$.

STRÄNDE

Inn at Sunset Cliffs (Karte S. 236; ☎ 619-222-7901, 866-786-2543; www.innatsunsetcliffs.com; 1370 Sunset Cliffs Blvd, Ocean Beach; Zi. ab 175 US$; ☐ ☒ ☐ ☎ ☎) Gäste dieser charmanten Option mit 24 Zimmern und blumengeschmücktem Innenhof hören das Donnern des Meeres an der Felsküste. Trotz etwas beengter (wenn auch luftiger) Zimmer mit gelegentlich gesprungenen Fliesen ist das Sunset Cliffs immer noch die erste Adresse am Ocean Beach. Manche Suiten haben eigene Komplettküchen.

Tower 23 (Karte S. 236; ☎ 866-869-3723; www.t23hotel.com; 723 Felspar St, Pacific Beach; Zi. ab 199 US$; ☒ ☐ ☎) Diese modernistische Sehenswürdigkeit ermöglicht coolen Strandurlaub im zeitgenössischen Komfortambiente. Hierfür sorgen z. B. viel Aquamarinblau, Türkis und gewisser Humor. Ein Pool ist nicht vorhanden – aber schließlich wohnt man hier direkt am *Strand*. Parken kostet 20 US$.

La Valencia (Karte S. 236; ☎ 858-454-0771, 800-451-0772; www.lavalencia.com; 1132 Prospect St, La Jolla; Zi. ab 295 US$; ✗ ▣ ⊜ ▣) Das mediterran gestaltete Wahrzeichen mit rosafarbenen Wänden wurde von William Templeton Johnson entworfen. Filmfotos von Lon Chaney, Lillian Gish und Greta Garbo säumen seine Flure. Entsprechend ihrer Entstehungszeit (1926) sind die 116 Zimmer recht kompakt, punkten dafür aber mit der Romantik des alten Hollywood. Parken kostet 25 US$.

Hotel del Coronado (Karte S. 236; ☎ 619-435-6611, 800-468-3533; www.hoteldel.com; 1500 Orange Ave, Coronado; Zi. ab 380 US$; ✗ ▣ ⊜ ▣) San Diegos geschichtsträchtige Hotelikone auf gepflegtem Gelände ist über 100 Jahre alt. Sie offeriert z. B. Tennisplätze, Läden, Toprestaurants, Wellnessoptionen und einen weißen Sandstrand. Statt des siebenstöckigen Ergänzungsbaus aus den 1970er-Jahren empfehlen sich Zimmer im Originalgebäude. Parken kostet 25 US$.

Essen

Mit über 6000 Restaurants stellt San Diegos dynamische Gastroszene vom Fastfood-Junkie bis zum anspruchsvollen Gourmet quasi jeden zufrieden. Vor allem am Wochenende sind abendliche Reservierungen äußerst ratsam.

DOWNTOWN

Café 222 (Karte S. 239; ☎ 619-236-9902; 222 Island Ave; Hauptgerichte 6–11 US$; ⊙ 7–13.45 Uhr) Die beliebteste Frühstücksadresse in Downtown serviert bis Geschäftsschluss durchgängig Kürbiswaffeln, Buttermilch, Pfannkuchenvarianten (z. B. Orange-Pekanuss, Müsli) sowie Rührei oder Eggs Benedict. Das süchtig machende Frühstück wird mittags durch Sandwiches und Salate ergänzt.

Croce's Restaurant & Jazz Bar (Karte S. 239; ☎ 619-233-4355; 802 5th Ave; Hauptgerichte morgens & mittags 7–19 US$, abends 23–35 US$; ⊙ Mo–Fr 17.30–24, Sa & So 10–24 Uhr) In Ingrid Croces Tribut an ihren verstorbenen Sängerehemann Jim und seine Tische war. Das brummende Lokal gehört zu den ältesten im Gaslamp Quarter und liegt bei seinem modern-amerikanischen Menü genauso selten daneben wie die allabendlichen Livemusiker in der Jazzbar.

Gaslamp Strip Club (Karte S. 239; ☎ 619-231-3140; 340 5th Ave; Hauptgerichte 14–24 US$; ⊙ Küche So–Do 17–22, Fr & Sa 17–24 Uhr, Bar länger geöffnet) Gäste des günstigen Retro-Vegas-Lokals suchen selbst Flaschen im Weinkeller aus und werfen Geflügel, Fisch oder ihr Lieblingssteak eigenhändig auf den offenen Holzkohlegrill. Zudem gibt's kreative Supermartinis und „Pinup"-Kunst von Alberto Vargas. Einlass ab 21 Jahren.

LP Tipp Oceanaire (Karte S. 239; ☎ 619-858-2277; 400 J St; Hauptgerichte 20–35 US$; ⊙ So–Do 17–22, Fr & Sa 17–23 Uhr) Hier wähnt man sich auf einem Art-déco-Ozeanriesen mit entsprechend kultiviertem Service. Die Austernbar verkauft ihre Schalentiere zur Happy Hour (Mo–Fr 17–18 Uhr) für 1 US$ pro Stück. Auf der einfallsreichen Karte stehen z. B. Maryland-Blaukrabben-Küchlein und Alaska-Heilbutt in Meerrettichkruste.

OLD TOWN, HILLCREST & NORTH PARK

LP Tipp Old Town Mexican Café (Karte S. 236; ☎ 619-297-4330; 2489 San Diego Ave, Old Town; Gerichte 3–14 US$; ⊙ 7–24 Uhr; ♿) Beim Warten auf einen Tisch kann man dem Küchenpersonal hier durch ein Fenster beim Zubereiten frischer Tortillas zusehen, die morgens als leckere *chilaquiles* (zarte Tortillachips mit Mole) serviert werden. Empfehlenswert sind außerdem auch die berühmten *machacas* (Schweinefleischstreifen mit Zwiebeln und Paprika) im weitläufigen Speiseraum oder die „Old Town Ultimate Margaritas" der großen Bar.

Hash House a Go Go (Karte S. 236; ☎ 619-298-4646; 3628 5th Ave, Hillcrest; Hauptgerichte morgens 8–16 US$; ⊙ Di–Fr 7.30–14, Sa–Mo 7.30–14.30, So & Di–Do 17.30–21, Fr & Sa 17.30–22 Uhr) Die Kekse und Saucen des brummenden Bungalows scheinen direkt aus Carolina zu stammen. Zudem gibt's turmhohe Eggs Benedict, kopfgroße Pfannkuchen und natürlich sieben verschiedene Hackfleischgerichte. Hunger mitbringen!

Saigon on Fifth (Karte S. 236; ☎ 619-220-8828; 3900 5th Ave, Hillcrest; Hauptgerichte 7–16 US$; ⊙ 11–24 Uhr; ℗) Vom erfolgreichen Engagement des vietnamesischen Lokals zeugen z. B. frische Frühlingsrollen, Fisch-Hue mit Knoblauch, Ingwer und Zitronengras oder lecker-pikante Nudelgerichte. Elegant, aber nicht arrogant.

Alchemy (Karte S. 236; ☎ 619-255-0616; 1503 30th St, North Park; Hauptgerichte 11–20 US$; ⊙ So–Do 16–24, Fr & Sa 16–1, Sa & So 11–14 Uhr) Zwischen viel Kunst und hellem Holz wird hier Internationales aus einheimischen Zutaten auf kleinen Tellern gereicht – beispielsweise Wurstwaren, Parmesan-Pommes mit Knoblauch-Aioli oder Huhn Jidori mit Pak Choi und Shiitake-Klopsen.

Linkery (Karte S. 236; ☎ 619-255-8778; 3794 30th St, North Park; Hauptgerichte 9–20 US$; ⊙ Mo–Do 17.30–23.30, Fr–So 12–23.30 Uhr) Das täglich wechselnde Menü dreht sich um hausgemachte Würstchen und handgepökeltes Bio-Fleisch. Letzteres landet z. B. auf Sandwiches oder Vesperbrettern (zusammen mit Käse) sowie in Tacos und *choucroute* (französischer Sauerkraut-Eintopf). Aber auch Vegetarier müssen hier nicht verzweifeln.

STRÄNDE

Porkyland (Karte S. 236; ☎ 858-459-1708; 1030 Torrey Pines Rd, La Jolla; Gerichte 3–7US$; ☺ 9–19 Uhr) *Ay, caramba!* In diesem winzigen Lokal gibt's vielleicht keine besondere Atmosphäre, aber die Burritos und Fischtacos haben eine treu ergebene Anhängerschaft. Der *habanero*-Burrito mit scharfem Chili (4,50 US$) lässt die Geschmacksnerven zwar nicht unbeschadet, dem Gast aber noch Geld für ein Löschbier.

Hodad's (Karte S. 236; ☎ 619-224-4623; 5010 Newport Ave, Ocean Beach; Burger 4–9 US$; ☎ So–Do 11–21, Fr & Sa 11–22 Uhr) OBs legendärer Burgerladen bietet köstliche Shakes, bergeweise Zwiebelringe und saftige, in Papier eingewickelte Hamburger. Die Wände zieren Nummernschilder, aus den Lautsprechern tönen (laut!) Grunge und Surfrock. Und der bärtige, tätowierte Kellner macht es sich beim Aufnehmen der Bestellung schon mal neben den Gästen auf der Bank bequem.

World Famous (Karte S. 236; ☎ 858-272-3100; 711 Pacific Beach Dr, Pacific Beach; Hauptgerichte morgens & mittags 8–15 US$, abends 10–24 US$; ☺ 7–23 Uhr) Die Gäste genießen hier nicht nur die sanfte Brandung, auch die „Küche der kalifornischen Küste" ist wunderbar: Die Karte ändert sich ständig, die innovativen Gerichte reichen von Fisch & Seafood (Bananen-Rum-Makrele, Jakobsmuscheln im Spinat-Speck-Mantel) über Steaks und Salate, von Sandwiches bis zu Burgern. Ein beliebtes Frühstück ist das Newport Omelet mit Krabben, Shrimps und scharfer Sauce.

Roppongi (Karte S. 236; ☎ 858-551-5252; 875 Prospect St, La Jolla; Gerichte 10–25 US$; ☺ So–Do 11.30–21.30, Fr & Sa 11.30–22.30 Uhr) Hier treffen Tapas auf die asiatische Küche. Die clevere Beleuchtung in diesem hübschen Lokal lässt alle Gäste gut aussehen. Der polynesische *crab stack* („Krebsturm") ist ein Gedicht und wird direkt am Tisch zubereitet, der Ahi-Thunfisch mit Wassermelone ist eine überraschende Geschmacksexplosion.

George's at the Cove (Karte S. 236; ☎ 858-454-4244; www.georgesatthecove.com; 1250 Prospect St, La Jolla; Hauptgerichte 11–48 US$; ☺ 11–23 Uhr) Wenn's mal etwas teurer sein darf, kann die europäisch-kalifornische Küche von Meisterkoch Trey Foshee inklusive eindrucksvollem Blick aufs Meer beeindrucken. Das George's steht auf jeder Liste der Top-Restaurants in Kalifornien und den USA. Hier gibt's drei Lokalitäten in unterschiedlichen Preiskategorien: Ocean Terrace, George's Bar und George's California Modern.

Ausgehen

Bitter End (Karte S. 239; ☎ 619-338-9300; 770 5th Ave, Downtown) Das Ex-Bordell im Gaslamp Quarter wurde zu einer atmosphärischen Kneipe umgebaut, die viele verschiedene Fassbiersorten und Martinis an Khakiträger ausschenkt. Im Untergeschoss wird getanzt.

Side Bar (Karte S. 239; ☎ 619-696-0946; www.sidebarsd.com; 536 Market St, Downtown) Die gutgelaunte Lounge im Gaslamp Quarter kredenzt leckere Drinks wie Melonen-Mojitos oder Martinis, deren Oliven mit Blauschimmelkäse gefüllt sind. Die Drinks werden von den Gästen auf langen Sitzbänken unter provokanten Kunstwerken lümmelnd geschlürft.

Karl Strauss Brewery & Grill Downtown (Karte S. 239; ☎ 619-234-2739; 1157 Columbia St; ☺ wechselnde Öffnungszeiten); La Jolla (Karte S. 236; ☎ 858-551-2739; Ecke Wall St & Herschel Ave; ☺ wechselnde Öffnungszeiten) Örtliche Kleinbrauerei mit überraschend anständigem Kneipenessen (meiste Hauptgerichte 10–19 US$) und Happy Hour (Glas/Krug 3,50/12,95 US$; Mo–Fr 16–18.30 Uhr).

Airport Lounge (Karte S. 239; ☎ 619-685-3881; 2400 India St, Little Italy) Die geschäftige Lounge in der Einflugschneise des San Diego Airport empfängt Gäste mit heißen DJs, modernem Design, starken Drinks, coolem Publikum im Euro-Stil und Bedienungen, die wie Flugbegleiter aussehen.

Nunu's Cocktail Lounge (außerhalb der Karte S. 239; ☎ 619-295-2878; 3537 5th Ave, Hillcrest) Dieser düstere, etwas gammlige Trendsetter-Treff mit großer Bar, runden Sitznischen, reizendem Kitschdekor und Raucherterrasse wurde eröffnet, als JFK noch Präsident war. Seitdem hat sich der Laden kaum verändert.

Bourbon Street (Karte S. 236; ☎ 619-291-4043; www.bourbonstreetsd.com; 4612 Park Blvd, North Park) Ein Labyrinth aus Bars, Innenhöfen und Tanzflächen macht die Schwulenbar zu einem sehr geselligen Ort. Programm: Bingoabende, Gast-DJs und Happy Hours mit spottbilligen Martinis.

Coaster Saloon (Karte S. 236; ☎ 858-488-4438; 744 Ventura Pl, Mission Beach) Die altmodische Viertelkneipe lockt bodenständige Gäste mit guten Margaritas, prima Bierauswahl und direktem Blick auf die Achterbahn im Belmont Park.

Unterhaltung

Der *San Diego Reader* und die Donnerstagsausgabe der *San Diego Union-Tribune* enthalten aktuelle Veranstaltungstipps (s. S. 237). In einem Kiosk am Broadway vor der Horton Plaza verkauft **Arts Tix** (Karte S. 239; www.sdartstix. com; 3rd Ave & Broadway, Downtown; Di–Do 11–18, Fr & Sa 10–18, So 10–17 Uhr) vergünstigte Tickets für alle möglichen Events und gewährt 50 % Rabatt bei Vorstellungen am selben bzw. Matinees am nächsten Tag. **Ticketmaster** (619-220-8497; www.ticketmaster.com) und **House of Blues** (www.hob. com) verkaufen ebenfalls Eintrittskarten.

LIVEMUSIK & NACHTCLUBS

Anthology (Karte S. 239; 619-595-0300; www.anthologysd.com; 1337 India St, Downtown; Grundpreis frei–60 US$) Nahe Little Italy spielen hier aufstrebende und bereits berühmte Jazzer live im mondänen Ambiente eines Luxusnachtclubs.

Casbah (Karte S. 239; 619-232-4355; 2501 Kettner Blvd; Grundpreis frei–15 US$) Auf dem Weg in die Charts haben schon Liz Phair, Alanis Morissette und die Smashing Pumpkins im funky Casbah gerockt. Bis heute eine prima Adresse für lokale Künstler und Stars von morgen.

Shout House (Karte S. 239; 619-231-6700; 655 4th Ave, Downtown; Grundpreis frei–10 US$) Die Pianisten der wilden, aber harmlosen Bar im Gaslamp Quarter duellieren sich am Klavier. Ihr unglaubliches Repertoire umfasst Klassiker, Rocksongs und noch viel mehr. Hier haben wir schon mal die Comedy-Kultnummer „D*ck in a Box" („Penis in der Schachtel") gehört.

Soma (Karte S. 236; 619-226-7662; www.somasd. com; 3350 Sports Arena Blvd nahe Old Town; Grundpreis 8–23 US$) Frenetische Fans aller Altersgruppen (kein Alkohol!) feiern hier ihre Lieblings-Newcomerbands aus der lokalen Alternative- und Punkrockszene – live, laut und wild.

An- & Weiterreise

Der **San Diego International Airport** (Lindbergh Field; Karte S. 236; 619-400-2400; www.san.org) liegt ca. 3 Meilen (5 km) westlich von Downtown. Der Balboa Park in der Einflugschneise eignet sich hervorragend zum Beobachten landender Maschinen.

Greyhound (Karte S. 239; 619-515-1100; 120 W Broadway, Downtown) fährt stündlich direkt nach L. A. (einfache Strecke/hin & zurück 17/30 US$, 2–3 Std.).

Vom **Santa Fe Depot** (Karte S. 239; 1055 Kettner Blvd, Downtown) aus schickt die **Amtrak** (800-872-7245; www.amtrak.com) ihren *Pacific Surfliner* mehrmals täglich nach L.A. (34 US$, 3 Std.) und Santa Barbara (37 US$, 6½ Std.).

Alle großen Autovermieter sind am Flughafen vertreten und unterhalten landesweit gebührenfreie Hotlines (s. S. 417). **Eagle Rider** (Karte S. 236; 619-222-8822, 877-437-4337; 3655 Camino del Rio W, Old Town; 9–17 Uhr) verleiht Motorräder (ab 89 US$/Tag).

Unterwegs vor Ort

Bus 992 alias „The Flyer" (2,25 US$) pendelt alle zehn bis 15 Minuten zwischen Flughafen und Downtown. Unterwegs hält er mehrfach entlang des Broadway. Vom Flughafen zum Zentrum fahren auch Taxis (10–15 US$) und Shuttlebusse (ca. 13 US$) wie die von **Super Shuttle** (800-974-8885; www.supershuttle.com).

Das **Metropolitan Transit System** (MTS; www.sdcommute.com) betreibt Regionalbusse und den San Diego Trolley, der südwärts zur mexikanischen Grenze rollt. Beim **Transit Store** (Karte S. 239; 619-234-1060; Ecke Broadway & 1st Ave; Mo–Fr 9–17 Uhr) gibt's Streckenpläne, Einzeltickets und „Day-Tripper"-Pässe (1/2/3/4 Tage 5/9/12/15 US$). Reine Eintagespässe bekommt man direkt beim Busfahrer. In den Taxis startet das Taxameter bei 2,40 US$, jede weitere Meile kostet 2,60 US$.

RUND UM SAN DIEGO
San Diego Zoo's Wild Animal Park

Auf ca. 7,3 km² vermittelt dieser **Freigehege-Zoo** (außerhalb der Karte S. 239; 760-747-8702; www.sandiegozoo.org; 15500 San Pasqual Valley Rd, Escondido; Erw./Kind 28,50/18,50 US$, inkl. Bahntour 35/26 US$; Parken 9 US$ ab 9 Uhr, wechselnde Schließzeiten;) ein Gefühl von „Wildnis": Grasende Giraffen, träge Löwen und umherstampfende Nashörner tummeln sich hier mehr oder weniger frei in einem Tal. Die Bahntour „Journey to Africa" lässt sofort echte Safari-Atmosphäre aufkommen, indem sie den zweitgrößten Kontinent der Welt in weniger als 30 Minuten durchquert. Vor Ort gibt's auch Kombitickets inklusive San Diego Zoo (Erw./Kind 60/43 US$).

Der Park liegt ca. 35 Meilen (56 km) nördlich von Downtown San Diego in Escondido. Um ihn zu erreichen, den I-15 Fwy an der Ausfahrt Via Rancho Pkwy verlassen und dann den Schildern folgen.

Legoland

Die Rides, Shows und Attraktionen dieses zauberhaften **Fantasy-Parks** (außerhalb der Karte S. 236; 760-918-5346; www.legoland.com/california; 1

Legoland Dr, Carlsbad; Erw./Kind 63/53 US$; Parken 12 US$ ⊗ ab 10 Uhr, wechselnde Schließungszeiten; Sept.–Mai meist Di & Mi geschl.; ♿) eignen sich vor allem für kleinere Kinder. Der Nachwuchs kann z. B. Dinoknochen ausgraben, Hubschrauber fliegen und seinen Führerschein machen. Eltern erfreuen sich eher am Miniland, in dem US-Wahrzeichen wie Weißes Haus, Golden Gate Bridge oder Las Vegas komplett aus Legosteinen nachgebaut sind. Legoland liegt ca. 32 Meilen (51,5 km) nördlich von Downtown San Diego und ist über den I-5 Fwy (Ausfahrt Cannon Rd E) erreichbar.

KALIFORNIENS WÜSTEN

Das einsame Wüstengebiet zwischen dem mondänem Palm Springs und dem trostlosem Death Valley nimmt 25 % der Fläche Kaliforniens ein. Diese Gegend der Gegensätze ist zugleich weit und vertraut, trocken und erquickend. Obwohl auf den ersten Blick vielleicht nur grauenhaft öde, offenbart die Wüste bald eine perfekte Schönheit: Verwitterte Vulkangipfel, sinnliche Sanddünen, violett melierte Berge, Kaktusgärten, unzählige Sterne, umherflitzende Eidechsen unter Felskolossen und winzige Wildblumen, die im Frühling aus dem steinharten Boden sprießen. Die Ruhe, Spiritualität und Eleganz der kalifornischen Wüsten üben auf Künstlertypen, Filmstars, Kletterer und Allrad-Abenteurer gleichermaßen einen unwiderstehlichen Reiz aus.

PALM SPRINGS

Das Rat Pack ist zurück … oder zumindest dessen Lieblingstreffpunkt Palm Springs

---

NICHT VERPASSEN!

- **Tahquitz Canyon** (S. 247) – Von Bächen durchzogenes indigenes Gebiet mit Wandermöglichkeiten
- **Pioneertown** (S. 250) – Hollywoods zeitlose Wildwest-Filmkulisse
- **Salvation Mountain** (S. 251) – Folklorekunst nahe des Salton Sea
- **Route 66** (S. 252) – Cruisen entlang der „Mutter aller Straßen"
- **Rhyolite** (S. 253) – Atmosphärische, gut erhaltene Geister-Bergbaustadt

---

(47 900 Ew.), ca. 100 Meilen (161 km) östlich von L. A.. In den 1950er- und 1960er-Jahren gaben sich hier Sinatra, Elvis und andere Superstars ein swingendes Stelldichein. Danach wurde das Coachella Valley jedoch von Ruheständlern in Golfklamotten überrollt. Erst in den 1990er-Jahren begeisterte sich eine neue Generation für den altmodisch-schicken Charme der nierenförmigen Pools, Retro-Boutiquehotels, Pianobars mit perfekten Martinis und Stahl-Glas-Bungalows im modernistischen 1950er-Jahre-Stil. So vereint Palm Springs heute hippe Typen, Senioren und eine große schwul-lesbische Gemeinde.

Orientierung

Südlich des I-10 Fwy ist Palm Springs die bedeutendste Stadt im Coachella Valley. Durchs kompakte Zentrum verläuft der Palm Canyon Dr (Hwy 111) als Einbahnstraße nach Süden, während der Indian Canyon Dr parallel nach Norden führt. Die wichtigste Ost-West-Verkehrsader ist der Tahquitz Canyon Way in Richtung Flughafen. Südöstlich von Palm Springs verbindet der Hwy 111 das kommerzielle Cathedral City mit Indio. Dabei passiert er das „Down Valley" mit Weltklasse-Golfplätzen und mondänen Shoppingmöglichkeiten in schicken Kleinstädten.

Praktische Informationen

Trotz Hauptsaison von Oktober bis April brummt Palm Springs auch im Sommer. Dann erreichen die Temperaturen 38 °C und mehr, während die Hotelpreise sinken und viele Geschäfte kürzer geöffnet haben.

Desert Regional Medical Center (☎ 760-323-6511; 1150 N Indian Canyon Dr; ⊗ 24 Std.) Mit Notaufnahme.

Palm Springs Koffi Downtown (☎ 760-416-2244; 515 N Palm Canyon Dr; ⊗ 5.30–20 Uhr; ⊚); Südstadt (☎ 760-322-7776; 1700 Ecke S El Camino Real/E Palm Canyon Dr; ⊗ 5.30–20 Uhr; ⊚) Selbstgebrauter Kaffee und kostenloser WLAN-Zugang.

Palm Springs Official Visitors Center (☎ 760-778-8418, 800-347-7746; www.palm-springs.org; 2901 N Palm Canyon Dr; ⊗ 9–17 Uhr) In einer Tankstelle nach einem Entwurf Albert Freys (1965), die an der Straßenbahnabzweigung nördlich vom Zentrum steht. Hat neben Tourenkarten auch spezielle Reiseführer (z. B. für Homosexuelle oder Traveller mit eingeschränkter Mobilität).

Post (☎ 760-322-4111; 333 E Amado Rd; ⊗ Mo–Fr 8–17, Sa 9–15 Uhr)

Public Library (☎ 760-322-7323; 300 S Sunrise Way; ⊗ Di–Mi 9–20, Do–Sa 9–18 Uhr; 💻 ⊚) Öffentliche Bibliothek mit Gratis-Internetzugang.

Sehenswertes & Aktivitäten

LP Tipp **Palm Springs Aerial Tramway** (☎ 760-325-1449, 888-515-8726; www.pstramway.com; 1 Tramway Rd; Erw./Kind 23/16 US$; ☺ Mo–Fr 10–20, Sa & So 8–20 Uhr, letzte Talfahrt 21.45 Uhr; ♿) Diese 4 km lange Gondelbahn mit toller Aussicht fährt von der sonnenverbrannten Wüste hinauf in ein alpines Wunderland voller duftender Kiefern. An der Bergstation (2595 m) kann es 17 bis 22 °C kälter sein als im Tal. Die dort beginnenden Wanderrouten durch den wilden **Mt. San Jacinto State Park** (8 US$/Auto) umfassen auch einen knapp 9 km langen Gipfelpfad, der keine spezielle Ausrüstung erfordert. Das **Adventure Center** (☺ Do–Mo 10–16 Uhr, Verleih bis 14.30 Uhr) direkt vor der Bergstation verleiht im Winter Schneeschuhe und Langlaufski.

In den kühleren Monaten empfehlen sich Trips durch das Territorium der indigenen Cahuilla – vor allem während der Wildblumenblüte im Frühling. Als rare grüne Adern in der Wüste laden die **Indian Canyons** (☎ 760-323-6018; www.indian-canyons.com; abseits S Palm Canyon Dr; Erw./Kind 6–12 Jahre 8/4 US$, geführte Wanderungen 3/2 US$; ☺ Okt.–Juli 8–17 Uhr, Juli–Sept. nur Fr–So) zum Picknicken unter imposanten Felsformationen oder schattigen Palmen am Bach ein. Der **Tahquitz Canyon** (☎ 760-416-7044; www.tahquitzcanyon.com; 500 W Mesquite Ave; Erw./Kind 12,50/6 US$; ☺ Okt.–Juli 7.30–17 Uhr, Juli–Sept. nur Fr–So, letzter Einlass 15.30 Uhr) ist für uralte Felsbilder und seinen saisonalen Wasserfall berühmt. Von indigenen Rangern geleitete Wanderungen starten am Visitor Center mit Ausstellungen zur örtlichen Natur- und Kulturgeschichte.

Das **Palm Springs Art Museum** (☎ 760-322-4800; www.psmuseum.org; 101 Museum Dr; Erw./Kind/Student 12,50/ frei/5 US$, Do 16–20 Uhr Eintritt frei; ☺ Di–Mi & Fr–So 10–17, Do 12–20 Uhr) zeigt neben zeitgenössischen Gemälden, Fotos und Skulpturen auch präkolumbische Antiquitäten und indianische Kunst.

Der Badepark **Knott's Soak City** (☎ 760-327-0499; www.knotts.com/public/park/soakcity/palm_springs; 1500 S Gene Autry Trail; Erw./Kind 30/20 US$, nach 15 Uhr 20/20 US$; Parken 9 US$; ☺ März–Sept., wechselnde Öffnungszeiten; ♿) mit turmhohen Wasserrutschen, Reifenrutschen und Wellenpool (ca. 3028 m²) verspricht Kinderspaß an heißen Tagen.

Eine halbe Autostunde talabwärts liegen die sehenswerten **Living Desert Zoo & Gardens** (☎ 760-346-5694; www.livingdesert.org; abseits Hwy 111, Palm Desert; Erw./Kind 12/7,50 US$; ☺ Sept.–Mitte Juni 9–17 Uhr, Mitte Juni–Aug. 8–13.30 Uhr; ♿) mit begehbarer Wildtierklinik, Wanderwegen, Ausstellungen zur Geologie der Wüs-

---

WAS ZUM …?

Bei den **World's Biggest Dinosaurs** (☎ 951-922-0076; www.cabazondinosaurs.com; 50770 Seminole Dr, abseits der I-10, Ausfahrt Main St, Cabazon; ☺ Mo–Do 10–18, Fr–So 10–19 Uhr) westlich von Palm Springs schaut man eventuell gleich zweimal hin. Claude K. Bell – Kulissenbauer bei Knott's Berry Farm (S. 235) – verbrachte über zehn Jahre mit dem Bau der Betondinos. Die Giganten gehören heute christlichen Kreationisten, die das „intelligente Design" propagieren. Die Exponate im Geschenkshop erinnern vielleicht noch an wissenschaftliche Museen. Gleichzeitig werden jedoch angebliche Irrtümer und Defizite der darwinistischen Evolutionstheorie erläutert – z.B. mithilfe eines „Beweises" für die einstige Koexistenz von Menschen und Sauriern.

---

te und einheimischen Tier- bzw. Pflanzenarten.

Schlafen

Die im Folgenden genannten Zimmerpreise gelten für die winterliche Hauptsaison – daher nach Sommerrabatten fragen! Motels ballen sich südlich vom Zentrum sowie entlang des I-10 Fwy in Richtung Indio bzw. Osten. Unter www.purpleroofs.com gibt's Infos zu schwulenfreundlichen Unterkünften.

Caliente Tropics (☎ 760-327-1391, 800-658-6034; www.calientetropics.com; 411 E Palm Canyon Dr; DZ 66–111 US$; 🛜 🐾 ♿) Im Pool der polynesisch angehauchten Motorlodge hat schon Elvis geplanscht. Rundum verteilen sich lodernde Tiki-Fackeln und geräumige Zimmer mit überraschend bequemen Betten. Gelegentlich lärmig, aber in Zentrumsnähe.

Alpine Gardens Hotel (☎ 760-323-2231, 888-299-7455; www.alpinegardens.com; 1586 E Palm Canyon Dr; Zi. 70–155 US$; 🖥 🐾) Wen der lässige P.S.-Vibe kalt lässt, erfreut sich an den zehn Zimmern dieses makellos gepflegten Hotels aus den 1950er-Jahren. Darin gibt's Redwood-Deckenbalken, Kühlschränke und leicht kitschiges Mobiliar. Die Suiten haben eigene Küchen.

LP Tipp **Del Marcos Hotel** (☎ 760-325-6902, 800-676-1214; www.delmarcoshotel.com; 225 W Baristo Rd; Zi. 99–289 US$; 🐾 🛜 🐾) Das frisch renovierte Juwel von 1947 sieht nun endlich so aus, wie es eigentlich sollte. Groovige Klänge in der Lobby geleiten Gäste hinaus zum Salzwasserpool.

KALIFORNIEN

Die unbeschreiblich schicken Zimmer sind nach berühmten Architekten benannt.

Chase Hotel (☎ 760-320-8866, 877-532-4273; www.chasehotelpalmsprings.com; 200 W Arenas Rd; Zi. 119–159 US$; 🅿 🛜 🐾) Der moderne Motelklassiker aus den 1950er-Jahren steht im Zentrum an einer Seitenstraße. Seine tadellos gepflegten, übergroßen Zimmer mit zeitgenössisch-cooler Einrichtung haben teilweise Kochnischen.

Orbit In (☎ 760-323-3585, 877-996-7248; www.orbitin.com; 562 W Arenas Rd; Zi. 149–259 US$; 🅿 🛜 🐾) Während der Happy Hour („Orbitini") geht's zurück in die 1950er-Jahre. Aus derselben Zeit stammen die originalen Edelmöbel (z. B. von Eames, Noguchi) und Retro-Plattenspieler, die durch moderne Flachbild-TVs ergänzt werden. Kostenlose Leihfahrräder für Gäste.

Viceroy (☎ 760-320-4117, 800-670-6184; www.viceroypalmsprings.com; 415 S Belardo Rd; Zi. 170–290 US$; 🅿 🛜 🐾) Das schicke Miniresort aus den 1960er-Jahren ist in Schwarz, Weiß und Zitronengelb dekoriert. Pucci-Klamotten passen wohl am besten zu diesem Mix aus Austin Powers und Givenchy. Das Servicespektrum umfasst einen kompletten Wellnessbereich, ein Fitnesszentrum und ausleihbare Cruiser-Bikes.

Ebenfalls empfehlenswert:

Century (☎ 760-323-9966, 800-475-5188; www.centurypalmsprings.com; 598 Grenfall Rd; Zi. 179–299 US$; 🅿 🛜 🐾) Schwulenfreundlichkeit im modernen 1950er-Jahre-Ambiente.

Hope Springs (☎ 760-329-4003; www.hopespringsresort.com; 68075 Club Circle Dr, Desert Hot Springs; DZ ab 195 US$; 🅿 🛜 🐾) Modernistisches Mekka mit zehn Zimmern und Themalwasserpools. Liegt nördlich der I-10.

Essen

Statt für hehre Küche ist Palm Springs für fabelhafte Cocktails bekannt.

Sherman's (☎ 760-325-1199; 401 E Tahquitz Canyon Way; Hauptgerichte 5–15 US$; 🕙 7–21 Uhr; 🚼) Das jüdische Deli aus den 1950er-Jahren hat eine luftige Straßenterrasse und wird von Fotos prominenter Fans à la Don Rickles geziert. Morgens gibt's hier Bagels mit Räucherlachs, während das Abendessen recht früh serviert wird.

Cheeky's (☎ 760-327-7595; 622 N Palm Canyon Dr; Hauptgerichte 7–14 US$; 🕙 8–14 Uhr) Am unterdurchschnittlichen Service, den Winzportionen und der potentiellen Wartezeit sollte man sich nicht stören: Das unschlagbare Essen ist frisch, extrem innovativ und besteht oft aus Bio-Zutaten. Hiervon zeugen z. B. die Haferbrei-Brulée mit Mascarpone, Vanille-Rühreier und die *bacon flights* (Speckstreifen).

Matchbox (☎ 760-778-6000; Level 2, Mercado Plaza, 155 S Palm Canyon Dr; Pizzen 11–21 US$; 🕙 So–Do 17–23, Fr & Sa bis 1 Uhr) Das Matchbox punktet mit köstlichen Holzofenpizzas, kalifornischer Killer-Weinkarte und seiner Happy Hour (Cocktails plus Häppchen). Die Terrassentische sind hervorragend dazu geeignet, Leute zu beobachten.

Copley's on Palm Canyon (☎ 760-327-9555; 621 N Palm Canyon Dr; Hauptgerichte 29–37 US$; 🕙 Di–So 18 Uhr–open end, Jan.–April ab 17.30 Uhr) Im früheren Anwesen von Cary Grant beweist Küchenchef Andrew Manion Copley großen Einfallsreichtum – z. B. mit Lammkeule in Lavendelkruste oder dem „Oh My Lobster Pie". Liebste(n) und Kreditkarte mitbringen.

Weitere empfehlenswerte Adressen:

Cactusberry (☎ 760-325-3228; 116 La Plaza; Gerichte 3–6 US$; 🕙 12–22 Uhr) Superkaltes Joghurteis mit Frischobstgarnierung in biologisch abbaubaren Bechern.

Hadley Fruit Orchards (☎ 888-854-5655; 48980 Seminole Dr, Cabazon; Dattelshakes 5 US$; 🕙 Mo–Do 9–19, Fr–So 8–20 Uhr) Nahe den Outlet-Malls wurde hier angeblich das Studentenfutter erfunden.

Native Foods (☎ 760-416-0070; Smoke Tree Village, 1775 E Palm Canyon Dr; Hauptgerichte 8–15 US$; 🕙 Mo–Sa 11.30–21.30 Uhr; ♿ 🅥) Frisches und veganerfreundliches Bio-Essen in einer luftigen Mini-Mall.

Ausgehen & Unterhaltung

Das schwul-lesbische Nachtleben konzentriert sich auf die Arenas Rd östlich des Indian Canyon Dr.

Wang's in the Desert (☎ 760-325-9264; 424 S Indian Canyon Dr) Die Restaurantbar mit mäßigem China-Menü, Indoor-Koiteich und Riesen-

---

OLDIES BUT GOLDIES

Das Plaza Theater von 1936 in Downtown veranstaltet mit den **Palm Springs Follies** (☎ 760-327-0225; www.psfollies.com; 128 S Palm Canyon Dr; Tickets 50–92 US$; 🕙 Nov.–Mai) eine dreistündige Revue im Stil der Ziegfeld Follies – inklusive Musik, Tanzeinlagen, Showgirls und zotiger Comedy. Das Besondere? Einige der Darsteller sind so alt wie das Plaza Theater: Alle sind über 50, manche sogar über 80 Jahre alt. Das Ganze ist jedoch kein kein Treffen von Amateuren. Zu ihren besten Zeiten traten die Oldtimer an der Seite von Hollywood- und Broadwaygrößen auf, die heute gelegentlich als Gaststars mitmischen.

cocktails ist seit Jahren ein beliebter Schwulentreffpunkt. Küßchen!

Melvyn's (☎ 760-325-2323; Ingleside Inn, 200 W Ramon Rd) In dem einstigen Sinatra-Schlupfwinkel der alten Schule lungert man bei starken Martinis mit pensionierten Promis herum, während Schnulzensänger zusammen mit ihren Livebands abschmachten.

Camelot Theatres (☎ 760-325-6565; www.camelot theatres.com; 2300 Baristo Rd) Das angesehendste Kunstfilmkino der Wüste hat ein Café und eine vollwertige Bar. Sein Indie-Programm ist teilweise international. Im Januar und Juni steigen hier Filmfestivals.

Shoppen

Entlang des North Palm Canyon Dr in Downtown laden Kunstgalerien zum Bummeln ein.

Trina Turk (☎ 760-416-2856; 891 N Palm Canyon Dr) Hinter einer Albert-Frey-Ladenfassade aus den 1960er-Jahren verkauft die originellste Boutique der Stadt ihren schicken, aufreizenden Fummel im Resort-Stil.

Angel View (☎ 760-320-1733; 454 N Indian Canyon Dr) Bei der gemeinnützigen Second-Hand-Kette decken sich die Hipster von heute mit Klamotten ein, die an ihnen genauso cool wirken wie an den Ersttägern vor einer Generation.

Anreise & Unterwegs vor Ort

Zehn Autominuten vom Zentrum entfernt landen diverse US-Inlandslinien und kanadische Gesellschaften auf dem **Palm Springs International Airport** (PSP; ☎ 760-318-3800; www.palm springsairport.com; 3400 E Tahquitz Canyon Way) mit Filialen großer Autovermieter (S. 417).

Amtrak-Züge nach/ab L. A. (35 US$, 2¾ Std., 3-mal wöchentl.) halten 5 Meilen (8 km) nördlich vom Zentrum an der personalfreien und leicht gruseligen North Palm Springs Station. Dasselbe gilt mehrmals täglich für Greyhound-Busse nach/ab L. A. (37 US$, 2¾ Std.). Die Regionalbusse von **SunLine** (☎ 760-343-3451, 800-347-8628; www.sunline. org; Einzelfahrt/Tagespass 1/3 US$) fahren langsam durchs ganze Tal.

JOSHUA TREE NATIONAL PARK

Dieser Nationalpark an der Grenze zwischen der Colorado- und der Mojave-Wüste ist bei Sportkletterern und Wanderern sehr beliebt – besonders im Frühling, wenn die Wildblumen sprießen und die Joshua-Palmlilien (eigentlich baumhohe Yuccapalmen) spektaku-

lär ihre cremefarbenen Blüten ausbilden. Die mystische Atmosphäre der kahlen, wundersamen Felslandschaft hat schon viele Künstler inspiriert. Berühmtestes Beispiel hierfür ist die Band U2. Die Joshua Trees verdanken ihren Namen mormonischen Siedlern, denen die verdrehten Äste wie die in Richtung Gott gereckten Arme eines biblischen Propheten vorkamen.

Die meisten Sehenswürdigkeiten und alle Joshua Trees konzentrieren sich auf den nördlichen Bereich des Parks am Rand des Twentynine Palms Hwy (Hwy 62), während die I-10 entlang der entlegenen Südseite verläuft. Beim Kauf der Einlassgenehmigung (15 US$/Auto, 7 Tage gültig) sollten Besucher nach dem kostenlosen Joshua Tree Guide fragen. Außer Toiletten hat der Park keinerlei Einrichtungen – daher unbedingt genügend Benzin, Trinkwasser und Proviant mitbringen! Infos erteilen die drei größten **Visitor Centers** (☎ 760-367-5500; www.nps.gov/jotr; Oasis Utah Trail & National Park Dr, Twentynine Palms; ⏱ 8–17 Uhr; Joshua Tree Park Blvd, abseits Hwy 62; ⏱ 8–17 Uhr; Cottonwood nördlich I-10, Cottonwood Springs; ⏱ 9–15 Uhr).

Das **Wonderland of Rocks** dominiert den Norden des Parks als Abenteuerparadies für Sportkletterer. Der Blick vom **Keys View** reicht über die San-Andreas-Verwerfung hinweg bis nach Mexiko und ist zu Sonnenuntergang am schönsten. Die **Keys Ranch** (☎ Reservierungen 760-367-5555; 90-minütige Führung Erw./Kind 5/2,50 US$; ⏱ Okt.–Mai Sa & So 10 & 13 Uhr, wochentags wechselnde Zeiten) beleuchtet die Pioniergeschichte des Wilden Westens. Unter Fächerpalmen können Wanderer natürliche Wüstenoasen wie **49 Palms Oasis** (hin & zurück 4,8 km) oder **Lost Palms Oasis** (hin & zurück 11,6 km) erkunden. Zu den kinderfreundlichen Naturpfaden gehören **Skull Rock** (hin & zurück 2,7 km), **Cholla Cactus Garden** (hin & zurück ca. 400 m) und **Barker Dam** (hin & zurück 2,1 km) mit indigenen Felsbildern. Die malerisch-holperige **Geology Tour Road** (29 km) steht Allradfahrern und hartgesottenen Mountainbikern offen.

Schlafen & Essen

Von den acht **Campingplätzen** (Stellplatz 10–15 US$) des Parks haben nur Black Rock Canyon und Cottonwood Trinkwassser, Spültoiletten und Möglichkeit zur **Reservierung** (☎ 877-444-6777; www.recreation.gov). Wildes Campen ist erlaubt, sofern dabei kein Lagerfeuer entfacht und der jeweilige Mindestabstand zu Straßen (1 Meile/1,6 km) und Wanderwegen (500 Fuß/

KALIFORNIEN

WAS ZUM ...?

Gleich nördlich von Yucca Valley wurde 1946 **Pioneertown** (www.pioneertown.com; Eintritt frei) als Wildwest-Filmkulisse für Hollywood errichtet. Seitdem hat es sich kaum verändert: Auf der Mane Street finden nachgestellte Schießereien statt (April–Okt. Sa & So 14.30 Uhr), während **Pappy & Harriet's Pioneertown Palace** (☎ 760-365-5956; www.pappyandharriets.com; 53688 Pioneertown Rd; Hauptgerichte 8–27 US$; ☻ Do–So 11–1, Mo 17–24 Uhr) mit Gegrilltem, billigem Bier und Livemusik im Spelunken-Ambiente aufwartet. Danach kann man wie die Filmstars von gestern in der **Pioneertown Lodge** (☎ 760-365-4879; www.pioneertownmotel.com; 5040 Curtis Rd; Zi. 78–99 US$; ❖ ☷) nächtigen. Deren altmodisch-schmucke Zimmer mit vielen Andenken haben Kochnischen und Satelliten-TV, aber kein Telefon.

152,4 m) eingehalten wird. Zuvor muss man sich selbst auf einem der diversen Backcountry Boards des Parks eintragen (kostenlos).

Campingmuffel übernachten nördlich des Parks im künstlerisch angehauchten Joshua Tree, im vorstadtmäßigen Yucca Valley oder in Twentynine Palms mit der weltgrößten US-Marinebasis. Die **Pioneertown Lodge** (s. Kasten oben) hebt sich von den mittelmäßigen Motels am Hwy 62 ab – ebenso **Spin & Margie's Desert Hide-a-Way** (☎ 760-366-9124; www.deserthideaway.com; abseits Sunkist Rd, Joshua Tree; Suite 125–160 US$; ❖), dessen Hazienda-Stil durch tolle Designkombis aus Wellblech, alten Autokennzeichen und Cartoonkunst ergänzt wird. Das **Best Western Yucca Valley Hotel & Suites** (☎ 760-365-3555, 800-780-7234; www.bestwestern.com; 56525 Hwy 62, Yucca Valley; DZ inkl. Frühstück 88–126 US$; ❖ ▯ ☷ ☷ ♿) bietet businessmäßigen Komfort.

Das einfallsreiche Baumumarmer-Menü des ultracoolen **Crossroads Café** (☎ 760-366-5414; 61715 Hwy 62, Joshua Tree; Hauptgerichte 4–11 US$; ☻ So–Di & Do 6.30–20, Fr & Sa 6.30–21 Uhr) reicht von kunterbunten Gartensalaten bis hin zu frischen Fruchtshakes. Gegenüber steht eine nette Bäckerei. **Sam's Pizza & Subs** (☎ 760-366-9511; 61380 Twentynine Palms Hwy, Joshua Tree; Hauptgerichte 8–11 US$; ☻ Mo–Do 11–20, Fr & Sa 11–19, So 15–20 Uhr) ist gleichzeitig ein indisches Lokal mit vegetarierfreundlicher Karte, hat aber keinerlei Atmosphäre – daher das Essen am besten mitnehmen!

ANZA-BORREGO DESERT STATE PARK

Als größter US-amerikanischer State Park außerhalb Alaskas reicht dieses wilde Wüstengebiet beinahe bis hinunter nach Mexiko im Süden. Seine ca. 1,66 Mio. km² beherbergen seltene Spezies wie bedrohte Dickhornschafe und wirken während der Wildblumenblüte im Frühling (Aktuelles unter ☎ 760-767-4684) besonders spektakulär. Im Umkreis des altmodischen Ferienorts Borrego Springs (2800 Ew.) kann man auf frei befahrbaren Nebenpisten historische Relikte der Indianer, der spanischen Konquistadoren oder der Wildwest-Pioniere erkunden. Im Sommer sind Trips am Tag aufgrund der höllischen Hitze jedoch sehr gefährlich.

In Borrego Springs gibt's Geldautomaten, Tankstellen, eine Post, einen Supermarkt sowie eine öffentliche Bibliothek mit Gratis-WLAN und -Internetterminals. Das **Visitor Center** (☎ 760-767-4205; www.california-desert.org; 200 Palm Canyon Dr; Eintritt frei; ☻ Okt.–Mai 9–17 Uhr, Juni–Sept. nur Sa & So) mit umfangreichem Service steht 2 Meilen (3,2 km) weiter westlich. Das Erkunden des Parks erfordert ein eigenes Fahrzeug (8 US$/Auto). Die rund 800 unbefestigten Pistenkilometer in der tiefsten Wildnis sind nur für Allrad-Offroader geeignet. Wander- oder Mountainbiketouren auf den Wegen bzw. Pisten des Parks sollten keinesfalls zur Mittagszeit und ausschließlich mit genügend Trinkwasser im Gepäck erfolgen.

Zu den Highlights gehören hier der **Fonts Point** mit Blick auf die Wüste, Vogelbeobachtungen am **Clark Dry Lake**, der **Elephant Tree Discovery Trail**, die **Wind Caves** am Split Mountain sowie das **Blair Valley** mit Felsbildern und *morteros* (Mahlsteinen) der amerikanischen Ureinwohner. Weiter südlich füllt heißes Thermalwasser die Indoor- und Freiluftpools des **Agua Caliente County Park** (☎ 760-765-1188; 39555 Rte S2; Eintritt 5 US$; ☻ Sept.–Mai 9.30–17 Uhr).

Neben mehreren primitiven Optionen ohne Wasserversorgung besitzt der Park auch zwei **erschlossene Campingplätze** (☎ 800-444-7275; www.reserveamerica.com; Stellplatz für Zelt/Wohnmobil 25/35 US$): Tamarisk Grove bietet Schatten, Borrego Palm Canyon hat Anschlüsse für Wohnmobile. Wildes und kostenloses Campen ist an allen Stellen erlaubt, die abseits der Straße und mindestens 100 Fuß (30,5 m) von Wasserquellen entfernt liegen. Verboten sind offenes Feuer und das Sammeln toter oder lebender Pflanzen.

Unterkunftsoptionen in Borrego Springs: Das **Borrego Valley Inn** (☎ 760-767-0311, 800-333-5810; www.borregovalleyinn.com; 405 Palm Canyon Dr; Zi. inkl. Frühstück 185–265 US$; ❌ ♨ 🤖 🛉) im Adobestil offeriert 15 reizende Southwestern-Zimmer und einen potentiell badehosenfreien Pool mit blubberndem Gemeinschaftsbecken. Die telefonlosen Moteleinheiten des spartanischen **Stanlunds Inn & Suites** (☎ 760-767-5501; www.stanlunds.com; 2771 Borrego Springs Rd; Zi. 65–150 US$; ♨ 🤖 🛉) bestehen aus Schlackenbeton und haben teilweise Kochnischen.

Das Diner **Red Ocotillo** (☎ 760-767-7400; 818 Palm Canyon Dr; Hauptgerichte 6–15 US$; ❂ 7–20.30 Uhr; ♨ 🤖) serviert Riesensandwiches, kaltes Bier und ganztägiges Pfannenfrühstück in einer umgebauten Wellblechbaracke, die nur mit „Eat" beschildert ist. Westlich des Christmas Circle stehen weitere Durchschnittslokale.

Rund 45 Autominuten südwestlich von Borrego Springs liegt die Goldgräberstadt **Julian** (☎ 760-765-1857; www.julian.ca) mit ihrem berühmten Apfelkuchen und B & Bs im Country-Stil.

MOJAVE NATIONAL PRESERVE

Die Wildnis der **Mojave National Preserve** (☎ 760-252-6100; www.nps.gov/moja; Eintritt frei) ermöglicht Trips durch die „Mitte von Nirgendwo". Auf einer Fläche von ca. 6500 km² findet man hier Sanddünen, Joshua-Palmlilien, vulkanische Schlackenkegel, Wüstenschildkröten, Präriehasen und Kojoten, aber keine Tankstelle.

Ab Baker am I-15 Fwy führt die Kelbaker Rd südostwärts durch eine gespenstische Landschaft aus Schlackekegeln. Dann erreicht sie das **Kelso Depot** aus den 1920er-Jahren. Der schmucke Bahnhof im Stil der spanischen Missionszeit beherbergt eine Kunstgalerie, eine altmodische **Imbissstube** (Gerichte 2–8 US$; ❂ FR–Di 9–17 Uhr) sowie ein **Visitor Center** (☎ 760-252-6108; ❂ 9–17 Uhr) mit tollen Ausstellungen zur örtlichen Natur- und Kulturgeschichte. Weitere 11 Meilen (18 km) südwestwärts „singen" die **Kelso Dunes** ihr Lied: Bei guten Bedingungen erzeugt ihr wandernder Sand ein tiefes Dröhnen, das sich spontan durch Hinabrennen der Dünenflanken auslösen lässt.

Am Kelso Depot zweigt die Kelso–Cima Rd in Richtung Nordosten ab. Nach 19 Meilen (30,6 km) führt die Cima Rd über die I-15 zum 457 m hohen und 194 km² großen **Cima Dome**, einem nahezu symmetrischen Granitblock mit verkrusteten Lava-Vorsprüngen. An dessen Hängen sprießt der weltweit größte Wald aus **Joshua-Palmlilien**. Etwa 6 Meilen (9,7 km) nordwestlich von Cima beginnt ein Pfad zum Gipfel des Teutonia Peak (hin & zurück 6,4 km), von dem sich das Ganze am besten von Nahem betrachten lässt.

Östlich der Kelso–Cima Rd führt die Mojave Rd quasi durch die Hintertür zu zwei **Campingplätzen** (Stellplatz 12 US$, ohne Reservierungsmöglichkeit) mit Trinkwasserversorgung: Mid Hills (keine Wohnmobile) und Hole-in-the-Wall sind Ausgangspunkte für holprige Panoramafahrten entlang der 10 Meilen (16 km) langen **Wild Horse Canyon Road**. Das **Visitor Center** (☎ 760-252-6104; ❂ Okt.–April Mi–So 9–16 Uhr, Mai–Sept. nur Fr–So) von Hole-in-the-Wall informiert über den **Rings Trail** durch einen extrem schmalen Canyon. Die Straßen hier sind meistens unbefestigt, aber in gutem Zustand.

Die **Mitchell Caverns** (☎ 760-928-2586; Erw./Kind 6/3 US$; ❂ geführte Touren tgl. 13.30 Uhr, Anfang Sept.– Ende Mai Sa & So auch 10 & 15 Uhr) südöstlich von Hole-in-the-Wall offenbaren eine unterirdische Welt mit merkwürdigen Kalksteinfor-

KALIFORNIEN

WAS ZUM ...?

Ein überraschender Anblick: Kaliforniens größter Binnensee liegt mitten in der größten Wüste des Bundesstaats. Nachdem der Colorado 1905 über die Ufer getreten war, zwängten ihn 1500 Arbeiter und 500 000 t Fels wieder in sein Bett zurück. Mangels natürlichem Abfluss blieb jedoch der **Salton Sea** (www.saltonsea.ca.gov) 67 m unter dem Meeresspiegel als bislang ungelöster Umwelt-Alptraum erhalten – sein Wasser ist 30 % salziger als der Pazifik.

Noch seltsamer wirkt der **Salvation Mountain** (www.salvationmountain.us) nahe dem östlichen Seeufer. Diese Vision des Folklorekünstlers Leonard Knight steht unter dem Motto „God Never Fails" („Gott irrt nie"). Der 30,5 m hohe Berg aus Beton und handgemachten Lehmziegeln ist zudem mit Acrylfarbe bemalt. Um ihn zu erreichen, den Hwy 111 bei Niland verlassen und Beal Rd ostwärts folgen.

KALIFORNIEN

ROUTE 66: GET YOUR KICKS IN KALIFORNIEN

In der kalifornischen Wüste folgt die Route 66 größtenteils dem National Old Trails Hwy, der für Schlaglöcher und atemberaubende Aussichtspunkte bekannt ist. Nach dem Überqueren der kalifornischen Staatsgrenze bei Needles passiert man zuerst ein paar Geisterstädte in der Mojave-Wüste – gefolgt von Barstow und Victorville mit jeweils eigenen Route-66-Museen. Danach führt die I-15 über den Cajon Summit nach San Bernardino hinein. Auf dem Foothill Blvd geht's nun westwärts nach Pasadena (S. 223). Es lohnt sich, im altmodischen **Fair Oaks Pharmacy & Soda Fountain** (☎ 626-799-1414; 1526 Mission St, Pasadena; ☒ Mo–Sa 9–21, So 10–19 Uhr; ♿) vorbeizugehen, bevor man den Verkehr auf dem letzten Stück bis L.A. in Angriff nimmt. Nahe dem Santa Monica Pier (S. 221) endet die Route 66 dort am donnernden Ozean in über 300 Meilen (483 km) Entfernung zur Grenze zwischen Kalifornien und Arizona. Unter www.cart66pf.org stehen aktuelle Routeninfos, Fotos, Neuigkeiten und Events im Netz. Ehrgeizig? Dann sollte man die ganzen 2400 Meilen (3862 km) absolvieren!

---

mationen – rechtzeitig reservieren! Die Höhlen gehören zur Providence Mountains State Recreation Area, deren primitive **Stellplätze** (25 US$, ohne Reservierungsmöglichkeit) schwindelnd hoch über der Wüste liegen.

Wildes und straßenseitiges **Campen** ist an allen Stellen im Park erlaubt, die bereits für diesen Zweck genutzt wurden. Alternativ bieten die wenigen schlichten Billigmotels in Baker ein festes Dach über dem Kopf.

Das **Hotel Nipton** (☎ 760-856-2335; www.nipton.com; 107355 Nipton Rd, Nipton; DZ 65–99 US$; ☒ Rezeption 8–18 Uhr; ☍) im B & B-Stil steht recht weit ab vom Schuss. Die 100 Jahre alte Adobevilla mit Zelthütten gehört zu einem einsamen Wüstenbahnhof nordöstlich des Naturschutzgebiets. Vor Ort gibt's auch eine Bar und ein Café (Hauptgerichte 6–25 US$). Eingecheckt wird nebenan im gut sortierten Laden.

DEATH VALLEY NATIONAL PARK

Bereits der Name beschwört Höllenbilder einer leblosen und lebensfeindlichen Einöde in alttestamentarischen Ausmaßen herauf. Betrachtet man es jedoch etwas näher, liefert das Death Valley (Tal des Todes) eine spektakuläre Naturshow mit singenden Sanddünen, Palmoasen, verwitterten Bergen, ausgewaschenen Schluchten und vielen einheimischen Tier- bzw. Pflanzenarten. Diese Gegend der Superlative hält zudem die US-Rekorde für die höchste Temperatur (57 °C, gemessen 1913), den tiefsten Punkt (Badwater, 86 m unter dem Meeresspiegel) und den größten Nationalpark außerhalb Alaskas (über 12 949 km²). Die meisten Touristen kommen zur Wildblumenblüte im Frühling.

Besuchergenehmigungen (20 US$/Fahrzeug) sind sieben Tage lang gültig und überall im Park bei SB-Stationen erhältlich. Das **Visitor Center** (☎ 760-786-3200; www.nps.gov/deva; ☒ 8–17 Uhr) in Furnace Creek verteilt gegen Vorlage der Gebührenquittung jeweils eine kostenlose Karte plus Zeitung. Zudem gibt es hier einen Gemischtwarenladen, eine Tankstelle, einen Geldautomaten, Unterkünfte und Restaurants. Etwa 30 Autominuten Richtung Nordwesten liegt Stovepipe Wells mit Gemischtwarenladen, Tankstelle, Geldautomat, Motel und Café. In Panamint Springs am westlichen Parkrand gibt's Benzin und Snacks.

Sehenswertes & Aktivitäten

Zu Sonnenauf- oder -untergang fällt der spektakuläre Blick vom **Zabriskie Point** hinunter auf die Wellen, Falten und Schluchten eines goldenen Ödlands. Weniger als 20 Meilen (32 km) weiter südlich schaut man dank **Dante's View** gleichzeitig auf den höchsten (Mt. Whitney, 4421 m) und tiefsten (Badwater) Punkt der USA außerhalb Alaskas. Unterwegs empfiehlt sich ein malerischer Abstecher über die äußerst holperige Einbahn-Rundroute durch den **Twenty Mule Team Canyon**.

Die gewellten, weiten Salzwüsten des eigentlichen **Badwater** erstrecken sich 17 Meilen (27 km) südlich von Furnace Creek. Unterwegs lassen sich der schmale **Golden Canyon** und die **Natural Bridge** jeweils in leichten Kurzwanderungen erkunden. Die zackigen Miniberge des **Devils Golf Course** bestehen aus kristallinem Salz. Abstecher auf dem 9 Meilen (14,5 km) langen **Artists Drive** sind spätnachmittags am schönsten, wenn die Hügel in einem Farbenfeuerwerk erstrahlen.

Nahe Stovepipe Wells kann man an den glatten Marmorwänden des **Mosaic Canyon** entlangklettern oder die an die Sahara erinnernden **Sanddünen von Mesquite Flat** hinunterrollen – bei Vollmond ein echt magisches Erlebnis. Weitere 36 Meilen (58 km) nördlich steht das skurrile **Scotty's Castle** (☎ 760-786-2392; Erw./Kind 11/6 US$; ☽ Führungen Nov.–April 9–17 Uhr, Mai–Okt. 9–16.30 Uhr), in dem kostümierte Führer die seltsame Geschichte des Gauners Death Valley Scotty nacherzählen. 8 Meilen (13 km) weiter westlich zeugt der riesige **Ubehebe Crater** von einem mächtigen Vulkanausbruch.

Im Sommer sollten nur befestigte Straßen benutzt werden, da Fahrzeuge auf den einfachen Pisten schnell überhitzen. Außerdem ist es höchst ratsam, Überanstrengung zu vermeiden (also nicht mitten am Tag loswandern!) und nur höhergelegenes Terrain zu besuchen. Westlich von Stovepipe Wells beginnt beispielsweise die malerische **Emigrant Canyon Road**, die nach 21 Meilen (34 km) Bergfahrt an den historischen bienenkorbförmigen **Charcoal Kilns** endet. Ganz in der Nähe kann man den berauschenden Weg zum Gipfel des **Wildrose Peak** (2763 m) mit Panoramablick marschieren (hin & zurück 13,5 km). Die totalen entlegenen **Panamint Springs** am Westrand des Parks warten mit Joshua-Palmlilienwäldern, Aussicht auf erloschene Vulkane und einem winzigen Wasserfall auf – allerdings nur im Frühling.

Außer im Sommer bieten die **Pferdeställe** (☎ 760-786-3339; Ausritte 1/2 Std. 45/65 US$) der Furnace Creek Ranch täglich geführte Ausritte. Bleibt noch zu erwähnen, dass der **Golfplatz** (☎ 760-786-2301; Platzgebühr 25–55 US$; ☽ Mitte Okt.– Anfang Mai) des Resorts das tiefstgelegene Grün der Welt hat.

Schlafen & Essen

Im Frühling sind örtliche Unterkünfte oft ausgebucht und die Campingplätze vor allem am Wochenende schon vormittags voll belegt. Alle im Folgenden genannten Unterkünfte im Nationalpark werden von **Xanterra** (☎ Reservierungen 303-297-2757, 888-786-2387) verwaltet.

Stovepipe Wells Village (☎ 760-786-2387; www.stovepipewells.com; Hwy 190; Stellplatz für Wohnmobil 23 US$; Zi. 81–121 US$; ☷ ☏ ☲) Die frisch renovierten Motelzimmer am Straßenrand bieten das beste Preis-Leistungs-Verhältnis des Tals. Geräumig und ruhig verzichten sie auf TV und Telefon. Zudem gibt's einen coolen Minipool und ein wildwestmäßiges Restaurant (Hauptgerichte 5–25 US$) mit drei anständigen Mahlzeiten pro Tag.

WAS ZUM ...?

Die Geisterstadt **Rhyolite** (☎ 775-553-2967; www.rhyolitesite.com; Hwy 374; Eintritt frei; ☽ Sonnenaufgang–Sonnenuntergang) befindet sich 4 Meilen (6,4 km) westlich von Beatty in Nevada. Sie gehört zu den vielen Minenorten des amerikanischen Westens, die im Zuge des Goldrauschs einen turbulenten Aufstieg und Niedergang erlebten. Sehenswert sind z. B. das „Flaschenhaus" von 1906 oder die Überreste der dreistöckigen Bank. Das bizarre **Goldwell Open Air Museum** (☎ 702-870-9946; www.goldwellmuseum.org; Eintritt frei; ☽ 24 Std.) nebenan wurde 1984 von dem belgischen Künstler Albert Szukalski gegründet und zeigt abgefahrene Installationen.

Furnace Creek Ranch (☎ 760-786-2345; www.furnacecreekresort.com; Hütte 126–162 US$; Zi. 157–213 US$; ☷ ☏ ☲ ☖) Das weitläufige Resort ist wie gemacht für Familien. Es besitzt beengte Hütten und größere Motelzimmer, die trotz ihres Alters komfortabel sind. Hinzu kommen ein Kinderspielplatz, ein Quellwasserpool und Tennisplätze. Am besten auf das Frühstücks- und Mittagsbuffet im Steakhaus (Hauptgerichte abends 19–29 US$) verzichten: Das benachbarte Café (Hauptgerichte 6–19 US$) serviert ganztägig US-Klassiker.

Furnace Creek Inn (☎ 760-786-2345; www.furnacecreekresort.com; Zi. 320–435 US$; ☽ Mitte Okt.–Mitte Mai; ☷ ☲) Der Quellwasserpool des eleganten Hotels im spanischen Missionsstil versüßt das Relaxen mit weitem Talblick auf die Farbenpracht der Wüste. Das Restaurant (Hauptgerichte 12–38 US$) ist nicht ganz so gourmetmäßig wie gepriesen, serviert aber einen anständigen Sonntagsbrunch.

Das Kasino-Kaff Beatty (Nevada) nordöstlich des Parks hat die besten Motels. Südwärts in Richtung I-15 liegt Shoshone mit Tankstelle, Gemischtwarenladen und dem charmanten **Cafe Çest Si Bon** (☎ 760-852-4307; 118 Hwy 127; Gerichte 3–8 US$; ☽ Mi–So 8–16 Uhr; ☏ ☲). Dieses solarbetriebene „Multitalent" bietet Espresso, Crêpes und Gratis-WLAN. Im benachbarten Tecopa gibt's heiße Thermalpools, eine Datelplantage, Wohnmobilparks und das schrullig-schlichte **Ranch House Inn and Hostel** (☎ 760-852-4580; www.ranchhouseinn.com; 2001 Old Spanish Trail Hwy; B 22–25 US$; DZ 75–118 US$; Tipi 148 US$; nur Gemeinschaftsbäder).

KALIFORNIEN

WER NOCH EIN PAAR TAGE ZEIT HAT: CHANNEL ISLANDS NATIONAL PARK

Der wilde **Channel Islands National Park** (www.nps.gov/chis; Eintritt frei) mit einzigartiger Flora und Fauna trägt den Spitznamen „kalifornisches Galápagos" zu Recht. In diesem Inselschutzgebiet kann man hervorragend schnorcheln, tauchen, Tiere beobachten und per Kajak übers Meer fahren. Besonders schön ist hier der Frühling, während auf den teils knochentrockenen Sommer und Herbst ein manchmal stürmischer Winter folgt.

Das Eiland Anacapa eignet sich am besten für Tagesausflüge. Die Insel liegt dem Festland am nächsten und erlaubt leichte Kurzwanderungen bei toller Aussicht. Am größten ist Santa Cruz, wo ein Campingplatz, wilde Wanderwege und maritime Kajaktrips zum Übernachten einladen. Für andere Inseln weiter draußen müssen jeweils mehrere Tage eingeplant werden: San Miguel liegt oft im Nebel, während Seevögel und -elefanten in Kolonien auf Santa Barbara leben – es gibt sie auch auf Santa Rosa, wo man archäologische Stätten der Chumash findet.

Abseits des Hwy 101 starten Bootsausflüge am Ventura Harbor, dessen **NPS Visitor Center** (☎ 805-658-5730; 1901 Spinnaker Dr; ⏰ 8.30–17 Uhr) Infos und Karten hat. Größter Touranbieter ist **Island Packers** (☎ 805-642-1393; www.islandpackers.com; 1691 Spinnaker Dr; Tagesausflüge Erw./Kind ab 45/28 US$, Walbeobachtungen ab 30/21 US$). Die primitiven **Campingplätze** (☎ 877-444-6777; www.recreation.gov; Stellplatz 15 US$.) erfordern Reservierung sowie eigene Trinkwasser- und Lebensmittelvorräte.

CAMPING

Von den neun **Campingplätzen** (Stellplatz kostenlos–18 US$) des Parks nimmt nur Furnace Creek zwischen Mitte April und Mitte Oktober **Reservierungen** (☎ 877-444-6777; www.recreation.gov) an. Im Sommer gilt dort „wer zuerst kommt, mahlt zuerst" und ansonsten haben dann nur Mesquite Spring beim Scotty's Castle und die Campingplätze entlang der Emigrant Canyon Rd geöffnet. Der reine Zeltplatz Emigrant westlich von Stovepipe Wells steht ganzjährig zur Verfügung. Die anderen Optionen im Tal sind von Oktober bis April offen und zielen vor allem auf Wohnmobile ab – beispielsweise Stovepipe Wells am Straßenrand, Sunset und Texas mit mehr Schatten.

Wildes Campen ist nur abseits erschlossener bzw. belebter Gebiete und ohne offenes Feuer erlaubt. Dabei sind Mindestabstände zu befestigten Straßen (2 Meilen/3,2 km) und jeglichen Wasserquellen (100 Yard/91,5 m) einzuhalten. Kostenlose Genehmigungen gibt's beim Visitor Center.

Furnace Creek Ranch und Stovepipe Wells Village haben öffentliche Duschen (5 US$ inkl. Poolbenutzung).

CENTRAL COAST

Kein Kalifornientrip wäre komplett ohne das Erleben der surrealen Schönheit der Central Coast, die sich entlang einer der legendärsten US-Straßen erschließt: Der Hwy 1 passiert das vornehme Santa Barbara, das altmodische Pismo Beach, das studentische San Luis Obispo, das fantastische Hearst Castle, den faszinierenden Big Sur, die bodenständige Monterey Bay und den Hippietreff Santa Cruz. Achtung: Wie ihre Spitzenweine will diese idyllische Küstengegend ganz langsam genossen werden!

SANTA BARBARA

Im Küstenort Santa Barbara ist das Leben süß: Umgeben von perlweißen Endlosstränden duftet dieses Shangri-La nach Zitrusfrüchten und Jasmin, während an seinen weißgetünchten Gebäuden mit roten Ziegeldächern Bougainvilleen blühen. So lohnt sich hier stets ein gediegener Aufenthalt mit mediterraner Architektur, kalifornischer Küche und regionalen Weinen – einfach die hässlichen Ölfördertürme draußen im Meer ignorieren.

Santa Barbaras Lebensader ist die State St mit Bars, Cafés, Theatern und Boutiquen. Das ufernahe **Visitor Center** (☎ 805-965-3021; www.santabarbaraca.com; 1 Garden St; ⏰ Mo–Sa 9–17, So 10–17 Uhr) verteilt Karten und Broschüren für Touren auf eigene Faust. Unter http://santabarbara.com sowie www.santabarbaracarfree.org gibt's nützliche Online-Tipps zu umweltbewussten Besuchen und attraktiven Ermäßigungen.

Sehenswertes & Aktivitäten

Das **County Courthouse** (☎ 805-962-6464; 1100 Anacapa St; Eintritt frei; ⏰ Mo–Fr 8–17, Sa & So 10–16.30 Uhr) im Stil des orientalisierten Historismus ist ein surreal schöner Ort für Urteile und Eheschließungen. Nach dem Bewundern der handbemalten Decken und aufwändigen Wandbilder empfiehlt sich der Panoramablick vom himmelhohen Uhrenturm, der an Hitchcocks *Vertigo* erinnert.

Als „kalifornische Missionskönigin" überstand die **Mission Santa Barbara** (☎ 805-682-4713; www.sbmission.org; 2201 Laguna St; Erw./Kind 5/1 US$; 9–16.30 Uhr) von 1786 als einzige ihrer Art die Säkularisierung unter mexikanischer Herrschaft. Hinter der Kirche mit Chumash-Kunst und Gewölbedecke liegt ein düsterer Friedhof.

Der **Santa Barbara Botanic Garden** (☎ 805-682-4726; www.sbbg.org; 1212 Mission Canyon Rd; Erw./Kind 8/4 US$; März–Okt. 9–18 Uhr, Nov.–Feb. bis 17 Uhr;) oberhalb der Mission widmet sich einheimischen Pflanzenarten. Leicht schräger ist **Lotusland** (☎ 805-969-9990; www.lotusland.org; Erw./Kind 35/10 US$; Führungen Mitte Feb.–Mitte Nov. Mi–Sa 10 & 13.30 Uhr), das gärtnerische Erbe der exzentrischen Madame Ganna Walska. Bei zweistündigen Führungen gibt's dort botanische Seltenheiten zu sehen – rechtzeitig buchen!

Das exzellente **Santa Barbara Museum of Art** (☎ 805-963-4364; www.sbma.net; 1130 State St; Erw./Kind 9/6 US$, So Eintritt frei; Di–So 11–17 Uhr) im Zentrum zeigt Zeitgenössisches aus Kalifornien, asiatische Kunst, moderne Meister (z. B. Matisse, Chagall) und anspruchsvolle Sonderausstellungen.

Von allen Holzpiers des amerikanischen Westens ist die **Stearns Wharf** von 1872 am längsten nonstop in Betrieb. Heute säumen Restaurants und Läden ihren Rand. Ein geteerter Mehrzweck-Freizeitpfad verläuft über viele Kilometer entlang der Superstrände. **Wheel Fun** (☎ 805-966-2282; 23 E Cabrillo Blvd; 8–20 Uhr) verleiht Fahrräder ab 8 US$ pro Stunde.

Weiter östlich am Hafen ehrt das **Santa Barbara Maritime Museum** (☎ 805-962-8404; www.sbmm.org; 113 Harbor Way; Erw./Kind 7/4 US$, am 3. Do des Monats Eintritt frei; Do–Di 10–17 Uhr, Sommer bis 18 Uhr;) die städtische Seefahrtsgeschichte mit Erinnerungsstücken, einem Kino, interaktiven Ausstellungselementen und Virtual Reality. Bei **Paddle Sports** (☎ 805-899-4925; www.kayaksb.com; 117b Harbor Way; wechselnde Öffnungszeiten) nebenan gibt's Leihkajaks (Einsitzer 2/4 Std. 20/30 US$) und Kurse im Standup-Paddelsurfen (65 US$/2 Std.).

Santa Barbara Adventure Co (☎ 805-452-0671; www.sbadventureco.com) veranstaltet nomale Surfkurse (ab 99 US$) und geführte Kajaktouren (ab 85 US$). **Condor Express** (☎ 805-882-0088; www.condorcruises.com; 301 W Cabrillo Blvd; Erw./Kind ab 48/28 US$) bietet ganzjährig kommentierte Walbeobachtungen an.

Zu den großartigen **staatlichen Palmenstränden** (10 US$/Auto) am Hwy 101 außerhalb der Stadt gehören z. B. der Carpinteria State Beach im Süden (10 Meilen/16 km) oder El Capitan und Refugio im Norden (ca. 20 Meilen/32 km).

Schlafen
Achtung, potentieller Preisschock: Selbst einfache Zimmer kosten im Sommer teilweise mehr als 200 US$. Ein paar Kilometer nördlich vom Zentrum kann man gelegentlich recht günstig in den Motels an der oberen State St nächtigen. Bei den entwickelten Campingplätzen der staatlichen Strände am Hwy 101 sind **Reservierungen** (☎ 800-444-7275; www.reserveamerica.com; Stellplatz 35–65 US$) ratsam.

Marina Beach Motel (☎ 805-963-9311, 877-627-4621; www.marinabeachmotel.com; 21 Bath St; Zi. inkl. Frühstück 119–284 US$;) Direkt am Ozean bietet der einstöckige Moteloldtimer ein renoviertes Inneres, behagliche Zimmer (z. T. mit Kochnischen) und kostenlose Leihfahrräder.

Presidio Motel (☎ 805-963-1355; www.thepresidiomotel.com; 1620 State St; Zi. inkl. Frühstück 120–150 US$;) Dieses erschwingliche Juwel wirkt wie das H&M der Motelbranche. Seine stilvolle Persönlichkeit verdankt es kunterbunter Kunst, traumhaften Betten und den hippen, hilfsbereiten Eigentümern. Gelegentlicher Straßenlärm, aber Gratis-Leihfahrräder für Gäste.

Brisas del Mar (☎ 805-966-2219, 800-468-1988; www.sbhotels.com; 223 Castillo St; Zi. inkl. Frühstück 145–235 US$;) Für den wenig reizvollen Motelflügel entschädigen tolle Gratis-Extras (DVDs, Wein & Käse, Milch & Kekse) und der neue vordere Bereich im mediterranen Stil. Die anständigen Schwesterhotels sind vergleichsweise günstiger.

El Capitan Canyon (☎ 805-685-3887, 866-352-2729; www.elcapitancanyon.com; 11560 Calle Real, abseits Hwy 101; Safarizelt 155 US$, Hütte 225–350 US$;) Diese autofreie Zone nahe dem El Capitán State Beach nördlich der Stadt steht für Luxuscamping. Die Zedernholzhütten am Bach sind über den Hwy 101 in 30 Autominuten erreichbar. Ihre Ausstattung umfasst himmlische Matratzen, Kochecken, Feuerstellen im Freien und mit etwas Glück auch supertiefe Komfortbadewannen.

Essen
Vorräte fürs Strandpicknick gibt's bei **C'est Cheese** (☎ 805-965-0318; 825 Santa Barbara St; Mo–Fr

10–18, Sa 8–18 Uhr) und **Our Daily Bread** (☎ 805-966-3894; 831 Santa Barbara St; ☉ Mo–Fr 6–17.30, Sa 7–16 Uhr).

LP Tipp Santa Barbara Shellfish Company (☎ 805-966-6676; 230 Stearns Wharf; Gerichte 5–16 US$; ☉ 11–21 Uhr) Der Schalentierschuppen am Pierende ist eher ein Thekenimbiss mit Ozeanblick und hat seit 25 Jahren dieselben Eigentümer. Nach dem Motto „Meer–Topf–Teller" serviert er z. B. tolle Hummercremesuppe.

Brophy Brothers (☎ 805-966-4418; Hauptgerichte 9–20 US$; ☉ So–Do 11–22, Fr & Sa bis 23 Uhr) Die zunächst noch lebenden Meeresfrüchte des raubeinigen Hafenlokals sind so frisch, dass sie quasi direkt aus dem Pazifik auf den Teller hüpfen. Oben auf der geselligen Terrasse gibt's Drinks zum Sonnenuntergang.

Tupelo Junction (☎ 805-899-3100; 1218 State St; Hauptgerichte 12–18 US$; ☉ 8–14 Uhr) Hausmannskost nach Südstaatenart ist die Spezialität dieses geschäftigen Cafés in einer Ladenfront im Zentrum. Auf der Karte stehen modernisierte Klassiker wie Apfel-Zimt-Beignets, Armer Ritter mit Vanillesauce oder Käsemakkaroni mit Gouda.

Square One (☎ 805-965-4565; 14 E Cota St; Hauptgerichte 14–25 US$; ☉ Di–So 17.30–22 Uhr) Postmoderne Kalifornien-Küche erreicht hier die Stratosphäre des Einfallsreichtums. So werden selbst verwöhnte Gaumen z. B. mit Grapefruitgelee und Avocado-Mousse auf Meeresfrüchten gekitzelt. Hinzu kommen kunstvoll angerichtete Desserts und eine anmutige Weinbar.

Ausgehen & Unterhaltung

Die untere State St ist das Herz des hiesigen Nachtlebens. Das kostenlose Alternativ-Wochenblatt *Santa Barbara Independent* (www.independent.com) enthält aktuelle Event- und Adressverzeichnisse.

Soho (☎ 805-962-7776; www.sohosb.com; 1221 State St; Grundpreis 12–30 US$) Der schlichte Backsteinclub liegt oberhalb bzw. hinter einer McDonald's-Filiale. Allabendliches Liveprogramm von Indie-Rock, Funk und Folk bis hin zu Jazz und Blues.

Santa Barbara Brewing Co (☎ 805-730-1040; 501 State St) Unter den Hausbieren vom Fass ist z. B. ein tolles Rincon Red Ale aus Oregon-Hopfen. Hinten stehen Pooltische in einer schäbigen Lounge.

Anreise & Unterwegs vor Ort

Über San Luis Obispo (27 US$, 2 Std.) fährt **Greyhound** (☎ 805-965-7551; 34 W Carrillo St) mehrmals täglich nach L. A. (18 US$, 3 Std.) und

San Francisco (60 US$, 9 Std.). Direktzüge der **Amtrak** (209 State St) gehen nach L. A. (25 US$, 3 Std.) und San Luis Obispo (30 US$, 3 Std.).

Metropolitan Transit District (☎ 805-963-3366; www.sbmtd.gov; 1020 Chapla St; Einzelfahrt 1,75 US$) betreibt ein flächendeckendes Stadtbusnetz und den **Downtown-Waterfront-Shuttlebus** (0,25 US$; ☉ tgl. 9–18 Uhr, Juni–Aug. Fr & Sa bis 22 Uhr). Letzterer brummt entweder über die State St zur Stearns Wharf oder folgt dem Cabrillo Blvd am Strand.

VON SANTA BARBARA NACH SAN LUIS OBISPO

Entlang des Hwy 101 kann man in nur zwei Stunden hinauf nach San Luis Obispo flitzen – oder aber unterwegs einen ganzen Tag mit Abstechern zu Weingütern, historischen Missionsstationen und versteckten Stränden verbringen.

Von Santa Barbara aus führt der Hwy 154 als malerische Nebenstrecke nordwärts zu den guten Tropfen im **Santa Barbara Wine Country** (www.sbcountywines.com). Für eintägige Touren zu Öko-Weingütern empfiehlt sich **Sustainable Vine** (☎ 805-698-3911; www.sustainablevine.com; Weinguttour 125 US$). Ansonsten mit den kostbaren Lesen des **Los Olivos Tasting Room** (☎ 805-688-7406; 2905 Grand Ave, Los Olivos; Verkostungsgebühr 7 US$; ☉ 11–17.30 Uhr) in einem Gemischtwarenladen aus dem 19. Jh. beginnen und dann dem **Foxen Canyon Wine Trail** (www.foxencanyonwinetrail.com) folgen, der nach Norden führt und die Weinberge diverser Kultwinzer passiert.

Das dänische Emigrantendorf **Solvang** (http://solvangusa.com) begeistert Kitschfans weiter südlich mit schmucken Windmühlen und Bäckereien wie aus dem Märchenbuch. Der **El Rancho Marketplace** (☎ 805-688-4300; 2886 Mission Dr (Hwy 246), Solvang; ☉ 6–22 Uhr) verkauft Espresso, Vorräte für Mittagspicknicks und Gegrilltes zum Mitnehmen. Weiter westlich steht der **Hitching Post II** (☎ 805-688-0676; 406 E Hwy 246, Buellton; Hauptgerichte 21–48 US$; Reservierung erforderlich; ☉ 17–21.30 Uhr) in der Nähe des Hwy 101. Dieses alteingesessene Steakhaus keltert seinen eigenen und übrigens sehr guten Pinot Noir.

Vom Hwy 101 führt der Hwy 246 über ca. 15 Meilen (24 km) westwärts zum **La Purísima Mission State Historic Park** (☎ 805-733-3713; www.lapurisimamission.org; 2295 Purisima Rd, Lompoc; 6 US$/Auto; ☉ 9–17 Uhr). Komplett restauriert steht dort eine der sinnträchtigsten kalifornischen Missionsstationen aus der spanischen Kolonialzeit – inklusive Blumengärten, Adobegebäuden und Pferchen mit lebendigem Nutzvieh.

Südlich von Lompoc windet sich die Jalama Rd über 14 Meilen (22,5 km) zum sehr entlegenen **Jalama Beach County Park** (☎ 805-736-3504; www.jalamabeach.com; 8 US$/Auto). Dessen extrem beliebter **Campingplatz** (Stellplatz Zelt/Wohnmobil 20/30 US$) nimmt keine Reservierungen an. ½ Meile (800 m) südlich des Hwy 1 warnt jedoch ggf. ein Schild mit „Campground Full" („Campingplatz belegt") vor dem vergeblichem Anmarsch.

Wer dem Hwy 1 weiter nordwärts folgt, stößt auf das raue **Guadalupe**, das Tor zu Nordamerikas größten Küstendünen. Die schlichten Ausstellungen im **Dunes Center** (☎ 805-343-2455; www.dunescenter.org; 1055 Guadalupe St; ☺ Mi–So 10–16 Uhr) informieren über die mysteriösen „Dunites" der 1930er-Jahre und die „Lost City of DeMille" (www.lostcitydemille.com). Dahinter verbirgt sich die komplette Kulisse des Films *Die Zehn Gebote* (1923), die hier im Sand begraben liegt. 2007 wurden hier Szenen von *Fluch der Karibik: Am Ende der Welt* gedreht. Über den Hwy 166 erreicht man die Dünen am besten im Westen der Stadt. Die **Far Western Tavern** (☎ 805-343-2211; 899 Guadalupe St; Hauptgerichte abends 20–32 US$; ☺ Di–Do 11–21, Fr & Sa 11–22, So 9–21 Uhr) mit waschechtem Wildwest-Ambiente serviert saftige Steaks in Guadalupes Zentrum.

Pismo Beach an der Einmündung Hwy 1/101 hat einen netten langen Sandstrand und einen **Monarchfalterhain**, in dessen Eukalyptusbäumen die wandernden Falter von Ende Oktober bis Februar rasten. Der Hain liegt gleich südlich vom **Pismo State Beach Campground** (☎ Reservierungen 800-444-7275; www.reserveamerica.com; Hwy 1; Stellplatz 35 US$) mit Strandzugang und Warmwasserduschen. Die zahlreichen Motels des Ortes sind schnell ausgebucht und im Sommer extrem teuer. Fürs Frühstück gibt's die Bäckerei **Old West Cinnamon Rolls** (☎ 805-773-1428; 861 Dolliver St; Gerichte 3–5 US$; ☺ 6.30–17.30 Uhr). Das winzige **Splash Cafe** (☎ 805-773-4653; 197 Pomeroy Ave; Gerichte 3–10 US$; ☺ 8–21 Uhr; ♿) am Pier ist für lange Warteschlangen und sämige Muschelsuppe in Schüsseln aus Sauerteigbrot bekannt. Im **Cracked Crab** (☎ 805-773-2722; 751 Price St; Hauptgerichte 9–48 US$; ☺ So–Do 11–21, Fr & Sa bis 22 Uhr) knallen frische Meeresfrüchte eimerweise auf Tischdecken aus Butterbrotpapier – Plastiklatzalarm!

SAN LUIS OBISPO

Auf halber Strecke zwischen L. A. und San Francisco gibt sich San Luis Obispo (SLO)

NICHT VERPASSEN!

■ **Lotusland** (S. 255) – Führungen durch ein facettenreiches Gartenerbe

■ **Seeelefanten am Point Piedras Blancas** (S. 259) – Riesige Meeressäuger in Aktion

■ **Andrew Molera State Park** (S. 260) – Einsamkeit, Strandgutsammeln und Kalifornische Kondore

■ **Tor House** (S. 261) – Exzentrisches Dichterrefugium an der Küste

■ **Kuumbwa Jazz Center** (S. 265) – Meisterhafte Livekonzerte

KALIFORNIEN

gleichzeitig lebhaft und bescheiden. Universitätsstudenten sorgen für angenehmen Betrieb in seinen Straßen, Kneipen und Cafés. Dies gilt vor allem während des **Farmers Market** (☺ 18–21 Uhr) im Zentrum, der an der Higuera St am Donnerstagabend in eine fröhliche Partyzone mit Livemusik und Grillen auf dem Bürgersteig verwandelt. Das örtliche **Visitor Center** (☎ 805-781-2777; www.visitslo.com; 1039 Chorro St; ☺ So–Mi 10–17, Do–Sa 10–19 Uhr) steht abseits der Higuera St. Wie viele andere kalifornische Städte geht SLO auf den umherreisenden Junípero Serra zurück, der hier 1772 eine **Missionsstation** (☎ 805-543-6850; www.missionsanluis obispo.org; 751 Palm St; Eintritt 2 US$; ☺ 9–16 Uhr) gründete. Nahe SLO florieren heute die **Weingüter des Edna Valley** (www.slowine.com), die für Chardonnay und Shiraz bekannt sind.

Schlafen & Essen

SLOs „Motel Row" verläuft nördlich vom Zentrum entlang der Monterey St, während günstigere Kettenoptionen den Hwy 101 säumen. An der Higuera St im Zentrum findet man Cafés, Restaurants, Brauereikneipen und Probierstuben für Weinfans.

HI Hostel Obispo (☎ 805-544-4678; www.hostelobis po.com; 1617 Santa Rosa St; B 24–27 US$, Zi. ab 45 US$; ☺ Einchecken 8–10 & 16.30–22 Uhr; 🖥 📶) Das Öko-Hostel nutzt Solarstrom in einem umgebauten viktorianischen Gebäude. Einen Block vom Bahnhof entfernt gibt's hier Annehmlichkeiten wie Leihfahrräder (10 US$/Tag) und eine Küche. Keine Kreditkarten.

Peach Tree Inn (☎ 805-543-3170, 800-227-6396; www. peachtreeinn.com; 2001 Monterey St; Zi. inkl. Frühstück 79–200 US$; 🐾 🖥 📶) Die volkstümlichen Motel-

KALIFORNIEN

WAS ZUM …?

Vom Hwy 101 fällt der Blick auf das ausgeflippt kitschige **Madonna Inn** (☎ 805-543-3000, 800-543-9666; www.madonnainn.com; 100 Madonna Rd; Zi. 179–449 US$; 🏊 🍴). Japanische Touristen, US-Urlauber aus dem Mittleren Westen und trashliebende Trendsetter stehen auf diese grelle Hotelpraline mit 110 Themenzimmern. Zu diesen gehören z. B. Yosemite Rock, Caveman oder Floral Fantasy in knalligem Pink (man sehe sich die Fotos auf der Homepage an!). Das Urinal der Herrentoilette ist ein bizarrer Wasserfall. Bestes Argument für einen Besuch? Die altmodischen Kekse aus der Bilderbuchbäckerei.

zimmer versprechen Erholung – vor allem die am Bachufer oder die mit Schaukelstühlen, die einen Blick auf Rosen und Rasen bieten. Herzhaftes Frühstück mit selbstgebackenem Brot.

Big Sky Café (☎ 805-545-5401; www.bigskycafe.com; 1121 Broad St; Hauptgerichte 8–20 US$; 🕐 Mo 7–21, Di–Fr 7–22, Sa 8–22, So 8–21 Uhr) Unter dem Motto „Analoges Essen für die digitale Welt" serviert das ökobewusste Café ein einfallsreiches Superfrühstück aus frischen Zutaten vom Markt. Die großen Tellergerichte am Abend können aber ein wenig fad sein.

Novo (☎ 805-543-3986; 726 Higuera St; kleine Gerichte 6–22 US$; Hauptgerichte abends 16–32 US$; 🕐 Mo–Do 11–22, Fr & Sa 11–24, So 10–22 Uhr) Bei seinen gewagten Tapas mit mediterranen, brasilianischen oder asiatischen Einflüssen legt das Novo viel Wert auf Frische und Präsentation. Zudem können hier Dutzende internationale Biere, Weine oder Sakes auf Terrassen mit Blick auf den Bach genossen werden.

Anreise & Unterwegs vor Ort

Zum **Amtrak-Bahnhof** (1011 Railroad Ave) östlich vom Zentrum sind's ca. 800 m zu Fuß. Außer dem *Coast Starlight* (Seattle–L.A.; 1-mal tgl.) hält dort zweimal täglich der *Pacific Surfliner* in Richtung Santa Barbara (30 US$, 2¾ Std.), L. A. (37 US$, 5¾ Std.) und San Diego (55 US$, 8¾ Std.). **Greyhound** (1023 Railroad Ave) schickt täglich Busse nach Santa Barbara (27 US$, 2¼ Std.), L. A. (38 US$, 5¼ Std.) und San Francisco (48 US$, 7 Std.).

Busse der örtlichen **Regional Transit Authority** (RTA; ☎ 805-541-2228; www.slorta.org; Einzelticket 1,25–2,75 US$, Tagespass 4,50 US$) starten zwar täglich am

Verkehrszentrum (Transfer Center; Ecke Palm St & Osos St) im Zentrum, fahren übers Wochenende aber seltener.

VON MORRO BAY ZUM HEARST CASTLE

Etwa 15 Meilen (24 km) nördlich von SLO kommt **Morro Bay** am Hwy 1 in Sicht. Der Ort ist Heimathafen einer kommerziellen Fischereiflotte und vor allem für den **Morro Rock** bekannt. Aus dem Meer ragend gibt dieser Vulkangipfel einen ersten Vorgeschmack auf die folgende dramatische Landschaft. Leider schmälern hier Kraftwerksschlote die Aussicht. Am Embarcadero findet man Ausflugsboote, Leihkajaks und **Giovanni's Fish Market & Galley** (☎ 805-772-2123; 1001 Front St; Hauptgerichte 6–10 US$; 🕐 9–18 Uhr; 🚶), eine klassisch-kalifornische Meeresfrüchtebude mit Fish & Chips und killermäßigen Knoblauchfritten. Mittelklasse Motels ballen sich etwas weiter oben zwischen Harbor St und Main St.

Die nahgelegenen State Parks sind super zum Küstenwandern und **Campen** (☎ Reservierungen 800-444-7275; www.reserveamerica.com). Südlich der Stadt liegt der **Morro Bay State Park** (☎ 805-772-2694; Stellplatz Zelt/Wohnmobil 35/50 US$) mit naturgeschichtlichem Museum, Reiherkolonie und dem zweistöckigen **Inn at Morro Bay** (☎ 805-772-5651, 800-321-9566; www.innatmorrobay.com; 60 State Park Rd; DZ 109–279 US$; 🍴). In den meisten Zimmern der ruhigen Lodge am Ufer vertreiben Federbetten und Gaskamine die Kühle des Küstennebels. Der wildere **Montaña de Oro State Park** (☎ 805-772-7434; Stellplatz 5–25 US$) erstreckt sich weiter südlich bei Los Osos. Westlich des Hwy 1 warten dort Küstenklippen, Gezeitenbecken, Sanddünen, Mountainbike-Wege, Klettermöglichkeiten und primitive Campingplätze. Der spanische Parkname („Goldberg") rührt vom heimischen Mohn her, der die hiesigen Hänge im Frühling bedeckt.

Weiter nördlich passiert der Hwy 1 nun zwei Surferfavoriten: Der kalifornisch-mexikanische **Taco Temple** (☎ 805-772-4965; 2680 Main St, Morro Bay; Hauptgerichte 6–12 US$; 🕐 So 11–20.30, Mo & Mi–Sa 11–21 Uhr) akzeptiert nur Bares, während **Ruddell's Smokehouse** (☎ 805-995-5028; 101 D St, Cayucos; Hauptgerichte 4–10 US$; 🕐 11–18 Uhr) seine Räucherfischtacos am Küstenpier der Kleinstadt Cayucos serviert. An deren Ocean Ave stehen betagte Strandmotels wie das familiengeführte **Seaside Motel** (☎ 805-995-3809, 800-549-0900; www.seasidemotel.com; 42 S Ocean Ave, Cayucos; Zi. 75–140 US$; W) mit Kochnischen.

20 Meilen (32 km) nördlich von Morro Bay säumen luxuriöse Unterkünfte den ungemein schönen Moonstone Beach Dr im malerischen Dorf **Cambria**. Zu ihnen gehört der charmante **Fogcatcher Inn** (☎ 805-927-1400, 800-425-4121; www. fogcatcherinn.com; 6400 Moonstone Beach Dr; DZ inkl. Frühstück 145–399 US$; ✖ 🗟 🗟 🗟) im Tudor-Stil, der moderne Zimmer mit romantischen offenen Kaminen hat. Weiter landeinwärts steht der **HI Cambria Bridge Street Inn** (☎ 805-927-7653; www.bridgestreetinncambria.com; 4314 Bridge St; B 22–25 US$, Zi. 40–75, nur Gemeinschaftsbäder; 🕑 Rezeption 17–21 Uhr; ✖ 🗟) mit Hostelbetten im Ambiente eines großmütterlichen B & Bs. Das künstlerisch geprägte Bistro **Indigo Moon** (☎ 805-927-2911; 1980 Main St; Hauptgerichte mittags 5–10 US$; 🕑 tgl. 10–16, Mi–So auch 17–21 Uhr) mit luftigen Tischen verkauft Käse, Wein, frische Marktsalate und leckere Sandwiches. **Linn's Easy as Pie Cafe** (☎ 805-924-3050; 4251 Bridge St; Gerichte 4–10 US$; 🕑 11–19 Uhr; 🗟) mit sonniger Terrasse und Takeaway-Fenster ist für Pie und Konserven aus Olallieberrys (eine Beerenkreuzung) bekannt.

10 Meilen (16 km) nördlich von Cambria steht das **Hearst Castle** (☎ 805-927-2020, 800-444-4445; www.hearstcastle.org; Führungen Erw./Kind ab 24/12 US$; 🕑 8.20–15.20 Uhr, Sommer verlängerte Öffnungszeiten) als Kaliforniens berühmtestes Denkmal für Reichtum und Ehrgeiz auf einem Hügel. Auf seinem fantastischen Anwesen unterhielt der Zeitungsmagnat William Randolph Hearst einst Hollywoodstars und Adlige in einer Umgebung aus vielen europäischen Antiquitäten, schimmernden Pools und blühenden Gärten. Das Visitor Center ist Ausgangspunkt von Führungen, die inklusive Hin- und Rückfahrt per Bus ca. 105 Minuten dauern. Reservierung empfiehlt sich vor allem während der Weihnachtsferien und für die Abendtouren mit stilecht kostümierten Führern. Der **San Simeon State Park** (☎ Reservierungen 800-444-7275; www.reserveamerica.com; Stellplatz 20–35 US$) 5 Meilen (8 km) weiter südlich bietet Campingplätze an einem Bach.

Am Strand von Point Piedras Blancas lebt ganzjährig eine riesige **Kolonie von Seeelefanten**, die sich dort fortpflanzen, häuten, ausruhen, vergnügen und gelegentlich bekriegen. Der Hauptbeobachtungspunkt mit Erklärungstafeln liegt 4,8 Meilen (7,7 km) nördlich des Hearst Castle. Unbedingt ausreichend Abstand zu diesen wilden Tieren wahren, die auf dem Sand schneller als jeder andere Besucher sind! Der Valentinstag ist Höhepunkt

der besonders spannenden Brunft- und Wurfzeit (Jan.–März). Geführte Touren zur nahegelegenen und äußerst malerischen **Piedras Blancas Lightstation** (☎ 805-927-7361; www.piedras blancas.org; Erw./Kind 10/5 US$; 🕑 Di, Do & Sa 9.45 Uhr) von 1875 beginnen 1,5 Meilen (2,4 km) nördlich des Leuchtturms an einem alten Motel abseits des Hwy 1.

BIG SUR
In Form eines Schuhlöffels verlaufen diese 100 Meilen (ca. 161 km) entlang der zerklüfteten Küste südlich der Monterey Bay. Ihre natürliche Schönheit und Energie wurden bereits von vielen Literaten beschrieben. Ohne Ampeln, Banken oder Einkaufszentren ist der Big Sur eher ein Bewusstseinszustand denn geografisches Terrain. Falls sich der Sommernebel nicht verdeckt, fungieren Mond und Sterne bei Nacht als einzige örtliche Lichtquellen. Zimmer, Essen und Benzin sind hier rar, teuer sowie ganzjährig heiß begehrt – daher unbedingt rechtzeitig buchen bzw. planen. Unterwegs gibt's überall die Gratis-Zeitung *Big Sur Guide* (www.bigsurcalifornia. org) mit vielen Infos. Die Parkgebühr von 10 US$ pro Auto gilt am selben Tag gleichzeitig für alle regionalen State Parks.

Etwa 25 Meilen (40 km) vom Hearst Castle entfernt liegt das winzige Nest Gorda mit dem **Treebones Resort** (☎ 877-424-4787; www.tree bonesresort.com; 71895 Hwy 1; DZ mit Gemeinschaftsbad inkl. Frühstück 155–290 US$; 🗟 🗟). Dessen naturnahe Jurten an der Steilküste haben teilweise Terrassen mit Meerblick, bieten aber nicht allzu viel Privatsphäre.

Das **Esalen Institute** (☎ 831-667-3047; www.esalen. org; 55000 Hwy 1) verbreitet seine New-Age-Stimmung ca. 10 Meilen (16 km) nördlich von Lucia. Es ist für esoterische Workshops und heiße Thermalwasserpools mit Meerblick bekannt. Letztere laden jedermann von 1 bis 3 Uhr (!) zum hüllenlosen Baden ein (20 US$/Pers., Kreditkarte und Reservierung erforderlich). Ziemlich surreal das Ganze.

Drei Meilen (4,8 km) weiter nördlich erstreckt sich der **Julia Pfeiffer Burns State Park** (10 US$/Auto) mit Kaliforniens einzigem Küstenwasserfall: Die 24,4 m hohen McWay Falls sind über einen einfachen Wanderweg (ca. 400 m) erreichbar. Zudem kleben zwei reservierungsfreie **Campingplätze** (☎ 800-444-7275; www.reserveamerica.com; Stellplatz für Zelt 30 US$) auf einer örtlichen Klippe. Weitere 2 Meilen (3,2 km) Richtung Norden beginnt ein unbe-

KALIFORNIEN

festigter Steilpfad an einer Haarnadelkurve des Hwy 1. Er führt hinunter zur atemberaubend wilden **Partington Cove**, wo Salzwasser die Haut benetzt – zwar ungemein malerisch, aber für Schwimmer lebensgefährlich.

Nach weiteren 7 Meilen (11,3 km) kommt das schrullige **Deetjen's Big Sur Inn** (☎ 831-667-2377; www.deetjens.com; 48865 Hwy 1; DZ mit eigenem Bad 130–200 US$, DZ mit Gemeinschaftsbad 80–185 US$) zwischen Küstenmammutbäumen und Glyzinien in Sicht. Seine rustikalen Zimmer und Hütten werden durch ein altmodisches **Restaurant** (Hauptgerichte abends 12–32 US$; ⊗ 8–11.30 & 18–21 Uhr) mit ländlicher Hausmannskost ergänzt.

Gleich nördlich davon fungiert die unkonventionelle **Henry Miller Memorial Library** (☎ 831-667-2574; www.henrymiller.org; Hwy 1; ⊗ Mi–Mo 11–18 Uhr; ▯ ☞) als künstlerisches Herz der Big-Sur-Bohème. Ihr Angebot umfasst einen proppevollen Buchladen, Livekonzerte, Open-Mic-Abende und Filmreihen im Freien. Fast genau gegenüber kann das Essen im **Nepenthe** (☎ 831-667-2345; 48510 Hwy 1; Hauptgerichte 14–37 US$; ⊗ 11.30–22 Uhr) mit den spektakulären Meerblick nicht konkurrieren. Die „Insel der Heiterkeit" (so die Übersetzung von Nepenthe) am Rand der Steilküste ist für ihren Ambrosia-Burger bekannt.

Weiter nördlich informiert die **USFS Big Sur Ranger Station** (☎ 831-667-2315; ⊗ 8–16.30 Uhr) über örtliche Wander- und Campingoptionen. Zudem verteilt sie Parkscheine (4 US$) und kostenlose Lagerfeuergenehmigungen für die **Ventana Wilderness**, in der Rucksackwanderer gern zu den Sykes Hot Springs trekken (16 km).

Gegenüber zweigt die nur undeutlich beschilderte Sycamore Canyon Rd vom Highway ab. Schmal und kurvig führt dieser Abstecher über 2 Meilen (3,2 km) hinunter zum halbmondförmigen **Pfeiffer Beach** (5 US$/Fahrzeug; ⊗ 6 Uhr–Sonnenuntergang), vor dem ein mächtiger Felsbogen aus dem Meer ragt. Dort heißt es im violetten Sand versinken, aber keinesfalls schwimmen – die starken Strömungen sind lebensgefährlich!

Nun folgt der **Pfeiffer Big Sur State Park** mit sonnigen Wanderrouten in Redwoodwäldern. Hier verläuft z. B. der eher gemütliche Pfad zu den Pfeiffer Falls (hin & zurück 2,3 km), die normalerweise von Oktober bis März darniederschießen. Parkbesucher können **Campingplätze** (☎ 800-444-7275; www.reserveamerica.com; Stellplatz 35–50 US$) reservieren oder in der weitläufigen **Big Sur Lodge** (☎ 831-667-3100, 800-424-4787; www.bigsurlodge.com; 47225 Hwy 1; Zi. 209–369 US$;

☒) aus den 1930er-Jahren übernachten. Letztere hat renovierte Reihenbungalows, ein einfaches **Restaurant** (Hauptgerichte 8–25 US$; ⊗ 7.30–21 Uhr) und einen gut sortierten Gemischtwarenladen.

Mit Läden, Tankstellen, Motels, Restaurants, einer Post und privaten Campingplätzen bilden die nächsten 6 Meilen (9,7 km) das kommerzielle Zentrum des Big Sur. Das schicke, umweltbewusste **Glen Oaks Motel** (☎ 831-667-2105; www.glenoaksbigsur.com; Hwy 1; DZ 195–300 US$; ☞) aus Redwoodholz und Adobeziegeln ist eine umgebaute 1950er-Jahre-Motorlodge, die gemütliche Zimmer und Hütten mit Gaskaminen vermietet. Der Big Sur River Inn beherbergt einen **Gemischtwarenladen** (☎ 831-667-2700; 46840 Hwy 1; ⊗ 11–19 Uhr) mit typisch kalifornischer **Burrito-Bar** (Hauptgerichte 5–8 US$). Das benachbarte **Maiden Publick House** (☎ 831-667-2355) punktet mit ellenlanger Bierkarte, anständigem Kneipenessen und Livemusik in Jamsession-Form.

Auf dem Weg nach Norden übersehen viele Touristen den **Andrew Molera State Park** (10 US$/Fahrzeug), der von Einheimischen für seine Wanderwege, Wasserfälle, Wiesen, Küstenklippen, schroffen Strände und zu beobachtenden Tiere (z. B. Kalifornische Kondore) geliebt wird. Vom Parkplatz führt ein ca. 800 m langer Weg zum reservierungsfreien **Campingplatz** (Stellplatz für Zelt 25 US$).

Etwa 6 Meilen (9,7 km) vor der berühmten Bixby Bridge stehen Führungen am verschlossenen Tor der **Point Sur Lightstation** (☎ 831-625-4419; www.pointsur.org; Führungen Erw./Kind ab 10/5 US$; ⊗ wechselnde Öffnungszeiten) von 1889. Wegen begrenzter Teilnehmerzahl und fehlender Reservierungsmöglichkeit sollten Leuchtturmfans hier möglichst früh erscheinen.

CARMEL

Als früherer Künstlertreffpunkt an der Küste verbreitet das ungemein malerische Carmel-by-the-Sea heute die mondäne Atmosphäre eines Countryclubs. Entlang der Ocean Ave befinden sich die meisten Cafés. Dort kann man eine vorbeiziehende Parade beobachten: Huttragende Damen mit Beute aus schicken Boutiquen, adrette Herren in offenen Cabrios und gestresste Kindermädchen, die Wagen mit ihren verwöhnten Schützlingen schieben.

Umgeben von Blumengärten liegt die **San Carlos Borroméo de Carmelo Mission** (☎ 831-624-1271; www.carmelmission.org; 3080 Rio Rd; Erw./Kind unter 17 Jahren/Senior 6,50/2/4 US$; ⊗ Mo–Sa 9.30–17, So 10.30–17 Uhr) als Oase der Ruhe und Feierlichkeit ca. 1 Meile (1,6 km) südlich vom Zentrum. In ihrer Steinbasilika ist Originalkunst zu sehen, während eine separate Kapelle das Grabdenkmal des Missionsgründers Junípero Serra beherbergt.

Brüllende, bellende und badende Seelöwen sind die drolligen Stars der **Point Lobos State Reserve** (☎ 831-624-4909; http://pt-lobos.parks.states. ca.us; 10 US$/Auto; ☼ 8 Uhr–30 Min. nach Sonnenuntergang) rund 4 Meilen (6,4 km) südlich von Carmel. Entlang der spektakulär schroffen Küstenlinie lassen sich sehr gut Gezeitenpools erkunden. Neben der kompletten Rundwanderung (9,7 km) führen auch kürzere Trips über Bird Island und Whalers Cove. Wegen der begrenzten Parkmöglichkeiten heißt es am Wochenende entsprechend früh da sein.

Das **Tor House** (☎ 831-624-1813; www.torhouse.org; 26304 Ocean View Ave; Führungen 7 US$; ☼ Fr & Sa 10–15 Uhr) wurde von Robinson Jeffers eigenhändig erbaut. Selbst wer diesen Dichter des 20. Jhs. nicht kennt, bekommt hier einen faszinierenden Einblick in die Künstlerszene des alten Carmel. Ein Bullauge im keltisch angehauchten Hawk Tower soll von dem zerstörten Schiff stammen, das Napoleon Bonaparte von Elba wegbrachte. Das Mindestalter bei den Führungen (Reservierung erforderlich) beträgt zwölf Jahre.

Bruno's Market & Deli (☎ 831-624-3821; Ecke 6th & Junípero Ave; Sandwiches 5–8 US$; ☼ 7–20 Uhr) im Zentrum verkauft tolle Rindfleischsandwiches (Tri-Trip) und alles Nötige zum Picknicken. Das jazzige Bistro **Rio Grill** (☎ 831-625-5436; 101 Crossroads Blvd abseits Hwy 1, Ausfahrt Rio Rd; Hauptgerichte 9–26 US$; ☼ So–Do 11.30–21, Fr & Sa bis 22 Uhr) südöstlich der Mission verwandelt regionale Zutaten in gewieft gewürzte Southwestern-Gerichte.

MONTEREY

In Monterey dreht sich alles ums Meer. Heute lockt die Arbeiterstadt ihre Besucher mit einem großartigen Aquarium, das die Unterwasserwelt der Bucht angemessen ehrt. Die Monterey Bay ist seit 1992 ein staatliches Meeresschutzgebiet und schreit geradezu nach Erkundung auf einem Kajak-, Boots-, Tauch- oder Schnorcheltrip. Der historische Zentrumsbezirk bewahrt Kaliforniens Wurzeln mit restaurierten Gebäuden aus spanisch-mexikanischen Tagen. Zeitverschwendende Touristenfallen sind dagegen Fisherman's Wharf und Cannery Row. Letztere verewigte John Steinbeck einst in Romanform – zu einer Zeit, als das Viertel noch hektisches und

stinkendes Zentrum der Sardinenkonservenindustrie war, die Monterrey bis in die 1950er-Jahre ernährte.

Das **Visitor Center** (☎ 831-657-6400, 877-668-3739; www.montereyinfo.org; 401 Camino El Estero; ☼ März–Nov. Mo–Sa 9–18, So bis 17 Uhr, Dez.–Feb. Mo–Sa 9–17, So bis 16 Uhr) unterhält eine kleinere **Filiale** (5 Custom House Plaza; ☼ 9–17 Uhr) im Maritime Museum. Es verteilt die kostenlose Monterey County Film & Literary Map und hat Gratis-Telefone für die Unterkunftssuche.

Sehenswertes
MONTEREY BAY AQUARIUM
LP Tipp **Monterey Bay Aquarium** (☎ 831-648-4800, Tickets 866-963-9645; www.montereybayaquarium.org; 886 Cannery Row; Erw./Kind 30/18 US$; ☼ Juni–Aug. tgl. 9.30–18, Sa & So bis 20 Uhr, Sept.–Mai tgl. 10–18 Uhr; 🛜 ♿) Dieses umweltbewusste, lehrreiche Aquarium muss einen einfach begeistern und verlangt mindestens einen halben Besuchstag: Hier kann man Haien und Sardinen beim Versteckspiel zwischen schnellwachsendem Seetang zusehen, possierliche Otter beobachten, über Quallen meditieren oder auf Tuchfühlung mit Seegurken, Kalifornischen Adlerrochen und anderen Gezeitenpool-Tieren gehen. Bei den Pinguinen sind die Fütterungen stets am sehenswertesten. Wer dem stärksten Massenansturm entgehen möchte, kauft Tickets vorab, erscheint schon vor Öffnung und bleibt über die Mittagszeit.

MONTEREY STATE HISTORIC PARK
In Old Monterey stehen reizend restaurierte Backstein- und Lehmziegelbauten aus dem 19. Jh. Dazu gehören z. B. die prächtige Casa Soberanes, die frühere Urlaubspension des Romanciers Robert Louis Stevenson und das Cooper–Molera Adobe, das einst ein Kapitän zur See errichtete. Dies und mehr können Spaziergänger auf eigene Faust entlang des **Path of History** (3,2 km) besichtigen. Der Eintritt ist überall frei, während Öffnungs- und Führungszeiten variieren. Zum Zeitpunkt der Recherche waren alle historischen Parkgebäude wegen des Finanzdefizits des Bundesstaats vorübergehend geschlossen. Diesbezügliche Infos gibt's beim **Pacific House Museum** (☎ 831-649-7118; 20 Custom House Plaza), das Karten verteilt und Kaliforniens multikulturelle Geschichte eingehend mit historischen Ausstellungsstücken beleuchtet.

Das gegenüberliegende **Maritime Museum** (☎ 831-372-2608; 5 Custom House Plaza; Eintritt frei; ☼ Di–

KALIFORNIEN

So 10–17 Uhr) ehrt Monterreys maritime Vergangenheit, indem es beispielsweise den achterbahnartigen Aufstieg und Niedergang der örtlichen Sardinenindustrie für die Besucher aufbereitet. Zu den Highlights des Museums gehören eine Buddelschiffsammlung und die alten Fresnel-Linsen der Point Sur Lightstation.

Aktivitäten

Der 29 km lange **Monterey Peninsula Recreation Trail** ist bei Radlern und Spaziergängern beliebt. Quer durch Monterey säumt er die Küste bis zum Lovers Point in Pacific Grove. Der vielgerühmte **17-Mile Drive** verbindet Monterey und Pacific Grove mit Carmel-by-the-Sea. Karten und Leihfahrräder gibt's bei **Bay Bikes** (☎ 831-655-2453; www.baybikes.com; 585 Cannery Row; pro Std./Tag ab 8/32 US$).

Während des Sonnenuntergangs ist Kajakfahren besonders magisch. Das freundliche Team von **Monterey Bay Kayaks** (☎ 800-649-5357; www.montereybaykayaks.com; 693 Del Monte Ave; Leihkajak 30–35 US$/Tag) offeriert Leihboote, Kurse (ab 50 US$) und geführte Touren durch die Monterey Bay bzw. den benachbarten Elkhorn Slough (ab 50 US$).

Trotz des recht kalten Wassers sind die örtlichen Tauch- und Schnorchelmöglichkeiten sensationell. Die **Monterey Bay Dive Company** (☎ 831-656-0454; www.montereyscubadiving.com; 225 Cannery Row; Leihausrüstung Schnorcheln/Gerätetauchen pro Tag 39/80 US$) bietet geführte Tauchtrips per Boot (ab 60 US$) und komplette Leihausrüstungen inklusive Neoprenanzug an.

Walbeobachtungen starten ganzjährig an der Fisherman's Wharf. Dennoch lohnt sich eine Fahrt Richtung Norden nach Moss Landing (20 Min.): Dort veranstaltet **Sanctuary Cruises** (☎ 530-778-3344; www.sanctuarycruises.com; Erw./Kind unter 3 Jahren/Kind 3–12 Jahre 45/10/35 US$; Reservierung erforderlich) äußerst empfehlenswerte Wal- und Delphinbeobachtungen unter meeresbiologischer Leitung.

Festivals & Events

Castroville Artichoke Festival (Mitte Mai; ☎ 831-633-2465; www.artichoke-festival.org) „Agrarkunst", Kochvorführungen und Ackertouren.

Monterey County Fair (Mitte Aug.; ☎ 831-372-5863; www.montereycountyfair.com) Altmodischer Karneval mit Wein-Wettprobieren und Livemusik.

Monterey Jazz Festival (Mitte Sept.; ☎ 831-275-9255; www.montereyjazzfestival.org) Eines der ältesten US-Jazzfestivals.

Schlafen

Die folgenden Preise gelten für die Hauptsaison im Sommer. Weniger luxuriös bzw. teuer sind die Ketten- und Privatmotels südlich vom Zentrum (Munras Ave) oder östlich des Hwy 1 (N Fremont St).

Veterans Memorial Park Campground (☎ 831-646-3865; Stellplatz erreichbar ohne/mit Auto 5/25 US$) Der gepflegte Gemeindecampingplatz im Wald bietet neben 40 Rasenstellplätzen ohne Reservierungsmöglichkeit auch Warmwasserduschen, Trinkwasser und Feuerstellen.

HI Monterey Hostel (☎ 831-649-0375; www.montereyhostel.org; 778 Hawthorne St; B 25–28 US$, Zi. 59–91 US$, nur Gemeinschaftsbäder; ☺ Rezeption 8–22 Uhr; ☐) Das einfache, saubere Hostel vier Blocks von der Cannery Row ist die beste Option für Backpacker – unbedingt reservieren! Hierher fährt MST-Bus 1 von der Transit Plaza im Zentrum.

Asilomar Conference Grounds (☎ 831-372-8016, 866-654-2878; www.visitasilomar.com; 800 Asilomar Ave, Pacific Grove; Zi. inkl. Frühstück 115–185 US$; ☜ ☒ ☖) Die Gebäude der Statepark-Lodge am westlichen Stadtrand stammen von Julia Morgan, der Architektin des berühmten Hearst Castle (S. 259). Trotz wenig Platz und dünner Wände sind die historischen Zimmer sehr reizend. Zudem gibt's Leihfahrräder (10 US$/Tag) sowie einen Freizeitraum mit Tischtennisplatte, Pooltisch und Leseecken am Kamin.

Monterey Hotel (☎ 831-375-3184, 800-966-6490; www.montereyhotel.com; 406 Alvarado St, Monterey; Zi. 159–319 US$; ☜) Dieser aufzuglose Prachtbau von 1904 steht mitten im Zentrum. Seine kleinen und leicht lärmigen, aber frisch renovierten Zimmer sind mit viktorianischen Möbelrepliken eingerichtet. Wer online bucht, bekommt Rabatt. Parken kostet 17 US$.

Sanctuary Beach Resort (☎ 831-883-9478, 877-944-3863; www.thesanctuarybeachresort.com; 3295 Dunes Dr, Marina; Zi. 189–369 US$; ☜ ☒ ☖) Hier singt die Brandung ein Schlaflied: Das Resort versteckt sich tief in den Dünen nördlich von Monterey. Seine kleinen Reihenhauszimmer bieten Gaskamine, Kochnischen und Ferngläser zur Walbeobachtung. Während der örtliche Strand als Naturschutzgebiet tabu ist, liegen andere Strände und Wanderwege ganz in der Nähe.

Essen & Unterhaltung

Weitere Restaurants, Bars, Livemusikclubs und Kinos säumen die Cannery Row sowie die Alvarado St im Zentrum.

First Awakenings (☎ 831-372-1125; American Tin Cannery, 125 Oceanview Blvd, Pacific Grove; ☺ Mo–Fr 7–14,

---

EINEN ABSTECHER WERT: NATIONAL STEINBECK CENTER

Etwa 30 Autominuten östlich von Monterey liegt Salinas. Dort wurde John Steinbeck (1902–1968) geboren, der trotz seines abgebrochenen Studiums in Stanford den Nobelpreis für Literatur erhielt. Brutal, amüsant, frech und doch sensibel portraitierte er den geplagten US-Landarbeitergeist in Romanen wie *Früchte des Zorns, Die Straße der Ölsardinen* oder *Jenseits von Eden*.

Mitten im fruchtbaren Salinas Valley erweckt das **National Steinbeck Center** (☎ 831-775-4721; www.steinbeck.org; 1 Main St; Erw./Kind 11/6 US$; ☼ 10–17 Uhr) die Werke des Schriftstellers zum Leben. Die interaktiven Ausstellungen und Kurzfilme sind auch für Kinder geeignet. Ein ganz besonderes Ausstellungsstück hier ist das Wohnmobil Rocinante, mit dem Steinbeck während der Arbeit an *Die Reise mit Charley* quer durch die USA reiste. Zum Zentrum gehört außerdem ein überraschend interessantes Landwirtschaftsmuseum.

Im August steigt das viertägige **Steinbeck Festival** (www.steinbeck.org) mit Filmen, Lesungen, Musik, geführten Touren und Geschichtenerzählen. Gleich südlich des Museums säumen viele Restaurants und Bars wie Habanero Cucina Mexicana, Monterey Coast Brewing Co oder das Diner First Awakenings die Main St von Salinas.

Sa & So bis 14.30 Uhr; Hauptgerichte 5–11 US$; ♿) Das versteckte Café in Aquariumsnähe ist immer einen Besuch wert: Neben kreativen Morgen- und Mittagsmahlzeiten (süß oder pikant) gibt's hier auch gigantische Kaffeebecher.

LP Tipp **Passionfish** (☎ 831-655-3311; 701 Lighthouse Ave, Pacific Grove; Hauptgerichte 17–24 US$; ☼ So–Do 17–21.30, Fr & Sa bis 22.30 Uhr) Hier ist es nun endlich – das perfekte Meeresfrüchtelokal mit frischem Fisch aus ökologischem Fang, göttlichen Rezepten und sehr erschwinglicher Weinkarte. Der Eigentümer kocht selbst. Reservierung empfohlen!

Montrio Bistro (☎ 831-648-8880; 414 Calle Principal. Monterey; Gerichte 5–10 US$, Hauptgerichte 14–38 US$; ☼ So–Do 16.30–22, Fr & Sa bis 23 Uhr; ♿) Die Tische des kultiviert aussehenden Restaurants in einer Feuerwache um 1910 sind mit Butterbrotpapier und Malstiften für Kinder ausgestattet. Das moderne amerikanische Essen besteht oft aus einheimischen Bio-Zutaten. Die tapasgroßen Probiergerichte und die regionale Weinkarte haben Stil.

Ebenfalls empfehlenswert:

Wild Plum Cafe & Bakery (☎ 831-646-3109; 731 Munras Ave, Monterey; Hauptgerichte 6–11 US$; ☼ Di–Fr 7–18.30, Mo & Sa bis 17 Uhr; ♿) Straßencafé mit Bio-Frühstückseiern, selbstgemachten Suppen und Sandwiches.

East Village Coffee Lounge (☎ 831-373-5601; 498 Washington St, Monterey; Gerichte 2–6 US$; ☼ Mo–Fr 6 Uhr–open end, Sa & So 7 Uhr–open end) Hübsches Café mit Ausschanklizenz, Livemusik, Kino- und DJ-Abenden.

Unterwegs vor Ort

An der **Transit Plaza** (Ecke Pearl St & Alvarado St) starten Regionalbusse von **Monterey-Salinas Transit** (☎ 831-899-2555, 888-678-2871; www.mst.org;

Einzelfahrt/Tagespass ab 2,50/6 US$) u. a. in Richtung Salinas und Carmel. Im Sommer geht's zusätzlich nach Big Sur, während Gratis-Trolleys tagsüber Rundkurse im Bereich von Downtown, Fisherman's Wharf und Cannery Row absolvieren.

SANTA CRUZ

In Santa Cruz trifft SoCals Strandkultur auf North Californias (NorCals) Gegenkultur. Dank den Studenten der University of California (UCSC) wirkt diese altgediente Revoluzzerhochburg deutlich jugendlicher, hipper und linksgerichteter als das Silicon Valley jenseits der mit Redwoodbäumen bewaldeten Berge im Norden. Manche fürchten, dass der Verrücktheitsgrad von Santa Cruz derzeit abnimmt. Als zentrale Lebensader zerstreut die Pacific Ave solche Ängste jedoch mit einer außergewöhnlichen Freakshow. Strand und Promenade liegen weiter südlich. Das **Visitor Center** (☎ 831-425-1234, 800-833-3494; www.santacruzca. org; 1211 Ocean St; ☼ Mo–Fr 9–17, Sa 10–16, So 11–15 Uhr) hilft bei der Unterkunftssuche. Radio KPIG (107,5 FM) liefert den klassischen Santa-Cruz-Soundtrack mit Bob Marley, Janis Joplin, Willie Nelson und Konsorten.

Sehenswertes & Aktivitäten

Beim historischen **Boardwalk** (☎ 831-423-5590; www.beachboardwalk.com; 400 Beach St; Fahrgeschäfte 2,25–4,50 US$, Tagespass 30 US$; ☼ Memorial Day–Labor Day tgl., Nebensaison wechselnde Öffnungszeiten) von 1907 ist der Eintritt frei. Zum ältesten Strandvergnügungspark der Westküste gehören z. B. die Achterbahn „Giant Dipper" von 1924 und ein Loof-Karussell von 1911.

KALIFORNIEN

WAS ZUM ...?

Der altmodische **Mystery Spot** (☎ 831-423-8897; www.mysteryspot.com; abseits Branciforte Dr; Eintritt/Parken 5/5 US$ ☼ Sept.–Mai 10–17 Uhr, Juni–Aug. Mo–Fr 10–18, Sa & So 9–19 Uhr) ist seit 1940 fast dieselbe kitschige Touristenfalle: An dem steilen Hang scheinen Kompasse verrückt zu spielen, während sich Gebäude aberwitzig neigen und Besucher von geheimnisvollen Kräften herumgeschubst werden. 3 Meilen (4,8 km) nördlich von Santa Cruz heißt es hier reservieren oder eventuell recht lange warten. Nicht vergessen: Autoaufkleber mitnehmen!

Etwa 1,5 Meilen (2,4 km) westwärts entlang der Küstenstraße steht ein alter Leuchtturm mit dem winzigen **Surfing Museum** (☎ 831-420-6289; www.santacruzsurfingmuseum.org; 701 W Cliff Dr; Eintritt gegen Spende; ☼ Sept.–Juni Do–Mo 12–16 Uhr, Juli & Aug. Mi–Mo 10–17 Uhr), das Erinnerungsstücke wie historische Surfbretter aus Redwoodholz zeigt. Vom Museum fällt der Blick auf zwei beliebte Breaks: Die **Steamers Lane** für echte Experten und **Cowells** mit Anfängerwellen.

Weiter westlich endet die Panoramafahrt am **Natural Bridges State Beach** (☎ 831-423-4609; 10 US$/Auto; ☼ 8 Uhr–Sonnenuntergang; ♿). In ca. 3,5 Meilen (5,6 km) Entfernung zum Schiffsanleger findet man dort erkundbare Gezeitenpools und grüne Bäume, in denen von Mitte Oktober bis Ende Februar Monarchfalter überwintern. Das benachbarte **Seymour Center at Long Marine Lab** (☎ 831-459-3800; www2.ucsc.edu/seymourcenter; abseits Delaware Ave; Erw./Student 6/4 US$; ☼ Di–Sa 10–17, So 12–17 Uhr; ♿) der UCSC hat coole, interaktive Kinderausstellungen.

Santa Cruz wird nicht umsonst „Surf City" genannt. Die **Richard Schmidt Surf School** (☎ 831-423-0928; www.richardschmidt.com; 2-stündiger Kurs 80 US$) bringt einen inklusive Komplettausrüstung hinaus auf die Wellen. Sachkundige Profi-Surftipps gibt's weiter östlich in Capitola: Dort sind der **Paradise Surf Shop** (☎ 831-462-3880; www.paradisesurf.com; 3961 Portola Dr; Leihgebühr Nassanzug/Surfbrett 10/20 US$, 2-stündiger Kurs 100 US$; ☼ Mo–Fr 10–18, Sa & So 9–18 Uhr) von Frauen für Frauen und der international bekannte **O'Neill Surf Shop** (☎ 831-475-4151; www.oneill.com; 1115 41st Ave; Leihgebühr Nassanzug/Surfbrett 10/20 US$; ☼ Mo–Fr 9–20, Sa & So 8–20 Uhr) zuhause. Außerdem erkundet **Venture Quest** (☎ 831-427-2267; www.kayaksantacruz.com; 2 Santa Cruz Wharf; Leihkajaks/geführte Touren/Kurse ab 30/55/70 US$; ☼ Juni–Sept. Mo–Fr 10–19, Sa & So 9–19 Uhr, Nebensaison wechselnde Öffnungszeiten; ♿) das schroffe Gestade mit geführten Kajaktrips, die z. B. Meeresgrotten oder Wale auf dem Weg nach Elkhorn Slough und Point Lobos (S. 261) besuchen.

Wer von Santa Cruz aus die Hwys 9 und 236 Richtung Norden nimmt, erreicht nach 45 Minuten die rund 81 km² großen Wälder des **Big Basin Redwoods State Park** (☎ 831-338-8860; www.bigbasin.org; 10 US$/Auto; ☼ 6–22 Uhr). Dessen 129 km langes Wanderwegnetz führt in einem Fall steil hinunter zum Pazifik. Nicht ganz so weit ist es bis zum **Henry Cowell Redwoods State Park** (☎ 831-438-2396; 10 US$/Auto; ☼ Sonnenaufgang-Sonnenuntergang) mit flussseitigen Pfaden in uralten Redwoodwäldern. Im nahen Felton befindet sich die Endhaltestelle von **Roaring Camp Railroads** (☎ 831-335-4484; www.roaringcamp.com; Erw./Kind ab 20/14 US$; Parken 7 US$; ☼ wechselnder Fahrplan). Die Schmalspur-Dampfzüge und Normalspurbahnen dieser Firma fahren vom Boardwalk in Santa Cruz hinauf zu den Mammutbäumen.

Schlafen

Die sommerlichen Hotelpreise sind extrem hoch. Gute Motels säumen die zentrumsnahe Ocean St und die Mission St nahe dem UCSC-Campus. **Campingplätze** (Stellplatz Zelt 35–65 US$, Wohnmobil 65 US$) auf State-Park-Boden gibt's an den Stränden südlich der Stadt (abseits Hwy 1) und oben in den Redwoodwäldern (s. oben). In beiden Fällen sind **Reservierungen** (☎ 800-444-7275; www.reserveamerica.com) ratsam.

HI Santa Cruz Hostel (☎ 831-423-8304; www.hi-santacruz.org; 321 Main St; B 25–28 US$, Zi. 60–100 US$, nur Gemeinschaftsbäder; ☼ Rezeption 8–11 & 17–22 Uhr; 🖳) Das reizende Hostel bei den Carmelita Cottages ist der Liebling aller Budget-Traveller. Inmitten von Blumengärten steht es nur zwei Blocks vom Strand entfernt. Einziges Manko ist der Zapfenstreich um 23 Uhr. Unbedingt reservieren.

Redwood Croft (☎ 831-458-1939; www.redwoodcroft.com; 275 Northwest Dr, Bonny Doon; Zi. inkl. Frühstück 145–230 US$; ♿) Das B & B mit altmodischem Country-Charme ist in 25 Autominuten erreichbar. Als erholsames, naturverbundenes Refugium in den Bergen wartet es mit Hängematten, Feuerstellen, Gemeinschaftswhirlpools und einem Kindertrampolin auf.

Adobe on Green B&B (☎ 831-469-9866; www.adobeongreen.com; 103 Green St; Zi. inkl. Frühstück 149–199 US$; 📶) Hier herrschen Ruhe und Frieden: Die nahezu unsichtbaren Eigentümer beweisen überall ihren guten Geschmack – beispielsweise anhand von geräumigen, stilvollen Zimmern mit Solarstrom und den Extras eines Boutique-Hotels. Die Frühstückszutaten stammen aus dem hauseigenen Bio-Garten.

Pleasure Point Inn (☎ 831-475-4657; www.pleasure pointinn.com; 23665 E Cliff Dr; Zi. inkl. Frühstück 250–295 US$; ﹫) Hier können die Gäste ihren Traum vom kalifornischen Strandleben realisieren. Dafür sorgen zeitgenössische Zimmer mit klarer Linienführung, Hartholzböden, Whirlpools, Kochnischen und privaten Terrassen. Hinzu kommt eine Dachterrasse mit atemberaubender Aussicht.

Essen

Im Zentrum – vor allem entlang der Pacific Ave – gibt's viele und größtenteils mittelmäßige Cafés. Günstige Takeaways und Multikulti-Lokale säumen die Mission St nahe dem UCSC-Campus.

Tacos Moreno (☎ 831-429-6095; 1053 Water St; Gerichte 2–6 US$; ﹖ 11–20 Uhr) Was kümmert einen langes Anstehen – vor allem mittags? Schließlich reicht das Angebot dieses himmlischen Ladens von zarten Hühnchen-, Schweine- und Rindfleischtacos bis hin zu toll gefüllten Burritos.

Emily's (☎ 831-429-9866; 1129 Mission St; Gerichte 2–7 US$; ﹖ Mo–Fr 5.30–18, Sa & So 6.30–18 Uhr) Unter dem schlichten Motto „Gutes Essen" gibt's hier z. B. heiße Cheddar-Käseküchlein oder tägliche Kombis aus Suppe und Salat. Gefuttert wird auf einer schattigen Veranda am Bach.

Engfer Pizza Works (☎ 831-429-1856; 537 Seabright Ave; Pizzas 8–23 US$; ﹖ Di–So 16–21.30 Uhr; ♿) Abstecher zu dieser alten Fabrik lohnen sich: Die Holzofenpizzas werden stets frisch und mit Liebe zubereitet. Die namenlose Spezialität des Hauses wirkt fast wie ein Riesensalat auf geröstetem Brot. Tischtennis und regionales Fassbier versüßen die Wartezeit.

Ausgehen & Unterhaltung

Belebte Bars, Livemusik-Lounges, Kinos und Cafés säumen die Pacific Ave im Zentrum. Die Gratiszeitung *Santa Cruz Weekly* enthält einen aktuellen Veranstaltungskalender.

Das **Kuumbwa Jazz Center** (☎ 831-427-2227; www.kuumbwajazz.org; 320 Cedar St; ﹖ wechselnde Öffnungszeiten) engagiert bekannte Jazzgrößen. **Moe's Alley** (☎ 831-479-1854; www.moesalley.com; 1535 Commercial Way; ﹖ Di–So 16–2 Uhr) ist ein sympathisch-vertraulicher Club mit Jazz, Blues und Weltmusik. Das künstlerisch angehauchte **Caffe Pergolesi** (☎ 831-426-1775; 418 Cedar St; ﹖ 7–23 Uhr; ﹫) mit grüner Straßenveranda ist die beste Adresse, um Verschwörungstheorien bei starkem Kaffee, Bier oder Bio-Säften zu diskutieren.

An- & Weiterreise

Vom **Metro Center** (920 Pacific Ave) aus bedienen Lokalbusse der **Santa Cruz Metro** (☎ 831-425-8600; www.scmtd.com; Einzelfahrt/Tagespass 1,50/4,50 US$) die ganze Umgebung. In der Nähe startet **Greyhound** (☎ 831-423-1800; 425 Front St) regelmäßig in Richtung San Francisco (21 US$, 3 Std.) und L. A. (55 US$, 9 Std.).

VON SANTA CRUZ NACH SAN FRANCISCO

Dieser kurvige, 70 Meilen (ca. 113 km) lange Abschnitt des Hwy 1 ist weitaus malerischer als jeder Freeway. Er passiert wilde Strände, Küstendörfer und Verkaufsstände von Biobauern, die wie verstreute Diamanten in rauer Landschaft wirken.

Die **Año Nuevo State Natural Reserve** (☎ 650-879-0227; 10 US$/Auto; ﹖ April–Nov. 8.30–15.30, Mitte Dez.–Mitte März Reservierung erforderl.) 20 Meilen (32 km) nördlich von Santa Cruz ist die Heimat der weltgrößten Kolonie von Nördlichen Seeelefanten. Wer hier während der geräuschvollen Brunft- und Wurfzeit im Winter an **geführten Wanderungen** (☎ 916-638-5883, 800-444-4445; 7 US$/Pers.) teilnehmen möchte (2 ½ Std., 4,8 km), sollte rechtzeitig per Telefon buchen. Weiter nördlich steht das **HI Pigeon Point Lighthouse Hostel** (☎ 650-879-0633; B 23–28 US$, Zi. 53–118 US$; ﹖ Check-In 15.30–22.30 Uhr; ▯ ﹫ ♿) in ruhiger Lage direkt an der windumtosten Küste. Unbedingt reservieren, da die historischen Leuchtturmwärterhäuser sehr beliebt sind!

5 Meilen (8 km) weiter nördlich zieht es Strandgutsammler und Vogelbeobachter zur **Pescadero State Beach & Marsh Natural Preserve** (☎ 650-879-2170; 10 US$/Auto; ﹖ 8 Uhr–Sonnenuntergang). Ein kurzes Stück landeinwärts liegt das Dorf Pescadero mit der berühmten **Duarte's Tavern** (☎ 650-879-0464; 202 Stage Rd; Hauptgerichte abends 25–40 US$; ﹖ 7–21 Uhr), die Gäste mit Artischockencremesuppe und Ollalieberry-Pie lockt. Vorräte fürs Strandpicknick gibt's beim Bäckerei-Deli der **Arcangeli Grocery Co** (☎ 650-879-0147; 287 Stage Rd; ﹖ 10–18 Uhr) oder dem familiengeführten **Harley Farms Cheese Shop** (☎ 650-879-0480; 250 North St; ﹖ 11–17 Uhr). Über 5 Meilen (8 km) führt die Cloverdale Rd zum

KALIFORNIEN

südwestlich gelegenen **Butano State Park** (☎ Reservierungen 800-444-7275; www.reserveamerica.com; Stellplatz 35 US$) mit Möglichkeiten zum Canyon-Camping im Redwoodwald.

Weniger als 20 Meilen (32 km) weiter nördlich wird das belebte Half Moon Bay vom verführerischen **Half Moon Bay State Beach** (☎ 650-726-8819; 10 US$/Auto, Stellplatz 35–50 US$) mit spartanischen Stellplätzen auf 6,4 km Strand geprägt. Luxus direkt am Meer bietet das **Inn at Mavericks** (☎ 650-728-1572; www.innatmavericks.com; 364 Princeton Ave; Zi. 185–245 US$; ☎), dessen geräumige Romantikzimmer meist über tiefe Komfortwannen verfügen. Am vorgelagerten Pillar Point Harbor lässt sich die sinkende Sonne auf der Terrasse einer anständigen Brauereikneipe genießen. Landeinwärts vom Hwy 1 säumen bessere Cafés, Restaurants und kunterbunte Läden die fünf Blocks der malerischen Main St.

5 Meilen (8 km) weiter nördlich weisen Schilder den Weg zur historischen **Moss Beach Distillery** (☎ 650-728-5595; 140 Beach Way; Snacks 11–16 US$; ☺ Mo–Do 12–20.30, Fr & Sa 12–21, So 11–20.30 Uhr) mit leckeren Fish & Chips und einer Terrasse für Drinks bei Meerblick auf den Sonnenuntergang. Nach weiteren 2 Meilen (3,2 km) kommt das luftige, umweltbewusste **HI Point Montara Lighthouse Hostel** (☎ 650-728-7177; Ecke Hwy 1 & 16th St; B 23–28 US$, Zi. 63–114 US$; ☺ Check-In 15.30–22.30 Uhr; ▭ ☎) mit Privatstrand in Sicht (Reservierung erforderlich). Von hier aus sind es nur noch 25 Meilen (40,2 km) über die Devil's Slide bis nach San Francisco.

SAN FRANCISCO & DIE BAY AREA

SAN FRANCISCO

Irgendwo in einer surrealen Welt zwischen Wachsein und Träumen findet eine Parade kostümierter Hunde statt, die an bunten viktorianischen Häusern vorbeizieht, ein Straßenprophet rezitiert Beatpoesie durch ein Megaphon und Skateboarder bremsen mit quietschenden Rollen, um ehrfürchtig eine Brücke zu betrachten, die sich durch die Nebeldecke bohrt. Dieses Traumland ist besser bekannt als San Fransisco – East meets West und Träume werden Wirklichkeit.

Wer sich je gefragt hat, wo all jene landen, die diese sprichwörtliche Grenze überschritten haben findet sie hier. Bewusstseinserwei-ternde Drogen, neumodische Technologien, die Schwulenbewegung, grüne Unternehmen, Redefreiheit und kulinarische Experimente sind in San Francisco schon lange selbstverständlich. Immer risikobereit, hat diese Stadt während des Goldrauschs oder nach dem Platzen der Dot-Com-Seifenblase (von Erdbeben und Bränden ganz zu schweigen) zwar ein Vermögen, aber nie ihren frechen Optimismus verloren. Heute verliert man sein letztes Hemd gerne beim Rennen Bay to Breakers, der Pride Parade (beide nach Belieben auch ohne Klamotten) oder an heißen Sonntagen am nackigen Nordende des Baker Beach. Hier darf man nicht schüchtern sein – und bei so vielen Exzentrikern aller Sparten kommt's auf ein paar Bikinischnüre auch nicht mehr an. Goodbye, ihr Hemmungen! Hello, San Francisco!

Geschichte

San Francisco hieß um 1847 noch Ohlone, war mexikanisch und zum Abendessen gab's Austern und Eicheln – nur ein Jahr und ein paar Goldklumpen später standen Bier und Steaks auf dem Tisch. 1849 machte das in den Hügeln der nahen Sierra Nevada gefundene Gold ein kleines Küstendorf von 800 Seelen zu einer Hafenstadt mit 100 000 Goldsuchern, Falschspielern, Trickbetrügern, Prostituierten und anständigen Leuten, die ehrlich ihren Lebensunterhalt verdienen wollten – wer konnte da sicher sein, mit wem er es zu tun hatte? Der freundliche Barkeeper mixte einem irgendwas in den Drink – und schwups fand man sich schanghait auf einem Schiff mit Ziel Argentinien wieder. Kein Wunder, dass man in San Francisco die Barkeeper immer noch am liebsten mürrisch mag.

1850 hatten die USA dem Nachbar Mexiko Kalifornien weggeschnappt und San Francisco stand vor dem Problem, in 200 Saloons und unzähligen Bordellen und Spielhöllen die öffentliche Ordnung einführen zu müssen. Panik breitete sich aus, als Australien 1854 den Markt mit Gold überschüttete und sich der Zorn irrationalerweise gegen die chinesische Gemeinde der Stadt richtete, die zwischen 1877 und 1945 wegen antichinesischer Gesetze und häufigen Rassenunruhen nur in Chinatown leben und arbeiten durfte. Der beste Weg aus der Schuldenfalle war, beim gefährlichen Bau der Eisenbahn für die Gangsterbosse der Stadt zu arbeiten, die sich mit Dynamit und Holz den Weg in den gol-

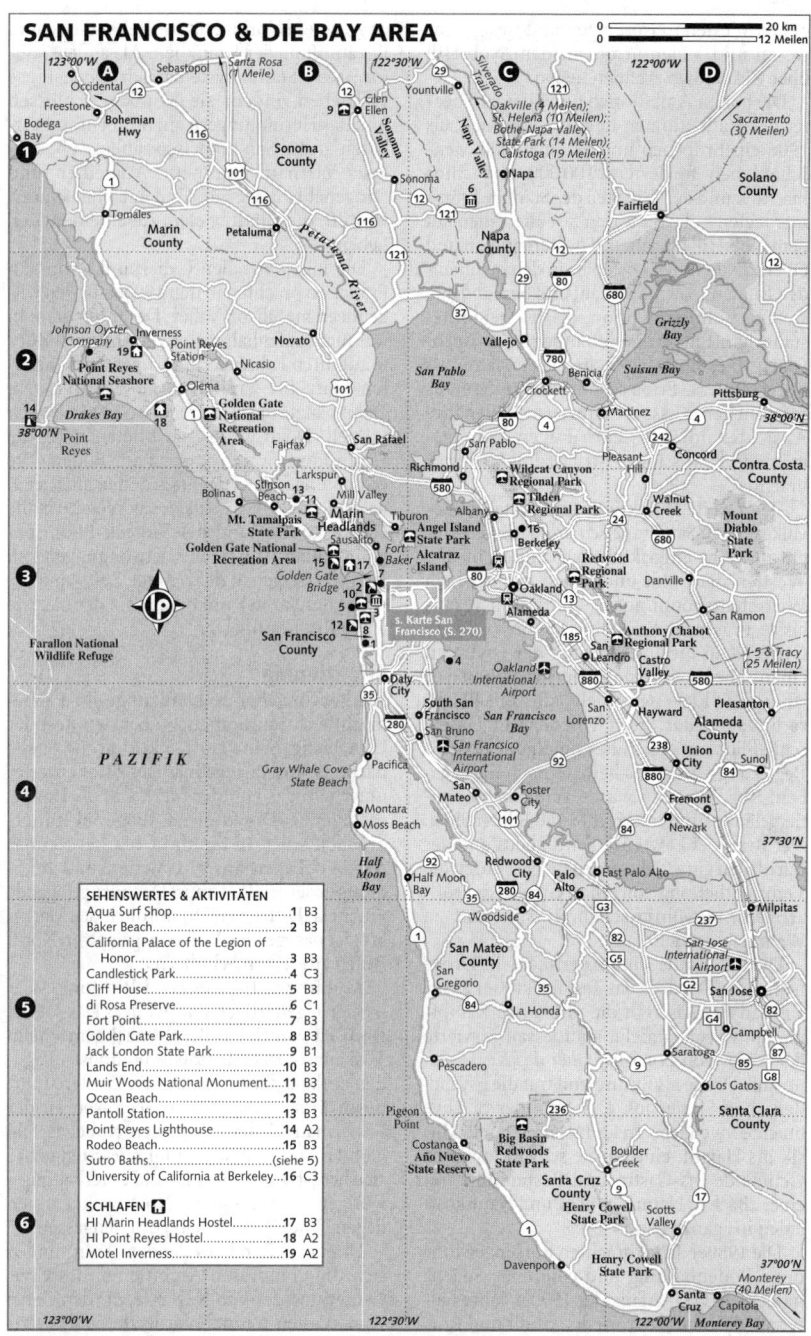

SAN FRANCISCO & DIE BAY AREA

0 — 20 km
0 — 12 Meilen

KALIFORNIEN

denen Westen freisprengten und riesige Anwesen und Villentürme auf dem Nob Hill über Chinatown erbauen ließen.

Die hohen Ambitionen und über 20 Theater der Stadt stürzten in sich zusammen, als 1906 ein Erdbeben und Brände 3000 Menschenleben forderten, 100 000 obdachlos machten und den Großteil der Stadt in Trümmer legten – davon waren fast alle Villen auf dem Nob Hill betroffen. Theatertruppen und Operndiven traten kostenlos in den qualmenden Ruinen Downtowns auf und begründeten so eine Bühnentradition, die bis heute Bestand hat. Ehrgeizige öffentliche Kunstprojekte gab es noch bis in die 1930er-Jahre, als Diego Rivera, Frida Kahlo und andere neue öffentlichen Kassen finanzierte Maler ihre Ansichten in über 250 riesigen Wandgemälden im Mission District zum Ausdruck brachten.

Der Zweite Weltkrieg veränderte die Bevölkerung in San Francisco dramatisch. Frauen und Afroamerikaner arbeiteten in den Werften der Stadt und lösten einen neuen Wirtschaftsboom aus. Unterdessen veranlasste Präsident Franklin D. Roosevelt per Order 9066 die Inhaftierung der gesamten japanischen Gemeinde, die sich schon vor langer Zeit hier angesiedelt hatte. Ein 40 Jahre andauernder Streit vor Gericht endete schließlich mit einer Entschuldigung der US-Regierung – so etwas hatte es noch nie gegeben. San Francisco wurde zum Experimentiergelände für Bürgerrechte und Redefreiheit. Der Beatpoet Lawrence Ferlinghetti und der Buchladen City Lights wurden 1957 durch die Veröffentlichung von Allen Ginsbergs großartigem, aufrührerischem *Das Geheul* zu Wahrzeichen der Stadt.

Die CIA hoffte, eine experimentelle Droge namens LSD würde das Testobjekt Ken Kesey aus San Francisco in die ultimative Kampfmaschine verwandeln, stattdessen servierte der Autor von *Einer flog über das Kuckucksnest* die Droge als Brause und trat die psychedelischen Sixties los. Der Summer of Love brachte freie Liebe, freies Essen und freie Musik ins Haight, eine stolze, schwul-lesbische Gemeinde ins Castro und Restaurants mit einer „Back to Nature"-Küche und Naturkostläden ins ganze Land.

Die 1980er-Jahre brachten Börsengewinne ohne Bodenhaftung und eine neue Seuche namens AIDS. Anfang der 1990er-Jahre hatte sich die Stadt aber wieder erholt und wurde zu einem Vorbild für die Behandlung und Bekämpfung der Krankheit. Als andere kalifornische Städte systematisch Obdachlose vertrieben, indem sie Kliniken schlossen und das Herumlungern am Straßenrand verboten, nahm San Francisco zahllose obdachlose Vietnamveteranen, Ausreißer und Drogenabhängige auf. Und auch heute noch verhilft die Stadt vielen zu einem neuen Leben.

Die künstlerischen Cyberpunks von San Francisco brachten in den 1990er-Jahren wilde Ideen ins Silicon Valley. Der Internetboom war nicht aufzuhalten und die kreativen Köpfe auf ihren Fahrrädern in Downtown machten Platz für kapitalistische Spekulanten. Dann platzte die IT-Seifenblase 2000 ziemlich schnell. Doch weder die Mieten noch die Hoffnungen waren je ganz am Boden. Die echten Bohemiens der Stadt halten auch jetzt, da die Rezession zuschlägt, das Web 2.0 in die Gänge kommt und der Biotech-Boom beginnt, unbeirrt an ihren Mietwohnungen fest. Jetzt ist also genau der richtige Zeitpunkt für einen Besuch in San Francisco – der nächste wilde Ritt beginnt ...

Orientierung

Als hervorstehende Landzunge im Pazifik macht sich San Francisco über den Rest der USA lustig. Seine ca. 125 km² große Stadtfläche ist in ein regelmäßiges Straßenraster unterteilt, das von der Market St als Hauptschlagader Downtowns diagonal unterbrochen wird. In South of Market (SoMa) regieren Lagerhäuser, Galerien und hemmungsloser Hedonismus. Der anzugtragende Financial District (FiDi) nördlich der Market St trägt dagegen die Wildpapageien von North Beach auf seinen Schultern.

Ab hier wird die Gegend Richtung Meer immer eigenartiger und wilder: Das Dekor wechselt von North Beachs nachgemachtem Toskanastil zu Chinatowns pompösen Pagoden entlang der Columbus St. Letztere führt nordwärts zu den faulen Seelöwen an der Fisherman's Wharf. Von den Nobelvierteln Nob Hill und Russian Hill im Westen geht's steil bergab zum einkaufs- und unterhaltungswütigen Union Square. Noch weiter unten liegen Tenderloins schäbige Seitengassen.

Direkt am Rand des elenden „Loin" finden sich die grandiosen Ambitionen des Civic Center und der Van Ness Ave, die den Osten vom Westen trennt. Wer letzterer südwärts

SAN FRANCISCO ...

Das Auto stehen lassen und Geld sparen: Busse und Wadenmuskeln bringen einen zu den besten Seiten von San Francisco.

... in einem Tag

Seit dem Goldrausch haben alle großen Abenteuer San Franciscos in **Chinatown** (S. 275) begonnen. In dessen Seitengassen versteckt sich noch heute das Glück – allerdings in Keksen. Dann geht's zum **City Lights Bookstore** (S. 273), um in Beatpoesie und Redefreiheit zu schwelgen. Vorbei an der **Transamerica Pyramid** (S. 275) führt der Weg nun bergabwärts zum **City View** (S. 284) mit leckeren Klopsen. Nach dem **San Francisco Museum of Modern Art** (S. 274) und den **Galerien** (S. 275) in Downtown heißt es das **Asian Art Museum** (S. 274) besuchen, um mehrere Jahrhunderte asiatischer Kunst in nur einer Stunde zu durchlaufen. Zwei Blocks entfernt verzückt Dirigent Michael Tilson Thomas das Publikum in der **Davies Symphony Hall** (S. 288) mit Beethoven. Verlorene Herzen oder neue Inspiration wirken anschließend bei Maracujacocktails und Nuevo-Latino-Küche im **Destino** (S. 162) nach. Der Abend endet dann entweder mit einer Filmfestival-Premiere im **Castro Theatre** (S. 164) oder bei Glamrock-Hymnen in der ehemaligen „Flüsterkneipe" **Café du Nord** (S. 287).

... in zwei Tagen

Tag zwei beginnt mit der unglaublichen Pracht der Wandbilder an der **Balmy Alley** (S. 277). Ein Schaufensterbummel führt danach zum **826 Valencia** (S. 277), wo Piratenkram, Literaturmagazine und das Fish Theater mit fischigen Possen warten. Beim Erreichen der Ecke 16th und Valencia könnte man vermutlich schon ein Pferd verspeisen – oder alternativ einen Burrito (S. 274). Nun geht's hinauf nach Haight, um Flashbacks in Secondhand-Klamottenboutiquen zu erleben und verklärt blickenden Hippies zur Stätte des Summer of Love zu folgen – dem **Golden Gate Park** (S. 278). Das **MH de Young Fine Arts Museum** (S. 278) punktet anschließend mit weitschweifendem Turmblick und noch weitschweifenderer Kunst. Nach einem Spaziergang durch die Wildnis der Regenwaldkuppel in der **California Academy of Sciences** (S. 278) klingt der Tag dann lecker im kalifornisch-marokkanischen Biorestaurant **Aziza** (S. 286) aus.

... für Feinschmecker

Wer sich quer durch San Francisco futtern möchte, beginnt am besten mit dem Farmers Market am **Ferry Building** (S. 283) oder den vielen örtlichen Spezialitäten im Innern des Gebäudes: Baguettes aus Sauerteig, handgemachte Schokolade, Kaviar aus artgerechter Zucht und Bio-Blauschimmel-Ziegenkäse. Einen Crashkurs in puncto Dim Sum gibt's entlang der **Stockton Street** (S. 275) in Chinatown: Neonbeleuchtete Familienrestaurants servieren dort z.B. Krabben-Schnittlauch-Klöße, beliebte Brötchen mit gegrilltem Schweinefleisch oder süße Lotuswurzel-Mondkuchen. Nun geht's mit dem BART zur Ecke 24th/Mission St, deren Bodegas den abgestumpften Gaumen mit duftenden Maismehrtortillas und pikanter Habañero-Salsa beleben. **La Taquería** (S. 285) setzt hier Maßstäbe in Sachen kalifornisch-mexikanische Burritos. Am anderen Ende der Stadt warten die Küchengeschäfte der Clement Street z.B. mit furchterregenden Hackmessern und schmucken Vorspeisenplatten auf. Das **Green Apple** (S. 273) verkauft Kochbuch-Restposten. Krönender Abschluss ist ein stimmungssteigerndes Mahl im **Jardinière** (S. 283) – zubereitet von James-Beard-Preisträgerin Traci des Jardins.

folgt, stößt irgendwann auf die Taco-Trucks und Graffitis des Mission Districts. Weiter westlich liegt witzig und schmuck die Schwulenhochburg Castro. Nördlich von hier stehen die kunterbunten viktorianischen Gebäude des historischen Freak- und Hippieviertels Haight. Noch weiter nördlich trifft man den alten Geldadel von Pacific Heights und fragt sich in Marina, warum plötzlich jedermann so blond ist. Wieder gen Westen flankieren Richmond und Sunset den Golden Gate Park, der die Stadt zurück zur Natur führt.

Achtung: Vor allem nachts ist in Tenderloin, SoMa und Mission erhöhte Vorsicht angebracht. Besucher werden ständig um Kleingeld gebeten, sollten sich aber nicht ver-

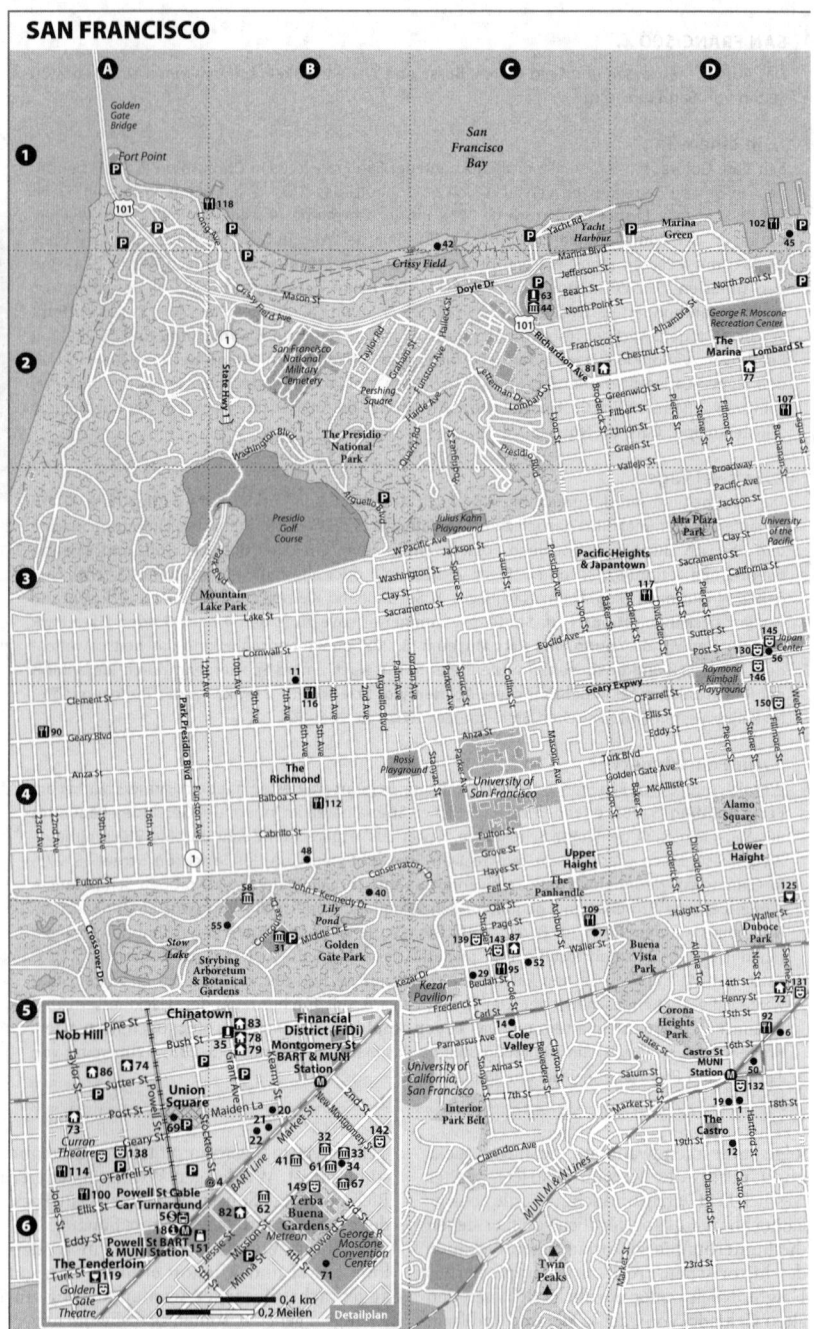

SAN FRANCISCO

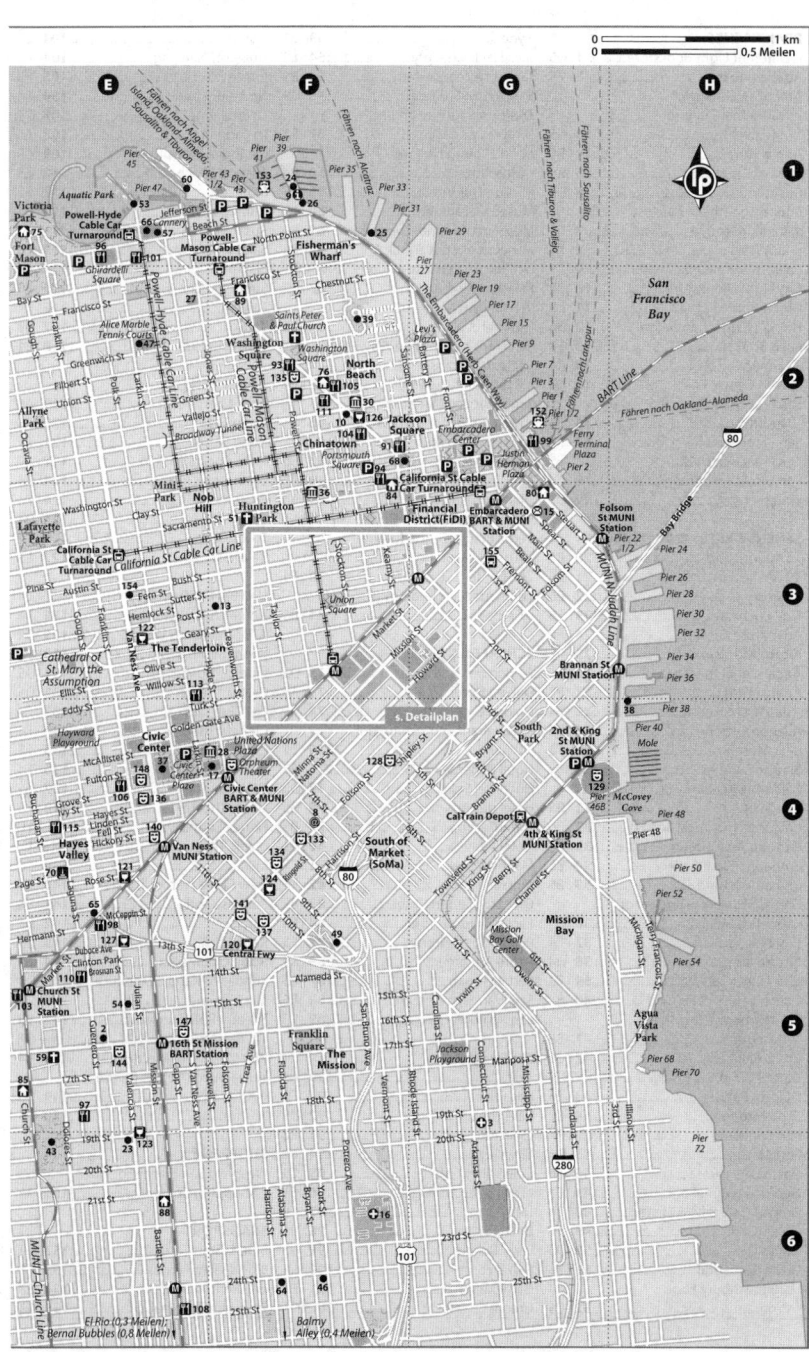

KALIFORNIEN

KALIFORNIEN

pflichtet fühlen – potentielle Spenden an das gemeinnützige Haight Ashbury Food Program (S. 277) helfen, Obdachlosigkeit ursächlich statt rein symptomatisch zu bekämpfen.

Vom San Francisco International Airport (s. S. 289) führt der Hwy 101 nordwärts in Richtung Stadt.

Praktische Informationen
BUCHLÄDEN
A Different Light Bookstore (Karte S. 267 f.; ☎ 415-431-0891; www.adlbooks.com; 489 Castro St; ⊗ Mo–Sa10–22, So 11–21 Uhr) Größter schwullesbischer Buchladen der USA mit wilden Lesungen und literarischem Cruising. Führt Titel für Schwule, Lesben, Bi- und Transsexuelle (GLBT, steht für: gay, lesbian, bisexual, transgender).

Adobe Books (Karte S. 267 f.; ☎ 415-864-3936; http://adobebooksbackroomgallery.blogspot.com; 3166 16th St; ⊗ 11–24 Uhr) In diesem Hindernisparcours aus Sofas, Katzen, Kunstinstallationen und deutscher Philosophie verstecken sich all die günstigen gebrauchten Bücher, von denen man zuvor nie erwartet hätte, dass man sie unbedingt haben möchte.

Bound Together Anarchist Book Collective (Karte S. 267 f.; ☎ 415-431-8355; www.boundtogetherbooks.com; 1369 Haight St; ⊗ 11.30–19.30 Uhr) Gemeinnütziger und ehrenamtlich geführter Buchladen, der Verschwörungstheorie-Comics, alternative Geschichtsversionen, Anleitungen für Bio-Bauern und andere ungewöhnliche Lektüre auf Lager hat.

City Lights Bookstore (Karte S. 267 f.; ☎ 415-362-8193; www.citylights.com; 261 Columbus Ave; ⊗ 10–24 Uhr) Herausgeber, Wahrzeichen des Buchhandels und König der Redefreiheit. Das Personal erteilt vertrauenswürdige Tipps, die absolut super sind. Unten gibt's Skandalblätter und Geschichtliches, oben wartet das poetische Nirvana.

Green Apple (Karte S. 267 f.; ☎ 415-387-2272; www.greenapplebooks.com; 506 Clement St; ⊗ So–Do 10–22.30, Fr & Sa 10–23.30 Uhr) Drei Stockwerke voller Neuerscheinungen, Restposten und Gebrauchtbücher. Zwei Haustüren weiter findet man Zeitschriften, Tonträger und gebrauchte Romane.

Kayo Books (Karte S. 267 f.; ☎ 415-749-0554; www.kayobooks.com; 814 Post St; ⊗ Do–Sa 11–18 Uhr) Nur Schund und stolz darauf: Alte Noir-Romane, trashige Romanzen, Wildwestschinken und eine ganze Abteilung mit bizarren Sachbüchern.

GELD
Bank of America (Karte S. 267 f.; ☎ 415-977-0278; www.bankamerica.com; One Market Plaza, Untergeschoss; ⊗ Mo–Fr 9–18 Uhr)

INFOS IM INTERNET
Craigslist (http://sfbay.craigslist.org) Jobs, Dates, kostenloser Kram, Tangokurse, buddhistische Babysitter usw.

Thrillist (www.thrillist.com) Topaktueller Szeneblog zu Bars, Bands, Läden, Restaurants und Events in San Francisco.

Yelp (www.yelp.com) Hier streiten sich Einheimische über die besten Läden, Bars, Wellnesseinrichtungen und Restaurants der Stadt.

INTERNETZUGANG
In der ganzen Stadt gibt's über 370 kostenlose WLAN-Hotspots. Darunter sind z. B. Union Sq, BrainWash (S. 274) oder die meisten Cafés und Hotellobbys. Walgreens (S. 273) brennt Digitalfotos für 2,99 US$ auf CD.

Apple Store (Karte S. 267 f.; ☎ 415-392-0202; www.apple.com/retail/sanfrancisco; 1 Stockton St; ⊗ Mo–Sa 10–21, So 11–18 Uhr; ⊛) Gratisnutzung von WLAN und Internetterminals.

San Francisco Main Library (Karte S. 267 f.; ☎ 415-557-4400; http://sfpl.lib.ca.us; 100 Larkin St, Ecke Grove St; ⊗ Mo & Sa 10–18, Di–Do 9–20, Fr & So 12–18 Uhr; ⊛) Die städtische Zentralbibliothek offeriert Gratis-Internetterminals und kostenlosen (wenn auch unzuverlässigen) WLAN-Zugang.

MEDIEN
KALW 91.7 FM (www.kalw.org) Örtlicher Ableger des National Public Radio (NPR).

KPFA 94.1 FM (www.kpfa.org) Alternative Nachrichten und Musik.

KPOO 89.5 FM (www.kpoo.com) Lokalsender mit Jazz, R & B, Blues und Reggae.

KQED 88.5 FM (www.kqed.org) Örtlicher Ableger von NPR und Public Broadcasting (PBS) mit Originalshows, Podcasts, Videostreams sowie Reportagen zu Kalifornien.

San Francisco Bay Guardian (www.sfbg.com) Kostenlose, alternative Wochenzeitung mit politischen Artikeln und Eventkalender (Theater, Musik, Kunst, Kino).

San Francisco Chronicle (www.sfgate.com) Die Webseite von San Franciscos größter Tageszeitung liefert Nachrichten, Unterhaltungs- und Veranstaltungstipps (registrierungsfrei).

NOTFALL & MEDIZINISCHE VERSORGUNG
American College of Traditional Chinese Medicine (Karte S. 267 f.; ☎ 415-282-9603; www.actcm.edu; 450 Connecticut St; ⊗ Mo–Do 8.30–21, Fr & Sa 9–17.30 Uhr) Akupunktur, Kräuterbehandlungen und andere traditionelle chinesische Heilmethoden.

Pharmaca (Karte S. 267 f.; ☎ 415-661-1216; www.pharmaca.com; 925 Cole St; ⊗ Mo–Fr 8–20, Sa & So 9–20 Uhr) Apotheke mit natürlichen Heilbehandlungen und Sitzmassagen am Wochenende.

KALIFORNIEN

Polizei, Feuerwehr & Rettungswagen (☎ 311)
San Francisco General Hospital (Karte S. 267 f.;
☎ Notaufnahme 415-206-8111, Zentrale 415-206-8000;
www.sfdph.org; 1001 Potrero Ave)
Zentrum für Trauma- & Vergewaltigungsopfer
(Trauma Recovery & Rape Treatment Center; ☎ 415-437-
3000; http://traumarecoverycenter.org)
Walgreens (Karte S. 267 f.; ☎ 415-861-6276; www.
walgreens.com; 498 Castro Höhe 18th St; ☻ 24 Std.)
Apotheke mit rezeptfreien Medikamenten und vielen
Filialen in der ganzen Stadt.

POST
Rincon Center Post (Karte S. 267 f.; ☎ 800-275-8777;
www.usps.com; 180 Steuart St; ☻ Mo–Fr 8–18, Sa 8–14
Uhr)

TOURISTENINFORMATION
San Francisco Visitor Information Center (Karte
S. 267 f.; ☎ 415-391-2000; www.onlyinsanfrancisco.com;
untere Ebene, Hallidie Plaza, Ecke Market St & Powell St;
☻ Mo–Fr 9–17, Sa & So 9–15 Uhr, Nov.–April So geschl.)

WASCHSALON
Bernal Bubbles (außerhalb der Karte S. 267 f.; ☎ 415-
821-9530; www.bernalbubbles.com; 397 Cortland Ave,
Nähe Bocana St; ☻ 7–22 Uhr; ☎) Gratis-WLAN,
Münzwaschautomaten, Wasch- und Zusammenlegservice,
Videospiele, kostenlose Lesungen und ein Schwarzes Brett
zum Suchen verlorener Socken.
BrainWash (Karte S. 267 f.; ☎ 415-255-4866; www.
brainwash.com; 1122 Folsom St; ☻ Mo–Do 7–22, Fr
& Sa 7–23, So 8–22 Uhr; ☎) Waschwillige können
hier den ganzen Tag frühstücken; es gibt günstiges Bier,
Live-Unterhaltung, Flipperautomaten, Gratis-WLAN und
Internetterminals (3 US$/20 Min.).

Sehenswertes

San Franciscos 43 Hügel und über 80 Kunsthallen halten Beine und Phantasie gleichermaßen auf Trab. Unterwegs raubt einem die
Aussicht teilweise buchstäblich den Atem.

UNION SQUARE

Der gepflasterte Platz ist an sich nichts Besonderes, bietet aber einen erstklassigen Blick auf
das Nonstop-Bühnendrama in Downtown:
Klunkertragende Theatergänger weichen
Cable Cars aus, während trendige Teens schon
nachts für limitierte Turnschuhe anstehen.
Gleichzeitig eilen Geschäftsreisende nach
Tenderloin – für Amüsement, das zu skanda-
lös für jeden Spesenbeleg wäre. Die Auffüh-
rung beginnt mit den Shoppern rund um den
Cable-Car Turnaround (Karte S. 267 f.) an der

Powell St, kulminiert im **Theater District** (Karte
S. 267 f.) entlang der Geary St und knipst
schließlich südlich davon das Rotlicht an.

CIVIC CENTER

Nach dem Erdbeben von 1906 erhob sich die
City Hall (Karte S. 267 f.); ☎ Führungen 415-554-6139;
www.sfgov.org; 400 Van Ness Ave; ☻ Mo–Fr 8–20 Uhr) wie
Phönix aus der Asche, um fortan den für die
Stadt typischen Mix aus Korruption, Idealismus und Oppositionspolitik in einem herrlichen Rundbau zu beherbergen. Das faszinierende Spektrum des gegenüberliegenden
Asian Art Museum (Karte S. 267 f.; ☎ 415-581-3500;
www.asianart.org; 200 Larkin St; Erw./Senior/Student & Kind
13–17 Jahre 12/8/7 US$; ☻ Di, Mi & Fr–So 10–17, Do bis 21
Uhr) reicht von uralten persischen Miniaturen
bis zu topaktueller Mode aus Japan. Die **Main
Library** (S. 273) erläutert San Franciscos Men-
talität mit Lesungen, historischen Ausstellungen und Ann Chamberlains Kunsttapete aus
Katalogkarten, die handgeschriebene Kommentare in zwölf Sprachen tragen.

Liebhaber klassischer Musik kennen natür-
lich das **War Memorial Opera House** (S. 288), das
an guten Abenden kaum genug Raum für San
Franciscos nunmehr 150-jährige Opern- und
Tanzleidenschaft bietet. In der **Davies Sympho-
ny Hall** (S. 288) hebt Dirigent Michael Tilson
Thomas Mahler in neue Höhen oder bringt
Berlioz in Form.

Ein paar Blocks entfernt vergnügen sich
Sinfoniefans auch in den Brasserien und Designerboutiquen des Hayes Valley. Etwas Zen
gefällig? Das berühmte **Zen Center** (Karte S. 267 f.;
☎ 415-863-3136; http://sfzc.org; 300 Page St; ☻ Mo–Fr
9.30–12.30 & 13.30–17, Sa 8.30–12 Uhr) ist spiritueller
Zufluchtsort der größten Buddhistengemein-
de außerhalb Asiens.

SOMA

Die Hoch- und Warenhäuser täuschen: SoMa
strotzt nur so vor unglaublichen Kunstmu-
seen, abenteuerlichen Restaurants und After-
hour-Clubs, in denen alles möglich ist. Im **San
Francisco Museum of Modern Art** (SFMOMA; Karte
S. 267 f.; ☎ 415-357-4000; www.sfmoma.org; 151 3rd St;
Erw./Kind unter 12 Jahren/Senior/Student 12,50/frei/8/7 US$;
☻ Fr–Di 11–17.45, Do bis 20.45 Uhr) beleuchtet Mario
Bottas strahlender Lichtbrunnen z. B. riesige
Wandbilder und großartige Fotoserien, die
von Dorothea Langes Depressions-
Dokumentation bis hin zu Daido Moriyamas
Traumszenen reichen. Der Skulpturengarten
auf dem Dach zeigt Louise Bourgeois' gruse-

lige Superspinne. Ebenfalls hier vertreten sind neue Medienrebellen wie Matthew Barney, der seine vaselineverschmierten Skandalvideos erstmals im SFMoMa vorstellte. Im **Cartoon Art Museum** (Karte S. 267 f.; ☎ 415-227-8666; www.cartoonart.org; 655 Mission St; Erw./Kind 6–12 Jahre 6/2 US$; ☺ Di–So 11–17 Uhr) dreht sich alles um Cartoonkunst – inklusive originaler *Watchmen*-Titelseiten, interaktiven Workshops mit Comiclegenden und Politcomics, die einst zu brisant zum Veröffentlichen waren.

Im selben Block portraitiert das immer ergreifende **Museum of African Diaspora** (Karte S. 267 f.; ☎ 415-358-7200; www.moadsf.org; 685 Mission; ☺ Mi–Sa 11–18 Uhr) die Verbindungen zwischen afrikanischen Gemeinden mit Kunst, Erzählungen und Technologie. Gegenüber hat der Architekt Daniel Libeskind den Backsteinbau des städtischen Kraftwerks von 1881 mithilfe von Ergänzungen aus blauem Stahl zum hebräischen Wort *l'chaim* („Auf das Leben") umgeformt. Das **Contemporary Jewish Museum** (Karte S. 267 f.; ☎ 415-655-7800; www.jmsf.org; 736 Mission St, Ecke 3rd St; Erw./Kind/Senior & Student 10/free/8 US$; ☺ Fr–Di 11–17.30, Do 13–20.30 Uhr), das sich im Inneren dieses Gebäudes befindet, informierte aktuell beispielsweise über Chagalls Theaterkulissen oder das Leben Gertrude Steins. Im Kasten unten stehen weitere Adressen für Kunstfans.

FINANCIAL DISTRICT

In der guten, alten, barbarischen Zeit verschaffte einem ein locker sitzender Geldbeutel hier noch leichte Mädchen – heute sind schon locker sitzende Krawatten während der Happy Hour eine Seltenheit. Aber ein paar rudimentäre Kuriositäten gibt's doch noch:

Unterhalb der raketenförmigen **Transamerica Pyramid** (Karte S. 267 f.; www.thepyramidcenter.com; 600 Montgomery St; ☺ nicht öffentlich zugänglich), haben einige Redwoods in den Wracks alter Walfangschiffe Wurzeln geschlagen und bunte Schwärme exzentrischer Kunstsammler flattern von ihren Villen hinunter zu den First-Thursday-Galerieeröffnungen an der **14, 49 und 77 Geary** (Karte S. 267 f.; www.sfada.com; San Francisco Art Dealers Association; ☺ Galerien meist Di–Fr 10.30–17.30, Sa 11–17 Uhr). Am **Ferry Building** (Karte S. 267 f.; ☎ 415-983-8000, www.ferrybuildingmarketplace.com; ☺ Mo–Fr 10–18, Sa 9–16 Uhr, So 11–17 Uhr) blüht nach wie vor der Hedonismus – Feinschmecker verpassen allzu oft überm Austern- und Champagner schlürfen ihre Fähre.

CHINATOWN

Mehr noch als durch pagodenförmigen Telefonzellen und drachenverzierten Straßenlaternen zeichnen sich diese 22 Blocks mit 40 Gassen durch ihre extreme Widerstandsfähigkeit aus: Seit den 1840er-Jahren hat die hiesige Gemeinde Aufstände, Diskriminierung, Brände, Schmuggelgangster und politisch motivierte Umsiedlungsversuche in Richtung Küste überlebt. Das berühmte **Chinese Historical Society of America Museum** (Karte S. 267 f.; ☎ 415-391-1188; www.chsa.org; 965 Clay St; Erw./Kind 6–17 Jahre 3/1 US$; ☺ Di–Fr 12–17 Uhr) dokumentiert ihre unglaubliche, aber wahre Geschichte.

In den 1930er-Jahren gingen Chinatowns Händler erfolgreich gegen Hinterhofbordelle und Opiumhöhlen auf die Barrikaden. Zudem gaben sie der **Grant Avenue** ihren typischen Chinatown-Look. Einen Block bergaufwärts wird die **Stockton Street** von Dim-Sum-Loka-

---

SAN FRANCISCOS KUNSTATTACKE

Wer glaubt, der kreativen Szene San Franciscos gewachsen zu sein, sollte zunächst mit dem **SFMoMa** (S. 274) beginnen. Danach heißt es Kunst in der **Catharine Clark Gallery** (Karte S. 267 f.; ☎ 415-399-1439; www.cclarkgallery.com; 150 Minna St; ☺ Di–Do 12–18 Uhr) bewundern, solange sie noch heiß und kontrovers ist. Nun dem stetigen Strom von Kunstbegeisterten über die 3rd St zum **Yerba Buena Center for the Arts** (Karte S. 267 f.; ☎ 415-978-2787; www.ybca.org; 701 Mission St; Galerie Erw./Senior/Student, Schüler & Lehrer 7/5/5 US$; ☺ Di–So 12–17, Do bis 20 Uhr) folgen, das Tausende Kunstfans mit avantgardistischen Ausstellungen und Vernissagen anlockt.

Im **Museum of Craft & Folk Arts** (Karte S. 267 f.; ☎ 415-227-4888; www.mocfa.org; 51 Yerba Buena Lane; Erw./Kind unter 18 Jahren/Senior 5/frei/4 US$; ☺ Di–So 11–17 Uhr) an der Yerba Buena Lane lassen sich die kreativen Durchbrüche gewiefter Kunsthandwerker feiern. Es folgen die Galerien an der **14, 49 und 71 Geary St** (s. oben) mit den modernsten Designwerken der Stadt im Foto- und Installationsbereich. Den Abschluss bilden die Zimmer des **Hotel des Arts** (S. 282), die wie Schlupfwinkel für Verschwörungstheoretiker wirken.

len, Gemüsehändlern und Apotheken mit Wänden voller hölzerner Schubladenregale gesäumt. Das echte Chinatown offenbart sich jedoch erst, wenn man die Gassen auf eigene Faust erkundet, unseren Stadtspaziergang (S. 279) absolviert oder bei **Chinatown Alleyway Tours** (S. 281) reserviert.

NORTH BEACH
Papageien und Poesie verleihen North Beach eine besondere Luft – vielleicht aber auch nur das durchdringende Aroma von frisch aufgebrühtem Espresso und ofenfrischer Pizza. In den 1950er-Jahren nutzten die Beatpoeten Jack Kerouac, Allen Ginsberg und Lawrence Ferlinghetti das italienische Viertel als Testgelände für Geistes- und Redefreiheit. Davon zeugt das **Beat Museum** (Karte S. 267 f.; ☎ 800-537-6822; www.thebeatmuseum.org; 540 Broadway; Eintritt 5 US$; ◷ Di–Do 12–22, Fr–So 10–22 Uhr), das dank der hiesigen Schar von entflohenen Papageien in einen echten Großstadtdschungel zu stehen scheint. Manches hat sich aber bis heute nicht geändert: In den Cafés und Pizzerias an **Columbus Ave** und oberer **Grant Street** wird immer noch Italienisch gesprochen. Die **Filbert Street Steps** führen hinauf zum **Coit Tower** (Karte S. 267 f.; ☎ 415-362-0808; Eintritt frei, Fahrstuhl 5 US$; ◷ 10–18 Uhr) mit 360°-Panoramablick auf Downtown. Die tollen Wandbilder im Turminneren entstanden während der 1930er-Jahre zu Ehren von San Franciscos Arbeiterschaft. Sie waren einst als kommunistisch verschrieen, stehen heute aber unter Denkmalschutz.

RUSSIAN HILL & NOB HILL
Gärtner, Fitnessfreaks und Sonnenuntergangsfanatiker meistern westlich von North Beach den schwindelerregenden Aufstieg nach Russian und Nob Hill. Autofahrer testen ihre Fähigkeiten bei Block 1000 entlang der gewundenen **Lombard Street** (Karte S. 267 f.). Viele verpassen dabei jedoch eines der besten örtlichen Sonnenuntergangspanoramen im **George Sterling Park** (Karte S. 267 f.) oberhalb der Golden Gate Bridge und Diego Riveras wunderbares Wandgemälde im nahen **Art Institute** (Karte S. 267 f.; ☎ 415-771-7020; www.sfai.edu; 800 Chestnut St; ◷ 8–21 Uhr).

Während Treppen urbane Wanderer an versteckten Hütten und Gärten mit Schrottskulpturen vorbeiführen, gibt's eine Abkürzung gen Himmel: Cable Cars fahren bergaufwärts zur progressiven **Grace Cathedral** (Karte S. 267 f.; ☎ 415-749-6300; www.gracecathedral.com; 1100 California St; ◷ Mo–Fr 7–18, Sa 8–18, So 8–19 Uhr, Gottesdienste mit Chor So 11 & 15 Uhr). Diese Bischofskirche hält Schritt mit ihrer Gemeinde: In der AIDS Interfaith Memorial Chapel steht ein bronzenes Altarbild Keith Harings. Buntglasfenster beleuchten die Errungenschaften der Menschheit, indem sie z. B. Albert Einstein in einer nuklearen Partikelwolke zeigen. Gleichzeitig werden ruhelose Seelen von Bodenlabyrinthen durch die spirituellen Stufen des Loslassens, Empfangens und Zurückkehrens geleitet.

FISHERMAN'S WHARF
Am **Pier 39** (Karte S. 267 f.; ☎ 415-981-7437; www.pier39.com) rülpsen Seelöwen nach dem Genuss von frischem Fisch. Abgesehen von dieser bemerkenswerten Ausnahme sind die meisten Stege mit Landratten gefüllt, die vergeblich versuchen, ihre Sauerteigschalen mit sämiger Muschelsuppe ganz auszuessen (quasi unmöglich!). Der **San Francisco Maritime National Historical Park** (Karte S. 267 f.; ☎ 415-561-7100; www.nps.gov/safr; 499 Jefferson St Ecke Hyde St; ◷ Juni–Sept. 9.30–19, Okt.–Mai 9.30–17 Uhr) erlaubt authentische Einblicke in die Seefahrtsgeschichte der Stadt: An seinem **Hyde Street Pier** (Karte S. 267 f.; ☎ 415-447-5000; 2905 Hyde St Ecke Jefferson St; Bordkarte 5 US$, Nationalparkpässe akzeptiert) können Schiffe aus dem 19. Jh. besichtigt werden – beispielsweise der Dreimaster *Balclutha* von 1886. Im **Musée Mécanique** (Karte S. 267 f.; ☎ 415-346-2000; www.museemecaniquesf.com; Eintritt frei; ◷ Mo–Fr 10–19, Sa & So 10–20 Uhr) am Pier 45 kann man einen Mann für einen Vierteldollar guillotinieren. Die makabre „French Execution" und andere Arcadespiele aus dem 19. Jh. konkurrieren hier z. B. mit Mrs. Pac-Man um das Kleingeld der Besucher.

THE MARINA & PRESIDIO
Angesichts der heutigen Heiterkeit in den ehemaligen Militärstützpunkten Marina und Presidio wären Armeeoffiziere wohl entsetzt. **Fort Mason** (Karte S. 267 f.; ☎ 415-345-7500; www.fortmason.org) steht inzwischen für Impro-Comedy und Kunstunterricht für Kinder. Im **Exploratorium** (Karte S. 267 f.; ☎ 415-561-0360; www.exploratorium.edu; 3601 Lyon St; Erw./Kind 4–12 Jahre 14/9 US$; Tactile Dome 17 US$; ◷ Di–So 10–17 Uhr) erfahren Streber und Freaks die wissenschaftlichen Geheimnisse der Attraktivität oder tasten sich durch den Tactile Dome. Draußen watscheln Entenküken durch Bernard Maybecks **Palace of Fine Arts** (Karte S. 267 f.) von 1915. An der Fassade des pseudorömischen Rundbaus attackieren

Materialisten die Kunst, der Idealisten zu Hilfe eilen.

Vom Asphalt befreit dient Presidios Landebahn am Meer nunmehr in Form des **Crissy Field** (Karte S. 267 f.; ☎ 415-561-7690; www.crissyfield.org) als Zufluchtsort für Küstenvögel, Drachenflieger und urbane Strandwanderer. Hier hat man einen spektakulären Blick auf die Golden Gate Bridge, deren Unteransicht am **Fort Point** (Karte S. 267; ☎ 415-561-4395; www.nps.gov/fopo) mit Sicherheit an eine berühmte Szene aus Hitchcocks Nervenkitzler *Vertigo* erinnert. Buchstäblich in natura kann die Brücke am FKK-freundlichen **Baker Beach** (Karte S. 267; ☽ Sonnenaufgang–Sonnenuntergang) auf der Westseite von Presidio bewundert werden. Bei aufkommendem Nebel empfiehlt sich die **Warming Hut** (Karte S. 267 f.; ☽ 9–17 Uhr) mit Fair-Trade-Kaffee, Bio-Backwaren und Wandisolation aus altem Jeansstoff.

THE MISSION

Im Mission District scheinen alle Underground-Kunstbewegungen begonnen zu haben. Da ist durchaus was dran: Seit die einheimischen Ohlone um 1795 pulsierende Herzen hinter den Altar der **Mission Dolores** (Karte S. 267 f.; ☎ 415-621-8203; www.missiondolores.org; Ecke Dolores St & 16th St; Erw./Senior & Kind 5/3 US$; ☽ Nov.–April 9–16 Uhr, Mai–Okt. 9–16.30 Uhr) malten, ist das Viertel sehr eng mit der Kunst verbunden.

Galerien wie **Jack Hanley** (Karte S. 267 f.; ☎ 415-522-1623; www.jackhanley.com; 395 Valencia St; ☽ Di–Sa 11–18 Uhr) machten Skater-Graffitis aus San Francisco zum internationalen Hit. Doch schon in den vorhergegangenen 1970er-Jahren zierten politische Wandbilder die **Balmy Alley** (außerhalb der Karte S. 267 f.; abseits 24th St bei Folsom) und diverse Seitenstraßen des Mission Districts (für geführte Touren s. Precita Eyes Mission Mural Tours, S. 281). Politisches hat hier Tradition: Im **Dolores Park** (Karte S. 267 f.) wird an fast jedem Wochenende protestiert, während sich Latinokünstler in der **Galería de la Raza** (Karte S. 267 f.; ☎ 415-826-8009; www.galeriadelaraza.org; 2857 24th St; ☽ Mi–Sa 12–18, Di 13–19 Uhr) der Politik und Popkultur widmen.

Der Essensmix aus Burritos, Margaritas und Kaffee im Mission District scheint kreative Charaktere zu beflügeln – daher die vielen einheimischen Designerboutiquen, Zeitschriftenläden und gemeinnützigen Kunsthallen im Bereich von Valencia St bzw. Mission St. Als ein Piratenladen an der **826 Valencia** (Karte S. 267 f.; ☎ 415-642-5905; www.826valencia.org; 826 Valencia St; ☽ 12–18 Uhr) neben Augenklappen auch Publikationen des unabhängigen Verlagshauses McSweeney's verkaufte, um Schreibworkshops für Jugendliche zu finanzieren, trat der Mission District seine Traummission an.

THE CASTRO

Homosexuelle leben auch in anderen Vierteln San Franciscos. Die große GLBT-Gemeinde des berühmten Castro Districts ist jedoch so stark wie Superhelden oder Kondome: Hier wird man angesichts von Pseudo-Transen oder Gesetzen gegen gleichgeschlechtliche Ehen nicht nur sauer, sondern organisiert sich. Davon zeugen z. B. die historische **Human Rights Campaign** (Karte S. 267 f.; ☎ 415-431-2200; www.hrc.org; 600 Castro St) und die kilometerlange **Pride Parade** (S. 281) mit 500 000 Teilnehmern in Federboas oder Brautschleiern.

Wer von Downtown aus nach Castro kommt, sieht zuerst das tolle viktorianische **San Francisco Lesbian, Gay, Bisexual, Transgender Community Center** (Karte S. 267 f.; ☎ 415-865-5555; www.sfcenter.org; 1800 Market St) in Aquamarinblau. Dank der Glasfassade fühlt man sich auch in dessen Innerem rundum *out and proud*. Das hiesige Spektrum beinhaltet z. B. Transgender-Kunstshows, GLBT-Elterntreffs, Freitagssessions für Kunsthandwerksfans unter 26 und das alljährliche Queer Prom. Richtig angekommen ist man aber erst am Vordach des **Castro Theatre** (S. 288). Dahinter wird vor jedem Film wahrhaft mächtig georgelt: Wenn die alte Wurlitzer aus dem Orchestergraben emporsteigt und die Menge das Titelthema aus San Francisco („San Francisco, open your Golden Gate …") singt, herrscht pure Kinomagie.

THE HAIGHT

Der dunstige Hotspot des Summer of Love zeigt immer noch Charakterzüge der Swinging Sixties: Nur eine äußerst mysteriöse und stark lokal begrenzte Krankheit könnte sonst die hohe Anzahl medizinischer Marihuana-Treffs erklären. Auch Batikmuster und Ideale waren im Haight nie ganz aus der Mode. So bekommen Notleidende dank dem **Bound Together Anarchist Book Collective** (S. 273), der unabhängigen Kinokooperative **Red Vic Movie House** (S. 288) und dem **Haight Ashbury Food Program** (Karte S. 267 f.; ☎ 415-566-0366; www.thefoodprogram.org; 1525 Waller St) immer noch warmes Essen und neue Berufschancen.

In **Upper Haight** nördlich der Divisadero St gibt's Headshops, Cafés, Boutiquen, Second-

Hand-Klamotten und gebrauchte CDs. Jenseits der Divisadero liegt **Lower Haight** mit vielen Friseursalons, Bars, Skaterläden und, ähem, Gärtnereimärkten. Und mitten drin stehen viktorianische Gebäude wie gemalt rund um den **Alamo Square Park** oben auf dem Hügel. Überall in The Haight sind Punks, Künstler, Ästheten, Exzentriker und Außenseiter zugegen, die alle perfekt hierherpassen.

JAPANTOWN & PACIFIC HEIGHTS

Auf jeder Nudeltheke und Karaokebar von Japantown hebt eine Porzellankatze (*maneki neko*) die Pfote zum Dauergruß. Dieses Viertel gibt sich die größte Mühe, Besucher bestmöglich zu entspannen – sei es mit Shiatsu-Massagen in den **Kabuki Hot Springs** (S. 279) oder Öko-Entertainment und genfreiem Popcorn in Robert Redfords **Sundance Kabuki Cinema** (S. 288). Im **Yoshi's** (S. 287) spielen Weltklassetalente wie die Preservation Hall Jazz Band aus New Orleans oder die einheimische Funk-Fusion-Truppe Broun Fellinis. Die Postergalerie „Day-Glo" weist das gegenüberliegende **Fillmore** (S. 287) als legendären Geburtsort des Psychedelic-Rocks der 1960er-Jahre aus.

GOLDEN GATE PARK & UMGEBUNG

1866 war San Francisco seiner Zeit weit voraus. Damals beschloss die Stadt, aus ca. 4 km² Sanddünen den größten Stadtpark der Welt zu machen. Dieses grüne Vorhaben war so ehrgeizig, dass es sogar Frederick Law Olmstead den gefeierten Schöpfer des New Yorker Central Parks abschreckte. Allerdings konnten Grundstücksspekulanten den Golden Gate Park nicht wie geplant in ein Vergnügungsresort verwandeln: Parkplaner William Hammond Hall bestand statt Hotels und Kasinos auf botanischen Gärten, dem **Japanese Tea Garden** (Karte S. 267 f.; ☎ 415-752-4227; www.parks.sfgov. org; Hagiwara Tea Garden Dr; Erw./Kind unter 5 Jahre/Kind 5–11 Jahre/ Senior & Jugendl. 12–17 Jahre 5/frei/1,50/3 US$, Mo, Mi & Fr 9–10 Uhr Eintritt frei; 🕙 März–Okt. 9–18 Uhr, Nov.–Feb. 9–17 Uhr) und dem malerischen **Stow Lake** (Karte S. 267 f.; ☎ 415-752-0357; Paddelboot/Kanu/ Ruderboot pro Std. 24/20/19 US$; Vierrad 20–35 US$/Std., Tandem 12 US$/Std., Fahrrad 6–8 US$/Std.; 🕙 Verleih 10–16 Uhr) mit Bootsverleih. Zu den dennoch kuriosen Attraktionen des Geländes zählen z. B. die fleischfressenden Pflanzen und außerirdisch anmutenden Orchideen im **Conservatory of Flowers** (Karte S. 267 f.; ☎ 415-666-7001; www.conservatoryofflowers.org; Erw./Kind unter 5 Jahren/Kind 5–11 Jahre/

Senior & Jugendl. 12–17 Jahre 5/frei/1,50/3 US$; 🕙 Di–So 9–16.30 Uhr) von 1879.

Doch selbst in Halls kühnsten Träumen wären die neuesten Highlights des Parks wohl nicht aufgetaucht. Nach einem Entwurf Renzo Pianos entstand hier 2008 die markante **California Academy of Sciences** (Karte S. 267 f.; ☎ 415-379-8000; www.calacademy.org; 55 Concourse Dr; Erw./Kind unter 7 Jahren/Kind 7–11 Jahre/Jugendl. 11–17 Jahre wochentags 24,95/frei/14,95/19,95 US$, am 3. Mi des Monats Eintritt frei, Erw. ab 21 Jahren Do 18–22 Uhr 10 US$; 🕙 Mo–Sa 9.30–17, So 11–17 Uhr) mit LEED-Energiesparzertifikat. Unter deren „lebendem Dach" aus kalifornischen Wildblumen leben neben Pinguin Pierre weitere 38 000 seltsame und wunderbare Tiere. Gegenüber dem Musikpavillon steht ein anderer Publikumsmagnet: Die grün oxidierten Kupferbeschläge des eleganten **MH de Young Fine Arts Museum** (Karte S. 267 f.; ☎ 415-750-3600; www.famsf.org/deyoung; Erw./Senior/Student & Schüler über 13 Jahre 10/7/6 US$, Rabatt mit Muni-Ticket 2 US$, am 1. Di des Monats Eintritt frei; 🕙 Di–So 9.30–17.15 Uhr, Jan.–Nov. Fr bis 20.45 Uhr) von Herzog & de Meuron verschmelzen gezielt mit der Parklandschaft. Doch die Tarnfassade täuscht: Die superben Ausstellungen im Inneren feiern großartige Kunstarbeiten von Andi Warhols Siebdruck-Popstar-Portraits bis hin zu Zeremonienmasken aus Ozeanien.

In Richtung Pazifik denkt man auf einmal an Don Quijote, wenn echte Bisons in ihren Koppeln auf verfallende Windmühlen losstürmen. Der Park endet am stürmischen **Ocean Beach** (Karte S. 267; ☎ 415-556-8371; 🕙 Sonnenaufgang–Sonnenuntergang) – zu kühl für Strandhäschen in Bikinis, aber ideal für Surfprofis, die den Brandungsrückstrom (nichts für Freizeitschwimmer!) im Neoprenanzug meistern. Am Norden des Ocean Beach steht das kürzlich renovierte, aber leider völlig seelenlose **Cliff House** (Karte S. 267; ☎ 415-386-3330; www.cliffhouse.com; 1090 Point Lobos). Von dort fällt der Blick auf die Ruinenpracht der **Sutro Baths** (Karte S. 267), in denen sich viktorianische Dandys einst zwecks stählenden Bädern und Leibesertüchtigung trafen.

Der Weg oberhalb der Sutro Baths führt um das **Lands End** (Karte S. 267) herum und bietet dabei Postkartenansichten von Marin Headlands bzw. Golden Gate Bridge. Er endet am **California Palace of the Legion of Honor** (Karte S. 267; ☎ 415-750-3600; www.famsf.org/legion; Ecke 34th Ave/Clement St; Erw./Senior/Student & Schüler über 13 Jahren 10/7/6 US$, Rabatt mit Muni-Ticket 2 US$, am 1. Di des Monats Eintritt frei; 🕙 Di–So 9.30–17 Uhr), das massentaugliche Sonderausstellungen mit Fabergé-Eiern ebenso zeigt wie düster-makabre Radierungen von Max Klinger aus dem 19. Jh. unter dem Ausstellungstitel *Waking Dreams*.

SAN FRANCISCO BAY

Man stelle sich eine gedrungene Brücke vor, die in Signalgelb und Schwarz über die San Francisco Bay führt. Soweit die ursprüngliche Idee der US-Marine. Doch zum Glück bestand Chefingenieur Joseph B. Strauss zusammen mit den Architekten Gertrude und Irving Murrow auf ein hoch aufragendes Art-déco-Design im Farbton „International Orange", das mit der umliegenden Landschaft harmoniert. Ergebnis: Die **Golden Gate Bridge** (Karte S. 267 f.; ☎ 415-921-5858; www.goldengatebridge.org) von 1937. Vom Marin County nach San Francisco wird eine Fahrzeugmaut von 6 US$ fällig, während Fußgänger und Radler den östlichen Brückenweg gratis benutzen können.

Mitten in der Bucht ragt mit dem berüchtigten Inselknast **Alcatraz** (Karte S. 267) das Ex-Zuhause Al Capones aus dem Meer. Die Gefängnisleitung pries den mächtigen Betonklotz einst als ausbruchssicher. Da Bewachung und Betrieb den Staat jedoch mehr kosteten als eine Unterbringung der Häftlinge im Ritz, wurde Alcatraz 1963 geschlossen. Führer der amerikanischen Ureinwohner besetzten die Insel von 1969 bis 1971 aus Protest gegen die US-Inbesitznahme indigenen Landes. Ein kleines Museum und „Red Power"-Schilder nahe dem Fähranleger erinnern an ihren Widerstand gegen das FBI. Fährtickets müssen vorab bei **Alcatraz Cruises** (Karte S. 267 f.; ☎ 415-981-7625; www.alcatrazcruises.com; Erw./Kind 5–11 Jahre tagsüber 26,00/16,00 US$, abends 32,00/19,50 US$; ☯ Reservierungen 9–18.45 Uhr; Touren ab Pier 33 9–16 Uhr ca. alle 30 Min., abends 18.10 & 18.45 Uhr) gebucht werden. Der Trip beinhaltet eine faszinierende Audiotour, bei der Gefangene und Wärter vom Leben auf dem „Felsen" (The Rock) erzählen.

Aktivitäten

Leihfahrräder gibt's bei **Avenue Cyclery** (Karte S. 267 f.; ☎ 415-387-3155; www.avenuecyclery.com; 756 Stanyan St; ☯) im Golden Gate Park oder **Blazing Saddles** (Karte S. 267 f.; ☎ 415-202-8888; www.blazingsaddles.com; 2715 Hyde St; pro Std./Tag 7/28 US$; ☯) an der Fisherman's Wharf. Dann hinüber über die Golden Gate Bridge und nach Sausalito mit der Fähre nach San Francisco zurückkehren. Sonntags ist der J.F.K. Drive im Golden Gate Park für den Fahrzeugverkehr gesperrt.

Eine coole Aussicht auf die Stadt ermöglicht das Buchtpaddeln mit **City Kayak** (Karte S. 267 f.; ☎ 415-357-1010; www.citykayak.com; Pier 38, Ecke Embarcadero St & Townsend St; 15–25 US$/Std.) oder eineinhalbstündige Katamarantörns mit **Adventure Cat Sailing Charters** (Karte S. 267 f.; ☎ 415-777-1630; www.adventurecat.com; Pier 39; Erw. ab 30 US$).

Surfer zieht es zum **Ocean Beach** (Karte S. 267), dessen Winterdünung 3,65 m oder mehr erreicht. Der **Aqua Surf Shop** (Karte S. 267; ☎ 415-242-9283; http://aquasurfshop.com; 2830 Sloat Blvd; ☯ So–Di 10–17.30, Mi–Sa 1019 Uhr) verleiht Bretter und Neoprenanzüge. Immer den aktuellen **Surfbericht** (☎ 415-273-1618) checken!

Oceanic Society Expeditions (Karte S. 267 f.; ☎ 800-326-7491; www.oceanic-society.org; Fort Mason, Gebäude E; Erw. 100 US$) organisiert tolle Walbeobachtungs-Touren.

LP Tipp **Kabuki Hot Springs** (Karte S. 267 f.; ☎ 415-922-6000; www.kabukisprings.com; 1750 Geary Blvd; Eintritt 22–25 US$; ☯ 10–21.45 Uhr) heißt die beste Adresse für japanische Bäder, bei denen Damen und Herren getrennt an abwechselnden Tagen relaxen. Eine Ausnahme ist der gemischte Dienstag mit Badehosen- bzw. Badeanzugspflicht.

Stadtspaziergang

Gut aufwärmen und die Augen offen halten: Dieser Stadtspaziergang enthüllt revolutionäre Verschwörungen und verborgene Reichtümer, begegnet seemannsmäßig fluchenden Vögeln, animiert zum Erklimmen eines riesigen Feuerwehrschlauchs und ermöglicht ein Gourmetmahl mit Gandhi.

Vom **Dragon Gate** (**1**; Ecke Grant Ave/Bush St) in **Chinatown** geht's zuerst einen Block Richtung Norden vorbei an den vergoldeten Drachenlaternen und Schmuckläden der Grant St. Dann nach rechts in die Pine St einbiegen: Der **Old St. Mary's Park** (**2**) markiert den ehemaligen Standort eines berüchtigten Bordells, das dem Feuer nach dem Erdbeben von 1906 zum Opfer fiel. Heute zeigen hier nur noch Skaterrebellen ihre Tricks – unter dem wachsamen Auge des Revolutionsführers Sun Yat-sen, dessen Statue 1929 von Beniamino Buffano entworfen wurde. Zurück auf der Grant St kommt nach einem Block die Old St. Mary's Church in Sicht. Dann links in die Sacramento St und gleich wieder nach rechts in Richtung der flaggengeschmückten Tempelbalkone am **Waverly Place** (**3**) marschieren. Am **Tien Hou Temple** (**4**; 125 Waverly Place, 4. Stock; Eintritt frei, Spenden willkommen; ☯ wechselnde Öffnungszeiten) kann man seinen Respekt erweisen. Ansonsten die

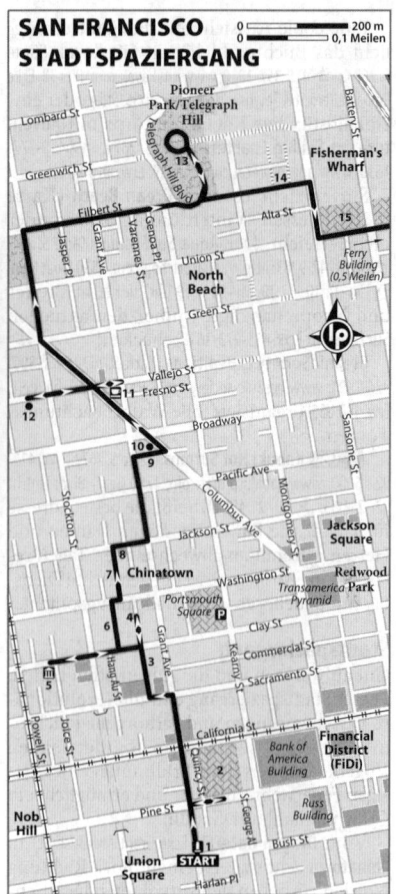

SAN FRANCISCO
STADTSPAZIERGANG

0 ━━━━━ 200 m
0 ━━━━━ 0,1 Meilen

ROUTENINFOS

Start Dragon Gate, Chinatown
Ziel Ferry Building
Strecke ca. 2,9 km
Dauer halber Tag

nächste Abzweigung links in die Clay St nehmen: Einen Block weiter befindet sich dort das **Chinese Historical Society of America Museum** (**5**; S. 275) in Chinatowns majestätischem YWCA-Gebäude, das von Julia Morgan entworfen wurde. Kaliforniens erste Architektin war zudem die einzige Person, der William Randolph Hearst den Bau seines Schlosses (S. 259) anvertrauen wollte.

Zurück auf der Clay nun die Stockton passieren und mit der **Spofford Alley (6)** die erste Gasse zur Linken nehmen. Dort vernimmt man das Klackern von Mahjong-Steinen, die Aufwärmproben eines chinesischen Orchesters und lautstarke Kosmetikerinnen, die gegen den Lärm der Föns antratschen. An diesem Ort erklang einst das Flüstern von Sun Yat-Sen und dessen Mitverschwörern, die 1911 als Sturz der letzten chinesischen Dynastie planten. Während der Revierkämpfe der Schmuggler in den 1920er-Jahren hallten dagegen Schüsse durch die Gegend. Auf der Washington St geht's erst nach rechts und dann gleich wieder nach links in die **Ross Alley (7)**. Diese Ex-Bordellmeile diente in jüngerer Zeit als malerisch renovierte Kulisse für Fortsetzungsfilme wie *Karate Kid II* oder *Indiana Jones und der Tempel des Todes*. Die alten Automaten der **Golden Gate Fortune Cookie Factory** (**8**; 56 Ross Alley) liefern backfrisches Glück in noch ofenwarmen Keksen.

Anschließend heißt es rechtsrum zur Grant zurückkehren und stets links halten. Nach eineinhalb Blocks zweigt mit der **Jack Kerouac Alley (9)** nun die Gasse zur Rechten ab, in der Kerouac einst das Bewusstsein verlor. Diese Stelle wird heute von Wandgemälden und Gehweggedichten markiert. Der **City Lights Bookstore** (**10**; S. 273) am Gassenende ist Heimat der Beatpoesie und Verfechter der Redefreiheit. Hier gekaufte Lektüre lässt sich eineinhalb Blocks weiter im **Caffe Trieste** (**11**; ☎ 415-982-2605; www.caffetrieste.com; 601 Vallejo St; ◷ So–Do 6.30–23, Fr & Sa bis 24 Uhr) verschlingen, das seit den 1950er-Jahren dank Opern-Jukebox, Akkordeon-Jamsessions und unkonventionellen Stammgästen sehr beliebt ist. Entlang der Vallejo St geht's nun über die Columbus zur **Good Luck Parking Garage** (**12**; 735 Vallejo). Deren Parkplätze sind mit schablonierten Sinnsprüchen des Künstlers Harrell Fletcher verziert – etwa „You are not a has-been" („Du bist keine vergessene Größe").

Zurück auf der Columbus Ave nun nordwärts halten, die Stockton zur Rechten nehmen und nochmals nach rechts in die Filbert St einbiegen. Dort zuerst kräftig durchatmen und dann zum **Coit Tower** (**13**; S. 276) hinaufsteigen. Zu Ehren der Feuerwehr ließ die exzentrische Millionärin Lillie Hitchcock Coit den Turm angeblich einst in Form eines Riesenschlauchs errichten. Die umstrittenen Wandbilder der WPA (Workers Party of America) im Inneren wurden schon als kommunistisch, mutig oder beides auf einmal bezeichnet. Vorbei an Wildpapageien und versteckten Hütten führen die **Filbert Steps (14)** anschließend hinunter zur Sansome St. Über die **Levi's Plaza (15)** – benannt nach dem berühmtesten Erfinder der Stadt – geht's in Richtung Embarcadero. Zum Schluss nach rechts und ein paar Blocks gen Süden halten, bis man das **Ferry Building** (S. 283) mit seinen Köstlichkeiten erreicht. Auf einer buchtseitigen Bank schmeckt das Mittagessen besonders gut, während Gandhis Bronzestatue einem dabei recht hungrig über die Schulter schaut.

San Francisco mit Kindern

Verglichen mit allen anderen US-Städten kommen auf San Franciscos Einwohner pro Kopf wesentlich weniger Kinder: Nach einer SF/SPCA-Studie gab es hier 2008 ca. 19 000 Hunde mehr als Mitbürger unter 18 Jahren. Nichtsdestotrotz hat der Nachwuchs vor Ort jede Menge Spaß.

American Child Care (☎ 415-285-2300; www. americanchildcare.com; 580 California St, Suite 1600; ⚓) 20 US$ pro Stunde plus Trinkgeld (mind. 4 Std.).

Aquarium of the Bay (Karte S. 267 f.; ☎ 415-623-5301; www.aquariumofthebay.com; Pier 39; Erw./Kind/Familie (2 Erw., 2 Kinder) 15,95/8/39,95 US$; ⚓ Sommer tgl. 9–20 Uhr, übriges Jahr Mo–Fr 10–18, Sa & So 10–19 Uhr; ⚓) Unter Wasser auf Transportbändern durch Glasröhren gleiten, während Haie darüber ihre Kreise ziehen.

California Academy of Sciences (S. 278; ⚓) Ein lebendiges Geschichtenbuch unter einem Dach aus kalifornischen Wildblumen – inklusive vierstöckigem Regenwald, Sumpf mit lauerndem Albino-Alligator und Sternschnuppen im Planetarium.

Cartoon Art Museum (S. 257; ⚓) Zahllose Comics von Superhelden bis Manga.

Exploratorium (S. 276) Die interaktiven Ausstellungen gewannen 2008 einen MacArthur Genius Grant. Sie erklären z. B. warum man unter der Dusche schöner singt oder welches Potential Röntgenstrahlen haben.

Fire Engine Tours (Karte S. 267 f.; ☎ 415-333-7077; www.fireenginetours.com; Ecke Beach St/Cannery; Erw./Kind unter 12 Jahren/Jugendl. 50/30/40 US$; ⚓ Tourbeginn Mi–Mo 13 Uhr; ⚓) Heiße Sache: Die Golden Gate Bridge im alten, offenen Feuerwehrwagen überqueren (75 Min.).

Golden Gate Park (S. 278; ⚓) Ein echtes Kinderparadies mit Büffeln, Karussell, Spielplätzen, Miniaturbäumen und Tretbooten.

Zeum Art & Technology Center (Karte S. 267 f.; ☎ 415-822-3320; www.zeum.org; 221 4th St; Erw./Kind 4–18 Jahre 7/5 US$; ⚓ Juni–Aug. Di–So 11–17 Uhr, Sept.–Mai Mi–Fr 13–17, Sa & So 11–17 Uhr; ⚓) Eine

Technologie, die zu cool für die Schule ist: Roboter, Video-Rollenspiele, selbstgedrehte Musikvideos und Animationsworkshops mit Erfindern aus dem Silicon Valley.

Geführte Touren

California Historical Society (Karte S. 267 f.; ☎ 415-357-1848; www.californiahistoricalsociety.org; 678 Mission St) Wenn der exzentrische Stadtplaner Gary Holloway nicht gerade Mönchsgewänder trägt, leitet er historische Spaziergänge zu wenig bekannten und versteckten Juwelen in San Franciscos Viertel.

Chinatown Alleyway Tours (☎ 415-984-1478; www.chinatownalleywaytours.org; Erw./Kind unter 6 Jahren/Kind 6–9 Jahre/Student & Schüler 10–17 Jahre 18/frei/5/12 US$; ⚓ Sa 11 Uhr oder nach Vereinbarung) Vor Ort aufgewachsene Jugendliche geben Tourteilnehmern zwei Stunden lang sehr persönliche und intensive Einblicke in Chinatowns Vergangenheit.

Precita Eyes Mission Mural Tours (☎ 415-285-2287; www.precitaeyes.org; öffentliche Tour Erw. 10–12 US$, Senior & Kind unter 17 Jahren/Kind unter 12 Jahren 5/2 US$; ⚓ Werktage 11, Wochenende 13.30 Uhr) Im Namen des Precita Eyes Mural Arts Center leiten einheimische Künstler zweistündige Spaziergänge oder Radtouren, die 60 bis 70 Wandbilder bzw. sechs bis zehn Blocks im Bereich der kunterbunten Balmy Alley besichtigen.

Public Library City Guides (☎ 415-557-4266; www.sfcityguides.org; öffentliche Touren frei) Die Viertelspaziergänge ortsansässiger Historiker behandeln z. B. Themen wie Art Déco in Marina, Goldrausch in Downtown oder Villen in Pacific Heights. Die Webseite informiert über Zeiten und Treffpunkte.

Festivals & Events

Chinese New Year Parade (☎ 415-986-1370; www.chineseparade.com) Zuschauer jagen den 61 m langen Drachen, während Löwentänzer und Kung-Fu-Kids durch Chinatown ziehen. Ende Januar/Anfang Februar.

SF International Film Festival (☎ 415-561-5000; www.sffs.org) Beim ältesten US-Filmfestival sind Sonnenbrillen und Paparazzi die wichtigsten Accessoires. Ende April.

Bay to Breakers (☎ 415-359-2800; www.baytobreakers.com; Teilnahmegebühr 44–48 US$) Kostümierte, nackte oder leicht angsterfüllte Läufer rennen vom Embarcadero zum Ocean Beach. Dritter Maisonntag.

Carnaval (☎ 415-826-1401; www.carnavalsf.com) Echt brasilianisch, oder nur Wachs und Kunstbräune? Egal: Im Mission District werden die Federn geschüttelt. Letztes Maiwochenende.

SF Gay Pride Month (☎ 415-864-0831; www.sfpride.org) Ein Szenetag reicht bei weitem nicht: Der Juni beginnt mit dem Gay & Lesbian Film Festival. Am letzten Wochenende endet er stilvoll mit dem Dyke March (☎ 415-241-8882; www.dykemarch.org) und den 500 000 ausgelassenen Teilnehmern der fröhlichen Lesbian, Gay, Bisexual and Transgender Pride Parade.

Folsom Street Fair (☎ 415-777-3247; www.folsom streetfair.com) In Leder schlüpfen und öffentliche Züchtigungen für einen guten Zweck genießen. Letztes Juliwochenende.

LitQuake (415-750-1497 www.litquake.org) Im Rahmen des legendären LitCrawl erzählen Schriftsteller wahre Geschichten und lüften Geheimnisse bei ein paar Drinks. Zweites Oktoberwochenende.

SF Jazz Festival (☎ 415-398-5655; www.sfjazz.org) Altmeister und neue Talente stoßen ins Horn bzw. begeisterte Zuschauer fast vom Stuhl. Ende Oktober.

Diá de los Muertos (☎ 415-821-1155; www.dayof thedeadsf.org) Am 2. November weckt The Mission seine Toten mit Zuckerschädeln, tollen Altären und einer gruseligen Kostümparade.

Schlafen

Boutiquehotels wurden in San Francisco erfunden. Es gibt sie quasi überall, aber sie sind nicht gerade günstig: Mittelklassezimmer kosten hier 100 bis 200 US$. Das San Francisco's Visitor Information Center (S. 274) betreibt eine mehrsprachige **Reservierungshotline** (☎ 888-782-9673; www.onlyinsanfrancisco.com) für Unterkünfte. **Bed & Breakfast SF** (☎ 415-899-0060; www.bbsf.com) vermittelt B & B-Apartments. An der Lombard St (Hwy 101) stehen viele Motels. Die örtliche Übernachtungssteuer von 14 % gilt nicht für Hostels.

UNION SQUARE & CIVIC CENTER

Dakota Hotel (Karte S. 267 f.; ☎ 415-931-7475; 606 Post St, Ecke Taylor St; Zi. 98–110 US$; ☒ ▢ ☎) Historisches Hotel aus den 1920er-Jahren mit sauberen, einfachen Zimmern, Klauenfußwannen und launischem Aufzug. Parken 16 US$.

LP Tipp **Hotel des Arts** (Karte S. 267 f.; ☎ 415-956-3232; www.sfhoteldesarts.com; 447 Bush St; Zi. ohne Bad 99–149 US$, mit Bad 139–199 US$; ☒ ☎) Eine Budgetoption für Kunstfreaks: Underground-Künstler haben ein paar der Zimmer quasi in individuelle Gemälde verwandelt. Die Standardvarianten sind vergleichsweise langweiliger, aber sauber und ihr Geld wert. Parken kostet 24 US$.

Golden Gate Hotel (Karte S. 267 f.; ☎ 415-392-3702, 800-835-1118; www.goldengatehotel.com; 775 Bush St; Zi. ohne/mit Bad 105/165 US$; ☒ ▢ ☎) Mit freundlichen Eigentümern und einfachen Zimmern wirkt das Golden Gate wie eine altmodische Pension. Der edwardianische Bau von 1913 steht in sicherer Entfernung oberhalb von Tenderloin. Parken: 25 US$.

Mosser (Karte S. 267 f.; ☎ 415-986-4400, 800-227-3804; www.themosser.com; 54 4th St; Zi. ohne Bad 75–109 US$, mit Bad 149–179 US$; ☒ ▢ ☎) In der Touristenklasse gibt's hier Mini-Zimmer mit noch winzigeren Bädern und ein paar stilvollen Details. Parken kostet 29 US$.

Petite Auberge (Karte S. 267 f.; ☎ 415-928-6000, 800-365-3004; 863 Bush St; Zi. 169–219 US$; ☒ ▢ ☎) Eine Art Landgasthof mit dem Charme der französischen Provence. Die fröhlichen Zimmer haben teilweise Gaskamine. Parken: 32 US$.

Hotel Triton (Karte S. 267 f.; ☎ 415-394-0500, 800-800-1299; www.hoteltriton.com; 342 Grant Ave; Zi. 149–239 US$; ☒ ☒ ▢ ☎) Flottes Boutiquehotel mit hochenergetischer Lobbybeschallung und tollen Betten. Die günstigsten Zimmer sind jedoch winzig. Parken kostet 38 US$.

Orchard Garden Hotel (Karte S. 267 f.; ☎ 415-399-9807; www.theorchardgardenhotel.com; 466 Bush St; Zi. 179–249 US$; ☒ ☒ ▢ ☎) San Franciscos erstes waschechtes Öko-Hotel. In den herrlich ruhigen Zimmern warten luxuriöse Extras wie z. B. Leintücher aus ägyptischer Baumwolle. Parken kostet 40 US$.

FINANCIAL DISTRICT & NORTH BEACH

Pacific Tradewinds (Karte S. 267 f.; ☎ 415-433-7970, 888-734-6783; www.sanfranciscohostel.org; 680 Sacramento St; B 24–26 US$; ☒ ▢ ☎) Das attraktivste reine Schlafsaalhostel der Stadt offeriert blau-weißes Seefahrtsdekor, eine Komplettküche und blitzsaubere Duschen. Drei Treppenfluchten ersetzen den fehlenden Aufzug.

San Remo Hotel (Karte S. 267 f.; ☎ 415-776-8688, 800-352-7366; www.sanremohotel.com; 2237 Mason St; Zi. 55–85 US$; ▢ ☎) Das Hotel von 1906 bietet zwar viel altmodischen Charme, hat aber nur Gemeinschaftsbäder. Die einfachen Zimmer passen nicht so recht zum Jahrhundertwende-Mobiliar. Achtung: Die günstigsten Quartiere grenzen direkt an den Korridor – zwecks Luft und Tageslicht eines mit Fenster nehmen!

Hotel Bohème (Karte S. 267 f.; ☎ 415-433-9111; www.hotelboheme.com; 444 Columbus Ave; Zi. 174–194 US$; ☒ ☎) Unser bevorzugtes Boutiquehotel wirkt wie eine Ode an die Jazzära. Hierfür sorgen neben Zimmern in Goldorange, Schwarz und Salbeigrün auch Deckenlichter in chinesischen Regenschirmen.

Hotel Vitale (Karte S. 267 f.; ☎ 415-278-3700, 888-890-8688; www.jdvhotels.com; 8 Mission St; Zi. 279–319 US$; ☒ ▢ ☎) Die heißeste Luxusherberge der Stadt wartet mit stilvollem Chic, beruhigenden Wellnessfarben und opulenten Betten auf. Parken kostet 51 US$.

FISHERMAN'S WHARF & THE MARINA

HI San Francisco Fisherman's Wharf (Karte S. 267 f.; ☎ 415-771-7277; www.norcalhostels.org; Fort Mason, Gebäude 240; B 23–30 US$, Zi. 60–100 US$; P ✗ ▣ ☎) Gigantische Schlafsäle und Gemeinschaftsduschen, aber eine unschlagbare Lage in einem Park und durchgängig offen.

Marina Motel (Karte S. 267 f.; ☎ 415-921-9406, 800-346-6118; www.marinamotel.com; 2576 Lombard St; Zi. 75–129 US$; P ✗ ☎) Der Motel-Oldtimer aus den 1930er-Jahren eignet sich ideal für Backpacker und Familien. Die gemütlichen Zimmer haben teilweise Küchen; die im hinteren Bereich sind am ruhigsten.

Hotel Del Sol (Karte S. 267 f.; ☎ 415-921-5520, 877-433-5765; www.thehoteldelsol.com; 3100 Webster St; Zi. 169–199 US$; P ✗ ✗ ☎ ▣) Der kunterbunte Motelumbau aus den 1950er-Jahren besitzt Familiensuiten und einen beheizten Outdoor-Pool, der bei Kindern super ankommt.

THE MISSION

San Francisco Elements (Karte S. 267 f.; ☎ 415-647-4100; www.elementssf.com; 2524 Mission St; B/DZ 28/79 US$; ✗ ▣ ☎) Hier wohnt man im Nightlife-Herzen des Missions Districts. Die attraktiven, wenn auch leicht einheitsmäßigen Schlafsäle (gemischt oder nach Geschlechtern getrennt) haben jeweils eigene Bäder. Zudem gibt's eine tolle Bar auf dem Dach.

THE CASTRO

24 Henry (Karte S. 267 f.; ☎ 415-864-5686, 800-900-5686; www.24henry.com; 24 Henry St; Zi. ohne Bad 105–110 US$, mit Bad 149 US$; ✗ ▣ ☎) Das umgebaute viktorianische Haus an einer stillen Straße ist mit ausrangierten Antiquitäten und zweckmäßigen Möbeln eingerichtet. Prima für schwule Reisende mit Hang zur Ruhe.

Parker Guest House (Karte S. 267 f.; ☎ 415-621-3222, 888-520-7275; www.parkerguesthouse.com; 520 Church Höhe 17th St; Zi. ohne Bad ab 119 US$, mit Bad 150–199 US$; ✗ ▣ ☎) Das beste schwule B & B der Stadt vermietet komfortable Zimmer in benachbarten edwardianischen Villen. Achtung: Die Parkmöglichkeiten (15 US$) sind begrenzt, rechtzeitig reservieren!

THE HAIGHT

Red Victorian (Karte S. 267 f.; ☎ 415-864-1978; www.redvic.com; 1665 Haight St; Zi. 86–200 US$; ✗ ☎) Im ausgeflippten Red Vic mit WLAN-Lobby ist immer noch 1968. Die individuell dekorierten Zimmer sind eine Hommage an Frieden, Ökologie und Freundschaft. Nur vier davon haben eigene Bäder. Der Preis beinhaltet jeweils Frühstück im Bio-Café des Hauses.

Essen

Hunger mitbringen: Verglichen mit allen anderen US-Städten kommen auf San Franciscos Einwohner zehnmal so viel Restaurants pro Kopf. Zudem weiß jeder Lokalpatriot im positiven Sinne ganz genau, welches Lokal man unbedingt besuchen muss. Mit dem **Ferry Building** (Karte S. 267 f.; ☎ 415-983-8000; www.ferrybuildingmarketplace.com) hat die Stadt sogar ihr eigenes Gourmet-Monument (s. Kasten S. 284). Auf der Webseite von **Chowhound** (www.chowhound.com/boards/1) geben Szenekenner informative Gastrotipps.

UNION SQUARE & CIVIC CENTER

Saigon Sandwich Shop (Karte S. 267 f.; ☎ 415-474-5698; 560 Larkin St; Sandwiches 3–3,50 US$; ✆ Mo–Sa 6.30–17, So 7–16.30 Uhr) Hier heißt es für *banh mi* anstehen. Die vietnamesischen Baguettes sind mit Grillfleisch, Gänseleberpastete, Fleischbällchen und/oder Tofu belegt. Dazu gibt's einen eingelegten Mix aus Karotten, Jalapeño-Chilis, Zwiebeln und Koriander. Gleich zwei bestellen und erneutes Anstehen vermeiden.

Suppenküche (Karte S. 267 f.; ☎ 415-252-9289; www.suppenkuche.com; 525 Laguna; Hauptgerichte 8–18,50 US$; ✆ tgl. 17–22, So auch 10–14.30 Uhr) Am urigen Gemeinschaftstisch schwelgen Gäste in Bratwurst und üppigen Kässpätzle, während sie neuen Freunden mit Zweiliter-Glasstiefeln voller Fassbier zuprosten. Den Sonntagskater kurieren die „Emperor's Pancakes" mit vielen Schnapsrosinen.

Shalimar (Karte S. 267 f.; ☎ 415-928-0333; www.shalimarsf.com; 532 Jones St; Hauptgerichte unter 10 US$; ✆ 12–15 & 17–23.30 Uhr) Die Nase weist den Weg zu frisch am Spieß gebratenem Tandoori-Huhn und ofenfrischem Naan-Brot. Da das Gemüse schwer im Magen liegt, vertilgt man hier am besten viel Grillfleisch.

Fish & Farm (Karte S. 267 f.; ☎ 415-474-3474; www.fishandfarmsf.com; 339 Taylor St; Hauptgerichte abends 17–28 US$; ✆ 17–22 Uhr) Die hiesige Öko-Hausmannskost beinhaltet Bio-Gemüse, nachhaltig gefangene Meeresfrüchte und Fleisch aus artgerechter Aufzucht. Alle Zutaten stammen aus maximal 160 km Umkreis. Bio-Obst der Saison verfeinert die Cocktails.

Jardinière (Karte S. 267 f.; ☎ 415-861-5555; www.jardiniere.com; 300 Grove St; Hauptgerichte 23–40 US$; ✆ So–Mi 17–22.30, Do–Sa 17–23.30 Uhr) „Iron Chef"-Ge-

KALIFORNIEN

FÜNF LECKERE GRÜNDE, UM DIE FÄHRE ZU VERPASSEN

Wer sich die Köstlichkeiten im Ferry Building entgehen lässt, verpasst viel mehr als nur eine Fähre. Beispiele:

- Der Fang des Tages und Austern zur Happy Hour (1 US$/Stück) bei der **Hog Island Oyster Company** (☎ 415-391-7117; www.hogislandoysters.com; 6 Austern 15–17 US$; 🕒 Mo–Fr 11.30–20, Sa & So 11–18, Happy Hour Mo & Do 17–19 Uhr).

- Öko-Fleisch-Burger mit Süßkartoffel-Fritten bei **Taylor's Automatic Refresher** (☎ 415-318-3423; www.taylorsrefresher.com; Burger 7–10 US$; 🕒 10.30–22 Uhr).

- Die neuesten mexikanischen Straßensnacks von Küchenchefin Traci des Jardins im **Mijita** (☎ 399-0814; www.mijitasf.com; Einzelgerichte unter 10 US$; 🕒 Mo–Do 10–19, Fr 10–20, Sa 9–20, So 10–16 Uhr).

- Kalifornisch-vietnamesische Glasnudeln mit Kalifornischen Taschenkrebsen im **Slanted Door** (☎ 415-861-8032; http://slanteddoor.com; Hauptgerichte 11–26 US$; 🕒 11–22 Uhr), das von Charles Phan und Familie geführt wird.

- Der **Farmers Market** (☎ 415-291-3276; www.cuesa.org; 🕒 ganzjährig Di 10–14 & Sa 8–14 Uhr, Sommer auch Do 16–20 & So 10–14 Uhr) am Wochenende.

---

winnerin Traci Des Jardins versteht sich auf leicht freche Gerichte aus Bio-Gemüse, Freilandfleisch und nachhaltig gefangenen Meeresfrüchten. So garniert sie saftigen Oktopus mit knusprigem Schweinebauch oder träufelt Lavendelhonig aus Sonoma über pralle Kürbisblüten voller geschmolzenem Schafskäse. Tipp: Montags gibt's drei dekadente Gänge plus passende Weine für 45 US$.

FINANCIAL DISTRICT, CHINATOWN & NORTH BEACH
City View (Karte S. 267 f.; ☎ 415-398-2838; 662 Commercial St; kleine Gerichte 3–5 US$; 🕒 Mo–Fr 11–14.30, Sa & So 10–14.30 Uhr) Statt mürrischem Service und wenig Platz finden Dim-Sum-Fans hier sympathisch serviertes Essen in einem großzügigen, sonnigen Raum. Auf den Tisch kommen z. B. perfekte Garnelen-Lauch-Klopse, zarter Spargel und knusprige Peking-Ente.

Bocadillos (Karte S. 267 f.; ☎ 415-982-2622; www.bocasf.com; 710 Montgomery St; kleine Gerichte mittags 4,50–7 US$, abends 5–15 US$; 🕒 Mo–Mi 7–22, Do–Fr 7–22.30, Sa 17–22.30 Uhr) Genau richtig für leckere baskische Mittagsgerichte, die weder Bank noch Hosennaht sprengen. Zu Lammburgern, Schnapper-Ceviche mit asiatischen Birnen oder katalanischen Würstchen wird hier glasweise Wein ausgeschenkt.

Molinari (Karte S. 267 f.; ☎ 415-421-2337; 373 Columbus Ave; Sandwiches 5–8 US$; 🕒 Mo–Fr 9–17, Sa 7.30–17.30 Uhr) Das Molinari belegt italienische Brötchen mit hauchdünn geschnittenem Parmaschin-

ken, milchigem Büffel-Mozzarella, marinierten Artischocken und seiner legendären selbstgeräucherten Salami.

House of Nanking (Karte S. 267 f.; ☎ 415-421-1429; 919 Kearny St; Hauptgerichte 7–14 US$; 🕒 Mo–Fr 11–22, Sa ab 12, So 12–21 Uhr) Hier schlägt man bescheiden das Menü vor – z. B. Meeresfrüchte, nichts Frittiertes, oder vielleicht etwas Geflügel. Daraufhin nickt der Kellner und schnappt sich die Karte. Kurz darauf kehrt er mit superzarten Jakobsmuscheln und Junghähnchenhack im Salatnest zurück – plus einer Teerose, die im Wasser erblüht. Wartezeit einplanen und Bargeld mitbringen.

Cinecittà (Karte S. 267 f.; ☎ 415-291-8830; 663 Union St; Pizzas 9–14 US$; 🕒 So–Do 12–22, Fr & Sa 12–23 Uhr) Dieses Lokal mit 18 Plätzen verbreitet den Duft von dünnkrustiger römischer Pizza. Darunter fällt z. B. die beliebte Cappriciosa mit Artischockenherzen, Oliven, frischem Mozzarella, Prosciutto und Ei. Platz im Bauch lassen: Das hausgemachte Tiramisu sucht in North Beach seinesgleichen.

Ideale (Karte S. 267 f.; ☎ 415-391-4129; www.idealerestaurant.com; 1315 Grant Ave; Hauptgerichte 13–26 US$; 🕒 Di–Do 17.30–22.30, Fr & Sa 17.30–23, So 17–22 Uhr) Italienische Auswanderer freuen sich regelmäßig über dieses authentische Lokal am Pazifik. Die flachsenden toskanischen Kellner kredenzen z. B. *bucatini ammatriciana* (römische Röhrennudeln in Tomaten-Pancetta-Pecorino-Sauce), Meeresfrüchte-Risotto mit herrlichem Canaroli-Reis und erschwingliche Weine aus Italien.

FISHERMAN'S WHARF

Crown & Crumpet (Karte S. 267 f.; ☎ 415-771-4252; www.
crownandcrumpet.com; 207 Ghirardelli Square; Tee & Kuchen
8–12 US$, 5-gängiges Teemenü 32 US$; ✆ Mo–Do 10–18, Fr
9–22, So 9–21, So 9–18 Uhr) Designerstil und rosa
Fröhlichkeit führen die Teestunde ins 21. Jh.:
Bei Minibrötchen mit Champagner und
Erdbeeren wärmen Freundinnen heiße Dates
wieder auf, während Vater-Tochter-Gespanne
ihre kleinen Finger krümmen und an 38
verschiedenen Teesorten in Porzellantassen
anstoßen. Am Wochenende ist Reservierung
ratsam.

Gary Danko (Karte S. 267 f.; ☎ 415-749-2060; www.
garydanko.com; 800 North Point St; 2-/3-/4-/5-gängiges Festpreismenü 44/66/83/98 US$; ✆ 17.30–22 Uhr) Rauchglas-
fenster verhindern, dass neugierig spähende
Passanten über ihre Zungen stolpern: Schließlich gibt's hier gegrillten Hummer mit Trom-
petenpilzen, zartrosa Entenbrust mit Rhabar-
berkompott, Crème-Brulée-Trios und einen
üppigen Käsewagen. Damen bekommen Mi-
nikuchen als Abschiedsgeschenke.

THE MARINA

La Boulange (Karte S. 267 f.; ☎ 415-440-4450; www.bay
bread.com; 1909 Union St; Gerichte mittags unter 10 US$;
✆ 7–18 Uhr) Inmitten der Boutiquen an der
Union macht man hier den besten Deal: Für
10 US$ gibt's eine halbe Tartine (offenes
Sandwich) plus Suppe oder Salat – dazu eine
frisch gebackene Makrone und nach Herzenslust Gewürzgurken und Nutella aus der Bei-
lagenbar.

Greens (Karte S. 267 f.; ☎ 415-771-6222; www.greens
restaurant.com; Fort Mason Center, Gebäude A; Hauptgerichte
7–20 US$; ✆ Di–Sa 12–14.30, Mo–Sa 17.30–21, So 10.30–
14 Uhr; Ⓥ) Fleischfanatiker werden nicht be-
merken, dass Panini mit gerösteten Auber-
ginen oder herzhaftes Schwarzbohnen-Chili mit
Crème Fraiche und eingelegten Jalapeños kein
totes Tier enthalten. Am Wochenende heißt
es, Essen mitnehmen und im Freien an sonnigen Bootsstegen oder Cafétischen aus Red-
wood-Baumstümpfen genießen.

THE MISSION

La Taquería (Karte S. 267 f.; ☎ 415-285-7117; 2889 Mission St Höhe 25th; Burritos 5–6,50 US$; ✆ Mo–Sa 11–21, So
11–20 Uhr) Kein Ärgern über Tofu, Safranreis,
Spinat-Tortillas oder Mango-Salsa: Hier
werden einfach Mehltortillas ganz klassisch
mit Grillfleisch, pikanten Bohnen und Salsa
aus marinierten Tomatillos oder Mesquite
gefüllt. Eine höchst empfehlenswerte Beilage

sind die pikanten, hausgemachten Mixed
Pickles mit Schmand.

Mission Beach Café (Karte S. 267 f.; ☎ 415-861-0198;
www.missionbeachcafesf.com; 198 Guerrero St; Brunch
9–14 US$; ✆ Di–Do 7–22, Fr 7–23, Sa 9–23, So 9–22 Uhr)
Brunch auf Luxuslevel dank Soufflé-Pfann-
kuchen, Huevos Rancheros mit Pulled Pork
aus artgerechter Bio-Aufzucht oder Eiern vom
Bauernhof mit karamelisierten Zwiebeln.
Dazu gibt's englische Muffins vom hauseigenen Konditormeister.

Delfina (Karte S. 267 f.; ☎ 415-552-4055; www.del
finasf.com; 3621 18th St; Hauptgerichte 18–26 US$; ✆ Mo–
Do 17.30–22, Fr & Sa 17.30–23, So 17–22 Uhr) Simple,
sensationelle und kalifornische Saisonküche:
Ente aus Sonoma mit Barolo-Röstkirschen,
Tagliatelle mit wilden Brennnesseln oder Pro-
fiteroles mit Kaffee-Eis und kandierten Man-
deln. Rechtzeitig reservieren oder mit dem
benachbarten Delfina Pizza abfinden.

THE CASTRO

Cafe Flore (Karte S. 267 f.; ☎ 415-621-8579; http://cafe
flore.com; 2298 Market St; Hauptgerichte 8–11 US$; ✆ 7–2
Uhr; 📶) Beim Nudelschlürfen und rasanten
SMS-Schreiben heißt es aufpassen: Das
komplett verglaste Eckcafé mit Gratis-WLAN
maximiert die Möglichkeiten zum Sehen-
und-Gesehen-Werden.

Home (Karte S. 267 f.; ☎ 415-503-0333; www.home-sf.
com; 2100 Market St; Hauptgerichte 12–18 US$; ✆ Mo–Fr
11–24, Sa & So 10–24 Uhr) Zum Home gibt's keine
Alternative – vor allem, wenn man Hausmannskost mag. Durchtrainierte Männer
futtern hier z. B. Käsemakkaroni, Grillhuhn
und Schmorfleisch am offenen Feuer. Happy
Hour (16–19 Uhr) mit Homegirls (d. h. Cos-
mo plus Champagner) für je 4 US$.

Destino (Karte S. 267 f.; ☎ 415-552-4451; www.desti
nosf.com; 1815 Market St; kleine Gerichte 10–13,30 US$,
3-gängiges Festpreismenü 32 US$; ✆ Mo–Do 17–22, Fr & Sa
17–23, So 11–14 & 17–22 Uhr) Das peruanisch-kali-
fornische Bistro löst echte Erdbeben im Gaumen aus. Dafür sorgen z. B. Gelbflossenthun-
Ceviche mit Mango und Achiote-Öl,
Entenbrust mit Kochbananen-Speckkuchen
oder Maracuja-Cocktails mit Pisco Sour.

THE HAIGHT

Rosamunde Sausage Grill (Karte S. 267 f.; ☎ 415-437-
6851; 545 Haight St; Würstchen 4–5,50 US$; ✆ 11.30–22
Uhr) Wer Abendessen für 10 US$ möchte,
packt hier Bratwürste (klassisch oder z. B. aus
Ente und Feigen) mit gegrilltem Paprika,
Röstzwiebeln, Ganzkornsenf und Mango-

KALIFORNIEN

Chutney ein. Dann das Ganze im Toronado (S. 286) mit einem von ca. 50 Regionalbieren hinunterspülen.

Cole Valley Cafe (Karte S. 267 f.; ☎ 415-668-5282; www.colevalleycafe.com; 701 Cole St; Sandwiches 5,75 US$; 🕑 7–20 Uhr; 🛜) Kräftiger Kaffee, Gratis-WLAN und warme Gourmetsandwiches, die zu jedem Preis ein Schnäppchen wären. Ganz zu schweigen vom leckeren Thymian-Hähnchen mit Zitronen-Avocado-Creme (6 US$).

Magnolia Brewpub (Karte S. 267 f.; ☎ 415-864-7468; www.magnoliapub.com; 1398 Haight St; Hauptgerichte 8–19 US$; 🕑 Mo–Do 12–24, Fr 12–1, Sa 10–1, So 10–24 Uhr) Bio-Kneipenkost und Hausbierproben halten die Gespräche an den Gemeinschaftstischen in Gang. Gleichzeitig stillen Prather-Ranch-Burger mit Fleisch vom Graslandrind auch den heftigsten Heißhunger in separaten Sitznischen. Quasi der Summer of Love – nur mit besserem Essen.

JAPANTOWN & PACIFIC HEIGHTS

LP Tipp **Tataki** (Karte S. 267 f. ☎ 415-931-1182; www.tatakisushibar.com; 2815 California St; kleine Gerichte 4–13 US$; 🕑 Mo–Do 11.30–14 & 17.30–22.30, Fr 11.30–14 & 17.30–23.30, Sa 17–23.30, So 17–21.30 Uhr) Dinner-Dates und den Ozean mit sensationellem Sushi aus nachhaltig gefangenem Fisch retten: Zarter Seesaibling mit Yuzu-Saft und Kapern ersetzt hier den bedrohten Wildlachs. Ein lokaler Favorit ist die Golden State Roll aus pikanten Jakobsmuscheln (von Tauchern handgeerntet), Pazifischem Thun, Bio-Apfelscheiben und essbarem Gold.

THE RICHMOND

Taiwan (Karte S. 267 f.; ☎ 415-387-1789; 445 Clement St; Gerichte 10 US$; 🕑 So–Do 11–22, Fr 11–24, Sa 10–24 Uhr) Tagelang schwelgen – z. B. in Riesenportionen von hausgemachten Nudeln mit scharfer Sesamsauce, frisch zubereiteten Klopsen, geschmorten grünen Räucherbohnen oder pikantem Huhn mit schwarzen Bohnen.

Namu (Karte S. 267 f.; ☎ 415-386-8332; www.namusf.com; 439 Balboa St; kleine Gerichte 9–15 US$; 🕑 Mo–Fr 17–22.30, Sa & So 10–15 & 17.30–22.30 Uhr) San Franciscos unfaire Gastro-Vorteile sind spitzenmäßige Bio-Zutaten, Einfallsreichtum à la Silicon Valley und pazifisches Küstenflair. Hier äußern sie sich z. B. in koreanisch angehauchten Kleinportionen von butterzartem Kampachi mit Chili-Öl und Fleur de Sel (Premium-Meersalz). Da wären auch noch Samtfußrüblinge im Speckmantel oder Kobe-Rindfleisch von der Niman Ranch, das zusammen mit Biogemüse im Steintopf brutzelt.

Aziza (Karte S. 267 f.; ☎ 415-752-2222; www.azizasf.com; 5800 Geary Blvd; Hauptgerichte 18–26 US$; 🕑 Mi–Mo 17.30–22.30 Uhr) Mourad Lahlou vereint marokkanische Einflüsse und kalifornische Bioprodukte in überirdischen Gerichten. So serviert er z. B. tolle Wachteln mit Heidelbeeren und Kumin-Orangen-Kruste oder peppige Garnelen-*tagine* (Eintopf) mit Meyer-Zitronen.

Ausgehen

Die besten Bars haben Mission District, Haight, North Beach und die Polk St nördlich der Geary St.

Hôtel Biron (Karte S. 267 f.; ☎ 415-703-0403; 45 Rose St) Werktags einer Favorit für ein Rendezvous mit Wein. Am Wochenende ist zuviel los.

Koko Cocktails (Karte S. 267 f.; ☎ 415-885-4788; 1060 Geary St) Diese coole Cocktaillounge ist ein flotter Ausgangspunkt für eine Kneipentour. Im Retro-Ambiente laufen hier Reggae, Soul und manchmal auch Hip-Hop.

Toronado (Karte S. 267 f.; ☎ 415-863-2276; www.toronado.com; 547 Haight St) Das Toronado erfreut Bierexperten mit über 50 regionalen Fassbieren von Kleinbrauereien und Hunderten anderer Sorten in Flaschen. Ideal zu den Würstchen vom benachbarten Rosamunde (S. 285).

Tosca Cafe (Karte S. 267 f.; ☎ 415-391-1244; 242 Columbus Ave) Ein North-Beach-Kultcafé der alten Schule – inklusive roten Vinylbänken und einer Opernjukebox, die auch Sinatra spielt.

Zeitgeist (Karte S. 267 f.; ☎ 415-255-7505; 199 Valencia St) Underground-Institution mit großem Freiluftbiergarten, der an warmen Abenden zum Biker- und Trendsetter-Treff wird.

Unterhaltung

SF Weekly, Nitevibe (www.nitevibe.com), S.F. Station (www.sfstation.com) und S.F. Gate (www.sfgate.com) liefern Veranstaltungstipps – aber am wichtigsten: Einheimische fragen!

TIX Bay Area (Karte S. 267 f.; ☎ 415-433-7827; www.theatrebayarea.org; 🕑 Di–So) am Union Square verkauft Theatertickets zum halben Preis.

NACHTCLUBS & LIVEMUSIK

Annie's Social Club (Karte S. 267 f.; ☎ 415-974-1585; www.anniessocialclub.com; 917 Folsom St) Das Annie's bringt tolle neue Musik, Burleske, trashiges Punkrock-Karaoke und Open-Mic-Comedy auf die Bühne (für Details s. Webseite).

Boom Boom Room (Karte S. 267 f.; ☎ 415-673-8000; www.boomboomblues.com; 1601 Fillmore St; 🕑 Di–So) Der historische Blues- und Jazzclub aus den 1930er-Jahren gehört John Lee Hooker und brummt an sechs Abenden pro Woche. Tickets für bekannte Künstler müssen eventuell vorab gekauft werden.

Café du Nord (Karte S. 267 f.; ☎ 415-861-5016; www.cafedunord.com; 2170 Market St) Die ehemalige Flüsterkneipe im Keller der Swedish–American Hall erfreut Musikfans mit einem coolen, sehr abwechslungsreichen Liveprogramm. Online-Konzertkalender checken.

El Rio (außerhalb der Karte S. 267 f.; ☎ 415-282-3325; www.elriosf.com; 3158 Mission St, Höhe Cesar Chavez) Am legendären „Salsa Sunday" heißt es aufreizend anziehen und um 15 Uhr zum Kurs erscheinen. An den anderen Abenden schwofen Gäste jeglicher sexueller Ausrichtung zu super Specials und kunterbunter Musik.

Fillmore (Karte S. 267 f.; ☎ 415-346-6000; www.thefillmore.com; 1805 Geary Blvd) Hier sind schon Hendrix, Led Zeppelin und The Who aufgetreten. Nur 1250 Plätze garantieren bestmöglichen Bühnenblick. Im Obergeschoss kann man unschätzbar wertvolle Posterkunst bewundern.

Yoshi's (☎ 415-655-5600; www.yoshis.com; 1300 Fillmore St; ⏱ Konzerte tgl. 20 & manchmal 22 Uhr) Direkt neben einem ziemlich guten Sushi-Restaurant lockt San Franciscos ultimativer Jazzclub die besten Talente der Welt an.

DISCOS

Cat Club (Karte S. 267 f.; ☎ 415-703-8965; www.catclubsf.com; 1190 Folsom St) Fans des Achtziger-Jahre-Pops stehen auf den „1984"-Donnerstag. Das übrige Abendprogramm ist jeweils verschieden und meist recht cool. Webseite checken.

DNA Lounge (Karte S. 267 f.; ☎ 415-626-1409; www.dnalounge.com; 375 11th St) Einer von San Franciscos letzten Megaclubs engagiert Livebands und bekannte DJs. Am zweiten und vierten

KALIFORNIEN

SCHWULEN-, LESBEN-, BI- & TRANSSEXUELLENSZENE IN SAN FRANCISCO

San Francisco hat die größte GLBT-Gemeinde der USA. In NYC gilt San Francisco bisweilen als Seniorenheim der Jugend – die Bürgersteige werden hier tatsächlich recht früh hochgeklappt. In puncto sexuelle Grenzgänger und verrückte Subkultur liegt NYC jedoch weit hinter San Francisco zurück. Die vielen Bars an der Kreuzung 18th St und Castro St bilden das Herz der hiesigen Schwulenszene. Tanzende Tunten und nuttige Jungs suchen in South of Market (SoMa) nach pulsierenden Clubs oder Sexläden. Tagsüber Castro, SoMa bei Nacht. An Sonnentagen bevölkern Schwule und Lesben in Badeklamotten den Hügel zwischen 20th und Church St im Mission Dolores Park (Achtung, Rauchalarm: die Stadt ist eine Kifferhochburg!). Sexy Leute treffen sich auch in den brummenden Cafés, Secondhand- und Buchläden an der Valencia St südlich am 16th St. Get Your Girl On (http://gogetyourgirlon.com) kündigt Konzerte und Partys an, während Betty's List (www.bettyslist.com) den Einstieg in die Edel-Schwulenszene ermöglicht. Die *San Francisco Bay Times* (www.sfbaytimes.com) enthält prima Infos für Transsexuelle. Der *Bay Area Reporter* (alias BAR; www.ebar.com) liefert News und Verzeichnisse.

Besonders beliebte Adressen:

Aunt Charlie's (Karte S. 267 f.; ☎ 415-441-2922; www.auntcharlieslounge.com; 133 Turk St; ⏱ 9–2 Uhr) Totale Spelunke mit San Franciscos besten Drag-Partyklassiker (Fr & Sa 22 Uhr). Am Donnerstagabend zieht es männliche Kunststudenten zum Disco-Baden beim Tubesteak (5 US$).

Cafe Flore (Karte S. 267 f.; S. 285) Kaffee, WLAN und warmes Essen.

Eagle Tavern (Karte S. 267 f.; ☎ 415-626-0880; www.sfeagle.com; 398 12th St; ⏱ 12–2 Uhr) *Der* Tummelplatz für Lederliebhaber am Sonntagnachmittag. Bier nach Herzenslust von 15 bis 18 Uhr (10 US$).

Gold's Gym (Karte S. 267 f.; ☎ 415-626-4488; www.goldsgym.com; 2301 Market St; ☎ 415-552-4653; 1001 Brannan St; Eintritt 15 US$) Market St für Circuit-Queens und Castro-Boys, Brannan St für ältere Testosteronhengste.

Honey Soundsystem (Karte S. 267 f.; ☎ 415-252-5018; www.honeysoundsystem.com; im Paradise Loft, 1501 Folsom St; ⏱ So 21–2 Uhr) Super Danceparty von obskuren Disco-B-Seiten bis zu deutschem Techno.

Lexington Club (Karte S. 267 f.; ☎ 415-863-2052; 3464 19th St; ⏱ 15–2 Uhr) Schärfste Lesbenbar der Stadt.

Powerhouse (Karte S. 267 f.; ☎ 415-552-8689; www.powerhouse-sf.com; 1347 Folsom St) Manchmal hot, manchmal not: Diese Cruiser-Bar für kontaktfreudige Männer ist jedenfalls donnerstags bis sonntags am besten und hat eine verrückte Raucherterrasse.

Sisters of Perpetual Indulgence (☎ 415-820-9697; www.thesisters.org) Der „Vorreiterorden der lesbischen Nonnen" praktiziert guerillamäßige Späße. Unser Lieblingsevent: Der legendäre „Hunky Jesus Contest" im österlichen Dolores Park.

Samstag des Monats steigt hier mit „Bootie" die tolle Mashup-Originalparty (nun weltweit lizenziert). Montags gibt's Gothic ab 18 Jahren. Webseite checken.

Milk (Karte S. 267 f.; ☎ 415-387-6455, www.milksf.com; 1840 Haight St) Dieser schicke Club in Upper Haight animiert zu Hip-Hop-Moves zwischen weißem Vinyl. Vor 21 Uhr muss kein Grundpreis bezahlt werden.

LP Tipp **Qööl at 111 Minna** (Karte S. 267 f.; ☎ 415-974-1719; www.qoolsf.com; 111 Minna St; ☾ Mi 17–22 Uhr) Als technoide Happy Hour findet die coolste allwöchentliche Dance-Party der Stadt mittwochs in einer Kunstgalerie statt. Danach geht der Rave beim „Satellite" im Anu (43 6th St) bis 2 Uhr weiter.

KLASSISCHE MUSIK & OPER

Yerba Buena Center for the Arts (Karte S. 267 f.; ☎ 415-978-2787; www.ybca.org; 701 Mission St) Spitzenmäßige Modern Music, Tanz und Theater.

Davies Symphony Hall (Karte S. 267 f.; ☎ 415-864-6000; www.sfsymphony.org; 201 Van Ness Ave; ☾ Saison Sept.–Juli) Heimat der weltberühmten San Francisco Symphony.

Im prächtigen **War Memorial Opera House** (Karte S. 267 f.; 301 Van Ness Ave) von 1932 sind **San Francisco Opera** (☎ 415-864-3330; www.sfopera.com; ☾ Saison Juni–Dez.) und **San Francisco Ballet** (☎ 415-861-5600; www.sfballet.org; ☾ Saison Jan.–Mai) zuhause.

THEATER

Als professionelle Ausbildungseinrichtung für Ensembles und für einzelne Schauspieler tritt das **American Conservatory Theater** (ACT; ☎ 415-749-2228; www.act-sf.org) im **Geary Theater** (Karte S. 267 f.; 415 Geary St)auf. **SHN** (☎ 415-512-7770; www.shnsf.com) bringt tourende Broadwayshows auf die Bühne.

Club Fugazi (Karte S. 267 f.; ☎ 415-421-4222; www.beachblanketbabylon.com; 678 Green St; Tickets 25–78 US$) Nur in San Francisco und absolut Pflicht: Hier wartet *Beach Blanket Babylon* – frech und urkomisch.

Für coole neue Stücke und experimentelle Vorstellungen empfehlen sich folgende Adressen (s. auch S. 292):

Climate Theater (Karte S. 267 f.; ☎ 415-263-0830; www.climatetheater.com; 285 9th St)

Magic Theater (Karte S. 267 f.; ☎ 415-441-8822; www.magictheatre.org; Fort Mason, Gebäude D)

New Conservatory Theater (Karte S. 267 f.; ☎ 415-861-8972; www.nctcsf.org; 25 Van Ness Ave)

Theater Rhinoceros (Karte S. 267 f.; ☎ 415-861-5079; www.therhino.org; 2926 16th St)

KINO

LP Tipp **Castro Theatre** (Karte S. 267 f.; ☎ 415-621-6120; www.thecastrotheatre.com; 429 Castro St) Das Castro Theatre ist das großartigste Kino der Stadt. Es zeigt alte, neue, internationale und dokumentarische Filme.

Sundance Kabuki Cinema (☎ 415-929-4650; www.sundancecinemas.com/kabuki.html; 1881 Post St; Eintritt Erw./Kind & Senior 9/6,25 US$ zzgl. Servicegebühr 1–3 US$; ☾ telefonisch/online ermitteln) Das Öko-Kino hat reservierbare Sitzplätze aus Recyclingmaterial. Die Balcony Bar serviert Cocktails mit einheimischem Wodka in Saal 1.

Weitere gute Independent-Kinos:

Red Vic Movie House (Karte S. 267 f.; ☎ 415-668-3994; www.redvicmoviehouse.com; 1727 Haight St)

Roxie Cinema (Karte S. 267 f.; ☎ 415-863-1087; www.roxie.com; 3117 16th St)

SPORTVERANSTALTUNGEN

San Francisco 49ers (☎ 415-656-4900; www.sf49ers.com) Im Candlestick Park (Karte S. 267) gibt's Knoblauchfritten, Bier und den NFL-Football der 49ers.

San Francisco Giants (☎ 415-478-2277; http://san francisco.giants.mlb.com) Als MLB-Team spielen die Giants im AT&T Park (Karte S. 267 f.).

Shoppen

San Franciscos Souvenirflut macht jede Aussicht auf leichtes Gepäck zunichte: Los geht's mit noch verstaubaren Seidenslippern in Chinatown. An der Grant Ave zwischen Bush und Filbert St warten bereits maßgeschneiderte Zoot Suits, einheimische Designerbekleidung und seltene Schallplatten. Wer sich bei lokal entworfenen Ohrringen, handgefertigten Filzdecken und modernen Kronleuchtern nicht beherrschen kann, meidet besser die Union St zwischen Steiner und Van Ness St – ebenso die Hayes St zwischen Franklin und Laguna St. Fußfetischisten, CD-Sammler und Fans von Vintage-Klamotten erliegen dem Lockruf von Upper Haight. Gebrauchtes (beispielsweise Bücher) gibt's entlang von Valencia und Mission St zwischen 16th und 24th St. Mall-Maniacs durchforsten eventuell bis in alle Ewigkeit das **Westfield San Francisco Shopping Center** (Karte S. 267 f. ☎ 415-512-6776; http://westfield.com/sanfran cisco; 865 Market St; ☾ meiste Läden Mo–Sa 9.30–21, So 10–19 Uhr) mit rund 400 Läden. Spätestens die Designerschnäppchen an der Fillmore St zwischen Bush und Clay St erfordern dann aber einen Extrakoffer …

An- & Weiterreise

BUS

Das **Transbay Terminal** (Karte S. 267 f.; 425 Mission St) ist der größte örtliche Fernbusbahnhof. Dort macht sich **AC Transit** (☎ 511; www.actransit.org) zur East Bay auf, während **Golden Gate Transit** (☎ 415-455-2000; http://goldengatetransit.org) nordwärts in Richtung Marin County bzw. Sonoma County startet. **SamTrans** (☎ 800-660-4287; www.samtrans.com) fährt südwärts nach Palo Alto und zur Pazifikküste.

Greyhound (☎ 415-495-1569, 800-231-2222; www.greyhound.com) bedient täglich L. A. (ab 39 US$, mind. 8 Std.), Truckee (bei Lake Tahoe; hin & zurück 66 US$, 5½ Std.) und weitere Ziele.

FLUGZEUG

Der **San Francisco International Airport** (SFO; Karte S. 267; ☎ 650-821-8211, 800-435-9736; www.flysfo.com) liegt 14 Meilen (23 km) südlich von Downtown abseits des Hwy 101. Der AirTrain verbindet die Terminals mit Parkhäusern, Mietwagenzentren und dem Bay Area Rapid Transit (BART; s. rechte Spalte).

ZUG

Amtrak (☎ 800-872-7245; www.amtrakcalifornia.com) bietet klimafreundliche und entspannte Reisen nach und von San Francisco aus an. Innerhalb von spektakulären 35 Stunden rollt der *Coast Starlight* von L. A. nach Seattle und hält dabei in Oakland auf der anderen Seite der Bucht. Der *California Zephyr* braucht 51 Stunden von Chicago nach Emeryville (bei Oakland) und durchquert unterwegs die wunderbar wilden Rocky Mountains. Beide Züge haben Schlaf- und Speise-/Loungewagen mit Panoramafenstern. Kostenlose Amtrak-Shuttlebusse fahren zum Ferry Building und zur CalTrain Station. Dort besteht Busanschluss nach Martinez bzw. Napa, Santa Rosa und Healdsburg.

CalTrain (☎ 800-660-4287; www.caltrain.com; Ecke 4th & King St) verbindet San Francisco mit Städten auf der Halbinsel. Darunter fällt z. B. Millbrae (30 Min.) mit Anschluss an BART und SFO.

Unterwegs vor Ort

Fahrplan- und Transitinfos zur ganzen Bay Area gibt's entweder online (www.511.org) oder telefonisch unter ☎ 511.

AUTO & MOTORRAD

In San Francisco sollte man möglichst aufs Selbstfahren verzichten: Freie Straßenparkplätze sind hier rarer als die wahre Liebe, während die Parkuhren kein Pardon kennen. Praktische Abstellmöglichkeiten in Downtown gibt's z. B. am Embarcadero Center, unter dem Union Sq sowie entlang von 5th, Mission, Sutter und Stockton St.

Am Flughafen und in Downtown kann man rund um die Uhr auf große US-Autovermieter zurückgreifen (für gebührenfreie Hotlines s. S. 417). Eigenständig und preiswert ist z. B. **City Rent-a-Car** (Karte S. 267 f.; ☎ 415-359-1331; www.cityrentacar.com; 1433 Bush St).

VOM/ZUM SAN FRANCISCO INTERNATIONAL AIRPORT

Mit **BART** (Bay Area Rapid Transit; ☎ 415-989-2278; www.bart.gov; einfache Strecke 5,35 US$) kommt man schnell, günstig und direkt vom Flughafen nach Downtown San Francisco.

Der KX-Expressbus von **SamTrans** (☎ 800-660-4287; www.samtrans.com; einfache Strecke 4,50 US$) fährt zum Transbay Terminal (ca. 30 Min.).

Die Tür-zu-Tür-Vans von **SuperShuttle** (☎ 415-558-8500, 800-258-3826; www.supershuttle.com; einfache Strecke 17 US$) starten vor den Gepäckausgabebereichen und brauchen ca. 45 Minuten zu den meisten Zielen in San Francisco.

Taxis nach Downtown San Francisco kosten 35 bis 50 US$ (zzgl. Trinkgeld).

VOM/ZUM OAKLAND INTERNATIONAL AIRPORT

SuperShuttle (s. oben) schickt Sammelvans nach Downtown San Francisco (ca. 25 US$/Pers.). Zu festen Zeiten (6–24 Uhr, alle 2 Std.) pendeln die Shuttlebusse von **Airport Express** (☎ 800-327-2024; www.airportexpressinc.com) zwischen Oakland Airport und Sonoma County (32 US$) bzw. Marin County (24 US$).

Vom Oakland Airport fahren Taxis nach Oakland (ca. 25 US$ zzgl. Trinkgeld) und San Francisco (ca. 50–60 US$ zzgl. Trinkgeld). Um höhere Preise während der Rush Hour zu umgehen, sollte man bei Trips vom/zum Flughafen vorab eine Pauschale aushandeln.

BART bietet die günstigste Verbindung zwischen Oakland Airport und San Francisco. Der AirBART-Shuttle (3 US$) rollt alle zehn Minuten zur Haltestelle Coliseum mit BART-Anschluss nach Downtown (3,55 US$ zur Powell St Station, 25 Min.).

ÖFFENTLICHE VERKEHRSMITTEL

San Franciscos **MUNI** (Municipal Transit Agency; ☎ 415-701-2311 & 311 in San Francisco; www.sfmuni.com)

betreibt neben Bussen und Straßenbahnen auch drei Cable-Car-Linien. Zwei davon starten an der Ecke Powell/Market St, eine weitere an der Ecke California/Market St. Die detaillierte *MUNI Street & Transit Map* (3 US$) ist bei Zeitungsständen und dem MUNI-Kiosk an der Powell St erhältlich. Für Busse und Straßenbahnen gilt ein Standardpreis von 1,50 US$, Cable-Car-Trips kosten jeweils 5 US$. Der MUNI Passport (1/3/7 Tage 11/18/24 US$) gestattet beliebig viele Fahrten mit allen MUNI-Verkehrsmitteln (inkl. Cable Cars). Man bekommt ihn beim Visitor Information Center (S. 274) und beim Kiosk von TIX Bay Area am Union Sq. Der City Pass (59 US$) mit siebentägiger Gültigkeit umfasst die Benutzung öffentlicher Verkehrsmittel und den Eintritt zu sechs Attraktionen.

Die Züge der **BART** (S. 289) verbinden San Francisco mit der East Bay. Sie fahren unterhalb der Market St, entlang der Mission St sowie südwärts in Richtung SFO und Millbrae. Dort besteht Anschluss zum CalTrain.

SCHIFF/FÄHRE
Blue & Gold Ferries (Karte S. 267 f.; ☎ 415-705-8200; www.blueandgoldfleet.com) betreibt Fähren zwischen Alameda und Oakland, die Pier 41 und das Ferry Building ansteuern. **Golden Gate Ferry** (☎ 415-455-2000; www.goldengate.org) schippert vom Ferry Building nach Sausalito und Larkspur im Marin County.

TAXI
Das Taxameter startet bei 3,50 US$, jede weitere Meile kostet ca. 2,25 US$. Große Taxiunternehmen:

DeSoto Cab (☎ 415-970-1300)
Green Cab (☎ 415-626-4733; www.sfgreencab.com) Genossenschaft mit spritsparenden Hybridautos.
Veteran's Taxicab (☎ 415-648-1313)
Yellow Cab (☎ 415-626-2345)

MARIN COUNTY
Im bewaldeten, wohlhabenden und entspannten **Marin County** (www.visitmarin.org) gleich jenseits der Golden Gate Bridge thronen majestätische Redwoods auf den Hügeln an der Küste. Seine südlichste Siedlung ist das reizende Touristenstädtchen **Sausalito** direkt an der Bucht – ein nettes Ziel für Radtouren über die Brücke (zurück geht's mit der Fähre). Das hydraulische **San Francisco Bay-Delta Model** (☎ 415-332-3871; www.spn.usace.army.mil/bmvc; 2100 Bridgeway Blvd; Eintritt frei; ☾ Sommer Di–Fr 9–16, Sa & So 10–17 Uhr, Winter So–Mo

geschl.) am Hafen stellt ziemlich cool die ganze Bucht plus Delta auf ca. 6000 m² dar.

Marin Headlands
Die schroffen, windumtosten Headlands mit vielen Wanderwegen bieten atemberaubende Ausblicke auf Stadt und Brücke. Um das **Visitor Center** (☎ 415-331-1540; ☾ 9.30–16.30 Uhr) zu erreichen, zunächst die Ausfahrt Alexander Ave nach der Golden Gate Bridge nehmen. Dann unter dem Freeway links halten, in die Conzelman Rd zur Rechten einbiegen und den Schildern folgen. Zu den örtlichen Sehenswürdigkeiten gehören das **Point Bonita Lighthouse** (☾ Sa–Mo 12.30–15.30 Uhr; ♿), Bunker aus dem Kalten Krieg, der **Rodeo Beach** (Karte S. 267) und kostenlose Campingplätze, die das Visitor Center bei Bedarf reserviert. Das **Bay Area Discovery Museum** (☎ 415-339-3900; www.baykidsmuseum.org; 557 McReynolds Rd, Sausalito; Erw./Kind 1–17 Jahre 8,50/7,50 US$; ☾ Di–Fr 9–16, Sa & So 10–17 Uhr; ♿) in Fort Baker ist ein cooles Ziel für Kinder.

Auf einem bewaldeten Hügel nahe dem Visitor Center belegt das **HI Marin Headlands Hostel** (Karte S. 267; ☎ 415-331-2777, 800-909-4776; B/Zi. ab 20/60 US$; Ⓟ ✗ 💻) zwei historische Gebäude von 1907. Besonders nett sind die Zimmer im ehemaligen Haus des Kommandooffiziers.

Mt. Tamalpais State Park
Der majestätische „Mt. Tam" (784 m) ist super zum Wandern und Mountainbiken geeignet. Der **Mt. Tamalpais State Park** (Karte S. 267; ☎ 415-388-2070; www.mttam.net; 8 US$/Auto) umfasst 25,5 km² Wildnis und über 322 km Wanderwege. Karte besorgen und auf keinen Fall den East Peak verpassen! Vom Hwy 1 führt der Panoramic Hwy durch den Park zum entspannten Küstenstädtchen Stinson Beach mit tollem Strand. An der **Pantoll Station** (801 Panoramic Hwy; Stellplatz 25 US$) mit der **Parkverwaltung** beginnen viele Wege. Zudem gibt's dort einen bewaldeten, reservierungsfreien Campingplatz. Ansonsten reservieren und samt Proviant, Bettzeug und Handtüchern zum stromlos-rustikalen **West Point Inn** (☎ 415-646-0702; www.westpointinn.com; 1000 Panoramic Hwy, Mill Valley; Zi. pro Erw./Kind 50/25 US$; Reservierung erforderlich) marschieren.

Nahe der Parkverwaltung steht das **Mountain Home Inn** (☎ 415-381-9000; www.mtnhomeinn.com; 810 Panoramic Hwy; Abendmenü 38 US$, Brunch 10–20 US$; ☾ Mi–So ✗ 💻 📶) auf einem bewaldeten Höhenzug. Seine Romantikzimmer (195–345 US$) warten mit viel Holz und toller

---

WER NOCH EIN PAAR TAGE ZEIT HAT

Das auf der anderen Seite der Bucht gelegene, rau-urbane Oakland hat Stolz, die Athletics (Baseballteam) und tiefe afroamerikanische Wurzeln, die sich in weltbekannter Musik, Literatur und Kunst äußern. Im Gegensatz zum nebligen San Francisco scheint hier die Sonne täglich auf eine hübsche historische Innenstadt. Zudem gibt's einen spaßigen Salzwassersee für Jogger und Kinder sowie ein paar belebte Clubs und Restaurants.

Das bedeutende **Oakland Museum of California** (☎ 510-238-2200; www.museumca.org; Ecke 10th & Oak St; Erw./Kind 8/5 US$; ☽ Mi–Sa 10–17, So 12–17 Uhr) ist Pflicht und hat Besucher z. B. schon mit herrlichen Fotos aus Yosemite oder interaktiven Räumen zum Großen Beben fasziniert. Wegen Renovierung wird es 2012 eventuell vorübergehend geschlossen.

Heinhold's First & Last Chance Saloon (☎ 510-839-6761; 48 Webster) am Jack London Sq ist ein National Literary Landmark. Dieser schiefe Erdbeben-Überlebende lädt täglich zu inspirierenden Trinkgelagen ein. Ja, das Bier schlittert hier wirklich über die Theke.

Yoshi's (☎ 510-238-9200; www.yoshis.com; 510 Embarcadero West; Hauptgerichte 15–20 US$; ☽ Mo–Do 17.30–22, Fr & Sa bis 22.30, So 17–21 Uhr) gehört zu den wichtigsten Jazzclubs der USA und serviert auch ordentliches Sushi.

Aussicht auf – das Restaurant serviert hervorragenden Brunch und abendliche Festpreismenüs.

Muir Woods National Monument

Die ca. 2,2 km² großen **Muir Woods** (☎ 415-388-2595; www.nps.gov/muwo; Erw./Kind unter 16 Jahren 5 US$/frei) liegen 12 Meilen (19 km) nördlich der Golden Gate Bridge. Hier marschiert man durch einen uralten Bestand der größten Bäume der Welt: Über 1,6 km führt der leichte Main Trail Loop erst an den 1000 Jahre alten Redwoods das Cathedral Grove vorbei und über den Bohemian Grove wieder zurück. Wer nicht auf Menschenmassen steht, kommt entweder werktags, frühmorgens oder spätnachmittags hierher. In den Muir Woods sind Camping und Picknicken verboten. Um sie zu erreichen, den Hwy 101 an der Abfahrt zum Hwy 1 verlassen und den Schildern folgen.

An Wochenenden und Feiertagen startet der **Muir Woods Shuttle** (Bus 66; ☎ 415-923-2000; www.goldengatetransit.org; Erw./Senior & Kind 6–18 Jahre 3/1 US$; ☽ Mai–Sept.) etwa alle 30 Minuten in Marin City und Mill Valley. Zudem bedient er eingeschränkt das Fährterminal in Sausalito.

Point Reyes National Seashore

Der auf einer anderen tektonischen Platte gelegene **Point Reyes National Seashore** (Karte S. 267) ragt als Halbinsel ca. 16 km weit ins Meer. Über seine 285 km² verteilen sich Strände, Lagunen und bewaldete Hügel. **LP Tipp Point Reyes Lighthouse** (☽ Do–Mo) heißt der Leuchtturm am westlichsten Punkt der Halbinsel – ideal für Walbeobachtungen!

Quer durch Herden von Tule-Wapitis folgt unsere Lieblingswanderung dem Klippenpfad an der Nordspitze der Halbinsel (Tomales Point). Letztere erreicht man über die Pierce Point Rd. Im **Bear Valley Visitors Center** (☎ 415-464-5100; www.nps.gov/pore) gleich hinter Olema gibt's Wanderkarten und coole Ausstellungen. Zwei der vier **Wanderercampingplätze** (☎ Reservierungen 415-663-8054; Stellplatz 15 US$) von Point Reyes liegen in Strandnähe.

Die **West Marin Chamber of Commerce** (☎ 415-663-9232; www.pointreyes.org) informiert über viele gemütliche Gästehäuser und Cottages. Das gehobene **Motel Inverness** (Karte S. 267; ☎ 415-669-1081; www.motelinverness.com; 12718 Sir Francis Drake Blvd; Zi. 100–200 US$; ☒ ☎) hat behagliche Zimmer und einen Gemeinschaftsbereich mit brüllendem Kaminfeuer. Bei kleinerem Geldbeutel empfiehlt sich das **HI Point Reyes Hostel** (Karte S. 267; ☎ 415-663-8811; B ab 22 US$) abseits der Limantour Rd. Als einzige Unterkunft im Parks steht es 8 Meilen (12,8 km) vom Visitor Center entfernt. Ein absolutes Highlight des Parks sind winterliche Vogelbeobachtungen – besonders mit dem Kajak an der Tomales Bay. Diesbezüglich wendet man sich an **Blue Waters Kayaking** (☎ 415-669-2600; www.bwkayak.com; geführte Touren 68–98 US$, Leihkajaks 40–120 US$) mit Ablegern in Inverness und Marshall.

LP Tipp Drake's Bay Oyster Farm (☎ 415-669-1149; 12 Austern 10–14 US$; ☽ 8–16.30 Uhr) im Park erfreut Austernfans abseits des Sir Francis Drake Blvd. Wer hier picknicken möchte, sollte reservieren. Das nahe Point Reyes Station ist ein nettes Nest mit Restaurants und der Möglichkeit, Proviant einzukaufen.

KALIFORNIEN

BERKELEY

Seit den Demos gegen den Vietnamkrieg in den glorreichen 1960er-Jahren hat sich in Berkeley kaum etwas verändert: Obwohl die Autoaufkleber heute „No Blood for Oil" statt „Make Love Not War" fordern, sind Birkenstocks und lange Zöpfe hier weiterhin in Mode. Man darf zwar nicht mehr nackt herumlaufen, doch „Berserkely" ist immer noch das radikale Zentrum der Bay Area – bevölkert von zahllosen Studenten, spöttelnden Skateboardern und Althippies. Auf dem bewaldeten Campus und den umliegenden Straßen ist die örtliche Atmosphäre am deutlichsten spürbar.

Sehenswertes & Aktivitäten

Als eine der besten US-Unis wird die **University of California at Berkeley** (Karte S. 267) von 33 000 politbewussten Studenten aus aller Welt besucht. Das **Visitor Services Center** (☎ 510-642-5215; http://visitors.berkeley.edu; 101 University Hall, 2200 University Ave, Ecke Oxford St; ⏰ Mo–Fr 8.30–16.30 Uhr, Führungen Mo–Sa 10, So 13 Uhr) der „Cal" liefert Infos und veranstaltet kostenlose Campusführungen. Uni-Wahrzeichen ist der Sather Tower (alias „Campanile") von 1914, dessen oberstes Stockwerk mit einem Aufzug (2 US$) erreichbar ist. Die Bancroft Library zeigt das kleine Goldnugget, das 1848 den kalifornischen Goldrausch auslöste.

Weitere Highlights auf dem Gelände: Die elf Galerien des **Berkeley Art Museum** (☎ 510-642-0808; www.bampfa.berkeley.edu; 2626 Bancroft Way; Erw./Kind unter 13 Jahren/Senior & Kind 13–17 Jahre 8/frei/5 US$; ⏰ Mi–So 11–17 Uhr) decken ein breites Spektrum vom chinesischen Altertum bis hin zu topaktueller moderner Kunst ab. Im weltbekannten **Pacific Film Archive** (☎ 510-642-1124) laufen seltene Independent- und Avantgardefilme.

Die tolle **Telegraph Avenue** in Richtung südliches Campustor ist so belebt wie die Haight St in San Francisco. Hierfür sorgen viele Cafés, Billiglokale, Plattenshops und Buchläden wie **Moe's** (☎ 510-849-2087; www.moesbooks.com; 2476 Telegraph Ave; ⏰ 10–22 Uhr) aus Beatnik-Tagen.

Erholung in den Berkeley Hills verspricht der **Tilden Regional Park** (☎ 510-562-7275; www.ebparks.org; ♿) mit Wanderwegen, Picknickplätzen, Baden im Lake Anza und Unterhaltsamem für Kinder (z. B. Karussell, Dampfzug).

Schlafen

Viele Budget- und Mittelklassemotels säumen die University Ave westlich des Campus.

Bancroft Hotel (☎ 510-549-1000, 800-549-1002; www.bancrofthotel.com; 2680 Bancroft Way; Zi. ab 149 US$; ✗ ☏) Das historisch-markante Hotel von 1928 erfüllt irgendwie das Klischee von Omas Hütte – wenn auch ohne Spitzendeckchen. Der aufzuglose Bau im Arts & Crafts-Stil hat 22 einfache Wohlfühlzimmer. Parken: 15 US$.

Hotel Durant (☎ 510-845-8981, 800-238-7268; www.hoteldurant.com; 2600 Durant Ave; Zi. 135–180 US$; ✗ 🖥 ☏) Berkeleys schickstes Hotel punktet mit Öko-Zertifikat und opulenten Betten. Manche der 140 Zimmer sind jedoch winzig – daher gleich eine große Variante verlangen. Parken kostet 16 US$.

Essen & Ausgehen

LP Tipp **Chez Panisse** (☎ 510-548-5049; www.chezpanisse.com; 1517 Shattuck Ave; Festpreismenü 65–95 US$, Hauptgerichte im Café 18–25 US$; ⏰ Café Mo–Sa mittags & abends, Restaurant Mo–Sa abends) Man huldige dem Geburtsort der kalifornischen Küche: Alice Waters' Gourmettempel rangiert in der Bay-Area-Gastroszene bis heute ganz oben. Die legendären Festpreismenüs sollten einen Monat im Voraus reserviert werden. Das preiswertere Café im Obergeschoss serviert jedoch normal à la carte.

Zum Gourmet Ghetto entlang der Shattuck Ave nördlich der University Ave gehört auch **Cheese Board Pizza** (☎ 510-549-3055; http://cheeseboardcollective.coop; 1512 Shattuck Ave; ganze Pizza/Stück ca. 20/2,50 US$; ⏰ Di–Sa 11.30–15 & 16.30–20 Uhr) mit fantastischen Premium-Pizzas und das benachbarte **Cheese Board Collective** (☎ 510-549-3183; 1504 Shattuck Ave; ⏰ Di–Fr 10–18, Sa bis 17 Uhr) mit klebrigen Käsesorten.

Vik's Chaat Corner (☎ 510-644-4412; 2390 4th St; Gerichte 3,50–6 US$; ⏰ Di–Fr 11–18, Sa & So bis 20 Uhr) Unser örtliches Lieblings-Billiglokal schiebt indische Klassiker (kein Tikka Masala!) frisch zubereitet über den Tresen.

Caffe Strada (☎ 510-843-5282; 2300 College Ave; ⏰ 7–24 Uhr) Auf der riesigen Freilufterrasse befeuern Studenten ihr Lesen und Lernen per Koffeinkick. Andere diskutieren leidenschaftlich über Philosophie oder machen sich gegenseitig schöne Augen. Prima Gebäck.

Die gesellige hintere Terrasse vom **Jupiter** (☎ 510-843-8277; 2181 Shattuck Ave) ermöglicht den besten Einstieg in Berkeleys Barszene.

Unterhaltung

Berkeley Repertory Theatre (☎ 510-845-4700; www.berkeleyrep.org; 2025 Addison St) Bestes Profi-Theaterensemble der Bay Area.

Shotgun Players (☎ 510-841-6500; www.shotgunplayers.org; 1901 Ashby Ave) Das erste US-Theater, das Solarstrom nutzt, inszeniert Klassiker und innovative neue Stücke.

Anreise & Unterwegs vor Ort

Die Lokalbusse von **AC Transit** (☎ 510-817-1717; www.actransit.org) fahren neben Zielen in Berkeley auch Oakland (2 US$) und San Francisco (4 US$) an. **BART-Züge** (www.bart.gov) ab San Francisco stoppen vier Blocks vom Haupttor des Unicampus entfernt an der Station Downtown Berkeley (3,40 US$).

NORDKALIFORNIEN

In Northern California (NorCal) zeigt sich die wilde Seite des Golden State: Hier ragen riesige Redwoods aus dem Küstennebel, zwischen den Weinbergen des Wine Country erstrecken sich Gruben mit vulkanischen Schlamm und die majestätische Sierra Nevada umrahmt den Lahe Tahoe und den Yosemite National Park. Bio-Diner, Öko-Resorts und die ältesten National Parks bzw. State Parks der USA lassen die nordkalifornischen Wälder im Hinterland überraschend fortschrittlich wirken. Unbedingt den Müll mitnehmen und auf Privatgrundstücke achten: Einheimische, die Ziegen hüten oder medizinisches Marihuana züchten, können auf Eindringlinge recht allergisch reagieren. Einerseits locken hier landschaftliche Highlights – andererseits auch wunderbarer Wein bzw. Käse, der obligatorische Whirlpool und Gespräche, die mit „Hey Dude“ beginnen und erst Stunden später wieder enden.

WINE COUNTRY

Der wilde Weinberg-Westen reicht vom sonnigen Napa bis nach Sonoma an der Küste. Seit 150 Jahren dreht sich hier alles um Wellness, Gourmetessen und den allmächtigen Rebstock. Die vor Kunst strotzenden Probierstuben Napas stammen teilweise von berühmten Architekten und sind entsprechend teuer. Im bodenständigen Sonoma schlürft man dagegen in Schuppen und lernt wahrscheinlich auch noch den Hund des Winzers kennen.

Napa Valley

Die rund 230 Weingüter des ca. 48 km langen Napa Valley säumen insgesamt drei Routen:

NICHT VERPASSEN!

- Napas neuesten Gastro-Hit probieren: **Vom Acker auf den Teller** – frisch und günstig dank **Ubuntu** (S. 295) und **Ad Hoc** (S. 295)
- Beim Radeln durch Sonomas sonnenverwöhntes Dry Creek Valley bremsen – für Zinfandel im Höhlenkeller der **Bella Vineyards** (S. 297) und Pinot im Geräteschuppen der **Porter Creek Vineyards** (S. 297)
- Herrliche Luft zwischen den 1000 Jahre alten Redwoods des **Armstrong Redwoods State Reserve** (S. 296) atmen
- Inspiration aus den Weinbergen, Pfauen und surrealen Skulpturen der **di Rosa Art + Nature Preserve** (Napa; s. unten) ziehen
- Mit dem Kanu Otter und Schildkröten auf dem gemächlichen **Russian River** (S. 296) überholen
- In den **vulkanischen Schlammbädern** der Indian Springs (Calistoga; S. 294) wälzen

Hwy 121 (Carneros Hwy) In Richtung Sonoma haben sich berühmte Weingüter auf kühlklimatische Schaumweine spezialisiert.

Hwy 29 Napas beliebteste Lesen in sensationellen Probierstuben.

Silverado Trail Für bizarre Boutique-Weingüter mit Kulthit-Cabernets.

SEHENSWERTES & AKTIVITÄTEN

Wenn Schafe aus Alteisen an Weinbergen grasen, hat man die **di Rosa Art + Nature Preserve** (☎ 707-226-5991; www.dirosapreserve.org; 5200 Carneros Hwy 121; Galerie Mi–Fr 9.30–15 Uhr, Führungen Mi–Fr 10,11 & 13, Sa 10, 11 & 12 Uhr) am Carneros Hwy erreicht. Das Hauptgebäude kann im Rahmen von Führungen (Reservierung erforderlich) besichtigt werden und beherbergt Massen von moderner Kunst. Diese reichen von Tony Ourslers fratzenhaften Videoprojektionen im Weinkeller bis hin zu millionenteuren Robert-Bechtel-Gemälden an der Wohnzimmerdecke.

Ein paar Kilometer weiter im Nordosten liegt **Downtown Napa,** eine blühende viktorianische Kleinstadt mit trendbestimmenden Restaurants, Probierstuben und B&Bs in umgebauten Villen. Wählerische Picknickfans schätzen Napas **Oxbow Public Market** (s. rechte Spalte) mit erlesenen Artikeln, während Schnäppchenjäger zum **Napa Valley Visitors Bureau** (☎ 707-226-7459; www.napavalley.com; 1310 Napa Town Center; ✆ 9–17 Uhr) pilgern. Dort gibt's Wellness-Sonderangebote, Pässe für Weinproben und den kostenlosen *Preiser Key to Napa Valley* mit umfangreichen Weingutkarten. Vor dem Verkosten kann man seine E-Mails in der **Napa Library** (☎ 707-253-4241; www. co.napa.ca.us/library; 580 Coombs St; ✆ Mo–Do 10–21, Fr & Sa 10–17, So 14–21 Uhr) checken.

Die zentral gelegene **Vintners' Collective** (☎ 707-255-7150; www.vintnerscollective.com; 1245 Main St; Weinprobe 25 US$; ✆ Mi–Mo 11–18 Uhr) lässt Besucher sechs Lesen von 20 Weingütern in einem ehemaligen Bordell aus dem 19. Jh. probieren. **Ceja** (☎ 707-226-6445; www.cejavineyards.com; 1248 First St, Napa; Weinprobe 10 US$; ✆ So–Do 12–18, Fr & Sa 12–22 Uhr) wurde von ehemaligen Weingutarbeitern gegründet und kredenzt günstige Pinot-Mischungen in einer Probierstube mit Wandgemälden. Die **Hess Collection** (☎ 707-255-1144; www. hesscollection.com; 4411 Redwood Rd; Weinprobe 10 US$/ Pers.; ✆ 10–16 Uhr) nordwestlich der Stadt paart Monster-Cabernets mit Mega-Modernisten wie Francis Bacon und Robert Motherwell.

Nordostwärts säumen Edelwinzer den **Silverado Trail**. Los geht's mit dem superben, toskanisch anmutenden Sangiovese der **Luna Vineyards** (☎ 707-255-5862; www.lunavineyards.com; 2921 Silverado Trail; ✆ 10.30–16 Uhr). Steinerne Stiere starren von den Zufahrtssäulen des **Darioush** (☎ 707-257-2345; www.darioush.com; 4240 Silverado Trail; Weinprobe 25 US$; ✆ 10.30–17 Uhr), eines persischen Weintempels mit monumentalen Merlots. Nun noch hinüber zum LEED-zertifizierten **Frog's Leap** (☎ 707-963-4704; www.frogsleap.com; 8815 Conn Creek Rd, Rutherford; Führung inkl. Weinprobe 25 US$; ✆ Mo–Do 10–16 Uhr; Führungen nach Vereinbarung), das seine Bio-Cabernets großzügig bei locker gestalteten Führungen ausschenkt.

Yountville abseits des Hwy 29 war einst eine Postkutschenstation. Heute hat das Zwei-Pferde-Nest dank dem **French Laundry** (S. 295) landesweit die meisten (Michelin-) Sternerestaurants pro Einwohner. Weiter oben am Hwy 29 liegt **St. Helena** mit historischem Charme, tadellosem Geschmack, Boutiquen, Bistros und dem **Culinary Institute of America** (☎ 707-967-2320; 2555 Main St; Hauptgerichte 21–34 US$, Kochvorführungen 15 US$; ✆ Restaurant 11.30–21 Uhr, Kochvorführungen Mo & Fr 13.30 & 15.30, Sa & So 10.30 & 13.30 Uhr) in einem steinernen Schloss aus dem Jahr 1889.

Calistoga markiert das bodenständige Nordende des Napa Valley. Besucher seiner **Indian Springs** (☎ 707-942-4913; www.indianspringscalistoga. com; 1712 Lincoln Ave; ✆ 10–19.30 Uhr) können nach vulkanischem Schlammbaden in einem Thermalwasserpool plantschen (85 US$). Die **Dr. Wilkinson's Hot Springs** (☎ 707-942-4102; www.drwilkinson.com; 1507 Lincoln Ave; ✆ 8.30–17.30 Uhr) bieten neben Bädern in Vulkanschlamm, Torfmoos oder Dampf auch mineralische Whirlpools und Entspannungswickel (89 US$).

SCHLAFEN

Das beste Preis-Leistungs-Verhältnis im Napa Valley haben die Unterkünfte in Calistoga (werktags bzw. Nebensaison) sowie die Motels und B & Bs im Zentrum Napas. Weitere Optionen finden sich unter www.lonelyplanet. de und www.legendarynapavalley.com.

Bothe-Napa Valley State Park (☎ 707-942-4575, Reservierungen 800-444-7275; www.parks.ca.gov; Stellplatz 35 US$; ♿) Stellplätze an einer Hügelflanke, von denen man wunderbar unter Redwoods zur historischen Bale Grist Mill wandert.

Calistoga Inn (☎ 707-942-4101; www.calistogainn. com; 1250 Lincoln Ave, Calistoga; Zi. mit Gemeinschaftsbad Werktag/Wochenende 89/139 US$) Die behaglichen Zimmer haben weder Telefon noch TV. Dafür gibt's ein belebtes Brauereirestaurant im Untergeschoss und Wellnesseinrichtungen in Laufweite.

Hotel St. Helena (☎ 707-963-4388; www.hotelst helena.net; 1309 Main St, St. Helena; Zi. mit Gemeinschaftsbad 95 US$; ✖) Zeitgenössisch möblierte Zimmer im Herzen des historischen St Helena.

Golden Haven (☎ 707-942-8000; www.goldenhaven. com; 1713 Lake St, Calistoga; Zi. Werktag/Wochenende ab 115/149 US$) Schlichte Motelzimmer zum Schnäppchenpreis. Nach Pauschalangeboten inklusive Schlammbädern fragen.

ESSEN

Oxbow Public Market (☎ 707-226-6529; www.oxbowpu blicmarket.com; 610 & 644 First St; ✆ Mo–Sa 9–19, So 10–17 Uhr) Dieser Food Court für Feinschmecker verkauft z. B. nachhaltig geerntete Austern von Hog Island (15 US$/6 Stück), Pica Picas venezuelanische Maisbrot-Sandwiches (7 US$) und Three-Twins-Eis (Einzelwaffel 4 US$) mit Bio-Zertifikat.

Oakville Grocery (☎ 707-944-8802; www.oakvillegro cery.com; 7856 St. Helena Hwy, Ecke Oakville Crossroad; ✆ 8–18 Uhr) Gourmetessen zum Mitnehmen: Super Espresso, knuspriges Brot, Käse aus Sonoma, Pökelfleisch und vieles mehr.

JoLé (☎ 707-942-5938; www.jolerestaurant.com; 1457 Lincoln Ave, Calistoga; Hauptgerichte 7–22 US$; ⊙ So & Di–Do 17–22, Fr & Sa bis 23 Uhr) Kleine Portionen und Preise im Freiluft-Ambiente. Das Menü reicht vom örtlichen Tagesfang und Bio-Grillgemüse bis hin zu den saisonalen Desserts des hauseigenen Konditormeisters.

LP Tipp **Ad Hoc** (☎ 707-944-2487; www.adhocrestaurant.com; 6476 Washington St; ⊙ Mo, Mi & Do–So 17–21 Uhr, Brunch So 10.30–14 Uhr) Thomas Keller betreibt das innovativste Lokal seit dem French Laundry. Man kann jederzeit nach einem Menü fragen: Küchenchef Dave Cruz ersinnt täglich eine neue Vier-Gänge-Kombi (48 US$) mit frischen Zutaten vom Markt. Diese lässt sich nur ändern, wenn beim Reservieren gesundheitsbedingte Beschränkungen angegeben werden. Letztere ist aber kaum nötig: Das exzellente Essen schmeckt durchweg frisch und angenehm.

Ubuntu (☎ 707-251-5656; www.ubuntunapa.com; 1140 Main St; ⊙ Mo–Do 17.30–21, Fr & Sa 11.30–14.30 & 17.30–22, So 11.30–14.30 & 17.30–21 Uhr; **V**) Das vegetarische Saisonmenü beinhaltet Naturwunder aus dem biodynamischen Küchengarten und befriedigt herzhafte Esser mit vier bis fünf einfallsreichen Kleinportionen. Hinzu kommen über 100 Bio-Lesen für ökobewusste Weinfans.

French Laundry (☎ 707-944-2380; www.frenchlaundry.com; 6640 Washington St, Yountville; Festpreismenü 240 US$; ⊙ tgl. 17.30–21.30, Fr–So auch 11–13 Uhr) Das Sinnbild kalifornischer Spitzenküche, die internationale Trends einfallsreich mit saisonalen Zutaten aus dem eigenen Bio-Hintergarten setzt. Dieses kulinarische Erlebnis wird Lebensleistungen wie 40. Geburtstagen oder sogar Nobelpreisen gerecht. Einen bis sechs Monate vorab und Punkt 10 Uhr telefonisch reservieren!

Sonoma Valley

Das Sonoma Valley wirkt lockerer und weniger kommerziell als das Napa Valley. Seine 70 Weingüter verteilen sich rund um den Hwy 12 und haben im Gegensatz zur Napa-Konkurrenz meist auch nichts gegen ein mitgebrachtes Picknick.

SEHENSWERTES & AKTIVITÄTEN

Downtown Sonoma war früher die Hauptstadt eines Schurkenstaats. Obwohl die Sonoma Plaza mit ihren schicken Boutiquen und dem steinernen **Visitor Center** (☎ 707-996-1090, 800-576-6662; www.sonomavalley.com; 453 1st St E; ⊙ 9–17 Uhr)

einen mondänen Eindruck erweckt, ist sie an Sommerabenden und während des **Farmers Market** (⊙ April–Okt. Fr 9–12, Di 17.30–20 Uhr) ziemlich belebt.

Vom Zentrum aus führt eine Landstraße über einem See mit wiederaufbereitetem Wasser zum **Gundlach-Bundschu** (☎ 707-938-5277; www.gunbun.com; 2000 Denmark St). Dieses Schloss nutzt Solarstrom und produziert legendären Tempranillo. Zu diesem Weingut gehört auch die benachbarte **Bartholomew Park Winery** (☎ 707-939-3026; www.bartpark.com; 1000 Vineyard Ln; Weinprobe 5–10 US$, Museum & Park Eintritt frei; ⊙ Probierstube & Museum tgl. 11–16.30 Uhr), deren 16 ha geschützte Weinberge bereits 1857 bewirtschaftet wurden. Heute entstehen dort sonnig-säuerlicher Sauvignon Blanc und rauchig-dunkelroter Merlot – jeweils mit Bio-Zertifikat.

Weiter oben am Hwy 12 lockt der Ruf der Wildnis: Im **Jack London Historic State Park** (☎ 707-938-5216; www.jacklondonpark.com; 2400 London Ranch Rd; 8 US$/Auto; ⊙ Okt.–April 10–17 Uhr, Mai––Sept. 9.30–19 Uhr) verhalf der Abenteuerschriftsteller Jack London einst Sonomas brandgerodeten Hügeln zu neuem Leben. Am Seeufer blicken Wanderer auf die makellosen 52,2 ha von Londons ehemaliger Farm. Ansonsten kann man mit **Triple Creek Horse Outfit** (☎ 707-887-8700; www.triplecreekhorseoutfit.com; 2400 London Ranch Rd; Gruppenausritte inkl. Mittagessen 1/2/3 Std. 60/90/250 US$; ⊙ auf Reservierung) durch wohlriechende Rotholzhaine reiten oder Londons Leben im House of Happy Walls nachvollziehen – inklusive Bio-Anbaumethoden, Bestsellern und 600 Ablehnungsschreiben.

Nahe Kenwood geht's vom Hwy 12 hinüber zur **Kaz Winery** (☎ 707-833-2536; www.kazwinery.com; 233 Adobe Canyon Rd, Kenwood; Weinprobe 5–10 US$, auf Käufe anrechenbar; ⊙ Fr–Mo 11–17 Uhr). Deren Scheune kredenzt unkonventionellen Nebbiolo Blush Port und Cabernet Franc aus biologischem Anbau.

SCHLAFEN

In **Santa Rosa** am Nordende des Sonoma Valley säumen günstige Kettenmotels die Cleveland Ave westlich des Hwy 101.

Sugarloaf Ridge State Park (☎ 707-833-5712, Reservierungen 800-444-7275; www.parks.ca.gov; Adobe Canyon Rd; Stellplatz 30 US$) Die 50 Stellplätze ohne Anschlüsse belegen zwei lieblichen Wiesen nördlich der Weingüter von Kenwood.

Hillside Inn (☎ 707-546-9353; www.hillside-inn.com; 2901 Fourth St, Sonoma; EZ/DZ Nov.–März 70/78 US$, April–Okt. 74/82 US$, Küche zzgl. 4 US$; **P** 🛜 🎤) Im gepflegtesten Motel des Zentrums von Sonoma wohnen Weinfans nahe der lokalen Verkostungsmöglichkeiten.

Sonoma Hotel (☎ 707-996-2996, 800-468-6016; www.sonomahotel.com; 110 W Spain St, Sonoma; Zi. inkl. Frühstück Werktag/Wochenende Nov.–März 140/170 US$, April–Okt. 170/198 US$; ✗) Das stilvolle, markante Hotel an der belebten Sonoma Plaza besteht am Wochenende auf zwei Übernachtungen. Seine kleineren Zimmer kosten 30 US$ weniger.

LP Tipp Beltane Ranch (☎ 707-996-6501; www.beltaneranch.com; 11775 Hwy 12; Zi. inkl. Frühstück 150–220 US$; P ✗ ☎) In den 1890er-Jahren gehörte diese gelbe Ranch noch der Sklaventochter und ehemaligen Bordellbesitzerin Mary Ellen Pleasant, die eine Führungsrolle beim Abschaffen der Sklaverei in Kalifornien bekleidete. Zwischen Olivenhainen offeriert ihr würdevolles Anwesen ländlichen Luxus ohne TV oder Telefon. Neben Gerichten aus selbst produzierten Zutaten genießen Gäste auch Wandertouren und Tennismatches und blicken von der Veranda-Schaukel aus auf grasende Pferde.

ESSEN

Sonoma Market (☎ 707-996-3411; 500 W Napa St, Sonoma; ☺ 6–21 Uhr) Toller Deli mit frisch getoasteten Panini vom hauseigenen Küchenchef.

Red Grape (☎ 707-996-4103; www.theredgrape.com; 529 First St West; Pizzen 10–16 US$; ☺ 11.30–22 Uhr; ♿) Dünnkrustige Pizza mit einheimischem Käse und Pökelfleisch plus halbe Flaschen von limitierten Sonoma-Weinen.

Fig Cafe (☎ 707-938-2130; www.thefigcafe.com; 13690 Arnold Dr, Glen Ellen; Hauptgerichte 15–20 US$; ☺ tgl. 17.30–21, Brunch Sa & So 10–14.30 Uhr) Sonoma goes Hausmannskost: In einem umgebauten Wohnzimmer gibt's hier z. B. Bio-Salate und Cassoulet-Eintopf mit einheimischer Ente. Kein Korkengeld auf mitgebrachte regionale Weine.

Cafe la Haye (☎ 707-935-5994; www.cafelahaye.com; 140 E Napa St, Sonoma; Hauptgerichte 17–25 US$; ☺ Di–Sa ab 17.30 Uhr) Mini-Bistro mit offener Küche und Großstadtgerichten, deren Bestandteile aus maximal 100 km Entfernung kommen.

Russian River Valley

Zwei Autostunden nördlich von San Francisco (über Hwy 101/116) setzt sich im westlichen Sonoma County der Westen wild fort: Uralte Redwoodriesen überragen dort die eigenständigen Weingüter des Russian River Valley. Gleichzeitig säumen Rebellen-Refugi-

en, Hippie-Kunstgalerien und schwulenfreundliche Kneipen die 16 km des passend benannten **Bohemian Highway**. Das **Guerneville Visitor Center** (☎ 707-869-9000; www.russianriver.com; 16209 1st St; ☺ 10–17 Uhr) liefert Karten und Unterkunftsinfos für Kurzentschlossene.

Die uralten Redwoods des 3,26 km² großen **Armstrong Redwoods State Reserve** (☎ 707-869-2015; www.parks.ca.gov; 17000 Armstrong Woods Rd; Auto/Stellplatz 8/20 US$; ☺ 8 Uhr–Sonnenuntergang) wurden einst von Colonel James Boydston Armstrong gerettet. Indem er den Bestand im Jahr 1874 kaufte, bewahrte der Holzfällerbaron z. B. auch den 1400 Jahre alten Colonel Armstrong Tree (94 m) vor der Axt.

Vorbei an Reihern und Ottern geht's mit **Burke's Canoe Trips** (☎ 707-887-1222; www.burkescanoetrips.com; 8600 River Rd; Leihkanu 59 US$) paddelnd flussabwärts. Etwa 15 Minuten südlich von Guerneville kann man dank den **Iron Horse Vineyards** (☎ 707-887-1507; www.ironhorsevineyards.com; 9786 Ross Station Rd; Weinprobe 10–15 US$; ☺ 10–15.30 Uhr) US-Präsidentenschampus und Natur im Freien auf einem Hügel genießen. Das **Rio Theater** (☎ 707-865-0913; www.riotheater.com; 20396 Bohemian Hwy, Monte Rio; Erw./Kind & Senior 8/6 US$, Nachmittagsfilme 6 US$; ☺ Mi–So) in einer umgebauten Armeebaracke aus den 1940er-Jahren serviert Abendessen und leckere Hotdogs (7 US$) zu Oscar-verdächtigen Filmen.

Ein **Bio-Farmers Market** (☎ 707-793-2159; www.occidentalfarmersmarket.com, ☺ Juni–Okt. Fr 16 Uhr–Sonnenuntergang), das clevere Recycling-Kunsthandwerk von **Renga Arts** (☎ 707-874-9407; www.rengaarts.com; 3605 Main St; ☺ Fr–Mo 11–17 Uhr) und die schräge Fool's Day Parade am 1. April machen **Occidental** zum Herz des Boho Hwy.

Das **Bistro des Copains** (☎ 707-874-2436; www.bistrodescopains.com; 3782 Bohemian Hwy; ☺ So–Do 17–21, Fr & Sa 17–22 Uhr) kombiniert europäische Klassiker mit kalifornischer Kreativität – an Abenden unter der Woche auch in Form von günstigen Dreigängemenüs.

Von Healdsburg nach Boonville

Gehobene Restaurants, Probierstuben und stilvolle Gästehäuser umgeben **Healdsburgs** spanisch angehauchte Plaza. Das **Healdsburg Visitors Center** (☎ 707-433-6935, 800-648-9922; www.healdsburg.org; 217 Healdsburg Ave; ☺ Mo–Fr 9–17, Sa 9–15, So 10–14 Uhr) verteilt Weinprobenpässe und Karten zum Wine Country. In maximal 50 km Umkreis liegen die über 90 Weingüter des Russian River, Dry Creek und Alexander Valley.

Vom Zentrum Healdsburgs aus gesehen erstreckt sich das Dry Creek Valley jenseits des Hwy 101. Seine malerischen Weingehöfte lassen sich prima mit Leihfahrrädern von **Spoke Folk Cyclery** (s. rechte Spalte) erkunden. Dabei kann man z. B. Zinfandel in den Höhlen der **Bella Vineyards** (☎ 707-473-9171, 866-572-3552; www.bellawinery.com; 9711 W Dry Creek Rd; Weinprobe 5–10 US$; ◷ 11–16.30 Uhr) verkosten oder die **Porter Creek Vineyards** (☎ 707-433-6321; www.portercreek vineyards.com; 8735 Westside Rd; Weinprobe kostenlos; ◷ 10.30–16.30 Uhr) mit biodynamischem Zertifikat besuchen. Letztere servieren ihren holzigen Pinot Noir auf einer Bar aus Bowlingbahn-Brettern.

Nördlich von Healdsburg führt der Hwy 128 zum **Anderson Valley**. Dort warten Bio-Essen und preisgekröntes Bier zwischen Weinbergen und Apfelplantagen. **Boonville** empfängt Besucher mit Frisbeegolf, Bierproben und Führungen durch die solarbetriebenen Anlagen der **Anderson Valley Brewing Company** (☎ 707-895-2337; www.avbc.com; 17700 Hwy 253; Bierprobe 5 US$, auf Käufe anrechenbar; ◷ Do–Mo 11–18 Uhr; Führungen tgl. 11.30 & 15 Uhr).

SCHLAFEN & ESSEN
Zu Healdsburgs Budgetunterkünften gehören das schicke **Best Western Dry Creek** (☎ 707-433-0300, 800-222-5784; www.drycreekinn.com; 198 Dry Creek Rd; Zi. 115–135 US$; ◫ ▣) sowie das **L&M Motel** (☎ 707-433-6528; www.landmmotel.com; 70 Healdsburg Ave; Zi. 75–99 US$; ◫ ◫ ▣) im kitschigen Vegas-Stil.

Das **Bovolo** (☎ 707-431-2962; www.bovolorestaurant. com; 106 Matheson St; Hauptgerichte mittags 8–14 US$; ◷ Do–Di 9–18, Sa & So bis 21 Uhr) mixt Slow- und Fast Food in Form von Salaten, Panini oder Pizzas mit selbstgepökeltem Fleisch. Obwohl das **Cyrus** (☎ 707-433-3311; www.cyrusrestaurant.com; 29 North St; Festpreismenü 102–130 US$; ◷ Mi–Mo 18–23 Uhr) begeisterte Kritiken erntet, hütet es ein lokales Geheimnis: Eine Bar, die Cocktails à la verrückter Wissenschaftler zu Trüffelgarniertem à la carte kredenzt. Der **Boonville General Store** (☎ 707-895-9477; 14077 #A Hwy 128, Boonville; ◷ 9.30–15 Uhr; ♿) serviert neben selbstgemachten Backwaren und Pizzas auch Bio-Salate aus örtlichem Anbau.

Anreise & Unterwegs vor Ort
Das Wine Country liegt ca. 90 Autominuten nördlich von San Francisco (Hwy 101 oder I-80 nehmen). Infos zu Verkehrsmitteln gibt's unter ☎ 511.

AUTORIKSCHA
Napa Valley Hoppers (☎ 707-224-4677; www.nvhoppers. com) veranstaltet fünfstündige Rikschatrips, die jeweils drei bis vier Weingüter besuchen (89 US$/Pers.; Beginn 10–14 Uhr, Reservierung erforderlich).

FAHRRAD
Die malerischen Nebenstraßen des Wine Country erkundet man am besten mit dem Fahrrad. Der **Calistoga Bike Shop** (☎ 707-942-9687, 866-942-2453; www.calistogabikeshop.com; 1318 Lincoln Ave), **Sonoma Valley Cyclery** (☎ 707-935-3377; 20093 Broadway) und **Spoke Folk Cyclery** (☎ 707-433-7171; www.spokefolk.com; 201 Center St, Healdsburg) verleihen Drahtesel für ca. 30 bis 45 US$ pro Tag.

Napa Valley Adventure Tours (☎ 707-259-1833, 877-548-6877; www.napavalleyadventuretours.com; Oxbow Public Market, 610 1st St, Napa) bietet Leihfahrräder sowie geführte Radtouren, die Winzer, Kunsthandwerker und Bio-Bauern entlang des Silverado Trail abklappern (139 US$/6,5 Std.). **Getaway Adventures** (☎ 707-568-3040, 800-499-2453; www.getawayadventures.com) organisiert lässige „Sip-n-Cycle"-Ausflüge rund um Calistoga oder Dry Creek (149 US$/6 Std.).

ÖFFENTLICHE VERKEHRSMITTEL
Am Ferry Building in San Francisco bricht die **Vallejo Ferry** (415-877-643-3779; www.baylinkferry.com; Erw./Kind unter 6 Jahren/Senior & Jugendl. 13/frei/6,50 US$) zur malerischen Fahrt nach Napa auf (werktags 6.30–19 Uhr, ca. alle 60 Min; Wochenende 11–19.30 Uhr, ca. alle 2 Std.). Ansonsten geht's mit **BART** (S. 289) nach El Cerrito, wo **Vallejo Transit** (☎ 707-648-4666; www.vallejotransit.com) in Richtung Vallejo startet. Die Busse von **Napa Valley Vine** (☎ 707-251-2800, 800-696-6443; www.napa valleyvine.net) verbinden Vallejo mit Napa und Calistoga.

Greyhound (☎ 800-231-2222; www.greyhound.com) fährt von San Francisco nach Santa Rosa (21 US$) im Sonoma Valley. **Golden Gate Transit** (☎ 415-923-2000; www.goldengate.org) verbindet San Francisco mit Petaluma (7,60 US$) und Santa Rosa (8,40 US$). Dort übernimmt **Sonoma County Transit** (☎ 707-576-7433; www.sctransit.com).

Napa Valley Vine betreibt öffentliche Verkehrsmittel im Napa Valley. Golden Gate und Sonoma Valley Transit sind für den Nahverkehr im Sonoma Valley zuständig.

ZUG
Der **Napa Valley Wine Train** (☎ 707-253-2111, 800-427-4124; www.winetrain.com; Erw./Kind unter 12 Jahren

KALIFORNIEN

49,50/25 US$, Mittagessen zzgl. 44,50/25 US$, Abendessen zzgl. 49,50/30 US$) rollt drei Stunden lang recht touristisch, aber komfortabel durch die Gegend – inklusive Barwaggon (Weinprobe 10 US$) und optionalem Weingutbesuch (zzgl. 25 US$).

NORDKÜSTE

Entlang der Nordküste grenzen Täler voller Redwoods an den düster donnernden Pazifik. Neben Hippies und hopfigen Regionalbieren findet man hier eine Flora, die u. a. für ein paar der größten Bäume und die gehaltvollsten Marihuanapflanzen der Welt berühmt ist. In diesem Teil Kaliforniens heißt es vom Gas gehen und unter Baumriesen verweilen, während die höchst malerische Route durch gewaltige Wälder und neblige winzige Ortschaften führt.

Von Bodega Bay nach Fort Bragg

Zwischen Bodega Bay und Fort Bragg markiert die Küste den wunderbar schroffen Rand des Kontinents, an dem Kühe hoch über den kühlen Schaumkronen des brüllenden Pazifiks auf den Klippen grasen. Obwohl San Francisco nur ein paar Autostunden weiter südlich liegt, scheint der Großstadtcharme dieser Stadt hier unendlich weit weg zu sein. Im Vergleich zum Hwy 1 entlang des Big Sur ist die gewundene Nordküstenstrecke anspruchsvoller, einsamer und authentischer: Sie führt Fahrer, deren Hände das Lenkrad eisern umklammern, an Farmen, Fischernestern und versteckten Ständen vorbei. Von Haltebuchten an stürmischen Klippen fällt der Blick zwischendurch auf vorbeiziehende Wale. Ohne Pausen dauert die Fahrt bei Tageslicht etwa vier Stunden. Bei Dunkelheit und Nebel braucht man dagegen Nerven aus Stahl sowie wesentlich mehr Zeit.

Bodega Bay ist die erste Perle in einer Kette von verschlafenen Fischerstädtchen. Hier drehte Hitchcock seinen gruseligen Horrorstreifen *Die Vögel* (1963). Obwohl die örtlichen Möwen inzwischen nicht mehr blutrünstig sind, behält man sein Picknick dennoch besser gut im Auge. Bis hinauf nach Jenner (10 Meilen/16 km) weiter nördlich werden die B & Bs und die wunderbaren staatlichen Strände heute massenhaft von Wochenendausflüglern aus der Bay Area heimgesucht. **Bodega Bay Sportfishing** (☎ 707-875-3344; 1410 Bay Flat Rd) veranstaltet Walbeobachtungstouren (35 US$/Pers., 3½–4 Std.). Der **Bodega**

Bay Surf Shack (☎ 707-875-3944; www.bodegabay surf.com; 1400 N Hwy 1; Surfbrett 13 US$/Tag, 1-/2-sitziges Kajak pro 4 Std. 45/65 US$) verleiht Surfbretter und Kajaks.

Jenner ist nicht viel mehr als eine Ansammlung von Läden und Restaurants auf den Küstenhügeln an der Mündung des Russian River. Hiesiges Highlight: Eine Seehundkolonie, die sich nördlich des Orts von Hwy 1 aus beobachten lässt. Freiwillige schützen die Tiere und informieren Touristen während der Aufzuchtzeit (März–Aug.) direkt am **Goat Rock State Beach** (☎ 707-875-3483; Meile 19,15).

Herzstück des **Fort Ross State Historic Park** (☎ 707-847-3286, 707-847-3708; www.fortrossstatepark.org; 19005 Hwy 1; Auto/Stellplatz 8/25 US$) ca. 12 Meilen (19,3 km) nördlich von Jenner ist ein Handelsposten aus dem Jahr 1812. Dessen russischorthodoxe Kirche mit Salzwasserspuren zeugt bis heute vom südlichsten Vordringen von Händler aus der Zarenzeit auf nordamerikanischem Boden. Mit historischen Ausstellungen in holziger Luft ist das kleine Museum ein ruhiger Gegenpol zu den stürmischen Klippen. Der reservierungsfreie Campingplatz südlich des Forts (2 Meilen/3,2 km) arbeitet nach dem „Wer zuerst kommt, mahlt zuerst"-Prinzip. Er ist von April bis November geöffnet.

Der **Salt Point State Park** (☎ 707-847-3221, Reservierungen 800-444-7275; www.reserveamerica.com; Meile 39; Auto/Stellplatz 8/35 US$) umfasst Wanderwege, Gezeitenbecken und diesiges Waldesgrün mit zwei Campingplätzen, auf denen im Frühling rosa Blumen sprießen. In der Umgebung findet man ökologische Molkereigenossenschaften und grasende Kühe auf felsigen Klippenwiesen.

Weiter nördlich erfreut sich **Gualala** (ausgespr. wah-*la*-la) seit 1850 einer atemberaubenden Küstenlage. Die Unterkünfte der Ex-Sägewerkssiedlung sind jedoch ziemlich teuer. Ca. 1 Meile (1,6 km) südlich davon liegt der **Gualala Point Regional Park** (☎ 707-785-2377, Reservierungen 707-565-2267; www.sonoma-county.org/parks; 42401 S Highway 1; Auto/Stellplatz 6/22 US$) mit stürmischem Strand, Pfaden zum Meer und Campingplätzen unter Küstenmammutbäumen.

Point Arena gleich nördlich davon hat ein reizendes Zentrum und ein Pier auf Stelzen. Noch etwas weiter nördlich steht seit 1908 einer der höchsten Leuchttürme der Westküste: Das **Point Arena Lighthouse** (☎ 707-882-2777; www.pointarenalighthouse.com; 45500 Lighthouse Rd; Eintritt 7,50 US$ ☉ 10–15.30 Uhr) bietet eine atemberaubende Aussicht von seiner Spitze.

Im **Van Damme State Park** (☎ 707-937-5804, Reservierungen 800-444-7275; www.reserveamerica.com; Auto/ Stellplatz 8/35 US$) ca. 8 Meilen (13 km) nördlich von Elk verläuft der beliebte **Fern Canyon Trail** durch einen Pygmäenwald und eine Farnschlucht voller Holundersträucher. Der nette Campingplatz des Parks ist mit dem Auto zugänglich, während eine leichte Wanderung (3,2 km) zu einer einsamen Alternativstelle führt.

Mendocino ist das beliebteste Dorf an diesem Teil der Route. Das salzwasserschwangere Juwel der Nordküste empfängt Besucher mit B & Bs im neuenglischen Saltbox-Stil und einer herrlichen Landzunge. Auf letzterer wachsen Brombeersträucher, Wildblumen und Zypressen, die über himmelhohen Klippen wachen. Von Treibholzfeldern und Höhlentunneln bis hin zur brüllenden Brandung ist die Kraft der Natur hier überall zu spüren. Aufgrund seiner vielen reizenden Luxusläden (keine Ketten!) wird der eigentliche Ort auch „Spendocino" genannt. So trägt die künstlerisch angehauchte Bourgeoisie (meist Wochenendausflügler aus San Francisco) ihren dicken Geldbeutel gern durch die hiesigen Straßen. Bester Ausgangspunkt ist das **Visitor Center** (☎ 707-937-5397; www.gomendo.com; 735 Main St; ☽ 11–16 Uhr) im Ford House.

Fort Bragg möchte gutbetuchte Touristen ein Stück weiter nach Norden locken. Dies ist Mendocinos rauer Schwesterstadt trotz billigem Benzin, großen Motels und viel Fast Food bisher noch nicht so recht gelungen. Dennoch hat auch Fort Bragg etwas Charme: Die **North Coast Brewing Co** (☎ 707-964-2739; www.northcoast-brewing.com; 455 N Main St; 4 US$/Krug, Bierprobe mit 10 Sorten 12 US$) mit dickflüssigen, hopfigen Biersorten ist Grund genug für einen Stopp – vielleicht auch der **Skunk Train** (☎ 800-866-1690; www.skunktrain.com; Erw./Kind 3–11 Jahre 47/22 US$) von 1885, der diesel- oder dampfgetrieben einen halben Tag lang durch die Wälder nach Ukiah rollt.

SCHLAFEN & ESSEN
Die folgenden Adressen sind von Süden nach Norden aufgeführt.

Der **Bodega Harbor Inn** (☎ 707-875-3594; www.bodegaharborinn.com; 1345 Bodega Ave; Zi. 80–155 US$; ✄) in Bodega Bay hat erschwingliche Zimmer im Cottage-Stil. Körbe mit golden paniertem Zackenbarsch aus der Region sind Highlight des **Boat House** (☎ 707-875-3495; 1445 N Hwy 1; Hauptgerichte 11–15 US$; ☽ 12–20 Uhr), eines Schuppens mit Bojendeko und abschüssigem Fußboden.

Die ruhig-rustikalen **River's End Cabins** (☎ 707-865-2484; www.ilovesunsets.com; 11048 Hwy 1; Hütte 120–220 US$) in Jenner haben weder TV noch Telefon. Das dazugehörige Restaurant mit toller Aussicht serviert elegante, sorgsam zubereitete Gerichte.

Das allererste Mittagslokal in Gualala ist zugleich auch das beste: An manchen Wochenenden gröhlt sogar eine kauzige Bluesband ihr „Mustang Sally" im **Bones Roadhouse** (☎ 707-884-1188; 39350 S Hwy 1; Hauptgerichte 10–20 US$; ☽ So–Do 11.30–21, Fr & Sa 11.30–22 Uhr). Zum schrullig-schmucken **St. Orres** (☎ 707-884-3303; www.saintorres.com; 36601 Hwy 1; Zi. mit Gemeinschaftsbad inkl. Frühstück ab 95 US$, Hütte inkl. Frühstück 140–445 US$) gehören ein russisch gestyltes Hotel aus Redwoodstämmen, abgeschiedene Hütten und ein Restaurant mit hervorragender kalifornischer Küche (Hauptgerichte abends 40 US$).

LP Tipp **Mar Vista Cottages** (☎ 707-884-3522, 877-855-3522; www.marvistamendocino.com; 35101 S Hwy 1; Hütte ab 155 US$; ✄ ☎) sind mit rund ein Dutzend elegant umgebauter Fischerhütten in idyllischer Lage: Umherlaufende Hühner liefern hier die Frühstückseier, während Gäste an aufgehängten Reifen schaukeln und sich im Bio-Garten bedienen können. In den Hütten mit WLAN muss mindestens zweimal übernachtet werden.

Das reizende Mendocino bietet jede Menge gehobene Unterkünfte und Restaurants. Am gemütlichsten ist jedoch der **Brewery Gulch Inn** (☎ 800-578-4454; www.brewerygulchinn.com; 9401 N Hwy 1; Zi. 210–450 US$; ☐) gleich südlich der Stadt. Auf einem Hügel am Meer gibt's hier Zimmer mit offenen Kaminen – vermietet von Gastgebern, die zur kostenlosen Weinstunde kräftig ausschenken und Süßigkeiten als Mitternachtssnacks bereitlegen. Zu später Stunde kommt **Patterson's Pub** (☎ 707-937-4782; www.pattersonspub.com; 10485 Lansing St; Hauptgerichte 10–15 US$) mit üppigen Vorspeisensalaten und super Kneipenessen gerade recht.

Das Pädagogikzentrum **Jughandle Creek Farm** (☎ 707-964-4630; www.jughandlecreekfarm.org; 15501 N Hwy 1; Zi. & Hütte Erw./Kind/Student 40/13/33 US$, Stellplatz 12/5/10 US$) in Caspar steht gegenüber der Jug Handle State Reserve. Seine hostelmäßigen Zimmer bzw. Hütten (Schlafsack mitbringen) teilen sich Gemeinschaftsbäder und -küchen. Eine Stunde Freiwilligenarbeit bringt einen kleinen Rabatt.

Reizende Ausnahme unter Fort Braggs vielen drögen Mittelklassemotels ist das unglaub-

lich günstige **Colombi Motel** (☎ 707-964-5773; www.
colombimotel.com; 647 Oak St; Zi. mit Kochnische 45–70 US$).

Das **Headlands Coffeehouse** (☎ 707-964-1987;
www.headlandscoffeehouse.com; 120 E Laurel St; Panini-
Sandwiches 7–8 US$; ☼ So–Do 7–22, Fr & Sa bis 23 Uhr) ist
ein Gottesgeschenk für Fort Braggs gelang-
weilte Teenager. Diese Kombi aus Café und
Kulturzentrum veranstaltet allabendlich kostenlose Folk- oder Jazzkonzerte mit einheimischen Musikern.

AN- & WEITERREISE

Touren entlang des Hwy 1 sind ohne Auto
kaum möglich. Allerdings fährt ein Bus der
Mendocino Transit Authority (MTA; ☎ 800-696-4682;
www.4mta.org) täglich südwärts von Fort Bragg
nach Santa Rosa (über Willits und Ukiah;
20 US$, 3 Std.). Dort startet **Golden Gate Transit**
(☎ 415-923-2000; www.goldengate.org) in Richtung
San Francisco (Bus 80; 8,80 US$). Weder
Greyhound (S. 419) noch Amtrak (S. 423)
bedienen Ziele am Hwy 1.

Von Ukiah nach Scotia

Außer Benzin und Lebensmitteln für die
Weiterfahrt nach Norden hat **Ukiah** nicht viel
zu bieten. Highlight in der Umgebung ist das
Vichy Springs Resort (s. rechte Spalte).

Nördlich vom winzigen **Leggett** am Hwy
101 kann man sich unter den riesigen Redwoods des **Standish-Hickey State Recreation Area**
(☎ 707-925-6482, 69350 Hwy 101; 8 US$/Auto) verlieren.
Neben einem Fluss zum Schwimmen und
Angeln gibt's hier auch insgesamt 14,5 km
lange Wanderwege durch ursprüngliche und
nachgewachsene Redwoodwälder. Die bekannteste Sehenswürdigkeit ist der fast 70 m
hohe Miles Standish Tree. Etwa 14 Meilen
(22,5 km) weiter nördlich liegt der ca. 5,7 km²
große **Richardson Grove State Park** (Auto/Stellplatz
8/35 US$) mit Campingmöglichkeiten in noch
mehr Redwood-Urwäldern.

In den 1970er-Jahren war **Garberville** für
Sinsemilla (starkes, samenloses Marihuana)
aus den umliegenden Hügeln bekannt. Heute
ist es ein ruhiges Städtchen mit einer einzigen
Hauptstraße und günstigen Motels bzw. Diners. Hinzu kommt ein seltsamer Kulturmix
aus kräftigen Holzfällern und kaputten Hippies (schnell und leicht voneinander unter-
scheidbar).

Mit Kaliforniens besten Möglichkeiten zum
Küstencamping krönt die **Lost Coast** den Reiseplan aller leidenschaftlichen Biker. Sie ging
„verloren", als die hiesigen Highways um die

schroffe King Range herumgeführt wurden,
die nur wenige Kilometer vom Meer entfernt
etwa 1200 m hoch emporragt. So blieb die
herrliche Landschaft weitestgehend unerschlossen. Von Garberville aus führt eine raue
Straße über 23 Meilen (37 km) zur Küstenstadt Shelter Cove mit Deli, Restaurant und
Motels. Achtung: Bevor man abgelegene Straßen oder die Wildnis abseits der Wege erkundet, unbedingt mit Einheimischen reden! So
lassen sich Begegnungen mit Farmern vermeiden, die vehement das illegale Ackergold
ihrer Heimat schützen.

Der 207 km² große **Humboldt Redwoods State
Park** (☎ 707-946-2409, Reservierungen 800-444-7275;
www.reserveamerica.com; Auto 8 US$, Stellplatz 35–45 US$)
am Hwy 101 schützt ein paar der ältesten
Redwoods und drei Viertel der 100 mächtigsten Bäume des Planeten. Keine Zeit zum
Wandern? Dennoch unbedingt eine Fahrt
entlang der zweispurigen **Avenue of the Giants**
unternehmen, die über 32 Meilen (51,5 km)
parallel zum Hwy 101 durch den Park führt.
Bei den tollen Campingstellplätzen nahe dem
lehrreichen **Visitor Center** (☎ 707-946-2409; ☼ 9–
17 Uhr) ist Reservierung ratsam.

SCHLAFEN & ESSEN

Entlang dieser Route gibt's viele hochwertige
Campingmöglichkeiten. Zudem hat jedes
Nest mindestens ein Deli oder eine *tacqueria*.
Die folgenden Optionen sind von Süden nach
Norden aufgeführt.

Das eigenständige **Sunrise Inn** (☎ 707-462-6601;
www.sunriseinn.net; 650 S State St; Zi. 48–68 US$; ☒) bietet
das beste Preis-Leistungs-Verhältnis an der von
Kettenmotels dominierten Ukiahs S State St.
Das ca. 40 ha große **Vichy Springs Resort** (☎ 707-
462-9515; www.vichysprings.com; 2605 Vichy Springs Rd, Ukiah;
Stellplatz für Wohnmobil 20 US$, Lodge EZ/DZ 135/195 US$, EZ/
DZ am Bach 195/245 US$, Hütte ab 280 US$; ☒ ☒) beherbergt Nordamerikas einzige Mineralbäder mit
natürlich sprudelndem Thermalwasser (2 Std./
ganzer Tag 30/50 US$). Im Gegensatz zu an-
deren nahen Thermalquellen besteht hier
glücklicherweise Badehosenpflicht.

Das unterhaltsamste örtliche Restaurant ist
die **Ukiah Brewing Company** (☎ 707-468-5898; www.
ukiahbrewingco.com; 102 S State St; Hauptgerichte abends
15–25 US$; ☼ Di–Sa 17.30–21, Do & Fr 11.30–14 Uhr).
Deren Bier schmeckt zwar besser als das Essen, doch am Wochenende bringt Livemusik
die Tanzfläche zum Beben.

Gleich südlich von Garberville steht der
historische **Benbow Inn** (☎ 707-923-2124, 800-355-

3301; www.benbowinn.com; 445 Lake Benbow Dr, Garberville, Zi. 130–200 US$; 🛜) im Tudor-Stil abseits des Hwy 101. Seine Gäste werden mit Gratis-Sherry in reizenden Zimmern empfangen und entscheiden sich idealerweise für die teureren Quartiere am Flussufer. Das Restaurant mit weißen Tischtüchern und die holzvertäfelte Bar sind an nebligen Abenden besonders einladend.

Entlang der Avenue of the Giants gibt's *super* Campingplätze (besonders schön im Humboldt Redwoods State Park, S. 300) und viele muffige Motels aus den 1950er-Jahren, denen man besser mit Vorsicht begegnet.

ANREISE & UNTERWEGS VOR ORT
Greyhound (☎ 800-231-2222; www.greyhound.com) verbindet San Francisco mit Ukiah (29,20 US$). Montags bis samstags fahren die Busse des **Redwood Transit System** (☎ 707-443-0826; www.hta.org) zwischen Scotia und Trinidad (1,95 US$, 2½ Std.).

Von Eureka nach Crescent City
Wer die Minimalls am Rand von **Eureka** passiert, wird wohl nicht gleich „Heureka" von den Hügeln brüllen. Immerhin hat es eine schmucke viktorianische Altstadt mit einladenden Geschäften und Restaurants. Beim **Eureka Visitor Center** (☎ 707-442-3738, 800-356-6381; www.eurekachamber.com; 2112 Broadway; 🕐 Mo–Fr 8.30–17, Sa 10–16 Uhr) gibt's Karten und Infos. **Going Places** (☎ 707-443-4145; 328 2nd St; 🕐 Mo–Sa 10.30–17.30, So 11–17 Uhr) heißt ein super Reisebuchladen in der Altstadt.

Als Eurekas wichtigste Sehenswürdigkeit gehören die **Blue Ox Millworks** (☎ 707-444-3437; www.blueoxmill.com; Erw./Kind 6–12 Jahre 7,50/3,50 US$; 🕐 Mo–Sa 9–16 Uhr) zu den wenigen US-Schreinereien, die viktorianische Einrichtungen noch traditionell mit Ausrüstung aus dem 19. Jh. herstellen. Bei faszinierenden selbstgeführten Touren kann man den Handwerkern über die Schulter schauen.

Ebenfalls attraktiv sind Hafenrundfahrten mit der blau-weißen **Madaket** (☎ 707-445-1910; www.humboldtbaymaritimemuseum.com; Erw./Kind 5–12 Jahre/Senior & Jugendl. 15/7,50/13 US$; 🕐 Mai–Okt.) von 1910, die am Ende der F St ablegt. Bei den Cocktailtrips zu Sonnenuntergang (10 US$) kommt an Bord die kleinste Bar des Bundesstaats mit Schanklizenz zum Einsatz.

9 Meilen (14,5 km) nördlich von Eureka liegt die linksgerichtete Revoluzzerhochburg **Arcata** mit vielen Patschuliträuchern. Rund

um deren malerischen Hauptplatz fahren LKWs mit Biodiesel, während der Recyclingmüll per Tandem abgeholt wird. Am nordöstlichen Stadtrand befindet sich die **Humboldt State University** (☎ 707-826-3011; www.humboldt.edu) mit ihrem hübschen Campus. Das **California Welcome Center** (☎ 707-822-3619; www.arcatachamber.com; 🕐 9–17 Uhr) liefert Regionalinfos an der Kreuzung Hwy 299/101.

Rund 16 Meilen (26 km) nördlich von Arcata sitzt die Fischereistadt **Trinidad** auf einer Klippe über einem glitzernden Hafen. Der Trinidad Head lockt mit tollen Sandstränden und Kurzwanderungen. Der nahegelegene Luffenholtz Beach ist ein beliebter, aber unbeaufsichtigter Surfspot. Unterkünfte und bewaldete Campingplätze säumen die Patrick's Point Rd nördlich der Stadt. Im **Patrick's Point State Park** (☎ 707-677-3570; Reservierungen 800-444-7275; www.reserveamerica.com; Tagesgebühr 8 US$, Stellplatz 35–45 US$) warten fantastische Felszungen, Gezeitenbecken und Campingmöglichkeiten.

Das **Redwood National & State Parks Visitor Center** (☎ 707-464-6101, Durchwahl 5265; www.nps.gov/redw; 🕐 9–17 Uhr) steht 1 Meile (1,6 km) südlich des winzigen **Orick** am Hwy 101. Der Redwood National Park sowie die State Parks Prairie Creek, Del Norte und Jedediah Smith sind als Unesco-Weltnaturerbe ausgewiesen. Zusammen beherbergen sie fast 50 % aller noch erhaltenen Redwood-Urwälder Kaliforniens. Der National Park kann gratis besucht werden, während die State Parks teilweise eine Tagesgebühr (8 US$) verlangen und die einzigen erschlossenen Stellplätze (35 US$) haben – einfach super, dort vom Zelt aus auf surreal große Stämme zu starren! Beim Visitor Center gibt's Infos zu allen Parks und kostenlose Genehmigungen fürs wilde Campen.

Lady Bird Johnson Grove und **Tall Trees Grove** sind atemberaubende Highlights des **Redwood National Park**. Dort streifen Wapitiherden zwischen ein paar der weltgrößten Bäume umher.

Ohne die vergoldeten, gusseisernen Riesenbären auf der Brücke würde man **Klamath** inmitten von Wäldern und Wasser wohl übersehen. Der einsame Ort ist ein hervorragender Ausgangspunkt für Outdoor-Abenteuer. Ein paar Meilen weiter nördlich liegt der **Del Norte Coast Redwoods State Park** (☎ 707-464-6101, Durchwahl 5120) mit Redwoodhainen und 13 km unberührter Küste.

Als einzige halbwegs große Küstenstadt nördlich von Arcata säumt **Crescent City** eine halbmondförmige Bucht. Eine Flutwelle zerstörte 1964 über die Hälfte der Stadt, die danach im eintönigen Gebrauchsstil wieder aufgebaut wurde. Das 1865 errichtete **Battery Point Lighthouse** (☎ 707-464-3089; Eintritt 3 US$; ☺ April–Okt. Mi–So 10–16 Uhr) am Südende der A St ist nur bei Ebbe zugänglich.

Der **Jedediah Smith Redwoods State Park** (☎ 707-464-6101, Durchwahl 5112) etwa 5 Meilen (8 km) nordöstlich von Crescent City ist weniger überlaufen als die anderen Parks, aber genauso schön. Die Redwoods stehen hier so dicht, dass der Platz dazwischen nur für wenige Wege reicht. Beste Option für waldinteressierte Nichtwanderer sind die tollen 11 Meilen (18 km) des **Howland Hill Scenic Drive**.

SCHLAFEN & ESSEN
Die folgenden Adressen sind von Süden nach Norden aufgelistet. Alle Orte am Hwy 101 haben diverse Motels aus den 1950er-Jahren.

Eurekas günstigste Unterkünfte liegen südlich der Innenstadt. Manche Mittelklassezimmer des familiengeführten, hellen und sauberen **Bayview Motel** (☎ 707-442-1673, 866-725-6813; www.bayviewmotel.com; 2844 Fairfield St; Zi. 90–95 US$; ☒ ☎) warten wirklich mit Buchtblick auf. Die komfortablen, gepflegten **Carter House Inns** (☎ 707-444-8062, 800-404-1390; www.carterhouse.com; 301 L St; Zi. inkl. Frühstück 185–213 US$; ☒ ☎) vereinen ein paar reizende viktorianische Häuser in Altstadtnähe. Nobelste Lokalkost ist die französische Fusionküche des Restaurant 301.

Als weitere tolle Nordküstenbrauerei produziert die **Lost Coast Brewery** (☎ 707-445-4480; 617 4th St; 3,50 US$/Krug, Bierprobe mit 10 Sorten 10 US$; Hauptgerichte 6–13 US$; ☎) u. a. leckeres Downtown Brown und Great White. Aus ihrer Küche (11–24 Uhr) kommen prima Chicken Wings, Pommes und Burger. Zudem gibt's hier WLAN.

Das populäre **Samoa Cookhouse** (☎ 707-442-1659; www.samoacookhouse.net; „All You Can Eat"-Gerichte 12–15 US$; ☺ 7–21 Uhr) auf der nahegelegenen Samoa Peninsula belegt die Kantine eines Holzfällercamps von 1893. An seinen langen Tischen mit rotkarierten Wachstüchern futtern sich Wanderer, Hippies und Waldarbeiter gemeinsam durch die Essensberge.

Das stattliche **Hotel Arcata** (☎ 707-826-0217, 800-344-1221; www.hotelarcata.com; 708 9th St; Zi. 156 US$; ☎) von 1915 wirkt etwas muffig, liegt aber sehr zentral an Arcatas Hauptplatz.

Die countrymäßigen Zimmer des 1914 erbauten **Requa Inn** (☎ 707-482-1425, 866-800-8777;

www.requainn.com; 451 Requa Rd; Zi. 85–155 US$; ☒ ☎) in Klamath bieten Wanderern einen Blick auf den Fluss.

ANREISE & UNTERWEGS VOR ORT
Greyhound (☎ 800-231-2222; www.greyhound.com) fährt Arcata preiswert von San Francisco (38 US$, 7 Std.) aus an. Täglich außer sonntags hält **Redwood Transit** (☎ 707-443-0826; www.hta.org) auf der Route Trinidad–Scotia auch in Arcata und Eureka (1,95, 2½ Std.).

SACRAMENTO
Sacramento ist Kaliforniens älteste europäische Siedlung, die nicht von Missionaren gegründet wurde, sondern infolge des ersten Goldfunds aus dem Boden schoss. Dennoch wirkt die topfebene Hauptstadt des Bundesstaats mit schattigen Bäumen und verstopften Highways in glühender Sommerhitze zwar ungewöhnlich, aber langweilig.

1839 errichtete der exzentrische Schweizer Einwanderer John Sutter hier ein Fort. Nachdem 1848 Gold in der Nähe entdeckt worden war, explodierten Sacramentos Bevölkerungszahlen. Doch erst nach weiteren sechs Jahren zähen gesetzlichen Ringens wurde es schließlich zu Kaliforniens Hauptstadt. Old Sacramento zieht bis heute die meisten Besucher an. Mit ihren hölzernen Bürgersteigen macht die authentische Wildwestsiedlung am Flussufer allerdings den Eindruck einer typischen Touristenfalle. Das regelmäßige Straßenraster zwischen Stadtrand und Zentrum birgt Essen und Kultur von vergleichsweise höherer Qualität – beispielsweise eine aufstrebende Kunstszene, die klammheimlich Sacramentos Ruf als Kuhkaff verkleinert.

Das **Visitor Center** (☎ 916-442-7644; www.discovergold.org; 1004 2nd St; ☺ 10–17 Uhr) in Old Sacramento empfiehlt Unterkünfte.

Sehenswertes
Das **State Capitol** an der 10th St überragt die makellose Capitol Mall wie ein weißes Juwel. Es stammt aus dem 19. Jh. und ist innen einfach großartig. Das **Capitol Museum** (☎ 916-324-0333; www.statecapitolmuseum.com; Eintritt frei; ☺ 9–17 Uhr) führt Besucher durch zeitgenössisch möblierte Räume. Die Säle von Repräsentantenhaus und Senat sind öffentlich zugänglich.

Ein paar Blocks entfernt steht das interessante, moderne **California Museum** (☎ 916-653-7524; www.californiamuseum.org; 1020 O St; Erw./Kind 6–13

Jahre 8,50/7 US$; (Y) Mo–Sa 10–17, So 12–17 Uhr; (&)) mit der California Hall Of Fame – wohl der einzige Ort, an dem man gleichzeitig Cesar Chavez, Dr. Seuss und Amelia Earhart begegnet. Das leicht inszeniert wirkende **Old Sacramento** (www.oldsacramento.com) wird von Süßigkeitenduft und Baby-Boomern auf donnernden Harleys geprägt. Nichtsdestotrotz beherbergt es drei tolle Museen und Kaliforniens größte Ansammlung von historischen Gebäuden. Das **California State Railroad Museum** (☎ 916-323-9280, 916-445-6645; www.californiastaterailroadmuseum.org; 125 I St; Erw./Kind 6–17 Jahre 9/4 US$; (Y) 10–17 Uhr) bietet Eisenbahnfans die paradiesische Möglichkeit, dutzendweise akribisch restaurierte Dampf- und Dieselloks zu erklimmen sowie an Sommerwochenenden mit einem Dampfzug (8 US$) zu fahren. Um den Goldrausch geht's im benachbarten **Sacramento History Museum** (☎ 916-264-7059; www.sachistorymuseum.org; 101 I St; Erw./Kind 13–17 Jahre/Kind 4–12 Jahre 5/4/3 US$; (Y) 10–17 Uhr, Winter Mo geschl.). Das **Crocker Art Museum** (☎ 916-264-5423; www.crockerart.org; Ecke 3rd & O St; Erw./Kind 7–17 Jahre 6/3 US$, So 10–13 Uhr Eintritt frei; (Y) Di–So 10–17, Do bis 21 Uhr) ist Sacramentos kleines, aber feines Haus der schönen Künste: Die ehemalige Residenz des Richters Edwin B. Crocker, der im 19. Jh. am kalifornischen Supreme Court tätig war, zeigt dessen visionäre Sammlung einheimischer Werke.

Im Sommer und an manchen Samstagen des übrigen Jahres bevölkern historisch kostümierte Schauspieler das originalgetreu restaurierte **Sutter's Fort** (☎ 916-445-4422; Ecke 27th & L St; Erw./Kind unter 5 Jahren/Kind 6–16 Jahre 5/frei/3 US$; (Y) 10–17 Uhr; (&)) aus den 1850er-Jahren. Nebenan steht das winzige, aber sehenswerte und informative **California State Indian Museum** (☎ 916-324-0971; Erw./Kind unter 5 Jahren/Kind 6–17 Jahre 3/frei/2 US$; (Y) 10–17 Uhr) mit Ausstellungsstücken zu den Ishi.

Schlafen & Essen

Im Zentrum von Sacramento gibt's diverse Mittelklasse-Kettenhotels. Gute Restaurants säumen die J St zwischen 16th und 25th St.

LP Tipp HI Sacramento Hostel (☎ 916-443-1691; 925 H St; B/Zi. 25/55,75 US$; (P) (X) (□)) Ein *Hostel*? Wie reizend! Die restaurierte viktorianische Villa punktet mit nettem Personal, Gemeinschaftsbereichen in B & B-Qualität und geräumigen, sauberen Schlafsälen.

Mulvaney's B & L (☎ 916-441-6022; www.culinary specialists.com; 1215 19th St; Hauptgerichte 20–40 US$; (Y) Di–Fr 11.30–14.30 & 17–22, Sa 17–22 Uhr) Das ge-

mütliche hochklassige Restaurant wechselt täglich sein französisch angehauchtes Gourmetmenü.

Andy Nguyen's (☎ 916-736-1157; 2007 Broadway; Gerichte 8–16 US$; (Y) Mo–Sa 11.30–21 Uhr; (V)) Ruhiges buddhistisches Thai-Diner mit dem vielleicht besten vegetarischen Essen Kaliforniens. Probieren: Die dampfenden Currys und kunstvoll gefälschten Fleischgerichte – der „Hähnchenschenkel" hat sogar einen kleinen Holzknochen.

Rubicon (☎ 916-448-7032; www.rubiconbrewing.com; 2004 Capitol Ave; Sandwiches 6–9 US$; (Y) Mo–Do 11–23.30, Fr & Sa bis 0.30, So bis 22 Uhr) Super für preisgekrönte IPA-Biere und prima Kneipenessen.

Anreise & Unterwegs vor Ort

Sacramento liegt 91 Meilen (146 km; über die I-80) östlich von San Francisco bzw. 386 Meilen (621 km; über die I-5) nördlich von L. A. Der kleine **Sacramento International Airport** (☎ 916-929-5411; www.sacairports.org) befindet sich 15 Meilen (24 km) nördlich von Downtown an der I-5 und bietet einen hervorragenden Zugang zum Lake Tahoe.

Greyhound (☎ 800-231-2222; Ecke 7th & L St) bedient San Francisco (22 US$, 2 Std.), L. A. (66 US$, 9 Std.), Seattle (150 US$, 19 Std.) und weitere Großstädte.

Regelmäßige Züge von Sacramentos zentrumsnaher **Amtrak-Station** (☎ 800-872-7245; Ecke 5th & I St) sind die beste Option für Trips zur Bay Area. Sie fahren z. B. täglich nach Oakland (24 US$, 2 Std.) und L. A. (56 US$, 14 Std.).

Sacramento Regional Transit (☎ 916-321-2877; www.sacrt.com) unterhält ein Bus- und Straßenbahnnetz (Einzelfahrt 2,25 US$).

GOLD COUNTRY

Als James Marshall 1848 ein seltsam schimmernder Brocken ins Auge stach, wurde Kalifornien hier mit einem Glitzern geboren. Dies trat eine chaotische Invasion von ca. 300 000 goldgierigen „Forty-Niners" los, die sich so gut wie mit Umwelt oder zivilisiertes Zusammenleben scherten. Kaum zu glauben, wie die Schürfwunden der Region inzwischen verheilt sind: Kiefern und Eichen bedecken die hiesigen Hügel, während einst gesetzlose Städte entweder in restauriertem viktorianischem Glanz erstrahlen oder in der sengenden Sommerhitze vor sich hinbraten. Dazwischen erzählen historische Zeugnisse (und Infotafeln) von Blutdurst und Banditentum. Wer spürbarere Erlebnisse bevorzugt, kann in eiskalten Wasserlöchern baden oder holprige Abfahrten per Mountainbike absolvieren.

Viele Ortschaften in der Region wirken historisch-malerisch und alle warten mit ähnlichen Merkmalen wie Antiquitäten, Eisdielen oder muffigen Goldrauschmuseen auf. Trotzdem rechtfertigt diese Gegend einen zweitägigen Abstecher entlang des Hwy 49. Für Wagemutige empfehlen sich Wildwassertrips auf dem American River, dessen drei Arme gleichermaßen Anfänger und Experten reizen.

Wenn die Temperaturen im Sommer steigen, erkunden Raftingtrips die eiskalten Fluten der Flüsse American, Tuolumne, Kings und Stanislaus River. Favorit ist dabei das Familienunternehmen **All-Outdoors California Whitewater Rafting** (☎ 800-247-2387; www.aorafting.com) mit ein- und zweitägigen Wildnisabenteuern. **Wolf Creek Wilderness** (☎ 530-477-2722; www.wolfcreekwilderness.com; 595 E Main St, Grass Valley; Leihkajak ab 40 US$/Tag) verleiht Kajaks und bietet Paddelkurse (40–150 US$) an.

Außerhalb von Auburn (abseits der I-80/Exit 121) informiert ein **California Welcome Center** (☎ 530-887-2111; www.visitplacer.com; 13411 Lincoln Way; ☼ Mo–Fr 9.30–16.30, Sa 9–15, So 11–15 Uhr) über ganz Kalifornien. Die **Gold Country Visitors Association** (☎ 800-225-3764; www.calgold.org) liefert detaillierte Regionalinfos.

Northern Mines

Der Hwy 50 trennt Southern und Northern Mines voneinander. Letztere erstrecken sich südwärts zwischen Nevada City und Placerville. Kurviges Bindeglied ist der Hwy 49 mit vielen Haltebuchten, von denen man auf die umliegenden Hügel blickt. Bei glühender Hitze weisen Autoreihen am Straßenrand höchstwahrscheinlich auf Schwimmlöcher hin. Nicht lange fragen – einfach dahinter parken, entblättern und hineinspringen. Eine der besten Stellen zum Abkühlen liegt 3 Meilen (4,8 km) südlich von Auburn, wo sich Nord- und Südarm des American River vereinen.

Nevada City war einst als „Königin der Northern Mines" bekannt. Reizend restaurierte Gebäude, eine künstlerische Folkloreszene, Bio-Cafés und Boutiquen geben ihm bis heute einen gewissen Glanz. Die zahllosen Infos der **Chamber of Commerce** (☎ 530-265-2692, 800-655-6569; www.nevadacitychamber.com; 132 Main St; ☼ Mo–Fr 9–17, Sa 11–16, So meist 11–15 Uhr) decken auch Spaziergänge auf eigene Faust ab. Die **Tahoe National Forest Headquarters** (☎ 530-265-4531; ☼ Mo–Fr

8–16.30 Uhr, Sommer auch Sa) am Hwy 49 bzw. am Nordende der Coyote St liefern u. a. Details zu Wanderrouten, entlegenen Ecken und regionalen Mountainbike-Trails.

In Nevada Citys zweckmäßiger Schwesterstadt **Grass Valley** lassen Künstler, Hippies und Rancher ca. 5 Meilen (8 km) weiter südwestlich ihr Öl wechseln. 2 Meilen (3,2 km) östlich der Stadt bewahrt der schön gestaltete **Empire Mine State Historic Park** (☎ 530-273-8522; www.empiremine.org; Erw./Kind 6–16 Jahre 5/3 US$; ☼ Sommer 9–18 Uhr, Winter 10–17 Uhr) eine der ergiebigsten kalifornischen früheren Goldminen: Zwischen 1850 bis 1956 wurden hier 164,4 t des Edelmetalls mit einem heutigen Marktwert von 5 Mrd. US$ gefördert. Die „Living History"-Sommerwochenenden sind sehr beliebt. Ab 2010 sollen auch Touren durch die Schächte stattfinden.

In **Coloma** nahm der Goldrausch seinen Anfang. Der **Marshall Gold Discovery State Historic Park** (☎ 530-622-3470; 8 US$/Auto; ☼ 8 Uhr–Sonnenuntergang) ist eine gruselig ruhige Hommage an den aufsehenerregenden Erstfund – inklusive kurzen Wanderwegen, restaurierten Gebäuden und einem Nachbau der Sutter's Mill. Sutter selbst ist als Statue vertreten. Auch in seinem Fall war der Goldrausch mit tragischer Ironie verbunden: Er starb als Mündel des Bundesstaats.

SCHLAFEN & ESSEN

Die folgenden Unterkünfte sind von Süden nach Norden aufgeführt. Fast alle etwas größeren Orte am Hwy 49 haben Cafés, Eisdielen und gehobene Restaurants.

In Nevada City gibt's jedeMenge Budgetunterkünfte. Die beste davon steht jedoch knapp außerhalb der Stadt: Das **Northern Queen Inn** (☎ 530-265-5824; www.northernqueeninn.com; 400 Railroad Ave; Zi. 99–154 US$; ⊠ 🔊 🖥) besitzt neben 86 Motelzimmern auch separate Cottages mit Küchen. Am fröhlichsten ist das **Outside Inn** (☎ 530-265-2233; www.outsideinn.com; 575 E Broad St; Zi. 75–150 US$; ⊠ ⊠ 🔊 🖥). Seine Themenzimmer werden von äußerst freundlichen Outdoorfreaks vermietet.

Das **New Moon Café** (☎ 530-265-6399; www.thenewmooncafe.com; 230 York St; Hauptgerichte 13–28 US$; ☼ Di–So 11–21 Uhr) ist gehobener als die vielen niedlichen Cafés, in denen sich die Folklorefans treffen. Sein französisch-asiatisches Menü mit regionalen Bio-Zutaten wechselt täglich.

Das 1852 erbaute **Holbrooke Hotel** (☎ 530-273-1252, 800-933-7077; www.holbrooke.com; 212 W Main St; Zi.

Werktag/Wochenende ab 90/105 US$; ⌧ ⌦) in Grass Valley hat laut Gästebuch schon Ulysses Grant und Mark Twain beherbergt. Hier gibt's ein empfehlenswertes Hausrestaurant und elegante viktorianische Zimmer mit Klauenfußwannen.

Beste Zwischenstation für Durchreisende ohne viel Zeit für Erkundungen ist das **Ikedas** (☎ 530-885-4243; www.ikedas.com; 13500 Lincoln Way; ⌚ Werktag 8–19, Wochenende bis 20 Uhr) abseits der I-80 (Exit 121). In Richtung Tahoe bekommt man hier leckere Burger, hausgemachte Kuchen und Snacks wie exzellente Shakes aus frischen Pfirsichen.

Southern Mines

In den Siedlungen der Southern Mines zwischen Placerville und Sonora ist nur wenig los. Ihre staubigen Straßen riechen immer noch nach Wildem Westen – auch dank des kunterbunten Einwohnermixes aus Harleyfahrern, Marihuanazüchtern, Weinbergbesitzern und Goldsuchern (!). Einige der Orte sind reine Geisterstädte, die z. B. wie **Plymouth** (Ole Pokerville) oder **Mokelumne Hill** (Moke Hill) langsam und fotogen vor sich hin verwittern. Andere Orte wie **Jackson**, **Murphys** und **Sutter Creek** zeugen dagegen herausgeputzt vom historischen Amerika. Hier können sich Besucher prima abseits der ausgetretenen Pfade bewegen und z. B. familiengeführte Weingüter abklappern – vor allem rund um Plymouth im Amador County, wo der Zinfandel erfunden wurde. Hinzu kommen Höhlen, deren geologische Wunder für die darüberliegenden Touri-Geschenkläden entschädigen.

Für Einblicke in die Regionalhistorie folgt man dem Hwy 88 aus Jackson nordwärts in Richtung Pine Grove: Der **Indian Grinding Rock State Historic Park** (☎ 206-296-7488; 14881 Pine Grove-Volcano Rd, Auto/Stellplatz 8/25 US$; ⌚ Sonnenaufgang–Sonnenuntergang) ist eine heilige Stätte der hiesigen Miwok. Sein wunderschöner „Grinding Rock" ist mit uralten Felsbildern und Mörserlöchern (*chaw'Ses*) bedeckt. Camping in den rekonstruierten Rindenhütten (*U'macha'tam'ma'*) kommt dem Leben der Miwok näher als jedes Museum.

Columbia (☎ 209-536-1672; www.columbiacalifornia.com; ♿) gehört zu den besten geschichtlichen Stätten des Gold Country. Inmitten seiner vier quadratischen Originalblocks aus den 1850er-Jahren sind heute historisch kostümierte Händler ansässig. Dazwischen suchen begeisterte Kinder selbst nach Gold. Der eigentliche Park schließt nie, während die Geschäfte meist von 10 bis 17 Uhr geöffnet haben.

SCHLAFEN & ESSEN

Die folgenden Unterkünfte und Restaurants sind von Norden nach Süden aufgelistet. Das beste Preis-Leistungs-Verhältnis bieten die kostenlosen Campingmöglichkeiten der National Forests. In fast allen Orten gibt's über und über mit Spitzen verzierte B & Bs, die meist mehr als 100 US$ pro Nacht verlangen.

LP Tipp Taste (☎ 209-245-3463; www.restauranttaste.com; 9402 Main St, Plymouth; Hauptgerichte 31–50 US$; ⌚ Do–Mo 17–22 Uhr) Dank dem leckersten Essen der Region wurde das Taste kürzlich unter die 50 besten US-Restaurants gewählt. Es kombiniert kunstvoll und frisch zubereitete Gerichte der Saison wunderbar mit schwungvollen Zinfandels aus den umliegenden Hügeln des Amador County.

LP Tipp St. George Hotel (☎ 209-296-4458; www.stgeorgehotel.com; 16104 Main St, Volcano; Zi. inkl. Frühstück 98–127 US$; ⌧ ⌦ 💻) Die attraktiven Zimmer des prächtigen Haupthotels von 1862 teilen sich Gemeinschaftsbäder, während die sechs Bungalows eigene Bäder haben. In der dazugehörigen Bar braucht's etwas Mut, um den historischen Lokalmix namens „Moose Milk" zu kippen.

Murphys Historic Hotel & Lodge (☎ 209-728-3444, 800-532-7684; www.murphyshotel.com; 457 Main St, Murphys; Zi. Werktag 89–109 US$, Wochenende 109–129 US$; ⌧ ⌦) Die Vergangenheit lebt hier mit Gemeinschaftsbädern und knarrendem Saloon, aber ohne TV oder Telefon. Fernsehsüchtige wählen daher das benachbarte Motel.

Der Doppelkomplex **City Hotel & Fallon Hotel** (☎ 209-532-1479, 800-532-1479; www.cityhotel.com; Fallon Hotel Zi. inkl. Frühstück 80–145 US$, City Hotel Zi. inkl. Frühstück 115–145 US$) in Columbia vermietet insgesamt 24 tolle Zimmer von Museumsqualität. Das City hat zudem ein renommiertes **Restaurant** (Gerichte 14–30 US$; ⌚ Di–So 17–21.30, So auch 9–14 Uhr), das Fallon ein eigenes Repertoiretheater. Nach Pauschalangeboten fragen!

Die zweckmäßigen Mittelklassehotels des geschäftigen, aber leicht öden Sonora liegen nur etwas mehr als eine Autostunde vom Yosemite National Park (S. 310) entfernt. Am besten sind die historischen, liebevoll dekorierten Zimmer des **Gunn House Hotel** (☎ 209-532-3421; www.gunnhousehotel.com; 286 S Washington St; Zi. 69–109 US$; Ⓟ ⌧ ⌦ 🐾) nahe der Main St. Dessen Frühstücksraum beim Pool stärkt Gäste adäquat für die Fahrt nach Yosemite.

ANREISE & UNTERWEGS VOR ORT
Etwa 26 Meilen (42 km) nordöstlich von
Sacramento trifft der Hwy 49 in Auburn auf
die I-80. Zu den lokalen Busunternehmen
gehören **Placer County Transit** (☎ 530-885-2877)
und **Gold Country Stage** (☎ 530-477-0103) mit
Verbindungen zwischen Nevada City, Grass
Valley und Auburn (Einzelfahrt 1,50–3 US$).
Die Southern Mines am Hwy 49 werden nicht
von öffentlichen Verkehrsmitteln angefahren.

NORTHERN MOUNTAINS
Die entlegenen und unglaublich schönen
Northern Mountains gehören zu den am wenigsten besuchten Ecken Kaliforniens. Sie
bilden eine Endlosparade aus Landschaftswun-
dern, Bergseen, Flüssen und Wüsten. Ihre
höchsten Gipfel – Lassen Peak, Mt. Shasta, Lava
Beds National Monument und die Trinity Alps
– haben in geologischer Hinsicht wenig gemeinsam, ermöglichen aber durchweg einsa-
mes Campen in der Wildnis unter glitzernden
Sternen. Die Orte an den regionalen Straßen
dienen nur als recht langweilige, aber praktische Möglichkeiten, um vor dem Start in die
Wildnis noch mal aufzutanken.

Von Redding nach Yreka
Nördlich von Redding schauen Autofahrer
die meiste Zeit auf den **Mt. Shasta** (4317 m).
Der Anblick dieses schneebedeckten Monsters
über dem Cental Valley wirkt genauso spektakulär wie die Vorfreude der Outdoorfans,
die Abenteuer an seinen Hängen suchen. Als
extrem nützliche Zwischenstation nahe der
I-5 ist die **Shasta-Cascade Wonderland Association**
(☎ 530-365-1180, 800-474-2782; www.shastacascade.com;
🕑 Mo–Fr 9–22, Sa & So 9–16 Uhr) ca. 10 Meilen
(16 km) südlich von Redding in der Shasta
Factory Outlets Mall zu finden.

Trotz anderslautender Broschürentexte ist
Redding eine verschlafene Stadt. Hauptgrund
für einen Zwischenstopp hier ist die **Sundial
Bridge**, eine Fußgängerbrücke des Stararchitekten Santiago Calatrava. Deren Glasboden
über dem Sacramento River führt hinüber
zum kinderfreundlichen Science Center **Turt-
le Bay Exploration Park** (☎ 800-887-8532; www.turtle
bay.org; 840 Auditorium Dr; Erw./Kind 4–12 Jahre 13/9 US$;
🕑 9–17 Uhr, Winter Di geschl. 🐾).

8 Meilen (13 km) westlich von Redding
passiert den Hwy 299 (Trinity Scenic Byway)
die **Whiskeytown National Recreation Area** mit
dem **Whiskeytown Lake**. Dieser große Stausee
bietet diverse Sandstrände, Wander- und

Campingmöglichkeiten. Beim **Visitor Center**
(☎ 530-246-1225; 🕑 Sommer 9–18 Uhr, Winter 10–16.30
Uhr) gibt's Karten, Genehmigungen und Infos.
Einen netten Abstecher von Redding aus ist
Weaverville, das 35 Meilen (56 km) weiter west-
lich auch als Startpunkt für alpine Trips fun-
giert. Die **Weaverville Ranger Station** (☎ 530-623-
2121; 210 N Main St; 🕑 Mo–Fr 8–17, Sa bis 16.30 Uhr) stellt
Wandergenehmigungen für die umliegenden
Trinity Alps aus, die zu den unberührtesten
Wildnisregionen Kaliforniens zählen.

Nördlich von Redding überquert die I-5 den
tiefblauen **Shasta Lake**. Rund um Kaliforniens
größten Stausee findet man Wanderwege und
befestigte Wohnmobilparks. Hoch in den
Kalksteinmegalithen am Nordufer liegen die
prähistorischen **Lake Shasta Caverns** (☎ 530-238-
2341, 800-795-2283; www.lakeshastacaverns.com; Erw./Kind
3–11 Jahre 22/12 US$; 🕑 geführte Touren 9–15 Uhr) mit
Höhlentouren inklusive Ponton-Fahrt.

Das jugendliche **Dunsmuir** ist eine historische Eisenbahnstadt, die sich von ihren ebenso rustikalen Nachbarn durch eine attraktive
Kultur- und Gastroszene abhebt. Zumindest
sollte man seine Flaschen an Dunsmuirs öffentlichen Brunnen mit dem angeblich besten
Wasser der Welt auffüllen.

Das tolle **Mt. Shasta Town** zieht Sportkletterer, Aussteiger und Naturfreunde an, die den
majestätischen Berg oberhalb des Ortes für
verschiedene Grade spiritueller oder körper-
licher Erfahrung schätzen. Das **Mt. Shasta Visitor Center** (☎ 530-926-4865, 800-926-4865; www.
mtshastachamber.com; 300 Pine St; 🕑 Mo–Do 9–17.30, Fr &
Sa bis 18, So bis 16 Uhr) liefert nützliche Infos.

Der Everitt Memorial Hwy folgt den Hängen bis auf 2407 m Höhe. Östlich der Stadt ist
er sehr einfach über die Lake St erreichbar.
Mit Hilfe der Ranger lassen sich Wanderrouten angemessen auf Jahreszeit und persönliche
Fitness abstimmen. Ab 3000 m erfordern Auf-
stiege einen Summit Pass (20 US$) der **Mt.
Shasta Ranger Station** (☎ 530-926-4511; 204 W Alma
St; 🕑 Mo–Sa 8–16.30 Uhr). Camper aufgepasst:
Selbst im Sommer sinken die Temperaturen
am und rund um den Berg unter den Gefrier-
punkt! Dank dem **Mt. Shasta Board & Ski Park**
(☎ 530-926-8610, 800-754-7427; www.skipark.com) abseits des Hwy 89 kann man den Südhang per
Ski oder Snowboard (Winter) bzw. Mountainbike oder Sessellift (Sommer) genießen.

SCHLAFEN & ESSEN
Die im Folgenden genannten Unterkünfte
und Restaurants sind von Süden nach Norden

aufgeführt. In diesem Teil Kaliforniens ist Camping die beste Wahl. Außer im entlegenen Nordosten gibt's zudem überall Motels aus den 1950er-Jahren.

Ihre Nähe zu Hauptverkehrsstraßen macht die meisten Unterkünfte in Redding recht lärmig. Nördlich vom Zentrum gibt's ein paar saubere, ruhige Motels an der N Main St. Zudem säumen Kettenoptionen den Freeway.

Hermit's Hut (☎ 888-507-4455; www.hermitshut.com; 3184 Bechelli Ln; Zweipersonenzelt 20 US$; Rucksack 9 US$/Tag) in Redding verleiht Ausrüstung für Wildnistrips.

Ein besonders denkwürdiges und festes Dach über dem Kopf bietet das **Railroad Park Resort** (☎ 530-235-4440, 800-974-7245; www.rrpark.com; DZ ab 115 US$; 🏊 🐾): Seine holzvertäfelten Eisenbahnwaggons stehen gleich südlich von Dunsmuir abseits der I-5.

Zu den Gourmetimbissen in Dunsmuir gehört das thailändische **Sengthongs** (☎ 530-235-4770; www.sengthongs.com; 5855 Dunsmuir Ave; Hauptgerichte 15–22 US$; 🕑 Do–Mo 17–21 Uhr) mit Livemusik im Nebenraum.

Trotz seiner Winzigkeit hat McCloud zviele und zumeist charmante B & Bs. Am Wochenende startet hier der **Shasta Sunset Dinner Train** (☎ 800-733-2141; www.shastasunset.com; Festpreismenü 89 US$ zzgl. Steuern & Getränke; 🕑 18 Uhr) zu dreistündigen, ungemein malerischen Fahrten.

Wer sich vor Bergtouren stärken oder nach einer Müsliwoche mal wieder so richtig vollstopfen möchte, begibt sich zu **Mike and Tony's** (☎ 530-926-4792; www.mikeandtonys.net; 501 S Mount Shasta Blvd; Hauptgerichte abends 16–24 US$; 🕑 Do–Mo 17–21, Fr & Sa bis 22 Uhr) in Mount Shasta Town.

Die **Klamath Motor Lodge** (☎ 530-842-2751, 800-551-7255; 1111 S Main St; DZ 64 US$; 🏊 🐾) gehört zu den behaglichen Motels an Yrekas Main St. Empfehlenswert ist auch die „Crunchy Crust"-Pizza der beliebten **Brickhouse Bakery & Pizzeria** (☎ 530-841-0553; 313 W Miner St; Hauptgerichte abends ab 8 US$; 🕑 6.30–21 Uhr).

ANREISE & UNTERWEGS VOR ORT

Amtrak-Züge (☎ 800-872-7245; www.amtrak.com) halten in Redding und Dunsmuir, **Greyhound** (☎ 800-231-2222; www.greyhound.com) fährt nach Redding und Yreka. Ausschließlich werktags bedient **Stage** (☎ 530-842-8295, 800-2478243) das Siskiyou County von Dunsmuir bis Yreka. Zwischen San Francisco und Redding liegen vier Autostunden bzw. 215 Meilen (346 km). Für aktuelle Verkehrsinfos beim **Siskiyou County** (☎ 530-842-4438) anrufen.

Northeast Corner

Das **Lava Beds National Monument** ist von 500 000 Jahren vulkanischer Zerstörung geprägt. Der Schauplatz eines der letzten großen Indianerkriege zeugt nunmehr still von Jahrhunderten des Tumults. Mit Lavaströmen, Kratern, Asche- bzw. Lavakegeln und über 500 Lavaröhren zeigt der Park das volle Vulkan-Programm. Wo einst der Modoc-Krieg tobte, zeigen die indigenen Amerikaner auch heute noch starke Präsenz: Felsbilder ihrer Vorfahren sind hier an manchen Höhlenwänden sichtbar. Beim **Visitor Center** (☎ 530-667-8113; www.nps.gov/labe; 1 Indian Well; 🕑 Mai–Okt. 8–18 Uhr, Nov.–best. bis 17 Uhr) gibt's Infos, Karten und Taschenlampen für die Höhlenerkundung. Bei Anfahrt aus Richtung Norden zweigt die Hill Rd vom Hwy 161 ab und führt südwärts zum nördlichen Parkeingang. In dessen Nähe liegt der einzige örtliche **Campingplatz** (Stellplatz 10 US$). Die einfachen Stellplätze ohne Duschen eignen sich für Zelte und kleine Wohnmobile. Wer stattdessen gratis und wild zelten möchte, fragt beim Visitor Center nach.

Etwas weiter nördlich rasten geflügelte Nomaden sicher in den **Klamath Basin National Wildlife Refuges**. Deren sechs separate Schutzzonen bilden eine wichtige Zwischenstation für Zugvögel auf ihren langen Wegen durch den Kontinent und auch wichtiges Winterquartier der Weißkopf-Seeadler. Das **Visitor Center** (☎ 530-667-2231; http://klamathbasinrefuges.fws.gov; 4009 Hill Rd; 🕑 Mo–Fr 8–16.30, Sa & So 10–16 Uhr) steht in Richtung Lava Beds Monument am Hwy 161. Kostenlose, 10 Meilen (16 km) lange Autotouren auf eigene Faust eröffnen tolle Beobachtungsmöglichkeiten in den Schutzgebieten Lower Klamath und Tule Lake.

Allgemein gibt's in dieser Ecke nur wenige Serviceeinrichtungen. 1 Meile (1,6 km) nördlich von Tulelake befindet sich jedoch das freundliche und saubere **Ellis Motel** (☎ 530-667-5242; Zi. 50–55 US$; Küche zzgl. 5 US$) am Hwy 139. Eines der beliebtesten (und fast das einzige) Restaurants der Gegend ist **Captain Jack's Stronghold** (☎ 530-664-5566; Hauptgerichte 8–14 IS$; 🕑 Di–So 8–20 Uhr). Das Lokal steht 5 Meilen (8 km) südlich von Tulelake am Hwy 139 und ist nach dem nahen Lavafort benannt, an dem die Modoc ihre letzte Schlacht schlugen.

Der **Modoc National Forest** bedeckt über 7770 km² des nordöstlichen Kaliforniens. Seine reservierungsfreien Campingmöglichkeiten können kostenlos genutzt werden, während fürs Lagerfeuer eine Genehmigung

KALIFORNIEN

vonnöten ist. Der blau schimmernde **Medicine Lake** liegt 14 Meilen (22,5 km) südlich des Lava Beds Monuments am Hwy 49. Dieser unberührte Kratersee ist von Kiefernwäldern, mächtigen Vulkanformationen und coolen, abgeschiedenen (Gratis-) Campingplätzen umgeben.

Alturas an der Kreuzung der Highways 299 und 395 ist als Verwaltungszentrum des Modoc County fast nur für örtliche Ranchbesitzer von Interesse. Die **Supervisor's Headquarters** (☎ 530-233-5811; www.fs.fed.us/r5/modoc; 800 W 12th St; ⊗ Mo–Fr 8–16.30 Uhr) des Modoc National Forest geben Wanderinfos und haben Karten. Das **Modoc National Wildlife Refuge** (☎ 530-233-3572; http://modoc.fws.gov; ⊗ Mo–Fr 7.30–16 Uhr) erstreckt sich 3 Meilen (4,8 km) südöstlich von Alturas. Nur 24 Meilen (38,6 km) östlich der Stadt verläuft das **Surprise Valley** entlang der Grenze zwischen Kalifornien und Nevada. Seine Hochlandwüste ist das Tor zu den wilden **Warner Mountains**.

Weiter südlich dampfen die hydrothermischen Schwefelbecken und -kessel des eindrucksvollen **Lassen Volcanic National Park** (10 US$/ Auto, Stellplatz 16–18 US$). Sie tragen Namen wie „Devil's Kirchen" („Teufelsküche") und können aus gewissem Abstand betrachtet werden. Der Lassen Peak (3189 m) ist der höchste Lavadom-Vulkan der Welt. Visitor Center gibt's an beiden Parkeingängen: Das kleinere steht am Manzanita Lake bzw. Hwy 44, während das frisch renovierte Gebäude abseits des Hwy 89 auch die **Parkverwaltung** (☎ 530-595-4444; www.nps.gov/lavo; ⊗ Juli–Sept. tgl. 8–16.30 Uhr, Okt.–Juni Mo–Fr) beherbergt. Alle örtlichen Campingplätze sind reservierungsfrei. Innerhalb des Parks ist der Hwy 89 von Juni bis Oktober für Autos und im Winter für Skilangläufer geöffnet. Außerhalb wird er zwischen Hat Creek und Old Station von Lodges bzw. Hütten gesäumt.

SIERRA NEVADA

Der Naturforscher John Muir bezeichnete die mächtige Sierra Nevada einmal als „Range of Light" (Gebirge des Lichts). Das Rückgrat Kaliforniens ist eine 644 km lange Phalanx gezackter, von Gletschereis und Erosion geformter Gipfel. Outdoorfans fühlen sich hier gleichermaßen pudelwohl und herausgefordert: Dieses magische Wunderland der Superlative beherbergt drei hochgelegene Na-

tionalparks (Yosemite, Sequoia und Kings Canyon), den höchsten Berg der USA außerhalb Alaskas (Mt. Whitney), Nordamerikas mächtigsten Wasserfall und die größten Bäume des Planeten.

LAKE TAHOE

Zwischen Kalifornien und Nevada schimmert der Lake Tahoe als zweittiefster See der USA in zahllosen Blau- und Grüntönen. Die ca. 72 Meilen (116 km) lange Straße an seinem malerischen Ufer ist faszinierend, aber auch ganz schön anstrengend. Das ruhige Nordufer wirkt nobel, sein westliches Pendant dagegen eher schäbig und altmodisch. Das östliche Ufer ist weitestgehend unerschlossen, während betagte Motels und flashige Kasinos im Süden für kitschige Betriebsamkeit sorgen. Die spitzen Gipfel rund um den See fungieren das ganze Jahr lang als Abenteuerspielplatz.

Die meisten Gäste kommen im Sommer sowie an Feiertagen und Winterwochenenden – dann unbedingt reservieren! Die **Lake Tahoe Visitors Authority** (☎ 800-288-2463; www.bluelaketahoe. com) und die **North Lake Tahoe Visitors Bureaus** (☎ 888-434-1262; www.gotahoenorth.com) helfen beim Buchen von Unterkünften oder Pauschalangeboten. In South Lake Tahoe sind die Zimmer meist am preiswertesten. Außerdem kann in State Parks und auf USFS-Gelände gecampt werden.

South Lake Tahoe & Westufer

Die betagten Motels und Restaurants am belebten Hwy 50 lassen South Lake Tahoe seltsam vorstädtisch wirken. Die Kasinohotels von Stateline gleich hinter der Grenze zu Nevada locken Tausende hierher. Dasselbe gilt für den Weltklasse-Skiort **Heavenly** (☎ 775-586-7000; www.skiheavenly.com; Ecke Wildwood Ave & Saddle Rd; ♿). Bei sommerlichen Bergfahrten mit der Seilbahn (Erw./Kind 30/20 US$) hat man einen großartigen Blick auf den See und die **Desolation Wilderness** (www.fs.fed.us/r5/ltbmu/recrea tion/wilderness/desowild). Dieses kahle, wunderschöne Wanderparadies bietet schroffe Granitgipfel, glaziale Täler und Bergseen. Das **USFS Taylor Creek Visitor Center** (☎ 530-543-2674; Hwy 89; ⊗ Ende Mai–Sept, 8–17.30 Uhr, Okt. bis 16.30 Uhr) liefert Karten, Infos und Übernachtungsgenehmigungen für die Wildnis. Es liegt 3 Meilen (4,8 km) nördlich der „Y"-förmigen Highwaykreuzung 50/89 auf dem Gelände der **Tallac Historic Site** (☎ 530-541-5227; Eintritt gegen Spende; ⊗ Mitte Juni–Mitte Sept. tgl. 10–16.30 Uhr, Mitte

Mai–Mitte Juni nur Fr & Sa), die Ferienanlagen aus dem frühen 20. Jh. schützt. **Lake Tahoe Cruises** (☎ 530-543-6191; www.zephyrcove.com; 2-stündige kommentierte Tour Erw./Kind 39/15 US$) pflügt ganzjährig übers „Große Blau". Das vegetarierfreundliche Ufercafé **Sprouts** (☎ 530-541-6969; 3123 Harrison Ave/ US 50; Hauptgerichte 6–9 US$; 8–21 Uhr) serviert Leckeres aus Bio-Zutaten.

Entlang des dicht bewaldeten Westufers schlängelt sich der Hwy 89 nun nordwestwärts zum **Emerald Bay State Park** (☎ 530-541-6498; Auto/Stellplatz 8/35 US$; Ende Mai–Sept.). Dessen Granitklippen und Kiefern umrahmen eine fjordartige Bucht mit leuchtend grünem Wasser. Ein 1,6 km langer Steilpfad führt hinunter zum **Vikingsholm Castle** (Führungen Erw./Kind 5/3 US$; 10–16 Uhr) im skandinavischen Stil. Dieses Anwesen aus dem 1920er-Jahren markiert den Beginn des 7,2 km langen **Rubicon Trail**, der nordwärts einen alten Leuchtturm und kleine Buchten am Seeufer passiert. Der Weg endet schließlich im **DL Bliss State Park** (☎ 530-525-7277; 8 US$/Auto, zu Fuß erreichbarer Stellplatz für Zelt 7 US$, normaler Stellplatz 35–50 US$) mit mehreren Sandstränden. Die **Tahoma Meadows B&B Cottages** (☎ 530-525-1553, 866-525-1533; www.tahomameadows.com; 6821 W Lake Blvd, Tahoma; DZ inkl. Frühstück 125–199 US$) nördlich von Meeks Bay vermieten reizende Hütten im Countrystil.

Nord- & Ostufer

Als Geschäftszentrum des Nordufers ist **Tahoe City** eine prima Quelle für Vorräte und Outdoor-Leihausrüstung. Im nahen Mega-Skiort **Squaw Valley USA** (☎ 530-583-6985; www.squaw.com; abseits Hwy 89;) fanden die Olympischen Winterspiele von 1960 statt. Zum Après-Ski gibt's Bier und Burger im Restaurant **Bridgetender** (☎ 530-583-3342; 65 W Lake Blvd; Gerichte 6–12 US$; So–Mi 11–23, Do–Sa bis 24 Uhr). Das heimelige **Fire Sign Cafe** (☎ 530-583-0871; 1785 W Lake Blvd; Gerichte 6–12 US$; 7–15 Uhr) stärkt Gäste mit französischem Toast und Eggs Benedict.

Die kleinen Orte in Richtung Osten sind vergleichsweise spannender: Im Sommer laden **Tahoe Vista** und **Kings Beach** zum Schwimmen oder Kajakfahren ein. Eine Übernachtung in den **Rustic Cottages** (☎ 530-546-3523, 888-778-7842; www.rusticcottages.com; 7449 N Lake Blvd, Tahoe Vista; Hütte inkl. Frühstück 89–230 US$;) vermittelt einen Eindruck vom alten Tahoe. Die Hütten aus den 1940er-Jahren bieten komplette Küchen und moderne Annehmlichkeiten. Kings Beach kredenzt Magenfüller wie die europä-

ischen Pastagerichte von **Lanza's** (☎ 530-546-2434; 7739 N Lake Blvd; Hauptgerichte 12–25 US$; 17–22 Uhr).

Von Crystal Bay aus führt der Hwy 28 ostwärts nach Nevada hinein. Hier kann man sein Zockerglück in Kasinos wie dem berühmten **Cal Neva Resort** (☎ 775-832-4000; www.calnevaresort.com; 2 Stateline Rd) versuchen. In den frühen 1960er-Jahren unterhielt der ehemalige Eigentümer Frank Sinatra dort J. F. K., Marilyn Monroe und die Mafia. Eine Alternative ist das **Crystal Bay Club Casino** (☎ 775-831-0512; 14 Hwy 28; Tickets 10–50 US$; wechselnde Konzerttermine) mit Livekonzerten.

Unberührte Strände, Seen und kilometerlange Mehrzweckwege machen den **Lake Tahoe-Nevada State Park** (☎ 775-831-0494; http://parks.nv.gov/lt.htm; pro Fahrrad/Auto 2/8 US$) zum Highlight des Ostufers. Im Sommer planschen die Massen im türkisblauen Wasser des **Sand Harbor**. Als Traumroute für Mountainbiker beginnt der 24,1 km lange **Flume Trail** weiter südlich am **Spooner Lake**. Dort kann man praktischerweise Bikes mieten (45 US$) und Shuttles (13 US$) organisieren.

Truckee & Donner Lake

Truckee ist weit mehr als ein reiner Truckstop abseits der I-80: Das blühende Bergstädtchen nördlich des Sees hat ein historischen Zentrum voller Bio-Cafés, Trendboutiquen und Restaurants. Sein **Visitor Center** (☎ 530-587-8808; www.truckee.com; 10065 Donner Pass Rd; 9–18 Uhr;) im Amtrak-Zugdepot bietet Gratis-WLAN und Internetterminals (12 US$/Std.) mit nachträglicher Bezahlung.

Skihasen freuen sich über mehrere Optionen. Dazu gehören z. B. das glamouröse **Northstar-at-Tahoe** (☎ 530-562-1010; www.northstarattahoe.com; abseits Hwy 267, 6 Meilen/9,7 km südlich der I-80;), das von Walt Disney mitbegründete **Sugar Bowl** (☎ 530-426-9000; www.sugarbowl.com; Hwy 40, abseits Ausf. 174/I-80;) und **Royal Gorge** (☎ 800-666-3871; www.royalgorge.com; 9411 Hillside Dr, abseits Ausf. 174/I-80;) speziell für Skilangläufer.

Am nahegelegenen **Donner Summit** (2206 m) steckte die berühmt-berüchtigte Donner Party im harten Winter der Jahre 1846–1847 fest, nachdem sie sich infolge fehlerhafter Routenplanung verirrt hatte. Über die Hälfte der Pioniere starb – die anderen überlebten, indem sie das Fleisch der Toten aßen. Diese grausige Geschichte erzählt das **Emigrant Trail Museum** (Erw./Kind 5/3 US$; 9–16 Uhr) im **Donner Memorial State Park** (☎ 530-582-7892; Donner Pass Rd; abseits Exit 184/I-80; 8 US$/Auto, zu Fuß erreichbarer Stellplatz

KALIFORNIEN

für Zelt 7 US$, normaler Stellplatz 35 US$; 🏕 Campingplatz Mitte Mai–Mitte Sept.), dessen **Donner Lake** bei Schwimmern und Windsurfern beliebt ist.

LP Tipp **Cedar House Sport Hotel** (☎ 530-582-5655, 866-852-5655; www.cedarhousesporthotel.com; 10918 Brockway Rd; Zi. inkl. Frühstück 170–200 US$; 🛜) Das umweltbewusste Hotel in zertifizierter Öko-Bauweise hat stilvoll-moderne Luxuszimmer und einen warmen Gemeinschaftswhirlpool im Freien. Die mondäne Bistro-Lounge **Moody's** (☎ 530-587-8688; 10007 Bridge St; Hauptgerichte abends 20–38 US$; 🕙 So–Do 11.30–21.30, Fr & Sa bis 22 Uhr) wartet mit DJs, Livejazz, hervorragender Weinkarte, einheimischem Fleisch und saisonalen Zutaten auf. Jenseits der Bahngleise schenkt die **Fifty Fifty Brewing Co** (☎ 530-587-2337; 11197 Brockway Rd) humpenweise ihr „Donner Party Porter" aus.

Anreise & Unterwegs vor Ort

Der **Reno-Tahoe International Airport** (S. 116) wird von großen Fluglinien angeflogen. **South Tahoe Express** (☎ 866-898-2463; www.southtahoeexpress.com) schickt regelmäßig Flughafenshuttles nach Stateline (26 US$, 2 Std.). **North Lake Tahoe Express** (☎ 866-216-5222; www.northlaketahoeexpress.com) verbindet den Flughafen mit Truckee, Squaw Valley und Städten am Nordufer (40 US$).

Am **Amtrak-Bahnhof** (10065 Donner Pass Rd) von Truckee starten täglich Züge nach Sacramento (39 US$, 4½ Std.) und Reno (17 US$, 1½ Std.). Zweimal am Tag bricht **Greyhound** hier in Richtung Reno (20 US$, 1 Std.), Sacramento (42 US$, 2½ Std.) und San Francisco (46 US$, 6 Std.) auf. Die Thruway-Busse der **Amtrak** sind zwischen Sacramento und South Lake Tahoe (34 US$, 2½ Std.) unterwegs.

Die Regionalbusse von **Tahoe Area Rapid Transit** (TART; ☎ 530-581-3922; www.laketahoetransit.com; Einzelfahrt/Tagespass 1,75/3,50 US$) steuern Truckee sowie Ziele am Nord- und Westufer an. South Lake Tahoe wird von **BlueGO** (☎ 530-541-7149; www.bluego.org; Einzelfahrt/Tagespass 2/6 US$) angefahren. Im Sommer betreibt diese Firma zusätzlich den Nifty Fifty Trolley, der entlang des Westufers nach Tahoma rollt. Dort besteht Anschluss zur TART.

Im Winter sind Teile des Hwy 89 (Emerald Bay Rd) manchmal gesperrt, während man auf I-80 und US 50 oft Schneeketten braucht.

YOSEMITE NATIONAL PARK

Dieser Nationalpark ist nicht umsonst so berühmt: Zwischen seinen schwindelerregend

---

SCENIC DRIVES: IN DER SIERRA NEVADA

- Lake Tahoe Eastshore Dr (Hwy 28 & US 50; S. 309) – Ufertrip am „Big Blue"

- Tioga Rd (Hwy 120; S. 313) – Yosemites Dach der Welt

- Generals Hwy (Hwy 198; S. 315) – Historische Nebenstrecke mit riesigen Mammutbäumen

- Kings Canyon Scenic Byway (Hwy 180; S. 315) – Hinunter in Nordamerikas tiefste Schlucht

- Eastern Sierra Scenic Byway (US 395; S. 317) – Wo verschneite Berge die Wüste überragen

---

hohen Granitgipfeln donnern diesige Wasserfälle zu Tal, während Wildblumen die Wiesen in ein buntes Farbenmeer tauchen. Zudem wirken die majestätisch-mächtigen Silhouetten von El Capitan und Half Dome vor dem hellblauen Himmel fast schon furchteinflößend. Hier werden wir winzig kleine Menschen rundum von einer unbarmherzigen Traumlandschaft umgeben. Doch leider macht das Kreischen und Dröhnen eines weiteren voll besetzten Touristenbusses urplötzlich alle Magie zunichte. So geht man den unvermeidlichen Menschenscharen möglichst gut aus dem Weg:

- Sommersaison meiden: Am schönsten wirkt der Park im Frühling – vor allem, wenn die Wasserfälle im Mai anschwellen. Der Herbst ist herrlich ruhig, während auch verschneite Wintertage ihren Reiz haben können.

- Auto stehen lassen: Auf fast allen Pfaden bringen schon wenige Wanderkilometer die autoabhängigen Massen außer Sicht.

- Jetlag nutzen oder ignorieren: Entweder sehr früh aufstehen oder Mond und Sterne bei unvergesslichen Nachtwanderungen bewundern.

Orientierung & Praktische Informationen

Die sieben Tage gültige Zugangsgebühr (20 US$/Auto, 10 US$ zu Fuß, per Fahrrad oder Motorrad) beinhaltet eine kostenlose Karte und einen nützlichen Parkführer im Zeitungsformat. Die Haupteingänge sind

Arch Rock (Hwy 140), South Entrance (Südeingang; Hwy 41), Big Oak Flat (Hwy 120 im Westen) und Tioga Pass (Hwy 120 im Osten). Der saisonal geöffnete Hwy 120 durchquert den Park als Tioga Rd (s. Kasten S. 317) und verbindet das Yosemite Valley mit dem Hwy 395 in der östlichen Sierra Nevada (S. 317).

Das Yosemite Village erstickt in Autos und Menschen. Dort befinden sich das größte Visitor Center, ein Museum, ein Gemischtwarenladen und viele weitere Einrichtungen. Das Curry Village ist ein weiterer betriebsamer Anlaufpunkt im Yosemite Valley – inklusive Duschen, SB-Waschsalon und Outdoor- bzw. Campingausrüstung zum Kaufen oder Ausleihen. Tuolumne (ausgesprochen *Twol-ah-*

mie) Meadows an der malerischen Tioga Rd lockt Wanderer, Backpacker und Sportkletterer in die nördliche Ecke des Parks. Wawona nahe dem Südeingang bietet einen Golfplatz, riesige Sequoias und ein Dorf aus der Pionierzeit.

Alle Läden in Wawona, Yosemite und Curry Village haben Geldautomaten. Autofahrer können entweder außerhalb des Parks oder ganzjährig zu ziemlich heftigen Preisen in Wawona und Crane Flat tanken. In Tuolumne Meadows gibt's ebenso teuren Sprit, allerdings nur im Sommer.

Öffnungszeiten während der sommerlichen Hauptsaison:

Post (☎ 209-372-4475; 9017 Village Dr, Yosemite Village; Mo–Fr 8.30–17, Sa 10–12 Uhr)

KALIFORNIEN

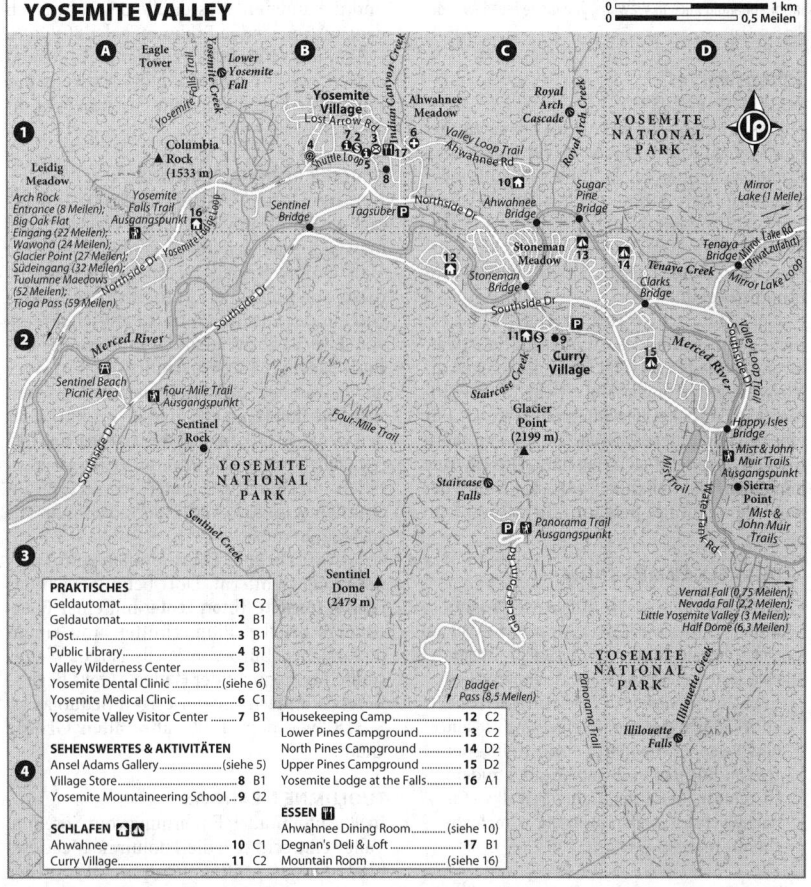

YOSEMITE VALLEY

0   1 km
0   0,5 Meilen

PRAKTISCHES
Geldautomat 1   C2
Geldautomat 2   B1
Post 3   B1
Public Library 4   B1
Valley Wilderness Center 5   B1
Yosemite Dental Clinic .... (siehe 6)
Yosemite Medical Clinic 6   C1
Yosemite Valley Visitor Center 7   B1

SEHENSWERTES & AKTIVITÄTEN
Ansel Adams Gallery .... (siehe 5)
Village Store 8   B1
Yosemite Mountaineering School ... 9   C2

SCHLAFEN
Ahwahnee 10   C1
Curry Village 11   C2

Housekeeping Camp 12   C2
Lower Pines Campground 13   C2
North Pines Campground 14   D2
Upper Pines Campground 15   D2
Yosemite Lodge at the Falls 16   A1

ESSEN
Ahwahnee Dining Room .... (siehe 10)
Degnan's Deli & Loft 17   B1
Mountain Room .... (siehe 16)

KALIFORNIEN

Public Library (☎ 209-372-4552; www.mariposa
library.org; Girls Club Bldg, 58 Cedar Ct, Yosemite Valley;
🕑 Mo 8.30–11.30, Di 10–14, Mi 8.30–12.30, Do 16–19
Uhr; 🖳) Öffentliche Bibliothek mit zwei Gratis-Internetterminals.

Yosemite Lodge at the Falls (☎ 209-372-1274;
Northside Dr, Yosemite Valley; 1 US$/10 Min.; 🖳) SB-
Internetterminals.

Yosemite Medical Clinic (☎ 209-372-4637; Ahwahnee Dr, Yosemite Valley; 🕑 8–19 Uhr, Notaufnahme
24 Std.) Betreibt auch eine Zahnklinik.

Yosemite Valley Visitor Center (☎ 209-372-0200;
www.nps.gov/yose; Yosemite Village; 🕑 9–19.30 Uhr)
Die kleineren Visitor Centers von Wawona, Tuolumne
Meadows und Big Oak Flat haben nur saisonal geöffnet.

Valley Wilderness Center (☎ 209-372-0740;
Yosemite Village; 🕑 7.30–17 Uhr) Ausleihbare Bären-
kanister und Wandergenehmigungen für die Wildnis gibt's
saisonabhängig auch in Wawona, Tuolumne Meadows oder
Big Oak Flat.

Sehenswertes

YOSEMITE VALLEY

Dieses dramatische Tal wurde vom gewundenen Merced River gegraben. Wer von seinem
Boden nach oben blickt, fühlt sich zu Loblie-
dern inspiriert – dank wogendem Wiesen-
grün, stattlichen Kiefern, eiskalt tosenden
Wasserfällen und stillen, kühlen Wasser-
flächen, in denen sich gewaltige Granitmono-
lithen spiegeln.

Der gigantische **El Capitan** (2307 m) ist ein
nicht zu übersehendes Paradies für Sportkletterer. Der **Half Dome** (2693 m) gilt dagegen als
Yosemites spirituelles Herz. Beliebteste Foto-
location ist **Tunnel View** oben am Hwy 41. Für
eine noch schönere Aussicht ohne Menschenmassen empfiehlt sich der schweißtreibende
Inspiration Point Trail (hin & zurück 4,2 km), der
nahe dem Tunnel bergauf führt. Ganz früh

DUNKELKAMMER-SHOW

Das wissen nur wenige: Die **Ansel Adams
Gallery** (☎ 209-372-4413; www.anseladams.
com; Yosemite Village; 🕑 9–17 Uhr, Sommer
verlängerte Öffnungszeiten) im Yosemite Valley
zeigt *Originalabzüge* des Meisters. Die „Fine
Print"-Tour unter Kuratorenleitung ist auf
fünf Personen begrenzt – rechtzeitig per
Telefon buchen! Im Sommer gibt's zudem
kostenlose geführte „Camera Walks" für
Nachwuchsfotografen (8.30 Uhr, 3-mal wöchentl., max. 15 Pers.).

---

oder spät am Tag heißt es zum **Mirror Lake**
hinaufsteigen (hin & zurück 3,2 km), um das
sich ständig verändernde Spiegelbild des Half
Dome auf dem stillen Wasser einzufangen.
Der See ist übrigens nur im Frühling und
Frühsommer gefüllt.

Während der Schneeschmelze im Frühling
werden die berühmten Wasserfälle des Tals
zu donnernden Katarakten. Im Spätsommer
sind sie dagegen nicht viel mehr als zahme
Rinnsale. Als Nordamerikas höchste Wasserfälle stürzen die **Yosemite Falls** (740 m) über
drei Stufen in die Tiefe. Zu ihrem Fuß führt
ein rollstuhlgerechter Weg. Mehr Einsamkeit
und ein ganz neuer Blickwinkel belohnen für
den strapaziösen Aufstieg zum oberen Rand
(hin & zurück 11 km). Nicht weniger ein-
drucksvoll sind der nahgelegene **Bridalveil Fall**
und die anderen Wasserfälle des Tals. Nach
dem anstrengenden Erklimmen der Stufen (s.
S. 313) am **Vernal Fall** erreicht man keuchend
dessen obere Fallkante. Dort schweift der
Blick über Regenbögen im Gischtnebel hinunter ins Tal.

GLACIER POINT & WAWONA

Der dramatische **Glacier Point** (2200 m) überragt die Talsole um 975 m. Hier oben befindet
man sich praktisch auf Augenhöhe mit dem
Half Dome. Vom Yosemite Valley aus ist
diese Stelle per Autofahrt (ca. 1 Std.)
entlang der Glacier Point Rd erreichbar, die
vom Hwy 41 abzweigt und normalerweise von
Ende Mai bis Mitte November offen ist. Wer
lieber wandert, absolviert den strapaziösen
Four-Mile Trail (einfache Strecke 7,7 km) oder
den weniger stark frequentierten **Panorama Trail**
(einfache Strecke 13,7 km) mit vielen Wasserfällen. Rechtzeitige Platzreservierung im
Shuttlebus (S. 315) verhindert, dass man zu-
rücklaufen muss.

Wawona liegt 45 Fahrtminuten vom Yosemite Valley entfernt. Dort befindet sich das
Pioneer Yosemite History Center mit einer über-
dachter Brücke, Pionierhütten und einem
historischen Büro von Wells Fargo. Weiter
südlich ermöglicht der **Mariposa Grove** begeis-
tertes Wandern unter riesigen Sequoias (s.
S. 318) wie dem 1800 Jahre alten Grizzly
Giant.

TUOLUMNE MEADOWS

In 90 Autominuten Entfernung vom Yosemite
Valley erstreckt sich die Tuolumne Meadows
(2621 m) als größte subalpine Wiese der

Sierra Nevada. Mit Wildblumenfeldern, azurblauem Wasser, vergleichsweise niedrigeren Temperaturen und schroffen Granitgipfeln bzw. -kuppeln bildet sie einen lebendigen Gegenpol zum Tal. Die Seen dieses vielfältigen Wander- und Kletterparadieses sind beliebte Reviere zum Baden oder Picknicken. Hierher führt die malerische Tioga Rd (Hwy 120; s. Kasten S. 317), die einer Pferdewagenstrecke aus dem 19. Jh. und einem älteren indianischen Handelsweg folgt. Westlich von Wiese und **Tenaya Lake** liegt der **Olmsted Point** mit weitem Panoramablick auf den Half Dome.

HETCH HETCHY

Das Hetch Hetchy Valley liegt 40 Fahrtminuten nordwestlich des Yosemite Valley. Hier steht der vielleicht umstrittenste Staudamm der US-Geschichte. Das Tal ist zwar nicht im Ursprungszustand erhalten, aber trotzdem hübsch und größtenteils menschenleer. Jenseits des Damms geht's durch einen Tunnel zu den **Wapama Falls** (hin & zurück 8 km). Dort steht man aufregend nah an einer Mauer aus Wasser, die hinunter in den glitzernden Stausee stürzt und einen im Frühling garantiert durchnässt.

Aktivitäten

SPORTKLETTERN

Nackte Felsnadeln, glatte Kuppeln und himmelhohe Monolithen machen Yosemite zum Kletterparadies. Die **Yosemite Mountaineering School** (YMS; ☎ 209-372-8344; www.yosemitemountaineering.com; Curry Village; ☼ April–Okt.) bietet erstklassige Kletterkurse für Anfänger oder Fortgeschrittene, Leihausrüstung und geführte Touren. Während der sommerlichen Hauptsaison ist die Mountaineering School auch auf den Tuolumne Meadows vertreten.

WANDERN & TREKKEN

Angesichts von ca. 1300 km verschiedenster Wanderwege hat man hier die Qual der Wahl. Die leichten Wege auf dem Talboden sind eventuell stark überlaufen – da hilft nur eine Flucht in die Höhe. Die ultimative Wanderung zum Gipfel des **Half Dome** (hin & zurück 27 km) ist andererseits extrem anstrengend, schwierig und am besten in zwei Tagen zu bewältigen. Jedoch lohnt es sich bereits, nur dem **Mist Trail** zur Oberkante des **Vernal Fall** (hin & zurück 4 km) oder **Nevada Fall** (hin & zurück 10,5 km) zu folgen. Eine längere Al-

ternativroute zum Half Dome führt über einen eher flacheren Abschnitt des endlosen **John Muir Trail**.

Übernachten in der Wildnis ist ganzjährig genehmigungspflichtig – ein Quotensystem begrenzt die Zahl der Wanderer auf allen Wegen. **Reservierungen** (☎ 209-372-0740; www.nps.gov/yose/planyourvisit/wildpermits.htm; Genehmigungsgebühr 5 US$ zzgl. 5 US$/Pers.) sind bereits 24 Wochen vor dem Start möglich. Ansonsten kann man sein Glück noch am Vortag oder am Morgen der geplanten Wanderung bei einem Wilderness Center versuchen.

WINTERSPORT

Die sanften Hänge des hochgelegenen **Badger Pass** (☎ 209-372-8430; www.badgerpass.com; ☼ Mitte Dez.–Ende März 9–16 Uhr, wetterabhängig; ☻) eignen sich sehr gut für Ski- und Snowboardanfänger. Langläufer freuen sich über 40 präparierte Loipenkilometer und markierte Skiwanderwege (insgesamt 140 km), die auch tollen Schneeschuhspaß versprechen. Vor Ort gibt's Leihausrüstung und Kurse. Im winterlichen Yosemite Valley findet man zudem eine **Eisbahn** (☎ 209-372-8319; Curry Village; Erw./Kind 8/6 US$; Leihschlittschuhe 3 US$; ☼ wechselnde Öffnungszeiten).

Schlafen & Essen

Die **Delaware North Companies** (DNC; ☎ 801-559-4884; www.yosemitepark.com) halten die einzige Konzession für Kost und Logis im Yosemite National Park. Ergebnis davon sind u. a. Food Courts, Cafeteria-Buffets und Snackbars, die man getrost vergessen kann. Alle Unterkünfte, Campingplätze und Restaurants stehen im kostenlosen Führer, der beim Betreten des Parks inklusive Karte ausgegeben wird. Unterkunftsreservierungen sind frühestens 366 Tage im Voraus möglich und von Mai bis September unbedingt erforderlich. Im Sommer errichten die DNC einfache Zelthütten im **Housekeeping Camp** (Hütte 73 US$; Yosemite Valley) am Fluss – ebenso rund um die geschäftige **Tuolumne Meadows Lodge** (Hütte 95 US$) und die ruhige **White Wolf Lodge** (Hütte 88–96 US$) abseits der Tioga Rd. Tuolumne Meadows liegt rund 90 Autominuten nordöstlich des Tals, während man zur White Wolf Lodge ca. eine Stunde fährt.

Curry Village (Yosemite Valley; Zelthütte 95–97 US$, Hütte ohne/mit Bad 102/140 US$, Cottage Zi. 179; ☼ April–Mitte Okt.; ☻) Hunderte von lärmigen Behausungen unter himmelhohem Immergrün sorgen hier für nostalgische Sommerlager-

KALIFORNIEN

Atmosphäre. Mit ihren kratzigen Wolldecken erinnern die Zelthütten an Armeebaracken aus dem Sezessionskrieg. Die Holzhütten sind kleiner, aber gemütlicher.

Yosemite Lodge at the Falls (Northside Rd, Yosemite Valley; Zi. 179–207 US$; 🖥 🛜) Von den Terrassen bzw. Balkonen der geräumigen, motelartigen Zimmer blickt man auf Wiesen, die Yosemite Falls oder den Parkplatz. Der reservierungsfreie Mountain Room (Hauptgerichte abends 16–30 US$) serviert allabendlich Bachforelle, Biologisch-Vegetarisches und Steaks vom Weiderind. Die lässige Lounge, deren Speisekarte identisch ist, hat eine gesellige offene Feuerstelle.

Wawona Hotel (Wawona Rd, Wawona; Zi. ohne/mit Bad inkl. Frühstücksbuffet 145/217 US$; 🍽 🛒) Diese viktorianische Zeitmaschine mit breiten Veranden strotzt vor Geistern und Charakter. Zum Gelände gehören ein Golfplatz und gepflegte Rasenflächen. Die Hälfte der hellhörigen Zimmer teilt sich Gemeinschaftsbäder und könnte etwas frische Farbe bzw. Aufmerksamkeit vertragen. Der romantische Speiseraum mit historischem Dekor (Hauptgerichte abends 17–33 US$) serviert pro Tag drei leckere Mahlzeiten im Westernstil. Wawona liegt ca. 45 Autominuten südlich des Tals.

Ahwahnee (Ahwahnee Dr, Yosemite Valley; Zi. ab 488 US$; 🛜 🛒) Hier haben schon Charlie Chaplin, J. F. K. und Eleanor Roosevelt übernachtet: Gäste des National Historic Landmark von 1927 können sich nach dem Durchstöbern des Geschenkeladens am heißen offenen Kamin unter hohen Balken aus Zuckerkiefer ausruhen. Der formelle Speiseraum (Hauptgerichte abends 30–50 US$) serviert lediglich mittelmäßige kalifornische Küche. Stattdessen empfiehlt sich die Lobbybar mit einfallsreichen Hauscocktails.

Degnan's Deli & Loft (Yosemite Village; Hauptgerichte 6–21 US$; 😊 Deli ganzjährig 7–17 Uhr, Restaurant April–Okt. Mo–Fr 16–21, Sa & So 12–21 Uhr; 🍴) Vor dem Wanderstart kann man sich unten mit individuell belegten Deli-Sandwiches und Chipstüten eindecken. Abends locken Pooltische, kaltes Bier und knusprige Pizzas im Obergeschoss.

CAMPING

Auf allen Campingplätzen des Parks gibt's bärensichere Schließfächer, eingefasste Feuerstellen und meist auch Trinkwasser.

Den Sommer über sind die meisten Campingplätze laut und völlig überlaufen. Dies gilt vor allem für **North Pines** (Stellplatz 20 US$;

😊 Mitte März–Nov.), **Lower Pines** (Stellplatz 20 US$; 😊 März–Okt.) und **Upper Pines** (Stellplatz 20 US$; 😊 ganzjährig) im Yosemite Valley sowie für **Tuolumne Meadows** (Stellplatz 20 US$; 😊 Juli–Ende Sept.) abseits der Tioga Rd bzw. 90 Autominuten nordöstlich des Tals. Im Sommer sind teilweise **Reservierungen** (☎ 518-885-3639, 877-444-6777; www.recreation.gov) vonnöten, die bis zu fünf Monate im Voraus vorgenommen werden können.

Camp 4 (Gemeinschaftsstellplatz für Zelt 5 US$/Pers.; 😊 ganzjährig) ist ein Kletterertreffpunkt im Tal, während **Bridalveil Creek** (Stellplatz 14 US$; 😊 Juli–Anfang Sept.) ca. 45 Fahrtminuten südlich des Tals abseits der Glacier Point Rd liegt. Diese beiden reservierungsfreien Optionen sind insbesondere am Wochenende oft schon um die Mittagszeit komplett belegt. Mehr Ruhe und Natur versprechen kleinere Plätze wie **Tamarack Flat** (Stellplatz 10 US$; 😊 Ende Juni–Sept.), **Yosemite Creek** (Stellplatz für Zelt 10 US$; 😊 Juli–Anfang Sept.) oder **Porcupine Flat** (Stellplatz 10 US$; 😊 Juli–Mitte Okt.) abseits der Tioga Rd bzw. nordöstlich des Tals (Fahrtzeit 45–75 Min.).

AUSSERHALB DES YOSEMITE NATIONAL PARK

Zu den umliegenden Städten mit teilweise besseren Unterkünften zählen z. B. Fish Camp, Oakhurst, El Portal, Midpines, Mariposa, Groveland und Lee Vining.

Yosemite Bug (☎ 209-966-6666, 866-826-7108; www.yosemitebug.com; 6979 Hwy 140, Midpines; B 22–25 US$, Zelthütte 35–55 US$, Zi. 75–155 US$, Hütte mit Gemeinschaftsbad 65–85 US$; 🖥 🛜) Dieser rustikale Berggasthof versteckt sich ca. 25 Meilen (40,2 km) westlich des Yosemite Valley im Wald. Er punktet bei Globetrottern mit sauberen Zimmern, Yogastudio, Wellnessbereich, Badestelle, Gemeinschafts- und Waschküche. Das frisch zubereitete und vegetarierfreundliche Bio-Essen des Cafés (Hauptgerichte 5–15 US$) bekommt begeisterte Kritiken.

LP Tipp Evergreen Lodge (☎ 209-379-2606, 800-935-6343; www.evergreenlodge.com; 33160 Evergreen Rd, Groveland; Zelt 50–90 US$, Hütte 145–299 US$; 🍽 🖥 🛜) Das einladende Resort nahe dem Eingang zum Hetch Hetchy Valley gaukelt Wildnisfans echtes Campingfeeling vor: Hier wohnt man in komplett ausgestatteten Komfortzelten oder luxuriösen Berghütten. Zudem gibt's viele Freizeitaktivitäten im Freien (inkl. Leihausrüstung), eine Kneipe, einen Gemischtwarenladen, eine Bar mit Pooltischen und ein Restaurant (Hauptgerichte abends 18–

30 US$), das dreimal täglich Herzhaftes auf den Tisch bringt.

Narrow Gauge Inn (☎ 559-683-7720, 888-644-9050; www.narrowgaugeinn.com; 48571 Hwy 41, Fish Camp; Zi. inkl. Frühstück 120–195 US$; 🅟 Restaurant Mitte April–Mitte Okt. Mi–So 17.30–21 Uhr; 🅧 🛜 🅡) Das kleine Gästehaus im Schweizer Berghüttenstil liegt 4 Meilen (6,4 km) südlich des Nationalparks. Seine 26 gemütlichen Zimmer haben eigene Terrassen oder Balkone. In nächster Nähe schnaufen die Dampfzüge der Yosemite Mountain Sugar Pine Railroad vorbei. Der Speiseraum mit authentischer „Buffalo Bar" serviert Wapiti, Wildbret und Ribeye-Steaks im Rahmen eines europäisch-kalifornischen Menüs.

Anreise & Unterwegs vor Ort

Die nächstgelegenen Greyhound- und Amtrak-Stationen befinden sich in Merced. Dort starten die Busse von **Yarts** (☎ 209-388-9589, 877-989-2787; www.yarts.com), die entlang des Hwy 140 zum Park fahren und unterwegs in einigen Ortschaften halten. Im Sommer folgt eine weitere Yarts-Linie dem Hwy 120 ab dem Mammoth Lakes (S. 318) über den Tioga Pass. Die einfache Strecke ab Merced kostet 25 US$ inklusive Parkeintritt (30 US$ ab Mammoth Lakes).

Im Yosemite Valley sind kostenlose Shuttlebusse unterwegs – im Sommer auch im Bereich von Tuolumne Meadows und Wawona. DNC-Wandererbusse verbinden das Tal mit Tuolumne Meadows (einfache Strecke/hin & zurück 14,50/23 US$) und Glacier Point (einfache Strecke/hin & zurück 25/41 US$). Yosemite Lodge und Curry Village im Tal verleihen Fahrräder (pro Std./Tag 9,50/ 25,50 US$). Im Winter werden die Talstraßen geräumt sowie die Highways zu den Parks offen gehalten (ausgenommen Tioga Rd/Hwy 120), dennoch braucht man eventuell Schneeketten. Außerdem fahren dann kostenlose Shuttlebusse zweimal täglich vom Yosemite Valley zum Badger Pass.

SEQUOIA & KINGS CANYON NATIONAL PARKS

In diesen benachbarten Nationalparks sind die rostroten Riesenmammutbäume höher (bis zu 30 Stockwerke!) und zahlreicher als sonst irgendwo in der Sierra Nevada. Zäh und vom Feuer leicht verkohlt werden sie lockerso breit wie zwei Freewayspuren. Gigantisch sind hier auch die Berge – beispielsweise der Mt. Whitney (4421 m), der höchste Berg der

USA außerhalb Alaskas. Und schließlich ist da auch noch der gewaltige Kings Canyon, den Gletschereis und ein kraftvoller Fluss in den Granit geschnitten haben. Diese Highlights locken den Großteil der 1,5 Mio. Besucher jährlich hierher. Wer stattdessen Ruhe und Einsamkeit sucht und Tiere (z. B. Schwarzbären) von fern beobachten will, kann sich beim Wandern hier schnell in der Wildnis verlieren.

Orientierung & Praktische Informationen

Sequoia wurde 1890 als Nationalpark ausgewiesen, Kings Canyon 1940. Obwohl somit offiziell voneinander getrennt, können beide Parks mit demselben Zugangsticket (20 US$/ Auto, zu Fuß, mit dem Fahrrad oder dem Motorrad 10 US$/Pers.) sieben Tage lang besucht werden. Aktuelle und allgemeine Informationen gibt's unter ☎ 559-565-3341 oder auf der Webseite des Parks (www.nps. gov/seki).

Aus Richtung Süden führt der Hwy 198 hinter Three Rivers durch den Eingang Ash Mountain nach Sequoia hinein. Von dort aus verläuft er als extrem kurviger Generals Hwy weiter bergauf. Von Westen her durchquert der Hwy 180 zuerst den Eingang Big Stump nahe dem Grant Grove und verschwindet dann im Kings Canyon National Park.

Lodgepole Village (☎ 559-565-4436; Sequoia) und **Grant Grove Village** (☎ 559-565-4307; Kings Canyon) sind die zentralen Ortschaften der Parks. Beide haben ein ganzjährig geöffnetes Visitor Center, eine Post, Märkte, Geldautomaten und öffentliche Duschen (nur Sommer). Das **Foothills Visitor Center** (☎ 559-565-3135) am Eingang Ash Mountain steht ebenfalls ganzjährig zur Verfügung. **Cedar Grove Visitor Center** (☎ 559-565-3793) und **Mineral King Ranger Station** (☎ 559-565-3768) betreuen Gäste dagegen nur im Sommer. Die kostenlose Nationalparkzeitung informiert über die Öffnungszeiten der Visitor Centers und anderer Einrichtungen.

Teure Tankstellen haben Hume Lake (ganzjährig) und Stony Creek (nur im Sommer) im National Forest außerhalb der Parks.

Sehenswertes
SEQUOIA NATIONAL PARK

Der ca. 7,8 km² große **Giant Forest** schützt die mächtigsten Gewächse des Parks, zu denen auch der **General Sherman Tree** als größter Baum der Welt gehört. Nach (gescheiterten) Umarmungsversuchen kann man sich dann mit lahmen Armen und harzigen Fingern auf einem der vielen Waldwege von den Menschenmassen entfernt – Karte nicht vergessen!

Am kinderfreundlichen **Giant Forest Museum** (☎ 559-565-4480; ☺ 9–16.30 Uhr, Sommer bis 19 Uhr; ♿) ca. 2 Meilen (3,2 km) weiter südlich beginnen weitere Wanderwege, von denen einer für Rollstuhlfahrer geeignet ist. Steile Stufen (ca. 400 m) führen hinauf zum **Moro Rock**, der mit freiem Rundumblick auf die Great Western Divide lockt.

Die **Crystal Cave** (☎ 559-565-3759; www.sequoiahis tory.org; Erw./Kind 11/6 US\$; ☺ Anfang Mai–Ende Okt., wechselnde Tourzeiten; ♿) wurde 1918 entdeckt. Ihre Marmorformationen sind schätzungsweise 10 000 Jahre alt. Tickets für die einfachste Tour (45 Min.) gibt's bei den Visitor Centers von Lodgepole und Foothills, aber nicht an der eigentlichen Höhle. Gegen deren Kühle hilft entsprechende Bekleidung.

Ansonsten lohnt sich ein 25 Meilen (40,2 km) langer Abstecher zum Bergbau- und Holzfällercamp **Mineral King**, das seit dem späten 19. Jh. inmitten von schroffen Gipfeln und Bergseen steht. Die malerische Einbahn-Zufahrtsstraße passiert über 700 halsbrecherische Serpentinen und ist normalerweise von Ende Mai bis Ende Oktober offen.

KINGS CANYON NATIONAL PARK
Der **General Grant Grove** nördlich des Grant Grove Village strotzt vor majestätischen Giganten. Von hier aus windet sich der Hwy 180 über 35 Meilen (56,3 km) in den **Kings Canyon** hinunter – vorbei am kantigen Granit einer der tiefsten Schluchten Nordamerikas. Die über 1200 m hohen Steilwände werden im Frühling von Wasserfällen überzogen. Nahe der **Boyden Cavern** (☎ 559-338-0959; 45-minütige Führung Erw./Kind 13/6,50 US\$; ☺ Mai–Mitte Nov.; ♿) trifft die Straße auf den Kings River, dessen Donnern von den Felsen widerhallt.

Cedar Grove Village heißt der letzte zivilisatorische Außenposten vor dem herrlich wilden Herz der Sierra Nevada. Am Ende der Straße (Roads End) beginnt eine populäre Tageswanderung (einfache Strecke 6,4 km) zu den tosenden **Mist Falls**. Von dort aus geht's entlang des Flusses zum **Paradise Valley** (4 km) weiter. Der leichte Naturpfad (2,4 km) rund um die **Zumwalt Meadow** gleich westlich von Roads End ist bei Vogelbeobachtern beliebt. Vorsicht vor Klapperschlangen, Schwarzbären und Maultierhirschen!

Aktivitäten
Über 1200 ausgeschilderte Kilometer an Wanderwegen beweisen: Hierher kommt man zum Wandern. Cedar Grove und Mineral King sind die besten Tore zur freien Natur. Während die Wege normalerweise ab Mitte Mai geöffnet sind, kann in der Umgebung von Foothills ganzjährig gewandert werden. Wildnistrips mit Übernachtung sind genehmigungspflichtig (15 US\$) und im Sommer zahlenmäßig limitiert (Details unter www. nps.gov/seki/planyourvisit/wilderness.htm).

Die **Sequoia Natural History Association** (SNHA; ☎ 559-565-3759; www.sequoiahistory.org) veranstaltet Exkursionen unter Leitung von Naturforschern. Reitausflüge starten im **Grant Grove Village** (☎ 559-335-9292) und an der **Cedar Grove Pack Station** (☎ 559-565-3464). Sommerliche Erfrischungsbäder erlaubt der Hume Lake im National Forest abseits des Hwy 180. Zudem säumen Schwimmlöcher die Flussufer beider Parks. Im Winter sind Langlauf- oder Schneeschuhtouren unter den verschneiten Sequoias möglich. Leihausrüstung gibt's im Grant Grove Village und bei der Wuksachi Lodge. Die besten Wintersportmöglichkeiten bietet die altmodische Montecito Sequoia Lodge (s. unten) abseits des Generals Hwy zwischen den Parks.

Schlafen & Essen
Außerhalb des Südeingangs vom Sequoia National Park säumen diverse Privat- und Kettenmotels den Hwy 198 im langweiligen Three Rivers.

John Muir Lodge & Grant Grove Cabins (☎ 559-335-5500, 866-522-6966; www.sequoia-kingscanyon.com; Hwy 180, Grant Grove Village; DZ 62–188 US\$; 🛜) Diese Lodge empfängt Gäste mit viel Holz und geräumigen, wenn auch eintönigen Zimmern. In der gemütlichen Lobby gibt's einen steinernen Kamin und Brettspiele. Das kunterbunte Hüttenspektrum reicht von dünnwandigen Zelthütten bis hin zu historischen Cottages mit hübscher Einrichtung und eigenen Bädern.

Cedar Grove Lodge (☎ 559-335-5500, 866-522-6966; www.sequoia-kingscanyon.com; Hwy 180, Cedar Grove Village; Zi. 119–135 US\$; ☺ Mitte Mai–Mitte Okt.; 🛜) Die 21 motelartigen Zimmer grenzen an Gemeinschaftsveranden mit Blick auf den Kings River. Sie sind zwar einfach und abgewohnt, aber im Canyon immer noch die beste Option.

Montecito Sequoia Lodge (☎ 559-565-3388, 800-227-9900; www.mslodge.com; 63410 Generals Hwy, zw. Se-

---

DER UNÜBERWINDLICHE TIOGA PASS

Als einzige Verbindungsstraße zwischen dem Yosemite National Park und der Eastern Sierra führt der Hwy 120 über den Tioga Pass (3031 m). Auf den meisten Karten von Kalifornien ist diese Straße mit „im Winter geschlossen" beschriftet – dies ist zwar richtig, gleichzeitig aber auch irreführend: Ab den ersten starken Schneefällen (ca. Okt./Nov.) kann die Tioga Rd normalerweise bis Mai oder Juni nicht mehr befahren werden. Wer sie im Frühling benutzen möchte, hat daher also höchstwahrscheinlich Pech. Offiziell wird der Pass frühestens am 1. April geräumt. Seit 1980 war dies aber erst einmal der Fall – 1998 hieß es sogar bis zum 1. Juli warten! Aktuelle Infos zu Straßenzustand und Wetterbedingungen gibt's online (www.nps.gov/yose/planyourvisit/condi tions.htm) oder unter ☎ 209-372-0200.

---

quoia & Kings Canyon National Park; DZ inkl. Vollpension 119–169 US$; (♨)) Die einfachen Zimmer mit Vollpension wurden kürzlich renoviert. Den ganzen Sommer über sorgen hier familienfreundliche Camps für geräuschvollen Spaß. Im Winter gibt's Langlaufkurse und ca. 80 km an präparierten Loipen.

Wuksachi Lodge (☎ 559-565-4070, 866-807-3598; www.visitsequoia.com; 64670 Wuksachi Way, 4 Meilen/6,4 km nördlich des Lodgepole Village; Zi. 181–241 US$; ☎) Die Prachtlobby täuscht: Übergroße Zimmer im Motelstil sind kein Grund zum Angeben. Das hauseigene Bearpaw High Sierra Camp (nur Mitte Juni–Mitte Sept.; Zelthütte inkl. Vollpension 175 US$/Pers.) ermöglicht unvergessliche Wildnisabenteuer.

Campingreservierungen (☎ 518-885-3639, 877-444-6777; www.recreation.gov) sind nur in Lodgepole und Dorst (Sequoia National Park) möglich. Das runde Dutzend anderer Plätze (Stellplatz 12–20 US$) ist reservierungsfrei, aber größtenteils mit Spültoiletten ausgestattet. Lodgepole, Azalea, Potwisha und South Fork haben ganzjährig geöffnet. Bei Komplettbelegung können Camper in den umliegenden Sequoia National Forest ausweichen.

Die Märkte in Grant Grove, Lodgepole und Cedar Grove verkaufen ihre wenigen Lebensmittel zu heftigen Preisen. Die beiden letzteren haben außerdem Imbisstheken mit Burgern und einfachen Mahlzeiten unter 10 US$. Im gehobenen **Restaurant** (☎ 559-565-4070; Hauptgerichte abends 18–33 US$; ☼ 7–10, 11–14.30 & 17–21.45 Uhr) der Wuksachi Lodge schmeckt's nicht immer.

Anreise & Unterwegs vor Ort

Im Sommer rollen kostenlose Shuttlebusse zum Giant Forest und Lodgepole Village im Sequoia National Park. Dieser ist dank **Sequoia Shuttle** (☎ 877-287-4453; www.sequoiashuttle.com) mit Three Rivers und Visalia (hin & zurück 10–

15 US$; Reservierung erforderlich) verbunden. Dort besteht Anschluss zur Amtrak (S. 423). Aktuell fahren keine öffentlichen Verkehrsmittel zum Kings Canyon National Park.

EASTERN SIERRA

In den leeren Weiten der majestätischen Eastern Sierra grenzen gezackte Gipfel an die Great Basin Desert – ein dramatischer Gegensatz, der für eine spektakuläre Szenerie sorgt. Der Hwy 395 folgt dem gesamten Gebirgszug. Unterwegs führen Abzweigungen zu Kiefernwäldern, Wildblumenwiesen, idyllischen Seen, kochend heißen Quellen und von Eiszeitgletschern ausgehöhlten Schluchten. Wanderer, Backpacker, Mountainbiker, Angler und Skifahrer ziehen sich gern in diese Ecke zurück. Wichtigste Touristenzentren sind Bishop und Mammoth Lakes.

Im **Bodie State Historic Park** (☎ 760-647-6445; Erw./Kind 5/3 US$; ☼ Juni–Aug. 8–18 Uhr, Sept.–Mai 8–16 Uhr) wird der Verfall einer Geisterstadt aus der Goldrauschzeit „aufgehalten". Wie in einer Zeitkapsel stehen die verwitterten Gebäude auf einer staubig-stürmischen Ebene. Um sie zu erreichen, nimmt man ungefähr 7 Meilen (11,3 km) südlich von Bridgeport den Hwy 270 und folgt diesem ostwärts über 13 Meilen (21 km; letzte 5 km unbefestigt). Im Winter ist die Zufahrtsstraße oft gesperrt.

Weiter südlich liegt der **Mono Lake** (www.monolake.org) mit seinen berühmten Tuffsteintürmen, die gruselig wie hingetropfte Sandburgen aus dem alkalischen Wasser ragen. Die besten Fotos entstehen in der **Mono Lake Tufa State Natural Reserve** (Eintritt 3 US$) am südlichen Seeufer. Das **Mono Basin Scenic Area Visitor Center** (☎ 760-647-3044; ☼ Juni–Aug. Mo–Fr 8–17, Sa & So 8–19 Uhr, Sept.–Mai verkürzte Öffnungszeiten) abseits des Hwy 395 zeigt hervorragende Ausstellungen und informiert über geführte Wanderungen und Vorträge. Vom nahegelegenen Lee Vining führt der Hwy 120 über den Tioga Pass (s. Kasten S. 317) westwärts zum Yosemite National Park.

Weiter südlich zweigt der **June Lake Loop** als 16 Meilen (25,7 km) lange Panoramastrecke vom Hwy 395 ab. Wer stattdessen weiterfährt, erreicht mit **Mammoth Lakes** einen schnell wachsenden Ganzjahres-Ferienort unterhalb der großartigen Skipisten am 2252 m hohen **Mammoth Mountain** (☎ 760-934-2571, 800-626-6684; www.mammothmountain.com; 1 Minaret Rd; Liftpass Erw./ Kind 69/34 US$; ♿). Im Sommer werden dessen Hänge zum Mountainbike-Park, während Camper, Angler und Tageswanderer die Umgebung von Mammoth Lakes Basin und Reds Meadow bevölkern. Die fast senkrechten, ca. 18 m hohen Basaltsäulen des nahen **Devil's Postpile National Monument** entstanden einst durch vulkanische Aktivität. Thermalwasserfans können 3 Meilen (4,8 km) südlich der Stadt in den kochend heißen Becken der **Hot Creek Geological Site** (Eintritt frei; ☺ Sonnenaufgang–Sonnenuntergang) relaxen. Die **Mammoth Lakes Welcome Center & Ranger Station** (☎ 760-924-5500, 888-466-2666; www.visitmammoth.com; Hwy 203; ☺ Mo–Fr 8–17 Uhr) hält Karten und Informationen zu allen örtlichen Sehenswürdigkeiten bereit.

Südlich von Mammoth führt der Hwy 395 ins Owens Valley hinab und erreicht schon bald das leicht wildwestmäßige **Bishop**. Zu dessen Attraktionen gehören Kunstgalerien

---

KÖNIGE DES WALDES

Kalifornien hat die ältesten (Borstenkiefern im Ancient Bristlecone Pine Forest, s. rechte Spalte) und höchsten (Küstenmammutbäume, s. S. 301) Bäume der Welt. Den Rekord in puncto Masse halten jedoch die riesigen Sequoias *(Sequoiadendron giganteum)*, die nur auf den westlichen Hügeln der Sierra Nevada wachsen – am dichtesten in den Nationalparks Sequoia, Kings Canyon und Yosemite. John Muir nannte sie „natürliche Meisterwerke des Waldes". Wer einmal den Hals bei deren Betrachtung gereckt hat, wird ihm zustimmen: Diese Bäume mit bis zu 61 cm dicker Rinde können eine Höhe von 91 m bei rund 12 m Durchmesser erreichen. Das **Giant Forest Museum** (S. 316) im Sequoia National Park beleuchtet ihre außergewöhnliche Biologie.

---

und ein interessantes Eisenbahnmuseum. In erster Linie dient der Ort jedoch als Tor zu den besten Angel- und Kletterrevieren der gesamten Eastern Sierra. Zudem ist er der Hauptausgangspunkt für Treks mit Packpferden. Überdachte Bürgersteige und altmodische Neonschilder säumen seine belebte Hauptstraße.

Lust auf ein paar der ältesten Lebewesen des Planeten? Dann einfach einen spannenden Halbtagsausflug hinauf zum **Ancient Bristlecone Pine Forest** (☎ 760-873-2500) unternehmen: Diese knorrigen Bäume stammen scheinbar aus einer anderen Welt und wachsen auf über 3000 m Höhe an den ausgedörrten Hängen der White Mountains – unglaublich, dass überhaupt etwas gedeihen kann. Man schätzt, dass der älteste Baum namens „Methusalem" über 4700 Jahre alt ist. Die Zugangsstraße ist in der Regel von Mai bis Oktober offen und bis ganz oben befestigt. Dort warten verschieden lange Wanderwege, primitive Stellplätze und ein Visitor Center. Um vom Hwy 395 aus hierher zu gelangen, zuerst dem Hwy 168 über 12 Meilen (19,3 km) ostwärts folgen, dann die 10 Meilen (16 km) lange Abzweigung (ausgeschildert) bergaufwärts nehmen.

Richtung Süden passiert der Hwy 395 nun Independence und die **Manzanar National Historic Site** (☎ 760-878-2194; www.nps.gov/manz; 5001 Hwy 395; Eintritt frei; ☺ Sonnenaufgang–Sonnenuntergang, Visitor Center 9–16.30 Uhr, April–Okt. bis 17.30 Uhr). Diese gedenkt dem Umsiedlungslager, in dem während des Zweiten Weltkriegs ca. 10 000 japanischstämmige Amerikaner nach dem Angriff auf Pearl Harbor zu Unrecht interniert wurden. Informative Ausstellungen und ein kurzer Film zeichnen das Lagerleben sehr anschaulich nach.

Noch weiter südlich in Lone Pine erblickt man mit dem **Mt. Whitney** (4421 m) endlich den höchsten Berg der USA außerhalb Alaskas. Die 11 Meilen (17,7 km) lange Bergfahrt entlang der malerischen **Whitney Portal Road** (im Winter geschlossen) ist haarsträubend spektakulär. Genehmigungen für den äußerst beliebten Aufstieg zum Gipfel werden nach dem Lotterieprinzip erteilt. Details gibt's im Internet (www.fs.fed.us/r5/inyo) oder beim **Eastern Sierra InterAgency Visitor Center** (☎ 760-876-6222; ☺ 8–17 Uhr) an der Kreuzung der Highways 395/136. Die bizarr geformten Felsen der **Alabama Hills** westlich von Lone Pine dienten bereits als Kulisse für klassische Hollywoodwestern wie *Das war der Wilde Westen*

NICHT VERPASSEN!

- **Bodie State Historic Park** (S. 317) – Eine echte Goldrausch-Geisterstadt

- **Mono Lake** (S. 317) – Geheimnisvolle Mineralformationen wie aus einer anderen Welt

- **Whoa Nellie Deli** (s. rechte Spalte) – Kreative Hausmannskost, z. B. Hackbraten vom Wildbüffel

- **Ancient Bristlecone Pine Forest** (S. 318) – Die ältesten lebenden Bäume der Welt

- **Manzanar National Historic Site** (S. 319) – Ein ungeschönter Blick in ein Internierungslager aus dem Zweiten Weltkrieg

---

(1962). Das **Museum of Lone Pine Film History** (☎ 760-876-9909; www.lonepinefilmhistorymuseum.org; 701 S Main St; Eintritt 5 US$; ⏲ Mo–Mi 10–18, Do–Sa 10–19, So 10–16 Uhr) zeigt alte Erinnerungsstücke und Filmplakate.

Schlafen

Campingplätze gibt's in der Eastern Sierra en masse. Wildcamper brauchen auch für Kocher eine Feuergenehmigung, die gratis bei allen Rangerstationen erhältlich ist. Bishop, Lone Pine und Bridgeport haben die meisten Motels. In Mammoth Lakes findet man eine Vielzahl von Gästehäusern und B & Bs sowie Miet- und Ferienwohnungen.

Dow Hotel & Dow Villa Motel (☎ 760-876-5521, 800-824-9317; www.dowvillamotel.com; 310 S Main St; Zi. 50–135 US$; ⌧ 🛜 🐾) Das ehrwürdige Hotel aus dem Jahr 1922 hat schon Filmstars wie John Wayne und Errol Flynn beherbergt. Trotz Renovierung im charmanten Rustikalstil wirken die modernen Motelzimmer recht gewöhnlich.

Redwood Motel (☎ 760-932-7060, 888-932-3292; www.redwoodmotel.net; 425 Main St, Bridgeport; DZ 70–110 US$; ⏲ Mitte März–Anfang Dez.; ⌧ 🛜) Dieses blitzsaubere Motel begrüßt Gäste fröhlich mit

abgefahrenen Farmtierskulpturen (z. B. einer Kuh im Hawaiihemd). Der Eigentümer gibt unzählige Tipps zur Umgebung. Begrenzter, aber kostenloser WLAN-Zugang.

Winnedumah Hotel (☎ 760-878-2040; www.winnedumah.com; 211 N Edwards St, Independence; Zi. inkl. Frühstück 85–130 US$) Das countrymäßige Hotel von 1927 steht abseits vom Schuss und hat sympathische Eigentümer. Wenn früher in den nahen Alabama Hills gedreht wurde, wohnten die Filmstars bevorzugt hier.

Tamarack Lodge & Resort (☎ 760-934-2442, 800-626-6684; www.tamaracklodge.com; abseits Lake Mary Rd, Mammoth Lakes; Zi. 109–169 US$, Hütte 169–469 US$; 🛜) Die umweltbewusste Lodge ist seit 1924 im Geschäft und vermietet Hütten von extrem einfach bis extrem luxuriös. Darin gibt's immer eine Küche und manchmal sogar einen Holzofen.

Essen & Ausgehen

Erick Schat's Bakkery (☎ 760-873-7156; 763 N Main St, Bishop; Sandwiches 5–8 US$; ⏲ 6–18 Uhr) Fürwahr touristisch, aber am Hwy 395 immer noch die beste Adresse für Apfelpuffer, Sandwiches aus frischgebackenem Brot (Tipp: Jalapeño-Käse) oder Kekse mit dem Kuss der Pekannuss.

Good Life Café (☎ 760-934-1734; 126 Old Mammoth Rd, Mammoth Lakes; Hauptgerichte 8–12 US$; ⏲ 6.30–15 Uhr) Ein echter Dauerbrenner: Üppiges mexikanisches Frühstück, gesunde vegetarische Wraps, fleischlastige Burger und große Salatschüsseln sorgen hier zu Recht für lange Wartezeiten.

Whoa Nellie Deli (☎ 760-647-1088; Kreuzung Hwy 120/395, Lee Vining; Hauptgerichte 8–20 US$; ⏲ Mitte Mai–Okt. 7–21 Uhr) Tolles Essen an der Tanke? Aber klar doch: Aus Matt „Tioga" Toomeys wunderbarer Küche kommen feine Fischtacos, Hackbraten vom Wildbüffel und andere Köstlichkeiten.

Die **Looney Bean Roasting Co.** (☎ 760-872-2326; 399 N Main St, Bishop; ⏲ So–Do 6–20, Fr & Sa bis 22 Uhr; 🛜) braut kräftigen Kaffee. Vor dem Wandern heißt es noch bei **Mahogany Smoked Meats** (☎ 888-624-6426; 2345 N Sierra Hwy, Bishop; ⏲ 9–18 Uhr) für geräucherten Wapiti, Büffel oder Truthahn vorbeischauen.

Die nördlichen Staaten

Es macht wirklich Spaß, am amerikanischen Nordwesten Carl Jungs Theorie der Wortassoziationen auszuprobieren. Man bekommt sicher eine Vielzahl unterschiedlicher Antworten: Immergrün, Regen, Vulkane, Fleece-Klamotten, Kaffee, Starbucks, Bier, Boeing, Nirvana, Nike, Grunge, Bill Gates … All das sind Attribute, Namen und Wahrzeichen, die man über die Grenzen der USA hinaus mit Washington und Oregon verbindet. Doch was ist mit dem Rest? Wer weiß schon, dass man in den North Cascade Mountains auf Lamas reiten kann, wer kennt das echt bayerische „Dorf" Leavenworth, die fruchtigen Cabernet-Sauvignons aus Walla Walla oder die exquisiten Essensstände in Portlands Innenstadt? Also schnell den Rucksack oder Koffer packen und los geht's! Die zurechtgelegten Vorurteile – zu viel Regen, zu grungy, zu koffeinhaltig – lässt man am besten zu Hause. Denn dieses Outdoor-Paradies zwischen Nordkalifornien und Kanada hat viel mehr zu bieten als nur menschenfreundliche Dotcom-Millionäre und große Latte macchiatos mit Magermilch. Und es ist auch nicht alles grün hier. Man denke nur an die Hochplateaus, die Buschsteppe, die fantastischen, ausgetrockneten Täler und die staubige Wüste – ja genau, Wüste!

Die Menschen des Pacific Rim wissen: Arbeit ist nicht alles. Wer einige Zeit in den wolkenverhangenen Städten verbracht hat, wird schnell wissen warum. Man kann dem riesigen Freizeitangebot nur schwer widerstehen, das sich bietet, wenn Vulkane wie der Mt. Rainier, Mt. Hood und Mt. Baker ihre Nebelhauben ablegen und in der Sonne erstrahlen. In Seattle und Portland lebt man nicht um zu arbeiten, man arbeitet um zu leben. Und Leben heißt hier, zu wandern oder Kajak zu fahren, in Kneipen mit hauseigenen Brauereien ein Bierchen zu kippen und mit bekehrten Anarchisten aus Eugene über die Chancen eines „Baum-Sittings" zu diskutieren. Worauf warten? Ab ins Vergnügen!

HIGHLIGHTS

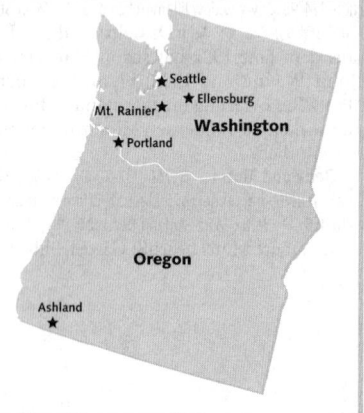

- Den **Mt. Rainier** (S. 352) erklimmen oder ihn in zehn Tage auf dem Wonderland Trail umrunden.

- In **Ellensburg** (S. 354) einheimische Weine genießen und Cowboys auf dem größten Rodeo des Nordwestens anfeuern.

- In **Seattle** (S. 327) Seite an Seite mit Möchtegern-Rockstars, Dotcom-Millionären und alternden Fetisch-Freaks Kaffeeleckereien genießen.

- Durch das saubere, grüne, heitere **Portland** (S. 356) radeln.

- Auf dem **Oregon Shakespeare Festival** (S. 378) verfolgen, wie sich die Schauspieler mit dem elisabethanischen Englisch rumplagen.

GESCHICHTE

Als im 18. Jh. die Europäer in den Nordwesten Amerikas vordrangen, waren an der Pazifikküste schon lange Indianerstämme wie die Chinook und die Salish ansässig. Im Inland, auf den trockenen Hochebenen zwischen den Cascades (Kaskadenkette) und den Rocky Mountains, lebten die Spokane, die Nez Percé und andere Völker, die je nach Jahreszeit zwischen den Flusstälern und dem milden Hochland hin und her zogen.

300 Jahre nachdem Kolumbus in der Neuen Welt an Land gegangen war, begannen spanische und britische Forscher auf der Suche nach der sagenumwobenen Nordwestpassage die nördliche Pazifikküste zu erkunden. 1792 durchsegelte Kapitän George Vancouver als erster die Gewässer des Puget Sound und erklärte die ganze Region zu britischem Herrschaftsgebiet. Zur selben Zeit entdeckte der Amerikaner Robert Gray die Mündung des Columbia River. Und 1805 durchquerten die Forscher Lewis und Clark die Rocky Mountains, zogen am Columbia River entlang abwärts zum Pazifik und festigten den amerikanischen Anspruch auf die Region.

Die britische Hudson's Bay Company gründete 1824 in Washington Fort Vancouver als Hauptquartier für die Columbia-Region. Das ermöglichte Massen von Siedlern die Zuwanderung, hatte auf die Kultur und Lebensweise der Indianer allerdings einen zerstörerischen Effekt, der vor allem durch Alkohol und europäische Krankheiten bedingt wurde.

1843 stimmten die Siedler von Champoeg, das am Willamette River südlich von Portland liegt, für die Einrichtung einer provisorischen, von der Hudson's Bay Company unabhängigen Regierung. Das bedeutete den Anschluss an die Vereinigten Staaten, die das Gebiet 1846 formal per Vertrag von den Briten erwarben. Im Lauf des folgenden Jahrzehnts kamen rund 53 000 neue Siedler über den 3220 km langen Oregon Trail in den Nordwesten.

Die Eisenbahn ebnete der Region den Weg in die Zukunft. Bis 1914 waren Landwirtschaft und Holz die Säulen der regionalen Wirtschaft. Mit der Eröffnung des Panamakanals und dem Ausbruch des Ersten Weltkriegs wurde der Handel in den Pazifikhäfen dann sehr viel lebendiger. Werften entstanden am Puget Sound und der Flugzeugbauer Boeing richtete bei Seattle ein Werk ein.

Durch große Dammbauprojekte in den 1930er- und 1940er-Jahren konnte man billig Elektrizität erzeugen und Gebiete bewässern. Der Zweite Weltkrieg erhöhte erneut die Nachfrage nach Flugzeugen und Schiffen und die Landwirtschaft blühte weiter auf. Nach dem Krieg wuchs die Bevölkerung von Washington auf das Doppelte der Einwohnerzahl von Oregon an, besonders stark in der Gegend um den Puget Sound. Die Stromerzeugungs- und Bewässerungsanlagen entlang des Columbia River haben jedoch das Ökosystem des Flusses beinahe zerstört. Auch der Holzeinschlag hat seine Spuren hinterlassen, vor allem in Oregon. Das Umweltproblem wird im Nordwesten kontrovers diskutiert; Reizthemen sind die Abholzung alter Wälder und die Behinderung und Zerstörung der Lachszüge in Bächen und Flüssen.

In den 1980er- und 1990er-Jahren verschob sich mit dem Aufschwung der Hightech-Firmen, allen voran Microsoft in Seattle und Intel in Portland, der wirtschaftliche Schwerpunkt erneut. Zudem wurde in der Region, die im Kampf der USA gegen die globale Erwärmung führend ist, der Umweltschutz intensiviert.

EINHEIMISCHE KULTUR

Das stereotype Bild gibt den Bewohner des amerikanischen Nordwestens als locker gekleideten, Café Latte schlürfenden Städter wieder, der einen Hybridwagen fährt, aus dem unermüdlich Indie-Rock à la Nirvana dudelt. Aber wie bei den meisten kurzlebigen Verallgemeinerungen ist die Wirklichkeit viel komplexer.

Seattle und Portland, die zentralen Städte des Nordwestens, sind für ihre feine Kaffeekultur und die unzähligen Kneipen mit kleinen Hausbrauereien bekannt. Weiter im Osten im Landesinneren ist es trocken und weit weniger grün und das Leben viel traditioneller als in den Städten an der Küste. Im Südosten Washingtons finden in den Kleinstädten im Columbia River Valley und den Steppen wilde Rodeos statt, die Touristenzentren werben mit Cowboy-Kultur und ein Pott Kaffee ist einfach nur ein Pott Kaffee, der nichts mit dem neumodischen Chai Latte oder den eisigen Frappés aus Seattle zu tun hat.

Im Gegensatz zu Amerikas Ostküste ist das Leben im Westen sehr viel lockerer und weniger hektisch als in Städten wie New York oder Boston. Die Leute arbeiten hier, um zu leben – nicht umgekehrt. Nach einem verreg-

DIE NÖRDLICHEN STAATEN

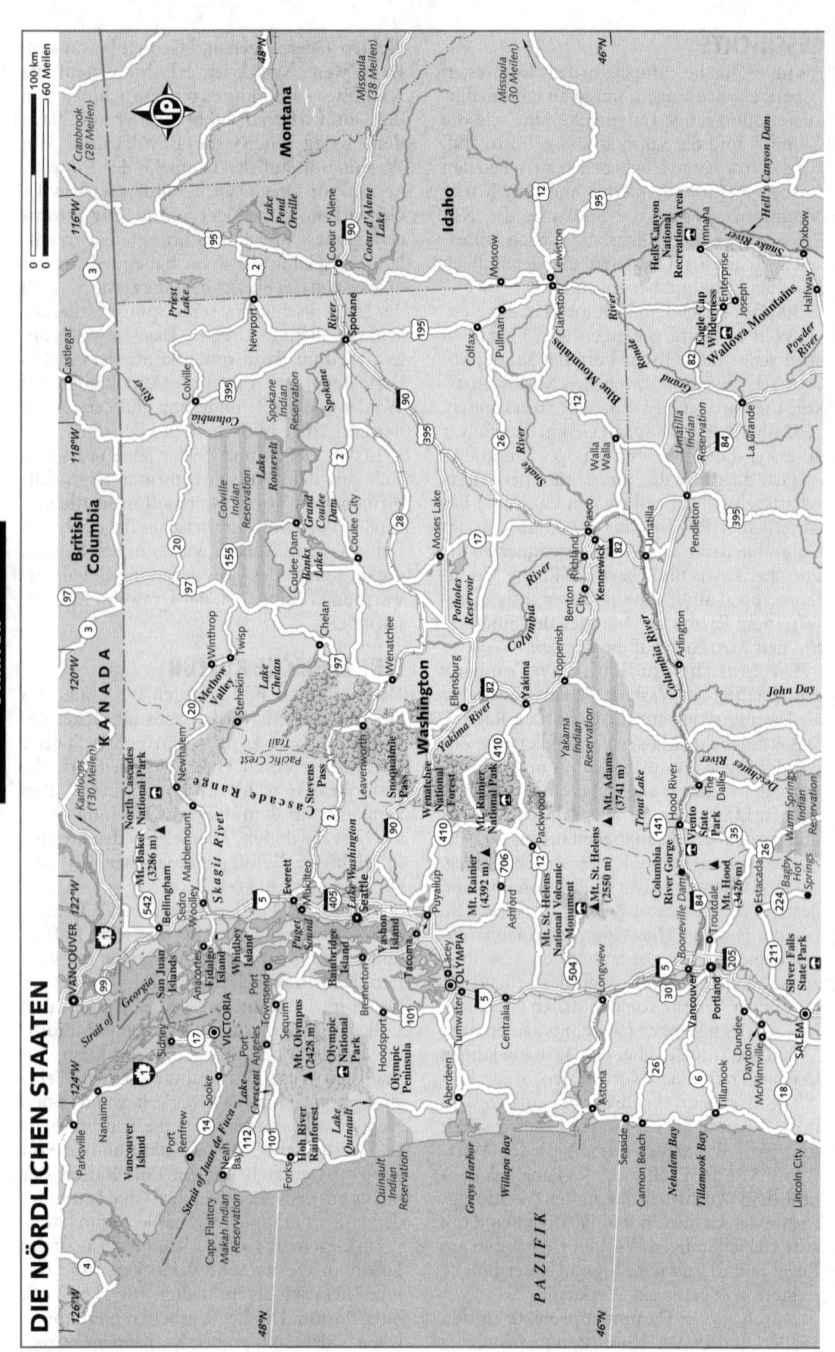

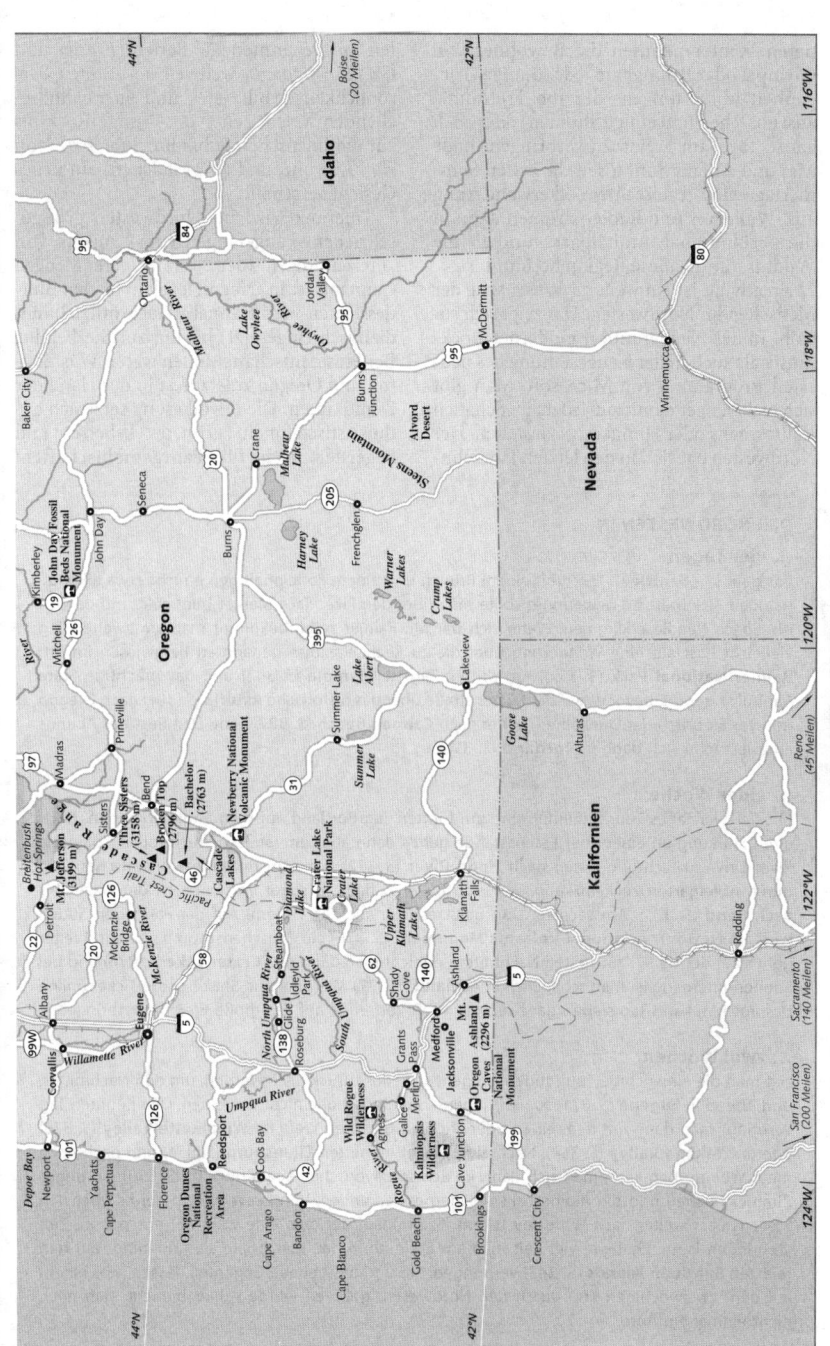

neten Winter nehmen die Bewohner von Olympia oder Bellingham jede sonnige Gelegenheit wahr, um aus der Job-Tretmühle auszubrechen und einige Stunden (oder auch ganze Tage) im Freien zu verbringen. Ende Mai und Anfang Juni lösen die ersten Sommertage eine regelrechte Völkerwanderung aus. Wanderer und Radler strömen dann in die berühmten Nationalparks und in die Wildnis, für die diese Region berühmt ist.

Kreativität ist ein weiterer Wesenszug der Menschen im Nordwesten. Das zeigt sich sowohl in der Neudefinition moderner Rockmusik als auch in der Neugestaltung des neuesten Programms von Microsoft. Man gibt sich nicht länger damit zufrieden, im Schatten Kaliforniens oder Hongkongs zu stehen. Der Nordwesten hat sich in den letzten Jahrzehn-

ten mit bekannten TV-Serien (*Frasier* und *Grey's Anatomy*), weltweit berühmten Persönlichkeiten (Bill Gates) und einer bahnbrechenden Musikszene von Grunge-Rock bis zur feministischen Subkultur *Riot grrrl* (von *riot*, Aufruhr, und *girl*, Mädchen) ein neues Gesicht verschafft.

Toleranz wird im Nordwesten großgeschrieben – angefangen vom Konsum von „Freizeitdrogen" (der Besitz kleinerer Mengen Cannabis ist in Oregon legal, in beiden Bundesstaaten wird Cannabis auch offiziell medizinisch eingesetzt) bis hin zur Sterbehilfe. Bei Präsidentschaftswahlen waren Washington und Oregon zuletzt fest in der Hand der Demokraten. Die Bevölkerung setzt sich enthusiastisch für ein „grüneres" Leben ein und begeistert sich für Fahrgemeinschaften,

DER NORDWESTEN IN ...

... vier Tagen

Los geht's in **Seattle** (S. 327) mit einem Brunch und einem koffeinhaltigen – nicht etwa alkoholhaltigen – Gebräu. So gewappnet sollte man über den Pike Place Market bummeln und danach die Space Needle erklimmen. Wenn sich der Mt. Rainier zeigt, bekommt man am zweiten Tag vielleicht Lust auf eine Wanderung über die zu Recht Paradise genannten Bergwiesen im **Mt. Rainier National Park** (S. 352). Am dritten Tag ist **Olympia** (S. 342) und das prächtige State Capitol angesagt, bevor es auf der Küstenstraße über das historische **Astoria** (S. 381) nach Oregon und vor Einbruch der Dunkelheit weiter nach **Cannon Beach** (S. 382) geht. Den Rest des Abends amüsiert man sich dann in **Portland** (S. 356).

... einer Woche

Mit der Vier-Tages-Tour beginnen und am fünften Tag Portland auf dem Radel erkunden. Nach einer Stärkung an einem der Essensstände geht's dann auf dem landschaftlich tollen Columbia River Drive in Richtung Osten nach **Hood River** (S. 372), wo man mit einem historischen Zug durch Apfelgärten zuckeln kann. Wer sich beeilt, schafft es sogar vor Einbruch der Nacht bis nach **Bend** (S. 375). Am sechsten Tag heißt es früh aus den Federn! Auf der Fahrt gen Süden wird am **Newberry National Volcanic Monument** (S. 376) ein Zwischenstopp eingelegt. Weiter geht's auf der US 97, am späten Nachmittag erreicht man dann den **Crater Lake** (S. 376) und bei Sonnenuntergang ist man schließlich in **Ashland** (S. 377). Wer sich sein Shakespeare-Ticket online besorgt hat, kann Tag sieben ganz relaxt und in Vorfreude auf das große Ereignis verbringen.

... zwei Wochen

Hat man die einwöchige Tour abgehakt, geht's wieder zurück nach Norden, um den Nachmittag und Abend in **Eugene** (S. 371) zu verbringen – Joggingschuhe nicht vergessen. Den neunten Tag verbringt man dann mit dem einen oder anderen Gläschen Wein im **Willamette Valley** (S. 370) oder im **Yakima Valley** (S. 354). Nach einer Nacht im netten **Ellensburg** (S. 354) und nach noch mehr Weinproben kann man sich dann im ach so bayerischen **Leavenworth** (S. 350) ein uriges Zimmer buchen und die Alpine Lakes Wilderness erkunden. Von Leavenworth geht's über den Stevens Pass weiter nach **Whidbey Island** (S. 346), auf der man eine wahrhaft entspannte Zeit verbringen kann. Egal wie viel Zeit man am Ende übrig hat, man sollte sie unbedingt auf den relaxten **San Juan Islands** (S. 347) verbringen. Sie sind das genaue Gegenteil dessen, was einem auf dem zweiwöchigen Trip durch den Nordwesten geboten wurde – hier braucht man noch nicht einmal ein Auto.

Recyclingprogramme, Bio-Restaurants und Walbeobachtungstouren in Biodiesel-Booten. Einer der ersten Öko-Vertreter war der einstige Bürgermeister von Seattle, Greg Nickels, der als führender Sprecher in Sachen Klimawandel auftrat. Und das saubere Portland rühmt sich damit, zu den umweltfreundlichsten Städten Amerikas zu gehören.

GEOGRAFIE & KLIMA

Der Nordwesten wird durch die Cascades (Kaskaden), die sich wie ein felsiges Rückgrat von Kanada bis nach Kalifornien erstrecken, sowohl landschaftlich als auch klimatisch in zwei Hälften unterteilt. Dank dieser markanten geografischen Grenze sind Vegetation und Landschaft extrem vielfältig.

Im Westen der Cascades sind die Niederschläge wahrhaft enorm (bis zu 5080 mm jährlich im Hoh River Rainforest). Daher auch die vielen Gletscher, die rekordverdächtigen Schneefälle und der üppige gemäßigte Regenwald mit einigen der ältesten und mächtigsten Bäume der Erde. Weiter im Osten ragen dann Berge wie der fast 4400 m hohe Mt. Rainier in den Himmel. Östlich der Bergkette geht's trocken weiter mit dürren Steppen und Halbwüsten (in Pasco im Südosten Washingtons fällt jährlich weniger als 15 mm Regen).

Auf dem trockenen Columbia River Plateau liegen in einer gewaltigen Ebene aus der Eiszeit die östlichen Landesteile Oregons und Washingtons, die von vielen ausgetrockneten Flussbetten, Canyons und Schluchten geprägt sind. Allerdings führt der spektakuläre Columbia River als viertgrößter Fluss das meiste Wasser in den USA und versorgt die ganze Region mit dem kühlen Nass. Seine überwältigende Schlucht ist der einzige natürliche Einschnitt in den Cascades südlich der kanadischen Grenze. Der Columbia River ist außerdem berühmt für seine vielen Staudämme, die mittels Wasserkraft Strom erzeugen. So wurde eine ehemals ausgedörrte Wüste in einen wahren Garten Eden verwandelt, in dem Wein und Gemüse wachsen und gedeihen. Jeder zweite Apfel, der in Amerika gegessen wird, kommt von hier!

PARKS, TIERE & PFLANZEN

In Oregon gibt's einen Nationalpark, den Crater Lake (s. S. 376), in Washington gibt's gleich drei: Olympic (s. S. 343), North Cascades (s. S. 349) und Mt. Rainier (s. S. 352). Karten und Pässe bekommt man bei den Rangern und bei **Nature of the Northwest** (www.naturenw.org). Oregon (s. S. 356) verwaltet 240 State Parks, Washington (s. S. 326) 215. Weitere Gebiete, die wegen ihrer herrlichen Landschaft einen Besuch lohnen, sind die Oregon Coast (s. S. 381), die Columbia River Gorge (s. S. 372) und der Hells Canyon (s. S. 380) an der Grenze zu Idaho. Und der Mt. St. Helens (s. S. 353) bietet dem Besucher einen einzigartigen Einblick in das wohl bekannteste National Volcanic Monument Amerikas.

In den Parks des Nordwestens sind unzählige Tiere anzutreffen, u. a. Schwarzbären, die seltenen Roosevelt Elks (im Olympic National Park), Maultierhirsche, Dickhornschafe, Kojoten, Waschbären und Gabelböcke. Im Meer tummeln sich Wale und Seelöwen und in den Lüften viele einheimische Vögel wie Fischreiher, Eisvögel, Seetaucher, Fischadler, Wiesenlerchen und Weißkopfseeadler.

PRAKTISCHE INFORMATIONEN

In Oregon und im Westen Washingtons haben die Telefonnummern für Ortsgespräche zehn Ziffern. Um in den Washingtoner Gebieten mit den Vorwahlen ☎ 206, ☎ 253, ☎ 425, ☎ 360 und ☎ 564 sowie in ganz Oregon ein Ortsgespräch zu führen, muss zuerst die Vorwahl (ohne die vorstehende 1) gewählt werden.

ANREISE & UNTERWEGS VOR ORT

Der Seattle-Tacoma International Airport (s. S. 340), kurz auch „Sea-Tac" genannt, ist der wichtigste internationale Flughafen der Region. Von hier aus starten täglich Flieger nach Europa, Asien und zu vielen Zielen in den USA und Kanada. Flüge vom Portland International Airport (PDX, s. S. 369) gehen in viele amerikanische und kanadische Städte sowie nonstop nach Frankfurt und Guadalajara in Mexiko.

Auf dem Puget Sound und hinüber nach Vancouver Island in British Columbia (Kanada) gibt's Passagier- und Autofähren. Mit **Washington State Ferries** (WSF; ☎ 206-464-6400, in Washington 888-808-7977; www.wsdot.wa.gov/ferries) kommt man von Seattle nach Bainbridge Island und Vashon Island, außerdem gibt's Verbindungen von Whidbey Island nach Port Townsend auf der Olympic Peninsula und von Anacortes über die San Juan Islands nach Sidney in British Columbia. Fähren nach Victoria starten von Port Angeles (s. S. 345) aus. Alaska-Ma-

DIE NÖRDLICHEN STAATEN

rine-Highway-Fähren fahren ab Bellingham, Washington, nach Alaska.

Greyhound (s. S. 338) fährt die Orte an der I-5 zwischen Bellingham im Norden Washingtons und Medford im Süden Oregons an und bietet Anschlussverbindungen in den Rest der USA und nach Kanada. Auf den Ost-West-Routen werden Spokane, Yakima, die Tri-Cities (Kennewick, Pasco und Richland), Walla Walla und Pullman in Washington sowie Pendleton, Bend, Hood River und Newport in Oregon angefahren, natürlich mit zahlreichen Zwischenstopps.

Am bequemsten lässt sich der Nordwesten mit dem eigenen Fahrzeug erkunden. Niederlassungen der großen Autovermietungen gibt's überall in der Region. Die I-5 ist die wichtigste Nord-Süd-Trasse. In Washington verläuft die I-90 von Seattle aus gen Osten nach Spokane und weiter bis nach Idaho. In Oregon führt die I-84 von Portland entlang der Columbia River Gorge über Pendleton bis nach Boise in Idaho.

Amtrak (s. S. 423) bietet ausgezeichnete Verbindungen gen Norden (Vancouver, Kanada) und Süden (Kalifornien). Damit haben Seattle, Portland und andere größere Städte Anschluss an die Züge *Cascades* und *Coast Starlight*. Der berühmte *Empire Builder* fährt von Seattle bzw. Portland nach Chicago (die Linien treffen sich in Spokane, Washington).

WASHINGTON

Die Cascade Mountains (kurz auch Cascades genannt) ziehen sich wie ein Rückgrat durch Washington und teilen den Staat der Gegensätze in zwei Welten. Die Küste im Westen mit Seattle als Zentrum ist feucht, urban, liberal und berühmt für ihre üppigen immergrünen Wälder. Die sich zwischen den weniger bekannten Städten Spokane und Yakima im Osten erstreckenden Ebenen hingegen sind trocken, ländlich, konservativ und mit endlosen Steppen übersät.

Der Westen hat sicher die tolleren Sehenswürdigkeiten zu bieten als der abgelegenere, etwas unterschätzte Osten, der nur selten angepriesen wird. Doch auch dort warten auf Besucher viele Überraschungen.

Geschichte

Als erste amerikanische Siedlung in Washington wurde 1845 am Südende des Puget Sound

Tumwater gegründet. Seattle und Port Townsend entstanden 1851 und entwickelten sich schnell zu Zentren der Holzwirtschaft. Das Holz wurde sehr gewinnbringend nach San Francisco verschifft, wo sich der kalifornische Goldrausch gerade so richtig austobte.

1853 löste sich Washington vom Oregon-Territorium ab. Der Kongress schränkte die Jagd- und Fischrechte der Indianer ein und gab den Ostteil des Staates zur Besiedlung frei. Der Anschluss ans Schienennetz gegen Ende des 19. Jhs. bedeutete auch, dass sich die Märkte bereitwillig für Erzeugnisse aus dem Nordwesten öffneten, und ließ jede Menge Siedler in das Gebiet strömen.

1889 wurde Washington als 42. Bundesstaat in die Union aufgenommen. Seattles Blütezeit begann 1897, als es der wichtigste Hafen auf dem Weg zu den Goldfeldern von Alaska und im Yukon-Territorium wurde. Der Bau der Staudämme Bonneville (1937) und Grand Coulee (1947) beschleunigte die industrielle und landwirtschaftliche Entwicklung der Region, da nun günstig Strom und Wasser zur Bewässerung der Felder gewonnen werden konnte.

Die rasche Verstädterung der Gegend um den Puget Sound nach dem Zweiten Weltkrieg schuf ein riesiges städtisches Ballungsgebiet mit ständig verstopften Autobahnen. Der Blick auf die Küste ist an vielen Stellen einfach nur verschandelt. In Seattle ist die Holzindustrie der Computertechnologie gewichen. Mit ihr boomten auch die vielen Dotcom-Firmen, die zwar zwischenzeitlich etwas zu kämpfen hatten, sich aber dennoch wacker halten. Weltgiganten made in Washington, allen voran Starbucks und Microsoft, sind fester Bestandteil des Bundesstaates. Dessen Politiker wollen aus ihm einen „grünen" Vorreiter machen. Der populäre Ex-Bürgermeister von Seattle, Greg Nickels, war entscheidend daran beteiligt, dass sich inzwischen über 400 amerikanische Städte bemühen, die CO_2-Emissionen gemäß dem Kioto-Protokoll zu senken. Und der Dominoeffekt bleibt natürlich nicht aus.

Praktische Informationen
Verkehrsinformationen für Washington
(☎ Seattle 206-368-4499, in anderen Teilen des Bundesstaates 800-695-7623)
Washington State Parks & Recreation Commission (☎ 360-902-8844, 800-233-0321; www.parks. wa.gov; PO Box 42650, Olympia, WA 98504) Bei 50 von 90

KURZINFOS WASHINGTON

Spitzname Evergreen State
Bevölkerung 6,5 Mio.
Fläche 184 775 km²
Hauptstadt Olympia (44 645 Ew.)
Weitere Städte Seattle (582 454 Ew.), Spokane (198 081 Ew.), Yakima (82 805 Ew.), Bellingham (75 150 Ew.), Walla Walla (30 945 Ew.), Ellensburg (15 414 Ew.)
Verkaufssteuer 6,5 %
Geburtsort von dem Sänger und Schauspieler Bing Crosby (1903–1977), dem Gitarristen Jimi Hendrix (1942–1970), dem Computerfreak Bill Gates (geb. 1955), dem Quarterback der Denver Broncos, John Elway (geb. 1960), dem Saxophonisten Kenny G (geb. 1956) und dem Grunge-Idol Kurt Cobain (1967–1994)
Heimat des Mt. St. Helens, von Microsoft, Starbucks, der Kaufhauskette Nordstrom und dem Evergreen State College
Berühmt für Grunge, Kaffee, *Grey's Anatomy*, *Twin Peaks*, Vulkane, Äpfel, Wein, Regen und Schnee
Staatsgemüse Die Süßzwiebeln aus Walla Walla
Entfernungen Seattle–Portland 174 Meilen (280 km), Spokane–Port Angeles 365 Meilen (587 km)

öffentlichen Zeltplätzen in Washington kann bis zu neun Monaten im Voraus reserviert werden. Onlinebuchungen kosten 6,50 US$. Plätze liegen bei 19–26 US$.
Washington State Tourism Office (☎ 360-725-5052; www.tourism.wa.gov; ☼ 7–19 Uhr) Hilfreiche Website; „Reiseberater" stehen telefonisch mit Rat und Tat zur Seite.

SEATTLE

Seattle, das wie ein modernes Rom auf sieben Hügeln erbaut wurde, ist eine Unternehmerstadt am Pazifik, in der bahnbrechende Innovationen auf der Tagesordnung stehen, die früher oder später alle internationale Anerkennung finden. Man denke nur an die anarchistische Grunge-Musik und die coolen Café-Bars, an millionenschwere Computerfreaks und Boeing. Seattle ruht sich aber nicht auf den Lorbeeren der schnell wachsenden Wirtschaft im Nordwesten Amerikas aus. In einer kaum 160 Jahre alten Stadt ist das, was im letzten Monat oder gar im letzten Jahr passiert ist, schnell Geschichte. Seit den nihilistischen 1990er-Jahren ist die Metropole am Fuß der Cascade Mountains aus den Kinderschuhen herausgewachsen und hat sich gemausert. Belltown, die einstige spirituelle Heimat der Grunge-Musik, ist jetzt das Herz der Wein trinkenden Wohnungseigentümer, der Weltkonzern Starbucks muss sich der Konkurrenz kleiner Indie-Röstereien stellen und der noch immer legendären Verkehrsstaus auf der I-5 wird durch konzertierte Umweltaktionen des engagierten Ex-Bürgermeisters, Greg Nickels, Paroli geboten. Und die Moral von der Geschichte? Seattle ist

immer in Bewegung. Was das extreme Auf und Ab der Wirtschaft angeht, steht die Stadt jedenfalls schon seit den 1890er-Jahren ganz weit vorn. Denn schon der damalige Klondike-Goldrausch des 19. Jhs. ist gleichzusetzen mit dem Dotcom-Boom unserer Tage.

Geschichte

Seattle wurde nach Chief Sealth benannt, dem Häuptling des Duwamish-Stammes, der das Gebiet um den Lake Washington bewohnte, als David Denny 1851 die erste Gruppe weißer Siedler hierher führte. 1893 kam dann die Eisenbahn und verband Seattle mit dem Rest des Landes. Ein Jahrzehnt lang machten hier die Goldsucher Station, um sich auf dem Weg zu den Goldschürfergebieten im Yukon Territory mit Vorräten einzudecken.

Der Aufschwung hielt auch während des Zweiten Weltkriegs an: Die Nachfrage nach Holz aus dem Nordwesten war groß und das Gebiet um den Puget Sound entwickelte sich zu einem florierenden Zentrum für den Schiffsbau. Das 1916 von William Boeing gegründete Flugzeugunternehmen wurde bald zum größten Arbeitgeber Seattles und lockte während des Zweiten Weltkriegs Zehntausende Zuzügler an.

Im November 1999 machte die Stadt von sich reden, als es anlässlich des Gipfels der Welthandelsorganisation zu einem heftigen Zusammenstoß zwischen Demonstranten und Polizei kam. Zwei der erfolgreichsten Unternehmen der Stadt, Starbucks und Microsoft, werden gleichermaßen geliebt und gehasst. Und auch wenn Boeing inzwischen

DIE NÖRDLICHEN STAATEN

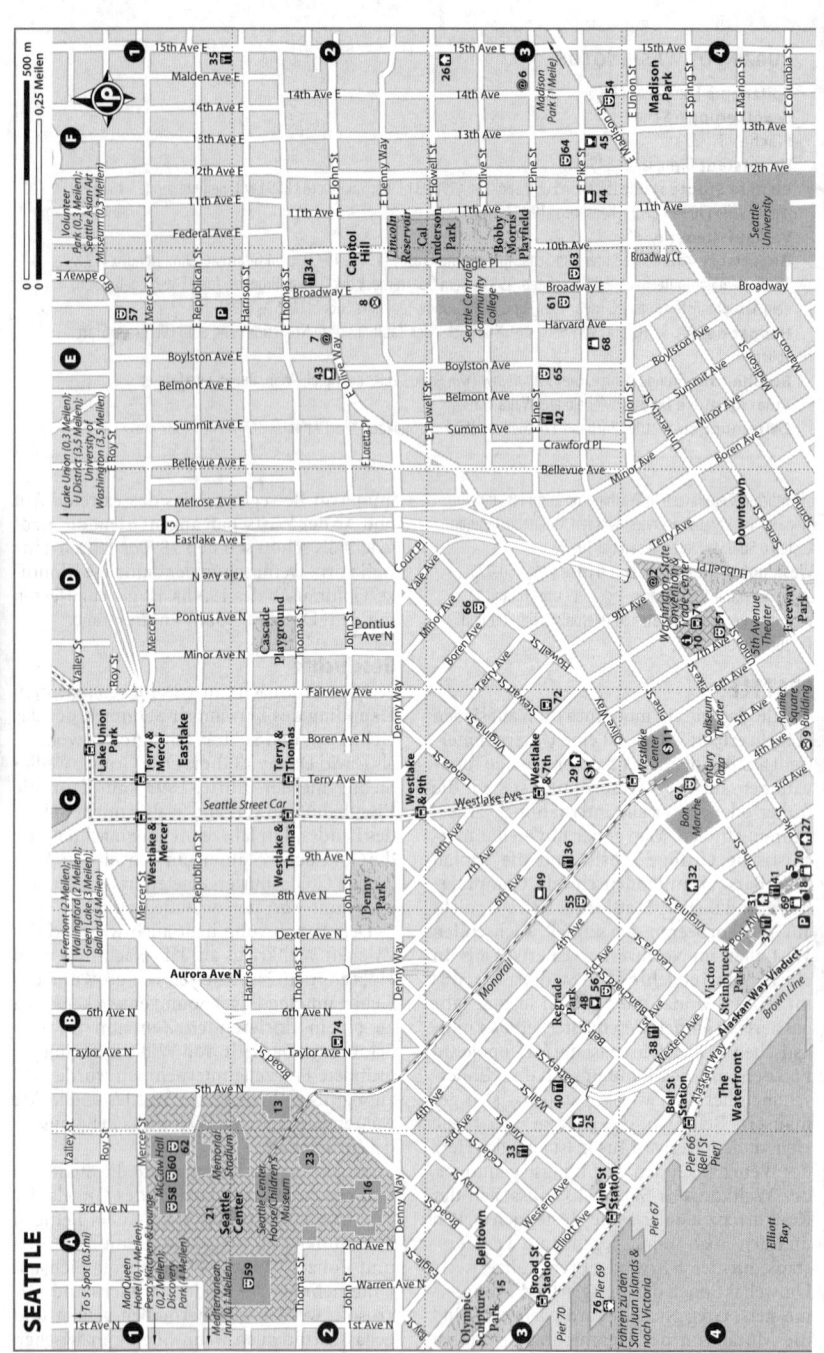

SEATTLE

DIE NÖRDLICHEN STAATEN

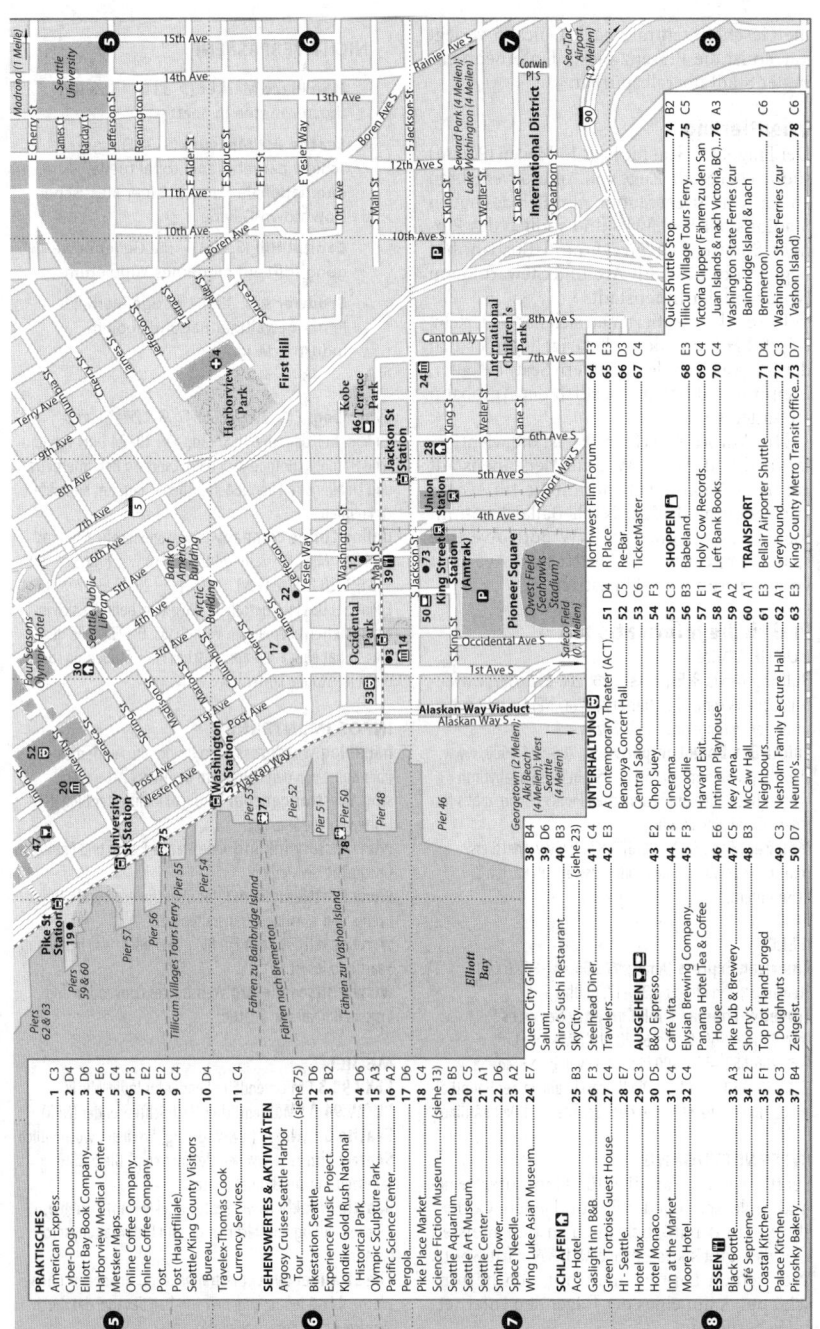

die Geschäftszentrale nach Chicago verlegt hat, so ist die Präsenz dieses Unternehmens in der Stadt überall spürbar.

Orientierung

Der Flughafen Sea-Tac liegt 13 Meilen (21 km) südlich der Stadt. Züge von Amtrak verkehren ab der King Street Station nördlich des neuen Stadions der Seahawks und südlich des Pioneer Square. Der Greyhound-Busbahnhof liegt an der Ecke 8th Ave und Stewart St am Nordrand der Innenstadt.

In Seattle orientiert man sich nach Vierteln: Capitol Hill und der U District liegen östlich der I-5, während der Stadtkern Seattle Center, Fremont und Ballard westlich der Autobahn zu finden sind.

Die Aurora Ave (Hwy 99) ist die wichtigste Nord-Süd-Achse. Wer von der Innenstadt aus nach Fremont will, nimmt die 4th Ave bis zur Fremont Bridge. Nach Ballard kommt man von dort über die NW 36th Ave (die später zur Leary wird). Die Eastlake Ave führt vom Zentrum zum U District.

Praktische Informationen

BUCHLÄDEN

Bulldog News & Espresso (☎ 206-632-6397; www.bulldognews.com, 4208 University Way NE) Ein sehr gut sortierter Zeitungskiosk im U-Bezirk.

Elliott Bay Book Company (☎ 206-624-6600; www.elliottbaybook.com ,101 S Main St) In diesem labyrinthartigen Buchladen am historischen Pioneer Sqare gibt's fast jeden Abend eine Lesung.

Metsker Maps (☎ 206-623-8747; www.metskers.com, 1511 1st Ave.) Eine große Auswahl an Karten & Reiseführern.

GELD

American Express (Amex; ☎ 206-441-8622; 600 Stewart St; ⊗ Mo–Fr 8.30–17.30 Uhr)

Travelex-Thomas Cook Currency Services Flughafen (☎ 206-248-6960; ⊗ 6–20 Uhr); Westlake Center (☎ 206-682-4525; 400 Pine St, Level 3; ⊗ Mo–Sa 9.30–18, So 11–17 Uhr) Die Wechselstube in der Haupthalle des Flughafens ist hinter dem Schalter von Delta Airlines.

INTERNETZUGANG

Seattle ist das Paradies für Computerfreaks und praktisch in jeder Bar und jedem Coffeeshop – und natürlich auch in den meisten Hotels – gibt's kostenlose WLAN-Hot-Spots. Wer seinen Laptop nicht mit sich herumschleppt, kann eines der folgenden Internetcafés besuchen:

Cyber-Dogs (☎ 206-405-3647; 909 Pike St; erste 20 Min. frei, danach 6 US$/ Std.; ⊗ 10–24 Uhr) Vegetarische Hotdogs (Hotdog 2–5 US$), Espresso Bar, Internetcafé und Lieblingstreff von Jugendlichen – gut, um Kontakte zu knüpfen.

Online Coffee Company (www.onlinecoffeeco.com; 0,14 US$/Min.; ⊗ 7.30–24 Uhr); Olive Way (☎ 206-328-3731; 1720 E Olive Way); Pine St (☎ 206-323-7798; 1404 E Pine St) Das Internetcafé in Olive Way befindet sich in einem netten ehemaligen Wohnhaus. Die Filiale in der Pine St hat eher ein pragmatisches Flair. Studenten surfen die erste Stunde kostenlos.

INFOS IM INTERNET

hankblog.wordpress.com Insiderinfos und -meinungen über Kunst von den Betreibern der Henry Art Gallery.

slog.thestranger.com Häufig aktualisierter Blog der Leute von The Stranger.

www.historylink.org Jede Menge Essays und Fotos zur Geschichte der Region.

www.seattlediy.com Infos über Underground-, House-Events und sonstige Veranstaltungen.

www.seattlest.com Ein Blog über alles, was in und um Seattle so los ist.

www.visitseattle.org Website des Convention and Visitors Bureau von Seattle.

MEDIEN

KEXP 90.3 FM Legendärer Sender für Indie-Musik.

KUOW 94.9 FM Öffentlicher Nachrichtensender (NPR).

Seattle Gay News (www.sgn.org) Erscheint wöchentlich.

Seattle Times (www.seattletimes.com) Die größte Tageszeitung des Bundesstaates.

Seattle Weekly (www.seattleweekly.com) Kostenlose Wochenzeitung mit Nachrichten und Unterhaltungsprogramm.

The Stranger (www.thestranger.com) Gnadenlos offenes Wochenblatt, herausgegeben von Dan Savage, der durch „Savage Love" bekannt wurde.

MEDIZINISCHE VERSORGUNG & NOTFALL

45th St Community Clinic (☎ 206-633-3350; 1629 N 45th St, Wallingford) Ärztliche und zahnärztliche Versorgung.

Harborview Medical Center (☎ 206-731-3000; 325 9th Ave) Medizinische Rundumversorgung inklusive Notaufnahme.

Polizei (☎ 206-625-5011)

Washington State Patrol (☎ 425-649-4370)

POST

Post Broadway Station (☎ 206-324-5474; 101 Broadway E); Hauptpost (☎ 206-748-5417; 301 Union St); University Station (☎ 206-675-8114; 4244 NE University Way, U District)

TOURISTENINFORMATION

Seattle/King County Visitors Bureau (☎ 206-461-5840; www.seeseattle.org; Ecke 7th Ave & Pike St; Mo–Fr 9–17 Uhr) Im Washington State Convention and Trade Center; betreibt auch den nützlichen Citywide Concierge Service.

Sehenswertes

Die meisten Sehenswürdigkeiten Seattles konzentrieren sich in der kompakten Innenstadt. Das historische Zentrum, der Pioneer Sq, umfasst das Gebiet zwischen Cherry und S King St, entlang der 1st bis zur 3rd Ave. Die Hauptshoppingmeile verläuft zwischen der 4th und 5th Ave vom Olive Way bis hinunter zur University St. Nordwestlich der Innenstadt findet sich das Seattle Center mit vielen Kultur- und Sporteinrichtungen, der Space Needle und dem Experience Music Project. Der verkehrsreiche Alaskan Way verläuft zwischen dem Pike Place Market und der Waterfront, Seattles Touristenmekka.

DOWNTOWN

Neben der Space Needle ist auch der **Pike Place Market** (www.pikeplacemarket.org) ein Wahrzeichen Seattles, auch wenn er irgendwie nicht in eine Stadt passt, in der die Filialen der größten Café-Kette (Starbucks) allgegenwärtig sind. Dieser wuselige, alternative Markt mit unzähligen kleinen Läden präsentiert sich wie ein urbanes Theater. Berühmt ist er für sein absolut frisches und farbenprächtig präsentiertes Obst und Gemüse und seine witzigen Verkäufer mit Showqualität, vor allem die geschwätzigen, mit ihren Fischen herumwirbelnden Fischhändler. Und dann gibt's auch noch die Anarcho-Shops wie Left Bank Books (S. 340) und Holy Cow Records (S. 340), die Straßenmusikanten, Gaukler, Wahrsager, Touristen und Sonderlinge, angefangen bei dem Stand-up-Pianisten in dem großen Hut bis hin zu dem Typ, der unter einer Neonreklame für Kaffee steht und ein Plakat mit der Aufschrift „Free Hugs" (freie Umarmung) in der Hand hält. Alles in allem ein sagenhaftes Spektakel.

Das 2007 umfassend renovierte und erweiterte **Seattle Art Museum** (☎ 206-654-3100; www.seattleartmuseum.org; 1300 1st Ave; Erw./Kind/Student/Senior 13/frei/7/10 US$, am 1. Do des Monats Eintritt frei; Di–So 10–17, Do & 10–21 Uhr) hat vor Kurzem noch eine Fläche von fast 11 000 m² dazubekommen. Einige Kritiker behaupten, der neue Bereich sei etwas zu steril ausgefallen. Und dennoch lässt sich kaum die freudige Erregung verbergen, wenn man diesen Trakt betritt. Über dem Ticketschalter hängt Cai Guo-Qiangs *Inopportune: Stage One,* eine Serie weißer Autos mit blinkenden Lichtröhren, die das Explodieren der Fahrzeuge darstellen. Zwischen den

EIN HEISSES EISEN: SEATTLES VERKEHRSCHAOS

In Seattle, dieser von enormen Verkehrsstaus heimgesuchten Stadt, wird regelmäßig aufs Heftigste über die Verkehrspolitik diskutiert. Das Projekt „Alaskan Way Viaduct and Seawall Replacement" sieht vor, Seattles hässliche Uferhochstraße aus den 1960er-Jahren durch einen weniger unansehnlichen und vor allem erdbebensichereren Tunnel zu ersetzen. Doch das 4,2 Mrd. US$ teure Vorhaben, das Greg Nickels, der bis Januar 2010 Seattles Bürgermeister war, begeistert befürwortete, hat auch viele Gegner. Während viele Bewohner höhere Steuern befürchten, bezweifeln die Mitglieder des Seattler Sierra Club, dass der Tunnel die Menschen dazu bewegen wird, ihre Autos stehen zu lassen und so zur Senkung der Treibhausgasemissionen ihren Beitrag zu leisten. Dieses Thema spielte auch bei den Bürgermeisterwahlen im August 2009 eine zentrale Rolle und trug letztlich zur Niederlage des einst beliebten grünen Bürgermeisters Nickels bei, dem so eine dritte Amtszeit verwehrt wurde. Was nun aber den Tunnel angeht, so ist das letzte Wort noch nicht gesprochen.

DIE NÖRDLICHEN STAATEN

beiden Museumseingängen – einer im alten und einer im neuen Gebäude – befindet sich die „Kunstleiter", ein öffentlicher Raum mit Installationen, die die Stufen einer breiten Treppe zieren. Auch die Ausstellungsräume selbst erscheinen jetzt in neuem Glanz. Die Sammlung John H. Hauberg beherbergt eine ausgezeichnete Kollektion von Masken, Kanus, Totempfählen und anderen Gegenständen der Ureinwohner von der Pazifikküste Nordamerikas.

Nordwestlich vom Pike Place Market liegt **Belltown**, die ehemalige Oase des Grunge, die sich heute aber alles andere als schäbig präsentiert. Hier schlürft man Seite an Seite mit wohlhabenden Wohnungseigentümern seinen Caffè Latte oder schlendert gemütlich rüber zum neuen, experimentellen **Olympic Sculpture Park** (☎ 206-654-3100; 2901 Western Ave; Eintritt frei; ☺ Sonnenaufgang–Sonnenuntergang), einer Außenstelle des Seattle Art Museums an der Elliott Bay.

PIONEER SQUARE

Der Pioneer Square säumen Häuser im sogenannten Richardsonian-Romanesque-Stil – die wuchtigen roten Backsteingebäude sollten der Stadt nach dem verheerenden Brand von 1889, dem 25 Blocks, darunter auch das ganze Geschäftszentrum, zum Opfer fielen, ein neues Gesicht verleihen. Hier befindet man sich im ältesten Teil Seattles. In den Boomzeiten der Anfangsjahre wurde die Hauptstraße, der Yesler Way, zur *skid row* – eine Anspielung auf ihre Funktion als Rutschbahn, über die die Holzstämme aus dem Lager oberhalb der Stadt zu Henry Yeslers Sägewerk unten am Pier befördert wurden. Als es mit der Holzindustrie bergab ging, wurde die Straße zur Heimat der Obdachlosen und ihr Name schließlich zum amerikanischen Synonym für die Armenviertel in den Städten.

Das Gebäude am Pioneer Square, das die meiste Beachtung verdient, ist der 1914 errichtete **Smith Tower**, der mit seinen 42 Stockwerken bis 1931 das höchste Gebäude westlich des Mississippi war. Es ist den vereinten Kräften der Öffentlichkeit zu verdanken, dass dieses Viertel in den 1960er-Jahren nicht der Abrissbirne zum Opfer fiel und heute als Pioneer Square-Skid Rd Historic District unter Denkmalschutz steht.

Heute vermischt sich in diesem Bezirk Historisches mit Heruntergekommenem, es gibt zahlreiche Kunstgalerien, Cafés und ein reges Nachtleben. Zu den Highlights zählen die 1909 errichtete **Pergola**, ein schmucker Eisenunterstand, der an den Eingang einer Pariser Metrostation erinnert, der **Occidental Park** mit seinen Totempfählen, die der Künstler Duane Pasco, ein Angehöriger des Chinookan-Volksstamms, geschnitzt hat, und der Central Saloon (S. 339), eine Bar, die seit 1892 betrieben wird.

Der **Klondike Gold Rush National Historical Park** (☎ 206-553-7220; www.nps.gov/klse; 117 S Main St; Eintritt frei; ☺ 9–17 Uhr) ist ein verblüffend gutes Museum, in dem Gerätschaften, Fotos und Zeitungsausschnitte zu sehen sind. Man erfährt so ziemlich alles über das Leben im boomenden Seattle und den Klondike-Goldrausch im Jahr 1897, der viele Glücksritter veranlasste, sich auf den Weg nach Kanada ins Yukon Territory zu machen.

INTERNATIONAL DISTRICT

Östlich des Pioneer Sqare (am besten die S Jackson St nehmen) sind die Straßen von Asia-Läden und Restaurants gesäumt. Das **Wing Luke Asian Museum** (☎ 206-623-5124; www.wingluke.org, 407 7th Ave S; Erw./Kind/Student 4/2/3 US$; ☺ Di–Fr 11–16.30, Sa & So 12–16 Uhr) dokumentiert nicht nur Seattles Reichtum an asiatischer Kultur, sondern auch das oft angespannte Verhältnis zwischen Ost und West. Gezeigt werden Kunstwerke, Sonderausstellungen, historische Fotografien, eine Nachbildung eines japanisch-amerikanischen Internierungslagers, das während des Zweiten Weltkriegs eingerichtet wurde, und aufgezeichneten Interviews mit Lagerinsassen.

SEATTLE CENTER

Die Überbleibsel der futuristischen Weltausstellung, die 1962 in Seattle stattfand und den Spitznamen Century 21 Exposition hatte, sind auch fast 50 Jahre später noch immer im **Seattle Center** (☎ 206-684-8582; www.seattlecenter.com; 400 Broad St) zu bewundern. Die Ausstellung war ein voller Erfolg, wurde von 10 Mio. Menschen besucht und machte einen Gewinn (was zu damaliger Zeit eher selten war). Außerdem inspirierte sie zu dem unter die Haut gehenden, kitschigen Elvis-Film *Ob blond, ob braun ...* (1963).

Unübersehbar ragt aus der Skyline die **Space Needle** (☎ 206-905-2100; www.spaceneedle.com; Erw./Kind/Senior 16/8/14 US$; ☺ 9–24 Uhr) hervor, ein 184 m hoher Aussichtsturm mit einem sich drehenden Restaurant. Die **Monorail** (☎ 206-905-2600; www.seattlemonorail.com; Erw./Kind/Senior 4/1,50/2 US$; ☺ 9–23 Uhr) fährt alle zehn Minuten vom Westlake Center in der Innenstadt zum Experience Music Project; auf das 2,5 km lange Experiment zum Thema öffentliche Nahverkehrsmittel schielen nach wie vor mehrere amerikanische Städte.

Das **Experience Music Project** (EMP; ☎ 206-367-5483; www.emplive.com; 325 5th Ave N; Erw./Kind/Student & Senior 19,95/14,95/15,95 US$; ☺ Mai–Sept. So–Do 9–18, Fr & Sa 9–21 Uhr, Nov.–April So–Do 10–17, Fr & Sa 10–21 Uhr) des Microsoft-Mitbegründers Paul Allen ist allein schon wegen seiner Architektur sehenswert. Ob sich jedoch der Eintrittspreis lohnt, hängt davon ab, wie alt und wie musikbesessen man ist. Das von Frank Gehry entworfene Gebäude beherbergt 80 000 Exponate, die mit Musik zu tun haben, u. a. handgeschriebene Nirvana-Songtexte von Kurt Cobain und eine von Jimi Hendrix zertrümmerte Fender Stratocaster. Dem EMP angeschlossen ist das **Science Fiction Museum** (☎ 206-724-3428; www.sfhomeworld.org; 325 5th Ave N; Erw./Kind 15/12 US$; ☺ Mai–Sept. 10–20 Uhr, Nov.–April Mi–Mo 10–17 Uhr), ein sonderbares Paradies mit Kostümen, Requisiten und Modellen aus Sci-Fi-Filmen und TV-Serien. Am ersten Donnerstag eines jeden Monats ist der Eintritt zwischen 17 und 20 Uhr frei.

CAPITOL HILL

Seattles Gegenbewegung manifestiert sich in dem schicken, unkonventionellen, liberalen Capitol Hill, einem Viertel, das zu Recht berühmt ist für seine außergewöhnliche Theater- und Musikszene, für Indie-Cafés und eine lebendige Schwulen- und Lesbenszene. Hier kann man seinem Hund ein Kräuterbad spendieren und auf dem Broadway folkloristische Kunsthandwerksgegenstände kaufen, man kann sich im bunten Pike-Pine Corridor unter junge Punks und alte Hippies mischen. Die Kreuzung Broadway und E John St ist das Zentrum der Aktivitäten mit verschiedenen Restaurants, Brauereikneipen, Boutiquen und anrüchigen, aber nicht schmutzigen Bars. Weiter nördlich erstreckt sich der prächtige **Volunteer Park**, in dem sich auch das **Seattle Asian Art Museum** (☎ 206-654-3100; www.seattleartmuseum.org; 1400 E Prospect St; Erw./Kind/Student & Senior 5 US$/frei/3 US$, 1. Do & Sa im Monat frei; ☺ Di–So 10–17, Do 10–21 Uhr; Ⓟ) befindet. Es beherbergt eine große Kunstsammlung von Dr. Richard Fuller, der diese schlichte, moderne Galerie 1932 der Stadt schenkte. Auch das viktorianische, gläserne **Conservatory** (Eintritt frei) mit unzähligen Palmen, Kakteen und tropischen Pflanzen ist im Volunteer Park zu Hause.

FREMONT

Das politisch links angesiedelte Fremont etwa 3 km nördlich von Seattle Center ist für seinen Bauernmarkt und seine exzentrischen Skulpturen bekannt, darunter eine Rakete, die aus einem Gebäude herausragt, und eine Lenin-Statue, die aus der Slowakei stammt. Zum **Fremont Sunday Market** (☎ 206-781-6776; www.fremontmarket.com/fremont; Stone Way & N 34th St; ☺ Mai–Sept. So 10–17 Uhr, Nov.–April So 10–16 Uhr) reist die halbe Stadt an und erfreut sich an dem frischen Obst und Gemüse, an Kunst- und Kunsthandwerksgegenständen und allerlei Krimskrams, den ein bunt gemischtes Händlervolk loswerden will.

Ein weiteres Kunstwerk der Stadt heißt **Waiting for the Interurban** (Ecke N 34th St & Fremont Ave N). Das Aluminium-Standbild stellt Leute dar, die auf einen Zug warten. Der aber wird niemals kommen: Der in den 1930er-Jahren stillgelegte Interurban zwischen Seattle und Everett nahm seinen Betrieb zwar 2001 wieder auf, kommt hier aber nicht mehr vorbei. Besonders interessant ist das menschliche Antlitz des Hundes. Dieser bekam nämlich die Gesichtszüge des damaligen Ehrenbürgermeisters von Fremont, Armen Stepanian, der den Fehler beging, gegen diese Skulptur zu sein.

U DISTRICT

Der 2,8 km² große Campus der **University of Washington** (www.wash ington.edu) liegt am Rand des Lake Union mitten in einem Geschäftsviertel, knapp 5 km nordöstlich des Zentrums.

WAS ZUM …?

Der **Fremont Troll** treibt sein Unwesen unter dem Nordende der Aurora Bridge an der N 36th St. Seine Erschaffer, die Künstler Steve Badanes, Will Martin, Donna Walter und Ross Whitehead, haben mit ihm 1990 einen vom Fremont Arts Council gesponserten Wettbewerb gewonnen. Die 5,5 m hohe Zementfigur, die sich einen VW-Käfer einverleiben will, ist abends ein beliebter Bier-Treff.

Die wichtigsten Straßen sind der University Way, oft auch kurz nur „Ave" genannt, und die NE 45th St. Beide sind von Coffeeshops, Restaurants, Bars, Kinos und Buchläden gesäumt. Herz des Campus ist der **Central Plaza**, der wegen seines Bodens aus Ziegelsteinen auch Red Sq heißt. Infos und einen Plan des Campus gibt's im **Visitor Center** (☎ 206-543-9198; 4014 University Way; Mo–Fr 8–17 Uhr).

In der Nähe der Kreuzung der NE 45th St und der 16th Ave wartet das **Burke Museum** (☎ 206-543-5590; Erw./Student/Senior 8/5/6,50 US$, am 1. Do des Monats Eintritt frei; 10–17 Uhr, am 1. Do des Monats 10–20 Uhr) mit einer ausgezeichneten Sammlung von Kunstgegenständen der amerikanischen Ureinwohner von der Nordwestküste auf. An der Ecke NE 41st St und 15th Ave zeigt die gediegene **Henry Art Gallery** (☎ 206-543-2280; Erw./Student/Senior 10 US$/frei/6 US$, Do Eintritt frei; Di–So 11–17, Do 11–20 Uhr) eine sehenswerte ständige Ausstellung des Lichtkünstlers James Turrell. Vervollständigt wird das Ganze durch verschiedene Wanderausstellungen.

BALLARD

Das 6 Meilen (9,6 km) nordwestlich von Downtown gelegene, seit Kurzem hippe Ballard versprüht noch immer den Charme eines alten skandinavischen Fischerdorfes, besonders in der Gegend um die Schleuse, den Yachthafen und das Nordic Heritage Museum. Die Altstadt ist in der Zwischenzeit zum Tummelplatz vieler Nachteulen geworden, doch auch tagsüber ist ein Spaziergang durch die Kopfsteinpflasterstraßen mit all den historischen Gebäuden sicher keine Zeitverschwendung.

Hier verbindet der fast 13 km lange Lake Washington Ship Canal den Lake Washington und den Lake Union mit dem Puget Sound. Mit dem Bau des Kanals wurde 1911 begonnen. Heute passieren jedes Jahr 100 000 Schiffe die **Hiram M Chittenden Locks** (☎ Visitors Center 206-783-7059; 3015 NW 54th St; 24 Std.) etwa 800 m westlich von Ballard an der NW Market St. Hin kommt man mit Bus 17, der in der Innenstadt an der Ecke 4th Ave/Union St abfährt. An der Südseite der Schleuse kann man aus einem verglasten Unterwasserbereich oder von oben zusehen, wie Lachse eine **Fischleiter** hinaufklettern. Diese müssen sie auf ihrem Weg zu den Laichplätzen im Oberlauf des Sammamish River in den Cascades überwinden, der den Lake Washington speist.

Aktivitäten

WANDERN

Wunderschöne Wanderwege durchziehen die urwüchsigen Wälder des Seward Park, der einen großen Teil der in den Lake Washington ragenden Bailey Peninsula einnimmt. Die Wege im 216 ha großen Discovery Park nordwestlich von Seattle sind länger, dafür aber ziemlich flach. Der **Sierra Club** (☎ 206-523-2019; www.sierraclub.org) bietet an Wochenenden geführte Tagestouren und Campingtrips mit dem Auto an; die meisten Tagesausflüge sind kostenlos.

RADFAHREN

Eine bei Radlern besonders beliebte Strecke ist der 26,5 km lange **Burke-Gilman Trail** von Ballard zum Log Boom Park in Kenmore im Osten Seattles. Von dort geht's dann weiter auf dem 18 km langen **Sammamish River Trail**, der hinter dem Weingut Chateau Ste. Michelle in Woodinville vorbei zum Redmond's Marymoor Park führt.

Die Radtour um den **Green Lake** ist sehr beliebt und der Weg häufig übervoll. Der 3,5 km lange **Elliott Bay Trail** verläuft direkt am Ufer.

Ein Exemplar der *Seattle Bicycling Guide Map*, die vom **Transportation Bicycle & Pedestrian Program** (☎ 206-684-7583; www.cityofseattle.net/transportation/bikemaps.htm) der Stadt Seattle herausgegeben wird, bekommt man übers Internet oder in Fahrradläden.

Empfehlenswerte Läden, in denen man Räder leihen oder reparieren lassen kann: **Bicycle Center** (☎ 206-523 8300; 4529 Sand Point Way; Miete 1/24 Std. 3/15 US$) Alteingesessenes Fahrradgeschäft mit Radverleih und Reparaturservice. Am Burke-Gilman Trail.

Bikestation Seattle (☎ 206-224-9252; 309A 3rd Ave S; Mo–Fr 9–17 Uhr) Gehört zur Bicycle Alliance of Washington und bietet im dazugehörigen JRA Shop einen 24-Stunden-Service für sicheres Abstellen, Reparaturen und Vermietungen rund um die Uhr an.

Gregg's Cycles (☎ 206-523-1822; 7007 Woodlawn Ave NE; Mo–Fr 10–18 Uhr, Sa/So 10–16 Uhr) Besteht seit 1932. Es ist ein etwas teureres Geschäft mit zwei neuen Filialen in Bellevue und Adlerwood. Leihräder gibt's im Laden am Green Lake. Ausgefallene Rennräder kosten 30 bis 56 US$ pro Stunde; einen Standarddrahtesel gibt's für 18 US$ pro Stunde oder 135 US$ pro Woche.

WASSERSPORT

Am Lake Union verleiht **Northwest Outdoor Center Inc** (☎ 206-281-9694, 800-683-0637; www.nwoc.com; 2100 Westlake Ave N; Kajak 10–15 US$/ Std.) Kajaks und bietet geführte Touren und Kajakunterricht auf dem Meer und im Wildwasser an.

Das **UW Waterfront Activities Center** (☎ 206-543-9433; Kanus & Ruderboote 7,50 US$/Std.; ☯ gewöhnlich Feb.–Okt. 10–19 Uhr) an der Südostecke des Parkplatzes vom Husky Stadium am Montlake Blvd NE vermietet Kanus und Ruderboote. Personalausweis oder Reisepass mitbringen.

Der **Agua Verde Paddle Club** (☎ 206-545-8570; 1303 NE Boat St; Einerkajak für 1/2 Std. 15/25 US$, Zweierkajak 18/30 US$; ☯ Mo–Sa 10 Uhr–Sonnenuntergang, März–Okt. So 10–18 Uhr) in Uni-Nähe am Portage Bay verleiht Kajaks.

Seattle mit Kindern

Das gesamte Zentrum Seattles wird die Kleinen faszinieren. Am meisten haben sie aber vom **Pacific Science Center** (☎ 206-443-2001; www.pacsci.org; 200 2nd Ave N; Erw./Kind 3–5 Jahre/Kind 6–12 Jahre 11/6/8 US$, IMAX-Kino & Lasershow mit allgemeiner Eintrittskarte 3 US$ Aufpreis, ohne allgemeine Eintrittskarte 8/6/7 US$; ☯ 10–18 Uhr; ♿). Die interaktiven Ausstellungsstücke, Lasershows und Hologramme sowie das IMAX-Kino und ein Planetarium sind unterhaltsam und lehrreich zugleich – auch Eltern werden sich nicht langweilen. Parkgebühr zwischen 5 und 10 US$.

In der Innenstadt an Pier 59 befindet sich das beeindruckende **Seattle Aquarium** (☎ 206-386-4300; www.seattleaquarium.org, 1483 Alaskan Way am Pier 59; Erw./Kind 16/10,50 US$; ☯ 9.30–17 Uhr; ♿). Hier lässt sich spielerisch alles über die Unterwasserwelt des Pazifiks lernen. Das „Window on Washington Waters" gibt einen Einblick in die Unterwasserwelt in der Gegend von Neah Bay, wo Heilbutts, Lachse, Seeanemonen und über 100 weitere Fisch- und wirbellose Tierarten leben. Das Highlight des Aquariums ist aber ein kugelförmiger Unterwasserraum aus Glas. Von hier kann man Haie, Kraken und sonstige Meeresbewohner beobachten, die sich in den dunklen Tiefen des Pazifiks tummeln.

Geführte Touren

Argosy Cruises Seattle Harbor Tour (☎ 206-623-1445, 800-642-7816; www.argosycruises.com; Erw./Kind 18,61/7,81 US$) Die beliebte Seattle Harbor Tour ist eine einstündige, kommentierte Rundfahrt durch die Elliott Bay, den Port of Seattle entlang der Waterfront. Abfahrt an Pier 55.

Coffee Crawl (☎ 800-838-3006; www.seattlebyfoot. com; geführte Touren 20 US$; ☯ an ausgewählten Tagen um 10 Uhr) Eine Tour durch Seattles Café-Bars ist wie die Entdeckung der alten Gemäuer Roms. Die zweistündigen, koffeinhaltigen Touren, auf denen man alles über die Kaffeegeschichte und -kultur der Stadt erfährt, starten am Pike Place Market. Von dort geht's dann die Post Alley entlang.

Seattle Food Tours (☎ 425-725-4483; www.seattle foodtours.com; geführte Touren 39 US$) Ein kulinarischer Spaziergang im und um den Pike Place Market. Die zweieinhalbstündige Tour führt in eine Bäckerei, ein Suppenhaus, ein vietnamesisches Restaurant und eine mexikanische Küche. Historisches und künstlerisches Hintergrundwissen wird natürlich auch aufgetischt.

Festivals & Events

Northwest Folklife Festival (☎ 206-684-7300; www.nwfolklife.org) Musik, Tanz und Kunsthandwerk aus aller Welt und familiengerechte Unterhaltung im Seattle Center.

Seafair (☎ 206-728-0123; www.seafair.com) Riesige Menschenmassen besuchen dieses Festival auf dem Wasser Ende Juli und im August. Geboten werden Wasserflugzeugrennen, ein Taschenlampenumzug, eine Flugshow, Musik und Karneval.

Bumbershoot (☎ 206-281-8111; www.bumbershoot. com) Eines der wichtigsten Kunst- und Kulturfeste in Seattle Center findet am Labor-Day-Wochenende im September statt. Es gibt Livemusik, Autorenlesungen und jede Menge Spaß aller Art.

Schlafen

Von Mitte November bis Ende März bieten die meisten Hotels in der Innenstadt Seattles Super Saver Packages an. Die Standardpreise fallen dann im Allgemeinen um die Hälfte, zudem gibt's auch noch ein Couponheftchen, mit dem man in Restaurants, Geschäften und Sehenswürdigkeiten mächtig sparen kann. Ein Anruf bei der **Seattle Hotel Hotline** (☎ 800-535-7071) lohnt sich also. Reservieren kann man auch über die Website unter www.seattlesuper saver.com.

BUDGETUNTERKÜNFTE

Green Tortoise Guest House (☎ 206-340-1222; www. greentortoise.net; 105 Pike St; B 24–29 US$, Zi. 77–80 US$, inkl. Frühstück; 🖳) Nachdem das Hostel von HI (Hostelling International) in Seattle geschlossen hat, ist die „Grüne Schildkröte" das einzige Hostel im Stadtzentrum. Früher total schäbig, ist es inzwischen um die Ecke gezogen und befindet sich direkt gegenüber vom Pike Place Market. Mit Gemeinschaftsbad/-dusche.

Moore Hotel (☎ 206-448-4851, 800-421-5508; www. moorehotel.com; 1926 2nd Ave; EZ/DZ mit Gemeinschaftsbad 59/71 US$, mit eigenem Bad 74/86 US$; ✗ 🖳 🛜) Nicht

DIE NÖRDLICHEN STAATEN

nur das Personal und die Lage des altertümlichen, leicht muffigen Moores sind erste Sahne, auch der Preis ist unschlagbar.

College Inn (☎ 206-633-4441; www.collegeinnseattle. com; 4000 University Way NE; EZ/DZ inkl. Frühstück ab 60/70 US$; ✗ ▣ 🛜) Das hübsche Fachwerkhaus im U District ist ein Überbleibsel der Alaska-Yukon-Pacific Exposition 1909. Es hat 25 Gästezimmer mit Waschbecken und Gemeinschaftsbädern. Es gibt vier Treppen, aber keinen Fahrstuhl. Im Erdgeschoss ist eine Kneipe!

MITTELKLASSEHOTELS

Das **Gaslight Inn B&B** (☎ 206-325-3654; www.gaslightinn.com; 1727 15th Ave E; Zi. 88–158 US$; ✗ 🖳) hat 15 Zimmer (12 davon mit Bad) in zwei benachbarten Häusern. Im Sommer kann man sich im Pool unter freiem Himmel abkühlen oder einfach nur auf der Sonnenterrasse relaxen.

Ace Hotel (☎ 206-448-4721; www.acehotel.com; 2423 1st Ave; Zi. ohne/mit Bad 99/190 US$; ℗ ▣ 🛜) Das Ace gleicht (mehr oder weniger) seiner hippen Schwester in Portland. Es hat ein minimalistisch-futuristisches Dekor (alles in Weiß oder aus Edelstahl, selbst die Fernseher), antike französische Armeedecken, Kondome statt der üblichen Minzschokolade auf dem Kopfkissen und das Kamasutra anstelle der Bibel. Parkgebühr 15 US$.

LP Tipp **Mediterranean Inn** (☎ 206-428-4700; www.mediterranean-inn.com; 425 Queen Anne Ave N; Zi. ab 119 US$; ℗ ✗ 🔀 🖳) Irgendetwas verleiht diesem erstaunlich unmediterranen Mediterranean Inn das gewisse Etwas. Bloß was? Die Nähe zur Innenstadt, das echt freundliche Personal, die Kochecke in jedem Zimmer, der kleine Fitnessraum oder die extreme Sauberkeit der Zimmer? Egal – man sollte es einfach nur genießen.

Hotel Max (☎ 206-441-4200, 800-426-0670; www. hotelmaxseattle.com; 620 Stewart St; EZ/DZ ab 179/199 US$; ℗ 🖳) An den Wänden der kleinen, aber coolen Gästezimmer hängen Originalkunstwerke. Es wird schwer sein, eine schickere Unterkunft zu finden, ganz zu schweigen von den angebotenen Specials wie Grunge Special oder Gaycation. Hier kann man sich sein Kopfkissen selbst aussuchen und sich vom spirituellen Service inspirieren lassen. Parkgebühr 15 US$.

SPITZENKLASSEHOTELS

Inn at the Market (☎ 206-443-3600, 800-446-4484; www. innatthemarket.com; 86 Pine St; Zi. 175–300 US$, mit Blick aufs Wasser 230–400 US$; ℗ ✗ 🔀 🛜) Das elegante Boutique-Hotel ist die einzige Unterkunft am ehrwürdigen Pike Place Market. Es hat 70 große Zimmer, viele davon mit traumhaftem Blick auf den wuseligen Markt und den Puget Sound. Parkgebühr 20 US$.

MarQueen Hotel (☎ 206-286-7407; www.marqueen. com; 600 Queen Anne Ave N; Zi. ab 225 US$; ℗ 🛜) Das MarQueen, ein (für Seattle) altes Apartmenthaus, das aufgemöbelt und in ein Hotel umgebaut wurde, hat Zimmer mit kleinen Originalküchen. In diesem Haus sind noch immer die Eleganz und das Flair des frühen 20. Jhs. zu spüren. Übermäßiger Luxus wird hier nicht geboten, aber die Lage in der Nähe vom Seattle Center und von guten Restaurants ist ein großes Plus.

Hotel Monaco (☎ 206-621-1770; www.monacoseattle.com; 1101 4th Ave; DZ/Suite ab 260/309 US$; ℗ ✗ 🖳 🛜) Das in der Innenstadt gelegene Monaco versprüht einen Hauch von europäischer Eleganz und hat sich seine vier Sterne voll und ganz verdient. Um eine heiter-sportliche Atmosphäre zu schaffen, joggt der Assistent des Hotelmanagements jeden Morgen mit seinen Gästen an der Waterfront lang.

Essen

GÜNSTIG

Am besten und preiswertesten isst man im Pike Place Market, wo man sich seine Mahlzeit selbst zusammenstellen kann. Hier gibt's frisches Obst und Gemüse, Backwaren, Feinkost und Essen aus aller Welt zum Mitnehmen.

LP Tipp **Piroshky Bakery** (☎ 206-441-6068; 1908 Pike Pl; Snacks 2–7 US$; 🕙 Okt.–April 8–18.30 Uhr, Mai–Sept. 7.30–18.30 Uhr) Piroshky ist ein Beweis dafür, dass nicht alle Essensstände am Pike Place, die sagenhaft populär sind, auch gleich à la Starbucks die Welt erobern wollen. Dieser kleine Laden, in dem man kaum mit einem Löffel rumwedeln kann, bietet einen köstlichen Mix aus süßen und herzhaften russischen Kuchen und Pasteten. Nichts wie rein ins Gedränge und einen Snack „to go" ordern.

Travelers (☎ 206-329-6260; 501 E Pine St; Snacks 5–10 US$; 🕙 Mo–Do 10–19, Fr & Sa 10–20, So 12–20 Uhr) Dieser indische Laden mit Café in Capitol Hill verkauft fast alles – von Mittagsgerichten in Schachteln bis hin zu Kama-Sutra-Postkarten. Aber der Renner ist der langsam aufgebrühte Masala-Tee, ein süßes, würziges, reines Getränk aus Indien. Wer Hunger verspürt, sollte sich unbedingt ein leckeres *thali* bestellen.

Peso's Kitchen & Lounge (☎ 206-283-9353; 605 Queen Anne Ave N; Frühstück 6–9 US$, Abendessen 9–13 US$; ☯ 9–2 Uhr) Dieses Lokal mit den vielen Hüten – oder Sombreros – serviert allabendlich einer coolen, trendigen, völlig unmexikanischen „Szene" gute mexikanische Speisen. Das Beste kommt aber am nächsten Morgen, wenn all die schönen Leute zu Hause sind: ein fantastisches Frühstück mit vielen Eiern.

Salumi (☎ 206-621-8772; 309 3rd Ave S; Sandwiches 7–10 US$, Gerichte 11–14 US$; ☯ Di–Fr 11–16 Uhr) Die Warteschlange vor dem Lokal von Mario Batalis Dad ist wie eine kleine Gemeinde. Die Leute plaudern, sprechen über Sandwiches, die sie besonders mochten … die Atmosphäre ist wirklich nett. Die Sandwiches sind mit Pökelfleisch (mehr als ein Dutzend Sorten) und Käse belegt. Sitzgelegenheiten sind rar, sodass man sich auf ein Picknick einstellen sollte.

MITTELTEUER

Shiro's Sushi Restaurant (☎ 206-443-9844; 2401 2nd Ave; Sushi 2–9 US$, Specials 9–13 US$, Hauptgerichte 20–21 US$; ☯ 17.30–21.45 Uhr) In dem Fenster dieses schicken japanischen Lokals ist kaum genug Platz für all die Auszeichnungen. Am besten sucht man sich einen Platz hinter der Glasvitrine und schaut dem Maestro zu, wie er die köstlichsten Sushis in Seattle zubereitet.

Café Septieme (☎ 206-860-8858; 214 Broadway E; Vorspeisen 5–9 US$, Frühstück & Mittagessen 7–9 US$, Abendessen 15–18 US$; ☯ 9–24 Uhr) Nettes, europäisch angehauchtes Restaurant mit Bar. Das Septieme mit roten Wänden und weißen Stofftischdecken serviert sättigende, raffinierte Burger, Salate, Nudel- und Fischgerichte. Der Cheeseburger mit Bacon und Provolone-Käse ist großartig.

Palace Kitchen (☎ 206-448-2001; 2030 5th Ave; Salate 7–9 US$, Hauptgerichte 12–25 US$; ☯ 17–1 Uhr) Tom Douglas, der Inhaber und Chefkoch, ist schon fast eine lokale Berühmtheit. Bei ihm treffen sich die Cocktailtrinker, wenn sie zu später Stunde der Hunger packt. Die Snacks an der Bar sind alles andere als gewöhnlich. Unbedingt das Königskrabben-Omelett probieren.

5 Spot (☎ 206-285-7768; 1502 Queen Anne Ave N; Brunch 8–10 US$, Abendessen 13–17 US$; ☯ 8.30–24 Uhr) Dieses Lokal ist in jeder Hinsicht top – das beweisen die Schlangen, die sonntags um 10 Uhr vor dem 5 Spot stehen und auf einen hervorragenden Brunch warten. Hier herrscht eine tolle Atmosphäre und die herzhaften Speisen wie die perfekt zubereiteten Armen

Ritter, das Bauernfrühstück und die vielen amerikanischen Standards machen selbst dem hartnäckigsten Kater den Garaus.

Black Bottle (☎ 206-441-1500; 2600 1st Ave; Gerichte 8–12 US$; ☯ 16.30–2 Uhr) Das trendige, minimalistisch eingerichtete Restaurant mit Bar passt ins neue Belltown mit den schick gekleideten Apartmenthausbewohnern und passionierten Weintrinkern. Auf der Speisekarte stehen hauptsächlich Vorspeisen, aber auch Lamm vom Grill, mit Sumach gewürzter Hummus und geschmorte Artischockenherzen und -blätter. Selbst den nostalgischsten Grunge-Groupies fällt es schwer, diesen Köstlichkeiten zu widerstehen.

Coastal Kitchen (☎ 206-322-1145; 429 15th Ave E; Mittagessen 8–12 US$, Abendessen 14–20 US$; ☯ 8–23 Uhr) Der Dauerbrenner gehört zu den besten Restaurants im Viertel. Es serviert einen erlesenen Mix aus Cajun-, Maya- und Mexiko-Küche. Auf der Toilette hört man Italienisch-Lektionen – wenn das mal kein Hinweis auf weitere kulinarische Einflüsse ist.

TEUER

Queen City Grill (☎ 206-443-0975; 2201 1st Ave; Hauptgerichte 12–33 US$; ☯ 17–2 Uhr) Schon lange eines der beliebtesten Restaurants in Belltown. Hier gibt's täglich wechselnde Meeresfrüchtespezialitäten und Menüs, die so zusammengestellt sind, dass frische Zutaten verwendet werden können. Der Raum ist angenehm beleuchtet, gemütlich und trotzdem elegant. Der Service ist erstklassig.

Steelhead Diner (☎ 206-625-0129; www.steelhead diner.com; 95 Pine St; Sandwiches 9–13 US$, Hauptgerichte 15–33 US$; ☯ Di–Sa 11–22, So 10–15 Uhr) Dank der besten Zutaten, die der Pike Place Market zu bieten hat, werden Gerichte wie Fish & Chips, gegrillter Lachs oder geschmorte Rinderrippchen zu einem Hochgenuss.

SkyCity (☎ 206-905-2100; 219 4th Ave N; Hauptgerichte 34–54 US$; ☯ Mo–Fr 11.30–14 & 17–20.45, Sa & So 10–14.45 & 17–21.45 Uhr) Das Restaurant an der Spitze der Space Needle (S. 332) dreht sich in 47 Minuten einmal um die eigene Achse. Die Einrichtung – von allen Tischen hat man einen fantastischen Blick auf die Stadt – und das gute, aus Bio-Zutaten zubereitete Essen rechtfertigen die happigen Preise.

Ausgehen

Cocktailbars, Tanzclubs und Livemusikclubs gibt's in Capitol Hill zuhauf. Die in alten und neuen Backsteinhäusern untergebrachten

Tavernen in Ballard werden tagsüber von einer trinkfesten älteren Riege besucht. Abends treffen sich hier die Indie-Rocker. Grungy Belltown wird langsam spießig. Toll ist aber, dass alle Kneipen wie Perlen an einer Kette nebeneinander aufgereiht sind. Das Gewerbegebiet Georgetown ist ein boomendes Paradies für Kneipenhocker. Hier geht's manchmal noch recht rau zu. Und an jeder zweiten Ecke stolpert man über einen Coffeeshop – immerhin ist man ja in Seattle.

Die Cafés sind zwischen 6 oder 7 Uhr morgens und 19 Uhr brechend voll, die hipperen haben gar bis 23 Uhr oder Mitternacht geöffnet. Die Bars sind von 17 bis 2 Uhr geöffnet; ist ein Restaurant mit angeschlossen, wird oft auch schon ein Mittagstisch angeboten.

CAFÉS
Starbucks ist nur die Spitze des Eisbergs. In ganz Seattle gibt's auch noch viele kleinere, unabhängige Café-Ketten, von denen viele ihren Kaffee selbst rösten.

B&O Espresso (☎ 206-322-5028; 204 Belmont Ave E; ☾ Mo–Do 7 Uhr–open end, Fr–So 8 Uhr–open end) Hier kann man ganz ausgezeichneten türkischen Mokka in zurückhaltender Eleganz genießen – wenn man's überhaupt an der Kuchentheke vorbeischafft.

Caffé Vita (☎ 206-709-4440; 1005 E Pike St; ☾ 6–23 Uhr) Laptop-Freaks, zum Date Verabredete, eingefleischte Studenten, Obdachlose, Philosophen, Geschäftsleute auf dem Weg zum Job – sie alle sind in dieser Institution von Capitol Hill (eine von vier in Seattle) anzutreffen. Das Caffé Vita hat eine eigene kleine Rösterei. Durch die Trennwand aus Glas kann man zusehen, wie die Bohnen geröstet werden.

Top Pot Hand-Forged Doughnuts (☎ 206-728-1966; 2124 5th Ave; ☾ 6–19 Uhr) Eine weitere Seattler Kette, die aber bisher nur vier überschaubare Filialen hat. Der trendige Ableger in Belltown mit den deckenhohen Bücherregalen und den Art-déco-Schildern ist vielleicht der witzigste. Der Kaffee und die Donuts sind legendär.

Panama Hotel Tea & Coffee House (☎ 206-515-4000; 607 S Main St; ☾ Mo–Sa 8–19, So 9–19 Uhr) Das Panama ist in einem historischen Gebäude aus dem Jahr 1910 untergebracht, in dem sich auch das letzte historische japanische Badehaus in den USA befindet. Es gedenkt heute der japanischen Bewohner, die im Zweiten Weltkrieg in Internierungslager gesteckt wurden.

Zeitgeist (☎ 206-583-0497; 171 S Jackson St; ☾ Mo–Fr 6–19, Sa & So 8–19 Uhr; 🛜) In diesem schicken Café mit den unverputzten Wänden in Bahnhofsnähe kann man sich zu den anderen Laptop-Freaks gesellen und sich über den Zeitgeist Gedanken machen.

BARS
Brouwer's (☎ 206-267-2437; 400 N 35th St; ☾ 11–2 Uhr) Das dunkle Bierparadies in Fremont hat karge Steinwände und schwarze Metallgitter an der Decke. Hinter den langen Tresen fällt der Blick auf einen riesigen Eisschrank mit extrem verlockenden Bieren. Das *Manneken Pis* an der Tür und die vielen belgischen Wappen sorgen dafür, dass man nicht vergisst, wo man ist.

Shorty's (☎ 206-441-5449; 2222 2nd Ave) In dieser einfachen Oase inmitten von superschicken Lounges gibt's günstiges Bier, Hotdogs, alkoholhaltige Slushies und ein Hinterzimmer, in dem sich Flipperfans wie im siebten Himmel fühlen dürften.

Das legendäre **Blue Moon** (☎ 206-633-626; 712 NE 45th St) war einst ein Treffpunkt von Dylan Thomas und Allen Ginsberg und aufgrund von früheren Gesetzesauflagen genau 1 Meile (1,6 km) vom Campus entfernt. Improvisierte Poetry Slams, Mundharmonika-Sessions und geniale Worttiraden sind hier an der Tagesordnung.

Das **Copper Gate** (☎ 206-706-3292; 6301 24th Ave NW) in Ballard war früher eine der schlimmsten Spelunken, hat sich inzwischen aber zu einer schnieken Restaurant-Bar mit Schwerpunkt auf skandinavischen Fleischbällchen und Abbildungen nackter Tatsachen gemausert: Die Bar ist ein Wikingerschiff mit einem Segel aus alten Nacktfotos und Grammophonen und Helmen als Fracht.

Nine Pound Hammer (☎ 206-762-3373; 6009 Airport Way S) Diese schummerige Bierhalle in Georgetown schenkt die Gläser wirklich großzügig ein und spart auch nicht an Erdnüssen. Hier trifft sich eine bunte Mischung aus Arbeitern, Hipstern, Punks und Bikern. Die Stimmung schwankt zwischen schwungvoll und rüpelhaft.

BRAUEREIKNEIPEN
Jolly Roger Taproom (☎ 206-782-6181; 1514 Leary Way NW; ☾ Mo–Sa) Nein, hier lungern keine niederträchtigen Piraten herum, sondern gelassene Yachties. Der Jolly Roger Taproom der Maritime Pacific Brewing Company in Ballard ist eine winzige Piraten-Bar. Und damit man sich zurechtfindet, ist auf den Fußboden eine

nautische Karte gemalt. Gute Meeresfrüchte und 15 Biere vom Fass.

Die **Hale's Ales Brewery** (☎ 206-706-1544; 4301 Leary Way NW) braut ein ganz fantastisches Bier – das Cream Ale ist einfach nur köstlich. Die Vorzeigekneipe in Fremont erinnert zwar ein wenig an eine Hotellobby, ist aber dennoch einen Besuch wert. In der Nähe des Eingangs bekommt man Infos für einen selbstgeführten Rundgang.

Pike Pub & Brewery (☎ 206-622-6044; 1415 1st Ave) In dieser Kneipe im Pike Place Market gibt's auf mehreren Ebenen leckere Burger und Biere in einem flippigen neoindustriellen Ambiente.

Elysian Brewing Company (☎ 206-860-1920; 1221 E Pike St) Die riesigen Fenster des Elysian in Capitol Hill sind genau das Richtige, um Leute zu beobachten – oder um beobachtet zu werden. Aber natürlich nur, wenn man gut genug Billard spielt.

Unterhaltung

Veranstaltungskalender gibt's im *Stranger*, *Seattle Weekly* und in den Tageszeitungen. Karten für große Veranstaltungen bekommt man bei **TicketMaster** (☎ 206-628-0888). Die betreiben auch einen **Ticketschalter** (☎ 206-233-1111) im Westlake Center.

LIVEMUSIK

Crocodile (☎ 206-441-5611; www.thecrocodile.com; 2200 2nd Ave) Das nach einem Jahr der Depression im März 2009 wieder eröffnete Crocodile (früher Crocodile Café) ist die einzige noch bestehende Location der einst einflussreichen Grunge-Szene in Belltown. Es wird eine harte Nuss zu knacken sein, das Publikum, das an diesem ehemals heiligen Veranstaltungsort mit Nirvana, Pearl Jam und R.E.M. groß geworden ist, zurückzugewinnen.

Neumo's (☎ 206-709-9467; www.neumos.com; 925 E Pike St) Die Location für Punk, Hip-Hop und alternative Musik, die früher Radiohead und Bill Clinton (nicht zusammen) zu ihren Gästen zählte, tritt in die Fußstapfen ihres ursprünglichen Namensvetters Neumo's (früher als Moe's bekannt). Hier kann man ganz wie in alten Zeiten mit den „Sad Bastards Mondays" seine traurigen Gedanken im Bier ertränken.

Im dunklen, hohen **Chop Suey** (☎ 206-324-8000; www.chopsuey.com; 1325 E Madison St) mit der maroden pseudo-chinesischen Einrichtung treten gute Bands auf.

Central Saloon (☎ 206-622-0209; 207 1st Ave) Das „Central" am Pioneer Square, das Sprungbrett für manch eine Musikkarriere, gibt's seit 1892 und hat alles miterlebt: vom Klondike Goldrausch bis zum Mudhoney-Sound-Rausch.

KINO

Das größte Event des Jahres für alle Cineasten Seattles, das **Seattle International Film Festival** (SIFF; ☎ 206-464-5830; www.siff.net; Tickets 5–11 US$, Pässe mit 6/20 Tickets 57/180 US$), beginnt Mitte Mai und findet in sechs Kinos statt. Der Hauptveranstaltungsort ist das festivaleigene Kino, die **Nesholm Family Lecture Hall** (321 Mercer St, Seattle Center) in der McCaw Hall.

Das beliebte im Oktober stattfindende **Seattle Lesbian & Gay Film Festival** (☎ 206-323-4274; www.threedollarbillcinema.org; Tickets 6–8 US$) zeigt neue, schwul-lesbische Filme von Regisseuren aus aller Welt.

Weitere tolle Kinos sind:

Cinerama (☎ 206-441-3653; www.cinerama.com; 2100 4th Ave) Eines der wenigen weltweit noch bestehenden Cineramas. Witzige Sci-Fi-Atmosphäre.

Harvard Exit (☎ 206-781-5755; www.landmark theatres.com; Ecke E Roy St & Harvard Ave) 1925 eröffnete Seattles erstes unabhängiges Kino.

Northwest Film Forum (☎ 206-329-2629; www.nw filmforum.org; 1515 12th Ave) Einwandfreies Programm: von restaurierten Klassikern bis hin zu ausgefallenen Independent- und internationalen Filmen.

THEATER & KULTUR

Programme und Kritiken sind der Presse zu entnehmen.

Das **A Contemporary Theatre** (ACT; ☎ 206-292-7676; www.acttheatre.org; 700 Union St) ist eines der drei großen Ensembles der Stadt, das in dem 30 Mio. US$ teuren Haus am Kreielsheimer Place untergebracht ist. Hier treten die besten Schauspieler Seattles und manchmal auch große Berühmtheiten auf. Seattles ältestes Ensemble, die Intiman Theatre Company, ist im **Intiman Playhouse** (☎ 206-269-1900; www.intiman.org; 201 Mercer St) zu Hause.

Das **Pacific Northwest Ballet** (☎ 206-441-9411; www.pnb.org) ist das Tanzensemble im Nordwesten. Pro Spielzeit (Sept.–Juni) gibt's in der McCaw Hall im Seattle Center mehr als 100 Aufführungen. Die **Seattle Opera** (☎ 206-389-7676; www.seattleopera.org), die ebenfalls in der McCaw Hall zu Hause ist, zeigt in einer Spielzeit vier oder fünf groß inszenierte Opern. Im Sommer sorgt Wagners *Ring der Nibelungen* immer für ein ausverkauftes Haus.

Seattle Symphony (☎ 206-215-4747; www.seattle symphony.org) Die Symphoniker zählen zu den besten Ensembles der Region. Zu bewundern sind sie in der Benaroya Concert Hall, die sich Ecke 2nd Ave und University St befindet.

SPORT

Die heiß geliebte Baseballmannschaft **Seattle Mariners** (☎ 206-628-3555; www.mariners.org; Tickets 7–60 US$) spielt im Safeco Field gleich südlich der Innenstadt. Die **Seattle Seahawks** (☎ 425-827-9777; www.seahawks.com; Tickets 42–95 US$) sind das einzige Football-Team im Nordwesten der USA, das in der National Football League (NFL) spielt. Heimstätte ist das 72 000 Zuschauer fassende Seahawks Stadium.

SCHWULEN- & LESBENSZENE

Der legendäre Tanzclub **Re-Bar** (☎ 206-233-9873; 1114 Howell St), in dem schon viele bahnbrechende Kulturereignisse stattfanden (Plattenrelease-Events von Nirvana, etc.), zieht Schwule, Heteros, Bisexuelle oder einfach nur unentschlossene Nachtschwärmer auf den Dancefloor.

In dem immer rappelvollen Tanzschuppen **Neighbours** (☎ 206-324-5358; 1509 Broadway Ave E) treffen sich Schwule und die dazugehörigen „Ladys" im Glitzer-Outfit.

R Place (☎ 206-322-8828; 619 E Pine St) Hier wird auf drei Dancefloors zu Hip-Hop und R&B getanzt. Die vielen schwitzigen Körperkontakte machen diesen Club zum Treff aller, die nicht völlig verklemmt sind.

Shoppen

Die wichtigste Shopping-Gegend liegt im Stadtzentrum zwischen der 3rd Ave, 6th Ave, University St und Stewart St. Im Wirrwarr in und um den Pike Place Market gibt's jede Menge Kunsthandwerksstände, Galerien und kleine Geschäfte. Rund um den Pioneer Sq und in Capitol Hill befinden sich Andenken- und Trödelläden.

Einige Geschäfte findet man wirklich nur in Seattle:

Babeland (☎ 206-328-2914; 707 E Pike St; ⊙ Mo–Sa 11–22, So 12–19 Uhr) Wo bekomme ich rosa Plüschhandschellen und einen Glasdildo? Die Antwort: Hier!

Holy Cow Records (☎ 206-405-4200; 1501 Pike Pl, Suite 325; ⊙ Mo–Sa 10–22, So 10–19 Uhr) In diesem Musikheiligtum am Pike Place Market kann man in alten Vinylscheiben wühlen. Mit etwas Glück stolpert man vielleicht sogar über die seltene Maxi EP der Psychedelic Furs, die seit 1984 nicht mehr aufzutreiben ist.

Left Bank Books (☎ 206-622-0195; 92 Pike St; ⊙ Mo–Sa 10–19, So 11–18 Uhr) In diesem seit 35 Jahren bestehenden Kollektiv gibt's Zeitschriften auf *español*, revolutionäre Flugblätter, eine „fuck authority"-Pinnwand und vieles von Chomsky. Man ist ja schließlich in Seattle, nur für den Fall, dass man es vergessen hat.

An- & Weiterreise

BUS

Der **Bellair Airporter Shuttle** (☎ 1-866-235-5247; www.airporter.com) bringt seine Fahrgäste in so weit entfernte Orte wie Ellensburg, Yakima, Anacortes und Bellingham.

Greyhound (☎ 206-628-5561, 800-231-2222; www.greyhound.com; 811 Stewart St; ⊙ 6–24 Uhr) fährt von Seattle in fast alle Städte des Landes, u. a. nach Chicago, IL, (einfache Strecke 195 US$, 2 Tage, 3-mal tgl.), Spokane, WA (38 US$, 5–7 Std., 3-mal tgl.), San Francisco, CA (95 US$, 20 Std., 4-mal tgl.) und Vancouver im kanadischen Bundesstaat British Columbia (25 US$, 3–4 Std., 6-mal tgl.).

Bequemer reist man mit dem ausgezeichneten **Quick Shuttle** (☎ 800-665-2122; www.quickcoach.com), der sogar kostenloses WLAN an Bord bietet. Er verkehrt fünfmal täglich auf der I-5 zwischen Sea-Tac Airport und Vancouver und hält in der Innenstadt Seattles (am Best Western Executive Inn, 200 Taylor Ave N), in Tulalip, am Flughafen in Bellingham, in South Surrey (Kanada) sowie am Flughafen und im Zentrum von Vancouver.

FLUGZEUG

Der kurz auch „Sea-Tac" genannte **Seattle-Tacoma International Airport** (SEA; ☎ 206-433-5388; www.portseattle.org/seatac) liegt 21 km südlich der Stadt an der I-5. Von hier gehen u. a. täglich Flüge nach Europa und zu Zielen in den USA und Kanada. Portland, OR, und Vancouver, BC, werden regelmäßig angeflogen.

SCHIFF/FÄHRE

Victoria Clipper (☎ 206-443-2560, 800-888-2535; www.victoriaclipper.com) fährt mit mehreren Schnellbooten nach Victoria in British Columbia und zu den San Juan Islands. Pauschaltouren können im Voraus online gebucht werden. Die Fähren von Seattle nach Victoria verkehren bis zu sechsmal täglich. Die Hin- und Rückfahrt kostet ab 77 US$.

Auf der Website der **Washington State Ferries** (☎ 206-464-6400, in Washington 888-808-7977; www.wsdot.wa.gov/ferries) gibt's Landkarten, Preise, Fahrpläne, Tourplaner, Wettervorhersagen und voraussichtliche Wartezeiten bei beliebten Strecken. Die Preise sind abhängig von Strecke, Fahrzeuggröße und Fahrtdauer. Je nach Abfahrtsterminal zahlt man für die Hin- und Rückfahrt oder auch nur für die einfache Fahrt.

ZUG
Amtrak-Züge (☎ 800-872-7245; www.amtrak.com) fahren an der **King Street Station** (303 S Jackson St; ⏱ 6–22.30 Uhr, Fahrkartenschalter 6.15–20 Uhr) ab. Drei der Hauptverbindungen bedienen Seattle: der *Amtrak Cascades* (verbindet Vancouver, Seattle, Portland und Eugene), der *Coast Starlight* (landschaftlich schöne Strecke zwischen Seattle, Oakland und Los Angeles) und der *Empire Builder* (eine Achterbahnfahrt quer durch den Kontinent bis nach Chicago).

Nachstehend einige Preise für die einfache Strecke von Seattle nach:

Chicago, IL Ab 334 US$, 46 Std., tgl.
Oakland, CA 92 US$, 23 Std., tgl.
Portland, OR 28 US$, 3–4 Std., 5-mal tgl.
Vancouver, Kanada 35 US$, 3–4 Std., 5-mal tgl.

Unterwegs vor Ort
AUTO & MOTORRAD
Das in einem schmalen Streifen zwischen Bergen und Meer gefangene Seattle leidet an einem entsetzlichen Verkehrsengpass mit albtraumhaften Staus. Auf der I-5 gibt es eine Spur für High-Occupancy Vehicles, d. h. für Fahrzeuge mit mindestens zwei Insassen. Die langen Rush Hours sollte man meiden.

VOM/ZUM FLUGHAFEN
Es gibt mehrere Möglichkeiten, um vom Flughafen in die Innenstadt von Seattle (21 km) zu kommen.

Der **Airport Express** (☎ 206-626-6088; www.graylineseattle.com; einfache Strecke Erw./Kind 11/8,25 US$) von Gray Line sammelt seine Fahrgäste auf dem Parkplatz draußen vor Tor 00 am südlichen Ende der Gepäckausgabe auf. Man kann an acht verschiedenen Hotels in der Innenstadt aussteigen – was recht praktisch ist, wenn man in die Innenstadt will.

Taxis und Limousinen (ca. 35 bzw. 40 US$) erwarten ihre Gäste am Parkhaus im 2. Stock. Die Autovermieter haben ihre Schalter in der Nähe der Gepäckausgabe.

Metro-Busse (☎ Fahrplanauskunft 206-553-3000; www.transit.metrokc.gov) halten an Tor 6 beim Gepäckausgabeband 5. Bus 194 Express und Bus 174 fahren in die Innenstadt (1,75– 2 US$). Von dort geht's weiter mit dem kostenlosen Bus 99 an die Waterfront, zum Pioneer Square und in den International District. Mit dem „Trip Planner" kann man sich auch alles vorab im Internet zusammenstellen.

ÖFFENTLICHE VERKEHRSMITTEL
Die Stadtbusse werden von **Metro Transit** (☎ Fahrplanauskunft 206-553-3000, Kundenservice 206-553-3060; www.transit.metrokc.gov) betrieben, das dem King County Department of Transportation untersteht. Eine Fahrt kostet zwischen 1,75 und 2 US$.

Die neue **Seattle Street Car** (☎ 206-553-3000; www.seattlestreetcar.org) fährt eine 4 km lange Strecke vom Westlake Center bis zum Lake Union. An den elf Haltestellen kann man in zahlreiche Busse umsteigen.

TAXI
Alle Taxis berechnen die gleichen, vom King County festgesetzten Preise. Zum Zeitpunkt der Recherche betrug der Grundpreis 2,50 US$, pro Meile werden 2 US$ fällig.

Nachstehend die zuverlässigsten Taxiunternehmen:

Orange Cab Co (☎ 206-444-0409; www.orangecab.net)
Yellow Cab (☎ 206-622-6500; yellowtaxi.net)

RUND UM SEATTLE
Puget Sound
Ein Ausflug zur Bainbridge Island ist sowohl bei Einheimischen als auch bei Touristen sehr beliebt und außerdem eine schnelle und einfache Art aufs Wasser zu kommen. Der Blick von der Fähre auf Seattle und den Sound ist fantastisch. Auf der Insel kann man dann gemütlich spazieren gehen, sich in das eine oder andere Café am Wasser setzen, einzigartige Weine in der 6 km nördlich von Winslow gelegenen **Bainbridge Island Winery** (☎ 206-842-9463; www.bainbridgevineyards.com; Hwy 305; ⏱ Weinproben Fr–So 11–17 Uhr) genießen und vielleicht auch ein Fahrrad mieten und durch die hübsche, flache Gegend radeln.

Eine weitere Möglichkeit, Seattle vom Wasser aus zu sehen, ist ein Ausflug mit **Tillicum Village Tours** (☎ 206-933-8600, 800-426-1205; www.tillicumvillage.com; Erw./Kind/Senior 79/30/72 US$), die von März bis Dezember vierstündige Touren zur Blake Island anbieten, dem Geburtsort des Namensgebers von Seattle, Chief Sealth. Los geht's an Pier 55. Im Preis enthalten sind ein authentisches indianisches *salmon bake*, traditionelle Tanzdarbietungen und ein Film über ein altes Dorf der Duwamish-Indianer.

Die **Washington State Ferries** (☎ 206-464-6400, in Olympia 888-808-7977; www.wsdot.wa.gov/ferries) verkehren mehrmals täglich von Seattle nach Bainbridge (Erw./Kind/Auto & Fahrer 6,70/ 5,40/14,45 US$, Aufpreis Fahrrad 1 US$).

Olympia

Olympia, die trendige, kulturell lebendige Hauptstadt Washingtons, ist in vieler Hinsicht ein Miniatur-Seattle. Die Stadt wird seit Langem mit Kunst in Zusammenhang gebracht. Sie ist aber auch für ihre progressive Universität (Evergreen) und ihre „White-Hot"-Musikszene bekannt, die für die Entstehung der Grunge-Musik verantwortlich war und ihr eigenes wildes Post-Punk-Genre hervorbrachte: Riot grrrl, eine radikale Inkarnation der dritten Feminismuswelle in den 1990er-Jahren. Auch wenn seit den Zeiten, in denen Kurt Cobain durch die Bars der 4th Ave umherzog, das Nachtleben der Stadt ein wenig von seinem Glamour eingebüßt hat, werden hier noch immer ganze Shows auf die Beine gestellt. Zu der schrägen Undergroundszene gesellen sich einige Brauereikneipen und immer mehr unabhängige Coffeeshops. Ein weiteres Argument, das für Olympia spricht, ist die für Outdoor-Freaks ideale Lage am Ende des Puget Sounds, eingebettet zwischen zwei Nationalparks (Olympic & Mt. Rainier). Im **State Capitol Visitor Center** (☎ 360-586-3460; Ecke 14th Ave & Capitol Way) bekommt man Infos über das Regierungsviertel, die Gegend um Olympia und den Bundesstaat Washington.

Man sollte unbedingt einen Blick in das große, mit Marmor verkleidete Innere des **Legislative Building** (1927) auf dem Gelände des Washington State Capitol werfen. Außer an Weihnachten und Thanksgiving werden täglich zwischen 8 und 16.30 Uhr kostenlose Führungen angeboten. Besucher können sich auch über das **Gelände** (Eintritt frei; ◷ Mo–Fr 8–16 Uhr) führen lassen und sich den Temple of Justice und das Capitol Conservatory mit seiner großen Sammlung tropischer Pflanzen anschauen.

Im **State Capital Museum** (☎ 360-753-2580; 211 W 21st Ave; Eintritt 2 US$; ◷ Di–Fr 10–16, Sa 12–16 Uhr) ist eine Ausstellung über die Nisqually-Indianerstamm zu sehen. Der **Olympia Farmers Market** (☎ 360-352-9096; ◷ April–Okt. Do–So 10–15 Uhr, Nov. & Dez. Sa & So 10–15 Uhr) am nördlichen Ende des Capitol Way ist einer der besten Märkte Washingtons. Hier gibt's frisches Obst und Gemüse, Kunsthandwerk und Livemusik.

Billig übernachten kann man im **Olympia Inn** (☎ 360-352-8533; 909 Capitol Way S; EZ/DZ 50/57 US$; P ⚠), einem zentral in der Innenstadt gelegenen einfachen Motel mit sauberen Zimmern. Etwas teurer sind die Zimmer im schicken, gut geführten **Phoenix Inn Suites** (☎ 360-570-0555; 415 Capitol Way N; EZ/DZ 99/109 US$; ⚠ ⚠ ⚠ ⚠), in dem anspruchsvolle Regierungsleute übernachten.

Bei **Batdorf & Bronson** (☎ 360-786-6717; 513 Capitol Way S; ◷ Mo–Fr 6–19, Sa & So 7–18 Uhr), der lokalen Kaffeerösterei, ist Fair-Trade-Kaffee erhältlich. Man kann die neuesten Kaffeemischungen in dem dazugehörenden beliebten **Tasting Room** (☎ 360-753-4057; 200 Market St NE; ◷ Mi–So 9–16 Uhr) oder auch im Café in der Innenstadt probieren und kaufen. Die nicht weniger berühmten Olympia-Austern kann man im **Budd Bay Café** (☎ 360-357-6963; 525 Columbia St NW; Abendessen mit Meeresfrüchten 17–24 US$; ◷ 6.30–23 Uhr) testen. Die **Spar Bar** (☎ 360-357-6444; 114 4th Ave E; Frühstück 4–5 US$, Mittagessen 5–8 US$; ◷ 7–21 Uhr) ist ein gemütliches, altes Café mit Bar und Zigarrenladen. Das gute Bier und die klassische Hausmannskost werden hier mit Überschallgeschwindigkeit serviert.

Die noch immer lebendige Musikszene spielt sich in der 4th Ave ab, z. B. in der umgebauten **4th Avenue Tavern** (☎ 360-786-1444; 210 4th Ave E) oder im mit Graffiti übersäten **Le Voyeur** (☎ 360-943-5710; 404 4th Ave E), einer veganerfreundlichen Anarcho-Kneipe, vor der sich oft Straßenmusikanten tummeln.

OLYMPIC PENINSULA

Die abgelegene, an drei Seiten vom Meer umspülte Olympic Peninsula ähnelt eher einer ausgewachsenen Insel als einer Halbinsel. Sie ist so „wild" und „westlich" wie Amerika nur sein kann. Dass es hier keine Cowboys gibt, wird durch eine seltene, vom Aussterben bedrohte Tier- und Pflanzenwelt und einem dichten Urwald wieder wettgemacht. Etwa die Hälfte der Halbinsel gehört zum bekanntermaßen feuchten Olympic National Park. Die Küstengebiete befinden sich größtenteils in den Händen der Holzindustrie und der amerikanischen Ureinwohner. Hier gibt es ein paar vereinzelte kleine, aber interessante Siedlungen wie beispielsweise Port Townsend zu sehen. Im Westen, dem abgeschiedenen Ende der *lower 48 states*, treffen der tosende Pazifik und der dunstige pazifische Regenwald mit seinen uralten Bäumen in feuchter Harmonie aufeinander.

WAS ZUM ...?

Washingtons Gipfel mit ihren scharfen, zinnenartigen Kämmen und rumorenden, schneebedeckten Vulkanen haben viel mit den Anden in Südamerika gemeinsam ... z. B. Lamas.

Deli Llama Adventures (☎ 360-757-4212; www.delillama.com; 17045 Llama Lame, Bow, WA 98232) ist ein kleiner, renommierter Veranstalter, der von Mai bis September in den North Cascades und dem Olympic National Park Lama-/Wanderausflüge für Gruppen von bis zu zehn Personen anbietet. Die Preise beginnen bei 140 US$ pro Person und Tag (je nach Größe der Gruppe) und decken Zelte, Kochausrüstung, alle Mahlzeiten und – natürlich – Lamas ab, die mit ihrer trittsicheren Würde und ihren instinktiven Kletterfähigkeiten fast wie umweltfreundliche Jeeps durch die holprige Gegend marschieren.

Olympic National Park

1909 wurde der 3600 km² große **Olympic National Park** (www.nps.gov/olym) zum Naturschutzgebiet, 1938 zum Nationalpark erklärt. Er umfasst einen einzigartigen gemäßigten Regenwald und einen fast 92 km langen, rauen Küstenstreifen, der erst 1953 in den Nationalpark eingegliedert wurde und eine der letzten großen Wildnisregionen Nordamerikas ist. Die Möglichkeiten, die Gegend auf eigene Faust zu entdecken, sind nahezu unbegrenzt. Und natürlich steht auch sportliche Betätigung hoch im Kurs: Man kann wandern, angeln, Kajak fahren und Ski laufen.

PRAKTISCHE INFORMATIONEN

Der Eintritt in den Park kostet 5/15 US$ pro Person/Fahrzeug. Das Ticket, das am Parkeingang erhältlich ist, gilt eine Woche lang. Viele Touristeninformationen fungieren zugleich als Rangerstationen des United States Forestry Service (USFS), die Camping-Genehmigungen ausstellen (für 14 Tage 5 US$/ Gruppe, plus 2 US$ pro Person & Nacht).

Forks Visitor Information Center (☎ 360-374-2531, 800-443-6757; 1411 S Forks Ave, Forks; ⏱ 10–16 Uhr) Tipps zu schönen Wanderungen und weitere Infos.

Olympic National Park Visitor Center (☎ 360-565-3130; 3002 Mt. Angeles Rd, Port Angeles; ⏱ 9–17 Uhr) Das beste Visitor Center überhaupt liegt in Port Angeles an der Einfahrt Hurricane Ridge, 1,5 km vom Hwy 101 entfernt.

Wilderness Information Center (☎ 360-565-3100; 3002 Mt. Angeles Rd, Port Angeles; ⏱ Mai–Sept. So–Do 7.30–18, Fr & Sa 7.30–20 Uhr, Nov.–April 8.30–16 Uhr) Gleich hinter dem Visitor Center gibt's Karten, Genehmigungen und Wanderinformationen.

DIE OSTEINGÄNGE

Die Schotterstraße Dosewallips River Rd folgt ab der US 101 (Abzweigung 1 km nördlich des Dosewallips State Park) über 15 Meilen (24 km) dem Lauf des Flusses bis zur **Dosewallips Ranger Station**, an der die Wanderwege beginnen; Infos über den Straßenzustand gibt's unter ☎ 360-565-3130. Auch wenn man nur eine kurze Tour auf einem der beiden langen Wanderwege plant, lohnt sich ein Ausflug ins Tal, nicht zuletzt wegen der eindrucksvollen Sicht auf die Gletscher des **Mt. Anderson**. Ein weiterer Parkzugang für Wanderer im Osten ist die **Staircase Ranger Station** (☎ 360-877-5569; ⏱ nur Mai–Sept.), direkt hinter der Grenze des Nationalparks. Von Hoodsport aus sind es 15 Meilen (24 km) auf der US 101 dorthin. Bei Campern sind zwei State Parks am Ostrand des Nationalparks beliebt: der **Dosewallips State Park** (☎ 888-226-7688; Stellplatz für Zelt/Wohnmobil 19/24 US$) und der **Lake Cushman State Park** (☎ 888-226-7688; Stellplatz für Zelt/Wohnmobil 20/26 US$). Sie haben beide fließendes Wasser, Toiletten und ein paar Stromanschlüsse. Reservierung möglich.

DIE NORDEINGÄNGE

Der am leichtesten zu erreichende und folglich beliebteste Eingang findet sich beim **Hurricane Ridge** 29 km südlich von Port Angeles. Am Straßenende steht ein Informationszentrum, von dem aus man den Mt. Olympus (2427 m) und Dutzende andere Berggipfel erspähen kann. In der Höhe von 1585 m muss man auf schlechtes Wetter und (wie der Name schon sagt) starken Wind gefasst sein. Im Sommer bieten sich zahlreiche Trekking- und Wandermöglichkeiten. In den USA gibt's nur zwei Nationalparks, in denen man Ski fahren kann. Einer von ihnen ist dieser hier. Die Anlagen werden von dem kleinen, familienfreundlichen **Hurricane Ridge Winter Sports Club** (☎ 360-417-1542; www.hurricaneridge.net) betrieben.

Beliebt bei Bootsbesitzern und Anglern ist der **Lake Crescent**, an dem auch die älteste **Lodge** (☎ 360-928-3211; www.lakecrescentlodge.com; 416 Lake

Crescent Rd; Zi. in Lodge mit Gemeinschaftsbad 68–85 US$, Cottage 132–211 US$; ☺ Mai–Okt.; P ✗ ✗ ☎) steht. Die Preise sind recht annehmbar. In dem umweltbewusst geführten Restaurant der Lodge werden opulente und leckere Gerichte serviert. Von der **Storm King Information Station** (☎ 360-928-3380; ☺ nur Mai–Sept.) am Südufer des Sees klettert ein 1,6 km langer Wanderweg durch den alten Wald zu den Marymere Falls. Am Sol Duc River findet sich das **Sol Duc Hot Springs Resort** (☎ 360-327-3583; www.northolympic. com/solduc; 12076 Sol Duc Hot Springs Rd, Port Angeles; Zi. 115–169 US$, Stellplatz für Wohnmobil 23 US$; ☺ Ende März–Okt.; ✗ ✗), das Kost und Logis, Massagen und natürlich auch ein Bad in den Thermalwässern (Erw./Kind 10/7,50 US$) anbietet. Von hier aus kann man wunderschöne Tagesausflüge unternehmen.

DIE WESTEINGÄNGE

Die dem Pazifik zugewandte Seite der Olympics ist allein schon durch die bloße Entfernung weit ab vom Schuss. Das Gebiet, das eines der regenreichsten Mikroklimata der USA aufweist, ist die raueste Ecke der Halbinsel. Nur über die US 101 erreicht man die wunderbar gemäßigten Regenwälder und die schroffe Küste. Der **Hoh River Rainforest** am Ende der 30 km langen Hoh River Rd ist ein Tolkien'sches Labyrinth mit tropfenden Farnen und moosbedeckten Bäumen. Beim **Hoh Visitor Center and Campground** (☎ 360-374-6925; Stellplatz 12 US$; ☺ Juli & Aug. 9–18 Uhr, Sept.–Juni 9–16.30 Uhr) erfährt man alles über das komplexe, empfindliche Ökosystem. Und natürlich bekommt man hier auch Infos über geführte Touren und längere Wanderungen durch die Gegend. Auf dem Campingplatz befinden sich weder Stromanschlüsse noch Duschen. Keine Reservierung möglich.

Etwas weiter südlich wird der **Lake Quinault**, ein wunderschöner Gletschersee, von bewaldeten Gipfeln umgeben. Hier wird gern geangelt, Boot gefahren und geschwommen. Außerdem stehen an seinem Ufer einige der ältesten Bäume Amerikas.

Die **LP Tipp** **Lake Quinault Lodge** (☎ 360-288-2900; www.visitlakequinault.com; 345 S Shore Rd; Zi. in Lodge 134–167 US$, Hütte 125–243 US$; ✗ ✗) ist ein „Parkitektur"-Klassiker aus den 1920er-Jahren. Die Luxusherberge punktet mit einem beheizten Pool, einer Sauna, einem knisternden Kamin und einem unvergesslichen Speisesaal, in dem zum Frühstück köstliche Süßkartoffel-Pancakes serviert werden. Eine

preiswertere Übernachtungsmöglichkeit in der Nähe ist das ultrafreundliche **Quinault River Inn** (☎ 360-288-2237; 8 River Dr; Zi. 69 US$; P ✗ ✗ ☎) im Amanda Park, das besonders bei Anglern äußerst beliebt ist.

Direkt an der Lake Quinault Lodge beginnen einige kurze Wanderwege. An der Graves Creek Ranger Station am Ende der South Shore Rd beginnt der längere **Enchanted Valley Trail**, ein mittelschwerer, fast 21 km langer Weg, der hinauf zu einer großen Wiese mit Wildblumen und Erlenwäldern führt.

Port Townsend

Historische Überreste sind im Nordwesten Amerikas eigentlich rar gesät, das alte Städtchen Port Townsend ist daher umso faszinierender. Der kleine, nostalgische Ort mit seiner lebendigen Kulturszene ist ein wahres Musterbeispiel viktorianischer Architektur der 1890er-Jahre, das „New York des Westens, das es niemals war". Denn die einstige Boomtown ging Anfang des 20. Jhs. pleite und konnte erst 70 Jahre später dank einiger vorausschauender Einheimischer zu neuem Leben erweckt werden. Heute bietet Port Townsend einen heiteren Mix aus originellen Restaurants, eleganten Fin-de-Siècle-Hotels und spleenigen Festivals. Mehr Fakten über das historische und Ab der Stadt gibt's im **Visitor Center** (☎ 360-385-2722; www.ptchamber.org; 2437 E Sims Way; ☺ Mo–Fr 9–17, Sa & So 9–16 Uhr). Wem das nicht reicht, der kann das **Jefferson County Historical Society Museum** (☎ 360-385-1003; 540 Water St; Erw./Kind unter 12 Jahren 4/1 US$; ☺ März–Dez. Mo–Sa 11–16, So 13–16 Uhr) besuchen.

Der vom Wind umtoste **Fort Worden State Park** (☎ 360-344-4400; 200 Battery Way; ☺ April–Okt. 6.30 Uhr–Sonnenuntergang, Nov.–März 8 Uhr–Sonnenuntergang) 3 km nördlich des Fährenlegers (von Uptown kommt man über die Cherry St hin) war Schauplatz des Films *Ein Offizier und ein Gentleman*. Hier befinden sich auch die **Commanding Officer's Quarters** (☎ 360-385-4730; Eintritt 2 US$; ☺ Juni–Aug. tgl. 10–17 Uhr, März–Mai & Sept.–Okt. Sa & So 13–16 Uhr), ein restauriertes viktorianisches Wohnhaus, das **Coast Artillery Museum** (☎ 360-385-0373; Eintritt 2 US$; ☺ Juni–Aug. tgl. 11–16 Uhr, März–Mai & Sept.–Okt. Sa & So 11–16 Uhr) und viele Möglichkeiten, um einen Drachen steigen zu lassen oder die Natur zu bewundern.

Im Fort Worden State Park bietet das **HI Olympic Hostel** (☎ 360-385-0655; www.hihostels.com; 272 Battery Way; B 17–20 US$, Zi. ab 50 US$) spartanisch eingerichtete, aber sonst tadellose Zimmer in einer ehemaligen Kaserne auf dem Hügel hinter der Parkverwaltung. Die Innenstadt ist mit zahlreichen viktorianischen Hotels in roten Backsteinhäusern geschmückt, darunter das **Waterstreet Hotel** (☎ 360-385-5467; www.waterstreet hotelporttownsend.com; 635 Water St; Zi. 50–160 US$; ✹) mit einer Auswahl an viktorianisch eingerichteten Zimmern, die über einem Pub liegen (will heißen: laut sind). Von einigen Zimmern kann man sogar den Blick aufs Meer genießen. Das preußisch wirkende **Manresa Castle** (☎ 360-385-5750, 800-732-1281; www.manresacastle.com; Ecke 7th & Sheridan St; Zi. ab 109 US$; P ☎) mit seinen netten Türmen ist zwar ruhiger, dafür soll es hier aber spuken. Das 1892 erbaute Herrenhaus macht sich wenig aus billigen Gimmicks und vermietet stattdessen 40 antiquarisch anmutende Zimmer.

Port Townsend hat eine ganze Menge einfache, unkonventionelle Lokale, in denen man gut essen, ein Gläschen kippen und sich amüsieren kann. Das **Salal Café** (☎ 360-385-6532; 634 Water St; Frühstück 7–8 US$; Mittagessen 8–9 US$; ✹ 7–14 Uhr) ist ein beliebter Treffpunkt zum Brunchen und berühmt für seine in Burritos eingewickelten Eier. Wer einen Tisch ergattern will, muss rechtzeitig dran sein.

LP Tipp **Waterfront Pizza** (☎ 360-385-6629; 951 Water St; Pizza ab 10 US$ ✹ 11–22 Uhr) Ein Winzling, der mit seinem legendären hausgemachten Pizzasauerteig und den leckeren frischen Auflagen selbst Leute aus Seattle über den Puget Sound lockt. Man kann die Pizza im Obergeschoss verputzen oder sich ein Stück mitnehmen. Im **Silverwater Cafe** (☎ 360-385-6448; 237 Taylor St; Mittagessen 6–10 US$; Abendessen 10–17 US$; ✹ So–Do 11.30–22, Fr & Sa 11.30–23 Uhr) kann man in romantischer Atmosphäre kreativ zubereitete Speisen genießen.

Port Townsend erreicht man von Seattle aus mit der Fähre zur Bainbridge Island; von dort geht's mit Bus 90 weiter nach Poulsbo, wo man in Bus 7 umsteigen muss. Zwischen Port Townsend und Keystone auf Whidbey Island verkehren die **Washington State Ferries** (☎ 206-464-6400, in Washington 888-808-7977; www. wsdot.wa.gov/ferries) (Auto & Fahrer/Pers. 8,90/ 2,60 US$, 35 Min.).

Port Angeles

Der Name von Port Angeles führt in die Irre: Die Holzfällerstadt am Fuß der steilen Olympic Mountains hat weder Spanisches noch Engelhaftes an sich. In den Ort kommt man wohl vor allem deswegen, um auf die Fähre

nach Victoria in British Columbia zu gehen oder um einen Ausflug in den nahe gelegenen Olympic National Park zu unternehmen, aber wohl kaum wegen der Stadt selbst. Das **Visitor Center** (☎ 360-452-2363; 121 E Railroad Ave; ✹ Mai–Okt. 8–20 Uhr, Nov.–April 10–16 Uhr) befindet sich neben dem Fähranleger. Infos über den Nationalpark bekommt man auch in einem weiteren Besucherzentrum außerhalb der Stadt (s. S. 343). Ausrüstung für Outdoor-Abenteuer gibt's bei **Olympic Mountaineering** (☎ 360-452-0240; 140 W Front St).

Die billigste Budgetunterkunft in Port Angeles ist das zentral gelegene, gemütliche **Downtown Hotel** (☎ 360-565-1125; www.portangeles downtownhotel.com; 101 E Front St; Zi. ohne/mit Bad 55/75 US$; ✕ ✹) neben dem Fähranleger. Im Erdgeschoss befindet sich das nette **Corner House Restaurant** (☎ 360-452-9692; 101 E Front St; Hauptgerichte 6–8 US$; ✹ 6–21 Uhr). Die Tische und Nischen des einfachen Lokals sind fast immer besetzt.

Das **Bella Italia** (☎ 360-457-5442; 118 E 1st St; Hauptgerichte 11–19 US$; ✹ ab 16 Uhr) wartet mit einer langen Weinkarte auf und bietet die letzte Möglichkeit, noch mal richtig zuzuschlagen, bevor es in die Wildnis der Olympics geht.

Zwei Fähren schippern von Port Angeles nach Victoria (British Columbia, Kanada). Die **Coho Vehicle Ferry** (☎ 360-457-4491; Pers./Auto 13,50/50 US$) braucht dafür 90 Minuten, die Passagierfähre **Victoria Express** (☎ 360-452-8088; Erw./ Kind 12,50/7 US$; ✹ Mai–Sept.) eine Stunde.

Olympic Bus Lines (☎ 360-417-0700) unterhält vom Busbahnhof an der Ecke Oak St und Front St täglich zwei Verbindungen nach Seattle (39 US$). Die Busse von **Clallam Transit** (☎ 360-452-4511) fahren nach Forks und Sequim, wo man Anschluss an andere Busse hat und so die ganze Halbinsel umrunden kann.

Der Nordwesten der Halbinsel

In der äußersten nordwestlichen Ecke gibt's zahlreiche Indianerreservate, in denen Besucher mit dem angemessenen Respekt gegenüber den dortigen Menschen willkommen sind. Das am Hwy 112 gelegene Örtchen Neah Bay mit seinen verwitterten Booten und hohen Totempfählen erlitt einen harten Schlag durch die industrielle Lachsfischerei. Hier sind die Makah-Indianer zu Hause (**Makah Indian Reservation**, www.makah.com). In deren **Makah Museum** (☎ 360-645-2711; 1880 Bayview Ave; Eintritt 5 US$; ✹ April–Aug. tgl. 10–17 Uhr, Sept.–Mai Mi–So 10–17 Uhr) können Kunstgegenstände besichtigt werden, die zu den bedeutendsten archäologischen Funden Nordamerikas gehören. Die durch die Gezeiten bedingte Erosion hat 1970 in dem 500 Jahre alten Makah-Dorf Ozette Schätze von unglaublichem historischem Wert zu Tage befördert: Waffen, die für den Walfang benutzt wurden, Kanus, Speere und Kämme. 7 Meilen (11 km) weiter führt ein kurzer Pfad zum **Cape Flattery**, einem 100 m hinausragenden Kap, das den nordwestlichsten Punkt der *lower 48 states* bildet.

92 km von Neah Bay entfernt liegt ganz in der Nähe des Hoh River Rainforest und der Küste der Olympic Peninsula der Ort **Forks**. Hier kann man gut im netten **Forks Motel** (☎ 360-374-6243; www.forksmotel.com; 432 S Forks Ave; EZ/DZ 65/70 US$; ⊠ 🐾) übernachten und sich nebenan im **In Place** (☎ 360-372-6258; 320 S Forks Ave; Hauptgerichte 9–17 US$; ⌚ 7–22 Uhr) leckere Hausmannskost schmecken lassen.

NORDWEST-WASHINGTON

Die zwischen Seattle, den Cascades und Kanada eingezwängte nordwestliche Ecke Washingtons ist von allen drei Gebieten beeinflusst. Hauptort der Gegend ist das lockere Städtchen Bellingham mit seinen studentischen Cafés und Ethno-Bio-Restaurants. Das Outdoor-Highlight sind allerdings die ländlich geprägten San Juan Islands, ein großer Archipel, der einem vergilbten Foto aus vergangenen Zeiten gleicht. Zu erreichen sind die Inseln nur per Fähre. Ebenfalls grün – aber leichter zu erreichen – ist Whidbey Island mit dem schönen Deception Pass State Park und dem malerischen Austerndorf Coupeville. Auf Fidalgo Island liegt das Städtchen Anacortes, das über eine Brücke mit dem Festland verbunden ist. Hier legen die meisten Fähren zu den San Juan Islands und nach Victoria in Kanada ab. Wenn die Fähre Verspätung hat, kann man in dem großen Washington Park etwas relaxen oder in einem der klassischen Restaurants in der Innenstadt den einheimischen Heilbutt mit Pommes probieren.

Whidbey Island

Whidbey Island ist mit einer Nord-Süd-Ausdehnung von 66 km die längste Insel der Vereinigten Staaten – und wahrscheinlich ist sie auch die grünste. Sie beheimatet sechs State Parks, ein einzigartiges National Historical Reserve und eine blühende Künstler- und Schriftstellergemeinde. Kostenlose – ja,

ganz richtig, kostenlose – Busse fahren über die ganze Insel. Sie ist eben mehr als nur eine überbordende Oase. Und manchmal traut man seinen Augen kaum.

Der **Deception Pass State Park** (☎ 360-675-2417; 41229 N State Hwy 20) liegt beiderseits der gleichnamigen Meerenge zwischen Whidbey Island und Fidalgo Island. Er umfasst einige Seen, Inseln und Campingplätze und kann auf insgesamt 43 km langen Wanderwegen erkundet werden.

In dem 70 km² großen **Ebey's Landing National Historical Reserve** (☎ 360-678-3310; www.nps.gov/ebla; Eintritt frei; ⌚ Mitte Okt.–März 8–17 Uhr, April–Mitte Okt. 6.30–22 Uhr) gibt's bewirtschaftete Farmen, geschützte Strände, zwei State Parks und das Städtchen **Coupeville**. Die kleine Siedlung ist eine der ältesten Washingtons, sie lockt Besucher mit einer hübschen Promenade, Antiquitätengeschäften und vielen alten Wirtshäusern. Nähere Infos sind im **Visitor Center** (☎ 360-678-5434; www.centralwhidbeychamber.com; 107 S Main St; ⌚ 10–17 Uhr) erhältlich. Auf Whidbey gibt's zahlreiche Gasthäuser und B&Bs, selbst die Motels sind hier anders. Das **Coupville Inn** (☎ 800-247-6162; www.thecoupevilleinn.com; 200 Coveland St; Zi. ohne/mit Balkon 105/140 US$; 🅿 ⊠ 🖳) bezeichnet sich selbst als Motel im französischen Stil – wenn das nicht per se ein Widerspruch ist. Es ist mit ausgefallenen Möbeln eingerichtet und serviert ein schmackhaftes Frühstück. Frische Muscheln aus heimischen Gewässern und selbst gebrautes Bier bekommt man in **Toby's Tavern** (☎ 360-678-4222; 8 Front St; ⌚ So–Do 11–21, Fr & Sa 11–22 Uhr).

Die **Washington State Ferries** (☎ 206-464-6400, in Washington 888-808-7977; www.wsdot.wa.gov/ferries) verkehren zwischen Clinton und Mukilteo (Auto & Fahrer/Pers. 6,85/3,95 US$, 20 Min., alle 30 Min.) bzw. zwischen Keystone und Port Townsend (Auto & Fahrer/Pers. 8,90/2,60 US$, 30 Min., alle 45 Min.). Die kostenlosen **Island Transit Busse** (☎ 360-678-7771) fahren vom Fähranleger Clinton aus täglich außer sonntags einmal in der Stunde Whidbey Island der Länge nach ab.

Bellingham

Bellingham ist grün, so richtig grün – und das nicht nur wegen der (vielen) Bäume, sondern auch dank eines progressiven Lebensstils. Hier kann man auf gut gepflegten innerstädtischen Wegen spazieren gehen oder radeln, seinen Müll in sechs verschiedenen Recycling-Tonnen entsorgen und in neuartigen Gemeindekooperativen seine Lebensmittel einkaufen. Aber deshalb ist diese Stadt noch lange kein Ort verschrobener Müsli-Esser, die ihre Bäume über alles lieben. Bellingham ist die zehntgrößte Stadt Washingtons. Sie wirbt damit, eine der lebenswertesten Gemeinden der USA zu sein. In dem netten Stadtteil Old Fairhaven mit den vielen Secondhand-Buchläden kann man auf den Spuren der Geschichte dieses Orts wandeln. Nur einige Schritte vor den Toren der Stadt gibt es ein fantastisches Freizeitangebot in der freien Natur – angefangen bei dem schroffen Gipfel des Mt. Baker bis hin zu den kajakfreundlichen Gewässern der San Juan Islands. Die besten Infos über die Stadt erteilt die **Visitor Info Station** (☎ 360-527-8710; www.downtownbellingham.com; 1304 Cornwall St; 9–18 Uhr).

Victoria/San Juan Cruises (☎ 360-738-8099, 800-443-4552) bietet Whale-Watching-Touren nach Victoria in British Columbia an. Die Schiffe legen am Bellingham Cruise Terminal in Fairhaven ab und fahren zwischen den San Juan Islands hindurch.

Das Geheimnis eines guten Kettenhotels besteht darin, dass es nicht den Eindruck erweckt, eines zu sein. Wer diese Aussage überprüfen will, geht in das saubere, sympathische **Guesthouse Inn** (☎ 360-671-9600; www.bellinghamvaluinn.com; 805 Lakeway Dr; EZ/DZ 79/89 US$; P) an der I-5; praktischerweise hält der Vancouver-Seattle Airporter Shuttle hier. Das **Fairhaven Village Inn** (☎ 360-733-1311; www.fairhavenvillageinn.com; 1200 10th St; Zi. mit Blick auf Bucht/Park 169/189 US$; P) mischt die für Old Fairhaven typischen blassen Farben ganz wunderbar mit modernem Glanz. Routinierter, aber dezenter Service.

In Bellingham gibt's so viele gute, unabhängige, preiswerte Lokale, dass man gar nicht weiß, wo man anfangen soll. Im **Bagelry** (☎ 360-676-5288; 1319 Railroad Ave; Bagels 4–7 US$; Mo–Fr 6.30–17, Sa & So 8–16 Uhr) werden New Yorker Bagels ohne Konservierungsmittel eigenhändig gebacken und mit einem Guten-Morgen-Lächeln serviert. Das **Swan Cafe** (☎ 360-734-0542; 1220 N Forest St; Gerichte 5–7 US$; 8–21 Uhr; V) gehört zur Community Food Co-op. In diesem Feinkostladen mit Café bekommt man einen Einblick in Bellinghams Genossenschaftsmentalität und fair gehandelte Bio-Produkte. Wer will, kann über den 4 km langen South Bay Trail nach Fairhaven wandern und dort im **Village Books** (☎ 360-671-2626; www.villagebooks.com; 1200 11th St) in interessanten Büchern schmökern. Auch ein Besuch des **Colophon Café** (☎ 360-647-0092; 1208 11th St; Hauptgerichte 7–10 US$; 9–22 Uhr) gleich nebenan lohnt sich. Dieses Café ist für die afrikanische Erdnusssuppe und die Schokotorten mit Brandy und Sahne berühmt. Im fantastischen **Mt. Baker Theatre** (☎ 360-734-6080; 106 N Commercial St) treten regelmäßig bekannte Musiker und Schauspieler auf.

Im Sommer schippert der **San Juan Islands Shuttle Express** (☎ 360-734-3431) täglich zu den Inseln Orcas und San Juan (20 US$). Die Alaska Marine Highway Ferries fahren nach Juneau (60 Std.) und zu anderen Häfen im Südosten Alaskas (ab 353 US$ ohne Auto). Der **Bellair Airporter Shuttle** (☎ 360-380-8800; www.airporter.com) fährt zum Sea-Tac Airport (34 US$). Unterwegs kann man in Busse nach Anacortes und zur Whidbey Island umsteigen.

SAN JUAN ISLANDS

Wer mit der Fähre von Anacortes in Richtung Westen fährt, wird sich schnell wie am Ende der Welt fühlen. Gefühlte tausend Meilen entfernt von der urbanen Hektik am Puget Sound, zaubert die in Nebel gehüllte Inselgruppe der San Juans die Proust'sche Atmosphäre einer längst verlorenen Zeit herbei, die sich oft so amerikanisch – pardon kanadisch (die Inseln werden schließlich an zwei Seiten von Kanada begrenzt) – anfühlt. Straßenkriminalität ist hier so gut wie unbekannt, Fast-Food-Ableger sind eine hässliche Festlanderscheinung und ein Auto – in den USA eigentlich ein unverzichtbarer Reisebegleiter – spart man sich am besten.

Der riesige Archipel besteht aus mehr als 450 Inselchen. Wer es sich aber nicht leisten kann, eine Yacht oder ein Wasserflugzeug zu chartern, der wird nur in den Genuss von den vier großen Inseln – San Juan, Orcas, Shaw und Lopez – kommen, die täglich von den Washington State Ferries angefahren werden. Die Inseln sind berühmt für ihre Ruhe, die Möglichkeiten, Wale zu beobachten oder im Kajak über ruhige Gewässer zu gleiten und ihren aufwieglerischen Nonkonformismus.

Gute, allgemeine Infos über die San Juans bekommt man im **San Juan Islands Visitor Information Center** (☎ 360-468-3663; www.guidetosanjuans.com; Mo–Fr 10–14 Uhr).

Am besten erkundet man die San Juans mit einem seetüchtigen Kajak oder Fahrrad. Kajaks kann man auf den Inseln Lopez, Orcas und San Juan mieten. Eine geführte Halbtagestour kostet 30 bis 45 US$. Die meisten Strände sind Privateigentum und dürfen nicht betreten werden, es sei denn, sie gehören zu einem State oder County Park. Die flache, ländliche Lopez Island eignet sich wunderbar für einen Radausflug, und auch die San Juan Island umrundet man problemlos an einem Tag. Anders sieht es auf Orcas aus – die hügelige Landschaft und vor allem der 8 km lange Anstieg hinauf auf den Mt. Constitution haben es ganz schön in sich.

Die San Juan Islands werden von **Harbor Air Lines** (☎ 800-359-3220; www.harborair.com), **Kenmore Air** (☎ 800-543-9595; www.kenmoreair.com) und **West Isle Air** (☎ 800-874-4434; www.westisleair.com) angeflogen. Öffentliche Verkehrsmittel sind rar. Die meisten Hotels holen ihre Gäste von der Fähre ab, sofern man zuvor die Ankunftszeit mitgeteilt hat.

Die Schiffe von **Washington State Ferries** (☎ 20 6-464-6400, in Washington 888-808-7977; www.wsdot.wa. gov/ferries) fahren von Anacortes zu den San Juans und einige weiter nach Sidney in British Columbia, das in der Nähe von Victoria liegt. Angesteuert wird Lopez Island (45 Min.), Orcas Landing (60 Min.) und Friday Harbor auf San Juan Island (75 Min.). Der Fahrpreis variiert je nach Saison. Hin- und Rückfahrkarten kann man nur auf den Fähren in Richtung Westen kaufen (eine Ausnahme bildet die Strecke von Sidney in Richtung USA). Wer alle Inseln erkunden will, startet am besten in Friday Harbor und hangelt sich dann über die einzelnen Inseln zurück zum Ausgangspunkt – so ist's am günstigsten.

Lopez Island

Lopez – oder „Slow-pez", wie die Einheimischen zu sagen pflegen – sollte man mit dem Fahrrad erkunden. Eine gemächliche, idyllische Spritztour wird dank der sanft hügeligen Landschaft und des freundlichen Hallos der Einheimischen, die mit der „Lopezian Wave" (einem Wink mit drei Fingern) grüßen, zu einem großen Spaß. Übernachten kann man in der Nähe der Marina im **Lopez Islander Resort** (☎ 360-468-2233; www.lopezislander.com; 2864 Fisherman Bay Rd; DZ ab 120 US$; ⌘ ⌘), zu dem ein Restaurant und ein Fitnessraum gehören. Es wird einem auch angeboten, sein Auto kostenlos in Anacortes zu parken. (Wenn das kein Grund ist, sein Auto stehen zu lassen.) Wer kein eigenes Fahrrad mit auf die Insel bringt, sollte vorab bei **Lopez Bicycle Works** (☎ 360-468-2847; 2847 Fisherman Bay Rd; ⌚ Mai–Sept. 10–18 Uhr)

anrufen; so bekommt man einen Drahtesel direkt zum Fähranleger gebracht.

San Juan Island

San Juan Island ist die heimliche Hauptinsel des Archipels. Mit einem grünen Mix aus flachen bewaldeten Hügeln und kleinen ländlichen Farmen spiegelt sie die dramatische und ungewöhnliche Geschichte des 19. Jhs. wider. Die **Chamber of Commerce** (☎ 360-378-5240; www.sanjuanisland.org; 135 Spring St; ⌚ Mo–Fr 10–17 Uhr, Sa & So 10–16 Uhr) befindet sich im Hauptort Friday Harbor und ist in einer kleinen Arkade an der Hauptstraße untergebracht.

Der **San Juan Island National Historical Park** (☎ 360-378-2240; www.nps.gov/sajh; ⌚ 8.30–16 Uhr) erinnert an eine territoriale Auseinandersetzung zwischen Briten und Amerikanern Mitte des 19. Jhs. Er besteht aus zwei ehemaligen Militärcamps an den entgegengesetzten Enden der Insel, in denen Besucher die Überreste der alten Offiziersquartiere besichtigen können (was jeweils gut einen Tag in Anspruch nimmt). Im amerikanischen Camp am südöstlichen Ende der Insel kann man den Mt. Finlayson besteigen, von dem aus an klaren Tagen drei Gebirgszüge zu sehen sind. Der **Lime Kiln Point State Park** (⌚ Mitte Okt.–30. März 8–17 Uhr, 1. April–15. Okt. 6.30–22 Uhr) an der Westküste steht ganz im Zeichen der Walbeobachtung.

Wayfarer's Rest (☎ 360-378-6428; www.rockisland. com/~wayfarersrest; 35 Malcolm St; B/Hütte 30/70 US$) in Friday Harbor ist eine Unterkunft für Backpacker. Das **Roche Harbor Resort** (☎ 800-451-8910; www.rocheharbor.com; Roche Harbor; Zi. 79–99 US$, Zweibettzimmer ab 299 US$, Ferienwohnung ab 149 US$; ⓟ ⌘ ⌘) in Nordwesten der Insel ist eine wunderschöne Anlage am Wasser. In Friday Harbor gibt's in der Nähe des Fähranlegers mehrere fantastische Restaurants.

Orcas Island

Die schöne, unberührte Orcas Island mit ihrer steilen, zerklüfteten Küste ist das smaragdgrüne Kleinod der San Juans. Die Fähre legt in Orcas Landing an, 22 km südlich des Hauptörtchens Eastsound. Im Ostteil der Insel liegt der **Moran State Park** (☎ 360-376-2326; ⌚ April–Sept. 6.30 Uhr–Sonnenuntergang, Okt.–März 8 Uhr–Sonnenuntergang), der von dem 734 m hohen Mt. Constitution mit seinen insgesamt 65 km Wanderwegen beherrscht wird. Einmal oben angekommen, hat man einen atemberaubenden Rundumblick. Reservierung möglich.

WER NOCH EIN PAAR TAGE ZEIT HAT

Die Cascades halten noch einiges an Überraschungen bereit. Aber zuerst einmal muss man die ausgetretenen Touristenpfade veranlassen und Eigeninitiative ergreifen.

- Das **Ross Lake Resort** ist eine Ansammlung schwimmender Hütten an der Westseite des Ross Lake, direkt nördlich des Ross Dam. Es führt keine Straße her; Besucher müssen entweder die 3,2 km vom Hwy 20 bis zum Resort wandern oder sich vom Parkplatz in der Nähe des Diablo Dam vom Wassertaxi-Truck-Shuttle des Resorts abholen lassen.

- Toll ist auch die Wanderung hinauf auf den **Desolation Peak** (1860 m), von wo aus der Blick über den Ross Lake schweift. An der Hütte des Beatniks und Schriftstellers Jack Kerouac, der hier 1956 zwei Monate ganz allein als Feuerwächter lebte, kann man dann etwas über Gott und die Welt sinnieren. Die fast 11 km lange Wanderung hinauf ist zwar recht anstrengend, dafür wird man aber reich belohnt mit der gleichen fantastischen Aussicht, die schon Kerouac inspirierte. Den Ausgangspunkt des Wanderwegs erreicht man am besten mit dem Wassertaxi vom Ross Lake Resort.

Auf Orcas gibt's ganz hervorragende Unterkünfte, von preiswerten Hütten bis hin zu Luxusresorts.

LP Tipp **Rosario Resort & Spa** (☎ 360-376-2222; www.rosario-resort.com; 1400 Rosario Rd, Eastsound; Zi. 188–400 US$; P ⊠ ✗ ⊚ ⌘) Das Beste vom Besten. Das großartige Herrenhaus am Wasser wurde 1904 von dem ehemaligen Schiffsbauer Robert Moran errichtet und inzwischen in ein Luxusresort umgebaut. Eine preiswertere, aber ebenso geschichtsträchtige Alternative ist das **Outlook Inn** (☎ 360-376-2200; www.outlookinn. com; 171 Main St, Eastsound; Zi. ohne/mit Bad 84/140 US$; P ⊠ ✗). Untergebracht ist es in einem gediegenen Gebäude aus dem Jahr 1888, das sich der Zeit angepasst hat. Übernachtet wird in motelartigen Zimmern oder schicken Suiten. Das dazugehörige **New Leaf Café** (☎ 360-376-2200; Hauptgerichte 17–25 US$; ⏱ Do–Mo 17.30–23 Uhr) ist eines der klassischen Restaurants der Insel. Camper steuern den **Moran State Park** (☎ 360-376-2326; Stellplatz Standard 13 US$, Stellplatz für Wanderer & Radfahrer 6 US$) an, der mehr als 150 Plätze (ohne Stromanschluss) hat.

Das **Cafe Olga** (☎ 360-376-5098; 11 Point Lawrence Rd, Olga; Hauptgerichte 9–11 US$; ⏱ Mo–Fr 9–18, Sa & So 9–20 Uhr, März–April Mi geschl.) ist zusammen mit einer Kunsthandwerksgalerie in einer Scheune knapp 6 Meilen (10 km) südöstlich von Eastsound untergebracht. Es hat sich auf hausgemachten Kuchen spezialisiert und versorgt Radler und Wanderer, die gerade von der Eroberung des stolzen Mt. Constitution zurückkommen, mit süßen Leckereien. Mexikanische Genüsse gibt's im **Bilbo's Festivo** (☎ 360-376-4728; 310 A St, Eastsound; Hauptgerichte Abendessen ab 14 US$; ⏱ 16–21 Uhr).

NORTH CASCADES

Spitze, gezackte Gipfel, weitläufige Gletscher und ein überreiches Vorkommen komplexer metamorpher Gesteinsschichten prägen die North Cascade Mountains, die sich in geologischer Hinsicht komplett von den südlichen Cascades unterscheiden. Da sie quasi als unbezwingbar gelten, waren die North Cascades für die Menschheit bis vor gar nicht allzu langer Zeit ein ungelöstes Rätsel. Die erste Straße durch dieses Gebiet wurde erst 1972 gebaut. Und selbst heute sind die North Cascades die unerschlossenste Gegend des ganzen Nordwestens.

Mt. Baker

Der Mt. Baker erhebt sich geisterhaft wie ein Wächter über die Gewässer des oberen Teils des Puget Sound und zieht seit Jahrhunderten Besucher des Nordwestens in seinen Bann. Der schlafende Vulkan stieß zum letzten Mal in den 1850er-Jahren Rauch aus. Und 1999 konnte er einen Rekord ganz anderer Art verzeichnen: An dem häufig besuchten, 3286 m hohen Berg, der von zwölf Gletschern umgeben ist, fielen 29 m Schnee – in nur einer Saison!

Der gut befestigte Hwy 542 (Mt. Baker Scenic Byway) führt hinauf zum 1550 m hohen **Artist Point**, 90 km von Bellingham entfernt. Ganz in der Nähe befindet sich auch das **Heather Meadows Visitor Center** (Mile 56 Mt Baker Hwy; ⏱ Mai–Sept. 8–16.30 Uhr), das zugleich Ausgangspunkt von unzähligen Wanderwegen ist.

Der Mt. Baker kann mit dem meisten Schnee aller nordamerikanischen Skigebiete aufwarten und ist somit das Paradies für Skiläufer. Die **Mt. Baker Ski Area** (☎ 360-734-6771; www.mtbakerskiarea.com) umfasst 38 Abfahrtspisten und acht Lifts und hat einen Höhenunterschied von fast 460 m vorzuweisen. Dank der rustikalen Einrichtungen, der Tiefschneepisten und der nur begrenzten Après-Ski-Möglichkeiten genießt das Skigebiet schon fast Kultstatus unter Snowboardern, die sich hier alljährlich im Januar zum Legendary Baker Banked Slalom treffen.

An den etwa 100 Tagen, an denen der Mt. Baker nicht von Wolken umhüllt ist, hat man von der Terrasse des **Inn at Mount Baker** (☎ 360-599-1359; www.theinnatmtbaker.com; 8174 Mt Baker Hwy; Zi. ab 149 US$; P ⊠ ⊠) einen Blick, der einen das fabelhafte Frühstück, das hier serviert wird, vergessen lässt. Das 11 km östlich von Maple Falls gelegene B & B mit seinen sechs Zimmern ist sich seiner grandiosen Lage durchaus bewusst, obendrein bietet es eine gemütliche, private Atmosphäre.

Leavenworth

Do legt's di nieder! Ist das eine durch Heimweh verursachte Halluzination? Nein, es ist Leavenworth, eine ehemalige Holzfällerstadt, die sich in den 1960er-Jahren einen bayerischen Anstrich verpasst hat, um zu vermeiden, dass sie nach der Verlegung der transkontinentalen Eisenbahnlinie auf Dauer aus dem Geschäft ist. Leavenworth hat Holz gegen Touristen eingetauscht. Die Wiedergeburt des Orts gestaltete sich als traditionelles „Romantisches Dorf", in dem Lederhosenfans (25 % sind deutschstämmig) Bier trinken und Würstchen futtern. Ein Bergpanorama aus dem Bilderbuch war dabei für das Stricken der Erfolgsgeschichte genauso hilfreich wie die Tatsache, dass Leavenworth ein günstiges Basislager für Ausflüge in die nahe gelegene Alpine Lakes Wilderness darstellt. Die **Leavenworth Ranger Station** (☎ 509-548-6977; 600 Sherbourne St; ☻ Mitte Juni–Mitte Okt. tgl. 7.30–16.30 Uhr, Mitte Okt.–Mitte Juni Mo–Fr 7.45–16.30 Uhr) hält viele Infos über Outdoor-Aktivitäten bereit. Und **Der Sportsmann** (☎ 509-548-5623; 837 Front St) versorgt seine Kunden mit der erforderlichen Ausrüstung: Skis, Kletterzubehör, Fahrräder, Schneeschuhe etc.

Das gemütliche **Linderhof Inn** (☎ 509-548-5283; www.linderhof.com; 690 Hwy 2; Zi. 99–149 US$; ⊠ ⊠ 🛜 🍽) ist weit mehr als nur ein Standardmotel. Das authentisch bayerische B & B hat Zimmer mit Doppelbetten und Flachbild-TVs, ein Frühstücksbuffet und superfreundliches Personal. Der elegante **Enzian Inn** (☎ 509-

548-5269; www.enzianinn.com; 590 Hwy 2; DZ 120–150 US$; ⊠ ⊠ 🛜 🍽) ist noch deutscher angehaucht. Hier wird den Gästen ein 18-Loch-Golfplatz, ein Racquetballplatz, ein sonniger Frühstücksraum und ein Lederhosen tragender Betreiber geboten, der jeden Morgen das Alphorn bläst.

Wiener Schnitzel mit bayerischer Sauce, Rotkohl und Spätzle serviert **Andreas Keller** (☎ 509-548-6000; 829 Front St, Lower Level; Mittagessen 7–9 US$, Abendessen 14–18 US$; ☻ 11–22 Uhr). Hier werden die Gäste jeden Abend ab 18 Uhr mit Akkordeonklängen verwöhnt. Im **München Haus** (☎ 509-548-1158; 709 Front St; Würste & Snacks ab 6 US$; ☻ Mai–Okt. tgl. 11–23 Uhr, Nov.–April Fr–So 11–23 Uhr) gibt's die beste Rostbratwurst jenseits des Atlantiks.

Lake Chelan

Der lange, schmale Lake Chelan ist der Spielplatz von Zentral-Washington. Im **Lake Chelan State Park** (☎ 509-687-3710) an der South Shore Rd kann man auf einem der 144 Stellplätze (19–24 US$; Reservierung möglich) sein Zelt aufschlagen; viele der Campingplätze am Ufer sind nur per Boot zu erreichen. Der Ort **Chelan** an der Südostspitze des Sees ist die erste Anlaufstelle, wenn man nach Unterkünften oder sonstigen Dienstleistungen sucht. Hier gibt's auch eine **USFS Ranger Station** (☎ 509-682-2549; 428 Woodin Ave). Busse von **Link Transit** (☎ 509-662-1155; www.linktransit.com) verkehren zwischen Chelan, Wenatchee und Leavenworth (1 US$).

Das schöne **Stehekin** an der Nordspitze des Lake Chelan ist nur mit dem **Schiff** (☎ 509-682-4584; www.ladyofthelake.com; hin & zurück ab/nach Chelan 39 US$), dem **Wasserflugzeug** (☎ 509-682-5555; hin & zurück ab/nach Chelan 159 US$) oder einem langen Fußmarsch über den Cascade Pass, 45 km vom See entfernt, zu erreichen. Die meisten Einrichtungen sind von Mitte Juni bis Mitte September geöffnet.

Methow Valley

Die Mischung aus winterlichem Pulverschnee und sommerlichem Sonnenschein im Überfluss hat Methow Valley zu einer der beliebtesten Urlaubsregionen Washingtons gemacht. Im Sommer wird hier geradelt, gewandert und geangelt, im Winter schwingt man sich auf Langlaufskis – hier gibt's das zweitlängste Netz an Loipen und Wanderwegen der USA.

Der USFS betreibt das **Methow Valley Visitor Center** (☎ 509-996-4000; 24 West Chewuch Rd; ☻ Mai–

EINEN ABSTECHER WERT: WINTHROP

Herzlich willkommen im nicht ganz so Wilden Westen. Winthrop (349 Ew.) ist neben dem „bayerischen" Leavenworth (S. 350) die zweite „Themenstadt" an dem beliebten Cascade Loop. Winthrop hat nichts mit Lederhosen zu tun, hier erinnert vielmehr alles an eine Szene aus dem 1950er-Jahre-Western *Zwölf Uhr mittags*.

Die Gegend wurde 1891 von dem Harvard-Absolventen Guy Waring besiedelt, der am Zusammenfluss des Chewuch (*chie*-wok) River und des Methow River eine Handelsstation errichtete. Nach 1915 ging es mit dem Bergbau bergab, Winthrop war kurz vorm Aussterben. Doch dann wandte sich ein unternehmungslustiges Pärchen aus dem Ort an den Architekten Robert Jorgenson, der bereits Leavenworth entworfen hatte. In der Hoffnung, ein neues Touristenziel zu kreieren, modelte er alles um – der Cowboy-Stil war angesagt.

Das Experiment hat geklappt. Winthrop ist heute ein allseits beliebter Zwischenstopp am Cascade Loop, an dem man angeln, sich auf Langlaufskis schwingen und mountainbiken kann. Winthrop bewahrt sein esoterisches Image und gilt oft als Geburtsort des Smokejumping, bei dem sich waghalsige Fallschirmspringer über einem Waldbrandgebiet aus dem Flugzeug stürzen, um das Feuer vor Ort zu bekämpfen. Wer mehr darüber erfahren will, sollte die **North Cascade Smokejumper Base** (☎ 509-997-2031; 23 Intercity Airport Rd; Eintritt frei; ☽ Juni–Okt. meist 8–17 Uhr) auf halber Strecke zwischen Winthrop und Twisp besuchen. Preiswerte Unterkünfte und gutes Essen gibt's in Winthrop im **Duck Brand Hotel** (☎ 509-996-2192; www.methownet.com/duck; 248 Riverside Ave; EZ/DZ 69/79 US$; ✗), einem klassischen Lokal im Wild-West-Stil.

Okt. 8–17 Uhr) westlich von Winthrop am Hwy 20. Eine klassische Unterkunft unweit der Langlaufloipen und Wanderwege ist die herrliche **Sun Mountain Lodge** (☎ 509-996-2211; www.sunmountainlodge.com; Box 1000, Winthrop, WA 98862; Zi. in Lodge 160–620 US$, Hütte 160–345 US$; ✗ ▨ ☎ 🖵) 16 km westlich der Stadt Winthrop.

North Cascades National Park

Die wildeste Wildnis im Nordwesten ist der kaum besuchte **North Cascades National Park** (www.nps.gov/noca). Hier gibt's keine Ortschaften, keine Unterkünfte und nur eine unbefestigte Straße. In dieser Gegend geben die Namen der grandiosen Berge den Ton an: Desolation Peak, Jagged Ridge, Mt. Despair und Mt. Terror. So überrascht es kaum, dass man hier in einer Einsamkeit Abenteuer erleben kann wie sonst vielleicht nur noch in Alaska.

Das **North Cascades Visitor Center** (☎ 206-386-4495; 502 Newhalem St; ☽ Mitte April–Okt. tgl. 9–16.30 Uhr, Nov.–März Sa & So 9–16.30 Uhr, Mitte Juni–Labor Day verlängerte Öffnungszeiten) in dem kleinen Ort Newhalem am Hwy 20 ist die Anlaufstelle für Besucher. Sachkundige Ranger erteilen Auskünfte über alle Highlights im Park.

NORDOST-WASHINGTON

Der Nordosten von Washington grenzt im Norden an Kanada und im Osten an Idaho. Die unauffällige, recht dicht bevölkerte Stadt Spokane ist das Zentrum der Region, in der sich eines der weltweit berühmten architektonischen Wunderwerke des 20. Jhs. befindet: der gewaltige Grand Coulee Damm.

Grand Coulee Damm

Der gigantische Grand Coulee Damm ist das größte Wasserkraftwerk des Landes und einer der größten Staudämme der modernen Welt. Viele Besucher kommen, um den Staudamm selbst zu bewundern, doch mindestens genauso viele Leute treibt es an den durch den Damm geschaffenen 240 km langen Lake Roosevelt, um zu angeln, zu jagen oder zu schwimmen.

Das **Grand Coulee Visitor Arrival Center** (☎ 509-633-9265; ☽ 9–17 Uhr) beherbergt ein interaktives Ausstellungszentrum, in dem man alles über die Geschichte des Staudamms lernt. Es bietet auch kostenlose Führungen an und abends wird eine Lasershow veranstaltet.

Spokane

Das stilvolle, fast schon extravagante Spokane hat dafür gesorgt, dass kulturelle Trends im Osten Washingtons Einzug hielten. Die unaufdringliche Metropole, in der 1974 die Weltausstellung stattfand, hat nicht nur einer der beliebtesten US-Musiker – Bing Crosby – hervorgebracht. Sie steht auch für eine eigens organisierte Laufveranstaltung (Bloomsday Run), eine der erfolgreichsten College-Basketballmannschaften (Gonzaga Bulldogs) und

DIE NÖRDLICHEN STAATEN

ein umwerfendes Hotel aus dem Gilded Age (das Davenport). Und neben all den Highlights gibt's auch noch restaurierte Dampfkraftwerke, klassische Art-déco-Wolkenkratzer, einen einladenden Wanderweg am Fluss und den historischen Bezirk Browne's Addition – einen Juwel hinreißender Queen-Anne-Architektur. Das **Spokane Area Visitor Information Center** (☎ 509-747-3230; www.visitspokane.com; 201 W Main Ave an der Browne St; 🕑 Mo–Fr 8.30–17, Sa & So 9–18 Uhr) hält Unmengen an Informationen für die Besucher bereit.

Der **Riverfront Park** (☎ 509-456-4386; www.spokaneriverfrontpark.com) auf dem ehemaligen Gelände der Weltausstellung von 1974 bietet mitten in der Innenstadt ein willkommenes Fleckchen Grün. Seit der Neugestaltung in den letzten Jahren führt der **Sculpture Walk** durch die Anlage, vorbei an 17 Skulpturen und über zahlreiche Brücken und Pfade; er eignet sich für einen netten Spaziergang, wird aber auch von vielen Joggern benutzt. Die Hauptattraktion ist allerdings die **Spokane Falls**, eine spektakuläre Folge malerischer Wasserfälle und schäumender Stromschnellen. Zu den zahlreichen Aussichtspunkten gehört sogar eine **Seilbahn** (Eintritt 7 US$; 🕑 tgl. 11–18, Fr, Sa & Feiertag 11–21 Uhr), die direkt über den Wasserfällen hin und her schwebt. Spaziergänger und Jogger bevölkern den innerstädtischen **Spokane River Centennial Trail** (☎ 509-624-7188), der sich über fast 60 km bis nach Idaho erstreckt.

Das hypermoderne **Northwest Museum of Arts & Culture** (☎ 509-456-3931; www.northwestmuseum.org; 2316 W 1st Ave; Erw./Kind/Senior & Student 7 US$/frei/5 US$; 🕑 Di–So 11–17, Mi & Fr 11–20 Uhr) im vornehmen Bezirk Browne's Addition beherbergt mit Sicherheit eine der besten Sammlungen indianischer Kunst im Nordwesten.

Das 1914 eröffnete **Davenport Hotel** (☎ 509-455-8888; www.thedavenporthotel.com; 10 S Post St; Zi. Standard/Deluxe 219/239 US$; ✗ ⚒ 🛜 🖥) ist ein historisches Wahrzeichen Spokanes und eines der besten Hotels der USA. Wenn die Zimmer das Reisebudget sprengen, sollte man zumindest einen Blick in die traumhafte Lobby werfen. Genauso bezaubernd ist das kleinere, aber nicht weniger elegante **Montvale Hotel** (☎ 509-747-1919; www.montvalehotel.com; 1005 W 1st Ave; Zi. Queen/King 89/159 US$; ✗ ⚒ 🛜). Und dann ist da noch das **Hotel Lusso** (☎ 509-747-9750; www.hotellusso.com; North One Post; EZ/DZ 155/295 US$; ✗ ⚒ 🛜) mit glänzenden Marmorbädern und teuren Holzmöbeln.

Der **Rock City Grill** (☎ 509-455-4400; 505 W Riverside Ave; Mittagessen 6–10 US$; 🕑 So–Do 11–23, Fr & Sa 11–24 Uhr) ist ein Restaurant mit Bar. Hier herrscht eine junge Atmosphäre. Die guten, kreativen Gerichte, die die lange Speisekarte zieren, werden in einem angenehm beleuchteten Raum serviert. Der **Steam Plant Grill** (☎ 509-777-3900; 159 S Lincoln; Wraps 7–9 US$; Hauptgerichte 15–23 US$; 🕑 Mo–Do & So 11.30–21.30, Fr & Sa 11.30–23 Uhr), untergebracht in einem umgebauten neo-industriellen Dampfkraftwerk, punktet mit großer Vielfalt; serviert werden thailändische Wraps genauso wie neuseeländische Lammkoteletts.

Die unternehmungslustige Studentengemeinde der Gonzaga University zeichnet sich dafür verantwortlich, dass Spokane sich auch eines umtriebigen Nachtlebens rühmen kann. Einheimische Biere kann man gut in der **Northern Lights Brewing Company** (☎ 509-242-2739; 1003 E Trent Ave) kosten, einer verführerischen Kleinbrauerei unweit des Unigeländes. Eine alternativ angehauchte, schwulenfreundliche Location ist das **Dempsey's Brass Rail** (☎ 509-747-5362; 909 W 1st). Konzerte, Theater, Filmfestivals und Opern gibt's im **Metropolitan Performing Arts Center** (☎ 509-455-6500; www.metmtg.com/themet; 901 W Sprague Ave).

Busse und Züge halten an der **Spokane Intermodal Transportation Station** (221 W 1st Ave). **Amtrak** (☎ 509-624-5144) fährt mit seinem beliebten *Empire Builder* nach Seattle (56 US$, 7½ Std.), Portland (56 US$, 9½ Std.) und Chicago (237 US$, 14½ Std.).

SOUTH CASCADES

Die South Cascades sind größer und ausgedehnter als ihre nördlichen Pendants. Sie erstrecken sich vom Snoqualmie Pass östlich von Seattle bis hinunter zum mächtigen Columbia River an der Grenze zu Oregon. Höhepunkt im wahrsten Sinne des Wortes ist der 4392 m hohe Mt. Rainier. Auch der Mt. St. Helens (2550 m), der sich noch immer von seinem verheerenden Ausbruch im Jahr 1980 erholt, hat seinen Reiz – wenn auch aus anderen Gründen. Sobald der kurze, intensive Sommer beginnt, sind die Bergwiesen des weniger bekannten Mt. Adams (3742 m) übersät mit Heidelbeersträuchern und Wildblumen.

Mt. Rainier National Park

Der majestätische wie betörend schöne Mt. Rainier ist der vierthöchste Berg der 48 Kontinentalbundesstaaten. Mit seinem schneebedeckten Gipfel und den dichten Wäldern liegt er inmitten eines 950 km² großen Nationalparks, der 1899 als fünfter Nationalpark der Welt eröffnet wurde. Rundum gibt's zahlreiche Wanderwege und riesige Blumenfelder. Und der kegelförmige, einfach faszinierende Gipfel stellt eine fantastische Herausforderung für ambitionierte Kletterer dar. Der Park ist über vier Orte zu erreichen: Von Nisqually aus gelangt man über den Hwy 706 nach Ashford in der Nähe des südwestlichen Zipfels des Parks. Diese Zufahrt ist die bequemste Variante und wird am häufigsten benutzt; sie liegt den Hauptattraktionen am nächsten und ist das ganze Jahr über geöffnet. Ferner erreicht man den Park über Ohanapecosh (Hwy 123), White River (Hwy 410) und Carbon River, dem abgelegensten Zugangspunkt im Nordwesten. Infos über den Straßenzustand unter ☎ 800-695-7623.

Informationen über den Park selbst gibt's auf der Website des National Park Service (NPS) www.nps.gov/mora; u. a kann man sich Karten und Beschreibungen der 50 Wanderwege im Park herunterladen.

Der Eintritt in den Park kostet 15/5 US$ pro Auto/Person. Wer im Park übernachten will, braucht eine Genehmigung, die es kostenlos in den Rangerstationen und in den Besucherzentren gibt. Die sechs Campingplätze im Park haben fließend Wasser und Toiletten, aber keinen Stromanschluss für Wohnwagen. Im Sommer ist eine **Reservierung** (☎ 800-365-2267; www.mount.rainier.national-park.com/camping.htm; reservierter Stellplatz Mai–Sept./Okt.–April 15/12 US$, nicht reservierter Stellplatz 10 US$) sehr zu empfehlen, die bis zu zwei Monate im Voraus telefonisch oder per E-Mail vorgenommen werden kann.

Die beiden Hauptanziehungspunkte des Parks sind Longmire und Paradise. Longmire liegt 11 km hinter dem Eingang via Nisqually; es beherbergt das **Museum/Information Center** (☎ 360-569-2211, Durchwahl -3314; Eintritt frei; ☒ Juni–Sept. 9–18 Uhr, Okt.–Mai 9–17 Uhr) und ist Ausgangspunkt einiger toller Wanderwege. Zudem befindet sich hier das rustikale **National Park Inn** (☎ 360-569-2275; www.guestservices.com/rainier; Zi. mit Gemeinschaftsbad/eigenem Bad 104/139 US$, 2-Zi.-Wohneinheit 191 US$; ⓟ ☒) mit einem hervorragenden Restaurant. Noch mehr Wander- und Spazierwege mit Erklärungen gibt's im höher gelegenen Paradise, 19 km weiter östlich. Alle gewünschten Infos bekommt man in dem

einer fliegenden Untertasse nachempfundenen **Henry M. Jackson Visitor Center** (☎ 360-569-2275, Durchwahl -2328; ☒ Mai–Sept. tgl. 9–19 Uhr, Okt. & April Sa & So 10–17 Uhr) sowie im klassischen **Paradise Inn** (☎ 360-569-2275; Zi. mit Gemeinschaftsbad/eigenem Bad 105/154 US$; ☒ Mai–Okt.; ⓟ ☒ ☒). Hier beginnt auch der Aufstieg zum Gipfel; das **American Alpine Institute** (☎ 360-671-1505; www.aai.cc; 1515 12th St, Bellingham, WA 98225) organisiert fünftägige Gipfeltouren (ab 1540 US$).

Der **Wonderland Trail** ist ein 150 km langer, gut gepflegter Weg rund um den Mt. Rainier. Man ist normalerweise zehn bis zwölf Tage unterwegs und übernachtet auf einem der 18 an der Strecke liegenden offiziellen Campingplätze. Bevor's losgeht, muss man sich beim **Wilderness Information Center** (☎ 877-617-9950; www.nps.gov/mora; 55210 238th Ave E, Ashford WA 98304-9751) eine kostenlose Tourgenehmigung besorgen. Die entsprechenden Formulare bekommt man übers Internet.

Von der abseits gelegenen Zufahrt via Carbon River erreicht man den Regenwald im Parkinneren. Die **Ranger Station** (☎ 360-829-9639) gleich hinter dem Eingang ist im Sommer täglich besetzt.

Gray Line (☎ 206-624-5077; www.graylineseattle.com) organisiert von Seattle aus Touren von Mai bis September (1-/2-tägige Tour 62/145 US$).

Mt. St. Helens National Volcanic Monument

In der Liste der höchsten Berge der USA steht der Mt. St. Helens im Bundesstaat Washington zwar nur an 87. Stelle, doch der Ausbruch von 1980 – die Explosion entsprach der geballten Kraft von 27 000 Hiroshima-Atombomben – hat den Vulkan schlagartig weltberühmt gemacht. Was ihm an Höhe fehlt, hat er durch seine Eruption wettgemacht. 57 Menschen kamen an diesem verhängnisvollen Tag im Mai 1980 ums Leben, als ein Erdbeben der Stärke 5,1 auf der Richterskala den schlafenden Riesen weckte und den größten Erdrutsch in der Geschichte der Menschheit auslöste. Millionen Tonnen Vulkangestein und Asche begruben fast 600 km² unter sich.

Wer kein Auto hat, kann den Mt. St. Helens im Rahmen einer Tagestour von Portland aus mit **Eco Tours of Oregon** (☎ 503-245-1428; www.eco tours-of-oregon.com) besuchen; Kostenpunkt 59,50 US$. Wer auf eigene Faust unterwegs ist, sollte einen ersten Stopp beim **Mt. St. Helens Visitor Center** (☎ 360-274-2100; 3029 Spirit Lake Hwy; Eintritt 3 US$; ☒ 9–17 Uhr) am Hwy 504, 8 km östlich von Castle Rock, einlegen. Hier kann man Filme und Ausstellungsstücke anschauen und bekommt jede Menge kostenlose Infos über den Berg.

Wer einen detaillierten Einblick in die zerstörerische Gewalt der Natur bekommen möchte, sollte das **Coldwater Ridge Visitor Center** (☎ 360-274-2131; ⏰ Mai–Okt. 10–18 Uhr, Nov.–April 9–17 Uhr) aufsuchen und in den Schlund des nordwärts gerichteten Vulkankraters schauen.

Ein ausgefallenes Flair bietet das **Eco Park Resort** (☎ 360-274-7007; www.ecoparkresort.com; 14000 Spirit Lake Hwy; Zeltstellplatz/Jurte/Hütte 17,50/75/100 US$).

Mt. Adams

Der Mt. Adams mit dem Reservat der Yakama-Indianer im Osthang liegt zwar weiter von Seattle entfernt als der Mt. Rainier und der Mt. St. Helens, ist aber mindestens genauso beliebt wie seine berühmteren Nachbarn. Und das verdankt er seiner bezaubernden Schönheit. In dem 170 km² großen Naturschutzgebiet **Mt. Adams Wilderness** gibt's viele malerische Wanderwege, u. a. viele geliebten **Bird Creek Meadow Trail**, einen 4,8 km langen Rundweg über Bergwiesen, an Wildblumenfeldern und Wasserfällen vorbei. Eine weitere, ganz besondere Spezialität dieser Gegend sind die Heidelbeeren, die in den hohen Wiesen rund um die Indian Heaven Wilderness wachsen und gepflückt werden. Die Erlaubnis zum Beeren sammeln und Infos über Wander- und Klettertouren ist im **Mt. Adams Ranger District USFS Office** (☎ 509-395-3400; 2455 Hwy 141; ⏰ Mai–Sept. Mo–Sa 8–16.30 Uhr) in Trout Lake erhältlich.

Die verlockendste Unterkunft ist das **Serenity's** (☎ 509-395-2500; www.serenitys.com; 2291 Hwy 141; Hütte 89–129 US$; P) 1,6 km südlich von Trout Lake, zu erreichen über den Hwy 141. Die vier wunderschön zurechtgemachten Hütten stehen mitten im Wald am Fuß des hier und da mit Schnee bedeckten Mt. Adams.

ZENTRAL- & SÜDOST-WASHINGTON

Die Mitte und der Südosten Washingtons stehen auf der Hitliste der Besucher zwar nicht oft an oberster Stelle, dennoch aber hat diese Gegend eine Geheimwaffe: Wein. Der önologische Nachzügler ist übersät mit expandierenden, neuen Weingütern. Auf den fruchtbaren Boden am Ufer des nilartigen Columbia River und am Rand des Yakima-Tals werden erstklassige Weine kultiviert. Den Vergleich mit der kalifornischen Konkurrenz

brauchen sie nicht zu scheuen. Yakima und der kleinere, reizvollere Bruder Ellensburg sind zwar einen Besuch wert, lohnender ist jedoch ein Abstecher nach Walla Walla. Talentierte Gastwirte und ein umtriebiger Gemeinderat sind bemüht, aus diesem Ort eine Wein-Location par excellence zu machen.

Yakima & Ellensburg

Die im gleichnamigen Flusstal liegende Stadt Yakima ist ein ziemlich ödes Handelszentrum. Sie hat ihr touristisches Etikett „Palm Springs of Washington" nicht wirklich verdient. Der Hauptgrund für einen Zwischenstopp in diesem Ort ist der Besuch eines der vielen Weingüter, die sich zwischen Yakima und Benton City angesiedelt haben. Man sollte sich beim **Yakima Valley Visitors & Convention Bureau** (☎ 509-575-3010; www.visityakima.com; 10 N 8th St; ⏰ Mo–Sa 9–17, So 10–16 Uhr) unbedingt eine Karte besorgen.

Ein besserer Stopp ist das kleine, 36 Meilen (60 km) nordwestlich gelegene Ellensburg mit Washingtons größtem Rodeo (am Labor Day) und einer Innenstadt, die angeblich mit mehr Coffeeshops pro Kopf aufwarten kann als jede andere Stadt der Welt. Den besten Latte gibt's bei **D&M Coffee** (☎ 509-925-5313; 301 N Pine St). Gleich gegenüber kann man im **Kittitas County Museum** (☎ 509-925-3778; Eintritt gegen Spende; ⏰ Juni–Sept. Mo–Sa 10–16 Uhr, Okt.–Mai Di–Sa 12–16 Uhr) in die Geschichte des Orts eintauchen. Eine gute Übernachtungsmöglichkeit ist das **Guesthouse Ellensburg** (☎ 509-962-3706; www.guesthouseellensburg.com; 606 Main St; Zi. 135 US$), ein kleines B & B mit zwei Zimmern über dem Laden Ellensburg Wineworks, in dem man einheimische Tropfen verkosten und kaufen kann. Übernachtungsgäste können gratis zechen.

Walla Walla

In den letzten zehn Jahren hat sich Walla Walla von einem unbedeutenden, landwirtschaftlichen Provinznest, das lediglich für seine Süßzwiebeln und die große Justizvollzugsanstalt bekannt war, in eine Weinanbaugegend verwandelt, die schon fast so beliebt ist wie das Napa Valley in Kalifornien. Das ehrwürdige Marcus Whitman College ist das kulturelle Wahrzeichen der Stadt. Ferner gibt es witzige Coffeeshops, kühle Orte, an denen der einheimische Wein verkostigt wird, herrliche Architektur im Queen-Anne-Stil und den lebendigsten Bauernmarkt des ganzen US-Staates.

Ein guter Ausgangspunkt für passionierte Weinkenner ist **Walla Walla Wineworks** (☎ 509-522-1261; 31 E Main St; ☻ Mo–Do 11–18, Fr & Sa 11–21 Uhr) im Stadtzentrum. In der zum Weingut Waterbrook gehörenden Probierstube werden einheimische Weine, Käse, Pökelfleisch und an den Wochenenden Livemusik geboten.

Wer wissen will, wo man die leckeren Weine verkosten kann, sollte sich an die **Chamber of Commerce** (☎ 509-525-0850; www.wallawalla.org; 29 E Sumach St; ☻ Mo–Fr 8.30–17 Uhr, Mai–Sept. Sa & So 9–16 Uhr) wenden. Es hat zudem Kartenmaterial zu vier faszinierenden Stadtspaziergängen.

Die Überreste der **Whitman Mission** von 1836 finden sich 11 km westlich von Walla Walla abseits der US 12. Elf Jahre nach der Gründung der Mission wurden Marcus Whitman und 14 weitere Missionare von Cayuse-Indianern ermordet, nachdem eine Masernepidemie dem halben Stamm das Leben gekostet hatte. Als die Nachricht über den Aufstand Washington, D. C., erreichte, gründete der Kongress die Oregon Territories mit der ersten offiziellen Regierung westlich der Rockies. Im **Visitor Center** (☎ 509-522-6357; Erw./Fam. 3/5 US$; ☻ 8–16.30 Uhr) gibt's eine Ausstellung und Karten.

Das bekannteste und beste Hotel von Walla Walla ist das **Marcus Whitman Hotel** (☎ 509-525-2200; www.marcuswhitmanhotel.com; 6 W Rose St; Zi. ab 99 US$; ☒ ☎). Eine für diese Gegend typische, wunderschöne, aber recht teure Bleibe ist das **Inn at Abeja** (☎ 509-529-2660; www.abeja.net; 2014 Mill Creek Rd; Cottage ab 215–285 US$; ☒ ☒), das etwa 6 km östlich der Stadt am Fuß der Blue Mountains auf einem Weingut liegt.

Der Weinboom hat einige angesehene Gastronomen in die Gegend gelockt. Eines der besten Gourmetrestaurants nennt sich **Saffron Mediterranean Kitchen** (☎ 509-525-2112; 125 W Alder St; Hauptgerichte 15–27 US$; ☻ Di–Do & So 14–22, Fr & Sa 14–23 Uhr). Es zaubert aus frischen Produkten der Region mediterrane Wundergerichte. Weine aus der Gegend und einen herzhaften Brunch bekommt man im Stadtzentrum bei **Merchants Delicatessen** (☎ 509-525-0900; 21 E Main St; Frühstück 5–8 US$; ☻ Mo–Sa 5.30–17 Uhr), das Café, Feinkostladen, Weinshop und Bäckerei in einem ist.

OREGON

Oregon hat zwar mehr Fläche als Washington, dafür aber nur halb so viele Einwohner und ist der wärmere, freundlich gestimmte und

ältere Bruder des Nachbarstaats im Norden (Oregon wurde 30 Jahre vor Washington in den Staatenbund aufgenommen). Die beiden haben eine recht ähnliche Landschaft, so vereint sie u. a. eine regengepeitschte Küste, eine spektakuläre Bergkette und ein trockenes, konservativ geprägtes Hinterland. Da Oregon aber bessere Stadtplanungsgesetze hat und die Städte weniger zersiedelt sind, herrscht hier eine relaxtere, ruhigere Atmosphäre.

Geschichte

Oregon entstand aus einer zufälligen Ansammlung von Missionaren aus Neuengland und französischen und britischen Trappern. 1848 wurde es offiziell amerikanisches Territorium und 1859 der 33. Bundesstaat der USA. In den 1860er-Jahren bevölkerten Siedler den Großteil der Küste und der Landesmitte. Viele von ihnen hatten dazu die sechsmonatige harte Reise über den Oregon Trail auf sich genommen.

Die neuen Bewohner von Oregon nahmen den hiesigen Indianerstämmen Land ab. In den sogenannten Rogue River Wars setzte sich schließlich der Stamm der Takelma zur Wehr, die von französischen Biberjägern Anfang des 19. Jhs. *coquins* (Spitzbuben, englisch: *rogues*) genannt wurden. Die Indianer griffen die neuen Einwanderer an und lehnten Verhandlungen mit der Armee über Durchmarschrechte ab. In der Folge verschärften sich die Spannungen und es kam zu blutigem Gemetzel auf beiden Seiten. Schließlich zogen sich die Takelma in die Schluchten des westlichen Rogue Valley zurück. Doch nach einigen Wintermonaten mit Scharmützeln und ohne Nahrung und Unterschlupf mussten sie sich ergeben. Man verfrachtete sie ins Grand-Ronde-Reservat am Yamhill River – und da waren sie nicht allein, denn gegen Ende der 1850er-Jahre mussten die meisten Indianer der Region ihr Dasein in Reservaten fristen.

1883 wurde Portland ans Eisenbahnnetz angeschlossen. Nur sieben Jahre später hatte sich die Stadt schon zu einem der größten Handelshäfen für Weizen weltweit entwickelt. Die beiden Weltkriege förderten den wirtschaftlichen Aufschwung, der vor allem durch die Holzwirtschaft angekurbelt wurde.

In der Nachkriegszeit strömten zahlreiche Idealisten und 68er auf der Suche nach alternativen Lebensformen und unverfälschter Natur aus Kalifornien und dem Osten nach Oregon. Mit im Gepäck hatten sie bahnbre-

---

KURZINFOS OREGON

Spitzname Beaver State
Bevölkerung 3,8 Mio.
Fläche 248 631 km^2
Hauptstadt Salem (152 000 Ew.)
Weitere Städte Portland (537 081 Ew.), Eugene (146 356 Ew.), Bend (71 892 Ew.)
Verkaufssteuer Fehlanzeige
Geburtsort von dem ehemaligen US-Präsidenten Herbert Hoover (1874–1964), dem Schriftsteller und Gründer der Merry Pranksters, Ken Kesey (1935–2001), der Schauspielerin und Tänzerin Ginger Rogers (1911–1995), dem Vater der *The Simpsons*, Matt Groening (geb. 1954) und dem Filmemacher Gus Van Sant (geb. 1952)
Heimat des Oregon Shakespeare Festival, des Tree-Sittings, von Nike und McMenamins
Berühmt für den Oregon Trail, Wälder, Regen, Bier und das Verbot, selbst zu tanken
Staatsgetränk Milch (Milchprodukte sind der Renner)
Entfernungen Portland–Eugene 110 Meilen (177 km), Pendleton–Astoria 295 Meilen (475 km)

---

chende politische Einstellungen in Umwelt- und Sozialfragen.

Seit den 1960er-Jahren haben die zugewanderten, fortschrittlich denkenden Bewohner vor allem in Portland und im Westen Oregons großen Einfluss, während die Kleinstädte und ländlichen Gegenden größtenteils ihr konservatives Weltbild behielten. Volksentscheide ermöglichen es den Einwohnern des US-Staats, Gesetzesvorlagen einzubringen. So ist Oregon zu einer Arena für politische Grabenkämpfe um so kontroverse Themen wie Sterbehilfe und Homo-Ehen geworden, die das ganze Land beschäftigen.

Praktische Informationen

Nature of the Northwest (☎ 503-872-2750, 800-270-7504; www.naturenw.org/forest-directory.htm; 800 NE Oregon St, Suite 177, Portland, OR 97232; ☽ Mo–Fr 9–17 Uhr) Infos über Einrichtungen in den State Parks und Nationalparks. Hier bekommt man auch den Northwest Forest Pass (Tag/Jahr 5/30 US$), der für viele Parks, Wanderwege, Visitor Centers und Bootsstege benötigt wird.
Oregon State Parks & Recreation Dept (☎ 503-378-6305, 800-551-6949; www.oregonstateparks.org; 1115 Commercial St NE, Salem, OR 97310) Nahezu die Hälfte aller öffentlichen Campingplätze in Oregon nehmen Reservierungen bis zu neun Monate im Voraus entgegen. Bei den restlichen heißt es: Wer zuerst kommt, mahlt zuerst. Onlinebuchungen möglich (Stellplatz ohne Strom 14–18 US$, mit Strom 16–22 US$).
Oregon Tourism Commission (☎ 503-986-0000, 800-547-7842; www.traveloregon.com; 775 Summer St NE, Salem, OR 97301; ☽ Mo–Fr 8–17 Uhr) Infos und Broschüren über Unterkünfte, Campingplätze, State Parks und Outdoor-Ausstatter.
Verkehrsinformationen für Oregon (☎ 503-588-2941, in Oregon 800-977-6368)

PORTLAND

Wenn es einen Blaupause für eine vom Erfolg gekrönte Stadt des 21. Jhs. gäbe, hätte Portland mit Sicherheit gute Aussichten, hierfür ausgewählt zu werden. Während sich New York ständig neu erfindet und San Francisco seine Haight-Hippies durch saftige Immobilienpreise vertrieben hat, steht Portland, diese verrückte und etwas altkluge Mini-Metropole, für alles Coole, Hippe und Progressive.

Selbstironie ist eines der Gütesiegel Portlands. Da überall im Ort Baumstümpfe lagen, nannten ihn frühe Pioniere „Stumptown". Aus den ehemaligen Baumfällern sind schon längst moderne Baumliebhaber geworden, und in Portland gibt's mehr Parks als in jeder anderen amerikanischen Stadt. Doch Oregons Metropole ist nicht nur grün, sie ist auch umweltbewusst – und vielfältig: Man kann sie in aller Seelenruhe auf einem Drahtesel erkunden, in einer europäisch anmutenden Straßenbahn durch die Innenstadt rattern oder an einem Bio-Kaffee nippen, während nebenan ein lesbisches Pärchen schnattert und gegenüber ein bosnischer Imbiss seine Leckereien zubereitet.

Und wem das alles nicht reicht, dem sei gesagt, dass es in Portland mehr Strip-Clubs pro Kopf gibt als in Vegas oder New York. Na, neugierig geworden?

Geschichte

1844 kamen die ersten zwei Siedler aus Neuengland in die Gegend von Portland und ließen sich am Westufer des Willamette River nieder. Da sie sich über den Namen des neuen Ortes nicht einigen konnten, warfen sie eine Münze – seither heißt die Stadt „Portland". Hätte es sich die Münze anders überlegt, gäbe es auch an der Westküste ein Boston.

Unweit von Portland mündet der Willamette River in den Columbia River. Dieser Tatsache verdankte die Stadt ihr rasantes Wachstum. Was für Kalifornien der Goldrausch war, war für Oregon der „Holzrausch". Die massenweise in das Willamette Valley strömenden Siedler benötigten Holz als Baumaterial. Und auch die Northern Pacific Railroad (die 1883 hier ankam) und der Schiffsbauboom während des Zweiten Weltkriegs trugen ihr Scherflein dazu bei, der heimischen Wirtschaft unter die Arme zu greifen.

Heute leben im Großraum Portland mehr als 500 000 Menschen. Die Werften und der Hafen liegen nördlich des Zentrums. Die Altstadt wurde von Grund auf saniert, das frühere Industriegebiet Pearl District beherrschen jetzt teure Lofts und Boutiquen. Und Hersteller von Outdoor-Klamotten wie Nike, Adidas und Columbia Sportswear oder auch die Hightech-Unternehmen Intel und Tektronix lassen die Wirtschaft boomen.

Orientierung

Portland liegt unmittelbar hinter der Grenze zu Washington. In einer Stunde gelangt man mit dem Auto an die Pazifikküste. Der Willamette River fließt mitten durch das Zentrum und teilt die Stadt in eine Ost- und eine Westhälfte. Die Burnside St trennt sie in Nord und Süd. Nach Adam Riese hat die Stadt somit vier Viertel: Northwest, Southwest, Northeast und Southeast. Es ist durchaus nützlich, sich an diese Tatsache zu erinnern, wenn man auf der Suche nach einer bestimmten Adresse ist: So liegen die NE Davis St und die NW Davis St diesseits und jenseits des Flusses!

Das Stadtzentrum befindet sich in Southwest Portland. Die historische Old Town, die wuselige Chinatown, die trendige 23rd Ave, der schicke Pearl District und die exklusiven West Hills wird man in Northwest Portland vorfinden. In Zentrumsnähe – jedoch auf der anderen Seite des Flusses – liegt der Lloyd District, der mehr oder weniger noch zur Innenstadt gehört.

In den grünen Bezirken von Northeast und Southeast liegen Wohnviertel aus dem späten 19. Jh. Natürlich hat jeder Stadtteil seine ganz eigenen angesagten Shops und Restaurants. Beliebte Einkaufsstraßen sind die N Missis-

sippi Ave, die NE Alberta St, der SE Hawthorne Blvd und die SE Division St. Der südlichste Bezirk ist Sellwood, eine nette Gegend mit vielen Antiquitätenläden und Yuppies.

Praktische Informationen

BUCHLÄDEN

CounterMedia (☎ 503-226-8141; 927 SW Oak St) Typisch Portland. Liberaler Buchladen mit auserlesenen Büchern über Subkultur und Erotika.

In Other Words (☎ 503-232-6003; www.inotherwords. org; 8 NE Killingsworth St) Frauenbuchladen mit Infobörse. Nördlich des Lloyd District.

Powell's City of Books (☎ 503-228-4651; www. powells.com; 1005 W Burnside St) Der größte unabhängige Buchladen der USA macht süchtig. Aus einem geplanten Kurzbesuch werden schnell drei Stunden. Fantastische Reisebuchabteilung.

Reading Frenzy (☎ 503-274-1449; www.reading frenzy.com; 921 SW Oak St) Hier kann man in *Yeti, Rolling Thunder, Bitch, Craphound, Giant Robot* und anderen Indie-Klassikern stöbern.

GELD

Travelex (☎ 503-281-3045; ⏲ 5.30–16.30 Uhr); Innenstadt (900 SW 6th Ave); Portland International Airport (Haupthalle) Wechselstube.

INTERNETZUGANG

Backspace (☎ 503-248-2900; www.backspace.bz; 115 NW 5th Ave; ⏲ Mo–Mi 7–23, Do & Fr 7–24, Sa 10–24, So 10–23 Uhr) Treffpunkt für Jugendliche. Videospielautomaten, Café und lange Öffnungszeiten.

Urban Grind Coffeehouse (www.urbangrindcoffee.com); NE Oregon St (☎ 503-546-0649; 2214 NE Oregon St); NW 14th Ave (☎ 503-546-5919; 911 NW 14th Ave; ⏲ 6–22.30 Uhr) Schickes Café mit PCs und kostenlosem WLAN.

INFOS IM INTERNET

City of Portland (www.portlandonline.com) Stumptowns offizielle Website.

Gay Oregon (www.gaypdx.com) Portal für die schwullesbische Gemeinde Portlands.

PDX Guide (www.pdxguide.com) Humorvolle und aufschlussreiche Restaurant- und Kneipenkritiken und sonstige Veranstaltungstipps – geschrieben von einem Kenner der Szene.

Portland Independent Media Center (www. portland.indymedia.org) Lokalnachrichten und Infos zu Aktivitäten der politischen Linken.

MEDIEN

Just Out (www.justout.com) Kostenloses, alle zwei Wochen erscheinendes Heft für die schwule Gemeinde Portlands.

DIE NÖRDLICHEN STAATEN

PORTLAND

DIE NÖRDLICHEN STAATEN

Map labels:

New Old Lompoc (0,2 Meilen); Forest Park (1,75 Meilen)

NW Overton St
37 41
28 38

Lucky Labrador Brewing Company (0,1 Meilen)

Portland Streetcar

Sauvie Island (10 Meilen); Seapoose Bay Kayaking (25 Meilen)

Nob Hill 3

NW Northrup St
NW Marshall St
NW Lovejoy St
NW Kearney St
NW Johnson St
NW Irving St
NW Hoyt St
43
NW Glisan St

Couch Park

NW Flanders St

NW Everett St

West Hills (0,25 Meilen); Forest Park (0,75 Meilen); Japanese Garden (0,75 Meilen); Washington Park (1 Meile); Pittock Mansion (2 Meilen)

W Burnside St

405

NW Kearney St
@ 11
NW Johnson St

14
Jamison Sq

Pearl District

NW Hoyt St
42
39
40
60

NW Davis St
63
NW Couch St
8

W Burnside St

Union Station (Amtrak)

NW Irving St
65

North Park Blocks
57

54 35 30 62 2 9
36 25 SW Ankeny St
47
SW Oak St
SW Stark St
27
SW Washington St
SW Alder St

51
SW Yamhill St
MAX to Zoo

MAX Light Rail

33

Central Library

Pioneer Courthouse SW Morrison St
54 6
17 Pioneer Pl

SW Taylor St
26 SW Salmon St 10 **Downtown**
50

Children's Museum (2 Meilen); Hoyt Arboretum (2 Meilen); Oregon Zoo (2 Meilen); World Forestry Center (2 Meilen)

South Park Blocks

18
15

SW Main St Lownsdale Sq
20
SW Madison St Chapman Sq
SW Jefferson St

405
26

Portland State University

5

Portland State University

SW Clay St
SW Market St
61

PRAKTISCHES

Backspace	1 E3
CounterMedia	2 D3
Legacy Good Samaritan Hospital & Medical Center	3 A1
Portland Oregon Visitors Association	4 D4
Post	5 C5
Post	6 D4
Post (Hauptfiliale)	7 D2
Powell's City of Books	8 C3
Reading Frenzy	9 D3
Travelex	10 D4
Urban Grind Coffeehouse	11 C1

SEHENSWERTES & AKTIVITÄTEN

Chinatown Gates	12 E3
Classical Chinese Garden	13 E2
Jamison Square Fountain	14 C1
Oregon Historical Society	15 C4
Oregon Museum of Science & Industry	16 F6
Pioneer Courthouse	17 D4
Portland Art Museum	18 C4
Portland Bicycle Tours	19 E2
Portland Building	20 D4
Salmon Street Springs Fountain	21 E5
Saturday Market	22 E3
Skidmore Fountain	23 E3
Stark's Vacuum Museum	24 G3

SCHLAFEN

Ace Hotel	25 D3
Heathman Hotel	26 D4
Hotel Lucia	27 D3
Inn at Northrup Station	28 B1
Jupiter Hotel	29 H3
Mark Spencer Hotel	30 C3
Northwest Portland Hostel	31 B2

ESSEN

Bunk Sandwiches	32 G4
Essensstände	33 D3
Essensstände	34 E3
Jake's Famous Crawfish	35 C3
Kenny & Zuke's	36 C3
Marrakesh Moroccan Restaurant	37 A1
Paley's Place	38 A1
Silk	39 C2
Vino Paradiso	40 D2

AUSGEHEN

Anna Bananas	41 A1
Barista	42 C2
Brazen Bean	43 A2
Doug Fir	44 H3
Lucky Labrador Brewing Company	45 H5
Roots Organic Brewing	46 H5
Saucebox	47 D3
Stumptown Coffee	48 E3
Stumptown Coffee	(siehe 25)
World Cup	49 B2

UNTERHALTUNG

Arlene Schnitzer Concert Hall	50 D4
Artists Repertory Theatre	51 B3
Berbati's Pan	52 E3

Cinema 21	53 A2
Crystal Ballroom	54 C3
Dante's	55 E3
Darcelle XV	56 E2
Embers	57 D3
Hobo's	58 E2
Holocene	59 H4
Jimmy Mak's	60 D2
Keller Auditorium	61 D5
Living Room Theater	62 D3
Portland Center Stage	63 C2

TRANSPORT

Citybikes Annex	64 G3
Greyhound	65 D2
Waterfront Bicycle & Skate Rentals	66 E6

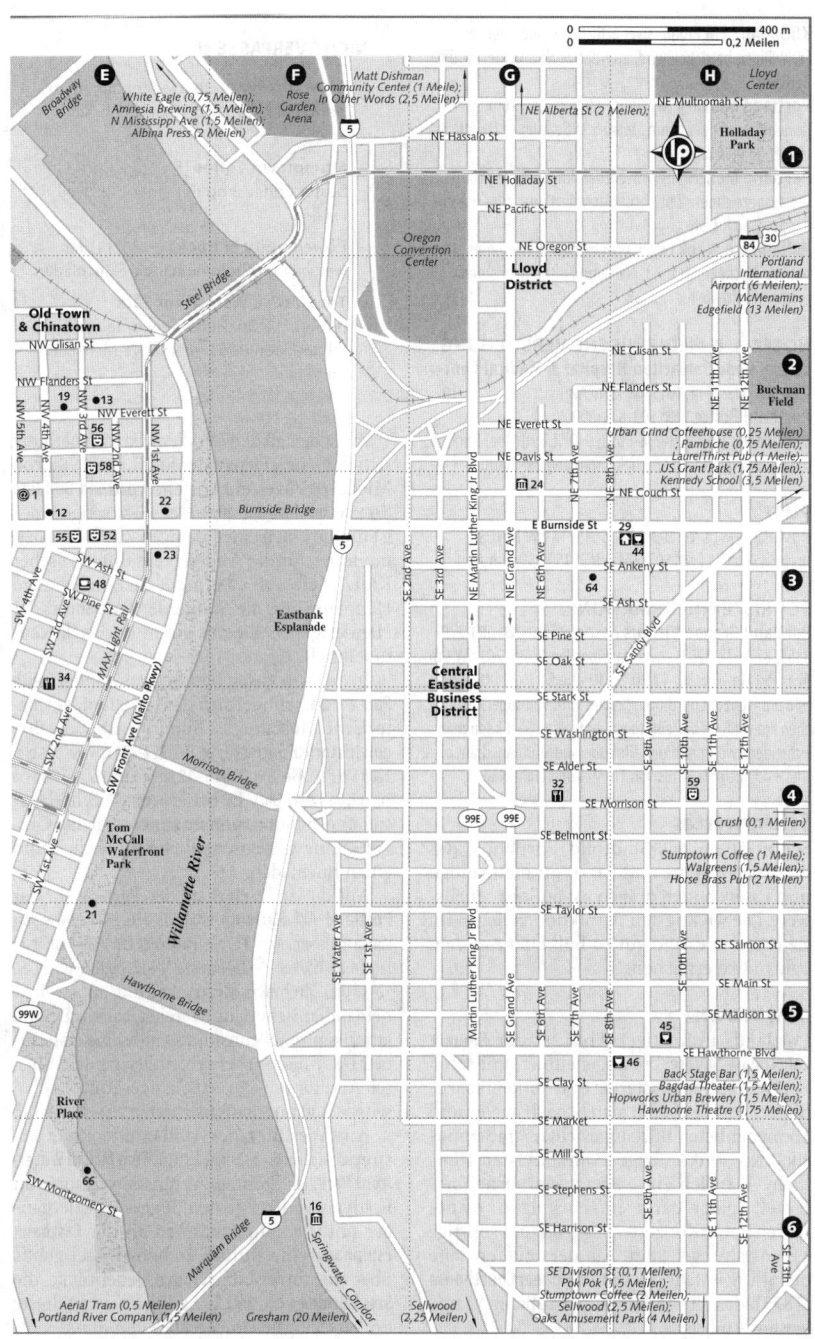

KBOO 90.7 FM Progressiver örtlicher Sender, der von Freiwilligen betrieben wird; alternative Nachrichten und Berichte.
Portland Mercury (www.portlandmercury.com) Kostenloses Pendant zum *Stranger* in Seattle; erscheint immer donnerstags.
Portland Monthly (www.portlandmonthlymag.com) Die ausgezeichnete Zeitschrift informiert über alles, was in der Stadt so los ist.
Willamette Week (www.wweek.com) Kostenloses alternatives Wochenblatt mit Lokal- und Kulturnachrichten; erscheint mittwochs.

NOTFALL & MEDIZINISCHE VERSORGUNG

Legacy Good Samaritan Hospital & Medical Center (☎ 503-413-7711; 1015 NW 22nd Ave)
Portland Police (☎ 503-823-0000)
Walgreens (☎ 503-238-6053; 940 SE 39th Ave) Rund um die Uhr geöffnete Apotheke im Osten der Stadt.

POST

Post Hauptpost (☎ 503-294-2564; 715 NW Hoyt St); University Station (☎ 503-274-1362; 1505 SW 6th Ave)

TOURISTENINFORMATION

Portland Oregon Visitors Association (☎ 503-275-8355, 877-678-5263; www.travelportland.com; 701 SW 6th Ave; Mo–Fr 8.30–17.30, Sa 10–16, So 10–14 Uhr) Die Info am Pioneer Courthouse Square wird von superfreundlichen Freiwilligen betreut. In einem kleinen Saal kann man sich einen zwölfminütigen Film über die Stadt anschauen. Hier sind auch die Büros von Tri-Met und Light-Rail.

Sehenswertes

Schon allein das Stadtbild Portlands, das unzählige Bäume und Parks, Straßenbahnen und Essensbuden prägen, ist äußerst sehenswert. Die wichtigsten Attraktionen liegen im Zentrum und sind gut zu Fuß oder mit dem Fahrrad zu erreichen.

DOWNTOWN

Portlands ultimativer Treff ist der **Pioneer Courthouse Square**, ein angenehmer, mit roten Backsteinen gepflasterter und verkehrsberuhigter Platz, auf dem sich Schachspieler und Sonnenanbeter, Büroangestellte, Straßenmusikanten und kauzige Politaktivisten tummeln. Wo sich einst zuerst ein vornehmes Hotel, später dann ein Parkplatz befand, finden heute Konzerte, Festivals und sonstige Veranstaltungen statt. Auf der anderen Seite der 6th Ave steht das große **Pioneer Courthouse** (1875), das älteste Bundesgebäude im Nordwesten Amerikas.

NICHT VERPASSEN!

- **Pearl District** (S. 361) – alter Lagerhausbezirk, der auf Vordermann gebracht wurde
- **Stumptown Coffee** (S. 366) – Portlands bester Coffeeshop mit einer Handvoll Filialen
- **Powell's City of Books** (S. 357) – der weltweit größte unabhängige Buchladen
- **Tom McCall Waterfront Park** (s. unten) – Spazierengehen, Joggen, Inlineskaten und hyperaktive Menschen ohne Ende

Zwischen all den Wolkenkratzern befindet sich der Vorzeigebau der Stadt, das 1980 von Michael Graves entworfene **Portland Building** (Ecke SW 5th Ave & SW Main St). Der 15-stöckige Block ist für die Einen eine Errungenschaft der Postmoderne, für die Anderen ein unpraktischer Klotz. Seit 1985 befindet sich über dem Haupteingang die Statue der **Portlandia**, der Handelsgöttin, die mit ihrem Dreizack Neptun ähnelt.

In den von vielen Bäumen gesäumten **South Park Blocks** befindet sich das bedeutendste historische Museum des Bundesstaates, die **Oregon Historical Society** (☎ 503-222-1741; www.ohs.org; 1200 SW Park Ave; Erw./Kind 6–18 Jahre 11/5 US$; Di–Sa 10–17, So 12–17 Uhr). Es beherbergt Wechselausstellungen und Exponate zur Geschichte Oregons, eine wissenschaftliche Bibliothek und einen Buchladen.

Auf der anderen Seite des Parks steht das **Portland Art Museum** (☎ 503-226-2811; www.portlandartmuseum.org; 1219 SW Park Ave; Erw./Kind unter 17 Jahren 10 US$/frei; Di, Mi & Sa 10–17, Do & Fr 10–20, So 12–17 Uhr). Zu bewundern gibt's u. a. ausgezeichnete indianische Schnitzereien, asiatische und amerikanische Kunst und englisches Tafelsilber. Das Museum beherbergt ferner das Whitsell Auditorium, ein erstklassiges Kino, in dem seltene und internationale Filme zu sehen sind.

Am Westufer des Willamette River erstreckt sich der 3,2 km lange **Tom McCall Waterfront Park**, im Sommer Veranstaltungsort von Festivals und Konzerten. Jogger, Spaziergänger und Radfahrer können an der **Eastbank Esplanade** eine Runde drehen. Dabei geht's über eine unverwechselbare Hebebrücke, die **Steel Bridge** von 1912. Es ist die zweitälteste und auffälligste Brücke über den Fluss.

Portlands **Aerial Tram** (www.portlandtram.org) fährt von der South Waterfront (Haltestelle) zum Marquam Hill. Die Seilbahn schwebt auf einer 1 km langen Strecke bis auf 152 m hinauf. Die Fahrt dauert drei Minuten und kostet hin und zurück 4 US$. Die im Januar 2007 in Betrieb genommene Seilbahn war weitaus teurer als geplant und daher Gegenstand einer öffentlichen Kontroverse.

OLD TOWN & CHINATOWN

Die ehemals zwielichtige Old Town, das Herz des wilden Portlands der 1890er-Jahre, hat auch heute noch einen leicht verwahrlosten Touch, ist aber ungefährlich. In der Gegend mit ihren merkwürdigen Gestalten und den Backsteinhäusern, deren Wände mit Plakaten und Flyern übersät sind, befinden sich einige der besten Musikclubs der Stadt. Und – etwas weiter nördlich – Portlands *gayborhood*. Unter den Straßen der Old Town erstrecken sich die unterirdischen Röhren der **Shanghai Tunnels** (☎ 503-622-4798; www.shanghaitunnels.info; Erw./Kind 12/8 US$). In den 1850er-Jahren haben skrupellose Zeitgenossen betrunkene Männer gekidnappt oder „shanghait" und hier versteckt, bevor sie die armen Kerle als Zwangsarbeiter an Kapitäne verkauften. Führungen durch das Tunnelsystem sind nach Terminvereinbarung möglich.

Die beeindruckenden, im Stil einer Pagode errichteten **Chinatown Gates** (Ecke W Burnside St & NW 4th Ave) sind das Wahrzeichen des ziemlich glanzlosen chinesischen Viertels, in dem man kaum noch ein gutes Dim-Sum-Restaurant findet. Neben einigen Chow-Mein-Imbissbuden ist der **Classical Chinese Garden** (☎ 503-228-8131; www.portlandchinesegarden.org; Ecke NW 3rd Ave & NW Everett St; Erw./Kind unter 5 Jahren/Senior 7/frei/6 US$; ☾ 10–17 Uhr) die Hauptattraktion – eine Oase der Ruhe mit glitzernden Teichen und wunderschön angelegten Grünflächen. Führungen sind im Eintrittspreis enthalten.

Die Gegend unterhalb der Burnside Bridge verdankt ihr nostalgisches Flair den zahlreichen viktorianischen Gebäuden und dem hübschen **Skidmore Fountain**. Die beste Zeit für einen Spaziergang am Fluss ist das Wochenende, denn dann kann man auch gleich dem tollen **Saturday Market** (☎ 503-222-6072; www.portlandsaturdaymarket.com; ☾ März–Dez. Sa 10–17, So 11–16.30 Uhr) mit seinen Kunsthandwerkgegenständen, Straßenkünstlern und Imbissbuden einen Besuch abstatten. Entgegen seinem Namen ist er auch sonntags geöffnet.

NORTHWEST & PEARL DISTRICT

Das Zentrum von Nob Hill – oder auch „Snob Hill" wie Kritiker zu sagen pflegen – ist die NW 23rd Ave, eine trendige Durchgangsstraße mit unzähligen Boutiquen, Inneneinrichtungsgeschäften und Cafés. Die NW 21st Ave ist die Restaurantmeile mit einigen der besten Restaurants Portlands. In diesem Bezirk kann man ganz wunderbar herumschlendern, Schaufenster und Leute betrachten.

Östlich davon erstreckt sich – etwas dichter an Downtown gelegen – ein ehemaliger Industriebezirk namens Pearl District. Die einst schäbigen Lagerhäuser wurde in teure Lofts, elegante Boutiquen und In-Restaurants umgemodelt. Am ersten Donnerstag des Monats haben Kunstgalerien bis in die späten Abendstunden geöffnet – das Viertel verwandelt sich dann in eine große schicke Straßenparty. Der Pearl District wird von der NW 9th Ave, NW 14th Ave, W Burnside St und NW der Lovejoy St begrenzt.

WEST HILLS & WASHINGTON PARK

Hinter Portlands Innenstadt liegen die West Hills mit exklusiven Häusern, kurvenreichen Straßen und dem riesigen **Forest Park**, Amerikas größter innerstädtischer Grünfläche.

Die fantastische **Pittock Mansion** (☎ 503-823-3623; www.pittockmansion.com; 3229 NW Pittock Dr; Erw./Kind 6–18 Jahre/Senior 7/4/6 US$; ☾ 11–16 Uhr; **P**) wurde 1914 von Henry Pittock errichtet, der die in Portland verlegte Zeitschrift *Oregonian* zu neuem Leben erweckte. Ein Besuch des Geländes (Eintritt frei) ist allein schon wegen der tollen Aussicht sicher keine Zeitverschwendung. Zudem sollte sich hier ein Picknick ein nettes Plätzchen finden lassen.

Auch der riesige Washington Park mit all seinen Attraktionen ist einen Tagesausflug wert. Hier gibt's die **International Rose Test Gardens** (☎ 503-823-7529; www.rosegardenstore.org; Eintritt frei; ☾ Sonnenaufgang–Sonnenuntergang; **P**) mit 400 Rosenarten und herrlichen Aussichtspunkten. Weiter oben auf dem Hügel liegt der ruhige **Japanese Garden** (☎ 503-223-1321; www.japanesegarden.com; 611 SW Kingston Ave; Erw./Kind 6–17 Jahre 8/5,25 US$; ☾ Mo 12–19, Di–So 10–19 Uhr; **P**). Das **Hoyt Arboretum** (☎ 503-865-8733; www.hoytarboretum.org; 4000 Fairview Blvd; Eintritt frei; ☾ Wege 6–22 Uhr, Visitor Center Mo–Fr 9–16, Sa 9–15 Uhr; **P**) ist im Herbst besonders hübsch. Auf dem Areal wachsen mehr als 1000 verschiedene einheimische und exotische Baumarten, die man auf insgesamt 10 km langen Wanderwegen bewundern

DIE NÖRDLICHEN STAATEN

kann. Auch der Besuch des recht beliebten Zoos lohnt sich (S. 363).

NORTHEAST & SOUTHEAST

Auf der anderen Seite des Willamette River steht das **Lloyd Center** (1960), eine Shopping Mall mit dem normalen Mix aus Fast-Food-Läden und Filialen großer Ketten. Dieses Einkaufszentrum ist nur interessant, weil es – anscheinend – das erste dieser Art in den USA war. In Richtung Südwesten befinden sich ein paar Blocks weiter das schicke **Oregon Convention Center** mit seinen Glastürmen und die **Rose Garden Arena**, Heimstätte der Trailblazers, der Basketballhelden Portlands.

Am Willamette River etwas weiter nördlich verläuft die **N Mississippi Avenue**. Die einst heruntergekommenen Häuser an dieser Straße beherbergen jetzt angesagte Shops und Restaurants. In Northeast befindet sich die künstlerisch angehauchte **NE Alberta Street**, in der sich Galerien, Boutiquen und Cafés aneinanderreihen. Im Sommer findet am letzten Donnerstag im Monat ein wirklich tolles und witziges Straßenfest statt, das man nach Möglichkeit nicht verpassen sollte. Ein wenig Hipster-Hippie-Luft schnuppern kann man in den Buchläden, bunten Geschäften und Cafés des **SE Hawthorne Boulevard** (unweit der SE 39th Ave). Die Durchgangsstraße **SE Division Street**, 1,6 km weiter südlich, hat sich in den letzten Jahren zu so etwa wie der „SE Delicious Street" mit vielen ausgezeichneten, neuen Restaurants, Bars und Pubs gemausert.

Aktivitäten

WANDERN, MOUNTAINBIKEN & RADFAHREN

Wandern und Mountainbiken ist für Portland, was Autofahren für L. A. ist – ein kultureller Fortbewegungsritus. Wer mit den durchtrainierten Einheimischen mithalten will, muss gut austrainiert sein.

Wanderer und Jogger können sich im **Forest Park** mit seinem insgesamt 110 km langen Wegnetz austoben – und das alles innerhalb der Stadtgrenzen, unvorstellbar! Der **Wildwood Trail** beginnt am Hoyt Arboretum und schlängelt sich 48 km durch den Wald; es sind auch Rundwege möglich. Weitere Ausgangspunkte für Wanderungen im Forest Park finden sich am westlichen Ende an der NW Thurman St und der NW Upshur St.

Radler werden den mehr als 30 km langen **Springwater Corridor** am Fluss zu schätzen wis-

---

WAS ZUM …?

Das gibt's nur in Amerika (oder vielleicht nur in Portland?): Im **Stark's Vacuum Museum** (☎ 503-232-4101; www.starks.com; 107 NE Grand Ave; Eintritt frei; ☺ Mo–Fr 8–19, Sa 9–17, So 11–16 Uhr) kann man eine umfangreiche Sammlung von mehr als 300 Staubsaugern, Busy Bees, Electrolux- und Druckluftgeräten bestaunt werden. Hier wird die ganze esoterische Geschichte der Fußbodenreinigung ausgestellt – von den Klassikern der 1950er-Jahre bis hin zu den leichten Geräten des 21. Jhs. Das Museum ist Teil des Staubsaugerladens Starks. Nachdem man sich durch die ganze Kollektion der modernen Wegwerfmodelle durchgekämpft hat, wird man fasziniert vor den Maschinen aus der guten alten Zeit stehen.

---

sen. Er beginnt (als Verlängerung der Eastbank Esplanade) in der Nähe des Oregon Museum of Science & Industry und verläuft bis in den Vorort Gresham. Mountainbiker können auch den **Leif Erikson Drive** in Angriff nehmen: Die ehemalige Holzfällerstraße führt über knapp 18 km in den Forest Park – schönen Aussicht auf die Stadt inklusive. Achtung: Wer sich nicht ordentlich Ärger einhandeln will, sollte unbedingt auf den Radwegen bleiben.

Wer gern zwischen Bauernhöfen und Ackerland umherradelt, sollte sich auf den Weg nach **Sauvie Island** 16 km nordwestlich des Zentrums von Portlands machen. Die Route ist ein Paradies für Biker – es gibt keine Anstiege und kaum Autos, dafür aber umso mehr wilde Tiere, die am Streckenrand zu erspähen sind. Fahrradverleihe s. S. 370.

WASSERSPORT

Sommer in Portland bedeutet, an heißen Tagen etwas Cooles zu unternehmen.

Spaß haben kann man am **Salmon Street Springs Fountain** im Tom McCall Waterfront Park oder am **Jamison Square Fountain** (Ecke NW Johnson St & NW 10th Ave). Beide Brunnenbecken sind fest in der Hand planschender Kids.

Das **Matt Dishman Community Center** (☎ 503-823-3673; 77 NE Knott St; Eintritt 2–3,25 US$) nördlich des Lloyd District beherbergt ein Hallenbad. Wer allerdings lieber im Freien seine Bahnen zieht, sollte den **US Grant Park** (☎ 503-823-3674; Ecke NE 33rd Ave & NE US Grant Pl; Eintritt 2–3,25 US$) nordöstlich des Lloyd District ansteuern. Die Öffnungszeiten der beiden Bäder und das aktuell angebotene Freizeitprogramm sollte man vorab telefonisch erfragen.

Kajakfreaks sollten sich an die **Portland River Company** (☎ 503-459-4050; www.portlandrivercompany. com; 6320 SW Macadam Ave) oder an **Scappoose Bay Kayaking** (☎ 503-397-2161, 877-272-3353; www. scappoosebaykayaking.com; 57420 Old Portland Rd) wenden. Die Unternehmen verleihen die entsprechende Ausrüstung und veranstalten Touren.

Portland mit Kindern

Keine Angst, gestresste Eltern: Kinder finden Portland toll. Vor allem das **Oregon Museum of Science & Industry** (OMSI; ☎ 503-797-6674; www.omsi. edu; 1945 SE Water Ave; Erw./Senior & Kind 3–13 Jahre 11/9 US$; ☺ 9.30–17.30 Uhr; 🚼) mit naturwissenschaftlichen Ausstellungen zum Anfassen, einem Omnimax-Kino, einem Planetarium und sogar einem U-Boot (alles nicht im Eintrittspreis enthalten).

Im Sommer verkehrt der Zoo Train zwischen dem Rosengarten im Washington Park und dem **Oregon Zoo** (☎ 503-226-1561; www.oregon zoo.org; 4001 SW Canyon Rd; Erw./Kind 9,75/6,75 US$; ☺ April–Sept. 8–18 Uhr; 🚼). Wer in der Weihnachtszeit in Portland Halt macht, sollte die „Zoolights" auf keinen Fall versäumen: Der Zoo verwandelt sich in ein Winterwunderland mit beleuchteten Bäumen und Tierfiguren. Im Sommer finden auf den Rasenflächen Konzerte statt. Parkgebühr 1 US$.

Eltern werden auch das in der Nähe gelegene **Children's Museum** (☎ 503-223-6500; www.portlandcm.org; 4015 SW Canyon Rd; Eintritt 8 US$; ☺ Mo–Sa 9–17, So 11–17 Uhr; 🚼) lieben. Hier ist der Nachwuchs nicht nur beschäftigt, sondern lernt anhand interessanter, interaktiver Exponate auch noch so einiges. Das **World Forestry Center** (☎ 503-228-1367; www.worldforestry.org; 4033 SW Canyon Rd; Erw./Kind 3–18 Jahre/Senior 8/7/5 US$; ☺ 10–17 Uhr; 🚼) ist ähnlich gestrickt, allerdings mit dem Unterschied, dass sich hier alles um Holz dreht.

Wer Lust auf eine Fahrt im Karussell oder Go-Kart hat, besucht den weiter im Süden gelegenen **Oaks Amusement Park** (☎ 503-233-5777; www.oakspark.com; 7805 SE Oaks Park Way; Eintritt frei, Armband für Fahrbetriebe 11,75–14,40 US$; 🚼). Er hat unterschiedliche Öffnungszeiten – also am besten vorher die genauen Zeiten erfragen.

Geführte Touren

Kajaktouren s. oben.

Eco Tours of Oregon (☎ 503-245-1428, 888-868-7733; www.ecotours-of-oregon.com) Führungen mit naturkundlichem Background durch den Nordwesten Oregons und nach Washington; u. a. geht es zur Columbia River Gorge, zum Mt. St. Helens und in Weinanbaugebiete.

Portland Bicycle Tours (☎ 503-360-6815; www. intrepidexperience.com; 345 NW Everett St) Radeltouren durch die Parks, über die Brücken Portlands oder zu den Märkten der „City of Roses" – Unmengen an Stumptown-Kaffee sorgen für Energie. Die zweistündigen Touren mit einem eigenen/geliehenen Fahrrad kosten 30/40 US$.

Portland Walking Tours (☎ 503-774-4522; www. portlandwalkingtours.com) Führungen mit unterschiedlichen Schwerpunkten: Kunst, Kulinaria, Bezirke, Geschichte, Unterirdisches und sogar Geister.

Festivals & Events

Portland International Film Festival (☎ 503-221-1156; www.nwfilm.org) Die größten Filmfestspiele Oregons zeigen fast 100 Filme aus über 30 Ländern. Mitte bis Ende Februar.

Portland Rose Festival (☎ 503-227-2681; www. rosefestival.org) Highlights des größten Fests Portlands sind mit Rosen geschmückte Wagen, Drachenbootrennen, ein Feuerwerk, Horden finster dreinschauender Seebären und die Krönung einer Rosenkönigin. Es findet Ende Mai bis Anfang Juni statt.

Queer Pride Celebration (☎ 503-295-9788; www. pridenw.org) Portlands schwul-lesbisches Event findet Mitte Juni mit Partys, Bootsfahrten und einer Parade statt.

Oregon Brewers Festival (☎ 503-778-5917; www. oregonbrewfest.com) Bierfest im Sommer (Ende Juli) im Tom McCall Waterfront Park. Das winterliche Pendant findet Anfang Dezember am Pioneer Courthouse Sq statt.

Schlafen

Im Sommer sollte man unbedingt frühzeitig reservieren.

BUDGETUNTERKÜNFTE

Northwest Portland Hostel (☎ 503-241-2783; www. nwportlandhostel.com; 425 NW 18th Ave; B 20–25 US$, DZ 42–74 US$; 🅿 🚫 🛁 💻 🛜) Freundliches Hostel in perfekter Lage zwischen Pearl District, NW 21st und 24th Ave. Die Unterkunft in mehreren für den Northwest District typischen Häusern bietet zahlreiche Gemeinschaftsbereiche (u. a. eine kleine Sonnenterrasse), gute Zimmer und einen Fahrradverleih. Wer kein HI-Mitglied ist, zahlt 3 US$ mehr.

LP Tipp **McMenamins Edgefield** (☎ 503-669-8610; www.mcmenamins.com; 2126 SW Halsey St, Troutdale; B 30 US$, DZ mit Gemeinschaftsbad 60–80 US$, DZ mit Bad 110–145 US$; 🚫 🛁 💻 🛜) Ehemalige Farm, die von den McMenamin-Brüdern restauriert wurde und jetzt einen einzigartigen, 15 ha großen Hotelkomplex mit unzähligen Einrichtungen beherbergt. Man kann Wein und Bier aus der hauseigenen Brauerei probieren, Golf spielen, Filme gucken, Souvenirs kaufen, Livemusik lauschen, durch den großen Garten schlendern und in einem der Restaurants speisen. Das Hotel ist von der Innenstadt aus mit dem Auto in ca. 20 Minuten zu erreichen.

White Eagle (☎ 503-335-8900, 866-271-3377; www. mcmenamins.com; 836 N Russell St; B 40 US$, DZ 45–60 US$; P) Das White Eagle ist eine Rock & Roll-Landepiste, schon ZZ Top trat hier auf. Die von den McMenamins betriebene Bar und Livemusik-Location hat im Obergeschoss elf einfache Zimmer (mit Gemeinschaftsbad) für Nachteulen, unverbesserliche Musikfans und Leute mit unerschütterlichem Schlaf. Das Hotel wurde 1905 eröffnet und beherbergte im Obergeschoss ein Bordell und eine Opiumhöhle. Noch heute ist das hauseigene Bier der Renner. Das White Eagle befindet sich nördlich des Lloyd District an der MAX Light-Rail-Strecke.

MITTELKLASSEHOTELS

Jupiter Hotel (☎ 503-230-9200; www.jupiterhotel.com; 800 E Burnside St; DZ So–Do 100–145 US$, Fr & Sa 128–178 US$; P X X X 🖵 🛜) Man nehme ein an sich langweiliges Konzept – in diesem Fall ein Motel –, verpasse dem Ganzen ein schnittiges Styling und siehe da, das Jupiter hat sich gemausert und nichts mehr mit Amerikas allgegenwärtigen Billigunterkünften gemeinsam. Herausgekommen ist ein individuelles farbenfrohes Quartier mit Retro-Möbeln und Tafeln an den Türen, auf denen man Hinweise an das Zimmerpersonal hinterlassen kann. Jedes Zimmer ist individuell eingerichtet – was für ein Motel schon fast an Ironie grenzt. Und das benachbarte Doug Fir (S. 366) gehört zu den coolsten Livemusik-Locations Portlands. Also zuerst zusammen mit den Band-Roadies an der Bar den Abend verbringen und nach Mitternacht einchecken – denn dann bekommt man einen Rabatt.

LP Tipp **Ace Hotel** (☎ 503-228-2277; www.acehotel. com; 1022 SW Stark St; DZ ohne/mit Bad ab 107/147 US$; X X X 🖵 🛜) Im Ace, diesem Mikrokosmos in Portlands Hotelszene, treffen sich die glitzerndsten Sternchen auf den Sofas in der großen Lobby, schlürfen an einem Stumptown-Kaffee und unterhalten sich über Gott und die Welt. Die Zimmer im Obergeschoss sind minimalistisch im Retro-Look mit Industrial-Stilelementen eingerichtet. Parken kostet 20 US$.

Kennedy School (☎ 503-249-3983, 888-249-3983; www.mcmenamins.com; 5736 NE 33rd Ave; DZ 109–130 US$; P X 🖵 🛜) Eine Institution Portlands. In der ehemaligen Grundschule kann man die glücklichen Tage noch einmal erleben, an denen man während des Bio-Unterrichts einfach weggedöst ist. Die ein paar Kilometer vom Stadtzentrum entfernte Schule beherbergt jetzt ein Hotel (man schläft in umgebauten Klassenzimmern), ein Restaurant, mehrere Bars, eine kleine Brauerei, ein Kino und einen Pool. Die ganze Schule ist mit Mosaiken, Fantasiegemälden und historischen Fotografien dekoriert.

Mark Spencer Hotel (☎ 503-224-3293, 800-548-3934; www.markspencer.com; 409 SW 11th Ave; DZ inkl. Frühstück ab 125 US$; X X X 🖵 🛜) Wem das Ace zu trendy ist, der übernachtet im gediegeneren, bodenständigeren (um nicht zu sagen „langweiligen") Mark Spencer. Die geräumigen, einfachen Zimmer mit Küchenzeile sind keine schlechte Wahl. Die Preise sind für die gute Lage im Stadtzentrum äußerst moderat. Außerdem bekommt man nachmittags eine Tasse Tee und Kekse. Parkgebühr 16 US$.

Hotel Lucia (☎ 503-225-1717; www.hotellucia.com; 400 SW Broadway; DZ ab 127 US$; X X X 🖵 🛜) Boutique-Hotel mit schicker, in schwarz-weiß gehaltener Einrichtung und kunstvoll dargebotenen, auf Hochglanz polierten (essbaren) Äpfeln. Die durchdesignten Zimmer sind funky und mit technischem Schnickschnack ausgestattet: WLAN, Flachbild-TV und i-Pod Docking Station. Die Lage in der Innenstadt ist wirklich klasse.

Inn at Northrup Station (☎ 503-224-0543, 800-224-1180; www.northrupstation.com; 2025 NW Northrup St; DZ inkl. Frühstück ab 156 US$; P X X X 🖵 🛜) Supertrendiges Hotel mit funky Dekor. Viele der künstlerisch gestalteten Zimmer haben eine Terrasse oder einen Balkon, zudem gibt's eine tolle grüne Dachterrasse.

SPITZENKLASSEHOTELS

Heathman Hotel (☎ 503-241-4100, 800-551-0011; www.heathmanhotel.com; 1001 SW Broadway; DZ ab 200 US$; X 🖵 🛜) Vor Portlands nobelstem Hotel steht ein Portier, der wie ein Londoner Beefeater (Torwächter des Tower of London) gekleidet ist – leider aber nicht den passenden Akzent spricht. Hier ist zugleich eines der besten Restaurants der Stadt zu Hause. Am späten Nachmittag gibt's ein frühes Abendessen, am Abend Jazz. Die Bibliothek ist voll mit signierten Büchern von Autoren, die sich

---

ESSEN IN PORTLAND: IMBISSBUDEN

Die wahrscheinlich beste und günstigste Art, Portlands multikulturelle Besonderheiten kennen-zulernen, ist ein Imbiss an den leckeren Essensständen. Die Küchen auf Rädern erlebten in den letzten zehn Jahren einen regelrechten Boom, zu finden sind sie in der ganzen Stadt, haupt-sächlich auf Parkplätzen, wo sie oft gleich eine kleine „Fressmeile" bilden und ihre Leckereien anbieten. Viele Betreiber sind noch nicht lange im Land und können sich folglich keine echten Restaurants leisten – und so bilden die Stände ein kulinarisches Treffen der Nationen. Kaum etwas, das nicht im Angebot ist, ob Speisen aus Bosnien und Böhmen, aus Vietnam und Mexiko und all den Ländern dazwischen. Die Preise sind niedrig (5–6 US$ für ein sättigendes, schmack-haftes Mittagsmahl), dank der strengen städtischen Hygienevorschriften ist alles pieksauber. Die geselligen Standbetreiber verraten der Kundschaft einiges über ihr Heimatland, selbst aus ihren Rezepten machen sie kein Geheimnis.

Essensstände sind aufs ganze Stadtgebiet verteilt. Die meisten stehen jedoch an der Ecke SW Alder St/SW 9th Ave und an der Ecke SW Washington St/SW 3rd Ave.

---

im Heathman schon einquartiert haben. Die luxuriösen Zimmer sind elegant und stilvoll eingerichtet. Parken kostet 30 US$.

Essen

Portlands Restaurantszene entwickelt sich schnell und hat vor allem in den letzten Jahren viel Lob eingeheimst. Es gibt Speisen aus aller Welt und ein vielfältiges vegetarisches Ange-bot. Und Traveller mit kleinem Geldbeutel können sich an den zahlreichen Imbissbuden mit internationalen Gerichten aus aller Her-ren Länder satt essen (s. Kasten oben).

Bunk Sandwiches (☎ 503-477-9515; 621 SE Morrison St; leichte Gerichte 5–7 US$; 🕒 8–15 Uhr) Das schlichte, winzige Brunch-/Mittagslokal lohnt die Fahrt auf die andere Flussseite. Auf einer Tafel ste-hen Leckereien wie belegte Baguettes *(po'boys)*, mit Käse überbackene Thunfisch-sandwiches und Hackbällchen mit Parmesan-käse.

Silk (☎ 503-248-2172; 1012 NW Glisan St, Pearl District; Hauptgerichte 7–10 US$; 🕒 Mo–Sa 11–15 & 17–22 Uhr) Wer gern vietnamesisch isst, wird dieses groß-artige Restaurant lieben. Hier ist alles ausge-sprochen schmackhaft, etwa der Bananenblü-tensalat, die Shrimps mit Zitronengras oder die typischen pho-Nudelsuppen. Das erste dieser Restaurants (Pho Van) befindet sich in der SE 82nd Ave.

Pok Pok (☎ 503-232-1387; 3226 SE Division St; Haupt-gerichte 8–11 US$; 🕒 Mo–Fr 11.30–22, Sa 17–22 Uhr) Beliebter Thai-Imbiss mit einigen der besten Thai-Gerichte Portlands.

Kenny & Zuke's (☎ 503-222-3354; 1038 SW Stark St; Sandwiches 9–13 US$; 🕒 So–Do 7–20, Fr & Sa 7–21 Uhr) Portlands Version des jüdischen Feinkostla-dens in New York. In diesem neuen, tradi-ti-

onellen Lokal ganz in der Nähe des Ace Hotels gibt's – wie könnte es anders sein – Sandwi-ches mit Pastrami, das fünf Tage gepökelt, zehn Tage geräuchert und drei Tage gedämpft wurde. Nach dem klassischen Pastrami-Rog-genbrotsandwich sollte man unbedingt noch Plinsen, Latkes oder eines der fantastischen Desserts probieren.

Vino Paradiso (☎ 503-295-9536; 417 NW 10th Ave; Hauptgerichte 11–16 US$; 🕒 Di–Sa 16–23, So 15–21 Uhr) Die coole Weinbar mit Bistro im Pearl District serviert kleine, schmackhafte Portionen itali-enischer Leckereien und ausgezeichnete Wei-ne. In dem Lokal bestellt man sich am besten ein Risotto und schaut sich all die hübschen Leute an, die hier ein- und ausgehen.

Pambiche (☎ 503-233-0511; 2811 NE Glisan St; Haupt-gerichte 11–17 US$; 🕒 So–Do 11–22, Fr & Sa 11–24 Uhr) Amerikaner dürfen zwar offiziell nicht nach Kuba, in diesem bunten kubanischen Restau-rant in Northeast bekommen sie aber wenigs-tens wunderbares kubanisches Essen. Das Lokal ist den ganzen Tag geöffnet, die beste Zeit für einen Besuch ist aber *la hora del ami-go* (die kubanische Happy Hour; Mo–Fr 14–18 Uhr). Auf der Speisekarte stehen keine Castro-Reden, sondern *ropa vieja* (geschnet-zeltes Rindfleisch), Schnapper in Kokosmilch-sauce und starker kubanischer Kaffee. Ach-tung: Das Lokal ist nicht nur sagenhaft beliebt, sondern auch winzig klein – der frühe Vogel fängt den Wurm!

LP Tipp Jake's Famous Crawfish (☎ 503-226-1419; 401 SW 12th Ave; Hauptgerichte 17–32 US$; 🕒 Mo–Do 11–23, Fr 11–24, Sa 12–24, So 15–23 Uhr) Portlands bes-tes Meeresfrüchterestaurant mit eleganter Einrichtung aus alten Zeiten. Die Austern sind göttlich, der Crab Cake kommt einer

Offenbarung gleich, der Lachs mit Meerrettich einer Eintrittskarte in den Himmel. Um 15 Uhr kommt man obendrein noch in den Genuss der günstigen Happy Hour.

Marrakesh Moroccan Restaurant (☎ 503-248-9442; 1201 NW 21st Ave; Hauptgerichte 20–30 US$; ☺ Mo–Sa 17–24 Uhr) Wer in dem Klassiker in Nob Hill war, wird sofort in Powell's Buchladen stürmen und sich den Marokko-Band von Lonely Planet kaufen. In dem Restaurant gibt's authentische Kost aus dem Tagine-Topf. Man isst mit den Fingern und sitzt auf dicken Kissen.

Paley's Place (☎ 503-243-2403; 1204 NW 21st Ave; Hauptgerichte 20–32 US$; ☺ Mo–Do 17.30–22, Fr & Sa 17.30–23, So 17–22 Uhr) Vitaly und Kimberly Paley haben eins der ersten Restaurants Portlands eröffnet, in dem ein kreativer Mix aus französischer und einheimischer Küche angeboten wird. Ob man nun Enten-Confit, Kobe-Burger oder Kalbsbries bestellt, eines ist sicher: Die Zutaten sind frisch und der Service ist ausgezeichnet. Einen Abend in diesem Restaurant wird man bestimmt nicht so schnell vergessen.

Ausgehen

Die Website www.barflymag.com verrät die derzeit angesagtesten Locations. Seit 2009 darf in den Bars und Kneipen Oregons nicht mehr geraucht werden.

CAFÉS

Für die Bewohner Seattles ist es ein Gräuel, wenn es heißt, dass in Portland ebenso guter Kaffee gebraut wird. Die Portlander jedenfalls sind steif und fest der Meinung, dass sich kaum ein Unterschied schmecken lässt.

LP Tipp **Stumptown Coffee** (☎ 503-230-7797; Ace Hotel 1022 SW Stark St; Belmont 3356 SE Belmont St; Division 3377 SE Division St; Downtown 128 SW 3rd Ave; 🖥 🛜) Das heißeste, coolste und größte Café mit den meisten Filialen.

Barista (☎ 503-274-1211; 539 NW 13th Ave) Nicht die Bohne, sondern die Zubereitung macht's. Der Kaffeekünstler Billy Wilson zaubert in diesem umgebauten Lagerhaus im Pearl District koffeinhaltige Wunder aus erlesenen Kaffeesorten.

Albina Press (☎ 503-282-5214; 4637 N Albina Ave; 🖥 🛜) Das reinste Nirwana – vorzüglicher Kaffee, der von preisgekrönten Baristas kunstvoll zubereitet wird. Das Café liegt gut 3 km nördlich des Lloyd District an der I-5.

World Cup (☎ 503-228-4152; 1740 NW Glisan St; 🖥 🛜) Nein, kein Fußballturnier, sondern vielmehr eine Café-Bar von Weltklasse mit eigener Rösterei. Genau das Richtige für Leute, die bis zur Erschöpfung in Powell's City of Books herumgestöbert haben.

Anna Bananas (☎ 503-274-2559; 1214 NW 21st Ave; 🖥 🛜) Funky Location in einem alten, renovierten Haus mit angenehmer Atmosphäre, Gourmetessen und tollen Leuten.

BARS

Brazen Bean (☎ 503-234-0636; 2075 NW Glisan St) Die sehr beliebte Bar in einem niedlichen viktorianischen Haus ist für ihre mehr als 25 verschiedenen Martinis bekannt. In der Happy Hour (wochentags 17–20 Uhr) kosten Drinks 4 US$ – allerdings muss man dann eine gute Portion Geduld mitbringen.

Saucebox (☎ 503-241-3393; 214 SW Broadway) Gestyltes Restaurant mit nettem Personal und hochpreisiger asiatischer Fusion-Küche. Große Auswahl an Drinks und vor allem an köstlichen Cocktails. Ab 22 Uhr heizen DJs so richtig ein.

Horse Brass Pub (☎ 503-232-2202; 4534 SE Belmont St) Portlands authentischster englischer Pub mit viel dunklem Holz, ausgezeichneten Fish & Chips, 50 Biersorten und Darts. Und natürlich flimmert Football über die Leinwand.

Doug Fir (☎ 503-231-9663; 830 E Burnside St) Ultratrendige Location, in der Holzfällerromantik à la Paul Bunyan auf Futuristisches à la *Jetsons* trifft. Auftritte gefragter Talente ziehen sowohl tätowierte Jugendliche als auch Vorstadt-Yuppies an. Nach einer Stärkung im Restaurant, das 21 Stunden geöffnet ist, geht's weiter nach nebenan in das Jupiter Hotel, das Rockstar-Ansprüchen genügt.

Crush (☎ 503-235-8150; 1400 SE Morrison St) Nichts wie hinein in diese sexy Lounge mit all den hübschen Menschen und einen der exotischen Cocktails bestellen. Auch das Essen ist fantastisch (exzellenter Brunch). Wer seinem qualmenden Laster frönen will, geht in den Raucherraum. Toller Ort für Frauen, ob nun Heteros oder Lesben.

LaurelThirst Pub (☎ 503-232-1504; 2958 NE Glisan St) Düstere, funky Kneipe, die häufig so voll ist, dass die Leute auf der Straße stehen. Fast jeden Abend bekommt man hier kostenlos Musik zu hören, nach 21 Uhr werden dafür 3 US$ kassiert. Gute Bier- und Weinauswahl (aber nichts Hochprozentiges) sowie tolles Frühstück.

Back Stage Bar (☎ 503-236-9234; 3702 SE Hawthorne Blvd) Dieses Juwel versteckt sich hinter dem

Bagdad Theater. Es ist ein sehr hoher Raum, in dem Unmengen von Billardtischen stehen und eine tolle Atmosphäre herrscht.

BRAUEREIKNEIPEN
In Portland gibt's ca. 30 Brauereikneipen, mehr als in jeder anderen Stadt der Welt – da wird selbst ein waschechter Brite neidisch. Hier nur eine kleine Auswahl.

Amnesia Brewing (☎ 503-281-7708; 832 N Beech St) Hippe Brauerei unweit der Mississippi St mit lockerer Atmosphäre und Picknicktischen vor der Tür. Ausgezeichnetes Bier, vor allem das Desolation IPA und das Wonka Porter. Ein Grill mit leckeren Burgern und Würstchen darf natürlich nicht fehlen.

Hopworks Urban Brewery (☎ 503-232-4677; 2944 SE Powell Blvd) Dank der im März 2008 eröffneten Brauerei gibt es Portland nun auch 100%iges Biobier. Es besteht ausschließlich aus regionalen Zutaten, alle Abfälle werden kompostiert und es gibt sogar eine „Fahrrad-Bar".

Lucky Labrador Brewing Company (Hawthorne ☎ 503-236-3555; 915 SE Hawthorne Blvd; Pearl District ☎ 503-517-4352; 1945 NW Quimby St) Große, schlichte Bierhalle mit guter Auswahl und – in der Hawthorne-Filiale – einem hundefreundlichen Hinterhof, in dem im Sommer auch Filme gezeigt werden.

New Old Lompoc (☎ 503-225-1855; 1616 NW 23rd Ave) Ungewöhnliche Kneipe mit mehr als einem Dutzend Fassbieren, u. a. dem Condor Pale Ale, Sockeye Cream Stout und Bald Guy Brown. An warmen Tagen ist der grüne Hinterhof einfach ein Muss für alle Bierliebhaber.

Roots Organic Brewing (☎ 503-235-7668; 1520 SE 7th Ave) Ein relativer Newcomer in der Szene, der nur Biobiere im Angebot hat.

Unterhaltung
Veranstaltungstipps und Preise stehen im *Mercury* und in der *Willamette Week*.

LIVEMUSIK
Weitere Anlaufstellen sind das Doug Fir (S. 366), der LaurelThirst Pub (S. 366) und das Holocene (S. 368).

Dante's (☎ 503-226-6630; www.danteslive.com; 1 SW 3rd Ave) Nebulöse, in roten Farbtönen gehaltene Bar mit Varieté. Hier treten amerikanische Bands auf, u. a. The Dandy Warhols und Concrete Blonde. Montags findet das allseits beliebte „Karaoke from Hell" statt – ein infernalisches Vergnügen

Berbati's Pan (☎ 503-248-4579; www.berbati.com; 10 SW 3rd Ave) In dem etablierten Rock-Club gibt's die interessantesten Darbietungen der Stadt – Big Bands, Swing, Acid Rock und R&B. Weitere Pluspunkt sammeln die Sitzgelegenheiten im Freien und die Billardtische.

Crystal Ballroom (☎ 503-225-0047; www.mcmena mins.com; 1332 W Burnside St) In dem historischen

MIKE MCMENAMIN
Mike, einer der beiden in Portland geborenen McMenamin-Brüder, hat das außergewöhnliche Imperium Pacific Northwest-McMenamin aufgebaut, zu dem mehr als 50 Brauereikneipen, Hotels, Restaurants, Musik-Locations und Kinos gehören. Die meisten befinden sich in historischen Gebäuden mit raffiniertem Interieur. Ein Besuch in dem einen oder anderen Laden lohnt sich unbedingt, vielleicht auch eine Übernachtung und ein, zwei Drinks. Einen kleinen Vorgeschmack bekommt man unter www.mcmenamins.com.

Was ist das Tollste an Portland? Die einzelnen Bezirke sind grandios. Es gibt Dutzende Ecken, in denen man sich wohlfühlen kann, in denen ein eigenes Leben brodelt. Zudem ist Portland allerliebst: sanft geschwungene Hügel, tolles Umland, kleinstädtisches Tempo … In letzter Zeit scheint das aber rasanter zu werden – oder ich langsamer.

Wie habt ihr die Gebäude für eure Projekte gefunden? Anfangs mussten wir noch die Gegend nach geeigneten Häusern abklappern. In der Zwischenzeit bekommen wir massenhaft Angebote, Fotos, Broschüren und Anrufe von Leuten, die es toll finden, dass wir die Häuser erhalten. Einerseits freut es mich, dass sie so über uns denken. Andererseits ist es aber auch frustrierend – denn wir können schließlich nicht alle Gebäude in ein Hotel oder Restaurant verwandeln.

Welche Rolle habt ihr für die Portlander Bierkultur gespielt? Eine paar Leute – Portland Brewing, Widmer, Bridgeport und wir – waren entscheidend daran beteiligt, das Ganze ins Rollen zu bringen. Seit 1985 dürfen Kneipen ganz legal ihr eigenes Bier brauen – eine großartige Sache. Bei einer Brauerei denkt man immer an was Riesiges. Das ist aber Quatsch, denn Bier kann man auch in der hintersten Ecke einer Küche brauen.

Ballsaal spielen berühmte Bands wie Grateful Dead und Steve Earl. Das „schwimmende" Parkett schwingt bei jeder Bewegung mit.

Jimmy Mak's (☎ 503-295-6542; www.jimmymaks.com; 221 NW 10th Ave) Stumptowns beste Jazz-Location. Außerdem gibt's hier ausgezeichnetes mediterranes Essen und eine Raucherbar im Untergeschoss. Um 20 Uhr werden die ersten Basssaiten gezupft.

Hawthorne Theatre (☎ 503-233-7100; www.hawthornetheatre.com; 1507 SE 39th Ave) Musik-Location für Leute jeden Alters – auf der kleinen Bühne werden Rock, Reggae, Punk, Pop, Metal und Country gespielt. Es gibt eine Empore und einen separaten Bereich für alle Schnapsdrosseln über 21.

SCHWULEN- & LESBENSZENE

Aktuelle Veranstaltungstipps stehen in der alle zwei Wochen erscheinenden, kostenlosen Zeitschrift *Just Out*. Weitere Infos sind in den *Gay and Lesbian Community Yellow Pages* (www.pdxgayyellowpages.com) zu finden. Eine gehobene Bar mit gemischtem Publikum ist das Crush (S. 366). Eine kleine Auswahl weiterer Läden:

Darcelle XV (☎ 503-222-5338; 208 NW 3rd Ave) Die besten Shows des transsexuellen Portlands: Dragqueens mit riesigen Perücken, gefakten Juwelen und übermäßig vollgestopften BHs. An den Wochenenden zeigen um Mitternacht männliche Stripper, was sie drauf haben.

Holocene (☎ 503-239-7639; 1001 SE Morrison St) Die an jedem zweiten Sonntag im Monat stattfindende „Tart Night" ist genau das Richtige für Lesben. Ansonsten trifft sich in diesem modernen Industriepalast die typisch hippe Tanzszene.

Embers (☎ 503-222-3082; 110 NW Broadway) Das Stammpublikum kommt der Musik wegen (Klänge aus den 1980er-Jahren bis hin zu aktuellem Techno und Pop). Außerdem zeigen Dragqueens ihr Können, während auf dem Dancefloor ein freundliches, kameradschaftliches Völkchen die Hüften schwingt. Gemischtes Publikum.

Hobo's (☎ 503-224-3285; 120 NW 3rd Ave) Hinter der alten, historischen Ladenfront verbirgt sich ein klassisches Restaurant mit Pianobar. Beliebter Treffpunkt für Schwule älteren Semesters. Man kann in aller Ruhe ganz entspannt ein romantisches Abendessen oder einen Drink genießen.

KINOS

Eine weitere Besonderheit von Portland ist, dass man ins Kino gehen kann und ein Gläschen Wein, ein Bier, Essen und Snacks serviert bekommt, ohne den Blick auch nur für einen kurzen Augenblick von der Leinwand abwenden zu müssen.

Die **Kennedy School** (☎ 503-249-3983; www.mcmenamins.com; 5736 NE 33rd Ave) ist ein Veranstaltungsort der McMenamin-Brüder. Die Filme werden in der ehemaligen Turnhalle gezeigt. Auch das **Bagdad Theater** (☎ 503-236-9234; www.mcmenamins.com; 3702 SE Hawthorne Blvd) haben die McMenamins in eine fantastische Location umwandeln lassen, in der man für wenig Geld einen Film anschauen kann. Das **Cinema 21** (☎ 503-223-4515; www.cinema21.com; 616 NW 21st Ave) ist Portlands beste Adresse für experimentelle und ausländische Filme. In den sechs mit hochmoderner Digitaltechnik ausgestatteten Kinosälen des **Living Room Theater** (☎ 971-222-2005; www.livingroomtheaters.com; 341 SW 10th Ave) werden Arthaus-Filme sowie ausländische und alte Produktionen gezeigt. Das coole Personal serviert vor der großen Leinwand Drinks und Tapas. Nebenan gibt's eine Bar mit WLAN, Kaffee und bequemen Sofas. Genial!

THEATER & KULTUR

In der schönen, wenn auch akustisch nicht ganz so hervorragenden **Arlene Schnitzer Concert Hall** (☎ 503-228-1353, 800-228-7343; www.pcpa.com/events/asch.php; 1037 SW Broadway) ist Oregons Sinfonieorchester zu Hause. Einige der besten Theateraufführungen Portlands bekommt man in dem intimen **Artists Repertory Theatre** (☎ 503-241-1278; www.artistsrep.org; 1516 SW Alder St) geboten, in dem auch hervorragende Ensembles aus der Region ihr Können präsentieren. Das **Keller Auditorium** (☎ 503-248-4335; www.pcpa.com/events/keller.php; 222 SW Clay St) ist die Bühne der Portland Opera, des Oregon Ballet Theatre und Oregon Children's Theatre. **Portland Center Stage** (☎ 503-445-3700; www.pcs.org; 128 NW 11th Ave) ist Portlands beste Theaterensemble; gespielt wird im Portland Armory, einem frisch renoviertem Wahrzeichen im Pearl District, das mit neuester Technik ausgestattet ist.

SPORT

Portlands einziges Erstliga-Team stellen die Basketballer der **Trail Blazers** (www.nba.com/blazers), die in der Rose Garden Arena ihre Körbe werfen. Auch die **Winter Hawks** (www.winterhawks.com), Portlands Hockeymannschaft der zweiten Liga, und das Lacrosse-Team **LumberJax** (www.portlandjax.com) haben hier ihr Zuhause.

Das zweitklassige Baseball-Team, die **Portland Beavers** (www.portlandbeavers.com), und die ebenfalls zweitklassigen Fußballer der **Portland Timbers** (☎ 503-553-5555) gehen im PGE Park auf Punkte- bzw. Torejagd.

Shoppen

Die Shopping-Meile in Portlands Innenstadt erstreckt sich mit den üblichen Verdächtigen über zwei Blocks am Pioneer Courthouse Square. Das Pioneer Place östlich des Platzes ist eine Mall mit teuren Geschäften zwischen der SW Morrison St und der SW Yamhill Sts. Der Pearl District ist gespickt mit feinen Galerien, schicken Boutiquen und Inneneinrichtungsgeschäften. Unbedingt sehenswert ist Powell's City of Books (s. S. 357). Am ersten Donnerstag im Monat sind die Galerien bis spät in den Abend geöffnet – für die Portlander Anlass genug, einige Straßen im Pearl District in ein Partygebiet zu verwandeln. Am Wochenende ist der Besuch des Portland Saturday Markets ein absolutes Muss.

In Eastside befinden sich viele trendige Einkaufsstraßen, in denen auch das eine oder andere Restaurant oder Café zu finden ist. Der SE Hawthorne Blvd ist die größte, die N Mississippi Ave die neueste und die NE Alberta die flippigste, künstlerisch angehauchte Einkaufsmeile. Sellwood weiter im Süden ist für seine Antiquitätenläden bekannt.

An- & Weiterreise

Greyhound (☎ 503-243-2357; www.greyhound.com; 550 NW 6th Ave) verbindet Portland mit den Städten an der I-5 und der I-84. Angesteuert werden u. a. Chicago, IL (50 Std., 170 US$), Boise, WA (9½ Std., 60 US$), Denver, CO (28 Std., 120 US$), San Francisco, CA (17½ Std., 76 US$), Seattle, WA (4 Std., 36 US$), und Vancouver in Kanada (8½ Std., 48 US$).

Vom **Portland International Airport** (PDX; ☎ 877-739-4636; www.flypdx.com) gehen täglich Flüge in die ganze USA; außerdem stehen noch jeden internationale Verbindungen im Flugplan. Er befindet sich östlich der I-5 am Ufer des Columbia River (aus der Innenstadt mit dem Auto in 20 Minuten zu erreichen). Auf dem Gelände gibt's Wechselstuben, Restaurants, Buchläden (u. a. drei Powell's-Filialen) und Businessdienste wie kostenlose Hotspots.

Amtrak (☎ 503-241-4290; www.amtrak.com; Ecke NW 6th Ave & NW Irving St) fährt nach Chicago, IL (237 US$, 2 Tage, 2-mal tgl.), Oakland, CA (69 US$, 18 Std., 1-mal tgl.), Seattle, WA (28 US$, 3½ Std., 4-mal tgl.), und Vancouver in Kanada (42 US$, 4 Std., 2-mal tgl.).

Unterwegs vor Ort

Die großen Autovermietungen haben Büros am Portland International Airport und in der Stadt. In Oregon ist es per Gesetz verboten, selbst zum Tankrüssel zu greifen. An den meisten Parkplätzen in der Innenstadt stehen Parkuhren; man kann aber in den Straßen von Southeast kostenlos parken und von dort über eine Brücke in die Innenstadt gehen.

Portland mit seinen endlosen Radwegen ist die fahrradfreundlichste Stadt der USA. Räder gibt's bei **Citybikes Annex** (☎ 503-239-6951; www.citybikes.coop; 734 SE Ankeny St) oder **Waterfront Bicycle & Skate Rentals** (☎ 503-227-1719; 315 SW Montgomery St). Pro Tag werden für ein Leihbike etwa 35 US$ fällig. Einige Hotels (z. B. das Ace Hotel) bieten Räder kostenlos an.

Die MAX-Bahnen von Tri-Met verkehren zwischen Flughafen und Innenstadt (2 US$, 45 Min.). **Blue Star** (☎ 503-249-1837; www.bluestarbus.com) bietet einen Bus-Shuttle zwischen PDX und mehreren Orten in der Innenstadt (14 US$, 30 Min.) an. Eine Taxifahrt vom Flughafen kostet ca. 30 US$.

Eine Glanzleistung Portlands ist der öffentliche Nahverkehr. Es gibt Stadtbusse, die von Tri-Met betriebene MAX-Bahnen – **Informationsbüro** (☎ 503-238-7433; www.trimet.org; ☺ Mo–Fr 8.30–17.30 Uhr) am Pioneer Courthouse Square – und seit 2001 eine Straßenbahn (Tram), die von der Portland State University südlich der Innenstadt durch den Pearl District bis zur NW 23rd Ave fährt. Innerhalb des Zentrums sind die öffentlichen Verkehrsmittel kostenlos; außerhalb zahlt man zwischen 1,70 und 2 US$. Die letzten Busse und Bahnen fahren um 1.30 Uhr.

Ein Taxi kann man rund um die Uhr telefonisch bestellen. In der Innenstadt kann man sie auch oft per Handzeichen anhalten. Am zuverlässigsten sind **Broadway Cab** (☎ 503-227-1234) und **Radio Cab** (☎ 503-227-1212).

RUND UM PORTLAND

Vor den Toren Portlands gelangt man nach einer kurzen Fahrt durch die schöne Landschaft zu einigen der besten Weingüter des US-Staates, die hauptsächlich rund um die Orte Dundee und McMinnville am Hwy 99W liegen. Bevor es los geht, sollte man bei der **Willamette Valley Wineries Association** (☎ 503-646-2985; www.willamettewines.com) die erforderlichen Infos einholen.

Es gibt etliche Weingüter in dieser Gegend, den besten Eindruck bekommt man aber bei **Ponzi Vineyards** (☎ 503-628-1227; 14665 SW Winery Lane, Beaverton; ☺ 10–17 Uhr), 30 Minuten südwestlich von Portlands Innenstadt. Hier kann man die

DIE NÖRDLICHEN STAATEN

neuen Weine genießen und die historischen Weinkeller bewundern.

Es ist sicher nicht der schlechteste Zeitvertreib, an einem schönen Nachmittag auf den gewundenen Landstraßen durch die saftig grünen Hügel von einer Weinprobe zur nächsten zu fahren – zuvor ist es aber sicher keine schlechte Idee, festzulegen (oder auszulosen), wer fahren „darf". Alternativ kann man auch bei den in Portland ansässigen Veranstalter **Pedal Bike Tours** (☎ 503-916-9704; pedalbike tours.com) eine der fünfstündigen Touren buchen, die auf dem Hwy 99W rund um Dundee führen (79 US$). Wer nicht allzu viel Zeit hat, kann im **Oregon Wine Tasting Room** (☎ 503-843-3787; ☺ 11–18 Uhr), 14 km südlich von McMinnville am Hwy 18 gelegen, eine Weinprobe machen. Es können die Weine von ca. 70 Weingütern aus der Gegend verkostet werden. **Grape Escape** (☎ 503-282-4262; www.grape escapetours.com) hat sich auf Führungen durch die Weingüter um Portland spezialisiert.

Wer kein Freund von Rebensaft ist oder am Vortag etwas zu viel davon erwischt hat, findet im **Evergreen Aviation Museum** (☎ 503-434-4180; www.sprucegoose.org; 500 NE Captain Michael King Smith Way; Erw./Kind 3–17 Jahre/Senior 14/12/13 US$; ☺ 9–17 Uhr) in McMinnville etwas Abwechslung. Hier wartet die von Howard Hughes gebaute **Spruce Goose**, das größte Holzflugzeug der Welt, auf Besucher. Außerdem gibt's noch einen Nachbau des Fluggeräts der Wright-Brüder und ein IMAX-Kino (Filmvorführungen kosten extra).

In der Gegend sind einige gute Restaurants ansässig. Wer aber etwas Ausgefallenes wünscht, sollte das spektakuläre **Joel Palmer House** (☎ 503-864-2995; www.joelpalmerhouse.com; 600 Ferry St, Dayton; Hauptgerichte 20–37 US$; ☺ Di–Sa 17–21 Uhr) ansteuern. Die leckeren Gerichte werden mit Pilzen zubereitet, die in den umliegenden Wäldern gesammelt wurden. Eine interessante Unterkunft ist das **McMenamins Hotel Oregon** (☎ 503-472-8427; www.mcmenamins.com; 310 NE Evans St, McMinnville; DZ 60–130 US$; ✗ ☆ ▭ ✦), ein älteres, jetzt in neuem Glanz erstrahlendes Hotel. Eine Kneipe mit fantastischer Bar auf der Dachterrasse darf da natürlich nicht fehlen.

WILLAMETTE VALLEY

Das fruchtbare, 96 km breite Willamette Valley war für die Pioniere, die vor mehr als 150 Jahren auf dem Oregon Trail gen Westen zogen, der Heilige Gral. Für die Menschen von heute ist es der Gemüsegarten, in dem

mehr als 100 verschiedene Produkte geerntet werden – u. a. gedeiht hier auch ein Pinot Noir. Salem, die Hauptstadt Oregons, liegt ungefähr eine Autostunde von Portland entfernt am nördlichen Ende des Willamette Valley. Die meisten anderen Sehenswürdigkeiten sind ebenfalls in einem Tagesausflug zu erreichen. Weiter im Süden liegt Eugene, eine dynamische Universitätsstadt, in der man sich gut und gerne einige Tage aufhalten kann.

Salem

Salem, die Hauptstadt Oregons, hat viel Grün, zahlreiche Kirschbäume, das Capitol Building und die Willamette University zu bieten. Infos gibt's im **Visitor Center** (☎ 503-581-4325; 1313 Mill St SE; ☺ Mo–Fr 8.30–17, Sa 10–17 Uhr).

Wie in Oregon üblich, ist Salems bestes Museum in der Uni untergebracht. Das **Hallie Ford Museum of Art** (☎ 503-370-6300; 900 State St; Erw./Senior 3/2 US$; ☺ Di–Sa 10–17, So 13–17 Uhr) in der Willamette University beherbergt die beste Sammlung einheimischer Kunst an der pazifischen Nordwestküste, u. a. die beeindruckende Native American Gallery.

Das 1938 errichtete **Oregon State Capitol** (☎ 503-986-1388; 900 Court St NE) sieht aus wie die vom Regisseur eines Science-Fiction-Films entworfene Version des Weißen Haus à la George Orwell. Im Sommer werden von 9 bis 16 Uhr stündlich kostenlose Führungen angeboten. Das schöne **Bush House** (☎ 503-363-4714; 600 Mission St SE; Erw./Kind 6–12 Jahre/Senior 4/2/3 US$; ☺ Di–So 12–17 Uhr) aus dem 19. Jh. ist ein Herrenhaus im italienischen Stil und beherbergt jetzt ein Museum, in dem noch viel Historisches erhalten ist, u. a. sind die Tapeten und die Marmorkamine noch im Originalzustand.

Der **Silver Falls State Park** (☎ 503-873-8681; Auto 3 US$/Tag) liegt 26 Meilen (42 km) östlich von Salem am Hwy 214 (der vom Hwy 22 abgeht). Nur ein paar Schritte hinter dem Parkplatz befinden sich die South Falls, ein 54 m hoher Wasserfall. Ein 11 km langer Rundweg führt an allen zehn Wasserfällen vorbei, von denen einige begehbar sind. Außerdem kann man im Park campen und schwimmen. Radler können sich auf einem 6,5 km langen asphaltierten Radweg austoben.

Ein paar Autostunden östlich von Salem befinden sich die **Bagby Hot Springs**, ein kostenloses, die müden Gelenke entspannende Becken in einem rustikalen Badehaus im Wald, das man nach einem 2,5 km langen Spaziergang erreicht. Von Estacada kommend, fährt man

26 Meilen (42 km) auf dem Hwy 224 (der
später Forest Rd 46 heißt) nach Süden, bevor
man rechts in die Forest Rd 63 abbiegt. Nach
3 Meilen (5 km) erreicht man die USFS Rd 70.
Nochmal nach rechts abbiegen und nach weiteren 6 Meilen (10 km) ist man schließlich am
Parkplatz (5 US$; Northwest Forest Pass er-
forderlich). Wer nicht auf Gemeinschaftsbäder steht, für den bieten die **Breitenbush Hot
Springs** (☎ 503-854-3320; www.breitenbush.com) mit
dem schicken Spa und Massagen, Yoga & Co.
eine heilende Alternative. Für die Benutzung
werden pro Tag zwischen 12 und 25 US$ fäl-
lig. Breitenbush liegt östlich von Salem am
Hwy 46 direkt hinter der Ortschaft Detroit.

Eugene

Wäre Eugene eine Person, dann wäre es
wahrscheinlich ein freakiges Merry-Prankster-
Mitglied in recycelten Joggingschuhen mit
einem Hang für anarchistische Politik. Diese
zentral gelegene Stadt liegt nicht weit entfernt
von der Küste, von Bergen, Flüssen und
Ebenen und hat Nike, Lebensmittelgenossen-
schaften, Baumliebhaber und Ken Kesey, den
verrückten Autor von *Einer flog über das
Kuckucksnest*, hervorgebracht.

Mal im Ernst, Eugene ist eine interessante
Stadt inmitten Oregons mit vielen Möglichkeiten, sich im Freien zu betätigen und erstklassige Weine zu kosten. Außerdem gibt's
hier – wen wundert's? – mehr Joggingwege als
sonstwo in den USA. Mehr Infos sind im **Convention & Visitors Association of Lane County** (☎ 541-
484-5307, 800-547-5445; www.visitlanecounty.com; 754 Olive
St; ☺ Mo–Fr 8–17, Sa & So 10–16 Uhr) erhältlich.

SEHENSWERTES & AKTIVITÄTEN

Der **5th St Public Market** (www.5stmarket.com; Ecke E
5th Ave & Pearl St) befindet sich in einem alten
Industriegebäude, in dem sich jetzt mehrere
Dutzend Restaurants, Cafés und Boutiquen
um einen hübschen Hof angesiedelt haben.
Ab und zu zeigen hier auch Künstler, was sie
so alles drauf haben.

Das **University of Oregon Museum of Natural
History** (☎ 541-346-3024; natural-history.uoregon.edu;
1680 E 15th Ave; Erw./Senior & Kind 3–18 Jahre 3/2 US$;
☺ Mi–So 11–17 Uhr) ist in einem Nachbau eines
indianischen Langhauses untergebracht. Es
besitzt Oregons beste Sammlung an Fossilien,
indianischen Gegenständen und geologischen
Kuriositäten.

Das berühmte **Jordan Schnitzer Museum of Art**
(☎ 541-346-3027; jsma.uoregon.edu; 1430 Johnson Lane;

Erw./Senior 5/3 US$; ☺ Mi 11–20, Di & Do–So 11–17 Uhr)
beherbergt eine Kollektion erstklassiger
Kunstwerke – von asiatischen Schriftrollen
bis zu Gemälden von Rembrandt.

In Eugene gibt's einige der besten Laufstre-
cken Amerikas. Viele Wege verlaufen parallel
zum Willamette River, u. a. der **Pre's Trail** im
Alton Barker Park (ihren Namen verdankt die
Strecke Eugenes Lauf-Star Steve Prefontaine).
Der **Adidas Oregon Trail** (Ecke Ecke 24th & Amazon Pkwy)
ist ein 1,6 km langer, nachts beleuchteter
Rundweg, der sich bei Hobbyläufern größter
Beliebtheit erfreut. Der **Spencer Butte Park** südlich der Stadt bietet anspruchsvollere, hügelige Strecken.

SCHLAFEN

Wenn besonders wichtige Footballspiele
anstehen oder die Uni-Prüfungen gefeiert
werden, ziehen die Übernachtungspreise
deutlich an.

Eugene Kamping World (☎ 541-343-4832, 800-343-
3008; www.eugenekampingworld.com; 90932 S Stuart Way;
Stellplatz für Zelt/Wohnmobil 18/30 US$) Großer, or-
dentlicher Campingplatz 9 km nördlich von
Eugene (I-5, Ausfahrt 199). Reservierung
möglich.

Campus Inn (☎ 541-343-3376, 800-888-6313; www.
campus-inn.com; 390 E Broadway; DZ ab 66 US$; ⬛ 🖳 🛜)
Unabhängiges, kürzlich renoviertes Motel im
Familienbetrieb zwischen Uni und Innenstadt. Freundliches, hilfsbereites Personal. Auf
die Gäste warten ein Jacuzzi und ein kleiner
Fitnessraum. Die Preise sind saisonal unterschiedlich und verhandelbar.

River Walk Inn (☎ 541-344-6506, 800-621-2904; www.
ariverwalkinn.com; 250 N Adams St; DZ 100–120 US$;
🅿 ⬛ 🖳 🛜) B & B in holländischem Kolonialstil mit vier einfachen, hübschen Zimmern
(zwei mit eigenem Bad) und lockerer, heime-
liger Atmosphäre. Das Haus steht in Flussnähe.

Campbell House (☎ 541-343-1119, 800-264-2519;
www.campbellhouse.com; 252 Pearl St; DZ inkl. Frühstück ab
129 US$; ⬛ ⬛ 🖳 🛜) Das großes Haus aus dem
Jahr 1892 hat 19 Zimmer und Suiten, zudem
kann ein Cottage bezogen werden. Hübsche
Gemeinschaftsräume und toller Garten.

ESSEN & AUSGEHEN

Papa's Soul Food Kitchen (☎ 541-342-7500; 400 Blair
Blvd; Hauptgerichte 6–9 US$; ☺ Di–Fr 12–14 & 17–21, Sa
14–21 Uhr) Vor dem unglaublich beliebten Restaurant mit Südstaaten-Küche muss man sich
in die lange Schlange der Einheimischen
einreihen, bevor man in den Genuss der

köstlichen Gerichte wie Wels und Meeresfrüchte-Gumbo kommt. Das Beste sind aber die Blues-Sessions an den Wochenenden, die bis spät in die Nacht dauern.

McMenamins (🕙 So–Do 11–23, Fr & Sa 11–24 Uhr) E 19th St (☎ 541-342-4025; 1485 E 19th St) High St (☎ 541-345-4905; 1243 High St); North Bank (☎ 541-343-5622; 22 Club Rd) Das letzte der drei Restaurants mit Kneipenambiente liegt ganz herrlich am Nordufer des mächtigen Willamette River und hat Tische direkt am Wasser. Die beiden anderen Filialen haben ein ähnliches Angebot („klassisches Kneipenessen mit Nordweststaaten-Touch": Pasta, Salate, Burger und Steaks), auf den Blick aufs Wasser muss man jedoch leider verzichten.

Im **Morning Glory Café** (☎ 541-687-0709; 450 Willamette St; 🕙 7.30–15.30 Uhr; **V**) trifft man sich zum Frühstück, Mittagessen und Brunch. Für Veganer gibt's kaum eine bessere Wahl – alles auf der Speisekarte ist entweder vegan oder kann entsprechend zubereitet werden. Unbedingt das Gebäck, die Tofu-Sandwiches oder Kuchen probieren – und zwar immer getreu der Devise: „Make tea not war!"

Ambrosia (☎ 541-342-4141; 174 E Broadway; Hauptgerichte 14–22 US$; 🕙 Mo–Do 11.30–21.30, Fr 11.30–23.30, Sa 16.30–23, So 16.30–21 Uhr) Eine lange Bar, eine gemütliche Einrichtung, gute Weine und fantastisches italienisches Essen – von Standardgerichten (Spaghetti Bolognese) bis zu Kreativem (Pasta-Curry-Salat) – zeichnen dieses Lokal aus. Hier gibt's von montags bis freitags leckere Specials, z. B. wöchentliche Weinverkostung und täglich zwischen 14.30 und 17.30 Uhr kleine Speisen.

ANREISE & UNTERWEGS VOR ORT

Nach Eugene kommt man per Bus, Flugzeug oder Zug: **Greyhound** (☎ 541-344-6265; www.greyhound.com; 987 Pearl St), **Eugene Airport** (EUG; ☎ 541-682-5430; www.eugeneairport.com), **Amtrak** (☎ 541-687-1383; www.amtrak.com; Ecke 4th Ave & Willamette St).

Die Nahverkehrsbusse werden von **Lane Transit District** (LTD; ☎ 541-687-5555; www.ltd.org) betrieben. Fahrräder kann man bei **Paul's** (☎ 541-344-4150; 152 W 5th St; 🕙 Mo–Fr 9–19, Sa & So 10–17 Uhr) mieten.

COLUMBIA RIVER GORGE

Der mächtige Columbia River – gemessen an den Wassermengen, die er transportiert, ist er der viertgrößte Fluss der USA – bahnt sich seinen 2000 km langen Weg von Alberta in Kanada bis zum Pazifik direkt westlich von

Astoria. Auf den letzten 500 km bildet der stark gestaute Wasserweg die Grenze zwischen Washington und Oregon, schneidet sich tief in die Cascade Mountains und bildet die spektakuläre Columbia River Gorge. Der Uferstreifen mit seinen vielen Ökosystemen, Wasserfällen und grandiosen Aussichtspunkten gilt als National Scenic Area. Dieses Gebiet ist ein beliebter Treffpunkt für Windsurfer, Radler, Angler und Wanderer.

Hood River & Umgebung

Der kleine Ort 63 Meilen (101 km) östlich von Portland liegt inmitten von Apfelgärten und Weingütern; zu erreichen ist er über die I-84. Hood River ist berühmt für Outdoor-Aktivitäten: Windsurfen (auf dem Columbia River!), Mountainbiken südlich der Stadt abseits des Hwy 35 und auf der Forest Rd 44 und Skifahren, und zwar auf dem nahe gelegenen Mt. Hood das ganze Jahr über. Weitere Infos gibt's in der **Chamber of Commerce** (☎ 541-386-2000; www.hoodriver.org; 405 Portway Ave; 🕙 Mo–Fr 9–17, Sa & So 10–17 Uhr), die sich vom Zentrum aus gesehen jenseits der I-84 befindet.

Die 35 km lange, seit 1906 bestehende **Mount Hood Railroad** (☎ 541-386-3556; 110 Railroad Ave; www.mthoodrr.com; Erw./Kind 30/18 US$; 🕭) wurde gebaut, um Holz zum Columbia River zu transportieren. Heute dient sie hauptsächlich als Strecke für Touristenzüge. Die spektakulären zweistündigen Fahrten finden von April bis Dezember mittwochs bis sonntags statt. Los geht's am historischen Bahndepot in Hood River an der Ecke 1st St/Cascade Ave.

Das **Columbia River Gorge Hostel** (☎ 509-493-3363; www.bingenschool.com; Ecke Cedar & Humbolt St; B/Zi. ab 19/49 US$), auf der anderen Seite des Columbia River in Bingen, WA, gelegen, hat in einem alten Schulgebäude einfache und erschwingliche Unterkünfte eingerichtet. Das **Inn at the Gorge** (☎ 541-386-4429; www.innatthegorge. com; 1113 Eugene St; DZ 119–159 US$; 🍴 📶 💻 🐾) ist ein reizendes B & B im Queen-Anne-Stil mit fünf Zimmern (einige mit Kochnische) und großen Veranden.

Die **Full Sail Brewery** (☎ 541-386-2247; 506 Columbia St; Hauptgerichte 9–23 US$; 🕙 11.30–20 Uhr) hat eine gemütliche Bar, in der man die frisch gebrauten Biere probieren und eine Kleinigkeit von der kneipentypischen Speisekarte essen kann. Hier enden auch die kostenlosen 20-minütigen Führungen durch die Brauerei. Das **Sage's Café** (☎ 541-386-9404; 202 Cascade Ave; Sandwiches 4–7 US$; 🕙 Mo–Fr 7.30–16, Sa & So 8–16 Uhr)

SCENIC DRIVE: DER HISTORISCHE COLUMBIA RIVER HIGHWAY

Der 1915 fertiggestellte fantastische Highway zwischen Troutdale und Dalles war die erste asphaltierte Straße im Nordwesten und Amerikas erster Highway, der sich durch eine wunderschöne Landschaft schlängelte. Er war auch Teil des Oregon Trails und des letzten Abschnitts der Lewis-Clark-Expedition. Im Frühjahr geht die Fahrt vorbei an sprudelnden Wasserfällen, im Sommer an Feldern voller Wildblumen und das ganze Jahr über an traumhaften Aussichtspunkten. Der Wandersmann kann zwischen unzähligen Routen wählen, die alle am Highway beginnen. Radler können auf zwei für Autos gesperrten Abschnitten des alten Highways in die Pedale treten (Pkws werden hier über die I-84 umgeleitet).

Unbedingt einen Zwischenstopp am **Vista House** (☎ 503-695-2230; 🕑 9–18 Uhr) einlegen – hier gibt's nicht nur jede Menge Infos, sondern auch einen grandiosen Ausblick. Ein gute Panoramaroute bietet auch der E Historic Columbia River Highway, 3 Meilen (5 km) östlich von Corbett und 45 Meilen (72 km) westlich von Hood River. Ein weiteres Muss sind die **Multnomah Falls**, der mit 195 m höchste Wasserfall Oregons. Wer sich das Ganze von oben anschauen möchte, muss eine einstündige Wanderung einplanen. Das **Visitor Center** (☎ 503-695-2372; 🕑 9–17 Uhr) hält viele Infos über die Gegend bereit. Und dann ist da noch der **Eagle Creek Trail**, der beste Wanderweg in der Schlucht, den mit Sicherheit jeder lieben wird.

Den historischen, 74 Meilen (119 km) langen Highway erreicht man über die Ausfahrten 17 oder 35 der I-84.

in einem kleinen Einkaufszentrum serviert fantastische Pancakes, Haferflocken und Brunch. Außerdem stehen 25 verschiedene Sandwiches auf der Speisekarte des netten, schlichten Cafés mit Restaurantbetrieb.

OREGON CASCADES

Die Oregon Cascades sind die Verlängerung der Namensvettern im US-Staat Washington. Die vielen Vulkane, die die Skyline beherrschen, sind kilometerweit zu sehen. Der Mt. Hood an der Columbia River Gorge ist der höchste. Hier kann man das ganze Jahr über Ski fahren, auch der Aufstieg zum Gipfel stellt keine größeren Probleme dar. Wer gen Süden fährt, passiert zunächst den Mt. Jefferson und die Three Sisters und erreicht dann schließlich den Crater Lake, die Überbleibsel des ehemaligen Mt. Mazama, der bei einem Ausbruch vor ca. 7000 Jahren seine Spitze einbüßte und in sich zusammenfiel. Passionierten Geologen wird auch das Newberry National Volcanic Monument gefallen. Wer es flacher und weniger feurig mag, sollte der nahe gelegenen Stadt Bend einen Besuch abstatten.

Mt. Hood

Der Mt. Hood (3425 m) – oder Wy'east, wie ihn die amerikanischen Ureinwohner nannten – ist Oregons höchster Berg und der vierthöchste in den Cascades. Er wurde zum ersten Mal 1857 bezwungen. Der Gipfelaufstieg ist im Vergleich zu anderen Bergen zwar

relativ einfach, erfordert aber dennoch Kletter-Knowhow. Am Mt. Hood gibt es sechs Skigebiete, darunter auch Timberline, das einzige Skigebiet der USA, in dem man das ganze Jahr über die Pisten hinabwedeln kann; es erstreckt sich oberhalb der gleichnamigen Lodge. Im Sommer steht auch Wandern hoch im Kurs, vor allem auf dem 65,5 km langen Timberline Trail, der einmal rund um den Berg führt und auch dem ehrgeizigsten Wanderer Spaß macht.

Am besten nähert man sich dem Mt. Hood mit dem Auto von Hood River kommend (44 Meilen, 71 km) auf dem Hwy 35. Man kann aber auch von Portland aus direkt den Hwy 26 (55 Meilen, 90 km) nehmen. Die historische Timberline Lodge in traumhafter Umgebung ist eine wunderbare Wahl für eine Übernachtung und ein Abendessen. Wer auf seine Reisekasse achten muss, ist im 10 km entfernten Government Camp besser aufgehoben.

Wer von Hood River aus anreist, sollte bei der **Hood River Ranger Station** (☎ 541-352-6002; 6780 Hwy 35, Parkdale; 🕑 Mo–Sa 8–16.30 Uhr) einen kurzen Zwischenstopp einlegen. Von Portland aus kommend ist die **ZigZag Ranger Station** (☎ 503-622-3191; 70220 E Hwy 26, Zigzag; 🕑 Mo–Sa 7.45–16.30 Uhr) leichter zu erreichen. Auch im Büro im Government Camp bekommt man hilfreiche Infos. Das Wetter kann sich hier schlagartig ändern. Im Winter sollte man Schneeketten dabeihaben. Infos zu den Straßenverhältnissen bekommt man unter ☎ 800-977-6368.

HINAUF AUF DIE GIPFEL OREGONS

Wer kein ausgewiesener Kletterprofi (oder Sherpa) ist, sollte nicht mal im Traum daran denken, einen der Vulkane Oregons ohne Führer zu besteigen. Gute Touren werden von **Timberline Mountain Guides Inc** (☎ 541-312-9242; www.timberlinemtguides.com) angeboten.

■ **Mt. Hood** (3425 m) Jedes Jahr bezwingen 10 000 Menschen den Mt. Hood über die lehrbuch-mäßige Südroute (vorbei an den Gletschern Palmer und Coalman). Er ist nach dem Fujiyama in Japan der am häufigsten erklommene Dreitausender der Welt. Der Aufstieg ist zwar ver-gleichsweise einfach, die versteckten Gefahren sollte man aber nicht unterschätzen – der Mt. Hood hat in den letzten 100 Jahren 130 Menschenleben gefordert!

■ **Mt. Jefferson** (3199 m) Das Erklimmen des atemberaubend wilden Jefferson-Gipfels hat es in sich, doch die Mühe lohnt sich. Erfahrung im Fels- und Eisklettern ist unbedingt erforderlich.

■ **North Sister** (3074 m) Der Nordgipfel ist der älteste und auch der schroffste der drei „Schwes-tern" in Oregon. Der Aufstieg ist äußerst gefährlich, da Erosionen und mögliche Felsabgänge hier keine Seltenheit sind.

■ **Middle Sister** (3062 m) Das mittlere Kind der Sisters ist der geheimnisvollste Gipfel. Die Kletterei gestaltet sich hier weniger schwierig als am Nordgipfel. Eine besondere Bergsteiger-erfahrung ist nicht erforderlich.

■ **Broken Top** (2796 m) Der oft vergessene, erloschene Vulkan bietet eine Vielzahl von Klet-tertouren auf unterschiedlichsten Niveaus: von Klettertouren an schroffen Felsen bis hin zu großen, aufregenden Abenteuern mit Eispickel.

AKTIVITÄTEN
Wandern & Trekken
Für die meisten Wanderwege wird der North-west Forest Pass (5 US$) verlangt.

Eine 11 km lange Rundtour führt vorbei an den schönen **Ramona Falls**, die sich über moos-bedeckte Basaltsäulen in die Tiefe stürzen. Eine andere Tour führt von der US 26 knapp 2,5 km hinauf zum **Mirror Lake**; weiter geht's ca. 1 km um den See und dann 3,2 km bis zu einem Gebirgskamm.

Der durch eine malerische Wildnis führen-de, 65 km lange **Timberline Trail** umrundet den Mt. Hood. Besonders schöne Abschnitte sind die Strecke zum McNeil Point und der kurze Anstieg zum Bald Mountain. Eine schöne Rundtour ist der 7 km lange Zigzag Canyon Overlook, der an der Timberline Lodge be-ginnt.

Der Aufstieg zum Gipfel des Mt. Hood mag einfacher als andere Kletterrouten sein, ist aber dennoch kein Kinderspiel – es ereigneten sich bereits tödliche Unfälle. Nähere Infos gibt's bei den Ranger Stationen.

Skifahren
Timberline Lodge (☎ 503-622-0717; www.timberline lodge.com; Skipass Erw./Kind 7–14 Jahre/Kind 15–17 Jahre 52/30/40 US$) ist das einzige Ganzjahres-Skige-biet der USA. Die **Mt. Hood SkiBowl** (☎ 503-272-

3206; www.skibowl.com; Skipass Erw./Kind 7–12 Jahre 38/20 US$) ist das größte Nacht-Skigebiet der USA und liegt am dichtesten an Portland. Die **Mt. Hood Meadows** (☎ 503-337-2222; www.skihood. com; Skipass Erw./Kind 7–14 Jahre 52/30 US$) schließlich sind das größte Skigebiet am Mt. Hood.

Infos über Langlauf, Skibergsteigen und sonstige Abenteuer gibt's bei **Timberline Moun-tain Guides Inc** (☎ 541-312-9242; www.timberlinemt guides.com).

SCHLAFEN & ESSEN
Mazama Lodge (☎ 503-272-9214; www.mazamas.org; 30500 E West Leg Rd; B Mitglieder/Nicht-Mitglieder 15/20 US$, DZ 45–60 US$) Der Bergsteigerverein Mazamas betreibt diese Unterkunft direkt vor den To-ren des Government Camps. Es gibt überwie-gend Schlafsäle (Bettwäsche muss mitgebracht werden), Balkone mit Blick auf den Berg und ein Restaurant. Hauptsächlich an den Wo-chenenden geöffnet. Im Winter muss man vom Parkplatz aus zehn Minuten laufen, im Sommer kann an der Lodge geparkt werden.

Huckleberry Inn (☎ 503-272-3325; www.huckleberry-inn.com; 88611 E Government Camp Loop, Government Camp; DZ 85–135 US$, 2 Zi. mit Küche 165 US$; ✗ ⏸ 🖵 ᾯ) Rus-tikales Gasthaus im Familienbetrieb mit Res-taurant, Schlafsälen und Zimmern. In einem rund um die Uhr geöffneten Restaurant gibt's leckere Milch-Shakes und – wie der Name

vermuten lässt – Heidelbeerkuchen. Gute
Lage im Government Camp.

LP Tipp **Timberline Lodge** (☎ 800-547-1406; www.
timberlinelodge.com; DZ 115–270 US$; ☒ ▣ 🛜 ☒)
Stanley-Kubrick-Fans erkennen die historische Lodge aus dem Jahr 1937 bestimmt sofort
als Outlook Hotel im Film *Shining* (hier wurden die Außenaufnahmen gemacht). Jack
Nicholson brachte in diesem Film immer und
immer wieder „Was Du heute kannst besorgen, das verschiebe nicht auf Morgen" aufs
Papier. Wusste er nicht, dass man das ganze
Jahr Ski fahren und wandern kann? Hatte er
keine Ahnung von den gemütlich knisternden
Kaminen und dem guten Restaurant?

Backyard Bistro (☎ 503-622-6302; 67898 E US 26,
Welches; Hauptgerichte 6–9 US$; ⏱ Di–Sa 11–20, So 10–16
Uhr) Winziges, elegantes Bistro, in dem gute
Suppen, Salate und Sandwiches serviert wer-
den, die man an warmen Tagen ganz wunder-
bar auf der tollen Terrasse genießen kann.

Rendezvous Grill & Tap Room (☎ 503-622-6837;
67149 E US 26, Welches; Hauptgerichte 20–30 US$; ⏱ 11.30–
21 Uhr) Serviert hervorragende Gerichte wie
Porterhouse Steak und Dungeness-Krebs mit
Linguine. Zudem gibt's leckere Desserts und
gute Weine.

Campingplätze (☎ 877-444-6777; www.reserveusa.
com; Stellplatz 12–14 US$) müssen im Sommer reser-
viert werden. Tollgate und Camp Creek liegen
an der US 26 direkt am Fluss. Von dem großen
und beliebten Trillium Lake aus hat man einen
großartigen Blick auf den Mt. Hood.

Sisters

Das niedliche Sisters liegt auf der Hochebene
am Rand der Cascades, die West- von Ost-
Oregon trennen. Seinen Namen verdankt es
den drei gleichnamigen Dreitausendern.
Früher hielt hier die Postkutsche und spuck-
te Holzfäller und Rancher aus. Heute ist es ein
angesagtes Städtchen mit vielen Boutiquen
und Kunstgalerien. Der Mischung aus gran-
dioser Berglandschaft, spektakulären Wanderwegen und traumhaftem Klima ist kaum
zu widerstehen. Die **Chamber of Commerce**
(☎ 541-549-0251; www.sisterschamber.com; 291 Main St;
⏱ 9–17 Uhr) oder die **Ranger Station** (☎ 541-549-
7700; www.fs.fed.us/r6/centraloregon; 207 N Pine St; ⏱ 8–16
Uhr) helfen mit Rat und Tat weiter

Am südlichen Ende von Sisters liegt der
Stadtpark mit einem **Campingplatz** (Stellplatz
10 US$, keine Duschen). Wer mehr Komfort benö-
tigt, kann in den tollen Zimmern des **Sisters
Inn** (☎ 541-549-7829; www.sistersinnandrvpark.com; 540

US 20 W; Stellplatz für Wohnmobil 35–38 US$, DZ 87–109 US$;
☒ ☒ ▣ 🛜 ☒) übernachten. Hier kann man
sich sogar in einem Indoor-Pool erfrischen.
Eine weitere Alternative ist das zentral gelegene, aber trotzdem ruhige **Blue Spruce B&B**
(☎ 541-549-9644; www.blue-spruce.biz; 444 Spruce St; DZ
169–189 US$; ☒ ☒ ▣ 🛜) mit vier Zimmern,
viel Holz und Kamin in jedem Zimmer. Leihräder gibt's auch.

Bend

Die lebenswerte, schöne Stadt mit der sauberen Luft und den tollen Parks am Flussufer ist
ein authentisches Fleckchen Oregon. Die
wohlhabende Gegend wurde von der Wirtschaftskrise 2008/09 schwer getroffen, die
Arbeitslosenrate stieg auf über 12 % an. Doch
trotz der Rezession konnte dieser Ort mit
seinen 52 000 Einwohnern und den vielen
sportlichen Frischluftfanatikern seinen Ruf
als grünes Aushängeschild wahren.

Infos sind im **Visitor and Convention Bureau**
(☎ 541-382-8048; www.visitbend.com; 917 NW Harriman St;
⏱ Mo–Fr 9–17, Sa 10–16 Uhr) und im **Bend-Fort Rock
Ranger District** (☎ 541-383-5300; www.fs.fed/us/r6/
centraloregon; 1230 NE 3rd St; ⏱ Mo–Fr 7.45–16.30 Uhr)
erhältlich.

SEHENSWERTES & AKTIVITÄTEN

Das außergewöhnliche **High Desert Museum**
(☎ 541-382-4754; www.highdesertmuseum.org; 59800 S US
97; Erw./Kind 5–12 Jahre/Senior 15/9/12 US$; ⏱ 9–17 Uhr)
10 km südlich von Bend ist zweifellos das
beste Museum in ganz Oregon. Es zeigt
Ausstellungen über die ersten Siedlungen im
Westen und die Naturgeschichte der Gegend.
Die Seeotter und Forellenbecken sind die
absoluten Highlights.

Es mag an einem heißen Frühlingstag zwar
unwahrscheinlich erscheinen, aber nur 35 km
südwestlich von Bend befindet sich der prächtigen Mt. Bachelor (2763 m) Oregons bestes
Skigebiet. Bis zu 9 m Schnee pro Jahr lassen
die Saison im **Mt. Bachelor Ski Resort** (☎ 541-382-
7888; www.mtbachelor.com; Skipass Erw./Kind 6–12 Jahre/
Senior 58/35/50 US$) im November beginnen und
oft bis Ende Mai dauern. Auch Langläufer
kommen hier auf ihre Kosten.

SCHLAFEN & ESSEN

Zum Zeitpunkt der Recherchen wurde gerade
ein neues Boutique-Hotel in der Innenstadt
gebaut. Es sollte inzwischen eröffnet haben.

Der **Tumalo State Park** (☎ 541-388-6055, 800-551-
6949; www.oregonstateparks.org; 64120 OB Riley Rd; Stellplatz

für Zelt/Wohnmobil 17/22 US$, Jurte 29 US$) befindet sich 8 km nordwestlich von Bend unweit der US 20. Reservierung möglich.

Bend Riverside Motel (☎ 541-389-2363, 800-284-2363; 1565 Hill St; DZ ab 60 US$; 🐾 💻 🛜 🛋) Das Riverside liegt abseits der Motelmeile am äußersten Zipfel der Innenstadt direkt am Wasser. Für ein paar Dollar mehr bekommt man ein Zimmer mit Blick auf den Fluss. Es gibt einen kleinen überdachten Pool und nebenan einen netten Park.

LP Tipp **McMenamins Old St Francis School** (☎ 541-382-5174; www.mcmenamins.com; 700 NW Bond St; DZ 145–175 US$, Cottage 190–330 US$; 🍽 🐾 💻 🛜) Noch eine äußerst originelle McMenamins-Adresse. Diesmal wurde eine alte Schule in ein stilvolles Hotel mit 19 Zimmern umgebaut. Zur Anlage gehören ein türkisches Bad mit Salzwasser (wer nicht hier übernachtet, muss 5 US$ Eintritt zahlen), ein Restaurant-Pub, drei Bars, Billardtische und ein Kino. Man muss schon mit sich kämpfen, um diesen Ort zu verlassen.

Victorian Café (☎ 541-382-6411; 1404 NW Galveston Ave; Hauptgerichte 7–12 US$; 🕐 7–14 Uhr) Ein Klassiker in Bend, der für jeden ein Muss ist, der morgens mit Kohldampf aufwacht. Das Victorian serviert einen hervorragenden amerikanischen Brunch in einem einladenden, roten Chalet, das in einem grünen Vorort im Westen der Stadt liegt. An den Wochenenden lange Schlangen, aber das Warten lohnt sich.

Deschutes Brewery & Public House (☎ 541-382-9242; 1044 NW Bond St; 🕐 Mo–Do 11–23, Fr & Sa 11–24, So 11–22 Uhr) Bends erste Kleinbrauerei, in der in geselligem Ambiente leckeres Essen und hauseigene Biere serviert werden.

Newberry National Volcanic Monument

Die Vulkanregion (Tageskarte 5 US$) steht für 500 000 Jahre vulkanische Aktivität. Anfangen sollte die Besichtigungstour am aufpolierten **Lava Lands Visitor Center** (☎ 541-593-2421; 🕐 Juli–Sept. 9–17 Uhr, Mai, Juni, Sept. und Okt. verkürzte Öffnungszeiten, Nov.–April geschl.) 13 Meilen (21 km) südlich von Bend. In der Nähe befinden sich der **Lava Butte**, ein perfekter, 152 m hoher Kegel, und die Lavaröhre **Lava River Cave**. 6,5 km westlich des Visitor Centers befinden sich die **Benham Falls**; hier wird man sicher an den Ufern des Deschutes River ein ausgezeichnetes Plätzchen für ein Picknick finden.

Früher gehörte der **Newberry Crater** zu den aktivsten Vulkanen Nordamerikas, bis dann nach einem großen Ausbruch ein erweiterter,

erloschener Krater entstand. Ganz in der Nähe sind auch der **Paulina Lake** und der **East Lake**. In diesen tiefen Seen wimmelt es nur so von Forellen. Überragt wird das Ganze von dem 2433 m hohen **Paulina Peak**.

Cascade Lakes

Der auch Cascade Lakes Hwy genannte Hwy 46 windet sich etwa 100 Meilen (160 km) an hohen Gipfeln und wunderschönen Bergseen vorbei. Zahlreiche Wanderwege gehen vom Highway ab. An den meisten Seen gibt's Campingplätze. Jenseits des Mt. Bachelor ist die Straße von November bis Mai geschlossen.

An vielen Seen kann man in Hütten übernachten. Die Palette reicht von rustikal bis luxuriös. Einige Anlaufstellen sind das **Twin Lakes Resort** (☎ 541-382-6432; www.twinlakesresort oregon.com), das **Elk Lake Resort** (☎ 541-480-7378; www.elklakeresort.net) und das **Crane Prairie Resort** (☎ 541-383-3939; www.crane-prairie-resort-guides.com). Unbedingt vorher reservieren.

Crater Lake National Park

Hier sollte man sich auf einiges gefasst machen. Es mag ja ein Klischee sein, aber es ist bestimmt keine Übertreibung: In dem glatten, tiefen, blauen Wasser des Crater Lake schimmern die Berggipfel wie in einem riesigen Spiegel. Das Geheimnis liegt darin, dass das Wasser extrem sauber ist. Weder ein Fluss noch ein Bächlein fließt in den See, der folglich nur aus Regen- und Schmelzwasser besteht. Außerdem ist der See mit seiner außergewöhnlichen Tiefe von 594 m der tiefste der USA. Die klassische Autotour ist die etwa 50 km lange Strecke um den See (von ca. Juni bis Mitte Oktober geöffnet). Es gibt aber auch ausgezeichnete Wanderwege und Langlaufloipen. Wer mit dem Auto in Oregons einzigen Nationalpark will, muss 10 US$ zahlen. Da es hier mehr als anderswo in den USA schneit, sind die Straßen um den See und der Nordeingang manchmal bis in den Juli hinein gesperrt. Man sollte sich also unbedingt vorab informieren. Wer mehr über den Park erfahren will, kann sich an das **Steel Visitor Center** (☎ 541-594-3100; 🕐 Mai–Sept. 9–17 Uhr, Nov.–April 10–16 Uhr) wenden.

Übernachten kann man von Anfang Juni bis Anfang Oktober im **Cabins at Mazama Village** (☎ 541-830-8700, 888-774-2728; www.craterlakelodges. com; DZ 126 US$; 🍽) oder in der altehrwürdigen **Crater Lake Lodge** (☎ 541-594-2255, 888-774-2728; www.craterlakelodges.com; DZ 151–282 US$; 🍽 🐾), die

1915 als klassisches Beispiel rustikaler „Parkitektur" eröffnet wurde. Auch die modernen Einrichtungen strahlen rustikale Eleganz aus. Ganz in der Nähe gibt es mehrere Campingplätze, u. a. den großen **Mazama Campground** (Stellplatz für Zelt/Wohnmobil 21/25 US$), der von der Crater Lake Lodge betrieben wird.

SÜD-OREGON

Das südliche Oregon hat das gleiche warme, sonnige Klima wie das nahe gelegene Kalifornien und wird deshalb auch Bananengürtel genannt. Zerklüftete Landschaften, malerische Flüsse und ein paar nette Städtchen sind die Highlights dieser Gegend. Und auch der atemberaubende Crater Lake (S. 376) ist nicht allzu weit weg. Der Süden Oregons liegt ziemlich genau zwischen Seattle und San Francisco und ist mit Sicherheit mehr als nur einen Tankstopp auf der I-5 wert.

Ashland

Der nette Ort Ashland ist genauso ein Synonym für William Shakespeare wie die Heimatstadt des großen Dichters Stratford-upon-Avon in England. Besucher aus der ganzen Welt kommen zu dem berühmten Shakespeare Festival (S. 378), das hier seit den 1930er-Jahren in verschiedensten Formen abgehalten wird. Der Begriff „Festival" ist dabei ein wenig irreführend, finden doch die Vorstellungen neun Monate im Jahr statt. Sie sind fester Bestandteil des Veranstaltungskalenders der Stadt und ziehen pro Spielzeit bis zu 400 000 Zuschauer an. Aber auch ohne Shakespeare hat Ashland einiges zu bieten: edle B & Bs, gute Restaurants und unzählige Weingüter in der Umgebung. Ganz in der Nähe der drei hervorragenden Theater (eines davon unter freiem Himmel) befindet sich der hübsche, 37,5 ha große Lithia Park mit dem Ashland Creek in der Mitte und seinen schönen Springbrunnen und Blumen. Mit Infomaterial kann man sich in der **Chamber of Commerce** (☎ 541-482-3486; www.ashlandchamber.com; 110 E Main St; ⏰ Mo–Fr 9–17, Sa 11–15, So 12–15 Uhr) eindecken.

AKTIVITÄTEN

Erstaunlicherweise liegt Pulverschnee en masse im **Mt. Ashland Ski Resort** (☎ 541-482-2897; www.mtashland.com; Skipass Erw./Kind 36/29 US$) am fast 30 km südwestlich gelegenen, 2296 m hohen Mt. Ashland. Radler können sich ihren fahrbaren Untersatz bei **Siskiyou Cyclery** (☎ 541-482-1997; 1729 Siskiyou Blvd; 35 US$/Tag; ⏰ Di–Sa 10–17.30

Uhr) ausleihen und die Landschaft vom Bear Creek Greenway aus bewundern.

Noah's River Adventures (☎ 541-488-2811; www.noahsrafting.com; 53 N Main St) organisiert Raftingtouren und Angelausflüge auf dem Rogue River und dem Upper Klamath River. Auch kultiviertere Touren auf dem Wasser werden angeboten, z. B. Wein-Törns und kulinarische Weinausflüge.

Wer sich ins warme Nass stürzen will, sollte dies in den **Jackson Wellsprings** (☎ 541-482-3776; www.jacksonwellsprings.com; 2253 Hwy 99) tun. In dieser zwanglosen Anlage im New-Age-Stil gibt's einen Swimmingpool mit 29 °C warmem, mineralhaltigem Wasser (6 US$) und Jacuzzis mit 39 °C warmem Wasser (75 Min. 20–30 US$). Die Jackson Wellsprings liegen 3,2 km nördlich der Stadt.

SCHLAFEN

Wenn im Sommer Herden von Theaterfreaks Ashland bevölkern, wird man ohne frühzeitige Reservierung Probleme haben, eine Bleibe zu finden.

Glenyan Campground (☎ 541-488-1785, 877-453-6929; www.glenyanrvpark.com; 5310 Hwy 66; Stellplatz für Zelt/Wohnmobil 22/28 US$; 🖳 🛜 🐾) Angenehmer Campingplatz 6,5 km südöstlich von Ashland. Tolle Plätze direkt am Bach. Reservierung möglich.

Manor Motel (☎ 541-482-2246; www.manormotel.net; 476 N Main St; DZ ab 59 US$; ✕ 🐾 🖳) Gut gelegenes, unabhängiges Hotel am Rand der Innenstadt mit elf Zimmern, freundlichem Service und viel Grün.

LP Tipp **Columbia Hotel** (☎ 541-482-3726, 800-718-2530; www.columbiahotel.com; 262 1/2 E Main St; DZ 78–136 US$; ✕ 🐾 🖳 🛜) In diesem reizenden Hotel im europäischen Stil kann man sich auf ein Shakespeare-Stück einstimmen. Die Zimmer (einige mit Gemeinschaftsbad) sind mit Stilmöbeln eingerichtet, es gibt gemütliche Sitzbereiche und morgens kostenlosen Kaffee. Ideale Lage für Theaterbesucher.

Ashland Springs Hotel (☎ 541-488-1700, 888-795-4545; www.ashlandspringshotel.com; 212 E Main St; DZ 139–249 US$; ✕ 🐾 🖳 🛜 🐾) Das Springs, eine Institution in Ashland und National Historic Landmark, wurde 2000 sehr sorgfältig restauriert. Es glänzt nur so vor Shakespeare'scher Pracht, auch wenn diese aus dem Jahr 1925 stammt. Die eleganten Zimmer sind in Pastellfarben gehalten. Gästen steht ein großer Ballsaal, ein Wintergarten, ein englischer Garten und das Larks Restaurant zur Verfügung.

OREGON SHAKESPEARE FESTIVAL

Das sehr angesehene und unglaublich beliebte OSF machte sich ursprünglich mit seinen Shakespeare'schen und elisabethanischen Dramen einen Namen, zeigt inzwischen aber auch Neuinszenierungen und zeitgenössisches Theater aus der ganzen Welt. Zwischen Februar und Oktober werden elf Stücke auf drei Bühnen unweit der Main St und der Pioneer St aufgeführt: der Freilichtbühne des **Elizabethan Theatre**, im **Angus Bowmer Theatre** und im intimen **New Theatre**.

Die Karten sind schnell vergriffen und sollten früh genug unter www.osfashland.org bestellt werden. Kurz vorher kann man auch am **Ticketschalter** (☎ 541-482-4331; 15 S Pioneer St; Karten 20–80 US$) sein Glück versuchen. Wer hinter die Kulissen schauen möchte, kann sich einer geführten Tour (Erw./Jugendl. 12/6 US$) anschließen. Aber auch die muss rechtzeitig reserviert werden.

Infos über sonstige Veranstaltungen bekommt man im OSF Welcome Center (an der Nordseite des Komplexes Richtung Main St), in dem auch Vorträge, Lesungen, Konzerte und Theaterbesprechungen stattfinden.

DIE NÖRDLICHEN STAATEN

Cowslip's Belle B&B (☎ 541-488-2901, 800-888-6819; www.cowslip.com; 159 N Main St; DZ 145–165 US$; ⊠ ⊞ ⊡ ⊚ ⊠) Ein erstklassiges B & B mit vier Luxuszimmern in einem Bungalow aus dem Jahr 1913 und einigen Suiten (215–245 US$) in einem separaten Stadthaus. Es gibt einen wunderschönen Garten und viel klassisches Inventar, z. B. Zweiersofas, Schaukelstühle, Privatterrassen und Jacuzzis (in den Suiten).

ESSEN

Sesame Asian Kitchen (☎ 541-482-0119; 21 Winburn Way; Hauptgerichte 11–16 US$; ⊙ 11.30–21 Uhr) Der Newcomer des Orts ist ein schickes, relativ preiswertes Asia-Restaurant mit flottem Service. Hier kann man sich vor dem Theaterbesuch schnell noch ein schmackhaftes, gesundes Essen genehmigen. Bei einem Gespräch über *Hamlet* und *Macbeth* unbedingt das Mandarinen-Hähnchen oder das mongolischen Rinderrippchen probieren.

New Sammy's Cowboy Bistro (☎ 541-535-2779; 2210 S Pacific Hwy; Hauptgerichte 23–36 US$; ⊙ Do–So 17–20.30 Uhr) Für einige gehört das von einem vielseitigen Pärchen geführte funky Bistro zu den besten in ganz Oregon. Es liegt in Talent, ca. 5 km nördlich von Ashland. Wer hier essen will, muss Wochen im Voraus einen Tisch bestellen. Im Winter verkürzte Öffnungszeiten.

Chateaulin (☎ 503-482-2264; 50 E Main St; Hauptgerichte 24–36 US$; ⊙ Mi–So 17–21 Uhr) In diesem guten französischen Bistro ganz in der Nähe des Theater werden Heimatgefühle geweckt. Einrichtung und Speisekarte sind *très parisiens* (Ente, Blätterteigpastete und Filet Mignon). Auf das dagegen sehr amerikanischen Wein-

karte stehen einige seltene Tropfen aus Oregon. Nebenan gibt's einen Weinladen.

Jacksonville

Die kleine, liebenswerte, ehemalige Goldgräberstadt ist die älteste Siedlung im südlichen Teil Oregons und gehört zu den National Historic Landmarks. Die Hauptstraße ist gesäumt von gut erhaltenen Gebäuden aus den 1880er-Jahren, in denen sich Boutiquen und Galerien angesiedelt haben. Musikliebhaber sollten das **Britt Festival** (☎ 541-773-6077; www.brittfest.org; ⊙ Sept.) nicht versäumen – ein musikalisches Experiment von Weltklasseniveau mit ausgezeichneten Musikern. Näheres erfährt man in der **Chamber of Commerce** (☎ 541-899-8118; www.jacksonvilleoregon.org; 185 N Oregon St; ⊙ Mo–Fr 10–17, Sa & So 11–16 Uhr).

In Jacksonville gibt's viele tolle B & Bs. Preiswerte Motels finden sich in Medford 6 Meilen (10 km) östlich. Das **Jacksonville Stage Lodge** (☎ 541-899-3953, 800-253-8254; www.stagelodge. com; 830 N 5th St; DZ 98–112 US$; ⊠ ⊞ ⊡ ⊚) ist ein modernes Hotel mit 27 geräumigen Zimmern.

Wild Rogue Wilderness

Die zwischen Grants Pass an der I-5 und Gold Beach an der Küste gelegene Wild Rogue Wilderness macht ihrem Namen alle Ehre. Der wilde Rogue River rauscht über fast 65 km durch einen ungezähmten Canyon, in dem man vergeblich nach einer Straße sucht. Die Gegend ist bekannt für Extrem-Rafting mit Stromschnellen der Klasse III & IV und lange Wanderwege.

Das Tor zu den Abenteuern am Rogue River ist **Grants Pass**. Die **Chamber of Commerce** (☎ 541-476-7717, 800-547-5927; www.visitgrantspass.org;

1995 NW Vine St; Mo–Fr 8–17 Uhr) befindet sich an der I-5 unweit der Ausfahrt 58. Rafting-Genehmigungen und Tipps für Wanderungen bekommt man in Galice im **Smullin Visitors Center** (541-479-3735; www.blm.gov/or/resources/recreation/rogue/index.php; 14335 Galice Rd; 7–15 Uhr), das zum Bureau of Land Management (BLM) gehört.

Raftings auf dem Rogue River sind nichts für Leute mit schwachen Nerven. Eine normale Tour dauert drei Tage und kostet mindestens 650 US$. Das erforderliche Material bekommt man bei **Raft the Rogue** (800-797-7238; www.rafttherogue.com; 21171 Hwy 62) und **Rogue Wilderness Adventures** (800-336-1647; www.wildrogue.com); der letztgenannte Veranstalter sitzt in dem kleinen Ort Shady Cove, 20 Meilen (32 km) nördlich von Medford.

Ein Highlight in dieser Gegend ist der 65 km lange **Rogue River Trail**, der früher die Versorgungsroute von Gold Beach war. Für die komplette Wanderung muss man allerdings vier bis fünf Tage einkalkulieren. Wer nur eine Tagestour machen möchte, dem sei ein Ausflug zur Whiskey Creek Cabin empfohlen; der fast 10 km lange Rundweg beginnt am Grave Creek. Überall am Rogue River Trail gibt's rustikale Lodges (inkl. Mahlzeiten 110–140 US$/Pers.; Reservierung erforderl.), u. a. die **Black Bar Lodge** (541-479-6507; www.blackbarlodge.net). Am Weg liegen außerdem einfache Campingplätze.

North Umpqua River

Dieser „wilde und malerische" Fluss eignet sich ganz ausgezeichnet zum Fliegenfischen. An seinen Ufern kann man wunderbar wandern und in aller Ruhe campen. Der fast 130 km lange **North Umpqua Trail** beginnt in der Nähe des Idleyld Park und führt durch Steamboat bis zum Pacific Crest Trail. Ein beliebter Abstecher sind die schönen **Umpqua Hot Springs** östlich von Steamboat unweit des Toketee Lakes. Ganz in der Nähe befinden sich die atemberaubend schönen, zweistufigen **Toketee Falls** (ca. 35 m), die über Basaltfelsen in die Tiefe rauschen. Die **Watson Falls** sind mit 83 m die höchsten Wasserfälle in Oregon. Weitere Infos gibt's in Glide im **Colliding Rivers Information Center** (541-496-0157; 18782 N Umpqua Hwy; Mai–Okt. 9–17 Uhr) und nebenan beim **North Umpqua Ranger District** (541-496-3532; Mo–Fr 8–16.30 Uhr).

Zwischen dem Idleyld Park und dem Diamond Lake finden sich zahlreiche Campingplätze direkt am Flussufer, u. a. am lieblichen **Susan Creek** und am urwüchsigen (ausgetrockneten) **Boulder Flat**. Die wenigen Unterkünfte in der Gegend sind im Sommer schnell ausgebucht. Empfehlenswert sind die Zimmer in den Blockhütten des **Dogwood Motels** (541-496-3403; www.dogwoodmotel.com; 28866 N Umpqua Hwy; DZ 65–70 US$;).

Oregon Caves National Monument

Die beliebte Höhle liegt 19 Meilen (30 km) östlich von Cave Junction am Hwy 46. Fast 5 km der Höhle kann man im Rahmen einer 90-minütigen **Führung** (541-592-2100; www.nps.gov/orca; Erw./Kinder unter 16 Jahren 8,50/6 US$; April–Mai & Okt.–Nov. 10–16 Uhr, Juni–Sept. 9–17 Uhr, Dez.–März geschl.) zu Fuß erkunden. Die Tour, auf der 520 felsige Stufen überwunden werden müssen, führt durch tropfende Kammern, durch die der Styx fließt. Keine Sorge, es wartet kein Kerberos, mit einer kalten Dusche sollte man aber schon rechnen. Warme Kleidung und rutschfeste Schuhe sind ein Muss.

28 Meilen (45 km) südlich von Grants Pass liegt an der US 199 (Redwood Hwy) das Örtchen Cave Junction. Es versorgt die Gegend mit allem, was so gebraucht wird. Hier finden sich auch das recht ordentliche **Junction Inn** (541-592-3106; 406 Redwood Hwy; DZ ab 65 US$;) und ein paar Restaurants. Eine gediegene Unterkunft direkt an der Höhle ist das beeindruckende **Oregon Caves Chateau** (541-592-3400, 877-245-9022; www.oregoncaveschateau.com; DZ 90–137 US$; Mai–Okt.). Hier sollte man sich an dem altmodischen Springbrunnen unbedingt einen Milch-Shake genehmigen. Camper können den **Cave Creek Campground** (541-592-2166; Stellplatz 10 US$) ansteuern, das nach 14 Meilen (23 km) auf dem Hwy 46 erreicht wird; er ist ca. 4 Meilen von der Höhle entfernt.

OST-OREGON

Der östlich der Cascades gelegene Teil Oregons ähnelt eher seinem Nachbarn im Norden als dem feuchteren Landstrich im Westen. Die Gegend ist nur sehr dünn besiedelt – in der größten Stadt leben gerade mal 20 000 Einwohner. Dafür sind hier aber die unterschiedlichsten und ungewöhnlichsten Highlights des ganzen Bundesstaates beheimatet: Hochplateaus, Hügel, die wie gemalt aussehen, ausgetrocknete Salzseen und die tiefste Schlucht Oregons. In vielen der kleineren Städte fühlt man sich wie in einem Italowestern.

John Day Fossil Beds National Monument

Inmitten all der sanft geschwungenen Felsen und des steinigen Erdbodens der Gegend um John Day befindet sich die größte Fossilienansammlung der Welt. Hier kann man bis zu 50 Mio. Jahre alte Fossilien bewundern, durch Wälder schlendern, in denen früher Säbelzahnkatzen, Kleinpferde, Bärenhunde und sonstige frühzeitliche Säugetiere lebten.

Das National Monument erstreckt sich über 57 km² und ist in drei Bereiche unterteilt: Sheep Rock Unit, Painted Hills Unit und Clarno Unit. Überall gibt's Wanderwege und Tafeln mit Erklärungen. Wer alle drei Units an einem Tag besichtigen will, muss ganz schön auf die Tube drücken – die einzelnen Fossiliengebiete liegen mehr als 160 km auseinander.

Ein Muss ist der Besuch des ausgezeichneten **Thomas Condon Paleontology Center** (☎ 541-987-2333; www.nps.gov/joda; 32651 Hwy 19, Kimberly; ⓨ Mai–Sept. 9–17.30 Uhr, Nov.–April 9–16 Uhr) 3 km nördlich der US 26 an der Sheep Rock Unit. Hier sind neben vielen Fossilien und geologischen Exponaten vor allem ein Pferd mit drei Zehen und versteinerte Mistkäferkügelchen zu sehen. Wer Lust auf einen Spaziergang hat, sollte dies auf dem **Blue Basin Trail** tun; dort hat man das Gefühl, gerade auf der Sonnenseite des Mondes gelandet zu sein.

Die Painted Hills Unit nahe dem Ort Mitchell besteht aus flachen Hügeln mit farbigen Streifen, die vor rund 30 Mio. Jahren entstanden sind. In der Clarno Unit, die noch 10 Mio. Jahre älter ist, sind Schlammschichten zu sehen, die sich über einen Wald aus dem Eozän gelegt haben und zu einzelnen spektakulären Klippen mit kleinen Steintürmchen und -spitzen erodiert sind.

Rafting ist ein beliebter Zeitvertreib auf dem John Day River. **Oregon River Experiences** (☎ 800-827-1358; www.oregonriver.com) bietet unterschiedlich lange Flusstrips an (max. 5 Tage). Angler freuen sich über die vielen Schwarzbarsche und Regenbogenforellen. Infos gibt's beim **Oregon Department of Fish & Wildlife** (☎ 541-575-1167; www.dfw.state.or.us).

Jedes kleine Städtchen in dieser Gegend hat mindestens ein Hotel; dazu gehören das entzückende **Historic Hotel Oregon** (☎ 541-462-3027; www.theoregonhotel.net; 104 E Main St; B 15 US$, DZ 29–79 US$; ✗) in Mitchell und das freundliche **Sonshine B&B** (☎ 541-575-1827; www.sonshinebedandbreakfast.com; 210 NW Canton St; DZ 75–105 US$; ✗ ⊠) direkt in John Day. In dieser Unterkunft mit

vier Zimmern und einem fantastischen Frühstück werden die Gäste wirklich warmherzig aufgenommen. In der Gegend befinden sich einige Campingplätze, u. a. Lone Pine und Big Bend (Stellplatz 8 US$) am Hwy 402.

Wallowa Mountains

Die Wallowa Mountains mit ihren vergletscherten Gipfeln und den kristallklaren Seen gehören zu den schönsten Landschaften Oregons. Der einzige Makel sind die Besuchermassen, die im Sommer besonders den hübschen **Wallowa Lake** belagern. Den Horden entgeht man am besten mit einer Wanderung in Richtung **Eagle Cap Wilderness Area**, z. B. zu dem fast 10 km entfernten **Aneroid Lake** oder entlang des 14 km langen **West Fork Trail**. Im oberen Teil des Lostine Valley oder am Sheep Creek Summit an der USFS Rd 39 gibt's leichtere Tagestouren zur Eagle Cap Wilderness.

Unmittelbar nördlich der Berge liegt im Wallowa Valley **Enterprise**, ein gemütliches Örtchen mit mehreren Hotels, z. B. dem **Ponderosa** (☎ 541-426-3186; 102 E Greenwood St; DZ 67–74 US$; ✗ ⊠ ▯). Biertrinker sollten unbedingt der kleinen Brauerei Terminal Gravity einen Besuch abstatten. Knapp 10 km weiter im Süden liegt die niedliche, aber auch teure Stadt **Joseph**, deren Hauptstraße mit Bronzegalerien und künstlerisch angehauchten Geschäften gesäumt ist. Die meisten Unterkünfte sind B & Bs.

Hells Canyon

Nordamerikas tiefster Canyon – ja, er ist auch tiefer als der Grand Canyon – verspricht an der Grenze zu Idaho eine der wildesten und spektakulärsten Aussichten in Oregon. Der mächtige Snake River (ein 1600 km langer Nebenarm des noch mächtigeren Columbia River) hat 13 Mio. Jahre gebraucht, um sich seinen Weg durch das Hochplateau im Osten des US-Staates zu bahnen. Der 2438 m tiefe Canyon selbst ist Wildnis pur. Hier gibt es keine Straßen, nur Outdoor-Abenteuer ohne Ende.

Wer einen spektakulären Blick über die ganze Gegend genießen möchte, sollte von Joseph aus die 30 Meilen (48 km) nach Imnaha zurücklegen, von wo aus es 24 Meilen (39 km) über eine Schotterstraße zum **Hat Point** (USFS Rd 4240) geht. Von hier aus sind die Wallowa Mountains, die Seven Devils von Idaho, der Imnaha River und der Hells Canyon zu sehen. Die Straße ist nur von Ende Mai bis zum ersten Schneefall geöffnet. Für Hin- und Rückfahrt sollten je zwei Stunden einkalkuliert werden. Im **Wallowa Mountains Visitor Center** (☎ 541-426-5546; www.fs.fed.us/r6/w-w; 88401 Hwy 82; ☺ Mo–Sa 8–18 Uhr) in Enterprise sind Unmengen von Infomaterial über die einzelnen Gebiete und den jeweiligen Zustand der Straßen erhältlich.

Wildwasser-Abenteuer und eine noch spektakulärere Landschaft gefällig? Dann sollte man zum **Hells Canyon Dam** 40 km nördlich der kleinen Gemeinde Oxbow fahren. **Hells Canyon Adventures** (☎ 541-785-3352, 800-422-3568; www. hellscanyonadventures.com; 4200 Hells Canyon Dam Rd) organisiert von Mai bis September Rafting-Touren und laute **Jetboat-Touren** (Voranmeldung erforderl.). Hinter dem Damm endet die Straße am **Hells Canyon Visitor Center** (☎ 541-785-3395; ☺ Mai–Sept. 8–16 Uhr), das gute Tipps zu Campingplätzen und Wanderwegen bereithält.

Campingplätze sind in der Gegend reichlich vorhanden. Außerhalb von Innaha liegt das **Imnaha River Inn** (☎ 541-577-6002, 866-601-9214; www.imnahariverinn.com; DZ 120 US$) im Jagdhausstil, ein mit Tier-Trophäen dekoriertes B & B à la Hemingway. In Oxbow gibt's das gute **Hells Canyon B&B** (☎ 541-785-3373; www.hellscanyonb-b.com; 49922 Homestead Rd; DZ 70 US$). Weitere Schlafgelegenheiten finden sich in Enterprise, Joseph und Halfway.

Steens Mountain & Alvord Desert

Steens Mountain, der höchste Berg (2947 m) im Südosten Oregons, ist Teil einer massiven, 48 km langen Falte der Erdkruste. Am Westhang der Bergkette haben Gletscher in der Eiszeit riesige U-förmige Täler in die Bergflanken gewalzt. Im Osten grenzen zarte Bergwiesen und -seen an den Steens Mountain, der atemberaubend bis zur 1500 m weiter unten gelegenen Alvord Desert abfällt.

Von Frenchglen aus erreicht man über die 105 km lange unbefestigte **Steens Mountain Loop Road** die Steens Mountain Recreation Area, die je nach Wetter von Ende Juni bis Oktober zugänglich ist. Einige Abschnitte sind nur mit Geländewagen befahrbar. Infos erhält man telefonisch beim **Bureau of Land Management** (BLM; ☎ 541-573-4400; www.blm.gov; ☺ Mo–Fr 7.45-16.30 Uhr). Wer zu anderen Zeiten in der Gegend ist oder gerade keinen Geländewagen zur Hand hat, sollte über die ebene Schotterstraße durch die landschaftlich schöne Alvord

Desert fahren, um dem Steens Mountain auf die Pelle zu rücken. Vorher unbedingt voll tanken und zu jeder Jahreszeit mit Wetterumschwüngen rechnen.

Am Steens Mountain Loop liegen Campingplätze, z. B. der vom BLM betriebene schöne Page Springs Campground und der ausgezeichnete South Steens Campground (Stellplatz 6–8 US$, Wasser vorhanden). Freies, sprich „wildes" Campen ist am Steens Mountain und in der Alvord Desert erlaubt (Wasser mitbringen!). Im historischen **Frenchglen Hotel** (☎ 541-493-2825; fghotel@yahoo.com; 39184 Hwy 205, Frenchglen; DZ 67–100 US$; ☺ Mitte März–Okt. ✗) gibt's kleine niedliche Zimmer mit Gemeinschaftsbad und fünf moderne Zimmer mit eigenem Bad; man kann auch zu Abend essen (mit Voranmeldung).

OREGON COAST

O. k., Washingtons Berge sind berühmter als die in Oregon, dafür aber hat Oregon an einem fast 600 km langen Küstenabschnitt die besseren Strände als der nördliche Nachbar. Die spektakuläre, durch Traumlandschaften führende US 101 schlängelt sich ihren Weg durch Städte, Ferienorte sowie über 70 State Parks und Wildnisgebiete.

Astoria

Die Hafenstadt Astoria ist die älteste, von Weißen gegründete Siedlung westlich der Rockies. Den Grundstein legte 1811 John Jacob Astor – ein millionenschwerer Pelzhändler und wahrscheinlich der Bill Gates seiner Zeit. In der an breiten Mündung des Columbia River gelegenen Stadt gibt es einige typisch viktorianische Häuser, eine Handvoll gute Meeresfrüchterestaurants und viele beeindruckende Erinnerungsstücke der unglaublichen Lewis-und-Clark-Expedition. Die beiden großen amerikanischen Forscher und Entdecker erreichten 1805 direkt südlich von Astoria den Pazifik und errichteten hier das Fort Clatsop. Die nicht zu übersehende, 6,6 km lange **Astoria-Megler Bridge** (1966), die Oregon über die US 101 mit Washington verbindet, ist die längste Stahlfachwerk-Brücke der Welt. Mehr Infos gibt's im **Visitor Center** (☎ 503-325-6311; www.oldoregon.com; 111 W Marine Dr; ☺ 9–17 Uhr).

Die 150-jährige Geschichte der Seefahrt in Astoria wird in dem wunderschönen **Columbia River Maritime Museum** (☎ 503-325-2323; www.crmm. org; 1792 Marine Dr; Erw./Kind 6–17 Jahre/Senior 10/5/8 US$;

⊙ 9.30–17 Uhr) erklärt. In dem weniger glitzern-den **Heritage Museum** (☎ 503-338-4849; www.cumtux. org; 1618 Exchange St; Erw./Kind 6–17 Jahre/Senior 4/2/3 US$; ⊙ 10–17 Uhr) sind historische Exponate des Ku-Klux-Klans (KKK) zu besichtigen.

Das extravagante **Flavel House** (☎ 503-325-2203; www.cumtux.org; 441 8th St; Erw./Kind 6–17 Jahre/ Senior 5/2/4 US$; ⊙ 10–17 Uhr) im viktorianischen Queen-Anne-Stil wurde von Captain George Flavel errichtet, einem der einflussreichsten Bürger Astorias in den 1880er-Jahren. Wer sich alles von oben ansehen möchte, sollte die **Astoria Column** hochklettern, einen 38 m hohen Turm, der mit Szenen des Trecks nach Wes-ten, der Erkundung und der Besiedlung Ame-rikas bemalt ist.

5 Meilen südlich von Astoria liegt der **Lewis & Clark National Historical Park** (☎ 503-861-2471; www.nps.gov/lewi; Erw./Kind unter 16 Jahren 3 US$/frei; ⊙ Juni–Aug. 9–18, Sept.–Mai 9–17 Uhr) mit einem rekonstruierten Fort. Als Vorbild diente das Fort, in dem die Expeditionsteilnehmer in dem schrecklichen Winter 1805/06 Unter-schlupf suchten. 10 Meilen westlich von As-toria liegt abseits der US 101 der **Fort Stevens State Park** (☎ 503-861-1671; Stellplatz für Zelt/Wohnmo-bil 18/22 US$, Jurte 30 US$) mit einem historischen Militärlager, von dem aus die Mündung des Columbia River überwacht wurde. Vom Park aus gelangt man zum Strand, zum Camping-platz und zu den Ausgangspunkten von Rad-wanderwegen. Reservierung möglich.

Das älteste Hotel im ältesten Ort an der Westküste ist das **Hideaway Inn & Hostel** (☎ 503-325-6989; www.hideawayinnandhostel.com; 443 14th St; B 20 US$, Zi. 33–88 US$; 🖳 🛜). Es hat preiswerte Schlafsaalbetten und Zimmer. Das **Commodore Hotel** (☎ 503-325-4747; www.commodoreastoria.com; 258 14th St; DZ ohne/mit Bad ab 69/129 US$; ✂ 🖳 🛜) ist in einem Gebäude aus dem frühen 20. Jh. unter-gebracht und wurde erst kürzlich nach 45 jährigem Dasein als Taubenschlag wieder neu eröffnet. Vögel und Motten mussten gestylten Zimmern und Suiten im europäischen Stil weichen.

TPaul's Urban Café (☎ 503-338-5133; 1119 Commer-cial St; Hauptgerichte 9–16 US$; ⊙ Mo–Do 9–21, Fr & Sa 9–22, So 11–16 Uhr) serviert mittags hervorragen-de Quesadillas mit Nachos und einer hausge-machten Salsa zum Dippen. **Baked Alaska** (☎ 503-325-7414; 1 12th St; Hauptgerichte 18–24 US$; ⊙ 11–22 Uhr) gehört zu den besseren Restau-rants in Astoria. Man lässt sich die Speisen schmecken, während man die fantastische Aussicht aufs Wasser genießt.

Cannon Beach

Cannon Beach, das preiswerte Pendant zum protzigen, 9 Meilen (14 km) nördlich gelege-nen Seaside, ist ein fein angelegter, kleiner Urlaubsort, in dem die donnernden Brecher des Pazifiks und das launische Wetter mit vornehmer Gelassenheit erlebt werden. Rie-sige Basaltklippen und ein fantastischer Sandstrand haben dem Ort ein Postkarten-image verpasst. Cannon Beach ist einfach nur wunderschön und noch immer unberührt. Direkt vor der Küste steht ein spektakuläres und äußerst fotogenes Wahrzeichen, der **Haystack Rock** (ein 90 m hoher Klotz mitten im Meer). Am Oregon Coast Trail beim Tilla-mook Head im nahe gelegenen Ecola State Park gibt's wundervolle Aussichtspunkte. Der Ort selbst ist vollgestopft mit kleinen Galerien und Esoterikläden. Weitere Infos gibt's in der **Chamber of Commerce** (☎ 503-436-2623; www.cannon beach.org; 207 N Spruce St; ⊙ Mo–Sa 10–17, So 11–16 Uhr).

Das **LP Tipp** Cannon Beach Hotel (☎ 503-436-1392, 800-238-4107; www.cannonbeachhotel.com; 1116 S Hemlock St; DZ ab 132–242 US$; ✂ 🖳 🛜) von 1914 hat kleine, aber geschmackvoll eingerichtete Zimmer und ein Café. Budgetunterkünfte gibt's ein paar Blocks weiter im Norden, z. B. das **Blue Gull Inn Motel** (☎ 800-507-2714; www. haystacklodgings.com; 487 S Hemlock St; DZ/Cottage ab 69/125 US$; 🖳 🛜). Die Zimmer in diesem schlichten, netten Motel sind rund um einen Springbrunnen angeordnet. Camper steuern den **Sea Ranch RV Park** (☎ 503-436-2815; www.cannon-beach.net/searanch; 415 Fir St; Stellplatz für Zelt/Wohnmobil/ Hütte 26/30/80 US$) an.

Das Städtchen hat zahlreiche Restaurants. Im direkt am Meer gelegenen **Wayfarer Restau-rant** (☎ 503-436-1108; 1190 Pacific Drive; Hauptgerichte 19–28 US$; ⊙ 9–15 & 17–22 Uhr) sollte man Mu-scheln, Schnapper oder Heilbutt probieren, im **Lumberyard** (☎ 503-436-0285; 264 3rd St; Hauptge-richte 9–23 US$; ⊙ 11–22 Uhr) Burger und Pizza.

Täglich fährt ein **Amtrak-Bus** (☎ 800-872-7245) nach Portland (17 US$) via Astoria. Los geht's vor dem Beach Store, 1108 S Hemlock St.

Newport

Newport, Oregons zweitgrößter Handelsha-fen, ist eine lebendige Touristenstadt mit mehreren wunderschönen Stränden und ei-nem Weltklasse-Aquarium. In der Gegend um die historische Bayfront haben sich einige gute Restaurants, ein paar kitschige Attrakti-onen, Souvenirläden und brüllende Seelöwen angesiedelt. Im künstlerisch angehauchten

Nye Beach mit seinen Galerien herrscht eine nette, dörfliche Atmosphäre. Das Ende Februar stattfindende **Newport Seafood & Wine Festival** zieht die besten Köche des Westens und Dutzende von Weinbauern aus Kalifornien und Washington in die Stadt. Infos bekommt man im **Visitor Center** (☎ 541-265-8801, 800-262-7844; www.newportchamber.org; 555 SW Coast Hwy; ⏱ Mo–Fr 8–17, Sa 10–15 Uhr).

Das erstklassige, renommierte **Oregon Coast Aquarium** (☎ 541-867-3474; www.aquarium.org; 2820 SE Ferry Slip Rd; Erw./Kind 3–13 Jahre/Senior 13,25/7,75/11,25 US$; ⏱ 9–18 Uhr) hat ein Seeotterbecken, surreale Quallenbecken und Plexiglastunnel quer durch ein Haifischbecken. Als Alternative kann man auch das **Oregon Coast History Center** (☎ 541-265-7509; www.oregoncoast.history.museum; 545 SW 9th St; empfohlene Spende 2 US$; ⏱ Di–So 10–17 Uhr) besuchen, das in dem mit Türmchen verzierten Burrows House neben der Log Cabin untergebracht ist. Noch mehr Geschichte gibt's in der vom Wind umtosten **Yaquina Head Outstanding Area** (☎ 541-574-3100; 750 Lighthouse Dr; Eintritt 7 US$; ☎ Sonnenaufgang–Sonnenuntergang), Heimat eines interessanten Informationszentrums und des größten Leuchtturms von Oregon.

Knapp 2 Meilen südlich entlang der US 101 befindet sich der **South Beach State Park** (☎ 541-867-4715, 800-452-5687; www.oregonstateparks.org; Stellplatz für Zelt/Wohnmobil 22/22 US$, Jurte 29 US$) mit 227 Stellplätzen (Reservierung möglich) und 27 Jurten. Leseratten sollten im **Sylvia Beach Hotel** (☎ 541-265-5428; www.sylviabeachhotel.com; 267 NW Cliff St; DZ inkl. Frühstück 105–208 US$; ✗) übernachten; die einfachen, gemütlichen Zimmer sind alle nach berühmten Schriftstellern benannt. Ohne Reservierung geht hier aber nichts. Ausgefallene Gerichte bekommt man im **Saffron Salmon** (☎ 541-265-8921; 859 SW Bay Blvd; Hauptgerichte 22–30 US$; ⏱ Do–Di 11.30–14.30 & 17–20.30 Uhr); man sollte den gegrillten Chinook-Lachs oder das Lammkarree mit Kräuterkruste probieren. Abends unbedingt reservieren.

Yachats

Das schmucke, freundliche Städtchen am Fuß des wunderschönen **Cape Perpetua** gehört zu den am besten gehüteten Geheimnissen an der Küste Oregons. Der besonders schöne, zerklüftete Küstenabschnitt im Süden von Yachats mit dem atemberaubenden Devil's Churn und Spouting Horn ist durch vulkanische Aktivitäten entstanden. 10 Meilen weiter südlich thront der viel geknipste **Heceta Head**

Lighthouse von 1894 über dem stürmischen Ozean. Weiter geht's 5 Meilen auf der US 101 in Richtung Süden zu den fast schon wie eine Touristenfalle anmutenden, aber dennoch spaßigen **Sea Lion Caves** (☎ 541-547-3111; www.sealioncaves.com; Erw./Kind 6–12 Jahre/Senior 11/7/10 US$; ⏱ Juli & Aug. 8–18 Uhr, Sept.–Juni 9–17.30 Uhr), eine laute Grotte voller Seelöwen, die man über einen Aufzug erreicht. Weitere Infos und Tipps gibt's im **Visitor Center** (☎ 800-929-0477; www.yachats.org; Ecke US 101 & 3rd St; ⏱ 10–17 Uhr).

Camper sind im 5 Meilen nördlich an der US 101 gelegenen **Beachside State Park** (☎ 541-563-3220, 800-452-5687; www.oregonstateparks.org.com; Stellplatz für Zelt/Wohnmobil 17/21 US$, Jurte 29 US$) gut aufgehoben (Reservierung möglich). 1 Meile weiter gelangt man zum witzigen, von Lesben betriebenen **See Vue Motel** (☎ 541-547-3227, 866-547-323787; www.seevue.com; 95590 Hwy 101 S; DZ 80–120 US$; ✗ 💻 🛜). Das Haus mit den elf individuell eingerichteten Zimmern steht hoch oben über dem Pazifik. Im Ort selbst kann man in dem einladenden **Ya'Tel Motel** (☎ 541-547-3225; www.yatelmotel.com; Ecke US 101 & 6th St; DZ 55–90 US$; ✗ 💻 🛜) übernachten. Die acht individuell benannten Zimmer kommen mit den üblichen Annehmlichkeiten eines Motels daher. Außerdem gibt's Popcorn, Brettspiele und echte, unbezahlbare Gastfreundschaft.

Oregon Dunes National Recreation Area

Die Oregon Dunes – 80 km zwischen Florence und Coos Bay – bilden das größte zusammenhängende Dünengebiet der USA. Die bis zu 150 m hohen Dünen reichen 5 km ins Landesinnere hinein, wo sie auf Küstenwälder treffen, in denen ein ganz besonderes Ökosystem Heimat zahlreicher Tiere ist. Es wurden Wander- und Reitwege, Boots- und Schwimmstege angelegt. Tipp: Den Abschnitt südlich von Reedsport sollte man meiden, da hier dröhnende Dünenbuggys die Szenerie beherrschen. Weitere Infos bekommt man im **Hauptbüro** der Oregon Dunes National Recreation Area (☎ 541-271-3495; www.fs.fed/us/r6/sius law; 855 Highway Ave; ⏱ Mo–Fr 8–16.30, Sa & So 8–16 Uhr) in Reedsport.

Sehr beliebt sind auch der **Jessie M. Honeyman State Park** (☎ 541-997-3641; US 101; Stellplatz für Zelt/Wohnmobil 17/22 US$, Jurte 29 US$), 3 Meilen südlich von Florence, und der schöne **Umpqua Lighthouse State Park** (☎ 541-271-4118; US 101; Stellplatz für Zelt/Wohnmobil 16/20 US$, Jurte/Hütte 27/35 US$), 6 Meilen südlich von Reedsport. **Eel Creek** (☎ 877-444-

6777; US 101; Stellplatz 17 US$) 10 Meilen (16 km) südlich von Reedsport ist ein vom USFS betriebener Campingplatz.

Bandon

Bandon-by-the-Sea – wie diese kleine Stadt auch optimistisch genannt wird – liegt an der Mündung des Coquille Rivers. Die Gegend rund um den Hafen wurde zu einer pittoresken Shoppingmeile umgemodelt. Im Süden der Stadt befinden sich die Ferienanlagen mit einigen Stichstraßen ans Wasser. **Coquille Point** am Ende der 11th St ist ein beliebtes Plätzchen, um im Winter und Frühjahr vorbeiziehende Wale zu beobachten. Das **Bandon Historical Society Museum** (☎ 541-347-2164; 270 Fillmore Ave; Eintritt 2 US$; ☾ Mo–Sa 10–16 Uhr) gibt interessante Einblicke auf Schiffswracks, die Ureinwohner und die illustre Stadtgeschichte von Coquille (zwei Brände verwüsteten die Stadt 1914 und 1936). Weitere Details gibt's in der **Chamber of Commerce** (☎ 541-347-9616; www.bandon.com; Ecke 2nd St & Chicago Ave; ☾ 10–17.30 Uhr).

Zelten kann man im **Bullards Beach State Park** (☎ 541-347-2209, 800-452-5687; US 101; Stellplatz/Jurte 20/27 US$) 2 Meilen nördlich. Das **Sea Star Guesthouse** (☎ 541-347-9632; www.seastarbandon.com; 370 1st St; DZ 80–115 US$; ✗) am Hafen hat nette, gemütliche Zimmer, von denen einige mit einer offenen Galerie und Küchenzeile punkten. Direkt vor den Toren der Stadt liegt das **Lighthouse B&B** (☎ 541-347-9316; www.lighthouse lodging.com; 650 SW Jetty Rd; DZ 150–263 US$; ✗ ▯) mit tollem Blick auf den Fluss und ausgezeichneten Zimmern.

Gutes Essen serviert das **Wild Rose Bistro** (☎ 541-347-4428; 130 Chicago St; Hauptgerichte 18–24 US$; ☾ Mi–Mo 17–22 Uhr). Hier werden aus frischen Zutaten einige der besten Gerichte an der Küste zubereitet.

Gold Beach

Gold Beach liegt an der Mündung des fantastischen Rogue River, der Angler und Jetboat-Fans, die in die Wild Rogue Wilderness Area hinreinrasen wollen, gleichermaßen anzieht. Wanderer kommen in den Genuss einer wahrhaftig spektakulären Küste. Ein Besuch des **Cape Sebastian State Park** auf einer felsigen Landzunge 11 km südlich lohnt sich allein schon wegen der Aussicht, die auf der einen Seite bis nach Kalifornien und auf der anderen bis zum Cape Blanco reicht. Infos hält die **Chamber of Commerce** (☎ 541-347-7526, 800-525-2334; www.goldbeachchamber.com; 29279 S Ellensburg Ave; ☾ Di–So 9.30–17.30 Uhr) bereit.

Mit rustikalen und modernen Hütten, Strandhütten (nebst Wohnmobil-Stellplätzen), einem traumhaften Garten und einem tollen Blick auf den Strand wartet **Ireland's Rustic Lodges** (☎ 541-247-7718; www.irelandsrustic lodges.com; 29346 Ellensburg Ave; DZ 58–149 US$; ▯ 🛜) auf. **Patti's Rollin 'n Dough Bistro** (☎ 541-247-4438; 94257 N Bank Rogue Rd; Hauptgerichte 7–14 US$; ☾ Di–Sa 10.30–15 Uhr), eines der besten preiswerten Restaurants an der Küste, serviert exzellenten Käse, köstliche Fleischgerichte, Suppen und Sandwiches (Achtung: nur mittags geöffnet; rechtzeitig reservieren!).

Brookings

Knapp 6 Meilen nördlich der kalifornischen Grenze liegt das angenehme, emsige Handelsstädtchen Brookings. Neben tollen Angelmöglichkeiten und einer traumhaften Küste kann man in der etwas abgelegenen **Kalmiopsis Wilderness Area** auch noch in den Genuss einer ganz einzigartigen Vegetation kommen. Nördlich der Stadt befindet sich der **Samuel H. Boardman State Park** mit knapp 18 km des schönsten Küstenabschnitts in ganz Oregon. Im **Alfred A. Loeb State Park** (☎ 541-469-2021, 800-452-5687; www.oregonstateparks.org; N Bank Chetco River Rd; Zelte/ Hütten 16/35 US$) 10 Meilen weiter östlich warten die einzigen Redwood-Wälder Oregons und alte Myrtenbestände. Die **Chamber of Commerce** (☎ 541-469-3181; www.brookingsor.com; 16330 Lower Harbor Rd; ☾ Mo–Fr 9–17 Uhr) ist direkt am Hafen.

Allgemeine Informationen

AKTIVITÄTEN

Wer sich gern an der frischen Luft bewegt, findet in den Regionenkapiteln lohnende Ziele für Outdoor-Aktivitäten und lokale Ausrüster bzw. ortsansässige Organisatoren von Trips, Kursen und mehr.

Die **Great Outdoor Recreation Pages** (GORP; gorp. away.com) sind eine umfassende Internet-Info-quelle für Outdoor-Fans, die sich auch mittels der Zeitschrift **Outside** (outside.away.com) einen allgemeinen Überblick verschaffen können. Wer nur die passende Ausrüstung benötigt, kann sich landesweit z. B. bei der Kooperative **REI** (☎ 253-891-2500, 800-426-4840; www.rei.com) oder bei **Sports Authority** (☎ 888-801-9164; www.sports authority.com) eindecken.

Das umfassende Kursangebot der **National Outdoor Leadership School** (☎ 800-710-6657; www. nols.edu) deckt alle möglichen Freizeitunternehmungen ab. Auch REI vermittelt Outdoor- und Survivalfähigkeiten mittels diverser Kurse – ergänzt durch Wochenendtrips und längere Abenteuertouren, die mehrere Sportarten beinhalten. Die anspruchsvollen Kurse von **Outward Bound** (☎ 866-467-7651; www.outward bound.org) verbinden Geschick bzw. Kompetenz in der Wildnis gezielt mit Persönlichkeitsentwicklung.

Im Westen der USA sind gigantische Landflächen für jedermann zugänglich. **Wilderness. net** (www.wilderness.net) liefert Beschreibungen, Karten, Kontaktinfos und Links zu allen Gebieten in der Wildnis, die in staatlicher Obhut sind. Die Datenbank von **Recreation.gov** (www. recreation.gov) lässt sich online nach Freizeitaktivitäten auf öffentlich verwaltetem Gelände durchforsten, für das u. a. folgende Bundesbehörden verantwortlich sind.

Bureau of Land Management (BLM; www.blm.gov)
National Park Service (NPS; www.nps.gov)
US Fish & Wildlife Service (USFWS; www.fws.gov)
US Forest Service (USFS; www.fs.fed.us)

Auf S. 88 stehen Hinweise zum verantwortungsbewussten Verhalten in Amerikas Natur.

Radfahren & Mountainbiken

Fahrradverleiher gibt's im ganzen Land. Die Regionenkapitel empfehlen Adressen vor Ort. Auf S. 420 stehen Hinweise zu Radtouren durch Amerika. Außerdem erfährt man dort, wie sich Drahtesel am besten leihen bzw. kaufen und verkaufen lassen. Hinzu kommen Transporttipps für An- bzw. Weiterreise und die Mitnahme vor Ort. Wichtig: Für eigene Bikes braucht man stabile Schlösser – Fahrraddiebstahl ist in den USA keine Seltenheit.

In manchen National- und State Parks kann auf Mehrzweck- oder Freizeitpfaden geradelt werden. Während Fahrräder in der Regel auf ausgewiesenen Wanderwegen tabu sind, können sich Radler meist auf den asphaltierten Straßen oder unbefestigten Pisten der Parks austoben – zur Sicherheit sollte man aber immer vorab bei einem Ranger vor Ort

PRAKTISCH & KONKRET

Strom

- US-Standard ist 110 V Wechselstrom. Die meisten von Zuhause mitgebrachten Geräte benötigen einen entsprechenden Adapter.

Zeitungen & Zeitschriften

- Überregionale Zeitungen: *New York Times, Wall Street Journal, USA Today*
- Überregionale Nachrichtenmagazine: *Time, Newsweek, US News & World Report*

Radio & Fernsehen

- Nachrichten im Radio: National Public Radio (NPR) am unteren Ende der FM-Skala
- Öffentliche Fernsehnetzwerke: ABC, CBS, NBC, FOX, PBS (Public Broadcasting Service)
- Größte Kabelsender: CNN (Nachrichten), ESPN (Sport), HBO (Spielfilme), Weather Channel (Wetter)

Video & DVD

- NTSC-Videostandard (nicht kompatibel zu PAL)
- DVD-Regionalcode 1 (nur USA und Kanada)

Maße & Gewichte

- Gewichte: Unze (*ounce*, Abk. oz), Pfund (*pound*, Abk. lb), Tonne (*ton*, Abk. t).
- Hohlmaße: Unze (oz), US-Pint (*pint*), US-Quart (*quart*), US-Gallone (*gallon*, Abk. gal)
- Längenmaße: Fuß (*foot*, Abk. ft), Yard (yd), Meile (*mile*, Abk. mi)

Auf der vorderen Umschlaginnenseite stehen Umrechnungen für Gewichte sowie Hohl- und Längenmaße ins metrische System.

---

nachfragen! Von Bikern wird Rücksichtnahme auf andere Wegbenutzer erwartet. Ansonsten gelten identische Verkehrsregeln für Drahtesel und Kraftfahrzeuge. Auf www.mtbr.com und auf www.dirtworld.com gibt's Hunderte kostenlose Beschreibungen von MTB-Trails.

Nützliche Infoquellen für Radfahrer:

Adventure Cycling Association (www.adventure cycling.org) Organisiert geführte Touren, unterhält Gelbe Seiten für Radler, verkauft Tourenkarten bzw. -pläne und gibt die Zeitschrift *Adventure Cyclist* heraus.

Backroads (www.backroads.com) Rad- und Kombi-Outdoortouren landesweit, von gediegen bis anstrengend.

Bicycling (www.bicycling.com) Die Zeitschrift *Bicycling* richtet sich vor allem an Rennradfahrer; landesweite Tourvorschläge, Ausrüstungs- und Fitnesstipps.

Bike (www.bikemag.com) Die Website des Magazins *Bike* umfasst neben News und Features auch Links zu einer Review-Datenbank mit MTB-Trails in den ganzen USA.

Cycle America (www.cycleamerica.com) Spezialist für geführte Radtouren durch US-Nationalparks oder das ganze Land.

League of American Bicyclists (www.bikeleague.org) Der nationale Interessenverband gibt z. B. die Zeitschrift *American Bicyclist* heraus. Seine informative Website liefert Links, Tourentipps und Adressen von lokalen Fahrradclubs und -werkstätten.

Rafting, Segeln, Kanu- & Kajakfahren

Sobald ein amerikanischer Fluss oder (Stau-)See groß genug für Wasserfahrzeuge ist, gibt's in der Nähe normalerweise entsprechende Ausrüster oder Verleiher. Rafting-, Kanu- oder Kajaktrips in Nationalparks sind üblicherweise genehmigungspflichtig. Bei manchen Einzelgenehmigungen kann die Wartezeit jedoch mehrere Jahre betragen! In diesen Fällen empfiehlt sich daher rechtzeitiges Buchen von geführten Touren.

Nützliche Infoquellen für Paddelfans:

American Canoe Association (www.americancanoe. org) Der landesweite Kanu- und Kajakverband gibt die Zeitschrift *Paddler* (www.paddlermagazine.com) heraus, hält Kurse ab und betreibt eine Datenbank mit Wasserwanderwegen.

American Whitewater (www.americanwhitewater.org)
Interessenverband, der Amerikas natürliche Wasserläufe
mittels sanften Tourismus erhalten möchte.

Canoe & Kayak (www.canoekayak.com) Fachzeitschrift
für Paddelsportler.

Kayak Online (www.kayakonline.com) Gibt Tipps zum
Ausrüstungskauf und liefert prima Links zu Anbietern,
Schulen oder Verbänden.

Skifahren & Snowboarden

Im Westen der USA gibt es einige Skigebiete.
Meistens ist dort eine Rundumversorgung im
Angebot: Leihausrüstung, Kurse, Kinderpro-
gramme, Restaurants, Unterkünfte. Die Skisaison dauert meistens von Mitte Dezember
bis April, mancherorts ist sie aber auch länger.
Sessellifte machen viele Skiorte im Sommer zu
tollen Gebieten für Wanderer und Mountainbiker. Pauschalangebote (inkl. Hotel, Liftpass
und ggf. Flugticket) sind über die jeweilige
Location oder (Online-)Reisebüros buchbar
– es sind durchaus Schnäppchen dabei, die sich
vor allem für passionierte Skifahrer lohnen
können.

Ski Snowboard America von Charles Leo-
cha liefert einen aktuellen Gesamtüberblick
über Nordamerikas wichtigste Skizentren.
Praktisch alle Skiorte haben eigene Websites.
Vorhandene Alpinpisten werden meist durch
Snowboardareale ergänzt. Teilweise gibt's
auch Langlaufloipen. Beliebte Nationalpark-
abschnitte, National Forests oder Stadtparks
warten im Winter oft mit präparierten Loipen,
Schneeschuhpfaden und Eisbahnen auf.

Nützliche Infoquellen für Skifahrer und
Snowboarder:

Cross-Country Ski Areas Association (www.xcski.org)
Umfassende Infos und Ausrüstungstipps zum Lang- bzw.
Schneeschuhlaufen in ganz Nordamerika.

Cross Country Skier (www.crosscountryskier.com)
Langlaufmagazin mit aktuellen News, Online-Routen-
beschreibungen, Wettkampf- und Eventkalender.

Powder (www.powdermag.com) Online-Version des
Skimagazins *Powder*.

SkiNet (www.skinet.com) Gemeinschaftsportal der
Zeitschriften *Ski, Skiing* und *Snow*.

Ski Resorts Guide (www.skiresortsguide.com) Umfassender Skiortführer mit Unterkunftsinfos, Pistenkarten zum
Download u. v. m.

SnoCountry Mountain Reports (www.snocountry.
com) Schneeberichte für ganz Nordamerika, zudem News,
Veranstaltungskalender und Links zu Skiorten.

Snowboard.com (snowboard.colonies.com) Von Snowboardern für Snowboarder: Community-Website mit vielen
ungeschminkten Tipps.

Sportklettern & Canyoning

Nützliche Infoquellen:

American Canyoneering Association (www.canyo
neering.net) Website mit Canyon-Datenbank und vielen
Links (z. B. zu Kursanbietern oder lokalen Kletterclubs).

Climbing (www.climbing.com) Das grandiose Magazin
versorgt die Kletterszene seit 1970 mit topaktuellen News
und Infos.

SuperTopo (www.supertopo.com) Alles aus einer Hand:
Kletterführer, kostenlose Geländekarten, Routenbeschrei-
bungen.

Surfen, Kite- & Windsurfen

Das Magazin **Surfer** (www.surfermag.com) mit On-
line-Diskussionsforen enthält News, Features,
einen Veranstaltungskalender und Reiseberichte zu fast allen Surfspots an den Westküs-
ten der USA. Der reichhaltige *Stormrider
Guide: North America* ist ein empfehlenswer-
ter Surfatlas. Die **US Kitesurfing Association** (www.
uskite.org) liefert Links zu Kitesurfing-Schulen
im ganzen Land. Auf www.ikiteboarding.com
gibt's Artikel und News rund ums Thema
Kitesurfen. Windsurfer wenden sich am besten an die **US Windsurfing Association** (www.uswind
surfing.org). Die nicht staatliche Organisation
Surfrider Foundation (www.surfrider.org) möchte alle
Wassersportler dazu anregen, den Artenreichtum an den Küsten zu bewahren und so einen
Beitrag zum Erhalt der Umwelt zu leisten.

Wandern, Trekken & Rucksacktouren

Bis auf wenige Ausnahmen sind Amerikas
Wildnisgebiete für Wanderer zugänglich.
Wege in National und State Parks sind allgemein am besten in Schuss. Das Spektrum
reicht von befestigten, rollstuhlgerechten und
leicht zu meisternden Pfaden bis hin zu
Outdoor-Abenteuern, die einen Tag in Anspruch nehmen oder gar mehrere (mit
Übernachtungen unterwegs).

Die kostenlosen Karten der National und
State Parks eignen sich normalerweise nur für
Tageswanderungen. Bei Rucksacktouren oder
Tagestrips auf anderem öffentlichen Terrain
sind topografische Karten (S. 394) nützlich
oder sogar zwingend erforderlich. Vorab sollte man sich bei Rangerstationen oder Visitor
Centers unbedingt nach der Wetterlage und
dem aktuellen Wegzustand erkundigen.
Mehrtägige Wildnistrips mit Übernachtung
sind in der Regel genehmigungspflichtig. Vor
dem Start müssen sich Wanderer zumindest
bei den Parkrangern anmelden oder auf einer
Registrierungstafel eintragen. Ob kostenlos

ALLGEMEINE INFORMATIONEN

oder günstig: Genehmigungen sind teilweise limitiert und in beliebten Nationalparks oft Monate im Voraus komplett vergeben. Für Gebiete mit sensiblen Ökosystemen gelten eventuell etliche Beschränkungen.

Wildnistrips erfordern eine gute Vorbereitung und Notfallkenntnisse. **Survive Outdoors** (www.surviveoutdoors.com) erteilt zahllose Tipps zu Sicherheit und Erste Hilfe – ergänzt durch nützliche Fotos von gefährlichen Tieren. Wie man sich in Gefahrensituationen richtig verhält, erfährt man in *How to Stay Alive in the Woods: A Complete Guide to Food, Shelter and Self-Preservation that Makes Starvation in the Wilderness Next to Impossible* von Bradford Angiers sowie in *Medizin-Survival: Überleben ohne Arzt* und im *Survival-Handbuch für die ganze Familie* von Rüdiger Nehberg.

Nützliche Infoquellen:

American Hiking Society (www.americanhiking.org) Liefert Links zu lokalen Wanderclubs und legt neue Wege im Rahmen von „Freiwilligenferien" an.

Backpacker (www.backpacker.com) Amerikas größtes Backpacker-Magazin bedient gleichermaßen Neulinge und Cracks.

Rails-to-Trails Conservancy (www.railstotrails.org) Verwandelt stillgelegte Bahntrassen in Wander- oder Radwege. Kostenlose Routen-Reviews auf www.traillink.com.

Trails.com (www.trails.com) Online-Datenbank mit über 45 000 Wegen zwischen Ost- und Westküste. Ausdruckbare Geländekarten und Wanderführer (kostenpflichtige Registrierung erforderl.) ergänzen die Suchfunktionen.

Der legendäre Pacific Crest Trail von der mexikanischen bis zur kanadischen Grenze durch die Sierra Nevada und über die Kaskadenkette in Oregon und Washington lässt sich auch nur etappenweise erwandern. Details gibt's bei der **Pacific Crest Trail Association** (www.pcta.org).

ALLEINREISENDE

Alleinreisende werden in den USA nicht mit besonderen Problemen konfrontiert.

Viele Hotels lassen Einzelpersonen günstiger übernachten. Da Einzelzimmer aber oft recht klein und schlecht gelegen sind, nehmen Reisende, die auf etwas mehr Komfort Wert legen, am besten ein Doppelzimmer. Wer andere Gäste treffen möchte, sollte im Restaurant an der Bar essen.

Trampen ist immer riskant und nicht empfehlenswert – schon gar nicht allein. Auch Autofahrer tun gut daran, niemals Tramper mitzunehmen.

Beim ersten Kontakt mit Fremden sollte man keinesfalls gleich seine Adresse preisgeben oder die Tatsache, dass man allein unterwegs ist. Die freundlichen und hilfsbereiten Amerikaner laden Alleinreisende manchmal sogar zu sich nach Hause ein, dennoch sind natürlich nicht alle Hilfsangebote für bare Münze zu nehmen: Auch bei Einladungen von vertrauenswürdigen Personen ist es grundsätzlich ratsam, Dritten (z. B. Hostel- oder Hotelmanagern) die jeweilige Adresse mitzuteilen. Dasselbe gilt, wenn man alleine eine Wanderung unternehmen möchte. Wer nicht wie angekündigt zurückkehrt, ist garantiert froh, wenn dies jemand bemerkt und die Suche mit entsprechenden Angaben unterstützen kann.

Weitere Tipps speziell für weibliche Traveller stehen auf S. 391.

ARBEITEN IN DEN USA

Wer sich als Ausländer bzw. im Rahmen des US-Visa-Waiver-Programms oder mit normalem Touristenvisum in den USA aufhält, darf vor Ort keine bezahlte Arbeit annehmen. Aufgedeckte Verstöße haben die sofortige Ausweisung zur Folge. Amerikanische Arbeitgeber sind verpflichtet, die Arbeitsberechtigung ihrer Angestellten zu kontrollieren – sonst müssen sie mit Geldstrafen rechnen. Arbeitsuchende Ausländer haben es in den USA heute wesentlich schwerer als früher.

Um als Ausländer legal vor Ort arbeiten zu können, muss man bereits vor Abreise ein Arbeitsvisum beantragen. Junge Leute (Altersbegrenzung variiert) erhalten ein J1-Visum für Austauschbesucher. Es umfasst den Studienaufenthalt, studentische Ferienjobs, Mitarbeit in Sommercamps und Kurzpraktika bei bestimmten Arbeitgebern. Folgende Organisationen helfen bei dem Finden einer Praktikumsstelle, dem Beantragen von J1-Visa und Fragen zu Studentenaustauschprogrammen:

American Institute for Foreign Study (☎ Deutschland/Schweiz 0800-777-2299, Österreich 0800-311-520; www.aifs.de)

Au Pair in America (☎ 800-928-7247; www.aupairin america.com)

Council on International Educational Exchange (☎ 207-553-4000; www.ciee.org)

InterExchange (☎ 212-924-0446; www.inter exchange.org)

Studieren in den USA (☎ 0900-1850-055; www.in-usa-studieren.de)

Travelworks (☎ 02506-8303-0; www.travelworks.de)

Für befristete Tätigkeiten oder Festanstellungen brauchen Nicht-Studenten die Unterstützung eines US-Arbeitgebers, der ein Visum der Kategorie H beschafft. Solche Visa sind jedoch nicht leicht zu bekommen: Der Arbeitgeber muss nachweisen, dass kein US-Bürger oder in den USA lebender Ausländer mit unbefristeter Aufenthaltsgenehmigung den jeweiligen Job übernehmen kann. Nationalparks, Touristenattraktionen und Skiorte suchen eventuell Saisonarbeiter. Interessenten wenden sich am besten an örtliche Handelskammern, Inhaber von Parkkonzessionen oder das Management von Skizentren. Weiteres zum Arbeiten auf Reisen findet sich im englischsprachigen *Gap Year Book* von Lonely Planet.

BOTSCHAFTEN & KONSULATE

Die Adressen aller deutschen, österreichischen und Schweizer Konsulate im Westen des USA lassen sich auf den Websites der jeweiligen Außenministerien (s. Kasten rechte Spalte) ermitteln. Auch die Gelben Seiten (*Yellow Pages*, Sparte „Consulates") oder die Telefonauskunft geben Auskunft. Das **US-Außenministerium** (usembassy.state.gov) informiert über amerikanische Auslandsvertretungen im eigenen Heimatland.

ERMÄSSIGUNGEN

Bei fast allem, das für Dollars zu haben ist, genießen Traveller zahlreiche Sparmöglichkeiten – seien es Hotelzimmer, Mahlzeiten, Mietwagen oder Museumstickets. Hartnäckigkeit und Einfallsreichtum bringen in den USA sehr oft finanzielle Vorteile.

Senioren ab 62 (teilweise als 55 od. 60) Jahren und Studenten erhalten zwar keine gesonderten Rabattkarten, profitieren aber dennoch von allen möglichen Ermäßigungen; bei Eintrittsgebühren und Zimmer- oder Mietwagenreservierungen sollte man daher grundsätzlich nach Rabatten fragen. Meist lässt sich der Preis um ungefähr 10 % drücken, manchmal sogar um die Hälfte – einfach einen entsprechenden Altersnachweis oder Studentenausweis vorlegen.

Für ausländische Studenten empfiehlt sich ein **Internationaler Studentenausweis** (International Student Identity Card bzw. ISIC; www.isic.de, www.isic.at, www. isic.ch), der zu Ermäßigungen berechtigt und auch die misstrauischsten Geschäftsleute vom Studentendasein überzeugen dürfte. Nicht-Studenten unter 26 Jahren erhalten dank der

---

**REISEHINWEISE VON
OFFIZIELLER SEITE**

- Deutschland (www.auswaertiges-amt.de)
- Österreich (www.bmaa.gv.at)
- Schweiz (www.eda.admin.ch)
- USA (www.travel.state.gov)

International Youth Travel Card (Webadressen s. oben) mitunter die gleichen Ermäßigungen. Amerikanische oder ausländische Studenten mit einer **Student Advantage Card** (www.studentadvantage.com) bekommen Tickets für Amtrak-Züge und Greyhound-Busse jeweils 15 % günstiger und bis zu 40 % Rabatt bei ausgewählten Hotels, Läden und Kinos.

Auch die offizielle Mitgliedschaft in einem Automobilclub (S. 415) bringt diverse Ermäßigungen ein, und die AAA-Kooperation mit internationalen Partnerorganisationen (z. B. ADAC) macht den eigenen Clubausweis so zum sinnvollen Reisebegleiter. Andere Sondertarife gelten z. B. für Behinderte, Kinder, Geschäftsreisende und ausländische Touristen. Solche Vergünstigungen werden nicht immer explizit angegeben – einfach nachfragen!

An touristischen Hotspots liegen überall Rabattgutscheine aus. Da diese immer Beschränkungen und Bedingungen unterliegen, ist ein genauer Blick aufs Kleingedruckte stets ratsam. Während manche Coupons kaum ihr Papier wert sind, lohnt sich das Durchforsten von Touristeninformationen und Welcome Centers an den Highways: Prospekte, Broschüren und Handzettel offerieren dort gelegentlich hervorragende Schnäppchen. Bei **Roomsaver.com** (www.roomsaver.com) gibt's online Hotelgutscheine.

ESSEN

Die meisten Restaurantpreise in diesem Buch gelten jeweils für ein durchschnittliches Hauptgericht am Abend. Sofern nicht anderweitig vermerkt, sind Getränke, Steuern, Trinkgelder sowie Vor- und Nachspeisen nicht inbegriffen. Mittags kosten dieselben Gerichte normalerweise deutlich weniger, eventuell sogar nur die Hälfte. Wo vorhanden, sind die Empfehlungen nach den Preiskategorien „günstig" (Gerichte unter 12 US$), „mittelteuer" (Haupt- od. Abendgerichte 12–25 US$) und „teuer" (Haupt- od. Abendgerichte ab 25 US$) unterteilt.

Achtung: In vielen US-Restaurants darf nur eingeschränkt oder gar nicht geraucht werden. Das Kapitel „Essen & Trinken" (S. 71) informiert über Besonderheiten der amerikanischen Küche und Tischetikette.

FEIERTAGE & FERIEN

An den folgenden öffentlichen Feiertagen sind Banken, Schulen und Behörden (inkl. Postfilialen) landesweit geschlossen. Bei Verkehrsmitteln, Museen und anderen Einrichtungen gelten die jeweiligen Sonntagszeiten. Falls Feiertage aufs Wochenende fallen, werden sie gewöhnlich auf den folgenden Montag gelegt.

New Year's Day 1. Januar
Martin Luther King Jr. Day Dritter Montag im Januar
Presidents' Day Dritter Montag im Februar
Memorial Day Letzter Montag im Mai
Independence Day (Fourth of July) 4. Juli
Labor Day Erster Montag im September
Columbus Day Zweiter Montag im Oktober
Veterans' Day 11. November
Thanksgiving Vierter Donnerstag im November
Christmas Day 25. Dezember

Während des Spring Break bekommen US-Studenten eine Woche frei. Diese nutzen sie ausgiebig für wilde Partys in den Strand- und Ferienorten am Meer. Die Colleges legen die Frühlingsferien individuell fest, die Spring Breaks verteilen sich daher über den ganzen März und April. Schüler und Studenten aller Altersstufen genießen ihre Sommerferien von Juni bis August.

FESTIVALS & EVENTS

Die aufgeführten Festivals und Events steigen landesweit mit mehr oder weniger Tamtam. Weitere Festival-Highlights finden sich in den entsprechenden Abschnitten der einzelnen Regionenkapitel. Örtliche Touristeninformationen und der Abschnitt „Feiertage & Ferien" (s. oben) liefern zusätzliche Details.

JANUAR
Chinesisches Neujahrsfest Wird mit Paraden, Feuerwerk und jeder Menge Essen gefeiert – besonders toll in San Franciscos Chinatown. Ende Januar oder Anfang Februar.

FEBRUAR
Black History Month Landesweit gefeiertes Fest der afroamerikanischen Geschichte.

Valentinstag Aus irgendeinem Grund verbindet man den hl. Valentin mit Romantik. Darum sind Pralinen, Blumen und Karten am 14. Februar überall ausverkauft.
Mardi Gras Am Faschingsdienstag läuten Paraden und fröhliche Partystimmung das Ende des Karnevals ein. Februar oder März.

MÄRZ
St. Patrick's Day Der 17. März ehrt Irlands Schutzpatron. Wer an diesem Tag kein Grün trägt, riskiert Ärger.
Ostern Am Ostersonntag suchen Kinder Eier, die der emsige Osterhase versteckt hat. Übrigens: Der Karfreitag ist in den USA kein Feiertag! Ende März oder Anfang April.

MAI
Cinco de Mayo Am 5. Mai 1862 besiegte Mexiko die Franzosen in der Schlacht bei Puebla. Vor allem im Süden und Westen der USA feiern Gemeinden an diesem Tag mit Paraden ihr mexikanisches Erbe.
Muttertag Am zweiten Sonntag im Mai bedenken Kinder ihre Mütter mit Grußkarten und Anrufen – oder haben ganzjährig ein schlechtes Gewissen.

JUNI
Vatertag Am dritten Sonntag des Monats gilt: Gleiches Prinzip, anderer Elternteil, weniger schlechtes Gewissen.
Gay Pride Month (www.interpride.org) Während in manchen Städten nur eine Woche gefeiert wird, lässt San Francisco es gleich einen ganzen Monat lang krachen. Am letzten Juniwochenende steigen gigantische Paraden.

JULI
Independence Day Der Unabhängigkeitstag am 4. Juli wird mit Feuerwerk und Paraden begangen.

OKTOBER
Halloween Am 31. des Monats bitten kostümierte Kinder an den Haustüren um Süßigkeiten – bei Weigerung ist mit Streichen zu rechnen. Ebenfalls verkleidete Erwachsene toben sich auf Partys aus, die in San Francisco mit am wildesten sind.

NOVEMBER
Tag der Toten Am 2. November gedenken mexikanischstämmige Amerikaner ihrer verstorbenen Verwandten mit feierlichem Kerzenschein. Besonders beliebter Zierrat: Totenschädel und Skelette aus Zuckerguss.
Thanksgiving Anlässlich des US-Erntedankfests am vierten Donnerstag des Monats trifft man sich mit Familie und Freunden tagelang zum traditionellen Truthahnessen.

DEZEMBER
Chanukkah Abhängig vom jüdischen Kalender beginnt das achttägige jüdische Lichterfest in der Regel vor Weihnachten.

Weihnachten Der 25. Dezember steht im Zeichen von Mitternachtsgottesdiensten, geschmückten Bäumen und Liedern auf den Straßen. Santa Claus schaut auch vorbei.

Kwanzaa (www.officialkwanzaawebsite.org) Vom 26. Dezember bis zum 1. Januar ehren Afroamerikaner die Sieben Säulen der Weisheit.

New Year's Eve Am 31. Dezember verabschieden Millionen Amerikaner das alte Jahr mit einem kräftigen Umtrunk und fassen gute Vorsätze für das neue. Am nächsten Tag wird der Kater kuriert, während College-Football im Fernsehen läuft.

FOTOS & VIDEO

Herkömmliche Filme sind bei Drogerien und Fotofachgeschäften erhältlich. Speicherkarten für Digitalkameras gibt's überall bei Ladenketten wie Best Buy oder Target.

Drogerien und Supermärkte entwickeln Fotos recht günstig (24 Abzüge ca. 7 US$), Schnellentwicklungen innerhalb einer Stunde sind teurer (ca. 12 US$). Die große Copyshop-Kette FedEx Office hat Kombiterminals, die Digitalfotos ausdrucken und auf CD brennen. Letzteres ist auch in vielen Internetcafés (S. 394) möglich und wird dort teilweise noch durch einen Upload-Service ergänzt.

In einigen Indianerreservaten sind Foto- und Videoaufnahmen verboten. Wo erlaubt, muss man eventuell eine Genehmigung kaufen. Bevor man Personen aus der Nähe knipst, sollte man grundsätzlich um Erlaubnis bitten. Oft wird ein kleines Trinkgeld erwartet.

Weitere Tipps für Reisefotografen enthält der englischsprachige Band *Travel Photography* von Lonley Planet.

FRAUEN UNTERWEGS

Ob allein oder in Gruppen reisend: Frauen bekommen in den USA meist keine besonderen Probleme. Die Community-Website www.journeywoman.com liefert neben Travel-Tipps von Frauen für Frauen auch Links zu weiteren praktischen Infoquellen. Die Broschüre *Her Own Way* der kanadischen Regierung enthält viele nützliche allgemeine Reisehinweise. Sie kann auf www.voyage.gc.ca/publications/menu-eng.asp als PDF heruntergeladen oder online gelesen werden.

Diese landesweit tätigen Interessenverbände könnten ebenfalls hilfreich sein:

National Organization for Women (NOW; ☎ 202-628-8669; www.now.org)

Planned Parenthood (☎ 800-230-7526; www.plannedparenthood.org) Empfiehlt spezielle Frauenkliniken und Beratungszentren im ganzen Land.

In puncto Sicherheit gelten für alleinreisende Frauen und Männer zwar dieselben Vorsichtsmaßnahmen (S. 388), jedoch werden Frauen öfter unerwünscht angemacht oder belästigt. Manche haben daher eine Trillerpfeife, Reizgas oder Pfefferspray zur Selbstverteidigung griffbereit. Wer Pfefferspray kaufen möchte, sollte sich bei der örtlichen Polizei nach den entsprechenden Bestimmungen erkundigen, die von Bundesstaat zu Bundesstaat variieren. US-Bundesgesetze verbieten die Mitnahme jeglicher Selbstverteidigungssprays oder -gase in Flugzeugen.

Opfer sexueller Übergriffe wenden sich am besten zuerst an eine Hotline für Vergewaltigungsopfer und rufen erst danach die Polizei (☎ 911) an (es sei denn, es besteht akute Lebensgefahr) – nicht alle Polizeibeamten besitzen genug Sensibilität oder Erfahrung für den Umgang mit Opfern von sexueller Gewalt. Spezielle Hilfszentren setzen sich dagegen unermüdlich für die Opfer ein und fungieren als Schnittstellen gegenüber anderen Einrichtungen (z. B. Polizei, Krankenhäuser). Telefonbücher enthalten Verzeichnisse mit örtlichen Anlaufstellen für Vergewaltigungsopfer. Zudem steht die **National Sexual Assault Hotline** (☎ 800-656-4673; www.rainn.org) rund um die Uhr zur Verfügung. Andernfalls direkt die Notaufnahme eines Krankenhauses aufsuchen!

FREIWILLIGENARBEIT

Mit Amerikas zahllosen Optionen, sich ehrenamtlich zu engagieren, lassen sich lange Trips prima auflockern. Zudem warten dabei äußerst wertvolle Erfahrungen: Man lernt Land, Leute und Kultur so intensiv kennen, wie es kaum möglich ist, wenn man durch die USA nur durchreist.

In Großstädten gibt's jede Menge Gelegenheiten, Einheimische bei spontanen Engagements für gemeinnützige Organisationen kennenzulernen. Als Quellen empfehlen sich Veranstaltungsverzeichnisse alternativer Wochenzeitungen und die nach Sparten sortierten Gratis-Anzeigen auf der Website von **Craigslist** (www.craigslist.org). Das staatliche Internetportal **Serve.gov** (www.serve.gov) sowie die privat betriebenen Plattformen **Idealist.org** (www.idealist.org) und **VolunteerMatch** (www.volunteermatch.org) veröffentlichen umfangreiche Datenbanken, die sich kostenlos nach kurz- und längerfristigen Freiwilligenjobs im ganzen Land durchsuchen lassen.

Formellere Freiwilligenprogramme sind meist mit einer heftigen Teilnahmegebühr von 250 bis 1000 US$ verbunden – vor allem solche, die speziell auf ausländische Traveller abzielen. Der genaue Betrag hängt von Dauer und Leistungsumfang (z. B. Unterkunft, Essen) ab, beinhaltet aber in keinem Fall die Anreisekosten.

Empfehlenswerte Organisationen:

Habitat for Humanity (☎ 800-422-4828; www. habitat.org) Fördert soziale Wohnungsbauprojekte.

Sierra Club (☎ 415-977-5522; www.sierraclub.org) „Freiwilligenferien", in denen die Teilnehmer an Renaturierungsmaßnahmen mitwirken und Wanderwege instand halten (z. B. in Nationalparks und Naturschutzgebieten).

Volunteers for Peace (☎ 802-259-2759; www.vfp. org) Mehrwöchige Freiwilligenprojekte, die Handwerk und internationalen Austausch an der Basis fördern.

Wilderness Volunteers (☎ 928-556-0038; www. wildernessvolunteers.org) Wochenlange Trips, die der Erhaltung bzw. Pflege von US-Nationalparks, Naturlandschaften oder Outdoor-Erholungsgebieten dienen.

World Wide Opportunities on Organic Farms–USA (www.wwoofusa.org) Repräsentiert über 1000 Bio-Bauernhöfe, die Freiwilligenarbeit mit Kost und Logis entlohnen. Kurz- oder längerfristige Aufenthalte möglich.

GEFAHREN & ÄRGERNISSE

Trotz einer scheinbaren Endlosliste von Risikofaktoren – z. B. Schusswaffen, Gewaltverbrechen, soziale Unruhen, Erdbeben – sind die USA tatsächlich ein sehr sicheres Reiseziel. Das größte Risiko besteht darin, in einen Autounfall verwickelt zu werden. Man sollte sich also auch im Land der unbegrenzten Möglichkeiten immer anschnallen (in Amerika herrscht sowieso Gurtpflicht). Besonders nervig sind der Stadtverkehr und die Menschenmassen an beliebten Touristenzielen. USA-spezifische Risiken gibt's jedoch praktisch keine.

Abzocke

Wie allgemein bekannt sein dürfte, nehmen in nahezu allen Großstädten der Welt Betrüger gutgläubige Opfer mit gezinkten Karten oder Hütchenspielen aus. Teure Elektronikgeräte, Uhren und Designerstücke, die zum Schleuderpreis auf dem Bürgersteig verkauft werden, sind entweder gefälscht oder gestohlen. Auch bei „echtem Kunsthandwerk zum Schnäppchenpreis" sollten die Alarmglocken läuten. Als Faustregel gilt: Gesundes Misstrauen ist immer noch der beste Schutz. Zahllose amerikanische Kleinkriminelle haben sich mittlerweile auf Kreditkarten-, Immobilien- oder Investmentbetrug spezialisiert. Einen Gesamtüberblick über die neuesten und beliebtesten Abzockmaschen liefern die „Consumer Guides" auf der Website der amerikanischen Bundesregierung (www. consumer.gov).

Kriminalität

Traveller fallen höchstwahrscheinlich eher Diebstählen als Gewaltverbrechen zum Opfer. Geld sollte möglichst nur tagsüber bzw. bei Dunkelheit ausschließlich in gut beleuchteten und belebten Gegenden am Automaten abgehoben werden. Autofahrer tun gut daran, keine Tramper mitzunehmen und Wertsachen schon vor der Ankunft am Ziel sicher im Kofferraum einzuschließen. In Hotels sollte man den Zimmer- oder Haustresor benutzen.

Medienberichte und Hollywoodstreifen suggerieren mitunter, man könne an beinahe jeder Ecke Schusswaffen sehen. Sicher nicht. Traveller bekommen kaum eine Kanone zu Gesicht, ausgenommen vielleicht während der Jagdsaison. Sollte wirklich gerade Jagdsaison sein, ist es ratsam, bei Wanderungen durch die Wälder auffällige, helle Bekleidung zu tragen – nur zur Sicherheit.

Naturkatastrophen

In Risikogebieten warnen meistens sirenengestützte Alarmsysteme vor bevorstehenden Naturkatastrophen. Die Notfallsirenen werden gelegentlich um 12 Uhr getestet. Wer ihr Signal vernimmt und Unheil fürchtet, sollte Radio oder Fernseher einschalten: Lokalsender übermitteln Gefahrenwarnungen und entsprechende Verhaltensratschläge.

Die Vorbereitungstipps, News und allgemeinen Infos des **US-Ministeriums für Gesundheit & Soziales** (US Department of Health & Human Services; www.dhhs.gov/disasters) decken so ziemlich alle Fälle ab, die eine USA-Reise zum Horrortrip machen *könnten*.

GELD

Der US-Dollar (US$) ist die einzige landesweit akzeptierte Währung. In manchen Orten nahe der kanadischen Grenze kann man jedoch auch mit dem kanadischen Dollar bezahlen.

1 US$ besteht aus 100 Cent (¢). Münzen gibt's im Nennwert von 1 (Penny), 5 (Nickel), 10 (Dime), 25 (Quarter) und 50 ¢ (Half-Dollar; selten) sowie 1 US$. Automaten und Park-

uhren schlucken meist Quarters. Banknoten sind im Wert von 1, 2 (selten), 5, 10, 20, 50 und 100 US$ im Umlauf.

Die meisten US-Amerikaner führen im Alltag keine großen Barbeträge mit sich. Stattdessen verlassen sie sich auf Geldautomaten sowie Kredit- und Bankkarten. Kleinere Läden akzeptieren Scheine eventuell nur bis zu einem Einzelwert von 20 US$. Sofern nicht anderweitig vermerkt, führt dieses Buch alle Preise ohne Steuern in US-Dollar auf. Die Umschlaginnenseite informiert über Wechselkurse zum Zeitpunkt der Drucklegung, der Preisüberblick auf S. 15 hilft beim Kalkulieren der durchschnittlichen Reisekosten.

Geldautomaten

Bei den meisten Banken und in Einkaufszentren, Flughäfen, Lebensmittelläden und Supermärkten stehen Geldautomaten rund um die Uhr zur Verfügung. Pro Transaktion wird üblicherweise eine Gebühr von 2 US$ oder mehr fällig, die sich eventuell noch um Gebühren der eigenen Bank erhöhen. Achtung: Automatenabhebungen per Kreditkarte sind normalerweise besonders teuer! Man sollte sich daher bei der eigenen Bank erkundigen, wie und zu welchen Konditionen die Bank- oder Kreditkarte an US-Geldautomaten verwendet werden kann. Wer den Bargeldbedarf vor allem durch Abhebungen vor Ort decken will – was durchaus empfehlenswert ist –, hat am besten mehrere Karten dabei und bewahrt sie getrennt voneinander auf. Die Wechselkurse am Automaten sind jedenfalls selten besser oder schlechter als anderswo.

Geld umtauschen

Fremdwährungen tauscht man normalerweise am besten bei Banken um. Große Stadtfilialen bieten meist einen Devisenservice an, auf dem Land kann der Geldwechsel etwas schwieriger werden. Die schlechtesten Kurse gibt's üblicherweise an den Wechselstuben der Flughäfen und Touristenzentren. Vor allem dort ist es also ratsam, zuerst nach anfallenden Gebühren und Zuschlägen zu fragen. **Travelex** (☎ 888-457-4602; www.travelex.com) zählt zu den größeren Dienstleistern, während die Filialen von **American Express** (☎ 800-297-2977; www.americanexpress.com) mitunter bessere Konditionen bieten.

Kreditkarten

Bekannte Kreditkarten (Visa, MasterCard) werden in den USA fast überall akzeptiert.

Für das Mieten von Autos oder Reservierungen per Telefon oder Internet sind sie so gut wie immer ein Muss. (Manche Fluglinien bestehen sogar auf US-Kreditkartenadressen – sehr lästig, wenn man Inlandsflüge vor Ort buchen möchte.) Eine Kreditkarte gehört auf jeden Fall ins Gepäck, um wenigstens Notfälle adäquat abzudecken.

Kopien der Kreditkartennummern führt man am besten separat mit. Bei Verlust oder Diebstahl der Karte heißt es sofort den jeweiligen Aussteller kontaktieren:
American Express (☎ 800-528-4800; www.american express.com)
Diners Club (☎ 800-234-6377; www.dinersclub.com)
Discover (☎ 800-347-2683; www.discovercard.com)
MasterCard (☎ 800-622-7747; www.mastercard.com)
Visa (☎ 800-847-2911; www.visa.com)

Reiseschecks

Geldautomaten haben Reiseschecks mittlerweile eher überflüssig gemacht, sie sind nur noch als verlässliche Reserve sinnvoll. Sie sollten in US-Dollar erworben werden, da man sonst Probleme bekommen könnte, sie einzulösen. Für den Verlust- oder Diebstahlsfall ist es ratsam, alle Schecknummern auf einem separat verstauten Zettel zu notieren. Reiseschecks von American Express und Visa werden am häufigsten akzeptiert.

Steuern

Die Verkaufssteuersätze variieren je nach Bundesstaat und Bezirk; Details enthalten die „Kurzinfo"-Kästen zu den einzelnen Staaten. Die Übernachtungssteuer für Hotels ist von Stadt zu Stadt verschieden – Näheres hierzu steht in den Abschnitten „Schlafen" der Regionenkapitel.

Trinkgelder

In den USA sind Trinkgelder mehr oder weniger obligatorisch und sollten nur bei extrem schlechtem Service nicht gegeben werden.
Barkeeper Mindestens 1 US$ pro Getränk bzw. 10 bis 15 % des Rechungsbetrags.
Gepäckträger An Flughäfen bzw. in Hotels mindestens 2 US$ pro Gepäckstück oder 5 US$ pro Gepäckwagen.
Parkservice Mindestens 2 US$ bei Rückgabe des Autoschlüssels.
Restaurantkellner 15 bis 20 % des Gesamtbetrags (sofern nicht bereits in der Rechnung enthalten).
Taxifahrer 10 bis 15 % des Fahrtpreises; auf den nächsten vollen Dollarbetrag aufrunden

ALLGEMEINE INFORMATIONEN

Zimmermädchen Pro Übernachtung 2 bis 4 US$ unter der dafür vorgesehenen Karte hinterlegen.

INTERNETZUGANG

In den technikbegeisterten USA wird man wohl kaum Probleme haben, ins Internet zu gelangen.

Das Computersymbol (🖳) kennzeichnet in diesem Buch das Vorhandensein öffentlich zugänglicher Internetterminals. Bei WLAN (📶) wird nicht zwischen kostenlos und -pflichtig unterschieden. Heute haben die meisten Hotels und manche Motels entweder öffentliche Terminals oder WLAN-Zugänge. Letztere kosten mitunter eine Extragebühr (ab 10 US$/Tag); gleich beim Buchen nachfragen. Der Kasten unten liefert allgemeine Details zu WLAN-Hotspots.

Die meisten Ortschaften besitzen zumindest ein Internetcafé oder einen Copy-Center (ca. 3–12 US$ pro Std.). In Großstädten hat man die Qual der Wahl – die Abschnitte „Internetzugang" geben entsprechende Tipps. In den meisten Internetcafés können auch Speicherkarten gelesen oder Kameras angeschlossen werden, um Digitalfotos online zu speichern und auf CD zu brennen (s. auch S. 391).

Für spontanes Surfen und das Checken der E-Mails sind auch die öffentlichen Internetterminals von Stadt- oder Gemeindebibliotheken eine gute Wahl. Deren Nutzung ist zeitlich begrenzt; gelegentlich gibt's auch WLAN-Zugänge. Wer außerhalb des jeweiligen Bundesstaats wohnt, muss manchmal einen kleinen Obulus dafür entrichten.

Achtung: Ausländische Elektrogeräte (z. B. Laptops) erfordern Spannungsumwandler bzw. Adapter für US-Steckdosen. Beides ist bei größeren Elektronikläden wie **Best Buy** (☎ 888-237-8289; www.bestbuy.com) erhältlich.

Auf S. 17 finden sich einige Websites, die bei der Reiseplanung weiterhelfen.

KARTEN & STADTPLÄNE

Rand McNally (www.randmcnally.com) gibt gute Straßenatlanten und -karten sowie die „Thomas-Brothers"-Stadtführer heraus. Erhältlich sind sie in vielen Buchläden und an manchen Tankstellen. Da Automobilclubs (S. 415) wie der ADAC mit der AAA kooperieren, können sich deren Mitglieder in AAA-Filialen mit tollen Gratiskarten eindecken. Und natürlich sind auch die **Google Maps** (maps.google.com) eine prima Quelle für Routenhinweise und kostenloses Kartenmaterial.

Ausflüge in die tiefe Wildnis erfordern unbedingt gute topografische Karten, die oft von Outdoor-Ausrüstern und Parkverwaltungen bzw. den dortigen Visitor Centers verkauft werden. Am detailliertesten sind die Karten des **US Geological Survey** (USGS; ☎ 877-275-8747; store.usgs.gov), dessen Website neben Online-Bestellfunktionen auch Direktdownloads und ein landesweites Händlerverzeichnis umfasst. Bei **Trails.com** (www.trails.com) kann man topografische Karten gegen Gebühr individuell zusammenstellen und herunterladen. Personalisierte Software zum Erzeugen topografischer Karten gibt's im Online-Shop von **National Geographic** (www.nationalgeographic.com), der alle erdenklichen Kartenprodukte anbietet.

DRAHTLOS INS INTERNET

WLAN bzw. *wireless fidelity* (alias wi-fi) ist in den USA stark im Kommen, auch wenn man bis dato noch nicht im ganzen Land kabellos ins Netz kommt. Die meisten Groß- und Universitätsstädte finanzieren aber sogenannte Neighbourhood Hotspots, und auch in den kleinsten Nestern gibt's normalerweise mindestens ein (Internet-)Café oder Hotel mit drahtlosem Internetzugang. Und inzwischen kann man sich sogar im Wald einloggen: Immer mehr private Campingplätze (z. B. KOA) und State Parks (z. B. in Kalifornien) bieten WLAN-Zugänge an.

Die folgenden Websites listen kostenlose und kostenpflichtige WLAN-Hotspots im ganzen Land auf. Zudem gibt's viele nützliche Tipps und Links zu Anbietern von Computerzubehör.

- ▪ www.hotspot-locations.com
- ▪ www.jiwire.com
- ▪ www.wi-fi.com (wird von der gemeinnützigen Wi-Fi Alliance betrieben)
- ▪ www.wififreespot.com
- ▪ www.wi-fihotspotlist.com

Egal ob man sich mit dem Auto, per Rad oder zu Fuß fortbewegt, ob auf befestigten Straßen oder in der Wildnis – GPS-Geräte und Kartensoftware können einem das Leben deutlich erleichtern. Empfehlenswerte Hersteller sind **Garmin** (www.garmin.com) und **Magellan** (www.magellangps.com). Man sollte sich jedoch nicht 100%ig auf die Navigationsgeräte verlassen, da diese nicht überall funktionieren – Empfangsprobleme kann es beispielsweise in dichten Wäldern oder tiefen Schluchten geben.

KINDER

Unterwegs erleichtern Kinder häufig die Kontaktaufnahme zu den Einheimischen, die einen fröhlich wie lang vermisste Verwandte willkommen heißen. Egal ob in der Stadt oder draußen auf dem Land – die meisten Einrichtungen berücksichtigen die Bedürfnisse von Kindern. Zudem bieten sich unterwegs unzählige Möglichkeiten, den Nachwuchs bei Laune zu halten.

Praktisch & Konkret

Restaurants aller Preisklassen stellen bei Bedarf Kinderstühle zur Verfügung. Falls es keine besondere Speisekarte für Kinder gibt, kann in der Regel eine kindgerechte Portion bestellt werden. In vielen Lokalen und Familienrestaurants gibt's Malblocks und -stifte, in vielen öffentlichen Toiletten steht ein Wickeltisch zur Verfügung (manchmal auch in der Herrentoilette). An Flughäfen werden zunehmend Familienwaschräume eingerichtet.

Die Zimmer in Hotels und Motels sind in der Regel mit zwei riesigen Betten ausgestattet und ideal für Familien. Außerdem gibt's Beistellbetten oder Liegen, die gegen Aufpreis zusätzlich ins Zimmer gestellt werden können. In manchen Häusern übernachten Kinder bis zum Alter von zwölf, manchmal sogar bis zu 18 Jahren kostenlos. Einige Romantik-B&Bs nehmen nur erwachsene Gäste auf; man sollte sich vor der Reservierung erkundigen.

Autovermietungen sollten Kindersitze bzw. -gurte bereitstellen können, da diese in jedem Bundesstaat Pflicht sind – sie müssen aber schon bei der Buchung angefordert werden und kosten mitunter bis zu 10 US$ pro Tag extra. Fluglinien haben manchmal Aktionsangebote, bei denen Kinder umsonst mitfliegen können; Rabatte für mitreisende Kleinkinder gibt's immer.

In manchen Ferienhotels stehen Babysitter zur Verfügung. Falls nicht, können sie oft von der Rezeption oder dem Hausdienst vermittelt werden. Babysitter sollten immer im Besitz einer Lizenz und registriert sein. Stets nach Mindestsatz, Stundentarif pro Kind und eventueller Anfahrts- oder Essensvergütung fragen. Die meisten Touristeninformationen führen Verzeichnisse, die z. B. über örtliche Betreuungs- und Freizeitangebote oder medizinische Einrichtungen informieren.

Familienfreundliche Sehenswürdigkeiten, Aktivitäten, Unterkünfte, Restaurants und Unterhaltungsoptionen sind in diesem Buch überall mit dem Symbol 🧒 gekennzeichnet.

Sehenswertes & Aktivitäten

In diesem Buch weist der Abschnitt „… mit Kindern" speziell auf die besten kindgerechten Aktivitäten und Einrichtungen vor Ort hin. In den USA gibt's zahllose Erlebnismuseen, Spielplätze, Themenparks und Vergnügungszentren. Und in den meisten National- und State Parks sind Ausstellungen, Lehrpfade oder Programme speziell auf Kinder bzw. Familien zugeschnitten (z. B. Junior-Ranger-Angebote).

Als Begleitlektüre für Outdoor-Trips empfehlen sich z. B. *Kids in the Wild: A Family Guide to Outdoor Recreation* von Cindy Ross und Todd Gladfelter, *Parents' Guide to Hiking & Camping* von Alice Cary oder *Wildnis erleben: Praktische Anleitungen für Outdoor-Aktivitäten mit Kindern und Jugendlichen* von Fiona Danks. Allgemeine Tipps und Infos zum Reisen mit Kindern enthält der englischsprachige Lonely Planet Band *Travel with Children*.

Weitere nützliche Infoquellen für Familien:
Family Travel Files (www.thefamilytravelfiles.com) Durchgeplante Urlaubsvorschläge, Reisetipps und Beschreibungen diverser Ziele.
Go City Kids (www.gocitykids.com) Super Überblick über kindgerechte Aktivitäten in über 50 US-Großstädten.
Kids.gov (www.kids.gov) Offizielles Kinderportal der US-Regierung mit vielfältigem Riesenangebot (z. B. Liedern oder Spielen zum Downloaden). Ein Link führt sogar zur Kinder-Website der CIA (sucht die etwa Nachwuchs?).

KLIMA

S. 14 informiert über die besten Reisezeiten. Zudem informieren die Regionenkapitel über das jeweilige Klima. Aktuelle Radar- und Satellitenkarten können auf der Website des **National Weather Service** (www.nws.noaa.gov) studiert werden. Ausgewählte Wetterdaten enthalten die Klimatabellen auf S. 396.

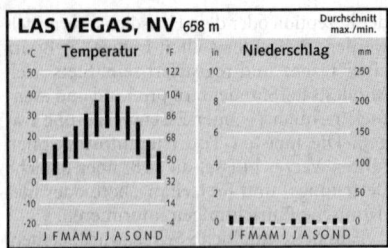

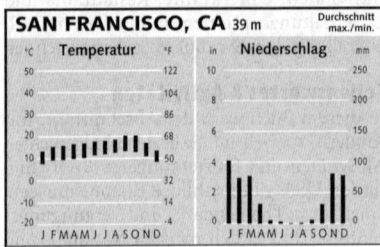

ÖFFNUNGSZEITEN

In diesem Band gelten – sofern nicht anders angegeben – die folgenden Öffnungszeiten als üblich: Unternehmen arbeiten montags bis freitags von 9 bis 17 Uhr; Banken sind montags bis donnerstags von 8.30 bis 16.30 Uhr, freitags bis 17.30 Uhr geöffnet; einige Post- und Bankfilialen haben außerdem samstags von 9 bis 12 oder 13 Uhr offen.

Geschäfte sind normalerweise montags bis samstags von 10 bis 18 Uhr geöffnet, sonntags von 12 bis 17 Uhr. In den Malls und Einkaufsvierteln der Innenstädte können die Läden bis 20 oder 21 Uhr offen haben. Supermärkte sind in der Regel von 8 bis 20 Uhr für ihre Kunden da, in den meisten Städten aber auch rund um die Uhr geöffnete. In manchen Landesteilen halten abgesehen von ein paar Restaurants alle Unternehmen und Geschäfte die Sonntagsruhe ein.

Die Öffnungszeiten der Restaurants können je nach Betreiber und Saison variieren. Alle Angaben in diesem Buch gelten für die Hauptsaison. Wer sich im Winter auf ein bestimmtes Lokal freut oder extra dort hinfährt, sollte zuvor telefonisch nachfragen, ob es auch geöffnet ist. Frühstück gibt's allgemein von 7 bis 10.30 Uhr (Mo–Fr), der Wochenendbrunch (Sa & So) wird zwischen 9 und 14 Uhr serviert. Mittagessen kommt montags bis freitags zwischen 11.30 und 14.30 Uhr auf den Tisch, das Abendessen von 17 bis 21.30 Uhr (Fr & Sa oft länger).

Die meisten Bars und Kneipen haben täglich von 17 bis 24 Uhr geöffnet (Fr & Sa bis 2 Uhr), Nachtclubs und Discos üblicherweise mittwochs bis samstags zwischen 21 und ca. 2 Uhr (in Großstädten eventuell auch länger).

POST

Die amerikanische Post ist verlässlich und günstig. Die Homepage des **US Postal Service** (USPS; ☎ 800-275-8777; www.usps.com) liefert alle nötigen Informationen wie Filialadressen und Öffnungszeiten. Auch an manche Drogerien und Supermärkte sind Postfilialen oder -zentren angeschlossen.

Kurierdienste wie **Federal Express** (FedEx; ☎ 800-463-3339; www.fedex.com) oder **United Parcel Service** (UPS; ☎ 800-742-5877; www.ups.com) stellen dringende bzw. wichtige Sendungen weltweit teurer, dafür aber direkt zu.

Posttarife

Derzeit kosten Inlandsbriefe (1st-Class-Mail) bis zu 1 Unze (28,4 g) Gewicht für 0,44 US$ (zzgl. 0,17 US$ pro weitere Unze), Postkarten innerhalb der USA jeweils 0,28 US$. 1st-Class-Mail darf maximal 13 Unzen (368,6 g) wiegen – darüber werden Priority-Tarife fällig.

Außer bei Versand nach Kanada (0,75 US$) oder Mexiko (0,79 US$) belaufen sich internationale Luftpostbriefe und -karten bis zu 1 Unze Gewicht einheitlich auf 0,98 US$.

Post versenden & erhalten

Ausreichend frankierte Sendungen unter 13 Unzen (ca. 368,6 g) Gewicht können in jeden blauen Postkasten eingeworfen werden. Schwerere Päckchen muss man bei Postfilialen aufgeben.

Postlagernde Sendungen lassen sich an alle Postämter mit eigener Postleitzahl (korrekte Zusatzangabe „c/o General Delivery") verschicken. Zu diesem Zweck sollten sie mit dem Hinweis „Hold for Arrival" versehen sein. Was nicht innerhalb von zehn (Inlandspost) bzw. 30 Tagen (Auslandspost) gegen Vorlage eines Lichtbildausweises abgeholt wird, geht an den Absender zurück. In machen Großstädten ist für postlagernde Sendungen nicht die jeweilige Hauptpost, sondern eine gesonderte Stelle außerhalb des Zentrums zuständig.

RECHTSFRAGEN

Bußgelder für alltägliche Ordnungsvergehen (z. B. im Straßenverkehr) sind von den ertappten Sündern keinesfalls an Ort und Stelle zu bezahlen: Wer Bußgelder direkt an die Polizei loswerden möchte, wird bestenfalls schief angeguckt und schlimmstenfalls wegen versuchter Bestechung angeklagt. Bei Verkehrsverstößen erklärt der jeweilige Ordnungshüter alle Optionen für die Zahlung. Diese muss normalerweise innerhalb von 30 Tagen geleistet werden. Damit verbundene Angelegenheiten lassen sich meist postalisch regeln.

Wer wegen des Verdachts verhaftet wird, ein Straftat begangen zu haben, kann die Aussage verweigern und hat Anspruch auf einen Anwalt. Somit gibt's keinerlei Grund, unfreiwillig mit einem Vernehmungsbeamten zu sprechen. Es ist jedoch strikt untersagt, sich ohne ausdrückliche Erlaubnis zu entfernen. Allen Verhafteten ist gesetzlich ein Telefonat gestattet. Wer sich keinen Anwalt leisten kann, erhält einen kostenlosen Pflichtverteidiger. Traveller ohne anwaltliche, familiäre oder anderweitige Unterstützung sollten ihre eigene Botschaft kontaktieren. Deren Nummer wird auf Anfrage von der Polizei ermittelt.

Bis zu einer rechtswirksamen Verteidigung gilt in den USA prinzipiell die Unschuldsvermutung. Achtung: Sämtliche Bundesstaaten haben eigene Zivil- und Strafgesetze – was in einem Staat erlaubt ist, kann anderswo illegal sein. Für Post, Regierungseigentum und etliche staatenübergreifende Belange und Interessen gelten indes einheitliche Bundesgesetze.

Ein potenzielles Problem in den USA stellt der Patriot Act dar, der nach den Anschlägen am 11. September 2001 verabschiedet wurde: Dieser nationale Sicherheitsbeschluss ermächtigt die US-Behörden beispielsweise, ausländische Besucher und Einwanderer bei Terrorismusverdacht ohne Anklage oder Gerichtsprozess über längere Zeit festzuhalten. Dies ist zwar durchaus ernst zu nehmen, aber andererseits auch höchst unwahrscheinlich. Die **American Civil Liberties Union** (ACLU; www.aclu. org/safeandfree) empfiehlt sich für Rechtshilfe und weitere Infos.

Alkohol

In Bars und Läden muss man das Personal oft mit dem Ausweis davon überzeugen, dass man alt genug – nämlich mindestens 21 Jahre alt – ist, um Alkohol zu trinken. Dies ist übliche Praxis und sollte nicht persönlich genommen werden. Der Alkoholverkauf unterliegt lokalen Bestimmungen: Manche

---

GESETZLICHES MINDESTALTER

■ Alkoholkonsum: 21 Jahre

■ Autofahren: 16 Jahre

■ Einverständlicher heterosexueller Sex: 16–18 Jahre (je nach US-Bundesstaat)

■ Einverständlicher homosexueller Sex: Wo legal, 16–18 Jahre (je nach US-Bundesstaat)

■ Wählen: 18 Jahre

Countys bzw. Bezirke verbieten ihn z. B. sonntags, nach Mitternacht, vor dem Frühstück oder sogar komplett.

Autofahren

In sämtlichen US-Bundesstaaten ist das Fahren unter Alkohol- oder Drogeneinfluss ein schwerer Gesetzesverstoß, der mit hohen Geldbußen oder sogar Haftstrafen geahndet wird. Auf S. 418 stehen weitere Informationen zum korrekten Verhalten auf amerikanischen Straßen.

Drogen

Nationale und bundesstaatliche Gesetze verbieten alle Formen von „Freizeitdrogen". Manche Staaten (z. B. Kalifornien) betrachten den Besitz kleiner Marihuanamengen nur als Ordnungsvergehen, das aber dennoch eine Geld- oder Haftstrafe nach sich ziehen kann.

Der Besitz jeglicher illegaler Betäubungsmittel (z. B. Kokain, Heroin, Ecstasy, LSD, Haschisch) wird stets als schwere Straftat behandelt, die je nach Umständen mit langen Gefängnisstrafen geahndet wird. Dasselbe gilt bei Marihuanamengen über 1 Unze (28,4 g). Wegen Drogenvergehen verurteile Ausländer werden konsequent ausgewiesen.

REISEN MIT BEHINDERUNG

Traveller mit körperlichem Handicap können sich in den USA größtenteils barrierefrei fortbewegen: Dank des Americans with Disabilities Act (ADA) müssen alle öffentlichen Gebäude und Verkehrsmittel sowie Privatimmobilien, die nach 1993 gebaut wurden (z. B. Hotels, Restaurants, Theater oder Museen), für Rollstuhlfahrer zugänglich sein. Dennoch ist es immer ratsam, vorab telefonisch nach vorhandenen Einrichtungen zu fragen. Diese werden von manchen lokalen

Touristeninformationen in detaillierten Broschüren zusammengefasst.

US-Telefongesellschaften offerieren spezielle Gehörlosenservices über Fernschreibernummern (TTY). Die Geldautomaten der meisten Banken liefern Bedienungshinweise auch auf Braille, Hörbehinderten stehen häufig Kopfhöreranschlüsse zur Verfügung. Alle großen Fluglinien, Greyhound-Busse und Amtrak-Züge sind auf Passagiere mit Behinderung eingestellt: Wenn man spätestens 48 Stunden vorher reserviert und seine Bedürfnisse anmeldet, wird alles Nötige veranlasst. Auch Hilfstiere wie Blindenhunde dürfen gegen offiziellen Nachweis mit an Bord.

Manche Autovermieter (z. B. Budget, Hertz) bieten handgesteuerte Autos und Vans mit Rollstuhlliften ohne Aufpreis an. Solche Fahrzeuge müssen allerdings lange im Voraus reserviert werden. **Wheelchair Getaways** (☎ 800-642-2042; www.wheelchairgetaways.com) vermietet landesweit behindertengerechte Vans. Viele Groß- und Kleinstädte betreiben barrierefreie bzw. absenkbare Nahverkehrsbusse – einfach dem Fahrer mitteilen, dass der Lift oder die Rampe benötigt wird.

Nationalparks lassen sich oft auf rollstuhlgerechten befestigten Pfaden, flachen Pisten oder Promenaden erkunden. Dasselbe gilt für manche State Parks und Erholungsgebiete. Wer als Behinderter dauerhaft in den USA lebt, kann alle staatlich verwalteten Freizeitgebiete (z. B. Nationalparks) gratis mit dem kostenlosen Pass „America the Beautiful" besuchen.

Nützliche Infoquellen:

Access-Able Travel Source (☎ 303-232-2979; www.access-able.com) Allgemeine Reisewebsite mit nützlichen Tipps und Links (z. B. zum Travelin' Talk Network; www.travelintalk.net).

Disabled Sports USA (☎ 301-217-0960; www.dsusa.org) Hat Sport- und Freizeitprogramme für Behinderte und gibt die Zeitschrift *Challenge* heraus.

Flying Wheels Travel (☎ 507-451-5005, 877-451-5006; www.flyingwheelstravel.com) Spezialisiertes Reisebüro mit Rundumservice.

Mobility International USA (☎ 541-343-1284; www.miusa.org) Berät in Sachen Mobilität und betreibt internationale Austauschprogramme zur Weiterbildung.

Moss Rehabilitation Hospital (☎ 800-225-5667; www.mossresourcenet.org/travel.htm) Viele Links und Tipps zum Reisen mit Behinderung.

MyHandicap Deutschland (☎ 089-767-7697-0; www.myhandicap.de; Steinheilstr. 6, D-85737 Ismaning/München)

MyHandicap Schweiz (☎ 043-211-4949; www.myhandicap.ch; Weinbergstr. 29, CH-8006 Zürich)

Nationale Koordinierungsstelle Tourismus für Alle e. V. (Natko; ☎ 0211-3368-001; www.natko.de; Fleher Str. 317a, D-40223 Düsseldorf) Allgemeine Informationen.

Society for Accessible Travel & Hospitality (☎ 212-447-7284; www.sath.org) Interessenverband mit Allgemeininfos für Traveller mit Handicap.

Mobility International Schweiz (☎ 041-6220-68835; www.mis-ch.ch; Froburgstr. 4, CH-4600 Olten) Sammlung weltweiter Adressen mit behindertengerechter Einrichtung; umfassende Bibliothek.

SCHWULE & LESBEN

Die meisten US-Großstädte haben offene GLBT-Gemeinden, die nicht im Verborgenen agieren müssen und mit denen man leicht in Kontakt kommt. Viele Stadtporträts dieses Buches enthalten Kästen oder Passagen mit Szenetipps.

Die Akzeptanz gegenüber Schwulen und Lesben ist je nach Region sehr unterschiedlich: Toleranz ist mancherorts ein Fremdwort, anderswo wird sie geübt, solange sexuelle Präferenzen nicht öffentlich zur Schau gestellt werden. Grundsätzlich gilt: Da Bigotterie in den USA immer noch existiert, sollte man das Toleranzlevel stets sorgfältig einschätzen und sich im Zweifelsfall lieber bedeckt halten. Obwohl stark umstritten, sind gleichgeschlechtliche Ehen nun in manchen US-Bundesstaaten erlaubt.

Die klassischen schwul-lesbischen Reiseführer von **Damron** (www.damron.com) werden von Werbepartnern beeinflusst und sind teilweise veraltet. **OutTraveler** (www.outtraveler.com), **Out & About** (www.gay.com/travel) oder **PlanetOut** (www.planetout.com/travel) stellen spezifische Reiseführer und Artikel zum Download bereit. **Purple Roofs** (www.purpleroofs.com) liefert landesweite Infos zu Hotels und B&Bs, die Schwule und Lesben herzlich willkommen heißen und teilweise auch von Homosexuellen geführt werden.

The Queerest Places: A Guide to Gay and Lesbian Historic Sites von Paula Martinac deckt die ganzen USA mit spannenden und historischen Szenedetails ab.

Weitere nützliche Infoquellen:

Advocate (www.advocate.com) Schwulenorientierte Website mit News aus Geschäftswelt, Politik, Kunst, Unterhaltung und Tourismus.

Gay & Lesbian National Help Center (☎ 888-843-4564; ☷ Mo–Fr 13–21, Sa 16–24 Uhr; jeweils nach

Pacific Standard Time, also MEZ −9 Std.) Landesweite Hotline mit Hilfe, Infos, Tipps und Adressen.
Gay Yellow Network (www.gayyellow.com) Gelbe Seiten mit Verzeichnissen für über 30 US-Großstädte.
National Gay and Lesbian Task Force (www.thetask force.org) Landesweite LGBT-Unterstützungsgruppe, deren Website z. B. Aktuelles aus Politik und Tagesgeschehen und Szenenachrichten liefert.

SHOPPEN

Die meisten Besucher werden nicht ohne ein wenig typischen US-Kitsch abreisen wollen, der auch in weniger schrägen Formen massenhaft erhältlich ist. Manch billiger Kram an Straßenständen ist geradezu Folklorekunst und beweist zumindest, dass auch Amerikaner einen echten Sinn für Humor haben.

Viele US-Regionen sind für tolles einheimisches Kunsthandwerk oder Indianerprodukte berühmt. Zum Angebot gehören z. B. traditionelle Steppdecken, handgeschusterte Cowboystiefel aus Leder, Schmuck der Pueblo, Decken der Navajo, aus Vanillegras gefertigte Körbe der Gullah und traditionelle oder zeitgenössische Tonwaren. Achtung: Hochwertige Artikel sind teuer, billige wahrscheinlich nicht echt!

Auch Antiquitäten werden gerne gekauft. Wie beim Kunsthandwerk gilt: Echte Schnäppchen sind rar und eventuell in Wirklichkeit billiger Ramsch! Die beliebtesten Stücke – Kolonialzeitliches, Viktorianisches, Modernistisches aus den 1950er-Jahren und Gegenstände im Art-déco-Stil oder der Amish bzw. der Shaker – werden einem mit Sicherheit nirgendwo hinterhergeschmissen und man sollte die Stücke gut überprüfen

Für abgefahrene und coole Souvenirs empfehlen sich Museumsläden, deren Angebot einen speziellen Bezug zur jeweiligen Sammlung hat. Zudem bieten diese häufig hochwertige Originalstücke von einheimischen Künstlern oder Kunsthandwerkern an.

Schnäppchenjäger durchstöbern am besten auch Herstelleroutlets in der Nähe von Freeway-Ausfahrten: Am Orts- bzw. Stadtrand stehen dort öfters spezielle Malls, in denen Markenfirmen Restposten sowie fehlerhafte oder ausgemusterte Ware verkaufen. Mitunter bekommt man die Artikel beinahe geschenkt, moderate Rabatte sind fast immer drin. Trotz begrenzter Auswahl und minimalen Services kann die Chance auf Marken-Jeans, -Schuhe oder -Handtaschen zum halben Preis recht verlockend wirken.

TELEFON

Auf dem US-amerikanischen Telefonmarkt konkurrieren regionale Gesellschaften, Anbieter von Ferngesprächen und diverse Mobilfunk- bzw. Münztelefonfirmen. Insgesamt ist dieses Netzwerk zwar sehr effektiv, aber zuweilen auch ziemlich teuer. Besonders bei Ferngesprächen von Hotelapparaten oder Münzfernsprechern aus sollte man sich die Tarife anschauen, bevor man zum Hörer greift; normale Festnetz- und Handyverbindungen sind in der Regel deutlich günstiger.

Telefonbücher sind fantastische Infoquellen. Einige liefern nicht nur alle erdenklichen Rufnummern, sondern führen auch Sehenswürdigkeiten, Aktivitäten und öffentliche Einrichtungen oder Verkehrsmittel auf. Online-Telefonverzeichnisse gibt's z. B. auf www.411.com und auf www.yellowpages.com.

Handys

Die US-amerikanischen Handynetze basieren auf den Standards GSM 1900 oder CDMA 800, die andere Frequenzen wie in Europa nutzen. Mitgebrachte Handys können in den USA nur dann verwendet werden, wenn sie mit Tri- oder Quadband-Funktionalität ausgestattet sind. Vorab sollte man sich beim jeweiligen Netzbetreiber nach den Nutzungsbedingungen bzw. Roaming-Gebühren erkundigen, die selbst Ortsgespräche in teure Ferngespräche verwandeln.

TripTel (☎ 877-874-7835; www.triptel.com) verleiht an diversen US-Großflughäfen Handys und verschickt sie auch landesweit an beliebige Adressen – jeweils zu verschiedenen, aber durchweg hohen Tarifen. Auch **T-Mobile** (www.t-mobile.com) vermietet Mobiltelefone mit Prepaid-Gesprächsguthaben.

Eventuell günstiger: Wer eine eigene US-Handynummer inklusive Mailbox wünscht, kann Tri- und Quadband-Geräte mit einer kompatiblen amerikanischen SIM-Prepaid-Karte versehen (z. B. von AT&T oder Cingular). **Planet Omni** (☎ 925-686-9945; www.planetomni.com) und **Telestial** (☎ 213-337-5560, 800-707-0031; www.telestial.com) bieten solche Karten inklusive Leihhandys an.

Möglicherweise kann auch die SIM-Karte des eigenen Mobiltelefons in ein Leihhandy eingesetzt werden, das kompatibel zu den US-Systemen ist. Dieses hat die gleiche Nummer, und die Gespräche werden zu Roaming-Tarifen abgerechnet. Details liefert der jeweilige Provider.

Dort gibt's auch wichtige Infos zur Netzabdeckung: Weite Teile der ländlichen USA (z. B. viele Nationalparks oder Erholungsgebiete) sind bislang große Funklöcher.

Münztelefone

Bei Ortsgesprächen kosten die ersten paar Minuten 0,35 bis 0,50 US$ – danach wird's teurer. Da die Geräte kein Wechselgeld geben, nur den exakten Betrag einwerfen! US-Telefonzellen akzeptieren mancherorts nur Kredit- oder Prepaid-Karten (z. B. in Nationalparks). Bereits zum Ortstarif lassen sie einen schnell tief in die Tasche greifen, während Ferngespräche noch kostspieliger sind – vor allem, wenn man z. B. für R-Gespräche zusätzlich die Vermittlung (☎ 0) bemüht. Günstiger kommt man normalerweise mit Prepaid-Telefonkarten (s. unten) oder den Einwahlservices von großen Anbietern wie **AT&T** (☎ 800-321-0288) weg.

Telefonkarten

Prepaid-Telefonkarten sind eine gute Option für Traveller mit kleinem Geldbeutel. In größeren Städten und Ortschaften werden sie überall an Zeitungsständen, bei großen Handelsketten und in Verbraucher- oder Supermärkten verkauft. Unbedingt sorgfältig das Kleingedruckte lesen: Bei vielen Karten erhöhen sich die Tarife um versteckte „Aktivierungskosten" oder „Verbindungsgebühren" pro Anruf (*activation/connection fees*). Tipp: AT&T bietet eine landesweit verlässliche Telefonkarte an.

Vorwahlen

Die ☎ 1 ist die internationale Ländervorwahl für Ferngespräche in die USA und nach Kanada. Dennoch handelt es sich bei Telefonaten zwischen beiden Ländern ebenfalls um Auslandsgespräche. Um aus den USA ins Ausland zu telefonieren, wählt man zuerst die ☎ 011, dann die jeweilige Länderkennzahl. Es folgen die Ortsvorwahl (normalerweise ohne die erste „0") und die eigentliche Anschlussnummer. Die Vermittlung internationaler Gespräche erreicht man unter ☎ 00.

Alle amerikanischen Telefonnummern bestehen aus einer dreistelligen Regionalvorwahl und einer siebenstelligen Anschlussnummer. Bei Gesprächen innerhalb derselben Region reicht normalerweise die siebenstellige Anschlussnummer aus. Dennoch muss in manchen Ecken mittlerweile die komplette zehn-

stellige Zahlenfolge auch bei Ortsgesprächen gewählt werden. Wer mit der siebenstelligen Anschlussnummer nicht durchkommt, sollte es also mit der längeren Variante versuchen.

Bei Ferngesprächen wählt man zuerst die ☎ 1, dann die Regionalvorwahl und die Anschlussnummer. Die Regionalvorwahlen ändern sich zwar so oft, dass sogar die Einheimischen nicht mehr durchblicken, doch keine Panik: einfach die bekannte Vorwahl verwenden – sollte diese nicht stimmen, wird man normalerweise durch eine automatische Ansage korrigiert.

Die örtliche Telefonauskunft ist unter der Nummer ☎ 411 zu erreichen. Um eine Telefonauskunft außerhalb der jeweiligen Region zu erreichen, zuerst die ☎ 1 und die dreistellige Regionalvorwahl der Region wählen, für die man die Nummer benötigt, dann 555-1212. Für eine solche Information gilt der Tarif für Ferngespräche. Eine kostenlose landesweite Auskunft erreicht man unter ☎ 800-466-4411.

Kostenlose Servicenummern beginnen mit ☎ 800, ☎ 888, ☎ 877 oder ☎ 866; zusätzlich muss zuvor die ☎ 1 gewählt werden. Die meisten funktionieren nur innerhalb der USA, andere wiederum nur inner- oder außerhalb eines bestimmten Bundesstaats. Das Ganze gleicht ein wenig einem Glücksspiel. Unter ☎ 800-555-1212 erhält man Auskunft über diverse Gratis-Hotlines.

Für teure Sondertarife (z. B. Telefonsex, Horoskope oder Witze) stehen Nummern, die u. a. mit ☎ 900 beginnen.

TOURISTENINFORMATION

Die USA haben keine nationale Behörde zur Förderung des landesweiten Tourismus. Unter „Travel and Recreation" liefert das offizielle Webportal der US-Regierung (www.usa.gov) dennoch Links zu allen regionalen und bundesstaatlichen Touristeninformationen. Ebenfalls verlinkt sind Freizeit- und Outdoor-Angebote, von Museen und historischen Stätten bis zu Panoramastraßen, Stränden oder Parks.

Dieser Band führt die Touristeninformationen der einzelnen US-Staaten jeweils unter „Praktische Informationen" am Anfang der entsprechenden Abschnitte auf. Infostellen in den Städten und Distrikten werden dagegen überall direkt im Text erwähnt.

Alle empfehlenswerten Touristeninformationen betreiben eigene Websites mit gratis herunterladbaren E-Guides. Zudem geben sie telefonische Auskünfte und verschicken tonnenweise kostenloses Werbematerial – allerdings meist nur an US-Adressen. Diverse Infostellen direkt vor Ort aktualisieren täglich ihr Verzeichnis mit freien Hotelzimmern, nehmen Reservierungen aber nur selten entgegen. Alle Touristeninformationen haben SB-Ständer voller Broschüren und Rabattgutscheine; teilweise kann man auch Bücher und Karten kaufen.

Die Welcome Centers der Bundesstaaten finden sich meistens an den Autobahnen und haben oft Informationsmaterial zu größeren Gebieten im Programm. Ihre Büros sind in der Regel länger geöffnet – auch an Wochenenden und Feiertagen.

Viele Städte unterhalten offizielle Convention and Visitors Bureaus (CVB), die zum Teil als Touristeninformationen fungieren. Da sich aber CVBs vor allem um Geschäftsreisende und Tagungsbesucher kümmern, sind sie für Individualreisende möglicherweise weniger nützlich.

Zu beachten ist: Touristeninformationen kleinerer Städte werden häufig von den örtlichen Handelskammern betrieben, daher erwähnen ihre Hotel-, Restaurant- und Dienstleisterverzeichnisse meistens nur Mitglieder der Kammer und unterschlagen vielleicht die günstigsten Adressen.

Hinter manchen privaten „Touristenbüros" in besonders beliebten Urlaubsregionen verbergen sich in Wahrheit Agenturen, die Hotelzimmer und geführte Touren gegen Provision reservieren. Service und Auswahl sind hier manchmal vom Feinsten, beschränken sich aber ausschließlich auf die angebotenen Optionen.

UNTERKUNFT

Dieses Buch enthält Unterkunftsempfehlungen für jeden Geldbeutel, Mittelklasseoptionen stehen allerdings im Vordergrund. Sofern nicht anderweitig vermerkt, kosten Zimmer in Budgetunterkünften maximal 80 US$ pro Übernachtung, in Mittelklassehotels 80 bis 200 US$ und in Häusern der Spitzenklasse 200 US$ aufwärts. Die aufgeführten Tarife gelten für Standard-Doppelzimmer in der Hauptsaison (normalerweise Sommer bzw. Ende Mai–Anfang Sept.); sie verstehen sich lediglich als allgemeine Richtlinien und können zu besonderen Veranstaltungen, an betriebsamen Wochenenden oder Feiertagen

und während Kongressen entsprechend steigen. Mancherorts bezahlt man in der Nebensaison jedoch deutlich weniger. Achtung: Anfallende Übernachtungssteuern (zzgl. 10–15 % oder mehr) sind in den Angaben *nicht enthalten* – daher beim Buchen immer nach dem Preis inklusive Steuer fragen!

Fast alle US-Hotels haben Nichtraucherzimmer. Daher weist das Nichtrauchersymbol (⊠) in diesem Buch nur auf Unterkünfte hin, in denen der blaue Dunst komplett verboten ist. Familienfreundliche Optionen sind mit dem Kindersymbol (♣) markiert. Das WLAN-Zeichen (☎) weist auf drahtlose Internetzugänge (kostenlos oder -pflichtig) hin, Gästecomputer mit Online-Verbindung werden durch das Internetsymbol (💻) angezeigt. Der GreenDex (S. 454) listet umweltbewusste Adressen auf.

Wer nicht gerade in den günstigsten Quartieren unterkommen will oder in der absoluten Nebensaison unterwegs ist, sollte grundsätzlich reservieren. Zu Spitzenzeiten sind Zimmer in Touristenhochburgen oft Monate im Voraus ausgebucht. Eine spontane Zimmersuche ohne Reservierung ist nur bei totaler Flaute Erfolg versprechend. Auf vielen Hotelwebsites werden Sondertarife angeboten, während Budgetketten bei telefonischer Buchung manchmal etwas bessere Preise gewähren. Immer mehr Hotelketten nehmen zudem an Bonusprogrammen wie Flugmeilenrabatten teil – rechtzeitig nachfragen! Vergünstigte Hotelzimmer lassen sich auch prima über Online-Reisebüros, -Auktionshäuser oder -Preisroboter (s. S. 412) ausfindig machen. Weiterhin empfehlenswert: **Hotels.com** (www.hotels.com) und **Hotwire** (www.hotwire.com).

B&Bs

Viele B&Bs (Bed & Breakfast – Übernachtung mit Frühstück) sind opulente Romantikdomizile in restaurierten historischen Gebäuden – persönlich geführt von sympathischen Gastgebern, die leckeres Frühstück servieren. Die Häuser stehen häufig unter einem bestimmten Motto (z. B. viktorianisch, rustikal oder à la Cape Cod), während der Einrichtungsstandard meistens komfortabel, mitunter sogar extrem luxuriös ausfällt. Die Zimmerpreise beginnen in der Regel bei 100 US$; Spitzenoptionen verlangen pro Übernachtung 200 bis 300 US$ oder mehr. Oft wird ein Mindestaufenthalt verlangt. Manche B&Bs nehmen keine Kleinkinder auf.

Darüber hinaus gibt's in den USA immer noch B&Bs im Stil europäischer Frühstückspensionen. Deren vergleichsweise schlichtere Zimmer befinden sich manchmal in privaten Wohnhäusern, ihre Gemeinschaftsbäder und das einfachere Frühstück gewinnen durch günstigere Preise an Attraktivität – oft sind diese B&Bs ideale Optionen für Familien. In der Nebensaison sind manche B&Bs geschlossen, während Reservierung vor allem im Luxussegment ein absolutes Muss ist. Um unangenehme Überraschungen zu vermeiden, sollte man neben der Kinderfrage auch vorab klären, ob eigene Bäder oder Gemeinschaftsbäder vorhanden sind. Alle Regionenkapitel erwähnen lokale Vermittlungsagenturen. Ansonsten hier vorbeisurfen:

Bed & Breakfast Inns Online (www.bbonline.com)
BedandBreakfast.com (www.bedandbreakfast.com)
BnB Finder (www.bnbfinder.com)
Pamela Lanier's Bed & Breakfast Inns
(www.lanierbb.com)
Select Registry (www.selectregistry.com)

Camping

Campingmöglichkeiten gibt's in vielen von Bundesbehörden verwalteten Naturschutzgebieten (s. S. 385) und in State Parks. „Rustikale" Stellplätze (kostenlos bis max. 10 US$/Nacht) erfordern keine Reservierung, bieten dafür aber auch keinerlei Einrichtungen. Basic-Optionen (5–15 US$ pro Nacht) können teilweise vorab gebucht werden. Hier gibt's normalerweise Toiletten (WCs od. Plumpsklos), Trinkwasser, Feuerstellen und Picknicktische. Gut ausgebaute moderne Campingplätze (12–35 US$ pro Nacht) befinden sich üblicherweise in National- oder State Parks und lassen oft Reservierungen zu. Mit besseren Einrichtungen (z. B. Warmwasserduschen, Grillplätze, Wohnmobilstellplätze inkl. Anschlüsse) bieten sie vergleichsweise mehr Komfort.

Über **Recreation.gov** (☎ 518-885-3639, 877-444-6777; www.recreation.gov) lassen sich Stellplätze in den meisten staatlich verwalteten Gebieten reservieren. Zu diesen zählen z. B. Nationalparks und National Forests oder Gelände des Bureau of Land Management (BLM). Campingaufenthalte sind dort in der Regel auf 14 Tage beschränkt und können bis zu sechs Monate im Voraus gebucht werden. Auch **ReserveAmerica** (www.reserveamerica.com) nimmt Campingreservierungen für manche State Parks entgegen. Auf beiden Websites kann

man gezielt nach Regionen oder Einrichtungen fahnden, nach freien Stellplätzen suchen, direkt reservieren, Karten einsehen und Anfahrtsbeschreibungen abrufen.

Private Campingplätze zielen meist auf Familien und Wohnmobilurlauber ab, haben aber eventuell nur wenige und recht charakterlose Stellplätze für Zelte. Ihr Angebot umfasst z. B. Spielplätze, Verbrauchermärkte, WLAN-Netzwerke, Pools und weitere Einrichtungen und Aktivitäten. Außerdem gibt's auf vielen Anlagen Campinghütten, von einfachen Konstruktionen mit Holzplattformen und Zeltwänden bis hin zu beheizten Blockhütten mit eigenen Bädern und Betten. **Kampgrounds of America** (KOA; www.koa.com) heißt ein landesweites Netzwerk privater Campingplätze mit Rundumservice. Der alljährlich erscheinende, kostenlose KOA-Leitfaden kann bestellt werden (das Porto muss der Empfänger zahlen). Auf der Website mit umfangreichen Platzverzeichnis sind auch Online-Buchungen möglich.

Hostels

Gerade in Kalifornien, im Südwesten und in den nördlichen Weststaaten sind viele Hostels zu finden.

Hostelling International USA (HI-USA; ☎ 301-495-1240; www.hiusa.org; Jahresmitgliedschaft Erw./Kind unter 18 Jahren/Senior 28 US$/frei/18 US$; Mitglieder anderer Landesverbände benötigen keine HI-USA-Mitgliedschaft) betreibt landesweit über 40 Hostels. Die meisten haben nach Geschlechtern getrennte Schlafsäle, ein paar separate Zimmer sowie Gemeinschaftsbäder und -küchen. Bettwäsche wird normalerweise kostenlos oder sehr günstig gestellt. Schlafsäcke, Alkohol- und Tabakkonsum sind verboten, dafür gibt's diverse Gemeinschaftsaktivitäten. Großstadthostels haben eventuell rund um die Uhr geöffnet und zusätzliche Einrichtungen wie Pools oder auch behindertengerechte Zimmer. Anderswo

---

UNTERKÜNFTE ONLINE BUCHEN

Weitere Unterkunftsbewertungen und -empfehlungen von Lonely Planet Autoren gibt's unter „Hotels & Hostels" auf www.lonelyplanet.com. Dort findet man echte Insiderinfos zu den besten Adressen, wie immer gründlich und unabhängig recherchiert. Außerdem kann online gebucht werden.

ist das Haus manchmal tagsüber geschlossen (meistens 10–17 Uhr). Ein Bett im Schlafsaal kostet 20 bis 35 US$ pro Übernachtung. Inhaber eines Internationalen Herbergsausweises erhalten etwas Rabatt und auf Anfrage einen kostenlosen Leitfaden (die Mitgliedschaft kann in einer Herberge oder auch bei den Landesverbänden in der Heimat beantragt werden: www.djh.de, www.oejhv.or.at, www.youthhostel.ch). In der Hauptsaison darf man sich eventuell nur für maximal drei Übernachtungen einquartieren; dann sind Reservierungen möglich und auch höchst ratsam. Gebucht werden kann online oder über die **Reservierungszentrale** (☎ 888-464-4872) von HI-USA.

Ferner gibt's in den USA viele eigenständige Hostels, die nicht dem Verband HI-USA gehören. Adressen findet man bei:
Hostel Handbook (www.hostelhandbook.com)
Hostels.com (www.hostels.com)
Hostelworld.com (www.hostelworld.com).
Hostelz.com (www.hostelz.com)

Hotels

Folgt man dem ersten Eindruck, so sind die „Hotelmeilen" der Städte nur noch eine Aneinanderreihung zahlloser farbloser Kettenhotels. Alternativen gibt's so gut wie keine. Trotzdem geht mit dem Mangel an Persönlichkeit oft eine gewisse Verlässlichkeit einher. Hotelketten haben den (manchmal unsäglichen) Vorteil, dass man bereits am Schild erkennt, was man für sein Geld kriegt. Seufz!

In diesem Buch liegt der Schwerpunkt deshalb auf eigenständigen, schrägen und anderweitig aus der Masse herausragenden Optionen – eben Hotels, an die man gerne zurückdenkt und die man nicht schnellstens wieder vergisst. Falls solche Häuser vor Ort kaum oder gar nicht vorhanden sein sollten, werden zusätzlich die besten Kettenhotels empfohlen. Manche Hotelketten setzen mittlerweile zum Glück auf eine gewisse Individualität. Trotz des offensichtlichen Widerspruchs bescheren einem also auch Kettenhotels manchmal unvergessliche Aufenthalte.

Hotels aller Preiskategorien warten normalerweise mit Zimmertelefonen, Kabelfernsehen, Weckern, eigenen Bädern und einfachem europäischem Frühstück auf. Im Mittelklassebereich darf man in der Regel auch Minibars, Mikrowellen, Haartrockner, Internetzugang, Klimaanlage und Heizung, Pools und Schreibtische erwarten. Spitzenklassehotels bieten

außerdem viele weitere Extras, z. B. Conciergedienste, Fitness- und Businesszentren, Wellnesseinrichtungen, Restaurants oder Bars.

Die Kehrseite eigenständiger Hotels: Dekor und Sauberkeit können selbst von Zimmer zu Zimmer stark variieren. Wer keine unliebsamen Überraschungen mag, sollte das Quartier vor allem in günstigeren Hotels vor der Buchung unbedingt besichtigen. Allgemein stehen entweder ein übergroßes Bett (Kingsize) oder zwei Doppel- bzw. Queensize-Betten zur Verfügung. Der Grundpreis gilt für zwei Erwachsene, für eine dritte und vierte Person wird jeweils ein kleiner Aufschlag fällig. Auch wenn mit kostenlosen Übernachtungen für Kinder geworben wird, bezahlt man für Gitter- oder Beistellbetten eventuell extra. Zudem unbedingt immer nach der Abrechnungspraxis für Telefonate fragen: Alle Hotels verlangen exorbitante Gebühren für Fern- und Auslandsverbindungen – manchmal sogar für Orts- und Freigespräche!

HOTELKETTEN
Budget
Choice Hotels (☎ 877-424-6423; www.choice hotels.com)
Days Inn (☎ 800-329-7466; www.daysinn.com)
Motel 6 (☎ 800-466-8356; www.motel6.com)
Red Roof Inn (☎ 800-733-7663; www.redroof.com)
Super 8 (☎ 800-800-8000; www.super8.com)
Travelodge (☎ 800-578-7878; www.travelodge.com)

Mittelklasse
Best Western (☎ 800-780-7234; www.best western.com)
Choice Hotels (☎ 877-424-6423; www.choicehotels.com)
Hampton Inn (☎ 800-426-7866; www.hampton inn.com)
Holiday Inn (☎ 888-465-4329; www.holidayinn.com)
Howard Johnson (☎ 800-446-4656; www.hojo.com)
La Quinta (☎ 800-753-3757; www.lq.com)
Marriott (☎ 888-236-2427; www.marriott.com)
Radisson (☎ 800-395-7046; www.radisson.com)
Ramada (☎ 800-272-6232; www.ramada.com)

Spitzenklasse
Four Seasons (☎ 800-819-5053; www.four seasons.com)
Hilton (☎ 800-445-8667; www.hilton.com)
Hyatt (☎ 888-591-1234; www.hyatt.com)
Ritz-Carlton (☎ 800-542-8680; www.ritzcarlton.com)
Sheraton (☎ 800-325-3535; www.sheraton.com)
W Hotels (☎ 877-946-8357; www.whotels.com)
Westin (☎ 800-937-8461; www.westin.com)

Motels

Motels waren ursprünglich schlichte Unterkünfte am Highway mit Parkplätzen direkt vor den Zimmertüren. Heutzutage entsprechen sie häufig dem Hotelstandard. Ein wichtiges Unterscheidungsmerkmal ist dennoch geblieben: Die Außentüren von Motelzimmern führen normalerweise direkt zum Parkplatz, während Hotelgäste von den Zimmern in geschützte Flure im Gebäudeinneren gelangen.

In der Regel sind Motels an Autobahnausfahrten und entlang der Hauptzubringer der Städte zu finden. Einige sind bis heute relativ kleine, günstige Familienbetriebe. Im Preis ist so gut wie nie ein Frühstück enthalten – es sei denn, man möchte abgestandenen Kaffee und Donuts als solches bezeichnen. Die Extras im Zimmer beschränken sich oft auf ein Telefon und einen Fernseher (vielleicht mit Kabelanschluss), aber viele Motels bieten auch ein paar Optionen mit einfachen Kochecken.

Bei der Auswahl sollte man sich nicht vom äußeren Eindruck täuschen lassen: Dank tüchtiger Besitzer verbergen sich hinter den zum Teil verblassten alten Fassaden sehr oft blitzsaubere Zimmer. Selbstverständlich kann's aber auch genau andersrum aussehen – deshalb das Zimmer möglichst immer zuerst anschauen, bevor man sich entscheidet, in der Unterkunft abzusteigen.

VERSICHERUNG

Unabhängig von der Kürze oder Länge einer USA-Reise sollte vor dem Start eine angemessene Reiseversicherung abgeschlossen werden. Als Minimum ist ein Versicherungsschutz erforderlich, der medizinische Notfälle und Behandlungen abdeckt (einschließlich Krankenhausaufenthalte und Rückflug in die Heimat). Die medizinische Versorgung in den USA ist von bester Qualität, aber eben auch immens teuer. Weitere Informationen finden sich auf S. 426.

Darüber hinaus könnten eine Reiserücktrittversicherung (besonders wenn der Großteil der Reise weit im Voraus bezahlt wird) und eine Reisegepäckversicherung nützlich sein. Auf jeden Fall sollte man sich vor der Reise erkundigen, für welche Verluste die eigene Hausratversicherung aufkommt, und für die übrigen Fälle eventuell eine Zusatzversicherung abschließen. Wer für seine Reise einen umfassenden Versicherungsschutz wünscht, muss mit zusätzlichen Kosten in Höhe von 5 bis 7 % des gesamten Reisepreises rechnen.

Als Autofahrer braucht man außerdem eine Kfz-Haftpflichtversicherung. Die Autovermietungen bieten Versicherungen an, die Beschädigungen am Mietwagen abdecken, sowie zusätzliche Haftpflichtversicherungen für Personenschäden und Sachschäden an anderen Autos. Details s. s. 419.

Weltweit geltende Reiseversicherungen gibt es auch auf www.lonelyplanet.com/travel_services. Hier kann man jederzeit online Policen abschließen, verlängern oder Ansprüche geltend machen – auch wenn man bereits unterwegs ist.

VISA

Achtung: Die USA verändern immer wieder ihre nationalen Einreise- und Sicherheitsbestimmungen, darum können die folgenden Angaben schnell überholt sein. Die Informationen zu Vorschriften für Visum und Reisepass sollten vor Reiseantritt unbedingt doppelt und dreifach überprüft werden. Hierzu empfehlen sich die Onlineauskünfte der zuständigen Behörden in Deutschland (www.auswaertiges-amt.de), Österreich (www.bmeia.gv.at) und der Schweiz (www.eda.admin.ch) oder die offizielle Website der US-Regierung (www.usa.gov). Die umfassendsten Informationen erteilt das **US-Außenministerium** (US State Department; www.travel.state.gov/visa) – auf der Website gibt's auch Formulare, Verzeichnisse mit US-Konsulaten im Ausland und nach Ländern sortierte Angaben zu voraussichtlichen Bearbeitungszeiten. Die **US Citizenship and Immigration Services** (USCIS; www.uscis.gov) sind weniger für Touristen als vielmehr für Einwanderer zuständig.

Visumantrag

Besucher aus der EU und der Schweiz brauchen nur für einen Aufenthalt von mehr als 90 Tagen ein Visum von einem US-Konsulat oder einer Botschaft (zur obligatorischen Registrierung über das ESTA, s. S. 405). Sofern ein Visum erforderlich ist, benötigt man normalerweise einen Termin für ein persönliches Gespräch, zu dem alle erforderlichen Dokumente und die Quittungen für die gezahlten Gebühren mitzubringen sind. Die Wartezeiten für ein solches Gespräch sind unterschiedlich; im Anschluss daran wird das Visum innerhalb von wenigen Tagen bis höchstens einigen Wochen ausgestellt.

Der Reisepass muss noch mindestens sechs Monate nach dem geplanten Termin für die Abreise aus den USA gültig sein, außerdem ist ein neueres Passfoto mit dem Antrag vorzulegen (ca. 5 x 5 cm); die Bearbeitungsgebühr beträgt 131 US$, in einigen Fällen kommt noch eine Visumempfangsgebühr hinzu. Neben dem Antragsformular für Nicht-Immigranten (DS-156) müssen alle Männer im Alter zwischen 16 und 45 Jahren zusätzlich auf einem weiteren Formular (DS-157) ihre Reisepläne detailliert aufführen.

In fast allen Fällen müssen Visumantragssteller folgende Nachweise vorlegen: die Kreditwürdigkeit oder einen US-Bürgen, der im Bedarfsfall finanzielle Unterstützung leisten würde, ein Rück- bzw. Anschlussflugticket und „bindende Verpflichtungen" zur Heimkehr (Familienangehörige, fester Wohnsitz, feste Arbeit etc.).

Wer plant, über Drittstaaten in die USA einzureisen, sollte aufgrund dieser Anforderungen das US-Visum sinnvollerweise vor Reiseantritt in seinem Heimatland und nicht erst in dem Drittstaat beantragen.

Das am häufigsten ausgestellte Visum ist ein Besuchervisum für Nicht-Immigranten, Typ B-1 für Geschäftsreisen, B-2 für touristische Aufenthalte oder Besuche von Freunden oder Verwandten. Ein Besuchervisum ist für mehrere Einreisen im Zeitraum von einem bis fünf Jahren gültig; es verbietet jegliche Annahme bezahlter Arbeit in den USA. Der derzeitige Gültigkeitszeitraum unterscheidet sich für einzelne Herkunftsländer. Der Aufenthaltszeitraum in den USA wird bei der Einreise von der Einreisebehörde festgelegt.

Wer eine Arbeiten oder zum Studium in die USA einreist, braucht ein anderes Visum; die Formalitäten erledigt die Institution oder Gesellschaft, bei der man arbeiten will. Weitere Kategorien von Visa, die nicht für Einwanderer gelten, sind Typ F-1 für Teilnehmer an einem Studiengang einer anerkannten Institution, H-1-, H-2- oder H-3-Visa für zeitweilige Beschäftigungen und das J-1-Visum für Teilnehmer an anerkannten Besucher-Austauschsprogrammen. Wer in den USA arbeiten will, bekommt auf S. 388 nützliche Informationen.

VISA WAIVER PROGRAM
Dank des Visa Waiver Program (VWP) können sich Bürger bestimmter Staaten maximal 90 Tage lang visumfrei in den USA aufhalten. Inklusive Deutschland, Österreich und der Schweiz gilt diese Regelung derzeit für 35 Länder.

Achtung: Bürger aus VWP-Ländern benötigen *nur dann* kein Visum, wenn ihr Reisepass allen aktuellen US-Bestimmungen (s. S. 410) entspricht *und* vorab eine Registrierungsbestätigung des Electronic System for Travel Authorization (ESTA) erfolgt ist. Die ESTA-Registrierung muss spätestens 72 Stunden vor der Einreise beim Department of Homeland Security (https://esta.cbp.dhs.gov) vorgenommen werden. Nach Erteilen der Einreisegenehmigung ist sie zwei Jahre lang gültig.

Auch wer aus einem VWP-Land stammt, muss bei der Einreise alle Voraussetzungen für ein herkömmliches Besuchervisum erfüllen. Somit ist z. B. nachzuweisen, dass der Aufenthalt maximal 90 Tage dauert. Benötigt werden zudem ein Rückreise- bzw. Anschlussticket sowie ausreichende finanzielle Mittel für sämtliche Reisekosten und Verpflichtungen vor Ort.

Ferner gelten auch dieselben Bestimmungen für Fälle, in denen die zuständigen US-Grenzbeamten die Einreise verweigern oder die Ausweisung anordnen können (s. unten) – allerdings ohne die Option, Beschwerde einzulegen oder einen Härtefallantrag zu stellen. Wenn die US-Behörden eine Einreise im Rahmen des VWP verweigern, ist der nächste verfügbare Flug im Rahmen des Rückflug- oder Anschlussflugtickets wahrzunehmen.

EINREISEVERWEIGERUNG & AUSWEISUNG
Wer auf seinem Visumantrag eingesteht, subversive oder Aktivitäten auszuüben, ein Schmuggler, eine Prostituierte, ein Terrorist, drogenabhängig oder ehemaliger Nazi zu sein, kann von der Visumerteilung ausgeschlossen werden. Ein Visum oder die Einreise in die USA können ebenfalls versagt werden, wenn eine „ansteckende, die öffentliche Gesundheit gefährdende Krankheit" oder ein Vorstrafenregister vorliegt oder wenn der Bewerber in einem früheren Fall in Zusammenhang mit einem Visumantrag für die USA falsche Angaben gemacht hat. In den letzten drei Fällen kann man jedoch um eine Ausnahmegenehmigung bitten, die in vielen Fällen auch gewährt wird.

Die US-Einwanderungsbehörde fasst den Begriff des Vorstrafenregisters weit. Wer jemals verhaftet oder wegen eines Vergehens angeklagt wurde, hat ein Vorstrafenregister, auch wenn die betroffene Person später nicht verurteilt wurde. In solchen Fällen sollte man nie versuchen, unter den Bedingungen des visumfreien Reiseverkehrs in die USA einzureisen – die US-Behörden prüfen genau.

Als ansteckende Krankheiten gelten Tuberkulose, Ebola, SARS und insbesondere HIV. Die US-Einwanderungsbehörde führt keine Tests durch, aber die Beamten können bei der Einreise nach dem Gesundheitszustand fragen. Sie können jede Person von der Einreise ausschließen, wenn sie medizinische Dokumente, Rezepte oder Arzneien entdecken, die den Schluss zulassen, dass der oder die Einreisewillige eine ansteckende Krankheit hat. Schwul zu sein ist kein Ausschlusskriterium, ein HIV-infizierter Drogenabhängiger zu sein hingegen schon. Ein Besucher kann ausgewiesen werden, wenn die US-Einwanderungsbehörde feststellt, dass er HIV-positiv ist, dies bei der Einreise aber verschwiegen hat. HIV-positiv zu sein ist also ebenfalls kein Ausweisungsgrund, wohl aber die Falschangabe auf dem Visumantrag.

Häufig gewährt der USCIS eine Ausnahmegenehmigung – einen „Verzicht auf Ausschluss" (waiver of ineligibility) – für Personen, bei denen Ausschließungsgründe vorliegen. Das bedeutet aber, dass man sich an ein regionales Einwanderungsbüro wenden muss, und das kann einige Zeit dauern (mind. 2 Monate). Man sollte der Versuchung widerstehen, irgendetwas zu verheimlichen, da die US-Einwanderungsbehörde bei Falschaussagen absolut unnachgiebig ist. Antragsteller, die alte Vorstrafen oder eine ansteckende Krankheit angeben, werden häufig dennoch eine Einreisegenehmigung erhalten; wer aber jemals versucht hat, die Behörde auch nur bei Kleinigkeiten hinters Licht zu führen, kann auf keine Nachsicht hoffen. Nach zugelassener Einreise in die USA ist jeder Beweis für eine Falschaussage gegenüber der US-Einwanderungsbehörde ein Grund für die sofortige Ausweisung.

Besucher, bei denen Ausschließungsgründe vorliegen, sollten sich vor der Stellung eines Visumantrags genau über ihre Möglichkeiten informieren.

Einreise in die USA

Aufgrund der neuen Online-Registrierung entfällt das Ausfüllen des Einreise-/Ausreise-Formulars I-94W (s. S. 405) im Flugzeug.

Egal, welche Angaben das Visum oder die Einreiseerlaubnis enthält: Der US-Grenzbeamte an der Immigrationstelle ist im jeden Fall berechtigt, die Einreise in die USA zu verbieten oder bestimmte Einreisebedingungen festzusetzen. Die Beamten fragen nach Plänen und ob dafür die ausreichenden Mittel zur Verfügung stehen. Es empfiehlt sich, eine Reiseroute vorzulegen, man sollte ein Rück- oder Anschlussflugticket und mindestens eine gebräuchliche Kreditkarte haben. Der Nachweis von wenigstens 400 US$ pro Aufenthaltswoche sollte genügen. Von Freunden, Verwandten oder Geschäftskontakten in den USA sollte man nicht allzu viel erzählen; der Einwanderungsbeamte könnte darin einen möglichen Grund für eine Fristüberschreitung bei der Ausreise sehen. Saubere Kleidung und höfliches Auftreten sind von Vorteil. Wenn die Einreisebehörde keine Bedenken hat, wird in der Regel ein Aufenthalt von sechs Monaten gewährt.

Das Registrierungsprogramm des Departments of Homeland Security – kurz **US-VISIT** (www.dhs.gov/us-visit) – erfasst sämtliche Einreisestellen und ausländischen USA-Besucher.

Von den meisten Besuchern werden zu Registrierungszwecken gleich nach der Ankunft Digitalfotos geschossen und elektronische Fingerabdrücke genommen. Das Ganze dauert weniger als eine Minute.

Das NSEERS (National Security Entry/Exit Registration System) betrifft Besucher aus bestimmten „Risikoländern" – momentan z. B. Iran, Irak, Sudan, Libyen und Syrien. Auf www.travel.state.gov kann man sich über die aktuellen Bestimmungen informieren. Bei Bedarf können die US-Behörden allerdings von allen Reisenden eine NSEERS-Registrierung verlangen. Sie umfasst u. a. eine kurze Befragung in einem separaten Raum und die computergestützte Überprüfung aller personenbezogenen Daten in den Reisedokumenten.

Aufenthaltsverlängerungen

Um über den in den Pass eingestempelten spätesten Ausreisetag hinaus in den USA bleiben zu können, wendet man sich an das örtliche USCIS-Büro (☎ 800-375-5283; www.uscis. gov). Ein Antrag auf Verlängerung sollte dort sehr frühzeitig vor dem eingestempelten Ausreisedatum gestellt werden. Wenn das Datum verstrichen ist, ist es am besten, einen US-Bürger als Leumundszeugen mitzubringen und mit allen möglichen Dokumenten nachzuweisen, dass man nicht illegal in den USA arbeiten will und genug Geld hat, um seinen Aufenthalt zu finanzieren. Dennoch wird man im Fall eines eigenhändig verlängerten Aufenthalts normalerweise ausgewiesen. Wer im Rahmen des VWP eingereist ist, kann die Aufenthaltsdauer nicht verlängern.

Kurzfristige Aus- & Wiedereinreise

Ausflüge über die Grenze nach Kanada oder Mexiko sind kein Problem, jedoch werden bei der Wiedereinreise Nicht-US-Bürger der vollen Einreiseprozedur unterzogen. Beim Überschreiten der Grenze stets den Pass mitführen! Wenn die Einreisebescheinigung noch einige Zeit gültig ist, wird eine Einreise damit kein Problem darstellen. Ist sie aber fast abgelaufen, muss eine neue beantragt werden – die Grenzbeamten werden dann die gleichen Dokumente sehen wollen wie bei der ersten Einreise (Rück- oder Anschlussflugticket, Nachweis ausreichender Mittel usw.).

Seit jeher war ein kurzer Trip über die Grenze eine Option, seinen Aufenthalt in den USA zu verlängern, ohne eine Verlängerung bei einem USCIS-Büro beantragen zu müssen. Man sollte sich nicht darauf verlassen, dass dies funktioniert. Wichtig ist es, die alte Einreisekarte bei der Ausreise an die US-Einwanderungsbehörde auszuhändigen und bei der Rückreise alle Dokumente zur Hand zu haben, die bei der ersten Einreise erforderlich waren. Die US-Einwanderungsbehörde ist sehr argwöhnisch gegenüber Leuten, die für ein paar Tage ausreisen, dann zurückkommen und auf eine neue sechsmonatige Aufenthaltsgenehmigung hoffen; man muss sich bei dieser Vorgehensweise auf eine intensive Befragung einstellen.

Bürger der meisten westlichen Länder benötigen kein Visum für Kanada, weshalb es kein Hindernis gibt, die kanadische Seite der Niagarafälle zu besuchen, einen Abstecher nach Quebec zu machen oder auf dem Landweg nach Alaska zu fahren. Wer per Bus aus Kanada in die USA einreist, könnte eingehend überprüft werden. Ein Rundreiseticket, das nach Kanada zurückführt, dürfte die US-Grenzer in aller Regel weniger misstrauisch machen. Mexiko hat fast im gesamten Grenzgebiet zu den USA eine visumfreie Zone, zu der die Baja California und die meisten Grenzstädte wie Tijuana und Ciudad Juárez gehören. Ein mexikanisches Visum oder eine Touristenkarte benötigt nur, wer über diese Zone hinaus will. Weitere Informationen dazu gibt's auf S. 413.

ZEIT

Die räumlich zusammenhängenden USA *(lower 48 states)* erstrecken sich über vier Zeitzonen: Eastern Time (= MEZ –6 Std.), Central Time (= MEZ –7 Std.), Mountain Time (= MEZ –8 Std.) und Pacific Time (= MEZ –9 Std.). Für die Regionen in diesem Band sind die beiden letztgenannten Zeitzonen relevant. An der Westküste ist der Zeitunterschied zur europäischen Zeit am größten.

Zu Beginn der US-Sommerzeit (Daylight Saving Time; DST) am zweiten Märzsonntag werden die Uhren eine Stunde vorgestellt *(spring ahead)*, am ersten Novembersonntag wandern die Zeiger dann wieder eine Stunde zurück *(fall back)*. Übrigens: Arizona (außer Navajo Nation) hat keine Sommerzeit.

Für US-Datumsangaben gilt die Reihenfolge Monat/Tag/Jahr. So wird z. B. der 8. Juni 2010 zu 6/8/10.

ZOLL

Eine vollständige Liste der US-amerikanischen Zollbestimmungen findet man im offiziellen Internetportal von **US Customs and Border Protection** (www.cbp.gov); hier kann man auch die „Know-Before-You-Go"-Broschüre herunterladen, die alle Basisinformationen enthält.

Erlaubt sind die zollfreie Einfuhr von 1 l Alkohol (für Personen, die mindestens 21 Jahre alt sind), 100 Zigarren und 200 Zigaretten (Mindestalter 18 Jahre). US-Amerikaner dürfen Geschenke und Einkäufe im Wert von 800 US$ zollfrei aus dem Ausland einführen, Ausländer nur Gegenstände im Wert von 100 US$.

Formlos können bis zu 10 000 US$ in US- oder ausländischer Währung, in Reiseschecks oder Geldanweisungen ein- oder ausgeführt werden. Eine Höchstgrenze gibt's nicht, aber Summen, die den oben genannten Betrag übersteigen, muss man deklarieren.

Auf das Einschmuggeln illegaler Drogen ins Land stehen hohe Strafen. Verboten ist außerdem die Einfuhr von Gegenständen, die mit Drogen in Zusammenhang stehen, von Lotterielosen, gefälschten Markenprodukten und den meisten Waren aus Kuba, Iran, Nordkorea, Myanmar, Angola und dem Sudan. Obst, Gemüse, Lebensmittel und pflanzliche Materialien müssen beim Zoll angegeben oder vor der Einreise im Wartebereich entsorgt werden. Der Grund für diese radikalen Einfuhrbestimmungen liegt in dem Bemühen, das Einschleppen von Seuchen und Krankheiten im Keim zu ersticken.

Die USA haben, wie über 170 weitere Länder, das Handelsabkommen zum Schutz bedrohter Arten (CITES) unterzeichnet. Dementsprechend sind Ausfuhr und Einfuhr von Produkten untersagt, die aus Arten hergestellt wurden, die in irgendeinem Teil der Erde dem Artenschutz unterliegen. Diese Bestimmung gilt z. B. für Elfenbein, Schildkrötenpanzer, Korallen und viele Produkte aus Pelzen, Tierhäuten oder Federn.

Wer einen echten Pelzmantel, Stiefel aus Krokodilleder oder auch Schnitzereien aus Knochen ins Land bringt oder aus den Vereinigten Staaten ausführen will, muss bei der Ein- oder Ausreise möglicherweise eine Bescheinigung vorlegen, die bestätigt, dass das Produkt nicht aus Teilen einer bedrohten Tierart hergestellt wurde.

Mehr Informationen zu diesem Thema erteilt der **US Fish and Wildlife Service** (☎ 800-358-2104; www.fws.gov).

Verkehrsmittel & -wege

AN- & WEITERREISE

Flüge und geführte Touren können online unter www.lonelyplanet.com/travel_services gebucht werden.

EINREISE

Die USA bemühen sich sehr, allem entgegenzuarbeiten, was das Bild von der „Festung Amerika", das sich nach dem 11. September entwickelt hat, noch verdeutlichen könnte. Und tatsächlich: Trotz neuer Sicherheitsprozeduren ist die Einreise in die USA nicht wirklich schwieriger oder zeitaufwendiger als vor den Anschlägen auf das World Trade Center und das Pentagon. Allerdings sind die US-Grenzbeamten streng und misstrauisch. Man sollte alle nötigen Dokumente geordnet bereithalten; Ordentlichkeit und Höflichkeit sind sicher nicht die schlechteste Taktik.

Bei Flügen nach Amerika sind am ersten Zielflughafen die Einreise- und Zollformalitäten zu erledigen. Das gilt auch, wenn man anschließend zu einem anderen Flughafen weiterfliegt. Bei der Ankunft müssen sich alle Besucher im US-VISIT-Programm registrieren lassen. Zu diesem Vorgang gehört auch, Fingerabdrücke nehmen und ein digitales Foto machen zu lassen. Mehr Informationen dazu, welche Visumsbestimmungen für einen Besuch in den USA gelten, und auch zum Electronic System for Travel Authorization (ESTA), das für Bürger aus Visa-Waiver-Program-(VWP-)Ländern (darunter auch Deutschland, Österreich und die Schweiz) Pflicht ist, sind auf S. 405 zu finden.

Nach der Einreise nehmen die Reisenden ihr Gepäck in Empfang und durchlaufen den Zoll (S. 407). Wenn man nichts zu verzollen hat, bleibt es einem vermutlich erspart, dass das Gepäck durchsucht wird – eine Garantie dafür gibt's aber nicht. Wer mit demselben Flugzeug weiterfliegt oder in ein anderes umsteigen will, muss sich selbst darum kümmern, dass sein Gepäck an die richtige Stelle kommt. Üblicherweise stehen hilfsbereite Angestellte der Fluglinie gleich außerhalb des Zolls bereit.

Väter oder Mütter, die ohne den anderen Elternteil reisen, sowie Großeltern und andere Aufsichtspersonen, die Minderjährige unter 18 Jahren begleiten, sollten ein Dokument mitführen, das die Aufsichtspflicht nachweist. Alternativ wird eine notariell beglaubigte Einverständniserklärung des anderen Elternteils/der Eltern benötigt, in dem das Einverständnis mit der Reise erklärt wird. Man ist dazu zwar nicht gesetzlich verpflichtet. Allerdings sind die USA bestrebt, Kindesentführungen zu vereiteln: Fehlen die entsprechenden Dokumente, sind Verzögerungen möglich – im schlimmsten Fall wird sogar die Einreise verweigert.

DIE DINGE ÄNDERN SICH

Die Informationen in diesem Kapitel sind besonders anfällig für Veränderungen. Alle relevanten Aspekte bezüglich Tickets und deren Kauf, Reiserouten und Sicherheitsbestimmungen im internationalen Reiseverkehr sollten vor dem Start mit der Fluglinie oder dem Reisebüro durchgesprochen werden. Und Augen auf beim Ticketkauf! Die Angaben in diesem Kapitel verstehen sich als Hinweise und sind kein Ersatz für eigene, gründliche und aktuelle Recherchen.

VERKEHRSMITTEL & -WEGE

Reisepass

Wer aus dem Ausland in die USA einreisen möchte, braucht grundsätzlich einen Reisepass. Er muss nach der geplanten Abreise aus den USA noch mindestens sechs Monate lang gültig sein. Der Grenzübertritt wird verweigert, wenn der Pass nicht den aktuellen US-Bestimmungen entspricht: Bei Ausstellung vor dem 26. Oktober 2005 hat er nur „maschinenlesbar" zu sein (zweizeiliger Zahlen- und Buchstabencode plus <<< am unteren Dokumentrand). Maschinenlesbarkeit und Digitalfoto sind Pflicht bei Ausgabe zwischen 26. Oktober 2005 und 25. Oktober 2006. Alle ab dem 26. Oktober 2006 ausgestellten Pässe müssen elektronische Varianten (e-Passport) inklusive Digitalfoto und RFID-Chip (Radio Frequency Identification) mit biometrischen Daten sein.

FLUGZEUG
Flughäfen & Fluglinien

In den USA gibt es über 375 Inlandsflughäfen, aber nur 13 internationale Flughäfen. Sie sind die Tore zu den USA. Viele weitere Flughäfen nennen sich *international*, haben aber nur ein paar Auslandsflüge zu bieten – in aller Regel Flüge nach/ab Mexiko und Kanada. Und auch wer zu einem internationalen Flughafen fliegen will, muss manchmal auf einem anderen Einreiseflughafen umsteigen (bei vielen Flügen von London nach Los Angeles steigt man z. B. in Houston um). Im Folgenden sind die für Reisen in den Westen der USA relevanten und eventuelle Umsteigeflughäfen genannt.

Atlanta Hartsfield-Jackson International (ATL; ☎ 404-530-7300; www.atlanta-airport.com)

Chicago O'Hare International (ORD; ☎ 800-832-6352; www.flychicago.com)

Houston George Bush Intercontinental (IAH; ☎ 281-230-3000; www.fly2houston.com)

Los Angeles (LAX; ☎ 310-646-5252; www.lawa.org/lax)

New York John F. Kennedy (JFK; ☎ 718-244-4444; www.panynj.gov)

San Francisco (SFO; ☎ 800-435-9736; www.flysfo.com)

Seattle Seattle-Tacoma International (SEA; ☎ 206-433-5388; www.portseattle.org/seatac)

FLUGLINIEN IN DIE/AB DEN USA

Alle großen europäischen Fluglinien steuern die USA an, die ebenfalls diverse Auslandsgesellschaften besitzen. Die umfangreichen Airline-Infos unter www.seatguru.com und

---

KLIMAWANDEL & REISEN

Der Klimawandel stellt eine ernste Bedrohung für unsere Ökosysteme dar. Zu diesem Problem tragen Flugreisen immer stärker bei. Lonely Planet sieht im Reisen grundsätzlich einen Gewinn, ist sich aber der Tatsache bewusst, dass jeder seinen Teil dazu beitragen muss, um die globale Erwärmung zu verringern.

Fliegen & Klimawandel

Fast jede Art der motorisierten Fortbewegung erzeugt CO_2 (die Hauptursache für die globale Erwärmung), doch Flugzeuge sind mit Abstand die schlimmsten Klimakiller – nicht nur wegen der großen Entfernungen und der entsprechend großen CO_2-Mengen, sondern auch weil sie diese Treibhausgase direkt in hohen Schichten der Atmosphäre freisetzen. Die Zahlen sind erschreckend: Zwei Personen, die von Europa in die USA und wieder zurück fliegen, erhöhen den Treibhauseffekt in demselben Maße wie ein durchschnittlicher Haushalt in einem ganzen Jahr.

Emissionsausgleich

Die englische Website www.climatecare.org und die deutsche Internetseite www.atmosfair.de bieten sogenannte CO_2-Rechner. Damit kann jeder ermitteln, wie viel Treibhausgase seine Reise produziert. Das Programm errechnet den zum Ausgleich erforderlichen Betrag, mit dem der Reisende nachhaltige Projekte zur Reduzierung der globalen Erwärmung unterstützen kann, beispielsweise Projekte in Indien, Honduras, Kasachstan und Uganda.

Lonely Planet unterstützt gemeinsam mit Rough Guides und anderen Partnern aus der Reisebranche das CO_2-Ausgleichs-Programm von climatecare.org. Alle Reisen von Mitarbeitern und Autoren von Lonely Planet werden ausgeglichen.

Weitere Informationen gibt's auf www.lonelyplanet.com.

WILLKOMMEN AN BORD

Heute wissen die meisten, dass viele alltägliche Haushaltsartikel aufgrund der Sicherheitsbestimmungen an den Flughäfen nicht mit in die Maschine genommen werden dürfen. Da sich diese Bestimmungen oft ändern, sollte man den aktuellen Stand bei der **Transportation Security Administration** (TSA; ☎ 866-289-9673; www.tsa.gov) erfragen. Auf der Website kann man auch Einschätzungen zu den sicherheitsbedingten Wartezeiten an den Flughäfen abrufen (standardmäßig sind es 30 Minuten).

Zum erfolgreichen Passieren der Kontrollen sind eine Bordkarte und ein gültiger Reisepass mit Foto vonnöten. Wenn der Durchgangsdetektor Alarm schlägt oder das Handgepäck beim Durchleuchten Verdacht erregt, findet eine zweite Kontrolle statt. Dabei wird man z. B. mit einem Handdetektor gecheckt, abgetastet und muss sämtliche Taschen öffnen – auf Anfrage allerdings in einem nicht öffentlichen Raum.

Wer wegen eines mutmaßlichen Eintrags in der TSA-Fahndungsliste (Watch List) aufgehalten wurde, kann im Nachhinein eine Beschwerde über das DHS Traveler Redress Inquiry Program (DHS TRIP; www.dhs.gov) einreichen. Obwohl der eigene Name dadurch nicht aus der Kartei verschwindet, wird man so wenigstens nicht länger als flüchtiger Unbekannter geführt. So geht's bei der nächsten Kontrolle etwas schneller.

Das gesamte Bordgepäck wird auf Sprengstoff untersucht. Die TSA unterzieht den Kofferinhalt eventuell einer Sichtprüfung und bricht hierzu auch Schlösser auf. Darum das Gepäck gar nicht erst abschließen oder gleich TSA-zertifizierte Produkte wie die von **Travel Sentry** (www.travelsentry.org) verwenden! Um Beschädigungen durch Scanner zu vermeiden, sollte man unentwickelte Filme stets im Handgepäck mitnehmen und auf eine manuelle Prüfung bestehen.

Getränke, flüssige und gelartige Substanzen dürfen in geeigneten Behältern (jeweils max. 100 ml bzw. 3 oz) mit an Bord genommen werden. Nach den TSA-Bestimmungen gehören sie komplett in einen durchsichtigen Zip-Beutel (max. 1 l bzw. quart-size) und jeder Traveller darf nur einen solchen Beutel transportieren. Die TSA-Website informiert über Details.

http://seatexpert.com umfassen auch Sitzpläne zu jeder Maschine.

Aer Lingus (EI; ☎ 800-474-7424; www.aerlingus.com)
Aeroméxico (AM; ☎ 800-237-6639; www.aeromexico.com)
Air Canada (AC; ☎ 888-247-2262; www.aircanada.com)
Air France (AF; ☎ 800-237-2747; www.airfrance.com)
Alitalia (AZ; ☎ 800-223-5730; www.alitalia.com)
American Airlines (AA; ☎ 800-433-7300; www.aa.com)
Austrian Airlines (OS; ☎ 800-843-0002; www.austrian.com)
British Airways (BA; ☎ 800-247-9297; www.britishairways.com)
British Midland Airways (BD; ☎ 800-788-0555; www.flybmi.com)
Condor (DE; ☎ 800-364-1667; www.condor.com)
Continental Airlines (CO; ☎ 800-523-3273; www.continental.com)
Delta Air Lines (DL; ☎ 800-221-1212; www.delta.com)
Iberia Airlines (IB; ☎ 800-772-4642; www.iberia.com)
KLM Royal Dutch Airlines (KL; ☎ 800-225-2525; www.klm.com)
Lufthansa (LH; ☎ 800-399-5838; www.lufthansa.com)
Mexicana Airlines (MX; ☎ 800-531-7921; www.mexicana.com)
Northwest Airlines (NW; ☎ 800-225-2525; www.nwa.com)
Spanair (JK; ☎ 888-545-5757; www.spanair.com)
Swiss (LX; ☎ 877-359-7947; www.swiss.com)
United Airlines (UA; ☎ 800-864-8331; www.united.com)
US Airways (US; ☎ 800-622-1015; www.usairways.com)
Virgin Atlantic (VS; ☎ 800-821-5438; www.virgin-atlantic.com)
WestJet Airlines (WS; ☎ 888-937-8538; www.westjet.com)

Tickets

Wer günstige Flugtickets ergattern möchte, sollte sorgfältig recherchieren und mindestens drei bis vier Wochen vor Reiseantritt buchen. Auch der Zeitpunkt spielt eine Rolle – Flüge sind unter der Woche meistens günstiger, ebenso während der Nebensaison (allgemein Herbst–Frühjahr, Ferien ausgenommen). Dennoch kann der Preiskrieg jederzeit losbrechen. Nur ein akribischer Vergleich gewährleistet, für den gewünschten Flug auch wirklich das günstigste Ticket zu bekommen. Es lohnt sich also, die Angebote mehrerer

Online-Buchungsseiten mit der Website der jeweiligen Fluglinie abzugleichen. Bei komplizierten Planungen empfiehlt es sich grundsätzlich, die persönliche Beratung durch ein gutes Reisebüro in Anspruch zu nehmen. Es ist außerdem ratsam, stets die komplette Reiseroute im Kopf zu haben. Manche günstigen Trips innerhalb der USA können in Übersee nur zusammen mit internationalen Flugtickets gebucht werden. Mit Kombinationen aus Flugticket und Mietwagen kann man unter Umständen die Reisekasse schonen. Als Anschlussflüge zu internationalen Tickets sind amerikanische Inlandsflüge zum Teil günstiger erhältlich.

Auf der Website von **Airinfo** (http://airinfo.aero) gibt's prima Verzeichnisse mit Online-Ticketanbietern und Reisebüros in aller Welt. **Travelocity** (www.travelocity.com), **Orbitz** (www.orbitz.com), **Opodo** (www.opodo.de) und **Expedia** (www.expedia.de) gehören zu den größten USA-Buchungsseiten. Ähnlich und ebenfalls interessant sind **Cheap Tickets** (www.cheaptickets.com) und **Lowest Fare** (www.lowestfare.com). Diese Anbieter haben jedoch normalerweise keine Billigfluglinien im Programm.

Meta-Websites wie **Farecast** (www.farecast.com), **Kayak** (www.kayak.com), **Mobissimo** (www.mobissimo.com), **Qixo** (www.qixo.com) oder **Sidestep** (www.sidestep.com) sammeln Informationen aus diversen Quellen. Sie eignen sich gut für Preisvergleiche, ermöglichen aber keine Direktbuchung.

Über US-Online-Auktionshäuser wie **Hotwire** (www.hotwire.com), **Skyauction** (www.skyauction.com) oder **Priceline** (www.priceline.com) kann man mit etwas Glück tolle Schnäppchen machen. Vor dem Bieten immer sorgfältig das Kleingedruckte lesen! Unter www.biddingfortravel.com gibt's Tipps zu Priceline, dessen Mietwagenangebote teilweise hervorragend sind.

INTERKONTINENTALTICKETS („ROUND THE WORLD"-TICKETS)

„Round the world"-Tickets (RTW) können eine feine Sache sein, wenn man sich auf seiner Reise nicht nur auf die USA beschränken will (andernfalls ist ein einfacher Hin- und Rückflug normalerweise billiger). Am günstigsten sind RTW-Tickets, wenn man die USA mit Zielen in Asien und/oder Australien/Ozeanien kombiniert.

Mit RTW-Tickets kann man normalerweise nur in eine Richtung fliegen, und zwar innerhalb der Streckennetze von Fluglinien-Allianzen, etwa **Star Alliance** (www.staralliance.com)

oder **One World** (www.oneworld.com). Sie sind für einen festgelegten Zeitraum, üblicherweise ein Jahr, gültig; manche gelten nur für eine bestimmte Region, andere sind nach Flugmeilen gestaffelt. Die meisten RTW-Tickets umfassen nur eine bestimmte Zahl von Stopps innerhalb der USA und Kanada – bei den billigsten Varianten ist eventuell nur eine Landung möglich, bei anderen sind es mehr. Manche Fluggesellschaften schließen stark frequentierte Verbindungen von dem Angebot aus. Meistens muss der Flug 14 Tage im Voraus gebucht werden. Nach dem Kauf des Tickets kann man die Flüge meist ohne Zusatzkosten ändern lassen und die Tickets können gegen Aufpreis umgeschrieben werden, um Ziele hinzuzufügen oder zu streichen.

RTW-Tickets gibt's z. B. bei:
Air Brokers (www.airbrokers.com)
Air Treks (www.airtreks.com)
Circle the Planet (www.circletheplanet.com)
Just Fares (www.justfares.com)

Europa

Ab Europa sind viele US-Großstädte per Direktflug erreichbar. Wer möglichst günstig von der alten in die neue Welt gelangen möchte, muss aber Umwege und Maschinenwechsel in Kauf nehmen. Die größten Fluglinien mit Verbindungen zwischen Europa und den USA sind: Air France, Alitalia, American Airlines, British Airways, Continental Airlines, Delta Air Lines, Icelandair, KLM, Lufthansa, Scandinavian Airlines, Spanair und United Airlines. Preiswerte Angebote haben mitunter asiatische oder Nahost-Gesellschaften, die über Europa nach Amerika fliegen. Allerdings sind solche Plätze eventuell schwer zu buchen.

DEUTSCHLAND
Expedia (☎ 01805-600-630; www.expedia.de)
Lastminute (☎ 01805-284-366; www.lastminute.de)
Opodo (☎ 01805-676-361; www.opodo.de)
Reiseboerse.com (☎ 030-2800-2800; www.reiseboerse.com)
STA Travel (☎ 069-7430-3292; www.statravel.de)

ÖSTERREICH
Opodo (☎ 0820-203-022; www.opodo.at)
STA Travel (☎ 0900-128-718; www.statravel.at)

SCHWEIZ
Helvetic Tours (☎ 044-277-4200; www.helvetictours.ch)
STA Travel (☎ 0900-450-402; www.statravel.ch)

Kanada

Tägliche Flüge verbinden Toronto, Montreal, Vancouver und viele kleinere kanadische Städte mit wichtigen amerikanischen Verkehrsknotenpunkten. Zu den günstigsten Angeboten ab Kanada zählen Charter- und Pauschaltrips in sonnige Ecken wie Kalifornien oder Las Vegas (im Winter teurer!).

Wer kräftig Bares sparen möchte, passiert die amerikanisch-kanadische Grenze auf dem Landweg und nimmt einen günstigen Inlandsflug ab der nächstgelegenen US-Großstadt. Beispiel: Ab Seattle (Washington) können Tickets viel billiger sein als ab Vancouver (British Columbia) – obwohl letzteres nur 140 Meilen (ca. 225 km) nördlich der Grenze liegt!

Lateinamerika

Die meisten Maschinen aus Mittel- und Südamerika landen zwar in Miami (Florida), aber es gibt auch Direktflüge nach Los Angeles (Kalifornien). Neben den nationalen Gesellschaften der jeweiligen Länder fliegen auch große US-Airlines wie American, Continental, Delta und United nach Lateinamerika.

Wer von Mexiko aus einen Abstecher in die USA machen will, sollte die Flugpreise gut vergleichen. Unter Umständen spart man Bares, wenn man möglichst nahe der amerikanischen Grenze landet und diese auf dem Landweg überquert: Beispielsweise sind Flüge von Mexico City zur Grenzstadt Tijuana gelegentlich günstiger als solche, die das nur ein paar Kilometer weiter nördlich gelegene San Diego zum Ziel haben. Unbedingt die aktuelle Sicherheitslage checken (s. rechte Spalte), bevor der Grenzübertritt auf dem Landweg erfolgt!

AUF DEM LANDWEG
Grenzübergänge

Die USA teilen sich jeweils eine lange Landgrenze mit Kanada im Norden und mit Mexiko im Süden. In beiden Fällen gestaltet sich die Ausreise relativ einfach. Die Einreise in die USA kann dagegen problematisch werden, vor allem dann, wenn erforderliche Papiere fehlen (s. S. 404). Die Website der **US Customs & Border Protection** (apps.cbp.gov/bwt/) informiert über aktuelle Wartezeiten an allen Grenzübergängen. Davon sind nur wenige rund um die Uhr geöffnet.

Die USA insgesamt unterhalten mehr als 20 offizielle Grenzübergänge nach Kanada, die vom US-Westen (Washington) aus sind dabei im Allgemeinen weniger frequentiert. Aber Achtung: Dort haben die Beamten jede Menge Zeit für umfangreiche Gepäckkontrollen! Informationen zu Wartezeiten bei der Ausreise nach Kanada gibt's unter www.cbsa-asfc.gc.ca/general/times/menu-e.html.

Zwischen den USA und Mexiko gibt's fast 40 offizielle Grenzübergänge. Zu den wichtigsten im Westen zählen San Diego (CA)/ Tijuana und Nogales West (AZ)/Nogales East. Wie an jeder Grenze ist es ratsam, alle erforderlichen Papiere bereitzuhalten und stets höflich zu den amerikanischen Grenzbeamten zu sein.

Achtung: Seit 2009 warnt das **US-Außenministerium** (US State Department; http://travel.state.gov) offiziell von dem starken Anstieg der grenznahen Gewaltkriminalität auf mexikanischem Boden, für die u. a. diverse Drogenkartelle verantwortlich sind. Ausländische Besucher sollten daher extrem vorsichtig sein. Dies bedeutet z. B. große Menschenansammlungen oder Demonstrationen zu meiden und keinesfalls bei Dunkelheit zu fahren – schon gar nicht in einem Auto mit US-Nummernschildern! Spezifische Reisewarnungen enthält der Kasten zu Tijuana (S. 235).

Kanada
AUTO & MOTORRAD

Wer per Auto von Kanada in die USA einreisen möchte, benötigt die Zulassungspapiere des Fahrzeugs, den Nachweis einer Haftpflichtversicherung und seinen Führerschein – idealerweise ergänzt durch eine internationale Fahrerlaubnis (International Driving Permit bzw. IDP; s. S. 415). Kanadische und amerikanische Autoversicherungen gelten meist auch im jeweils anderen Land.

Wenn alle Papiere in Ordnung sind, geht der Grenzübertritt meist schnell und stressfrei vonstatten. Gelegentlich nehmen die Beamten hüben oder drüben ein Auto aber *wirklich* gründlich unter die Lupe. Vor allem im Sommer können Übergänge an Wochenenden und Feiertagen stark frequentiert sein – dann ist viel Geduld vonnöten.

BUS

Greyhound unterhält Direktverbindungen zwischen kanadischen Großstädten und Zielen in den nördlichen USA. Allerdings muss an der Grenze mitunter der Bus gewechselt werden. Tickets gibt's direkt bei **Greyhound USA** (☎ 800-231-2222 in den USA, internationaler Kunden-

VERKEHRSMITTEL & -WEGE

service 214-849-8100; www.greyhound.com) oder **Greyhound Canada** (☎ 800-661-8747 in Kanada; www.greyhound.ca). Der Discovery Pass (S. 420) des Unternehmens gilt uneingeschränkt in beiden Ländern.

ZUG
Amtrak (☎ 800-872-7245; www.amtrak.com) und **VIA Rail Canada** (☎ 888-842-7245; www.viarail.ca) ist täglich auf der Strecke Vancouver–Seattle unterwegs. Statt beim Besteigen des Zugs erfolgt die Zollkontrolle direkt an der Grenze.

Mexiko
AUTO & MOTORRAD
Wer aus Mexiko mit dem Auto in die USA einreist, benötigt die gültigen Zulassungspapiere, einen Nachweis über eine Haftpflichtversicherung und seinen Führerschein. Ein internationaler Führerschein ist eine gute Ergänzung.

Nur sehr wenige Autovermietungen erlauben es, mit ihren Wagen über die Grenze nach Mexiko zu fahren. US-amerikanische Kfz-Versicherungen sind in Mexiko ungültig. Selbst für einen kurzen Ausflug in die mexikanische Grenzregion wird eine mexikanische Versicherung benötigt, die für unter 25 US$ pro Tag an den meisten Grenzübergängen oder auch bei der **AAA** (☎ 800-874-7532; www.aaa.com) erhältlich ist. An einigen städtischen Grenzübergängen – etwa in Tijuana – können sich für die Einreise in die USA sehr lange Warteschlangen bilden. Für kurze Besuche ist es in der Regel ratsamer, sein Auto auf der US-amerikanischen Seite zu parken und die Grenze zu Fuß oder per Bus zu überqueren. Für einen längeren Ausflug nach Mexiko, der über die Grenzzone oder den Bundesstaat Baja California hinausführt, braucht man einen *permiso de importación temporal de vehículos* (Genehmigung zur zeitweiligen Einfuhr eines Autos). Die Details dieser Prozedur kann man im Lonely Planet Band *Mexiko* nachlesen oder bei der mexikanischen Tourismusinformation in den USA erfragen (☎ 800-446-3942).

BUS
Greyhound USA (☎ 800-231-2222 in den USA, internationaler Kundenservice 214-849-8100; www.greyhound.com) und **Greyhound México** (☎ in Mexiko 800-710-8819; www.greyhound.com.mx) unterhalten direkte Busverbindungen zwischen mexikanischen und amerikanischen Verkehrsknotenpunkten. Aus Mexiko kann der Aufenthalt an der Grenze länger dauern, falls die US-Beamten alle Buspassagiere einzeln und genau überprüfen.

Viele mexikanische Busgesellschaften steuern kleinere Ziele südlich der Grenze an. **Ticketbus** (☎ 5133-2424, 800-702-8000 in Mexiko; www.ticketbus.com.mx) vereint mehrere dieser Firmen.

ZUG
Züge der Amtrak enden bei San Diego, CA, und Yuma, AZ, unweit der mexikanischen Grenze. Es gibt allerdings gegenwärtig keinen grenzüberschreitenden Zugverkehr, weder in die eine noch in die andere Richtung.

GEFÜHRTE TOUREN
Gruppenreisen sind eventuell eine angenehme Option für Trips in der und durch die USA. Auf S. 422 stehen Infos zu geführten Touren direkt vor Ort.

Empfehlenswerte Anbieter:

American Holidays (☎ 01-673-3840; www.americanholidays.com) Irischer Spezialist für Pauschalreisen nach Nordamerika.

DERTOUR (☎ 01805-337-666; www.dertour.de) Prima Adresse für Rundreisen in den USA.

Onlineholidays (☎ 089-7989-3377; www.onlineholidays.de) Veranstaltet z. B. kombinierte Flug- und Busrundreisen zu vielen US-Highlights.

USA-Reisen (☎ 030-707-9340; www.usareisen.de) Auto- oder Busrundreisen durch die USA plus Kreuzfahrten, Mietwagen und -motorräder.

UNTERWEGS VOR ORT

AUTO & MOTORRAD
Die Autoverrücktheit der Amerikaner nimmt schon fast krankhafte Ausmaße an. Dennoch hat sie zumindest einen guten Grund: Der Kontinent ist viel zu groß, um von öffentlichen Verkehrsmitteln komplett abgedeckt werden zu können. Wer bei maximaler Flexibilität möglichst komfortabel reisen möchte, wird um ein Auto nicht herumkommen. Dies gilt vor allem für Trips durch das ländliche Amerika mit seinen unendlichen Landschaften. Doch die Unabhängigkeit hat ihren Preis: Miet- und Benzinkosten fressen den Großteil des Reisebudgets. Und dennoch – nur bei Aufenthalten in großen Metropolen kann man problemlos aufs Auto verzichten.

Die schönsten Strecken werden in den entsprechenden Kästen in den Regionalkapiteln vorgestellt.

Automobilclubs

Die **American Automobile Association** (AAA; ☎ 800-874-7532; www.aaa.com) kooperiert wechselseitig mit diversen internationalen Automobilclubs (z. B. dem ADAC). Deren Mitglieder sollten trotzdem ein paar Vorabinfos einholen und unbedingt ihren eigenen Clubausweis mitbringen. Wer der AAA bzw. einem offiziellen Partnerverband angehört, kommt z. B. in den Genuss von Reiseversicherung, Straßenkarten oder -atlanten, Gebrauchtwagen-Begutachtung und von einem landesweiten Zweigstellennetz. Allerdings steht die AAA auf der Seite der Fahrzeugindustrie.

Der umweltbewusstere **Better World Club** (☎ 866-238-1137; www.betterworldclub.com) spendet 1 % seiner Einnahmen für Umweltschutzmaßnahmen und gestaltet seine Dienstleistungen in diesem Sinne. Zudem tritt er auch politisch für die Umwelt ein.

Beide Organisationen bieten den Riesenvorteil eines landesweiten Pannendiensts, den Mitglieder rund um die Uhr anfordern können – jeweils ergänzt durch Hilfe bei der Routenplanung, kostenlose Karten, Reisebüroservices, Autoversicherung und diverse Rabatte (z. B. bei Hotelzimmern, Mietwagen oder Sehenswürdigkeiten).

Drive-Away-Cars

Mit dem Begriff Drive-Away-Cars wird der Vorgang umschrieben, Autos für Leute durch die Staaten zu fahren, die umziehen oder ihren Wagen aus anderen Gründen nicht selbst von A nach B befördern können. Für flexible Traveller kann das ein wahr gewordener Traum sein: Lange Strecken kosten einen nur den Sprit. Entscheidend sind hier das Timing und die Verfügbarkeit.

Der Fahrer muss dafür mindestens 23 Jahre alt sein, einen gültigen, möglichst internationalen Führerschein besitzen und 300 bis 400 US$ als Sicherheit hinterlegen (die bei Ablieferung des unbeschädigten Autos zurückerstattet werden). Es müssen auch eine Kopie des Auszugs aus dem „sauberen" heimischen Verkehrszentralregister, eine gültige Kreditkarte und/oder drei Identifikationsdokumente (oder ein Pass) vorgelegt werden. Das Überführungsunternehmen trägt die Versicherungskosten, der Fahrer bezahlt das Benzin. Die Bedingung ist, dass das Auto zu einem bestimmten Zeitpunkt an seinem Zielort abgeliefert und nur die vereinbarte Kilometerzahl zurückgelegt wird. Mit anderen Worten:

Man darf nicht mehr als acht Stunden pro Tag hinter dem Steuer sitzen und nur etwa 400 Meilen fahren – und zwar auf der kürzesten Route (d. h. es ist kein Sightseeing möglich). Das Angebot richtet sich nach der Nachfrage.

Eine großes Unternehmen ist **Auto Driveaway** (☎ 800-346-2277; www.autodriveaway.com).

Das eigene Auto einführen

Details zum Einführen eines Fahrzeugs über die kanadische bzw. mexikanische Grenze stehen auf S. 413 und S. 414. Sofern man nicht in die USA umsiedelt, ist das Verschiffen des eigenen Autos aber vollkommen sinnlos.

Führerschein

Ausländische Besucher können ihre heimische Fahrerlaubnis maximal zwölf Monate lang legal in den USA benutzen. Ein zusätzlicher internationaler Führerschein (International Driving Permit; IDP) dürfte allerdings die Kommunikation mit US-Verkehrspolizisten erleichtern – vor allem, wenn die eigene Version keine englischen Erklärungen umfasst. Heimischer und internationaler Führerschein sind grundsätzlich zusammen mitzuführen! In Deutschland und der Schweiz werden internationale Führerscheine von den Straßenverkehrsbehörden (Führerscheinstelle) ausgestellt, in Österreich von Automobilclubs (beispielsweise ÖAMTC). Deutsche und österreichische Antragsteller benötigen einen EU-Führerschein im Scheckkartenformat.

Motorradfahrer brauchen entweder einen gültigen US-Motorradführerschein oder ein entsprechendes internationales Pendant.

Kaufen

Ein Autokauf ist mit so viel Theater verbunden, dass sich der Aufwand meistens nicht lohnt – besonders wenn man weniger als vier Monate im Land bleiben will. Am leichtesten ist es noch für Ausländer, die Freunde oder Verwandte in den USA haben, deren Adresse man für die Zulassung, Registrierung und Versicherung angeben kann. Oder man wendet sich an Auto Tour USA (s. S. 417).

Um ein neues oder gebrauchtes Auto zu finden, checkt man am besten Angebote in Zeitungen und auf Websites und erkundigt sich bei Autohändlern. Gebrauchtwagenpreisvergleiche ermöglicht das Kelley Blue Book (www.kbb.com); außerdem ist es klug, Gebrauchtwagen vor dem Kauf von einem unabhängigen Automechaniker überprüfen zu lassen. Nach

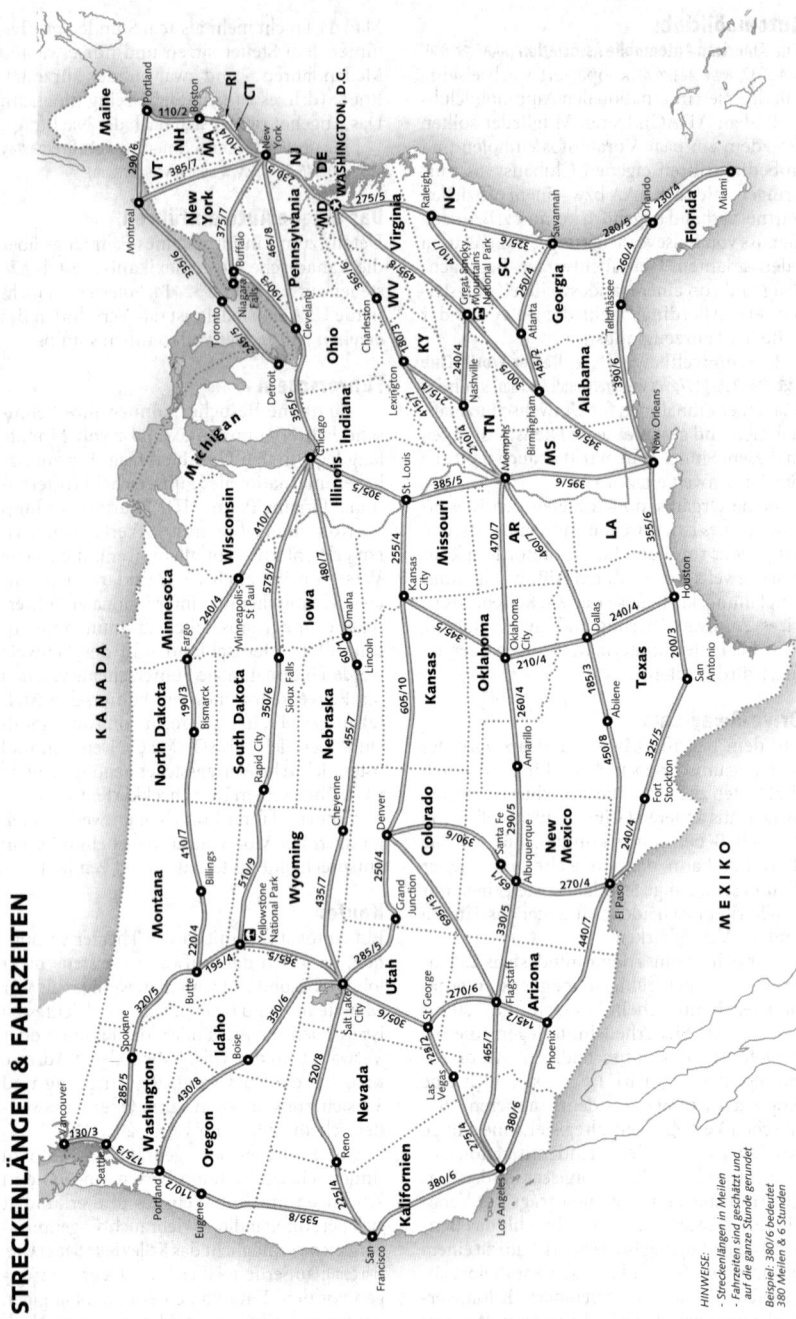

STRECKENLÄNGEN & FAHRZEITEN

VERKEHRSMITTEL & -WEGE

HINWEISE:
- Streckenlängen in Meilen
- Fahrzeiten sind geschätzt und auf die ganze Stunde gerundet

Beispiel: 380/6 bedeutet
380 Meilen & 6 Stunden

dem Kauf müssen die Dokumente zur Eigentumsübertragung innerhalb von zehn Tagen beim Department of Motor Vehicles (DMV) des jeweiligen Bundesstaats registriert werden; erforderlich sind dafür der Kaufvertrag, die Besitzurkunde (*pink slip*) und der Versicherungsnachweis. Manche Bundesstaaten verlangen außerdem ein aktuelles Abgaszertifikat. Dafür muss der Verkäufer sorgen. Kein Auto kaufen, für das dieses Zertifikat fehlt! Autohändler erledigen den nötigen Papierkram mit dem DMV.

Für Ausländer ist es fast unmöglich, ohne einen US-amerikanischen Führerschein eine Haftpflichtversicherung abzuschließen. Ein Autohändler oder die AAA kennen vielleicht ein Unternehmen, das sich darauf einlässt. Doch selbst mit einem lokalen Führerschein kann die Versicherung teuer oder nur schwer erhältlich sein, wenn man nicht nachweisen kann, in der Vergangenheit unfallfrei gefahren zu sein. Tipp: Geeignete Dokumente, etwa eine Kopie der heimischen Autoversicherungspolice, mitnehmen, mit denen man den Versicherer überzeugen kann, dass er ein berechenbares Risiko eingeht. Fahrer unter 25 Jahren werden kaum eine Versicherung finden.

Schließlich kann auch noch das Verkaufen des Autos zum Albtraum werden. Wer sich an einen Händler wendet, erzielt den schlechtesten Preis, hat aber den geringsten Behördenaufwand. Ansonsten sind andere Traveller und Collegestudenten die besten Kunden. Man muss aber aufpassen, dass der Käufer bei der DMV den Besitzwechsel registriert – ansonsten kann es passieren, dass man später fremde Strafzettel bezahlen muss.

Das in Seattle, WA, ansässige Unternehmen **Auto Tour USA** (☎ 206-999-4686; www.autotour usa.com) ist darauf spezialisiert, ausländischen Besuchern bei Kauf, Registrierung und Versicherung von Autos zu helfen (sie werben damit, das erforderliche Prozedere innerhalb eines Tages zu erledigen).

Mieten
AUTO
Der US-Leihwagenmarkt ist heiß umkämpft. Die meisten Autovermieter bestehen auf einer bekannten Kreditkarte, einem gültigen Führerschein (S. 415) und einem Mindestalter von 25 Jahren. Gegen Aufpreis (ca. 25 US$/Tag) akzeptieren manche Großfirmen auch Kunden zwischen 21 und 24 Jahren. Jüngere Menschen haben allerdings fast immer Pech.

Die Regionenkapitel empfehlen eigenständige Autovermieter. Die Website von **Car Rental Express** (www.carrentalexpress.com) vergleicht und bewertet unabhängige Agenturen in US-Großstädten – besonders nützlich, wenn man nach günstigen Angeboten für längere Mietzeiträume sucht.

Große Autovermieter mit landesweiten Filialnetzen:

Alamo (☎ 877-222-9075; www.alamo.com)
Avis (☎ 800-331-1212; www.avis.com)
Budget (☎ 800-527-0700; www.budget.com)
Dollar (☎ 800-800-3665; www.dollar.com)
Enterprise (☎ 800-261-7331; www.enterprise.com)
Hertz (☎ 800-654-3131; www.hertz.com)
National (☎ 877-222-9058; www.nationalcar.com)
Rent-a-Wreck (☎ 877-877-0877; www.rentawreck.com)
Thrifty (☎ 800-847-4389; www.thrifty.com)

Die Mietwagenpreise fallen höchst unterschiedlich aus. Wie beim Kauf von Flugtickets heißt es auch in diesem Fall möglichst viele Anbieter bzw. deren (Online-)Angebote sorgfältig vergleichen. Agenturen an Flughäfen haben teils niedrigere Preise, aber höhere Gebühren. Manche Filialen in Stadtzentren offerieren einen Abhol- und Bringservice. Je nach Mietbeginn kann sich der Tarif komplett ändern. Wochenend- und Wochenpauschalen sind normalerweise günstiger. Der durchschnittliche Tagespreis für Kleinwagen liegt etwa zwischen 30 und 75 US$ (200–500 US$/Woche). Automobilclubmitglieder oder Vielflieger bekommen eventuell Rabatte bzw. Bonuspunkte oder -meilen. Auch Kombiangebote mit Flug und Mietwagen können sich lohnen. Rechtzeitige Reservierung ist jedoch in jedem Fall ratsam.

Weiterhin wichtig: Landesweit vertretene Unternehmen vermieten Autos meist standardmäßig mit unbegrenzter Meilenzahl (*unlimited mileage*), für die eigenständige Anbieter gelegentlich einen Aufpreis verlangen. Eine begrenzte Meilenzahl rechnet sich normalerweise nur bei kurzen Distanzen. Manche Firmen lassen Kunden die letzte Tankfüllung im Voraus bezahlen – das ist so gut wie nie ein guter Deal. Die Mietpreissteuer variiert je nach Bundesstaat und Unternehmenssitz. Daher unbedingt immer nach dem Gesamtpreis inklusive aller Steuern und Gebühren fragen! Meist wird ein Zuschlag (*drop-off charge*) fällig, wenn man das Auto an einem Ort abholt und woanders zurückgibt. Diesen Service offerieren normalerweise nur landes-

VERKEHRSMITTEL & -WEGE

weit tätige Firmen. Achtung: Verspätete Rückgabe ist oft mit saftigem Aufpreis verbunden. Wer sein Auto dagegen früher zu rückbringt, verspielt vielleicht die ursprünglich vereinbarten Wochen- oder Monatsrabatt.

Manche landesweit vertretenen Großfirmen wie Avis, Budget oder Hertz vermieten auch Hybridautos (z. B. Toyota Prius, Honda Civic) im Rahmen von „grünen" Fuhrparks. Allerdings kosten solche spritsparenden Modelle in der Regel wesentlich mehr. Vor allem an der Westküste werden Hybridfahrzeuge auch von eigenständigen Agenturen angeboten. Diesbezüglich empfiehlt sich z. B. **Simply Hybrid** (www.simplyhybrid.com) in Südkalifornien.

In einigen US-Bundesstaaten bietet **Zipcar** (☎ 866-494-7227; www.zipcar.com) städtisches Carsharing zum Stunden- oder Tagestarif an (inkl. Benzin, Versicherung und begrenzter Meilenzahl). Der Mietpreis wird vorab fällig. Zipcar-Fahrzeuge sind am jeweiligen Abholort zurückzugeben und stehen auch ausländischen Touristen zur Verfügung. Die Website mit Buchungsservice informiert über Filialen und Konditionen.

MOTORRAD & WOHNMOBIL
Wer von einem Harley-Ritt durch Amerika träumt, ist bei **EagleRider** (☎ 888-900-9901; www.eaglerider.com) richtig. Dieser Verleiher mit landesweit vertretenen Großstadtfilialen hat auch noch andere Abenteuervehikel im Programm. Achtung: Miet- und Versicherungstarife für Motorräder sind teuer!

Verleihspezialisten für Wohnmobile (Recreational Vehicles; RV) und -wagen:

Adventures on Wheels (☎ 800-943-3579; www.wheels9.com)

Cruise America (☎ 800-671-8042; www.cruiseamerica.com)

Happy Travel Camper Rental & Sales (☎ 800-370-1262; www.camperusa.com)

Straßenzustand & Gefahren
Amerikas Highways sind makellos asphaltiert. Ausnahmen bestätigen allerdings die Regel. Gefahren stellen u. a. Schlaglöcher, die Rushhour und Wildtiere dar – und natürlich andere Fahrer, die am Steuer in Rage geraten, mit dem Handy telefonieren oder von ihren Kindern abgelenkt werden. Doch bei vorsichtiger, vorausschauender und passiver Fahrweise lassen sich kritische Situationen mit etwas Glück normalerweise meistern. Die Website www.fhwa.dot.gov/trafficinfo/index.

htm informiert über die Verkehrslage und gesperrte Straßen im ganzen Land.

In schneereichen Gegenden sind die Winterreifen vieler Autos mit Spikes besetzt. In Bergregionen werden teilweise Schneeketten benötigt. Viele Autovermieter untersagen es ihren Kunden, mit den Mietautos *offroad* oder auf unbefestigten Straßen zu fahren. Das birgt nämlich vor allem bei Regen ein beachtliches Gefahrenpotenzial.

In Wüsten- und Weideregionen gibt's mancherorts keine Zäune, die grasendes Vieh von der Straße fernhalten. Schilder mit der Aufschrift *Open Range* oder einer Kuh weisen auf solche Straßenabschnitte hin. Verkehrszeichen mit einem abgebildeten Hirsch warnen vor Wildwechsel – besonders nachts sollte man die damit verbundenen Risiken nicht auf die leichte Schulter nehmen!

Verkehrsregeln
In den ganzen USA herrschen Rechtsverkehr, Kindersitz- und Gurtpflicht. Die meisten Autovermieter können Kindersitze (ca. 10 US$/Tag) ausleihen, die aber beim Buchen mitreserviert werden müssen. Manche Bundesstaaten schreiben Schutzhelme für Motorradfahrer vor.

Auf den Interstates sind teilweise 75 mph (120 km/h) erlaubt. Ansonsten gelten generell Höchstgeschwindigkeiten von 55 oder 65 mph (89 bzw. 105 km/h) auf Highways und 25 bis 35 mph (40–56 km/h) innerhalb geschlossener Ortschaften. Das Tempolimit im Bereich von Schulen liegt bei 15 mph (24 km/h) und wird während der Schulzeit streng kontrolliert. Schulbusse mit blinkenden Warnlichtern dürfen grundsätzlich nicht überholt werden.

Sofern es nicht durch Schilder untersagt ist, darf man an roten Ampeln rechts abbiegen – vorausgesetzt, die Räder sind vorher vollständig zum Stillstand gekommen. Parallel ist die Vorfahrt des fließenden Verkehrs zu beachten. An Kreuzungen mit vier Stoppschildern geht's in Ankunftsreihenfolge weiter. Bei gleichzeitigem Erreichen gilt „rechts vor links". Im Zweifelsfall sollte man dem anderen Fahrer einfach mittels höflichen Winkens Vorrang gewähren. Sobald sich Einsatzfahrzeuge (z. B. Polizei, Feuerwehr, Rettungswagen) aus beliebiger Richtung nähern, heißt es verkehrsgerecht am Straßenrand halten bzw. eine ausreichend große Gasse bilden.

Die Gesetze der meisten Bundesstaaten sehen hohe Strafen für die Verunreinigung von Highways vor. Obwohl Müllsünder nur selten erwischt werden, sollte man seine Hinterlassenschaften freiwillig wegräumen. In immer mehr US-Bundesstaaten ist es mittlerweile verboten, während der Fahrt mit dem Handy am Ohr zu telefonieren. Eine geeignete Freisprecheinrichtung (z. B. Bluetooth-Headset) ist sinnvoll.

In den USA gilt eine Promillegrenze von 0,8. Parallel sind die Strafen für DUI (*Driving Under the Influence*; Fahren unter dem Einfluss von Alkohol oder anderen Drogen) sehr streng. Die Polizei kann Verkehrsteilnehmer jederzeit auf Alkohol- und Drogenkonsum überprüfen. Wer dabei negativ auffällt, muss sich einem Atem-, Urin- oder Bluttest unterziehen. So wird festgestellt, wie viel Alkohol oder Drogen man intus hat. Eine Weigerung entspricht einem Schuldeingeständnis.

Manche Bundesstaaten (oder Städte, z. B. Las Vegas) verbieten das Mitführen von „geöffneten Alkoholbehältern" (*open containers*) im Fahrzeuginnenraum – selbst dann, wenn sie leer sind. Volle und originalverpackte Behälter darf man vorne mitnehmen, sie gehören aber sofort nach der Öffnung in den Kofferraum.

Versicherung

Ohne offiziell vorgeschriebene Versicherung sollte man den Schlüssel gar nicht erst ins Zündschloss stecken: Im Fall eines Unfalls drohen finanzieller Ruin und rechtliche Konsequenzen. Wer bereits eine (heimische) Kraftfahrzeugversicherung hat oder eine spezielle Reiseversicherung abschließt, sollte sicherstellen, dass die Police auch einen adäquaten Haftpflichtschutz für ausländische Mietwagen umfasst. Dies ist in der Regel zwar gegeben, doch die US-Bundesstaaten verlangen unterschiedliche Mindestdeckungen.

Die meisten Autovermieter bieten Haftpflichtversicherungen gegen Aufpreis an. Vollkaskoschutz ist jedoch so gut wie nie möglich. Stattdessen gibt's optional einen Collision Damage Waiver (CDW) oder Loss Damage Waiver (LDW), der im Schadensfall normalerweise eine Selbstbeteiligung von 100 bis 500 US$ vorsieht. Auch diese kann in der Regel gegen eine Extraprämie abgedeckt werden. Maximal erhöhter Versicherungsschutz steigert die Mietwagenkosten um bis zu 30 US$ pro Tag.

Parallel offerieren viele Kreditkartenfirmen kostenlose Versicherungen für Mietwagen-

kunden. Voraussetzung hierfür: Die Leihdauer darf 15 Tage nicht überschreiten und die Mietgebühr muss komplett per Kreditkarte bezahlt werden. So lassen sich Zusatzkosten beim Autovermieter ganz gut vermeiden. Eventuell muss ihm aber zunächst den ganzen Schaden ersetzen und sich sein Geld dann vom Kreditkartenunternehmen zurückholen. Auch wegen potenzieller Ausschlussklauseln (z. B. für „Exoten" wie Allradjeeps oder Cabrios) sollten alle Kreditkartenkonditionen unbedingt rechtzeitig und sorgfältig überprüft werden!

BUS

Vor allem bei Reisen zwischen amerikanischen Großstädten kann man mit Bussen Geld sparen. Wer sich's leisten kann und/oder es eilig hat, nimmt in den USA das Flugzeug oder Auto. Im Bus sieht man aber die Landschaft und trifft unterwegs Einheimische. In den generell verlässlichen, relativ sauberen und bequemen Bussen herrscht Rauchverbot. Zur Ausstattung gehören u. a. Klimaanlage, kaum verstellbare Sitze und Bordtoilette.

Als größte Fernbusgesellschaft unterhält **Greyhound** (☎ 800-231-2222; www.greyhound.com) Strecken durch die gesamten USA und Kanada. Um Effizienz und Profit zu steigern, fährt Greyhound seit kurzer Zeit viele Kleinstädte nicht mehr an. Die Busse sind allgemein auf den großen Highways unterwegs und halten in größeren Ballungszentren. Um Städte abseits der Hauptverkehrsadern über Landstraßen zu erreichen, muss man eventuell auf lokale oder regionale Anbieter zurückgreifen. Entsprechende Kontaktdaten kann normalerweise Greyhound liefern.

Die über 50 Subunternehmer von **Trailways** (☎ 703-691-3052; www.trailways.com) machen Greyhound Konkurrenz. Bei Langstreckenfahrten schneiden sie vergleichsweise etwas schlechter ab, sind dafür aber auch günstiger.

Der Großteil des Gepäcks muss aufgegeben werden. Eine klare und deutliche Kennzeichnung verhindert, dass es verloren geht. Sperrige Gegenstände wie Skier, Surfbretter oder Fahrräder können mitgenommen werden, allerdings wird eventuell ein Zuschlag fällig – vorher anrufen.

Abhängig von der jeweiligen Strecke verkehren die Busse unterschiedlich häufig. Obwohl viele kleinere Haltestellen gestrichen wurden, legen Greyhound-Busse immer noch alle 80 bis 160 km Zwischenstopps ein. Fern-

VERKEHRSMITTEL &
-WEGE

busse machen zudem Pausen, bei denen man sich stärken kann und der Fahrer ausgewechselt wird.

Die meisten Busbahnhöfe sind sauber und sicher, liegen aber teilweise in zwielichtigen Ecken. Wenn man abends ankommt oder abfährt, lohnt sich daher die Investition in ein Taxi. In manchen Ortschaften gibt's lediglich eine Haltestelle ohne Schalter. Wer hier zusteigt, kauft sein Ticket beim Fahrer und sollte den Preis genau passend bereithalten.

Buspässe

Der **Discovery Pass** (☎ 888-454-7277; www.discovery pass.com) von Greyhound steht auch ausländischen Touristen zur Verfügung. Während einer begrenzten Anzahl von aufeinanderfolgenden Tagen (7/15/30/60 Tage 199/299/399/499 US$) gestattet er beliebig viele Fahrten durch die USA und Kanada. Abgesehen von der gewünschten Gültigkeitsdauer muss man nur noch entscheiden, in welchem Land der Trip beginnen soll. Auch diverse Regionalbusfirmen akzeptieren den Discovery Pass – Verzeichnisse gibt's bei Greyhound.

Bis maximal zwei Stunden vor der Abfahrt werden Greyhound-Buspässe direkt an bestimmten Terminals des Unternehmens verkauft. Alternativ lassen sie sich spätestens zwei Wochen vorher online erwerben. Zur Abholung müssen die dabei verwendete Kreditkarte und ein Lichtbildausweis spätestens eine Stunde vor Abfahrt vorgelegt werden.

Preise

Um Greyhound-Tickets günstig zu ergattern, sollte man sie mindestens sieben Tage im Voraus kaufen. Rabatt gibt's auch, wenn die Rückfahrt gleich dabei ist. Die Sonderangebote auf der Unternehmenswebsite gelten vor allem bei Online-Buchung. Ferner bietet die Firma einen Mitfahrtarif (*companion fare*) an: Wer mit Familie oder Freunden reist und sein Ticket spätestens drei Tage vor dem Start erwirbt, kann maximal drei Begleiter jeweils zum halben Preis pro Nase mitnehmen.

Weitere Ermäßigungen gewährt Greyhound z. B. für Kinder von zwei bis elf (40 %) und Senioren ab 62 Jahren (5 %). Studenten, die eine Student Advantage Discount Card (20 US$) gekauft haben, erhalten 15 % Rabatt, mit gültigem Studentenausweis 10 %.

Standardpreise und durchschnittliche Reisezeiten für einige Greyhound-Linien (jeweils Erw./einfache Strecke):

Strecke	Preis (US$)	Dauer (Std.)
Los Angeles–San Francisco	45	8
New York–San Francisco	245	48–72

Reservierungen

Tickets für manche Busse von Trailways und anderen Unternehmen müssen unmittelbar vor der Abfahrt gekauft werden. Greyhound-Tickets lassen sich telefonisch oder online buchen. Wenn man spätestens zehn Tage vor Reisebeginn mit einer amerikanischen Kreditkarte bezahlt, werden sie per Post zugeschickt. Wer Fahrkarten persönlich am Schalter erwirbt, kann mit einer internationalen Kreditkarte bezahlen. Dies gilt auch bei Anrufen unter ☎ 214-849-8100 und für den Online-Kauf von Will-Call-Tickets, die im Voraus bestellt und später gegen Vorlage eines Lichtbildausweises am Busbahnhof abgeholt werden können. Greyhound-Terminals akzeptieren auch Bargeld und Reiseschecks.

Im Voraus gekaufte Greyhound-Tickets sind nicht mit einer Platzreservierung oder -garantie verbunden – wer zuerst kommt, mahlt normalerweise zuerst. Um einen freien Platz zu ergattern, erscheint man laut Greyhound am besten eine Stunde vor Abfahrt, an Wochenenden und Feiertagen noch früher. In einigen wichtigen Städten kosten Platzservierungen 5 US$ extra – aber dann hat man eben seinen Sitzplatz und darf vor allen anderen Passagieren an Bord.

FAHRRAD

Radtouren durch die Regionen sind beliebt. Da Fahrräder auf Freeways oft tabu sind, strampelt man über kurvenreiche Nebenstrecken. Es sollte also eine untergeordnete Rolle spielen, wie schnell man unterwegs ist. Obwohl für Radfahrer dieselben Verkehrsregeln gelten wie für Autofahrer, glauben manche motorisierte Verkehrsteilnehmer, es herrsche das Recht des Stärkeren. Ein spezielles Programm des **Better World Clubs** (S. 415) greift Radfahrern bei Bedarf unter die Arme.

Diverse Fahrradverbände, Optionen für Gruppentouren und Zeitschriften sind auf S. 385 aufgelistet. Wer vorhat, eine Langstreckentour zu unternehmen, wendet sich am besten vertrauensvoll an einen professionellen Tourveranstalter.

Die Website der **League of American Bicyclists** (www.bikeleague.org) umfasst neben nützlichen Tipps auch Verzeichnisse mit örtlichen Fahrradclubs und Werkstätten. Wer seinen eigenen

Drahtesel mit in die USA bringen möchte, kann sich auf der äußerst detaillierten Website des **International Bicycle Funds** (www.ibike.org) über die Bestimmungen der Fluglinien informieren. Früher haben die meisten internationalen und amerikanischen Airlines in Transportboxen verpackte Fahrräder ohne Aufpreis als Bordgepäck akzeptiert. Aufgrund geänderter Bestimmungen muss derzeit oft mit neu eingeführten oder erhöhten Beförderungsgebühren gerechnet werden (durchschnittlich 50–100 US$, mitunter auch mehr). Der Transport von Fahrrädern in amerikanischen Amtrak-Zügen oder Greyhound-Bussen ist möglich, doch teilweise mit Zuschlägen verbunden.

Fahrräder können in den USA recht einfach erworben und vor der Abreise wieder verkauft werden. Fahrradgeschäfte gibt's in allen Groß- und Kleinstädten. Garagenverkäufe und die Schwarzen Bretter von Hostels oder Hochschulen sowie Anzeigen auf **Craigslist** (www.craigslist.org) sind die besten Anlaufstellen für den An- und Verkauf günstigerer Gebrauchträder. Auch spezielle Secondhand-Bikeshops können eine gute Adresse sein.

Ebenso einfach lassen sich Leihfahrräder für einen längeren Zeitraum auftreiben. Auf empfehlenswerte Anbieter wird in den Regionenkapiteln hingewiesen. Der Startpreis liegt bei 100 US$ pro Woche oder mehr. Normalerweise sind per Kreditkarte mehrere 100 US$ Kaution zu hinterlegen.

FLUGZEUG

Bei einem straffen Reiseplan empfiehlt es sich, größere Distanzen mit dem Flugzeug zurückzulegen. Das Inlandsflugnetz ist gut ausgebaut und vertrauenswürdig – dafür sorgen etliche konkurrierende Airlines, Hunderte von Flughäfen und Tausende von Flugverbindungen pro Tag. Im Vergleich zu Bus-, Zug- oder Autoreisen sind Flüge normalerweise teurer, doch man gelangt mit keinem anderen Transportmittel so schnell und direkt ans Ziel. Alle Tipps zum Kauf internationaler Tickets (S. 411) gelten auch für Inlandsflüge.

Zu den wichtigsten Knotenpunkten zählen neben den genannten internationalen Knotenpunkten (S. 410) auch die Flughäfen diverser anderer Großstädte. Die regionalen Flughäfen der restlichen Städte und Ortschaften sind normalerweise nur über einen dieser Verkehrsknoten zu erreichen.

Die Website www.parkingaccess.com liefert Informationen und ermöglicht u. a. die Reservierung ermäßigter Parkplätze an den meisten Großflughäfen.

US-Inlandsfluglinien

Diverse US-Inlandsfluglinien sind trotz kürzlicher Insolvenz wieder bzw. immer noch im Geschäft. Fusionen und Sparmaßnahmen haben sich spürbar auf den Service ausgewirkt: Nun gibt's z. B. statt Gratis-Bordessen oft nur noch kostenpflichtige Sandwiches. Gleichzeitig bedingt Personalmangel manchmal stunden- oder sogar tagelange Wartezeiten bei Flugverzögerungen aller Art (z. B. wegen schlechten Wetters).

Verglichen mit Fahrten auf US-Highways besteht bei Inlandsflügen nur ein sehr geringes Sicherheitsrisiko. **Airsafe.com** (www.airsafe.com) informiert detailliert über die Maßnahmen der einzelnen Airlines und liefert prima Hinweise zum aktuellen Sicherheitsprozedere an den Flughäfen (s. Kasten S. 411).

Größere US-Inlandsfluglinien:

AirTran Airways (☎ 800-247-8726; www.airtran.com) Drehscheibe Atlanta; hauptsächlich Flüge in den Süden, Osten und mittleren Westen der USA.

American Airlines (☎ 800-433-7300; www.aa.com) Landesweites Streckennetz.

Continental Airlines (☎ 800-523-3273; www.continental.com) Landesweites Streckennetz.

Delta Air Lines (☎ 800-221-1212; www.delta.com) Landesweites Streckennetz.

Hawaiian Airlines (☎ 800-367-5320; www.hawaiianair.com) Bedient die Westküste, Las Vegas und Phoenix.

Northwest Airlines (☎ 800-225-2525; www.nwa.com) Landesweites Streckennetz.

Southwest Airlines (☎ 800-435-9792; www.southwest.com) Landesweites Streckennetz ohne Alaska und Hawaii.

United Airlines (☎ 800-864-8331; www.united.com) Landesweites Streckennetz.

US Airways (☎ 800-428-4322; www.usairways.com) Landesweites Streckennetz.

Virgin America (☎ 877-359-8474; www.virginamerica.com) Verbindet US-Städte an Ost- und Westküste miteinander sowie mit Las Vegas.

Flugpässe

Wer für seine Reise mehrere Flüge plant, sollte den Kauf eines North-American-Flugpasses in Betracht ziehen. Solche Pässe können normalerweise nur zusammen mit einem internationalen Flugticket erworben werden. Die Bedingungen und Kostenstrukturen können recht verwirrend sein – alle Angebote enthalten jedoch eine bestimmte Zahl von

VERKEHRSMITTEL & -WEGE

Inlandsflügen (2–10), die innerhalb von 60 Tagen genutzt werden müssen. Oft muss man seine Reiseroute im Voraus festlegen, bei anderen können die Daten (oder sogar die Flugziele) offengelassen werden. Reisebüros beraten Reisende, mit welchem Flugpass sie sparen können.

Zwei große Fluglinien-Allianzen mit Flugpässen im Angebot sind die **Star Alliance** (www.staralliance.com) und **One World** (www.oneworld.com).

GEFÜHRTE TOUREN

Hunderte Veranstalter bieten alle erdenklichen Arten von geführten USA-Touren an, die sich vor allem auf bestimmte Städte oder Regionen konzentrieren. Der Abschnitt „Geführte Touren" in den Regionen- bzw. Städtekapiteln empfiehlt Optionen vor Ort. Die Angaben unter derselben Überschrift im „An- & Weiterreise"-Abschnitt (S. 414) informieren über weitere Sightseeing-Trips in und durch die USA.

Beliebte Touranbieter:

Backroads (☎ 510-527-1555, 800-462-2848; www.backroads.com) Diverse Aktiv-, Sport- oder Outdoortrips für alle Fitnesslevel und Geldbeutel.

Elderhostel (☎ 978-323-4141, 800-454-5768; www.elderhostel.org) Angesehene und gemeinnützige Organisation, mit der Junggebliebene ab 55 Jahren alle 50 US-Bundesstaaten auf einem „Bildungsabenteuer" erkunden können.

Gray Line (www.grayline.com) Breites Angebot von landesweiten Standard-Sightseeingtouren für Touristen mit wenig Zeit.

Green Tortoise (☎ 415-956-7500, 800-867-8647; www.greentortoise.com) Die berühmten Schlafkojenbusse zielen auf abenteuerlustige Individualreisende mit kleinem Geldbeutel ab. Sie starten meist in San Francisco und rollen durch den US-Westen bzw. das ganze Land.

NAHVERKEHR

Ist man nicht gerade in den Großstädten der USA unterwegs, sind öffentliche Verkehrsmittel nur selten eine gute Wahl. Die Verbindungen zu abgelegenen Klein- und Vorstädten sind oft dürftig. Allerdings ist der öffentliche Nahverkehr meist billig, sicher und zuverlässig. Die Verbindungen finden sich in den Regionenkapiteln in den Abschnitten „Unterwegs vor Ort".

Bus

Die meisten großen und mittleren Städte haben ein gutes Nahverkehrsbusnetz. Es ist aber normalerweise auf Berufspendler ausgelegt, sodass die Busse abends und am Wochenende seltener fahren. Busse dürfen mancherorts kostenlos benutzt werden, anderswo muss man pro Fahrt zwischen 1 und 3 US$ bezahlen.

Fahrrad

Nicht alle Städte sind im gleichen Maß fahrradfreundlich. In den meisten Städten gibt's aber zumindest ein paar gekennzeichnete Radstreifen und -wege. Üblicherweise können Fahrräder auch in öffentlichen Verkehrsmitteln mitgenommen werden. Mehr zum Radfahren in den USA und zum Verleih steht auf S. 420.

Flughafenshuttles

In den meisten Großstädten verbinden preiswerte Shuttlebusse das Stadtgebiet mit den Flughäfen. Meistens sind größere Vans mit Platz für zwölf Personen im Einsatz. Manche Shuttles klappern festgelegte Strecken ab und haben feste Haltestellen an der Route (beispielsweise auch vor den wichtigsten Hotels), andere bieten innerhalb ihres Einsatzgebiets einen Tür-zu-Tür-Service an. Kostenpunkt: durchschnittlich zwischen 15 und 30 US$ pro Person.

Taxi

Taxis haben Taxameter. Die Grundgebühr liegt bei 2,50 US$, pro Meile kommen 1,50 bis 2 US$ dazu. Wartezeiten und Gepäck kosten extra. Die Fahrer erwarten ein Trinkgeld von 10 bis 15 %. Taxis findet man entlang der Hauptstraßen der Großstädte; andernfalls ist es unkomplizierter, eines telefonisch zu bestellen.

U-Bahn & Zug

Manche Großstädte haben U- oder Hochbahnen, die dann dort oft das schnellste Nahverkehrsmittel sind. Die größten Netze gibt's in Los Angeles und in der Bucht von San Francisco. In anderen Großstädten existieren nur kleine Netze mit einer oder zwei Linien, die hauptsächlich die Stadtzentren bedienen.

SCHIFF/FÄHRE

Die Flüsse und Kanäle der USA zählen nicht zum öffentlichen Verkehrsnetz. Trotzdem gibt es viele kleinere Küstenfähren, die oft von den Bundesstaaten betrieben werden. Sehr effizient ermöglichen diese Kähne malerische Trips zu den Inseln vor der Westküste. Die

meisten größeren Varianten nehmen Privat-
autos, Fahr- und Motorräder an Bord (Details
s. Regionenkapitel).

Fähren schippern z. B. zu den malerischen
San Juan Islands (S. 347) vor der Küste Wa-
shingtons. Auch ein paar der kalifornischen
Channel Islands (S. 254) – darunter Catalina
Island (S. 233) vor L. A. – können auf dem
Wasserweg besucht werden.

TRAMPEN

Trampen ist in den USA ziemlich gefährlich
und definitiv nicht zu empfehlen. Die Fahrer
haben so viele Horrorgeschichten gehört, dass
sie regelrecht panische Angst vor Anhaltern
haben. Auf Freeways ist Trampen verboten.
Mehr Tramper gibt's in ländlichen Gebieten.
Dort ist es keineswegs sicherer als anderswo,
doch bei dem spärlichen Verkehr spült es einen schon mal an den Straßenrand. In der
Umgebung der Nationalparks trampen mehr
Leute zu/von den Wanderrouten, aber auch
hier sollte man besser auf Mitfahrgelegenheiten setzen, die an den Schwarzen Brettern von
Hostels, Park-Visitor-Centers und Informa-
tionsstationen angeschlagen sind.

ZUG

Das umfangreiche landesweite Schienennetz
der **Amtrak** (☎ 800-872-7245; www.amtrak.com) ist
über die Thruway-Busse des Unternehmens
auch mit kleineren Zentren und Nationalparks verbunden. Verglichen mit anderen
Verkehrsmitteln sind Züge wohl kaum die
schnellste, günstigste, modernste oder prak-
tischste Option. Allerdings lässt sich der
amerikanische Urcharakter von Land und
Leuten bei relaxten Bahnfahrten besonders
intensiv erleben.

Mehrere Amtrak-Fernstrecken durchziehen die USA von Osten nach Westen. In
Nord-Süd-Richtung gibt's noch wesentlich
mehr Verbindungen. Dieses landesweite Netz
deckt alle großen amerikanischen Ballungs-
räume und viele kleinere Städte ab. Auf den
meisten Routen sind täglich Fernzüge mit
eigenen Namen unterwegs. Sie bedienen manche Strecken aber nur drei- bis fünfmal pro
Woche. Detaillierte Streckenpläne liefern die
Amtrak-Website und der Abschnitt „Unterwegs vor Ort" in den einzelnen Regionenkapiteln.

Pendlerzüge bedienen kürzere Strecken
schneller und häufiger. Sie sind zwischen
Großstädten an der Westküste unterwegs.

Klassen & Preise

Die Amtrak-Ticketpreise richten sich nach
dem jeweiligen Zugtyp und dem gewünschten
Sitzplatz. Auf Fernstrecken gibt's Großraum-
waggons (einfache *coach seats* mit und ohne
Reservierungsmöglichkeit), eine Businessclass
und die 1. Klasse, zu der auch sämtliche
Schlafwagenabteile zählen. Letztere beherbergen einfache Kojen (*roomettes*), Schlafkabinen
mit eigenen Toiletten und Vierpersonen-
Suiten mit zwei Bädern. Der Schlafwagentarif
beinhaltet auch Mahlzeiten im Speisewagen.
Dort können alle Passagiere reservierungsfrei
essen – allerdings recht teuer, sofern das Essen
nicht im Ticketpreis inbegriffen ist. Auf
Pendlerstrecken gibt's (wenn überhaupt)
nur Sandwiches und Snacks. Allgemein
empfiehlt sich bei Zugreisen somit stets eigene Verpflegung.

Amtrak-Tickets gelten entweder für die
einfache Strecke, Hin- und Rückfahrt oder
ganze Touren. Senioren ab 62 Jahren und
Studenten mit Student Advantage Card
(20 US$) oder internationalem Studentenaus-
weis (International Student Identity Card;
ISIC) erhalten jeweils 15 % Ermäßigung.
Wenn ein erwachsener Begleiter das Ticket
bezahlt, fahren Kinder zwischen zwei und 15
Jahren zum halben Preis mit. Mitglieder der
AAA oder einer internationalen Partnerorga-
nisation (z. B. ADAC) bekommen 10 % Rabatt. Ausschließlich online gibt's zudem stark
vergünstigte „Weekly Specials" für bestimmte Züge mit geringer Auslastung.

Allgemein gilt: Je früher die Buchung, desto niedrigerer der Preis. Viele Standardrabat-
te greifen nur, wenn man mindestens drei
Tage vorab reserviert. Wer Pendlerzüge nehmen möchte, sollte die Spitzenzeiten im Be-
rufsverkehr meiden und lieber am Wochenende fahren.

Die pauschalen Urlaubsangebote von **Am-
trak Vacations** (☎ 800-268-7252; www.amtrakvacations.
com) enthalten Mietwagen, Hotel, geführte
Touren und diverse Attraktionen. Hinzu
kommen Air-Rail-Kombinationen mit Hin-
fahrt im Zug und Rückreise per Flugzeug.

Beispiele für Standardpreise und Fahrzeiten bei Amtrak-Fernzügen (jeweils Erw./ein-
fache Strecke in der *coach class*):

Strecke	Preis (US$)	Dauer (Std.)
Los Angeles–San Antonio	135	30
New York–Los Angeles	195	61
Seattle–Oakland	95	23

VERKEHRSMITTEL & -WEGE

BITTE ALLES EINSTEIGEN!

Wer erfreut sich nicht am Schnaufen und Pfeifen einer mächtigen Dampflok, die einen durch herrliche Gefilde zieht? Dutzende historischer US-Schmalspurbahnen sind heute eher Touristenattraktionen als Transportmittel und verkehren meist nur in den wärmeren Monaten. Bei besonders populären Strecken ist eine Reservierung ratsam.

Zu den besten Optionen im Westen gehören:

Cumbres & Toltec Scenic Railroad Rollt als lebendiges Rocky-Mountains-Museum von Chama, NM, in Colorados Rocky Mountains (S. 195).

Mount Hood Railroad Kurvige Route durch die malerische Columbia River Gorge außerhalb Portlands, OR (S. 372).

Roaring Camp Railroads Fährt ab Felton bzw. Santa Cruz, CA (S. 264), durch die Redwoodwälder auf den Küstenbergen.

Skunk Train Ab Fort Bragg an der Küste geht's durch kalifornische Redwoodwälder landeinwärts nach Willits (S. 299).

Ebenfalls toll sind die betagten Diesel- und Dampfzüge von **Grand Canyon Railway** (AZ; S. 132).

Reservierungen

Reservierungen können bis zu elf Monate im Voraus und spätestens am Abreisetag vorgenommen werden. Da die Platzkontingente meist begrenzt und manche Strecken sehr gefragt sind (vor allem zur Sommer- bzw. Ferienzeit), sollten Zugpassagiere so früh wie möglich buchen. Diese Methode bringt zudem die besten Rabatte ein.

Zugpässe

Mit dem USA Rail Pass können ausländische Touristen die *coach class* der Amtrak 15 (389 US$), 30 (579 US$) oder 45 Tage (749 US$) lang nutzen. Diese Passvarianten sind auf acht, zwölf bzw. 18 „Abschnitte" (*segments*) in einfacher Fahrtrichtung beschränkt. Achtung: Ein Abschnitt entspricht nicht der einfachen Fahrtstrecke im herkömmlichen Sinn! Falls man vor dem Endziel umsteigen bzw. den Zug wechseln muss, verfallen im Rahmen der einfachen Gesamtstrecke mindestens zwei *segments* des Passes.

Um die Tickets für die einzelnen Trips abzuholen, legt man seinen Zugpass bei einem Büro oder Schalter der Amtrak vor. Zudem empfiehlt sich, frühestmöglich per Telefon zu reservieren (☎ inner-/außerhalb der USA 800-872-7245/215-856-7953). Jedes *segment* der Reise muss einzeln gebucht werden. An manchen Landbahnhöfen halten die Züge nur dann, wenn eine entsprechende Reservierung vorliegt. Obwohl sich die Tickets nicht auf nummerierte Sitze beziehen, übernimmt der Zugbegleiter in manchen Fällen die Platzzuweisung. Businessclass, 1. Klasse oder Schlafwagen kosten extra und sind separat zu reservieren.

Ab dem Kaufdatum müssen alle Reisetage des jeweiligen Passes innerhalb von 180 Tagen wahrgenommen werden. Alle Passvarianten gelten nicht für Acela-Expresszüge, Autozüge (Auto Train), Thruway-Anschlussbusse oder die kanadischen Abschnitte der Gemeinschaftsstrecken von Amtrak und Via Rail Canada.

Gesundheit Dr. David Goldberg

INHALT

Auf dem nordamerikanischen Kontinent gibt es die unterschiedlichsten Klimazonen und Höhenlagen: von den eisigen Höhen der Rocky Mountains bis zu den tropischen Gebieten des südlichen Floridas. Da die Hygienestandards sehr hoch sind, stellen Infektionskrankheiten für die meisten Reisenden kaum ein Risiko dar. Sie holen sich vielleicht einen leichten Durchfall oder eine harmlose Reizung der Atemwege, aber nichts Schlimmeres.

VOR DER REISE

VERSICHERUNG

Die USA besitzen die vielleicht beste medizinische Versorgung weltweit. Allerdings sind die Behandlungen praktisch unbezahlbar, wenn man keine gute Versicherung hat. Es ist wichtig, eine Auslandskrankenversicherung abzuschließen, wenn die eigene Krankenversicherung die medizinische Versorgung in den USA nicht abdeckt.

Alle Medikamente, die man benötigt, sollte man in der etikettierten Originalverpackung mitbringen. Sinnvoll ist es außerdem, einen unterschriebenen und datierten Brief des eigenen Arztes mitzuführen, der alle Angaben zum Gesundheitszustand und zu den verordneten Medikamenten (inkl. deren generischer Namen) enthält.

Wenn die eigene Krankenversicherung den Kauf von Arzneimitteln im Ausland nicht abdeckt, könnte sich eine Zusatzversicherung lohnen. Weitere Informationen finden sich unter *Travel Services* auf der **Lonely Planet Website** (www.lonelyplanet.com). Wichtig ist zu wissen, ob die Versicherung die in Anspruch genommenen medizinischen Leistungen direkt bezahlt oder ob man erst einmal in Vorleistung treten muss und seine Ausgaben erst später erstattet bekommt. Mehr Infos zu Versicherungen finden sich auf S. 404.

EMPFOHLENE IMPFUNGEN

Für eine Reise in die USA sind keine speziellen Impfungen erforderlich oder empfehlenswert. Alle Reisenden sollten natürlich den üblichen Impfschutz besitzen, s. folgende Tabelle.

Impfung	empfohlen für	Dosis	Nebenwirkungen
Windpocken	Traveler, die noch keine Windpocken hatten	zwei Gaben im Abstand von einem Monat	Fieber, leichte Windpockenerkrankung
Grippe	alle, die während der Grippesaison (Nov.–März) reisen	eine Impfung	Schmerzen an der Einstichstelle, Fieber
Masern	alle, die nach 1956 geboren wurden und nur eine Impfung erhalten haben	eine Impfung	Fieber, Ausschlag, Gelenkschmerzen, allergische Reaktionen
Tetanus & Diphtherie	alle, die in den letzten zehn Jahren keine Auffrischungsimpfung hatten	eine Impfung wirkt zehn Jahre lang	Schmerzen an der Einstichstelle

REISEAPOTHEKE

Die persönliche Reiseapotheke sollte folgende Dinge beinhalten:

- Acetaminophen (z. B. Tylenol) oder auch Aspirin
- eine antibakterielle Salbe (z. B. Betaisodona) für Schnitt- und Schürfwunden
- Entzündungshemmer (z. B. Ibuprofen)
- Antihistaminika (bei Heuschnupfen und Allergien)
- Fieberthermometer
- Heftpflaster
- Insektenschutzmittel mit DEET

- permethrinhaltiges Insektenspray zum Imprägnieren von Bekleidung, Zelten und Moskitonetzen
- Schere, Pinzette, Sicherheitsnadeln
- Sonnenschutzmittel
- eine steroid- oder kortisonhaltige Salbe (gegen Giftsumach und allergische Ausschläge)
- Taschenmesser
- Verbandszeug, Mullbinden

INFOS IM INTERNET

Informationen zu Gesundheitsfragen bei Reisen sind im Internet reichlich zu finden. Die Weltgesundheitsorganisation (WHO) gibt ein hervorragendes Buch heraus: *International Travel and Health*. Es wird jährlich überarbeitet und ist unter www.who.int/ith /en kostenlos online zu haben. Es lohnt sich auch, bei **MD Travel Health** (www.mdtravelhealth. com) zu schauen: Dort gibt's umfassende Empfehlungen für Reisen in alle Länder, täglich aktualisiert und ebenfalls kostenlos.

Grundsätzlich ist es immer eine gute Idee, die Website der Regierung des Heimatlands – falls vorhanden – auf das Thema Reisegesundheit abzuklopfen:

Deutschland (http://www.auswaertiges-amt.de/diplo/de/ Laenderinformationen/UsaVereinigteStaaten/Sicherheitshin weise.html)

Österreich (http://www.bmeia.gv.at/aussenministerium/ buergerservice/reiseinformation/a-z-laender/vereinigte -staaten-von-amerika-de.html?dv_staat=193)

Schweiz (http://www.eda.admin.ch/eda/de/home/travad/ hidden/hidde2/unites.html)

IN DEN USA

MEDIZINISCHE VERSORGUNG & KOSTEN

Bei einem medizinischen Notfall empfiehlt es sich, die Notaufnahme des nächsten Krankenhauses aufzusuchen. Falls es nicht ganz so schlimm ist, kann man auch ein nahe gelegenes Krankenhaus anrufen und sich an einen ortsansässigen Arzt verweisen lassen. Der wird in der Regel weniger kosten als die Notaufnahme. Spezialisierte, profitorientierte Unfallstationen können zwar ganz praktisch sein, führen aber gern auch bei kleineren Wehwehchen umfangreiche und sehr teure Tests durch.

Die Apotheken sind gut sortiert, aber es kann vorkommen, dass bestimmte Arzneien, die zu Hause rezeptfrei erhältlich sind, in den USA nur gegen Rezept abgegeben werden. Ohne eine Versicherung, die das Rezept bezahlt, kann das schrecklich teuer werden.

INFEKTIONEN

Neben den bekannten Krankheiten gibt es mehrere Infektionskrankheiten, die außerhalb Nordamerikas unbekannt oder wenig verbreitet sind. Die meisten Infektionen werden durch Moskitostiche und Zeckenbisse übertragen.

Giardiasis

Dieser parasitäre Befall des Dünndarms kommt in aller Welt vor. Zu den Symptomen, die wochenlang anhalten können, gehören Übelkeit, Blähungen, Krämpfe und Durchfall. Um sich gegen Giardiasis zu schützen, sollte man nicht aus Seen, Teichen, Bächen und Flüssen trinken, da diese durch tierische oder menschliche Fäkalien verschmutzt sein können. Die Krankheit wird bei mangelhafter Handhygiene auch von Mensch zu Mensch übertragen. Giardiasis ist durch eine Stuhluntersuchung leicht zu diagnostizieren und mit Antibiotika gut behandelbar.

HIV/Aids

Wie in den meisten Teilen der Welt tritt auch überall in den USA HIV auf. Der persönliche Hintergrund oder das Erscheinungsbild einer Person sollte einen nicht zu der Annahme verführen, die betreffende Person sei kein Träger des HIV-Virus oder einer anderen Geschlechtskrankheit. Deshalb bei sexuellen Kontakten unbedingt Kondome benutzen!

Lyme-Krankheit

Fälle dieser Krankheit sind aus vielen Bundesstaaten gemeldet worden, aber die meisten dokumentierten Fälle sind im nordöstlichen Teil des Landes aufgetreten, insbesondere in den Staaten New York, New Jersey, Connecticut und Massachusetts. Einige Erkrankungen sind auch aus dem nördlichen Mittleren Westen, den nordpazifischen Küstenregionen und sogar aus dem nördliche Kalifornien gemeldet worden. Die Lyme-Krankheit wird von Hirschzecken übertragen, die nur 1 bis 2 mm groß sind. Die meisten Fälle treten im späten

Frühling und im Sommer auf. Das **Center for Disease Control** (CDC; www.cdc.gov/ncidod/dvbid/lyme) hat eine informative, allerdings ein wenig beängstigende Website zur **Lyme-Krankheit**.

Das erste Symptom ist in der Regel eine sich ausbreitende Rötung der Haut, häufig mit einem blassen Punkt in der Mitte *(bull's eye rash)*. Oft tritt dieser Ausschlag jedoch nicht auf. Die Symptome sind grippeähnlich, mit Fieber, Kopfschmerzen, Gelenk- und Gliederschmerzen sowie allgemeinem Unwohlsein. Wird die Krankheit umgehend mit einem passenden Antibiotikum, üblicherweise Doxycyclin oder Amoxicillin, behandelt, sind die Heilungschancen sehr gut. Da die Zecke 36 Stunden oder länger gesaugt haben muss, um die Lyme-Krankheit zu übertragen, kann man sich am besten schützen, wenn man sich nach einem Aufenthalt in freier Natur gründlich nach Zecken absucht. Weitere Informationen gibt es unter „Zeckenbisse" auf S. 428.

Tollwut

Tollwut ist eine Virusinfektion des Gehirns und des Rückenmarks, die fast immer tödlich verläuft. Das Tollwut-Virus wird über den Speichel kranker Tiere übertragen, typischerweise durch einen Biss. Die Ansteckung kann aber prinzipiell über jede offene Stelle am Körper erfolgen, die mit infiziertem Speichel in Berührung kommt. In den USA übertragen vor allem Fledermäuse die Krankheit auf den Menschen. Aber auch Waschbären, Skunke, Füchse und ungeimpfte Hunde oder Katzen können die Übeltäter sein.

Schon beim geringsten Verdacht, dass man sich mit Tollwut infiziert haben könnte, sollte man sich einer vorbeugenden Behandlung unterziehen. Man bekommt dann Tollwut-Immunglobulin und eine Tollwutimpfung und ist recht gut geschützt. Besonders bei jedem Kontakt mit einer Fledermaus einen Arzt aufsuchen, weil Fledermäuse kleine Zähne haben und nicht unbedingt sichtbare Bissspuren hinterlassen! Entdeckt man beim Aufwachen eine Fledermaus in seinem Zimmer oder erspäht man sie in der Nähe kleiner Kinder, kann eine Tollwut-Prophylaxe notwendig sein.

West-Nil-Virus

Diese Infektionskrankheit war bis vor wenigen Jahren in den USA nicht bekannt, doch heute sind Fälle aus fast allen 50 Bundesstaaten belegt. Das Virus wird von Culex-Stechmücken übertragen, die im Spätsommer und Frühherbst unterwegs sind und in der Regel nach Dämmerungsbeginn zustechen. Die meisten Infektionen verlaufen leicht oder ganz ohne Symptome. Doch das Virus kann auch das zentrale Nervensystem befallen und Fieber, Kopfschmerzen, Verwirrungszustände, Lethargie, Koma und zuweilen auch den Tod verursachen. Ein Medikament gegen das West-Nil-Virus gibt es nicht. Aktuelle Informationen, welche Gebiete von diesem Virus befallen sind, gibt's auf der Website des **US Geological Survey** (http://diseasemaps.usgs.gov).

GESUNDHEITSRISIKEN
Tierbisse & Insektenstiche

Der beste Schutz gegen diese Gefahren ist vernünftiges Verhalten: Bei Wanderungen in freier Natur schützen Stiefel gegen Schlangenbisse, lange Ärmel und lange Hosen vor Zeckenbissen und Moskitostichen. Wer dennoch gebissen wird, sollte nicht in Panik geraten, sondern ruhig bleiben und die empfohlenen Behandlungen einleiten.

BISSE

Tiere nicht anfassen, streicheln oder füttern, es sei denn, es handelt sich um Haustiere, von denen bekannt ist, dass sie keine Infektionskrankheit haben. Die meisten Verletzungen durch Tiere entstehen dadurch, dass die betroffene Person versucht hat, das Tier anzufassen oder zu füttern.

Bisswunden oder Kratzer, die von einem Säugetier – auch von Fledermäusen – verursacht wurden, sollten sofort und gründlich mit Seife und Wasser gesäubert und anschließend mit einem Antiseptikum behandelt werden, z. B. mit Jod oder Alkohol. Umgehend die örtlichen Gesundheitsbehörden kontaktieren, wenn eine Tollwutbehandlung nötig ist, gleichgültig ob man gegen Tollwut immunisiert ist oder nicht! Die Einnahme eines Antibiotikums kann sinnvoll sein, da sich Bisswunden und Insektenstiche leicht entzünden.

MOSKITOSTICHE

Wer in Gegenden reist, in denen das West-Nil-Virus oder andere von Stechmücken übertragene Krankheiten verbreitet sind, sollte seinen Körper bedecken (langärmlige

GESUNDHEIT

GESUNDHEIT

Hemden oder Jacken, lange Hosen, Hüte und geschlossenes Schuhwerk statt Sandalen) und freiliegende Hautpartien und die Kleidung mit einem guten Insektenschutzmittel einreiben, am besten mit einem, das DEET enthält. Erwachsene und Kinder über zwölf Jahre sollten ein Mittel nehmen, das 25 bis 35 % DEET enthält und rund sechs Stunden Schutz bietet. Für Kinder zwischen zwei und zwölf Jahren empfehlen sich Mittel, die höchstens 10 % DEET enthalten (sparsam auftragen!) und etwa drei Stunden wirksam sind. Es gibt Berichte, nach denen DEET neurologisch toxisch wirkt, doch solche Fälle scheinen äußerst selten aufzutreten und sind meist auf übermäßige Anwendung zurückzuführen. Kleinkinder unter zwei Jahren nicht mit DEET-haltigen Mitteln einreiben!

Insektenschutzmittel, die bestimmte pflanzliche Produkte enthalten, etwa Eukalyptus- oder Sojabohnenöl, sind durchaus wirksam, schützen aber nur eineinhalb bis zwei Stunden. Produkte, die auf Zitronengras basieren, schützen nicht wirklich.

Weitere Präventivmaßnahmen gegen Insektenstiche sind auf der Website des **Center for Disease Control** (CDC; www.cdc.gov/ncidod/dvbid/westnile/prevention_info.htm) aufgelistet.

SCHLANGENBISSE

In den USA leben mehrere Arten von Giftschlangen. Ihr Biss tötet aber – anders als bei Arten in anderen Ländern – nicht auf der Stelle. Es gibt Gegengifte! Als Erste-Hilfe-Maßnahme bindet man das Glied oberhalb der Bissstelle mit einer leichten Bandage ab, hält das betroffene Körperteil stets niedriger als das Herz und bewegt es so wenig wie möglich. Die tote Schlange, wenn möglich, aufbewahren, damit sie identifiziert werden kann, aber auf keinen Fall einen weiteren Biss riskieren! Keinesfalls nach Trappermanier die Wunde x-förmig aufschneiden und aussaugen: Diese Prozedur schadet dem Opfer mehr als der Schlangenbiss selbst.

SPINNEN- & SKORPIONSTICHE

In den USA gibt es zwar viele verschiedene Spinnen, aber dem Menschen gefährlich werden können nur die Schwarze Witwe, die braune Einsiedlerspinne und die Feldwinkelspinne. Die Schwarze Witwe ist schwarz oder braun, 15 mm lang, hat eine glänzende Oberseite, einen dicken Leib und eine auffällige, sanduhrförmige rote oder orangerote Zeichnung auf der Unterseite. Man findet sie in den gesamten USA, in der Regel in Scheunen, Holzstapeln, Schuppen, in geerntetem Getreide und auch in Toilettenbecken bei Outdoor-WCs. Die braune Einsiedlerspinne ist – wie der Name sagt – braun, üblicherweise 10 mm lang und hat ein dunkles, violinenförmiges Mal auf dem Vorderteil der Oberseite ihres Körpers. Sie lebt hauptsächlich im Süden und im südlichen Mittleren Westen, ist aber in den letzten Jahren auch in andere Landesteile gewandert. Die braune Einsiedlerspinne ist überwiegend nachts unterwegs und lebt in dunklen, geschützten Räumen, z. B. unter Veranden und in Holzstapeln. Sie greift vor allem an, wenn sie sich in die Enge getrieben fühlt. Die Feldwinkelspinne kommt hauptsächlich in den nordwestlichen USA und im westlichen Kanada vor.

Wer von einer Schwarzen Witwe gebissen wurde, sollte die Wunde mit einem Antiseptikum (Jod oder Alkohol) reinigen und mit Eis oder einer Kühlpackung kühlen und dann umgehend die nächste Unfallstation aufsuchen. Als Symptome des Bisses können Muskelkrämpfe, Atemlähmung und Bluthochdruck auftreten. Der Biss einer braunen Einsiedler- oder einer Feldwinkelspinne verursacht eine große, entzündete Wunde, manchmal mit Fieber und Schüttelfrost. Die Symptome eines Bisses dieser Spinnenart gleichen denen der braunen Einsiedlerspinne, sind jedoch schwächer. Wer gebissen wurde, sollte die Wunde mit Eis kühlen und einen Arzt aufsuchen.

Die einzige gefährliche Skorpionart in den USA ist der kleine Texas-Sandskorpion, der im südwestlichen Teil des Landes auftritt, vor allem in Arizona. Wer gestochen wurde, sollte sofort Eis oder eine Kühlpackung auf die Wunde legen, das verletzte Körperteil still halten und die nächste Unfallstation aufsuchen. Um Skorpionsstiche zu vermeiden, Kleidungsstücke, Schuhe und Schlafsäcke vor Gebrauch untersuchen und ausschütteln und Handschuhe und Schutzkleidung tragen, wenn man sich an Holzstapeln und Laubhaufen zu schaffen macht.

ZECKENBISSE

Zecken sind parasitäre Spinnentiere, die in Büschen, Wäldern und Grasland leben. Sie klettern auf die Beine der Wanderer und können auch in die Stiefel krabbeln. Erwachsene Zecken saugen Blut von ihren Wirten und bohren sich dazu in die Haut ein. Bei solchen Zeckenbissen können Krankheiten, u. a. die Lyme-Krankheit, übertragen werden.

Nach einer Wanderung durch hohes Gras oder durch stark bewaldete Gegenden sollte man seinen Körper immer nach Zecken absuchen. Den Rücken wenn möglich gegenseitig abchecken! Wenn eine Zecke sich nicht festgebissen hat, kann man sie einfach wegbürsten. Die festgebissene Zecke entfernt man so: das Gewebe um den Zeckenkopf vorsichtig mit einer Pinzette herunterdrücken, den Kopf packen und vorsichtig gerade herausziehen – die Zecke dabei nicht zerquetschen! Wer keine Pinzette hat, nimmt die Fingernägel, schützt sie aber mit einem Stück Papier oder Stoff vor Ansteckung. Die Stelle vorher nicht mit Öl, Alkohol oder Petroleum einreiben. Falls man in den nächsten paar Wochen krank werden sollte, muss man unbedingt einen Arzt aufsuchen.

GESUNDHEIT

Sprache

INHALT

Briten, Amerikaner und Neuseeländer, deutsche Geschäftsleute und norwegische Wissenschaftler, der indische Verwaltungsbeamte und die Hausfrau in Kapstadt – fast jeder auf der Welt scheint Englisch zu sprechen. Und wirklich: Englisch ist die am weitesten verbreitete Sprache der Welt (wenn's auch nur den zweiten Platz für die am meisten gesprochene Muttersprache gibt – Chinesisch ist hier die Nr. 1).

Und selbst die, die nie Englisch gelernt haben, kennen durch englische Musik oder Anglizismen in Technik und Werbung immer ein paar Wörter. Ein paar Brocken mehr zu lernen, um beim Smalltalk zu glänzen, ist nicht schwer. Hier sind die wichtigsten Wörter und Wendungen für die fast perfekte Konversation in fast allen Lebenslagen aufgelistet:

KONVERSATION & NÜTZLICHES

Wer einen Fremden nach etwas fragt, sollte die Frage oder Bitte auf jeden Fall mit einer höflichen Entschuldigung einleiten („Excuse me, …").

Guten Tag.	*Hello.*
Hallo.	*Hi.*
Guten …	*Good …*
Tag	*day*
Morgen	*morning*
Tag	*afternoon*
Abend	*evening*

Auf Wiedersehen.	*Goodbye.*
Bis später.	*See you later.*
Tschüss.	*Bye.*
Wie geht es Ihnen?/	
Wie geht es dir?	*How are you?*
Danke, gut.	*Fine. And you?*
Und Ihnen?/Und dir?	*… and you?*
Wie ist Ihr Name?/	
Wie heißt du?	*What's your name?*
Mein Name ist …/	
Ich heiße …	*My name is …*
Ja.	*Yes.*
Nein.	*No.*
Bitte.	*Please.*
(Vielen) Dank.	*Thank you (very much).*
Bitteschön.	*You're welcome.*
Entschuldigen Sie, …/	
Entschuldige …	*Excuse me, …*

FRAGEWÖRTER

Wer?	*Who?*
Was?	*What?*
Wo?	*Where?*
Wann?	*When?*
Wie?	*How?*
Warum?	*Why?*
Welcher?	*Which?*
Wie viel?	*How much?*
Wie viele?	*How many?*

GESUNDHEIT

Wo ist der/die/das nächste …?
  Where's the nearest …?

Apotheke	*chemist*
Zahnarzt	*dentist*
Arzt	*doctor*
Krankenhaus	*hospital*

Ich brauche einen Arzt.
  I need a doctor.
Gibt es in der Nähe eine (Nacht-)Apotheke?
  Is there a (night) chemist nearby?
Ich habe mich verirrt.
  I'm lost.
Wo ist die Toilette?
  Where are the toilets?
Ich bin krank.
  I'm sick.

Es tut hier weh.
It hurts here.
Ich habe mich übergeben.
I've been vomiting.
Ich habe Durchfall/Fieber/Kopfschmerzen.
I have diarrhoea/fever/headache.
(Ich glaube,) Ich bin schwanger.
(I think) I'm pregnant.
Ich bin allergisch gegen ...
I'm allergic to ...

Antibiotika	*antibiotics*
Aspirin	*aspirin*
Penizillin	*penicillin*

MIT KINDERN REISEN
Ich brauche ...
I need (a) ...
Gibt es ...?
Is there (a/an) ...?

einen Wickelraum	*baby change room*
einen Babysitz	*baby seat*
einen Babysitter	*babysitter*
einen Kindersitz	*booster seat*
einen Babysitter-Service	*child-minding service*
eine Kinderkarte	*children's menu*
einen Kinderstuhl	*highchair*
(Wegwerf-)Windeln	*(disposable) nappies*
ein Kindertöpfchen	*potty*
einen Kinderwagen	*stroller*

Kann ich mein Kind hier stillen?
Do you mind if I breastfeed here?
Sind Kinder erlaubt?
Are children allowed?

NOTFÄLLE

Hilfe!	*Help!*
Es ist ein Notfall!	*It's an emergency!*
Rufen Sie	
die Polizei!	*Call the police!*
einen Arzt!	*Call a doctor!*
einen Krankenwagen!	*Call an ambulance!*
Lassen Sie mich in Ruhe!	*Leave me alone!*
Gehen Sie weg!	*Go away!*

PAPIERKRAM

Name	*name*
Staatsangehörigkeit	*nationality*
Geburtsdatum	*date of birth*
Geburtsort	*place of birth*
Geschlecht	*sex/gender*
(Reise-)Pass	*passport*
Visum	*visa*

RESERVIERUNGEN VORNEHMEN
(telefonisch oder schriftlich)

An ...	*To ...*
Von ...	*From ...*
Datum	*Date*

Ich möchte ... reservieren.
I'd like to book ...
Auf den Namen ...
in the name of ...

Vom ... bis zum ...	*from ... to ...*
Kreditkarte	*credit card*
Nummer	*number*
gültig bis ...	*expiry date*

Bitte bestätigen Sie Verfügbarkeit und Preis.
Please confirm availability and price.

SHOPPEN & SERVICE
Ich suche ...
I'm looking for ...
Wo ist der/die/das (nächste) ...?
Where's the (nearest) ...?
Wo kann ich ... kaufen?
Where can I buy ...?
Ich möchte ... kaufen.
I'd like to buy ...
Wie viel (kostet das)?
How much (is this)?
Das ist zu viel/teuer.
That's too much/expensive.
Können Sie mit dem Preis heruntergehen?
Can you lower the price?
Haben Sie etwas Billigeres?
Do you have something cheaper?
Ich schaue mich nur um.
I'm just looking.
Können Sie den Preis aufschreiben?
Can you write down the price?
Haben Sie noch andere?
Do you have any others?
Können Sie ihn/sie/es mir zeigen?
Can I look at it?

mehr	*more*
weniger	*less*
kleiner	*smaller*
größer	*bigger*

Nehmen Sie ...?
Do you accept ...?

Kreditkarten	*credit cards*
Reiseschecks	*travellers cheques*

SPRACHE

Ich möchte ...
I'd like to ...

Geld umtauschen
change money (cash)
einen Scheck einlösen
cash a cheque
Reiseschecks einlösen
change some travellers cheques

ein Geldautomat	*an ATM*
eine Geldwechselstube	*an exchange office*
eine Bank	*a bank*
die ... Botschaft	*the ... embassy*
deutsche	*German*
österreichische	*Austrian*
Schweizer	*Swiss*
das Krankenhaus	*the hospital*
der Markt	*the market*
die Polizei	*the police*
die Post	*the post office*
ein öffentliches Telefon	*a public phone*
eine öffentliche Toilette	*a public toilet*

Wann macht er/sie/es auf/zu?
What time does it open/close?
Ich möchte eine Telefonkarte kaufen.
I want to buy a phone card.
Wo ist hier ein Internet-Café?
Where's the local Internet cafe?

UNTERKUNFT

Wo ist ...?
Where's a ...?

eine Pension	*bed and breakfast, guesthouse*
ein Campingplatz	*camping ground*
ein Hotel	*hotel*
ein Privatzimmer	*room in a private home*
eine Jugendherberge	*youth hostel*

Wie lautet die Adresse?
What's the address?
Ich möchte bitte ein Zimmer reservieren.
I'd like to book a room, please.
Für (drei) Nächte/Wochen.
For (three) nights/weeks.

Haben Sie ein ...?
Do you have a ... room?

Einzelzimmer	*single*
Doppelzimmer	*double*
Zimmer mit Doppelbett	*twin*

Wie viel kostet es pro ...?
How much is it per ...?

Nacht	*night*
Person	*person*

Kann ich es sehen?
May I see it?
Kann ich ein anderes Zimmer bekommen?
Can I get another room?
Es ist gut, ich nehme es.
It's fine. I'll take it.
Ich reise jetzt ab.
I'm leaving now.

VERSTÄNDIGUNG

Verstehen Sie (mich)?
Do you understand (me)?
Ich verstehe (nicht).
I (don't) understand.
Könnten Sie ...?
Could you please ...?
bitte langsamer sprechen
speak more slowly
das bitte wiederholen
repeat that
das bitte aufschreiben
write it down

VERKEHRSMITTEL & -WEGE

Wann fährt ... ab?
What time does the ... leave?

das Boot	*boat*
der Bus	*bus*
der Zug	*train*

EIGENE VERKEHRSMITTEL

Wo kann ich ... mieten?
Where can I hire a ...?

Ich möchte ... mieten.
I'd like to hire a/an ...

ein Fahrrad	*bicycle*
ein Auto	*car*
ein Allradfahrzeug	*4WD*
einen Schaltwagen	*manual*
ein Motorrad	*motorbike*

Wie viel kostet es pro ...?
How much is it per ...?

Tag	*day*
Woche	*week*

Benzin	*petrol*
Diesel	*diesel*
bleifreies Benzin	*unleaded*
Autogas	*LPG*

SPRACHE

Wo ist eine Tankstelle?
Where's a petrol station?
Führt diese Straße nach …?
Does this road go to …?
(Wie lange) Kann ich hier parken
(How long) Can I park here?
Wo muss ich bezahlen?
Where do I pay?
Ich brauche einen Mechaniker.
I need a mechanic.
Ich habe (in …) eine Panne mit meinem Auto.
The car has broken down (at …)
Ich hatte einen Unfall.
I had an accident.
Das Auto/Motorrad springt nicht an.
The car/motorbike won't start.
Ich habe eine Reifenpanne.
I have a flat tyre.

Ich habe kein Benzin mehr.
I've run out of petrol.

WEGWEISER
Können Sie mir bitte helfen?
Could you help me, please?
Wo ist (eine Bank)?
Where's (a bank)?
Ich suche (die Kathedrale).
I'm looking for (the cathedral).
In welcher Richtung ist (eine öffentliche Toilette)?
Which way's (a public toilet)?
Wie kann ich da hinkommen?
How can I get there?
Wie weit ist es?
How far is it?
Können Sie es mir (auf der Karte) zeigen?
Can you show me (on the map)?

Glossar

Die beste Übersicht über die Entwicklung der englischen Sprache auf dem amerikanischen Kontinent ist Bill Brysons *Made in America* (1994). Es behandelt den Slang und die Redensarten (sowie viel Geschichtliches) ab der Zeit der *Mayflower*.

4WD – Fahrzeug mit Allradantrieb

9/11 – 11. September 2001; der Tag, an dem Al-Qaida-Terroristen mit entführten Flugzeugen das Pentagon angriffen und das World Trade Center in New York zerstörten

24/7 – 24 Stunden pro Tag, sieben Tage pro Woche

AAA – American Automobile Association, auch „Triple A"

Acela – Hochgeschwindigkeitszüge im Nordosten der USA

adobe – luftgetrocknete Ziegel aus Lehm und Stroh bzw. Gebäude aus diesem traditionellen, u. a. in Lateinamerika weit verbreiteten Baumaterial

aka – also known as; alias, auch

alien – offizielle Regierungsbezeichnung für eine Person, die kein US-Bürger ist und sich als Besucher oder Niedergelassener in den USA aufhält (wie in *resident alien, illegal alien* usw.); meist diskriminierend

Amtrak – landesweit tätige, staatlich subventionierte Eisenbahngesellschaft

Angeleno/Angelena – Einwohner/Einwohnerin von Los Angeles

antebellum – vor dem Krieg, d. h. dem Sezessionskrieg (1861–1865)

ANWR – Arctic National Wildlife Refuge; das 6070 km^2 große Naturschutzgebiet mit Öl- und Gasvorkommen, deren Nutzung politisch umstritten ist

Arts and Crafts – Bewegung in Architektur und Innenarchitektur, die um 1900 beliebt war; in Amerika auch bekannt als (American) Craftsman

ATF – Bureau of Alcohol, Tobacco & Firearms; Bundesbehörde zur Durchsetzung gesetzlicher Bestimmungen

ATM – automated teller machine; Geldautomat

ATV – all-terrain vehicle; Geländewagen, s. auch *OHV*

back east – Westküstenausdruck für die Ostküste

backpacker – jemand, der durch die Natur wandert und draußen übernachtet; seltener auch ein junger Rucksacktourist mit schmalem Geldbeutel

bling – Hip-Hop-Ausdruck für protzige Juwelen und Besitztümer; Statussymbole des Erfolgs

BLM – Bureau of Land Management; Behörde des US-Innenministeriums, die bestimmte Freizeit- und Erholungsgebiete verwaltet

blog – Abkürzung für web log; ein persönliches Internet-Tagebuch

blue book – das *Kelley Blue Book,* die US-amerikanische Schwacke-Liste

bluegrass – Folkmusik aus den Appalachen, die sich in Kentucky und Tennessee entwickelte

bodega – besonders in New York City; kleiner Laden, der Schnaps, Lebensmittel und andere Basics verkauft

boomtown – Stadt, die ein rasantes Wirtschafts- und Bevölkerungswachstum wie zu Zeiten des Goldrauschs erlebt

booster – ein eifriger Förderer einer Stadt oder Universität, manchmal auch einer Kirchengemeinde

brick-and-mortar – das tatsächliche Firmengelände, im Gegensatz zur Präsenz im Internet

buffalo soldier – afroamerikanischer Soldat, der nach dem Sezessionskrieg im Westen Dienst tat

burro – ein kleiner, als Lastträger eingesetzter Esel

Bush, the – der größere und weder über die Straße noch übers Meer erreichbare Teil Alaskas, der nur angeflogen werden kann *(bush plane)*

BYOB – bring your own booze; Hinweis auf Partyeinladungen, dass man eigene Getränke mitbringen soll

Cajun – von Acadia; Bezeichnung für Menschen aus Louisiana, die von im 18. Jh. aus Acadia im östlichen Kanada vertriebenen Franzosen abstammen

camper – Pick-up mit abnehmbarem Dach oder Wohnwagenaufsatz

carded – als Altersnachweis beim Kauf von Alkohol oder Zigaretten bzw. beim Betreten einer Bar den Ausweis vorlegen müssen

carpetbaggers – Geschäftemacher aus den Nordstaaten, die nach dem Bürgerkrieg in den Süden kamen

CCC – Civilian Conservation Corps; eine 1933 eingeführte Arbeitsbeschaffungsmaßnahme für junge, alleinstehende Männer, die dem Ausbau der Infrastruktur dienen sollte

CDW – Collision Damage Waiver; freiwillige Versicherung gegen selbst verursachte Sachschäden an Mietwagen

cell – Telefonzelle oder Handy

chamber of commerce – Vereinigung ortsansässiger Unternehmen, dient häufig als Touristeninformation

Chicano/Chicana – diskriminierende Bezeichnung für in den USA lebende Menschen aus Mexiko

clambake – Picknick oder Essen am Strand mit Muscheln, Fisch und anderen frischen Meeresfrüchten

CNN – Cable News Network; rund um die Uhr tätiger Nachrichtensender im Kabelfernsehen

coach class – billige Klasse in Flugzeugen, Bahnen etc.

coed – coeducational; Schulen ohne Geschlechtertrennung; wird aber auch in anderen Kontexten gebraucht, z. B. bei Schlafsälen in Jugendherbergen

conch (ausgesprochen *konk*) – Seemuschel, deren rosa Fleisch gern verzehrt wird; auch Spitzname für die

Alteingesessenen in Key West (Zuzügler sind *freshwater conchs* – Süßwasser-Seemuscheln)

Conestoga wagon – von Pferden oder Ochsen gezogener Planwagen, mithilfe dessen im 18. und 19. Jh. der Westen besiedelt wurde, auch *prairie schooner*

Confederacy – die elf Sklavenhalterstaaten des Südens, die zwischen 1860 und 1861 aus den USA austraten

contiguous states – die zusammenhängenden US-Bundesstaaten, alle außer Alaska und Hawaii; auch *lower 48*

cot – Feldbett; anders als im britischen Englisch aber nicht Kinderbett (die heißen *cribs*)

country and western – Verschmelzung der Folkmusik der Südstaaten und des Westens

coyote – kleinere Wildhundeart; auch Bezeichnung für Leute, die illegale Einwanderer aus Mexiko über die Grenze in die USA schmuggeln

cracker – in den Südstaaten abwertende Bezeichnung für eine arme Person weißer Hautfarbe

CVB – Convention and Visitors Bureau; städtische Einrichtung zur Förderung des Tourismus und zur Touristeninformation

DEA – Drug Enforcement Agency; US-Behörde, die für den Kampf gegen Drogen zuständig ist

Deep South – in diesem Reiseführer werden Louisiana, Mississippi und Alabama als „tiefer Süden" bezeichnet

Dixie – Süden; Bundesstaaten südlich der *Mason-Dixon Line*

DIY – do it yourself

DMV – Department of Motor Vehicles; staatliche Fahrzeugzulassungsstelle; stellt auch die Führerscheine aus

docent – Führer oder Begleiter in einem Museum

downtown – Stadtzentrum, Central Business District (CBD); in Richtung Innenstadt (z. B. in *downtown bus*)

DUI – Driving Under Influence; Führen eines Fahrzeugs unter Alkohol- oder Drogeneinfluss; manchmal auch DWI (Driving While Intoxicated)

East – in der Regel die Staaten östlich des Mississippi

efficiency – kleines, möbliertes Apartment mit Küche, häufig zur Kurzzeitvermietung

Emancipation – bezieht sich auf Abraham Lincolns Emancipation Proclamation von 1863, die alle Sklaven im Bereich der Südstaaten-Konföderation für frei erklärte (wurde als 13. Zusatz zur US-Verfassung rechtskräftig)

entrée – Hauptgang eines Menüs

express bus/train – Bus/Zug, der nur an ausgewählten Stationen hält, nicht an jeder Haltestelle

express stop/station – Stationen und Bahnhöfe, an denen sowohl Expressbusse/-züge als auch Nahverkehrsbusse und -züge halten

fanzine – eine von Amateuren, meist begeisterten Fans verfasste Zeitschrift

flag stop – eine Haltestelle, an der Busse nur halten, wenn man sie heranwinkt

foldaway – tragbare Beistellbetten in einem Hotel

forty-niners – Menschen, die während des Goldrauschs von 1849 nach Kalifornien kamen; Name des Profi-Footballteams von San Francisco (49ers)

funnel cake – frittiertes, spiralförmiges Gebäck der Pennsylvania Dutch; wird bei Volksfesten angeboten

gallery – in den USA Kunsthandlungen; Einrichtungen, die Kunstwerke ausstellen, heißen in der Regel *museum*

gated community – Wohnsiedlung/Viertel für Wohlhabende; der Zugang wird normalerweise überwacht

general delivery – postlagernd

Generation X – die unzufriedenen Jugendlichen der 1980er-Jahre, abgelöst von den Generationen Y und Z

gimme cap – Baseballmütze mit Werbelogo einer Firma; oft abwertende Bezeichnung für die Kultur der weißen Landbewohner oder der Unterschichten

GLBT – Gay, Lesbian, Bisexual, Transgender; alle Nicht-Heterosexuellen; auch LGBT

GOP – Grand Old Party; die Republikanische Partei

graduate study – Aufbaustudium nach dem Bachelor-Abschluss

green card – Alien Registration Receipt Card; mit ihr dürfen Besitzer von Einwanderervisa in den USA leben und arbeiten; es gibt sie in mehreren Farben, aber nicht in grün

Gullah – afroamerikanische Volksgruppe/Kultur im Küstengebiet von Georgia und South Carolina

hale – schilfgedeckter Bungalow in Hawaii

Hip-Hop – Rap-Musik; auch allgemeine Bezeichnung für die städtische afroamerikanische Jugendkultur

Hispanic – von lateinamerikanischer Herkunft oder Kultur (oft synonym mit *Latino/Latina* gebraucht)

HI-USA – Hostelling International USA; bezieht sich auf Jugendherbergen, die Hostelling International angehören, einem weltweiten Jugendherbergsverband

hogan –traditionelles einräumiges Gebäude der Navajo, das für religiöse Zeremonien genutzt wird

honky-tonk – Kaschemme mit Countrymusik

hookup – auf Campingplätzen: Anschlüsse für Strom, Wasser und Abwasser in Wohnmobilen; in geselligen Situationen: gemütliches Beisammensein

'Hound, to ride the – mit einem Greyhound-Bus reisen

Imax – Kinos mit Großleinwand

INS – Immigration & Naturalization Service; seit 2002 ersetzt durch *USCIS*

interstate –interstate highway; Autobahn, die Teil des landesweiten, vom Bund finanzierten Fernstraßennetzes ist

IRS – Internal Revenue Service; die US-Bundessteuerbehörde; untersteht dem Finanzministerium

Jim Crow laws – Gesetze der Südstaaten, die nach dem Sezessionskrieg die Bürgerrechte und das Wahlrecht der Afroamerikaner einschränkten; Jim Crow ist eine abwertende Bezeichnung für Schwarze

Joshua tree – große, baumartige Yucca-Pflanze, verbreitet in den Trockengebieten des Südwestens

juke joint – Kneipe am Straßenrand mit Livemusik und Tanz

kachina – heilige Geister bei den Hopi; bezieht sich auch auf deren traditionelle Schnitzfiguren

kiva – runde, unterirdische Kammer der Ureinwohnerkulturen des Südwestens; errichtet für Zeremonien und Alltagszwecke

KOA – Kampgrounds of America; private Campingplatzkette in den gesamten USA

lagniappe – *(lan-yap)* ein kleines Extra, etwa ein kostenloses Geschenk, ein Bonus oder eine Vergünstigung

Latino/Latina – Person lateinamerikanischer Herkunft (oft synonym mit *Hispanic*)

LDS –Church of Jesus Christ of Latter-Day Saints; der offizielle Name der größten Mormonenkirche

live oak – immergrüne Eichenart; das harte Holz eignet sich hervorragend zum Bootsbau

local – Bus oder Zug, der an jeder Haltestelle hält; s. auch *express bus/train*

lower 48 – die 48 *contiguous states* (zusammenhängenden Staaten); alle US-Staaten außer Alaska und Hawaii

Mason-Dixon Line – die 1767 gezogene Grenze zwischen Pennsylvania und Maryland bildete vor dem Sezessionskrieg die Grenze zwischen den freien und den Sklavenhalterstaaten

MLB – Major League Baseball; die höchste Spielklasse der US-amerikanischen Baseball-Liga

MLS – Major League Soccer; die höchste Spielklasse der US-amerikanischen Football-Liga

mojito – süßer Drink mit Rum und Minze

moonshine – schwarz gebrannter Schnaps, meist Maiswhiskey, in der Regel im Zusammenhang mit Schwarzbrennereien in den Appalachen

morteros – Felslöcher, die die amerikanischen Ureinwohner zum Zerstampfen von Getreide und Nüssen nutzten; auch *mortar holes* oder *grinding stones*

Mother Road – Spitzname der Route 66, die einst die Hauptverbindung von Chicago nach Los Angeles war

NAACP – National Association for the Advancement of Colored People

National Guard – Nationalgarde; die staatlich unterstützte militärische Reserve der Einzelstaaten, die am häufigsten in Katastrophenfällen eingesetzt wird

National Recreation Area – Gebiete von landschaftlicher oder ökologischer Bedeutung, die vom National Park Service verwaltet werden; zu diesen Erholungsgebieten gehören häufig öffentliche Bauwerke wie Staudämme

National Register of Historic Places –Denkmalliste des National Park Service; was drauf steht, darf zum Schutz des Erscheinungsbilds nur eingeschränkt verändert werden

NBA – National Basketball Association; der US-amerikanische Profi-Basketball-Verband

NCAA – National Collegiate Athletic Association; Dachorganisation des Collegesports

New Deal – großes öffentliches Arbeitsbeschaffungsprogramm mit den dazugehörigen gesetzlichen Bestimmungen, von Präsident Franklin D. Roosevelt zur Bekämpfung der Auswirkungen der Weltwirtschaftskrise eingeführt

NFL – National Football League; die US-amerikanische Profi-Football-Liga

NHL – National Hockey League; die US-amerikanische Profi-Eishockey-Liga

NHS – National Historic Site; nationale historische Stätte

NM – National Monument; Nationaldenkmal

NOW – National Organization for Women; politische Organisation zur Förderung der Rechte und der Gleichstellung von Frauen

NPR – National Public Radio; nicht kommerzielles, durch Spenden gefördertes, landesweites Netz von Rundfunkstationen mit Schwerpunkt auf Nachrichten und Kultur

NPS – National Park Service; dem Innenministerium unterstellte Behörde zur Verwaltung u. a. der Nationalparks, Nationaldenkmäler, nationalen historischen Stätten und Naturschutzgebiete

NRA – National Recreation Area (s. linke Spalte); auch National Rifle Association, eine einflussreiche Waffenlobby

NWR – National Wildlife Refuge; Naturschutzgebiet und Reservat

OHV – Off-Highway Vehicle; Geländewagen

OMG – Oh my God!

ORV – Off-Road Vehicle; Geländewagen

out west – das Gegenteil von *back east;* alles westlich des Mississippi

outfitter – Unternehmen, das Ausrüstung, Transportmittel, Führer usw. bereitstellt, z. B. für Angel-, Kanu-, Rafting- oder Wandertouren

panhandle – Pfannenstiel; kleiner Landstreifen, der aus der Landmasse eines Bundesstaats hervorragt (z. B. in Florida); auch für „Passanten anschnorren"

parking lot/garage – asphaltierter Parkplatz oder Parkhaus (der Ausdruck *car park* wird nicht verwendet)

PBS – Public Broadcasting System; nicht kommerzielles Netz von Fernsehstationen; das Fernseh-Gegenstück zum *NPR*

PC – politisch korrekt oder *personal computer*

petroglyph – Felszeichnung, bei der das Muster in den Felsen geritzt, geschlagen oder geschliffen wird

PGA – Professional Golfers' Association; Vereinigung der Profi-Golfer

Pick-up – kleiner LKW mit offener Ladefläche

pictograph – Felskunst der Ureinwohner, bei der das Muster auf die Felsen gemalt wird

po'boy – dickes Sandwich in Weißbrot nach Louisiana-Art

powwow – geselliges Treffen oder zeremonielle Versammlung amerikanischer Ureinwohner

pueblo – Dorf amerikanischer Ureinwohner im Südwesten der USA; die Wohnhäuser sind aus Lehm oder Stein

ranchero – mexikanischer Rancher; auch mexikanisch-US-amerikanischer Musikstil, der deutsche und spanische Einflüsse vereint; oft mit Akkordeon

rancho – kleine Ranch (mexikanisches Spanisch)

raw bar – Restauranttheke, an der es rohe Muscheln gibt

Reconstruction – die Zeit nach dem Sezessionskrieg, in der die Sezessionsstaaten unter Bundesverwaltung standen, bevor sie wieder in die Union aufgenommen wurden

redneck –abfällige Bezeichnung für politisch konservative arme Weiße vom Land

ristra – an einer Schnur aufgeknüpfte, getrocknete, meist rote Chilischoten, häufig in New Mexico zu sehen

RV – Recreational Vehicle; Wohnmobil, auch *motor home*

scalawags – weiße Südstaatler mit Sympathien für den Norden, die zur Zeit der *Reconstruction* nach dem Sezessionskrieg Profite machten

schlep – etwas ungeschickt oder unter Schwierigkeiten tragen, sich abschleppen (jiddisch)

schlock – Ramsch (jiddisch)

shotgun shack – kleines Holzhaus mit Zimmern in einer Reihe (sodass man direkt durchschießen könnte); einst verbreitete Wohnhäuser armer Weißer und Schwarzer im Süden

sierra – Gebirgskette (spanisch)

snail mail – „Schneckenpost", ironische Bezeichnung für Briefe oder Pakete im Gegensatz zur E-Mail

snowbirds – Bezeichnung für Rentner, die den Winter im Südwesten der USA, in Kalifornien, Texas, Florida oder auf Hawaii verbringen

SoCal – Southern California; Südkalifornien

soul food – Gerichte der afroamerikanischen Südstaatenküche (z. B. Innereien, Schweinshaxe und Kohl)

sourdough – Sauerteig; auch Bezeichnung für einen kalifornischen Minenarbeiter im 19. Jh. oder für alteingesessene Bewohner Alaskas, denen „das Land sauer ist, die aber nicht genug Knete *(dough)* haben, es zu verlassen"

SSN – Social Security Number; die neunstellige Sozialversicherungsnummer, die zur Arbeitsaufnahme erforderlich ist

stick, stick shift – manuelle Gangschaltung; Auto ohne Automatik (*Can you drive a stick?* – Können Sie ein Auto mit manueller Gangschaltung fahren?)

strip mall – jede Ansammlung von Geschäften oder Läden mit zugehörigem Parkplatz

SUV – Sports Utility Vehicle; Geländelimousine

swag – kostenlose Proben als Werbegeschenk

terroir – französischer Begriff, bezieht sich in Weinanbaugebieten auf die besonderen Eigenschaften des Ortes, an dem die Trauben angebaut werden

Trail of Tears – Pfad der Tränen; die Vertreibung verschiedener Völker der amerikanischen Ureinwohner in den 1830er-Jahren nach Westen, bei der viele Menschen an Hunger, Krankheiten und Erschöpfung starben

trailer – Wohnwagen; ein *trailer park* ist eine Ansammlung fest abgestellter Wohnwagen, in denen Leute billig leben

TTY/TDD – telecommunications devices for those who are deaf; Hilfsmittel für die Telekommunikation unter Gehörlosen

two-by-four – Standardgröße; 2 Inches dick und 4 Inches breit

Underground Railroad – Reihe von sicheren Verstecken für entflohene Sklaven auf dem Weg vom Süden in den Norden

Union, the – die USA; wenn vom Bürgerkrieg die Rede ist: die Nordstaaten im Gegensatz zu den Confederate States des Südens

USAF – United States Air Force; die US-Luftwaffe

USCIS – US Citizenship & Immigration Services; Behörde des US-Heimatschutzministeriums, die für Einwanderung, Einbürgerung und Visaerteilung zuständig ist

USFS – United States Forest Service; die Abteilung des US-Landwirtschaftsministeriums, die die nationalen Forste bewirtschaftet und als Erholungsgebiete erschließt

USGS – United States Geological Survey; die Behörde des US-Innenministeriums, die u. a. detaillierte Landkarten erstellt; Vermessungsamt

USMC – United States Marine Corps; das US-Marineinfanteriekorps

USN – United States Navy; die US-Kriegsmarine

wash – ein meist ausgetrockneter Wasserlauf in der Wüste, der aber plötzlich überflutet werden kann

Wasp – White, Anglo-Saxon Protestant; weiße Protestanten englischer Abstammung; bezieht sich oft auf wohlhabende Weiße der Oberschicht und deren Werte

well drinks – Drinks mit billigen No-Name-Alkoholika im Gegensatz zu Top-Shelf-Drinks mit Markenschnäpsen

wickiup – tragbare Hütte der amerikanischen Ureinwohner aus Gräsern, Schilf oder Ästen

WNBA – Women's National Basketball Association; Vereinigung der Frauen-Basketballclubs

wonk – abwertende Bezeichnung für einen Kleinkrämer, Korinthenkacker; gleichbedeutend mit *geek*

WPA – Works Progress (später: Works Projects) Administration; eine Arbeitsbeschaffungsmaßnahme des New Deal der 1930er-Jahre, in deren Mittelpunkt öffentliche Baumaßnahmen standen

zip code – die fünf- oder neunstellige Postleitzahl

zydeco – Musikstil aus dem Süden Louisianas, der französische, karibische und Blues-Einflüsse verbindet

GLOSSAR

Die Autoren

SARA BENSON
Hauptautorin, Kalifornien

Die im Mittleren Westen geborene Wahlkalifornierin hat mit Ausnahme von Alaska alle amerikanischen Bundesstaaten bereist. Sara träumt davon, auch dem wilden Land im hohen Norden so bald wie möglich einen Besuch abzustatten. Sie hat mehr als 30 Reise- und Sachbücher geschrieben und an vielen Lonely Planet Bänden, u. a. *Kalifornien, Las Vegas Encounter, Southwest USA* und *Hawaii* mitgearbeitet. Ihre Reiseberichte kann man im Internet, in amerikanischen Zeitschriften und Zeitungen, z. B. im *National Geographic Traveler* nachlesen. Sie war auch schon Rangerin in National Parks. Mehr über Sara und ihre Abenteuer gibt's unter www.indietraveler.net.

AMY C. BALFOUR
Der zentrale Westen

Amy hat sich per pedes, auf dem Fahrrad und auf Skiern den ganzen Südwesten erschlossen und dabei auch immer wieder ihre Lieblingsorte Moab, Zion, Park City und Taos besucht. Aber auf diesem Trip sind auch ein paar neue Favoriten hinzugekommen: Albuquerque, Silver City, Monument Valley – und dort war sie sicher nicht zum letzten Mal. Wenn Amy nicht mit offenen Augen von roten Felsen und grünem Chili-Eintopf träumt, schreibt sie übers Reisen, Essen und über Outdoor-Abenteuer.

JOSH KRIST
Der zentrale Westen

Josh hat an der Arizona State University studiert und ganz Arizona und Nevada in beruflicher und privater Mission bereist. Er hat an den Lonely Planet Bänden *Vietnam, Caribbean, Mexiko* und *Thailand* mitgearbeitet. Der freiberufliche Reiseautor schreibt auch über Getränke. Er lebt in San Francisco. 1976 hat er übrigens den Personality Contest „Little Mr. Phoenix" gewonnen!

DIE AUTOREN VON LONELY PLANET

Warum unsere Reiseführer die besten der Welt sind? Ganz einfach: Unsere Autoren sind unabhängige und leidenschaftliche Globetrotter. Sie recherchieren nicht einfach nur übers Internet oder Telefon und sie lassen sich nicht mit Werbegeschenken für positive Berichterstattung schmieren. Sie reisen weit – zu touristischen Highlights und entlegenen Orten. Sie schauen sich Tausende von Hotels, Restaurants, Cafés, Bars, Galerien, Schlössern und Museen höchstpersönlich an und beschreiben alles genau so, wie sie es vorfinden. Weitere Infos über die Arbeit der Autoren gibt's auf **www.lonelyplanet.com**.

BRENDAN SAINSBURY   Die nördlichen Staaten

Der aus Großbritannien stammende Brendan kam mit der Kultur des Nordwestens erstmals in Kontakt, als er 1992 ein ramponiertes Exemplar des Albums *Nevermind* von der Washingtoner Grunge-Gruppe Nirvana in Händen hielt. 2004 zog er nach British Columbia, Kanada, und machte seinen ersten Abstecher über die Grenze in den Evergreen State, auf der Suche nach schneebedeckten Vulkanen, aufregender Musik und einem halbwegs anständigen Kaffee. Irgendwo zwischen Mt. Baker und Seattle fand er all das. Brendan hat als Co-Autor am Lonely Planet Band *Washington, Oregon & the Pacific Northwest* mitgearbeitet.

BEITRÄGE VON ...

Karen Levine machte ihren Master in Kunstgeschichte an der San Francisco State University und ist jetzt Publikationsleiterin im San Francisco Museum of Modern Art. Ihre Essays, Interviews und Rezensionen sind in zahlreichen Kunstzeitschriften erschienen, u. a. im *Tema Celeste* und *Artweek*.

John Mariani ist der Autor von *The Encyclopedia of American Food & Drink, America Eats Out: An Illustrated History of Restaurants, Taverns, Coffee Shops, Speakeasies, and Other Establishments That Have Fed Us for 350 Years*. Zusammen mit seiner Frau Galina hat er *The Italian-American Cookbook* geschrieben. Er ist außerdem Restaurantkritiker und Reisekorrespondent für die Zeitschrift *Esquire*, Wein-Feuilletonist für Bloomberg und verfasst den wöchentlichen *Mariani's Virtual Gourmet Newsletter* (www.johnmariani.com).

Regis St. Louis lebt jetzt in New York City, ist aber in Indiana geboren. Schon in seiner Kindheit träumte er von langen Reisen. Er fuhr mit Bus, Zug und Auto kreuz und quer durch die USA und bereiste Dutzende von Ländern. Regis schrieb für viele Lonely Planet Bände, u.a. *New England, New York* und *USA*. Seine Artikel wurden in Zeitschriften und Zeitungen wie der *Chicago Tribune* und der *Los Angeles Times* veröffentlicht.

TophOne ist DJ, Graffiti-Künstler und Songwriter und kommt aus San Francisco. Er ist mit Skateboards und Punk Rock aufgewachsen, fährt heute aber auch Fahrrad. Als Redakteur des Magazins *XLR8R* schreibt er die beliebte Kolumne „Lucky 13", er ist Gründer von RedWine DJs und liebt Baseball.

Hinter den Kulissen

ÜBER DIESES BUCH

Für das vorliegende Buch hat Sara Benson ein brillantes Autorenteam (s. S. 438) zusammengestellt. Jeff Campbell war verantwortlich für die früheren Auflagen von *USA*. Der Band wurde vom Lonely Planet Büro in Oakland, Kalifornien, in Auftrag gegeben und von diesem Team betreut:

Verantwortliche Redakteurinnen Suki Gear, Emily K. Wolman

Leitender Redakteur Averil Robertson

Leitender Kartograf Brendan Streager

Leitende Layoutdesignerin Margaret Jung

Redaktion Imogen Bannister, Laura Stansfeld

Kartografie Alison Lyall

Layout Laura Jane

Redaktionsassistenz Susie Ashworth, Lindsay Brown, Monique Choy, Jocelyn Hargrave, Victoria Harrison, Kim Hutchins, Sally O'Brien, Dianne Schallmeiner, Gabrielle Stefanos, Angela Tinson

Kartografieassistenz Ross Butler, Dennis Capparelli, Eve Kelly, Mick Garrett, Birgit Jordan, Joelene Kowalski, Ross Macaw

Umschlagdesign Naomi Parker, lonelyplanet images.com

Projektmanagement Chris Girdler, Craig Kilburna

Dank an Lucy Birchley, Sally Darmody, Indra Kilfoyle, Wayne Murphy, Raphael Richards

DANK DER AUTOREN

SARA BENSON

Dank an Suki Gear, an Craig Kilburn und an jeden hier im Haus für diesen super Auftritt. Hut ab vor Jeff Campbell für die sorgsame Begleitung aller früheren Ausgaben von *USA*. Und ohne meine so hilfreichen Mitautoren hätte ich diesen Giganten niemals zusammensetzen können – Danke an alle! P. S. für Ranger Mike: Mit dir ist das Leben einfach besser.

AMY C. BALFOUR

Vielen Dank an Mari Hoidal und Gib Berry, die das beste – und seltsamste – von Salt Lake City und Park City mit mir teilten. Großen Dank an Marcus Garcia und Susan Cooper für ihre Hilfe bei allem zu Albuquerque und New Mexico. Den geduldigen Rangern, Führern und Freiwilligen, die alle meine verrückten Fragen quer durch zwei große Staaten beantworteten, gebührt meine größte Hochachtung. Danke Suki, dass du mir zwei wundervolle Staaten anvertraut hast, und Hut ab vor Sara „Sam" Benson, die alles mit Geduld zusammengefügt hat.

DIE LONELY PLANET STORY

Am Küchentisch fing alles an – nachdem Tony und Maureen Wheeler 1972 eine lange, abenteuerliche Reise durch Europa, Asien und Australien unternommen hatten, trugen sie ihre Infos und Notizen zusammen. So entstand der erste Lonely Planet Reiseführer *Across Asia on the Cheap*.

Der Reiseführer wurde von Travellern geradezu verschlugen. Ermutigt durch ihren Erfolg, veröffentlichten die Wheelers weitere Bücher über Südostasien, Indien und andere Länder. Die Nachfrage war so ungeheuerlich groß, dass die Wheelers ihr Untenehmen erweiterten. Über die Jahre deckten sie mit ihrer Reiseliteratur den ganzen Globus ab und sie dehnten ihre Berichterstattung auf die virtuelle Welt von lonelyplanet.com und das Lonely Planet Messageboard Thorn Tree aus.

Lonely Planet wurde nie ein immer beliebterer Reisebuchverlag und Tony und Maureen konnten sich vor Aufträgen kaum mehr retten. Doch erst 2007 fanden sie einen verlässlichen Partner, bei dem sie sich sicher sein konnten, dass er dem Prinzip abenteuerlustiger, aber umweltbewusster Reisen treu blieb. Im Oktober dieses Jahres erwarb BBC Worldwide 75 % der Anteile von Lonely Planet, mit dem Versprechen, die Grundsätze unabhängiges Reisen, vertrauenswürdige Auskünfte und redaktionelle Unabhängigkeit aufrechtzuerhalten.

Heute hat Lonely Planet Büros in Melbourne (Australien), London und Oakland (USA) mit über 500 Mitarbeitern und 300 Autoren. Tony und Maureen engagieren sich immer noch aktiv bei Lonely Planet. Sie reisen mehr als je zuvor und in ihrer Freizeit widmen sie sich wohltätigen Projekten. Das Unternehmen wird nach wie vor von der Philosophie von Across Asia on the Cheap getragen: „Wichtig ist, dass du dich entscheidest zu gehen, dann hast du den härtesten Teil geschafft. Also, los geht's!"

JOSH KRIST

Dank an meine Frau Hélène Goupil, die die Hochzeitsvorbereitungen übernahm, während ich an diesem Buch schrieb. Vierfacher Dank an Didier Bruneel. Jesse Krist, „Kingbilly" Kerri, Miriam und William Krist, Jacob und Rosemary Whitt und Joelle, Elodie und Regis Goupil. Und natürlich Dank an Lonely Planet: Suki Gear, Sam Benson, Jay Cooke. Auch meinen Freunden in Arizona und Nevada, den alten und den neuen, danke ich hier.

BRENDAN SAINSBURY

Vielen Dank an all die ungenannten Parkranger, Busfahrer, Touristeninfohelfer, Gastwirte und unschuldigen Passanten, die mir bei meinen Recherchen geholfen haben. Ein besonderer Dank an Suki Gear, die mir die Mitarbeit als erste angeboten hat, und an Sam Benson für ihre Unterstützung als Hauptautorin. Wie immer ein besonderer Dank an meine Frau Liz und meinen dreijährigen Sohn Kieran für ihre Begleitung in die vielen entlegenen Gegenden von Washington und Oregon.

DANK AN UNSERE LESER

Vielen Dank an die Traveller, die mit der letzten Auflage unterwegs waren und uns mit hilfreichen Tipps, nützlichen Ratschlägen und interessanten Anekdoten versorgt haben:

Juan Albier, Paul Maximilian Alex, Jennifer Anderson, Matt Battaglia, Anne Katrine Bjerregaard, Mirjam Buitelaar, Cessie Cerrato, Marissa Comstock, Dara Conlan, Wendy Costa, Dale Desena, Marcellina Garcia, Neil Govan, Monica Griffin, Elizabeth Gunther, Price Gutshall, Blake Harrison, Tricia Hayes, Jason Hutchison, Mark Jitlal, Marlise Kast, Alice Leeder, Brian & Lorna Lewis, Queen Becky M., Ashish Maharjan, Ty Markham, Steve Marsh, Hilary Maslon, Nima Matias Jokilaakso, Perry Michelle, Janet Mitchelson, Harald Mueller, Jean Munsee, Melanie Nisbet, Alex Omand, Xavier Ottolini, Oliver Pearman, Emma Rabbitts, Nathan Reynolds, Joan Roco, A. Ross, Rob Sandie, Markus Schorn, Skyler Schrempp, Mara Senra, Robin Shannon, Jon Sigurjonsson, Sebastian Steinfeld, John Stolzenbach, Joost Taverne, Elizabeth Tobey, Carton Tsutomu, Herjan Velding, James Vol Hartwell, Jessica Vowels, Sue Wallis, Alasdair Warwood, Steven Weiss, Kathryn Williams, Dale Woitas, Andrew Young, Francois Zermeno, Nan Zosel

WIR FREUEN UNS ÜBER EIN FEEDBACK

Post von Travellern zu bekommen, ist für uns ungemein hilfreich – Kritik und Anregungen halten uns auf dem Laufenden und helfen, unsere Bücher zu verbessern. Unser reiseerfahrenes Team liest alle Zuschriften genau, um zu erfahren, was an unseren Reiseführern gut und was schlecht ist. Wir können solche Post zwar nicht individuell beantworten, aber jedes Feedback wird garantiert schnurstracks an die jeweiligen Autoren weitergeleitet, rechtzeitig vor der nächsten Nachauflage.

Wer uns schreiben will, erreicht uns über www.lonelyplanet.de/kontakt.

Hinweis: Da wir Beiträge möglicherweise in Lonely Planet Produkten (Reiseführer, Websites, digitale Medien) veröffentlichen, ggf. auch in gekürzter Form, bitten wir um Mitteilung, falls ein Kommentar nicht veröffentlicht oder ein Name nicht genannt werden soll. Wer Näheres über unsere Datenschutzpolitik wissen will, erfährt das auf www.lonelyplanet.com/privacy.

QUELLENNACHWEIS

Vielen Dank an folgende Firmen für die Nutzung ihrer Inhalte:

Globus auf S. 1 ©Mountain High Maps 1993 Digital Wisdom, Inc.

Fotos im Innenteil (Lonely Planet Images): S. 5 Ann Cecil; S. 6 (Nr. 1), S. 8 (Nr. 3) John Elk III; S. 7 (Nr. 2), S. 8 (Nr. 2) Lee Foster; S. 7 (Nr. 1) Mark Newman; S. 6 (Nr. 2) Jon Stromme.

Register

REGISTER

REGISTER

GreenDex

Heutzutage scheint in den USA so ziemlich alles „öko" zu sein. Wie aber kann man als Traveller sichergehen, dass ein Unternehmen tatsächlich umweltbewusst agiert und nicht nur als Trittbrettfahrer von dem „grünen" Trend profitieren möchte?

Die hier genannten Sehenswürdigkeiten und Attraktionen, Aktivitäten, Tourveranstalter, Qutdoorausrüster, Non-Profit- und Bildungsorganisationen, Festivals, Restaurants, Cafés, Geschäfte, Unterkünfte, Transportmittel usw. wurden von unseren Autoren ausgewählt, weil sie den sanften Tourismus unterstützen. Die einen setzen sich etwa für Umweltschutz und Aufräumaktionen ein, andere werden von Einheimischen, insbesondere von Ureinwohnern mit dem Ziel betrieben, die regionale Identität, Kunst und Kultur zu bewahren.

Wir sind stets bemüht, unsere Liste der Verfechter des nachhaltigen Tourismus zu erweitern. Wer das Gefühl hat, dass in dieser Aufstellung die eine oder andere Adresse fehlt, oder mit unserer Auswahl nicht einverstanden ist, sollte nicht zögern, uns dies per E-Mail an talk2us@lonelyplanet. com.au mitzuteilen. Mehr Infos zu nachhaltigem Tourismus und Lonely Planet finden sich auf www.lonelyplanet.com/about/responsible-travel.

456

KARTENLEGENDE
VERKEHRSWEGE

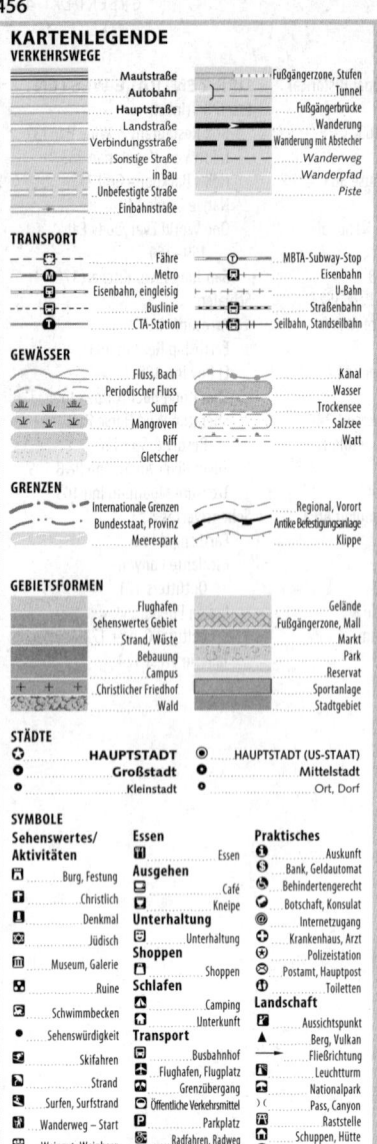

Mautstraße
Autobahn
Hauptstraße
Landstraße
Verbindungsstraße
Sonstige Straße
in Bau
Unbefestigte Straße
Einbahnstraße

Fußgängerzone, Stufen
Tunnel
Fußgängerbrücke
Wanderung
Wanderung mit Abstecher
Wanderweg
Wanderpfad
Piste

TRANSPORT

Fähre
Metro
Eisenbahn, eingleisig
Buslinie
CTA-Station

MBTA-Subway-Stop
Eisenbahn
U-Bahn
Straßenbahn
Seilbahn, Standseilbahn

GEWÄSSER

Fluss, Bach
Periodischer Fluss
Sumpf
Mangroven
Riff
Gletscher

Kanal
Wasser
Trockensee
Salzsee
Watt

GRENZEN

Internationale Grenzen
Bundesstaat, Provinz
Meerespark

Regional, Vorort
Antike Befestigungsanlage
Klippe

GEBIETSFORMEN

Flughafen
Sehenswertes Gebiet
Strand, Wüste
Bebauung
Campus
Christlicher Friedhof
Wald

Gelände
Fußgängerzone, Mall
Markt
Park
Reservat
Sportanlage
Stadtgebiet

STÄDTE

HAUPTSTADT
Großstadt
Kleinstadt

HAUPTSTADT (US-STAAT)
Mittelstadt
Ort, Dorf

SYMBOLE

Sehenswertes/
Aktivitäten
Burg, Festung
Christlich
Denkmal
Jüdisch
Museum, Galerie
Ruine
Schwimmbecken
Sehenswürdigkeit
Skifahren
Strand
Surfen, Surfstrand
Wanderweg – Start
Weingut, Weinberg
Zoo, Vogelschutzgebiet

Essen
Essen
Ausgehen
Café
Kneipe
Unterhaltung
Unterhaltung
Shoppen
Shoppen
Schlafen
Camping
Unterkunft
Transport
Busbahnhof
Flughafen, Flugplatz
Grenzübergang
Öffentliche Verkehrsmittel
Parkplatz
Radfahren, Radweg
Tankstelle
Taxistand

Praktisches
Auskunft
Bank, Geldautomat
Behindertengerecht
Botschaft, Konsulat
Internetzugang
Krankenhaus, Arzt
Polizeistation
Postamt, Hauptpost
Toiletten
Landschaft
Aussichtspunkt
Berg, Vulkan
Fließrichtung
Leuchtturm
Nationalpark
Pass, Canyon
Raststelle
Schuppen, Hütte
Wasserfall

Lonely Planet Publications, Locked Bag 1, Footscray, Melbourne, Victoria 3011, Australia

Verlag der deutschen Ausgabe:
MAIRDUMONT, Marco-Polo-Str. 1, 73760 Ostfildern, www.mairdumont.com, lonelyplanet@mairdumont.com

Chefredakteurin deutsche Ausgabe: Birgit Borowski
Übersetzung: Eva Dinnessen, Tobias Ewert, Imke Früh, Dr. Alwin Letzkus, Marion Matthäus, Ute Perchtold, Dr. Christian Rochow, Andrea Schleipen
Redaktion: Julia Berger, Stephanie Iber, Frank J. Müller, Olaf Rappold, Verena Stindl (red.sign, Stuttgart)
Redaktionsassistenz: Kyrill Mende, Karin Rappold
Satz: Neslihan Tatar (red.sign, Stuttgart)

USA Westen
1. deutsche Auflage Januar 2011, übersetzt von *USA 6th edition*, März 2010, Lonely Planet Publications Pty

Deutsche Ausgabe © Lonely Planet Publications Pty, Januar 2011
Fotos © wie angegeben 2011

Printed in China

Umschlagfoto: Monument Valley, LOOK-foto/NordicPhotos

Die meisten Fotos in diesem Reiseführer können bei Lonely Planet Images, www.lonelyplanetimages.com, auch lizenziert werden.